WBC 성경주석

룻기 · 에스더

솔로몬

룻기 · 에스더

- 2007년 1월 5일 초판 1쇄 발행
- 2014년 11월 21일 초판 2쇄 발행
- 지은이 : 프레드릭 W. 부쉬
- 옮긴이 : 정일오
- 펴낸이 : 박영호
- 펴낸곳 : 도서출판 솔로몬
- 등록번호 : 제16-24호
- 등록일 : 1990년 7월 31일
- 주소 : 서울시 동작구 사당로 155 신주빌딩 B1
- 전화 : 599-1482 팩스 : 592-2104
- 직영서점 : 596-5225

ISBN 978-89-8255-390-5
ISBN 978-89-8255-267-0(세트)

WORD BIBLICAL COMMENTARY

Volume 9

Ruth, Esther

FREDERIC W. BUSH

WORD BOOKS, PUBLISHER · DALLAS, TEXAS

목 차

룻기

편집자 서문

본 성경 주석 전집(WBC: Word Biblical Commentary)이 세상에 나오기까지는 수 년 간의 기획 과정이 필요했다. 1977년에 본 전집의 편집위원회 위원들은 발행인들과 회합한 자리에서 몇 가지 뚜렷한 특징을 지닌 새로운 성경 주석의 발간 가능성을 면밀하게 검토했다. 그러한 특징이 무엇인지는 독자들이 이 주석서들을 진지한 자세로 읽어 내려가는 과정에서 금방 알게 될 것이다. 하지만 본 성경 주석이 당초에 목표로 삼은 것이 과연 얼마나 완벽하게 성취되었는지는 오로지 시간만이 말해 줄 수 있을 것이다.

우선, 우리는 우리와 뜻을 같이하면서 세계 도처의 대학교, 신학교 등에서 가르침의 사역에 종사하고 있는 학자들을 되도록 폭 넓게 선발하여 본 성경 주석의 기고자로 삼기 위해 많은 노력을 기울여 왔다. 매우 다양한 교단적 배경을 지닌 본서 기고자들의 폭 넓은 시야는 가히 "복음주의적"－성경을 하나님의 계시로 받아들이고 기독교 복음의 진리와 능력을 자신의 생명처럼 여긴다는 적극적이고 역사적인 의미에서－이라 불려지는 것이 마땅하다.

다음으로, 본 전집에 포함된 주석서들은 처음부터 『WBC 성경주석』의 일환으로 쓰여진 책들이다. 오늘날 성경 주석 분야에서 상당한 호평을 받고 있는 몇몇 전집들이 영어 이외의 언어로 쓰여진 저작들을 영어로 번역한 것에 비하여, 본 성경 주석은 오로지 처음부터 영어로 쓰여진 책들만이 포함되어 있다. 또한 본 전집의 주석가들은 성경 원문을 각자 나름대로 영어로 번역한 다음, 그 번역된 성경 본문을 자신들의 주해와 주석의 바탕으로 삼는 것을 원칙으로 삼았다. 나아가서 본 전집의 대표적인 특징으로는, 그 내용이 어디까지나 성경적인 언어를 바탕으로 하면서도 각계 각층의 독자들－공부하는 학생들, 현재 목회 사역에 종사하고 있는 교역자들 그리고 이 분야를 전공하는 학자들이나 교수들－이 성경에 대한 신학적 이해를 학문적이면서도 실제적으로 쌓아 나갈 수 있고, 또 그들에게 현실적인 도움이 될 수 있도록 구성되어 있다는 점을 들 수 있다.

마지막으로, 본 성경 주석의 구성 양식에 관하여 몇 마디 말을 덧붙이고자 한다. 우리는 여러 계층의－그리고 상이한 수준의－독자들을 의식하여 확실하게 구분되는 몇 개의 단락으로 나누어 책의 내용을 구성했다. 예를 들어, 번역된 성경 본문의 바탕을 이루는 히브리어와 헬라어 원문에 관하여 좀더 깊이 있게 공부하려는 독자들은 본 성경 본문의 "원문주해"를 살펴보고, 현대 신학자들이 어떠한 해석을 내리고 있는지에 관심이 있다면 "참고문헌" 및 "양식/구조/배경"을 참조하면 될 것이다. 또한 어떤 성경 본문의 의미 및 그 본문에 포함된 성경적 계시를 좀더 폭 넓은 관점에서 이해하려면 "주석"과 "해설"을 보면 된다. 그러므로 본 성경 주석을 펼쳐 든 사람이라면 누구나 자신에게 유익한 자료들을 얻을 수 있으리라 믿어 의심치 않는다.

이상과 같은 우리의 목표가 상당히 만족스러운 수준까지 달성될 때, 우리 편집자들이 당초에 의도했던 것들이 구체적으로 실현됨과 아울러 본 전집의 기고자들이 흘린 땀방울도 충분한 보상을 받을 수 있게 될 것이다.

책임 편집자 : 데이비드 허바드(David A. Hubbard)
글렌 바커(Glenn Barker)
구약 편집자 : 존 와츠(John D. W. Watts)
신약 편집자 : 랠프 마틴(Ralph P. Martin)

저자 서문

성경의 한 책의 주석서를 저술함에 있어서 한편으로 앞서 간 분들의 작품에 헤아릴 수 없는 빚을 졌다고 생각하며, 다른 한편으로 그 작품들이 통찰력, 이해력, 자극을 준 것에 대해 깊은 감사의 마음을 느끼게 된다. 특히 가장 값진 작품은 비크먼(J. Beekman), 칼로(J. Callow) 그리고 코프섹(M. Kopesec)이 지은 의미 구조론에 대한 작품, 알터(R. Alter), 벌린(A. Berlin), 스턴버그(M. Sternberg)의 서술적 해석에 대한 작품 그리고 무엇보다도 룻기에 대해서는 캠벨(E. F. Campbell), 허바드(R. L. Hubbard), 유온(P. Joüon), 루돌프(W. Rudolph), 세이쏜(J. M. Sasson)의 훌륭한 주석서들, 에스더서에 대해서는 바트케(H. Bardtke), 클라인즈(D. J. A. Clines), 폭스(M. V. Fox), 무어(C. A. Moore)의 주석서들이다. 필자가 룻기와 에스더서를 주석하는 어려운 일을 함에 있어서 이러한 분들의 작품과 다른 수많은 학자들에게 빚을 졌다는 사실이 거의 매 페이지마다 드러나 있다.

이 주석서, 특히 주석 부분을 저술함에 있어서 필자는 언제나 (고백하건대 처음부터 무의식적으로) 학생들의 필요에 관심을 가져왔는데 그들은 풀러 신학교에서 가르쳐 온 히브리어 문법과 해석 그리고 다른 셈어 과정에서 21년 간이나 배워 온 사람들이다. 그런 까닭에 이 단락들 가운데는 이러한 작품들이 통상적으로 가지고 있는 것보다 훨씬 더 자유롭게 문법적 설명이 산재해 있고, 또한 표준적인 문법적, 주경적 참고서적들에 대한 참고문헌들이 산재해 있다. 이 점에서 필자가 두려워하는 것은 때때로 달리 생각한다면 불필요하게 보이고 어쩌면 현학적으로 보일 수 있는 면들이 있다는 것인데, 이에 대해서는 일반 독자께서 널리 이해해 주시기를 바란다.

1946년 로울리(Rowley)가 관찰한 바와 같이, "룻기는 그 어떤 최종적인 해결책도 발견될 수 없는 문제들로 가득 차 있는데, 그 이유는 그것들을 해결해 줄 자료들이 우리에게 없기 때문이다"(*The Servant of the Lord*, 171). 그럼에도 불구하고 필자는 이러한 여러 다루기 힘든 문제들을 설명하려고 시도했다. 그러한 시도를 하면서 필자는 한 순간도 로울리가 말하는 문제들의 최종적인 해결책을 발견했다고 생각해 본 적이 없다. 필자는 다만 연루된 그러한 현안 문제들과 질문들에 대해서 한층 더 많은 빛을 던져 보기를 바랄 뿐이다. 되돌아보면, 필자는 가끔 다니엘서와 관련하여 1세기 전에 했던 파랄(Farrar)의 충고를 따라 "'저는 모릅니다라고 말하기를 배우라'는 랍비들의 지혜로운 권고"를 순종해 왔다(WBC 다니엘서 주석 저자 서문에서 Goldingay가 인용함). 독자께서는 룻기 주석 저술이 1991년에 완성되었으므로 그 이후에 나타난 작품들이 포함되지 못했다는 사실도 유념해야 할 것이다.

필자는 무엇보다도 WBC 주석 시리즈에 이 책을 포함시킬 기회를 주신 점에 대해서, 둘째는 이 작품이 완성되기까지 참고 기다려 주신 점에 대해서 WBC 주석 시리즈 구약 편집장이신 와츠(J. D. W. Watts) 박사님에게 감사드린다. 특히 풀러 신학교에서 필자의 이전 동료였고 이 시리즈의 총 편집장이신 데이비드 허바드(David A. Hubbard) 박사에게 계속해서 격려해 주시고 특히 이 책의 각 단계마다 도움이 되는 비평을 해주신 것에 대해서 감사드린다. 마지막으로 저술의 대부분의 시간들이 되었던 안식년을 제공해 준 데 대해서 풀러 신학교에 감사드리며, 특히 내 독특한 상형문자를 읽을 수 있는 본문으로 바꾸어 준 데 대해서 신학교 말씀 현상부의 직원들에게 감사드린다.

프레데릭 W. 부쉬
풀러 신학교
1996년 6월 7일

약어표

정기간행물, 연재물, 참고 작품들

AB	Anchor Bible
ABD	D. N. Freedman(ed.), *Anchor Bible Dictionary*
AfO	*Archiv für Orientforschung*
AJBI	*Annual of the Japanese Bible Institute*
AJSL	*American Journal of Semitic Languages and Literature*
ALUOS	Annual of Leeds University Oriental Society
ANET	J. B. Pritchard(ed.), *Ancient Near Eastern Texts*
AOAT	Alter Orient und Altes Testament
ArOr	*Archiv orientální*
ASTI	*Annual of the Swedish Theological Institute*
ATD	Das Alte Testament Deutsch
AUSS	*Andrews University Seminary Studies*
BA	*Biblical Archaeologist*
BASOR	*Bulletin of the American Schools of Oriental Research*
BAT	Die Botschaft des Alten Testaments
BDB	F. Brown, S. R. Driver, and C. A. Briggs, *Hebrew and English Lexicon of the Old Testament*
BHK	R. Kittel(ed.), *Biblia hebraica*, 3rd ed.
BHS	*Biblia hebraica stuttgartensia*
Bib	*Biblica*
BJRL	*Bulletin of the John Rylands University Library of Manchester*
BKAT	Biblischer Kommentar: Altes Testament
BL	H. Bauer and P. Leander, *Historische Grammatik der hebräische Sprache*
BibLeb	*Bibel und Lebern*
BN	*Biblische Notizen*
BOr	*Bibliotheca Orientalis*
BR	*Biblical Research*
BS	*Biblische Studien*

BSac	*Bibliotheca Sacra*
BT	*The Bible Translator*
BZAW	Beihefte zur *ZAW*
Canaanite Myths	J. C. L. Gibson, *Canaanite Myths and Legends*
CB	The Century Bible
CBQ	*Catholic Biblical Quarterly*
CHALOT	W. L. Holladay, *A Concise Hebrew and Aramaic Lexicon of the Old Testament*
CTA	A. Herdner, *Corpus des tablettes en cunéiforms alphabétiques*
Dictionary	M. Jastrow, *Dictionary of Talmud Babli, Yerushalmi, Midrashic Literature and Targumim*
DISO	C.-F. Jean and J. Hoftijzer, *Dictionnaire semitiques de l'ouest*
EncJud	*Encyclopaedia Judaica*(1971)
EOL	*Ex Oriente Lux*
ExpTim	*Expository Times*
FOTL	The Forms of the Old Testament Literature
GBH	P. Joüon, *A Grammar of Biblical Hebrew*, tr. & rev. T. Muraoka
GCA	*Gratz College Annual of Jewish Studies*
Gex.-Buhl	*Gesenius' hebräisches und aramäisches Handwörterbuch über das Alte Testament*, rev. F. Buhl
GHB	P. Joüon, *Grammaire de l'hebreu biblique*
GKC	*Gesenius' Hebrew Grammar*, ed. E. Kautzsch, tr. A. E. Cowley
GMH	M. Segal, *A Grammar of Mishnaic Hebrew*
HALOT	*The Hebrew and Aramaic Lexicon of the Old Testament*, Eng. tr. of L. Koehler and W. Baumgartner, *Hebräisches und Aramäisches Lexikon zum Alten Testament*
HAR	*Hebrew Annual Review*
HAT	Handbuch zum Alten Testament
HDSS	E. Qimron, *The Hebrew of the Dead Sea Scrolls*

HebS	R. J. Williams, *Hebrew Syntax*
HS	*Hebrew Studies*
HSM	Harvard Semitic Monographs
HSS	Harvard Semitic Studies
HTR	*Harvard Theological Review*
HTS	Harvard Theological Studies
HUCA	*Hebrew Union College Annual*
IBH	T. O. Lambdin, *Introduction to Biblical Hebrew*
IBHS	B. K. Waltke and M. O'Connor, *An Introduction to Biblical Hebrew Syntax*
ICC	International Critical Commentary
IDB	G. A. Buttrick(ed.), *Interpreter's Dictionary of the Bible*
IDBSup	Supplementary volume to *IDB*
IEJ	*Israel Exploration Journal*
ILR	*Israeli Law Review*
ILOT	S. R. Driver, *Introduction to the Literature of the Old Testament*
Int	*Interpretation*
ITC	International Theological Commentary
JANESCU	*Journal of the Ancient Near Eastern Society of Columbia University*
JAOS	*Journal of the American Oriental Society*
JBL	*Journal of Biblical Literature*
JBLMS	*JBL* Monograph Series
JBR	*Journal of Bible and Religion*
JCS	*Journal of Cuneiform Studies*
JES	*Journal of Ecumenical Studies*
JETS	*Journal of the Evangelical Theological Society*
JJS	*Journal of Jewish Studies*
JNES	*Journal of Near Eastern Studies*
JNWSL	*Journal of North West Semitic Languages*
JQR	*Jewish Quarterly Review*
JR	*Journal of Religion*
JRAS	*Journal of the Royal Asiatic Society*
JSOT	*Journal for the Study of the Old Testament*

JSOTSup	Supplement to *JSOT*
JSS	*Journal of Semitic Studies*
JTS	*Journal of Theological Studies*
KAT	E. Sellin(ed.), Kommentar zum Alten Testament
KB[1]	L. Koehler and W. Baumgartner, *Lexikon in Veteris Testamenti Libros*
KB[3]	L. Koehler and W. Baumgartner, *Hebräisches und Aramäisches Lexikon zum Alten Testament,* 3rd ed.
KHAT	Kurzer Hand-Commentar zum Alten Testament
KTU	*Die Keilalphabetischen Texte aus Ugarit,* vol. 1. ed. M. Dietrich, O. Loretz, and J. Sammartin, AOAT 24(1976)
Kutscher	E. Kutscher, *A History of the Hebrew Language*
Leš	*Lešonénu*
Mus	*Le Muséon*
NCBC	New Century Bible Commentary
NICOT	New International Commentary on the Old Testament
Or	*Orientalia*(Rome)
OTS	*Oudtestamentische Studiën*
RB	*Revue biblique*
RevELA	*Revue de l'organization internationale pour l'etude des langues anciennes par l'ordinateur*
RevQ	*Revue de Qumran*
RGG	*Religion in Geschichte und Gegenwart*
RHA	*Revue hittite et asianique*
RHPR	*Revue d'histoire et de philosophie religieuses*
RTP	*Revue de théologie et de philosophie*
SAT	Schriften des Alten Testaments
SBH	F. I. Andersen, *The Sentence in Biblical Hebrew*
SBLDS	SBL Dissertation Series

SBLSCS	SBL Septuagint and Cognate Studies
SBM	Stuttgarter biblische Monographien
SCM	Student Christian Movement
SEÅ	*Svensk exegetisk årsbok*
SGKAO	*Schriften zur Geschichte und Kultur des Alten Orients*
SJT	*Scottish Journal of Theology*
SSAW	*Sitzungsberichte der Sächsischen Akademie der Wissenschaften zu Leipzig, phil.-hist. Klasse*
Syntax	C. Brockelmann, *Hebräische Syntax*
TDOT	G. J. Botterweck, H. Ringgren, and H. J. Fabry(eds.), *Theological Dictionary of the Old Testament*
TGUOS	*Transactions of the Glasglow University Oriental Society*
THAT	E. Jenni and C. Westermann(eds.), *Theologisches Handwörterbuch zum Alten Testament*
TJ	*Trinity Journal*
TOTC	Tyndale Old Testament Commentaries
TPBT	*Technical Papers for the Bible Translator*
TSSI	J. C. L. Gibson, *Textbook of Syrian Semitic Inscriptions*
TynBul	*Tyndale Bulletin*
TZ	*Theologische Zeitschrift*
UF	*Ugarit-Forschungen*
USQR	*Union Seminary Quarterly Review*
UT	C. H. Gordon, *Ugaritic Textbook*
VT	*Vetus Testamentum*
WBC	Word Biblical Commentary
WMANT	Wissenschaftliche Monographien zum Alten und Neuen Testament
WO	*Die Welt des Orients*
WTJ	*Westminster Theological Journal*
WZKM	*Wiener Zeitschrift für die Kunde des Morgenlandes*
ZAW	*Zeitschrift für die alttestamentliche Wissenschaft*

ZBAT	Zürcher Bibelkommentare Alten Testament

현대 역본들

JB	The Jerusalem Bible
JPS	Jewish Publication Society, *The Holy Scriptures*
KJV	King James Version(1611)=AV
Moffatt	J. Moffatt, *A New Translation of the Bible*
NAB	The New American Bible
NASV	New American Standard Version
NEB	The New English Bible
NIV	The New International Version(1978)
NJB	New Jerusalem Bible(1985)
NJPS	The New JPS
NRSV	New Revised Standard Version(1989)
REB	Revised English Bible
RSV	Revised Standard Version(NT 1946, OT 1952, Apoc. 1957)
TEV	Today's English Version

본문, 역본들, 고대 작품들

AT	The A-text of the book of Esther
Ant.	Josephus, *Antiquities*
b.	Babylonian Talmud
B. Bat.	*Baba Batra*
DSS	Dead Sea Scrolls
L	Codex Leningradensis
LXX	Septuagint
m.	*Mishnah*
Meg.	*Megilla*
Midr. Esth. Rab.	*Midraš Esther Rabbah*
MT	Masoretic Text
OL	Old Latin
Sy	Syriac
Tg	Targum
Vg	Vulgate
y.	Jerusalem Talmud

성경과 외경

Gen	Genesis
Exod	Exodus
Lev	Leviticus
Num	Numbers

Deut	Deuteronomy	Ezek	Ezekiel
Josh	Joshua	Dan	Daniel
Judg	Judges	Hos	Hosea
Ruth	Ruth	Joel	Joel
1-2 Sam	1-2 Samuel	Amos	Amos
1-2 Kgs	1-2 Kings	Obad	Obadiah
1-2 Chron	1-2 Chronicles	Jonah	Jonah
Ezra	Ezra	Mic	Micah
Neh	Nehemiah	Nah	Nahum
Esth	Esther	Hab	Habakkuk
Job	Job	Zeph	Zephaniah
Ps(s)	Psalm(s)	Hag	Haggai
Prov	Proverbs	Zech	Zechariah
Eccl	Ecclesiastes	Mal	Malachi
Cant	Canticles, Song of Solomon	1-2 Esdr	1-2 Esdras
Isa	Isaiah	Jdt	Judith
Jer	Jeremiah	Tob	Tobit
Lam	Lamentations	Matt	Matthew

히브리 문법

abs	absolute	fut	future
acc	accusative	gen	genitive
act	active	haplogr	haplography
adj	adjective/adjectival	hiph	hiphil
adv	adverb/adverbial	hithp	hithpael
aor	aorist	hoph	hophal
apoc	apocopated	impf	imperfect
c	common	impv	imperative
coh	cohortative	inf	infinitive
conj	conjunction	juss	jussive
consec	consecutive	masc, m	masculine
constr	construct	niph	niphal
dittogr	dittography	obj	object
fem, f	feminine	pass	passive

pf	perfect	pronom	pronomina
pl	plural	ptcp	participle
poss	possessive	sg, s	singular
prep	preposition	suff	suffix
pron	pronoun		

기타

Akk.	Akkadian	K	Kethib, the text as written
Aram.	Aramaic	LBH	Late Biblical Hebrew
BH	Biblical Hebrew	lit.	literally
ca.	circa	MH	Mishnaic Hebrew
cf.	compare	MS(S)	manuscript(s)
chap(s).	chapter(s)	n(n).	note(s), footnote(s)
diss.	dissertation	OT	Old Testament
E	Elohist	pl.	plate
EBH	Early Biblical Hebrew	PN	personal name
e.g.	for example	Q	Qere, the text as read
ed(s).	edition(s), editor(s), edited by	repr.	reprint
		rev.	revised by
Eng.	English	SBH	Standard Biblical Hebrew
EV	English versions	sc.	namely, that is to say
esp.	especially	tr.	translated by
et al.	and others	UP	University Press
FS	Festschrift	v(v)	verse(s)
hapax legomenon	sole occurrence	viz.	namely
		vs.	versus
Heb.	Hebrew	x	times(i.e., number of occurrences)
id.	*idem*, the same		
J	Yahwist	§	section/paragraph

룻기

주요 참고문헌

주석들

(본문 가운데서는 저자들의 이름만 언급함)

Bertholet, A. *Das Buch Ruth.* KHAT 17. Tübingen: Mohr, 1898. **Bettan, I.** *The Five Scrolls: A Commentary on the Song of Songs, Ruth, Lamentations, Ecclesiastes, Esther.* Cincinnati: Union of American Hebrew Congregations, 1940. **Campbell, E. F.** *Ruth.* AB 7. New York: Doubleday, 1975. **Gerleman, G.** *Ruth: Das Hohelied.* BKAT 18. Neukirchen: Neukirchener, 1965. **Goslinga, C. J.** *Joshua, Judges, Ruth.* Bible Student's Commentary. Tr. R. Togtman. Grand Rapids, MI: Zondervan, 1986. **Gray, J.** *Joshua, Judges, and Ruth. CeB* London: Nelson, 1967. ______. *Joshua, Judges, Ruth.* NCBC Grand Rapids, MI: Eerdmans, 1986. **Gressmann, H.** *Ruth.* SAT 1/2. 2nd ed. Göttingen: Vandenhoeck & Ruprecht, 1922. **Haller, M.** *Die Fünf Megilloth.* HAT 18. *Tübingen: Mohr,* 1940. **Hertzberg, H. W.** *Die Bucher Josua, Richter, Ruth.* ATD 9. 2nd ed. Güttingen: Vandenhoeck & Ruprecht, 1959. **Hubbard, R. L.** *The Book of Ruth. NICOT* Grand Rapids, MI: Eerdmans, 1988. **Joüon, P.** *Ruth: Commentaire philologique et exégétique.* 1924. Repr. Rome: Pontifical Biblical Institute, 1953. **Keil, C. F.** *Joshua, Judges, Ruth: Biblical Commentary on the Old Testament.* Tr. J. Martin. Repr. Grand Rapids: Eerdmans, 1950. **Lattey, C.** *The Book of Ruth.* Westminster Version of the Sacred Scriptures. London: Longmans, Green, 1935. **Morris, L.** *Ruth.* In A. Cundall and L. Morris. *Judges, Ruth.* TOTC Downers Grove, IL: InterVarsity, 1968. **Rudolph, W.** *Das Buch Ruth, Das Hohe Lied, Die Klagelieder. KAT* 17. Gütersloh: Mohn, 1962. **Sasson, J. M.** *Ruth: A New Translation with a Philological and a Formalist-Folklorist Interpretation.* 2nd ed. Sheffield: *JSOT,* 1989. **Slotki, J.** "Ruth." In *The Five Megilloth,* ed. A. Cohen. Soncino Bible. Hindhead and London: Soncino, 1967. **Trible, P.** "A Human Comedy." In *God and the Rhetoric of Sexuality.* Philadelphia: Fortress, 1978. **Waard, J. de,** and **Nida, E. A.** *A Translator's Handbook on the Book of Ruth.* Helps for Translators 15. London: United Bible Societies, 1973. **Witzenrath, H. H.** *Das Buch Rut: Eine literaturwissenschaftliche Untersu-*

chung. Munich: Kosel, 1975. **Würthwein, E.** *Die Fünf Megilloth*. HAT 18. 2nd ed. Tübingen: Mohr/Siebeck, 1969. **Zenger, E.** *Das Buch Ruth*. ZBAT 8. Zurich: Theologischer, 1986.

다른 연구서들

Anderson, A. A "The Marriage of Ruth." *JSS* 23(1978) 171-83. **Ap-Thomas, D. R.** "The Book of Ruth." *ExpTim* 79(1967-68) 369-73. **Baby, D.** *The Geography of the Bible*. Rev ed. New York: Harper & Row, 1974. **Beattie, D. R. G.** "The Book of Ruth as Evidence for Israelite Legal Practice." *VT* 24(1974) 251-67. ______. "Kethib and Qere in Ruth IV 5." *VT* 21(1971) 490-94. ______. "A Midrashic Gloss in Ruth 2:7." *ZAW* 89 (1977) 122-24. ______. "Redemption in Ruth and Related Matters: A Response to Jack M. Sasson." *JSOT* 5(1978) 65-68. ______. "Ruth III." *JSOT* 5(1978) 39-48. **Berlin, A.** "Poetics in the Book of Ruth." In *Poetics and Interpretation of Biblical Narrative*. Sheffield: Almond, 1983. 83-110. **Bernstein, M. J.** "Two Multivalent Readings in the Ruth Narrative." *JSOT* 50(1991) 15-26. **Bertman, S.** "Symmetrical Design in the Book of Ruth." *JBL* 84(1965) 165-68. **Bewer, J.** "The Ge'ullah in the Book of Ruth." *AJSL* 19(1902-3) 143-48. ______. "The Goël in Ruth 4:14, 15." *AJSL* 20(1903-4) 202-6. **Brenner, A.** "Naomi and Ruth." *VT* 23 (1983) 385-97. **Brockelmann, C.** *Hebräische Syntax*. Neukirchen: Moers, 1956. **Burrows, M.** "The Marriage of Boaz and Ruth." *JBL* 59(1940) 445-54. **Bush, E. W.** "Ruth 4:17, A Semantic Wordplay." In *Go to the Land That I Will Show You*. FS D. W. Young, ed. J. Coleson and V. Matthews. Winona Lake, IN: Eisenbrauns, 1996. 3-14. **Campbell, E.** "The Hebrew Short Story: A Study of Ruth." In *A Light unto My Path*. FS J. M. Myers, ed. H. Bream, R. Heim, and C. Moore. Philadelphia: Temple UP, 1974. 83-101. **Davies, E. W.** "Inheritance Rights and the Hebrew Levirate Marriage: Part 1." *VT* 31(1981) 138-44. ______. "Inheritance Rights and the Hebrew Levirate Marriage: Part 2." *VT* 31(1981) 257-68. ______. "Ruth IV 5 and the Duties of the Go'el." *VT* 33(1983) 231-34. **Dommershausen, W.** "Leitwortstil in der Ruthrolle." In *Theologie im Wandel: Festschrift zum 150 jährigen bestehen der Kathologisch-Theologischen Fakultäit Täbingen 1817-1967*. Munich-Freiburg: Wewel, 1967. 394-407. **Ehrlich, A. B.** *Randglossen zur hebräischen Bibel: Textkritisches,*

Sprachliches und Sachliches. VII. 1914. Repr. Hildesheim: Georg Olms, 1968. 19-29. **Eissfeldt, O.** "Sohnespflichten im Ahen Orient." *Syria* 43(1966) 39-47. **Fewell, D. N.,** and **Gunn, D. M.** "'A Son Is Born to Naomi!': Literary Allusions and Interpretation in the Book of Ruth." *JSOT* 40(1989) 99-108. **Glanzmann, G.** "The Origin and Date of the Book of Ruth." *CBQ* 21(1959) 201-7. **Gordis, R.** "Love, Marriage, and Business in the Book of Ruth: A Chapter in Hebrew Customary Law." In *A Light unto My Path.* FS J. M. Myers, ed. H. Bream, R. Heim, and C. Moore. Philadelphia: Temple UP, 1974. 241-64. **Gow, M.** "Literary Structure in Ruth." *BT* 35(1980) 309-20. ______. "Ruth Quoque - A Coquette?(Ruth IV 5)." *BT* 41(1990) 302-11. **Green, B.** "A Study of Field and Seed Symbolism in the Biblical Story of Ruth." Diss., Graduate Theological Union, 1980. **Gruber, M.** *Aspects of Nonverbal Communication in the Ancient Near East.* Rome: Biblical Institute, 1980. **Gunkel, H.** "Ruth." In *Reden und Aufsätze.* Göttingen: Vandenhoeck & Ruprecht, 1913. 69-92. **Hals, R.** *The Theology of the Book of Ruth.* Philadelphia: Fortress, 1969. **Hubbard, R. L.** "Ruth IV 17: A New Solution." *VT* 38(1988) 293-301. **Humbert, P.** "Art et leçon de l'histoire de Ruth." In *Opuscules d'un Hebräisant.* Neuchâtel: Secrétariat de l'Université, 1968. 83-110(=*RTP* 26[1938] 257-86). **Hunter, A.** "How Many Gods Had Ruth?" *SJT* 34(1981) 427-35. **Hurvitz, A.** "Ruth 2:7 - 'A Midrashic Gloss'?" *ZAW* 95(1983) 121-23. **Hyman, R. T.** "Questions and Changing Identity in the Book of Ruth." *USQR* 39(1984) 189-201. ______. "Questions and the Book of Ruth." *HS* 24(1983) 17-25. **Jongeling, B.** "HZ'T N'MY(Ruth 1:19)." *VT* 28(1978) 474-77. **Köhler, L.** "Die Adoptionsform von Ruth 4:16." *ZAW* 29 (1909) 312-14. **Kutschef, E. Y.** *A History of the Hebrew Language.* Jerusalem: Magnes, 1982. **Labuschagne, C. J.** "The Crux in Ruth 4:11." *ZAW* 79(1967) 364-67. **Lacocque, A.** "Date et milieu du livre de Ruth." *RHPR* 59(1979) 583-93. **Lachemann, E. R.** "Note on Ruth 4:7-8." *JBL* 56(1937) 53-56. **Leggett D.** *The Levirate and Goel Institutions in the Old Testament.* Cherry Hill, NJ: Mack, 1974. **Levine, B.** "In Praise of the Israelite *Mišpāḥâ*: Legal Themes in the Book of Ruth." In *The Quest for the Kingdom of God.* FS G. E. Mendenhall, ed. H. B. Huffman, F. A. Spina, and A. R. W. Green. Winona Lake, IN: Eisenbrauns, 1983. 95-106. **Levine, E.** *The Aramaic Version of Ruth.* Rome: Pontifical Biblical Institute, 1973. **Lipinski, E.** "Le mariage de Ruth." *VT* 26(1978) 124- 27. **Loretz, O.** "The Theme of the Ruth Story." *CBQ* 22(1960)

291-99. ______. "Das Verhältnis zwischen Rut-Story und David-Genealogie im Ruth-Buch." *ZAW* 89(1977) 124-26. **May, H. G.** "Ruth's Visit to the High Place at Bethlehem." *JRAS*(1939) 75-78. **McKane, W.** "Ruth and Boaz." *TGUOS* 19(1961) 29-40. **Meinhold, A.** "Theologische Schwerpunkte im Buch Ruth und ihr Gewicht für seine Datierung." *TZ* 32(1976) 129-37. **Moor, J. de.** "Narrative Poetry in Canaan." *UF* 20(1988) 149-71. ______. "The Poetry of the Book of Ruth(Part I)." *Or* 53(1984) 262-83. ______. "The Poetry of the Book of Ruth(Part II)." *Or* 55(1986) 16-46. **Mundhenk, N.,** and **Waard, J. de.** "Missing the Whole Point and What to Do about It - With Special Reference to the Book of Ruth." *BT* 26(1975) 425-33. **Myers, J.** *The Linguistic and Literary Form of the Book of Ruth.* Leiden: Brill, 1955. **Nielsen, K.** "Le choix contre le droit dans le livre de Ruth: De l'aire de battage au tribunal." *VT* 35(1985) 201-12. **Phillips, A.** "The Book of Ruth - Deception and Shame." *JJS* 37(1986) 1-17. **Porten, B.** "The Scroll of Ruth: A Rhetorical Study." *GCA* 7(1978) 23-49. **Prinsloo, W. S.** "The Theology of the Book of Ruth." *VT* 30(1980) 330-41. **Rauber, D.** "Literary Values in the Bible: The Book of Ruth." *JBL* 89(1970) 27-37. **Rebera, B.** "Yahweh or Boaz? Ruth 2:20 Reconsidered." *BT* 36 (1985) 317-27. **Richter, H.-F.** "Zum Levirat im Buch Ruth." *ZAW* 95(1983) 123-26. **Robertson, E.** "The Plot of the Book of Ruth." *BJRL* 32(1950) 207-28. **Rowley, H. H.** "The Marriage of Ruth." In *The Servant of the Lord.* Oxford: Blackwell, 1952. 169-94. **Sacon, K.** "The Book of Ruth: Its Literary Structure and Theme." *AJBI* 4(1978) 3-22. **Sasson, J. M.** "The Issue of *Ge'ullāh* in Ruth." *JSOT* 5(1978) 52-64. **Schneider, T. R.** "Translating Ruth 4:1-10 among the Tsonga People." *BT* 33(1982) 301-8. **Segert, S.** "Vorarbeiten zu hebraischen Metrik: III. Zum Problem der metrische Elements im Buche Ruth." *ArOr* 25(1967) 190-200. **Staples, W.** "The Book of Ruth." *AJSL* 53(1936-37) 145-47. ______. "Notes on Ruth 2:20 and 3:12." *AJSL* 54(1938) 62-65. **Stinespring, W. F.** "Note on Ruth 2:19." *JNES* 3(1944) 101. **Thompson, D.,** and **Thompson, T.** "Some Legal Problems in the Book of Ruth." *VT* 18(1968) 79-99. **Vaux, R. de.** *Ancient Israel.* New York: McGraw-Hill, 1961. **Vellas, B.** "The Book of Ruth and Its Purpose." *Theologia* 25(1954) 201-10. **Vesco, J.** "La date du livre de Ruth." *RB* 74(1967) 235-47. **Vriezen, T. C.** "Two Old Cruces: a. Ruth iv 5." *OTS* 5(1948) 80-88. **Wright, G.** "The Mother-Maid at Bethlehem." *ZAW* 98(1986) 56-72.

서론

정경의 지위와 위치

참고문헌

Beckwith, R. *The Old Testament Canon of the New Testament Church.* Grand Rapids, MI: Eerdmans, 1985. **Bentzen, A.** *Introduction to the Old Testament.* 3rd ed. Copenhagen: Gad, 1957. **Childs, B. S.** *Introduction to the Old Testament as Scripture.* Philadelphia: Fortress, 1979. **Eissfeldt, O.** *The Old Testament: An Introduction.* New York: Harper and Row, 1965. **Leiman, S.** *The Canonization of Hebrew Scripture: The Talmudic and Mishnaic Evidence.* Transactions of the Connecticut Academy of Arts and Sciences 47. Hamden, CT: Archon, 1976. **McDonald, L.** *The Formation of the Christian Biblical Canon.* Nashville: Abingdon, 1988. **Pfeiffer, R.** *Introduction to the Old Testament.* New York: Harper, 1948. **Soggin, J. A.** *Introduction to the Old Testament.* 3rd ed. Louisville, KY: Westminster/John Knox, 1989. **Sundberg, A. C.** *The Old Testament of the Early Church.* HTS 20. Cambridge: Harvard UP, 1964. **Wolfenson, L. B.** "Implications of the Place of the Book of Ruth in Editions, Manuscripts, and Canon of the Old Testament." *HUCA* 1(1924) 151-78.

모호한 네스토리안 기독교 주석가에 의한 후기(주후 9세기)의 하나의 도전 이외에(Beckwith, *OT Canon,* 305를 보라), 유대인과 기독교 자료들 가운데서 룻기의 정경적 위치에 대한 증거는 변함이 없으면서도 증거가 많다. 신약성경(마 1:5; 눅 3:32)과 요세푸스(*Ant.* 5.9.1-4) 모두 다른 구약성경에 대해서 그러하듯 그 내용을 묘사하고 있다. 정경의 가장 초창기 목록들이 유대인(주후 2세기의 것인 랍비의 가르침을 인용하고 있는 *b. B. Bat*)과 기독교인(주후 2세기경 Sardis의 대감독 멜리토) 모두 이것을 포함시키고 있다. 그리고 그 이후 거의 모든 유대인과 기독교인의 자료는 그와 같이 주장하고 있는데, 특히 유대인 학자들 밑에서 공부한 오리겐과 제롬이 그러하다. 단 하나의 탈무드 진술만이 이것의 정경적 위치에 대해 약간의 권위 있는 자들 편에서 약간 의문시해 왔다. 랍비 시므온 벤 요하이(Yohai)는 다음과 같이 말한 것으로 전해진다(*b. Meg.* 7a). "전도서는 샤마이 학파가 보다 관대하고 힐렐 학파는 보다 엄격했던 자료들 가운데 들어 있으나, [모두가 동의하기를] 룻기, 아가서 그리고 에스더서는 손을 부정하게 만든다[고 했다](즉 정경적인 책이다. Beckwith, *OT Canon*, 304-5). 랍비가 룻기의 정경성을 확증할 필요성을 느꼈으므로 어떤 문제가 일어났었음에 틀림없다고 생각된다(의심할 여지없이 아가서와 에스더서에 대해서처럼). 룻기가 의문시되었다는 근거에 관한 제안들을 위해서는 Leiman, *Canonization*, 190 n. 104를 보라.

비록 룻기의 정경성이 실질적으로 의심 없이 받아들여지기는 했을지라도(그러나 위에 언급된 경우로 인하여), 정경에서 이 책의 위치는 변동이 가능했고 이것이 상당한 논쟁을 야기했다. KJV와 그 후에 나온 기독교 각 종파로부터 유래한 현대 영역본들 중에서 본서는 사사기와 사무엘상 사이에 위치해 있다. 이 책의 독일어, 프랑스어, 아랍어, 수리아어 성경 가운데서의 위치와 벌게이트역에서의 위치 역시 같은데, KJV를 포함한 모든 역본들이 70인경의 순서를 따른다. 그러나 NJPS와 히브리 성경의 인쇄본에서 룻기는 유대인 정경의 세 번째 부분, 케투빔 혹은 성문서 가운데 위치해 있다. 히브리 필사본과 인쇄본의 대부분 중에서 룻기는 다섯 개의 축제 두루마리(메길롯트) 가운데 하나인데, 이것들은 유대인의 종교력 가운데 다섯 개의 주요 축제 때 읽혀지기 때문에 함께 묶여져 있다.

축제 두루마리들의 다른 두 가지 순서도 발견된다. 후대의 순서는 이 두루마리들이 종교력의 연대기에 따라서 모아져 있다: 유월절(니산=3-4월)에는 아가서, 사부오트(칠칠절, 유월절 후 50일, 그러므로 5-6월)에는 룻기, 아브월(=8-9월)의 9월에는 예레미야애가, 성전 멸망 기념일, 숙곳 혹은 초막절(티쉬리월=10-11월)에는 전도서 그리고 부림절(아달=2-3월)에는 에스더서를 각기 낭독한다. 이 순서는 중세 시대 당시에 알려진 가장 좋은 필사본들을 기초로 한 1937년 이전에 인쇄된 히브리 성경의 현대판 가운데서 발견된 순서다. 초창기의 순서는 티베리안 맛소라 학자들의 작품에서 발견된 것인데(주후 9-10세기), 룻기, 아가서, 전도서, 예레미야애가, 에스더서로서 이것의 원리는 일반적으로 전승이 이 책들을 배정하던 시대의 역사적 순서인 것으로 여겨진다(아가서는 솔로몬의 젊은 시절의 작품이고, 전도서는 나이가 든 시절의 작품일 것이다). 이것은 레닌그라드 사본에 있는 순서에 기초한 *BHK*와 *BHS*의 순서인데, 이 사본은 히브리 성경의 가장 초창기에 완성된 사본이며 일반적으로 맛소라 학자들의 벤 아세르 가족의 작품을 나타내는 것으로 생각된다. [다섯 개의 축제 두루마리가 신명기 다음에 위치하고 있는, 히브리 성경 중 이러한 필사본들과 인쇄본은 이러한 책들이 성문서가 아닌 예언서에 속한 것으로 간주된다는 유대인의 전승을 반영하지 않는다. 이것들은 이것들만이 유대인의 종교력 가운데서 완전히 다 읽혀지는 책들을 편리하게 함께 묶어 두기 위하여 만들어진 중세 시대의 배열이다(Wolfenson, *HUCA* 1〈1924〉 154-58를 보라).]

비록 이것이 대다수 필사본들과 인쇄본 가운데서 룻기의 위치일지라도, 이것은 비교적 후대의 것으로 말해지고 있다. 이것은 유대인의 종교력의 주요 절기에 이 다섯 책들을 읽는 관습이 되었던 시기 이후까지는 생겨날 수 없었는데, 그 관습은 점차적으로 주후 6-10세기 동안 생겼다(Wolfenson, *HUCA* 1[1924] 163-67; Beckwith, *Canon*, 202-3를 보라). 그러나 만일 초창기 유대인 전승을 고려한다면 성문서 내에서 룻기의 위치는 변동될 수 있는 것이며, 그 위치가 원래의 것인지에 대한 문제, 곧 본서의 연대와 같은 현안 문제에는 중요한 질문을 일으킨다.

맛소라 학자들의 시기에 앞서 (오경의 다섯 책들이 아닌) 구약 정경의 책들의 순서와 배열에 대한 우리의 증거는 제한되어 있고 해석에 따라 달라질 수 있다. 완전한 성경의 필사본들이 거의 나와 있지 않고 단일한 책들 가운데 각 필사본이 있는 사해 사본 이외에, 우리는 주후 10세기 이전의 완전한 히브리 필사본을 소유하고 있지 않다. 오히려 우리의 증거는 당시의 유대인들 사이에 유행하던 관습을 인용하고 있는 유대인의 자료들 자체나 혹은 기독교 자료로부터 나온 광범위한 문서 가운데 나타난 목록들로 이루어져 있다. 유대인의 자료로부터 나온 우리의 유일한 세부적 증거(요세푸스의 진술에 관해서는 아래를 보라)는 바벨론 탈무드인데(*b. B. Bat.* 14b), 이것은 선지서와 성문서의 순서를 기록하고 있다. 바벨론 탈무드는 주후 5세기 말-6세기 초의 것이지만, 목록 자체는 바라이타(baraita), 즉 주후 처음 두 세기 동안 살았던 랍비 학자들인 탄나임의 글로부터 인용한 것이다(참조. Beckwith, *Canon*, 26-27). 이 구절은 룻기를 시편 바로 앞인 성문서의 초두에 두고 있다(Beckwith, *Canon*, 122; 이 페이지는 Leiman, *Canonization*, 51-53 가운데 상세히 인용되어 있다. 그렇다면 이 순서가 수많은 중세 시대 히브리 필사본을 따랐다는 것은 놀라운 것이 아니다. Wolfenson, *HUCA* 1[1924] 160-61에 있는 도표를 보라). 후대에 절기 두루마리가 되었던 다섯 권의 책들의 나머지 것은 성문서 가운데 분리된 책들로 열거되어 있고 한 그룹으로 함께 모여 있지 않았다. 분명하게 진술되지는 않았을지라도, 그렇게 열거된 책들의 숫자는 예언 부분에 8개, 성문서 부분에 11개인 모두 19개인데, 이것들이 오경의 다섯 권의 책들과 함께 24권의 정경을 이루게 된다. 이것은 탈무드의 여러 다른 구절들 가운데 일정하게 주어진 숫자(대표적인 목록에 관해서는 Leiman, *Canonization*, 53-56를 보라)와 일치하며, 주후 약 100년경의 것인 제4에스라서 14:44-48에 암시된 것과도 일치한다(참조. Beckwith, *Canon*, 240-41). 유대인의 자료로부터 나온 이 증거에 주후 4세기 말경에 기록한 제롬의 증거도 덧붙여야 할 것이다. 이와 관련하여 제롬이 여러 랍비들 아래서 공부했던 히브리어 학자였다는 사실은 의미심장하다(가끔 논란이 되는 유대인의 자료들을 인용하면서 말하는 그의 주장의 신빙성에 관해서는 Beckwith, *Canon*, 119-22, 204-6를 보라). 제롬 역시 본질적으로 바벨론 탈무드와 일치하는 유대인의 견해에 대해 알고 있다. *Prologus Galeatus*(사무엘-열왕기의 벌게이트역에 대한 자신의 서문)에서 그는 "몇몇 사람(즉 유대인)은 룻기와 기노트(예레미야애가)를 하기오그라파(성문서) 사이에 두었으며 이러한 책들이 자기들의 계산에 [분리하여] 계산되어야 한다고 보고, 그러므로 옛 율법서에는 24권의 책들이 있다고 생각한다"고 말한다(괄호는 덧붙여진 것임; 이 구절에 관해서는 Beckwith, *Canon*, 120를 보라).

그러나 이와 같은 논의 가운데 보다 이른 부분에서는 위의 내용과 대립을 보이면서 유대인들이 22글자를 자기들의 알파벳으로 사용하고 있으므로 구약성경의 숫자를 22권으로 계산한다고 말한다. 그러고 나서 그는 유대인 성경의 세 부분의 순서에 따라 책들을 열거하고 있으며, 22라는 수의 계산을 맞추려고 룻기를 사사기와 함께, 예레미야애가를 예레미야서와 함께 열거한다. 그는 룻기에 대해서 "그렇다면 그들은 사사기에 덧붙이며, 그들은 그 책 안에 룻기를 포함시키는데, 그 이유는 그 책 안에 서술된 사건들이 사사 시대에 일어났기 때문이다"라고 한다(Beckwith, *Canon*, 120). 여기서 룻기는 성문서에 들어 있지 않고 예언서 모음집 사사기와 사무엘서 사이에 포함되어 있는데, 70인경과 벌게이트역과 기독교 전승의 나머지 부분에서 가지고 있는 위치와 같다. 같거나 혹은 유사한 효과를 위하여 자주 인용되는 다른 교회 교부들의 증거를 다루기는 어려운데, 그 이유는 이 책이 구약성경의 정경의 순서와 배열 속에 들어올 당시 그들이 기독교인들의 입장에 의존하고 있는 것처럼 보이기 때문이다(사아디스의 멜리토에 관해서는 Beckwith, *Canon*, 183-85, 오리겐에 관해서는 185-87의 논평을 보라). 자주 인용된 가장 초창기 목록은 요세푸스에 의하여 주후 1세기 마지막 10년에 나왔는데, 그 역시 구약성경의 숫자를 22권으로 제시하고 있으나 그것들을 열거하고 있지는 않다(*Against Apion* 1.7-8). 이 숫자를 얻어내기 위하여 요세푸스는 예레미야애가와 예레미야서를 합해야 했으며, 비록 이것은 룻기를 시편과 함께 계산했었다는 사실을 의미하지만(탈무드의 순서처럼), 일반적으로 그가 룻기를 사사기와 합했음에 틀림없다고 결론지어진다(참조.

Beckwith, *Canon*, 253).

성문서가 아닌 예언서 모음집 속에 있는 룻기의 위치에 대해 초창기 유대인 자료들로부터 나온 이 증거는 이 위치가 연대기적으로 앞선다는 데 대해 상당한 논란을 일으켰다. 이 문제는 어느 정도 중요한 것인데, 그 이유는 성문서에서 룻기의 위치가 자주 이 책이 포로 후기 연대의 것임에 틀림없다는 사실을 암시하는 것으로 취급되기 때문이다(아래 **연대**에 있는 논의를 보라). 주석가들은 대부분 룻기를 예언서가 아닌 성문서 가운데 두는 전승이 원래의 전승임에 틀림없다고 결론지었다. 이 결론은 가장 자주 알렉산드리아 정경 가설로 지칭된, 기독교 정경의 발전에 대한 표준적이고도 전통적인 입장에 근거하여 논증이 되어 왔는데, 이것이 18세기에 제안된 이래 최근까지 실질적으로 학계를 지배해 왔다(참조. 초창기 Pfeiffer[1941]와 Bentzen[1948]의 이전의 서론 그리고 Soggin[1987]의 제3판). 이 입장에 따르면, 알렉산드리아의 헬라화된 유대인들(그리고 전반적인 디아스포라들)은 유대인의 정경의 책들을 자신들의 팔레스틴 형제들과는 다르게 배열하고 순서를 정했으며, 또 거기에다가 개신교에서는 외경으로 알려졌고 로마 카톨릭 전승에서는 70인경의 가장 초창기 포괄적인 필사본에서 입증된 것으로서 제2정경으로 알려진 책들을 포함시켰다. 이 "알렉산드리아인"의 배열은 팔레스틴 유대인의 정경보다 부차적이고, 또 그것으로부터 유래되었으며, 발전하고 있는 초대 기독교에 의하여 채택된 것이었다(이 가설의 간단명료한 진술과 그 발전을 위해서는 Sundberg, *The OT of the Early Church*, 3-40를 보라). 두 개의 다른 팔레스틴 정경과 알렉산드리아 정경에 대한 이 입장을 제공하자, 룻기를 사사기 다음에 두었던 정경의 순서와 분류는 이 알렉산드리아 정경으로부터 유래되었으며 팔레스틴 유대인의 "히브리어" 정경으로부터 유래되지 않았다는 사실이 대부분의 주석가들에게는 분명하게 보였던 것이다(예를 들어, Rudolph, 23-24를 보라).

그러나 최근의 조사와 발굴물들은 더 광범위한 알렉산드리아 정경에 대한 입장을 지지할 수 없게 했을 뿐만 아니라(Sundberg, *The OT Canon of the Early Church*, 51-74; Beckwith, *Canon*, 382-86) 동일하게 의심스러운 부수적인 것으로 그리고 히브리 성경의 정경이 3단계에 걸쳐서 완성되었다는 일반적으로 받아들여진 입장으로 만들었다(참조. 예를 들어, Eissfeldt, *Introduction*, 564-68): 즉 주전 5세기 말경에 율법, 주전 3세기 말경에 선지서, 가상적인 얌니아 회의와 관련된 주후 1세기 말에 성문서(차일즈의 간략한 개요, *Introduction*, 564-68를 보라). 사실상, 이러한 조사와 발굴물들은 정경화 과정의 복잡성과 우리의 정보의 결핍을 너무나 드러내고 있으므로, 사해 근처에서 발굴된 많은 새로운 자료들이 있음에도 불구하고 그 어떤 종합적 의견도 현재는 불가능하다(참조. Childs, *Introduction*, 54-57의 논평을 참조하라. 그리고 Sundberg, *OT Canon of the Early Church*; Beckwith, Canon; McDonald, Formation의 전혀 다른 결론들을 유의하라). 어쨌든 의견의 일치를 저해했던 발전들 가운데 두 가지가 여기서 우리가 상고해 볼 만한 중요한 것들이다. 첫째로, 헬라화된 유대주의가 대개 팔레스틴 유대주의를 의존하지 않았다는 사실이 분명하게 드러났다. 사실상 이 두 그룹 사이에는 언어와 사상의 긴밀한 일치가 있었다(Beckwith, *Canon*, 30-31를 보라). 둘째로, 이러한 상태와 관련하여 사해 사본의 발견은 문예적 근거에서(토빗, 유딧, 바룩, 마카비1서 그리고 다니엘서에 덧붙여진 글들을 포함하여) 대다수의 외경이 초창기에는 팔레스틴 유대인 저자들이 기록했을 원래 히브리어로 기록되었다는 사실을 당연한 것으로 확정해 주었다.

우리가 가한 질문의 결과는 명백하다. 위에 인용된 고대의 권위 있는 책들의 증거는 정경의 두 배열－룻기를 사사기 다음에 선지서들 사이에 두는 것과 룻기를 시편 바로 앞에 성문서들 사이에 두는 것－이 최소한 주후 처음 두 세기보다 이른 시기에 팔레스틴 유대인 사이에서 존재했었다는 사실을 드러내 준다(Beckwith, *Canon*, 181-222). 헬라화된 유대인들에 의하여 룻기가 선지서로 옮겨졌는데, 이것이 그들의 정경인 70인경에 반영되어 있다고 가정하는 것은 가능하지 않다. 이것은 선지서들과 성문서들에 대한 이러한 다른 배열이 유대인 공동체 가운데 다른 분파들 사이에서 일어났고, 또한 최소한 주후 4세기 말경인 제롬 당시까지 존재했었다는 경우에만 가능하다. 어떻게 하나의 배열이 후대에 탈무드에 반영되어 있는 바와 같이 랍비 전승에서만 사용하는 배열이 되었으며, 다른 것은 궁극적으로 70인경에 반영된 전승의 흐름으로 나아갔는지는 전혀 알려져 있지 않다. 뿐만 아니라 이 둘 가운데 어느 것이 더 이른 것인지 혹은 원래의 것인지를 결정할 만한 그 어떤 정보도 가지고 있지 않다(Eissfeldt, *Introduction*, 569; Gerleman, 1과 반대로; "원래의" 순서가 없었다는 입장에 관해서는 Wolfenson, *HUCA* 1[1924] 170-75를 보라). 보다 개연성 있는 입장(Beckwith, *Canon*, 256)은 책들을 룻기를 사사기 다음에 두는 22권으로 세었던 전승이 책의 숫자를 히브리어 알파벳 숫자와 다소 인위적으로 맞추려는 데서 일어난 후대의 발전이라는 사실만을 말할 수 있을 뿐이다. 이른 시기에 22권으로 하는 배열이 후기에 24권으로 확대되었다고 상상할 만한 그럴듯한 이유가 없다. 만일 이것이 사실이라면, 시편 바로 앞 성문서에 포함되어 있는 룻기의 위치가 더 이른 시기의 것이고, 이런 의미에서 이 배열이 원래의 것이다(참조. Beckwith, *Canon*, 158-59, 252-56; 또한 Campbell, 34-36의 논평을 유의하라).

본문

참고문헌

Baillet, M., Milik, J. T., and **Vaux, R. de.** *Les 'Petites Grottes' de Qumrân.* Discoveries in the Jadean Desert of Jordan 3. Oxford: Clarendon, 1962.

본서의 본문과 주석 부분이 기초하고 있는 룻기의 본문은 *BHS*에 나타나 있는 것과 같은 약자 L로 표기하는 레닌그라드 사본 B19[A], *Codex Leningradensis*의 본문이다. 이 사본은 주전 1008년 혹은 1009년의 것이며, 히브리 대학교 계획에 의하여 알렙포(Aleppo) 사본의 비평판의 최종적 완성을 두고 있는 것으로서, 비평적 각주를 가지고 있는 티베리안 맛소라 학자들 중 벤 아세르(Ben Asher)의 모음 부호가 붙여진 본문이며, 본문에 대한 유일하게 입수할 수 있는 것으로써 아직까지는 "완성된 히브리 성경 중 가장 오래된 필사본이다"(*BHS*, xi). 이 본문에 기초하여 "룻기의 본문이 매우 잘 보존되어 왔다"는 루돌프의 평가(Rudolph, 25)는 전혀 부인할 수 없다(참조. Gerleman, Hubbard, Sasson; Joüon에는 반대됨). 2:7의 마지막 여덟 개의 단어들만이 해결할 수 없는 본문상의 난점을 제공하고 있으며, 이 문장은 다행스럽게도 그 장면과 관련된 이해에 심각하게 영향을 주지는 않는다(그 곳의 "주석"을 보라).

역본들 가운데 들어 있는 증거를 통하여 제안된 다양한 독법들과 관련하여, 필자의 생각에는 MT 본문이 그러한 독법들에 뒤떨어지는 세 개의 본문만이 있을 뿐이다. 1:13에서 할라헨(הלהן)은 할라헴(הלהם)으로 읽혀져야 한다. 4:4에서 이그알(יגאל)은 티그알(תגאל)로, 4:5에서 콰니타이(קניתי)는 콰니타(קָנִיתָה)로 읽혀져야 한다(같은 부분에 있는 논의를 보라). 여러 주석가들은 LXX과 Syr에 있는 독법에 근거하여 20여 개 혹은 그 이상의 본문 수정을 제안해 왔다(예를 들면 Rudolph, 25는 자신이 LXX의 독법이 우월하다고 판단하는 7개의 다른 구절들을 열거하고 있다). 고려할 가치가 있는 것들은 그 부분에서 논의가 되겠지만, 세밀하게 조사해 보면 그 어느 것도 MT보다 우월한 독법은 없다.

더 나아가서 수많은 이문들이 다른 히브리어 필사본과/혹은 MT의 케티브/케레 독법이라는 근거에서 제안되어 왔다(*BHS*의 각주들은 대략적으로 그러한 18개의 이문들을 기록하고 있다). 이것들 가운데 5개만이 L의 자음 본문보다 우월한 독법을 나타내고 있다. 2:1에서는 모다(מודע)가 모이다(מידע)보다 낫다. 3:12에서는 임(אם)이 삭제되어야 한다(맛소라를 따르는 케티브 *wĕlô* 케레). 3:14에서는 마르겔타우(מרגלתו)가 아닌 마르겔로타이우(מרגלתיו)로, 또한 베테롬(בטרום)보다는 베테람(בטרם)으로 읽어야 한다. 그리고 4:4에서는 웨에다(ואדע)보다는 웨에다(ואדעה)로 읽어야 한다(그 부분의 논의를 보라).

마지막으로 룻기의 네 개의 필사본 단편들은 쿰란에 있는 발굴물들 가운데서 드러났고, 제2동굴에서 나온 두 개가 *Les 'Petites Grottes'*(71-75)에 출판되었고, 제4동굴로부터 나온 두 개는 아직 출판되지 않았지만 사진본을 통하여 Campbell (40-41)에 의하여 연구되고 있다. 이 본문들은 그 형태와 명료함에 있어서 본질적으로 맛소라 본문과 같은데 중요한 한 개의 독법, 즉 방금 언급한 3:14에서 마르겔로타이우(מרגלתיו)만이 다르다.

단일성

참고문헌

Ap-Thomas, D. "Book of Ruth." *ET* 79(1968) 369-73. **Berlin, A.** *The Dynamics of Biblical Parallelism.* Bloomington: Indiana UP, 1985. ______. *Poetics and Interpretation of Biblical Narrative.* Sheffield: Almond, 1983. **Brenner, A.** "Naomi and Ruth." *VT* 23(1983) 385-97. **Bush, F.** "Ruth 4:17, A Semantic Wordplay." In *Go to the Land I Will Show You.* FS D. W. Young, ed. J. Coleson and V. Matthews. Winona Lake, IN: Eisenbrauns, 1996. 3-14. **Childs, B.** *Introduction to the Old Testament as Scripture.* Philadelphia: Fortress, 1979. **Eissfeldt, O.** *The Old Testament: An Introduction.* Tr. P. Ackrovd. New York: Harper and Row, 1965. **Fohrer, G.** *Introduction to the Old Testament.* Tr. D. Green. New York: Abingdon, 1968. **Glanzmann, G.** "The Origin and Date of the Book of Ruth." *CBQ* 21(1959) 201-7. **Hoftijzer, J.** *The Function and Use of the Imperfect Forms with Nun Paragogicum in Classical Hebrew.* Assen: Van Gorcum, 1985. **Kirkpatrick, P. G.** *The Old Testament and Folklore Study.* JSOTSup 62. Sheffield: JSOT, 1988. **Kugel, J.** *The Idea of Biblical Poetry: Parallelism and Its History.* New Haven/London: Yale UP, 1981.

Loretz, O. "Das Verhältnis zwischen Rut-Story und David-Genealogie im Rut-Buch." *ZAW* 89(1977) 124-26. **May, H.** "Ruth's Visit to the High Place at Bethlehem." *JRAS*(1939) 75-78. **Moor, J. de.** "The Poetry of the Book of Ruth(Part I)." *Or* 53(1984) 262-83. ______. "The Poetry of the Book of Ruth(Part II)." *Or* 55(1986) 16-46. **Rowley, H.** "The Marriage of Ruth." In *The Servant of the Lord and Other Essays on the Old Testament.* 2nd ed. Oxford: Blackwell, 1965. 171-94. **Segert, S.** "Vorarbeiten zur hebräischen Metrik, III: Zum Problem der metrischen Elemente im Buche Ruth." *ArOr* 25(1967) 190-200. **Shearman, S.,** and **Curtis, J.** "Divine-Human Conflicts in the Old Testament." *JNES* 28(1969) 231-42. **Sheehan, J.** "The Word of God as Myth: The Book of Ruth." In *The Word in the World.* FS F L. Moriarity, ed. R. Clifford and G. MacRae. Weston, MA: Weston College, 1973. 35-46. **Staples, W.** "The Book of Ruth." *AJSL* 53(1937) 145-57. **Wilson, R.** *Genealogy and History in the Biblical World.* New Haven: Yale UP, 1977. ______. "The Old Testament Genealogies in Recent Research." *JBL* 94(1975) 169-89. ______. *Sociological Approaches to the Old Testament.* Philadelphia: Fortress, 1984. **Wright, G.** "The Mother-Maid at Bethlehem." *ZAW* 98(1986) 56-72. **Zevit, Z.** "Converging Lines of Evidence Bearing on the Date of P." *ZAW* 94(1982) 481-511.

룻기에 대해 연구를 해 온 거의 모든 사람들은 4:22에 있는 족보만을 제외하고 단일한 것이라는 데 동의한다. 내가 보기에 다른 구약성경 본문들에 들어 있는 복잡한 기원을 가지고 있다는 이론으로 이끌어 갈 만한 불균형, 부조화, 반복, 문학적 스타일과 구술에서의 전환이나 두드러지게 짜 맞춘 부분은 없다. 사실상, 지난 수십 년 간 성경 연구를 지배해 온 기원 문제에 절대적 관심과 애정이 주어졌는데, 아마도 설화에 대한 초창기 자료들이 너무나 빈약하다는 생각이 본서의 분명한 단일성에 대한 중요한 증거일 것이다. 그것들을 보증할 설화 가운데 충분한 불균형과 난점들이 있다는 가정에 근거하여 그리고 이 근거에서 더 이른 시기의 다른 이야기들이 있다고 상상하면서 최소한 두 가지 이론이 주장되어 왔다.

글랜즈만(Glanzmann)은 본문 작성의 여러 단계들은 본서의 어떤 언어학적 특징들을 설명하는 데 인정되어야만 했던 입장에 근거하여 이야기의 3단계 발전을 주장했다(*CBQ* 21[1959] 207). 그러나 그 주장은 불합리한 추론일 뿐이다. 마이어의 연구(이에 대해서는 아래를 보라)에 대한 우발적인 언급에 의해서만 글랜즈만이 구체화하고 있는 하나의 모호한 "시적 성격" 이외에, 구전 형태로 되어 있는 오래된 시적 이야기로 취급된 제1단계 언어학적 증거는 이중적이다. 첫째로, 그것은 본서의 고유명사 집에 단순히 근거하고 있는데(오벳과 보아스를 제외하고 그 모두가 구약성경 어디에도 나타나지 않는다), 글랜즈만은 이것을 우가릿어 고유명사집과의 비교에 근거하여 초창기 것으로 그리고 비이스라엘계의 것으로 생각하며 그런 까닭에 후대의 저자가 고안해 낼 수 없는 것으로 생각한다. 그러나 이 입장이 필요로 하는 "침묵으로부터 얻어낸 논증"(argument from silence)이라는 일반적인 약점은 고사하고, 후대의 연구는 이 이름들이 대부분 주전 2000년에 국한되지 않고 일반적인 서방 셈계의 것임을 입증해 냈다(참조. Sasson, 17-21, 241; Hubbard, 88-90, 94-95의 언급). 그렇다면 비이스라엘계 사람이라는 증거는 없으며 그들이 초창기 인물일 필요도 없다. 이 단계에 대한 두 번째 증거물은 눈(n) 어미음 첨가물—이 가운데 여섯 개가 룻기에서 발견됨—을 가진 미완료형이 고전 히브리 산문체의 특징이 아니고 "가장 오래된 히브리 시"의 특성이라는 가정이다(*CBQ* 21[1959] 207). 사실상, 정확하게 상반되는 것이 이 경우다. 이 형태에 대한 호프타이저(Hoftijzer)의 충분한 연구를 참조하라. 84개의 문서들이 산문체 구절들에서 사용되고 이에 대하여 시문 가운데 61개로 되어 있는데, 이것들 모두가 "오래된 것"은 아니다(*Function and Use*, 5, 58). 다른 두 단계의 증거가 존재하는데, 한편으로는 "포로 후기의 편집된 작품"의 증거로 가정된 "후기" 형태이고(*CBQ* 21[1959] 204), 다른 한편으로는 포로 전기의 "중간기 문학 단계"의 증거로 해석된 것으로, 설화의 나머지 부분의 포로 전기 산문체 스타일로 가정된 고전적 형태다(205). 그러나 만일 인용된 형태가 후대의 것이라고 부여된다면, 그것들이 편집자의 작품이라는 검증되지 않은 가정은 그 어떤 증거에도 기초하고 있지 않으며 전혀 개연성이 없어 보인다(역사적·언어학적 원리에 근거한, 시간에 따라 언어가 바뀐다는 증거로서 그들의 해석에 관해서는 아래의 **연대**에 있는 논의를 보라).

최근에 브렌너(Brenner)는 "룻기가 두 개의 전혀 다른 내용, 즉 나오미 이야기와 룻 이야기"로 구성되어 있다고 주장했는데, 그것들은 각기 "원래 분리된…민담에 속했으며" "그것들을 묶어 주고 있는 짜깁는 자국이 한층 더 분별하기 쉽다"고 주장했다(*VT* 23[1983] 385). 그러나 그러한 짜깁는 자국들은 전혀 나타나지 않는다. 두 개의 성분이 있다는 근거는 "쉽게 풀 수 없는 난점이 있다"는 브렌너의 의견일 뿐이다(385). 어쨌든 세밀하게 검토해 보면 이러한 난점들은 브렌너가 그것들을 그렇게 만들었기 때문이다. 즉 이 이야기의 문제와 구성 그리고 주요 주인공들의 성격 묘사에 대해 주의 깊은 해석을 한다면 이러한 난점들이 하나의 부드럽게 이어지는 단일 작품이요 잘 짜여진 이야기임이 드러난다. 그러므로 4:13-17에서 구속받은 자(기업 무름을 받는 자)가 나오미냐 룻이냐 아니면 둘 다냐는 문제(385-86)는 브렌너가 세이쏜(Sasson)의 해석의 각주에 있는 우발적인 언급을 통하여 세우려고 하는 것이다. 사실상, 룻은 4:14-15에서 나오미의 "기업 무르는 대리자"로 기술되고 있지 않다(385-86). 오히려 나오미의 기업 무르는 대리자는 분명하고도 명백하게 룻과 보아스 사이에서 태어난 아이다. 룻이 그 이후에 언급되지 않는다는 사실은 4:13-17에 진술된 이야기의 문제 해결의 일관된 부분(아래의 그 곳에 있는 "해설"을 보라), 곧 나오미의 삶을 고통스럽게 했던 죽음과 결손에 잘 어울린다. 둘째로, 이어지는 장면에서 "역할 교대"와 나오미와 룻의 "두드러진 위치"(394, 386-87) 역시 이야기의 줄거리가 할애되어 있는 해결에 그 주요 문제가 설명된 바 있는 것으로서 실질적인 난점을 불러일으키지 않는다. 1장이 이야기 가운데 문제의 실질적이고도 감동적인 특성, 즉 그녀의 삶을 고통스럽게 했던 죽음과 결손이라는 배경을 설정하는 데 할애되어 있으므로 1장에서는 나오미가 주요 인물이다(아래의 1:7-19a과 1:19b-22의 "해설"을 보고, 특히 아래의 장르 부분에 있는 도표를 보라). 이와 같이 2장에서 룻과 나오미의 역할에 관한 부조화나 난점은 전혀 없다. 브렌너는 지나치게 나오미의 역할을 축소시키고 지나치게 룻의 역할을 과장한다. 나오미의 피동성은 1장에서 너무나 강렬하게 묘사되어 있는 쓰라림과 절망감과 조화를 이루고 있으며, 본 장 전체에 걸쳐서 그런 것은 아니다. 그 반대로 세 번째 장면인 17b-23절에서 그녀는 룻이 모아 온 큰 분량의 곡식과 그녀가 점심 식사 때 먹고 남은 음식의 양을 보고 놀라서 흥분하여 질문들을 던진다. 더 나아가서 룻에게 은혜를 베푼 자가 보아스라는 사실을 듣고 그녀는 여호와께서 그를 축복하시기를 구하면서 찬양의 기쁜 탄성을 지른다. 나오미는 활력을 되찾고 이어지는 장면에서 주도권을 쥐고 행동한다. 룻은 결코 "단독으로 행동"하지 않고 나오미와 함께 자신의 계획을 성실하게 행한다(386). 오히려 그녀는 자신이 곡식을 모으는 데 있어서 나오미의 재가를 구하고 있으면서 이야기 내내 시어머니로서 나오미의 주도적 역할을 인정하고 있다. 간단히 말해서 브렌너가 난점이라고 생각한 모든 난점들은 이야기의 문제점에 대한 정확한 이해가 가능한 전체의 일관성 있는 내용 속에 통합되어 있으며, 그 해결책은 다음에 나오는 "주석" 부분에서 분명하게 다루어질 것이다.

분리된 이야기들이 후대에 합쳐졌다고 상상하지는 않을지라도, 마이어즈(Myers)는 그 이야기가 시 형태로 구전으로 전달되었던 초창기 단계가 있었다고 주장했다.

마이어즈는 본서의 장면들이 "시적 모음집들로 가득 차" 있다는 주관적 판단에 의하여 자기의 전반적 이론을 정당화하고 있는데(*Linguistic and Literary Form*, 34), 특히 (1) 수많은 단어들과 문구들이 구약성경의 시가와 같다는 사실을 찾아냄으로써(34-36), (2) 수많은 구절들을 당시 유행하던 운율론과 시적 대구법으로 판단함으로써 그렇게 주장한다. 마이어즈가 증명하고 있는 히브리 시론(詩論)의 타당성을 인정할지라도, 대부분의 학자들은 그가 자신의 논리를 정립하는 데 실패했다고 믿고 있는데(*ArOr* 25[1967] 190-200), 예를 들면 마이어즈가 자신의 시행(詩行)들을 운율적으로 맞추기 위하여 수정을 자주 가해 왔다고 주장한다. 그러나 그 외에도 보다 낡은 입장의 특징을 나타내 보였던 산문과 시문 간의 매끄러운 상이점은, 지금은 히브리 산문과 시문 간의 구별이 날카롭거나 분명하지 않고 가끔은 구별하기 어려운 "고결한 스타일"이라는 훨씬 더 복잡한 분류법을 지지하면서 심각하게 도전을 받아 왔다(Kugel, *Idea*, 59-95, 특히 85를 보라; 간결하고도 유용한 논의에 관해서는 Berlin, *Dynamics*, 1-7를 보라). 그러므로 드 무어(de Moore)는 서방 셈어의 "서술적 시"를 주장했고, 오히려 그것을 룻기에 적용했다(*Or* 53[1984] 262-83; 55[1986] 16-46). 그러한 입장들에 관하여 결론지은 것이 무엇이든 간에 그들은 본서의 "시적 기원"이라는 이론의 오류를 드러낸다. 그리고 그러한 모든 입장에 대해 최후의 일격을 가하기 위하여 민화(民話) 연구에 대한 최근의 현지 조사 결과로 스타일의 특징에 근거하여 구술 본문과 기록 본문 간에 구별을 한다는 것은 더 이상 호소력이 없다는 사실이 드러났다(Kirkpatrick, *OT and Folklore*, 116-17, 특히 51-72를 보라).

이스라엘 종교에서 신화의 풍조와 신화적 의식의 선례가 있었다는 이론들에 근거하여, 고대 세계 즉 셈어계와 헬라어권 특유의 것으로 생각되는 풍요 제의 전설 가운데 하나 혹은 다른 것에서 기원되었거나 그리고/혹은 그와 유사하다는 사실을 주장하기 위하여 계속 시도되어 왔다(Staples, *AJSL* 53[1937] 145-47; May, *JRAS* [1939] 75-78; Shearman and Curtis, *JNES* 28[1969] 231-42; Sheehan, "Word of God as Myth"; 그리고 최근에는 Wright, *ZAW* 98[1986] 56-72). 이 이론들은 신화가 인명과 지명 혹은 이야기 구성의 여러 부분에 결합되어 있다고 파악한 것에 기초하고 있다. 그러므로 예를 들어, 기근으로 인해 나오미가 모압으로 간 것과 그 땅에 다시 소출이 증가했을 때 귀환한 것은 결국에는 한 사람의 구세주, 즉 왕으로 태어난 한 남자 가운데서 나타나는 "하나의 연합"(a union)으로 말미암아 특징지어진 추수 축제 가운데 절정을 이루는 귀환으로서, 사라졌다가 귀환하는 중동의 식물의 신이라는 익히 잘 알려진 "원래의 전설"을 반영하고 있는 것으로 생각된다(59). "자명한"(59), "명백한" 평행절들로 판단된 이러한 입장들은 분명히 이미 설득이 된 문제에 접근하는 사람들에게만 그러하다(Staples and May의 입장들에 대한 설득력 있는 비판에 관해서는 Rowley, "Marriage of Ruth," 189 n. 2를 보라).

자주 4:18-22의 결론적 족보 기록이 본래 이 이야기에 속한 것이 아니고 부차적인 첨가물이라고 주장되어 왔으며, 수많은 학자들은 4:17c의 "그는 다윗의 아비인 이새의 아비다"도 그러한 첨가물에 포함시켰다. 이 후자의 입장은 주로 이 이야기가 본래 다윗이나 그의 가문과 전혀 관계가 없었다는 부가적 결론을 포함시킨다(예를 들어, Eissfeldt, *Introduction*, 479; Fohrer, *Introduction*, 250-51; Gray, *NCBC*, 372-74; Loretz, *ZAW* 89[1977] 125-26; Würthwein, 1-3; 그러나 Childs, *Introduction*, 566를 보라. 그는 그것들의 부가적 첨가는 룻을 다윗에게 연결시키는 전승의 역사성에 관해서 아무것도 말해 주지 않는다고 주장한다). 이 입장을 받아들이는 대부분의 사람들은 4:17a-b이 이름을 잘못되게 거론하고 있고, 그러므로 여기서 후대의 편집자의 접합을 볼 수 있다는 아이쓰펠트(*Introduction*, 479)의 주장에 기초해 왔다(예를 들어, Fohrer, Gray, Würthwein). 그러나 만일 4:17이 구약성경의 이름을 거론하고 있는 문맥 전체를 세밀하게 검토한다면, 이것은 나오미의 생명과 상당한 부의 회복에 대한 기사 문맥에 알맞게 명시하고 있는 사람들의 완벽한 실례로 이해될 수 있다(Bush "Ruth 4:17," 3-14, 그리고 4:17의 "주석"에 있는 논의를 보라). 더 나아가서 최근의 학계는 보다 전반적으로 이 이야기에 다윗이 모압인 증조모의 후손이었다는 잘못된 주장을 덧붙이려는 그 어떤 시도도 전혀 있을 것 같지 않다고 결론지었다(참조. Ap-Thomas, *ET* 79[1968] 370; Gerleman, 7-8; Rudolph, 29). 특히 이것은 이러한 시도가 가정되는 후기 이스라엘 역사에서 그러할 것인데, 그 이유는 후기에는 다윗이 지극히 신성한 이스라엘의 거룩한 왕이 되었고(Gerleman, 8-9), 메시아의 전형이며(Rudolph, 29-30), 반면에 모압은 언제나 부정적으로 간주되었기 때문이다(신 23:3-4).

어쨌든 훨씬 더 큰 일치점은 마지막 족보 자체(4:17c 제외)를 후대의 가필로 간주한 점이다. 이것은 여러 논증에 기초하고 있는데, 내 의견에는 그 어느 것도 설득력이 없다. 그러므로 룻기의 연대를 포로 후기로 잡는 사람들에게는 그 족보가 후대의 것임은 분명히 서론의 공식 문구인 웨엘레 톨도트(וְאֵלֶּה תּוֹלְדוֹת, "…의 세계는 〈후손들은〉 이러하니라")와 동사형 홀리드(הוֹלִיד, "낳았다")에 의하여 암시되어 있다는 것이다. 이것들이 오경에 대한 포로 후기 제사 문서의 특징이고 포로 전기 야위스트와 엘로히스트 자료의 특징이 아니므로 이 족보는 후대의 것임에 틀림없고, 따라서 부차적인 본문이라는 것이다(참조. Gerleman, 38). 그러나 제사 문서의 포로 후기 연대는 점차적으로 의문시되기 시작하고 있는데, 특히 역사적 언어학 원리들의 적용을 통해서(참조. 아래의 **연대**에 있는 참고서적, 특히 Hurvitz의 연구서들), 그리고 지금 이루어지고 있는 여러 종류의 포로 전기 연대를 위한 논증에 대한 의미심장한 증거를 통해서다(예를 들어, Zevit, *ZAW* 94[1982] 481-511를 보라). 게다가, 만일 역사적 언어학으로부터 얻은 내 논증, 말하자면 룻기의 언어가 표준 성경 히브리어와 후기 성경 히브리어 사이의 변천 기간의 가장 초창기의 연대라는 논증이 설득력이 있다면(아래 **연대**를 보라), 그리고 만일 제사 자료가 포로 전기(혹은 포로기)의 것이라면, P와 룻기가 모두 같은 혈통의 족보 공식 문구에서 야기 되었다는 사실은 4:18-22이 후대의 첨가물이라고 가정할 근거가 못된다.

한편으로 베레스로부터 다윗에 이르기까지의 기간에 10세대보다 훨씬 더 많은 세대가 있었을 것임에 틀림없으므로 이 족보가 역사적 검증을 견디지 못할 것이라고 주장되어 왔으며(Rudolph, 72), 다른 한편으로는 룻기 저자와 같은 숙련된 예술가가 너무나 현학적이고도 미학적으로 어색하거나 일치하지 않는 장르에 의지하면서 자신의 이야기를 완성시키지 않았을 것이라고 주장되어 왔다(참조. Campbell, 15: "하나의 이야기에 별개의 뜻밖의 결말이…그것 없이 완성한다"; Rudolph, 71: 그것은 "4:17b에서…힘찬, 간결한 결론으로부터 철저히 빗나가게 한다"; Joüon, 96도 이와 유사하게 말한다; *ILOT*, 456). 그러나 족보에 대한 이러한 평가들은 모두 심히 불충분하다. 첫째가 족보들의 형태와 기능에 대한 현대 서방의 판단이다. 족보들의 특성에 대한 최근의 조사와 연구는 그것들을 사용하는 부족 사회(왕정 시대 이전의 이스라엘과 많은 면에서 유사한들)에서의 그것들의 기능과 역할을 아주 분명하게 밝혀 주었다(특히 Wilson, *Genealogy and History*를 보라). 족보가 개인과/혹은 부족 그리고 지파 그룹들 간의 인척관계에 관한 정확한 자료를 보존했던 역사 자료가 되도록 의도되었다는 것이 구약 해석의 많은 부분에서 무언으로 가정되었다(Wilson, *Genealogy and History*, 1-8; 성경 밖의 족보들을 포함한 다른 비평에 관해서는 Wilson, *JBL* 94[1975]를 보라). 평행이 되는 족보들 가운데서 정보가 가끔은 상충되기도 하며, 독립된 구약성경 연구가 암시하고 있는 시간을 설명하기에는 타당성이 없고, 또한 불가능한 각 세대의 평균적인 연령에 일치하지 않게 주어진 목록의 초창기와 후기 족보 구성원들 사이에 경과했음에 틀림없는 시간을 설명하기에는 그 족보들은 매우 자주 충분히 길지 못하다. 그런 까닭에 성경의 족보들은 일반적으로 부정확하고 믿을 수 없는 혹은 후대의 것으로 여겨졌으며 설화의 연결 단락의 문학적 기능으로 간주되었다(참조. Wilson, *JBL* 94[1975] 169-78). 그러나 최근의 연구는 이러한 개념을 전적으로 바꾸어 놓았다. 지금은, 그것들을 사용하는 부족사회에서는 족보가 역사적 자료로 의도되지 않았다고 생각한다. 그보다 그것들은 그러한 사회들이 기초로 하고 있는 기본적인 조직 원리를 형성하는 구술 혹은 기록된 표현 혹은 친척관계에 대한 기억을 돕는 방법이라는 것이다.

기능상 룻기 4:18-22과 같은(분할된 족보들, 즉 가계와는 상반된 족보; Wilson, *Sociological Approaches*, 57-61를 보라) 가계 족보들은 본질적으로 위치, 역할, 권리, 다른 사회 분야에서의 세력에 대한 주장을 입증하기 위하여 사용된다. 형태상 그것들은 두 가지 특징을 드러낸다: 즉 난해성(즉 목록에 있는 이름들의 숫자)과 유동성이다. 주로 그것들은 범위에서 5-10세대인데 룻기 이외에 창세기 4:17-24; 5:1-32; 25:12-15; 사무엘상 9:1과 같은 성경의 대부분의 족보들과 같다. 비록 그것들이 수많은 이유에서 유동성을 드러내기는 할지라도, 가장 통상적인 형태는 새로운 세대들이 덧붙여질 때 이름들이 상실됨으로써 결과가 나타난다. 끝에 있는 이름들은 최근 세대에게 잘 알려진 사람들이고, 초두에 나오는 이름들은 주로 그 명성과 세력으로 말미암아 족보를 들먹이도록 만드는 존경받고 명성을 가진 설립자들이다. 그런 까닭에 자주 "압축된"이라는 말로 표현된(Wilson, *Genealogy and History*, 33를 보라) 이름들의 소실은 주로 목록의 중간에 나타난다. 룻기 4:18-22에 있는 족보는 이제는 이러한 배경과는 달리 매우 다른 모습으로 나타날 수 있다. 그것의 난해성, 즉 10이라는 숫자는 예를 들면 성경의 창세기 5:3-32; 11:10-26에 있는 가계 족보와 평행이 될 뿐만 아니라, 일반적으로 고대 근동에서 기록된 가계 족보와 다른 구전 가계 족보 모두의 평균적인 최대 길이의 성격이기도 하다(Wilson, *Genealogy and History*, 133-34를 보라). 그러므로 이 족보가 그러한 족보들의 압축된 특징을 그려내고 있다는 것은 개연성이 있다. 이것이 그러하다는 사실은 다음의 사실에 의하여 입증된다. 목록의 초두에 나타나는 베레스와 헤스론의 이름은 전승에서 유다 지파의 중요한 조상들로서 잘 고정되어 있었던 것 같다(창 46:9; 민 26:21을 보라). 목록의 끝에 최근의 족보인 보아스, 오벳, 이새, 다윗의 계보가 나타난다. 게다가 보아스와 오벳은 이 이야기와 관련되어 있으며, 이새-다윗의 순서는 다른 곳에서 잘 알려져 있다(예를 들어, 삼상 16:1-23; 17:12; 22:9; 25:10; 왕상 12:16). 암미나답-나손의 순서는 모세 시대부터 내려오는 전승에 고정되어 있었던 것이 분명하다(아래의 "주석"에 있는 언급을 보라). 그렇다면 이것은 아마도 모든 번역상의 증언 가운데서 형태와 철자가 가장 다양한 차이를 보이고 있는 람과 살몬(MT에서도 살몬은 차이를 보임)을 연결시켜 주는 두 이름인데, 한편으로는 족장 세대를 모세 시대와 연결시켜 주는 람이고 다른 한편으로는 모세 시대의 이름을 최근 세대와 연결시켜 주는 살몬이다. 그리고 분명히 이것은 역사적 증빙 서류로 의도되지 않았으므로 "역사 추적에 이용"되지는 않는다(Rudolph, 72).

족보들이 위치, 역할, 권리 혹은 세력에 대한 합법적인 주장에 기능을 하므로(위를 보라), 4:18-22은 무미건조한 점강법이 되기보다는 이야기의 해결의 중대성, 즉 오벳의 출산을 통한 나오미의 생명의 회복과 풍요로움을 강조함으로써 전체에 결말을 가져다 주는 설득력 있는 근거가 될 수 있다. 그 해결 사항은 두 세대 후에 다윗에게로 인도해 갔다(4:18-22의 "해설"을 보라; 또한 참조. Hubbard, 19-22; Sasson, 181의 설명). 여기서 지극히 적절한 그리고 내 의견에는 상당히 설득력이 있는 것은 벌린(Berlin)의 논증인데(*Poetics*, 109-10), 그 이유는 족보의 시적 기능을 이 설화를 다양한 방식으로 독자 자신의 시대에 연결시킴으로써 설화 강화를 완성하고 있는 코다(coda), 즉 이야기의 종결부로서 보기 때문이다(Berlin, *Poetics*, 107-9를 보라). "그렇다면 족보는 이스라엘 설화 전승의 대변자로서 설화자가 룻의 이야기를 바라보면서 이것을 설화 전승의 적절한 문맥 가운데 삽입하고 있는 것이다." 이것은 이 이야기를 둘러싼 자료를 제공하고 있는, 하나로 합쳐진 일종의 서언과 결어다. 이것은 이것이 후대의 가필이라는 사실을 의미하지 않는다(Berlin, 110).

이 족보는 이 이야기 속에서 수혼의 결실로서 오벳이 엘리멜렉-말론의 계보에 속해야 하지만, 이 족보가 오벳을 보아스의 아들로 만들고 있는 점에서 설화 자체와 상충된다고 주장되어 왔다(예를 들어, Rudolph, 71). 그러나 또다시 위에 서술된 새로운 증거는 그것들의 기능이 변했을 때 그 족보들이 구조와 내용 면에서도 변한다고 입증해 주었다. 윌슨이 그것을 다음과 같이 설명했다(*Sociological Approaches*, 59).

> 주어진 가계의 배치는 그것이 기능하는 사회 영역에 따라 변할 수 있다. 그러므로 예를 들면 참된 혈족관계에 기초한 가정 내의 관계는 정치적 혹은 경제적 결속과 같지 않을 수도 있다. 혈족의 구조가 변하듯이, 그 구조를 반영하고 있는 족보도 혈족의 정확한 명시가 되도록 하기 위해서 변해야 한다. 이 과정은 실제로는 특별한 상황에서 기능을 하고 있는 정확한 기록들인, 외관상으로 여러 상반되는 족보들이 생기게 할 수도 있다.

그러므로 차이가 나는 그러한 족보들은, 표현하고 있는 다른 기능들을 나타내기 위해서도 사용된다(또한 참조. Wilson, *Genealogy and History*, 46-47). 그것들을 사용하는 사람들은 그것들을 상충된 것으로 보지 않는데, 그 이유는 그것들이 기능하고 있는 각 영역에서 참된 것으로 간주되기 때문이다. 그런 까닭에 가족 계승의 분야에서 오벳이 언젠가 그 가계에 속했던 땅 사용권에 대한 자신의 권리를 표현하기 위하여 엘리멜렉-말론의 가계에 속한 것으로 간주되었으리라는 것은 상당히 가능성이 있다. 그러나 정치적 영역에서 왕권을 행사하기 위한 다윗의 권리를 표현하기 위해서는 가계가 보아스를 통하여 표현되었을 것이다(참조. Hubbard, 19-20의 논의). 더 나아가서 족보와 이와 관련된 설화 사이에 명백한 상충점이 있다는 것은 당연히 잘못된 전제에 기초했을 수도 있다. 이것은 보아스와 룻의 결혼이 수혼이라는 사실뿐만 아니라 수혼으로 태어난 아들이 반드시 죽은 형제의 가계에 속하는 것으로 여겨져야 한다는 사실을 가정하지는 않는다. 이것은 신명기 25:6; 룻기 4:5, 10에 있는 어투에 대한 문자적 이해에 기초한다. 이러한 추측들 중 어느 것도 아래 이야기의 해설 가운데서 논증되지 않는다(먼저 4:5의 "주석" 다음에 나오는 특별부록: 구약성경에서 수혼 제도를 보고, 둘째로 "그 죽은 자의 기업을 그 이름으로 잇게 하여야 할지니라"란 문구에 대한 4:5에 있는 "주석"을 보라).

결론적으로, 이야기의 종결의 의미를 드러내 주는 적절하고도 어울리는 마무리로서 그 족보의 역할은 그것이 교차적으로 1:1-6에 있는 서언의 구조적으로 한 쌍의 다른 한쪽으로서 기능을 하고 있는 것과 같이 본서 전체의 구조에서 같은 역할을 하고 있다(1:1-6의 "해설"을 보라; 참조. Hubbard, 17의 논평; 또한 아래의 개요와 도표 1. 담화 구조를 보라).

저자와 연대

참고문헌

Andersen, F. I. *The Hebrew Verbless Clause in the Pentateuch*. New York: Abingdon, 1970. **Bergey, R.** "The Book of Esther - Its Place in the Linguistic Milieu of Post-Exilic Biblical Hebrew: A Study in Late Biblical Hebrew." Diss., Dropsie College, 1983. **Berlin, A.** *Poetics and Interpretation of Biblical Narrative*. Sheffield: Almond, 1983. **Bewer, J.** "The *G$^{e'}$ullah* in the Book of Ruth." *AJSL* 19(1902-3) 143-48. ______. *The Literature of the Old Testament in Its Historical Development*. Rev. ed.

New York: Columbia UP, 1933. 282-84. **Burrows, M.** "The Marriage of Boaz and Ruth." *JBL* 59(1940) 445-54. **David, M.** "The Date of the Book of Ruth." *OTS* 1(1942) 55-63. **Davies, E.** "Inheritance Rights and the Hebrew Levirate Marriage, Part II." *VT* 31(1981) 257-68. **Freedman, D. N.** "The Spelling of the Name 'David' in the Hebrew Bible." *HAR* 7(1983) 89-104(repr. *Divine Commitment and Human Obligation: Selected Writings of D. N. Freedman. Vol. 2: Poetry and Orthography*, ed. J. R. Huddlestun. Grand Rapids, MI: Eerdmans, 1996. Chap. 11). **Gordis, R.** "Love, Marriage, and Business in the Book of Ruth: A Chapter in Hebrew Customary Law." In *A Light unto My Path.* FS J. M. Myers, ed. H. Bream, R. Heim, and C. Moore. Philadelphia: Temple UP, 1974. 241-64. **Guenther, A. R.** "A Diachronic Study of Biblical Hebrew Prose Syntax: An Analysis of the Verbal Clause in Jeremiah 37-45 and Esther 1-10." Diss., University of Toronto, 1977. **Hallo, W.** "New Viewpoints on Cuneiform Literature." *IEJ* 12(1962) 13-26. **Hurvitz, A.** "The Chronological Significance of 'Aramaisms' in Biblical Hebrew." *IEJ* 18(1968) 234-40. ______. "Dating the Priestly Source in Light of the Historical Study of Biblical Hebrew a Century after Wellhausen." *ZAW* 100(1988) 88-100. ______. "Linguistic Criteria for Dating Problematic Biblical Texts." *Hebrew Abstracts* 14(1973) 74-79. ______. *A Linguistic Study of the Relationship between the Priestly Source and the Book of Ezekiel.* Paris: Gabalda, 1982. ______. "On 'Drawing off the Sandal' in the Book of Ruth."(Heb.) *Shnaton* 1(1975) 45-59. **Kutschef, E. Y.** *A History of the Hebrew Language*, ed. R. Kutscher. Leiden: Brill, 1982. **Lacocque, A.** "Date et milieu du livre de Ruth." *RHPR* 59(1975) 583-93. **Lambert, W.** "A Catalogue of Texts and Authors." *JCS* 16(1962) 59-81. **Lampafter, H.** *Das Buch der Sehnsucht.* BAT 16. Stuttgart: Calwer, 1962. **Leggett, D.** *The Levirate and Goel Institutions in the Old Testament.* Cherry Hill, NJ: Mack, 1974. **Meinhold, A.** "Theologische Schwerpunkte im Buch Ruth und ihr Gewicht für seine Datierung." *TZ* 32(1976) 129-37. **Mittelmann, J. M.** "Der altisraelitische Levirat." Diss., Leipzig, 1934. **Myers, J.** *The Linguistic and Literary Form of the Book of Ruth.* Leiden: Brill, 1955. **Niditch, S.** "Legends of Wise Heroes and Heroines: Ruth." In *The Hebrew Bible and Its Modern Interpreters*, ed. D. Knight and G. Tucker. Philadelphia: Fortress, 1985. 451-56. **Oesterley, W.,** and **Robinson, T.** *An Introduction to the Books of the Old Testament.* New York: Meridian, 1958. 83-84. **Pfeiffer, R.** *Introduction to the Old Testament.* New York: Harper,

1941. **Pirston, P.** "*Šalaþ* - An Unrecognized Aramaism."(Heb.) *Leš* 35(1971) 318. **Polzin, R.** *Late Biblical Hebrew: Toward an Historical Typology of Biblical Hebrew Prose.* Missoula, MT: Scholars, 1976. **Qimron, E.** *The Hebrew of the Dead Sea Scrolls.* Atlanta: Scholars, 1986. **Rendsburg, G.** "Late Biblical Hebrew and the Date of 'P'." *JANES* 12(1980) 65-80. **Richter, H.-F.** "Zum Levirat im Buch Ruth." *ZAW* 95(1983) 123-26. **Rooker, M.** *Biblical Hebrew in Transition: The Language of the Book of Ezekiel.* JSOTSup 90. Sheffield: JSOT, 1990. **Segal, M.** *A Grammar of Mishnaic Hebrew.* Oxford: Clarendon, 1927. **Steinberg, M.** *The Poetics of Biblical Narrative.* Bloomington, IN: Univ. of Indiana Press, 1985. **Vesco, J.-L.** "La date du livre de Ruth." *RB* 74(1967) 235-47. **Weinfeld, M.** "Ruth, Book of." *EncJud* 14:518-24. **Weiser, A.** *The Old Testament: Its Formation and Development.* New York: Association, 1961. 302-5. **Wolfenson, L. B.** "The Purpose of the Book of Ruth." *BSac* 69 (1912) 329-44.

저자

룻기의 저자를 구체적인 방식으로 논의한다는 것은 직접적으로나 간접적으로 역사적 인물로서의 저자의 정체에 대해서 성경 서술적 책들 가운데 나머지 책들처럼(에스라와 느헤미야에 대한 포로 후기의 "회고록들"은 제외됨) 익명으로 되었을 뿐 아니라 약간의 힌트도 제공하지 않는다는 단순한 사실 때문에 쓸모 없는 일이다. 저자에 관한 어떤 전승도 (후기 랍비 전승들은 제외) 고대 이스라엘의 문서 가운데 담고 있지 않다. 익명 정도까지는 이러한 관습이 일반적으로 고대 세계의 관습을 따른다. 핼로(Hallo)는 1962년에 앗수르-바벨론 분야로부터 재생한 수천 개의 문서들을 검토하고 나서(*IEJ* 12[1962] 14-15) "거기에는 저자에 관한 구체적인 언급을 담고 있는 단 두 개의 악카드어 작품(그리고 기껏해야 수메르어로 된 것)만이 있다"고 말했으며, 이런 경우라고 할지라도 저자 명시는 그것들이 단순히 관습을 입증하는 것처럼 보이는 그러한 예외적인 상황에서 되어진 것이다. 사실상 성경 설화는 일반적으로 고대 세계의 관습을 능가하는 것으로서 저자의 정체에 관한 극단적인 관심의 결여를 드러내고 있다(이 점에 대해서는 Sternberg, *Poetics*, 65-66). 그 이유는 이스라엘 주변국들의 많은 문서들이 거의 일괄적으로 익명으로 되어 있든 어떻든 애굽과 메소보다미아 영역 모두 저자에 대한 관심이 최소한 문서 분야에서 전혀 없는 것은 아니었다는 증거가 남아 있기 때문이다. 그러므로 고대 애굽 문서에 들어 있는 한 본문은 이름을 거론하고 그 책의 위대한 저자들을 찬양하고 있다(그래서 현대 학자들은 "학식 있는 서기관들에 대한 찬양"을 복사해 놓고 있다. *ANET*, 431-32를 보라). 그리고 악카드어 영역에서 한 목록을 가진 단편 문학 작품들이 열거되어 있고 학자들의 이름이 거명된 일종의 참고서적이 기록되어 있는 아슈르바니팔 도서관(주전 7세기 중반)의 잔재 가운데서 발견되었다(Lambert, *JCS* 16[1962] 59-77). 람버트는 이 목록을 하나의 저작권을 취급하고 있는 "비평학계에 대한 표명"으로 해석한다(59; 힛타이트와 우가릿 본문으로부터 나온 이와 유사한 증거에 관해서는 Sternberg, *Poetics*, 66를 보라). 그러나 흥미롭게도 구약성경 설화는 저자들과 저작권에 대한 이러한 관심으로부터는 갈라진다. 그보다도 "성경 설화는 저자들이 적극적으로 익명의 책 표지로 만들려고 했다는 결론으로 이끌어 가야 했던 것처럼, 그러한 특정 개인을 초월한 성격의 열정을 나타내고 있다…이것의 문화 그리고 그 자체의 기억에 대한 두드러진 힘은 그것을 만들어 낸 이름들을 제외한 모든 것을 내포하고 있다"(Lambert, *JCS* 16[1962] 65-66). 룻기는 저자에 대한 언급을 전혀 하고 있지 않다. 저자는 결코 그 어떤 방식으로든 자기 자신(혹은 그녀 자신?)을 전혀 언급하고 있지 않으며, 기록 시기와 장소에 대한 정확한 실마리도 없다. 결국 역사적 인물로서의 저자에 관해서 우리는 기록 연대에 대한 일반적인 암시를 제외하고는 아무것도 말할 수 없는데, 이제 그 기록 연대의 문제를 살펴보기로 하겠다.

연대

성경 저자가 자신의 역사적 정체를 지극히 신비에 싸인 인물로 만든 이야기 작가와 같은 태도를 취하고 있을지라도, 저자는 우리가 그의 이야기를 취급함에 있어서 그 이야기가 기록된 연대에 관해서 무엇인가를 말할 수 있을 만한 충분한 실마리를 우리에게 남겨놓고 있다. 그러나 여기서 저자의 역사적 정체 문제만큼이나 이 문제는 지극히 주관적인 표준에 의해서 좌우되며(참조. Würthwein, 6), 다음과 같은 문제에 대해 문서를 작성하는(draw upon) 가장 다양한 해석과 이해에 개방되어 있다. (1) 설화 가운데 내재해 있는 사상 혹은 신학, (2) 본문에 들어 있는 사회-법률제도의 성격과 또한 이것들이 구약성경의 다른 곳에 있는 법들의 성격과 갖는 관계, (3) 구약성경 시대 이야기의 목적과 의도에 가장 잘 들어맞는 배경, (4) 설화상의 사건들과 인물들 간의 일치점들과 구약성경의 다른 이야기들과의 일치점들, (5) 본문의 어휘의 성격. 그러한 표준이 주어지고 나서 가장 다양한 연대 결정이 다윗 시대로부터 포로 후기 후반까지 제시되어 왔다는 것은 놀라운 일이 아니다.

사실상 그러한 표준의 주관적인 성격을 드러낸 다음, 자주 훨씬 더 많은 같은 증거가 광범위하게 다양한 연대 결정을 위해 사용되어 왔다. 이야기의 어휘에 관해서는, 본서가 포로 후기일 때만 대단히 많은 아람 사상들과 후대의 용법들이 설명될 수 있을 뿐이라고 매우 자주 설명되어 왔다(Gordis, "Love, Marriage, and Business," 244-46이 그렇게 말한다. Joüon, 11-13). 그러나 다른 사람들에게는 아람 사상들과 후대의 용법들이 거의 없고(Sasson, 244) 또한/혹은 후대성을 보이지 않고 있을 뿐만 아니라(Campbell, 24-25; Hertzberg, 259; Hubbard, 26-27; Rudolph, 28), 또한 본문은 명백하게 초창기 어휘의 특징을 담고 있다(Campbell, 25-26; Hubbard, 30-31; Myers, *Linguistic Form*, 8, 20, 32; Weinfeld, *EncJud* 14:521-22). 이와 유사하게 이 이야기의 사상 문제에서 19세기 중반 이후 본서가 보편주의 정신과 이방인들에 대한 관용과 혼합된 결혼을 옹호하고 있다고 주장되어 왔는데, 그 이유는 룻이 모압 사람이고 그럼에도 불구하고 이스라엘 사회에 받아들여졌고 재산과 신분을 가진 의로운 이스라엘 사람인 보아스와 결혼하기 때문이다. 그러므로 본서는 그러한 입장을 가진 편에서 그리고 엄격주의자와 에스라와 느헤미야의 배타주의 정책에 반대하여 만든 작품이라고 주장된다(Bewer, *Literature*, 282-84; Oesterley and Robinson, *Introduction*, 84; Weiser, *Old Testament*, 304; 가장 최근에는 Lacocque, *RHPR* 59[1975] 584, 87 등; 다른 참고서적에 관해서는 Leggett, *The Levirate*, 147 n. 11을 보라). 다른 한편, 다른 사람들은 이방인들을 이스라엘 백성 가운데 기꺼이 혹은 친절하게 가입시키는 룻기의 태도는 포로 전 연대를 논증해 준다고 주장해 왔다. 포로 후기에는 그러한 동화가 신앙적 효도의 문제였고 룻기에 있는 것처럼 동정이나 혹은 문화적 동화가 아니었다(Meinhold, *TZ* 32[1976] 131-32이 그렇게 주장함; 또한 참조. Hertzberg, 258-59; Lamparter, *Das Buch der Sehnsucht*, 16; Wolfenson, *BSac* 69[1912] 337-39). 다시금 본서의 모압에 대한 개방으로부터 나온 그러한 결론에 반대하여 고디스(Gordis)는 룻기에서 모압이 포로 이전처럼 더 이상 이스라엘의 국경을 위협하는 실질적인 대적이 아니었으므로 본서의 연대가 포로 후기임에 틀림없다고 주장한다("Love, Marriage, and Business," 245; 참조. Gerleman, 7-8). 우리가 본서에 추정된 사회-법률 제도 문제로 돌이켜 본다면 그와 유사한 제도를 발견할 것이다. 그러므로 대다수의 학자들은 보아스와 룻 사이의 결혼은 수혼이라고 생각해 왔다. 이러한 가정에 근거하여 몇몇 사람은 자주 룻기에서 수혼 기능 방식이 창세기 38장과 신명기 25장에 있는 제도와는 너무나 다르므로 룻기에서 우리는 그것이 오래 전에 구식이 되었거나(Lacocque, *RHPR* 59[1975] 588-89) 혹은 폐기되었거나(David, *OTS* 1[1942] 58-59; Vesco, *RB* 74[1967] 242-43) 혹은 그 적용이 광범위해졌거나 확장되었다(David, *VT* 31[1981] 257-67)고 주장해 왔다. 그런 까닭에 룻기는 창세기 및 신명기보다 후대의 것이며, 이 본문들이 포로기의 것으로 가정되므로 룻기가 포로 후기의 것임에 틀림없다는 것이다. 그러나 다른 사람들은 여러 근거에서 룻기에 있는 수혼의 성격이 그것이 신명기에 있는 법규보다 이전이고, 따라서 포로 전기임에 틀림없다는 사실을 주장해 왔다. 그러므로 뷰어(Bewer, *AJSL* 19[1902-3] 143-44)와 버로우즈(Burrows, *JBL* 59[1940] 450-54)는 보아스와 룻의 수혼이 고엘, 즉 "기업 무르는 자"(히브리어 고엘〈גֹּאֵל〉 즉 가족 의무를 가진 친척)에게 지워진 책임의 일부이며, 그래서 엄격하게 직계 가족에게 제한되어 있는 신명기 25장의 법규보다 초기 단계임을 나타낸다고 주장한다(또한 참조. Hertzberg, 258-59; Richter, *ZAW* 95[1983] 126). 신명기 25:9에 있는 관습과 자주 비교하여 룻기 4:7에 있는 신을 벗어 주는 관습으로부터 논증을 하려는 시도들도 이와 유사한데, 다른 한편 룻기는 포로기보다 더 늦거나(Gray, *NCBC*, 367; Joüon, 13; Pfeiffer, *Introduction*, 718) 혹은 다른 한편으로는 그보다 이르다(Mittelmann, "Der altisraelitische Levirat," 23-24; Rudolph, 27-28; Weinfeld, *EncJud* 14:521).

다른 실례들이 인용될 수 있을지라도(참조. Meinhold, *TZ* 32[1976] 129-30에 있는 입장 요약), 이것들은 그러한 다양한 해석에 문이 열려 있는 표준에 기초하여 책의 연대를 정하는 논증이 얼마나 빈약하고도 편향적인지를 보여 준다. 이 논증들 가운데 몇몇은 좀더 세밀히 검토하면 아주 부정확한 가정에 기초하고 있다. 이것은 1:11-13과 3-4장에 언급된 수혼이 창세기 38장 및 신명기 25장과 동일한 혹은 최소한 그 장들과 아주 깊이 연관된 수혼으로 이해되어야 한다는 가정에서 책의 연대를 결정하려는 사람들에게는 특별히 그러하다. 그것이 사실은 그렇지 않다는 논증에 관해서는 특별 부록: 구약성경에서 수혼 제도와 4:5의 "주석"을 보라. 그러한 표준들에 기초한 결과들이 상반되고 결정적인 것이 아니라는 사실을 입증하고 있는 간결한 요약에 관해서는 Niditch, "Ruth," 451-56를 보고 보다 광범위한 취급에 관해서는 Hubbard, 24-46 혹은 Sasson, 240-52를 보라.

그러나 최근에 성경 히브리어의 연대를 결정하는 것에 대한 통찰력 있고도 비평적인 평가에서의 발전은 우리에게 룻기의 대략적인 연대를 결정하는 보다 객관적인 표준을 제공해 줄 수도 있다. 이러한 발전들은 통시적 변화(diachrony)라는 언어학의 이론, 즉 언어의 성격과 특성이 시간에 따라 변한다는 이론을 구약성경의 언어연구에 적용함으로써 일어났다(복잡한 언어 이론에 대한 간결한 논의에 관해서는 Rooker의 *Biblical Hebrew*, 1-21 혹은 Bergey, "Book of Psalter," 1-10를 보라). 비록 모든 언어들처럼 구약성경 시대의 히브리어도 서서히 언어화의 과정을 밟기는 했을지라도, 그 문법의 설명에 대해서는 비교적 후대에야 기록된 잔재들이 이 사실의 증거를 제공했다는 사실이 발견되었다(이러한 발견의 역사에 대한 간략하면서도 도움이 되는 요약은 Rooker, *Biblical Hebrew*, 23-33를 보라). 비록 다른 요인들이 수반되어 오기는 했지만(성스럽고 그래서 독특한 언어에 대한 두드러지게 신학적인 입장), 이것은 틀림없이 구약성경 히브리어 전체의 두드러지고도 놀라운 일관성으로부터 비롯되었는데, 그것은 그것이 제정하고 있는 기록된 종교 매체라는 안정시키는 힘(참조. Bergey, "Book of Esther," 10-12의 설명)과 지금의 발음 형태를 낳았던 맛소라 전승자들에 의하여 그것에 붙여진 균등성에 기인한다. 이러한 두드러진 일관성에도 불구하고 구약성경의 본문은 시간을 초월하여 수많은 의미심장한 언어의 변화의 자취들을 간직한다. 그러한 자료들의 존속은 지난 세기와 같은 이른 시기에 언급되었고, 약 1900년대에 일반적으로 최소한 두 개의 다른 언어 단계가 구별될 수 있다는 사실이 점차로 명백해졌다: 즉 하나는 포로 전기의 본문 가운데서 발견된다는 것이고, 다른 하나는 포로 후기 본문 가운데서 발견된다는 것이다. 특히 포로 후기 문서의 언어의 특징에 대한 드라이버의 묘사와 BDB, 이곳 저곳의 묘사 속에 있는 후대의 특징들에 대한 여전히 중요한 묘사를 눈여겨 보라. 이와 같은 작품에 기초하여 이 두 국면의 존재가 표준적, 문법적 학술 논문들 가운데서 인정받았다(GKC § 21, m, t-v; *GBH* § 3b; BL § 2q를 보라). 그렇지만 그 다음에 이어지는 수십 년 간이나 그 이내에는 이 두 언어 단계의 구체적인 특징을 서술하는 일이 거의 완성되지 않았다. 그러나 지난 몇십 년 간 발음 언어 방법론과 사해사본과 같은 새로운 비교 자료의 유효성의 적용이 구약 히브리어의 역사적 국면들의 설명에 중요한 발전을 낳았다(일반적인 논의에 관해서는 Kutscher, *History* §§ 17, 111-25를 보라). 이것은 지금은 후기 성경 히브리어(LBH)로 불린 포로 후기 문서 히브리어의 언어상의 특징의 결정과 관련해서는 특히 그러한데, 1988년에는 매우 그러하므로 후르비츠(Hurvitz)는 다음과 같이 기록할 수 있었다: "…LBH의 특성들이 언어의 모든 면, 즉 정방형 글자체, 문법, 어휘 그리고 구문론 가운데 드러나 있는 잘 설계된 언어의 실체를 이루고 있다는 사실이 오늘날 연구에서 널리 인정되고 있다"(*ZAW* 100[1988] 90).

사실상, 여러 가지 최근의 연구들은 지금은 표준 성경 히브리어(SBH)라고 불리는 포로 이전의 언어와 에스라-느헤미야, 역대기, 에스더와 같은 완전히 성숙한 LBH 본문들 사이의 변천 단계의 특징들을 서술하기 위해서 노력해 왔다. LBH 안에서 폴친(Polzin)은 일반적으로 구약 학계가 P자료에 속한다고 동의하고 있는 오경의 구절들의 어휘가 다음 세 개의 전통적인 법전 가운데 나타나 있는 것보다 더 후대의 어휘라는 사실을 증명하려고 노력했다. (1) 출애굽기와 민수기로부터 나온 오경 자료 JE의 견본(이것의 설명에 관해서는 *Late Biblical Hebrew*, 117 n. 10, (2) 소위 사무엘하와 열왕기상(117 n. 11)의 왕실 역사, (3) 소위 신명기적 역사의 어휘의 견본(117 n. 12). 그런 까닭에 폴친은 P의 어휘가 SBH와 LBH 간의 변천 단계를 나타냈다고 주장했다. 그러나 그 이후의 연구는 이러한 결론을 실증하지 않고 오히려 P의 어휘가 대체로 SBH의 어휘라고 드러내 주었다(Hurvitz, *Linguistic Study*, 163-71; Rendsburg, *JANES* 12[1980] 65-80; Rooker, *Biblical Hebrew*, 35-53). 그럼에도 불구하고 폴친의 선구적 작품은 LBH의 특별한 특징들을 세우는 오랜 길로 접어들도록 만들어 주었고, 그의 표준의 상당수가 전반적으로 받아들여지게 되었다. 그렇지만 이러한 이어지는 연구는 그것이 포로 전기 SBH와 포로 후기 완전히 성숙한 LBH 사이의 변천 단계를 가장 잘 반영하고 있는 에스겔서의 어휘(포로기와 그 환경을 반영하고 있음에 틀림없음)라는 사실을 분명히 자리잡게 했다. 이것이 가장 먼저 후르비츠(Hurvitz)에 의하여 그의 수많은 작품들 가운데서 특히 주로 사전 편집적 자료에 근거한 유명한 *Linguistic Study*에서 주장되었으며, 그 후 루커(Rooker)의 *Biblical Hebrew in Transition*(변천하는 성경 히브리어)에서 충분히 확증되었는데, 이것은 정자법, 어형론, 구문론과 사전학을 포함하는 언어학적 증거라는 훨씬 광범위한 범위까지 고려에 넣었다.

이제 LBH의 언어학적 특징들에 대한 측정도 역시 LBH의 특징들이 대조를 보이고 있는 SBH의 특징들의 동등한 숫자의 측정 가운데서 필연적으로 나타났다. 그런 까닭에 주어진 구약성경 히브리어 전집이 SBH의 범위에 들어 있느냐, LBH의 범위에 들어 있느냐 아니면 이것들 사이의 변천 단계에 있느냐를 구별하는 데 이용될 수 있는 풍부한 자료와 함께 룻기 연대에 관한 진행 중인 논쟁 가운데서 그러했던 경우처럼, 즉 자주 잠정적으로 "초창기"인지 아니면 "후기"인지를 가정한 본서의 연대에 대한 논증처럼, 한 소량의 분리된 언어학상의 특징을 단순하게 인용하는 것은 더 이상 가능하지 않다(위에 제시된 실례들을 보라. 그리고 탁월한 Rooker, *Biblical Hebrew*, 83를 참조하라). 오히려 SBH와 LBH의 본문들을 마주 대하여 놓고 룻기의 어휘의 언어적 특징들에 대해 충분히 검토하는 것만이 연대를 결정하기에 충분할 것이며, 만일 가능하다면 그와 함께 본서가 속하는 구약성경 히브리어의 단계도 결정될 것이다.

그렇지만 그러한 검토를 하는 방향으로 돌이키기 전에 방법론적 고찰에 대한 간략한 언급을 할 필요가 있다. 첫째로, 하나의 주어진 언어상의 특징이 LBH를 SBH와 대조가 되게 할 것이므로 두 개의 언어상의 표준을 만족시켜야 한다는 사실을 염두에 두어야 한다: 즉 언어상의 대조 혹은 대체의 원리와 언어 분류의 원리다(Hurvitz, *Hebrew Abstracts* 14[1973] 75-76). 이 첫 번째 동일한 혹은 유사한 문맥 가운데서 특별한 문법적 혹은 사전적 특징의 사용에 있어서 두 면 간의 차이를 입증한다. 그러므로 예를 들어, 동일한 문맥에서 사무엘하 7:12과 역대상 17:11 사이에서 맘레케트(מַמְלֶכֶת, "왕국")에서 말쿠트(מַלְכוּת, "왕국")로의 전환을 유의하라(Rooker, *Biblical Hebrew*, 56-57를 보라). 두 번째 원리는 이 전환이 후기 언어 가운데서 널리 보급되었고 하나의 특별한 자료에서만 독특한 것이 아니었다는 사실을 입증한다. 그러므로 예를 들어 말쿠트(מַלְכוּת, "왕국")가 사해 사본 다니엘서와 에스더서에서 맘레케트(מַמְלֶכֶת, "왕국")보다 지배적으로 많이 나타나고, 또한 미쉬나 히브리어에서 채용된 유일한 단어다(Rooker, *Biblical Hebrew*, 56-57를 보라). 첫 번째 원리는 LBH에는 광범위하게 나타나지만 SBH에는 없는 이러한 언어상의 특징은 거기서 단순히 SBH에서 그것을 사용한 경우가 없었기 때문에 생략되었을 수도 있을 가능성을 배제할 필요가 있다(예를 들어, Bergey, "Book of Esther," 187-88를 보라). 두 번째 원리는 단 하나의 LBH 본문에 있는 SBH 용법과 대조되는 언어상의 특징은 한 저자의 개인 언어 혹은 장르와 스타일에서 유래되었을 수 있을 가능성을 배제할 필요가 있다.

마지막으로, 룻기의 규모가 고려되어야 한다. 본서는 설화의 단 80구절(4:18-22을 제외함)로 된 1,252단어로 이루어져 있는, 통계상의 대조를 하기에는 매우 작은 분량이다. 이러한 작은 문집으로 되어 있으므로, 여러 언어상의 특징들이 단 한 번이나 둘, 혹은 세 번만 나타난다. 각각의 경우에 그러한 출현의 낮은 빈도에 근거한 결과의 불확실성도 계산에 두어야 한다. 특히 "불일치", 즉 같은 특징을 표현하는 대안적 방식을 드러내는 언어상의 특징, 즉 화자가 자유롭게 어떤 주어진 시간에, 하나가 보다 통상적이고 다른 것은 덜 그러한 시기에 자유롭게 선택할 수 있는 언어상의 특징과 관련해서 그러하다. 그러한 차이점이 있는 것은 모든 언어에는 공통적이고 언어 전환에 있어서는 하나의 중대한 요인(바로 그 중요한 요인은 아닐지라도)이다(Rooker, *Biblical Hebrew*, 17-21를 보라). 이러한 현상의 암시들(결과들) 중에 하나는 언어의 두 단계 가운데 있는 통시적 전환이 용법의 빈도에서의 전환으로 말미암기보다는 대안적 용법으로 말미암아 한 언어 특징의 절대적 이동에서는 일치하지 않는다는 사실이다. 언어의 한 단계에서 자주 사용되었던 특징이 후대에 두드러진 표현의 형태가 된다. 만일 이것이 주어진 경우에 연루된 언어 전환의 타입이라면, 출현하는 극소수의 단어들은 언어의 단계를 표시하는 암시를 거의 제공하지 않는다.

룻기의 언어 성격을 검토함에 있어서, 여기서는 시간이나 공간의 제한으로 인하여 룻기의 언어 특징의 모두 혹은 대부분에 대한 독립적 검토와, 그 다음에 뒤따라오는 이것들을 SBH와 LBH의 유사한 특징들과 비교하는 일은 생략하기로 하겠다(참조. Guenther, "A Diachronic Study," 1-10, 189-90). 다만 우리는 다음과 같은 최근의 작품들을 따르면서 SBH에 대조가 되는 것으로서 LBH의 특색인 것으로 확실하게 결정된 그 특징들을 이용할 것이다: "Book of Esther"(이하 BE라고 표기함); Guenther, "Diachronic Study"(이하 *DS*라고 표기함); Hurvitz, *Linguistic Study*(이하 *LS*라고 표기함); Polzin, Late *Biblical Hebrew*(이하 LBH라 표기함); Rooker, *Biblical Hebrew in Transition*(이하 *BHT*로 표기함); 이와 함께 룻기에 있는 언어 특징에 대한 한 중요한 연구서인 Hurvitz, *Shnaton* 1(1975) 45-59도 포함시킬 것이다. 그리고 우리는 룻기에 있는 얼마나 많은 이러한 특징들이 SBH 형태를 드러내는지 그리고 얼마나 많은 특징들이 LBH 형태를 드러내는지를 결정할 것이며, 그리하여 SBH－전환 단계(에스겔서)－LBH의 어느 범위에 본서가 놓여 있는지를 발견하려고 시도할 것이다.

표준 성경 히브리어(SBH)

다음과 같은 언어 특징들 중에서는 룻기에 있는 형태가 SBH와 같은 형태를 취하고 있다. 그것들은 어떤 특별한 순서로 나타나 있지 않다.

(1) 아노키(אנכי, "나는") 대 아니(אני, "나는"). 이 두 1인칭 단수 독립대명사형이 성경 히브리어 전체에 걸쳐서 나타나기는 하지만, 긴 형태인 아노키(אנכי)가 SBH에서 훨씬 더 자주 나타난다. 후대의 본문 가운데서는 짧은 형태가 점점 더 우

세해진다. 그래서 루커(Rooker, *BHT*, 72-73)는 JE로 지칭된 오경 전집 가운데서 아노키가 아니보다 81 대 48로 우세한 사실을 언급한다. 그러나 예레미야서에서는 아니(אני)가 아노키(אנכי)보다 54대 37로 우세하다. 그리고 에스겔, 학개, 스가랴 1-8장, 말라기, 전도서, 예레미야애가, 에스라-느헤미야, 다니엘, 역대기, 에스더서와 같은 후대의 책들 가운데서는 아니(אני)가 265회에 비하여 아노키(אנכי)는 단 5회만 발견된다. 사해 사본에서 아니(אני)가 거의 일률적으로 우세하다(Qimron, *HDSS*, 57). 룻기는 SBH 형태로 되어 있다: 아노키(אנכי)는 7회 사용되고, 아니(אני)는 2회 사용된다.

(2) LBH에서는 일반적인 면에서(Guenther, *DS* § 9.2.4 그리고 도표 9-4; Rooker, *BHT*, 100-102를 보라) 그리고 특별히 와예히(ויהי, "그리고 있었다")와 웨하야(והיה, "그리고 있었다")에서 와우 연속법 시제가 감소를 보이고 있다(Polzin, LBH, 56-58를 보라). 그러나 룻기에서는 와우 연속법 시제가 도처에 가득하며, 4:7에서만 완료 시제+와우 접속사가 사용되는데, 이에 대해서는 아래의 LBH 특징(6)에 있는 논의를 보라. 특히 와우 연속법+완료 시제가 SBH의 특징인 여러 용례를 드러내면서 약 15회나 사용된다: 단순미래(והיה – 웨하야, 4:15), 미래의 시간을 나타내는 문장의 서론(והיה – 웨하야, 3:13), 지시형과 미래형을 나타내기 위하여(ואכלת…וטבלת – 웨타발트…웨아칼트, 2:14; וידעת…ובאת…וגלית…ושכבתי – 웨야다아트…우바아트…웨길리트…웨샤카브티, 3:4), 종속된 결과절(והיו – 웨하이우, 1:11), 상태의 조건절(וצמת – 웨차미트, 2:9), 앞의 동사에 종속되어 있지 않은 명령형을 이루기 위하여(והלכת…ושתית – 웨할라케트…웨샤티트, 2:9; וסכת…וירדתי…ורחצת – 웨라하체트…와싸크트…웨야라드티, 3:3; ופרשת – 우파라스타, 3:9).

(3) 와우 연속법 시제에서의 감소는 하나의 전치사, 즉 가장 자주 베트(ב, "안에", "…에") 혹은 카프(כ, "처럼")+부정사 혹은 다른 명사로 구성되어 있는 시간을 나타내는 문장의 형태에서 하나의 전환을 일으키게 했다. SBH에서 관용어형, 즉 전치사구는 규칙적으로 와예히(ויהי)/웨하야(והיה)에 앞선다. LBH 본문에서 와예히(ויהי)/웨하야(והיה)는 규칙적으로 생략되고 있다(Bergey, *BE*, 52-55; Polzin, LBH, 56-67; Rooker, *BHT*, 103-5를 보라). 룻기의 용법은 SBH와 일치한다: 즉 전치사구가 세 차례 와예히(ויהי)/웨하야(והיה)와 함께 나타난다(1:19; 3:4, 8, 13).

(4) 성경 히브리어에서 관계대명사 아쉐르(אשר)는 접속사 키(כי, "이는, …하는 바")보다 훨씬 더 규칙적으로 동사의 목적으로서 명사절을 종속시키기 위하여 사용될 수도 있다. 이러한 용법은 SBH에서는 드물지만 LBH에서는 키(כי)의 사용

이 아쉐르에 해당하는 미쉰나(MH)의 동의어인 불변화사 쉐(שֶׁ)만이 사용되었던 그 MH에서 완전히 사라질 때까지 더 자주 나타난다(Bergey, *BE*, 61-64; Polzin, LBH, 128; Rooker, *BHT*, 111-12를 보라). 룻기는 SBH와 같은 형태를 가지고 있다: 즉 아쉐르(אשׁר)가 사용되지 않고 키(כי)가 6회 나타난다(1:6, 18; 2:22; 3:11, 14; 4:9).

(5) 위의 (4)에 언급된, 동사의 목적으로 기능을 하고 있는 키(כי)나 아쉐르(אשׁר)가 이끄는 명사절의 한 유형은 통시적 의미를 가진다. 이 명사절의 유형은 인칭대명사 주어+명사 술어로 구성되어 있다. SBH 패턴에서 문장의 순서가 술어-주어인 반면에(예를 들어, Andersen, *Hebrew Verbless Clause* §§ 369, 372-74를 보라), LBH 순서는 주어-술어다(Bergey, *BE*, 71-72를 보라). 이러한 유형의 문장의 두 실례가 룻기에 술어-주어(1:18; 3:11)의 순서로 나타나는데, SBH와 같은 패턴이다.

(6) SBH에서 동사의 직접 목적어를 표시하기 위하여 불변화사 에트(את) 대신 라메드(ל)를 사용한 것은 우발적으로 일어난다. 그러나 LBH에서 그것의 사용은 빈도가 현저하게 증가한다(Polzin, LBH, 64-66; Rooker, *BHT*, 97-99를 보라). 이 용법은 완전히 룻기에서 나타나 있지 않으며, 룻기 전집물의 작은 규모가 그 무게를 어느 정도 누그러뜨림에도 불구하고 SBH와 일치하는 현상이다.

(7) 후대의 현상으로 오랫동안 인정된, 결함 있는 기록(요드가 없는 다윗, 즉 דוד)이 아닌 다윗이라는 충분한 형태의 철자 다윗(즉 모음 글자 요드의 첨가가 되어 있는 다윗, דויד)은 최근에 프리드만에 의해 충분히 다루어진 바 있다(*HAR* 7 [1983] 89-104; 또한 참조. Rooker, *BHT*, 68-71). SBH에 있는 철자가 빠진 철자로부터 LBH에 있는 충분한 철자로의 전환은 거의 일치한다. 그러므로 사무엘-열왕기, 이사야, 예레미야, 시편에서 충분한 형태는 단 4회만 발견되고 결함이 있는 철자가 780회나 발견된다. 에스라-느헤미야와 역대기 LBH에서 충분한 형태는 271회나 발견되며, 결함 있는 철자는 없다. 그리고 에스겔서는 1개의 충분한 철자와 3개의 결함 있는 철자를 가진 변천 단계인 것으로 보인다(Rooker, *BHT*, 69; Freedman, *HAR* 7[1983] 95-96를 보라). 룻기는 4:17, 22에서 결함 있는 철자가 2회나 출현하는 SBH와 같은 패턴이다.

(8) 대안적 전치사적 표현인 벤…우벤(…בין…ובין, 직역하면 "사이와 …사이") 그리고 벤…레…(…ל…בין, 직역하면 "…과…사이")에 관해서는 첫 번째 것이 SBH에서 단연 두드러진다. LBH에서는 두 번째 것이 첫 번째 것보다 자주 나타난다

(Rooker, *BHT*, 117-19를 보라). 1:17에서 룻은 벤…우벤(בין…ובין)을 사용한다. 이 두 형태가 SBH와 LBH 모두에서 나타난다는 사실을 고려하면, 다른 표준의 결핍 안에 어느 한쪽 형태가 한 번 출현하는 것은 당연히 모호하다. 그러므로 SBH와 같은 형태를 가진 위에 열거된 상당량의 표준이 주어졌으므로, 이 용법은 이러한 방향에서 약간의 편애를 나타내는 것이라고 말해질 수 있다.

(9) 때때로 민(מן, "…으로부터")의 마지막 글자 눈은 관사가 없는 하나의 명사 앞에서 동화하지 않는다. 비록 이것이 SBH 본문에서 산발적으로 나타나기는 할지라도, 이것은 후대의 본문들 가운데서 훨씬 더 자주 나타나며, 특히 느헤미야, 다니엘, 역대기의 LBH 본문에서 그러하다(Polzin, LBH, 66; Rendsburg, *JANES* 12 [1980] 72를 보라). 룻기에서 전치사 민(מן)은 전체 21회 중에 14개의 다른 명사들(관사 없이)에 붙여져서 나타난다. 비록 동화된 형태와 동화되지 않은 형태가 SBH와 LBH 본문 모두에서 나타나기는 하지만, 이 다른 명사들과 출현 숫자는 LBH보다는 SBH 본문에서 훨씬 더 많이 있을 가능성이 있다.

(10) 마지막으로, 룻기를 SBH와 맞추는 또 다른 언어 특징이 있다. 1:8과 1:22에 대한 주석에서 제2 혹은 제3인칭 남성 복수 대명사 접미어(5회), 동사 접미어(1회), 독립대명사(1회)로 나타나는 것의 7개의 실례의 출현이 언급되었는데, 그 모든 것이 그 대신 공성을 가지고 있는 제2인칭이나 3인칭 쌍수 어간의 실례로 이해되어야 할 것이다. 최근에 렌스버그(Rendsburg)는 성경의 히브리어 가운데 쌍수 대명사 접미어들이 약 43회 출현한 사실을 논의했으며 구약성경의 후대의 본문들 가운데서는 그것들이 두드러지게 감소된 현상이 드러났다(*JANES* 12[1980] 77, 특히 n. 55). 렌스버그의 증거에 스가랴 5:10; 룻기 1:22에 있는 제3인칭 쌍수 독립대명사의 두 실례가 덧붙여져야 한다. 그렇다면 쌍수 어간의 사용에 있어서 감소의 증거(일반적인 애굽-셈어에서 쌍수의 소멸과 일치된 현상, Rendsburg, *JANES* 12 [1980] 77, 특히 n. 55)는 다음과 같다: 즉 초창기 작품들(P. JE, 사사기, 사무엘상) 가운데서, 24회; 포로기 SBH 작품들(예레미야, 전도서, 스가랴) 가운데서, 4회; SBH와 LBH 사이의 전환 단계(에스겔)에서, 4회; 확실치 않은 연대의 작품들(잠언, 아가) 가운데서, 6회; 틀림없는 LBH 작품들(다니엘, 에스라-느헤미야, 역대기, 에스더) 가운데서, 0회이다. LBH에서 쌍수형 어미의 출현이 없는 것은 억지로 생각하지 말아야 하는데, 그 이유는 쌍수의 존속을 입증하는 유일한 형태인 여성형 쌍수를 사용할 기회가 쉽게 나타나지 않기 때문인 것 같다. 그럼에도 불구하고 룻기에 있는 쌍수의 일곱 형태의 출현은 분명히 룻기가 이 언어 특성에서 SBH와 패턴

이 같다는 사실을 보여 준다.

이상의 10개 항목의 특징들은 룻기를 SBH와 일치시켜 준다. 그러나 LBH와 일치하는 여러 가지 특징들도 있다.

후기 성경 히브리어(LBH)

다음의 언어 특징들 가운데서는 룻기에 있는 형태가 LBH와 일치한다. 다시 말해서 그것들이 제공되어 있는 순서가 논의에 딱 들어맞지 않는다.

(1) 성경 히브리어에서 대명사 목적어는 두 가지 방식으로 표현될 수 있다. 그것은 동사에 대명사 접미어로서 직접 붙여질 수 있거나 혹은 직접 목적 표시 오트(אות־)/에트(את־)에 분리된 단어로 붙여질 수도 있다. 강조하기 위하여 동사 앞에 위치해 있을 때, 대명사 목적어는 목적어를 표시하는 단어(אות 혹은 את)에 붙여져야 한다. 그런 까닭에 그 어떤 변화도 불가능하다. 그러나 두 개의 다른 형태가 자유로운 변형인 것처럼 보이는 후기 언어적 입장에서 볼 때, SBH와 LBH 간의 선택에서 두드러진 차이점이 있다. 비록 SBH 본문이 대명사 목적어를 전반적으로 목적어를 표시하는 단어에 붙여진 것보다 동사에 직접 붙여진 접미사와 함께 표현하고 있을지라도, LBH에서는 대명사 목적어가 지배적으로 동사에 직접 붙여져 있다(Polzin, LBH, 28-31; Bergey, *BE*, 85-89; Guenther, *DS*, 89-92, 197-99를 보라). 그러므로 폴친이 살펴본 SBH 본문 전집에서 비율은 거의 2:1로 동사에 접미사를 직접 붙이는 편으로 기울어져 있다(Polzin, LBH, 99-100를 보라). 다른 한편, 폴친의 LBH 자료에서 동사에 접미사를 직접 붙이는 것이 거의 17:1로 우세하다(Polzin, LBH, 28-31를 보라; Guenther, *DS*, 198, 도표 9-5A의 숫자들도 매우 유사하다). 전환의 통시적 성격은 대명사 목적어가 구문론 혹은 어형론을 통하여 요구되지 않았을 때 목적어를 표시하는 단어에 붙여진 단 11회에 반하여 사해 사본 히브리어에서 250회나 동사에 붙여져 있다는 사실을 통하여 더욱 확증된다(Qimron, *HDSS*, 75-76를 보라). 사해 사본(DSS)에 있는 성경 인용문으로부터 나온 다음과 같은 실례는 이 현상의 통시적 성격을 예증해 준다(Qimron, *HDSS*, 76를 보라).

민수기 30:6(ET 30:5): וְאִם־הֵנִיא אָבִיהָ אֹתָהּ("만일 아비가 허락지 아니하면")
성전 두루마리 53:21: כי־הניאה("그녀의 아비가 허락지 않았으므로")

이 언어 특징에서 룻기는 LBH 패턴과 완전히 일치한다. 동사에 직접 붙여진 대명사 목적어의 실례가 10개나 있다(1:21; 2:4, 13, 15; 3:16, 13, 13; 4:15, 15, 16). 대명사 목적어가 목적어를 표시하는 단어에 붙여진 단 하나의 실례도 없다. 여기 룻기에 있는 용법은 SBH에 대해서 뿐만 아니라 포로기 예레미야서(Bergey 〈*BE*, 87〉와 Guenther〈*DS*, Table 9-5〉에 의하여 예증된 산문 단락들로부터 나온 증거를 뒤섞고 있는 그 비율은 동사 접미어〈54대 18〉에 편들어 3:1이다)와 에스겔서(Bergey의 견본 추출〈BE, 87〉은 목적어 표시[אות 혹은 את]에 16에 비하여 9개의 동사 접미어의 사용을 제공한다)와도 날카롭게 대조된다.

(2) 대명사 목적어와 관련된 두 번째 언어 현상 역시 통시적으로 SBH와 LBH 간의 의미심장한 차이를 드러낼 수 있다. 그러나 SBH 본문에서 동사가 충분한 형태나 혹은 축약적으로 기록된 우-(ו)로 끝나는 복수형이고, 대명사 목적어가 3인칭 남성이나 여성 단수일 때는 규칙적으로 동사에 직접 붙이기보다는 목적어를 표시하는 단어에 붙여지는데, 극적으로 룻기를 LBH에 일치시키면서 첫 번째 특징 가운데 두드러진 패턴을 반전시키고 있다(SBH와 LBH에 있는 3인칭 남성 단수 대명사 목적어에 관해서는 Guenther, *DS*, 199-20, 특히 도표 9-6C; Rooker, BHT, 86를 보라; 그리고 에스겔서에 나타난 전환 국면에 관해서는 Rooker, BHT, 87를 보라). 3인칭 여성 단수 대명사 목적어는 결정적인 진술을 방해하는 것으로 LBH에서 그렇게 자주 나타나지 않는다. 그럼에도 불구하고 이어지는 자료는 남성 접미사에 일치하는 패턴을 가진다. 초창기 본문들의 견본 가운데서 여성형 접미사는 목적어를 표시하는 단어에 7번 덧붙여져 있지만(창 12:15; 34:8, 21; 삿 15:6; 19:25; 왕상 1:3) 동사에는 3회 붙여져 있다(창 34:10; 38:24; 삿 19:25). 후기 본문들 가운데서 루커는 에스겔서가 나타낸 변천 단계에서 하나의 실례를 발견하고(36:18, Rooker, *BHT*, 87), 또 다른 실례는 역대상 11:14에 있는 LBH에 나타난다. 둘 다 위에 언급된 SBH 본문에 있는 패턴과는 대조적으로 직접 동사에 덧붙여져 있다. 룻기 2:15에 있는 타클리무하(תַּכְלִימוּהָ)란 형태는 에스겔, 역대기에 있는 용법과 일치하며, LBH에 있는 룻기와 맞추어져 있다.

(3) 자주 동의어 전치사인 레(ל)와 엘(אל)의 사용에 대한 연구를 하는 가운데 구엔더(Guenther)는 일반적으로 그 사용된 전치사가 구체적인 동사였고(하나나 혹은 다른 예외가 주어진 동사와 함께 나타났음) 또한 아마르(אמר, "말하다")란 동사와 함께 가장 자주 사용된 전치사가 SBH에서는 엘(אל)인데 LBH에서는 레(ל)로 변했다는 사실을 발견해 냈다(*DS*, 96-99; 202-6, 특히 도표 9-7; 아마르〈אמר〉가 아닌 다른 동사들에 대한 Guenther의 증거는 너무나 적어서 의미가 없거나 혹은 역

대기 저자의 개인 방언의 현상으로 보인다). 그러므로 폴친이 사용한 SBH 전집으로부터 나온 구엔더의 증거에서(위를 보라), 동사 아마르(אמר)는 162회는 전치사 엘(אל)을 취하고 단 50회만 레(ל)를 취하는데, 전자가 3.25 대 1의 비율로 우세하다. 그러나 LBH에서는 그 비율이 18개가 엘(אל)에 대해 사용되고 83개가 레(ל)에 대해 사용되며, 후자가 4.5대 1로 우세하다. 이것은 SBH에서 LBH로 그 비율이 15배로 전환되었음을 나타낸다. 이와 비슷한 현상이 실명사인 콰로브(קרוב, "친밀한, 가까운")를 가진 같은 전치사의 사용과 함께 나타난다. 공간적 의미로 문자 그대로 사용되었든 혹은 비유적으로 사용되었든, 자주 혈연관계를 언급하면서 명사로 SBH 본문에서 전치사 엘(אל)과 함께만 16회 나타난다(창 45:10; 출 12:4; 레 21:2, 3; 25:25; 민 27:11; 신 4:7; 13:8; 21:3, 6; 22:2; 30:14; 수 9:16; 삼하 19:43; 왕상 8:46, 59). 그러나 후기 본문 가운데서는(연대기적으로 불확실한 시 34:19; 85:10은 제외되는데, 이 둘은 레〈ל〉를 사용한다) 엘(אל)과 레(ל)가 나타난다. 에스겔서가 묘사한 변천 단계에서는 엘(אל)에 대한 하나의 실례(43:19)와 레(ל)에 대한 하나의 실례(42:13)만 나타나고, LBH에서는 엘(אל)에 대한 하나의 실례(스 1:14)와 레(ל)에 대한 하나의 실례(느 13:4)만 나타난다. 엘(אל)과 레(ל)의 사용에 있어서의 이러한 통시적 전환은 더욱 MH에서 엘(אל)이 드물다는 사실을 통하여 실증된다(Segal, *A Grammar of Mishnaic Hebrew*[*GMH*], 142). 이 전치사들이 동사 아마르(אמר, "말하다")와 함께 사용됨에 있어서 룻기는 상당히 LBH에 더 가까이 서 있는데, 8개가 엘(אל)과 함께, 15개가 레(ל)와 함께 사용되어 후자가 1.9 대 1로 우세하다. 또한 룻기(2:20)에 있는 콰로브 레(קרוב ל־)의 한 번의 사용은 분명히 포로기로부터 포로 후기 용법과 패턴이 같다.

(4) 룻기에는 분명히 초창기 단계가 아닌 후기 단계와 패턴이 같은 여러 어휘적 특징들이 있다. 가장 먼저 "아내를 취하다"라는 관용어와 관련되어 있다. 성경 히브리어 가운데 있는 이 관용어에는 "취하다"에 대한 두 개의 동의어가 나타난다: 즉 라카흐(לקח)는 수십 번 사용되지만(예를 들어, 창세기에서만 34회), 나사(נשׂא)는 사사기 21:23에만 나타난다. 그러나 LBH 본문에서는 이 두 동사가 거의 동일하게 사용된다: 즉 라카흐(לקח)가 에스라-느헤미야에 3회(스 2:61=느 7:63; 느 6:18; 10:31) 나타나고, 역대기 단락 가운데서는 사무엘-열왕기와 달리 6회 나타났다(대상 2:19, 21; 4:18; 7:15; 대하 11:18, 20). 나사(נשׂא)는 에스라-느헤미야에서 4회 나타나고(스 9:2, 12; 10:44; 느 13:25), 역대기 단락에서는 사무엘-열왕기와 달리 4회 나타났다(대상 23:22; 대하 11:21; 13:21; 24:3). 쿠체르(Kutscher)는

이러한 전환을 확신을 가지고 라카흐(לקח)란 동사가 성경 히브리어에서 주로 "취하다"의 의미로 사용되지만 MH에서는 주로 "사다"로 사용되며, 그래서 이러한 전환은 이미 LBH에 있는 방식이라고 설명한다(*History of the Hebrew Language* §123, 82-83를 보라). 이것은 의문의 여지가 없다. 연대기적으로 불확실한 잠언 31: 16에 대한 쿠체르의 예증 외에도 느헤미야 5:2, 3; 10:32을 보라. 그런 까닭에 오해를 피하기 위하여 나사(נשׂא)는 "아내를 취하다"에 대해서 사용되기 시작했다. 룻기에서 나사(נשׂא)에 대해 하나의 실례를 발견하게 되며(1:4) 라카흐(לקח)에 대한 하나의 실례(4:13)를 발견하게 되는데, 룻기를 LBH로 맞추어 준다.

(5) 레콰옘(לְקַיֵּם, 4:7). 후기의 특징들에 대한 하나의 누적물이 룻기 4:7-8에 나타나는데, 그것은 두 개의 어휘와 하나의 구문이다. "확고히 하다, 세우다, 성취하다"를 의미하는 쿰(קום)의 피엘형 어간인 콰옘(קַיֵּם)의 형태는 말할 필요도 없이 후대의 특징이다. 그 증거에 관해서는 Hurvitz, *LS*, 32-35; 참조. Rooker, *BHT*, 83-85; Bergey, *BE*, 40-42를 보라. 통시적 전환은 SBH에 있는 이 의미를 가진 동사의 형태가 배타적으로 힙힐형인 헤킴(הֵקִים)이라는 사실 가운데서 대조의 표준을 충족시켜 준다. 그리고 분배의 원리는 퀴옘(קִיֵּם)이 LBH 본문에 들어 있는 성경 히브리어(에스더 7회, 에스겔 1회, 시편 119편 2회)에만 나타난다는 사실을 통하여 먼저 충족되고, 어근 쿰(קום)이 실질적으로 MH에서 사라졌다는 사실에서 두 번째로 충족되며, 단지 피엘형 퀴옘(קִיֵּם)만이 예외인데 이 단어가 광범위하게 사용된다(Segal, *GMH* §§ 109, 179-80; Hurvitz, *LS*, 34; 그리고 특히 Hurvitz, *Shnaton* 1[1975] 48를 보라). LBH는 이 언어 전환의 전환기를 나타내는데, 그 이유는 거기에 두 형태가 나타나기 때문이다(헤킴〈הֵקִים〉에 관해서는 단 9:12; 느 5:13; 대하 33:3을 보라). 룻기에서의 이 어법은 이 전환 단계에 어울리는데, 그 이유는 힙힐형 레하킴(לְהָקִים)이 4:5, 10에 나타나는 반면에 피엘형은 4:7에 나타나기 때문이다. 룻기에 있는 후자의 통시적 전환은 다음과 같은 평행 구절들을 통하여 잘 예증된다.

왕상 2:4 레마안 야킴 야웨 에트-데바로(לְמַעַן יָקִים יהוה אֶת־דְּבָרוֹ,
"야웨께서 자신의 …말씀을 확실히 이루게 하시도록")

겔 13:6 웨익할루 레콰옘 따바르(וְיִחֲלוּ לְקַיֵּם דָּבָר,
"그리고 그들이 자기들의 말을 이루기를 바란다")

룻 4:7 에조트 레파님…레콰옘 콜-따바르(וְזֹאת לְפָנִים… לְקַיֵּם כָּל־דָּבָר,
"그리고 이것이 이전에 어떤 일을 성취하는…〈관습〉이었다")

이와 같은 형태들을 통하여 성경 히브리어에서는 드물게 일어나며, 그래서 진정한 다른 히브리어 형태이기는 하지만(Segal, *GMH* § 180를 보라), LBH와 MH에서 이러한 용법의 증가는 아람어의 영향으로부터 나온 것인데, 거기서 그것들은 매우 통상적이었다. 이러한 의미에서 그것들은 "아람 사상들"이다(Hurvitz, *LS*, 34; Rooker, *BHT*, 85를 보라).

(6) 웨나탄(וְנָתַן, 4:7). 위의 SBH 언어 특징 (2)항의 논의 가운데서 LBH의 한 특징은 일반적으로 와우 연속법 시제가 감소를 보이고 있는데, 그 대신에 와우 접속사를 가진 단순 시제가 하나 발견된다는 사실을 살펴본 바 있다(그 곳의 참고서적을 보라). 루커(Rooker, *BHT*, 101)는 다음과 같은 실례를 말하고 있는데, 곧 역대기 기자가 열왕기서 평행 구절에서 와우 연속법 형태로 되어 있는 곳에서 와우 접속사를 가진 단순 시제를 사용하고 있다는 것이다.

왕하 23:6 와요체 에트-하아쉐라…와이세로프 오타흐…와야데크 (וַיֹּצֵא אֶת־הָאֲשֵׁרָה...וַיִּשְׂרֹף אֹתָהּ...וַיָּדֶק, "그리고 그가 아세라를 끌어냈고…그것을 태웠다…그리고 그것을 땅에 뿌렸다")

대하 34:4 웨하아셰림…쉬빠르 웨헤다크(וְהָאֲשֵׁרִים...שִׁבַּר וְהֵדַק, "그리고 아세림을…그가 가루로 만들어 그것들을 땅에 뿌렸다")

연속법 시제를 사용하는 것의 감소는 DSS 히브리어에서 계속되었고(Rooker, *BHT*, 101-2), MH에서 그것들을 사용하는 것은 완전히 사라졌다(Segal, *GMH* §§ 104, 308, 316). 룻기에서 룻기의 나머지 전체와 SBH 전체에 걸쳐 거의 일괄적으로 이러한 목적을 위하여 사용된 형태인 와우 연속법 형태(וַיִּתֵּן, 와이텐) 대신 과거에 대한 시제의 일치를 표현하기 위하여 하나가 4:7에서 와우 접속사+완료형(וְנָתַן, 웨나탄)으로 발견된다. SBH와 LBH 간의 구문론상의 변화가 아람어의 영향으로 말미암아 나타나 있을 가능성이 지극히 큰데, 아람어는 연속법 시제를 전혀 가지고 있지 않다(Rooker, *BHT*, 102의 논평을 보라).

(7) 나알+샬라프(נעל+שׁלף, 4:7). 후대의 것이 거의 틀림없는 4:7의 세 번째 특징은 "집어 던지다"란 의미를 표현하기 위해 동사 샬라프(שׁלף)와 나알(נַעַל, "신발〈들〉")을 사용하고 있다는 것이다. 유온(Joüon)은 1924년에 이러한 결합을, 자신의 판단에 대해 증거를 제공하지 않으면서 "있을 법한 신조어"로 밝힌 바 있다(11). 이 증거는 지금은 후르비츠(Hurvitz, *Shanaton* 1[1975] 45-59)에 의하여 확

신 있게 제공되었는데, 그는 이러한 결합이 언어 전환의 표준을 충족시킨다고 주장한다. 첫째로, 이것은 동사 샬라프(שלף)가 거의 배타적으로 헤레브+샬라프(חרב+שלף, "칼을 빼다"; 15회) 관용어 가운데서 나타나는 SBH 용법과 대조된다. 이것은 결코 나알(נעל, "신발")과 함께 나타나지 않는다. 그보다 이 관용어에 들어 있는 동사는 할라츠(חלץ, 신 25:9, 10; 사 20:2) 혹은 나샬(נשל, 출 3:5; 수 5:15)이다. 따라서 "적절한 기회가 없어서가 아니라-또는 어울리는 문맥이 없어서도 아니고-…성경의 초창기 책들에 나알+샬라프(נעל + שלף)가 없다는 사실을 설명할 수 없다"(*Shnaton* 1[1975] 56). 둘째로, 이것은 언어 분배와 언어 집중의 표준을 충족시키는가? 후르비츠는 그렇다고 주장한다(46-49). 첫째로, 그는 이 언어 변화가 아람어의 영향으로 일어난다는 뚜렷한 증거를 제공해 준다. 그래서 팔레스틴 탈굼(Pirston, *Leš* 35[1971] 318에 의하면 위요나단, 요나단, 네오피티〈Neofiti〉, 소므로니〈Shomroni〉에 의하여 그 실례들이 제공되었다)의 출애굽기 3:5; 신명기 25:9; 이사야 20:2에서 아람어 동사 샬라프(שלף)가 규칙적으로 히브리어 할라츠(חלץ)와 나샬(נשל)을 번역하는 데 사용된다. 이것은 후대의 히브리어 표현인 나알+샬라프(נעל+שלף)가 번역 차용어, 즉 화자의 히브리어에 대한 아람 배경의 영향으로 말미암아 만들어진 새로운 표현이라는 사실을 강력하게 시사한다. 그러나 탄나임 시대의 히브리어 문서에는 이 관용어가 완전히 사라지고 없다. 이러한 사실에도 불구하고 후르비츠는 이러한 특징이 그것이 나타나는 본문 가운데서 유일한, 예외적인 그리고 유례가 없는 실례가 아니라는 근거에서 그러한 결론이 강압적인 것이라고 주장한다. 사실은 룻기 4:7에 그러한 특징들이 단 한 차례 집중되어 있다. 더 나아가서 저자에 의해서든 후대의 손질에 의해서든 이 구절은 4장의 설화 가운데 삽입된 것이다. 그러므로 이것은 "…문학적 그리고 언어적 검토에서 독립된 하나의 '단위'를 이루고 있다"(*Shnaton* 1[1975] 48). 이러한 결론과 함께 4장의 구조에 대한 우리의 분석은 완전히 일치한다(4:1-12의 "양식/구조/배경"에 있는 필자의 논의, 특히 3-8절의 구조의 차트를 보라). 8c절에 있는 설화자의 진술을 예상하고 있는 이 이탈은 5절에 있는 보아스의 도전에 대한 기업 무르는 자의 반응(5-8)의 중간 부분으로 삽입된다. 그 길이로 인하여 이것은 설화자로 하여금 누구에게 말하고 있는지를 자신의 독자들에게 명확하게 밝히기 위하여 두 번째 설화 서론(8a절)을 삽입하게 만든다. 그런 까닭에 일반적인 룻기의 두루마리에서 분리된 이 구절을 논의하는 것이 합당하다. 그리고 이 구절에서 후르비츠(48)는 우리가 아람어의 영향을 크게 받은 의심할 바 없는 또 다른 후대의 특징인 레콰옘(לְקַיֵּם)을 가지고 있다고 주장하는데, 위의 LBH 특징 (5)를 보라. 그런 까닭에 그는 우리가 나알+샬라프(נעל+שׁלף)란 표현이 후기 아람어 번역의 차용어라는 결론 편에 서서, 결정적으로 그 한쪽을 우세하게 하는 것과 같은 아람어의 영향을 받은 후기 요소들의 밀집을 가지게 된다고 결론짓는다. 그 증거가 이것보다 더 압도한다. 후대의 특징 레콰옘(לְקַיֵּם)에 대해서 우리는 이제 와우 접속사+완료형 레콰옘(לְקַיֵּם)의 현상을 덧붙일 수 있는데, 이 역시 아람어의 영향으로 말미암아 나타난 후대의 특징이다. 위의 LBH 특징 (6)을 보라. 그런 까닭에 우리는 이 한 구절 가운데서 아람어의 영향을 가진 세 개의 후대의 요소들을 가지게 된다. 이 평행 상태에다 위의 (1)에서 (4)의 LBH 항목들 가운데 개진된 룻기 전반에 나타나 있는 후대의 요소들을 더한 축적을 덧붙일 때, 이 경우가 실로 결정적인 것으로 보인다.

룻기 4:7에 있는 아람의 영향을 받은 후대 요소들의 이러한 현저한 집중이 본서 전체의 후대성에 대한 증거인지는, 당연히 4:7이 본서의 나머지 저자에 의하여 혹은 후대의 손질에 의하여 본문에 덧붙여진 것을 나타내고 있는 여담을 생각하는 여부에 달려 있다. 현대 주석가들 대다수의 의견에 따라(Berlin, *Poetics*, 99의 언급들을 보라) 내 의견에는 거기에는 이 이탈된 내용이 설화의 나머지 부분에 대한 후대의 손질이 아니라 원 저자의 손질에서 나온 것이라는 결론을 불가능하게 하는 본문의 구조 가운데 있는 어떤 종류의 불균형이나 혹은 다른 불일치가 없다는 것이다. 아람의 영향이라는 후대의 요소의 밀집 자체는 4:7이 본서의 나머지 부분보다 더 후대의 것일 수도 있을 가능성에 편들어 몇몇 개연성 있는 논증을 이루고 있다고 말할 수 있을 뿐이다. 만일 그렇게 입증될 수 있었다면, 그것은 여전히 룻기 연대에 대한 나알+샬라프(נעל+שׁלף)의 증거를 고치지 않았을 것인데, 그 이유는 그 관용어가 설화의 본체인 4:8에서도 나타나기 때문이다. 사실상, 저자로 하여금 그것을 설명하기 위하여 7절이라는 밀집된 내용을 삽입하도록 자극하는 것이 관용어의 이러한 출현이다.

(8) 사바르(שָׂבַר, 1:13). 위의 (1)에서 (7)항에 이르는 LBH 항목들 가운데 언급된 룻기에 있는 후대의 요소들에 대한 분명한 증거가 제시된다면, 증거가 분명치 않은 사바르(שָׂבַר)는 실제로는 이 어휘가 아람어의 영향 아래 들어간 또 다른 후대의 특징일 가능성 – 밀집의 원리에 의존하고 있는 – 이 훨씬 더 크다. 첫째로, "기다리다, 기대하다, 바라다"의 의미론의 영역에 관해서 고전적 문서와 후대의 문서 간의 대조를 위하여 하나의 가능한 경우가 만들어질 수 있다. 그러므로 히브리어 성경 전반에 두 개의 친밀한 동의어 퀴와(קִוָּה)와 익헬(יִחֵל)이 나타난다(이 단어들의

긴밀한 동일 운율에 관해서는 미 5:6; 사 51:15; 욥 30:2을 참조하라. 이 곳에서 이 두 동사가 평행적 요소⟨*parallelismus membrorum*⟩로 나타난다). 이것들이 고대에 사용된 용례에 관해서는 다음의 구절들을 찾아보라: 퀴와(קִוָּה), 창 49:18; 호 12:7; 미 5:6; 사 5:2, 4, 7; 렘 13:16; 14:22; 익헬(יִחֵל), 삼상 13:8; 미 5:6. 후대에 사용된 용례에 관해서는 다음의 구절들을 찾아보라: 퀴와(קִוָּה), 애 2:16; 시 119:95; 익헬(יִחֵל), 겔 13:6; 시 119:43, 49, 74, 81, 114, 147. 그러나 룻기 이외의 부분에서 사바르(שָׂבַר)란 동사는 초창기 본문에는 전혀 나타나지 않지만, 후기의 것으로 보이는 본문에서는 세 번 나타나며(시 119:166; 145:15; 스 9:1) 연대기적으로 불확실한 본문 가운데서는 두 본문에 나타난다(시 104:27; 사 38:18). 이 구절들에서 이것은 두 개의 초창기 동의어들처럼 동일한 의미론 영역 가운데서 이동한다. 초기와 후기의 구절들 가운데 있는 다음과 같은 대조점을 주시하라.

לישועתך קויתי יהוה 창 49:18
שברתי לישועתך יהוה 시 119:166

후대의 두 개의 구절들(시 119:116; 146:5) 가운데 실명사 세베르(שֵׂבֶר, "소망")의 출현은 성경 히브리어에 있는 이 어근이 후대에 출현했음을 뒷받침한다. 둘째로, 분석 표준을 위한 하나의 근거가 만들어질 수 있다. 이 어근은 같은 의미론 분야에서 하나의 의미를 가진 아람어 본문 가운데서 매우 통상적인 것이며, 또한 비록 외관상으로는 훨씬 덜 통상적인 것처럼 보이기는 하지만 MH에서도 그와 같이 나타난다(Jastrow, *Dictionary*, 951). 룻기에 후대의 요소가 밀집되어 있는 것과, 또한 특히 아람의 영향으로 말미암아 나타난 세 개의 특징들을 가지고 있는 4:7-8에 밀집된 것은, 1:13에 있는 사바르(שָׂבַר)의 사용이 아람어의 영향으로 나타나는 후대의 문서 가운데 있는 또 다른 후대의 특징일 수도 있다는 개념을 지지한다.

룻기에 있는 두 개의 다른 단어들, 1:13에 있는 동사 아간(עגן)과 유성음 라헨(להן)이 과거에는 아람 사상이 들어 있는 것으로 간주되어 왔다. 그러나 이러한 단어들을 아람 사상이 들어 있는 것으로 밝히기 위하여 사용된 표준의 빈약한 속성 이외에(이에 대한 표준에 관해서는 Hurvitz, *Hebrew Abstracts* 14[1973] 74-79를 보라) 이 두 경우는 다른 근거에서는 매우 빈약하다. 아간(עגן)에 관해서는 1:13의 "주석"을 보라. 라헨(להן)의 아람어 기원에 대한 증거는 전혀 빈약하다고 말할 수 없다. 이것은 성경 히브리어 단어 라헨(לָהֵן, "그러므로")의 존속에 근거하는데, 이 단어가 다니엘 2:6, 9; 4:24에서만 거의 나타나는 의미다. 비록 이 구절들 가운데 있는 문맥이 실제로 그러한 의미를 요구하고 있기는 하지만, 이것은 거의 하나의 분리된 아람어 단어를 수립하지 못하기 때문인데, 그 이유는 라헨(להן)이라는 단어가 그 반대로 "그러나 어쨌든"이라는 의미로 아람어권에서 널리 퍼져 있기 때문이다. 그러한 가설의 빈약한 성격은 KB²(לָהֵן II, p. 1090; 참조. *CHALOT*, 410)가 성경 아람어를 히브리어로부터 빌려온 것으로 취급하고 있다는 사실을 통하여 드러난다. 더 나아가서 루돌프(40 n. 13a)가 지적하는 바와 같이, LXX, Syr, Tg의 번역자들 모두가 아람어에 친숙해 있었고 룻기 1:13에서 라헨(להן)에 대해 그러한 의미를 인정하지 않았다. 그리고 물론 여기서 모든 역본들이 따르고 있는("원문주해" 1:13.a을 보라) 본문에 대한 우리의 라헴(לָהֵם)으로의 정정("주석"을 보라)이 옳다면, 아람어와 동일시되어야 할 그러한 단어는 없다.

룻기의 언어 특징을 이러한 LBH 특징들과 그것들의 SBH 본문과 비교한 결과는 다음과 같이 진술될 수 있다. 전반적으로 SBH와 배열이 되는 10개의 특징들은 룻기의 언어 특징들 대다수가 SBH의 것들과 일치한다는 많은 학자들의 판단을 입증한다(참조. Driver, *ILOT*, 454의 자주 인용된 판단). 그렇지만 언어의 후기 단계인 LBH와 일치하는 여덟 개의 특징들도 있다. 비록 이 특징들 가운데 세 개, 즉 (2), (5), (6)항이 에스겔서에 나타나 있는 전환 단계에서 발견되기는 하지만, 그것들과 다른 다섯 개의 특징들 모두가 언어의 포로 후기 LBH 단계를 더 많이 나타낸다. 이러한 증거는 룻기 저자가 언어의 SBH와 LBH 단계 사이의 전환기, 즉 포로 전 말기부터 포로 후 초기보다 이른 시기에는 살지 않았음에 틀림없다는 사실을 시사한다. 그는 SBH의 고전적 언어를 사용하면서 자신의 설화를 기록하려고 힘썼다. 그러나 그는 자신이 살고 있는 시대의 보다 미묘한 언어 특징을 가진 여러 단어들을 사용하지 않을 수 없었다. 가능한 범위를 전환기 내에 제한시키려고 하는 것은 매우 불확실할 뿐이다. 그러나 비교적 적은 후대의 언어 특징들의 숫자는 룻기가 예레미야서와 같은 포로기 본문보다 이른 시기임을 암시하고 있는데, 이에 대해서 버기(Bergey, *BE*, 176-77)가 열 개를 열거하고 루커(*BHT*, 182-83)가 15개를 열거하고 있으며, 또한 에스겔서보다 이른 시기인데, 여기서 루커는 37개의 후대의 특징을 발견해 낸다(*BHT*, 182-83). 이 점은 연대를 포로 전 후기로 이끌어 간다. 다른 한편, 만일 4:7의 이탈이 후대의 손질에 의해서가 아니고 저자에 의한 것이라면, 거기에 들어 있는 세 개의 모든 특징들이 아람어의 영향으로 말미암은 것이고 다른 세 개의 특징들, 즉 LBH 항목들 (1), (3), (4)항이 LBH 본문들과만 명확하게 상호 관련되어 있다는 사실은 저자 당시의 어휘가 초창기보다 더 늦은 시기, 즉 포로 후 초기에 연대를 설정하도록 논증해 준다. 필자의 의견으로는 후자가 더 그럴듯하다.

장르

참고문헌

Alter, R. *The Art of Biblical Narrative.* New York: Basic Books, 1981. **Bar-Efrat, S.** *Narrative Art in the Bible.* Sheffield: Almond, 1989. **Beekman, J., Callow, J.,** and **Kopesec, M.** *The Semantic Structure of Written Communication.* Dallas: Summer Institute of Linguistics, 1981. **Berlin, A.** *Poetics and Interpretation of Biblical Narrative.* Sheffield: Almond, 1983. **Campbell, E.** "The Hebrew Short Story: A Study of Ruth." In *A Light unto My Path.* FS J. M. Myers, ed. H. Bream, R. Heim, and C. Moore. Philadelphia: Temple UP, 1974. 83-101. **Coats, G.** "Balaam: Sinner or Saint." In *Saga, Legend, Tale, Novella, Fable: Narrative Forms in Old Testament Literature,* ed. G. Coats. JSOTSup 35. Sheffield: JSOT, 1985. 56-62. ______. *Genesis with an Introduction to Narrative Literature.* FOTL 1. Grand Rapids, MI: Eerdmans, 1983. ______. "Genres: Why Should They Be Important for Exegesis?" In *Saga, Legend, Tale, Novella, Fable: Narrative Forms in Old Testament Literature,* ed. G. Coats. JSOTSup 35. Sheffield: JSOT, 1985. 7-15. ______. "Tale." In *Saga, Legend, Tale, Novella, Fable: Narrative Forms in Old Testament Literature,* ed. G. Coats. JSOTSup 35. Sheffield: JSOT, 1985. 63-70. **Gottwald, N.** *The Hebrew Bible - A Socio-Literary Introduction.* Philadelphia: Fortress, 1985. **Gunkel, H.** "Ruth." In *Reden und Aufsätze.* Göttingen: Vandenhoek & Ruprecht, 1913. 65-92. ______. "Ruth." *RGG* (1930). 4:2180-82. **Hals, R.** "Legend." In *Saga, Legend, Tale, Novella, Fable: Narrative Forms in Old Testament Literature,* ed. G. Coats. JSOTSup 35. Sheffield: JSOT, 1985. 45-55. **Hirsch, E.** *Validity in Interpretation.* New Haven: Yale UP, 1967. **Humphreys, W.** "Novella." In *Saga, Legend, Tale, Novella, Fable: Narrative Forms in Old Testament Literature,* ed. G. Coats. JSOTSup 35. Sheffield: JSOT, 1985. 82-96. **Jolles, A.** *Einfache Formen.* Halle: Max Niemeyer, 1930. **Kirkpatrick, P.** *The Old Testament and Folklore Study.* JSOTSup 62. Sheffield: JSOT, 1988. **Knierim, R.** "Old Testament Form Criticism Reconsidered." *Int* 27(1973) 435-68. **Long, B.** "Introduction to Historical Literature." In *1 Kings with an Introduction to Historical Literature.* FOTL 9.

Grand Rapids, MI: Eerdmans, 1984. 1-8. **Longman, T.** "Form Criticism, Recent Developments in Genre Theory, and the Evangelical." *WTJ* 47(1985) 46-67. ______. *Literary Approaches to Biblical Interpretation.* Grand Rapids, MI: Zondervan, 1987. **Lord, A.** *The Singer of Tales.* New York: Atheneum, 1965. **Milne, P.** "Folktales and Fairy Tales: An Evaluation of Two Proppian Analyses of Biblical Narratives." *JSOT* 34(1986) 35-60. ______. *Vladimir Propp and the Study of Structure in Hebrew Biblical Narrative.* Sheffield: Almond, 1988. **Moor, J. de.** "Narrative Poetry in Canaan." *UF* 20(1988) 149-71. ______. "The Poetry of the Book of Ruth(Part I)." *Or* 53(1984) 262-83. **Niditch, S.** "Legends of Wise Heroes and Heroines: II. Ruth." In *The Hebrew Bible and Its Modern Interpreters,* ed. D. Knight and G. Tucker. Philadelphia: Fortress, 1985. 451-56. **Osborne, G.** "Genre Criticism Sensus Literalis." *TJ* 4(1983) 1-27. **Propp, V.** *The Morphology of the Folk Tale.* 2nd ed. rev. Tr. L. Wagner. Austin: Univ. of Texas Press, 1968. **Radday, Y.,** and **Pollatschek, M.** "Computerized Experiments with the Frequency Lists of the Five Scrolls." *RevELA* 2(1978) 1-30. **Solomon, A.** "Fable." In *Saga, Legend, Tale, Novella, Fable: Narrative Forms in Old Testament Literature,* ed. G. Coats. JSOTSup 35. Sheffield: JSOT, 1985. 114-25. **Sternberg, M.** *The Poetics of Biblical Narrative.* Bloomington: Indiana UP, 1985. **Wellek, R.,** and **Warren, A.** *Theory of Literature.* 3rd ed. New York: Harcourt, Brace, Jovanovich, 1977.

장르 개념에 대한 근본적인 이론과 관련하여, 특히 문학 범주들 혹은 형태들의 타당성을 완전히 부정하는 것에 대해 문학 작품의 개성인 자율성을 지나치게 높이는 점과 관련하여, 문학비평에서는 지금 진짜 대소동이 일어나고 있다(참조. Knierim, *Int* 27[1973] 436-45의 논평; 최근의 기술적이기는 하지만 성경 연구에 대한 현대의 논쟁과 그 의미에 대한 통찰력 있는 개요에 관해서는 Osborne, *TJ* 4[1983] 1-27를 보라). 그러나 아무리 받아들일 수 있는 근본적인 이론을 서술하는 것이 난해하고 파악하기 어렵다 해도 많은 층이 있는 본문들 사이에 있는 유사성들의 존재를 부인하거나 또한 이러한 유사성들 간의 관계가 그들 간의 포괄적인 일치점에 대한 근거가 되는 증거를 제공한다는 사실을 부인하기는 지극히 어렵다(이러한 입장에 대한 유용하고도 비전문적인 개진을 보려면 Longman, *Literary Approaches*를 참조하라). 이러한 입장에서 장르에 대해 도움이 되면서도 유익한 규명은 웰렉과 워렌(Welleck and Warren, *Theory of Literature,* 231-34)의 고전적 진술로부터 오스

본(*TJ* 4[1983] 4-5)과 롱맨(*Literary Approaches*, 80-81)이 채택한 것으로서 외부 양식 즉 본문의 구조와 연설의 운율 구조의 유무, 그리고 내부 양식 즉 본문의 비형식적인 면(예를 들어, 분위기, 배경, 기능, 설화 표현, 내용)에 근거하여 그룹으로 분류되는 문학 작품들이 장르에 포함되어 있다는 것이다.

히르쉬(Hirsch, *Validity*, 68-77)는 장르 분석이 틀림없이 하나의 문학 작품이 해석되는 방법에 대해 직접적으로 침해를 가할 것이라고 하는 지극히 중요한 점을 지적한다(또한 참조. Coats, "Genres," 7-11 그리고 Longman, *WTJ* 47[1985] 61-63). 세이쏜(Sasson, 197)이 설득력 있게 관찰한 바와 같이, 그렇다면 그 분석은 단순한 분류 활동이 아니다. 의식적으로든 무의식적으로든 장르의 결정을 하고 나서 독자는 사실상의 요소와 함께 전달된 실체의 성격과 의미 모두에 관하여 두드러지고도 구체적인 예상, 즉 그것이 어떻게 들려질 것인지에 대한 예상을 하게 된다. 이것이 그것 안에 들어 있는 전체 작품과 개별 요소 모두의 의미에 대한 해석에 영향을 미칠 수 있다. 전자에 대해서는 나단이 단순하게 "당신이 그 사람이라"는 비난의 선언을 하려는 목적에서 말한 이야기 가운데서 단 하나도 변경하지 않고 "불의에 대해서 꾸며낸 비유에 해당하는 실제 불의의 역사"로부터 나온 사무엘하 12장에 있는 가난한 사람의 새끼 암양에 관한 나단 이야기의 변형에 대한 스턴버그(Sternberg, *Poetics*, 30)의 실례를 보라. 후자의 탁월한 실례에 관해서는 Sternberg, *Poetics*, 524 n. 3을 보라.

더 나아가서, 이 추론은 당연히 장르에 관한 잘못된 가정을 하는 것이 오해와 오역으로 그 결과가 나타난다는 사실을 따르고 있다(참조. Coats, "Genres," 10). 예를 들어, 세이쏜에 의하여 룻기에 지정된 의미, 성격 및 목적과 또한 장르 확인에 근거하여 허바드가 지정한 그것들 사이의 근본적인 차이점들을 비교하라. 세이쏜(197-221)은 룻기를 하나의 민담으로 분류한다(아래를 보라). 그런 까닭에 그는 그것이 "역사적 배경에 의하여…좌우되지 않는다"(216)고 결론짓고 있으며, 또한 같은 근거에서(221) "종교적 관점에서 볼 때 본서의 의미는 거의 없다"는 구티어(Gautier)의 판단을 적절한 것으로 인용한다(Sasson, 249에서). 이와 대조적으로 허바드(Hubbard, 47-48)는 룻기가 창세기 24, 38장, 요셉 이야기 그리고 사무엘하 9-20장에 있는 다윗의 궁중 역사에서 나온 에피소드를 포함하고 있는 일단의 구약성경의 "중편 소설"에 속한다는 캠벨(Campbell)의 가정(Campbell, 5, 10)을 따른다. 이러한 근거에서 그는 "이 간략한 이야기가 설화의 역사적 정확성을 인정해 주며" 그런 까닭에 "이 이야기의 핵심은 역사다"라고 결론짓는다(Hubbard, 48). 같은 근거에서 추측컨대 그는 이것 가운데서 중요한 신학적 의미를 발견할 수 있는 것이다(66-74).

그렇다면 장르의 결정은 틀림없이 룻기의 해석을 위한 비평적 중요성을 가진다. 그러나 구약 설화 문서의 장르에 대한 결정은 지극히 어려운 일이다. 실제로 고대 본문들은 물어볼 필요도 없이 현대 문서에서 그러한 것 이상으로 일반적인 분류에 따른다. 고대 생활의 구조가 현대 서구에서보다 개별적인 삶의 질서가 훨씬 덜 잡혀 있었고 착상되어 있었으므로, 문서는 혁신적이고 인습 타파적인 강력한 경향을 가진 현대 세계의 문서가 그러한 것보다 더 전형적인 양식과 패턴에 상당히 일치했다(참조. Longman, *WTJ* 47[1985] 55-56; Knierim, *Int* 27[1973] 435-36의 논평). 그러나 구약성경은 실질적으로 비전문적이고도 다양한 의미에서 사용된 문학 양식에서 극소수를 제외하고는 그 문서의 일반적인 분류 방법을 알지 못하고 있다(예를 들어, 마샬〈מָשָׁל, "잠언"〉; 메소보다미아 영역에서도 이와 같은 결핍을 보이고 있는 사실에 관해서는 Longman, *WTJ* 47[1985] 55를 보라). "이야기, 설화"의 의미를 가진 단어가 보존되어 온 바는 없다. 그런 까닭에, 이 관습은 거의 변함없이 구약성경 문서의 분야로부터 그리고 구약성경보다 훨씬 더 후대의 분야로부터 이끌어 온 구약성경을 위한 장르 호칭들을 사용하는 데 채택되었다. 비록 원리상 이것이 받아들일 만한 관습이기는 하지만(Longman, *WTJ* 47[1985] 53-56의 논평을 보라), 이것이 언제나 오해와 오역을 배제하는 방식으로 운영되어 오지는 않았다. 첫째로, 사용된 단어들이 그것들 자체의 분야에서 자주 신중하고도 정확한 정의가 결핍되어 왔다(예를 들어, "무용담"〈saga〉과 "전설"〈legend〉이라는 단어의 의미를 정의함에 있어서 가변성과 난해성에 대한 Kirkpatrick, *OT and Folklore*, 74-76, 그리고 Hals, "Legend," 45-50의 논평을 유의하라). 그런 까닭에 이 단어들은 자주 의미심장하게도 일치하지 않는 의미들과 함께 사용되어 왔다. 둘째로, 사용된 단어들은 구약 본문들의 성격에 어울리는 의미들을 가졌음에 틀림없고, 그렇다면 신중한 정의가 상세하게 논의되어야 한다. 코츠(Coats, *Genesis*, 4)는 이것을 다음과 같이 잘 표현했다.

> 만일 전문적 용어가 본문으로부터 추상된 것이 아닌, 특별한 본문으로부터 확인된 설화 장르의 특징과 관련된 통용을 가진다면, 그것이 정확성을 가지고 사용되고 그 단어가 구약성경의 설화 단위들에 적용될 수 있도록 그 단어를 정의하는 것이 적절해 보인다. 그러므로 그 목표는…중요한 설화 장르를 밝혀 주며, 그것들을 위하여 전문 용어를 제안해 주고, 그것들을 사용함에 있어서 정확성을 기하도록 충분한 정의를 제공해 주는 것이다.

그 목표는 그 단어들의 역사 가운데 있는 모든 문제점들의 해결을 필요로 하지 않는다. 이것은 독자가 그것들이 무엇을 의미하는지…알 수 있도록 그 단어들이 표시한 정당한 특징들의 확인을 필요로 한다.

룻기의 장르를 결정하기 위한 과거의 시도들은 이와 같은 방법론적 문제들로 말미암아 손상되어 왔다. 논의들은 자주 궁켈의 작품("Ruth" in Reden und Aufsätze [1913] 그리고 다시 그의 논문 "Ruth" in *RGG*[1930])에 대한 자기들의 결별 지점으로 취급되어 왔다. 당시에 유행하고 있던 민속 문서와 구전에 대한 관점에 의하여 크게 영향을 받은(이에 대해서는 Kirkpatrick, *OT and Folklore*, 23-34의 간단 명료한 연구를 보라) 궁켈은 구약성경 설화 가운데 많은 부분, 특히 창세기에 있는 부분의 내용, 구조 그리고 시적 어조가 이러한 설화들이 현재의 산문 형태로 기록되기 이전에 시적 형태인 구전 민담으로 존재했음을 증명했다고 가정했다. 이것을 룻기에 대한 자신의 연구에 적용하면서, 궁켈은 본서를 일반적으로 "인위적 이야기"("Ruth" in Reden, 84), "시적인 통속적 무용담"(saga: saga란 자기 부족이나 민족의 아름다움과 지혜나 지식 그리고 용기에서의 우월성을 가르치고 알리기 위하여 만들어진 민간인의 전설로 생각된다. 따라서 단순한 legend〈전설〉와는 차이가 있다－역자주) 혹은 "목가풍"의 설화로 묘사했다("Ruth" in *RGG* 4:2181). 특히 그는 고도로 발전된 대화의 사용을 통하여 "우리가 소설이라고 부르는 하나의 새로운 장르가 떠오르고 있는" 사실을 관찰해 냈다. 르네상스 시대의 이탈리아인의 소설(현대 소설의 출발점)도 역시 인물들에 대해 묘사하는 데 흥미를 가진 데서 고도로 발전된 민간 이야기와 무용담(saga)의 자료에서 일어났다. 그러므로 룻기 소설에 대해 말함에 있어서도 당연시된다("Ruth" in *Reden*, 85). 여기서 하나의 단어가 유럽인의 문서로부터 채용되었을 뿐만 아니라 문서 발달의 전체 이론이 구약성경 시대의 상황으로 되돌려져서 파악되어 왔다(이에 관해서는 아래를 보라). 그리고 계속된 논의 가운데서 비록 궁켈의 용어가 자주 사용되기는 했지만, 그것은 자주 아주 다른 의미, 심지어 그 반대의 의미로 제시되어 왔다. 그러므로 소설이 고도로 발전된 대화의 사용을 통하여 인물 묘사에 관심을 두었다는 궁켈의 이해와는 아주 다르게, 게를르만(Gerleman, 6)은 소설이 "우리에게 실제적 사건의 인상을 제공해 주는 방식으로, 그리고 실제로 사건 자체가 그것을 경험한 인물들보다도 우리에게 더 중요한 것으로 보이는 그러한 방식으로 중요한 의미를 가진 사건 혹은 발생된 일을 이야기하기를 힘쓴다"는 욜즈(Jolles, *Einfasche Formen*, 192)의 정의를 채택한다. 이것은 주로 게를르만이 "설화에 대한 실질적인 관심"은 "하나의 특별한 사건"

이라는 것과 "여기에 서술되어 있는 특별한 사건은 모압 여인 룻에 대해 유대인화하고 있는 것이다"라는 자신의 입장에 근거하고 있는 이 장르의 정의에 있다(6-7). 소설에 대한 괴테의 정의에 의해서 영향을 받은 뷔르트바인(Würthwein, 3-4)은 게를르만과 아주 유사한 방식으로 그것을 "인물들이 완전히 뒤로 물러간 배후에 있는 전례 없는 하나의 사건"에 관심을 둔 것으로 정의하지만(Würthwein, 3), 그 다음에 그는 게를르만에 반대하여 룻기가 이 장르에 속할 수 없다고 결론짓는다. 혼란을 일으키는 점은 뷔르트바인(362-68)이 그 단어를 채택하면서도 내용에 근거해서가 아니라 양식에 근거해서 그것을 정의한다는 것인데, 곧 "구조와 구성…, 장소와 시간에서 구성 및 인물 그리고 스타일의 어떤 특징의 취급을 이룬다"는 것이다(364).

같은 난점이 장르에 대한 뷔르트바인의 논의에도 포함되어 있다(3-4). "소설"이라는 단어를 거부하고 나서(위를 보라) 그는 이 책이 "인물과 그들의 행동에 관심을 두고 있다"는 사실을 어느 정도 장황하게 입증하고 있다. 그는 그 다음에 이러한 관심이 이 인물들을 "모든 일이 잘 되어 가고 형통한" 사람들과 함께 "하나의 단순한 시골 환경 가운데 있는 단순한 사람"들인 전형적인 모델들로 제시하는 것이다. 이러한 근거에서 뷔르트바인은 룻을 전형적인 "목가적 시"의 한 예라고 생각하는데, 목가적 시란 단어는 그 특징이 이상적이고 순수한 상태를 향한 방향이며…또한 소수가 출현하고 그것도 대부분이 모범이 되는 단순한 인물들이 출현하고(4) 이에 대해서 우리가 역사적 신빙성에 대한 문제를 제기할 수 없는(5), 궁극적으로 헬라 문서로부터 이끌어 온 단어다. 장르에 대한 이러한 확인 작업에 기초하여 그는 본서의 목적이 자신이 "가족과 공동체에 대한 충성의 의무"로 정의한 헤쎄드(חסד)에 대한 히브리 개념에 대해 "하나의 인상적인 우아한 예증"(6)을 하는 것이라고 판단한다. 그러나 비록 인물들에 대한 모범 설화에 관한 뷔르트바인의 논의가 통찰력이 있기는 할지라도, 이것만이 이 이야기의 주안점이요 목적이라는 사실을 수립하지는 않는다. 이것을 그 주안점이 아닌 그것의 목적으로 결정하는 것은 장르의 정의를 "목가적 시"로 결정하는 것이라고 생각한다.

룻기의 장르에 대한 결정과 관련된 또 다른 중요한 난점은 그것과 비교되는 구약성경에 있는 그러한 설화들의 실례의 수가 너무나 적다는 것이다. 장르의 결정은 스타일, 양식, 내용, 문맥과 같은 요소들의 영향에 무게를 실어 주는 민감한 일이다. 그런 까닭에 하나의 작품이 비교될 수 있는 예증들이 많을수록 장르의 건전한 결정이 더 잘 이루어질 수 있는 것으로 보인다. 이러한 딜렘마를 해결하기 위하여 캠벨(Campbell, 4-10, 18-23; 참조. 같은 저자의 "The Hebrew Short Story")은 "히브리인의 단편 소설"의 범주를 설정하려고 시도하는데, 그는 이것은 "그 자체의 기본 법칙, 그 자체의 목적들, 자체의 내용 범위…그리고 자체의 스타일을 가진 하나의 독특한 그리고 별개의 양식이다"라고 단언한다. 이 범주는 "창세기 24장과 38장, 요셉 이야기, 예를 들어 사사기 3:15-29…그리고 사사기 4장을 포함하는 여러 사사기 설화들, 룻기…그리고 욥의 산문적 이야기"를 포함한다("Hebrew Short Story," 90). 자신의 주석에서 그는 "다윗의 왕실 역사 가운데 있는 여러 장면들"을 덧붙인다(삼하 9-20장; 95). 그러나 이 범주를 수립하기 위하여 사용된 표준과 그것을 표시하도록 간주된 특징들은 너무나 일반적이고도 불명확하거나 혹은 너무나 문제가 많아서 그 주장을 관철시킬 수가 없다. 룻기와 오경의 JE 설화 그리고 여호수아, 사사기, 사무엘, 열왕기의 설화 부분들 간의 어휘의 유사성에 대한 마이어즈의 일반적인 관찰을 떠나서 자신의 관점을 취한 다음, 캠벨은 단순하게 이것이 문학적 구조와 주제에까지도 뻗어 있다고 공언한다. 이러한 본문들이 하나의 장르의 구성 부분이라는 사실을 수립하기에 필요한 세부적인 비교 연구는 물론이고, 이러한 일반적인 유사성들을 드러내려는 하나의 시도까지도 없다. 캠벨이 "룻기의 솜씨"("Hebrew Short Story," 93-99)에 대한 자신의 연구가 전 그룹의 대표로 이해되어야 할 것이라는 사실을 암시하는 것을 의미한다고는 추측만 할 수 있을 뿐이다. 만일 우리가 이것이 그러하다고 니디치(Niditch, "Legends," 455)에 동조하여 가정한다면, 그녀(니디치)의 비평은 설득력이 있다: 즉 이러한 책들이 가진 문학적 특성들, 즉 개성의 생동감, 재현의 기교, 예시의 사용 등은 히브리 중편 소설이라는 독특한 장르에 대한 증거라기보다는 "일반적인 설화의 기교들"이다. 캠벨이 일반적으로 이 범주에 제시하는 다른 특성들에 관해서 다른 관찰도 해볼 수 있는데(5-6), 특히 "리듬을 가진 시적 요소들을 담고 있는 예술적인 그리고 고상한 산문"의 사용이다. 이것이 캠벨 자신이 깨달은(그러나 이 양식은…다른 문학 Gattungen과 더불어 이 특별한 히브리 산문을 가지고 있다〈"Hebrew Short Story," 99; 또한 참조. "Narrative Poetry," 이곳 저곳〉) 일반적인 히브리 설화의 특징일 뿐만 아니라, 매우 멀리 퍼져 있는 셈계 설화, 즉 드 무어가 "narrative poetry"(de Moore, *Or* 53[1984] 262-71)라고 칭하는 설화 스타일의 범주의 특징이기도 하다. 그렇다면 어떻게 이것이 "히브리 단편 소설"이라는 특별한 범주의 독특한 특징이 될 수 있는가? 간단히 말해서 비록 누군가가 이 표준이 그 범주의 유명한 어떤 세부적인 연구를 간과할지라도, 그들은 히브리 단편 소설이라는 독특한 장르를 수립하기에는 너무나 광범위하다.

이와 동등하게 어려운 것은 궁켈의 작품 이후 언제나 다른 구약성경 설화들에 대한 많은 논의에서 공통적인 전제, 곧 이 설화들의 양식과 스타일은 이 자료가 구전으로 민간 문서로서 유포되었던 자료, 즉 기록으로 넘어가기 이전의 통속적인 구전이었다는 사실을 드러내고 있다는 전제다. 예를 들어, 캠벨(18-23)은 "히브리 단편 소설"이란 자신의 가정된 장르가 "히브리 단편 소설"의 한 조합에 의하여 구전으로 여러 세대를 거쳐서 구성되고 전달된 바 그 이야기의 최종적 기록 형태를 나타낸다고 주장한다. 캠벨은 자기의 논증을 로드(Lord)의 "이야기 가수"(The singer of Tales)에 기록된 발칸 반도에 있었던 발라드 가수들이 불렀던 서사시 이야기에 대한 민속 연구가들인 패리(Parry)와 로드(Lord)의 현장 연구에 근거한다. 그러한 가정을 위하여 구약성경으로부터 이끌어 온 제일차적 증거는 "목적에 있어서 최소한 부분적으로 기억 부호"였던 "리듬의 요소들을 담고 있는 예술적이고도 고상한 산문"(5)이라는 문학적 스타일인 것으로 보인다("Hebrew Short Story," 90). 이 가설은 더 이상 환영받을 수 없다. 우선 첫째로, 이 "시적인 그리고 리듬을 가진" 스타일이 구약성경과 고대의 다른 셈계 문서들로부터 나온 설화 전승의 매우 광범위한 범위의 특징이라는 사실(위를 보라)은 이것을 "히브리 단편 소설"이라는 특별한 장르에 대한 구체적인 가수들의 조합이 있었다는 증거로부터 배제시킨다. 둘째로, 니디치("Legends," 455)가 관찰한 바와 같이, "로드의 작품을 주의 깊게 읽어 보면 룻기가 실제 구전 작품(Lord: 47) 가운데서 발견된 상투적인 어휘의 통상적인 비율뿐만 아니라 이야기 패턴에 대한 예상된 형식(Lord: 68-98)도 가지고 있지 않다는 사실이 드러난다." 마지막으로 그리고 결정적으로 커크패트릭은 최근에 많은 구약성경 설화의 배후에는 구전 문서가 놓여 있다는 구약학계에 널리 유행하고 있는 이론에 대한 오늘날의 민간 전승 연구의 영향을 조사했다. 그녀는 "어떤 스타일을 가진 특징들에 근거하여 구전과 기록된 본문 사이를 구별하는 것은 더 이상 유지할 수 없다"는 것과 또한 실제로 기록된 본문 가운데 있는 형용사구들의 출현까지도 그것의 구전적 성격에 대한 확실한 시금석이 아니라는 가치 있는 증거를 제공한다(*OT and Folklore*, 116-17; 참조. 특히 51-65). 그런 까닭에 본문의 형태가 반드시 그것이 언젠가 구전 형태로 유포되었었다는 사실을 드러낸다는 것은 더 이상 단언할 수 없다.

이와 같이 유사한 비평이 룻기의 장르를 결정하려는 세이쏜의 시도(197-221, 225-40)에도 적용된다. 문제에 대한 일치된 의견이 전혀 없다는 사실을 주시하고 나서 세이쏜은 새롭고도 창조적인 방향에서 작업을 해 나갔다. 그는 러시아 민속 작가 프롭(V. Propp)이 발전시킨 민속 이야기에 대한 구조 분석을 채택했다(*The*

Morphology of the Folktale; 참조. Milne, *Vladimir Propp*, 19-122에 의한 세부적인 취급과 또한 Kirkpatrick, *OT and Folklore*, 79-81에 의한 간략한 평가). 프롭은 각각의 이야기 작성을 결정하는 고정된 순서 가운데 나타난 약 31개의 줄거리 혹은 "기능"의 다른 요소들을 분리시키는 약 100개의 가공(fairy) 이야기 모음집의 줄거리 발전을 분석했다. 프롭의 분석을 채택한 세이쏜은 룻기 줄거리의 요소들이 프롭의 기능들과 일치하며 같은 순서를 따른다는 사실을 증명하려고 시도했다. 불행스럽게도 그의 창조적인 시도는 실패한 것으로 평가를 받아야 한다. 첫째로, 이 접근방식은 분명히 프롭의 모델에 대한 섬세한 각색을 필요로 했다. 룻기가 분명히 가공 이야기가 아니므로 세이쏜은 프롭의 기능의 열거와 인물 역할의 타입이 동일하게 일반적인 민담에도 적용될 수 있다는 어떤 민담 연구가들의 입장을 받아들였다(201). 그럼에도 불구하고 "상투적 성격, 시적 성격" 그리고 "다른 누적된 표현들의 형태들"이 현재 기록되어 있는 본문보다 이야기의 구전 형태가 앞선다는 사실을 수립할 수 있었다는 캠벨과 다른 사람들의 입장을 직접적으로 부인하면서, 그는 단정적으로 "…그것은 구전으로 전승된 본문이 성공적으로 구약성경에서 확인되었다고 말할 수 없다"고 말한다(214). 그러므로 그는 "신중하게 룻기를 민담이라고 부르는 것을 피한다." 오히려 그것은 "민담의 형식만을…가지고 있으며" 그래서 그는 가정을 진행해 나간다. "그러므로 그것은 우리의 **룻기가** 지식 계급의 경향을 가진 서기관들에 의하여 **민담 모델에 근거하여** 창작되었을 수도 있다"(Sasson, 214, 진한 글씨체는 원 저자의 것임). (불행스럽게도 고트왈드는 세이쏜의 경고를 본받지 않았는데, 그는 단순하게 룻기의 정체를 "철저하게 믿을 수 있는 민담"으로 규정하기 위하여 인용하고 있을 뿐이다. *Hebrew Bible*, 554). 그러나 이러한 해석은 가장 다루기 어려운 것이다. 프롭의 작품이 일반적인 민담에 적용될 수 있다는 견해와 관련하여 밀느(Milne)는 세이쏜의 작품에 대한 상세한 비평(*Vladimir Propp*, 144-54) 가운데서 프롭 자신은 자신이 발전시킨 모델이 그가 연구한 가공의 이야기의 범주에만 타당했었다는 데 대해서 조금도 숨김이 없었다고 진술하고, "…그 모델이 모든 민담에 대해서 타당한 것처럼 영웅적 가공 이야기에 대해서만큼 타당하다는 개념은 결코 옳지 않다"고 결론짓는다(*Vladimir Propp*, 146). 룻기가 민담이 아니고 다만 하나의 양식만을 가지고 있다는 입장과 관련하여, 만일 진실로 세이쏜의 분석이 타당하고 룻기의 인물 역할과 줄거리의 연속(귀결, 결과)이 가공 이야기/민담에 대한 프롭의 모델 내에서 불편 없이 잘 들어맞는 기능을 한다면, 적절한 결론은 이 구조적 일치가 여기서 우리가 기록으로 만들어진 하나의 민담을 가지고 있다는 사

실을 드러내고 있음에 틀림없다.

그러나 세이쏜의 분석의 타당성까지도 밀느에 의해서는 의문시되었다(*Vladimir Propp*, 148-53); 또한 참조. Milne, *JSOT* 34[1986] 43-45). 그녀는 오히려 확신을 가지고 세이쏜이 룻기의 특징들을 프롭의 설화 기능들의 실례로 해석하는 방식이 대다수 억지이고 개연성이 없다고 주장했다. "본문은 필요한 재해석에 의해서 모델을 짜 맞추기 위하여 만들어지거나, 혹은 모델이 프롭이 개인의 기능들에 관해서 기록한 내용에 대한 오해에 의해서 본문에 짜 맞추어지도록 만들어진다." 그런 까닭에 그녀는 결론짓기를, "룻기는 전혀 잘 조절되지 않아서 그 모델에 들어맞지 않는다"고 한다(*Vladimir Propp*, 172). 그렇다면 그것이 무엇이든 간에 룻기의 장르는 민담이 아니고 또한 어떤 것을 보고 모방한 것도 아니라는 사실은 거의 의심의 여지가 없는 것으로 보인다.

비록 룻기의 장르를 서술하기 위한 과거의 시도들은 위에서 고려한 사항들이 보여 준 바와 같이 방법론적 문제로 말미암아 손상되어 오기는 했지만, 최근의 논의들은 이러한 현안 문제들을 해결하는 방향으로 오랜 길을 달려가는 정교함을 나타낸다. 비크먼, 칼로, 콥섹의 저서(Beekman, Callow, and Kopesec, *Semantic Structure*)에 있는 설화에 대한 일반적인 해석에 관한 논의 그리고 코츠(Coats, "Tale"), 할즈(Hals, "Legend"), 험프리즈(Humphreys, "Novella"), 롱의 저서(Long, "Introduction to Historical Literature")에 있는, 특히 룻기에 있는 본문과 관계 있는 구약성경 설화 장르들 몇몇에 대한 논의를 하고 나서 본서의 장르를 최소한 일반적인 용어로 설명하는 것이 가능하다.

무엇보다도 먼저 룻기가 주 목적이 인과관계가 두드러져 있는 사건들의 경로를 어느 정도 자세하게 제공하고, 또한 그 의도가 제1차적으로 적절한 순서로 사건들을 기록하려는 구약성경 설화의 범주에 속하지 않는다는 것은 매우 분명하다(Long, "*Introduction*"에 기록되어 있음; 또한 Coats, "Tale," 63에 의하여 기록된 구약성경 설화 장르들 가운데 첫 번째 그룹임을 참조하라). 그 반대로, 룻기의 설화 구조는 비크먼, 칼로 그리고 콥섹이 "문제에 기초한 줄거리"로 묘사하고 있는 내용에 의하여 지배를 받고 있다(*Semantic Structure* § 4.2.4). 그러한 설화들 중에서 어떤 종류의 문제 혹은 대립이 자주 절정에 도달하거나 또는 해결 직전에 도달하는 긴장 혹은 긴장감의 고조를 포함하여 하나의 해결로 움직여 나가는 일련의 행동과 상호작용을 일으킨다. 그러한 줄거리 가운데서 발견되는 구조적 요소의 패턴 혹은 담화 역할(Beekman 등의 *Semantic Structure* § 8.1을 보라)은 다음과 같이 묘사될 수도 있다(Beekman 등, *Semantic Structure* § 8.7.2; Coats, "Tale," 64-66; Longman, *Literary Approaches*, 93를 보라).

(1) 배경. 설화자로 하여금 자신의 이야기를 말하도록 만들어 주는 데 필요한 상황들과 상호관계에 관한 모든 정보와 함께 주요 인물들을 소개한다.

(2) 문제. 포괄적인 용어: 해결의 필요성을 일으켜 주고 독자들에게 긴장을 증가시켜 주도록 중요 사항들에 영향을 주는 결핍, 위협, 잃음, 재난, 위기, 궁핍 등.

(3) 뒤얽힌 관계들. 해결을 지연시키거나 혹은 해결로부터 멀어지게 만들고 긴장과 긴박감을 증가시키는 한두 가지 사건들, 관계들, 상황 혹은 예의 사건의 연속.

(4) 해결 사건들. 한두 가지 사건들, 관계들, 상황 혹은 문제를 충분히 해결하지 않으면서도 문제가 해결을 향하여 움직여 나가는 예의 그 사건들의 경로.

(5) 해결. 연루된 인물들의 이익 혹은 손해에 대해 설화가 시작하는 일종의 문제 해결.

(6) 결말. 문제-해결 연속 부분에 대한 반응. 이것은 그것이 주요 인물들에게 얼마나 많은 차이를 만들어 주는가를 표현하면서 해결의 결과들을 드러내 준다.

(7) 결론/종결부. 설화 강화를 완성하고 그 이야기를 끝마치는 것. 이것은 종결부, 즉 청중을 그 이야기 당시로 되돌아가게 만드는 배경으로서, 그 종결부가 그 이야기를 구성하는 시대에서 청중을 벗어나게 하여 실제 시대로 돌아가게 하는 그 배경을 첨가함으로써 이야기를 완성하는 자료를 포함한다(Berlin, *Poetics*, 107).

구조적 요소 혹은 담화 역할들과 마찬가지로 분석에 중요한 것 역시 구조 요소들 자체와 각각의 요소를 이루는 각 부분들을 연결시켜 주는 관계다(Beekman 등, *Semantic Structure* § 8.10). 연대기적 순서를 가진 설화의 구조 요소에서 두 개의 다른 관계가 존재한다. 첫 번째 경우, 필수적인 사건들의 연대기적 순서가 있을지라도 첫 번째 사건은 두 번째 것을 일으키지 않는다. 즉 두 번째 것의 원인이 아니다. 비크먼은 그러한 관계를 하나의 진행이라고 부른다. 두드러져 있는 것은 그러한 과정의 마지막 사건이며, 그래서 순서의 각 부분들은 단계-목표(*step*$_n$*-goal*)라고 호칭이 붙여져 있다(*Semantic Structure* § 8.6). 두 번째 경우에, 그 관계는 원인-결과의 관계다: 첫 번째 사건은 두 번째 사건을 일으킨다. 여기서 두 개의 구별이 적절하다(*Semantic Structure* §§ 8.7, 8.7.1, 8.7.2). 그 관계는 첫 번째 사건이 두 번째 것의 효율적인 원인일 수도 있다. 즉 반드시 실현된다는 것이다. 그러한 관계는 **자극-반응**으로 생각된다. 다른 경우에는 첫 번째 사건이 효율적인 원인보다는 약하지만 이어지는 사건이나 또는 사건들의 경로가 흘러나오는 상황을 창출하지는 않는다. 이 관계는 **계기-결과**로 생각된다.

이 구조적 역할과 관계들에 대해서 룻기의 줄거리는 [도표 1. 담화 구조]에 있는 것처럼 분석될 수 있다(밑에 깔려 있는 장면들과 에피소드의 구조와 역할에 관해서는 "주석"에 나타나 있는 "양식/구조/배경" 단락들을 보라).

묘사의 간결성의 목적상, 이 도표 안에 있는 담화의 역할을 밝혀 주고 있는 내용 요약들은 담화체로 주어져 있다. 그러나 이것은 본서의 줄거리 전개 중에서 중요한 특징을 거의 완전히 모호하게 한다: 즉 설화자가 제1차적으로 사건들에 대한 세밀한 묘사를 통해서가 아니라 대화를 통하여 자기의 줄거리의 선을 이어간다는 것이다. 이것이 구약성경 설화의 일반적인 예이며, 사실이 매우 그러하므로 알터(Alter)가 "하나의 법칙처럼 성경에 있는 하나의 설화 사건이 중요한 것처럼 보일 때, 기록자는 그것을 주로 대화를 통하여 묘사한다"고 확고하게 말할 수 있었던 것이다(*Art*, 182; 이러한 특성에 대한 그의 통찰력 있는 분석은 특히 pp. 63-87을 보라). 이것은 룻기에서 지극히 그러하다. 이것이 그렇다는 사실이 단어 빈도만큼 거친 수단을 통하여 표시되어 있는데, 그 이유는 내용 담화가 아닌 문법 담화가 최상위를 차지했으리라는 것이 정상적인 예상이기는 하겠지만, 사실은 전체 두루마리 가운데서 가장 자주 나타나는 단어가 아마르(אמר, "말하다")라는 사실이기 때문이다(Radday and Pollatschek, *RevELA* 2[1978] 4-5). 그런 까닭에 서술된 사건들이 이야기의 줄거리를 전개해 가는 사건들의 세부적인 서술을 위해서가 아니라 전적으로 이 "설화를 통한 대화"의 필요성을 위하여 기원되었다는 사실은 놀랄 일이 아니다. 그러므로 위의 줄거리 구조에서 배경(1:1-2), 문제에 대한 첫 번째 진술(1:3-5), 이탈(2:1; 또한 참조. 4:7), 첫 번째 뒤얽힌 관계(2:23) 그리고 결론/종결부(4:17a-22)는 간단 명료하고 서술을 압축한다. 그러나 문제가 발전해 나가고(1:7-19a; 1:19b-22), 길다란 해결 사건들(2:1-22; 3:1-4:12), 해결(4:13-17c), 결말(4:17b)이 되는 2단계 과정은 전적으로 대화로 구성되어 있다. 이것들 가운데 여럿은 길고도 복잡하고(말하자면 1:7-19a; 2:4-17a; 4:3-12), 반면에 그것들의 서술 요소들은 거의 일괄적으로 간략한 요약, 서론, 전환 그리고 결론이다(특히 아래의 "양식/구조/배경" 단락을 보라. 특히 1:7-19a; 19b-22; 2:4-17a; 2:19-22; 3:1-5; 3:6-15; 4:3-8을 위한 도표를 보라). 그렇다면 줄거리가 전개되는 것은 본질적으로 대화를 통해서다.

도표 1. 룻기의 대화 구조

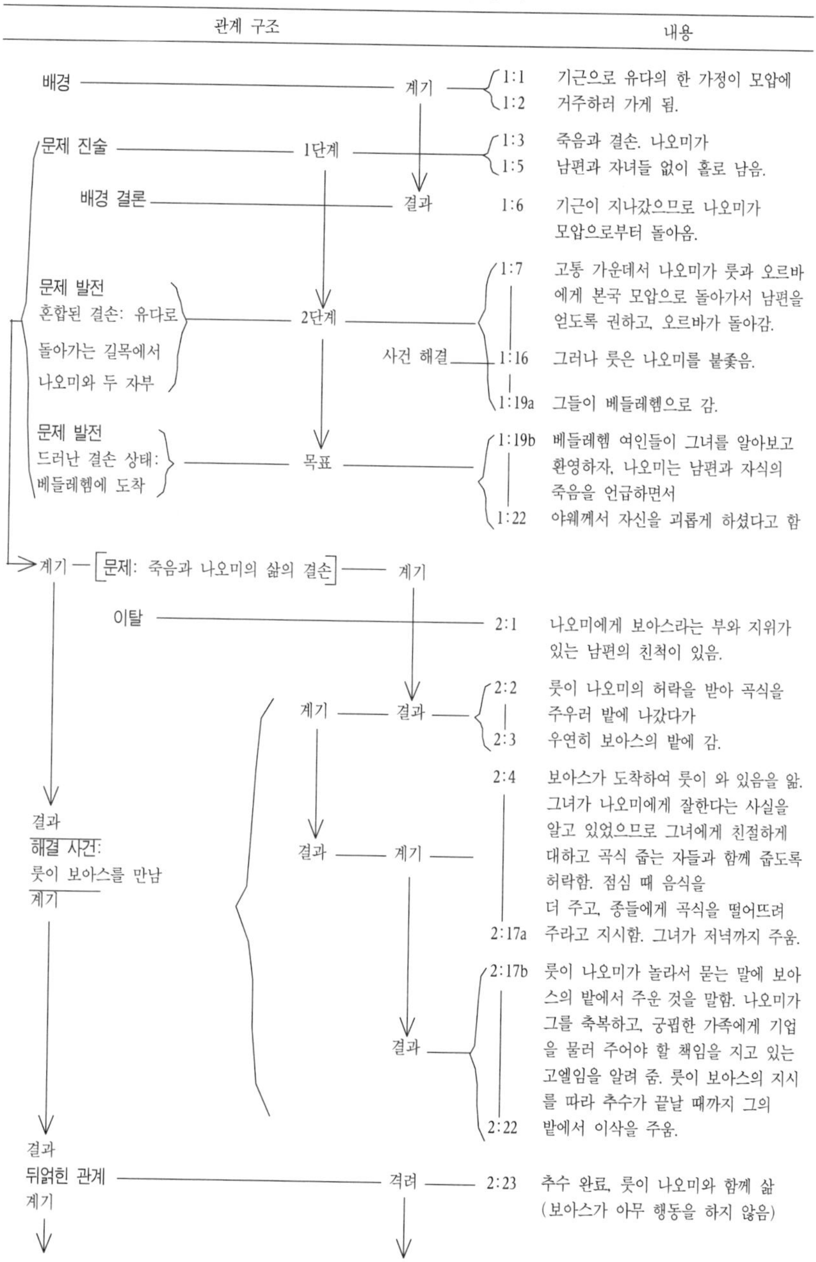
관계 구조
내용
배경
계기
1:1
1:2
기근으로 유다의 한 가정이 모압에 거주하러 가게 됨.
문제 진술
1단계
1:3
1:5
죽음과 결손. 나오미가 남편과 자녀들 없이 홀로 남음.
배경 결론
결과
1:6
기근이 지나갔으므로 나오미가 모압으로부터 돌아옴.
문제 발전
혼합된 결손: 유다로 돌아가는 길목에서 나오미와 두 자부
2단계
1:7
고통 가운데서 나오미가 룻과 오르바에게 본국 모압으로 돌아가서 남편을 얻도록 권하고, 오르바가 돌아감.
사건 해결
1:16
그러나 룻은 나오미를 붙좇음.
1:19a
그들이 베들레헴으로 감.
문제 발전
드러난 결손 상태: 베들레헴에 도착
목표
1:19b
베들레헴 여인들이 그녀를 알아보고 환영하자, 나오미는 남편과 자식의 죽음을 언급하면서
1:22
야웨께서 자신을 괴롭게 하셨다고 함
계기
문제: 죽음과 나오미의 삶의 결손
계기
이탈
2:1
나오미에게 보아스라는 부와 지위가 있는 남편의 친척이 있음.
계기
결과
2:2
2:3
룻이 나오미의 허락을 받아 곡식을 주우러 밭에 나갔다가 우연히 보아스의 밭에 감.
2:4
보아스가 도착하여 룻이 와 있음을 앎. 그녀가 나오미에게 잘한다는 사실을 알고 있었으므로 그녀에게 친절하게 대하고 곡식 줍는 자들과 함께 줍도록 허락함. 점심 때 음식을 더 주고, 종들에게 곡식을 떨어뜨려
2:17a
주라고 지시함. 그녀가 저녁까지 주움.
결과
해결 사건:
룻이 보아스를 만남
계기
결과
계기
2:17b
룻이 나오미가 놀라서 묻는 말에 보아스의 밭에서 주운 것을 말함. 나오미가 그를 축복하고, 궁핍한 가족에게 기업을 물려 주어야 할 책임을 지고 있는 고엘임을 알려 줌. 룻이 보아스의 지시를 따라 추수가 끝날 때까지 그의
결과
2:22
밭에서 이삭을 주움.
결과
뒤얽힌 관계
계기
격려
2:23
추수 완료. 룻이 나오미와 함께 삶
(보아스가 아무 행동을 하지 않음)

도표 1 – 계속

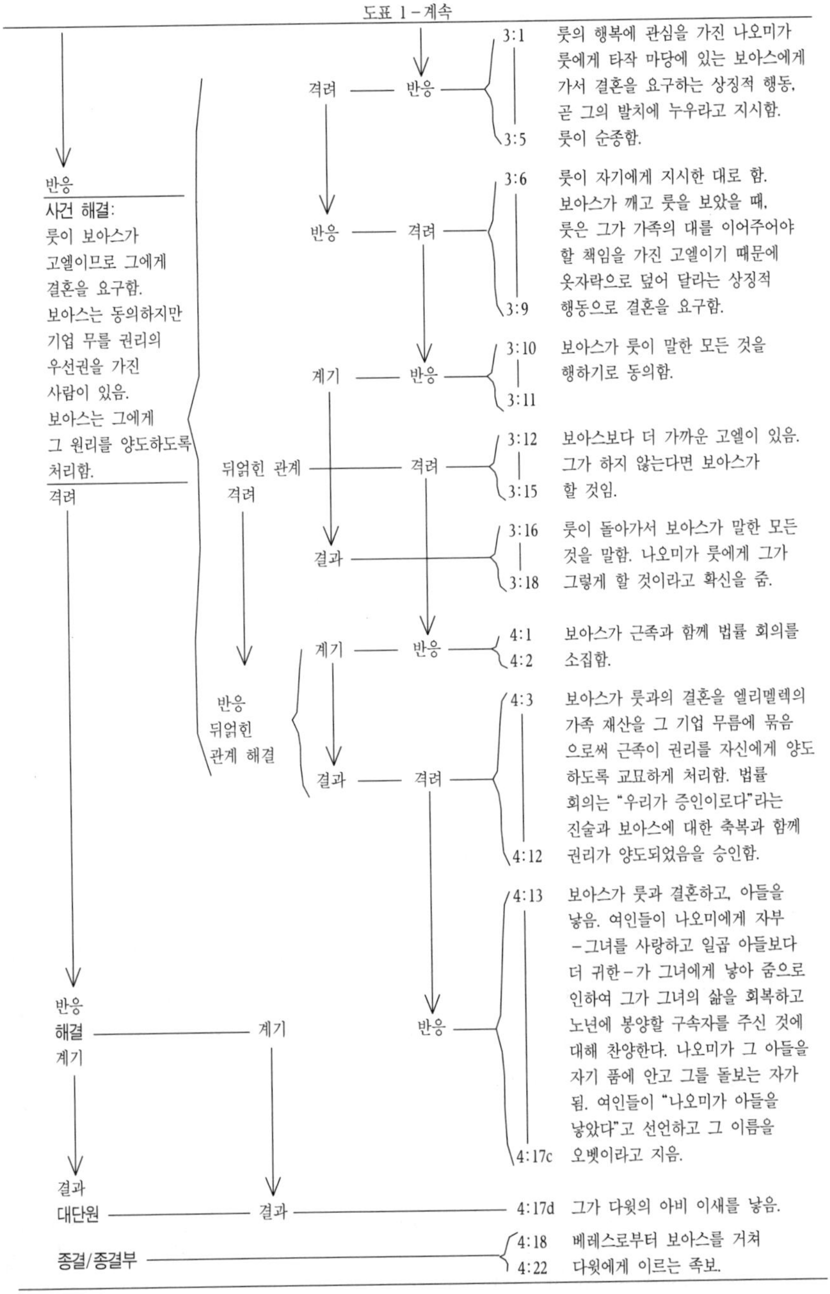

격려
반응
3:1
룻의 행복에 관심을 가진 나오미가 룻에게 타작 마당에 있는 보아스에게 가서 결혼을 요구하는 상징적 행동, 곧 그의 발치에 누우라고 지시함.
3:5
룻이 순종함.
반응
격려
3:6
룻이 자기에게 지시한 대로 함. 보아스가 깨고 룻을 보았을 때, 룻은 그가 가족의 대를 이어주어야 할 책임을 가진 고엘이기 때문에 옷자락으로 덮어 달라는 상징적 행동으로 결혼을 요구함.
3:9
반응
사건 해결:
룻이 보아스가 고엘이므로 그에게 결혼을 요구함. 보아스는 동의하지만 기업 무를 권리의 우선권을 가진 사람이 있음. 보아스는 그에게 그 원리를 양도하도록 처리함.
격려
계기
반응
3:10
보아스가 룻이 말한 모든 것을 행하기로 동의함.
3:11
뒤얽힌 관계
격려
격려
3:12
보아스보다 더 가까운 고엘이 있음. 그가 하지 않는다면 보아스가 할 것임.
3:15
결과
3:16
룻이 돌아가서 보아스가 말한 모든 것을 말함. 나오미가 룻에게 그가 그렇게 할 것이라고 확신을 줌.
3:18
계기
반응
4:1
보아스가 근족과 함께 법률 회의를 소집함.
4:2
반응
뒤얽힌
관계 해결
결과
격려
4:3
보아스가 룻과의 결혼을 엘리멜렉의 가족 재산을 그 기업 무름에 묶음으로써 근족이 권리를 자신에게 양도하도록 교묘하게 처리함. 법률 회의는 "우리가 증인이로다"라는 진술과 보아스에 대한 축복과 함께 권리가 양도되었음을 승인함.
4:12
4:13
보아스가 룻과 결혼하고, 아들을 낳음. 여인들이 나오미에게 자부 –그녀를 사랑하고 일곱 아들보다 더 귀한–가 그녀에게 낳아 줌으로 인하여 그가 그녀의 삶을 회복하고 노년에 봉양할 구속자를 주신 것에 대해 찬양한다. 나오미가 그 아들을 자기 품에 안고 그를 돌보는 자가 됨. 여인들이 "나오미가 아들을 낳았다"고 선언하고 그 이름을 오벳이라고 지음.
4:17c
반응
해결
계기
계기
반응
결과
대단원
결과
4:17d
그가 다윗의 아비 이새를 낳음.
종결/종결부
4:18
베레스로부터 보아스를 거쳐 다윗에게 이르는 족보.
4:22

룻기의 구조에 대한 이러한 분석을 보면, 그 장르가 코츠(Coats, "Tale")가 정의한 "이야기"와는 다르다는 사실이 분명해진다. 이 이야기는 문제로부터 해결로 활발하게 움직여 나가는 구조 요소들 상호간의 관계(즉 뒤얽힌 관계나 부차적 줄거리가 없음)와 인물들에 대한 묘사에 있어서 단순하고도 간략한 이야기다. 더 나아가서, 이 이야기는 제1차적으로 하나의 사건과 그 의미에 관심을 두고 있으며 주요 인물들에 대한 성격 묘사에는 관심을 두지 않는다. 아래서 우리가 살펴보겠지만, 그 상황은 룻기와 다르다.

특히 룻기의 장르에 대한 설명에 도움을 주는 것은 구약성경에 있는 "중편 소설"(novella)을 정의하려는 험프리의 시도다(Humprey, "Novella"를 보라). 험프리는 현대 서구 문학 비평에서 "단편 소설", "중편 소설(novella)", "장편 소설"이라는 호칭에 대한 간략한 묘사로부터 시작한다("Novella," 82-85). 그리고 나서 그는 이 현대의 장르에 대한 정의를 긍정적인 의미에서 그것들의 적절성에 대한 문제에 답하면서 구약성경 설화에 적용하려 시도하고 있는데, 왜냐하면 "본질적 문제는 구체적인 장르 호칭을 정의하는 기술적인 표준을 본질적으로 적합시키는…자료의…현존이기" 때문이다("Novella," 85; 참조. 위의 논의). 이전의 실례들로서 그는 창세기 24장과 룻기(그리고 어쩌면 단 1-6장과 요나 이야기들, 비록 이것들이 우화의 성격의 요소들을 드러내고 있기는 할지라도), 삼손의 이야기 후반부(삿 13-16장), 요셉과 그의 형들의 이야기(창 37-50장) 그리고 에스더서에 있는 에스더와 모르드개의 이야기를 인용한다.

험프리가 정의한 바와 같은 단편 소설과 중편 소설 간의 가장 분명한 차이는 길이와 복잡성의 차이다. 일반적으로 단편 소설은 중편 소설보다 더 짧고 더 적은 인물들이 등장하며, 덜 복잡한 줄거리 구조, 보다 제한적인 시간 구조를 가지고 있다("Novella," 84).

그러나 가장 중요하고 통찰력 있는 것은 구약성경에 있는 단편 소설과 중편 소설 간의 가장 본질적인 특징은 현대의 단편과 중편/장편 소설에 대한 현대의 장르들 간의 특징과 같다는 험프리의 관찰이다. 이를테면,

> …단편 소설은 인물이나 상황의 성격을 드러내고, 반면에 장편 소설은 인물들 혹은 상황을 발전시켜 나간다. 제임스 조이스는 단편 소설의 "에피파니 성격", 즉 그것의 계시의 질에 대해서 말한다. 비록 간결한 일련의 사건들 혹은 압박 상황일지라도 하나의 인물은 독자에게 명확하거나 두드러지게 되거나 혹은 상황의 참 기질이 드러난다. 그와 대조적으로 사건들과 상황들의 훨씬 더 광범위한 범위에 걸쳐서 장편 소설의 인물들은 성장하거나

> 혹은 악화된다. 그들은 그들이 형성하는 것처럼 전재하기로 되어 있고 사건들과 상황에 의하여 형성된다("Novella," 84).

그러므로 이와 같이 단편 소설과는 구별된 구약성경의 중편 소설을 본질적으로 제시하는 것은 인물들과/혹은 상황들에 대한 단순한 계시가 아니라 발달이다("Novella," 84, 92-93). 다른 한편, 단편은

> …하나의 상황과/혹은 인물의 기질을 드러낸다. 요나, 룻, 다니엘과 그의 친구들은 본질적으로 처음부터 그러했듯이 각 이야기의 끝에서도 본질적으로 같다. 그들은 우리 눈앞에서 성장하거나 발달하지 않는다. 우리는 이야기가 진행될 때 각각의 인물들을 더 명확하게 인식할 뿐이다. 그들은 조이스가 말한 "에피파니 특성"을 함께 가진다("Novella," 85)

분명한 것은 길이와 줄거리의 복잡성에 있어서 룻기는 코츠가 정의한 이야기와 험프리가 정의한 중편 소설 사이에 위치한다는 것이다. 그리고 그것은 분명히 험프리가 말하는 "에피파니 특성"을 가지고 있다. 그것은 인물들을 발전시키는 것이 아니라 드러내는 경향이 있다.

그리고 이러한 배경에 반하여 본서의 장르에 대한 또 다른 정교함 역시 분명하게 드러낼 수 있다. 비록 단편 소설의 "에피파니 특성"이 일반적으로 상황이나 또는 인물들의 기질을 드러내는 경향이 있을지라도, 룻기가 제1차적으로 후자를 드러내고 있다는 사실은 틀림없다. 그 모든 것이 가지고 있는 의도는 하나의 상황이나 사건들의 순서가 아닌 그 인물들의 성격을 묘사하려는 것이다(에스더서의 상황과는 대조적으로; 에스더서의 서론에 있는 장르 단락을 보라).

이것은 설화자의 세 명의 주요 인물, 나오미, 룻, 보아스에 대한 설화자의 성격 묘사에 대한 검토를 통하여 드러날 수 있다(설화 가운데 있는 이 세 명의 성숙한 그리고 원만한 인물들에 대해서는 Berlin, *Poetics*, 83-86를 보라). 그는 이것을 두 가지 방법으로 이루어 나가고 있다. 첫째로, 그는 인물을 직접적으로 자신의 주인공들의 발언과 행동들을 통하여 묘사하고 있는데, 이는 구약성경의 성격 묘사의 가장 통상적인 방법이다(참조. Bar-Efrat, *Narrative Art*, 64-92; Berlin, *Poetics*, 33-42; 그리고 특히 Alter, *Art*, 114-30). 사실상 그는 외모에 대한 기록이나 또는 동기와 내면 생활에 대한 직접적인 묘사에 관한 단순한 진술에 집중하지 않는다. 또한 그가 보아스를 우리에게 소개하고 있는 2:1에 있는 중요한 이탈 이외에는 직접적인 평가에 대한 단 하나의 언급도 읽어 볼 수 없다(두 경우 모두 구약성경의 다른 곳에서 때때로 사용된다. 참조. Bar-Efrat, *Narrative Art*, 48-64; 그리고 특별히 Alter,

Art, 114-19). 오히려 벌린이 지적한 바와 같이(*Poetics*, 105), 그는 "그들의 말씀으로든 혹은 그들의 행동으로든 그 인물 평가를 명기함으로써 수립된…새겨진 평가에 대한 보다 세련된 기술을 선호한다(제기한다)." 그리고 룻기에서 본서의 줄거리 발전에서 대화의 중추적 역할과 일치하여(위를 보라), 인물 자신의 발언이든 혹은 그에 관한 다른 사람의 것이든, 그 직접 발언은 강조하고 있는 그리고 뒷받침하는 역할을 하는 행동과 함께 그 인물이 드러나는 제1차적 수단이다. 둘째로, 룻기의 설화자는 주인공들과 벌린이 지칭한 "대리인들"(agents) 간의 대조를 매우 효과적으로 이용하고 있는데, 그가 "대리인들"로 규정하는 이유는 그들이 줄거리를 발전시키거나 혹은 도움을 주는 기능에서 주인공들의 성격 묘사에 도움을 주는 사람들로 역할을 하기 때문이다(*Poetics*, 23-24, 85-86를 보라). 룻기에서 대리인들은 룻과 대조가 되는 오르바, 보아스와 대조가 되는 근족(즉 가족 의무를 가진 친척), 그리고 나오미와 관계된 예루살렘의 여인들이다. 이러한 성격 묘사의 지혜가 룻과 특히 보아스, 그러나 동시에 의무의 사명을 초월한 친절, 자비, 충성의 성격인 헤쎄드의 실질적인 수납자로서 나오미를 묘사하기 위하여 설화자가 사용한 것들이다.

한 인물이 발설하는 첫 번째 말이 "인물에 대한 설명에서 하나의 중요한 순간"을 이루고 있으므로(Alter, *Art*, 74), 룻이 1:16-17에 있는 이야기에서 사사로이 말하고 있는 첫 번째 말이 히브리 시의 풍부하고도 인상적인 평행절로 표현된 것으로서, 그녀의 성격 전체를 일관성 있게 표현해 줄 사랑과 정절이라는 전체 설화에서 가장 풍성한 표현을 제공하고 있다는 사실은 놀랄 일이 아니다(1:7-19a에 대한 "양식/구조/배경"에서 1:16b-17e에 있는 룻의 발언에 대한 분석을 보라; 이러한 효도의 의미에 대해서는 1:7-19a의 "해설"과 아래 신학 단락을 보라). 패턴 전체가 그러하듯, 그러한 사랑과 정절의 말은 예상대로 그녀가 자기 시모를 좇았던 것과 같은 그 말 이전에 취했던 행동으로 표현되었다(14c절). 뒤따라오는 그녀의 모든 말과 행동은 단순히 이러한 사랑의 헌신과 정절을 입증해 줄 뿐이다: 처음에 그녀는 밭에서 곡식을 줍도록 나오미에게 허락해 줄 것을 제안함으로써 자기들의 생계 유지를 위하여 필요한 수단을 제공하려고 한다(2:2). 한 사람의 이방인이요 외국인인 자신의 신분에 맞게 보아스의 예상치 못한 관대함에 반응하여 그를 향하여 말(2: 13)과 행동(2:10)으로 존경과 경의를 표한다(참조. 2:4-17a의 "해설"). 그리고 타작 마당에서 자신을 위한 나오미의 모험적인 계획에, 자신의 평판과 인격에 가장 커다란 위기를 초래했을 행동인 말(3:5)과 행동(3:6-7)으로써 자신의 순종적 반응을 나타내 보인다(참조. 3:1-5의 "해설"). 사랑의 효심과 정절이라는 이러한 성격이 룻 자신의 말과 행동에 의해서만 표현되지 않고 다른 인물들의 반복된 평가에서도 나타난다. 2:11에서 짤막하고도 칭찬과 감탄을 암시하는 어조로 보아스는 룻이 나오미에게 약속한 사실을 그녀가 지킨 것으로 확인시켜 준다: "…네 부모와 고국을 떠나 전에 알지 못한 백성에게로 온 일"에 근거하여 그는 야웨께서 그녀에게 온전한 상 주시기를 기원해 준다(2:12). 그리고 3:10에서 결혼을 요청하는 그녀의 요구에 반응하여 그는 그녀가 했던 약속과 헤쎄드의 행동을 실천한 일을 반복한다. 그녀의 요구에 동의하면서 그는 적절하게 "네가 현숙한 여자(אשת חיל – 에쉐트 하일)인 줄 나의 성읍 백성이 다 아느니라"(3:11)는 확언과 함께 그녀의 인품을 요약하여 말하는데, 보아스의 입에서 나온 평가는 설화자 자신이 그를 "유력한 자"(איש גבור חיל – 이쉬 깁보르 하일, 2:1)로 평가하고 있다는 점을 반영하고 있는 것이다. 4:15에서 설화자는 예루살렘 여인들의 입에다가 그들이 나오미에게 룻과 보아스 사이에서 태어난 아이가 그녀의 생명의 회복자요 노년의 봉양자라고 확증하고 있는 바와 같이 룻에 대한 자신의 최종 평가를 집어넣는데, 그 이유는 "…너를 사랑하며 일곱 아들보다 귀한 자부가 낳은 자"이기 때문이다(참조. Würthwein, 4). 하나의 남자 후손을 얻음에 대해서 그러한 평가를 내리는 문화 가운데서 그리고 하나의 사내를 얻는 것에 대해 그러한 귀중한 의미를 부여하는 상황(4:17b)에서 룻이 나오미에게 일곱 아들 – 이스라엘의 평가에서 이상적인 숫자 – 보다 낫다는 확증은 하나의 대 찬사와 같다.

보아스라는 인물도 그와 같은 방식으로 진술되어 있다. 그에 대한 첫 번째 평가는 룻에 대해서처럼 자신의 말로 기록되어 있는 것이 아니라 하나의 가능성으로 가득한 하나의 이탈 문구로 되어 있는 2:1에서 보아스에 대해 소개하고 있는 모든 사실을 알고 있는 설화자 자신의 평가로 기록되어 있다. 여기서 설화자는 그를 "유력한 자"(איש גבור חיל – 이쉬 깁볼 하일)로 밝힌다. 비록 이러한 설명이 대부분 그의 능력과 재원, 즉 그의 물질에 대해 강조하고 있기는 하지만(그 곳의 "주석"을 보라), 이것은 또한 평판과 명예를 암시하기도 한다. 만일 이러한 평가가 대부분 그가 의지를 가지고 있느냐 그렇지 않느냐의 문제를 떠나서 두 과부의 운명을 개선할 그가 소유한 수단과 영향력에 그 강조를 두고 있다면, 그의 의도가 그 일이 일어나는 추수 밭에서 있었던 장면에서 그의 발언과 행동에서 직접적으로 그리고 철저하게 드러나 있다. 여기서 그의 관대함과 너그러움은 율법과 관습이 요구하는 것을 훨씬 더 능가하는데, 그래서 한편으로 룻이 그의 행동(2:10, 13)의 근거들을 이해할 수 없고 다른 한편으로 나오미가 그 소식을 듣고 산 자와 죽은 자에게 행하는 보아스의 헤쎄드로 인하여 여호와를 찬송하고 있는 것이다(2:19-20; 보아스의 자선 행위에 대한 세부 사항들에 관해서는 2:4-17a의 "해설"과 아래 신학 단락을 보라). 비록 그의 행동들이 스스로 주도권을 잡고 그의 자비로운 행동 그 이상으로 더 나아가지 않기는 했을지라도(2:23, 위의 도표 1을 보라), 그는 룻이 제시한 결혼 요구에 대해서 한 순간의 머뭇거림도 없이 긍정적으로(3:9-10), 필요로 하는 가족 구성원에게 도움을 주기 위하여 져야 할 책임을 가진 "기업 무르는 자"로서 본래 자신에게 있었던 그 책임을 완전히 그리고 기꺼이 떠맡을 것임을 표하면서 반응한다(2:20에 대한 "주석"을 보라). 보아스는 두 여인에게뿐만 아니라 자신에게 넘어오는 책임까지도 행사한다. "더 가까운 친족", 즉 그보다 더 가까운 친척이었으므로 우선권을 가진 사람이 있었으며(3:12), 따라서 그는 자신이 먼저 행동해야 할 권리를 가져야 타당하다고 설명한다(3:13). 또다시 "…보아스에게는 자신의 훌륭한 인품을 보여 줄 기회가 주어진다. 그 이유는 그가 책임을 이행하기 위하여 다른 사람의 권리를 강제로 박탈하는 일을 하지 않는 것이 그의 용기의 특징이기 때문이다" (Campbell, 137).

설화자는 보아스의 말과 행동을 통하여 그리고 그의 나오미에 대해서 취한 행동과 같은 다른 일들에 대한 진술을 통하여 그의 헌신적 사랑의 성품을 묘사한다. 룻에게 지극히 너그러운 은혜를 베푸는 자가 보아스였다는 사실을 들었을 때(3:17-19), 나오미는 보아스의 그러한 행동을 그가 단순한 기업 무르는 자가 아니라 그러한 책임을 충분히 이행해 줄 것이라고 표현해 준 사람으로 인정한다는 사실을 드러내 주는 헤쎄드로 지칭한다(3:20; 이 해석에 관해서는 그 곳의 "주석"을 보라). 그의 성실과 정직에 대한 그녀의 판단은 그녀가 룻을 "그가 너의 할 일을 네게 고하리라"(3:4)는 단 한마디의 말과 함께 상징적으로 그의 다리를 들추고 그의 옆에 누움으로써 혼인을 요구하도록 타작 마당에 있는 그에게 보낼 때 완전히 확증된다. 그의 인품에 대한 같은 확신이 "그 사람이 자기에게 행한 것을 다"(3:16c) 들은 후에 그녀가 룻에게 그가 "…오늘날 이 일을 성취하기 전에는 쉬지 아니하리라"(3:18)는 확언 내용에 표현되어 있다.

룻과 보아스는 우리에게 자신들의 말과 행동 및 다른 사람들의 평가를 통하여 모범적 인물들로 제시되어 있을 뿐만 아니라, 그 이야기는 또한 그들 각 인물들을 "통상적인 행동에 비하여 그들의 행동은 더욱더 명백하고도 뚜렷하며 두드러지게 만드는 인물들"과 대조하면서 제시한다(Würthwein, 4; 성격 묘사에 대한 대조에 대해서는 Berlin, *Poetics*, 40-41, 85-86; Alter, *Art*, 71-74를 보라). 그 대조는 행동과 말 모두에 나타난다. 그러므로 룻의 행동은 오르바의 행동과 날카롭게 대조되어 있다: 즉 룻은 나오미를 붙좇는 한편 오르바는 시머어니에게 작별 인사를 했는데, 이는 내용과 구문론을 통하여 이루어진 대조다(1:14; 1:7-19a의 "양식/구조/배경"을 보라). 더욱 두드러지는 점은 알터(Alter)가 "대조적인 대화"(*Art*, 72-74)라고 부르는 내용의 꾸밈없는 실례를 드러내고 있는, 발언 속에 있는 대조인데, 그 이유는 설화자가 룻의 행동 및 열정적 발언과는 대조적으로(1:16-17) 오르바의 입에서 나온 단 한마디의 말도 기록하고 있지 않기 때문이다(그녀는 분명히 어떤 말을 했을 것이다!). 그리고 더 가까운 친족과 보아스의 대조다. 엘리멜렉의 땅을 구속하는 이익이 되는 책임에 직면하여 그 근족은 두 단어로 이루어진 문장으로 시원스럽게 동의한다: "내가 무르리라"(אנכי אגאל –아노키 에그알, 4:4). 그러나 결혼 적령기의 룻과 결혼하여 그 땅의 상속자를 낳아 주는 이중적인 책임에 직면하여(4:5) 그는 자신의 조상으로부터 물려받은 재산과 이익에만 관심을 두고 룻과 엘리멜렉의 가문에는 전혀 관심을 두지 않는다는 사실을 드러내는 서투른 양해와 함께 거절한다(4:5; 이 해석에 대해서는 4:6c의 "주석"과 4:1-12의 "해설"을 보라). 이 간략한 이기주의적 발언은 법률 회의가 그 공증인에 의하여 인정된 기능을 행사하고 이 두 의무를 받아들인다는 사실을 보증해 달라는 신실한 보아스의 요구와 날카롭게 대조되어 있다. 행동에 있어서도 그 대조가 두드러져 있다. 근족은 자기의 거절 의사를 자신의 신을 벗음으로써 상징적으로 확증하는데(4:7-8), 이러한 행동은 비록 의미상으로는 문자적으로 틀림없이 차이가 있기는 하지만 과부가 자신의 의무를 행하기를 거절한 그 시동생의 신을 벗겼던 수혼이라는 부끄러운 할리차(חליצה, "신을 벗음") 의식의 상황을 독자들의 마음속에 성공적으로 상기시킬 수 있는 행동이었다(신 25:9-10). 그리고 보아스는? 설화자는 자신의 증명을 그들 가운데 가장 중요한 일, 즉 그의 룻과의 혼인과 관련시킴으로써 보아스의 의무에 대한 그의 이행에 대해 다섯 개의 간략한 문장으로 확증하는데, 그 가운데 가장 긴 문장이 히브리어로 단 네 개의 단어로 구성되어 있다: "이에(그래서) 보아스가 룻을 취하여 (그리고) 아내를 삼고 (그리고) 그와 동침하였더니 여호와께서 그로 잉태케 하시므로 (그리고) 그가 아들을 낳은지라"(4:13, 괄호는 역자의 것임). 그리고 그를 경멸적으로 "아무여"(פלני אלמני –펠로니 알모니, 4:1d; 참조. 4:1의 "주석"과 4:1-12의 "해설")로 지칭하면서 더 가까운 친척의 이름을 기록하지 않음으로써 그 대조를 확고히 한다.

비록 나오미에 대한 성격 묘사가 흘끗 보기에 룻과 보아스에 대한 성격 묘사보다 모호한 것으로 보일지라도, 주의 깊게 읽어 보면 그것은 그렇지 않다는 사실이 드러날 것이다. 사실 그녀는 모압으로 돌아가기를 거절하는 자부들의 처음 거절에 반응하여 괴로워서 불합리함과 불가능성을 상상하면서(1:7-19a의 "해설"을 보라), 그리고 베들레헴 여인들이 알아보고 기쁨으로 "이가 나오미냐?"라고 기쁨의 탄성을 지른 데 반응하여 자기 이름을 "마라"(씀)라고 바꾸어 부름으로써 자신의 "기쁨"이란 이름을 부인하면서 어두운 절망의 심연으로 뛰어 들어간다(1:19b-22의 "해설"을 보라). 자인한 바와 같이, 이 두 반응에서 그녀는 공개적으로 무뚝뚝하고도 냉엄한 용어로 그녀의 삶에 고통을 주었던 죽음과 결손의 이유가 야웨 자신이라는 불평을 발설한다(1:13, 20-21). 그러나 본서의 설화자는 나오미의 진실하고도 단도직입적인 애가와 불평을 그녀의 성품을 부정적 어조로 묘사하기 위하여 사용하지 않고, 삶이 남자에게 의존하고 있는 세계에서 자신의 두 아들과 남편이 없이 홀로 남은(1:5) 여인의 외로움과 공허감의 정도를 묘사하기 위하여 사용한다(1:19b-22의 "해설"을 보라).

더 나아가서, 한 인물의 처음 언급한 말이 성격 표현에 중요하므로(Alter, *Art*, 74), 설화자의 나오미에 대한 성격 묘사는 긍정적이라는 것은 무엇보다도 1:8-9에 있는 이야기에 나오는 첫마디 말 가운데서 나타나는데, 이것은 자신의 상황에 대해서는 관심을 전혀 가지지 않고 오직 두 자부에 대한 걱정과 관심만을 보이고 있다. 그녀는 전체를 통하여, 특히 3:1-2에서 이와 같은 관심을 보이고 있다. 여기서 줄거리 발전에서 중단은, 추수 밭에서 친절 그 이상의 행동을 보여 주지 않은 보아스의 행동으로 말미암아 야기된 것으로서(2:23; 위의 도표 1에 요약된 강화 구조를 보라), 특별히 그리고 오직 룻의 행복을 위한 나오미의 관심으로 말미암아 계속 진행되어 나간다: "내가 너를 위하여 안식할 곳을 구하여 너로 복되게 하여야 하지 않겠느냐?"(3:1의 "주석"과 3:1-5의 "해설"을 보라).

둘째로, 그러한 긍정적인 성격 묘사는 그녀의 절망감과 공허감의 반전이 2:2-22에 있는 해결 사건 가운데서 그리고 4:13-17c에 있는 결정과 결말(해결)에 묘사되어 있는 방식으로 반영되어 있다(위의 도표 1을 보라). 첫째로, 룻이 밭에서 이삭을 줍고 돌아온 일에 대한 그녀의 반응(2:17-22)이 실질적인 놀라운 반전이다. 간결한 점 이외에, 나오미가 룻에게 이삭을 주우라는 허락을 했던 두 단어로 된(히브리어로 되어 있는; 2:2) 거의 무감동적인 반응에 앞서서, 우리가 나오미로부터 들은 마지막 단어는 야웨 자신에 대한 쓰라린 4중적 불평의 하소연이었다(1:20-21). 그러나 이제 룻이 거두어들인 많은 곡식과 점심을 먹고 난 나머지 양식(2:18)만을 보고 그녀는 불필요하고도 반복적인 질문들로 이루어진 장황한 발언과 함께 놀라움과 흥분을 표현한다(2:19a-c; 2:19의 "주석"을 보라). 그러고 나서 그녀는 거의 불가해하게도 야웨께로 향한 축복의 말로 응답한다(그러나 야웨의 이름을 사용하지는 않음). 그리고 룻이 그녀가 일했던 그 밭의 주인의 이름이 보아스였다는 정보를 들려주었을 때, 나오미는 갑자기 이제는 솔직하고도 쓰라린 불평이 아니라 하나의 구속자(기업 무르는 자)로서의 보아스의 정체 가운데 잠재해 있을 가능성들로 말미암아 동기가 되어 찬양과 축복의 말로 야웨의 이름을 입으로 발설한다(2:20). 실로 "…이러한 이해의 출현과 함께 심연으로부터 일어나, 그녀의 상승하는 영혼의 파도가 밀려오고…우리는 스스로 죽은 자 가운데 있었던 나오미가 되살아나고 있다는 사실을 알게 된다"(Rauber, *JBL* 89[1970] 32-33). 4:16-17c에 있는 결말에서 "이 심연으로부터의 떠오름"은 나오미의 "내가 풍족하게 나갔더니 여호와께서 나로 비어 돌아오게 하셨느니라"(1:21)는 쓰라린 말로 표현된 공허감이 그녀의 부드럽고도 어루만지는 행위, 즉 "나오미가 아기를 취하여 품에 앉고 그의 양육자가 되니"(4:16)에 의하여 균형이 이루어질 때 그 충분한 표현을 발견하게 된다.

그렇다면 분명한 것은, 룻, 보아스, 나오미에 대한 변경된 그리고 끈질긴 긍정적 성격 묘사를 통하여 설화자는 그들을 나머지 구약성경 설화의 많은 분량에서는 상당히 대조되는 모범적 인물들로 나타내고 있는데, 곧 극적으로 도덕적 모호성과 하나님이 사용하시는 인간 대리자들의 성품을 표시하는 솔직한 상충점까지도 묘사하고 있다. 이것이 곧 설화자가 자기 이야기의 주요 인물들을 자기 독자들로 하여금 닮도록 하는 모델로서 묘사하고 있는 점이다. 그런 까닭에 매우 의미 있는 차원에서 룻기는 할즈(Hals)가 자신이 "전설"이라고 이름 붙이는 장르, 즉 "성실의 장점을 묘사"하기 위하여, 그래서 모방(imitabile) 요소 혹은 "가서 너도 그와 같이 하라"에 초점을 맞추도록 암시해 주는 방식으로 기능을 하도록 의도하고 있다("Legend," 51-52; 또한 참조. Coats의 구약성경 설화 장르의 세 번째 범주, "Tale," 63-64). 말하자면, 이것은 교화와 함께 그것을 알리고 축하하려고 의도하고 있다.

마지막으로, 하나님께서 그 설화의 인물들 가운데 한 분이 아니고 그에 대한 성격 묘사 방식에 있어서 말한다는 것은 가능하지 못할지라도(구약성경 설화에서 창세기의 성격 묘사에 대해서는 Sternberg, *Poetics*, 322-25의 통찰력 있는 논평을 보라), 그럼에도 불구하고 그는 구약성경 전체의 설화에서처럼 이 이야기 가운데도 나타나 계신다. 그러나 룻기 설화자의 하나님과 그분의 행위에 대한 묘사가 본서를 구약성경의 예술적 관점의 한 면으로 너무 치우치게 만들고 있는데, 그 이유는 이 이야기 가운데서 하나님의 역할과 그분이 사건을 조종하신다는 사실이 무대의 배후에 물러나 있고 그늘 속에 가려져 있기 때문이다. 그분은 예를 들면 아브라함 설화의 많은 부분에서처럼(창 12-22장) 설화 가운데서 극적인 인물 중 한 분이 아니다. 거기에는 기적도 없고 희생 제사나 다른 어떤 제의 활동도 없다. 그 어떤 선지자나 은사를 가진 인물도 전혀 나타나지 않는다. 주인공들은 전혀 이야기의 사건들이나 또는 그 결과에 대해서 하나님의 과거의 인도하심(예를 들어, 요셉이 창 45:5-7; 50:19-20에서 하는 것처럼)을 언급하지 않으며, 하나님에게 특별히 설화 가운데 있는 사건들을 지도해 달라고 요청하지도 않는다(종이 리브가에 대한 구애의 이야기에서 하는 것처럼, 창 24:12-14). 게다가 이 모든 침묵 가운데서 이 이야기는 미묘하게 설화의 나머지에서 하는 것과 같은 실체의 입장을 증거하고 있는데, 말하자면 하나님께서 사건들과 자신의 세상과 인간과 다른 것들의 행위에 대해 절대적인 지배권을 행사하신다는 것이다. 이것이 무엇보다도 구약성경의 나머지 부분과 일치하여, 야웨의 이름이 너무나도 자주 감사의 표현이나 축복 혹은 해결을 위하여 필요로 할 때마다 찬양이나 기원의 말로써 주인공들의 입으로부터 나오는 그러한 방식으로 그 상황이 드러나 있다(Hals, *Theology*, 3-19를 보라). 그래서 나오미는 자기의 자부에게(1:8-9), 보아스에게(2:20) 축복하고 있다. 보아스가 두 번이나 룻을 축복한다(2:12; 3:10). 회합에 모인 장로들이 보아스에게 축복한다(4:11-12). 또한 결말에서 그 성읍의 여인들이 나오미에게 그렇게 축복한다(4:14). 이러한 축복이 보아스가 추수 밭에서 자기 일꾼들을 만날 때마다 하는 매일의 인사(2:4)로부터 시작하여 룻이 나오미를 끝까지 좇아갈 것을 확고하게 말하는 맹세(1:17)에 이르기까지 널리 퍼져 있다. 일반적인 축복의 말 이외에도 우리는 과부들에게 새로운 가정과 남편을 준비시켜 주신 분이 야웨시라는 확신도 발견하게 된다(1:8-9). 선행에 대해서 온전한 상으로 갚아 주시는 분은 야웨시다(2:12). 많은 후손과 자손을 주시는 분은 그분이시다(4:11-12). 그리고 룻과 보아스 사이에 아이를 낳게 하심으로써 나오미의 생명을 구속하신 분은 야웨시다(4:14). 둘째로, 비록 설화자가 간결한 문체로 하나님이 그렇게 하셨다는 암시를 전적으로 피하는 말투로 나오미의 삶을 고통스럽게 했던 죽음과 궁핍을 기록하고 있기는 하지만(1:3-5), 나오미는 단호하게 그리고 일관성 있게 이러한 사건들을 하나님의 직접적인 행동으로 돌리고 있다: "전능자가 나를 심히 괴롭게 하셨음이니라…여호와께서 나로 비어 돌아오게 하셨느니라 여호와께서 나를 징벌하셨고 전능자가 나를 괴롭게 하셨거늘…"(1:20-21). 마지막으로, 설화자가 자신의 이야기 주인공들의 입장을 같이 가지고 있다는 사실은 자신의 설화 진술 가운데 둘이 자연과 이야기의 사건들 모두에 대한 하나님의 주권을 표현하고 있다는 사실이 정확하게 제시되어 있다. 1:6에서 설화자는 나오미가 모압에서 "…여호와께서 자기 백성을 권고하사 그들에게 양식을 주셨다"는 사실을 들었고 확인하고 있으며, 이야기의 결말에서는 보아스와 룻이 혼인했을 때 "여호와께서 그로 잉태케 하시므로 그가 아들을 낳은지라"(4:13)고 확언하고 있다.

분명히 이야기의 모든 부분에서 저자는 세계가 완전히 그리고 한결같이 전능하시고 전지하신 하나님의 지배 아래 있다는 구약성경의 확신을 확언하고 있다. 그러나 구약성경의 모든 설화가 하나님의 세상의 모든 사건들에 대한 하나님의 명백하고도 절대적인 인도하심을 포함하고 있을지라도, 룻기에서는 하나님께서 모든 일의 원인이시라는 절대적 성격이 지배적으로 강조되어 있다. 나오미의 삶을 괴롭게 했던 죽음과 궁핍의 해결은 이야기의 인간 주인공들의 통상적인 희망, 의도, 목적들을 통하여 거의 전적으로 하나님에게 영향을 받는다. 이것이 어떤 점에서 그가 자기의 인물들의 삶 가운데 일어나는 우연적인 사건들까지도 공공연하게 포함시키고 있다는 사실을 통하여 강조되어 있다(Hals, *Theology*, 14-15). 먼저 그는 미리 예상하여 이탈을 하여 보아스를 나오미의 남편 쪽으로 친척이며 물질과 지위를 가진 사람으로 우리에게 소개하고 있는데, 그리하여 두 과부의 삶을 괴롭게 했던 죽음과 궁핍을 해결함에 있어서 보아스의 어떤 역할을 미묘한 방식으로 암시해 주고 있다(2:1). 그러고 나서 그는 룻이 이삭을 줍기 위하여 밭으로 나갔을 때 "우연히 엘리멜렉의 친족 보아스에게 속한 밭에 이르렀더라"(2:3)고 우리에게 말한다. 보아스의 신실함과 나오미의 위험스러운 계획(3장)뿐만 아니라 룻의 우연한 걸음들이 모두 드러난 장면의 배후에서 그리고 그림자 뒤에서 자신이 만드신 세상에 영향력을 발휘하시는 하나님의 다스리심의 일부분이다.

주제, 목적, 신학

참고문헌

Beekman, J., Callow, J., and **Kopesec, M.** *The Semantic Structure of Written Communication.* Dallas: Summer Institute of Linguistics, 1981. **Berlin, A.** *Poetics and Interpretation of Biblical Narrative.* Sheffield: Almond, 1983. **Clines, D.** *The Esther Scroll: The Story of the Story.* JSOTSup 30. Sheffield: JSOT, 1984. ______. "Story and Poem: The Old Testament as Literature and as Scripture." *Int* 34(1980) 115-27. ______. *The Theme of the Pentateuch.* JSOTSup 10. Sheffield: JSOT, 1978. **Dommershausen, W.** "Leitwortstil in der Ruthrolle." In *Theologie im Wandel.* Munich-Freiberg: Wewel, 1967. 394-407. **Hals, R.** "Ruth." *IDBSup* 758-59. ______. *The Theology of the Book of Ruth.* Philadelphia: Fortress, 1969. **Murphy, R.** *Wisdom Literature: Job, Proverbs, Ruth, Canticles, Ecclesiastes, Esther.* FOTL 13. Grand Rapids, MI: Eerdmans, 1981. **Rauber, D.** "Literary Values in the Bible: The Book of Ruth." *JBL* 89(1970) 27-37. **Sakenfeld, K.** *Faithfulness in Action.* Philadelphia: Fortress, 1985. ______. *The Meaning of Hesed in the Hebrew Bible: A New Inquiry.* Missoula: Scholars, 1978. **Sternberg, M.** *The Poetics of Biblical Narrative.* Bloomington: Indiana UP, 1985.

주제와 목적

룻기의 목적에 관한 의견들은 그 기록 연대에 관한 의견(이에 관해서는 위의 연대를 보라)만큼이나 다양하고도 상반된다. 오래된 견해에 대한 요약적 내용에 관해서는 Dommershausen, "Leitwortstil," 394-95를 보라. 그리고 보다 최근의 의견들에 관해서는 Hubbard, 35-39; Murphy, *Wisdom Literature*, 86-87를 보라. 이러한 다양한 의견들은 자연히 많은 의미의 층들을 가진 룻기와 같은 민감하고도 복잡한 문학 창작으로부터 나온다(이와 관련하여 통찰력 있는 Rauber, *JBL* 89[1970] 35-36; Clines, *Int* 34[1980] 118-23를 보라). 게다가 룻기의 의미에 대한 논의 가운데서, 사실이 그러할 수도 있듯이 본서가 다소간의 타당성을 가지고 소개하는 것으로 보이는 관심들 중에 하나를 본문의 한 의미로서 자율성을 증대시키려는 강력한 경향이 있어 왔다.

그러나 비록 설화 장르의 미묘한 차이가 그 의미들이 다면적 의미를 가지고 있다는 사실을 의미하기는 하지만, 그 차이가 그 의미가 그 무엇이든 간에 본문의 담화 구조, 내용, 분위기로부터 결정되는 것이 가능할 뿐만 아니라, 또한 이 가능한 의미들 가운데서 어느 것이 제1차적인 의미이고 부차적인 것인지를 본문의 이러한 특징들에 주어진 돌출부(prominence)로부터 결정하는 것도 가능하다. 이와 관련하여 가장 도움을 주는 것은 비크먼, 칼로(Callow), 콥섹(Kopesec)이 쓴 설화 담화에 들어 있는 돌출부에 대한 논의다. 한 부분을 다른 부분들보다 더 중요하게 만들어 주고 있는 한 담화 단위 가운데 있는 한 개 혹은 그 이상의 부분들로 구성되어 있는 돌출부(*Semantic Structure* § 2.3.1.c)는 모든 장르 가운데 있는 각 의미 단위의 의미심장한 특징이다. 비크먼은 설화의 주제와 연대기적 순서로 되어 있는 설화 사건들의 요약 혹은 간략한 진술 사이를 구별지음으로써 시작한다. 이 주제는 "단순히 연대기적 순서만이 아니라 단위들의 논리적 관계들"을 표현하고 있는 "작품 가운데 포함되어 있는 다양한 계층에서 중심이 되는 사상과 주제"를 포함하고 있다(*Semantic Structure* § 10.3.1). 이와 관련하여 하나의 설화 작품의 주제에 대한 클라인즈(Clines)의 논의는 한층 더 타당하고도 통찰력 있는 정의를 제공해 준다(*Theme*, 17-18). 클라인즈는 하나의 설화의 주제가 단순히 설화가 요약되어 있는 진술이 아니라 줄거리의 의미에 초점을 맞추고 그 의미를 진술하고 있는 "개념화된 의미에 대한 강조점을 가진 줄거리"의 진술이라고 본다. 그 대신에 그는 주제가 "작품에서 인격, 행동, 이미지 가운데 있는 표현을 통하여 구체화되어 있는 중추적이고도 두드러진…추상적 개념"이라는 드롤(Thrall)과 히바드(Hibbard)의 정의를 채용한다. 혹은 다시 말해서 그것은 내용, 구조, 작품의 발전에 대한 이론적 설명, 즉 "어째서 자료가 거기에 있으며 어째서 그것이 그 자리에서 그 순서와 형태로 제공되어 있는지에 대한 설명"이다(*Theme*, 18). 그렇다면 분명한 것은, 어째서 이러한 구조적인 요소들이 거기에 있는가에 대한 설명을 제공함에 있어서, 즉 주제를 결정함에 있어서 중요한 특징이 될 줄거리를 구성하고 있는 것은 구조 요소들의 돌출이라는 점이다. 설화 담화에서 구조 요소들—혹은 담화 역할들—은 일차적으로 원인-결과라는 관계를 통하여 두드러져 있는 요소들의 사슬로 구성되어 있으며(위의 장르라는 제하의 자극-반응 혹은 유인-결과의 역할들에 대한 논의를 보라), 또한 그러한 관계에서 결과들은 자연히 원인보다 더 두드러져 있다(*Semantic Structure* § 10.3.1). 그러므로 비크먼, 칼로, 콥섹(*Semantic Structure* § 10.3.1)은 다음과 같이 말한다.

> 하나의 사슬에 들어 있는 최종 반응이 주로 그 이야기의 해결 혹은 결과를 제공하고 있으므로, 거기에는 덜 두드러진 돌출부를 가진 정보로부터 저자의 목적의 입장에서 보다 두드러지고 의미 있는 돌출부로의 하나의 움직임이 있다. 그러한 단위들의 주제에 대한 진술은 해결 혹은 결과에 대한 진술이 뜻이 통하도록 진술되어야 할 필요가 있는 문제 혹은 유인으로부터 나온 정보가 무엇이든 그것과 함께 해결 혹은 결과로부터 나올 것이다. 그러므로 하나의 에피소드의 최종 반응(들)은 그 에피소드에서 가장 두드러진 단위들이다.

더 나아가, 하나의 해결과 결말(혹은 결과)을 모두 가지고 있는 보다 복잡한 담화 구조에서 그 해결과 결말은 두드러진 것으로 간주되어야 하고 주제의 진술 가운데 포함되어야 할 것이다(*Semantic Structure* § 10.3.1). 마지막으로, 비크먼은 관계자가 설화 담화 가운데서 자연적으로든 혹은 어떤 특별한 표시의 고안 장치를 통해서든 돌출부가 주어져 있는 권고적인 그리고 해석적인 담화에 있는 주제들(topics)과 같은 기능을 한다고 주장한다. 그런 까닭에 주제를 진술함에 있어서 각 돌출부가 주제 진술에서 할 그 역할이 무엇인지를 결정해야 할 것이므로 관계자 각자의 신분을 결정해야 한다(*Semantic Structure* § 10.3.2).

그렇다면 관계자의 돌출부와 담화 요소들에 대한 이러한 이해를 관계자로부터 시작하여 룻기의 주제를 결정하기 위하여 적용해 보도록 하자. 물어볼 필요도 없이 룻기에서 가장 중요한 인물은 나오미다. 이러한 사실은 이야기의 매 단계에서 수립될 수 있다. 이 설화 가운데서 모든 문제들은 이 여인에 관한 것뿐이며(1:3-5), 또한 여기서 그녀가 주인공이라는 두드러진 돌출부가 두 가지 방법으로 표시되어 있다. 첫째로, 나오미가 중요한 인물이라는 사실이 조상의 정체성들의 미묘한 반전에 의하여 나타난다: 즉 2절에 있는 "엘리멜렉의(자역하면 '그의') 아내 나오미"가 3절에서는 "나오미의 남편 엘리멜렉"이 된다(1:1-6의 "해설"을 보라). 둘째로, 설화의 문제가 되는 것이 그녀의 상실과 공허라는 사실은, 설화자가 5절에서 자신의 설화를 특별하고도 개인적인 문제로 남겨 놓고 있으며 자신의 독자들에게 심사숙고하도록 하나의 일반적인 진술을 하고 있는 데서 강조되어 있다. "다 죽고 그 여인은 두 아들과 남편의 뒤에 남았더라." 이처럼 그녀만이 홀로 해결과 결말의 주인공이다(4:13-17c). 여인들이 야웨를 찬양하고 있는 것은 그녀의 생명을 회복시켜 주고 그녀의 노년에 봉양자를 제공할 한 구속자를 나오미에게 준 점이었다(4:14-15). 그리고 그 아기의 중요성이 "나오미가 아들을 낳았다"는 여인들의 선포에 드러나 있다(4:17c; 4:13-17의 "해설"을 보라). 이것은 모든 다른 인물들이 그녀와 관계되어 있다는 사실을 통하여 잘 입증된다(Berlin, *Poetics*, 83-84). 룻과 오르바의 중요한 관계는 그들의 남편들이 아니라 시어머니인 나오미와의 관계다(우리는 그들이 누구와 결혼하게 되었는지도 4:1-12에 있는 법률 회의에서의 장면이 룻에게 완전한 법적 신원을 요구하는 데 가서야 알게 된다). 보아스에 대해서도 마찬가지다. 설화자는 처음 중대한 이탈을 하여 그를 우리에게 소개할 때 혼인에 의한 것이기는 하지만 나오미의 친척으로 소개한다: "나오미의 남편 엘리멜렉의 친족 중 유력한 자가 있으니…"(2:1). 그리고 나오미가 룻에게 그가 누구인지를 밝힐 때 그의 정체는 "우리의 근족이니 우리 기업을 물을 자 중 하나이라"는 것이다(2:20). 마지막으로, 이것은 그녀가 이름이 거론되는 방식에 의하여 확인된다. 처음부터 끝까지 오르바나 룻의 눈에는 그녀가 "시어머니"로 존재하지 않고, "독립적으로, 그녀의 본래 이름으로만 존속한다"(Berlin, *Poetics*, 87).

룻과 보아스 역시 충분히 성숙한 인물들이며 이 이야기에서 문제가 해결되는 매개자들로서 그 줄거리에서 중요한 인물들이다. 특히 룻이 그러한데, 그러므로 그녀가 이 이야기에서 관심의 초점이 되어 있다(Berlin, *Poetics*, 84). 그러므로 그녀는 이 설화 가운데 있는 모든 해결 사건에서 중요한 역할을 한다: 1:6-17; 2:2-22; 3:1-4:22. 사실상 그녀는 보아스가 자기보다 가까운 근족과 협상을 하고 있는 단락인 4:1-12에만 나타나지 않는다. 그러나 이 단락은 줄거리의 발전 과정에서 부차적 중요성을 가지고 있는 단락인데, 그 이유는 이 단락이 이 사람의 존재에 의해서 일어난 복잡한 문제의 해결 부분으로서만 그 기능을 하고 있기 때문이다. 그리고 보아스는 줄거리 구성에서 룻과 함께 문제의 해결을 위한 도구로서뿐 아니라 두 가지 복잡한 사건, 즉 추수 밭에서 자선을 베푸는 그 이상의 일을 하지 않고(2:23) 근족의 권리와 관련하여 자신의 권리 주장을 한(3:12-15; 4:1-12) 사건들의 근원과 선동자로서 중요한 인물이다. 마지막으로 이야기의 줄거리에서 나오미와 룻의 중요성과 저자의 설화 기교의 정교함 모두 부차적인 방식으로 다른 사람의 역할을 하고 있다는 사실에 의하여 표시가 된다. 나오미의 삶의 쓰라린 공허감을 해결 방향으로 움직여 나가는 첫 번째 사건을 구성하고 있는 나오미에 대한 효심과 충성 자체를 통하여(1:16-17) 룻 역시 스스로 그 결핍 자체에 자신을 연루시킨다. 그리고 비록 분명히 그녀의 결정과 밭에서 이삭을 줍게 해 달라는 요구가 나오미의 굶주림과 자신의 굶주림에 대한 구제책이기는 하지만, 설화자는 처음으로 룻의 궁핍을 그녀의 가정과 남편을 찾아 주어서 모두가 자신에게 좋게 되도록 하려는 책임에 대한 나오미의 진술 표현으로 명확하게 이끌어 온다(3:1). 그리고 비록 룻의 가정, 남편 그리고 생계 유지 수단에 대한 결핍이 4:13의 간결하고도 스타카토식 진술 가운데 묘사되어 있기는 하지만, 룻의 궁핍이 이 줄거리에서 역할을 하고 있는 사소한 역할은 이 요약적 진술이 1차적으로 그러한 실현을 표현하려는 것이 아니라 나오미의 곤고함의 해결에 대한 설화의 서론이 되도록 하려는 데 있다는 사실을 통하여 표시되어 있다(4:13-15; 4:13-17의 "양식/구조/배경"과 "해설"을 보라). 나오미와 마찬가지로 저자는 자신의 설화 기교의 미묘함과 정교함을 보이고 있다. 그 이유는 오직 룻에 관한 사랑하는 관심에서 나온, 그리고 그 제한된 목적을 룻의 과부 신세라는 빈곤과 비난을 종식시키려는 것으로 가졌던 3:1-4에 있는 그녀의 극적인 새로운 결정에서(3:1; 위를 보라) 나오미 역시 부지중에 그녀 자신의 상실과 궁핍의 해결을 하기 위한 하나의 역할을 하고 있었기 때문이다. 룻이 자신에게 혼인을 하라는 그녀의 요구를 "기업 무를 자"(lag, 고엘, 3:9)인 보아스의 책임 하에 내려놓았을 때, 그녀는 보아스에게 엘리멜렉의 밭을 무르는 일과 말론의 미망인 자신과 혼인하는 두 가지 책임을 보아스에게 지워 주었는데, 그 이유는 엘리멜렉의 가계를 잇도록 후사를 일으키려는 목적과 그가 무른 밭을 상속하도록 하려는 목적이었기 때문이다(4:9-10) – 이것은 곧 룻의 과부 신세를 해결하고 나오미의 삶의 상실과 궁핍을 종식시켜 줄 행동의 과정이었다(4:1-12의 "해설"을 보라). 그렇다면 문제, 해결, 결과에서 가장 중요한 인물은 나오미이기는 하지만 그 과정에서 룻이 부차적인 역할을 한다. 룻과 보아스가 가장 중요한 역할을 하고 있기는 하지만, 세 사람 모두가 해결 사건에서 함께 중요한 역할을 하고 있다. 보아스 역시 줄거리에 들어 있는 복잡한 일들의 원천으로서 중요한 인물이다.

이 이야기의 문제점이 엘리멜렉의 가계의 후사를 제공하는 것이라는 본서의 대부분의 해석가들의 가정에 비추어, 우리는 이 이야기에서 엘리멜렉과 말론과 기론이 거의 보잘것없는 역할을 했다는 사실을 유념해야 할 것이다. 그들이 한 유일한 역할은 배경 가운데서 상황들에 대한 정보의 일부분으로서의 역할을 했다는 것이고 주인공 나오미의 인척이었다는 것인데, 이 점은 설화자 자신의 이야기를 전개해 나가는 데 필수적인 것이다. 비록 그들이 이야기의 후반부에 나오기는 하지만, 거기서 그들의 역할 역시 상황에 대한 "정보의 소량의 단편"(Berlin, *Poetics*, 86)에 속하며/혹은 줄거리에 가장 필요한 인물들과의 관계(2:1)뿐이다. 그들은 줄거리를 구성하고 있는 어떤 요소들 가운데서든 전혀 역할을 하지 않는다. 그들은 사실상 "그들에게 고유명사 이외에 어떤 성품도 드러나 있지 않다(Berlin, *Poetics*, 86).

관계자들의 신분과 해결 및 결말이라는 구성 요소들의 돌출부와 함께, 룻기의 주제는 도표 1로부터 결정될 수 있다(위의 장르를 보라). 무엇보다도, 담화 구조가 명백하게 그리고 힘주어 이야기의 문제점이 나오미의 삶을 고통스럽게 했던 죽음과 결손이라는 사실을 분명하게 해준다. 이 점이 설화자가 1:3-5에서 그녀를 밝히고 줄곧 그 이름을 거론하는 방식으로 표현되어 있으며 배경(1:1-2, 6)과 문제의 진술(1:3-5) 이후에 그가 그 다음 두 장면을 일차적으로 이 문제의 감동적인 요소들 – 즉 나오미가 느끼는 쓰라림, 노여움, 절망 – 을 묘사하는 데 관심을 쏟는다(1:7-19b와 1:19b-22의 "해설"을 보라). 여기서는 엘리멜렉 가문의 남자 아이 상속자를 제공하는 문제에 관해서 아무것도 말해지지 않고, 어떤 방식으로든 언급되지도 않는다(1:19b-22의 "해설"을 보라). 이 이야기의 해결과 결말을 흘끗 보면, 이 이야기의 문제에 대한 이러한 이해를 확인해 준다. 비록 룻과 보아스 사이에서 태어난 한 아이가 언급되기는 하지만(4:13), 그의 취지는 전적으로 나오미에게 관련되어 있다. 야웨께서는 여성 합창대를 통하여 찬양을 받지 않으시는데, 그 이유는 그분께서 엘리멜렉의 가문을 하나의 후사도 없게 하셨으며, 또한 나오미에게 그녀의 생명을 회복시키고 노년에 봉양할 "구속자"(기업 무를 자)를 남겨놓지 않으셨기 때문이다(4:14-15). 또한 그들은 "엘리멜렉에게 한 아들이 생겼다"고 소리치면서 찬양하지 않고 "나오미에게 한 아들이 생겼다"고 찬양한다(4:17). (나오미가 2:20에서 보아스를 고엘로 언급하고 룻이 3:9에서 역시 그렇게 할 때, 그들은 아무도 수혼을 이행하거나 엘리멜렉의 땅을 무르는 책임을 암시하지 않는다는 사실에 대한 주장에 관해서는 2:20에 있는 "주석"과 특별 부록: 룻의 요청과 수혼 문제간의 관계를 보라). 마지막으로 담화 구조는 한층 결정적으로 엘리멜렉 가문의 상속자 문제가 이 이야기의 부차적인 관심, 즉 그것이 4:5-6에서만 보아스 자신보다 더 가까운 친족이 엘리멜렉의 밭을 무르고 룻과 혼인을 할 우선권을 취소하도록 그 근족을 유도하기 위한 보아스의 계획의 일환으로 주어진 포장일 뿐이라는 사실을 드러내고 있다("그 죽은 자의 기업을 그 이름으로 잇게 하여야"의 문장에 대해서는 4:5d의 "주석"과 특히 특별 부록: 구약성경에서 수혼과 2:6의 "주석"을 보라). 이것이 곧 이 이야기에서 부수적인 줄거리 발전 중에서 해결 부분, 말하자면 가문 문제에서 우선권을 가지고 있는 더 가까운 친척이 생존해 있다는 사실과, 룻이 요구했던 모든 일을 행하기로 보아스가 동의한 일이 진행되어 나가기에 앞서서 해결되어야 할 복잡한 문제의 해결 부분으로서 유일한 역할이다(장르에 있는 도표 1을 보라). 의문의 여지없이, 이 이야기의 문제는 나오미의 삶을 고통스럽게 했던 죽음과 결손이다.

둘째로, 이 이야기가 해결과 결말(결론/대단원을 가지고 있기도 하다)을 가지고 있다는 것과 또한 이 둘 다 주제의 두드러진 그리고 본질적인 요소임을 살펴보는 것 역시 중요하다. 우리가 살펴본 바와 같이, 해결 부분은 오직 "두 아들과 남편의 뒤에 남겨진" 그 여인의 삶을 고통스럽게 했던 죽음과 결손의 완전한 반전을 묘사하는 데 집중하고 있다(1:5; 위를 보라). 그러나 해결의 결과를 표현하고 있는 결말, 4:17d는 주인공들에게 일어난 완전히 다른 결과는 (위의 장르 부분에 있는 담화 역할들에 대한 설명을 보라) 즐거움을 주고, 예상치 못한 것은 아니지만(1:1-6

의 "해설"을 보라) 놀라운 것이다. 오벳의 탄생은 나오미로 하여금 생명을 얻게 하고 충만하게 했을 뿐만 아니라 두 세대 후에는 다윗에게로 이끌어 갔다. 이 결과가 이 이야기의 의미를 표현하고 있는데, 그 이유는 그러한 해결이 룻과 보아스 사이에 태어난 아이가 나오미(그리고 룻)에게 의미했던 모든 사실 덕분에 그리고 다윗에게까지 내려간 가계에서 필수적인 하나의 연결 고리를 제공했다는 사실 덕분에 의미를 가지고 있기 때문이다. 벌린(Berlin)이 날카롭게 관찰한 바와 같이 이 이야기에 이러한 대단원을 제공함으로써, 곧 창세기로부터 열왕기까지 중요한 설화 전승 가운데 알려진 인격들(personalities)에서 주요 부분에 있는 인물들의 위치를 설정하는 역할을 하고 있는 설화자는 그 타당성을 진술함으로써 자신의 이야기에 더 가까이 접근해 간다. "다윗과의 관계는 이 이야기가 다윗의 지위를 들어올리는 경향을 가진 것과 마찬가지로, 또한 그 이야기의 지위도 올려 주는 경향을 가지고 있다"(*Poetics*, 110).

주제를 명확하게 진술함에 있어서 설화자는 우선적으로 대화를 통하여 자기의 줄거리를 진행해 나가고 있으며, 또한 이러한 대화를 통하여 자신의 임무라는 사명감을 넘어서서 친절, 자비, 충실의 기질인 헤쎄드에 대한 실질적인 구체화로 나타내면서 자신의 이야기 중의 인물들의 기질을 드러내고 있다는 사실을 고려하는 것이 중요하다(위의 장르에 관한 논의를 보라). 그 이야기를 진행시켜 나가는 그 인물들의 기질 못지 않게 그들이 실행한 행동들 역시 동일하다. 그것은 본서의 장르가 의미심장한 강조를 모범, 즉 "가서 너도 그와 같이 하라"에 강조를 두고 있는 교훈적인 단편 이야기임을 주제의 결정에서 고려해야 한다는 것을 암시한다.

그렇다면 룻기의 주제는 다음과 같이 진술될 수 있다. (1) 종교와 출신 국가에 대한 권리 주장을 초월하게 했던 모압 여인 룻이 자기 시어머니 나오미에게 자신을 위탁했을 때 표현되었던 그녀의 사랑어린 충성, 신실, 순종, (2) 자기의 이익을 초월하여 모압 여인 룻과 혼인하고 나오미 대신 엘리멜렉의 밭을 무르는 일과 관련된, 가문에 대한 여러 가지 책임에 대해서 자신의 자비로움과 신실성을 나타내 준 보아스의 친절, 너그러움, 현명함, (3) 보아스를 룻과 혼인하도록 만들고자 한 위험스러운 계획 가운데 표현된 나오미가 며느리 룻의 행복을 위하여 가진 사랑의 관심, (4) 밭과 태의 열매를 제공해 주시는 야웨의 은혜로운 공급. 이것들 모두가 나오미를 고통스럽게 했던 죽음과 결손을 반전시켜 준 것으로서, 나오미의 생명을 회복시키고 노년의 봉양자가 된 한 아들을 낳게 만들었다. 이 헤쎄드의 이야기는 지극히 중요한 의미를 가지고 있었는데, 그 이유는 그 결과, 즉 결말이 베레스로부터 보아스를 통하여 다윗에게 이르는 가문을 이루어지게 했기 때문이다.

이 설화의 장르가 교훈적인 단편 이야기라는 사실을 결정하고 그 줄거리를 만들어 내도록 한 특별한 주제를 밝혀냈으므로, 이제는 이 미묘하고도 복잡한 문서 작성 가운데 있는 표현에 이르는 여러 차원의 의미 속에 있는 것들을 규명할 수 있게 되었다. 첫째로, 본서의 주제와 장르에 관한 논의, 특히 대화를 통하여(위의 장르를 보라) 그 인물의 성격 묘사가 드러내 준 바와 같이 저자의 주된 의도는 룻과 나오미와 보아스를 자기의 독자들이 본받아야 할 모델로 제시하는 것이다. 그들의 헤쎄드가 개인과 가족의 의무와 책임의 분야에서 바라보는 극적이고도 구체적인 형태 속에 묘사되어 있다. 다윗에게 이르는 가계에서 순수한 연결고리를 제공한 이 헤쎄드의 구현의 의미에 대한 묘사를 통하여, 그는 모범의 요소에 분명하게 초점을 맞추고 있다.

둘째로, 하나님이 제일 행동자라든지(Campbell, 29) 혹은 주인공이라고(Rudolph, 33) 말하는 것은 그의 역할이 미묘하게 그리고 간접적으로 나타나 있으므로 분명히 틀린 발언이기는 하지만, 이 이야기는 구약성경 설화의 나머지 부분과 충분히 일치하여 하나님께서 자신의 세상, 인류 그리고 다른 것의 일들과 행동들을 주관하신다는 절대적 지배권을 확증하고 있다. 이 점은 주인공들의 감사에 대한 표현이나 해결로부터 세상에 있는 선이나 악의 원천에 대한 그들의 평가에까지, 이 이야기의 자연과 사건들에 대한 야웨의 주권을 반영하고 있는 설화자 자신의 명백한 진술에 이르기까지 확장되어 있다(1:6; 4:13; 위의 장르에 묘사된 이야기 가운데서 하나님의 역할을 보라). 그러나 수많은 하나님의 전 포괄적 인과관계가 인간 주인공들의 일상적인 희망, 의도, 목적을 통하여 역사하면서 명백하게 드러나는데, 이것이 곧 이 한 가족의 생활과 삶의 기복 가운데서 하나님의 섭리적 인도하심의 이야기인 것이다.

셋째로, 결말과 결론/대단원 가운데서 이야기의 담화 역할의 두드러짐은 이야기의 의미를 제공해 주지만, 그것은 또한 이야기 너머에 초점을 맞춰 주고 있다. 다윗과의 연결은 이 이야기를 향상시켜 줄 뿐만 아니라 그 이야기의 인물이 다윗을 향상시켜 주기도 한다(Berlin, *Poetics*, 110). 이것은 일차적으로 조상들의 삶의 질을 통하여 다윗의 가치를 반영하고 있는, 주인공들에 대한 성격 묘사를 통하여 이루어진다. 그것은 "다윗의 선택 배후에 역사하고 계셨던 하나님의 섭리적 돌보심"(Murphy, *Wisdom Literature*, 87)을 나타내고 있는 이야기의 강조점을 이 가족의 삶 가운데 있는 하나님의 인도하심에 둠으로써 이루어지기도 한다.

신학

본서의 장르, 주제, 목적에 대한 이러한 분석으로부터 주된 신학적 강조점들이 드러나기는 하지만, 그것들은 하나의 문학 수단 가운데 미묘하게 표현되어 있다. 이 이야기는 개인 간의 책임과 가족 내의 책임의 영역 내에서 헤쎄드를 구성하고 있는 주인공들의 말과 행동이라는 극적이고도 구체적인 형태 가운데 묘사되어 있으며, 한편으로 모범의 요소 즉 "가서 너도 그렇게 하라"에 날카롭게 초점을 맞추고 있다. 그런 까닭에 본서의 주된 신학적 강조점들 가운데 하나는 독자가 그러한 생활 스타일을 모방해야 한다는 것이다. 그러한 삶의 스타일이 연루되어 있는 내용은 삶의 세속 영역과 종교 영역 모두 가운데 살고 있는 인간들 사이에서 사용되었을 때, 이 개념에 대한 사켄펠트(Sakenfeld)의 검토로부터 명확하게 드러난다(*The Meaning of Hesed*, 233-34; *Faithfulness in Action*, 39-42). 헤쎄드의 행동의 두 가지 면이 특히 중요하다. 첫째, 그러한 행동은 사켄펠트가 그것을 "자유로운 행동"이라고 지칭한, 즉 한 사람이 실행하는 행동이 곤경에 처해 있는 사람과 연루된 관계로 인하여 그 문제에서 사사로이 혹은 공적으로 인정한 책임을 가지고 있으면서도 법규에 얽매어 있지 않은 행동이라는 강조가 들어 있다. 그 사람은 행동하지 않아도 심각한 영향을 받지 않는 자유가 있다. 그것은 곧 긍정적으로 말해서 그 행동이 은혜로운 그리고 사랑에서 나온 배려라는 것이다. 둘째, 그러한 행동은 "의무라는 사명감을 넘어서서" 자비 혹은 너그러움이라는 특별한 요소를 포함하고 있다는 사실도 동일하게 중요하다. 이것은 특히 룻과 보아스 두 사람이 우리에게 보여 준 모범적 생활 스타일 가운데 드러나 있는데, 설화자는 그들의 행동 가운데서 자신의 등장 인물들에 대해 주어진 평가를 통하여 헤쎄드를 들먹이고 있다. 이를테면 1장에서 나오미에 대한 룻의 위탁(3:9을 보라)과 2장에서 룻에 대한 보아스의 너그러운 행동(2:20을 보라)을 그렇게 지칭하고 있다. 그러므로 히브리 시에서 감동을 주는 평행절 가운데 표현된 바(1:17-19a의 "양식/구조/배경"을 보라), 1:16-17에서 나오미에 대한 룻의 효도는 "여행하고", "유숙하고," 이것이 생명이 끝날 때까지 확대된다는, 즉 묻히는 장소까지 그들이 함께 한다는 제유법을 통하여 표현된 모든 생활 형태를 망라하고 있다. 이것은 공동체와 종교라는 결속을 초월한다: 나오미의 백성과 나오미의 하나님이 그 이후로는 룻의 백성과 하나님이 될 것이다. 그리고 자기 말의 진실성을 밝히면서 그녀는 죽음만이 자신과 나오미를 갈라놓을 것이라는 엄숙한 맹세를 하면서 야웨의 이름으로 말한다. 헤쎄드로서의 룻의 행동은 하나의 웅변적인 표현이라기보다는 트리블의 다음과 같은 의미라고 말할 수 있다(Trible, 173).

> 룻은 홀로 서 있다. 그녀는 아무것도 갖고 있지 않다. 그 어떤 신도 그녀를 부르지 않았다. 그 어떤 신도 그녀에게 복을 줄 것이라고 약속하지 않았다. 어느 인간도 그녀의 도움이 되지 않았다. 그녀는 어떤 지지 그룹이 없이 살고 선택하며, 또한 그녀는 자신의 결정의 결과가 버림당함, 실제로 죽음이라는 공허일 수도 있다. 결국, 아브라함의 신앙의 비약까지도 룻의 이러한 결단을 능가하지 못한다. 그리고 거기에는 그 이상의 것이 나타나 있다. 룻은 가족, 국가, 신앙을 깨뜨렸을 뿐만 아니라 성(姓)의 정조관념까지도 반전시켰다. 한 젊은 여인이 하나의 남편을 찾기보다는 나이가 든 여인의 삶에 자신을 위탁했다…여성의 삶이 남자들에게 의존하고 있는 세상에서 한 여성이 또 다른 여성을 선택했다. 이스라엘의 모든 기억할 만한 사건 가운데서 이보다 더한 결정은 없다.

2장에 있는 보아스의 행동 역시 같은 척도에서 행한 것이다. 그의 도량은 무한하다. 베는 자를 거느린 사환이 룻의 정체를 알려 주자(2:6) 그는 그녀의 독특한 신분에 일치하게 행동한다. 그녀로 하여금 자신의 밭에서 이삭을 줍도록 할 뿐만 아니라(2:8b-c), 잘려진 곡식을 다발로 묶고 있는 추수하는 여인들 옆(2:8d-9b), 곧 일반적으로 이삭을 줍는 자들에게는 제한되어 있는 지역(이러한 해석에 관해서는 2:8과 2:9의 "주석"을 보라)에서 이삭을 줍게 하고 자기 수하 남자들에게 그녀를 가로막지 말라고 명령한다(2:9c). 그러고 나서 그는 소년들이 길어 온 물을 먹도록 허락한다(2:9d). 그러한 장면의 두 번째 에피소드에서(2:14-16; 2:4-17a의 "양식/구조/배경"을 보라) 그는 그녀를 점심식사를 하는 인척들 가운데로 초청하여 그녀에게 다 먹을 수 없는 상당히 많은 음식을 제공한다(2:14). 그녀가 이삭 줍는 일을 다시 하게 되었을 때, 그는 자기 일꾼들에게 그녀로 하여금 낟가리 사이에서 줍도록 허락할 뿐만 아니라 그들이 벤 곡식들 가운데서 한 움큼씩을 뽑아내어 떨어뜨리도록 명령했는데 이것은 유례 없는 친절이었다! 그리고 세 번째 장면에서 나오미는 룻에게 보아스가 누구인지를 가르쳐 주고(2:20), 룻은 그가 자기에게 추수가 끝나기까지 줄곧 같은 친절을 베풀어 주었다는 사실을 기억하게 된다(2:21).

저자는 룻과 보아스의 이러한 행동이 법적 책임과는 동떨어진 요소이고, 의무라는 사명감을 넘어선 은혜로운 그리고 사랑에서 우러난 친절의 표시임을 강조하고 있는데, 그들 각자가 본받아 행동하지 말아야 할 모범을 보인 인물들과 대조해 가면서 이것을 강조한다: 즉 오르바는 룻과 대조가 되어 있고, 근족 아무개는 보아스와 대조가 되어 있다(Campbell, 29-30). 사실상 오르바가 자신의 죽은 남편 및 나오미와 관련하여 취한 이전의 행동 과정은 나오미를 통하여 헤쎄드로 지칭된다(1:8). 설화자는 그녀가 나오미의 설득에 순종하여 본국으로 돌아가기로 결정한 것에 대하여 그것이 어떤 것이든 판단하지 않는다. 그녀의 결정은 건전하고도 합리적인 것이다. 즉 그녀는 본국에서 남편을 얻는 가능성을 선택하고(1:9a) 자신의 공동체와 자신의 신앙을 선택한다(1:15). 그러나 그녀가 공동체와 관습의 지시를 따르기로 결정했다는 것은 단순히 룻의 두드러진 행동이 사실은 의무라는 사명감을 넘어서서 은혜롭고도 사랑에서 나온 친절이라는 사실을 드러내 줄 뿐이다. 그와 같은 방식으로 근족의 행동도 보아스가 드러낸 훨씬 더 큰 헤쎄드 – 엘리멜렉의 밭을 무르고 룻과 혼인하는 그의 행동 – 와 비교하는 기능을 갖는다. 이것들이 아무개 씨의 행동을 통하여 헤쎄드라는 요구를 충족시키려고 나타나 있다. 첫째로, 그의 행동은 "자유"다. 그는 부담 없이 동의할 수 있을 뿐만 아니라(4:4), 부담 없이 거절할 수도 있다(4:6a). 둘째로, 두 조항의 결합이 지극히 관대하고 은혜로운 행동이라는 사실은 그가 자신의 거절의 뜻으로 제시한 이유에 드러나 있다: 그는 자기 자신의 재산에 손해를 가져다 주는 위험을 안고서만 실행할 수 있었다(4:6b). 그러나 보아스는 신발을 벗어 넘겨 주는 상징적 의식을 통하여(4:7-8; "주석"을 보라) 그리고 공식적으로 법률 회의에 거래를 증명하라고 요구하면서 그 권리 이양을 시행하는 그의 공적인 선언을 통하여(4:9-10, 수행권 수락의 말은 "내가 이로 말미암아…을 얻었노라"임; "주석"을 보라) 자기에게 제공된 권리들을 받아들였다. 행실들이 그의 말 직후에 뒤따라왔다는 사실은 다음 장면을 소개하는 설화자의 간략한 요약문을 통하여 확증된 정해진 결론이다(4:13). 자기의 직접적인 이익을 넘어가서 행동하기를 거절한 아무개 씨의 거절과는 반대로, 법률 회의 앞에서 자신의 공적인 선언에 대한 충분하고도 세부적인 사항 가운데 표현된 보아스의 이타적인 너그러움이 두드러지게 강조되어 있다.

마지막으로, 룻과 보아스의 이러한 돋보이게 하는 요소들이 합법적이고도 정확할지라도, 그들의 행동은 캠벨(29)이 통찰력 있게 관찰한 "룻은 하나님의 백성을 위한 하나의 정해진 결론으로서 돌보는 책임을 이행하는 생활 스타일을 나타내지 않는다"는 사실을 암시하는 헤쎄드를 이루지 않는다. 이것은 획득할 수 있는, 그렇지만 붙잡기 어려운 것으로 묘사되어 있다. 이것은 이 이야기가 룻과 보아스 그리고 나오미의 생활 스타일의 질을 본받을 가치가 있는 모범으로서 우리 앞에 제공해 주는 방식을 좀더 날카롭게 지적해 준다.

또 다른 본서의 중요한 신학적 강조점은 이야기 가운데서 하나님의 역할이 묘사되어 있는 방식으로부터 유래한다. 위의 장르에 대한 논의 가운데서 지적된 바와 같이 설화자의 하나님과 그분의 행동에 대한 묘사는 본서를 구약성경의 예술적 관점의 한편으로 멀리 밀어놓고 있다. 이 이야기가 하나님께서 이 세상, 인간 그리고 다른 존재들의 사건들과 일들을 절대적으로 지배하신다는 사실을 확언하고 있을지라도, 그 강조점은 전적으로 그분의 섭리의 내재에 있다. 하나님의 섭리는 실제로 룻기에 "숨겨져" 있지 않다(Hal이 진술한 바와 같이, *Theology*, 15-19). 그보다는 에스더서에 있는 표현에 관한 클라인즈(Clines)의 관찰이 룻기에 대해서도 타당하다: "…사건들의 원인에 관한 감추어지거나 베일에 가려진 것이 없다…. 즉 그것은 실제로 표현되지는 않았지만, 이야기가 진술되는 문맥에 명백하게 제공되어 있다"(*Esther Scroll*, 156). 에스더서에서 그러하듯 룻기에서도 나오미의 삶을 죽음과 결손으로부터 생명과 풍요로 변화시키기 위해서는 하나님과 인간의 인과관계를 필요로 한다. 하나님과 인간 행동의 이러한 행동의 일치는 "상상력이 풍부한 화려함과 깊음의 순간"을 산출하는 하나의 단어 유희 가운데 미묘하게 그리고 힘차게 표현되어 있다(Rauber, *JBL* 89[1970] 33). 그의 너그러움의 이유가 룻이 나오미를 위하여 행한 모든 일에 대한 그의 지식이라고 룻에게 한 설명 가운데서(2:11), 보아스는 룻의 보상을 그녀가 피하러 그 날개 아래 온(히브리어로 쌍수로 되어 있는 카나프〈כנף〉) 그녀에게 야웨께로부터 충만하게 되기를 기도하고 있다(2:12). 그러고 나서 룻은 타작 마당에서 보아스에게 그의 "날개"(카나프〈כנף〉, 여기서는 그의 옷자락을 가리킴)로 자신을 덮어 달라고 요구하면서 혼인을 요구한다. 야웨의 날개 아래 은신처를 구하러 온 룻은 그러한 중보기도를 해준 그 사람이 자신과 혼인하고 그의 날개로 자신을 덮어 줄 때 야웨로부터 충분한 보상을 발견할 것이다. 하나님께서는 인간 인물들을 통하여 행해진 헤쎄드의 행동 가운데서 행동하실 뿐만 아니라(Hubbard, 71) 나오미의 삶을 고통스럽게 했던 죽음과 결손의 반전이 한 젊은 소녀의 우연한 걸음과 나이든 여인의 위험스러운 계획을 포함하여 그들의 일상적인 희망, 의도 그리고 행동을 통하여 그 사람에 의하여 결과가 나타난다(Hals, *IDBSup*, 759). 이것은 구약성경 문서 전체의 많은 부분에서 강조되고 있는 점과는 매우 차이가 있으며, 때로는 하나님의 인도하심의 특징인 초자연적인 면이다. 그러므로 룻기는 하나님께서 자주 이 세상에서 자기의 목적을 일상적인 동기와 그분의 백성의 사건들을 통하여 – 룻과 보아스 같은 혹은 당신과 나 같은 평범한 사람의 삶이 그들 자신의 공동체를 넘어서서 잔잔하게 일으키는 파문 – 일으키신다는 사실과 특히 의무라는 사명감을 넘어서서 은혜롭고도 사랑에서 나온 친절의 행위를 통하여 일으키신다는 사실을 확증해 주고 있다.

개요

1막. 서막과 문제: 죽음과 결손(1:1-22)

장면 1. 배경과 문제. 한 유다인 가족이 모압에서 죽다: 나오미가 남편과 자식이 없이 홀로 남다(1:1-6).

장면 2. 혼합된 결손: 유다로 돌아가는 길목에서 나오미와 두 자부(1:7-19a).

장면 3. 결손에 대한 언급: 나오미가 룻과 함께 베들레헴에 도착하다(1:19b-22).

2막. 룻이 추수 밭에서 나오미의 친척 보아스를 만나다(2:1-23)

장면 1. 룻이 이삭을 주우러 가다–그리고 나오미의 친척 보아스의 밭에서 일어난 일들(2:1-3).

장면 2. 룻과 보아스가 추수 밭에서 만나다: 보아스는 지극히 너그러운 사람이다(2:4-17a).

장면 3. 나오미가 그 만남을 평가하다: 보아스는 기업 무를 자 가운데 한 사람이다(2:17b-23).

3막. 나오미가 룻을 타작 마당에 있는 보아스에게로 보내다(3:1-18)

장면 1. 나오미가 가문의 계획과 룻의 남편 될 사람을 밝히다(3:1-5).

장면 2. 룻이 나오미의 계획을 이행하고, 보아스가 기업 무를 자가 될 것을 승인하다(3:6-15).

장면 3. 나오미가 그 만남을 평가하다: 보아스가 이행할 것이다(3:16-18).

4막. 결의와 후기: 생명과 풍요(4:1-22)

장면 1. 보아스가 룻과 나오미를 구속할 권리를 취득하다(4:1-12).

장면 2. 룻과 보아스 사이에 아들이 태어나다: 나오미가 생명과 풍요를 회복하다(4:13-17).

장면 3. 후기. 회복된 한 유다 가문: 다윗의 계보(4:18-22)

1막. 서막과 문제: 죽음과 결손(1:1-22)

장면 1. 배경과 문제. 한 유다인 가족이 모압에서 죽다: 나오미가 남편과 자식이 없이 홀로 남다(1:1-6)

참고문헌

Baly, D. *The Geography of the Bible.* Rev. ed. New York: Harper and Row, 1974. **Berlin, A.** *Poetics and Interpretation of Biblical Narrative.* Sheffield: Almond, 1983. **Cohen, S.** "Ephrathah." *IDB* 2:122. **Dommershausen, W.** "Leitwortstil in der Ruthrolle." In *Theologie im Wandel.* Munich-Freiberg: Wewel, 1967. 394-407. **Fawcett, S.** "Rachel's Tomb." *IDB* 4:5. **Gottwald, N.** *The Tribes of Israel.* Maryknoll, NY: Orbis, 1979. **Harvey, D.** "Ruth, Book of." *IDB* 4:131-34. **McDonald, J.** "The Status and Role of the NaÓar in Israelite Society." *JNES* 35(1976) 147-70. **Moor, J. de.** "The Poetry of the Book of Ruth(Part I)." *Or* 53(1984) 262-83. **Myers, J.** *The Linguistic and Literary Form of the Book of Ruth.* Leiden: Brill, 1955. **Porten, B.** "The Scroll of Ruth: A Rhetorical Study." *GCA* 7(1978) 23-49. **Rauber, D.** "Literary Values in the Bible: The Book of Ruth." *JBL* 89(1970) 27-37. **Sacon, K.** "The Book of Ruth - Its Literary Structure and Theme." *AJBI* 4(1978) 3-22. **Smith, G.** *The Historical Geography of the Holy Land.* 1894. Repr. London: Collins, 1973. **Stager, L.** "The Archeology of the Family in Ancient Israel." *BASOR* 260(1985) 1-35. **Staples, W.** "The Book of Ruth." *AJSL* 53(1936-37) 145-47.

본 문

1 사사들의 치리하던 때에 그 땅에 흉년이 드니
라 유다 베들레헴에 한 사람이 그 아내와 두 아들
을 데리고 모압 지방에 가서 우거하였는데

1 During the time when the Judges ruled,[a] there
was a famine in the land, and so a certain man[b]
went from Bethlehem in Judah[c] to live in the
territory[d] of Moab together with[e] his wife and his
two[f] sons.

2 그 사람의 이름은 엘리멜렉이요 그 아내의 이

2 The man's name was Elimelech, the name of his

름은 나오미요 그 두 아들의 이름은 말론과 기룐이니 유다 베들레헴 에브랏 사람들이더라 그들이 모압 지방에 들어가서 거기 유하더니

wife Naomi, and the names of his two sons Mahlon and Chilion – Ephrathites from Bethlehem in Judah.[a] They came to the territory of Moab, and there they stayed.

3 나오미의 남편 엘리멜렉이 죽고 나오미와 그 두 아들이 남았으며

3 Then Elimelech, Naomi's husband, died, and she was left alone with her two sons.[a]

4 그들은 모압 여자 중에서 아내를 취하였는데 하나의 이름은 오르바요 하나의 이름은 룻이더라 거기 거한 지 십 년 즈음에

4 They took Moabite wives, the name of one being Orpah and the other Ruth, and they lived there about ten years.

5 말론과 기룐 두 사람이 다 죽고 그 여인은 두 아들과 남편의 뒤에 남았더라

5 Then both Mahlon and Chilion also died, and the woman was left alone without her two boys and without her husband.

6 그가 모압 지방에 있어서 여호와께서 자기 백성을 권고하사 그들에게 양식을 주셨다 함을 들었으므로 이에 두 자부와 함께 일어나 모압 지방에서 돌아오려 하여

6 Then she set out with her daughters-in-law[a] and returned from the territory of Moab, for she heard there[b] that Yahweh had seen to the needs of his people by giving them food.

원문주해

1.a. 직역하면 "그리고 사사들의 재판의 날들이었다". 몇몇 LXX의 필사본들은 "…의 날들"을 생략하고, Syr은 부정사 샤파트(שְׁפֹט)를 생략한다. 이러한 독법은 아마도 다른 히브리어 본문의 증거라기보다는 MT의 히브리어를 번역하려는 번역자의 시도를 나타낸 것으로 보인다.

1.b. 직역하면 "한 사람".

1.c. 혹은 아마도 "유다의 베들레헴"일 것임. "주석"을 보라.

1.d. 여기서의 철자 세데(שְׂדֵי)가 남성 단수 연계형에 대한 드문 형태로 이해되어야 할 것인지(예를 들어, Campbell, 50; Myer, *Literary Form*, 9; Rudolph, 37에서 그렇게 말함) 그렇지 않으면 남성 복수 연계형으로 이해되어야 할 것인지(Hubbard, 86, n. 15; Joüon, 32; 참조. GKC § 93ll; 다른 곳에서 복수 연계형은 여성형 세도트〈שְׂדוֹת〉다)는 결정하기 어렵고 그 의미에 관한 한 크게 달라지지 않는다("양식/구조/배경"을 보라).

1.e. 직역하면 "그가 그리고…".

1.f. 몇몇 LXX 필사본과 Syr은 "둘"이란 단어를 생략한다.

2.a. "원문주해" 1.c를 보라.

3.a. 이 히브리어는 보다 정확하게 "그녀와 그녀의 두 아들이 홀로 남았다"로 번역될 것이지만, 그렇다면 이것은 영어에서 특별히 지시하지 않은 "그들"을 다음 동사의 주어로 만드는 문제를 일으킨다. 이것은 히브리어에서 문제가 되지 않는데, 그 이유는 이 히브리어 동사가 그 어형론에서 남성과 여성을 구별짓기 때문이다.

6.a. 직역하면 "그녀와 그녀의 자부들". "주석"을 보라.

6.b. 직역하면 "모압 지역에". 설화자가 6a절에서 세데 모압(שְׂדֵי מוֹאָב)을 "모압의 들판들"을 의미하도록 남성 복수 연계형으로 사용했을 테지만, 여기서 세데 모압(שְׂדֵי מוֹאָב)은 "모압 나라"를 의미한다는 것(Hubbard, 97 n. 3)이 가장 그럴듯하다. 1절의 "주석"을 보라.

양식/구조/배경

룻기의 제1막은 1:1-22로 이루어진다. 그 중에서 저자는 자신의 이야기의 첫 번째 배경과 상황을 제공하고 있다. 즉 그는 기근이 닥쳐서 베들레헴 에브라다 가족들이 모압에 갔는데 그 곳에서 모든 남자들이 죽었다고 말한다. 그는 우리에게 다음 장면을 위하여 이야기의 주인공 보아스만을 남겨 놓고 모두 소개하고 있다. 그리고 저자는 본서의 가장 중요한 문제를 진술하고 있다. 즉 가족의 모든 남자들이 죽었을 때 부족 사회에서 한 여인에게 어떤 일이 일어날 것인가에 대한 것이다. 이 모든 자료가 이 서론적 에피소드인 1-6절에서 간단명료한 형태로 진술되고 있다(아래를 보라). 그런 까닭에 질문해 볼 필요가 있는 문제는 이러하다. 즉 이 서론적 구절들은 그 이후에 일어나는 모든 일들이 해결이므로 1장의 나머지 부분인 7-22절이 그 해결에 있어서 제1단계를 상술하는 독립된 장면을 이루도록 제공되고 있는 바, 그 해결되는 문제의 진술로 제공되어서는 안 되는가? 사실상, 1장의 몇 가지 자료는 그러한 분석을 입증하고 있다. 그러므로 유다로의 귀향(7절)은 나오미의 죽음과 결손으로부터 생명과 풍요로의 전환에서 그 1단계로 이해될 수 있었다. 그리고 실제로 7-22절은 모압 여인 룻이 어떻게 유다로 돌아왔는지를 말해 주고 있는데, 그녀의 성실성과 효도가 나오미의 변화를 가져다 주는 중요한 동기가 될 것이었다. 그러나 1:1-6과 그 다음 단락인 7-19a절 및 19b-22절과의 단일성은 모든 분석 단계마다에서 나타날 수 있다. 첫째로, 담화에 들어 있는 주요 단절을 이루고 있는 단위의 경계들을 구별하는 상황은 분명히 1:22과 2:1에서 일어나며 1:6과 1:7에서 일어나지 않는다. 사실상, 첫 단락으로부터 뒤따라오는 단락으로의 전환은 너무나 점진적이므로 첫 번째 단위가 5절이나 6절 혹은 7절 어디에서 마치고 있는지를 분명히 결정하기가 어렵다(아래의 논의를 보라). 둘째로, 1:1-22의 단위는 그 내용의 공통성을 통하여 드러난다. 이 서론적 행동의 주제가 할라크(הלך, "여행하다, 가다, 걷다")와 수브(שׁוב, "돌아가다")란 동사의 잦은 출현을 통하여 계속 울려 퍼지고 있다. 할라크(הלך)가 서론적 장면에서 1회, 두 번째 장면에서 8회 그리고 세 번째 장면에서 1회 사용되고, 수브(שׁוב)는 무엇보다도 모두 12회 출현하는데 이 단락의 주제를 진술하는 동사다(참조. Dommershausen, "Leitwortstil in der Ruthrolle," 396-98). 이 단어는 6회 모두 두 번째 장면에서 모압으로 돌아가는 것을 가리키며, 6회는 유다로 돌아가는 것을 가리키는데, 이 세 개의 장면 모두 가운데 퍼져 있다. 즉 첫 번째 장면에서는 1회(6절), 두 번째 장면에서는 2회(7, 10절), 세 번째 장면에서는 3회(21, 22, 22절)다. 더 나아가서 이와 같은 의미론 영역으로부터 다른 동사들의 사용을 통하여 전체 단락의 내용의 일관성이 잘 나타나 있다: 보(בוא, "오다, 들어가다"), 4회; 야차(יצא, "출발하다"), 1회; 구르(גור, "체류하다"), 1회; 야샤브(ישׁב, "거하다, 머물다"), 1회; 린(לין, "머물다, 밤을 보내다"), 2회.

마지막으로 그리고 결론적으로 위에 진술된 사건들 가운데 발전이 있기는 하지만, 즉 나오미가 유다로 돌아가는 것과 룻이 그녀와 함께 가겠다는 주장이 이야기의 해결을 향하여 논리적 단계들로 생각될 수 있지만, 줄거리의 단계들로서 본 설화자는 자신의 이야기를 이러한 발전들을 그녀의 곤경의 해결보다 훨씬 더 멀리까지 진술해 나가기 위해 사용하고 있다. 즉 나오미의 삶의 황폐함, 절망 그리고 결손을 묘사해 나가고 있다. 이 점이 이러한 장면들의 내용, 특히 저자가 나오미의 성격을 묘사하는 가운데 가장 분명하게 드러나 있다. 비록 이 이야기가 소개하고 있는 문제의 제1차적 진술이 서론적 단락 중 3-5절에서 설명되고 있기는 하지만, 그 감동적인 성격은 뒤따라오는 장면들에서 저자가 나오미를 묘사하는 내용 가운데 묘사되어 있다. (1) 두 번째 장면에서 이것은 나오미의 고통과 걱정의 특징에 대한 저자의 묘사에 나타나 있는데, 그녀가 두 젊은 여인과의 대화 속에서 그녀들로 하여금 모압(그녀들이 생활의 희망을 가질 수 있는 곳)으로 돌아가던지 - 그리고 그녀는 완전히 홀로 돌아가게 됨 - 그렇지 않으면 그녀가 그들을 데려갈 경우 외국 땅에서 과부 된 그리고 고독한 상태에서 소망 없이 살아가던지 하는 쓰라린 선택에 직면한다(세부 사항에 관해서는 뒤따라오는 장면, 7-19a절에 관한 "해설"을 보라). (2) 이것은 무엇보다도 설화자가 도착 장면, 즉 19b-22절에 있는 전체 내용을 예루살렘 여인들이 그녀를 알아보고 기쁨의 소리를 질렀을 때 근심어린 반응을 하는 가운데(20-21절) 오직 나오미의 쓰라린 절망감만을 묘사하는 방식으로 묘사되어 있다. 더 나아가서, 마지막 장면에서 룻이 나오미와 함께 있는 점이 나오미의 상태를 변화시켜 줌에 있어서 하나의 단계로서가 아니라 자기의 절망감에 대한 쓰라린 설명으로 나타난다. 그래서 야웨께서 그녀를 공수로 돌려보내셨다는 그녀의 부르짖음은 룻이 그녀와 함께 있다는 사실에 의하여 거짓임이 드러나게 되는데, 나오미가 미처 인식하지 못했지만 룻이 함께 있다는 것이 그 장면의 마지막 장면에서 설화자가 강조하고 있는 점이다(1:22의 "주석"과 "해설"을 보라). 게다가 이 단일성은 이 첫 번째 단락의 구조와 마지막 단락의 구조 간의 평행을 통하여 강력하게 입증된다. 아래 4:1-12의 "양식/구조/배경"을 보라.

이러한 근거에서 우리는 1막이 1:1-22, 즉 1-6, 7-19a, 19b-22절의 세 개의 단락으로 이루어져 있으며, 이 1막의 주된 목적은 이 이야기의 나머지 부분에서 기록될 문제 해결을 위한 나오미의 삶의 죽음과 결손이라는 문제를 진술하는 것이다. 이와 관련해서는 Rauber, *JBL* 89(1970) 29-30의 통찰력 있는 분석과 주석을 참조하라.

그렇다면 이 1막의 첫 번째 장면은 1-6절로 이루어져 있고, 이것과 관련된 구조 문제는 이것의 끝 부분이다. 어떤 주석가들은 이 단락의 끝이 5절이라고 한다(Campbell, Gerleman, Gray, Hubbard, Joüon, Morris, de Waard-Nida). 어떤 사람은 6절이라고 한다(Hertzberg, Sasson). 그리고 어떤 사람은 7a절이라고 한다(즉 "두 자부로 그와 함께 하여"〈ושתי כלתיה עמה-우슈테 칼로테하 임마흐〉 다음, Bertholet, Gressmann, Haller, Rudolph, Trible). 수사학적, 구조적 연구에 근거하여 포르텐(Porten, *GCA* 7[1978] 23-24)은 이 단락을 6절로 끊고, 같은 근거에서 세이콘(Sacon, *AJBI* 4[1978] 4-5)은 7b절로 끊는다. 설화 시로서의 룻기에 대한 자신의 분석에 근거하여 드 무어(de Moor)는 이 단락을 5절로 끊는다(*Or* 53[1984] 274, 280).

어느 의견이든 비평적인 문제는 6절이 앞의 단락에 속하는가 아니면 뒤따라오는 단락에 속하는가이다. 이것이 전환 구절이므로 그것은 어느 곳에 두든지 훌륭한 논증을 이끌어 낼 수 있다. 필자는 이것을 다음과 같은 이유로 서론적 단락에 대해 마감하는 진술로 보는 편을 택했다. 3-5절(이것은 명확하게 인클루시오를 이룬다. 아래를 보라)이 3절과 5절의 긴밀한 평행을 통하여 그 버금 단락을 정확하게 묶어주고, 그래서 6절을 분리된 내용으로 만들어 놓고 있기는 하지만, 6절은 내용상 교차적 대조를 이루면서 1절과 반의적으로 평행이 된다: 즉 기근이 있었다 / 모압으로 갔다(1절); 모압으로부터 되돌아갔다 / 야웨께서 양식을 주셨다(6절)(Porten, *GCA* 7[1978] 24). 6절이 "모압 지방에서 돌아오려 하여"를 되돌아보고 있으며, 반면에 7절에서는 "유다 땅으로 돌아오려고"를 바라보고 있는 점을 유념하라. 둘째로, 6절은 처음 상황과 배경에 대한 결론을 제공하고 있는데, 이를테면 기근으로 말미암아 모압으로 여행하고(1절) 기근이 지나간 것으로 인하여 모압으로부터 돌아온다. 그러나 이것은 또 하나의 전체적인 개요의 설명과 뒤따라 나오는 두 장면 가운데 더 자세히 나오게 될 모든 것의 내용 요약을 이루고 있으며, 또한 이 장면들 가운데 이야기된 돌아가는 이야기에 하나의 전환점을 제공해 주는데, 여기서 설화자는 자신이 진술하는 문제의 정서적 요소를 진술할 것이다.

이 서론적 단락은 분명하게 세 단락으로 나누어진다. 1-2절은 배경, 인물들 그리고 본서의 서론적 상황을 기술하고 있다. 이것들은 1절에 있는 "유다 베들레헴으로부터 가서"와 2절의 끝에 있는 요약적 진술 간의 대조를 통하여 하나의 단위로 구성되어 있다. 즉 "그들이 모압 지방에 들어가서 거기 유하더니." 3-5절은 인클루시오를 이루는 동일한 평행적 내용을 통하여 교차적으로 짜임새 있게 구성되어 있다.

A **(그리고) 나오미의 남편 엘리멜렉이 죽고 나오미와** 그 두 아들이 **남았으며** 3절

B 그들은 모압 여자 중에서 아내를 취하였는데 하나의 이름은 오르바요 하나의 이름은 룻이더라 4a절

B 거기 거한 지 십 년 즈음에 4b절

A′ **말론과 기룐 두 사람이 다 죽고 그 여인은** 두 아들과 남편의 뒤에 **남았더라** 5절

위에서 살펴본 바와 같이 6절은 1-2절의 처음 상황을 마무리짓고 결론을 내리고 있다. 즉 "모압으로 감"이 "모압으로부터 되돌아옴"과 균형을 이루고 있으며, 반면에 "기근"이 "양식"과 균형을 이루고 있다. 이 구절은 "그들에게 양식을 주심으로써"(לָתֵת לָהֶם לָחֶם – 라테트 라헴 라헴)라는 훌륭한 두운법으로 끝을 맺고 있는데, 이것은 그 가문이 살던 고향 베들레헴(בית לחם)과 발음과 의미가 서로 결합된 문장이다.

시기에 관해서 본 설화자는 자신의 이야기를 가장 일반적인 말로만 그 시기를 밝히고 있다. 직역하면 "재판관들의 재판의 날에"(1절)이다. 그렇다면 보다 정확하게 그 연대를 정하려는 시도, 이를테면 그 시기가 사사 에훗과 입다 사이임을 암시하는 것으로 생각하는 시도(Sasson, 15; 참조. Hubbard, 84)는 저자의 의도를 넘어가는 것이다. 그는 분명히 우리에게 단순히 자신의 그 이야기가 가나안 땅 정착 이후, 그러면서도 이스라엘에 왕이 있기 이전 시기에 일어났다는 사실을 암시하려고 의도하고 있다. 사사들이나 혹은 사사들이 다스리던 시기에 대해 어떤 강조를 하는 것 같지는 않아 보인다(Campbell, 57는 이에 반대다). 이 표현은 영어의 "옛날에"(once upon a time)와 유사한 개념을 가지고 있지도 않다. 자기 백성의 역사 가운

데 한정시킬 수 있는 시기를 언급함으로써 저자는 자신이 설명하려고 하는 이 사건들이 자기 백성의 지나간 과거에 속해 있음을 암시하고 있다(또한 Sasson, 14를 보라). 이러한 표현을 "오래 전 과거에 대한 민간 설화의 성격을 가진 서술"이라고 부르는 것은 확실히 옳지 않다(Harvey, *IDB* 4:131-34). 이것은 분명히 이 기간이 얼마나 오래 전의 일인지를 묘사하기 위한 기록은 아니다. 언젠가 이스라엘 전체의 사회적 · 법정적 체계가 군주제의 수립과 함께 변화되었는데, 그 이전의 시기를 가리킨다는 것이 자연스런 결정 방법일 것이다.

장소와 관련시켜서 볼 때, 이 이야기는 유다 베들레헴 출신의 한 가족과 연관되어 있으며, 여기서 관련된 문제의 해결은 그 촌락의 한계 내에서만 이루어지리라는 것이다. (유다와 사마리아 산지에 있는 이스라엘 백성들의 촌락에 대한 물리적 성격과 환경에 관해서는 Stager, *BASOR* 260[1985] 1-35를 보라). 베들레헴은 예루살렘 남서쪽 약 5마일 지점에 위치해 있다. 이것은 이스라엘이 그 땅에 정착한 이후 시기 중에 가장 초창기 이야기들에 포함되어 있는 것이다. 에브라임에서 미가의 제사장이 되었다가 나중에 단 지파 사람들과 함께 북쪽으로 이주해 간 레위인 역시 본래는 베들레헴 출신이었다(삿 17-18장). 이 곳은 또한 베냐민의 기브아에서 비인도적인 죽임을 당하여 베냐민 지파의 전쟁을 불러일으켰던 첩의 고향이기도 했다(삿 19장). 이 곳이 이보다 훨씬 더 유명하게 된 것은 여기서 다윗이 태어났기 때문이다(삼상 16:1-13). 뿐만 아니라 오실 메시아 왕의 고향으로 지목되었기 때문이기도 하다(미 5:2〈개역 5:1〉). 이것이 주전 14세기의 것인 아마르나 편지 가운데 입증되어 있는지의 여부는 논란이 되고 있다(Campbell, 54를 보라).

베들레헴은 해발 약 2,400피트의 눈에 잘 띄는 산등성이에 위치해 있다. 동쪽으로 그리고 낮은 고지에는 지역 특산물인 작물, 곡식, 올리브, 포도를 산출해 내는 광활하고 비옥한 땅이 있다. 그러나 서쪽으로는 그 마을을 중앙 산등성이의 서쪽 경사지로부터 잘라내는 하르 길로(Har Gillo)라는 높은 산이 놓여 있다. 이것은 베들레헴이 강수량이 약간 적은 지역에 놓여 있다는 사실을 의미하는데, 그 이유는 동쪽 경사지가 물이 분기되는 지점의 서쪽보다 비가 훨씬 덜 오기 때문에, 중앙 고지대의 고지점의 동쪽으로 사막화 현상이 매우 신속하게 이루어지기 때문이다(Baly, *Geography*, 183, 그리고 특히 Smith, *Historical Geography of the Holy Land*, 211-12를 보라). 비가 없을 때 유다 광야의 사막화 현상은 베들레헴과 같은 서쪽 산등성이를 따라 놓여 있는 마을들에 신속하게 밀어닥친다.

기근으로 인하여 엘리멜렉과 그의 가족은 "모압 지방"(שְׂדֵי מוֹאָב – 세데 모압)으로 이주해 가는데, 필자는 이 문구를 "모압 지역"으로 번역했다. 사다(שָׂדֶה)라는 단어는 (1) 개방된 지방, 들판(촌락이나 성읍과 대조되는)과 (2) 땅, 밭의 경작할 수 있는 부지를 의미할 수 있다. 이에 근거하여 어떤 사람은 "모압 지방"(שְׂדֵי מוֹאָב – 세데 모압)이 모압 땅의 어떤 특별한 구획을 가리켰다고 결론지을 수도 있을 것이다. 그러나 사다(שָׂדֶה)가 지역 이름과 함께 나타날 때마다 그것은 (3) "지역, 지방, 영역"을 의미한다. 그러므로 예를 들어 사다 에돔(שְׂדֵה אֱדוֹם, "에돔의 지방")은 창세기 32:4에서 세이르 에레츠(שֵׂעִיר אֶרֶץ, "세일 땅")와 대조되어 나타나는데(또한 참조. 삿 5:4), 이것들은 둘 다 에돔 땅을 가리킨다. 그런 까닭에 룻기 설화자는 그들이 모압의 영토 혹은 지역으로 가서 살았다고만 알려 주고 있는 것이다.

모압 땅은 요단 강 건너편 쪽으로 유다의 거의 정동쪽에 자리잡고 있었는데, 이 곳은 사해 바다로 알려진 물줄기로 가득해 있다. 이 곳은 세 지역으로 이루어져 있다. (1) "모압 평지"(민 22:1), 곧 골짜기 마루가 거대한 만에 있는 요단 동편 평원의 동쪽 급경사로 닿아 있는 사해 바다 바로 북쪽 요단 지구대의 동편에 위치한 지역, (2) 고원(מִישׁוֹר – 미소르, 신 3:10), 사해의 북단으로부터 사해 바다의 중간 지점으로 흘러 들어가는 아르논 강까지 뻗어 있는 사해 동편에 위치한 2,000-2,400 피트 높이의 고원, (3) 모압의 중심부, 아르논으로부터 사해 바다 남단으로 흘러 들어가는 세렛 강까지 뻗어 있는 4,000피트 이상의 높이에 달하는 더 높은 고원 지대(Baly, *Peography*, 202, 229-33를 보라). 룻기 설화자가 엘리멜렉의 가족이 모압의 어느 지역에 거주했는지에 관해서 완전히 침묵하고 있으므로 이 이야기에 자신의 상상을 집어넣을 수는 없다. 남쪽 지역으로부터 떨어진 북쪽 고원 지대를 선택했을 가능성만을 생각할 수 있다.

주석

1 "사사들의 치리하던 때에"(וַיְהִי בִּימֵי שְׁפֹט הַשֹּׁפְטִים – 와예히 비메 쉐포트 하쇼브팀). 본서는 하야(היה, "이다, 있다") 동사의 와우 연속형을 통하여 소개된 히브리어의 시간을 나타내는 문장으로 시작되고, 그 다음에 시간을 나타내는 표현이 뒤따라오는데(GKC § 111g), 이 경우 베메(בִּימֵי, "…의 때에": 직역하면 "…의 날에")라는 전치사로 이루어져 있으며, 그 다음에 부정사 연계형 샤파트(שְׁפֹט)에 이어 그 어근 주어 쇼페팀(שֹׁפְטִים, "사사들")이 덧붙여져 있다. 이러한 정확한 문장은 구약성경의 다른 곳에서는 알려진 바 없지만(Campbell은 창 36:31만이 이와 유사

한 평행을 이룬다고 설명한다), 그 의미만은 분명하다. “날”(יוֹם, 욤)이란 단어는 계속을 나타내는 의미로서 시간을 나타내는 통상적인 용어다(Joüon, 31; 참조. 특히 삼상 22:4; 대하 26:5). 몇몇 사람은 룻기가 하야(היה) 동사의 와우 연속형으로 시작된다는 사실은 그것이 다른 본문의 연속이었거나 혹은 연속으로 생각했었다는 사실을 암시하는 것이라고 주장했다(참조. GKC § 49b n. 1; Joüon, 31). 그러나 구약성경의 여러 책들이 이 동사의 와우 연속형으로 시작되며(레, 민, 수, 삿, 삼상, 왕하, 겔, 스, 느, 대하), 이것들 가운데 몇 권(레, 민, 왕하, 대하)은 원래 더 큰 부분의 일부였기는 하지만 그것들 모두가 그랬을 가능성은 없다(분명히 에스겔서, 에스더서는 독립된 책이다). 룻기가 언제나 따로 분리된 문학 작품을 이루었고 결코 더 큰 작품의 일부분이 아니었다는 사실은 틀림없다(Gerleman, Hubbard, Rudolph이 그렇게 주장함; Moriss, 245 n. 1의 탁월한 논의를 보라).

“그 땅에 흉년이 든지라”(וַיְהִי רָעָב בָּאָרֶץ – 와예히 라아브 빠아레츠). 이 “어떤 사람”과 그의 가족이 기근을 피하여 모압으로 갔으므로, 본서 저자가 에레츠(אֶרֶץ)를 사용하고 있는 것은 여기서 이스라엘 고유의 땅에 대한 전통적인 의미로, 즉 구약성경에서 자주 그러하듯 요단 서쪽에 대해서 사용하고 있는 것임에 분명하다(예를 들면, 삿 18:2; 삼상 14:29 참조). 게를르만이 그러하듯 모압이 유다와 기후가 같은 지역에 있고, 따라서 같은 강수량을 가지고 있으므로 유다로부터 모압으로의 이민이 거의 일어날 수 없는 일이라고 도전하는 것은 이 이야기에 대해서 터무니없는 생각일 뿐 아니라 사실로 입증되지 않는다. 현대 팔레스틴의 연 강수량은 지역마다, 즉 각 촌락마다 크게 달라졌으며(Baly, *Geogrphy*, 69-76를 보라), 아모스 4:7-8은 오히려 분명하게 그와 같은 상황이 구약성경 시대에도 존재했다는 사실을 시사한다. 곳곳이 요단 서쪽보다 더 높은 요단 동편 고원의 급경사는 그 서쪽 가장자리에 상당량의 비를 바람처럼 내리게 하며, 요단 지구대를 통하여 삼켜 들어갔다가 솟아오른다. 스코트(Scott, *IDB* 3:622)는 1931-32년의 가뭄 때에 본 이야기에 묘사된 상황의 가능성을 예증해 가면서 모압 서쪽에는 베들레헴보다 더 많은 비가 내렸다고 말한다. 유다에서의 가뭄은 모압의 남은 부분들을 충분히 있는 그대로 하나의 피난처로 제공하도록 했다(참조. Hubbard, 87 nn. 19, 22).

“유다 베들레헴에 한 사람이…가서”(וַיֵּלֶךְ אִישׁ מִבֵּית לֶחֶם יְהוּדָה – 와옐렉 이쉬 미뻬트 레헴 예후다). “유다에 있는 예루살렘에(으로부터)”가 동사 “갔다”를 수식하는지(즉 “유다에 있는 베들레헴으로부터 갔다”) 혹은 명사인 “사람”을 수식하는지(즉 “유다에 있는 베들레헴 출신의 한 사람”)는 구문론적으로 말하기가 어렵다.

새로운 한 인물을 소개하는 가운데 그 이름과 함께 그 주소지를 알려 주는 것이 통상적인 일이라는 근거에서 앤더슨(Anderson)은 이것을 명사를 수식하는 것으로 취급한다(*SBH*, 90; 참조. Hubbard, 83 n. 2). 여기서 택한 번역은 수사학적 연구에 근거하고 있는데, 말하자면 "유다에 있는 예루살렘으로부터 갔다"와 "모압 지방으로 왔다"가 하나의 버금 단위로서 1-2절을 이루면서 하나의 인클루시오를 형성한다는 것이다(위의 "양식/구조/배경"을 보라; 참조. Joüon, 31; Campbell, 50). 베트 레헴 예후다(בית לחם יהודה)는 복합명사인 "베들레헴-유다"일 수도 있고 혹은 연계형적인 표현 즉 "유다의 베들레헴"일 수도 있다. "유다의"라는 설명은 베들레헴(בית לחם)이 직역하면 "떡/양식의 집"이어서 "곡물 창고"(Morris, 248) 혹은 "창고"와 같은 어떤 곳을 의미하고, 그런 까닭에 스불론에도 같은 이름을 가진 다른 성읍이 있으므로(수 19:15) 정확성을 기할 필요가 있다.

"모압 지방에 우거하였는데"(לָגוּר בִּשְׂדֵי מוֹאָב – 라구르 빼슈데 모압). 구르(גוּר)는 본토인과 외국인 사이의 중간 신분으로 자주 "거주하는 이방인"으로 번역된 게르(גר)가 사회에서 차지한 그 신분을 표현하는 전문 용어다. 그가 혈족이나 종족 관계를 가지지 않은 백성들 가운데 살았으므로 게르(גר)는 본토인의 친절이 그에게 허용한 권리와 신분만을 가졌다(이스라엘 내에서 이러한 권리들에 대한 묘사에 관해서는 *TDOT* 2:443-48; de Vaux, *Ancient Israel*, 74-76를 보라). 어느 정도 유사한 신분이 모압인의 사회에서도 존재했다는 상상은 타당하다. 이것이 그러한 경우였다는 사실은 모압 왕 메사의 석비의 16행 가운데 있는 사회적 부류로서 게르(גר)란 용어의 복구가 옳은 것이라면 실제로 틀림이 없을 것이다(Gibson, *TSSI* 1: 75, 80-81를 보라). 라구르(לָגוּר)라는 동사는 "거주하는 외국인으로 살다"로 번역할 수 있겠지만, 어색하기는 하지만 그것은 틀림없이 고대 팔레스틴의 그것과는 확연히 다른 현대의 법적 신분을 암시한다. 그 동사 자체는 반드시 일시적인 체류를 의미하지 않는데(Morris, 247과 반대로), 그 이유는 수많은 "거주하는 이방인들"이 다소 영구적으로 하나의 공동체 안에서 살았기 때문이다. 그러나 기근으로 인한 이동은 주로 그것이 영속적인 거주의 의도가 없었다는 사실을 암시한다.

"모압 지방"(שׂדי מואב – 세데 모압)은 이 같은 방식으로 룻기에 네 번이나 기록되어 있으며(1:1, 2, 6, 22) 정상적인 단수 연계형 세데(שְׂדֵה)로 세 번 기록되어 있다(1:6; 2:6; 4:4; Myers, *Linguistic and Literary Form*, 9). 비록 세데(שׂדי)가 복수 연계형이기는 하지만, 다른 곳에서 이 형태는 세도트(שְׂדוֹת)이다. 단수 절대형 사다이(שָׂדַי)가 다른 곳에서 나타나므로(시가에서 우세하게 나타남), 세데(שְׂדֵי)

는 복수형이 아닌 단수형이고 세데(שָׂדֶה)의 고대 정자법 이문일 것이다(GKC §93ll를 보라; 반대 의견에 관해서는 Hubbard, 86 n. 15를 보라).

"그와 그의 아내와 두 아들"(הוּא וְאִשְׁתּוֹ וּשְׁנֵי בָנָיו - 후 웨이슈토 우슈게 바나이우). 독립대명사 후(הוּא, "그")는 여기서 강조된 단어가 아니다. 분리되는 단어와 문구 뒤에 명사의 주어(여기서는 이쉬〈אִישׁ, "사람"〉)에 두 번째 주어(여기서는 "그의 아내와 그의 두 아들")를 덧붙일 때는 요약적 대명사가 필요하다(*GBH* § 146.c.2; *IBHS* § 16.3.2.c을 보라).

2 "엘리멜렉…나오미…말론과 기룐"(אֱלִימֶלֶךְ…נָעֳמִי…מַחְלוֹן וְכִלְיוֹן - 엘리멜렉…나오미…마흘론 웨킬리온). 가족 구성원의 이름을 연구하기 위해 오래 지체할 필요는 없는데, 그 이유는 본서 저자가 나오미를 제외하고는 가족의 이름의 의미로 어떤 것을 나타내려고 하지 않기 때문이다. 불행스럽게도 이러한 그의 실례를 현대의 논의들 가운데서 따르지 않고 그들 중 한 사람은 이 이름들에서 풍요 의식 신화들과 연관된 상징적 의미를 발견해 내려고 시도했다(Staples, *AJSL* 53[1936-37] 145-57를 보라). 그러나 이 네 이름 모두가 구약성경 중 이 곳에만 나타나기는 할지라도, 그 이름들 가운데 셋은 후기 청동기 시대의 성경 밖의 문서 가운데서 잘 입증되고(주전 약 1400년) 네 번째 이름은 유사한 패턴을 따르고 있다. 엘리멜렉은 아마르나 본문과 우가릿 문서에 나타나고, 반면에 기룐은 우가릿 본문에 나온 음절 본문과 알파벳 본문 가운데서 발견된다. 말론이 입증되지는 않을지라도 기룐과 같은 패턴과 똑같이 지어져 있다. 나오미(נעמי)란 이름은 "좋은, 기쁜, 사랑스러운"을 의미하는데 22절에서 설화자가 사용한 어원 설명이다. 이 이름은 우가릿 문헌에 나타나며 원래 "-이야"나 "-아야"로 끝났을 "-이"로 끝난 어미 형태는 우가릿 문헌과 마리에서 나온 아모리인의 여성 이름들 가운데서 널리 나타난다(증거 서류에 관해서는 특별히 Hubbard, 88-90를 보라). 본서 저자가 그 이름들을 가지고 단어 유희를 하고 있지 않으므로(나오미를 제외하고) 이 이름들의 어원 설명은 주석가들이 자주 논의하기는 할지라도 본 이야기의 의미에는 적합하지 않다. 그런 까닭에 여기서 그 이름들을 논의하지는 않을 것이다(세부적인 취급에 관해서는 Hubbard, Campbell, Sasson을 보라). 그러나 각각 "멸종"과 "병"의 의미를 가지고 있는 기룐과 말론은 자주 그들이 이 이야기에서 갖는 그들의 역할에 적합시키기 위하여 고안된 가공의 이름들이라고 가정하는 데 사용되어 왔다.

"유다 베들레헴 에브랏 사람들이더라"(אֶפְרָתִים מִבֵּית לֶחֶם יְהוּדָה - 에프라팀 미뻬트 레헴 예후다). 이 이야기에 이름들의 어원적 설명보다 더 중요한 것은 이 가족의 정체가 베들레헴 출신의 에브랏 사람들이라는 것이다. 사사기 12:15; 사무엘상 1:1; 열왕기상 11:26에서 지파를 나타내는 에프라티(אפרתי)는 에브라임 출신의 사람을 가리키며 실제로 이 구절들 가운데서 분명히 지파와 지리적 이름 에프라임(אפרים, "에브라임")의 지파 이름 형태다. 다른 한편, 본 룻기 구절처럼 사무엘상 17:12은 에브랏 사람들을 베들레헴 사람들 가운데 한 부분으로 말하고 있다(아마도 한 족속일 것임, 아래를 보라). 더 나아가서 지리적 용어 에브랏/에프라타(אפרת/אפרתה)는 틀림없이 4:11에서 베들레헴에 대한 다른 이름이며, 미가 5:1(개역. 2절)에 있는 "베들레헴 에브라다"는 유다 족속(אלפי)들 가운데 아주 작은 것으로 생각된다. 게다가 역대기 저자는 에브랏/에프라타(אפרתה/אפרת)를 훌, 즉 베들레헴의 아버지를 낳았던 갈렙의 아내로 말하고 있다(대상 4:4; 그러나 대상 2:50-51을 참조하라). 마지막으로 창세기 35:16-19; 48:7은 라헬이 "에브랏에 이르기까지 얼마 길을 격한 곳에서" 아들을 낳다가 죽었다고 기록하고 있고(35:16; 48:7), "에브랏 곧 베들레헴 길에" 장사되었다고 기록하고 있다(창 35:19; 48:7). 비록 구약성경이 라헬의 무덤이 베냐민의 영토 가운데 아마도 라마 근처(렘 31:15)에 위치해 있다는 전승을 가지고 있고, 또한 창세기 35:19; 48:7에 있는 베들레헴과 에브라다와의 동일시가 후대에 본문에 가필되었을 가능성이 매우 크기는 할지라도(삼상 10:2) 이 곳이 베냐민에 있는 에브라다에 위치하고 있다고 강요할 이유는 없다(또한 Gottwald, *Tribes of Israel*, 268-69의 논평을 보라). 더 나아가서 (Cohen, *IDB* 2:122에 반대하여) 시편 132:6의 시에서 평행적인 한 짝으로 에브라다와 "야알의 밭"(שׂדי יער – 세데 야알)과의 병치는 "야알의 밭"(שׂדי יער – 세데 야알)이 기럇-여아림(קרית יערים)의 다른 형태이고 에브라다와의 평행이 동의어라는 사실에 근거하여 에브라다가 북쪽 지역이라고 주장할 수 없다. 예루살렘으로 법궤를 가져온 것에 대해 다윗을 칭찬하고(1-5, 8절), 다윗의 출신지, 에브라다와 "야알의 밭"(שׂדי יער, 세데 야알, 즉 기럇-여아림), 다윗이 법궤가 20년 간 체류한 다음에 예루살렘으로 옮겨온 장소를 모두 언급한 것은 이 시에서 장소 언급이 잘못된 것이 아니다. 하나의 지리적 실체로서 에브라다는 아마도 한때는 베들레헴의 또 다른 이름이 아니라 근처의 한 곳, 즉 베들레헴 영토 안에 있는 종속된 촌락들(히브리어로 베노트〈בנות〉, 직역하면 "딸들") 가운데 하나였을 것이다. 고트왈드(*Tribes of Israel*, 269)가 이 곳이 갈렙과 관련되었다는 근거에서 이 장소가 남동쪽으로 드고아 방향으로 놓여 있었다고 생각한 점은 옳을 수도 있을 것이다(대상 2:19, 24, 50-51; 4:4). 그러나 이 곳이 여기서 사용되었다는 의미에서 볼 때, 에브라다는 하나의 촌락을 묘사하지 않고 미슈포트(משפחות), 즉 베들레헴의 거주민들을 형성했던 "족속들" 가운데 하나의 이름으로 묘사되고 있다(참조. Hubbard, 91). 고트왈드는 다음과 같이 주장한다(*Tribes of Israel*, 269).

> …에브라다로 알려진 지역이 하나의 단일 미슈파하흐가 거주하고 엘리멜렉의 가족들이 "에브랏 사람들"로 불려졌을 때, 그들이 에브라다에 살았던 그 이상을 의미하고 있다는 것은 타당한 생각처럼 보인다. 이것은 그들이 미슈파하트 에브라티(사울의 미슈파트 마트리 혹은 어쩌면 미슈파하트 비크리에 비교됨)로 알려진 보호하는 가족 협력체에 속했다는 사실을 의미한다. 미가는 아직도 에브라다가 "알페 유다 가운데" 속한 것으로 여겨졌다는 사실을 기억하고 있는데(여기서 엘레프는 보다 일반적인 미슈파하트로 대치되어 있음), 다윗의 엘레프의 탁월성으로 말미암아 그 기억이 살아 남아 있었던 것 같다. 엘리멜렉과 보아스의 미슈파하트 에브라티가 보다 광범위한 베들레헴의 버금 단위 가운데 거주했다는 주장이 이 이야기의 일반적인 개념에 잘 들어맞는다. 만일 베들레헴 전체가 한 미슈파하흐였거나 혹은 보다 광범위하게 퍼져 있던 미슈파하흐의 일부였다면(만일 우리가 온 유다에 다섯 개의 미슈파호트만이 있었다고 믿음에 있어서 민 26:19-22을 따른다면 후자가 타당해 보인다), 보아스를 미슈파하트 엘리멜렉의 "알려진 근족"으로 선택한 것은 어리석어 보인다. 만일 모든 베들레헴 사람들이 엘리멜렉과 같은 미슈파하흐 출신이었다면, 모든 베들레헴 사람들이 엘리멜렉의 "알려진 근족"이 되었을 것이다. 이 이야기의 흥분과 박진감은 단 몇 명의 베들레헴 사람들만이 엘리멜렉의 미슈파하흐에 속해 있었다는 사실에 달려 있다.

물론 이 모든 사실은 엘리멜렉의 가족을 에브랏 사람들로 밝히려는 부가적 사실을 제공하는 역할을 했을 것이다. 여기에 나오는 어투는 사무엘상 17:12에 있는 다윗의 정체를 확연하게 생각나게 한다: "다윗은 유다 베들레헴 에브랏 사람 이새의 아들이었는데…"("해설"을 보라).

"(그리고 그들이) 거기 유하였더니"(וַיִּהְיוּ שָׁם – 와이후 샴). 동사 하야(הָיָה, "이다")는 여기서 "남아 있다, 머무르다"의 의미로 사용된다. 이 의미는 드문 단어나 혹은 비정상적인 것이 아니다(Campbell은 이에 반대다; 참조. 출 34:28, 삿 17:12; BDB, Ⅲ.2, p. 226; *HALOT*, 3.b, p. 244). 자주 관용어를 동반하고 있는 시간을 나타내는 언급이 빠진 것은 모압에서의 체류가 무한정의 기간이라는 사실을 암시할 수도 있다고 관찰한 점에서 허바드(91)가 옳을 수도 있을 것이다.

4 "그들은 모압 여자들 중에서 아내를 취하였는데"(וַיִּשְׂאוּ לָהֶם נָשִׁים מֹאֲבִיּוֹת – 와이스우 라헴 나쉼 모아비오트). 나사 이샤(נָשָׂא אִשָּׁה, "아내를 취하다")란 관용

어는 역대기, 에스라, 느헤미야서, 즉 포로 후기 본문들에만 나타난다. 초창기의 관용어는 라카흐 이샤(לקח אשׁה)이다. 이것이 본서가 포로 후기의 것이라는 하나의 증거라고 자주 사용되어 왔다(서론을 보라).

오르바…룻(עָרְפָּה…רוּת). 위의 2절에 주어진 인물들의 이름들처럼, 본서 저자는 룻이나 오르바라는 이름의 의미에 대해 단어 유희를 하고 있지 않다. 그런 까닭에 그것들의 가능한 어원적 설명에 대한 연루된 논의는 본 이야기에 그 어떤 깨달음도 가져다 주지 않는다(세부 사항들에 대해서는 또다시 Hubbard, Campbell, Sasson을 보라). 그러나 "자신의 뒤로 돌아간 여자"를 의미하고 있는 오르바에 대한 어원적 설명은 자주 이 이름이 이 이야기에서 그녀의 역할에 맞추기 위하여 고안된 가상적인 이름이라는 사실에 대한 증거로 이용되어 왔다는 사실을 유념해야 할 것이다.

"(그리고 그들이) 거기 거한 지 십 년 즈음에"(וַיֵּשְׁבוּ שָׁם כְּעֶשֶׂר שָׁנִים – 와예슈부 샴 케에세르 샤님). 일반적으로 문맥은, 그리고 특별히 앞 문장의 동사에 있는 남성 복수로의 전환에 뒤따라오는 동사의 남성 복수형은(이에 관해서는 "원문주해" 3.a를 보라) 두 아들이 10년 동안 결혼했다는 것이 아니라 두 아들(그리고 나오미)이 거기서 약 10년 간을 살았다는 의미(Joüon, 34이 그렇게 말함)를 매우 강하게 시사해 준다(Hubbard, 91 n. 2는 이에 반대다; Campbell, 58; 참조. Sasson, 21). 이것과 또한 부가된 대략적 의미를 가진 키(כ, "약, 즈음")는 여기에 창세기 16:3에 대한 어떤 의식적 반복이 들어 있다는 사실을 그럴 것 같지 않게 만들어 준다(Sasson, Hubbard는 이에 반대다). 더 그럴 것 같지 않은 것은, 10년이라는 문구가 청중으로 하여금 아이들의 출생…을 예상케 해주며, 그런 까닭에 본문은 본서의 두드러진 주제들 가운데 하나, 즉 상속의 문제를 어느 정도 소개하고 있다는 점이다(Hubbard, 95).

5 "그 여인은 두 아들과 남편의 뒤에 남았더라"(וַתִּשָּׁאֵר הָאִשָּׁה מִשְּׁנֵי יְלָדֶיהָ וּמֵאִישָׁהּ – 와티샤에르 하이샤 미스네 옐라데하 우메이샤흐). 관용어 하샤에르 민(השׁאר מן, "…로부터 남다")은 여기서 독특한 의미로 사용되고 있다. 다른 곳에서는 이 관용어에 들어 있는 전치사 민(מן, "…로부터")은 부분적 의미를 가진다(예를 들어, 신 3:11, "르바임 족속의 남은 자는 바산 왕 옥뿐이었으며"; 참조. 출 10:5; 수 13:12). 어쨌든 여기서 민(מן)의 의미는 BDB나 Ges.-Buhl에는 열거되어 있지 않은 의미(Joüon, 35)인 "없이"이다. 그러나 GKC § 119w 그리고 *HebS* § 321을 보라. 유온(Joüon, 35)이 말하는 바와 같이, 한 결혼한 남자를 가리키기 위하여 옐레드(ילד, "소년, 젊은이")를 사용한 것은 이 곳뿐이다. 이 단어를 선택한 것은 두 가

지 요인의 결과인 것 같다. (1) 이것은 나오미가 자기 품에 한 새로 난 옐레드(ילד)를 안고 있는 4:16과 인클루시오를 이루고 있다(Campbell, 56), 그리고 (2) 이것은 산문체인 벤(בן, "아들")보다 더 어머니의 상실의 통렬함을 표현하고 있다. 동의어들과 비교하여 사용하는 일에 관해서는 McDonald, *JNES* 35(1976) 150를 보라.

6 "이에 두 자부와 함께 일어나 모압 지방에서 돌아오려 하여"(מִשְּׂדֵי מוֹאָב וַתָּקָם הִיא וְכַלֹּתֶיהָ וַתָּשָׁב – 와타콤 히 웨칼로테하 와타샤브 미세데 모압). 이 구문은 독특하다. 복합 주어 앞에 있는 히브리어 동사 와타콤(ותקם, "그리고〈이에〉 그녀가 일어났다")의 단수형은 지극히 정상적이지만(참조. GKC §§ 146f, g), 이것은 그 주어가 복수가 아닌 단수가 되어야 하는 앞의 복합 주어 "그녀와 그녀의 두 자부"가 뒤따라오는 술어 와타샤브(ותשב, "그리고 돌아갔다")에 대한 정상적인 히브리어 구문과 일치하지 않는다(참조. GKC §§ 145s, u). 더 나아가서 좀더 특이한 것은 뒤따라오는 이유를 나타내는 종속절 키 쉐마아(כִּי שָׁמְעָה, "그녀가 들었으므로")와 앞의 결과를 나타내는 주절 와테체(ותצא, "그래서 그녀가 떠났다"; 7절)에서 이 여성 단수 문장이 계속되고 있는 점이다. 이것의 본질적 효과는 이 모든 문장의 진정한 주어가 단순히 그녀, 즉 복합 구문이 첫 번째 문장의 글자 그대로의 주어인 "나오미와 그녀의 두 자부"가 아니라 나오미뿐이라는 사실이다. 이것을 반영하기 위해서는 첫 번째 문장을 복합 주어인 "그녀와 그녀의 두 자부"와 함께 번역해서는 안 되고 "그녀가 자신의 두 자부와 함께 떠났다"로 번역해야 한다. 이것의 의미에 관해서는 7절의 "주석"과 "해설"을 보라.

"양식을 주셨다"(לָתֵת לָהֶם לָחֶם – 라테트 라헴 라헴). 이러한 나탄(נתן, "주다") + 전치사 레(ל)라는 부정사 연계형의 사용은 영어의 전치사(by)를 가지고 있는 동명사와 같아서 "…함으로써"(by…-ing)를 의미한다(*HebS* § 195, *IBHS* § 36.2.3.e를 보라).

해설

"양식/구조/배경" 단락이 밝혀 준 바와 같이, 본서의 저자는 서론적 단락인 1-2절에서 자신의 이야기의 서론적 배경과 상황을 기술한다. 즉 기근이 한 가족을 베들레헴으로부터 모압으로 가서 거주하게 만든다. 이러한 사실들은 근거와 배경만을 제공하는 이 이야기의 주된 문제 가운데서 부수적인 사실이므로, 이것들이 광범위한 용어로만 진술되어 있다. 우리는 기근의 원인, 그 정도, 범위에 대해서는 알지 못하고, 그것이 "사사들의 치리하던 때"였다는 것만 안다. 뿐만 아니라 우리는 이 가족의 운명에 대해서도 지극히 적은 부분만을 알고 있다. 즉 그들은 단지 "모압 지방에" 거주하려고 갔던 것이다. 그리고 비록 저자가 이 가족 구성원의 이름, 즉 남편 엘리멜렉, 그 아내 나오미 그리고 말론과 기룐이라는 두 아들을 우리에게 알려 주고 있기는 하지만, 저자는 주로 자신의 이야기의 배경을 광범위한 필치로 단조로운 세부 사항만을 기록했다. 그러나 최소한 한 곳에서 저자는 그 배경을 세부 사항들과 반복적인 내용을 가지고 기록해 놓았는데, 그런 까닭에 그것이 강조되어 있고, 따라서 우리는 이 점을 주의 깊게 유의할 가치가 있다. 비록 그가 우리에게 기근이 일어나서 그 가족이 이방 땅으로 이민을 가게 만들었다는 것 외에, 또한 모압 땅 전체에서 그들의 실질적인 정착지에 대해 한마디도 언급하고 있지 않기는 하지만, 그는 두 번이나 우리에게 이 가족의 본 고향이 고통을 당했다는 사실을 말하고 있다. 그들은 단순히 유다 출신이 아니라 유다에 있는 베들레헴 출신이다(1,2절). 즉 그들은 단지 베들레헴 사람들만이 아니라 유다에 있는 베들레헴 중에서도 특히 에브랏 사람들이다(2절). 이 이야기가 들려졌던 그 시기에, 그렇게 세부적인 반복적 내용에 포함되어 있는 고향에 대한 이러한 배경은 틀림없이 청중들의 마음 속에 가장 유명한 유다 베들레헴의 에브랏 사람 – 이새의 아들 다윗 – 과 연결시켜 주도록 만들었을 것이다. 사무엘상 17:12의 어투, "다윗은 유다 베들레헴 에브랏 사람 이새라 하는 자의 아들이었는데…"를 유념하라. 그리고 2절의 "주석"을 보라. 그런 까닭에 4:17에 있는 이야기의 종결에 관한 암시들과 부가된 족보가 이미 그 서론적인 아름다운 구절들 속에 미묘하게 짜여져 들어온 것이다. 그래서 비록 그 종결이 의심할 여지없이 놀라운 사실로 청중에게 다가오기는 했지만, 그것은 기대되고 예상된 사실이었다.

이러한 강조된 세부 사항들에 관한 암시들을 발견할 수 있는 반면에, 본서 저자가 그 나머지 부분에서 그리고 있는 광범위한 전반적 진술 가운데 함축적 내용이 들어 있지 않았다는 사실을 강조하는 것이 중요하다. 거기에는 지극히 작은 암시도 없는데, 곧 모압으로 옮겨 간 데 대한 어떤 불명예스러움이나 또는 그 기근이 이스라엘의 죄로 인한 징벌이라는 암시도 없다. 특히 엘리멜렉과 그의 아들들이 곤고한 때에 자신의 조국을 배반하고 갔다거나 아들들로 하여금 모압 여인들과 결혼하도록 한 그 모압 땅으로 간 결과 죽었다는 그 어떤 자그마한 힌트도 주고 있지 않다. 후기 랍비 주석은 이러한 보응이나 징벌이라는 주제를 충분히 이용하여 해석했지만

(세부 사항에 관해서는 Campbell을 보라), 그들은 그 본문을 해석한 것이 아니라 그 해석을 본문 속으로 집어넣은 것이다. 사실상 때때로 이스라엘의 왕국 시대 이전 시기에 이스라엘과 모압 간에 꽤 친근한 관계가 형성되어 있었다는 데 대해서는 그럴듯한 하나의 실례가 만들어질 수 있을 것이다(신 2:8-9, 28-29 그리고 특히 삼상 22:3-5, 다윗이 사울을 피하여 도망다녔을 때 자기의 부모를 모압의 미스바에 있는 모압 왕에게 데려갔다고 말하고 있다. Campbell을 보고 *IDB* 3:414-15에 있는 언급을 유념하라). 신명기 23:3-6에 표현된 태도는 훨씬 더 후기의 태도다. 그런 까닭에 캠벨이 지적하는 바와 같이, 기록된 사건은 분명히 개연성이 있는 사건이다. 그러나 이 이야기의 개연성 문제를 떠나서, 이 가운데 그 어느 것도 저자가 그러한 모든 문제들을 전적으로 배경 가운데 놓아 두고 있으므로－내 의견에는 구성을 통하여－그 의미에는 합당하지 않다. 사실상 어떤 보다 세부적인 사항들을 부여하기 위하여 그러한 문제를 일으키는 것은 하나의 혼란이 될 텐데, 그 이유는 모압으로 갔다가 돌아오는 여행과 그 원인이 두 번째 단락인 3-5절에 묘사된 이야기가 소개하고 있는 주요 문제의 배경과 무대일 뿐이기 때문이다.

물론 기근으로 말미암아 한 가족이 모압으로 가기는 했지만, 그 사건은 하나의 훌륭한 이야기를 만들어 내는 재료, 즉 최소한 이 훌륭한 이야기의 재료는 아니다. 이 이야기의 재료는 하나의 짧은 단락인 3-5절에 간략하고도 강렬하게 묘사된 죽음과 결손이며, 따라서 3-5절은 기근으로 인하여 모압으로 여행간 일(1-2절)과 야웨께서 양식을 주셨기 때문에 모압으로부터 돌아오는 언급에 의하여 두드러지게 괄호로 묶여져 있다(6절). 여기서 형식과 내용은 죽음과 결손이라는 주제를 강조하기 위하여 결합되어 있다. 즉 5절은 3절과 교차적으로 평행을 이루고 있는데, 구조상 동일하며 내용상 긴밀하게 연결되어 있다("양식/구조/배경"을 보라). 3절에 너무나도 간결하게 묘사되어 있는 과부가 홀로 두 아들과 함께 남겨졌다는 비극적인 그림은 두 아들의 모압 여인들과의 혼인을 통하여 잠시 한숨을 돌리게 한다(4a절). 그러나 가족의 지속의 가능성은 무엇보다 먼저 자손이 없이 10년 동안 유예되고(4b절), 그 다음에 극적으로 끝난다(참조. Trible, 167): 말론과 기룐 역시 죽고 설화자는 "그 여인은 두 아들과 남편의 뒤에 남았더라"고 기록하고 있다.

여기서 본서 저자는 꼼꼼하게 우리에게 이 이야기의 주요 인물과 주요 문제를 진술해 주고 있다. 저자는 나오미의 정체가 이 단락에서 자신의 이름을 밝히는 방식을 통하여(설화적 시가들에 나오는 이름에 대한 일반적인 주제에 대해서는 A. Berlin, *Poetics*, 59-61를 보라) 전환시키는 미묘한 방식으로 이 일을 이루어 나가고 있다. 1-2절에서 그는 그녀를 "그(즉 엘리멜렉)의 아내"라고 부른다. 그러나 이 이야기의 나머지 부분에서 시종 그녀는 엘리멜렉의 아내 나오미로 지칭되지 않는다. 그녀는 단순히 "나오미" 혹은 룻과 오르바의 관점에서 "시어머니"다. 4장에 나오는, 법적으로 정확한 신원 규명이 가장 적절했을(룻의 신원 확인을 유념하라; 아래를 보라) 보아스와 근족 간의 법적 협상에서까지도 보아스는 그녀를 "엘리멜렉의 아내"라고 불러야 하지만, "모압 지방에서 돌아온 나오미"(4:3) 혹은 단순히 "나오미"(4:9; "말론의 아내 모압 여인 룻"과는 현저한 대조를 이룬다)로만 부르고 있다. 나오미가 주요 인물이라는 사실은 설화자가 이야기의 첫 부분에서 엘리멜렉의 신원을 밝히는 방법을 통하여 3절에 미묘하게 나타나 있다: "나오미의 남편 엘리멜렉이 죽고." 여기서 통상적인 가부장적 신원이 반전되고 있다. 즉 "엘리멜렉의 아내" 대신에 "나오미의 남편 엘리멜렉"으로 되어 있다. 이러한 반전을 통하여 나오미는 중심 무대에 서게 된다. 앞으로 전개될 이야기는 그녀의 이야기다. 오르바와 룻의 안목에서 "시어머니"로 비추어지지 않는 곳에서는, 시종 그녀는 독립적으로 그녀의 고유 이름으로 언급된다(Berlin, *Poetics*, 87). 사실상, "한 남성의 세계는 한 여인의 이야기를 말하는 것이다"(Trible, 166).

더 나아가서, 이 단락에서 설화자가 나오미를 언급하는 방식을 통하여, 그는 또한 자신의 이야기의 중요한 문제를 분명하게 윤곽을 그리고 있다. 5절은 교차 평행적 방식으로 3절과 그 내용이 긴밀하게 연결되어 있지만, 이것은 또한 확연히 다르기도 하다. 마지막 구절에서 한 단어를 선택하여 설화자는 갑작스럽게 자기 이야기의 특성과 개성을 남겨 놓고 있으며, 자기 청중으로 하여금 깊이 생각하게 하는 일반적 진술을 하고 있다. 즉 그는 "그 여인은 두 아들과 남편의 뒤에 남았더라"고 말한다. 그는 이 문구의 감정적 효과－즉 한 여인이 홀로 남았다－를 위하여 그렇게 하고 있다(Berlin, *Poetics*, 87). 그는 이런 방식으로 그 이야기가 소개하고 해결할 주된 문제를 힘차게 그리고 감동적으로 진술한다: 그의 모든 청중들이 그렇게 잘 알고 있는 것처럼, 그들 모두가 갑자기 가 버릴 때, 모든 힘과 특권이 남자 가족 구성원에게 귀속되었던 이스라엘의 가부장적 세계에 있던 한 여인에게 어떤 일이 일어날 것인가?

> 아내에서 과부로, 어머니에서 자식 없는 어미로, 이 여성은 모든 정체성이 벌거벗겨진다. 남성 위주의 문화가 여인들에게 주는, 즉 남편과 아이들이라는 안정성이 그녀에게는 더 이상 없다. 여성의 가치를 판단하는 가치의 정의가 그녀에게는 더 이상 적용되지 못한다. 자손을 통하여 부여되는 노년의 축복이 더 이상 없다. 이방 땅에서 객이 된 이 여인은

죽음의 희생물이요, 또한 생명의 희생물이 된다(Trible, 167-68).

6절에서 저자는 완전히 한 바퀴 돌아서 서론적이고도 우발적인 상황을 상기시켜 준다: 나오미(그리고 그녀의 두 자부)는 모압으로부터 돌아갔다. 이 단락에서 새로운 동사 수브(שׁוּב, "돌아가다")는 그 다음 장면 곧 "되돌아옴"이라는 주제가 지배하는 장면에 대한 서론을 완성하고, 또한 그 장면을 바라보고 있다. 현재로서는 "유다 베들레헴 에브랏 사람들"로서 이 가족의 정체 가운데 포함된, 안타깝게도 베일에 싸인 암시 이외에는 서론적 장면은 사건의 절망적 상태가 어떻게 해결될 것인가에 대한 지극히 작은 힌트조차 주지 않았다. 나오미(그리고 그녀의 두 자부)에게 희망이 있는가? 그 다음 장면이 보여 주는 바와 같이 나오미는 씁쓸하게 희망이 없다고 생각한다. 그러나 설화자는 6절의 마지막 구절에서 그녀의 귀환의 이유를 진술하는 방법 속에서 우리에게 희망과 기대감을 불러일으켜 주고 있는데, 그 이유는 그가 자신의 언약적 신앙에 비추어 물리적 사실들을 해석하고 있기 때문이다. 즉 그는 "그녀가 여호와께서 자기 백성을 권고하사 그들에게 양식을 주셨다 함을 들었다"고 말한다. 이 이야기를 듣고 그러한 신학을 공유하는 사람들은 어떻게 그리고 어떤 방식으로 야웨께서 나오미를 기억하셨는지를 보려고 기다릴 수만 있겠는가? 그는 이것이 나오미가 사실을 듣고 해석했던 형식이라는 사실을 의미하는 것일까? 우리가 확신할 수는 없지만, 만일 그렇다면 나오미가 지금 자신을 둘러싸고 있는 쓰라림과 절망의 범위 너머를 바라볼 수 있기까지는 그렇게 오랜 시일이 걸리지 않는다(2:20을 보라). 당분간 그녀는 욥처럼 "그녀에게 안정을 제공해 주고 그녀가 왜 그런지 이해할 수 없는 것들을 잃어버렸다"(Campbell; 1:20-21을 보라). 그러나 그것이 본서 저자의 이야기를 예상하는 것이다

장면 2
혼합된 결손: 유다로 돌아가는 길목에서 나오미와 두 자부 (1:7-19a)

참고문헌

Aejmelaeus, A. "Function and Interpretation of כי in Biblical Hebrew." *JBL* 105 (1986) 193-209. **Barr, J.** "Why? in Biblical Hebrew." *JTS* 36(1985) 1-33. **Brichto, H.** "Kin, Cult, Land, and Afterlife - A Biblical Complex." *HUCA* 44(1973) 9-24. **Dillard, R.** *2 Chronicles.* WBC 15. Waco, TX: Word, 1987. **Dommershausen, W.** "Leitwortstil in der Ruthrolle." In *Theologie im Wandel.* Munich-Freiburg: Wewel, 1967. 394-407. **Fewell, D.,** and **Gunn, D.** "'A Son Is Born to Naomi!': Literary Allusions and Interpretation in the Book of Ruth." *JSOT* 40(1988) 99-108. **Gruber, M.** *Aspects of Nonverbal Communication in the Ancient Near East.* Rome: Biblical Institute, 1980. **Hunter, A.** "How Many Gods Had Ruth?" *SJT* 34(1981) 427-35. **Hyman, R. T.** "Questions and the Book of Ruth." *HS* 24(1983) 17-25. ______. "Questions and Changing Identity in the Book of Ruth." *USQR* 39(1984) 189-201. **Moor, J. de.** "The Poetry of the Book of Ruth(Part I)." *Or* 53(1984) 262-83. **Porten, B.** "The Scroll of Ruth: A Rhetorical Study." *GCA* 7(1978) 23-49. **Rauber, D.** "Literary Values in the Bible: The Book of Ruth." *JBL* 89(1970) 27-37. **Rendsburg, G.** "Late Biblical Hebrew and the Date of 'P.'" *JANES* 12(1980) 65-80. **Schoors, A.** "The Particle כי." *OTS* 21(1981) 240-76. **Thompson, D., and Thompson, T.** "Some Legal Problems in the Book of Ruth." *VT* 18(1968) 79-99. **Vesco, J.** "La date du livre de Ruth." *RB* 74(1967) 235-47. **Vriezen, T.** "Einige Notizen zur Übersetzung des Bindeswort *kî*." In *Von Ugarit nach Qumran,* ed. J. Hempel and L. Rost. BZAW 77. Berlin: de Gruyter, 1958. 266-73.

본 문

7 있던 곳을 떠나고 두 자부도 그와 함께 하여 유
다 땅으로 돌아오려고 길을 행하다가

7 So she set forth from the place where she had
been staying,[a] together with her two daughters

8 나오미가 두 자부에게 이르되 너희는 각각 어미의 집으로 돌아가라 너희가 죽은 자와 나를 선대한 것같이 여호와께서 너희를 선대하시기를 원하며

9 여호와께서 너희로 각각 남편의 집에서 평안함을 얻게 하시기를 원하노라 하고 그들에게 입맞추매 그들이 소리를 높여 울며

10 나오미에게 이르되 아니니이다 우리는 어머니와 함께 어머니의 백성에게로 돌아가겠나이다

11 나오미가 가로되 내 딸들아 돌아가라 너희가 어찌 나와 함께 가려느냐 나의 태중에 너희 남편 될 아들들이 오히려 있느냐

12 내 딸들아 돌이켜 너희 길로 가라 나는 늙었으니 남편을 두지 못할지라 가령 내가 소망이 있다고 말한다든지 오늘 밤에 남편을 두어서 아들들을 생산한다 하자

13 너희가 어찌 그것을 인하여 그들의 자라기를 기다리겠느냐 어찌 그것을 인하여 남편 두기를 멈추겠느냐 내 딸들아 그렇지 아니하니라 여호와의 손이 나를 치셨으므로 나는 너희로 인하여 더욱 마음이 아프도다

14 그들이 소리를 높여 다시 울더니 오르바는 그 시모에게 입맞추되 룻은 그를 붙좇았더라

15 나오미가 또 가로되 보라 네 동서는 그 백성과 그 신에게로 돌아가나니 너도 동서를 따라 돌아가라

16 룻이 가로되 나로 어머니를 떠나며 어머니를 따르지 말고 돌아가라 강권하지 마옵소서 어머니께서 가시는 곳에 나도 가고 어머니께서 유숙하시는 곳에서 나도 유숙하겠나이다 어머니의 백성이 나의 백성이 되고 어머니의 하나님이 나의 하나님이 되시리니

17 어머니께서 죽으시는 곳에서 나도 죽어 거기 장사될 것이라 만일 내가 죽는 일 외에 어머니와 떠나면 여호와께서 내게 벌을 내리시고 더 내리시기를 원하나이다

-in-law, and they took[b] the road to return to the land of Judah.

8 Naomi said to her two daughters-in-law, "Come, return each of you to her mother's[a] house! May Yahweh deal[b] kindly and faithfully with you as you have done with the dead and with me.

9 May Yahweh grant that each of you may find repose in the house of a husband." And she kissed them good-bye, and they all wept and sobbed loudly.[a]

10 But they said to her, "No, we want to[a] go with you back to your people!"

11 Then Naomi replied, "Go back, my daughters! Why do you want to come with me? Do I yet have sons within me[a] to become[b] husbands for you?

12 Go back, my daughters! Go! For I am too old to have a husband. Even if I said that there was hope for me – indeed, if I had a husband this night[a] and actually bore sons –

13 would you wait for them[a] until they grew up? Would you go without a husband for them?[a] No, my daughters! For my life is much too bitter for you[b] to share, for Yahweh has stretched out his hand[c] against me."

14 They continued to weep loudly.[a] Then Orpah kissed her mother-in-law farewell,[b] but Ruth clung to her.

15 "Look," said Naomi,[a] "your sister-in-law has gone back to her people and to her god. Go back[b] after your sister-in-law!"

16 And Ruth said, "Do not press me to leave you, To turn back from following you.[a] For wherever you travel, I will travel: And wherever you stay, I will stay. Your people will be my people, And your God, my God.

17 Where you die, I will die: And there shall I be buried. Thus may Yahweh do to me and more also[a] – Nothing but death will separate me from you!"

18 나오미가 룻의 자기와 함께 가기로 굳게 결심함을 보고 그에게 말하기를 그치니라
19a 이에 그 두 사람이 행하여 베들레헴까지 이르니라

18 When Naomi[a] saw that she was determined to go with her, she said no more.[b]
19a Then the two of them went on until they arrived at Bethlehem.

원문주해

7.a. 하야(היה)의 이러한 의미에 대해서는 2절의 "주석"을 보라.

7.b. 직역하면 "그리고 그들이 갔다". "주석"을 보라.

8.a. LXX[B]는 MT와 같이 되어 있다. LXX[A](그리고 다른 몇몇 LXX 필사본들)에는 "아비"라는 형태로 되어 있으며, 반면에 Syr은 다음과 같이 확대하고 있다: "너희 나라와 너희 부모의 집." 이러한 차이는 번역자들이 난해한 본문을 가지고 고심한 흔적을 엿볼 수 있으며, MT 독법이 원래의 것임을 드러내 준다.

8.b. K(יעשׂה)는 짧아진 지시형(יעשׂ)이 아닌 미완료형의 완전 형태임을 보여 주고 있는데, 이것은 Q의 모음 부호를 제공한다. 지시형 의미가 요구되지만, 그 어떤 형태든 옳다. 그 이유는 동사 ה״ל의 미완료형의 완전한 형태가 자주 지시형의 의미로 사용되기 때문이다. GKC § 109a n. 2를 보라.

9.a. 직역하면 "그들이 자기들의 소리를 높였다. 그리고 울었다". "주석"을 보라.

10.a. 히브리어는 나수브(נשׁוב)임. "원하다"라는 뉘앙스를 표현하기 위한 단순 미완료형의 사용에 관해서는 GKC § 107n; *GBH* § 113n을 참조하라.

11.a. 직역하면 "내 안에, 복부".

11.b. 하나의 드문 용법으로(참조. *GBH* § 119n. 2) 명사절 다음에 와우 연속법(והיו)을 가진 완료형은 여기서 결과를 나타낸다. *IBHS* § 32.2.4.a을 보라.

12.a. LXX과 Syr의 여러 필사본은 할라일라(הלילה, "오늘 밤")를 생략한다(이것을 음탕한 말로 생각하여? – Campbell, Rudolph, Gerleman이 그렇게 생각함). 다른 LXX 필사본들은 이것을 할릴라(חלילה, "더럽힌")로 잘못 읽었다. 말할 필요도 없이 MT가 원본이다.

13.a. LXX, Syr, Tg, OL, Vg은 모두 나오미가 12절에 있는 조건절에서 언급하고 있는 아들들에 대해 언급하는 것으로 보이는 대명사 "그들을"과 함께 "그들을 위하여"로 읽는다. 그런 까닭에 그것들은 접미사를 3인칭 남성 복수로 읽는다. 이것은 MT의 할라헨(הלהן)보다는 할라헴(הלהם)을 필요로 한다. "주석"을 보라.

13.b. 히브리어는 미켐(מכם)임. 이 곳에 있는 남성 복수형을 원래 쌍수형 어미로 해석하는 일에 관해서는 8절에 있는 임마켐(ימכם)에 대한 "주석"을 보라.

13.c. 직역하면 "야웨의 손이 나에게 대항하여 나타났다". "주석"을 보라.

14.a. 직역하면 "그들이 자기들의 목소리를 높여서 더욱 울었다". "주석"을 보라. 사나(נשׂא)로부터 파생된 와티세나(וַתִּשֶּׂנָה)란 형태는 묵음의 알렙(א)을 생략하고 있다. 9절

에 그 완전한 형태가 나타난다(GKC §§ 74k, 76b를 보라).

14.b. 여기서 나사크(נשק)가 "작별하다"란 의미를 가졌으므로(9절의 "주석"을 보라), Syr의 "그녀가 돌아갔다"와 LXX의 "그녀가 자기 백성에게로 돌아갔다"라는 첨가된 문구는 드 무어(de Moor)가 시적 근거에서 주장했음에도 불구하고(*Or* 53[1984] 281) 원본이 아님에 틀림없다.

15.a. 직역하면 "그녀가 말했다". 히브리어에서 스타일, 주어에서의 변화는 특별히 진술되어야 할 필요가 없다. 그러나 영어 스타일은 화자의 신원을 밝힐 필요가 있다.

15.b. LXX(전 부분)과 Syr은 "여기서 하나의 매력적인 첨가물"을 가지고 있다(Campbell, 73). 그 역본들은 동사 다음에 깜 에트(גם את, "너희와")와 동일한 것으로 읽고 있다(Joüon, Campbell). 캠벨이 지적하는 바와 같이(73), 이것은 MT 이전 사본에서는 사라진 독립된 본문 전승을 표현했을 수 있다.

16.a. 히브리어 라수브 메아하라이크(לשוב מאחריך)는 직역하면 "당신을 뒤로부터 돌아가다"이다. 이러한 관용어에서 메아하리(מאחרי)는 "뒤따라옴으로부터"라는 의미를 가지고 있다(BDB, 4.a[α], p. 30을 보고 삼상 24:2과 비교하라; 올라〈עלה〉와도 비교하라, 참조. 삼상 14:46).

17.a. 직역하면 "그리고 그렇게 그가 더하기를".

18.a. 직역하면 "그녀가…때에". 또다시 히브리어 스타일이 주어의 전환을 표현하고 있지 않다. 그와 대조적으로, 몇몇 LXX 필사본들과 Syr은 "나오미"를 덧붙이고 있다. 영어 스타일 역시 주어를 명확하게 할 필요성을 가지고 있다. 단순 병치를 통한 시간을 나타내는 문장의 표현에 대해서는 *HebS* § 496; GKC §§ 111d, 164b를 보라.

18.b. 직역하면 "그녀는 그녀에게 말하기를 그쳤다".

양식/구조/배경

이 전체 장면의 형식은 두 가지 독특하고도 중요한 방식에서 서론적 단락의 형식과 차이가 있다. 첫째, 본 설화자는 한 가지 점만 제외하고(19a절) 자신이 첫 번째 단락에서 한 것과 같은 광범위한 일반적 진술을 함으로써 사건을 크게 뛰어넘으면서 앞으로 이끌어 가고 있지 않다. 그 대신 그는 이제 상당히 자세하게 사건들을 설명해 가고 있는데, 이 장면에서 그는 제1막을 본국으로 돌아가는 여행 도중에서 멈추도록 이끌어 가고 있으며, 나오미와 두 젊은 여인들 간의 장황한 대화를 우리에게 설명해 주고 있다. 둘째로, 설화자는 무엇보다도 자신의 이야기의 주인공들이 무엇을 생각하고 무엇을 느끼고 있는지 혹은 그들에 관한 설화 진술을 통하여 그들의 의도가 무엇인지를 설명하고 있지 않다. 오히려 그는 그들이 말하는 내용을 듣게 함으로써 이러한 정보를 전달하고 있다. 다시 말해서, 여기서 그가 선호하는 문학적 스타일은 본서의 나머지 부분에서와 마찬가지로 대화다. 유온(Joüon, 12 n. 1)이 진술한 바와 같이, "이 이야기는 소량의 절들로 진술되어 있다. 그러나 부분적으로 이 설화를 매력적으로 만드는 점은 설화자 자신이 서술하고 있는 인물들이 누구이고 그들이 한 일이 무엇이라는 사실을 말하기보다는 그들로 하여금 말하게 하는 점이다. 본서의 절반 이상이 대화다(전체 85개 구절 가운데 정확하게 55개 구절임). 해석자의 임무는 그 때문에 더 어려운데, 그 이유는 이 이야기의 인물들의 감정, 의도, 행동이 간접적으로 미묘하게 묘사되어 있기 때문이다. 게다가 이러한 묘사 방식을 통하여 이야기 속의 개개인들은 그들에 관하여 단순한 서술적 진술이 거의 묘사할 수 없는 그러한 방식으로 생명과 육신과 감정을 가진 인물들로 묘사되고 있다.

양식과 내용에 근거하여 이 장면은 세 개의 대화 내용으로 정확하게 나누어지는데, 각기 설화 전환을 통하여 분리되며 전체가 다음과 같은 설화의 서론과 결론에 둘러싸여 있다.

A	설화 서론	7절	나오미와 두 자부가 유다 땅으로 돌아오려고 출발한다.
B	대화 1	8-9a절	나오미가 젊은 여인들에게 축복하고 본국으로 돌려보낸다.
C	설화 전환	9b절	나오미가 그들에게 작별을 고하고 그들 모두가 운다.
D	대화 2	10-13절	젊은 여인들이 그녀와 함께 갈 것을 주장하면서 돌아가기를 거절하고, 나오미가 냉정하게 본국으로 돌아갈 것을 주장한다.
C′	설화 전환	14절	그들 모두가 울고, 오르바는 나오미에게 작별 인사를 하지만 룻은 그녀를 붙좇는다.
B′	대화 3	15-18절	나오미가 룻에게 오르바를 따라가도록 권한다. 룻은 나오미에게 효도하는 극적이고도 감동적인 말로 거절한다. 룻의 결심을 보고, 나오미는 떠나가라는 말을 그친다.
A′	설화 결론	19a절	그들 둘이 나아가 베들레헴에 도착한다.

세심하게 구성된 이 장면은 두 번째 대화(10-13절)를 중심으로 구성된 교차 대구법인데, 이 대화는 나오미가 두 자부에게 자기와 함께 유다로 돌아가지 말 것을

설득하는 데서 절정에 이른다. 이 설화의 서론(A)과 결론(A′)은 모두가 내용과 양식에 있어서 평행과 대조를 이룬다. A에서 세 여인은 여행길을 출발하여(תצא – 테체) 앞으로 나아간다(תלכנה – 텔라크나) ; A′에서 나오미와 룻이 계속 나아가(תלכנה – 텔라크나) 베들레헴에 도착한다(באנא – 보아나). "행하여"(ותלכנה – 와텔라크나)의 반복과 "출발하다"(יצא – 야차)와 "도착하다"(בוא – 보)의 적절한 교차적 대조는 본 단락의 시작과 끝부분을 분명하게 표시하면서 인클루시오를 이룬다.

대화 1(B)과 3(B′)은 평행을 이루고 있는데, B에서는 나오미가 젊은 여인들로 하여금 본국으로 돌아가라고 권하고, 그 다음에 야웨의 이름으로 그들에게 축복함으로써 대화를 시작한다. 반면에 B′에서는 룻이 자신의 감동어린 위탁의 말을 통하여 나오미로 하여금 잠잠하게 만듦으로써 대화를 마치고, 끝에서 그녀는 야웨의 이름으로 맹세한다. C와 C′의 설화 전환은 단락 전체를 묶는 극적인 인클루시오를 이루고 있는데, 그 이유는 그것들이 입을 맞추고 작별하며 크게 우는 행동을 담고 있기 때문이다. 그러나 이 두 행위는 교차적으로 배열되어 있고 그 내용 면에서 극적인 대조로 결합되어 있다.

X 9c절 그녀가 그들에게 입맞추었다

Y 9d절 그리고 그들이 모두 울고 크게 울었다.

Y′ 14a절 그들이 계속하여 크게 울었다.

X′ 14b-c절 그러고 나서 오르바가 시모에게 입맞추었으나 룻은 그녀를 붙좇았다.

의미상의 대조가 X와 X′에 있는 주어와 목적어의 전환과 함께 드러난다(Trible, 171를 보라). 오르바의 작별 인사는 나오미가 원한 대로 떠나려는 결심을 표시한다. 룻의 행동은 그와 동등한 표현이지만, 그것은 따나가기를 거절하는 표시다. 히브리어에서 그녀의 행동은 주어와 목적어의 순서의 전이를 통하여 강력하게 대조되어 있다.

ותשק ערפה לחמותה　　그리고 입맞추었다, 오르바는 그 시모에게.

ורות דבקה בה　　그러나 룻은 붙좇았다, 그녀를.

교차 평행절의 중심축은 젊은 여인들의 첫 번째 거절과 나오미의 답변을 포함하고 있는 10-13절이다. 여기서 그녀는 그들을 세 번 부르고 있는데, 매번 "내 딸들아"로 부른다(11b, 12a, 13c절). 그녀의 감동적인 호소가 세대의 각 단위를 통하여 드러나 있는데, 이것은 세심하게 균형을 이룬 이행연구로 이루어져 있다(또한 Porten, *GCA* 7[1978] 27-28를 보라). 첫 번째 단위는 웅변적 질문으로 이루어져 있다.

11b절 "내 딸들아, 돌아가라!
11c절 너희가 어찌 나와 함께 가려느냐?
11d절 나의 태중에 아들들이 오히려 있느냐?"

두 번째 단위는 이 웅변적 질문에 대한 첫 번째 답변을 하고 있으며, 그 다음에 또 다른 한 쌍의 웅변적 질문으로 결론을 짓고 있는 균형 잡힌 상황절로 이어져 있는데, 각 쌍은 같은 히브리어 분사형으로 소개된다.

12a절 "내 딸들아, 돌이켜 가라!"
(כי) 12b절 나는 늙었으니 남편을 두지 못할지라
(כי) 12c절 가령 내가 소망이 있다고 말한다든지
(גם) 12d절 오늘 밤에 남편을 두어서
(וגם) 12e절 아들을 생산한다 하자.
(הלהן) 13a절 너희가 그들의 자라기를 기다리겠느냐?
(הלהן) 13b절 남편 두기를 멈추겠느냐?

세 번째 단위는 이전의 웅변적 질문들의 어리석음으로부터 야웨의 과거의 행동에 대한 진술로의 이동을 통하여 반박할 수 없는 결론에 도달하는 이행연구로 구성되어 있다(Porten, *GCA* 7[1978] 27-28).

13c절 내 딸들아, 그렇지 아니하니라.
(כי) 13d절 나는 너희로 인하여 더욱 마음이 아프도다.
(כי) 13e절 여호와의 손이 나를 치셨으므로

어떻게 마지막 4세트로 된 각각의 이행연구들이 같은 히브리어 단어로 시작되며 어떻게 마지막 이행연구가 멤(מ)과 요드(י)라는 감동적인 두운법을 통하여 강조되는지를 눈여겨 보라: כי־מר־לי מאד מכם כי־יצאה בי יד־יהיה, 키-마르-리 메오드 미켐 키-야체아 비 야드-야웨.

마지막으로 16-17절에 있는 나오미에 대한 위탁이라는 감동적인 룻의 말은 또 다른 교차적 평행으로 구성된 일련의 다섯 쌍의 문장으로 이루어져 있다.

A	나로 어머니를 떠나며 어머니를 따르지 말고 돌아가라 강권하지 마옵소서.	16b절	서론적 명령
B	어머니께서 가시는 곳에 나도 가고, 어머니께서 유숙하시는 곳에서 나도 유숙하겠나이다.	16c절 16d절	한 쌍의 동사적 문장
C	어머니의 백성이 나의 백성이 되고, 어머니의 하나님이 나의 하나님이 되시리니.	16e절 16f절	한 쌍의 명사적 문장
B′	어머니께서 죽으시는 곳에서 나도 죽어 거기 장사될 것이라.	17a절 17b절	한 쌍의 동사적 문장
A′	여호와께서 내게 벌을 내리시고 더 내리시기를 원하나이다, 만일 내가 죽는 일 외에 어머니와 떠나면.	17c-d절 17e	결론적 맹세

서론적 명령 A와 결론적 맹세 A′는 세 쌍의 평행적 문장들인 B, C, B′를 에워싸고 있다.

바깥쪽의 한 쌍인 B와 B′는 형식과 내용 면에서 일치한다. 형식상 그것들은 C의 명사절과 대조되는 동사절이다. 내용상 그것들은 모든 생명을 둘러싸고 있다. 문장의 첫 번째 짝 B는 반대되는 활동, 하나의 문학적 장치인 "행하다"(הלך – 할라크), "머물다"(לין, 린), 곧 "어느 곳이든"이라고 말하는 것과 일치한다. 즉 나오미가 삶 중에서 어느 활동에 종사하든 룻 역시 그렇게 할 것이라는 사실을 진술한다. 문장의 세 번째 짝 B′는 생명의 종말에 대한 룻의 위탁을 취급한다. 즉 장지까지도 나오미로부터 분리되지 않으리라는 것이다. B와 B′로 둘러싸여 있는 명사절의 스타카토식으로 된 짝 C에서는 15절에서 나오미가 룻으로 하여금 오르바를 따라서 "그 백성과 그 신에게로" 돌아가라고 강권하는 데 사용했던 어투를 취하여, "어머니의 백성이 나의 백성이 되고, 어머니의 하나님이 나의 하나님이 되시리니"라는 확언으로 그녀의 주장을 거절한다.

마지막으로, 이 명확한 구조와 균형은 드 무어(de Moor)가 6-14절(그의 "단락 B")과 15-22절(그의 "단락 C")을 하나의 더 큰 단위(*Or* 53[1984] 283)로 묶지 않도록 결정함에 있어서 오류를 범했음을 강력하게 시사한다.

주석

7 "두 자부도 그와 함께 하여"(וּשְׁתֵּי כַלֹּתֶיהָ עִמָּהּ – 우슈테 칼로테하 임마흐). 이 문장은 두드러지게 정황적인 문장이고(*HebS* § 494를 보라), 그러므로 저자로 하여금 나오미만을 주절에 있는 동사의 주어로 만들도록 하고 있다. 6절의 첫 번째 동사

의 복합 주어와 대조하라. 이러한 문장 구조의 이유에 관해서는 "해설"을 보라.

"그리고 유다 땅으로 돌아오려고 길을 행하다가"(בַדֶּרֶךְ לָשׁוּב אֶל־אֶרֶץ יְהוּדָה וַתֵּלַכְנָה – 와텔라크나 바떼레크 라수브 엘-에레츠 예후다). 동사 와텔라크나(וַתֵּלַכְנָה)와 함께 본서 저자는 마지막으로 주어(나오미와 두 젊은 여인)를 암시하도록 동사의 복수형을 채용하고 있다("해설"을 보라). 영어 번역문을 부드럽게 하기 위하여 필자는 "그들이 그 길을 취했다"보다는 "그들이 그 길을 갔다"로 번역했다. 라수브(לָשׁוּב, "돌아가다")로 시작되는 문장은 와텔라크나(ותלכנה, "그들이 여행했다")라는 동사를 수식하는 목적을 가진 부사절만 될 수 있다. 부정사 라수브(לָשׁוּב)는 "길"을 수식하는 동명사 "되돌아가는 길"로 이해될 수 없다(Campbell, 64는 이에 반대다).

8 "너희는 각각 어미의 집으로 돌아가라"(לֵכְנָה שֹּׁבְנָה אִשָּׁה לְבֵית אִמָּהּ – 레크나 쇼브나 이샤 르베트 임마흐). 여성 복수 명령형 레크나(לֵכְנָה, 직역하면 "가라")는 보충적 용법, 즉 영어의 "이봐, 여기를 봐"와 같은 주의를 환기시키기 위하여 사용된 서론적 문구로 이해되어야 한다(BDB 5.f[2], p. 234; *HALOT*, 2, p. 246를 보라; 참조. 삼상 9:9). 보다 구어체적인 번역은 "자" 혹은 "자, 이제"일 수 있다(참조. Rudolph, "Wohlan"). 12절에 있는 용법은 상당히 다르다(Campbell는 이에 반대다).

나오미가 젊은 여인들에게 "각각 어미의 집으로" 돌아가라는 것은 아주 드문 표현으로 보이는데, 그 이유는 구약성경의 다른 곳에서 과부는 자신의 아비 집으로 돌아가기 때문이다(예를 들어, 창 38:11; 레 22:13; 참조. 민 30:17; 신 22:21; 삿 19:2, 3). 주석가들은 수많은 합리적인 해석을 가한다. 즉 예를 들면 아비들이 이미 죽었다는 것이다. 어미들이 어떻게 위로할 줄을 잘 알기 때문에 어머니가 거론되었다. 이러한 언급은 모계 사회가 존재했다는 것을 시사한다(참조. Rudolph, Campbell). 이 모든 설명들은 억지이거나 불가능해 보이며, 그렇지 않으면 둘 다이다. 이 문구는 8절에 있는 이샤 레비트 임마흐(אשה לבית אמה)와 10절에 있는 이타크 나수브 레아메크(אתך נשוב לעמך)라는 표현들 간의 평행과 두운법을 이루도록 하기 위하여 채택되었다는 돔멀샤우센의 설명(Dommershausen, "Leitwortstil in der Ruthrolle," 397)은 매우 호소력이 있으나, 반면에 창세기 24:28; 아가 3:4; 8:2에 근거하여 어미 집이 관례적으로 결혼에 대한 논의와 계획이 이루어지는 장소이므로 이 문구가 여기서 사용되었다는 캠벨(64)과 허바드(102-3)의 주장은 가장 빈약한 증거에 근거를 두고 있다. 우리가 할 수 있는 최선의 일은 구약성경이 창세기 24:28(이 구절은 캠벨이 지적하는 바와 같이 23절에서 아비 집을 가리키기도 한다)과 아가 3:4; 8:2에 있는 어미 집을 가리킨다는 것인데, 이 구절들은 아내들이 일부다처제 부계 가족에서 분리된 거주처를 가질 수 있었다는 사실을 의미하든지 혹은 가족의 거처가 적절한 상황에서는 "어미 집"으로 언급될 수도 있었다는 사실을 의미할 수 있다. 어떻든 간에, 이러한 언어 방식을 사용할 수 있으므로 이것은 여기서 대단히 적절하다고 주장이 될 수 있다. 즉 이것은 나오미가 하고자 하는 대조를 강조하고 있다는 것이다. 다시 말해 과부는 어미 집으로 돌아가고 시어머니와 함께 거주해서는 안 된다는 것이다(Porten, *GCA* 7[1978] 26; 참조. Trible, 169).

"선대한 것같이 여호와께서 너희를 선대하시기를 원하며…"(…כַּאֲשֶׁר עֲשִׂיתֶם יַעֲשֶׂה יְהוָה עִמָּכֶם חֶסֶד – 야아사 예호와 임마켐 헤쎄드 카아쉐르 아시템). 8절에 있는 임마켐(עִמָּכֶם, "너희와 함께")과 아시템(עֲשִׂיתֶם, "너희가 행한")의 형식 가운데서 우리는 우리가 예상한 여성 복수형이 아닌 남성 복수형을 보게 된다. 이 점이 룻기의 다른 곳에서 다섯 번 나타난다: 즉 라켐(לכם, "너희에게"), 1:9, 11; 미켐(מכמ, "너희보다"), 1:13 그리고 셰테헴(שתיהם, "그 두 사람"), 1:19, 4:11. 후대의 책들에서 보다 자주 나타나는 이러한 현상(*GBH* §149b)은 문학적 관용어에 대한 일상 회화체의 영향의 결과로 간주되어 왔다(GKC §135o). 그러나 캠벨(65)은 룻기에 있는 이러한 형식들이 남성 복수형 어미가 그러한 것처럼 -임(-ם)으로 끝나지만 발음은 다르게 했던 초창기 히브리어 쌍수형 어미의 잔재라는 앤더슨(F. I. Andersen)의 설명에 대해 충분한 설명을 제공해 주었다(또한 참조. Rendsburg, *JANES* 12[1980] 77). 그 논제에 찬성하여 아랍어와 우가릿어와 같은 쌍수를 가지고 있는 셈어들이 사실상 남성형의 모음 수정을 통하여 성을 구별하지 않는 그러한 형식들을 세운다는 사실은 주시할 가치가 있다. 언어의 발달 과정에서 쌍수를 사용하지 않게 되었고, 그래서 구약성경 본문에 있는 이러한 형식들은 표준적인 남성형과 여성형으로 대치되었다. 룻기에 있는 총 일곱 번의 그러한 "혼용"은 실제로 그 접미사가 두 여인을 가리키는 경우다. 이 가설이 가장 매력적이다. 그러나 두 여인을 가리키는 여성 복수형이 네 번 출현하고 – 라헨(להן, "〈그녀가〉 그들에게 〈입맞추었다〉", 1:9b), 보아나(באנה, "그들이 이를 때에", 1:19〈2회〉), 알레헨(עליהן, "그들을 위하여", 1:19) – 그래서 후대에 원래의 쌍수에 대해 모음 부호가 다시 붙여질 수 없었을 것이라는 사실을 유념해야 할 것이다. 그러나 일단 쌍수가 회화체에서 사라지자 당대의 용법과 일치시키기 위한 그러한(대게 무의식적으로?) 수정이 불가피하게 일어났다(22절에 있는 헴마〈המה〉의 형태에 대해서는 그 곳의 "주석"을 보라).

"죽은 자와 나를 선대한 것같이"(כַּאֲשֶׁר עֲשִׂיתֶם עִם־הַמֵּתִים וְעִמָּדִי – 카아쉐르 아시템 임–함메팀 웨임마디). 여기서 "죽은 자"는 단순히 나오미가 일반적으로 두 여인의 이전의 남편들이었던, 지금은 죽은 자신의 두 아들을 지칭하는 방식이다. 그녀는 분명히 그녀들이 결혼 생활에서 지난 10년 간(4절) 자신과 자신의 사랑하던 자들에게 신실했다는 사실을 언급하고 있는 것이다. "죽은 자"의 의미를 강조할 필요는 없고, 허바드(104)와 같이 특별히 어떤 구체적이지 않은 방식으로 나오미에 대한 그들의 친절이 그 죽은 자에 대한 예우가 되었는데, 그것은 그녀에 대한 충성이 죽은 자에 대한 충성이나 혹은 죽은 자에 대한 충성이 나오미에 대한 충성이었다고 결론지을 필요가 없다. 이 문구는 죽은 자가 사후에 자기들의 살아 있는 친척을 갖는 행운을 갖게 되었다는 믿음에서 나온 가정일 수도 있다.

9 "여호와께서 너희로 각각…얻게 하시기를 원하노라"(יִתֵּן יְהוָה לָכֶם וּמְצֶאןָ – 이텐 예호와 라켐 우미체나). 이 문구는 난해하다. 이것은 하나의 지시형 동사 예텐(יתן, "〈야웨께서〉 수여하시기를 원하노라")과 그 다음에 와우(ו, "그리고") 연속법이 뒤따라오는데, 이 와우가 미체나(מצאן, "발견하라")란 단어에 붙어있다. 많은 주석가들(예를 들어, Gerleman, Rudolph, Sasson)은 유온(*GBH* § 177h)을 따라 두 번째 문장을 첫 번째 동사 "수여하다"의 목적으로 바라본다. 캠벨(66)은 다른 실례가 되는 현상들 가운데서 두 번째 동사를 명령형으로 한 것은 없다는 사실에 근거하여 이를 반박한다. 그는 GKC § 110i의 분석을 채용하는 것을 제안하는데, 이 분석은 하나의 지시형이 명령형 + 와우(ו)로 다시 시작되는 수많은 구절들과 의도된 결과(예를 들어, 창 20:7), 즉 "여호와께서 너로 하여금 발견하게 하시기를 원하노라"라는 표현을 인용한다. 이러한 해결책이 가지고 있는 난점은, 그렇게 될 때 우리는 첫 번째 문장 가운데 "수여하다"란 동사의 목적어를 갖지 못한다는 것이다. 역본들이 기록해 넣은 여러 목적어들은 실질적으로 그것들 역시 이 특이한 문장 구조로 고심하고 있었다는 사실을 보여 줄 뿐이다(de Waard-Nida도 그러하다). "수여하다"란 동사의 목적어가 히브리어 전체 성경 본문 전승으로부터 사라졌을 것이라는 사실이 상당히 그럴듯해 보이지 않으므로, 우리는 이 곳의 경우와 아주 유사한 평행 구절이 없음에도 불구하고 유온의 해결책을 채택했다(참조. Hubbard, 98 n. 11).

"너희로 각각 남편의 집에서 평안함을"(מְנוּחָה אִשָּׁה בֵּית אִישָׁהּ – 메누하 이샤 베트 이샤흐). 이샤 베트 이샤(אשה בית אישה)를 윗첸라트(Witzenrath, 18, 99;

Hubbard, 98 n. 13이 이를 따름: 즉 "정착된 안전한 장소, 말하자면 남편과 함께 있는 한 가정")가 주장하는 것처럼 메누하(מנוחה)와 동격으로 이해하는 것은 구문론적으로 최소한 불가능하지는 않을지라도 가장 사실 같지 않아 보인다. 무엇보다도 먼저 이샤(אשה)는 분명히 메누하(מנוחה)와 동격이 아니고 동사의 주어를 규칙적으로 복수 동사와 함께 해석되는 배분사 "각각"으로 하고 있다(참조. GKC § 139b n. 1). 둘째로, 동격어는 규칙적으로 머리가 되는 명사를 어떤 가로막는 단어 없이 직접 따른다. 셋째로, 동격이 한정명사 "그녀의 남편의 집"과 머리가 되는 명사가 부정명사, 즉 단순히 메누하(מנחה, "안식, 안식처")가 되는 것은 가장 있을 성싶지 않아 보인다. 그런 까닭에 베트 이샤(בית אישה)는 일반적으로 주석가들이 취급해 온 것처럼 부사가 되어야 한다(참조. Gerleman, 17; Joüon, 37; Rudolph, 40; Sasson, 24; 그리고 그 외의 사람들). 베트(בית, "…의 집")를 사용하는 위치를 나타내는 부사적 표현에서 암시된 위치를 나타내는 의미를 가진 베트(בית, "…의 집")만이든, 혹은 특별한 베베트(בבית, "…의 집에서")를 가질 수 있다(예를 들어, 매우 유사한 문맥에서 민 30:4과 30:11; 왕하 11:4b과 4d에서; 참조. *GBH* § 133c; Brockelmann, *Syntax* § 81a).

"그들에게 입맞추매 그들이 소리를 높여 울며"(וַתִּשַּׁק לָהֶן וַתִּשֶּׂאנָה קוֹלָן וַתִּבְכֶּינָה – 와티샤크 라헨 와티세나 콜란 와티브케나). 나샤크(נשק)는 단순히 "입맞추다"를 의미할 수 있으나, 이 단어는 이 곳과 다른 곳에서(참조. 창 31:28; 왕상 19:20) 작별의 행동으로 사용된다(참조. Hubbard, 98 n. 14). 이러한 행동에 관해서는 Gruber, *Aspects of Nonverbal Communication*, 330-34를 참조하라. "그들이 소리를 높여 울다"(וַתִּשֶּׂאנָה קוֹלָן וַתִּבְכֶּינָה – 와티세나 콜란 와티브케나)라는 관용어는 이사일의의 한 실례다. 두 개의 단어가 사용된 표현을 통하여 드러난 하나의 의미는 "크게 부르짖고 울었다"는 것이다(de Waard-Nida, 13를 보라; "소리를 높이다"란 관용어의 의미에 대해서는 사 52:8을 참조하라). 이 관용어의 의미는 직역을 통해서는 드러나지 않은데, 그 이유는 영어의 관용어가 다르기 때문이다. "모두"(all)는 필요하다. 이것이 없다면 번역이 두 젊은 여성들만 울었다는 사실을 의미하는 것으로 취급될 가능성이 크다. 어쨌든 콜란(קוֹלָן, "그들의 음성")이란 여성 복수형 어미는 세 사람 모두가 그렇게 했다는 것을 보여 준다(de Waard-Nida, 13는 이에 반대다; 참조. Campbell, 66).

10 "아니니이다. 우리는 어머니와 함께 어머니의 백성에게로 돌아가겠나이다" (כִּי־אִתָּךְ נָשׁוּב לְעַמֵּךְ – 키-이타크 나수브 레아메크). (미완료형 시제에 "바라다"라

는 뉘앙스가 들어 있는 점에 관해서는 *GBH* § 113n을 보라). 여기에 나오는 키(כִּי, "왜냐하면, 진실로")의 의미가 문제가 되고 있다. 이것은 단순히 직접적 대화를 소개하고 있는 소위 서두적 용법의 실례로 이해될 수 있다(참조. *HebS* § 452; GKC § 157b). 그러나 문맥은 분명히 반의적 의미를 암시하고 있다. 어쨌든 키(כִּי)는 규칙적으로 앞의 부정적 문장 다음에서만 반의적 의미를 가진다(*HebS* §§ 447, 555; GKC § 163a). 앞의 부정어가 없다면, 이 관용어는 규칙적으로 로 키(לֹא כִּי)가 된다(예를 들어, 창 18:15; 19:2; 하나의 완전한 목록에 관해서는 Joüon, 38를 보라). 결국 유온(38; Rudolph, 40이 따르고 있음)은 키 이타크(כִּי־אִתָּךְ) 직전에 나오는 라흐(לָהּ) 대신이나 혹은 그 앞에 로(לֹא)가 있는 것으로 읽을 필요가 있다고 생각한다. 그러나 앞에서 부정적 의미가 암시되어 있다면 키(כִּי) 단독으로 반의적/부정적 의미를 표현할 수 있다(참조. KB[3] 3.c.; Brockelmann, *Syntax* § 134a; 예를 들면 창 31:16; 참조. Campbell, 66, 그리고 특히 Schoors, *OTS* 21[1981] 253를 눈여겨 보라). 루돌프는 여기서 LXX, OL 그리고 Syr이 사용한 부정어 부사에 호소한다. 그러나 이것은 전혀 다른 히브리어 본문이 있음을 암시하지 않는다. 이 역본들은 키(כִּי) 자체를 반의적(방금 살펴본 바와 같이)으로 이해했거나 혹은 그 밖의 의미에 따라 번역했다. 동사 앞에 이타크(אִתָּךְ, "당신과 함께")를 둠으로써 이것이 강조되고 있다. 필자는 이것을 "너희가 뒤로 돌아가라"(to go back with you) 대신에 "너희 뒤로 돌아가라"(to go with you back)는 순서로 이 점을 표현하려고 했다.

11 "너희가 어찌 나와 함께 가려느냐?"(לָמָּה תֵלַכְנָה עִמִּי – 람마 텔라크나 임미). 이 질문이 사실들을 이끌어 내거나 하나의 설명을 요구하고 있지 않지 않다는 사실을 인식하는 것이 중요하다. 이것은 하이만(Hyman)이 "비평적/교정적 의미"로 지칭하고(*HS* 24[1983] 17-24를 보라) 또한 BDB([a], p. 554)가 "권고적으로"라고 지칭하는 내용으로 질문을 사용하고 있는 경우다. 하이만은 *USQR* 39(1984) 190에서 다음과 같이 설명한다.

> 1:8-14의 문맥과 나오미가 사용하고 있는 수반된 명령형은 나오미가 그 반대로 오르바와 룻을 비평하고 그들의 행실을 교정하려 하고 있다는 사실을 암시한다. 삼중적 변형 – 하나의 질문이 비평적/교정적 태도로서의 기능을 할 때 필요로 하는 – 은 나오미의 질문의 실제 의미를 보여 준다. (하나의 수신자가 자동적으로 그리고 즉각적으로 실행하는 삼중적 변형은 긍정에서 부정으로 혹은 부정에서 긍정으로 질문의 유발성〈誘發性〉을 전환하는 것으로 구성되어 있다. 즉 질문형으로부터 서술형으로 그리고/혹은 명령형으로

문법적 형태를 전환하는 것이다. 그리고 질문의 정서적 의미에 이르도록 문구 자체를 변경하는 것이다.) 바꾸어 말하자면, 이 질문은 "너희가 나와 함께 가겠다는 것은 잘못이다. 너희는 가지 않아야 할 것이다. 그것은 아무 의미가 없다"이다.

나오미는 정보를 구하려 하고 있지 않고, 또한 "다른 사람의 과도한 친절이나 배려에 대해 은근한 책망의 기미를 가진 즐거운 인식"을 표현하고 있지도 않다(Barr, *JTS* 36[1985] 33). 그녀는 타이르고 있는 것이다. 그녀의 그 다음의 수사학적 질문의 형태와 그 내용을 담고 있는 발언이 이를 뒷받침한다("해설"을 보라). 그러나 이러한 충고가 맛두아(מדוע) 대신 라마(למה)란 단어의 사용에 의하여 암시되어 있다는 것(Hyman, *HS* 24[1983] 19-20)은 실증될 수 없다. Barr, *JTS* 36[1985] 1-33를 보라.

"아들들이 오히려 있느냐?"(הַעוֹד־לִי בָנִים בְּמֵעַי – 하도-리 바님 빼메아이). 나오미는 여기서 "자궁"이라는 통상적인 단어(예를 들어, רחם 혹은 בטן)를 사용하지 않고, 남자나 여인들에 대해 사용된 "속, 내장, 하복부, 내부"를 의미하는 보다 일반적인 단어 마임(מעים)을 사용한다. 룻기 이외에서 여인에 대해 사용될 때 이 단어는 보다 구체적인 단어 베텐(בטן, "자궁, 복부")과 시적 평행구로만 나타난다(창 25:23; 사 49:1; 시 71:6). 그렇다면 그것 자체가 사용되었으므로 이것은 "자궁"보다는 일반적인 의미를 가진다.

12 "나는 늙었으니 남편을 두지 못할지라"(כִּי זָקַנְתִּי מִהְיוֹת לְאִישׁ – 키 자칸티 미흐요트 레이쉬). 미흐요트(מִהְיוֹת)에 들어 있는 민(מן)의 의미는 정확하게 비교급은 아니다. 만약 그렇다면 나오미는 "나는 …보다 더 늙었다"고 말하고 있는 것이 된다. 그보다 이것은 다른 사람들에 의하여 "절대 비교급"(*HebS* § 318) 혹은 "가능성의 비교급"(*IBHS* § 14.4f), 즉 연루된 기질이 "…하기에는 너무나 크다/작다, 많다/적다"는 사상을 표현하는 것으로 GKC § 133c에 묘사된 용법이다(참조. 출 18:18). 여기에 분명하게 나타나 있는 이 용법은 13절의 해석에 중요할 것이다. "가지다"를 의미하기 위하여 하야 레-(היה ל, "…에게 있다")란 관용어를 사용하고 있는 하야 레이쉬(היה לאיש, "〈아내로서〉 한 남자에게 속하다")는 "남편을 가지다"의 규칙적인 관용어다(참조. KB[3] 7.b.; 예를 들어, 렘 3:1). 물론 나오미는 이 문맥 가운데서 이스라엘 사회가 아들이 없는 나이가 든 여인들의 신분을 어떻게 해결했는지에 관계없이, 자신이 너무나 늙어서 결혼할 수가 없다는 의미로 말하지는 않는다. 그녀는 자신이 성관계를 하여 그 결과로 임신을 할 수 없다는 의미로 말하

고 있다.

"가령 내가 소망이 있다고 말한다든지 오늘밤에 남편을 두어서 아들들을 생산한다 하자"(כִּי אָמַרְתִּי יֶשׁ־לִי תִקְוָה גַּם הָיִיתִי הַלַּיְלָה לְאִישׁ וְגַם יָלַדְתִּי בָנִים – 키 아마르티 에쉴-리 티크와 깜 하이티 할라일라 레이쉬 웨감 얄라드티 바님). 대부분의 주석가들은 일치되게 키(כי)로 시작하고 있는 12절의 마지막 세 문장과, 각기 할라헨(הלהן)으로 시작하고 있는 13절의 처음 두 문장을 난점들이 있음에도 불구하고 하나의 복합 상황절로 취급하는 것이 가장 좋다고 한다. 문제가 되고 있는 할라헨(הלהן)을 어떻게 해석하든지 간에 이 귀결절이 13절의 출발점에서 시작된다는 사실은 분명하지만, 조건절의 문장 구조는 덜 분명하다. 다음과 같은 사실에 의하여 불확실성이 야기된다. (1) 키(כי)가 드물게 사실과 반대되는 상황을 이끈다는 사실, (2) 처음 두 문장 사이에 접속사 와우(ו)가 없다는 것(두 번째 문장은 웨감〈וגם〉이 아닌 감〈גם〉으로 시작됨), (3) 마지막 두 문장을 이끌고 있는 감 웨감…(…גם וגם)을 해석하기가 어렵다는 점, (4) 소망에 대해서만 말하고 있는 첫 번째 문장과 특히 그 밤에 남편을 두어 아들을 낳는 사실에 대해 말하고 있는 두 번째 두 문장 사이에 있는 확실한 의미론적 부적절성. 언급된 순서에 따라서 이 문제들을 취급해 보도록 하자.

(1) 사실과 상반되는 상황을 도입하기 위한 키(כי)의 사용은 드물기는 하지만 그 예가 없는 것이 아니다: 예를 들어, 예레미야 51:53; 참조. *HebS* § 517; *GBH* § 167i. 뒤따라오는 동사의 완료 시제는 그러한 상황에는 통상적이다(*HebS* § 516; GKC § 159l). 이것을 앞의 문장에 붙어 있는 결과절로 이해하기가 불가능하게 만들고 있는 것이 이 문장에 들어 있는 동사의 완료 시제다: "나는 너무 늙어서 내가 '나는 희망이 있다'고 말할 수 있는 바 한 남편을 둘 수 없다." 그러므로 그 다음 문장은 감(גם)이 이끄는 뒤따라오는 문장과 함께 시작된다(Campbell, 68는 이에 반대다). 그러나 그보다는, 사실상의 상황절은 상황적 개념과 양보적 개념 간에 실질적으로, 특히 이 곳에서는 그 의미가 약간 다를지라도, 프리젠이 언급한 바와 같이(Vriezen, "Einige Notigen zur…*kî*," 168-69; 참조. *HebS* § 448) 이 곳에 나오는 키(כי)를 양보적인 "비록…일지라도"로 이해하는 것이 문맥에 더 잘 들어맞는다(참조. Schoors, *OTS* 21[1981] 271의 논평).

(2)와 (3) 그렇다면 감(גם)이 이끈 두 개의 문장은 한층 더 양보절로 이해될 수 있을 것이다(참조. *HebS* § 382; Hubbard, 107 n. 7). 그러나 첫 번째 감(גם)에 와우 접속사가 없다는 사실이 이것을 문제가 되게 만든다. 이에 비추어 두 개의 문

장들은 첫 번째 문장으로부터 이해된 상황적/양보적 불변화사와 함께 한층 더 상황적/양보적 문장들로 이해하는 것이 좋다(참조. 에 8:5에 있는 임〈אם〉과 유사한 현상). 그렇다면 각 문장에 들어 있는 감(גם)은 강조의 의미를 가지고 있으며(*HebS* § 379; GKC § 153; Rudolph도 그렇게 주장함), 이 두 문장과 첫 번째 문장 사이에 접속사 와우(ו, "그리고")가 없는데, 그 이유는 그것들이 삽입구, 즉 나오미가 자신이 희망이 없다는 내용을 말하려고 상세하게 설명하고 있기 때문이다: 즉 "비록 내가 희망이 있다고 말했다－실제로 이 밤에 남편을 취하여 아들을 낳는다－고 할지라도." 이것은 이것들을 동격 문구, 즉 "비록 내가 내게 희망이 있다고 말했을지라도 그리고 내가 이 밤에 남편을 취하고 아들을 낳는다고 할지라도"로 이해할 경우에 일어나게 되는, 위에 언급된 문장들 사이에 있는 언어 의미론의 부적절성을 경감시켜 준다. 두 번째 감(גם)이 부가적인 "그리고 또한"의 의미를 가지고 있다는 허바드의 견해는 문맥에서 가장 불가능해 보인다. 캠벨(67)은 시편 119:23에서 발견됨으로써 감…웨감(גם…וגם)을 완료 동사를 포함하고 있는 상황절의 조건절을 이끌고 있는 감(גם)의 또 다른 실례로 취급하려 한다. 어쨌든 이 구절은 위에 언급된 양보절의 또 다른 실례로 이해하는 것이 훨씬 더 낫다(또한 참조. 시 95:9; 느 6:1, 그 외의 여러 구절들).

13 "그들의 자라기를 기다리겠느냐?"(הֲלָהֵן תְּשַׂבֵּרְנָה עַד אֲשֶׁר יִגְדָּלוּ－할라헨 테사베르나 아드 아쉐르 익딸루). 할레헨(הֲלָהֵן)의 형태는 많은 논란이 되어 왔다. 지적한 바와 같이, 의문을 나타내는 불변화사 하(הֲ)+전치사 레(לְ, "…에게로, 위하여")+3인칭 여성 복수 대명사 접미어 헨(הֵן, "그들")일 수 있다. 이 여성 복수 접미사는 이 문맥에서 가장 난해한 의미를 만들어 낸다. 여기서 여성 복수는 중성의 의미를 가지고 있으며, 나오미가 조건절에서 방금 언급했던 상황을 가리킨다는 게를르만의 견해(17)는 전혀 있을 법하지 않다(Rudolph, 40). 할러대이는 이 어원적 설명을 받아들이지만 성경 아람어가 받아들인 "그러므로"라는 도입된 의미를 가정한다(*CHALOT*, הֵן Ⅱ, p. 82; לָהֵן, p. 173; לָהֵן Ⅰ, p. 410). 다른 사람들은 이것이 "그러므로"를 의미하는 다니엘 2:6, 9; 4:21에 나타나는 동일한 아람어 불변화사의 차용이라고 주장한다(서론을 보라). 그러나 그 기원이 무엇이든 간에, 본 절과 다음 절에서 그러한 의미를 가지고 있는 하나의 불변화사의 강조적 의미를 가진 반복은 전혀 있을 법하지 않다(Joüon, 39-40). 그러므로 모든 역본들이("원문주해" 13.a를 보라) "그들을 위하여", 즉 12절 끝에 언급된 나오미가 가정한 아들들을 분명히 언급하는 것으로 읽고 있으므로, 그리고 이 문장과 다음 문장의 첫머리의 강조적

위치에서 반복된 부사구가 문맥에서 완료의 의미를 만들어 주고 있으므로, 필자는 대부분의 주석가들을 따라서 MT의 할레헨(הֲלָהֵן)으로의 수정을 받아들였다(예를 들어, Campbell, Joüon, Morris, Rudolph; 참조. Hubbard).

피엘형 어간으로 되어 있는 동사 사바르(שִׂבֵּר)는 "바라다, 기대하다, 기다리다"를 의미한다. 룻기 밖에서 이 단어는 시편 45:15; 104:27; 119:166; 이사야 38:18; 에스더 9:1에서만 사용되었고, 반면에 명사형 세베르(שֵׂבֶר, "희망")는 시편 119:116; 146:5에 나타난다. 비록 드물게 사용되었을지라도 그 의미는 분명하다. (이것의 아람어 기원 가능성에 관해서는 서론을 보라.)

"그것을 인하여 남편 두기를 멈추겠느냐?"(הֲלָהֵן תֵּעָגֵנָה לְבִלְתִּי הֱיוֹת לְאִישׁ – 할라헨 테아게나 레빌티 헤요트 레이쉬). MT의 동사 테아게나(תֵּעָגֵנָה)는 변칙적인 것이고 아마도 오류인 것 같다. 그 어근까지도 분명하지 않다. 만약 이 단어가 아가(עגה⟨עגי⟩)로부터 파생된 것이라면, 테아게나(תֵּעָגֶינָה)로 모음 부호를 다시 붙여야 할 것이다. 만일 아간(עגן)으로부터 파생되었다면 테아간나(תֵּעָגַנָּה)가 되어야 할 것이다(GKC § 51m; BL § 49v, p. 352). 어근 아가이(עגי)는 히브리어 가운데 존재하지도 않고 적절한 의미의 범위를 가진, 같은 어원을 가진 어휘도 존재하지 않는다. (캠벨이 인용한 우가릿어 형태 *ʿgw*의 의미는 전혀 알려져 있지 않다. 그 셈어의 기원까지도 불확실하다. 참조. Sasson, 25.) 그러나 아간(עגן)은 아람어와 미쉬나 히브리어에 나타나는데, 그 곳에 보면 전문적인 법적 문맥 속에서 이것은 남편의 소재와 계속적인 존속이 알려져 있지 않을 때 결혼한 여인들의 신분을 가리킨다. 이 문맥 가운데서 이 동사는 "한 여인을 하나의 새로운 결혼관계를 맺는 데서 방지하다"를 의미하는 것으로 생각된다(KB[3], Ⅲ, p. 742; Gerleman, 19). 이에 근거하여 "스스로를 차단하다"(Gerleman, Rudolph), 혹은 "(누군가)로부터 자신을 삼가다"(Rudolph), 혹은 "스스로 자제하다"(Joüon)와 같은 번역이 채택되어 왔다. 그러나 현재의 우리 지식으로는 이러한 용법에 근거하여 룻기의 구절에 대해서 지나치게 전문적이고도 정밀한 의미를 부여하는 일은 피해야 할 것이다(Campbell, Sasson). 캠벨이 말하는 바와 같이, 미쉬나에 있는 단어들의 전문적인 법적 배경과 의미가 모호하며, 그래서 이 구절 자체에 대한 랍비들의 해석으로부터 파생되어 나왔을 수도 있다. LXX(*κατέχω*)과 OL(*detineo*)는 "억제하다, 삼가다"를 의미하는 동사를 사용했다. 몇몇 그러한 의미들이 문맥에 적절하므로 이것이 지금은 가장 분별력 있는 방법인 것으로 보인다(참조. Hubbard, 112).

"남편을 취하다"(הֱיוֹת לְאִישׁ – 헤노트 라이쉬)란 관용어가 여기서 12절에서처럼 결혼관계, "부부관계의 기쁨"을 가리킨다는 세이쏜의 입장(22, 25-26)은 이 문구를 특히 동사 테아게나(תְּעַגֵּנָה)의 불확실한 의미에 비추어 해석하는 것이다. 이 문맥에서는 나오미의 말 가운데 그녀가 이 문구를 이러한 의미로 사용하고 있다는 사실이 암시되어 있지 않다.

"내 딸들아 그렇지 아니하니라…나는 너희로 인하여 더욱 마음이 아프도다"(אַל בְּנֹתַי כִּי־מַר־לִי מְאֹד מִכֶּם – 알 베노타이 키-마르-리 메오드 미켐). 통상적으로 지시형을 부정하는 부사 알(אל)은 여기서 동사의 생략과 함께(*HebS* § 403) 강조적 부정어로 사용되고 있다(*HALOT*, 1.a, p. 48). 그러므로 이것은 통상적으로 하나의 요구를 거절하기 위하여 사용된다(Brockelmann, *Syntax* § 56a; *GBH* § 160j; 참조. 창 19:18; 삿 19:23). 거절의 근거가 로(לא)가 있는 경우에 자주 그러하듯이 키(כי)에 의하여 도입된다(BDB, 1.a[d], p. 519). 이것은 룻과 오르바가 나오미와 함께 가려는 결심(10절)에 대해서 나오미가 본 의미를 드러내고 있다.

키-마르-리 메오드 미켐(כִּי־מַר־לִי מְאֹד מִכֶּם)이란 문장의 의미는 매우 불분명하다. 문맥에서 이 문구와 일치된 의미는 두 가지 표준에 맞추어져야 한다. 첫째로, 만일 도입 단어 키(כי)가 원인을 나타내는 의미로 이해된다면, 본 문장의 의미는 시어머니를 떠나가지 않으려는 두 젊은 여인에 대한 나오미의 강조적 거절의 근거를 제공해야 한다(위를 보라; 또한 Rudolph, Gerleman도 그렇게 본다). 둘째로, 이것은 동시에 키(כי, "그 이유는, 왜냐하면")를 통하여 도입된 뒤따라오는 문장과 들어맞아야 한다. 최소한 다음과 같은 네 가지 번역이 문법적으로 가능하다. (1) "그 이유는 일들이 너희로 인하여 나에게는 매우 쓰라리기 때문이다"(RSV, JB, GNB). (2) "그 이유는 일들이 너희보다는 나에게 훨씬 더 쓰라리기 때문이다"(NJPS, NASB, NEB, NIV, Campbell, Hubbard, Sasson). (3) "그 이유는 일들이 나에게와 너희에게 너무나 쓰라리기 때문이다(그래서 함께 할 수 없다)"(NAB; Brichto, *HUCA* 44[1973] 12-13; Joüon; 또한 참조. *GBH* § 141i; Rudolph). (4) 첫 번째 키(כי)는 양보의 의미 "…일지라도"를 가질 수 있다(Vriezen, "Einige Notizen zur …*kî*," 268-69). 첫 번째 해석에서 미켐(מכם)의 민(מן)은 이유를 나타내는 의미로 해석된다(BDB, 2.f; *HebS* §§ 319, 535). 캠벨(70-71)은 구체적이고도 표현되지 않은 원인이 두 젊은 여인이 행했고 또한 그들이 나오미의 쓰라림에 원인을 제공하지 않았던 어떤 것이 되어야 한다는 근거에서 이러한 번역에 반대한다. 그러나 원인 그 자체는 구체적으로 밝혀지지 않은 채 문맥에 남아 있으며, 이 문맥은 분명히 그 원인이 이 젊은 여인들이 스스로 즉 남편이나 남편 후보자 없이 헤쳐 나가는 상황이라는 사실을 암시한다. 캠벨은 이것의 가능성을 생각하지만, "너희로 인하여"에 대한 이러한 해석은 성경의 유례가 없는 민(מִן)에 하나의 뉘앙스를 제공한다. 이것은 거의 따르지 않는다. 여기서 민(מִן)에 주어진 의미의 뉘앙스는 단순히 원인을 나타내는 것이다. 분명히 젊은 여인들이 스스로 처신해 나가는 상황은 바로 나오미의 쓰라린 상황의 원인을 그들이 할 수 있었던 어떤 것이었다! 그러나 게를르만이 주장하는 바와 같이(19), 이 번역은 뒤따라오는 문장과 전혀 어울리지 않는다. 만일 나오미가 두 젊은 여인 때문에 매우 쓰라리다면, 우리는 분명히 그 주어진 이유가 그들과 관련되었을 것이라고, 즉 "너희가 남편이 없으므로"나 혹은 그와 같은 것이었다고 기대했을 것이다. 뿐만 아니라 그것은 그녀가 본국으로 돌아가라고 계속 설득하려고 한 매우 확신을 주는 근거들을 제공하지도 않는다(Rudolph, 41). 두 번째 번역은 확실히 가능하다. 그것은 그것의 단순한 비교급의 의미에 들어 있는 미켐(מִכֶּם)의 민(מִן)을 취급하고 있고(*HebS* § 317), 그래서 첫 번째와는 반대로 그것은 그것을 앞서고 그것을 뒤따르는 문맥과 어울린다. 세 번째 번역은 미켐(מִכֶּם)의 민(מִן)을 하나의 또 다른 의미로 이해하고 있는데(비록 타당하기는 하지만, Campbell, 71는 이에 반대다; Sasson, 27), 즉 12절에 묘사된 연루된 기질이 "너무 많거나 혹은 너무 적어서 할 수 없다"로 그 사상이 표현되는 절대형 혹은 절대형 최상급 용법으로 이해한다(Joüon, Rudolph가 그렇게 함; 참조. IHBS § 14.4f). 이 번역이 더 나은데, 그 이유는 이것이 앞의 번역보다 뒤따라오는 문장에 더 잘 어울리고 젊은 여인들이 나오미를 떠나기를 거절한 데 대한 나오미의 거부에 더 나은 근거를 제공하기 때문이다. 첫 번째 키(כִּי)가 양보적인 의미 "…일지라도"라는 프리젠의 제안은 전혀 문맥에 통하지 않는다(참조. Schoors의 논평, *OTS* 21[1981] 272).

여기에 나오는 마아드(מְאֹד)가 언젠가 하나님에 대한 별칭이었을 수도 있다는 캠벨의 지극히 모험적인 추측에 대해서는 세이쏜(27)의 논평을 보라.

"여호와의 손이 나를 치셨으므로"(כִּי־יָצְאָה בִי יַד־יְהוָה – 키 야츠아 비 야드-아도나이). 허바드(107 n. 13)는 캠벨(61; 참조. Sasson, 22)을 따라 키(כִּי)를 단언적 의미인 "진실로"로 취급한다. 그러나 이 문장은 두 문장의 의미론적 내용으로 인하여 피할 수 없이 앞 문장에 있는 진술에 대한 근거 혹은 이유를 제공하는 것으로 해석되어야 한다. 그런 까닭에 그 의미가 규칙적으로 원인을 나타내는 키(כִּי)가 여기서 특히 에멜류스(Aejmelaeus, *JBL* 105[1986] 193-209)의 연구를 통하여 불변화사에 대한 강조적 해석에 대해 심각한 의문을 제기한 데 근거하여 그렇게만 해석될 수 있다.

관용어 "야웨의 손이 나를 치셨으므로…"(יד־יהוה יצאה ב″ – 야드-아도나이 야츠아 브-)가 여기에만 나타나 있을지라도, 하나님과 인간 모두를 주어로 하고 있는 "여호와의 손이 나를 치셨다"(היתה יד־יהוה ב″ – 헤티 야드-아도나이 브-)와 "…을 치려고 하나의 손을 보내다"(שׁלח יד ב″ – 샬라흐 야드 브-)와 같은 관용어가 자주 등장하므로 그 의미는 매우 분명하다(참조. Hubbard, 113).

14 "그들이 소리를 높여 다시 울더니"(וַתִּבְכֶּינָה עוֹד – 와티브케나 오드). "목소리를 높여 울다"란 관용어의 의미에 대해서는 9절의 "주석"을 보라. 여기서 오드(עוד)는 "다시"를 의미하지 않는다. 이것은 계속의 개념을 강조한다(BDB, 1.a[b]을 보라; de Waard-Nida, 16의 해석을 유념하라; 참조. 창 46:29).

"룻은 그를 붙좇았더라"(וְרוּת דָּבְקָה בָּהּ – 웨룻 따브콰 빠흐). 이 문장의 순서 와우(ו)+주어+동사는 룻과 오르바의 행동의 동시성을 표현하고(*HebS* § 573[5]; *GBH* § 118f) 동시에 그들을 대조하고 있다.

15 "보라 네 동서는 그 백성과 그 신에게로 돌아가나니"(הִנֵּה שָׁבָה יְבִמְתֵּךְ אֶל־עַמָּהּ וְאֶל־אֱלֹהֶיהָ – 힉게 샤바 예빔테크 엘-암마흐 웨엘-엘로헤하). 여기서 "네 동서"로 변역된 예비미테크(יְבִמְתֵּךְ)의 정확한 의미는 설명하기가 쉽지 않다. 이 구절 이외의 장소에서 이 단어는 수혼법의 구절인 신명기 25:7, 9에만 나타난다. 신명기의 구절에 근거하여 이 단어의 의미를 수혼 제도에 있어서 죽은 자의 미망인에 대한 호칭에만 특별히 한정된 전문 용어로 이해할 수 있다(Campbell, 72-73이 그렇게 말함; 또한 참조. Thompson, *VT* 18[1968] 84-85; Vesco, *RB* 74[1967] 243). 그러나 이 용어가 창세기 38:8, 9에 있는 이 전문적인 의미가 적절한 유다와 다말의 이야기에서 사용되지 않는다는 사실을 유념해야 할 것이다. 거기서 설화자는 그 대신 "형제의 아내"(אשׁת אח – 에세트 아흐)를 사용한다. 결정적인 것은 아니지만, 이러한 자료는 특히 여기에 나오는 구절의 증거가 예베메트(יבמת)가 "남편의 형제의 아내"를 가리키는 기사에 사용될 때는 예베메트(יבמת)와 에세트 아흐(אשׁת אח)란 단어가 단순한 동의어로 "동서"라는 의미를 가리키는 것으로 보인다. 이러한 용법은 레위기 18:12, 14에 있는 동의어 아호트 아브(אחות אב, "아비의 누이")와 도다흐(דודה, "아주머니, 고모")와 직접 평행을 이룬다(Leggett, *The Levirate*, 43 n. 33). 더 나아가서 이러한 경향을 나타내는 증거는 켈 알-리마(Tell al-Rimah)에서 발견된 서방 셈 계통으로부터 나온 구바벨론 본문에 있는 야바뭄(yabamum)의 출현인데, 그 곳에서 "처남"이란 의미가 문맥에 잘 어울린다(그 본문과 논의에 관해

서는 Sasson, 29를 보라). 결정적이지는 않을지라도(현재로서는 이 단어가 다른 본문들 가운데는 나타나지 않고, 그 의미는 세이쏜이 말하고 있는 바와 같이 이 히브리 용어가 같은 어원을 가지고 있다는 가정에 근거하고 있다), 이것은 보다 일반적인 의미에 유리하게 논증을 해주고 있다. (가능하지만 매우 문제가 되고 있는 우가릿어로 된 아낫 여신의 별칭 ybmt l'imm과의 관계에 대해서는 Campbell, 73, Thompson, *VT* 18[1968] 84를 보라).

모압의 종교가 모든 이스라엘 주변국들처럼 다신론적 종교였으므로 복수형 엘로헤하(אֱלֹהֶיהָ)는 LXX, Vg, RSV, NRSV, NJPS처럼 문자 그대로 "그녀의 신들"로 이해되어야 할 것이다. 그러나 엘로힘(אלהים)이란 단어는 이스라엘의 하나님을 가리킬 때 통상적으로 복수형(장엄 복수)을 취한다. 그런 까닭에 그모스가 모압의 국가신이었으므로(왕상 11:33) 대부분의 역본들처럼 단수형이 더 나아 보인다(참조. Hunter, *SJT* 34[1981] 427-35). 그러나 헌터(Hunter)는 이 이야기로부터 나오미와 룻이 모두 룻의 하나님과 나오미의 하나님을 동일한 실체로 간주했으므로 엘로힘(אלהים)은 이 구절과 룻이 나오미의 하나님이 자신의 하나님이 될 것이라고 선언하고 있는 16절에서 소문자(g)를 가진 신(god)으로 번역되어야 한다는 사실을 암시한다고 생각한다. 그러나 이것은 이 설화와 설화자가 전혀 말해지지 않은 사실에 대해 관심을 두고 말하는 것으로 만든다. 이것은 더 나아가서 이스라엘 사람들이 이스라엘 사람들에게 말한 이야기라는 사실을 무시하고 있다. 나오미의 말이 모압에 있는 모압의 신 그모스 예배의 실상을 가정하고 있다는 사실이 틀림없다는 데 대해서는 인정한다. 이를 넘어서서 이 이야기는 그것 자체를 언급하고 있지는 않다(참조. Hubbard, 116; Morris, 260).

16 "어머니께서 가시는 곳에 나도 가고 어머니께서 유숙하시는 곳에서 나도 유숙하겠나이다"(אֶל־אֲשֶׁר תֵּלְכִי אֵלֵךְ וּבַאֲשֶׁר תָּלִינִי אָלִין – 엘-아세르 텔키 엘레크 우바아쉐르 탈리니 알린). 동사 린(לין)이 여기서 공통적인 "밤을 보내다"(참조. 3:13)의 의미를 가지고 있는지 아니면 "거하다, 머물다"라는 보다 일반적인 의미(예를 들어, 수 3:1; Hubbard, 117도 그렇게 말함)를 가지고 있는지는 결정하기가 어렵고 또한 전혀 중요하지 않는데, 그 이유는 여기서 단어 선택의 의미가 할라크(הלך, "가다, 여행하다")와 린(לין, "밤을 보내다, 머물다")이 반복을 이루면서 대조되어 있으며, "전 생애"를 말하는 것과 동일하기 때문이다("해설"을 보라). 이러한 사실에 비추어, 그 의미를 지금 베들레헴으로 가고 있는 그 여행에 제한시키는 캠벨의 해석(73-74)은 요점을 파악하지 못한 것이다.

17 “만일 내가 죽는 일 외에 어머니와 떠나면 여호와께서 내게 벌을 내리시고 더 내리시기를 원하나이다”(כֹּה יַעֲשֶׂה יְהוָה לִי וְכֹה יֹסִיף כִּי הַמָּוֶת יַפְרִיד בֵּינִי וּבֵינֶךָ –코 야아세 아도나이 리 웨코 요씨프 키 함마웨트 야프리드 뻬니 우베네크). 룻은 여기서 저주 맹세 공식 문구를 사용한다(GKC § 149d; *GBH* § 165a). 이 공식 문구의 모든 12번의 사용 가운데서 화자가 기원하고 있는 재앙은 결코 명시되지 않았는데, 그 이유는 구약성경의 문화가 (고대 근동의 나머지 것들과 일치되게) 그러한 힘을 말해진 단어에 일치시켰기 때문이다. 그 저주는 어떤 상징적 행위를 동반했겠지만(Campbell, 74), 우리는 그런 행위의 성격은 물론이고 그러한 일이 있었을 것이라는 증거도 가지고 있지 않다. 맹세의 한 형태 가운데(사무엘-열왕기에서 5회 사용됨) 맹세 자체의 내용은 한편으로 화자가 맹세하는 일이 일어나지 않을 것을 표현하는 임(אם, “만일”; 삼상 3:17; 25:22; 왕상 20:10; 왕하 6:31)과 다른 한편으로 그가 맹세하는 일이 일어날 것을 표현하는 임 로(אם לא, “만일…아니라면”; 삼하 19:14)를 사용하는 상황절로 표현되어 있다. 다른 일곱 번의 출현 가운데 여섯 번의 경우(삼상 14:44; 20:13; 삼하 3:9; 왕상 2:23; 19:2; 룻 1:17), 맹세의 내용은 상황절로 표현되지 않고 불변화사 키(כי, “참으로, 진실로”)의 단언적인 사용을 통하여 소개된 긍정적 진술이다(*HebS* § 449; BDB, 1.c, p. 472). 저주 맹세로 되어 있는 이러한 키(כי)의 사용이 니슈바 키(נשבע כי)라는 공식 문구를 사용하고 있는 맹세들에 포함되어 있는 그것의 출현으로부터 나온다고 관찰한 점에서 유온이 확실히 옳다(*GBH* §§ 165a, b을 보라). 사무엘-열왕기서에 있는 여섯 번의 출현 가운데 키(כי)로 도입된 맹세는 그 화자가 일어나기를 결정했다는 것을 표현하고 있다(Campbell, 74는 이에 반대다; Hubbard, 119 n. 33, 그는 삼상 14:44; 삼하 3:9; 왕상 2:23; 19:2이 의미가 모호하다고 주장한다). 그렇다면 이 구문은 명확하다. 즉 룻이 죽음만이 자신과 나오미를 갈라놓을 것이라는 사실을 맹세하고 있는 것이다. 몇몇 번역가들과 주석가들이 하는 것처럼 위의 분석에 따라 맹세절이 부정되든(המות לא יפריד) 그렇지 않으면 그것이 키(כי)가 아닌 임(אם)으로 도입되든 “…죽음만이 당신으로부터 나를 갈라놓는다”(예를 들어, RSV, JB, Campbell, Hubbard)로 번역해야 한다. 본 절의 상반절에 있는 “어머니께서 죽으시는 곳에서 나도 죽어 거기 장사될 것이라”는 진술과 상충되는 점이 없는데(Hubbard, 119-20를 보라), 그 이유는 그 표현이 특별히 묻히는 장소를 취급하고, 따라서 이전의 표현이 그러했던 것처럼 묻히는 장소를 포함시키면서까지 룻의 나오미에 대한 자기 생애 전체의 위탁으로 연관시키기 때문이다. “일 외에”의 의미는 히브리어 가운데 가끔

출현하는 바와 같이 문맥을 통하여 결정해야 할 텐데(Joüon, 42; 참조. 창 32:11; 왕하 13:19), 이 경우에는 동사 야프리드(יַפְרִיד, "떠나다") 앞에 있는 주어 함마웨트(הַמָּוֶת, "죽음")의 강조적 위치를 통하여 표시되었다(Gerleman, Joüon, Rudolph).

18 "그녀(나오미)가 룻의…굳게 결심함을 보고"(וַתֵּרֶא כִּי־מִתְאַמֶּצֶת הִיא – 와테레 키-미트아메체트 히). 여기에 나오는 아마츠(אמץ)의 히트파엘형의 의미는 말하기가 어렵다. 구약성경의 다른 문맥에서 단 두 번 – 열왕기상 12:18=역대하 10:18; 역대하 13:7 – 만 사용되는데, 각기 서로간에 그리고 룻기 본 문맥에서 요구하는 의미와 상당히 다른 의미를 요구한다. 다른 어간에 들어 있는 어근의 의미 가운데 반영된 "강하게 되다"란 언어의 범위에 근거하여 어원을 더듬어 가는 것(예를 들어, Schreiner, *TDOT* 1:324; Hubbard, 121이 이를 따름)은 언어 의미론적으로 타당하다. 그런 까닭에 우리는 우리를 인도해 줄 문맥만을 가지게 된다(대하 13:7의 의미에 대한 딜라드의 논평에 관해서는 *2 Chronicles*, 107-8를 보라). 이것은 "굳게 결심하다, 결심하다"와 같은 의미를 필요로 한다. 분사형은 과거의 동작의 계속을 나타내며, 룻의 결심의 계속적 성격을 강조하고 있는데, 번역에서는 이 뉘앙스를 드러내기가 어렵다.

"(그녀가) 그(녀)에게 말하기를 그치니라"(וַתֶּחְדַּל לְדַבֵּר אֵלֶיהָ – 와테흐달 레답베르 엘레하). 룻기에 대한 자신의 수사학적 연구 가운데서 트리블(Trible, 172-73)은 여기서 나오미의 침묵에 근거하여 그리고 그녀가 이 장면에서 룻에게 다시 말하지 않는다는 사실에 근거하여 룻의 시어머니로부터 그녀의 분리에 대해서, 또한 룻으로부터 나오미의 철회에 대해서 말한다. 나오미의 성격을 파악하는 가운데 페웰(Fewell)과 건(Gunn)이 이 분석을 따랐다. *JSOT* 40(1988) 99-108. 나오미의 침묵과 룻기 1장의 내용과 창세기 38장의 유다-다말 에피소드의 문학적 암시에 근거하여, 페웰과 건은 나오미를 단순하게 찬성하여 말하지 않고, 나오미에게 있어서 그 침묵이 "하나의 불쾌함, 염증, 좌절, 걱정으로 생기는" 것으로 주장한다. 모압 여인 룻은 그녀에게 하나의 "불편, 위협적 형세"(104)다. 그러나 이것은 본문이 담을 수 있는 것보다 훨씬 더 많은 것을 말하고 있다. 여기서 나오미의 침묵은 어떤 압력도 받지 않는다. 문장은 단순히 그녀가 룻으로 하여금 모압으로 돌아가도록 강요하기를 그쳤다는 사실을 의미한다. 본문은 "그녀가 그녀에게 더 이상 말을 하지 않았다"고 말하지 않는다. 사용된 동사는 하달(חדל)인데, 이것은 자동사적으로 "정지하다, 그치다"(예를 들어, 출 9:29)를 의미하지만, 직접 목적어로서 부정사와 함께 혹은 부정사+레(ל)와 함께 사용되었는데, 이것은 어떤 일을 하기를 "정지하다, 그치다"(예를 들어, 창 11:9)를 의미한다. 그렇다면 본문은 분명히 "그녀가 그녀에게(집으로 돌아가는 것에 관해서) 말하기를 그쳤다"를 의미한다. 더 나아가서 우리의 설화자는 우리에게 여행 중에 일어난 일에 관해서 전혀 말하지 않는다. 그는 우리에게 가장 간략한 요약적 진술만을 하고 있다. 즉 "이에 그 두 사람이 행하여 베들레헴까지 이르니라"(19a절). 우리의 설화자는 나오미와 그녀의 자부 사이의 일련의 대화를 기록하는 데 오직 이 장면만을 사용했다("양식/구조/배경"과 특히 "해설"을 보라). 그 밖의 모든 일은 전혀 우리에게 알리지 않은 채로 남겨 놓고 있다.

더 나아가서 창세기 38장과의 문학적 유사성을 사용하려는 페웰과 건의 시도는 억지로 만들어지고 현혹시키는 것이다. 자기의 두 아들과 자신의 아내가 죽은 다음 유다가 아둘람으로 여행해 간 것은 창세기 38장에서 어떤 실제로 억지의 "구조적 회상"을 만들 정도로 너무나 다르다. 그리고 다말에게 한 유다의 말에 대한 "그녀의 아비 집으로 돌아가라"는 암시는 분명히 거짓임이 다음 사항에 의하여 드러난다. (1) 룻 이야기에서 이례적인 "어미의 집"에 대한 설화자의 선택, (2) 유다가 "수절하고 네 아비 집에 돌아가라(있어서?)"고 말했고, 반면에 나오미의 강요는 특별히 "여호와께서 너희로 각각 남편의 집에서 평안함을 얻게 하시도록", 즉 하나의 과부로서의 삶이 그치도록 말하고 있다는 사실이다. 어떻게 그러한 빈약한 문학적 인유(引喩)가 나오미가 유다가 다말에게 했던 것과 같은 의심을 가지고, 즉 "그 다음에 룻은 다말이 유다에게 그랬던 것처럼 나오미에게 그녀의 목에 달린 애물단지가 되었을"(*JSOT* 40[1988] 103) 그녀를 고통스럽게 하는 원인으로 생각하면서(말하자면, 그의 두 아들의 죽음) 룻을 바라볼 수 있겠는가?

페웰과 건은 한 가지 점에서는 나오미의 말을 정확하게 파악한다. "…본 장에 있는 그녀의 모든 말의 핵심부에는(우리가 본 구절을 세밀하게 수사학적 분석을 하여 알아볼 수 있는 바와 같이) 빈곤에 대한 나오미의 쓰라린 느낌이 있다"(*JSOT* 40[1988] 101). 그 이유는 우리의 설화자가 분명히 자신이 1-5절에서 너무나 간략하게 묘사한 나오미의 삶을 고통스럽게 한 죽음과 결손의 문제에 대한 정서적 규모를 채우기 위해 본문의 대화를 사용하고, 또한 다음 장면에 나오는 나오미와 예루살렘 여인들 사이의 대화를 사용하기 때문이다("해설"을 보라).

19a "이에 그 두 사람이 베들레헴까지 갔더라"(שְׁתֵּיהֶם עַד־בֹּאָנָה בֵּית לָחֶם
וַתֵּלַכְנָה – 와텔라크나 셰테헴 아드-뽀아나 빼트 라헴). 셰테헴(שְׁתֵּיהֶם)에 있는 접

미사 -헴(הֶם־)이 남성 복수형이 아니라 쌍수의 퇴화로 남아 있는 것이라는 입장에 대해서는 위의 8절에 있는 "주석"을 보라. 보다 통상적인 -안(אָן־) 대신 3인칭 여성 복수 접미사 -아나(אנה־; GKC § 91f을 보라)는 와텔라크나(ותלכנה)와의 두운법을 제공하기 위해 사용되어 왔을 수 있다.

해설

첫 장면에 있는 "양식/구조/배경"에서 1:1-22의 단일성에 대한 논의에서 살펴본 바와 같이, 이 장면은 이야기의 사건의 맥락 가운데서 중요한 발전, 즉 유다로 돌아간 일을 진술한다. 사용된 단어만이 이러한 사실을 반영하고 있는데, 왜냐하면 할라크(הלך, "가다, 여행하다")와 수브(שׁוב, "돌아가다, 되돌아가다")란 동사들이 이 단락에서 각기 여덟 번 출현하면서 어투를 지배하고 있기 때문이다. 그러나 이 장면은 "나오미와 룻이 유다로 돌아간 방식"이라고 이름붙일 수 있는 사건들의 진술이 아니다. 형식과 내용이 이것을 분명히 하고 있다. 형식상 이것은 사건들에 대한 진술이 전혀 아니다. 간략한 서술적 서론(7절)과 가장 간략한 서술적 결론(19a절)과는 달리, 이것은 오직 예루살렘으로 돌아오는 어느 지점에서 있었던 세 여인 간의 대화, 즉 누가 어디로 돌아갈 것인가에 관한 가슴 아픈 대화에만 집중하고 있다("양식/구조/배경"을 보라). 두 여인이 나오미와 함께 갈 것인가, 아니면 모압으로 돌아갈 것인가? 이것이 본서 저자가 동사 수브(שׁוב, "돌아가다")를 사용하는 방식 자체에 들어 있는 내용에 반영되어 있다. 즉 단 두 번만 이 단어가 유다로 돌아감을 언급하고, 한 번은 7절의 서술적 서론에 있고, 한 번은 나오미와 함께 돌아가려고 하는 10절의 두 여인의 결심 가운데 나온다. 다른 여섯 번의 출현은 모압으로 되돌아감을 언급하고, 네 번은 나오미가 두 여인에게 모압으로 되돌아가라고 가슴 아픈 호소를 하는 가운데 나오미가 한 명령으로 되어 있다. 그런 까닭에 이야기-사건의 맥락-의 이 단계에서 이 장면은 실질적으로 어떻게 나오미와 룻이 모압으로부터 돌아왔는지를 설명하는 것이 아니고 6절의 어떻게 "그녀(나오미)가 모압 땅에서 돌아왔는지"라는 개요에 있는 요약적 진술이 어떻게 22절의 회상 가운데서 요약적 진술이 될 수 있었는지를 설명하고 있다: "모압 땅에서 돌아온 그녀-곧 나오미가 모압 지방에서 그의 며느리 모압 여인 룻과 함께 돌아왔다"는 것이다.

이것은 이야기의 겉 수준-사건들의 연속-에 충분하다. 줄거리 맥락의 수준에서 본서 저자는 자신이 간략하게만 묘사했던 문제, 즉 나오미를 고통스럽게 하는 상실과 결손을 계속해서 더 진술하려고 이러한 반전 과정을 사용하고 있음이 분명하다. 이것은 대화의 내용 속에서(특히 그의 나오미의 성격 묘사), 그녀가 8-9절에서 두 젊은 여인에게 모압으로 돌아가라고 명령하면서 하고 있는 괴로움의 표현 에서, 11-13절에서 불합리성들을 가지고 자신의 의사를 지지하고 또한 야웨 자신이 그 원인이 되었다는 데서 괴로움의 표현이 절정에 도달했던 바, 그녀들에게 본국으로 돌아가라는 거의 분노에 가까운 그녀의 근심어린 호소 가운데서 그리고 16-18절에서 한 룻의 열정적인 서원과 위탁에 대한 침묵의 반응에서 발견될 수 있다(아래의 자세한 설명을 보라).

여인들의 목적지에 대한 갈등이 6-7절의 어투 자체에서 미묘하게 소개되고 있는데, 이 부분은 첫 번째 장면을 마감하고 이 장면을 여는 서술적 전환과 대화를 위한 무대를 진술하고 있다. 이 구절들의 문장의 구조는 비정상적이고 특이하다. 6절에서 설화자는 복수 주어가 있음에도 불구하고 동사 와타샤브(ותשב, "그리고 그녀가 돌아갔다")를 사용하면서 복수로 전환하지 않고(그 곳의 "주석"을 보라), 그로 말미암아 "나오미"만을 긴밀하게 연결된 동사들의 주어로 만들고 있다. 이 점은 뒤따라오는 종속절 가운데 있는 동사 "들었다"의 주어를 나오미 한 사람으로 만듦으로써 강화된다. 7절은 더욱 특이하다. 저자가 이미 6절 초두에서 "그녀(나오미)와 두 며느리"란 주어를 소개했음에도 불구하고, 저자는 그들이 머물고 있는(היו – 하이우) 곳으로부터 "그래서 그들이 나아갔다"(ותצאנה – 웨티츠아나)고 단순하게 말하지 않는다. 동사들이 단수형인 데 반해, 주어는 "나오미" 한 사람이며, 두 젊은 여인은 덧붙여진 상황절 "두 며느리와 함께"에서만 포함된다(7절의 "주석"을 보라). 그들이 "돌아간다" 혹은 "듣는다" 혹은 "나아간다"라고 되어 있지 않다. 그들은 "자기들의 시어머니와"만 나타날 뿐이다. 복수형은 최종적으로 마지막 문장에서만 채용된다. 즉 "그리고 그들이 돌아오려고 길을 가다가…". 그런 까닭에 처음에는 자기의 두 자부를 데리고 돌아올지라도 오직 나오미만이 유다로 돌아오고 있는 것이다. 그러므로 본서 저자는 기술적으로 자신의 청중의 마음속에 두 젊은 여인의 위치와 의도에 대해서 모호함과 불확실성을 심어 주고 있다. 그들이 무엇 때문에 나오미와 동행하고 있는가? 우리는 이런 식으로 세 여인이 고통스럽게 씨름하는 8-17절에 뒤따라오는 대화에 대해 상당한 준비를 하게 된다.

나오미는 8절에서 정면으로 문제를 지적하면서 대화의 문을 연다. 즉 그녀는 그들 각자가 모압으로 돌아가기를 요구하고, 야웨께서 그들이 본 고향으로 돌아갔을 때 또 다른 가정을 이루도록 축복하시기를 구함으로써 그들을 밀어낸다. 서술적 서론 가운데서 훌륭하게 표현된 그들 세 사람의 상황의 모호성이 이 구체적인 요구와 결합하여 나오미의 입장의 혼합된 감정과 어려움을 드러내고 있다. 오르바와 룻이 모압으로 돌아간다는 것은 나오미가 모든 것을 잃고 완전히 혼자서 황량한 상태로 본국으로 돌아가야 한다는 사실을 의미한다. 그러나 그들로 하여금 자신과 함께 유다로 돌아가게 한다는 것은 이제 야웨께서 그들에게 주시도록 간청하는 삶의 모든 희망을 포기하라고 그들에게 요구하는 것을 의미한다. 그녀는 이러한 곤경에 직면하여 실질적인 선택 사항을 가지고 있지 않았다. 가정과 남편 그리고 아들들을 잃는 재앙에다가 그녀는 이제 또 다른 것, 즉 이제는 스스로에게 부과한 것을 더 부과해야 한다(Campbell, 82). 그녀는 혼자 본국으로 돌아가야 한다. 그녀의 작별 인사의 첫 마디는 사실상 괴로움을 나타내는 어조로 되어 있다(Campbell, 82). 그들 역시 감정과 고통을 가지고 말을 듣게 되는데, 그 이유는 그들 모두가 그 즉시 큰 소리로 울음을 터뜨렸기 때문이다(9c절).

그러나 이별은 그렇게 쉽지 않다. 그 젊은 여인들도 해결책을 쉽게 찾아낼 수 없다(10절). 그들은 "아니니이다 우리는 어머니와 함께… 돌아가겠나이다"라고 하면서 부르짖는다("주석"을 보라).

나오미는 이러한 거절에 대해서 세 개의 분리된 연설로 응답하는데(11-13절; "양식/구조/배경"을 보라), 그 각각의 응답에서 그녀는 이제 그들에게 감동적인 어조로 "내 딸들아"라고 부른다. 첫 번째 연설(11절)에서 그녀는 "자궁" 대신에 "내부"라는 단어를 선택함으로써 진술되는 날카로운 어조로 불가능성을 단정하는 솔직한 수사학적 질문을 가지고 본국으로 돌아가라는 자신의 요구를 지지해 나간다: "내 태중에 너희의 남편 될 아들들이 아직 있느냐?" 두 번째 연설(12-13b절)에서 그녀는 이러한 질문에 대해 "나는 늙었으니 남편을 두지 못할지라"는 사실적인 진술을 가지고 대답하고 나서 그럴 것 같지 않은(혹은 사실과 반대되는) 상황을 가지고 말을 이어가는데, 그 조건절은 자신이 방금 전에 부정한 사실 자체의 가능성을 생각한다: "가령 내가 소망이 있다고 말한다든지 오늘 밤에 남편을 두어 아들들을 낳는다 하더라도…." 그녀는 그 부조리에 접해 있는 두 개의 웅변적 질문을 가지고 이 불가능한 상황에 답변한다. "너희가 어찌 그들이 자라기를 기다리겠으며 어찌 남편 없이 지내겠다고 결심하겠느냐?" 세 번째 연설(13c-d절)에서 그녀는 강조적 의미를 가진 "그렇지 아니하니라"는 말로 결론을 지으면서 자신의 삶의 운명이 너무나 쓰라리므로 그녀들과 나누어 가질 수 없다는 사실을 그 이유로 제시한다. 그러고 나서 그녀는 그녀의 재앙의 원인이 다름 아닌 자기를 치신 여호와 자신이라는 쓰라린 표현으로 자기의 주장에 쐐기를 박는다. 이러한 일련의 웅변적 질문과 모두가 불가능한 상황이라는 이 형식과 어조는 나오미가 논리적 주장을 끌어들이지 않고 있음을 보여 준다. 그녀는 사실상 전혀 이유를 제시하지 않고 있다. 그보다 이것은 거의 분노에 가까운 근심이요 자신이 홀로 본국으로 돌아가야 하고, 또한 두 여인이 자신과 동행하고 있기는 하지만 자신의 홀로 되고 고독한 상황이라는 절망 상태로 두 젊은 여인을 이끌고 들어갈 수 없다는 쓰라린 인식에 사로잡힌 한 여인의 절규다.

그녀의 근심어린 호소는 두 개의 상반된 반응을 일으킨다. 오르바는 나오미의 주장에 동의하고 자신의 시어머니에게 작별 인사를 한다. 그녀의 결정은 정상적이고도 타당한 것이다. 그녀는 자신의 공동체와 자신의 신앙을 선택한다. 즉 그녀는 "그의 백성과 그의 신들에게로 돌아갔다"(15a절). 캠벨(82)과 트리블(172)이 강조한 바와 같이, 이 이야기는 오르바의 행동에 대해 부정적인 판단을 내리지 않는다. 그녀는 나오미에게 순종했고, 그로 말미암아 그녀의 고통을 덜어 주었으며, 그녀는 공동체와 관습이 결정하는 요구대로 행동한다. 그러나 그녀의 행동 과정이 옳고 타당할지라도, 그것은 그녀가 나오미의 세계에서 더 이상의 역할을 하지 못한다는 것을 의미하며, 따라서 그녀는 이야기 가운데서 사라진다. 본서 저자는 그녀가 홀로 자신의 본국으로 돌아간 여행에 관해서 단 한마디도 말해 주지 않는다. 룻의 반응은 오르바의 작별 인사만큼 인상적이다. 즉 그녀는 이제 물리적으로 자기의 시어머니를 붙좇는다. 오르바를 보내고 나서, 나오미는 룻으로 하여금 그 동서를 따라가라고 재촉한다(15절).

나오미가 한 이러한 마지막 요구에 대해서 룻은 웅변적이고도 마음을 감동시키는 선언을 한다(16-17절). 이것은 모든 삶의 활동을 포함하고 있을 뿐만 아니라 생명 자체의 종말까지 확대하여 자신의 시어머니에게 그러한 철저한 위탁을 표현하고 있는데, 곧 그들이 묻히는 장소까지도 둘이 연합되리라는 것이다("양식/구조/배경"을 보라). 그녀의 나오미에 대한 위탁은 인종적 기원과 국가의 종교의 결속까지도 초월한다. 즉 나오미의 백성과 나오미의 하나님이 그 이후로는 그녀의 백성과 하나님이 될 것이다. 그리고 자신의 말에 진실성을 부여하면서, 그녀는 그 다음에 즉시 오직 죽음만이 종국에는 자기들을 갈라놓을 것이라는 엄숙한 맹세를 하면서 야웨의 이름을 입으로 들먹인다. 그러한 철저한 위탁으로 인해 나오미는 룻이 자기와 함께 가는 데서 따라올 미지의 운명에 대해 느끼는 책임감으로부터 놓여나서 더 이상 룻에게 돌아가라고 명령하지 않는다. 그 대신 룻의 결심을 보고 그녀는 더 이상 그녀를 채근하지 않는다(18절). 우리의 설화자는 그러한 위탁에 대해서 따뜻한 용인의 말을 하지 않으며, 사랑스러운 감사의 말도 하지 않는다. 사실상 룻의 따뜻하고도 감동적인 위탁에 대해서 그러한 반응이 없다는 것은 나오미가 돌아오는 가운데 사무친 쓰라림에 관해서 상당량을 말하고 있는 것이다. 나오미는 그 어떤 거절이라도 견디어낼 만한 룻의 위탁을 거절할 수 없었고, 다만 암묵의 승인 이외의 어떤 것도 할 수 없었다. 그 직후에 우리의 저자는 이 에피소드를 이렇게 결론짓는다: "이에 그 두 사람이 베들레헴까지 갔더라." 이 여행은 구체적으로 설명되지 않고 가장 간략한 요약 내용으로 되어 있다. 그러한 장면과 함께 우리의 저자는 "말론과 기룐 두 사람이 다 죽고 그 여인은 두 아들과 남편의 뒤에 남았더라"(5절)는 자신의 진술을 통하여 자신이 너무나도 간략하게 요약한 죽음과 결손에 대한 정서의 규모 가운데 채워 넣었다.

그리고 룻에 대해서는 어떠한가? 룻이 나오미와 함께 한 것과 또한 무엇보다도 룻이 자신의 위탁을 표현하는 단호한 말은 생명과 충만함을 바라보고 말하는 나오미의 공허한 발언과 상실감에 대해 하나의 대조를 이룬다. 그러나 이 말과 행동 역시 히브리어가 헤쎄드라고 지칭한 사랑과 희생적 충성이라는 모든 구약성경의 문서들에서 가장 두드러진 실례들 가운데 하나를 이루고 있는데(참조. 1:8; 3:10), 그 이유는 룻의 나오미에 대한 헌신은 룻의 미래와 안정에 대한 모든 이익을 배제하게 했으며 공동체와 종교의 결속까지 깨뜨리도록 만들었기 때문이다. 필리스 트리블(Phyllis Trible)은 이스라엘의 모든 사건들 가운데서 아브라함만이 이러한 철저한 헌신에 걸맞게 행동했으나, 그는 부르심을 받았고 또한 인간 세상에서 부양할 한 아내와 가족이 있었던 사람이라고 본다(173).

> 다른 한편, 룻은 홀로 서 있다. 그녀는 아무것도 가지고 있지 않다. 하나님께서 그녀를 부르시지도 않았다. 그 어떤 신도 그녀에게 축복을 약속하지 않았다. 그 어떤 인간도 그녀를 도우려고 오지 않았다. 지원해 주는 공동체도 없이 살아가려고 선택하고 있으며 자신의 결정의 열매가 거절이라는 허무함, 즉 실질적인 죽음이 될 수도 있음도 알고 있다. 결국, 아브라함의 믿음의 고백까지도 룻의 이러한 결정을 능가하지 못한다. 그리고 그보다 더한 것이 있다. 룻은 가족과 나라 그리고 신앙관계까지도 끊었을 뿐만 아니라 이성 간의 헌신까지도 뒤집어엎었다. 한 젊은 여인이 남편을 찾기보다는 한 늙은 여인의 삶에 자신을 위탁했다. …삶을 남성들에게 의존하는 세상에서 한 여성이 또 다른 여성을 선택했다. 이스라엘의 기억에 남을 모든 사건 가운데서 이보다 더 철저한 결정은 없을 것이다.

그렇다. 한 젊은 여인이 한 늙은 여인의 삶에 자신을 위탁했다. 그러나 나오미는 이 위탁의 의미를 아직도 감지하지 못할 수 있다 – 다음 장면에서 베들레헴에 그들이 도착한 것에 대한 그녀의 반응에서 보여 주는 바와 같이 말이다.

장면 3. 결손에 대한 언급:
나오미가 룻과 함께 베들레헴에 도착하다(1:19b-22)

참고문헌

Berlin, A. *Poetics and Interpretation of Biblical Narrative.* Sheffield: Almond, 1983. **Dommershausen, W.** "Leitwortstil in der Ruthrolle." In *Theologie im Wandel.* Munich- Freiberg: Wewel, 1967. 394-407 **Hyman, R. T.** "Questions and Changing Identity in the Book of Ruth." *USQR* 39(1984) 189-201. ______. "Questions and the Book of Ruth." *HS* 24(1983) 17-25. **Jongeling, B.** "HZ'T N'MY(Ruth 1:19)." *VT* 28(1978) 474-77. **McDonald, J.** "Some Distinctive Characteristics of Israelite Spoken Hebrew." *BO* 32(1975) 162- 75. **Myers, J.** *The Linguistic and Literary Form of the Book of Ruth.* Leiden: Brill, 1965. **Pedersen, J.** *Israel, Its Life and Culture I-II.* London: Oxford, 1926. **Rauber, D.** "Literary Values in the Bible: The Book of Ruth." *JBL* 89(1970) 27-37. **Rebera, B.** "Identifying Participants in Old Testament Dialogue." *BT* 33(1982) 201-7. **Vaux, R. de.** *The Early History of Israel.* Philadelphia: Westminster, 1978.

본 문

19b 베들레헴에 이를 때에 온 성읍이 그들을 인하여 떠들며 이르기를 이가 나오미냐 하는지라	**19b** When they entered[a] Bethlehem, all the women of the town buzzed with excitement because of them, saying,[b] "Is this really Naomi?"[c]
20 나오미가 그들에게 이르되 나를 나오미라 칭하지 말고 마라라 칭하라 이는 전능자가 나를 심히 괴롭게 하셨음이니라	**20** She replied to them, "Don't call me, 'Pleasant':[a] call me 'Bitter'![a] For bitter indeed has the Almighty made my life!
21 내가 풍족하게 나갔더니 여호와께서 나로 비어 돌아오게 하셨느니라 여호와께서 나를 징벌하셨고 전능자가 나를 괴롭게 하셨거늘 너희가 어	**21** Full was I when I went away;[a] But empty has Yahweh brought me back. Why do you call me 'Pleasant'? When Yahweh has spoken[b] against me,

찌 나를 나오미라 칭하느뇨 하니라
22 나오미가 모압 지방에서 그 자부 모압 여인 룻과 함께 돌아왔는데 그들이 보리 추수 시작할 때에 베들레헴에 이르렀더라

And the Almighty has brought disaster upon me!"
22 So thus Naomi returned, along with Ruth the Moabitess, her daughter-in-law – she who returned from the territory of Moab. And they arrived in Bethlehem at the beginning of the barley harvest.

원문주해

19b.a. 여기에 나오는 접미사의 형태에 대해서는 19a절의 "주석"을 보라.

19b.b. 직역하면 "온 동네가 그들로 인하여 떠들썩했으며, 그리고 그들[여성 복수]은…라고 말했다". "주석"을 보라.

19b.c. 직역하면 "이것이 나오미냐?" – 질문이 아닌 하나의 외침. "주석"을 보라.

20.a. "나오미"는 "기쁜, 아름다운"을 의미한다. "마라"는 "쓰다"로서 하나의 단어 유희다. "주석"을 보라.

21.a. 직역하면 "나는 완전히 가 버렸다". "주석"을 보라.

21.b. 직역하면 "시험을 거친". 역본들(LXX, Vg, Syr, OL)은 모두 여기 나오는 동사를 인나(עִנָּה)로 읽고 있는데, 이는 어근 아나(ענה)의 피엘형 어간이며, 따라서 "괴롭히다, 파괴하다"와 그와 유사하게(RSV가 그렇게 함) 번역한다. 그러나 이 동사가 그 어디에서도 목적으로 브(ב)를 취하지 않고(Joüon; Myers, *Linguistic and Literary Form*, 22), 또한 MT의 형태 아나 브(עָנָה ב, "대하여 시험하다")가 문맥 가운데서 사리에 맞으므로 MT가 의심할 여지없이 선호되어야 할 것이다. "주석"을 보라.

양식/구조/배경

이 장면은 나오미와 룻의 베들레헴 도착을 기록하고 있고, 나오미와 그 성읍의 여인들 간의 대화를 통하여 나오미의 도착의 성격을 기술하고 있다. 이 단락은 와예히(ויהי)가 이끄는 시간을 나타내는 문장으로 시작되는데, 이는 설화의 새로운 단락을 여는 데 정규적으로 사용된 문장 구조이며(GKC §§ 111f.g), 이 시간을 나타내는 문장이 19a절, "(그들이) 베들레헴에 이를 때에"(עד־בואנה בית לחם – 아드-보아나 베틀렉헴)라는 정보를 반복시켜 준다. 이것은 바꾸어서 22c절의 마감하는 요약문, "그들이…베들레헴에 이르렀더라"(והמה באו בית לחם – 웨헴마 바우 베틀레헴)와 함께 하나의 인클루시오를 이룬다.

이 장면의 마지막 구절인 22절은 전체 행동의 종결을 제공해 준다. 22절의 첫 번

째 문장의 첫 단어 와타샤브(ותשב, "그리고 그녀가 돌아왔다")는 전체 단락의 주제 단어 수브(שוב)를 반복하고 있으며, 첫 번째 장면을 하나의 종결로 이끌고, 또한 그 다음 장면으로의 전환을 이룬 문장인 6절의 동일한 요약적 진술과 인클루시오를 이룬다. 더욱 극적인 인클루시오는 룻이 22절에서 "모압 땅에서 돌아온 그녀"로 밝혀져 있는 관계절에 의해서 이루어진다. 여기서 수브(שוב, "돌아가다")란 동사와 세데 모압(שדי מואב, "모압 땅")이란 표현은 모두 우리를 처음 단락인 1-6절로 이끌어 간다. 더 나아가서, 그들이 베들레헴에 도착했을 때를 진술하고 있는 22절 끝에 있는 시간을 나타내는 문장, 즉 "보리 추수 시작할 때"는 야웨께서 자기 백성에게 양식을 주셨다는 6절에 있는 진술을 구체화하고 있으며, 이 두 언급이 처음 문장의 기근에 해결책을 가져다 준다. 우리의 설화자의 기교는 이 장면에 종결을 제공하고, 또한 룻이 같은 이 추수 밭에서 이삭을 줍는 그 다음 문장과 연결시키는 이중적인 목적을 위하여 "보리 추수"란 문구의 사용에서 드러난다. 마지막으로, 이 종결은 또한 두드러지게 마지막 문장의 구문론을 통하여 수행된다. 완료 동사 "도착한" 앞에 위치한 독립대명사 "그들"로 시작함으로써, 우리의 저자는 와우 연속법 동사형의 이전의 순서에 의하여 이루어진 연대기적 계승의 사슬을 끊는다. 에피소드의 처음과 끝을 표시하기 위하여 그러한 "상황적" 구절의 사용에 대해서는 SBH, 78, 80-82를 보라.

앞의 장면에서처럼 여기서도 역시 우리의 설화자는 의사소통을 위하여 서술보다는 대화를 사용한다. 전체 단락은 단순히 19d-21절의 나오미와 여인들 간의 대화로 이루어져 있는데, 이것은 장면을 도입하고 있는 19b-c절의 하나의 진술과 그것을 종결짓고 있는 22절의 두 번째 서술 진술 사이에 끼워졌다(도표를 보라). 대화는 그녀를 알아보고 여인들이 터뜨린 기쁨의 소리를 통하여 터져 나온다(19d절). 20-21절의 나오미의 반응은 형태와 내용상 긴밀히 결합된 두 단락으로 나누어진다. 각 단락은 그녀의 이름에 대한 단어 유희로 시작된다. 그것은 그 성읍의 여인들의 입술을 통하여 너무나 기뻐서 방금 전에 발설되었는데, 각 단어 유희는 그녀는 그녀의 이름의 의미가 "기쁜, 아름다운"을 암시한다는 사실을 부정하려고 의도하고 있다("주석"을 보라). 첫 번째 단어 유희 W(20b절)에서, 그녀는 자신을 나오미의 반의어인 마라("씀, 괴로움")로 불러 달라고 요청하면서 자기 이름의 의미를 부인한다("주석"을 보라). 두 번째 단어 유희 W′(21c절)에서, 그녀는 의도되어 있는 정체를 부인하기 위해서 의도되어 있는 웅변적인 "어찌하여"란 질문을 사용한다("주석"을 보라). 각각의 단어 유희 다음에 그 부인의 근거가 뒤따라온다. 이 두 개의 진술이 한 쌍, 즉 A-B와 B′-A′로 되어 있는데, 각기 교차적으로 연결되어 있다: A와 A′는 "샤다이"를 사용하고 구조와 내용에서 평행을 이루며, 한편 B와 B′는 아주 다른 구조와 내용으로 되어 있을지라도 "야웨"의 사용에 있어서는 평행을 이룬다. 바꾸어서 B는 내용상 교차적으로 되어 있는 두 개의 문장으로 구성되어 있다: "나" 대 "야웨", "풍족" 대 "비어" 그리고 "나갔더니" 대 "돌아오게". 그리고 문장 순서에서도 교차적이다: S-Adv-V(주어-부사-동사) 대 Adv′-V′-S′. 이것은 나오미의 처음 상태와 야웨께서 그 후에 그녀에게 하신 일을 날카롭게 대조하면서 각 문장의 주어를 대담한 전환으로 바꾼다. 서술 결론인 22절은 이 장면을 종결짓고 동시에 행동 전체를 종결짓는다(19-22절의 구조 도표를 보라).

19-22절의 구조

N 서론			(그들이) 베들레헴에 이를 때에 온 성읍이 그들로 말미암아 떠들며 이르기를	19b-c절
대화	동기		그리고 여인들이 말했다	19d절
			이가 나오미냐?	
	반응		그리고 그녀가 그들에게 이르되	20a절
		W	나를 희락이라 칭하지 말고 괴로움이라 칭하라	20b절
		A	이는 전능자가 나를 심히 괴롭게 하셨음이니라	20c절
		B	내가 풍족하게 나갔더니 S(주어)Adv(부사) V(동사)	21a절
			비게 돌아오게 하셨으니라 야웨께서 Adv′ V′ S′	21b절
		W′	너희가 어찌 나를 희락이라 칭하느뇨?	21c절
		B′	야웨께서 나를 징벌하셨고	21d절
		A′	전능자가 나를 괴롭게 하셨거늘	21e절
N 결론			나오미가 모압 지방에서 그의 며느리 모압 여인 룻과 함께 돌아왔는데 그들이 보리 추수 시작할 때에 베들레헴에 이르렀더라	22절

주석

19b "온 성읍이 그들로 말미암아 떠들며"(וַתֵּהֹם כָּל־הָעִיר עֲלֵיהֶן – 와테홈 콜-하이르 알레헨). 동사 와테홈(וַתֵּהֹם, "떠들다")의 어근과 의미는 불확실하다. 첫째, 어근 나함(נהם), 하맘 홈/훔(המם הום/הוּם), 하마(המה) 모두가 "흥얼거리다, 떠들다, 투덜거리다, 소리치다"의 범위에 들어 있는 의미를 가지고 있는데(틀림없이 이 모두가 원래 의성어 어근 흠(הם)에서 확장된 것임; 참조. *TDOT* 3:419), 이것으로부터 은유적 의미 "흥분하여 말하다, 소란이 일다, 쉬지 못하다, 동요하다, 혼란에 빠지다"가 나왔다. 둘째로, 지적한 바와 같이 형태 자체는 홈(הוּם)의 칼형 어간이거나(GKC § 72h을 보라) 하맘(המם, 유사한 형태에 관해서는 GKC § 67t를 보라) 혹은 홈(הוֹם, 유사한 형태에 관해서는 GKC § 72v를 보라)의 니팔형일 수 있다. 이러한 어근으로부터 나타나는 형태들의 다양성을 제공했으므로, LXX의 에케센(ἤχησεν, "소리가 퍼졌다")이 하마(המה)로부터 파생된 와테홈(ותהם)으로 읽었음을 반영하고 있다고 생각하는 것은 가정에서 나온 추론이 아니다(Joüon, Rudolph; 참조. Gerleman, 17의 논평). 사실상 같은 형태 와테홈(וַתֵּהֹם) 역시 사무엘상 4:5에 나타는데, 이는 언약궤가 도착했을 때 이스라엘 진영에서 나온 기쁨의 소리를 가리키며, 열왕기상 1:45에서는 솔로몬의 기름부음을 축하했던 흥분된 외침을 가리킨다. 그러나 이러한 같은 어근으로부터 나온 관련된 형태들은 성읍 거리의 소란과 소동을 가리킬 수 있고(사 22:2; 잠 1:21) 혹은 파도 소리(사 17:12; 렘 6:23)를 나타낸다. 그런 까닭에 MT의 와테홈(וַתֵּהֹם)이 어떻게 분석되든 이것은 여기서 두 가지 의미들 가운데 하나를 가질 수 있다. 한편으로 이것은 동요와 경악이나 혹은 다른 한편으로 기쁨의 흥겨움을 표현하기 위하여 취급될 수 있다. 어떤 의미로 이해되어야 하느냐는 것은 다음에 나오는 질문 "이가 나오미냐?"에 일치하는 의미에 달려 있는데 이에 대해서는 다음 사항을 보라.

"온 성읍"이란 구문은 제유법의 한 실례, 즉 부분으로 전체, 전체로 부분을 나타내는 표현법인데, 이를테면 "누군가가 '온 성읍'에 대해서 말할 때 그 사람은 실제로 그 성읍 거민의 대부분만을 의미한 것이다"(de Waard-Nida, 20). 그 다음 동사의 여성 복수형이 드러내고 있는 바와 같이, 이 경우 "온 성읍"은 베들레헴의 여인들을 의미한다(아래를 보라).

"(그리고 그들이) 이르기를 이가 나오미냐?"(וַתֹּאמַרְנָה הֲזֹאת נָעֳמִי – 와토마르나 하조트 나오미). 만일 19b절의 첫 번째 문장의 주어가 문자 그대로 "그리고 그 온 성읍이…"로 번역된다면, 이 문장은 결코 "그리고 그들이 말했다…"(LXX, KJV가 이렇게 번역함)로 번역될 수 없는데, 왜냐하면 "그들"이 그 다음에 자연적으로 이 주어, 즉 "온 성읍"을 가리키는 것으로 취급되어야 할 것이며, 반면에 와토말라(וַתֹּאמַרְנָה)의 여성 복수형이 그 성읍의 여인들을 가리킴에 틀림없기 때문이다(Rebera, *BT* 33[1982] 203에 있는 논의를 참조하라). 그러나 사실 첫 번째 문장은 문자 그대로 번역되지 말아야 할 것이다. 유온(43)과 드 와디 니다(20)가, 이 여성형 복수가 설화자에게는 "온 성읍"이라는 모호하고 상징적인 표현의 구체적인 의미가 베들레헴 여인들이라는 사실을 의미했을 것이라고 지적한 것은 옳다(또한 참조. Trible, 174). 이 점은 와토마르나(וַתֹּאמַרְנָה, "그리고 그들이 말했다")라는 동사의 구체적인 주어, 즉 하나쉼(הנשים, "그 여인들")과 같은 주어가 여기서 누락됨으로써 실질적으로 확실시된다. 우리가 제시한 바와 같은 이 두 문장에 대한 몇몇 그러한 번역들은 히브리 관용어의 미묘한 효과를 전달하는 데 필요하다.

의문을 나타내는 불변화사 하(הֲ)에 의해서 영향을 받은 "이가 나오미냐?"는 여인들이 나오미에게 말한 것이 아니고 와테홈(ותהם)에 의하여 표현된 흥분한 동요를 조성하면서 서로간에 말한 것이다. 이것은 "그래/아니야"란 대답을 기대하는 실질적인 질문이 아니고(Hyman, *HS* 24[1983] 17는 이에 반대다), 외침의 의미를 가지고 있는 수사학적 질문이다(*GBH* § 161b, 그리고 위의 11절에 있는 질문에 대한 논의를 참조하라). 이러한 표현은 놀라움과 기쁨으로부터 시작하여 의심과 불확실성을 통하여 경악과 관심에 이르기까지 다양한 감정을 포함할 수 있다(참조. Hyman, *USQR* 39[1984] 192). 용겔링(Jongeling, *VT* 28[1978] 474-77)은 열왕기상 18:17과 같은 구절과 비교하는데, 그 곳에서 아합은 엘리야를 볼 때 "이스라엘을 괴롭게 한 자여 네냐?"라는 질문으로 자기의 놀라움을 표현한다. 이것은 "너 거기 있구나, 너 이스라엘을 괴롭게 하는 자야"를 의미한다(또한 참조. 왕상 18:7). 이러한 가능성들이 동사 와테홈(ותהם)으로 표현된 의미의 모호성과 결합될 때(위를 보라), 이 장면은 두 가지 아주 다른 방식으로 이해될 수 있다. 한편으로, 그 성읍이 내는(동사 와테홈〈ותהם〉으로 표현된) "떠듦"과 "이가 나오미냐?"란 질문은 모두 어쩌면 나오미의 늙고 초췌한 상태로 말미암아 생겨난 경악과 관심을 함축하고 있었을 것이다(Rudolph, 44). 다른 한편, 그 "떠듦"은 그녀를 알아보고 기쁨에서 나온 흥분과 놀라움과 즐거움에서 말한 웅변적 질문을 표현했을 수 있다. 의도된 의미는 분명히 설화자가 질문을 발설한 그 어조를 통해서 드러났을 것이다. 증거는 매우 강력하게 후자를 선호하게 만들어 주는데, 이것은 용겔링(*VT* 28[1978] 474-77)이 설득력 있게 주장한 관점이다. 무엇보다도 동사가 다른 두 개의 유사한 문맥에서 기쁨의 신념을 표현하고 있다(위를 보라). 그러나 무엇보다도 그녀가 자신의 이름을 나오미("희락")란 이름으로부터 마라("괴로움")로 바꾸라고 요구하면서 그들이 즐거워하는 어조에 도전하는 데서 드러난 나오미의 반응이, 비록 그녀가 충격을 받아 놀란 경악과 관심이 아닌 즐거움과 기쁨의 인식에 반응하고 있을지라도, 그들이 훨씬 더 좋은 의미로 반응했음을 드러내 주고 있다. 그렇다면 이 질문은 그녀를 알아보고 놀람과 즐거움에서 나온 표현이다. 즉 "이게 진짜 나오미 아니냐?"(Hubbard, 123) 혹은 "어머, 이거 나오미다!"

20 "나를 나오미라 부르지 말고 나를 마라라 부르라"(אַל־תִּקְרֶאנָה לִי נָעֳמִי קְרֶאןָ לִי מָרָא – 알-티크레나 리 나오미 케레나 리 마라). 나오미는, 필자의 번역이 "나오미"는 "기쁨, 아름다움"으로 파악하고 반면에 마라(מרא)는 어근 마라르(מרר, "쓰게 되다")로부터 나온 것으로 파악하고 있는 단어들을 가지고 단어 유희를 하고 있다. 마라(מרא)란 단어는 정상적인 -아(ה־) 대신에 이례적인 여성 단수 절대형 어미 -아(א־)를 나타내고 있다(GKC § 80h을 보라). 이것은 구약성경의 일부 히브리어 가운데서 산발적으로 나타나며 본문의 전달 과정에서 아람어 어미 -아(א־)를 기록하는 관습을 가졌던 서기관들이 가끔 이것을 히브리어를 대치하여 사용했다는 가설을 통하여 설명할 수 있다: 마리(מרי, "나의 괴로운 것〈자〉"; Joüon, 44; JB/NJB 각주)는 그 어떤 근거도 가지고 있지 않은데, 특히 나오미에 들어 있는 어미 -이(-î)가 1인칭 단수 대명사 접미어 "나의"와 관계가 있다는 것은 전혀 그럴 것 같지 않다. 2절의 "주석"을 보라. 이와 같이 마라(מרא)의 어원적 설명을 찾아서 그것을 실제 고유명사로 해석하려는 세이쏜(Sasson, 32-34)의 시도는 요점을 상당히 빗나간 것인데, 그 이유는 이 단어 유희가 분명히 이 단어를 아라르(מרר, "쓴")와 연관되는 것으로 이해하기 때문이다.

"전능자가 나를 괴롭게 하셨거늘"(הֵמַר שַׁדַּי לִי מְאֹד – 헤마르 샤따이 리 메오드). 문장의 순서상 동사 헤마르(המר)가 강조되고 있는데, 그 이유는 구어 히브리어에서는 통상적으로 주어가 동사 앞에 나오기 때문이다. 이 점에 관해서는 *OT Hebrew*에 있는 직접 연설에 대한 McDonald의 연구, *BO* 32(1975) 163-66를 보고, 21절의 마지막 두 문장의 순서 ויהוה ענה בי ושדי הרע לי와 비교하라.

나오미는 야웨의 성호와 동일한 신명 샤다이(שַׁדַּי)를 사용한다. 이 이름의 번역은 두 개의 의미와 그 어원적 설명이 모호하므로 지극히 어렵다(de Vaux, *The Early History of Israel*, 276-78를 보라). LXX의 판토크라토르(*παντοκράτωρ*)의 전승과 벌게이트의 *omnipotens*의 전승을 따르고 있는 영역본들은 거의 전반적으로 이 호칭을 "전능자"로 번역했다. 이 이름은 축복과 저주를 담고 있는 구절들에서 초창기 문서 가운데 가장 자주 나타나며(참조. 예를 들어, 창 17:1; 28:3; 35:11; 민 24:4, 16; Joüon, 44를 보라), 심판(예를 들어, 사 13:6; 욜 1:15; 욥 5:17)과 능력(예를 들어, 겔 1:24; 10:5; 시 68:15; 91:1)을 표현하는 문맥에서 자주 나타난다. 그런 까닭에 이것은 룻기에서 나오미의 괴로움의 표현을 말하는 문맥에서 가장 적절하게 사용된다. (또한 그 결과로 전능자라는 전통적인 번역은 이 개념을 매우 잘 포착하고 있다-즉 분명히 샤다이란 음역이 나타내는 것보다 더 잘 나타낸다.) 또한 룻 이야기에 적절한 것은 구약성경에 있는 이름의 분배다. 캠벨(76-77)이 기록하고 있는 바와 같이 이 이름은 왕국 시대 이전 시기에 풍부하게 사용되었고, 그 후에 이것은 대개 욥기에 있는 고대어로 나타나기까지 그리고 약간 늦은 예언서 구절들에서는 사용되지 않았다. 그런 까닭에 이 호칭의 사용 시기에 관한 한 나오미의 입에서 나왔다는 것은 상당히 적절하다.

나오미가 자신을 나오미(נעמי, "기쁨, 희락") 대신 마라(מרא, "쓴")로 부르라는 이유인 "전능자가 나의 삶을 괴롭게 하셨기 때문이다"(כי־המר שׁדי לי מאד-키-헤마르 샤다이 리 메오드)는 그녀가 13절에서 룻과 오르바가 그녀와 함께 유다로 가겠다는 것을 거절하는 이유와 뚜렷하게 평행을 이룬다. "나는 너희로 말미암아 더욱 마음이 아프도다"(כי־מר־לי מאד מכם-키 마르 리 메오드 미켐). 차이는 그녀의 괴로움의 표현 속에서 뚜렷한 발전과 연관되어 있다. 그녀는 13절에서 자신의 불편한 심사의 원인을 어느 정도 간접적으로 하나님에게로 돌린다. 즉 그녀는 "여호와의 손이 나를 치셨으므로 나는 너희로 말미암아 더욱 마음이 아프도다"라고 한다. 여기서 "괴롭게 되다"라는 동사는 "전능자"를 주어로 하는 원인이 되는 어간으로 되어 있고 직접적으로 그녀의 불행스런 운명을 하나님 탓으로 돌린다. "이는 전능자가 나를 심히 괴롭게 하셨음이니라!"

21 "내가 풍족하게 나갔더니 여호와께서 내게 비어 돌아오게 하셨느니라"(אֲנִי מְלֵאָה הָלַכְתִּי וְרֵיקָם הֱשִׁיבַנִי יְהוָה-아니 멜레아 할라크티 웨레캄 헤쉬바니 예호와). 이 구절 가운데서 처음 두 문장의 순서가 강조를 하려는 목적 때문에 비정상적인 순서가 되었다. 처음 위치에 두 개의 부사 멜레아(מלאה, "풍족하게")와 레캄(ריקם, "비어")이 동사 뒤에 나오지 않고 앞에 와 있어서 강조되어 있다. 필자는 첫 번째 문장의 구문을 철저하게 개조하는 번역으로 이것을 표현하려고 힘썼다. 즉 "내가 나갈 때는 내가 풍족했었다." 둘째로, 두 번째 문장의 주어 야웨(יהוה)가 끝으로

도치되어 교차 평행절이 되었으며("양식/구조/배경"을 보라), 나오미의 상황과 야웨의 행동 간에 대조를 표시하고 있다. 그러나 완전히 어미 변화를 한 동사형 할라크티(הלכתי, "내가 갔다")를 가지고 있는 접속사 안의 독립대명사 아니(אני, "나")의 용법은 강조 용법이 아니다. 이것은 이스라엘 백성의 구어 히브리어에서는 표준적인 특징이다(McDonald, *BO* 32[1975] 166-67).

"여호와께서 나를 징벌하셨고 전능자가 나를 괴롭게 하셨거늘"(וַיהוָה עָנָה בִי וְשַׁדַּי הֵרַע לִי – 와아도나이 아나 비 웨샤따이 헤라 리). 아나 브(ענה ב)란 표현은 "반응하다/…에 대항하여 말하다"를 의미하며(BDB, 3.a, p. 773), 주로 이것은 전문적인 의미인 "…에 대항하여 증언하다"를 가지는 법정적 상황에서 사용된다(출 20:16; 민 35:30). 마이어즈가 관찰한 바와 같이(*Linguistic and Literary Form*, 22), 구약성경의 어떤 다른 용례들 가운데도 야웨께서 누군가에 대항하여 증언하시는 분으로 간주되지는 않을지라도, 이러한 진술에 본래적으로 받아들이기 어려울 것은 없다. 나오미는 법정적 용어를 채용하고 있으며, 야웨에 대해서 그녀 자신에 대항하여 반대 증언—그러한 자료로부터 반박할 수 없는 증언—을 제공하시는 분으로 생각한다.

캠벨(77)은 첫 번째 동사의 법정적 의미가 이 시적인 대구로 되어 있는 동의대구법의 두 번째 항목으로 넘어간다. 그러므로 이 문맥에서 동사 헤라-브(הרע ב״)가 같은 문장을 발언하는 것이라기보다는 재앙의 부과 언급에 지나지 않는다고 주장하는데 이는 옳다.

22 "나오미가 모압 지방에서 그의 며느리 모압 여인 룻과 함께 돌아왔는데"(וַתָּשָׁב נָעֳמִי וְרוּת הַמּוֹאֲבִיָּה כַלָּתָהּ עִמָּהּ הַשָּׁבָה מִשְּׂדֵי מוֹאָב – 와타샤브 나오미 웨룻 함모아비야 칼라타흐 임마흐 하샤바 미세데 모압). 와우 연속법 형태 와타샤브(ותשב)는 여기서 과거에 하나의 설화에서 있었던 규칙적인 용법으로서 연대기적 순서를 가리키지 않는다. 그보다 이것의 관계는 연대기적이 아닌 논리적인 관계다. 이것은 하나의 요약적 진술을 이끌고 있다(GKC § 111k; *GBH* § 118i; 참조. Hubbard, 128 n. 1).

마지막 문장에서 동사형 하샤바(הַשָּׁבָה)의 피널트에 맛소라 학자들에 의해서 액센트가 찍혀 있으며, 그렇게 하여 이것을 분사가 아닌 완료 시제로 만들고 있다(참조. *IBHS* § 19.7c, d의 논평). 그렇다면 관사는 관계적 의미 "who, the one who"를 가진다(GKC §§ 138i, k). 캠벨(78)이 따르고 있는 유온의 주장(45) 가운데 장점이 있는 것으로 보이는데, 즉 분사 대신 완료형을 택한 것은(이것은 역시 문법적으로 완전히 옳으며 의미에서는 차이가 없게 만든다) 보다 정확하게 말해서 행동의 과거를 표현하고자 하는 맛소라 학자들의 바람에서 비롯되었다는 것이다.

이 요약적 진술의 구조는 특이하다. 19a절에 있는 이전 장면의 결론부에서 우리의 설화자는 또다시 복수 동사 와텔라크나(ותלכנה, "그리고 그들이 갔다")를 사용했는데, 이것은 그가 7절에 있는 그 장면에 대한 자신의 서술적 서론에서 마지막으로 채용했던 것이다(그 곳의 "주석"과 "해설"을 보라). 그러나 여기서 그는 나오미만을 동사 "돌아왔다"의 주어로 만들고 있으며 부가된 상황절에서 룻을 포함시킨다. 그렇게 함으로써 그는 한 단계에서 6절에 있는 같은 동사형을 가지고 보다 명확하게 포함된 내용을 제공한다("양식/구조/배경"을 보라). 그러나 그가 사용한 구조는 실질적으로 나오미의 귀환보다는 룻의 "돌아옴"을 강조하고 있는데, 그 이유는 부가적 상황절에 룻을 포함시킴으로써 저자가 룻의 이름을 밝히기 위하여 관계절 "모압 땅으로부터 돌아온 그녀"(השבה משׂדי מאב – 하샤바 미스데 모압)를 덧붙이고 있기 때문이다. 이러한 구조를 통해서 저자는 룻의 돌아옴을 두드러지게 만든다. 이 문장을 와타샤브(ותשׁב) 다음 내용에 들어 있는 중복으로 판단하고(Witzenrath, 14) 스타일이 어색하고 솜씨가 없다고 판단하여 이것을 2:6c로부터 이끌어 온 쓸데없이 부가된 내용으로 판단하는 사람들은 이러한 구조의 의미를 놓치고 오해한다. 그러나 설화자가 룻의 돌아옴을 아주 두드러지게 만들기 위하여 사용하고 있는 것이 바로 이 특이한 구조와 문장 구문이다(그러나 전혀 어색하거나 솜씨가 없는 것이 아니다). 이 점은 그가 그녀의 완전한 이름을 "모압 여인 룻"이라고 밝히고 그런 까닭에 그녀가 이방 여인을 강조하는 이러한 신원 확인을 통하여 훨씬 더 고조된다(그녀의 완전한 이 이름에 대해서는 2:21의 "주석"을 보라). 이것은 여기서 가장 적절한 것이다: 즉 설화자가 한 이방 여인의 놀라운 돌아옴을 강조하고 있다는 것이다. 이러한 사실의 의미에 대해서는 "해설"을 보라.

"(그리고) 그들이…이르렀더라"(…וְהֵמָּה בָּאוּ – 웨헴마 빠우). 두 여성을 언급하기 위하여 여성형 헨나(הנה) 대신 3인칭 남성 독립대명사를 사용한 것이 문제가 되고 있다. 동사 앞에 위치해 있는 대명사 자체의 사용은 난점을 일으키지 않는다(Campbell, 78는 이에 반대다). 이런 식으로 우리의 저자는 결과를 암시하는 와우 연속법의 형태를 피하고 있다(Joüon; "양식/구조/배경"을 보라). 그러나 캠벨이 지적하는 바와 같이 만일 8절의 "주석"에서 채용한 쌍수 접미사 가설이 타당하다면, 룻기 본문이 문법상의 성 구별에서 혼동을 드러내고 있다고 말해질 수 없다. 더 나아가서 독립대명사의 여성형 대신 남성형을 사용한 것은 구약성경에서 매우 드문 일이다(*GBH* § 149c). 이러한 이유들로 인해서 캠벨은 헴마(המה)가 대명사가 아니라 우가릿어에서 발견된 강조적 불변화사 *hm(t)*이고, 그래서 "이제 그 일이 일어난 바와 같이…"로 번역하고 있는 프리드만(Freedman)의 주장(다후드의 시편 주석에서 유래되었음)을 채용한다. 이 불변화사는 우가릿어 자체에서 불확실하며, 그래서 독립대명사가 구문론에 의하여 필요하다(위를 보라). 우리가 여기서 3인칭 남성 복수형으로 이루어진, 원래 3인칭 쌍수 독립대명사를 보유하고 있다는 사실이 훨씬 더 그럴듯해 보인다(우리가 본문에서 가지고 있는 형태와 아주 유사한 우연의 일치에 의하여 그 형태가 훔마〈*humâ*〉로 되어 있는 우가릿어와 아랍어에서처럼). 만일 이러한 가설이 인정된다면, 룻기에서 접미사가 붙거나 혹은 독립대명사로 문법상의 성의 혼동에 대한 단 하나의 실례도 가지지 않는다.

해설

이 장면에 대한 우리의 검토에서 드러난 바와 같이(또한 첫 장면에서 논의된 본장 전체의 구조를 보라), 본 장면의 전체 목적은 그 성읍의 여인들이 그녀에게 인사하면서 "이가 나오미냐?"라고 부르짖은 것에 대한 나오미의 반응을 우리에게 제공해 주는 것이다. 이 질문의 어조는 이것이 전혀 하나의 질문이 아니라 그녀를 알아보고 놀라움과 반가움의 절규였다는 사실을 나타내 주었다. 즉 "이게 진짜 나오미 아니냐?"인 것이다(19b절의 "주석"을 보라). 나오미의 반응 가운데서 우리의 저자는 그녀의 삶의 손실과 공허라는 정서적인 특성, 마지막 장면의 쓰라린 대화로 채우기 위하여 시작한 저자의 꾸밈없는 개요를 충분히 살려 주고 있다. 만일 자신의 두 자부에 대한 하직 인사와 동반하여 말한 괴로움의 표현의 어조가 있고(8-9절) 그 어조가 그들로 하여금 본국으로 돌아가라는 그녀의 고통에 찬 부르짖음 가운데 주요 모티프가 되었다면(11-13절), 이 장면에서 그것은 유일하고도 모든 것을 흡수하는 주제로서 나타난다. 이렇게 하기 위하여 우리의 저자는 나오미의 감정을 그 성읍이 소리쳤던 기쁨의 외침과 대조시킴으로써 대담한 효과 속으로 집어던진다. 쓰라린 고통의 심연으로 가라앉은 나오미는 베들레헴 여인들의 입에서 나온 기쁨의 절규 가운데서 울리는 자신의 이름을 들을 수 없다. 히브리 사상에서 한 사람의 이름은 그 사람의 성격, 존재, 인격의 표현일 수 있다(*IDB* 3:501를 보라). 그래서 나오미는 자신의 이름의 의미를 두 번이나 부정함으로써 여인들의 기쁨과 즐거움에 찬 부르짖음의 어조와 내용을 도전한다. 처음에는 명령으로, 그 다음에는 질문으로 그녀는 "희락"이란 이름으로 불리던 자신이 지금은 "괴로움"으로 불릴 수밖에 없다는 사실을 확언하고 있는데, 그 이유는 "전능자가 나를 심히 괴롭게 하셨기" 때문이다. 그녀는 풍족하게 나갔으나, 하나님께서는 비어 돌아오게 하셨다. 전능자가 그녀를 심히 괴롭게 하셨는데 어떻게 그들이 자신을 "희락"이라고 부를 수 있는가?

나오미의 세계관이 운명이나 기회 혹은 상황을 비난하도록 허용하고 있지 않다는 사실을 유념하는 것이 중요하다. 그보다 그녀는 자신의 공허한 삶의 책임을 하나님의 발에 직접 두고 있다. "여호와께서 나를 비어 돌아오게 하셨고…야웨께서 나를 쳐서 말씀하셨다!" 그러한 공개된 하나님에 대한 불평에 대해서 우리는 어떻게 생각해야 하는가? 루돌프(33)가 주장하는 바와 같이, 이 이야기는 우리가 어떻게 야웨께서 거의 믿음이 없는 사람들을 부끄럽게 하고 계시는지를 나오미로부터 배워야 할 것인지를 의도하고 있는가? 아마도 그럴 것이지만, 그러한 관점이 구약성경의 불평의 신학(theology of complaint, 혹은 괴로움의 표현의 신학)으로 부를 수 있는 내용과 화합할 수 있는가? 캠벨(83)이 관찰한 바와 같이, 구약성경에는

> 하나님에 의하여 용인된 불평이 있을 뿐만 아니라, 그것이 하나님을 엄숙하게 생각하는 사람의 본래의 태도까지도 될 수 있다. 완전한 주권을 공의롭고 자비로우신 하나님에게로 돌리는 사람은 누구든지 신정론 문제에 직면하도록 기대할 수 있으며, 문제는 그것이 하나님을 법정에 세우기 위하여 시도하도록 인도할 때까지도 죄 없이 싸우도록 기대할 수도 있다는 것이다.

여기서 나오미는 거의 믿음이 없는 증언을 하지는 않는다. 그보다는 모든 주권을 하나님에게로 돌리는 믿음이라는 자유를 가지고, 그녀는 욥과 예레미야와 함께(그리고 아브라함까지도, 창 15:2) 하나님을 너무나 진지하게 취급하여 자신의 불평을 단호하게 그리고 공개적으로 발설한다. 구약성경의 "불평의 신학"의 진실성과 솔직성이라는 이 확고한 실례를 가지고서 우리의 저자는 삶이 남편에게 달려 있는 세계에서 "두 아들과 남편 뒤에 남은" 한 여인의 삶의 고독, 절망, 공허를 우울하고도 풍부한 색채로 그리고 있다.

그래서 제1막이 끝나게 된다. 즉 나오미가 공허하고, 소원을 이루지 못하고, 쓰라림을 안고 고향으로 돌아왔다는 것이다. 이것이 이 장면의 요점이기는 하지만, 두 가지의 다른 관찰도 해보아야 할 것이다. 첫째로, 나오미가 고향으로 돌아왔을 뿐만 아니라 룻도 돌아왔다. 우리의 저자는 이 점을 마감하는 요약적 진술 가운데서 명백하게 밝히고 있다. 그는 이 문장의 구조 속에서 룻에게 그 탁월성을 부여하고 있

다(22절 "주석"을 보라): "나오미가 모압 지방에서 그의 며느리 모압 여인 룻과 함께 돌아왔더라." 여기서 우리의 저자는 완전히 한 바퀴 돌아왔다. 6-7절에서 나오미만 "유다로 돌아왔다"고 말해진다. 두 젊은 여인은 그들의 시어머니와 동반할 뿐이었다. 세 사람 모두에 대해서 서술된 유일한 문구는 "(그들이) 길을 가다가…"이다(7절의 "주석"을 보라). 이 곳 22절의 첫 문장에서까지도 저자의 진술은 "나오미가…돌아왔는데"이다. 실질적인 의미에서 나오미와 오르바만이 본국으로 돌아갔으나, 여기서 우리의 설화자는 의식적으로 그리고 고의적으로 같은 방식으로 룻을 묘사한다. 유다에 결코 있어 본 적이 없는데도 그녀가 돌아왔다고 말한다. 그러므로 저자가 보기에 이것이 룻에게는 실제적인 돌아옴이었던 것이다. 사실상 만일 그녀가 베들레헴에 도착한 것이 그러한 종류의 것이라면, 그녀는 백성들과 이스라엘의 하나님에 의하여 양녀가 된 것임에 틀림없다(참조. Dommershausen, "Leitwortstil in der Ruthrolle," 398). 우리의 설화자는 이스라엘 백성들이 그 과정－이야기될 것이 아직 어느 정도 남아 있다－을 완성할 것임을 확언하고 있다.

둘째로, 나오미는 정말이지 비어 소원을 이루지 못하고 쓰라림을 안고 돌아왔다. 그녀의 여행은 깊은 심연으로의 여행이었고, 또한 사실 이외에 그 어떤 다른 것도 볼 수 없게 된다. 그러나 거기에는 더 많은 것이 있다. 베들레헴 여인들의 기쁜 함성에 대한 나오미의 슬픔에 잠긴 대답－모두가 자신의 고통의 세계와 쓰라린 고통 가운데 흡수되었다－속에서 그녀는 자기와 함께 있는 룻의 존재, 즉 신앙과 고국과 희망이라는 요소까지 초월했던 사람이 자기 곁에 있다는 사실까지도 인식하지 못한다. 그녀의 모든 불평은 단수형으로 발설된다. "…이는 전능자가 나를 심히 괴롭게 하셨음이니라…여호와께서 내게 비어 돌아오게 하셨느니라…전능자가 나를 괴롭게 하셨거늘…." 루돌프(44)가 주장하는 바와 같이, 룻의 사랑에서 우러난 위탁의 말이 우리 귀에 아직도 생생하게 울려오는데, 나오미가 그 룻이 마치 전혀 거기에 없었던 것처럼 자신의 불평의 말을 발설하고 있다는 사실은 사실상 설화자의 미묘한 묘사다. 이야기를 그렇게 함으로써 우리의 저자는 미묘하게 희망을 예고하고 있다. 야웨께서는 사실상 나오미로 하여금 비어 돌아오게 하지 않으셨으며, 설화자가 자신의 마감하는 요약적 진술 가운데서 룻의 도착을 하나의 **돌아옴**으로 기술하도록 온 힘을 기울였는데, 이러한 결과에 대한 마지막 언급이 그 설화자에게는 하나의 의무였다(위와 22절의 "주석"을 보라). 사실상 죽음과 결손에 대한 반대의 운동은 룻의 확언, 즉 "어머니께서 가시는 곳에 나도 가고 어머니께서 머무시는 곳에서 나도 머물겠나이다"(16절)라는 말이 나오는 앞의 장면 가운데 이미 암시되어 있다.

그러므로 "우리는 나오미가 홀로가 아니며 앞으로도 홀로가 아닐 것임을 알고 있다"(Rauber, *JBL* 89[1970] 30). 남자들의 세계 가운데 있는 여인들이 직면할 수 있는 가장 암울한 순간에 한 늙은 여인의 삶에 대한 젊은 여인의 이러한 위탁은 나오미의 절망의 어두운 밤에 하나의 여명으로 나아가는 전조다. 이스라엘의 삶 속에서 하나님께서는 자기 백성들에게 양식을 주셨고(6b절), 그리하여 기근(1절)은 보리 추수로의 길을 열어 주었다(22c절). 그와 같이 나오미의 삶 가운데 있었던 기근으로 인하여 "나오미가 모압 지방에서 그의 며느리 모압 여인 룻과 함께 돌아왔다."

마지막으로, 후기에 이야기 가운데서 보다 분명하게 표면에 떠오르게 될 관심과 강조에 비추어 볼 때, 우리의 저자가 이 제1막을 기록한 고통과 황폐함을 기록함에 있어서 본 이야기의 핵심을 이루고 있는 문제는 나오미가 살았던 가부장적 세계가 가치, 즉 아내와 어머니로서의 가치를 부여해 주었던 한 여인으로부터 그 유일한 정체성을 박탈하고 이 여인 나오미의 삶을 곤고케 만들었던 죽음과 결손이라는 것을 강조하는 것이 중요하다.

> 남성이 지배한 문화가 여인들에게 가져다 주었던, 남편과 자녀들이라는 안정은 더 이상 그녀의 것이 아니다. 여성을 가치 있게 만드는 가치의 정의가 그녀에게는 더 이상 적용되지 않는다. 자손을 통하여 주어지는 노년의 축복이 더 이상 없다(Trible, 167-68).

이야기의 문제가 진술되어 있고, 그 정서적인 요소가 너무나 사무치게 묘사되어 있는 이 막 전체에서 엘리멜렉과 말론의 가문의 후계자를 제공하는 것에 대한 남성의 관심(Hubbard, 39, 131는 이에 반대다), 즉 이 이야기의 후반부에 일어나게 될 관심에 관해서는 아무것도 말해진 것이 없다는 사실이 강조되어야 한다. 사실상, 이러한 관심을 일으키는 대신 나오미는 오르바와 룻에게 모압에 있는 어미 집으로 돌아가라고 명령하면서 그들이 거기서 가족을 이루고 남편을 얻을 수 있도록 야웨께 구하고 있다(8-9절). 자신의 장래의 진정한 남편과 아들들에 관한 그녀 자신의 추측(12-13절)은 자신의 자부에 대한 안정을 제공하려는 관심에서 나온 것이지 죽은 남편과 아들들의 남자 계열을 잇도록 하려는 데서 나온 것이 아니다(Trible, 192; 또한 참조. Berlin, *Poetics*, 105-6의 논평). 가정의 안정과 남편에 대한 이 같은 관심 -가부장적 세계가 그들에게 가져다 주었던 유일한 사명-은 이야기 내내 이 여인들의 계획과 행동을 유발시키는 제1차적 행동 지침이 될 것이다. 이것은 강조되어야 하는데, 그 이유는 수많은 주석가들이 너무나도 배타적으로 가부장적 세계라는 렌즈를 통하여 그러한 문제가 전혀 존재하지 않는 장면과 대화 속으로 남성의 문제를 수혼 제도와 그 목적으로 파악해 낼 만큼 그것을 파악함으로써 이 설화를 곡해해 왔기 때문이다. 페더센(Pedersen)이 그러한 행동 지침을 이 제1막으로 파악하는 극단으로까지 실행해 나갈 수 있었다(*Israel*, 80).

> 설화자가 그녀를 칭찬하기를 원한 것은 나오미에 대한 룻의 개인적 애정이 아니다. 이러한 감정이 존재하고 있으며 아름답게 표현되어 있지만, 룻의 감정은 보다 깊은 것이며 훨씬 더 멀리까지 영향을 미치는 친절이다. 그녀는 자기 남편에게 충실히 행동하며 자기 가족…자기 자신을 마라라고 부르는…나오미…에 대한 효심에서 행동한다(1, 20절). 나오미의 감정 배후에 놓여 있는 것은 자기 남편의 집이 자기의 아들들이 자식이 없이 죽음으로써 제거되었다는 것이다. 그녀의 영혼은 자기 남편의 집…룻이 나오미의 충고를 받아 그리고…그녀의 자녀에 대한 바람이 그 후에는 충분히 실현될 수 있다는 사실과 함께 묶여 있다. 그러나 룻에게 그것은 자녀를 얻는 것으로 충분하지 않았다. 그녀는 자기의 죽은 남편의 명예에 대한 자신의 의무를 이행하기를 원했다….

확실히 설화자의 의도와 주인공들의 감정에 대한 그러한 잘못된 해석 가운데서는, 다른 여인(나오미)에 대한 한 여인(룻)의 표현된 애정이 외면적 가치로 취급될 수 없으며, 더욱이 한 여인(룻)이 자기 남편에게 가지는 전혀 표현되지 않은 충실, 곧 훨씬 더 깊고 멀리까지 영향을 미치는 친절에는 비교할 수 없는 것인데, 참으로 그러한 잘못된 해석은 이야기 자체로부터 나온 것이 아니라 해석자의 남성 우월주의에서 나온 것이다. 가족의 죽은 자를 위해 상속자를 일으키려는 목적을 모든 점에서 각각의 주인공들의 유일한 목적으로 만들고, 그리하여 스스로 가정과 남편이라는 안정－오직 자기들의 가부장적 세계가 그들에게 수여한 정체성－을 찾으려는 이 여인들의 타당하고 합법적인 관심으로 떠넘기는 것은 잘못이다.

2막.
룻이 추수 밭에서 나오미의 친척 보아스를 만나다(2:1-23)

장면 1.
룻이 이삭을 주우러 가다 – 그리고 나오미의 친척 보아스의 밭에서 일어난 일들(2:1-3)

참고문헌

Andersen, F. I. "Israelite Kinship Terminology and Social Structure." *BT* 20(1969) 29-39. **Borowski, O.** *Agriculture in Iron Age Israel.* Winona Lake, IN: Eisenbrauns, 1987. **Geus, C. H. J. de.** *The Tribes of Israel.* Amsterdam: Van Gorcum, 1976. **Gottwald, N.** *The Tribes of Israel.* Maryknoll, NY: Orbis, 1979. **Hals, R.** *The Theology of the Book of Ruth.* Philadelphia: Fortress, 1969. **Thompson, D.**, and **Thompson, T.** "Some Legal Problems in the Book of Ruth." *VT* 18(1968) 79-99.

본　문

1 나오미의 남편 엘리멜렉의 친족 중 유력한 자가 있으니 이름은 보아스더라

2 모압 여인 룻이 나오미에게 이르되 나로 밭에 가게 하소서 내가 뉘게 은혜를 입으면 그를 따라서 이삭을 줍겠나이다 나오미가 그에게 이르되 내 딸아 갈지어다 하매

3 룻이 가서 베는 자를 따라 밭에서 이삭을 줍는데 우연히 엘리멜렉의 친족 보아스에게 속한 밭에 이르렀더라

1 Now Naomi had a relative[a] on her husband's side,[b] a man of substance and standing[c] from the clan of Elimelech, whose name was Boaz.

2 And Ruth the Moabitess said to Naomi, "I would like to go to the fields[a] to glean behind someone in whose eyes I might find favor." And Naomi said[b] to her, "Go ahead,[c] my daughter."

3 So she went on her way and gleaned[a] in the fields behind the reapers, and as it happened she came upon[b] the field of Boaz,[c] who was from the clan of Elimelech.

원문주해

1.a. 이 곳에서 K와 Q 간의 문제점에 대해서는 "주석"을 보라.

1.b. 직역하면 "나오미에게 그녀의 남편의 한 친척이 있었다".

1.c. 직역하면 "부/능력/권세에서 힘이 있는". "주석"을 보라.

2.a. 직역하면 "밭". "주석"을 보라.

2.b. 직역하면 "그녀가 말했다".

2.c. 레키(לְכִי)는 명령이 아니라 허락의 명령형이다. GKC § 110b; *GBH* § 114n; 참조. 삼하 18:23.

3.a. 히브리어 본문은 "그리고 그녀가 갔다 그리고 왔다 그리고 이삭을 주었다"이다. 영어의 직역은 너무 군더더기가 붙어 있다. 소수의 LXX 필사본, Syr, Vg 역시 틀림없이 같은 이유로 두 번째 동사를 생략한다. 이 증거 본문이 여기서 결합된 다른 히브리어 교정본임을 암시한다는 것은 매우 타당하지 않다(Campbell, 42가 그렇게 주장함). "주석"을 보라.

3.b. 직역하면 "그녀의 기회가 …에게 기회를 주었다". 번역에 대해서는 "주석"을 보라.

3.c. 직역하면 "보아스에게 속해 있는 밭의 부분(집합적; 2절의 "주석"을 보라)". "주석"을 보라.

양식/구조/배경

룻기의 제2막은 2장 전체로 이루어져 있다. 룻과 나오미를 연루시키고 있는, 즉 한 개는 서론(1-3절) 그리고 다른 것은 후기(18-23절)인 두 개의 간략한 장면들은 주요 장면(4-17절)을 감싸고 있다. 이 장면은 룻과 보아스 간의 만남을 그녀가 그의 밭에서 이삭을 줍는 것으로 설명한다. 이 단락의 단일성은 이것의 형식적 특징(아래를 보라)과 그것의 연대기의 결합 그리고 그 내용의 통일성에 의하여 표시되어 있다. 룻의 활동은 그녀의 여행으로부터 나오미의 허락을 받아낸 후 밭으로 가고(2-3절), "아침부터…지금까지" 그녀의 활동에 대한 사환의 시간 언급을 거쳐서, 그리고 보아스가 그녀를 점심 식사에 초대하는 일을 거쳐(14절), 밤까지 밭에서 이삭을 줍고(17절), 성읍으로 돌아가서 그 날의 사건들에 대하여 나오미에게 보고하기까지 계속된다(18-22절). 결론적으로 그녀가 추수 기간의 끝까지 이삭 줍는 일을 계속했다고 보고한다(23절). 그 내용의 일관성은 같은 구문론적 영역, 즉 이삭 추수에 연루된 활동과 인물들에게 이르기까지 전체에 걸쳐 반복된 언급을 통하여 나타나 있다. (1) 장소: “밭”(שׂדה – 사데), 7회; (2) 인물: “베는 자들”(קצרים – 코츠림), 6회; “남녀 일하는 자들”(נערות, נערים – 나아로트, 나아림), 7회; “사환”(נער נצב על – 나아르 나차브 알), 2회; (3) 활동: “추수하다”(קצר – 콰차르), 1회; “모으다”(אסף – 아싸프), 1회; “이삭을 줍다”(לקט – 라콰트), 12회; “타작하다”(חבט – 하바트), 1회; (4) 생산물: “추수”(קציר – 퀘치르), 3회; “이삭”(שׁבלים – 쉬발림), 1회; “다발”(צבתים – 체바팀), 1회; “곡식단”(עמרים – 오마림), 2회; “보리”(שׂערים – 세오림), 2회; “밀”(חטים – 히팀), 1회.

서론적 장면의 시작 경계와 전체 행동의 진실은 설화자가 자기 독자들에게 전달한 이탈된 내용을 통하여 표시되어 있는데(1절), 이것은 잇따른 장면에 있는 중요한 새로운 인물을 예상해서 우리에게 소개하기 위하여 이야기 진행을 단절시키고 있다. 그것의 형태는 와우 연속법 동사형이라는 연대기적 순서를 단절시키는 술어 + 주어의 순서를 가지고 있는 하나의 명사절이다. 마감하는 경계는 룻이 행동해 나간 내용에 대한 간략한 기록으로 표시되어 있고(3a절), 그리하여 서론을 종결짓고 그 내용에 대한 간결한 요약을 제공함으로써 그 다음 장면으로의 전환을 형성한다. 이 단락은 교차 평행절로 표시된다.

A	1a절	엘리멜렉의 친족
B	1b절	그의 이름은 보아스더라
C	2b절	밭으로 가서…이삭을 줍겠나이다
D	2c절	내가 누구에게 은혜를 입으면 그를 따라서
C′	2d-3c절	내 딸아 갈지어다 하매…룻이 가서…밭에서 이삭을 줍는데
B′	3d절	보아스에게 속한 밭
A′	3e절	엘리멜렉의 친족

주석

1 “나오미의 남편 엘리멜렉의 친족…이 있으니”(וּלְנָעֳמִי מֵידַע לְאִישָׁהּ – 울르나오미 묘다 레이샤흐). 메윳다(מְיֻדַּע)로 읽고 있는 K는 다른 곳에서 6회 나타나는데

(왕하 10:11; 시 31:12; 55:14; 88:9, 19; 욥 19:14) "가까운 관계, 친밀한 친구"를 의미한다. Q(이것은 수많은 히브리어 필사본들의 독법이기도 하다)에는 모다(מֹודַי)로 되어 있는데, 다른 곳에서 잠언 7:4에만 나타나는 모호한 의미를 가진 단어다. 이 두 의미가 잠언 7:4에 있는 일반적인 문맥에 어울리기는 하지만, 평행절에서 동등한 위치를 차지하고 있는 아호트(אחות, "누이")란 단어는 확실히 "친척"을 지지한다. 모다(מודע)의 여성형인 모다트(מודעת)는 3:2에 나타나지만, 그 곳의 문맥은 이 곳보다 그 의미를 더 분명하게 밝혀 주지 않는다. 2:20에서 나오미는 보아스가 콰로브 라누(קרוב לנו, "우리의 친척")라고 말한다. 더 나아가서 2:20; 3:9, 12과 다른 곳에서 그는 나오미와 룻에게 고엘(גאל)로 불리는데, 이 단어는 필요로 하는 가족 구성원에게 도움을 주기 위한 의무를 지고 있는 친척을 의미한다(2:20의 "주석"에 있는 논의를 보라). 그러므로 보아스가 우리의 관심과 호기심을 불러일으키기 위하여 계산된 하나의 이탈된 내용 가운데서 예변법적으로 우리에게 소개되고 있으므로, 대다수의 주석가들과 함께 Q로 읽고 일반적 의미인 "친척"으로 이해하는 것이 훨씬 더 나을 것으로 보인다(Sasson, 39는 이에 반대다). 더 나아가서, 나오미가 "그녀의 남편의 친척"을 가졌다고 말하는 것은 혈족관계가 그녀의 남편과 관계되어 있고 그녀와 관계되어 있지 않다는 사실을 분명히 하기 위해서 필요하다(이스라엘 백성의 결혼이 동족 결혼이므로). 오직 그러한 친척들에게만 3, 4장에서 떠오르는 개념인 고엘(גאל, "기업 무를 자")의 사회적 책임이 주어졌으므로 보아스가 엘리멜렉의 혈족이라는 사실을 아는 것은 이야기의 발전에 가장 중요하다. 캠벨(89-90)은 자신이 묘다(מידע)를 "언약 형제"로 번역하고 있는 복잡한 가설을 발전시키고 있으며, 그것을 "하나의 가족 책임의 범위에 언약적 책임의 범위를 덧붙이는, 피의 결속 관계 너머까지 미치는 사회의 구조에 속하는 고대 용어"로 정의한다. 그것은 "혈족관계의 요건을 통해서보다는 자원하여 들어가는 관계인 언약적 결속에 본래부터 있었던 책임"(109)을 수반한다. 이 가설은 열왕기하 10:11의 빈약한 재구성에 근거하며(LXX을 따라) 동사 야다(ידע)를 맹약/언약 용어로 사용하고 있는 그와 동등한 빈약한 재구성에 근거한다. 우리가 위에서 살펴본 바와 같이, 이 이야기는 보아스에게 의무가 있는 두 여인을 위한 책임이 엘리멜렉과 보아스의 혈족관계로부터 비롯된다는 사실을 분명히 해준다. 설화자가 자신이 여기서 그를 "친구"란 용어로 밝히기보다 자원한 친척관계를 가리키는 용어로 소개했을 것이라는 사실은 개연성이 훨씬 덜해 보인다. 마지막으로 묘다(מידע)란 용어가 전문적 의미 "결혼에 의한 친척관계"(cognatus가 아닌 adfinis)라는 유온의 주장(46)은 이것이

뒤따라오는 문구 "그녀의 남편의"를 번역했을 것이므로 완전히 불필요한 것으로 제외된다.

"엘리멜렉의 친족으로 유력한 자"(אִישׁ גִּבּוֹר חַיִל מִמִּשְׁפַּחַת אֱלִימֶלֶךְ - 이쉬 깁보르 하일 임미슈파하트 엘리멜렉). 이쉬 깁보르 하일(אִישׁ גִּבּוֹר חַיִל)은 직역하면 "하일(חיל)이 있는 유력한 한 남자"를 의미한다. 하일(חיל)이 "힘, 세력, 능력, 부"라는 여러 의미들을 가질 수 있으므로 깁보르 하일(גבור חיל)의 정확한 의미는 그것이 사용되는 문맥에 따라 달라진다. 군사적 배경에서 이것은 전사, 특히 무장한 전투에서 스스로 뛰어난 사람을 가리킨다. 다른 문맥에서 이것은 부(왕하 15:20) 혹은 능력(왕상 11:28)을 가리킬 수 있고, 또한 이것은 언제나 사회적 신분이나 훌륭한 평판을 소유한 사람을 지칭한다. 이 문맥 가운데서 이것은 부만이 아니라 능력과 명예까지도 내포한다(참조. *TDOT* 2:374; Campbell, 90).

보아스는 엘리멜렉과 같은 미슈파하(משפחה, "친족, 가족")에 속해 있는 사람으로 밝혀져 있다. 보아스에 대한 보다 구체적인 신분 확인은 묘다(מידע, "친척") 이후에, 이것이 2:3d로부터 가져와서 여기에 2차적으로 도입되었다는 사실을 필요로 하는 것처럼 그렇게 지루한 것이 아니다(Witzenrath, 15는 이에 반대다). 또한 이것은 모다(מודע)가 "친구"를 의미한다는 사실을 필요로 하는 것처럼 그렇게 불필요한 것도 아니다(Hubbard, 132-33는 이에 반대다). 보아스가 나오미의 남편 쪽으로 친척이라는 앞의 진술 다음에 명확할지라도, 이것은 강조를 위하여 그리고 3절과 함께 하나의 인클루시오를 문자 그대로 제공하기 위하여 사용된다("양식/구조/배경"을 보라). 미슈파하(משפחה)는 지파(שֵׁבֶט 혹은 מטה)와 대가족(בית אב) 사이에 서 있는 하나의 사회적 단위다. 같은 미슈파하(משפחה)에 속한 모든 사람들은 하나의 공통 조상, 즉 야곱/이스라엘의 손자들 가운데 한 사람의 후손이라고 권리주장을 했는데, 그는 앤더슨의 용어를 빌리자면 미슈파하(משפחה)의 선조, 즉 "버금 지파" 혹은 "씨족"으로 생각되었다(*BT* 20[1969] 34-38). 미슈파하(משפחה)는 고대 이스라엘의 사회 구조 가운데서 가장 중요한 단일 그룹이었을 것이다(참조. Andersen, *BT* 20[1969] 34-38; de Geus, *Tribes of Israel*, 136-39). 이것은 인정된 친족의 경계를 설정하고 사회의 기본적인 동족 결혼에 의한 단위를 형성했다. 그런 까닭에 그 관계가 햇가족의 가장의 아저씨, 아주머니, 삼촌과 같은 보다 가까운 친척 그룹을 형성했던 대가족인 베트-아브(בית־אב, 직역하면 "아비집")였으므로 보아스와 엘리멜렉이 비교적 먼 친척이었던 것은 틀림없을지라도 친족이었던 것만은 의심할 수 없다(Gottwald, *Tribes of Israel*, 261-70의 논의를 보라).

"그의 이름은 보아스더라"(וּשְׁמוֹ בֹּעַז – 우셰모 뽀아즈). 보아스는 룻기에서만 개인 이름으로 나타난다. 그 어원적 설명이 모호하고 또 논란이 많은데, 특히 이것이 솔로몬 성전의 입구 앞에 서 있는 기둥 가운데 하나의 이름으로도 나타나기 때문이다(왕상 7:21). 우리의 저자가 보아스란 이름의 의미로 단어 유희를 하고 있지 않으므로, 이 이름의 기원에 대한 논의는 이 이야기 이해에 아무것도 덧붙여 줄 것이 없다. 가능한 어원적 설명에 대해서는 Campbell과 Sasson의 논의를 보라.

우쉐마/우쉐모[X]([X] ושמו/ושמה, "그[직역하면 '그리고 그/그녀']의 이름은 [X]")란 상황적 명사절에 의하여 하나의 새로운 인물을 설화 속으로 도입한 것은 구약성경에서 꽤 통상적인 일이다(약 30회). 그러나 세이쏜(42-43)은 이러한 실례 중 약 12회 가운데서 일관되게 그러한 서두 직후에 그 설화에 주요 의미의 자료를 소개하며, 반면에 단 세 개의 구절들만이 활동들을 상술하기 위하여 직접적인 절차 없이 새로운 인물이 그렇게 소개되어 있다고 주장한다. 그러므로 그는 그 문구의 출현들 가운데 대다수의 형태는 룻기에 있는 이 경우이고, 그렇다면 이것은 2-3절이 룻이 의도적으로 보아스의 밭을 찾아 나섰다고 주장하는 자신의 이론에 대한 또 하나의 증거라고 주장한다. 그러나 그 반대 논증을 입증하기 위하여 그만큼 개연성 있는 증거를 들 수 있다. 사무엘상 21:8에서 에돔 사람 도엑과 사무엘하 4:4에서 므비보셋이 그 다음 장면으로 이어지는 사건에서 그들의 역할, 즉 사무엘상 22:9-10에서의 도엑과 사무엘하 9:1-8에서의 므비보셋의 역할을 설명하기 위하여 예변법적으로 각각의 설화들 가운데 소개되어 있다. 그러한 예변법적 소개들은 문제가 되고 있는 이름을 밝히는 공식 문구를 통하여 소개되지 않는 구약성경 설화 가운데 있는 다른 인물들에게서도 일어난다. 아마도 사무엘하 17:25에서 그가 사무엘하 19:11-14; 20:4-13에 기록된 사건들 가운데서 하는 역할에 대한 준비 작업으로 그렇게 예변법적으로 소개되어 있을 것이다. 결론적으로, 이 이야기가 다음 설화에서 그에게로 돌아가도록 하기 위하여 2:1에서 보아스를 소개해야 하는 것은 히브리 설화 스타일에 그리고 순서에 있어서도 매우 잘 어울린다. 결국 세이쏜은 화자로서 설화자의 기교를 놓쳤다: 보아스를 다소 일찍 소개함으로써, 그리고 그의 이름을 서론의 끝부분까지 보류함으로써 흥미와 긴장감을 유발시켰으며, 그 사람의 중요성을 암시해 주었다(Trible, 175).

2 "내가 밭으로 가겠나이다"(אֵלְכָה־נָּא הַשָּׂדֶה – 엘카-나 하사데). 1인칭 권고형 + 불변화사-나(נא)로 되어 있는 엘카-나(אֵלְכָה־נָּא) 형태는 정중한 요구에서 자주 사용되는 관용어다. 캠벨(91)은 룻 편에서 했던 단호한 결심의 뉘앙스에 대해서

다음과 같이 주장한다: 불변화사 -나(נָא־)의 의미에 대한 람딘(Lambdin)의 논의에 관한 자기의 입장에 근거하면서 "나는…나가려 하고 있습니다"(*IBH*, 170-71). 그러나 람딘의 논증은 일차적으로 화자가 자기의 명령을 자기의 이전 진술이나 혹은 그것이 구술되는 일반적인 상황에 필연적인 것으로 간주할 때 명령형과 함께 이 불변화사의 사용을 취급한다. 어떤 것도 여기서는 전혀 들어맞지 않는 것처럼 보인다. 여기에는 앞서 있었던 진술도 없고, 문맥에 들어 있는 어떤 것도 룻이 자신의 상황을 판단한 다음에 한 단호한 결심의 선언이라는 사실을 암시하지 않는다(Campbell, Hubbard는 이에 반대다). 그보다는 이 관용어는 **1인칭 권고형**으로 사용되었는데, 이것은 통례적으로 자주 권위 혹은 존경받는 위치에 있는 누군가를 향하여 말한 정중한 요청으로서의 기능을 하고 있다(예를 들어, 출 4:18; 삼하 15:7; 특히 신 3:25; *GBH* § 114d; GKC § 108c을 보라). 이 표현은 이것이 자신에게 소개된 하나의 해결일 때 캠벨이 주장한 의미를 가질 수 있으나(예를 들어, 출 3:3; 사 5:1; 참조. GKC § 108b), 여기서 룻은 나오미의 신분과 나이가 룻의 존중과 순종을 받을 만하므로(Campbell, 111는 이에 반대다) 그녀가 명확하게 자신을 권위 아래 있는 것으로 간주하고 있는 그 시어머니에게 말하고 있다(Thompson, *VT* 18[1968] 96를 보라). 그런 까닭에 문맥은 하나의 정중한 요청을 필요로 하고 있으며, 그녀가 하려고 의도하는 내용에 대한 퉁명스러운 선언을 필요로 하지 않는다. 마지막으로 문맥이 이러한 해석을 필요로 한다는 사실은 나오미의 반응, 즉 하나의 허락 명령 "내 딸아, 갈지어다"에 의하여 드러나는데("원문주해" 2.c를 보라), 이것은 "권고형으로 되어 있는 하나의 청원에 대한 반응"이다(Hubbard, 136 n. 4). 문맥은 7절의 문맥과 아주 유사한데, 그 곳에서 정확하게 똑같은 형태, 즉 -나(נָא־)를 가진 1인칭 권고형이 나타난다(참조. Campbell, 94의 논평).

하사데(הַשָּׂדֶה)는 여기서 단수형이지만, 개개의 밭들이 베들레헴 가족의 남성 가장이 소유하고 있는 성읍의 경작지에 대해서는 집합적으로 사용된다(참조. 아래 3절의 "주석"을 보라). 문맥 가운데서는 복수형이 영어에서는 보다 나은 의미를 만들어 준다.

"이삭을 줍겠나이다"(וַאֲלַקֳטָה בַשִּׁבֳּלִים – 와알라코타 바쉽볼림). 화자는 와우 연속법을 가진 완료형 웰리콰트티(וְלִקַּטְתִּי)를 피하고 있는데, 이것은 결과 즉 2:7에서처럼 "제가 가기를 원합니다. 그러고 나서 이삭을 줍겠습니다"를 표현했을 것이다. 또 다른 권고형(혹은 지시형 혹은 명령형)에다 단순 와우와 결합된 권고형의 사용은 목적이나 결과를 표현하는 복종을 암시한다(*IBH*, 118-19; *HebS* §§ 187,

518를 보라). 동사 라콰트(לקט)의 피엘형 어간이 구약성경의 다른 곳에서 "모으다, 줍다"(재료들, 예를 들어, 화살, 나무)를 의미하기 위하여 7회 사용되는데 언제나 표현된 대상을 가지고 있다. 이것은 표현된 대상과 함께 "이삭을 줍다"(곡식의 이삭)를 의미하기 위하여 룻기 이외의 책에서 보다 전문적인 의미로 세 번 사용된다: 레위기 19:9; 23:22; 이사야 17:5. 이사야 17:5에서 대상은 룻기 2:2에서처럼 쉽볼림(שִׁבלים, "곡식 이삭")이다. 이 모든 출현 가운데서 동사가 그 대상을 직접 지배한다. 여기서만 전치사 브(ב)와 함께 그렇게 한다. 따라서 이것의 의미는 평가하기가 어렵다. 이것을 처격 "안에, 사이에" 혹은 부분사 "약간"으로 취급하기는 매우 어렵다(BDB, 3, p. 544가 그렇게 주장하고 Morris, 269 n. 1이 따른다. 참조. Hubbard, 136 n. 3). 사람이 "이삭 가운데서"가 아니라 이삭을 줍기 때문에 첫 번째 것이 분명하고, "약간"이란 의미는 민(מן; Joüon, 47)으로 표현되었을 것이다. 즉 브(ב)에 대해서는 그 어떠한 의미도 입증되지 않는다. 게를르만과 루돌프가 따르고 있는 유온은 하나의 브(ב)-참여(ב-participative)를 "곡식 이삭에서 이삭을 줍다", 즉 "이삭 줍는 일을 하다, 이삭 줍는 일에 참여하다"로 단정한다(참조. Ges.-Buhl, B.1.b, p. 80; BDB, I.2.b, p. 88). 그러나 이것이 여러 계층의 동사들에 전치사 브(ב)를 사용한 하나의 실례라는 것이 더 그럴듯해 보이는데, 이에 대해서는 브(ב)의 통상적 의미의 견지에서 아무런 간단한 설명도 발견될 수 없다(참조. BDB, Ⅱ.3, p. 89; Ⅳ, p. 90). 문맥은 그것이 어떻게 해석되든 이 관용어가 단순히 "저는 곡식의 이삭을 줍기 원합니다"를 의미한다는 사실을 보여 준다. 영어에서는 이것이 더 자연스럽게 보이므로, 우리는 동사 문구의 목적어 쉽볼림(שִׁבלים, "곡식의 줄기들")을 번역하지 않았다. 이 단어는 붙어 있는 줄기와 함께 곡식의 이삭을 자르는 것을 가리킨다(참조. Borowski, *Agriculture*, 57-58, 61).

"내가 뉘게 은혜를 입으면"(אַחַר אֲשֶׁר אֶמְצָא־חֵן בְּעֵינָיו – 아하르 아쉐르 엠차-헨 뻬에나이우). 관용어 아하르 아쉐르(אַחַר אֲשֶׁר)를 두 가지 아주 다른 방법으로 이해하는 것이 문법적으로 가능하다. 한편으로, 전치가 아하르(אחר, "다음, 뒤")가 명사절 아쉐르 엠차-헨 뻬에나이우(אֲשֶׁר אֶמְצָא־חֵן בְּעֵינָיו)를 지배한다는 것이다. 이 명사절에서 동사구 엠차-헨 뻬에나이우(אֶמְצָא־חֵן בְּעֵינָיו, "내가 그의 눈앞에서 은총을 발견할 수도 있다")가 관계사 아쉐르(אשר)를 통하여 명사화되는데, 이것은 여기서는 표현되지 않은 선행사 "사람(그)"를 가지고 있다. 이 사람은 대명사 "그의"가 가리키는 표현되지 않은 선행사다. 즉 "내가 그의 눈에 은총을 받을 수 있는 그(사람)의 뒤에서"="내가 은총을 입을 수 있는 사람 뒤에서." (이러한 용법에 관해서는 GKC §§ 138e, f; *HALOT*, אשׁר A.8, p. 98을 보라.) 다른 한편, 아하르 아쉐르(אחר אשׁר) 결합이 관계사 아쉐르(אשׁר)가 전치사에 덧붙여지고 동사절을 지배하는 하나의 접속사를 이루는 문장 구조 형태에 속할 수 있다는 것이다. 예를 들면 카셰르(כאשׁר, "때"), 즉 알 아쉐르(על אשׁר, "왜냐하면")라는 것이다(참조. GKC § 104b). 이것은 이런 용법으로 에스겔 40:1에만 나타나는데, 그 곳에서 이것은 분명히 시간을 나타내는 "후에"이다. 그러나 동의어 아하레(אחרי)가 하나의 원인의 의미 "…이므로, …을 보고서"로 아하레 아쉐르(אחרי אשׁר) 결합으로 5회나 나타난다. 거의 모든 주석가들과 번역자들은 룻기에 있는 아하르 아쉐르(אשׁר אחר)를 복합어 사용의 첫 번째 범주에 속하는 것으로 이해했다. 그러나 세이쏜(42-43)은 이 문장을 문자 그대로 "내가 그의 눈에 은총을 입은 이후에"로 번역하는 첫 번째 해석을 주장했다. 그렇다면 대명사 "그의"는 앞 절에서 언급된 보아스만을 가리킨다. 세이쏜은 자기의 해석을 룻이 나오미의 허락 하에(2c절) 처음부터 의도적으로, 특히 보아스를 만나고 주의를 끌고 은총을 얻기 위하여 나아갔다는 자기 주장의 연결고리 중 첫 번째 고리로 사용한다. 그러한 번역이 문법적으로 가능하기는 하지만, 문맥은 이것을 완전히 배제하고 있는데, 왜냐하면 이 문맥 가운데서 "그의 눈"에 들어 있는 접미사 "그의"가 보아스를 가리킬 수 없기 때문이다. 현재로서는 이 이야기에서 보아스가 1절에서만 언급되고, 설화자가 독자로부터 그를 옆으로 밀어놓고 있기 때문이다. 나오미와 룻이 그를 자기들의 문제에 해결 가능한 사람으로 언급하거나 생각했다는 어떤 암시도 없다. 세이쏜(43)은 이러한 난점을 2:1에 있는 간접 담화로부터 2:2에 있는 직접 담화로의 전환을 가지고 그의 주제를 논박하지 말아야 할 것이라고 단순하게 진술함으로써 제거하려 한다. 그러나 이것은 나오미**에 관하여** 하나의 진술을 하고 있는 1절의 성격을 오해한 것이다. 세이쏜의 번역이 "지금 나오미는 자기 남편의 친척을 알고 있었다…"는 사실을 암시하는 것처럼(38; 그러나 39쪽의 그의 직역을 보라), 이 구절은 그 당시 그녀의 지식에 관하여 진술하고 있지는 않다. 나오미에 관한 진술처럼 이 문구는 이탈 즉 설화자가 자기 청중들에게 한 정보를 전달하지만, 최소한 이것이 나오미와 룻이 공유하고 있는 지식이라는 사실은 암시하지 않는 하나의 별도의 언급이다. 마지막으로 나오미와 룻이 모두 보아스를 만나서 그의 은총을 얻어내려는 룻의 계획에 협력했다는 사실은 19-20절과 일치할 수 없는데, 그 이유는 여기서 보아스의 이름이 나오미를 놀라게 해서 그녀가 처음으로 그가 누구인지에 관해 룻에게 정보를 주고 있다는 사실이 분명하기 때문이다. 그런 까닭에 문맥에서 이 문장에 대한 유일하게 타당한 번역은

"…내가 은총을 입을 수 있는 사람의 뒤에서 이삭을 줍다"이다(또한 Hubbard, 138-39 n. 13을 보라).

마지막으로, 우리는 룻이 "내가 뉘게 은혜를 입으면"이란 표현을 통하여 무엇을 의미하고자 했는지를 물어야 할 것이다. 주석가들이 주장하는 바와 같이(예를 들어, Campbell, Kel, Rudolph), 레위기 19:9-10; 23:22; 신명기 24:19-21에 있는 율법의 진술은 분명히 가난한 자, 외국인 거주자, 과부, 고아에게 추수밭에서 이삭을 주울 수 있는 법적 자격을 부여하고 있다. 그러나 과부에게 특권들을 허용하고 있는 율법에 있는 수많은 구절들(예를 들어, 출 22:22-24; 신 10:18; 14:29; 16:11; 24:17), 그리고 그들에 대한 압제와 함께 이스라엘을 책망하고 있는 선지서들과 다른 곳에 있는 여러 구절들(예를 들어, 사 1:23; 10:2; 렘 7:6; 욥 24:3, 21; 시 94:6) 들은 분명히 이러한 권리에 대한 박탈이 통상적이었다는 사실을 명백하게 증언하고 있다. 그러므로 룻의 발언에 대한 가장 단순한 이해는 그녀가 자비롭게 이삭 줍는 일을 허락하는 누군가의 뒤에서 이삭 줍기를 원한다는 것이다(Keil, Rudolph가 따름). 그러나 수많은 주석가들(예를 들어, Campbell, Gerleman, Hubbard, Joüon; 참조. NEB)은 이 문구를 룻이 이삭을 줍기 전에 추수하는 자들이나 밭 주인에게 허락을 받거나 혹은 받아야 한다는 사실을 의미하는 것으로 이해한다(Gerleman이 그렇게 주장하는데, 그 다음에 그는 룻기 저자가 레위기와 신명기 법을 알지 못했다고 결론짓는다!). 그러나 이삭 주울 권리를 부여하고 있는 법들은 이삭을 줍는 자가 허락을 구하라고 규정하고 있지 않다. 사실상 그것들은 그 반대를 의미했다. 따라서 "내가 뉘게 은혜를 입으면"이란 룻의 말은 이삭 주울 권리에 대한 잦은 거부와 잘 어울리므로, 그 말들은 허락을 구할 필요나 허락을 구할 것이라는 사실을 의미하지 않는다.

3 "가서 베는 자를 따라 밭에서 이삭을 줍는데"(וַתֵּלֶךְ וַתָּבוֹא וַתְּלַקֵּט בַּשָּׂדֶה – 와텔레크 와타보 와틀라퀘트 빠사데). 이 세 개의 잇따라 나타나는 동사들은 계속되는 장면이 세부적으로 묘사하고 있는 내용에 대한 요약적 진술을 이루고 있다. 이 요약적 진술 가운데서 할라크(הלך, "가다, 움직이다")와 보(בוא, "오다, 들어오다")의 결합은 문자 그대로 번역된다면 단어를 너무 많이 사용하고 있기는 하지만 ("원문주해"를 보라), 구약성경 서술 스타일에서는 자주 사용하는 관용어다(참조. 삿 19:10; 삼상 22:5; 왕상 14:17; 왕하 4:25; 참조. Hubbard, 140 n. 4). 우리는 이 결합의 의미를 "그녀가 자기 길을 갔다"로 번역하려고 시도했다. 이것은 모든 세 개의 행동이 뒤따라오는 "그리고 그녀가 우연히 …에 이르렀더라"라는 진술 앞

에 일어났다는 사실을 암시하지 않는데, 그 이유는 그 문장이 이 문장들과 함께 잇따라 제시간에 일어나지 않기 때문이다(Campbell, 92, 그리고 다음에 나오는 "주석"을 보라).

"그리고 우연히 …에 이르렀더라"(וַיִּקֶר מִקְרֶהָ – 와이케르 미크레하; 직역하면 "그리고 그녀의 기회가 만났다/건너왔다"). 여기 나오는 와우 연속형은 과거에 일어난 설화에서 주로 그러하듯이 시간적 순서를 표현하지 않는다(GKC § 111a). 여기서 이것은 부대상황을 나타낸다(참조. Joüon, 48; *GBH* § 33.2.2). 여기서 우리의 설화자는 자신이 방금 전에 한 요약 진술의 세부 사항들을 진술해 나간다. 명사 미크레하(מקרה)가 사무엘상 6:9; 20:26에서 "우연, 기회"란 의미로 나타나기는 할지라도 콰라 미크레하(קרה מקרה)는 다른 곳에서 전도서 2:14, 15에만 나타나는데, 그 곳에서 이것은 주로 "운명이 일어나다, 갑자기 덮치다"로 번역된다. 우리가 살펴보고 있는 문맥 가운데서 이 관용어는 "기회" 혹은 "행운"이라는 현대 개념을 표현하고 있지 않는데, 그 이유는 그것이 구약성경 사상에서는 전혀 생소하기 때문이다("해설"을 보라). 그보다는, 이것은 그렇게 하려는 어떤 의도가 없이 룻이 마침내 보아스에게 속한 밭에서 이삭을 줍게 되었다는 사실을 뜻한다. "그리고 우연히 …에 이르렀더라"는 번역은 룻 편에서의 의지의 결핍을 잘 표현하고 있다. 이 표현의 의미는 위에서 논의한, 즉 룻이 보아스를 만나려는(그리고 기쁘게 하려는) 분명한 의도를 가지고 이삭을 줍기 시작했다는 세이쏜의 입장에 대한 가장 심각한 난점을 나타내는데, 그 이유는 이것이 "보아스가 밭의 주인인 것으로 알려진 그 곳으로 그녀가 우연히 도착했다기보다는, 다만 그것을 찾기 위하여 값비싼 시간을 낭비하지 않고 보아스의 밭에 도착한 룻의 행운을 강조하기 위하여"로 해석될 수는 없기 때문이다(Sasson, 45. 진한 글씨체는 원 저자의 것임). 그 반대로, 이 문장은 룻이 전혀 보아스의 밭을 찾으려는 의도를 갖지 않고 이삭 줍기를 시작했다는 사실을 분명하게 보여 준다.

"보아스에게 속한 밭"(חֶלְקַת הַשָּׂדֶה לְבֹעַז – 헬콰트 하싸데 레보아즈, 직역하면 "보아스에게 속하는 밭들의 일부분"). GKC § 129d에 따르면 소유격 "보아스의"는 전체사 레(ל)로 표현되어 있는데, 그 이유는 연계형 문구 헬콰트 하싸데(חלקת השדה)가 하나의 연합된 개념을 나타내는 결합어, 즉 "개별 밭"(직역하면 "밭들의 일부분")이기 때문이며, 이러한 사실은 *IBHS* § 9.7b에 반대된다. 이러한 사실이 열왕기하 9:25-26에서 분명하게 발견될 수 있는데, 그 곳에서 25절에 있는 헬콰트 하싸데(חלקת השדה)가 26절에서는 헬콰(חלקת)로만 언급되어 있다. 그런 까닭에 이러한 표현은 명확하게 "보아스의 밭"을 의미하고, 반면에 헬콰트 사데 보아즈(חלקת שׂדה בעז)는 "보아스의 밭의 일부분"을 의미하는 것으로 이해될 수 있을 것이다. 4:3에 있는 유사한 표현에 관해서는 창 33:19; 수 24:32을 참조하라.

해설

본서의 두 번째 막인 2:1-23은 나오미의 고독과 쓰라린 상태의 해결로 가는 구체적인 첫 번째 단계, 즉 룻과 보아스의 만남을 드러내고 있다. 우리의 설화자는 이 드라마로 되어 있는 막을 어떻게 이러한 만남이 이루어졌는지를 설명하는 간략하고도 서론적인 하나의 장면으로 시작한다. 이것은 흥미를 돋구는 질문들과 가능성들을 일으키기 위하여 그리고 우리의 관심을 일으키고 붙잡기 위하여 잘 계산되어 있다. 이것은 이야기 줄거리에 들어 있는 하나의 흐름과 함께가 아니라, 설화자가 우리 즉 자신의 독자들에게 소개하는 하나의 이탈 내용과 함께 시작하고 있으며, 우리에게 보아스를 소개하고 있다. 그가 우리에게 소개하는 보아스는 엘리멜렉과 같은 족속 출신의 공동체 가운데서 부유하고 지위가 높은 사람이며, 그는 나오미의 남편을 통한 나오미와의 친척 관계를 강조한다. 그렇게 함으로써, 그리고 무엇보다도 하나의 이탈 가운데서 우리에게 그를 예변법적으로 소개함으로써, 우리의 설화자는 교묘하게 우리의 관심을 불러일으키고 긴박감을 조성한다(참조. Trible, 175). 이러한 관심은 2절에서 은총을 입으면 그 사람을 따라 이삭을 줍겠다는 룻의 말과 함께 고조되어 있다. 보아스에 대한 소개 다음에 그러한 어투는 거의 귀찮을 정도로 이 사람이 그가 될 것이라는 사실을 암시해 준다. 우리가 그의 존재를 전혀 모르는 룻이 그의 밭에서 일어나는 사실을 배우게 된다면, 이러한 암시는 장면의 종말에 대한 기대감을 갖도록 만들어 준다. 이러한 기대감은 물론 보아스가 다음 장면의 초두에 즉시 나타날 때 이루어질 것이다. 이 사람은 분명히 이 이야기에서 하나의 역할을 하겠지만, 그것이 무엇인가?

1절의 이탈 다음에 이야기는 나오미가 아니라 모압 여인 룻과 함께 시작된다. 삶의 쓰라린 고통과 결손으로 아직까지 슬픔에 젖어 있는 나오미는 행동을 하지 않은 상태로 잠잠히 있고 단 두 마디의 말만 하고 침묵을 지킨다. 밭에서 이삭을 줍겠다고 제안함으로써 자기들의 삶을 영위해 나갈 수단을 제공하기 위하여 주도권을 잡은 사람은 룻이다. 그녀의 인격답게 그녀는 자기의 시어머니를 존중하여 정중하게 나오미의 승인을 요구한다. 나오미는 동의한다는 두 마디 말 이외에는 하지 않는다.

"내 딸아, 갈지어다." 나오미로 하여금 밭에서 룻과 함께 이삭을 줍는 일을 전혀 하지 않도록 만든 것이 나이가 든 연령인가, 아니면 그녀가 자기의 고통을 절망의 늪 속으로 이끌고 갔기 때문인가? 우리의 설화자는 그 어떤 기미도 우리에게 주지 않는다. 그렇지 않다면 어떤 기미를 주고 있는가? 사실상, 베들레헴 여인들에게 말한 자기의 쓰라린 괴로움의 표현과 룻이 주운 곡식의 양을 보고 갑자기 호기심이 생겨 던진 질문(19절) 사이에 설화자가 기록하고 있는 나오미가 한 유일한 말은 룻이 주울 수 있는 밭에서 혼자서 이삭을 줍도록 룻에게 허락하는 이 두 마디 말이다.

설화자는 이 간략한 장면을 그 세부 사항들은 그 다음 장면에서 주어질 하나의 예고 형태로 된 요약적 진술(3절)로 종결한다. 이 예고는 그녀가 이삭을 주우러 갈 때 룻이 우연히 보아스의 밭에 이르렀다는 사실을 그가 우리에게 말해 줄 수 있도록 진술되어 있다. "운명" 혹은 "행운" 혹은 "우연"라는 현대의 세속적 개념을 이 어투 가운데 밀어넣으려고 해서는 안 된다. 구약성경의 관점에서 볼 때, 하나님께서는 친히 일어난 모든 일을 주관하셨다(참조. 예를 들어, 암 3:6b; 애 3:37-38; 사 45:1-8). 이것이 우리 저자의 입장이라는 사실은 그가 1:6에서 기근의 종결과 4:13에 있는 룻의 개념을 직접적으로 하나님의 인과성으로 돌리는 방식에서 아주 분명하게 드러난다. 그런 까닭에 "우연"은 이 곳과 전도서에서 "연루된 자들의 의도나 도움 없이 일어나며, 그로 인하여 사람들이 사건들의 과정을 결정할 수 없다는 설화자의 확신을 표현하고 있다는 사실"을 의미한다(Gerleman, 25). 이 문장은 사실상 "과장법과 같은, 즉 정확하게 그 반대되는 인상을 창출해 내기 위하여 의도된 두드러진 요약적 진술"이다(Hubbard, 141). 이는 할즈(Hals, *The Theology of the Book of Ruth*, 12)가 다음과 같이 지적한 바와 같다.

> …2:3b에 있는 저자의 진의는 실질적으로 그가 말하는 그 반대다. 룻과 보아스의 만남을 "우연"으로 이름 붙이는 것은 그 어떤 인간의 의도가 연루되지 않았다고 말하는 저자의 방식에 지나지 않는다. 룻과 보아스에게 이것은 우연한 일이었으나, 사실 하나님으로 인하여 일어난 일이었다. 전체 이야기의 흐름은 설화자가 처음부터 끝까지 하나님의 손길을 보고 있다는 사실을 명확하게 밝혀 준다. 사실상 여기에 나타난 그의 표현의 세속성 자체는 그가 그러한 확신을 강조하는 방식이다. 이것은 결과를 위한 일종의 비밀 행동이다. 이러한 만남을 우연이라고 부름으로써, 저자는 우연까지도 하나님의 인도를 받는다는 사실을 지적하기 위하여 교묘하게 노력한다.

설화자가 룻이 이삭을 주운 밭 주인의 이름을 밝힌 다음, 그는 보아스와 나오미의 관계를 상기시킴으로써 우리의 관심을 자극한다. 유력한 사람 보아스는 나오미의 남편을 통하여 그녀와 친척지간이고, 룻은 누군가에게 은혜를 입으면 그 사람을 따라 이삭 줍기를 기대하면서 우연히 보아스의 밭에서 이삭을 줍기 위하여 왔다. 우리의 설화자는 이제 전조가 되는 그 내용을 말하는 데로 나아간다.

장면 2.
룻과 보아스가 추수 밭에서 만나다: 보아스는 지극히 너그러운 사람이다(2:4-17a)

참고문헌

Alter, R. *The Art of Biblical Narrative.* New York: Basic, 1981. **Barthélemy, B.,** et al. *Preliminary and Interim Report on the Hebrew Old Testament Text Project.* Vol. 2. New York: United Bible Societies, 1979. **Beattie, D. R. G.** "A Midrashic Gloss in Ruth 2:7." *ZAW* 89(1977) 122-24. **Berlin, A.** *Poetics and Interpretation of Biblical Narrative.* Sheffield: Almond, 1983. **Borowski, O.** *Agriculture in Iron Age Israel.* Winona Lake, IN: Eisenbrauns, 1987. **Dalman, G.** *Arbeit und Sitte in Palästina.* Vol. 3. 1933. Repr. Hildesheim: Georg Olms, 1964. **Daube, D.** *Studies in Biblical Law.* London: Cambridge UP, 1947. **Driver, G. R.** "Affirmation by Exclamatory Negation." *JANES* 5(1973) 107-14. **Ehrlich, A. B.** *Randglossen zur hebräischen-Bibel: Textkritisches, sprachliche und sachliches.* Vol. 7. 1914. Repr. Hildesheim: Georg Olms, 1968. 19-29. **Hubbard, R.** "The Events of Ruth 2:1-16: A Proposal." Paper read at the SBL Annual Meeting, 1985(kindly supplied by the author). **Humbert, P.** "Art et leçon de l'histoire de Ruth." In *Opuscules d'un Hébraïsant.* Memoires de l'Université de Neuchâtel 26. Neuchâtel: Secrétariat de l'Université, 1958. 83-110. ______. "En marge du dictionnaire hébraique." *ZAW* 62(1949-50) 199-207. **Hutritz, A.** "Ruth 2:7 - 'A Midrashic Gloss'?" *ZAW* 95(1983) 121-23. **Kennedy, A.** "The Root G'R in the Light of Semantic Analysis." *JBL* 106(1987) 47-64. **Levine, E.** *The Aramaic Version of Ruth.* Rome: Biblical Institute, 1973. **Lys, D.** "Résidence ou repos? Notule sur Ruth ii 7." *VT* 21(1971) 497-501. **MacIntosh, A.** "A Consideration of Hebrew נער." *VT* 19(1969) 471-79. **Myers, J. M.** *The Linguistic and Literary Form of the Book of Ruth*, Leiden: Brill, 1955. **Nötscher, F.** "Zum emphatischem Lamed." *VT* 4(1954) 372-80. **Porten, B.** "The Scroll of Ruth: A Rhetorical Study." *GCA* 7(1978) 23-49. **Stager, L.** "The Archeology of the Family in Ancient Israel." *BASOR* 260(1985) 1-35. **Trible, P.** "Woman in the OT." *IDBSup*, 963-66.

본 문

4 마침 보아스가 베들레헴에서부터 와서 베는 자들에게 이르되 여호와께서 너희와 함께 하시기를 원하노라 그들이 대답하되 여호와께서 당신에게 복 주시기를 원하나이다

4 And wouldn't you know it,[a] Boaz came from Bethlehem! He said to the reapers, "The Lord[b] be with you!" and they replied to him, "The Lord bless you!"

5 보아스가 베는 자들을 거느린 사환에게 이르되 이는 뉘 소녀냐

5 Then Boaz said to his servant in charge of[a] the reapers, "To whom does this young woman[b] belong?"

6 베는 자를 거느린 사환이 대답하여 가로되 이는 나오미와 함께 모압 지방에서 돌아온 모압 소녀인데

6 And the servant in charge of the reapers replied, "She is a[a] Moabite young woman who came back with Naomi from the territory of Moab.

7 그의 말이 나로 베는 자를 따라 단 사이에서 이삭을 줍게 하소서 하였고 아침부터 와서는 잠시 집에서 쉰 외에 지금까지 계속하는 중이니이다

7 She asked, 'May I glean stalks of grain and gather them in bundles[a] behind the reapers?' So she came and has remained here. From morning until just now[b] she has stopped[c] only a moment."

8 보아스가 룻에게 이르되 내 딸아 들으라 이삭을 주우러 다른 밭으로 가지 말며 여기서 떠나지 말고 나의 소녀들과 함께 있으라

8 Then Boaz said to Ruth, "Listen carefully,[a] my daughter! Don't go to glean[b] in any other field; indeed, do not go beyond[c] the boundaries of this one. But right here you are to stick close to my young women.

9 그들의 베는 밭을 보고 그들을 따르라 내가 그 소년들에게 명하여 너를 건드리지 말라 하였느니라 목이 마르거든 그릇에 가서 소년들의 길어 온 것을 마실지니라

9 Watch closely[a] where the workers are harvesting[b] and follow[c] behind the women.[d] I am herewith ordering[e] the young men not to interfere with[f] you. If you are thirsty,[g] then go and get a drink from the jars that the young men have filled."[h]

10 룻이 땅에 엎드려 절하며 그에게 이르되 나는 이방 여인이어늘 당신이 어찌하여 내게 은혜를 베푸시며 나를 돌아보시나이까

10 She bowed down, touching her forehead to the ground,[a] and said to him, "How have I earned your favor[b] so that you pay such attention to me, though I am a foreigner?"

11 보아스가 그에게 대답하여 가로되 네 남편이 죽은 후로 네가 시모에게 행한 모든 것과 네 부모와 고국을 떠나 전에 알지 못하던 백성에게로 온 일이 내게 분명히 들렸느니라

11 And Boaz replied,[a] "I have been fully informed of all that you have done for[b] your mother-in-law since your husband's death – how you have left your father and mother and the land of your birth and have come to a people you did not previously know.

12 여호와께서 네 행한 일을 보응하시기를 원하며 이스라엘의 하나님 여호와께서 그 날개 아래 보호를 받으러 온 네게 온전한 상 주시기를 원하노라

12 May Yahweh repay your good deed, and may your reward be full from Yahweh, the God of Israel, under whose wings you have come to find shelter!"

13 룻이 가로되 내 주여 내가 당신께 은혜 입기를 원하나이다 나는 당신의 시녀의 하나와 같지 못하오나 당신이 이 시녀를 위로하시고 마음을 기쁘게 하는 말씀을 하셨나이다

13 And she said, "You are most gracious,[a] sir,[b] for you have eased my mind and given encouragement[c] to your maidservant, though I myself will never be the equivalent of one of your maidservants."[d]

14 식사할 때에 보아스가 룻에게 이르되 이리로 와서 떡을 먹으며 네 떡 조각을 초에 찍으라 룻이 곡식 베는 자 곁에 앉으니 그가 볶은 곡식을 주매 룻이 배불리 먹고 남았더라

14 At mealtime Boaz said to her,[a] "Come over[b] here. Have[c] some food,[d] and dip your bread[e] in the wine vinegar." So she sat down beside the reapers. He handed her some roasted grain, and she ate all she wanted,[f] and then she still had some left over.[g]

15 룻이 이삭을 주우러 일어날 때에 보아스가 자기 소년들에게 명하여 가로되 그로 곡식 단 사이에서 줍게 하고 책망하지 말며

15 Then she rose to glean, and Boaz commanded his workers,[a] "Even between the sheaves themselves let her glean, and do not scold her.

16 또 그를 위하여 줌에서 조금씩 뽑아 버려서 그로 줍게 하고 꾸짖지 말라 하니라

16 In fact, be sure to pull out some stalks from the handfuls for her and leave them behind for her to glean, without rebuking her!"

17 룻이 밭에서 저녁까지 줍고

17a So she gleaned in the field until evening.

원문주해

4.a. 직역하면 "그리고 보라!" "주석"을 보라.

4.b. 우리가 다른 곳에서 야웨(יהוה)를 하나님의 본명인 야웨로 번역했을지라도, 전통적 번역인 "주님"이 이와 같은 관습적인 인사에서는 보다 자연스러운 것으로 보인다.

5.a. 직역하면 "…에 배치된 자".

5.b. 하나아라(הנערה). 룻이 약 10년 전쯤에 결혼했으므로(1:4b "주석"을 보라), "젊은 여인"이란 번역이 "소녀"보다는 적절해 보인다.

6.a. 사환이 보아스가 룻이 모압으로부터 돌아왔다는 사실을 이미 들었다고 확인하고

있다는 가정에 근거하여 정관사가 나아라 모아비야(נערה מואביה; LXX과 같이)에 붙여져야 할 것이라는 루돌프의 입장(46)은 거절되어야 할 것이다. 사환은 보아스가 그 상황에 관해서 알고 있다고 확인하지 못하고 있다고 가정하는 것이 타당하다. 최소한 이것은 MT 독법이 추정하고 있는 내용이다(뒤따라오는 하샤바〈השבה〉의 부정적〈不定的〉 성격에 관해서는 "주석"을 보라).

7.a. 웨아싸프티 바오마림(ואספתי בעמרים, "그리고 그것들을 단 사이에서 모으다")이 Syr와 Vg에는 빠져 있다. 보다 난해한 독법의 원리에 근거하여 MT가 훨씬 더 선호된다(TEV, de Waard-Nida, Gerleman는 이에 반대다). "주석"을 보라.

7.b. LXX에는 아타(עתה, "지금") 대신 헤스페라스(ἑσπέρας, "저녁"; 히브리어로 에레브〈ערב〉)로 되어 있다. MT가 더 낫다. "주석"을 보라.

7.c. 이 번역은 MT의 쉬브타흐(שִׁבְתָּהּ, "그녀의 앉음") 대신 샤브타(שָׁבְתָה, "그녀가 정지했다")로 읽으며 그 다음 단어 하베트(הבית, "그집")를 생략한다. "주석"을 보라.

8.a. 직역하면 "당신은 듣지 않았느냐?" "주석"을 보라.

8.b. 라콰트(לקט)의 부정사 연계형 릴코트(לִלְקֹט)는 여기서만 전문적 의미 "이삭을 줍다"의 의미를 가진 칼형으로 사용된다.

8.c. 타아부리(תַּעֲבוּרִי). 피널트 음절에 있는 장모음 우는 지극히 이례적인데, 특히 그 음절에 전혀 모음이 없어야 할 때다: 예상된 형태는 타아브리(תַּעַבְרִי). 만일 잘못이 아니라면, 이것은 피널트 엑센트의 증거일 수도 있다(아마도 구어체 방언에서?). 참조. GKC § 47g.

9.a. 직역하면 "네 눈을 밭에 두도록 하라".

9.b. 직역하면 "그들(남성 복수)이 추수하고 있다", 즉 남녀 종들의 혼합된 그룹을 언급하는 남성 복수. "주석"을 보라.

9.c. 직역하면 "가라".

9.d. 직역하면 "그들(여성 복수)". "주석"을 보라.

9.e. 직역하면 "내가 명령하지 않았느냐?" "주석"을 보라.

9.f. 레빌티 나게크(לבלתי נגעך). 대개 나가(נגע, "〈해치기 위하여 손을〉 대다")는 여기서처럼 목적어를 직접 지배하지 않고, 주로 브(ב)라는 전치사를 취한다. 유온(Joüon)은 여기서 직접 목적어의 사용은 목적어가 대명사 접미어라는 사실에 의하여 조절된다는 사실을 상당히 설득력 있게 주장한다(*GBH* § 125b).

9.g. 웨차미트〈차마(וצמת〈צמא, "목말라지다"). 알렙이 발음에서 사라졌으므로(묵음된) 정자법 철자에서도 사라졌다. 참조. 위의 1:14에 있는 와티세나〈나사(ותשׂנה〈נשׂא). 이 형태는 주로 이것이 마치 ל״ה 동사로 취급되어 왔던 것처럼 간주된다(GKC § 75qq; *GBH* § 78g).

9.h. 직역하면 "(물)항아리로 가서 젊은 남자들이 길어온 것을 마셔라". 재정돈된 문장

이 영어에서는 훨씬 더 자연스럽다.

10.a. 직역하면 "그녀가 그녀의 얼굴에 떨어졌고 땅에 절했다". de Waard-Nida(32)처럼 필자는 "그녀가 그녀의 얼굴에 떨어졌다"는 직역을 피하려 했는데, 그 이유는 영어에서 이것이 주로 의도적 행동이 아닌 우연적 행동을 나타내기 때문이다. 이러한 몸짓의 성격에 관해서는 "주석"을 보라.

10.b. 직역하면 "어찌하여 내가 당신의 눈에 은총을 발견했는가?" 이러한 표현에 관해서는 2절의 "주석"을 보라.

11.a. 직역하면 "대답했다 그리고 그녀에게 말했다".

11.b. 에트(את)는 여기서 편의를 표현한다. *HebS* § 341를 보라.

13.a. 직역하면 "나는 발견하고 있다" 혹은 "내가 당신의 눈에 은총을 발견할 수 있는가?"인데 감사의 표현이다. "주석"을 보라.

13.b. 직역하면 "내 주여".

13.c. 직역하면 "…의 마음에 말해진". "주석"을 보라.

13.d. 직역하면 "내 자신은 하녀들 가운데 하나같지 못하다". "주석"을 보라. 문맥 가운데서 히브리 본문은 "그리고 나는 진실로 당신의 하녀들 가운데 한 사람일 뿐이다"와 같은 의미를 나타내면서 이 부정어를 생략하고 있는 LXX, OL, Syr보다 훨씬 더 낫다. "주석"을 보라.

14.a. 라(לה). 어떤 이유로 맛소라 학자들은 여기서 하(ה)에 3인칭 여성 단수 대명사 접미어 라흐(לָהּ)와 같은 마픽을 가진 자음의 성격을 가지고 있지 않다. GKC § 103g을 보라.

14.b. 고쉬(גֹּשִׁי). 이 형태는 상당히 이례적인 것이다. 게쉬(גְּשִׁי)를 예상한다. 미완료형과 남성 단수 명령형이 아 발음을 보유하므로 오 발음 역시 이례적이다. 그러나 명령형의 이 같은 네 개의 형태가 나타나므로 이 변칙은 잘 입증된다. GKC § 66c를 보라.

14.c. 직역하면 "먹으라".

14.d. 락헴(לחם)은 "떡"을 의미할 뿐만 아니라 일반적인 "음식"을 의미한다. 참조. 삼상 14:24-30. "떡"보다는 보다 일반적인 의미가 이 문맥에는 잘 어울린다.

14.e. 피테크(פתך)는 직역하면 "당신의 한 조각, (떡의) 조각". 이 문구는 자주 명확하다: 파트-레헴(פת־לחם, "떡 조각": 예를 들어, 창 18:5).

14.f. 직역하면 "그녀가 먹었다. 그리고 그녀가 만족했다".

14.g. 와토타르(וַתֹּתַר). 여기에 나오는 힙힐 미완료 연속법 형태는 마지막 음절에 파다흐를 가졌고, 반면에 어떤 사람은 체레를 예상한다. 참조. 삼하 8:4의 와요테르(וַיּוֹתֵר). 이것은 주로 휴지의 암시로 설명된다. GKC § 53n을 보라(그러나 참조. § 69v!).

15.a. 에트-네아라이우(את־נעריו)는 직역하면 "그의 젊은 남자들"이거나 그렇지 않으면 "그의 젊은이들"이 더 나을 것인데, 그 이유는 남성 복수형이 이 구절과 같은 곳에서 남녀 일꾼들을 가리키는 데 사용되기 때문이다. 8, 9절의 "주석"을 보라.

양식/구조/배경

두 번째 장면이면서 중요한 장면인 이 단락은 4절부터 17a절까지 뻗어 있는 본 장의 중심부를 차지한다. 시작 경계는 그 형태와 내용으로 분명하게 표시되어 있다. 형태상 이것은 이에 앞서 나오는 마감하는 요약적 진술 가운데 사용된 와우 연속법 동사들로부터 벗어나 있으며 웨힌네+주어+동사 문장으로 이루어져 있고, 그리하여 연대기적, 인과적 관계를 피하고 이 설화를 사실적이고도 생동감 있게 만든다("주석"을 보라). 내용상 이것은 우리로 하여금 1절에 소개된 이탈 본문으로 돌아가서 다시 시작하게 만들고 있는데, 그 이유는 이것이 이 장면에서 새로운 인물인 보아스의 도착을 묘사하기 때문이다. 1절에 있는 그에 대한 예변법적 서론은 지금 묘사된 발전과 같은 두드러진 예상을 미리 암시해 주었다.

본 장의 끝도 역시 똑같이 명확한데, 그 이유는 17a절에 있는 설화적 요약 내용 "룻이 밭에서 저녁까지 줍고"가 우리를 3절에 있는 마감하는 진술 "룻이 가서 베는 자를 따라 밭에서 이삭을 줍는데"로 돌아가게 하기 때문이다. 3절의 개요가 이제 충분히 진술되었다는 사실을 보여 주고 있다. 이 점이 18a절인 "그것을 가지고 성읍에 들어가서"와 함께 이 장면을 끝마치려는 마음이 들게 만드는데(참조. B. Porten, *GCA* 7[1978] 33), 그 이유는 이것이 첫 번째 단락에서 룻이 시작했던 여행을 완성했을 것이기 때문이다. 그러나 내 의견에는 룻이 거둔 지나치게 많은 곡식의 양을 묘사하고 있는 17절 하반절은 당연히 그 다음 장면에 속하는데, 그 이유는 이것이 룻이 이룬 일을 보고 나오미가 눈이 휘둥그레지고 기뻐서 놀라는 배경을 제공하기 때문이다(19절). 더 나아가서 룻의 여행의 출발이 첫 번째 장면의 결론적 진술과 관련되어 있으므로, 본 장의 명확한 대칭이 그 여행의 결과가 마감하는 장면의 서론적 진술 가운데서 연결되어 있다는 입장에 편들어 강하게 말한다. 여기서 룻의 활동은 실로 그녀와 나오미가 일어난 일을 평가하는 것처럼 충분하게 된다.

이 단락의 단일성은 그 연대기의 결합에 의하여 그리고 그 내용의 일관성을 통하여 대담하게 표시되어 있는데, 이에 대해서는 2:1-3의 "양식/구조/배경"에 있는 본 장 전체의 양식과 구조에 대한 논평을 보라.

룻기 2:4-17a 구조

			구절	내용	기능	
설화 서론			4a	보아스가 도착하다	장면의 서론	
에피소드 1: 4-13절	A	보아스와 일꾼들 간의 룻과 그녀의 이삭 줍는 일에 관한 대화	4b-e	보아스가 자기 일꾼들에게 인사한다	행동이 지연되고 긴장감이 증가한다	
			5	보아스가 사환에게 룻에 관해서 묻는다	질문: ↓	동기 ↓ 반응
			6-7	사환이 응답한다	응답:	동기 ↓ 반응
	B	보아스와 룻 간의 대화: 그가 룻에게 특권을 부여하고 그 이유를 설명한다	8-9	보아스가 룻에게 자기 일꾼들 바로 뒤에서 이삭을 줍도록 명한다	명령: ↓	동기 ↓ 반응
			10	룻이 어찌하여 자신이 그렇게 은혜를 입는지를 묻는다	질문: ↓	동기 ↓ 반응
			11-12	보아스가 룻에게 자신이 그녀의 신실성을 알고 있다고 말하며 축복한다	응답: ↓	동기 ↓
			13	룻이 감사의 마음을 표현한다	평가:	반응
에피소드 2: 14-16절	B′	보아스와 룻의 행동: 그가 점심 식사 때 그녀에게 특권을 부여한다	14a, b	보아스가 룻을 초대하여 자기 일꾼들과 함께 앉아서 먹도록 한다	명령 ↓	동기 ↓
			14c	룻이 따른다	실행:	응답
			14d	보아스가 음식을 먹도록 권한다	설화 진술	
	A′	보아스와 일꾼들 간의 룻과 그녀의 이삭 줍은 일에 관한 대화	15a	룻이 이삭을 주으러 간다	설화 진술:	동기 ↓
			15b-16	보아스가 일꾼들에게 그녀에게 특권을 주도록 명령한다	명령:	반응
설화 결론			17a	룻이 밤까지 이삭을 줍다	장면이 막을 내리다	

구조에 관한 한 이 장면은 4a절의 간략한 서술적 서론과 17a절의 결론을 통하여 구성된 두 개의 에피소드로 나뉜다(도표를 보라): 첫 번째 에피소드(4b-13절)에서는 설화의 진술이 연루된 대화에 대한 밀착된 서론을 제공하는 데 가장 필요할 뿐이다. 그렇다면 이 에피소드는 거의 배타적으로 대화로 이루어져 있는데, 하나는 보아스와 그의 일꾼들 간에(A), 그리고 다른 하나는 보아스와 룻 간의 대화(B)로서 이것들은 각기 다른 모든 것을 배제하고 룻과 보아스에게 그 초첨을 맞추고 있다.

보아스와 그의 일꾼들이 인사를 나누고 있는 A의 서론적 대화(4b-e절)까지도 주목적과 관련된 기능적 가치만을 가지고 있다. 이것은 행동을 지연시키고 이미 보아스의 신분을 알고 있고(1절) 그가 본서의 문제 해결에서 알려져 있지 않은 역할을 해야 한다는 사실을 알고 있는 독자의 긴장감을 증가시켜 준다. 같은 목적으로 5, 6절에서 추수하는 일을 하고 있는 일꾼들과 같이 "사환"의 정체에 대해 외관상으로 지나치게 반복하여 설명하는 것으로 보인다. 이러한 기능을 인식하지 못하여 윗첸라트(Witzenrath, 15)는 두 번째 출현을 중복오사로 삭제한다. A의 결론적 대화(5-7절)에서 보아스는 자기 밭에서 이삭을 줍고 있는 낯선 젊은 여인의 출신에 관해서 사환에게 묻고, 사환은 반응하는데, 두 부분은 룻의 신원을 밝히고 그녀가 아침 일찍부터 와서 이삭을 줍도록 요구한 사실을 알려 준다(7절 하반절은 지극히 모호하다. "주석"을 보라). 이러한 대답이 보아스와 룻 사이의 대화 B로 옮겨 가도록 만들어 주는데, 이것이 이 장면에서 절정을 이룬다. 이 네 부분의 대화 가운데서 각 발언은 이전 것의 자극에 대한 하나의 반응이고 뒤따라오는 응답에 관한 자극을 제공한다. 그리하여 룻의 신원을 알려 주는 사환의 말(6-7절)을 듣고 보아스는 룻에게 자기 일꾼들의 뒤를 따라 줍고 물을 마시도록 하며(8-9절), 결국 룻은 한 이방인인 자기에게 어찌하여 은혜를 베푸는지를 묻기까지 한다(10절). 이러한 동기에 대해서 보아스는 룻이 나오미에게 행한 신실한 일을 칭찬하고, 결국 그녀에게 야웨의 복을 받도록 빌어 주고 있는데(11-12절), 이것이 이번에는 바꾸어서 룻으로 하여금 감사의 말과 함께 보아스의 친절과 호의에 대해서 마감하는 평가를 하게 만든다(13절).

두 번째 에피소드(14-16절)는 보다 많은 서술 내용, 적은 대화로 이루어져 있으며, 룻을 위한 보아스의 또 다른 행동을 서술한다. 첫 번째 사항 B′에서 그는 룻을 자기 일꾼들과 함께 식사하도록 점심 식사에 초대하고 그녀에게 그녀가 먹고 남을 만큼의 충분한 음식을 제공한다(14절). 두 번째 사항 A′에서 그는 자기 일꾼들에게 8-9절에서 이전에 그녀에게 베풀어 주었던 너그러운 배려보다 훨씬 더 넘치게 배려하라고 명령한다.

이 두 에피소드는 교차적 구조로 균형을 이룬다: A와 A′는 보아스와 일꾼들 간의 룻과 그녀의 이삭 줍는 일에 관한 대화로 이루어져 있고, 반면에 B와 B′는 이스라엘의 밭에서 이삭을 줍던 궁핍한 사람을 위하여 지시된 관습을 넘어서서 그녀의 특권과 관련되는 보아스와 룻 간의 대화로 이루어져 있다.

주석

4 "그리고 마침 보아스가 왔다"(וְהִנֵּה־בֹעַז בָּא – 웨힌네-보아즈 빠). 힌네(והנה) + 주어 + 동사의 문장 구조는 앞의 장면에 연결되는 요약적 진술을 이루고 있는 와우 연속법 동사라는 앞의 열과 연대기적 순서를 표현하고 있지 않다. 더 나아가서 빠(בא)라는 형태는 분사형일 수도 있고 혹은 완료 시제일 수도 있다. 캠벨은 "하나의 장면이 진술되고 그 다음에 시간이 거의 없거나 혹은 시간의 경과 없이 곧 일이 일어날 때 그리고 그 원인에 특별한 놀라움의 낌새와 함께 일어날 때 사용된 분사만을 사용한"(93) 힌네(והנה) 문장의 버금 그룹을 인용하면서 분사라고 주장한다. 그러나 캠벨이 인용하는 실례들은 결정적인 점에서 룻기의 구절과 다르다. 이 실례들 가운데서 힌네(והנה) 문장은 이 힌네(והנה) 문장에 의하여 기록된 행동에 앞서서 이미 종결된 별개의 시간적으로 연속적인 일련의 사건들(삼하 16:1; 18:31; 룻 4:1)이나 혹은 설화자가 명백하게 "아직도 말하고 있었다"나 "말하기를 그치지 않았다"와 같은 어떤 문구를 통하여 사건들의 동시성을 표현하는 연속적인 일련의 사건들(창 24:15; 왕상 1:22, 42)보다 뒤에 나온다. 그러나 본문의 구절은 간결한 요약과 전체 장면의 개요를 제공하는 하나의 서술적 진술(3절) 뒤에 나온다. 그런 까닭에 이것이 묘사하는 행동은 분명히 힌네(והנה)가 이끈 사건이 일어날 때 완료되지 않았다. 그러므로 내 의견에는 이것은 빠(בא) 동사를 완료 시제로 이해하는 것이 더 낫다. 이 문장 구조는 단순히 룻의 도착과 보아스의 도착 사이에 얼마나 긴 시간이 경과했는지가 표현되지 않은 상태로 되어 있다(Sasson, 46는 이에 반대다. 그는 이 문구가 룻과 보아스가 "각기 몇 초 차로" 도착했다는 것을 의미한다고 생각하고, de Waard-Nida, 27는 이 빠〈בא〉의 완료 시제 형태가 보아스가 여러 시간 후에 도착했다는 사실을 암시한다고 결론짓는다).

캠벨은 힌네(והנה)의 사용이 "하나의 놀라움에 대한 전혀 다른 암시"를 말하고 있다고 관찰한 점에서 상당히 옳다. 이 문장 구조는 "역사 스타일에서는 매우 자주 나오는 것인데…설화를 생생하고도 생동감 있게 만들고 독자로 하여금 화자나 행동하는 자에 대한 놀라움 혹은 만족감 속으로 들어가게 만든다"(BDB, 244; 이러한 "놀라움"을 표현하는 문장에 대해서는 SBH, 94-95를 보라). 그러나 힌네(והנה)가 이끌고 있는 놀라움과 예기치 않은 요소는 여러 다른 차원에서도 기능을 한다. 최근에 벌린(Berlin, *Poetics*, 91-95)은 이 같은 다른 용법들에 대한 매우 유용한 연구를 제공해 주었다. 그녀(Berlin)는 룻기에 있는 세 개의 그러한 용법을 분석해 낸다.

(1) 위의 1:15에서와 같은 주의를 집중하고 놀라도록 만드는 강조어와 같은 직접 강화에서. (2) "관점"의 암시로서의 서술, 즉 사건이나 인물이 관찰되는 관점, 그 이유는 "하나의 인물이 직접적으로 독자에 의하여 감지되지 않고 (암시된) 저자나 설화자 혹은 또 다른 인물의 이야기를 통하여 중재되거나 혹은 걸러지기"(43) 때문이다. 예를 들면 아래의 3:8에서처럼. (3) 살펴보고 있는 구절에서의 용법. 벌린은 분명하게 여기서 사용하고 있는 용법이 대부분의 주석가들이 이해한 것처럼 연대기적 기능을 하고 있지 않은데(예를 들어, NIV의 "바로 그때〈just then〉"; TEV의 "얼마 후에〈some time later〉"; 참조. 위에 언급된 해석들), 그 이유는 독자에게 정보를 제공하면서 표현하고 있는 갑작스러움이 "사건들 간의 시간 경과와 아무런 관련이 없기 때문이라고 본다. 즉 그것은 새로운 사실이 설화 가운데 도입되는 갑작스럽고도 예기치 않은 방식과 관련되어 있다"(*Poetics*, 93). 말하자면 곧 이것이 또다시 관점을 표현한다. 그러나 여기에 표현된 관점은 설화 가운데 있는 인물들 중 한 사람에 대한 것이 아니다 — 즉 분명히 룻은 아닌데, 그 이유는 그녀가 보아스가 누구인지 혹은 그가 베들레헴 출신인지를 알지 못하고 있기 때문이다(Berlin, *Poetics*, 93-94). 그보다도, 관점은 자기 독자에 대한 설화자의 관점이다. 우리가 앞 장면의 "해설"에서 살펴본 바와 같이, 설화자는 이미 본문에서 이탈하여 보아스를 예변법적으로 우리에게 소개해 줌으로써 우리의 관심을 돌려놓았고(1절), 미묘한 방법으로 룻이 2절에서 "내가 뉘게 은혜를 입으면"이라고 말하고 있는 그 사람과 그가 연결되어 있다는 사실에 관해서 우리를 놀라게 만들며, 그러고 나서 그녀가 "우연히" 그의 밭에 이르렀다는 3절에 있는 정보를 가지고 우리의 기대감을 고조시킨다. 그래서 그는 지금 우리가 처음부터 추측해 온 내용을 "놀라게 하는" 문구 힌네(וְהִנֵּה, "그리고 보라!")를 가지고 확증해 주고 있다. 난점은 이것을 번역으로 옮기는 일이다. 벌린의 "그 시점에서" 혹은 "바로 그때"(*Poetics*, 94)는 여기서 어울리지 않는데, 그 이유는 각기 피할 수 없이 시간을 나타내는 의미를 함축하고 있기 때문이다. 우리의 설화자가 이 글의 독자들에게 전하고자 하는 "놀라게 하는(그리고 즐거움을 주는)" 확증의 의미를 옮기기 위해서, 우리는 "알다시피!"(wouldn't you know it!) 혹은 "물론!"을 제안하는 바이다.

"여호와께서 너희와 함께 하시기를 원하노라…여호와께서 당신에게 복 주시기를 원하나이다"(יְהוָה עִמָּכֶם…יְבָרֶכְךָ יְהוָה – 예호와 임마켐…예바렉카 예호와). 명사절이 하나의 소원을 표현하기 위하여 사용될 때(*HebS* § 551) 그리고 술부가 전치사구일 때 정상적인 순서는 주부+술부다(*HebS* § 580). 그런 까닭에 첫 번째 문장에는 야웨에 대한 강조가 나타나 있지 않다. 그러한 관례적인 인사는 아직도 아랍어권에서 사용되고 있는데, 예를 들면 "알라 마아크" 즉 "하나님께서 당신과 함께 하시기를"이다. 하나의 소원을 표현하는 동사절에서는 동사가 지시형이고 정상적인 순서는 두 번째 문장에서처럼 술부+주부다(*HebS* § 546).

5 "이는 뉘 소녀냐?"(לְמִי הַנַּעֲרָה הַזֹּאת – 레미 한나아라 하조트). 보아스의 질문은 "이 젊은 여인이 누구냐?"가 아니고 "이 젊은 여인이 누구에게 속해 있느냐?"이다. 마이어즈(Myers, *Linguistic and Literary Form*, 23)가 관찰한 바와 같이, 인칭 주어를 가지고 있는 레미(למי) 문장 구조는 창세기 32:18과 사무엘상 30:13에만 나타난다. 이 구절들에 근거하여 캠벨(93-94)은 이 질문이 단순한 신원 확인이 아닌 보다 일반적인 것이라고 주장하고, 이것을 "이 젊은 여인이 어디서 끼여들었느냐?"로 고쳐 쓴다. 그러나 캠벨의 분석은 이 표현이 이 문자 자체가 표현하고 있는 "이 젊은 여인이 누구에게 속해 있느냐?" 이외의 다른 의미를 가지고 있다는 구체적인 증거를 제공하지 않는다. 일반적으로 고대 이스라엘 사회에서는 한 사람이 속한 공동체 – 각계층, 가족, 족속, 지파, 국가, 촌락 – 가 그 사람의 신원과 신분에서 핵심 내용이었다. 그 공동체 밖에 거주한다는 것은 권리와 신분이 없이 하나의 게르(גר, "거주하는 이방인")가 되는 것이었다(1:1의 "주석"을 보라). 특히 여인은 이스라엘이라는 가부장적 세계에서는 독립된 신분과 신원을 가지지 못했다. 결혼하지 않았을 때는 그녀의 부친에게 그리고 결혼했을 때는 그녀의 남편의 권위 아래 속하여 살았다(참조. Trible, *IDBSup*, 964). 그러한 정체성에 대한 이해가 주어진다면 "너는 누구에게 속해 있느냐?"란 질문은 아주 자연스러운 것이다(참조. 창 32:18; 삼상 30:13). 특히 교훈적인 것은 다윗에 대해서 아브넬에게 던진 사울의 질문이다: "이 소년이 뉘 아들이냐?"(בן־מי־זה הנער – 벤-미-제-하나아르; 삼상 17:55; 17:56, 58을 보라). 이와 마찬가지로 리브가에게 던진 아브라함의 사환의 질문: "내가 뉘 딸이냐?"(בת־מי את – 바트-미 아트; 창 24:23). 그러나 룻의 경우에는 보아스가 룻이 이방인이므로 그녀가 누구의 딸인지 혹은 누구의 아내인지 물어보아야 할 여부도 알지 못한다. 그래서 그는 자연적으로 일반적인 질문으로 물어야 했던 것이다. 이러한 고려 사항에 비추어, 이 질문이 보아스가 룻이 여성이기 때문에(Gray, *NCBC*, 391) 그녀의 인물됨에 관해서 은밀한 호기심으로 알기를 원했다(Rudolph, 46)는 사실을 의미한다는 것은 가장 개연성이 없다. 마지막으로, 나아라(נערה, "젊은 여인")란 단어 선택은 설화자가 우리 마음속에 이 단어, 말하자면 "(여자) 종" 혹은 "결혼 가능한 젊은 여인"(Hubbard, 146-47이 그렇게 말함)의 다

른 가능한 의미를 통하여 야기된 문제들을 일으키기 위하여 설화자에 의하여 고의적으로 사용되었다는 것은 가장 개연성이 없다. 이것은 단순히 모르는 젊은 여인에게 사용되는 자연스러운 단어다(참조. 삼상 17:55-58에서 다윗에게 사용된 남성 동의어). 말할 수 있는 것은 기껏해야 이것이 보아스에 비하여 룻이 젊다는 사실을 의미한다는 것이다.

6 "이는…모압 지방에서 돌아온 모압 소녀인데"(···נַעֲרָה מוֹאֲבִיָּה הִיא הַשָּׁבָה – 나아라 모아비야 히 하샤바). 분류하는 문장들(*HebS* § 577, 주어를 밝히는 것들로부터 두드러진)은 보통 여기서처럼 부정 서술어와 술부+주부 순서를 가진다(*HebS* § 579; 참조. 삼상 15:29). 하샤바(הַשָּׁבָה)란 형태는 또다시 하나의 완료로 지적된다(1:22의 "주석"을 보라). 정관사가 하나의 비교적 의미에서는 그 한정을 잃어버린다는 것이 바로 이와 같은 경우다. 이 문구를 한정적("그녀는…그 모압 여인입니다", Sasson, 38이 그렇게 함)으로 번역하는 것은 이 술부를 분류하는 문장이 아니라 신원을 밝히는 문장으로 이해하는 것인데, 이것은 부정 술부가 아닌 한정 술부를 필요로 할 뿐 아니라 주부+술부를 필요로 한다(*HebS* § 578; 또한 6.b를 보라).

7 "나로 베는 자를 따라 단 사이에서 이삭을 줍게 하소서"(אַחֲרֵי הַקּוֹצְרִים אֲלַקֳטָה־נָּא וְאָסַפְתִּי בָעֳמָרִים – 라코타-나 웨아싸프티 바오마림 아하레 하코츠림). 7절의 히브리어는 문제로 가득 차 있다. 본 문장의 외관상의 의미를 본 장의 나머지 부분과 일관성 있게 만든다는 것은 지극히 어려우며 현재 그대로의 본 절의 나머지 부분에 들어맞게 하는 것도 매우 어렵다. 처음 두 단어의 의미와 관계는 아주 명확하다. 권고형 알라코타-나(אלקטה־נא)는 결과를 표현하는 와우 연속법 웨아싸프티(ואספתי)을 가진 하나의 완료로 이어진다: "제가 이삭을 줍고 (그러고 나서는) 모으기를 원합니다." 이것을 2절에서 앞의 권고형이 계속되도록 하기 위하여 두 번째 권고형(ואלקטה, 웨알라코타)을 사용한 것과 비교하라. 이는 목적을 표현하는 구조다: "제가 이삭을 주우러 가기를 원합니다." 두 번째 결과를 나타내는 동사 "그리고 모으다"는 이삭 줍는 일이 개개의 곡식 이삭을 줍고 그것들을 단으로 묶는 것을 포함했다는 사실을 가리킨다. 이 문맥에서(아래를 보라) 그 순서가 논리적으로 일어나는 것, 즉 "나로 이삭을 줍고 (그래서) 모으도록 하십시오"일 가능성은 훨씬 더 적다(*IBHS* § 32.2.2b는 이에 반대다).

그러나 "그리고 그것들을 단으로 묶고"(ואספתי בעמרים – 웨아싸프티 바오마림)란 문구의 의미는 문맥 가운데서 불분명하며 논란이 많다. 이것은 자주 "그리고 단 사이에서 모으다"로 번역되었다(NASB; NEB; NIV; RSV; 참조. Campbell, 94; Rudolph, 46 n. b; Sasson, 38, 48; 한글 개역성경에도 이와 유사하게 번역되었음). 전치사 브(ב)는 "사이에서, 가운데서"의 의미를 가질 수 있다(참조. BDB, 2, p. 88; 특히 삼하 15:31을 유념하라). 그러나 주요 문제는 그러한 번역에서 일어난다. 첫째로, 룻이 통상적인 관습과는 너무나 반대되는 요구를 했을 것이라고 믿는 것은 지나치게 경솔하게 믿는 경향으로 나아간다. 구약 시대에는 곡식을 다음과 같이 추수한다(Boroswki, *Agriculture*, 57-61; Dalman, *Arbeit und Sitte* 3:41-44, 46-50): 추수하는 자(קצר)가 한 손으로 서 있는 곡식(קמה)을 한 움큼 잡았고(시 129:7a), 그 다음에 그것을 다른 손으로 잡은 낫(렘 50:16)으로 잘랐다(사 17:5; Boroswki, *Agriculture*, 59에 있는 삽화를 보라). 이 잘려진 곡식의 움큼(שׁבלים – 줄기의 토막에 붙은 낱알들)은 그의 뒤로 땅에 놓여진다. 이 "움큼들"은 다시 자기 팔로 가득 차게 "단을 묶는 자"(מעמר)에 의하여 "단"(עמרים; 참조. KB^3, 804)으로 모아진다(시 129:7b; 특히 Dalman, *Arbeit und Sitte*, vol. 3에 있는 도표를 보라). 이 "단들"은 비록 "단들"(עמרים)과 "다발"(אלמים)들이 동의어일 가능성이 있기는 하지만, 그 다음 다발들(אלמים 혹은 אלמות, 창 37:7; 시 126:6; 참조. Boroswki, *Agriculture*, 60-61)로 묶여졌을 것이다. 이삭을 줍는 특권은 그 이삭을 줍는 자들이 위에 묘사된 추수 사역이 완료되고 다발들이 타작 마당으로 옮겨진 그 밭의 일부분에서만 줍는 일을 하도록 되어 있었다(Dalman, *Arbeit und Sitte*, 3:46-47, 62; 그리고 특히 신 24:19; 참조. de Waard-Nida, 30; Hubbard, 148, 176; 그리고 특히 Joüon, 50). 이것이 곧 룻이 2절에서 "그를 따라서(뒤에서) 이삭을 줍겠나이다"란 표현을 통하여 말한 의미일 것이고, 설화자가 3절의 요약적 진술 가운데서 말한 의미이며, 9절에서 보아스가 룻에 대한 자신의 지시에서 사용한 "그들의 베는 밭을 보고 그들을 따르라"란 표현 가운데서 말한 의미일 것임에 틀림없다. 룻은 외국인이고 이방인이었다. 그녀가 "다발들" 가운데서 이삭을 주울 권리를 요구했다는 것은 생각할 수 없는데, 이것은 베들레헴 본토 출신들에게 해당되었던 관습보다 훨씬 더 지나친 이삭 줍는 권리다. 이것은 상황들(참조. 신 24:19)이 빈곤의 절박성에 시달려 나온 다른 모든 여인들의 그녀에게 대한 나쁜 뜻과 적대감만을 야기했을 것이다. 사실상 만일 위의 해석이 옳다면, "나로 베는 자를 따라 단 사이에서 이삭을 줍게 하소서"로 7절을 번역하는 것은 말들 가운데 상호 모순이 있다. 이에 비추어 "추수하는 자들을 따라"란 표현이나, 혹은 보아스가 자기 일꾼들에게 룻으로 하여금 "곡식 단 사이에서 줍게 하라"로 명령하는 15절에서 이와 동일한 표현이 생략되어 있다는 사실을 살펴보는 것은 무의미하지 않다. 그리고 마지막으로 7절의 여기서 이러한 특권을 요구하는 것은 룻에게나 그리고 점심 식사(14절) 후 15절에 가서야 보아스가 그렇게 하도록 허락한 보아스에게도 부조리한 것이다. 따라서 대부분의 주석가들은 "단 사이에서 이삭을 줍게 하소서"와는 다른 표현상의 의미를 찾으려 했다.

어쨌든, 최근 두 명의 주석가 세이쏜과 허바드는 이러한 번역을 본 장에 대한 일관성 있는 해석과 적절하게 맞추기 위하여 상당한 통찰력과 솜씨를 가지고 시도했다. 두 사람 모두 우리가 이 구절을 룻이 단 사이에서 이삭 줍기를 허락해 달라고 요구했지만 사환으로부터 "곡식의 주인이 아직 도착하지 않았고 사환이 보기에 주인만이 그 일을 허락할 권한을 가진 자였기 때문에"(Campbell, 96) 아무런 대답을 듣지 못했다는 사실을 의미하는 것으로 이해해야 할 것인지의 여부를 의아해한 캠벨의 지도를 따랐다. 이러한 입장을 편들어 캠벨은 주장하기를, 뒤따라오는 문구 와타보 와타아모드(ותבוא ותעמוד)가 "문자적이고도 규칙적인 의미"로 취급될 수 있다는 것이다: "그녀가 도착했다 그리고 그녀가 …하기 시작하기 이전에 허락을 기다리고 서 있었다"(96; 아래 논의를 보라). 보아스가 그 다음에 허락했음을 시사하고 있을지라도, 캠벨은 이 장면에 대한 완전한 해석을 제공하지 않는다. 오직 그만이 이 제안이 3절을 전체 에피소드가 기록해 나가는 행동의 요약인 것으로 이해하기를 요구한다는 사실을 지적한다. 특히 그는 이 가설과 관련하여 웨아싸프티 바오마림(ואספתי בעמרים)이란 문구를 논의하지 않고 있으며, 사실상 룻이 이삭을 줍는 통상적인 권리만을 요구했다는 사실을 암시하는 것으로 본다.

그러나 세이쏜(44-48)은 한 단계 더 발전된 제안을 한다. 그는 웨아싸프티 바오마림(ואספתי בעמרים)을 "그리고 단들 사이에서 이삭을 줍다"로 이해하고 캠벨과 함께 와타아모드(ותעמוד)를 "그녀가 기다리고 서 있었다"를 의미하는 것으로 이해하며, 이 문장에다가 뒤따라오는 시간을 나타내는 문장을 덧붙여서 다음과 같은 번역을 만들어 낸다. "그녀가 이삭을 줍도록 허락을 요구했다. 그리고 추수하는 자들 뒤의 단들 사이에서 곡식을 모으기를 요구했다. 그녀는 도착했고, 아침부터 지금까지 기다려 왔다"(38). 이러한 해석에 근거하여 세이쏜(47)은 룻이 추수가 완료되고 단들이 타작 마당으로 옮겨진 밭의 일부분에서가 아닌 단 자체 사이에서 이삭을 줍기 위하여 "의도적으로 사환이 허락해 줄 수 없는 요구를 가지고 사환에게 요구하고 있다"고 생각한다. 그는 위에서 논의한, 즉 룻과 나오미가 공모하여 의도적으로 보아스를 만나러 가서 그의 호의를 얻어내려고 했다는 자신의 입장을 지지하기 위하여 이러한 이해 방식을 사용한다. 그로 인하여 단순한 사환이 할 수 없었던 요구를 함으로써 그녀는 보아스와의 만남을 획득했는데, 보아스가 "기다리고 서 있는 그녀를 발견할 수밖에 없었기 때문"이라는 것이다(48). 장면의 연속에 대한 세이쏜의 입장에서 볼 때(48-57), 보아스는 룻의 요구에 즉각적으로 반응하지 않는다. 이어지는 대화 가운데서(8-13절) 그는 통상적인 이삭 줍는 권리만을 허락하고(49-50), 그 다음에 룻이 8-13절에 일치된 그와의 대화의 결론대로 행동하기 시작한다(44, 49). 아침의 나머지 시간과 15절에 있는 점심 식사 시간 동안 생각해 본 다음에 가서야(54-55), 식사를 마치고 보아스는 최종적으로 그녀의 요구를 허락한다(56).

그러나 이러한 해석은 매우 중대한 문제점들에 있어서 이 장면에 대한 일관성 있는 이해를 제공하는 데 실패한다. 첫째로, 3a절이 이 전체 장면이 세부 사항들을 상세히 설명하는 하나의 요약적 진술일지라도(위의 "주석"을 보라), 이것의 가장 자연적인 암시는 4절에서 보아스가 도착하고 있다는 것을 그가 우리에게 말하고 있을 때 거기서 설화자가 말하는 이삭 줍은 일이 진행 중에 있다는 것이다. 세이쏜 자신은 3절에 관해서 "룻이 밭에 도착하고 이삭 줍기가 시작된다"고 언급하면서 이것의 의미를 느낀다. 그러나 이것은 "룻이 보아스와 대화를 한 후까지는 이삭 줍기를 시작하지 않았다"는 그의 입장과 어울리지 않으므로, 그는 본 절을 "그녀가 추수하는 자들 뒤에서 이삭을 줍기 시작하였다"(44)고 번역하는 것이 가장 좋을 수도 있다. 어떻게 이것이 히브리어에 적절하거나 혹은 룻이 훨씬 더 늦게서야 이삭을 줍기 시작했다는 사실을 암시하는지를 파악하는 것은 사실상 어렵다. 둘째로, 만일 보아스가 룻에게 단 사이에서 이삭을 줍는 특별한 요청 대신 8-9절에 있는 그의 응답 가운데서 이삭 줍은 통상적인 권리만을 허락했다면, 10절에서 그에 대한 그녀의 극적이고 놀라운 반응을 이해하기는 매우 어려운데, 거기서 그녀는 땅에 스스로 엎드려서 믿을 수 없게도 "…당신이 어찌하여 내게 은혜를 베푸시며 나를 돌아보시나이까?"라고 묻는다(아래 논의를 보라). 이것은 만일 그녀의 요구가 전혀 충족되지 않았다면 거의 기대할 수 없는 것이다.

그리고 세이쏜은 불일치점을 인정하는데, 그 이유는 그가 억제되어 그녀의 행동이 보아스가 룻에게 수여한 특권의 한정된 분량에 대해 다소 과장된 사의 표명이라고 보기 때문이다(51). 셋째로, 만일 룻이 8-13절에서 보아스와 대화 후에 정상적인 형태에 따라 이삭 줍기를 시작했다면, 설화자가 그것에 관해서 아무것도 말하지 않는다는 것은 놀라운 것이다. 사실상, 8-13절에서 아침의 대화와 14절에서 점심 식사를 향해 돌진할 때 그녀에게 한 보아스의 말로부터의 갑작스러운 전환은 오히려 그 사이에 그녀의 활동들 가운데 아무런 변화가 없음을 분명하게 암시한다.

마지막으로, 두 가지 요인이 결정적으로 세이쏜의 해석에 반증한다. 첫째로, 허바드("The Events of Ruth 2:1-16," 5)가 주장하는 바와 같이, 15절에서 보아스는 룻이 아니라 자기 일꾼들에게 허락의 말을 하며, 룻이 다시 이삭 줍기를 시작한 다음에야 말한다. 이 입장에서 본다면, 룻은 다른 사람들에게로 향한 명령을 들음으로써 간접적으로 자신의 중요한 요구를 응답 받았다. 허바드가 말하는 바와 같이, 직접적인 대화의 이야기 패턴이 주어지고 나서 우리는 보아스가 직접 룻에게 답변하기를 기대해야 하지 않겠는가? 두 번째이면서 가장 중요한 것은, 위의 1-2절의 "주석" 가운데서 우리가 살펴본 바와 같이, 룻이 처음부터 의도적으로 보아스를 만나서 그의 호의를 얻어내려고 출발했다는 세이쏜의 입장은 성립될 수 없다는 것이다. 그런 까닭에 룻은 보아스를 만나기 위하여 이러한 과정을 밟을 수 없었고, 따라서 우리는 룻이 그러한 요구 즉 우리가 위에서 언급한 바와 같이 본토 출신의 가난한 자에게 해당하는 내용보다 훨씬 더 지나쳤으므로 이것이 외인과 이방인에게는 생각할 수조차 없는 요구를 할 이유가 없었다는 사실을 알게 된다.

다른 한편, 허바드(149 n. 41)는 룻이 단 사이에서 이삭을 줍고 모을 수 있도록 7b절에서 하나의 요구를 하고 있다고 이해하고, 또한 7b절을 룻이 자기의 요구에 대한 응답을 받기 위하여 밭의 주인을 기다리고 서 있었다는 사실을 의미하는 것으로 이해하는 점에서 세이쏜의 의견을 따른다(149, 152). 그러나 그는 보아스가 15b절이 아닌 8-9a절의 처음 말 가운데서 그녀의 요구에 응해 주었다고 진술하면서 세이쏜의 의견과 달리한다(154; 또한 "The Events of Ruth 2:1-16," 8). 그렇다면 15b절에 있는 "그로 곡식 단 사이에서 줍게 하라"는 보아스의 명령 가운데서 14절에 기록된 점심 식사 후에 자기 일꾼들에게 지시한 것이 무엇인가? 허바드의 입장에서 보면(176) 이것은 자기 일꾼들에게 점심 식사 이전 8-9a절에서 룻에게 부여한 허락을 이행하라는 보아스의 지시다. 그리고 그 바로 앞에 있는 진술 "룻이 이삭을 주우러 일어날 때에"(15a절)는 최종적으로 룻의 이삭 줍기에 대한 시작을 기록한 것이라는 것이다(175, 178). 이러한 입장에서 보면, 7-16절은 룻의 요구가 기록되고(7절), 보아스가 그것을 허락하고(8-9절), 그의 행동에 대해서 그녀가 놀란 결과로 이에 대한 대화가 오가고(10-13절), 그 다음에 점심 식사에 대한 기록이 나오고(14절), 룻의 이삭 줍기가 시작되고(15a절), 일꾼들로 하여금 자신이 허락한 일을 이행하라는 보아스의 지시(15b절)가 있고, 그녀를 위한 그의 또 다른 배려를 하는(16절) 하나의 길고도 계속되는 사건들의 순서를 이룬다.

이러한 해석이 정교하기는 하지만, 이 해석은 여러 가지 고려 사항에서 문제가 되는 것으로 보인다. 무엇보다도 7-16절을 하나의 장황하고도 계속적인 순서로 보기는 어려운데, 그 이유는 14절의 "식사할 때에 보아스가 룻에게 이르되"의 어투에 대한 가장 자연스러운 해석(아래를 보라)은 이전의 대화와 일어나려고 하는 일 사이에 약간 긴 간격이 있음을 암시하기 때문이다. 허바드 자신은 그들이 "오전 중 어느 때에 만났을 것이며 정오 즈음에 식사를 했을 것"이라고 생각하고(171 n. 2), "하나의 새롭고 간단한 장면을 소개한" "13절과 14절 사이에…하나의 함축성 있는 미지의 존속 시간의 휴지"(172)에 대해서 말한다. 그렇다면 어찌하여 룻은 그 사이에 이삭 줍은 일을 시작하지 않았을까? 실제로, 보아스의 첫 번째 지시 "이리 와서 떡을 먹으라"가 그녀가 그때 약간 멀리 떨어져 있다는 사실을 암시하지 않는가? 둘째로, 8-9a절에 있는 보아스의 어투는 큰 어려움과 함께 "단 사이에서 이삭을 줍도록 해 달라는" 요구에 대한 하나의 응답으로 이해될 수 있다. 이것은 오히려 그녀가 이삭 줍는 일은 그의 밭에서만 한정되어야 할 것이라는 지시를 포함한다. 허바드 자신의 말 가운데서(154) "그는 공식적으로 룻에게 자기 밭에 머무르도록 권한을 주었다"고 한다. 셋째로, 룻이 깜짝 놀라고 감탄했던 보아스의 말에 대한 룻의 극적인 반응(Hubbard, 161)은 만일 그가 그녀의 요구를 허락한 일에서 더 이상 아무것도 하지 않았다면 이해하기가 어렵다. 이것은 자기 일꾼들의 물 항아리에 가서 그녀가 먹도록 한 그의 허락을 통해서 볼 때는 거의 설명될 수 없다(9d절). 마지막으로 그리고 가장 결정적으로 허바드(138-39; 특히 n. 13)가 룻이 의도적으로 보아스를 만나기 위해 가서 그의 은총을 얻어냈다는 세이쏜의 입장을 거절하고 있으므로, 그녀는 그때 그를 만나기 위하여 이 과정을 채택할 수 없었다. 그런 까닭에, 그의 입장도 마찬가지로 그녀 편에서 그러한 행동의 잘못을 설명할 수 있는 이유를 제공하지 않는다(위의 논의를 보라).

따라서 만약 "단 사이에서 이삭을 줍다"라는 번역이 채택된다면 이 장면의 일관성 있는 해석이 주어질 수 있을 가능성은 가장 희박한 것으로 보이므로, 이 문구는 어떤 다른 의미를 가지고 있음에 틀림없다. 무엇보다도 먼저 오마림(עמרם, "곡식단")을 전치사 브(ב)의 지배를 받는 아싸프(אסף, "모으다")의 목적어로 취급하는 것은 불가능한데(Barthélemy et al., *Preliminary and Interim Report* 2:138는 이에 반대다), 그 이유는 동사 아싸프(אסף, "모으다")가 "모으다, 수집하다"를 의미하면서 약 80회나 나타나며 다른 곳에서는 그 목적어를 전치사가 결코 지배한 적이 없기 때문이다. 그런 까닭에 Syr과 Vg("원문주해" 7.b를 보라)을 인용하면서, 어떤 사람은 이 문구를 간단하게 생략했다(예를 들어, JB; TEV; Gerleman; Witzenrath; Dalman, *Arbeit und Sitte* 3:47). 다른 사람들은 아마림(עֳמָרִים)을 곡식 줄기를 의미하는 아미르(עָמִיר, "곡식을 자르다")의 잘못 기록된 복수형으로 이해된 아미림(עֲמִרִים)으로 수정한다(Joüon, Rudolph, Haller). 이것이 순전히 가설에 의한 것이라는 사실 이외에, 앞뒤가 안 맞는 전치사 브(ב)의 문제를 설명하지 않고 있다. 위의 2절에서처럼 문제가 되는 브(ב) 접두사의 또 다른 실례로 취급하는 것(Zenger, 55)은 그 자체가 조금도 마음에 들지 않는다. 웨아싸프티(וְאָסַפְתִּי)를 여성 복수 분사형 오쓰포트(אֹסְפוֹת)로 수정하고 "단을 모으는 여인들"이란 번역을 하여 그 다음에 "추수하는 자들" 다음으로 이동시키거나 혹은 하나의 해석으로 삭제해 버리는 사람들의 입장 역시 똑같이 옳지 않아 보인다(Gray, CB). 그러나 하나의 해결책이 동사 라콰트(לקט)가 룻기에서 사용되는 방식에 의하여 암시되어 있다. 다른 곳에서 이 동사는 10회 사용되었으며, 모으거나 이삭을 줍는 행위의 목적어가 언제나 명확하게 진술되어 있다(예를 들면, 레 19:9, 10; 23:22; 사 17:5). 그러나 여기 룻기 2장에서는 이 동사가 12회 나타나며, "곡식의 낱알"의 목적어가 한 번만 명백하게 진술되어 있는데, 거기서(2절) 이것은 이상하게도 전치사 브(ב)를 통하여 동사에 연결되어 있다(아래의 "주석"을 보라). 매번 출현할 때마다(3, 7, 8, 15, 17, 17[2회], 18, 19, 23) 목적어가 진술되어 있지 않다. 그렇다면 이 구절들 가운데서 동사 라콰트(לקט)는 "곡식의 낱알을 줍다"를 의미하는데, 이를테면 그 목적어가 이 문맥에 한정된 의미로 암시되어 있다(베오마림〈בימרים〉이 "단들 사이에서"를 의미하는 것으로 취급되어도 마찬가지다). 이것이 그러하므로, 이것을 동사 알라코타-나(אלקטה־נא, "나로 〈곡식의 낱알〉을 줍게 하소서")의 목적어, 즉 웨아싸프티(ואספתי, "그리고 모으다")의 협정된 목적어를 암시했다고 이해하고, 베오마림(בימרים)이란 문구를 방법에 대한 부사적 표현 "다발로"로 이해하는 것이 그럴듯하다(참조. NAB; Barthélemy et al., *Preliminary and Interim Report* 2:138). 문맥이 무엇을 의미하는지를 분명하게 밝힐 때 목적어가 이런 식으로 암시되는 일은 흔한 일이다. 야브네-얌(Yavneh-Yam) 비문으로부터 나온 다음과 같은 구절들을 참조하라(*TSSI* 1:48): ויקצר עבדך ויכל ואסם כימם, "그리고 당신의 종들이 추수하고 양을 계산하여 (협정한) 날 동안 (곡식을) 저장했다"(4-5행). 더 나아가서 이러한 용법은 *HebS* § 252가 "하나의 상태나 상황을 표현하는 표준"이라고 칭하고 있는 전치사 브(ב)의 의미의 범위 가운데 잘 어울린다(de Waard-Nida, 88 n. 17는 이에 반대다; 또한 참조. BDB, Ⅰ.6, p. 88). 그러한 이해는 "나로 줍게 하소서"에 "그리고 모으게"를 덧붙인 이유를 제공해 주는데, 그 이유는 다른 곳에서 이 두 동사가 같은 의미론 분야에서 활동하기 때문이다. 다음에 살펴보겠지만, 이것이 이 장면에 있는 사건들에 대한 일관성 있는 해석을 낳는다.

"(그녀가) 와서는…계속하는 중이니이다"(וַתָּבוֹא וַתַּעֲמוֹד – 와타보 와타아모드). 이 구절의 나머지 부분의 정확한 의미는 결정하기가 지극히 어렵다. 1971년까지 약 19개의 각기 다른 번역들의 요약에 관해서는 Lys, *VT* 21(1971) 497-99를 보라. 만일 우리가 위에서 내린 결론이 설득력이 있다면, 와타아모드(ותעמוד)는 "그녀가 기다리고 서 있었다"를 의미할 수 없다(Campbell, Hubbard, Sasson는 이에 반대다). 이러한 학자들이 말한 바와 같이, "그녀가 자기 발로 있었다", 즉 "계속하여 걷고 있었다"라는 루돌프의 번역은 동사 아마드(עמד)의 입증된 용법보다 우월하다. 그러나 아마드(עמד)는 "남아 있다, 머물다"란 의미를 가지고 있다(참조. BDB, 3.b, p. 764; *HALOT* 3.c, p. 841; Rudolph의 직역, 46n. c를 보라). 신명기 5:31; 열왕기하 15:20에서 이것은 수브(שׁוּב, "돌아가다")의 반의어이고 출애굽기 9:28에서는 샬라흐(שׁלח, "보내다")의 반의어다. 이 의미는 문맥에서 뜻이 통하게 만든다(사실상 Rudolph의 번역 47 n. c는 보다 문자적 의미에 대한 상황적 번역일 뿐이다). 이를 고려해 볼 때, 다른 곳에서 입증되지 않은 와타아모르(ותעמור, "그녀가 이삭 줄기를 주웠다")로의 수정은 불필요하다. "그리고 그녀가 와서 여기 머물렀다"는 진술은 룻이 자신이 준 허락에 따라 행동했다는 사실을 암시하는 사환의 표현 방식이다.

"아침부터 와서는 잠시 집에서 쉰 외에 지금까지"(וְעַד־עַתָּה זֶה שִׁבְתָּה הַבַּיִת מְעָט מֵאָז הַבֹּקֶר – 메아즈 합보퀘르 웨아드-아타 제 쇼브타 [하베트] 메아트). "이후로, …의 때부터"의 의미를 가진 여러 전치사가 그러하듯, 메아즈(מאז)가 하나의 부정사를 지배할 수 있으므로(하나의 동명사: 출 4:10; Lachish Letters 3:7[*TSSI*]) 구문론적으로 문제될 것은 없는데(Campbell, 95는 이에 반대다), 조사 결과 이것이 같은 의미로 되어 있는 하나의 명사를 지배한다는 점에서 볼 때 그러하다(Rudolph, 46이 그렇게 말한다. 참조. BDB, 23; *HALOT* za 4.b, p. 26; Brockelmann, *Syntax* § 111e이 지적하는 바와 같이, 민〈מן〉만이 같은 의미로 사용될 수 있다: 창 46:34; 또한 참조. Joüon, 50). 이 점은 마아르(מאר, "〈…의〉 빛으로부터")로의 제안된 수정을 불필요하게 만든다(Rudolph, 46).

제(זה)를 뒤따라오는 단어에 결합시키는 MT 모음 부호와 반대로 아타 제(זה עתה)는 아마도 제(זה) 자체가 시간의 부사라기보다는(다음 단어들과 결합된, BDB,

4.i, p. 261; Sasson, 48이 그렇게 함) 두 단어가 합하여 "지금, 바로 지금"을 의미하는 관용어를 이루고 있는 것으로 보인다(참조. BDB, 4.h, p. 261; GKC § 136d). LXX에는 아타(עתה, "지금") 대신 불가능한 헤스페라스(ἑσπέρας, "밤", 히브리어로는 에레브〈ערב〉)로 되어 있는데, 그 이유는 앞으로 점심 식사와 오후 일과가 남아 있기 때문이다(참조. 17절).

MT가 하나의 주요 휴지를 나타내는 와타아모드(וַתַּעֲמוֹד)를 강조하고 있음에도 불구하고, "아침부터 지금까지"란 문구가 앞 문장에 부속되는지 혹은 뒷 문장에 부속되는지 명확하지 않는데, 특히 후자가 실질적으로 난해하기 때문이다. 만일 뒤따라오는 문장의 의미와 관련하여 우리의 생각이 어느 정도 옳다면, 이 문구는 "강조가…'남아 있다'는 데 있지 않고 룻이 계속하여 일하고 있었고, 그래서 아침부터 보아스와 사환 간의 이러한 대화의 시간까지 쉬지 않았다는 사실에 있다"는 근거에서 취급하는 것이 가장 좋다(de Waard-Nida, 30; 참조. Gerleman, 23).

MT의 발음 방법에 따라 이 마지막 네 단어 제 쉬브아타흐 합바이트 메아트(מעט זג שִׁבְתָּהּ הַבַּיִת)는 원본일 수가 없는데, 그 이유는 "그녀의 집에 앉는 이것(혹은 '여기' 혹은 '지금')"이 사리에 맞지 않기 때문이다. "그녀의 집에 앉음(즉 쉼)이 한 순간[뿐이었다]"는 번역(Brthélemy et al., *Preliminary and Interim Report* 2:139)은 히브리어 본문에 많은 것을 집어넣은 것이고 문맥에 어울리지 않는다. 본문이 가지고 있는 문제는 LXX보다 이전에 기원되었음에 틀림없는데, 그 이유는 모든 고대 역본의 독법들이 너무나 달라서 그것들이 이 난해한 본문을 취급하려고 했던 시도들을 나타내고 있음이 분명하기 때문이다. MT에 대한 대안적 본문으로 아무것도 받아들여질 수 없다. 간략하지만 이러한 독법들의 가치에 대한 설득력 있는 논의에 관해서는 Beattie의 논의(*ZAW* 89[1977] 122)를 보라. 이 문구를 웨아드 아타(עתה ועד)에 대한 LXX 이전의 미드라쉬적 해석으로 보는 비티의 독창적인 해결 방식은 설득력이 없다. 후르비츠(Hurvitz, *ZAW* 95[1983] 121-22)는 이 문장을 랍비적 히브리어로 보는 비티의 해석이 구문론적으로 받아들여질 수 없다고 본다. 게다가 "지금까지"에 대해 하나의 해석을 제공하기 위하여 주어진 이유가 사실 같지 않다는 사실이 덧붙여질 수 있다. 아람어 동사 부트(בות, "밤을 보내다")의 히브리어 동의어에 대해서는 수많은 미드라쉬 문서 가운데 아무런 증거가 없다. 후르비츠(*ZAW* 95[1983] 122-23)는 현재 그대로 이 문구 제 쉬브타흐 합바이트 메이트(זֶה שִׁבְתָּהּ הַבַּיִת מְעָט)를 받아들이면서 "룻이 '그 집에' 머문 것은 매우 짧았다"를 의미하는 것으로 생각한다(123). 그는 이 어수선한 문장 구조를 "사환이 자신이 룻에게 특히 보아스의 일꾼들을 위하여 준비된 집 안에 머물도록 허락했다는 사실을 주인이 승인할 것인지의 여부를 몰랐으므로 변명조로, 또한 혼란된 태도로 말하고 있는" 의미를 전달하기 위하여 설화자가 의도한 예술적 고안물로 이해한다(122). 이 문구에 대한 이러한 이해가 지나치게 교묘하고 또한 혼란을 주는 문구 자체를 제외하고는 그 어떤 다른 힌트도 존재하지 않는 하나의 시나리오를 이 장면 속으로 읽어 넣을 것을 요구하는 것 이외에도, 이것은 밭 한가운데 하나의 "집"이 있다는 사실을 가정하고 있다(이에 대한 비판에 관해서는 아래를 보라). 마지막으로, 허바드(150-52)가 따르고 있는 리즈(Lys, *VT* 21[1971] 497-501)는 마지막 네 개의 단어를 두 개의 구별된 진술로 나누어서 "이것(밭)이 그녀의 거처다[가 되어 왔다-Hubbard]. 즉 작은 집"으로 해석한다. 밭에서 그 집이 하는 일이 무엇인지를 이해하는 데 난점이 있고(Hubbard의 가정, 151, 룻이 달리 머물렀던 마을에 있는 집을 가리킨다는 것은 가장 불가능하다), 또한 실질적으로 이해할 수 없는 것에 대해 애매한 그리고 생략적인 것이라는 것 이외에, 룻이 오전 내내 거기 서 있었다고 상상하는 이러한 해석은 위의 논의를 통하여 불가능한 것으로 보인다.

하나의 꽤 좋은 의미가 쉬브타(שבתה)란 독법을 쇼브타(שָׁבְתָה, "그녀가 정지했다/쉬었다")로 약간 수정함으로써 얻어질 수 있다. 그렇다면 하베트(הבית)를 부사적으로 "집에서"로 이해할 수 있을 텐데, 이렇게 해서 얻어진 의미가 불가능하다는 사실이 없어진다. 첫째로, 베트(בית, "집")라는 정상적 의미는 배제되는데, 그 이유는 밭 가운데 영구 건물이 있을 수 없기 때문이며, 둘째로, 베트(בית)를 "오두막, 은신처"로 번역하는 일도 성경의 다른 곳에서 그 선례가 없기 때문이다(이와 관련해서는 *TDOT* 2:111-15를 참조하라). 루돌프가 지적하는 바와 같이, 오두막이나 또는 은신처가 있었다고 할지라도 14절의 언급에 빠진 것이 어려움을 제공하고 있다. 이러한 이유로 인하여 우리는, 비록 주로 제공된 그 이유가(중복오사, 이것이 쇼브타〈שבתה〉와 두 개의 같은 자음을 가지고 있으므로) 억지 같고 그럴 것 같지 않음에도 불구하고, 하베트(הבית)를 본문으로부터 삭제한 대다수의 번역가들과 주석가들을 따랐다(예를 들어, Gerleman, Hertzberg, Joüon, Rudolph, Würthwein, de Waard-Nida, JB, NAB, NEB, RSV, TEV). 드물기는 하지만, 시간을 나타내는 의미에서 마아트(מעט, "잠시")를 사용한 실례가 나타난다. 참조. 24:24.

8 "내 딸아 들으라"(הֲלוֹא שָׁמַעַתְּ בִּתִּי – 할로 샤마아트 삐티: 직역하면 "듣지 않았느냐? 내 딸아"). 히브리어는 자주 강조적인 확언에 대해서는 이러한 방식으로 부정적 질문을 사용한다. 의문을 나타내는 불변화사 자체가 감탄사로서의 기능을

한다고 말해질 수는 없지만(Zenger, 55가 그렇게 말함), 전체 문장 구조는 분명히 감탄조의 효과를 가지고 있다: "잘 들어라, 내 딸아!" 같은 관용어가 9절과 3:1, 2에 나타난다. GKC § 150e 그리고 특별히 Driver, *JANES* 5(1973) 107-14를 보라.

"이삭을 주우러 다른 밭으로 가지 말며 여기서 떠나지 말고"(אַל־תֵּלְכִי לִלְקֹט בְּשָׂדֶה אַחֵר וְגַם לֹא תַעֲבוּרִי מִזֶּה – 알-텔키 릴코트 빠사데 아헤르 웨감 로 타아부리 미제). 두 번째 문장 웨감 로 타아부리 미제(וְגַם לֹא תַעֲבוּרִי מִזֶּה)는 주로 "이 곳을 떠나지 말라" 혹은 "이 곳에서 가지 말라" 등으로 번역된다. 이렇게 했을 때 그 의미는 문체가 장황하며 두 문장의 순서가 오히려 모순되고 부자연스러운데, 왜냐하면 첫 번째 문장이 본질적으로 같은 내용을 말하고 있기 때문이다. 사람들마다 보다 일반적인 요구를 첫 번째 문장에서 하리라고 예상했을 것이다: 즉 "이 밭을 떠나지 말라. 그리고 다른 곳에서 이삭을 주우러 가지 말라"(참조. de Waard-Nida, 31의 언급). 그렇다면 두 번째 문장에 있는 웨감(וגם, "또한") 역시 상당히 불필요한 것처럼 보인다(Campbell). 이것은 현대의 거의 모든 역본들 가운데서 생략된다(예를 들어, JB, NAB, NEB, NIV, RSV). 그러나 아바르 민(עבר מן)이 "(…의 한계를) 건너가다"를 의미한다고 이해한다면 문장의 장황함과 순서의 부자연스러움의 문제는 일어나지 않는다. 그러므로 사무엘하 15:32에서 "다윗이 이를 때에"(ודוד בא עד הראש – 다윗 빠 아드-하로쉬 웨다윗) 다음에 16:1에 "다윗이 마루턱을 조금 지나니"(ודוד עבר מעט מהראש – 다윗 아바르 메아트 메하로쉬)가 뒤따라오는 점을 유의하라(참조. Hubbard, 155; 또한 삼하 15:24; 아 3:4을 유의하라). 더 나아가서 그렇다면 웨감(וגם)은 자주 입증된 바와 같이 하나의 부가라기보다는 강조적 혹은 강도를 높여 주는 "한층, 바로, 진실로"라는 훌륭한 의미를 만들어 준다(참조. *HebS* § 379; 그리고 특히 Hubbard, 152 n. 3; 또한 아래 16절을 유의하라). 고대 동양의 밭들은 분명하게 보이는 경계선들을 통하여 구별되지 않았으므로 보아스의 훈계는 필요한 것이었다(Sasson, 45의 논의와 실례를 보라). 그런 까닭에 룻은 보아스의 밭의 경계들을 넘어가지 않도록 조심해야 했고, 인접한 부지에서 무의식적으로 이삭을 주워서는 안 되었다. 이러한 의미는 보아스가 첫 문장에서 사용된 알(אל)+지시형보다 더 강조적 부정인 금지 명령형 로(לא)+미완료형을 사용하고 있다는 사실에서 입증된다(GKC § 107o; *HebS* § 173). 보아스가 그녀에게 통상적으로 이삭 줍는 권리 이상의 특권을 부여했으므로(아래를 보라), 그녀는 무심코 다른 어떤 밭에서 이삭을 줍지 말아야 한다. 더 나아가서 이러한 의미가 인정될 때, 그 다음 문장에 있는 코(כה, "바로 여기")는 완성의 의미가 된다(Joüon, 52는 이에 반대다; 참조. Campbell, 97; Rudolph, 47).

세이쏜은 여기에 나타나는 동사를 상징적 의미, 즉 "침범하다, (명령 혹은 법규)의 한계를 넘어가다"로 이해하려고 한다. 그러나 이러한 의미가 문맥에 적절하지 않을 뿐 아니라, 이러한 의미로 사용되었을 때 이 동사는 언제나 전치사 민(מן)이 없이 직접 목적어를 지배한다.

"나의 소녀들과 함께 있으라"(וְכֹה תִדְבָּקִין עִם־נַעֲרֹתָי - 웨코 티드빠킨 임-나아로타이). 티드빠킨(תדבקין)은 하나의 명령을 표현하기 위한 미완료 직설법의 사용을 나타낸다(*HebS* § 173). 이것은 명령형보다 더 강한 의미, 즉 앞의 문장의 강조적 명령을 계속해서 말하는 의미를 가진다. 그런 까닭에 우리는 이것을 "너는…해야 할 것이다"로 번역했다(영어 본문을 참고할 것 – 역자주). 티드빠킨(תדבקין)의 형태는 소위 어미음 첨가 눈(נ)을 가진 2인칭 여성 단수 미완료 형태를 드러내고 있다(참조. GKC § 470; Myers, *Linguistic and Literary Form*, 17를 따라 고대형일 것이라고 생각된). 놀랍게도 이러한 형태는 룻기의 다른 곳에 세 번 나타나는데, 한번은 보아스의 말에 대한 룻의 인용(2:21)이고 두 번은 나오미의 말 가운데 나타난다(3:4, 18; 참조. Campbell, 97). 여기에 보아스 역시 바로 그 다음 구절(9절)에서 같은 형태를 가진 두 개의 3인칭 남성 단수형을 사용하고 있다는 것을 덧붙일 수 있다. 상당히 이상하게도, 이 곳과 2:21(룻이 보아스의 말을 인용하는 곳)의 관용어는 또 다른 점에서 이례적이다: 즉 오직 여기서만 동사 다바크(דבק)가 임(עם)이란 전치사를 취한다. 구약성경의 다른 곳에서 이것은 주로 룻기에서 저자의 서술 골격 가운데 두 번 출현하는 것(1:14; 2:23)을 포함하여 브(ב)를 취한다. 저자는 이례적인 구문론과 고대 어형을 채용한다(나오미처럼). 우리는 아래의 보아스의 발언 가운데서 유사한 현상을 언급할 것이다. 임(עם)은 "게다가"를 의미한다. *HebS* § 329; BDB 2, p. 768을 보라.

유온(52)은 여성 복수형 나아로타이(נערתי, "나의 젊은 여인들")로 혼란을 당한다. 그는 남성 복수형이 9절에 나타나며, 룻이 나오미에게 보아스의 유사한 말을 인용하고 있는 21절에서 남성 복수를 사용한다는 사실을 지적한다. 만일 추수에서 일하는 남녀들이 있었다면 보아스가 룻에게 남자들이 아닌 여인들에게 가서 그들과 함께 마시라고 말했으리라는 것(9절) 그리고 그녀는 남자들이 아닌 여인들 옆에 앉았으리라는 것(14절)이 그의 의견이다. 그래서 그는 본문을 처음부터 끝까지 남성형으로 읽도록 교정한다. 그러나 캠벨(97)은 남성 복수가 남성들만이 아니라 남녀 혼성 그룹을 가리킨다고 관찰한 점에서 상당히 옳은데, 문맥은 무엇을 의미하는지 분명하게 밝히고 있다(또한 참조. Zenger, 53의 논평).

유온의 수정은 불필요할 뿐만 아니라 실질적으로 보아스의 지시의 비평적이고도 중요한 부분을 제거했다. 추수하는 사람들의 논의 가운데서 달만(G. Dalman, *Arbeit und Sitte* 3:17; 또한 참조. Borowski, *Agriculture*, 59)은 여기에 언급된 나아로트(**נערות**, "여자 일꾼들")가 곡식의 여러 줌을 단으로 묶는 메아메로트(**מעמרות**, "단을 묶는 사람"; 시 129:7)인 추수꾼들 뒤에서 따라갔을 것이라고 보았다(위의 7절의 "주석"에 있는 추수에 대한 묘사를 보라). 대부분의 주석가들은 이에 동의한다(예를 들어, Campbell, 98; Gerleman, 23; Gray, 391; Rudolph, 49). 더 나아가서 그가 사용하는 동사가 의미심장하다. 다바크(**דבק**)는 언제나 지극히 가까운 물리적 가까움을 가리키는 관용어로 사용된다. 시 이미지에서 이것은 뼈에 피부가 붙은 것을 가리키거나(욥 19:20) 혹은 손에 묻은 얼룩을 가리킨다(31:7). 사무엘하 23:10에서 이것은 계속 사용함으로써 용사의 손에 칼이 달라붙는 것을 가리키며, 또한 이것은 위의 1:14에서 룻이 나오미를 붙잡는 것을 묘사하기 위하여 사용되었다. 이 단어의 의미론의 범위가 "매달리다, 달라붙다, 고수하다, 붙잡다"와 같은 영어 단어들과 겹쳐지므로 우리는 "가까운 거리를 고수하다"란 번역을 적절하고도 문맥상의 번역을 표현하는 것으로 선택했다. 만일 이러한 이해가 옳다면, 보아스는 룻에게 잘려진 곡식을 모아서 단으로 묶는 여자 일꾼들과 가까운 거리를 유지하라고 강권하고 있는 것이다. 다시 말해서 룻은 보통 밭의 이삭을 줍는 자들과 떨어져 있는 부분에서 이삭을 주워야 한다(또한 참조. Dalman, *Arbeit und Sitte* 3:62).

9 "그들(남성 복수)의 베는 밭을 보고 그들(여성 복수)을 따르라"(**עֵינַיִךְ בַּשָּׂדֶה אֲשֶׁר־יִקְצֹרוּן וְהָלַכְתְּ אַחֲרֵיהֶן** – 에나이크 빠싸데 아쉐르-이크초룬 웨할라케트 아하레헨). 첫 번째 문장은 종속 상황절 "너는 계속하여 밭을 보라"로 취급될 수 없다(Campbell, 98; Rudolph, 47는 이에 반대다; 참조. Gerleman, 23). 그러한 상황절들은 규칙적으로 그것들이 수식하는 문장들을 따르며 접속사 웨(וְ)로 그것들과 연결된다(참조. *HebS* § 582). 여기서의 순서 주어+술어는 술어가 전치사구일 때(*HebS* § 580; 참조. 위의 4절의 야웨 임마켐⟨**יהוה עמכם**⟩) 원망형(願望形) 문장들에게 예상된 순서다(*HebS* § 551).

여기서 남성 복수 동사형이 여성 복수 대신 동사의 3인칭 남성 복수를 사용하는 히브리어 경향의 한 실례일 수도 있지만(GKC § 145u; *GBH* § 150c), 그러한 경향은 두드러지게 룻기에는 나타나 있지 않은 것으로 보인다(8절; 1:22b의 "주석"을 보라). 더 나아가서, 동사 콰차르(**קצר**)는 남녀 일꾼들이 했던 추수의 전 과정을 가리킬 것이다. 그런 까닭에 남성 복수 동사의 주어는 한두 무리가 되어 추수하는 사람들을 가리킴에 틀림없다. 그렇다면 룻은 "그들", 즉 추수하는 자들을 자세히 살펴보고 그들(여성 복수)의 뒤를 따라가야 한다. 즉 위에 언급된 젊은 여인들을 따라가야 한다. 이것은 룻이 특권을 부여받았다는 위에 제공된 해석을 완전히 확증해 준다. 여기서 여성 복수가 이삭을 줍는 사람들을 가리킨다는 것(de Waard-Nida, 31; NEB가 그렇게 말함)은 전혀 불가능한데, 그 이유는 어떤 의미에서 그들이 보아스에게 속한 사람들로 지칭될 수 있느냐는 문제가 생기기 때문이다(8절의 "나의 소녀들").

"내가 그 소년들에게 명하여 너를 건드리지 말라 하였느니라"(הֲלוֹא צִוִּיתִי אֶת־הַנְּעָרִים לְבִלְתִּי נָגְעֵךְ – 할로 치위티 에트-한느아림 레빌티 나그에크). 이 문장은 부정 감탄문을 통한 강조 용법의 또 다른 실례다(8절의 "주석"을 보라). 치위티(צויתי)의 완료 시제는 보아스가 이전에 취한 행동들을 가리킬 수 없는데(Sasson, 49는 이에 반대다), 그 이유는 그가 도착하기 이전에 그녀가 있었음을 알지 못했으며, 추수하는 자들과 인사를 나눈 후에는 자기 사환에게만 말을 했고, 이제는 그녀와 이야기를 나누기 때문이다. 이 표현을 15절에 있는 보아스의 명령 "그리고 그녀를 건드리지 말라"(ולא תכלימוה – 울로 타클리무아)를 가리키는 것으로 취급할 수도 없을 것이다(Hubbard, 158는 이에 반대다). 여기에 나오는 동사 나가(נגע)가 그 곳에서 사용된 것과 다르다는 사실과는 별도로, 점심 식사 전체(14절)와 함께 13절과 14절 사이에 분명하게 암시되어 있는 얼마간의 시간 간격이 그러한 언급을 배제하는데, 그 이유는 이 관용어가 현재와 관련되어 있기 때문이다. 이것은 주장 그 자체와 그것이 표현하고 있는 행동의 실현의 일치를 표현하기 위하여 왕료형을 사용하는 하나의 실례다(GKC § 106i; *GBH* § 112g; *HebS* § 164를 보라). 드 와드-니다(de Waard-Nida)가 말한 바와 같이(89 n. 25), 극소수의 주석가들만 이 표현의 현재 시제를 올바르게 번역했다.

나가(נגע)는 "만지다"를 의미한다. 창세기 3:3을 보라. 이것은 "심하게 치다, 상처를 주다"를 의미하지만(예를 들어, 창 32:26) "괴롭히다, 희롱하다, 성폭행하다"를 의미하기도 한다(삼하 4:10; 렘 12:14). 이것이 여기서 가지는 의미다. 보아스가 자기 여성 일꾼들과 "함께 머무를"(דבק, 8절) 권리를 허락해 주었고, 그래서 이삭을 줍는 자들이 떨어져 있어야 할 제한 거리 내의 부분에서 이삭을 줍는 권리를 허락해 주었으므로, 그는 자기 일꾼들에게 그녀를 괴롭히지 말도록 지시한다. 이것이 세이쏜을 괴롭히는 불일치를 제거한다는 것을 인정한다면(50), 즉 자기들의 통상적인 권리들을 행사하는 이삭 줍는 자들을 간섭하는 추수꾼들의 그것을 인정한다면, 세이쏜처럼 그 명령이 다음 문장 가운데서 추수꾼들의 물 길어 온 것을 마시라고 룻에게 한 허락과 관련되어 있다고 상상할 필요가 없다. MT의 모음 부호는 정확하게 이 명령을 앞의 문장과 연결시킨다. 이러한 인정은 또한 스테이거가 어떻게 이 구절을 "젊은이들의 것은 자주 호색적인 패거리였다"는 그의 심판에 대한 하나의 실례로 어떻게 잘못 사용했는지를 드러낸다(*BASOR* 260[1985] 26; 또한 참조. *HALOT*, 1.b, p. 668).

"목이 마르거든…가서"(וְצָמִת וְהָלַכְתְּ – 웨차미트 웨할라크트). 상황적 관계는 자주 문장들의 단순한 병치를 통하여 표현되어 있으며(*HebS* § 512) 자주 와우 연속법과 함께 완료형을 사용한다(GKC § 164b[4]).

"소년들의 길어 온 것을 마실지니라"(וְשָׁתִית מֵאֲשֶׁר יִשְׁאֲבוּן הַנְּעָרִים – 웨샤티트 메아쉐르 이슈아분 안하림). 본문에 있는 그 어느 것도 물을 가리키지 않는다는 사실을 눈여겨본 유온(54)은 그 항아리가 포도주를 담았다고 생각한다. 이런 주장은 전혀 타당성이 없을 뿐만 아니라, 캠벨(98)이 주장하는 바와 같이 동사 샤아브(שׁאב)가 물을 긷는 그것만을 가리킨다. 팔레스틴의 추수기의 무더위로 인하여 추수 때에 항아리에 물을 보관하는 관습에 대해서는 Borowski, *Agriculture*, 61를 보라.

10 "룻이 땅에 엎드려 절하며"(וַתִּפֹּל עַל־פָּנֶיהָ וַתִּשְׁתַּחוּ אָרְצָה – 와티폴 알-파네하 와티스타후 아르차). 이러한 행동은 무릎을 꿇고 이마를 땅에 대는 행동이다. *TDOT* 4:250에 있는 묘사와 언급을 보라. 이러한 행동이 신과 왕에게만 표하는 행위이기는 하지만, 그보다 못한 유명인사에 대해서도 인사와 존경의 표시로 사용되었다(예를 들어, 창 23:7; 33:3; 왕하 2:15; Gruber, *Aspects of Nonverbal Communication*, 187-99, 303-10를 보라). 그루버(98-100)가 주장하는 바와 같이 이러한 표시가 이 곳에서처럼 창세기 48:12; 열왕기하 4:37에서도 감사를 표시하는 동작으로 나타난다.

룻의 행동과 그녀의 말은 모두 자신이 도저히 믿을 수 없는 사실, 즉 보아스가 그녀가 요구한 것보다 훨씬 더 많은 것을 허락해 주고 말해 주었다는 내용에 대해 지극히 놀랐다는 사실을 보여 준다. 그러나 세이쏜은 앞의 8-9절에 있는 보아스의 말을 "그가 그에게 요구한 이삭 줍는 관습에 지나지 않은 허락을 하고 있고", 또한 그의 말도 "극소수가 행하는 깁볼 하이르(gibbôr ḥayil)의 '올바른' 행위를 능가하고 있음을 보여 주고 있다"(49)는 사실을 의미한다고 해석한다. 따라서 세이쏜은

10절에 있는 룻의 반응의 불합리성을 보고 놀라고 있으며, 또한 이것을 "감사에 대한 다소 과장된 표현"(51)이라고 생각한다. 그러한 과장된 표현이라는 사실을 이해시키기 위하여 그는 룻의 말과 행동을 "보아스로부터 또 다른 진술을 끌어내기 위한 시도"(51)로 해석하고, 그녀가 "예비 교섭"(52)을 하고 있고 그로부터 "친절의 행위를 이끌어 내고 있다"(53)고 이해한다. 그러나 그러한 해석은 이기주의적인 예비 교섭이요 혼란시키는 감사를 통하여 야기된 말과 행동으로 보기에는 너무나 교활한 해석일 뿐만 아니라, 또한 그러한 이해는 보아스가 이삭 줍는 일반적인 권리를 넘어서는 특권을 부여했다는 사실을 볼 때 지극히 불필요한 해석임이 곧 드러난다(위를 보라). 더 나아가서 세이쏜이 "룻의 행동에 대한 하나의 너그러운 칭찬"이라고 판단하는 11절에 있는 보아스의 말에 대한 세이쏜의 해석은 만일 그가 그녀의 요구를 허락하지 않았다면, 그리고 실제로 통상적인 요구에 지나지 않은 일을 했다면 그녀의 놀라서 하는 질문에 대한 답변으로서는 적절하지 않다.

"나는 이방 여인이어늘 당신이 어찌하여 내게 은혜를 베푸시며 나를 돌아보시나이까?"(לְהַכִּירֵנִי וְאָנֹכִי נָכְרִיָּה – 레하키레니 웨아노키 나크리야). 라메드(ל)를 가지고 있는 부정사는 결과를 나타낼 수 있다(*HebS* § 198). 그 의미에 관해서는 BDB, 1, p. 648을 보라. 이 동사가 다른 곳에서 사용된 것을 보면(특히 시 142:4), 이 단어는 단어 유희를 이루기 위한 "의미론적 경향"이 아니다(Campbell, 98).

많은 사람들은 여기에 나오는 단어들에 대한 단어 유희를 눈여겨보았는데, 하나는 은유적인 것으로 레하키르(להכיר, "인정하다, 주시하다")에 있는 어근 나카르(נכר)와 나크리야(נכריה, "이방여인")의 대조가 되는 의미에 대한 단어 유희요, 다른 하나는 유음 어희로서 세 개의 단어에 들어 있는 n(ㄴ)과 k(ㅋ) 자음이 반복으로 출현되는 단어 유희다(특히 Sasson, Campbell을 보라). 이 단어가 여기서 법적 용어로 채색되어 있어서 이것이 "게르(גר)를 보호를 받아야 할 한 인간으로 인정하는 것"과 같은 어떤 것을 의미한다는 다우브의 주장(Daube, *Studies in Biblical Law*, 7)은 문맥에 전혀 어울리지 않는다.

상황절 웨아노키 나크리야(ואנכי נכריה; *HebS* § 494)는 분명히 이러한 문장들이 자주 그러하듯 양보적인 의미 "비록 내가 이방인일지라도"이다(참조. GKC § 141e; *HebS* § 528).

4장에서 보아스가 룻을 밝히는 신분에 비추어 볼 때, 이 구절 가운데 그녀가 말론의 아내의 신분을 가지고 있다는 암시가 나타나 있지 않다는 사실을 생각하는 것은 중요하다.

11 "내게 분명히 들렸느니라"(הֻגֵּד הֻגַּד לִי – 훅게드 훅가드 리). 이러한 통상적인 히브리어 강조 문장 구조의 의미는 연루된 동사의 구문론적 내용과 문맥에 달려 있다. 여호수아 9:24에 있는 같은 관용어는 사실의 확실성을 강조하는 것으로 보인다. 여기서는 보아스가 받은 정보의 범위가 훨씬 더 강조되고 있는 것으로 보인다(참조. Hubbard, 153 n. 6).

"…을 떠나"(…וַתַּעַזְבִי – 와타즈비). 여기에 나오는 와우 연속법 동사는 (또 다른 정보를 제공하는) 보족어적인 것이다. *GBH* § 118j를 보라. 그 곳에서 유온은 열왕기상 18:13의 유사한 문장 구조를 인용한다. LXX은 "어떻게"(*πῶς* – 포스)를 사용한다. 두 개의 문장 사이에 "그리고"를 붙이는 것(Campbell, 86, 99)은 그 관계를 완전히 모호하게 만드는 것이다.

12 "여호와께서 네 행한 일을 보응하시기를 원하며"(יְשַׁלֵּם יְהוָה פָּעֳלֵךְ – 예샬렘 예호와 파알레크). 이 문장 구조는 캠벨(99)이 주장하는 바와 같이 그렇게 독특하지 않다. 가장 흔히 보응을 받은 사람이 전치사 라메드(ל, "에게")로 표현되어 있으며, 반면에 보답이 이루어지는 행위나 행동 또는 상황이 동사의 직접 목적어로 표현된다(예를 들어, 욥 34:11; 렘 51:34). 보응이 이루어지는 행동을 소개하기 위하여 전치사 카프(כ, "…에 따라서")를 사용하는 것은 형태와 관련되어 있기는 하지만 실질적으로 차이가 있다. 명사 포알(פֹּעַל)이 포로기에 하나의 문예 부흥기를 가지고 있는 고대어라는 캠벨의 주장(99-100)은 훨씬 더 장점을 가지고 있다.

13 "내 주여 내가 당신께 은혜 입기를 원하나이다"(אֶמְצָא־חֵן בְּעֵינֶיךָ אֲדֹנִי – 엠차-헨 베에네카 아도나이). 이 문구의 정확한 의미에 대해서는 많은 논란이 있다. 동사가 미완료형으로 되어 있으므로 이 표현은 보아스와 룻 사이에 이미 일어난 내용을 가리키지 않는데, 이는 완료형을 사용했을 것이고 게다가 이것이 이미 10절에서 룻을 통하여 표현되었기 때문이다. 문법적으로 이 형태는 단순하게 현재 "내가 당신 앞에서 은혜를 입고 있나이다"에 관한 선언적 진술로 만들 수 있다(Moffatt이 그렇게 함). 그러나 이것은 룻 자신이 이미 보아스의 은혜를 입었다고 말한 10절의 진술로 인하여 배제된다. 마차(מצא) 같은 ל״א 동사들이 가끔 권고적 의미로 사용되었을 때 권고형 어미인 헤(ה)를 덧붙이므로 이 형태는 권고형으로 취급될 수 있을 것이다(*GBH* § 114b n. 1을 보라). 이런 의미에서 이것은 현재와 미래를 위한 하나의 소원, 즉 "내가 당신 앞에 은혜를 입기 원하나이다"를 표현했을 것이다(참조. Hubbard, 153 n. 9). 그러나 다시 보면 이러한 소원은 10절에 있는 룻의 진술과 어울리지 않는 것으로 보인다. 더 나아가 그러한 모든 의미들은 뒤따라오는 원인을

나타내는 문장과 가까스로 어울린다. 단연 가장 좋은 해석은 이 문구를 감사의 표현으로 이해한 얼릭의 해석인데(A. Ehrlich, *Randglossen zur hebräischen Bibel*, 7: 24; *HALOT*, 2, p. 332을 보라; 또한 참조. Gerleman, Rudolph, de Waard-Nida), 영어로 "선생님께서는 가장 너그러우십니다"가 감사의 말을 표현하는 것과 같은 방식이다. 이 문구가 이러한 의미로 사용되었다는 사실은 창세기 47:25; 사무엘상 1:18(참조. Alter, *Art*, 85의 논평); 사무엘하 16:4과 같은 문맥을 통하여 분명하게 드러난다. 이것은 가장 자연스러운 감사의 말일 뿐만 아니라 룻이 보아스가 특별한 호의를 베풀어 주는 이유를 알고 있다는 사실과 어울리며, 동시에 그 뒤에 따라오는 키(כִּי, "왜냐하면, 이는")가 이끄는 원인을 나타내는 문장과도 잘 일치한다. 세이쏜의 번역 "내가 당신을 기쁘게 했음에 틀림없습니다"(I must have pleased you)는 자신의 문법적 논증으로부터(53) 입증되지 못하며, 룻이 보아스로부터 친절을 이끌어 내고 있다는 자신의 이론의 필요에 의하여 구술된 것처럼 보인다.

"당신이 이 시녀를 위로하시고 마음을 기쁘게 하는 말씀을 하셨나이다"(כִּי נִחַמְתָּנִי וְכִי דִבַּרְתָּ עַל־לֵב שִׁפְחָתֶךָ – 키 니함타니 웨키 디바르타 알-레브 쉬프하테카). 나함(נחם)의 피엘형은 가장 자주 사별한 사람에 대한 위로 혹은 권고를 가리키지만(창 37:35), 동사는 "안심시키다, 마음을 달래다"라는 보다 일반적인 의미를 가질 수 있다. 창세기 50:21을 참조하라, 여기서 요셉은 부친의 사망 이후에 그들을 향한 자신의 의도와 관련하여 자기의 형들을 안심시키고 있다. 이것이 우리가 살펴보고 있는 룻기의 문맥에 가장 도움을 주는 것인데, 그 이유는 그 곳에 있는 평행적 표현이 같은 다바르 알-레브(דבר על לב)로서 직역하면 "(…의) 마음에 말하다"이기 때문이다. 캠벨이 지적한 바와 같이, 이 관용어는 광범위한 의미를 가지고 있다. (1) 한 여인에게 (그녀의 애정과 의도를 얻어내기 위하여) "부드럽게 말하다"(창 34:3; 삿 19:3; 호 2:16). (2) 누군가에게 깊은 고통과 괴로움 가운데서 "동정적으로 말하다"(사 40:2, 여기서 이것이 역시 나함〈נחם, "위로하다"〉의 피엘형과 평행을 이룬다. 또는 (3) 여러 가지 이유로 그러한 필요로 하는 사람들에게 "기운을 돋구어 주어 혹은 용기를 북돋아 주어 말하다"(창 50:21; 삼하 19:8; 대하 32:6). 이것이 우리가 살펴보고 있는 문맥에서 전달하는 의미임에 분명하다. 보아스는 룻의 마음을 확실히 믿었고 그녀에게 용기를 주었는데, 그 이유는 그녀가 누구를 만날 것인지를 모르고 이삭을 주우러 나왔기 때문이고, 보아스의 친절이 바로 그녀의 그 사명이 성공하게끔 확신을 주었기 때문이다.

여기서 룻은 자신을 쉬프하(שִׁפחה, "시녀")로 언급하고 있으며, 반면에 3:9에서 그녀는 이와 아주 가까운 단어 아마(אמה)를 사용하고 있다. 쉬프하(שׁפחה)와 아마(אמה)가 자주 동의어로 출현하기는 하지만, 따로 사용되었을 때 쉬프하(שׁפחה)는 보다 공손한 단어라는 충분한 증거가 있는데, 그 이유는 이것이 사회 계층의 가장 낮은 단계에 속하는 여인들을 가리키기 때문이다(참조. 삼상 26:41, 그리고 Sasson, 53-54의 유용한 해석을 보라). 여기서 이 단어를 선택한 것이 2:1, 3에 있는 미슈파하(מִשׁפחה, "부족, 버금 지파")와 단어 유희를 이루도록 하고 있기는 하지만(Campbell, 101이 그렇게 주장), 이것은 룻의 겸손을 가리킨다는 것이 더 그럴듯하다: "이 단어가 낮은 계층을 가리키는 바와 같이 쉬프하(שׁפחה)라는 호칭은 그녀에게는 여전히 너무나 높여진 것이다"(Joüon, 57).

"나는 당신의 시녀의 하나와 같지 못하오나"(וְאָנֹכִי לֹא אֶהְיֶה כְּאַחַת שִׁפְחֹתֶיךָ - 웨아노키 로 에흐예 케아하트 쉬프호테카). 이것은 또 다른 양보를 나타내는 상황절이다. 위의 10c절의 "주석"을 보라. 로 에흐예(לֹא אהיה)란 표현의 시제는 거의가 현재형으로 취급된다(예를 들어, Campbell, Gerleman, Rudolph, Sasson). 그러나 유온이 "나는 아니다"에 대한 정상적인 표현이 에넨니(אינני)나 또는 현재의 상황을 표현하기 위하여 상태 동사의 완료형을 사용하면서 보다 강조적 표현인 로 하이티(לֹא הייתי)라고 주장한 것은 상당히 옳다(*HebS* § 161; GKC § 106g를 보라; 예를 들어, 창 42:31). 그러므로 유온은 "나는 있는 것으로 선포하지 않는다"라는 뉘앙스를 지지하여 현재 직설법 "나는 아니다"(I am not)를 피한다. 그러나 그가 이사야 3:7에 호소함에도 불구하고, 미완료형에 대한 그러한 뉘앙스는 성립될 수 없다. 이것이 분명하게 과거형인 문맥 가운데서 사용되고 있는 욥기서에 있는 몇 개의 특이한 구절 이외에 동사형 에흐예(אהיה)나 혹은 로 에흐예(לֹא אהיה)는 다른 곳에서(약 37회) 모두가 미래형이다. 내 의견에는 이것을 어떤 다른 의미, 문맥에 잘 어울리는 의미로 취급하는 것은 문제를 매우 어렵게 만든다. "비록 내가 당신의 종들 가운데 한 사람들처럼 되지 않을지라도"란 표현의 의미는 다른 영역본들이 표현한 대로 영어로 "…와 동일하게 되다" 혹은 "…와 같은 신분을 가지다"로 가장 잘 표현되는 것으로 보인다(참조. de Waard-Nida). 이것은 켐벨의 번역보다 더 나은 것으로 보인다: "나는 당신의 시녀 중 한 사람보다도 못(무가치)하나이다."

루돌프가 주장하는 바와 같이(47), 이 문구는 로(לֹא)를 "진실로, 다만"을 의미하는 강조 불변화사의 어떤 형태로 번역함으로써 상실되거나(F. Nötscher, *VT* 4 [1954] 375) 또는 이 구절을 강하게 긍정적인 의미를 표현하기 위한 부정어의 사용으로 이해함으로써 상실된 겸손의 표현이다("내가 진실로 아닐 것이냐?", Driver,

JANES 5[1973] 108).

14 "식사할 때에"(לְעֵת הָאֹכֶל – 레에트 하오켈). MT의 구두점은 이 시간을 나타내는 문구를 뒤따라오는 보아스의 말과 연결시키지 않고 앞의 설화자의 말과 연결시킨다. OL과 LXX이 상반되어 있다. 현대의 역본들과 주석가들은 MT의 분절을 따르고 있다. 구두점은 본문의 설화 흐름상 그리고 에피소드 분리상 어느 정도 중요성을 가지고 있다. 만일 이 시간을 나타내는 문구가 보아스의 말의 일부분이라면, 룻에 대한 그의 지시는 14절 하반절부터 단절되지 않고 계속된다. "그러므로 그녀가 앉았다"와 함께 나타나는 설화의 속행은 4절로부터 이어져 오는 행동의 흐름 가운데 있는 어색한 단절을 만들어 내고, 설화는 일관성을 잃게 된다. 우리의 설화자는 너무나 뛰어나게 기교가 있는 예술가이므로 그러한 부조화를 만들어 내지 않는다. 그 반대로, 우리는 13절의 대화의 종결과 14절에 있는 점심 식사에서 룻에 대한 보아스의 말 사이에 아침나절의 일의 나머지를 포함하고 있는 알려져 있지 않은 시간의 간격이 있다고 이해해야 한다(Joüon, 57에서는 이것을 "얼마간 중요한" 것으로 간주한다).

"네 떡 조각을 초에 찍으라"(וְטָבַלְתְּ פִּתֵּךְ בַּחֹמֶץ – 웨타발트 피테크 빠호메츠). 여기서 "초"(포도 식초)로 번역된 하마츠(חמץ)의 정확한 성격은 불확실하다. 민수기 6:3을 보면, 이것은 포도로 만든 것이거나 또 다른 알코올 음료인 샤카르(שׁכר)로 만들어진 것이라는 사실이 드러난다. 잠언 10:22은 이것이 이 끝에 닿을 수 있다는 사실을 암시하고 있으며, 반면에 69:22은 이것이 목마름을 완화시키기 위한 음료가 아니었다는 사실을 암시해 준다(참조. Hubbard, 173). 우리가 결론지을 수 있는 것은 기껏해야 이것이 활력을 주는 신 양념이었다는 것이다. 이것은 주로 "식초"로 번역된다(참조. Borowski, *Agriculture*, 113). 루돌프(49)는 바벨론 탈무드(*b. Šabb.* 113b)가 하마츠(חמץ)가 더위를 완화시키는 데 효과가 있다고 진술하고 있다는 사실을 언급한다(참조. Dalman, *Arbeit und Sitte* 3:18).

"그가 볶은 곡식을 주매"(וַיִּצְבָּט־לָהּ קָלִי – 와이츠빠트-라흐 콸리). 동사 차바트(צבט)는 구약성경 중에서 여기에만 나타나며, 이것의 의미는 매우 모호하다. 이것은 미쉬나 히브리어에서 "잡다, 파악하다"라는 의미로 나타나지만 이것이 취급되는 그릇 혹은 항아리의 일부를 묘사하는 문맥에서만 나타난다(Jastrow, *Dictionary* 2:1258을 보라). 같은 기본적 의미는 우가릿어 *mṣbṭm*을 통하여 암시되어 있는데(UT 19.2139), 이것은 "부젓가락, 손잡이"와 같은 의미를 암시하는 문맥 가운데서 나타난다(Sasson, 55). 아랍어 *ḍbṭ*("단단히 붙잡다")는 같은 지침서에 들어 있는 증거를 제공한다. 그러나 그러한 의미는 이 문맥에는 전혀 어울리지 않는다. "붙잡다, 다루다"로부터 "넘겨주다, 지나가다"로 의미가 발전했다는 것 한 가지만 추측할 수 있을 뿐인데, 비록 우리가 지금은 아무런 증거를 가지고 있지 않을지라도 옳을 수 있다. 이 단어가 구운 곡식의 준비와 관련된 매우 구체화된 의미를 가지고 있다는 게를르만의 주장(27)도 마찬가지라고 말할 수 있다. LXX과 Vg은 "쌓아 올리다"라는 일반적인 의미를 가진 단어들을 사용하고 있는데, 이것은 그들이 이 동사를 차바르(צבר)로 읽었을 것이라고 생각하게 만든다(BDB, 840). 여러 역본들과 주석들은 이 번역을 채택한다(예를 들어, Campbell, Joüon, Rudolph; 참조. Hubbard, 174의 논의). 캠벨(103)은 이것이 룻이 배부르게 먹고 남았다고 한 본 절의 끝부분과 일치한다는 사실을 관찰하면서 이것을 지지한다. 그러나 "넘겨주다"란 번역이 이 이유로 인하여 잘 어울리는데, 그 이유는 그가 그녀에게 먹을 수 있는 것 이상으로 많이 주었다는 사실을 이해할 필요가 있기 때문이다.

콸리(קָלִי, "볶은 곡식"; 이 의미에 관해서는 레 2:14을 보라)는 근동에서 매우 통상적인 음식이었다. 사무엘상 17:17; 25:18과 같은 구절들은 이것이 구약성경 사회의 많은 군인들에게 주식이었다는 사실을 보여 준다. 19세기의 탐험가요 고고학자인 에드워드 로빈슨(Joüon, 59-60이 인용함)의 글로부터 나온 관찰과 비교하라. 그는 1838년 팔레스틴에서 그것이 노동 계층에서 너무나 일반적으로 사용되었으므로 시장에서 팔렸다고 진술한다.

"룻이 배불리 먹고 남았더라"(וַתֹּאכַל וַתִּשְׂבַּע וַתֹּתַר – 와토칼 와티스빠 와토타르). 세이쏜이 주장하는 바와 같이(56), 이 세 개의 와우 연속법 동사들의 순서는 그것들의 간결한 스타카토 형식과 함께 보아스가 룻에게 준 볶은 곡식의 분량이 얼마나 많았는지를 암시하기 위하여 의도되어 있다. 필자는 마지막 동사를 "그러고 나서 그녀가 아직도 얼마간 남았다"로 번역함으로써 이 점을 표현하려고 했다.

15 "그로 곡식단 사이에서 줍게 하고 책망하지 말며"(תְּלַקֵּט וְלֹא תַכְלִימוּהָ גַּם בֵּין הָעֳמָרִים – 깜 뻬엔 하오마림 텔라퀘 웰로 타클리무아). "단 사이에서까지"가 문장의 맨 앞에 위치해 있어서 이 문구가 강조되어 있다. 칼람(כלם)의 히필형은 "부끄러움을 주다, 모욕하다"(잠 25:8; 28:7) 그리고 "해치다, 상처를 주다"(삼상 25:7)를 의미할 수 있지만, 욥기서의 연설을 언급하고 있는 문맥 가운데서 이것은 두 번 "모욕하다, 책망하다, 꾸짖다"를 의미한다(욥 11:3; 19:3). 이것은 분명히 여기서 이러한 의미와 가까운 의미를 가지고 있음에 틀림없다. 보아스는 남자들로부터 부적절한 대우(Campbell, 103)나 또는 그들이 그녀를 해칠 것이라거나(Gerle-

man, 22; NJB는 "성희롱하다"), 또는 그녀를 "모욕하는, 욕하는"(Rudolph, 46; NASB는 "insult") 데 관심을 두지 않고, 그들이 주로 금지된 지역에서 이삭을 주움으로써 그녀를 "꾸짖거나" 혹은 "책망하는" 일이 있다는 데 관심을 두고 있다(RSV, NAB, NEB이 그렇게 번역함; 참조. Hubbard, 177).

16 "또 그를 위하여 줌에서 조금씩 뽑아 버려서"(וְגַם שֹׁל־תָּשֹׁלּוּ לָהּ מִן־הַצְּבָתִים－웨감 숄-타숄루 라흐 민-하츠바팀). 여기 나오는 웨감(וגם)의 의미는 첨가가 아니라 강조어로서(*HebS* § 379) 위의 8절에서처럼 "진실로, 사실"이란 의미다. 보아스는 자기가 "그녀로 하여금 단 사이에서 줍도록 하라"는 말의 의미를 정확하게 설명한다. 숄-타숄루(שֹׁל־תָּשֹׁלּוּ)는 정형 동사를 가진 부정사 절대형의 강조 용법이 될 수 있을 뿐이다. 필자는 "반드시…하라"란 표현으로 그 의미를 번역했다. 숄(שֹׁל)이란 형태는 흔히 아″아(ע″ע) 동사들의 부정사 연계형이지만, 때때로 이것은 부정사 절대형으로도 사용된다(참조. GKC § 113x; BL § 36j′). 미완료 직설법의 명령적 의미에 관해서는 *HebS* § 173를 보라. 이것은 명령형보다 더 강하다. 위의 8절을 참조하라.

이 문장의 정확한 의미는 난해한데, 그 이유는 샬랄(שׁלל)이 여기서 구약성경의 어느 곳에서도 담고 있지 않은 의미로 사용되고 있기 때문이며, 반면에 체바팀(צבתים)은 여기에만 나온다. 샬랄(שׁלל)은 "탈취하다, 약탈하다"의 범위에 들어 있는 의미들로만 나타난다. 그러나 아랍인들은 "(한 칼)을 뽑다"라는 의미를 가진 동족어를 가지고 있으며, 그러한 의미가 이 곳의 문맥에 적합하다(Joüon, 61는 이에 반대다). 체바팀(צבתים)에 관해서 최근 대부분의 주석가들은 아랍어의 관례와 유사하므로 이 단어가 추수꾼이 (다른 손으로는 낫으로 자르는 동안) 한 손에 잡은 곡식의 한 줌을 가리킨다고 이해하는 달만(Dalman, 3:42; 참조. P. Humbert, *ZAW* 62[1949-50] 206-7)의 입장을 따랐다. 이것은 "한 줌에서 (곡식의 낟알 얼마를) 뽑다"는 번역을 낳게 했을 것이다(예를 들어, Campbell, Gerleman, Rudolph, Sasson). 이것은 "뽑다"라는 동사의 목적어가 문맥상 "얼마" 혹은 "얼마간의 줄기"로 이해되어야 한다는 사실을 필요로 한다. 유온(61)은 동사의 다른 목적어가 없는 가운데 민 하츠바팀(מן־הצבתים)이 보통 "한 줌에서"보다는 "몇 줌"을 의미하는 것으로 이해되었을 것이라고 말한다. 그러나 보아스가 모아진 단 묶음(오므림〈עמרים〉, 위의 7절을 보라)에서 몇몇 줌을 뽑아 버리라고 그들에게 지시했다는 사실은 분명히 그 친절의 도수가 믿을 수 없을 만큼의 수준에 달했던 것을 보여 준다. 그들로 하여금 의도적으로 그녀를 위하여 곡식의 줄기를 떨어뜨리라고 한 것은 그 자체가 유례 없는 선물임에 틀림없다(참조. Rudolph, 50).

"그로 줍게 하고"(וַעֲזַבְתֶּם וְלִקְּטָה – 와아자브템 웰리크타). 여기서 와우 연속법을 가진 완료형 웰리크타(ולקטה)는 결과를 나타낸다(참조. *HebS* § 525; *GBH* § 119e). 여기에 나오는 아자브(עזב)는 "혼란시키지 말라, 버려 두라"가 아니라 (BDB, 1.f, p. 737) "뒤에 남겨 두라, 버려라"이다(Joüon, 61-62).

"꾸짖지 말라"(וְלֹא תִגְעֲרוּ־בָהּ – 웰로 티그아루-바흐). 이 곳과 창세기 37:10과 예레미야 29:27에 나오는 동사 가아르(גער)는 주로 "꾸짖다, 질책하다"로 번역된다. 맥킨토쉬(MacIntosh, *VT* 19[1969] 473-74)는 다른 곳에서의 용법에 근거하여 여기에 나오는 동사가 "도덕적 · 재판적 의미에서의 꾸짖음이 아닌 화가 난 불만"을 가리킨다고 주장한다. 보아스가 자기 일꾼들에게 (그녀가 다른 불법 지역에서 이삭을 줍고 있었던 것으로 인하여) 그녀를 질책하지 않기를 원했다는 사실을 문맥이 보여 주고 있으므로 차이는 거의 없다. 보다 최근의 연구에서 켄네디(Kennedy, *JBL*, 106[1987] 60-64)는 문장 구조에 근거하여 야웨를 주어로 하는 문맥에서 가아르(גער)가 "혼돈 혹은 인간 대적의 세력을 단번에 영원히 끝내 버리는…완전한 항복을 가져다 주는"(58-59) "야웨의 숨결의 폭발적 강타"를 가리킨다는 결론에 도달했다. 그는 이 결론을 룻기 2:16에 적용하면서, 이러한 문맥에서 이 문장은 "도움을 얻지 못하고 놀라서 그녀를 쫓아 버리는 그러한 방식으로 그녀를 야유하거나 위협하지 말라", 즉 큰소리로 화가 난 말로 그녀를 꾸짖지 말라는 것을 의미했을 것이라고 결론짓는다.

해설

2:1-3의 이 막에 대한 간략한 장면에서 설화자는 나오미의 남편 엘리멜렉과 연관이 있는 공동체에서 유력한 사람인 보아스를 소개함으로써 기술적으로 우리의 흥미를 불러일으키고 긴박감을 조성했다. 흥미와 긴박감은 이삭을 주우러 나간 룻이 무의식중에 그의 밭에 도착하는 이 장면의 결론부에서 더욱 고조된다. 우리의 흥미를 자극한 다음 우리의 설화자는 우리를 그러한 상태에 오랫동안 머무르게 하지 않는다. 즉 보아스가 그 즉시 4절에서 장면으로 뛰어들고, 그 일어나려고 하는 일의 중요성이 그의 도착이 소개됨과 함께 "이것을 알고 있지 않느냐?"는 식으로 암시된다. 그의 출현이 기록된 다음 보아스의 첫마디는 자기 일꾼들과의 인사 교환이다 (4b-c절). 우리는 우리의 설화자의 목적이 우리에게 그 날의 사건의 연대기를 제공

하려는 것이라고 생각하는 우를 범해서는 안 될 것이다. 그는 그러한 일을 전혀 의도하고 있지 않다: 사실상 무엇이 일어났는지에 관해서 우리에게 알려진 구체적인 정보는 실로 가장 난해한 이 사건들의 일관된 기사를 만들기에는 너무나 적다. 그보다 전체 설화는 협소하게 그리고 배타적으로 다른 것은 모두 제하고 보아스와 룻 사이의 대화와 관계에 주의를 집중하고 있다. 이러한 중심되는 내용에 관계가 없는 것은 포함되어 있지 않다. 4절의 인사만이 이미 시작된 긴박감을 높여 주고 있다("양식/구조/배경"을 보라). 그러나 그것도 길지 않다. 보아스는 즉시 자신의 사환에게 자기 밭에서 이삭을 줍고 있는 낯선 젊은 여인의 정체에 관해서 그녀의 태생을 물어본다(5절). 그러고 나서 이 장면의 첫 번째 에피소드의 나머지 부분을 구성하고 있는 일련의 꽉 짜여진 격려-대답-관련된 대화가 뒤따라온다(5-13절; "양식/구조/배경"을 보라).

첫 번째 대화에서 사환은 룻의 국가 태생을 "모압의 젊은 여인"으로 밝히고 그녀가 자진하여 지금은 나오미와 함께 이 나라로 돌아온 그 가족임을 밝힌다. 이것이 그가 물어본 전부다. 자발적으로 주어진, 그의 대답의 나머지 내용은 그녀가 추수하는 자들 뒤에서 이삭을 줍도록 허락해 달라고 요구했다는 것이고(7절 – 여기에 나오는 난해한 문구에 관해서는 "주석"을 보라) 계속하여 그녀가 최소한 거기에 있었던 시간의 길이를 강조하는 동시에(이 구절은 가장 모호하다, "주석"을 보라) 아침나절 내내 쉴 사이 없이 일하는 그녀의 근면성을 강조한다.

그 다음에 보아스는 룻에게 두 번 말하고, 그녀는 두 번 대답한다. 그가 그녀에게 한 첫 번째 말은 알지 못하는 한 지주로부터 그녀가 예상할 수 있었던 것보다 훨씬 친절하고도 너그러운 것이다. 그녀는 그의 밭에서 이삭을 주울 뿐만 아니라 그 밭의 경계를 넘어가지 않도록 조심해야 할 뿐만 아니라(8b-c절) 일하는 여인네들 뒤를 바싹 따라야 하는 것이다(8d-9b절). 다시 말해서 그는 잘려진 곡식을 단과 묶음으로 묶는 여인들 바로 옆, 즉 이삭을 줍는 자들이 제한되어 있는 지역에서 이삭을 줍도록 권리를 부여한다. 그 다음에 그는 자기 남자 일꾼들에게 그녀를 가로막지 말고 그녀로 하여금 물 항아리에 가서 먹을 수 있도록 하라고 명령한다(9c-d절). 룻은 자기 귀를 믿을 수가 없게 된다. 그래서 그러한 예상치 못한 너그러운 처사로 어리둥절하고 놀라서 동양의 인사 태도로 땅에 엎드려 사의를 표하고("주석"을 보라) 어찌하여 이방 여인인 자신이 그렇게 은총을 받아야 하는지를 묻는다(10절). 보아스의 대답은 이 장면의 정점을 이룬다(11-12절). 간략하게 그리고 찬양과 경이를 포함한 암시적인 어투로 보아스는 이제 1:16-17에서 룻이 모압에서 감동적으로 나오미에게 위탁의 말을 했던 사실을 수립한 것처럼 확언하고 있다: "네 부모와 고국을 떠나 전에 알지 못하던 백성에게로 온 일이 내게 분명히 들렸느니라"(11절). 트리블이 주장하는 바와 같이(177), 그녀의 행동에 대한 이러한 묘사는 그녀가 이전에 나오미에게 한 말이 암시하는 바와 같이 룻과 아브라함 사이의 유사성을 증명해 준다. 그 다음에 보아스는 야웨께서 그녀의 선행에 대해 상 주시기를 구하고 그녀의 보상이 "여호와께서 네 행한 일을 보응하시기를 원하며 이스라엘의 하나님 여호와께서 그 날개 아래 보호를 받으러 온 네게 온전한 상 주시기를" 기도한다(12절). 이 알지 못하는 주인의 말로 다 할 수 없는 친절과 너그러움의 근거를 이제 깨달은 그녀는 감사와 안도감을 표시한다(13절).

보아스의 룻을 염려하고 친절을 베푸는 행동은 그녀의 신실함과 나오미에 대한 위탁에 대해 보답하고자 하는 바람에서 직접 나온 것임이 분명하다. 그런 까닭에 그 자신의 행동은 이미 그가 말하고 있는 축복이 성취됨에 있어서 지극히 작은 한 단계에 불과하지만 의미심장한 것이다. 이것을 바라보는 우리는 그가 그 축원을 현실로 이루어지게 함에 있어서 더 큰 역할을 하고 있을 것이라고 생각한다. 한 젊은 여인이 한 남편을 찾기보다는 나이든 여인에게 자신을 진실하게 위탁했으나(1:7-19a의 "해설"을 보라), 그 위탁이 이제 한 유력한 남자의 관대하고도 세심한 배려를 가져다 주었다. 이것은 더 많은 것을 예고해 주고 있는가? 보아스의 축원은 흥미롭게도 그것이 그러하다고 암시해 주고 있다.

두 번째 에피소드에서(14-17a절) 보아스의 관대함은 상당히 확대되고 확장되는데, 마치 자신이 방금 전에 빌어 준 축원에 대한 구체적 실상을 제공하기나 하는 것처럼 보인다. 그는 그녀를 자기들의 점심 식사를 하는 친근한 공동체 안으로 오게 하여 거기에 참석하게 하고 그녀에게 너무나 많은 볶은 곡식을 주어서 그녀는 배불리 먹고 남게 된다. 그 다음에 그녀가 다시 이삭 줍기를 시작할 때, 그는 자기 일꾼들에게 명하여 그녀로 하여금 두려움 없이 단 사이에서도 이삭을 줍게 하고 그녀를 위하여 남자들이 베어 놓은 줌에서 곡식 줄기들을 빼어 떨어뜨려 놓도록 당부하고 있는데, 이것은 유례없는 일이었다! 그는 일꾼들에게 다시 한 번 그녀를 쫓아내지 말도록 당부한다. 이 모든 일에 대한 룻의 반응은 모범적이다: 즉 그녀는 나그네와 이방인으로서 자신의 상황에 어울리는 경의와 존경심을 표시한다. 이삭을 줍는 일이 관례상 가난한 자들에게 주어진 권리이기는 하지만(레 19:9-10; 23:22; 신 24:19), 그녀는 그 일을 시작하기 전에 사환에게 허락을 구한다(7절). 보아스의 말할 수 없는 관대함에 반응하여 그녀는 칭찬받을 만한 그리고 존경받을 만한 감사를 표시하고(10절), 보아스의 칭찬과 축원의 말에 반응하여 그녀는 그 말을 그가 자신에게 베풀어 준 위안과 격려로 받으면서 감사의 말을 하고, 그 외에도 자신은 그의 시녀들 가운데 한 사람 축에도 끼지 못할 사람이라고 인정한다. 첫 번째 답변 가운데서 룻은 자신의 신분을 언급하고 있는데, 곧 "나는 이방 여인이어늘"(10절)이라고 밝힌다. 이 양보절은 이 신분을 밝힌 룻이 자신이 받은 그 친절이 그녀가 자신의 시어머니에게 행한 일에 근거하고 있음에도 불구하고, 보아스의 관대함과 친절을 이해하기 어려울 정도라는 사실을 깨닫고 있음을 드러내고 있다. 이 점에서 험버트의 해석(Humbert, "Art et Leçon," 92-93)의 중요성을 말하고 있는 세이쏜(51)이 상당히 옳다.

이방인(*nŏkrî*)은 어원적으로 아무도 주시하지 않는 사람, 곧 그에게 속한 사람으로 인정하지 않는 사람이고, 여기서 보아스는 그녀에게 분명하게 주시를 했는데, 그 이유는 그녀가 자기에게 속해 있다(*hikkîr*)고 인정했기 때문이다. 이러한 진술(10절)은 룻이 오직 자신이 보아스로부터 받은 그 환대, 즉 그녀를 놀라게 하고 또한 이에 대해서 그녀가 그 이유를 묻는 환대를 "가족의" 환대로 정확하게 판단할 때만 그것의 충분한 의미를 추측하게 하는데, 그 이유는 그녀가 이 순간까지도 이 사람과 인척관계임을 모르고 있기 때문이다.

어쨌든 룻은 "보아스의 근족으로 받아들여짐을 암시하는 광범위하게 계산적인 태도로 그렇게 하지 않는다(Sasson, 51). 그보다 룻은 보아스가 그녀를 마치 근족이었던 것처럼 취급하고 있다는 사실을 인정하고 있으며, 궁극적으로는 그가 그렇게 하는 사실을 어쩔 줄 몰라하고 있다. 보아스는 분명히 룻이 가능하다고 이해할 수 있는 그 이상을 내비친다. 그리고 근족으로 받아들여진 데 대한 그녀의 곤혹감은 우리의 저자를 통하여 청중에게 기쁨이 되도록 의도되어 있는데, 그 이유는 우리가 보아스가 누구인지 잘 알고 있기 때문이다. 즉 우리의 저자는 그 행동의 시초에 암시적으로 그를 우리에게 소개했었다. 그는 또한 우리를 긴박감 속에 붙들어 두려는 의도를 가지고 있는데, 그 이유는 룻이 틀림없이 어떻게 해서든 그가 누구인지를 곧 알게 될 것임에 틀림없고, 이러한 관계가 이삭 줍기라는 특별한 권리 이상의 관계로 그 결과가 나타날 것임에 틀림없기 때문이다.

이 장면은 그 날의 나머지 일을 요약하고 우리를 그 밤과 룻의 이삭 줍기의 종결로 이끌어 가는 설화의 결론과 함께 마친다. 룻의 형편의 아이러니를 통하여 조성된 기대와 함께 – 이 사람은 그녀를 가족 구성원처럼 취급하고 있으나, 그녀는 그가 누구인지를 알지 못했다-우리는 룻이 보아스가 누구인지를 잘 알고 있는 나오미에게로 돌아간다는 사실을 예상하게 된다.

장면 3.
나오미가 그 만남을 평가하다: 보아스는 기업 무를 자 가운데 한 사람이다(2:17b-23)

참고문헌

Aejmelaeus, A. "Function and Interpretation of כִּי in Biblical Hebrew." *JBL* 105 (1986) 195-209. **Albrektson, B.** "The Swedish Old Testament Translation Project: Principles and Problems." *TPBT* 29(1978) 101-13. **Barthilélmy, B.** et al. *Preliminary and Interira Report on the Hebrew Old Testament Text Project.* Vol. 2. New York: United Bible Societies, 1979. **Beattie, D.** "Redemption in Ruth and Related Matters: A Response to Jack M. Sasson." *JSOT* 5(1978) 65-68. ______. "Ruth III." *JSOT* 5(1978) 39-48. **Dalman, G.** *Arbeit und Sitte in Palästina.* Vol. 3. 1933. Repr. Hildesheim: Georg Olms, 1964. **Daube, D.** *Studies in Biblical Law.* London: Cambridge UP, 1947. **Glueck, N.** Hesed *in the Bible.* Cincinnati: Hebrew Union College, 1967. **Gunkel, H.** "Ruth." In *Reden und Aufsätze.* Göttingen: Vandenhoeck & Ruprecht, 1913. 69-92. **Mitchell, W. M.** *The Meaning of BRK "To Bless" in the Old Testament.* Atlanta: Scholars, 1987. **Pardee, D. G.** "The Preposition in Ugaritic." *UF* 8[1976] 221-23. **Rauber, D.** "Literary Values in the Bible: The Book of Ruth." *JBL* 89(1970) 27-37. **Rebera, B.** "Yahweh or Boaz? Ruth 2:20 Reconsidered." *BT* 36(1985) 317-27. **Sakenfeld, K.** *The Meaning of Hesed in the Hebrew Bible: A New Inquiry.* Missoula, MT: Scholars, 1978. **Schoors, A.** "The Particle כִּי." *OTS* 21(1981) 240-76. **Stinespring, W. F.** "Note on Ruth 2:19." *JNES* 3(1944) 101. **Talmon, S.** "The New Hebrew Letter from the Seventh Century b.c. in Historical Perspective." *BASOR* 176(1964) 29-38.

본 문

17b 그 주운 것을 떠니 보리가 한 에바쯤 되는지라
18 그것을 가지고 성읍에 들어가서 시모에게 그 주운 것을 보이고 그 배불리 먹고 남긴 것을 내어 시모에게 드리매

19 시모가 그에게 이르되 오늘 어디서 주웠느냐 어디서 일을 하였느냐 너를 돌아본 자에게 복이 있기를 원하노라 룻이 누구에게서 일한 것을 시모에게 알게 하여 가로되 오늘 일하게 한 사람의 이름은 보아스니이다

20 나오미가 자부에게 이르되 여호와의 복이 그에게 있기를 원하노라 그가 생존한 자와 사망한 자에게 은혜 베풀기를 그치지 아니하도다 나오미가 또 그에게 이르되 그 사람은 우리의 근족이니 우리 기업을 무를 자 중 하나이니라
21 모압 여인 룻이 가로되 그가 내게 또 이르기를 내 추수를 다 마치기까지 너는 내 소년들에게 가까이 있으라 하더이다
22 나오미가 자부 룻에게 이르되 내 딸아 너는 그 소녀들과 함께 나가고 다른 밭에서 사람을 만나지 아니하는 것이 좋으니라

23 이에 룻이 보아스의 소녀들에게 가까이 있어서 보리 추수와 밀 추수를 마치기까지 이삭을 주우며 그 시모와 함께 거하니라

17b And when she threshed the barley she had gleaned,[a] it came to a full ephah,[b] and
18 she carried it[a] into the town. Her mother-in-law saw what she had gleaned, and she brought out and gave to her the food she had left over from her noon meal.[b]
19 So her mother-in-law said to her, "Where did you glean today, and where[a] did you work? May he who paid you such attention be blessed!" Then she told her mother-in-law with whom[b] she had worked and said, "The name of the man with whom I worked today is Boaz."
20 Naomi said to her daughter-in-law, "May the Lord bless him,[a] for he has not neglected to show kindness to the living and the dead!"[b] Then she[c] said to her "The man is a relative of ours; he is one of those responsible for us."[d]
21 Then Ruth the Moabitess[a] said, "Why, he even said to me, 'Stick close to my workers[b] until they have completed all my harvest.'"
22 Then Naomi said to Ruth her daughter-inlaw, "Yes, my daughter, the best thing for you is to go out[a] with his women workers;[b] then no one will harm you in some other field."
23 So she gleaned close beside Boaz's young women[a] until the barley and wheat harvests were finished. Then she lived[b] at home with her mother-in-law.

원문주해

17b.a. 직역하면 "그녀가 이삭을 주운 것".

17b.b. 직역하면 "보리의 에바".

18.a. 직역하면 "그녀가 그것을 가지고 갔다".

18.b. 직역하면 "그녀가 배부르게 먹고 남은 것"(만일 칼 부정사 연계형이라면) 혹은 "그녀의 아주 신물이 난, 풍성한"(만일 명사 사바〈שׂבע〉로부터 나온 것이라면). 어떤 형태를 취하든 이것은 그녀가 점심 식사를 하고 남은 음식을 가리킨다(14절).

19.a. 아나(אנה)는 통상적으로는 "어느 방향으로, 어디로?"를 의미한다(BDB, [a], p. 33). 그러나 샤마(שָׁמָּה, "그 곳으로, 그 장소로")가 단순하게 "거기, 그 장소에서"(참조. 1:7)를 의미할 수 있는 것과 같은 방식으로, 여기 나오는 아나(אנה)는 단순히 "where"를 의미함에 틀림없다(BDB, [b], p. 33을 보라).

19.b. LXX에는 "그가 일했던 곳"으로 되어 있는데, 이는 분명히 나오미의 질문의 형태에 대한 적응이다(Gerleman, Rudolph).

20.a. "야웨께 그가 복을 받기를." 또다시 이와 같은 관습적인 말로 "주"는 번역상 야웨보다 더 자연스럽게 들린다("원문주해" 2:4.b를 보라).

20.b. 직역하면 "그가 산 자와 죽은 자에게 자신의 헤세드를 저버리지 않았으므로". "주석"을 보라.

20.c. 직역하면 "나오미".

20.d. 직역하면 "그가 우리의 구속자들 가운데 포함되어 있다". "주석"을 보라. 믹고알레누(מִגֹּאֲלֵנוּ)는 믹고알레누(מִגֹּאֲלֵינוּ), 즉 복수 명사 + 1인칭 보통 복수 접미사의 불완전한 기록 형태로 이해되어야 한다. 그러한 불완전한 기록 형태들이 나타난다. GKC § 91k을 보라.

21.a. LXX, Syr, OL, Vg은 "모압 여인"을 삭제하고, 처음 세 개의 역본은 레하모타흐(לחמותה, "시어머니에게")를 덧붙인다. Rudolph, Joüon는 이에 반대다. MT이 유지되어야 할 것이다.

21.b. 직역하면 "젊은 남/여 종들"이지만, 여기서는 추수하는 남녀 전체의 무리를 가리키기 위하여 남성 복수형이 사용되었다는 것이 매우 그럴듯하다. 9절의 "주석"을 보라.

22.a. 직역하면 "가장 잘하였다, 내 딸아, 네가 나간 것이…". "주석"을 보라.

22.b. 직역하면 "젊은 여인/여성 종들".

23.a. 직역하면 "그녀가 이삭을 줍기 위하여 보아스의 젊은 여인들과 가까운 거리를 유지했다".

23.b. 히브리어는 와테셰브 에트-하모타흐(וַתֵּשֶׁב את־חמותה). 소수의 히브리어 필사본들에는 와타샤브 엘 하모타흐(וַתָּשָׁב אל חמותה, "그녀가 자기의 시어머니에게로 돌아왔다")로 되어 있는데, 이 독법을 Vg이 따르고 있다. 루돌프가 주장하는 바와 같이 이러한 독법은 그녀가 매일 밤 나오미가 있는 집으로 돌아왔다는 사실을 암시하고 있는데, 이것이 자증이요, 그래서 MT이 유지되어야 할 것이다.

양식/구조/배경

장면 3, 즉 17b-23절은 제2막의 결말을 이루고 있다. 이 단락을 시작하는 경계가 약간 의심스러운데, 그 이유는 17절이 전환적 성격을 가지고 있기 때문이다. 필자는 이 단락의 시작 부분을 17b절로 정했는데, 그 이유는 17a절이 명확하게 밭에서 룻이 이삭 줍은 일을 묘사하고 있는 주요 장면에 대한 요약을 하고 있기 때문이다. 룻이 자신이 주운 이삭들을 떤 곡식의 많은 양을 강조하고 있는 17b절은 분명히 19절에 있는 나오미의 놀람과 흥분된 질문으로 이끌어 간다. 이 장면의 끝은 명확한데, 그 이유는 이것이 전체 행동, 즉 룻이 실제로 보아스의 젊은 여자 일꾼들에게 가까이 붙어서 이삭을 주었다는 이전 정보의 반복과 봄철 추수기 끝까지 그렇게 했고 그 다음에는 자신의 시어머니와 함께 집에 머물렀다는 새로운 정보의 소개를 통하여 모든 행동을 상세히 설명하는 서술적 요약으로 구성되어 있기 때문이다. "보리 추수를 마치기까지"란 문구 역시 나오미와 룻이 "보리 추수 시작할 때에" 베들레헴에 도착했다고 하는 장면 2의 끝부분으로 우리를 이끌어 가며, 우리가 어떤 면에서 완전히 한 바퀴를 돌아왔다고 느끼게 만들어 준다. 2장을 이루고 있는 내적으로 또한 전체 행동의 일부분으로서 이 단락의 통일성은 보다 큰 단락과의 연대기적 결합에 의하여 그리고 위의 서론적 장면에 나오는 세부 사항 가운데 논의되어 있는 추수와 곡식 이삭 줍기의 의미상의 영역으로부터 나온 중요 단어의 반복을 통하여 이루어져 있다. 게다가, 이 단락은 룻이 "점심 식사에서 먹고 남긴"(18절; 참조. 14절) 음식에 대한 언급을 반복한다. 나오미는 자부의 말에 반응하여 "그녀를 그렇게 돌보아 준"(19절) 사람을 축원하고(10절), 두 번 보아스의 "일꾼들에게 가까이 있으라"는 문구를 반복하고 있으며(21, 23절), 보아스의 이전의 권면(8절)을 반복한다.

서술적 서론(17b-18절)과 서술적 요약(23절)은 보아스의 가족에 대해 그리고 자기들과의 사회적 관계에 대해 나오미가 룻에게 가르쳐 주는 데서 그 절정에 이르고, 또한 교차 평행적 구조를 나타내고 있는 룻과 나오미 간의 대화를 감싸고 있다(도표를 보라). 대화 A-B에서 나오미는 곡식의 많은 분량과 룻이 집으로 가져온 음식의 남은 것을 보고 놀라서 질문을 하며 대화를 시작하고, 룻은 자신이 함께 일한 사람이 누구인지 대답한다. 이 대답은 우리의 긴장감과 흥미를 유발시키기 위하여 세심하게 계산되어 있다. 저자는 먼저 "그녀가 누구에게서 일한 것을 시모에게 말했다"는 진술을 하고, 그 다음에 룻이 한 말을 정확하게 인용함으로써 그 내용을 반복하고 있는데, 룻은 결정적인 보아스의 이름을 맨 끝에 두고 있다. 이 교차 대구법의 중심부인 C에 있는 나오미의 대답은 이와 유사한 패턴을 따르고 있는데(또한 Trible, 179를 보라), 보아스가 친척이요 구속자라는 결정적 진술을 하기 이전에 먼저 보아스를 축원한다. 설화자는 보아스에 대한 축원과 그의 정체를 두 개의 분리된 진술로 분리시키기까지 하면서 더 나아가 그가 누구인지를 강조한다. B´-A´ 대화는 C를 두드러지게 해주는 교차적 구조를 만들어 내고 있는데, 이번에는 바꾸어서 룻은 나오미의 진술에 대해 거의 놀라운 반응을 하고 추수 끝까지 일꾼들과 함께 이삭을 줍도록 하는 보아스의 초대에 대해 말하며 이에 대해서 나오미가 긍정적인 평가를 내리기 때문이다.

19-22절의 구조

		절	내 용	기	능
대화	A	19a-b	나오미가 룻이 어디서 일했는지 묻고 그녀를 돌본 사람을 축복한다.	질문 ↓	동기 ↓ 반응
	B	19c-d	룻이 보아스란 사람과 함께 일했다고 대답한다.	답변	동기 ↓ 반응
	C	20a-b	나오미가 보아스를 축복하고 그가 자기의 친척이고 구속자임을 알린다.	진술	동기 ↓ 반응
대화	B´	21	룻이 보아스가 추수가 마치기까지 일꾼들과 가까이 있도록 자기에게 말했다고 대답한다.	진술 ↓	동기 ↓ 반응
	A´	22	나오미가 룻이 보아스의 젊은 여인들과 함께 머물러야 한다고 동의한다.	평가	

주석

17b "그 주운 것을 떠니"(וַתַּחְבֹּט אֵת אֲשֶׁר־לִקֵּטָה – 와탁흐뽀트 에트 아세르-릭케타). 동사 하바트(חבט)는 직역하면 "치다"를 의미하며 막대기로 이삭 줄기와 낱알들을 침으로써 곡식의 적은 양을 타작하는 관습을 가리킨다(참조. 삿 6:11; 막대기의 사용에 관해서는 사 28:27에 있는 어떤 종자의 씨들을 떠는 것을 참조하라). 고대의 관습에 관해서는 Borowski, *Agriculture*, 63; Dalman, *Arbeit und Sitte* 3:61, 92, 특히 도표 25를 보라.

"(그리고 보리가) 한 에바쯤 되니라"(וַיְהִי כְּאֵיפָה שְׂעֹרִים – 와예히 케에파 세오림). 여기에 나오는 전치가 카프(כ)가 거의 일괄적으로 꽤 공통되게 "…에 관하여"

로 취급되기는 하지만(참조. *HebS* § 257), 캠벨은 여기에 나오는 전치사 카프(כ) 가 "정확하게"(소위 *kaph veritatis*)를 의미한다는 야브네-얌(Yavneh-Yam) 비문(*BASOR* 176[1964] 33)에 있는 용법에 근거하여 탈론의 주장에 찬성한다. 이 구절에 들어 있는 요점이 룻이 주운 이삭을 떤 분량이 지극히 많다는 사실을 강조하고 있으므로, 이것은 문맥이 요구하는 바로 그 의미다.

에바는 한 호멜의 10분의 1에 해당하는 분량이고, 호멜(חֹמֶת))은 한 마리의 나귀(חֲמוֹר - 하모르)가 나를 수 있는 분량이다. 이것은 분명히 한 여인이 하루에 주울 수 있는 실제적인 분량이었지만, 현대에 해당하는 에바의 크기를 확실하게 결정한다는 것은, 특히 그 크기가 구약 역사의 오랜 과정에 따라 달라질 수 있으므로 불가능하다(특히 논리 정연한 de Vaux, *Ancient Israel*, 201-2의 경고를 유념하라). 한 에바가 각각 22리터나 혹은 36.4리터(미국의 약 5.8 혹은 9.6갈론)에 해당할 것이라는 사실에 근거한 두 개의 다른 추산은 지금으로서는 모호하다(*IDB* 4:834; Campbell, 104에서 충분히 논의하고 있다). 미국 정부 표준에 근거하여 이 같은 보리의 분량들은 30 혹은 50파운드보다 약간 적은 무게였을 것이다. 이러한 추산이 정확하든 그렇지 않든, 그 분량은 하루 동안에 줍는 양에 비하면 지극히 많은 양이라는 것을 뜻하는데, 특히 구바벨론 시대의 마리(Mari)에서 한 남성의 하루 평균 양식이 겨우 1.2파운드를 초과했다는 세이쏜이 인용한 추산이 있다. (또한 참조. Hubbard, 179의 논평.)

18 "(그녀의) 시모가 보았다"(וַתֵּרֶא חֲמוֹתָהּ - 와테레 하모타흐). Syr과 Vg에는 MT의 칼형 와테레(וַתֵּרֶא, "〈그녀의 시모가〉 보았다")로 되어 있지 않고 몇몇 소수의 필사본들이 하는 것처럼 힙힐형 와타르(וַתַּרְא, "그녀가 〈시모에게〉 보여 주었다")로 되어 있다(Campbell을 보라). 많은 현대의 주석가들과 번역가들은 본 절 전체를 통하여 같은 주어가 본문을 더 매끄럽게 한다는 사실(예를 들어, Rudolph, de Waard-Nida, Zenger)에 근거하여 이러한 수정을 채택한다(예를 들어, Gerleman, Rudolph, de Waard-Nida, JB, NAB, RSV, TEV). 그러나 하모타흐(חמותה, "그녀의 시모") 앞에 한정 직접 목적어의 표시인 에트의 결핍과, 또한 보다 난해한 독법이 원본에 가깝다는 표준은 MT 모음 부호를 강하게 편들어 준다(또한 Campbell, Joüon Sasson이 그렇게 말함; Barthélemy 다른 곳, *Preliminary and Interim Report* 2:140; 참조. NRSV).

19 "오늘 어디서 주웠느냐? 어디서 일을 하였느냐?"(אֵיפֹה לִקַּטְתְּ הַיּוֹם וְאָנָה עָשִׂית - 에포 리콰트트 하욤 웨아나 아시트). 두 질문의 두드러진 군더더기 말은 번

역자들에게 문제를 야기시켰다. 예를 들어, 유온은 두 번째 질문을 "어디서" 대신에 "누구와 함께"(ואת־מי – 웨에트-미)로 수정한다. 일반적인 질문이 맨 앞에 와야 하므로, 이 두 개의 질문은 우리의 사고방식에는 순서가 틀린 것으로 생각된다(de Waard-Nida). 그래서 게를르만은 아나(אנה)를 "어디로"라는 보다 통상적인 의미로 이해하고("원문주해" 2:19.a를 보라) 이 문장을 농축된 언어 구사 방식으로 취급한다: "네가 어디로 (가서) 일했느냐?"(de Waard-Nida가 받아들임; 참조. NAB). 그러나 이러한 군더더기의 말은 룻이 방금 전에 보여 준 곡식의 분량과 음식(18절)을 나오미가 보고 놀라도록 만들어 준 장황한 언어 구사 방식으로서(Rudolph) 문맥에서 완전히 잘 이해될 수 있다. 이 두 개의 질문이 지리적 위치를 묻는 것이 아니고 그 밭의 주인을 가리키는 것이라는 사실은 그 뒤에 따라오는 축복을 통하여 명백해진다(참조. Zenger, 60). 아나(אנה)를 "어떤 목적으로"로 번역해야 한다는 스타인스프링(Stinespring)의 제안은 문맥상 뜻이 통하지 않는다.

"너를 돌아본 자에게 복이 있기를 원하노라"(יְהִי מַכִּירֵךְ בָּרוּךְ – 예히 마키레크 빠루크). 캠벨이 말하는 바와 같이, "있기를 원하노라"(יהי – 예히)란 동사의 지시형을 사용하는 이러한 축복의 공식 문구 형식은 본문 이외의 다른 곳에서는 열왕기상 10:9(=대하 9:8)과 잠언 5:18에만 나타난다. 첫 번째 구절은 야웨 자신을 찬양하고 두 번째 구절은 한 남자의 아내에 대한 비유로서 "네 샘"에 대해서 사용하고 있다. 실질적으로 이 단어가 통계학상으로 예외적인 독특한 축복의 형태라고는 말할 수 없다. 이것은 단순히 지시형 의미가 동사 "있기를 원하노라"(יהי – 예히)를 통하여 표현되는 상이한 형태이며, 반면에 보다 통상적인 형태는 동사가 사용되지 않는 구절을 가진 소원을 표현한다. 이를테면 빠루크 X (레야웨), (ליהוה) X ברוך, 즉 "X가 야웨께 복 받기를 원하노라"(*HebS* § 551를 보라). 여기서 단어의 순서는 비정상적이지 않다(Campbell, 105는 이에 반대다). 이것은 동사절에서는 정상적이고 예상된 단어의 순서다: 즉 동사-주어-술어/목적어(참조. יקם יהוה את־דברו – 야켐 야웨 에트-데바로, "여호와께서 그 말씀대로 이루시기를 원하노라", 삼상 1:23; *HebS* §§ 184, 546를 보라). 그러므로 마키레크(מכירך, "너를 돌보아 준 그")에 강조가 있지 않다(Campbell는 이에 반대다).

"그녀가(룻이) 누구에게서 일한 것을 시모에게 알게 하여 가로되 오늘 일하게 한 사람의 이름은 보아스니이다"(וַתַּגֵּד לַחֲמוֹתָהּ אֵת אֲשֶׁר־עָשְׂתָה עִמּוֹ וַתֹּאמֶר שֵׁם הָאִישׁ אֲשֶׁר עָשִׂיתִי עִמּוֹ הַיּוֹם בֹּעַז – 와탁게드 라하모타흐 에트 아쉐르 아스타 임모 와토메르 쉠 하이쉬 아쉐르 아시티 임모 하욤 뽀아즈). 캠벨과 세이쏜은 모두 이 두 문장 가운데 있는 어투의 군더더기적 성격을 지적한다. 자신이 "정당하지 않은 것"으로 믿고 있는 이러한 군더더기를 제거하기 위하여 세이쏜(59)은 이 두 문장 아쉐르 아스타 임모(אשר עשתה עמו)와 아쉐르 아시티 임모(אשר עשיתי עמו)를 동일한 것으로 이해하지만, 동사의 인칭에 대해서는 두 문장을 이끌고 있는 두 개의 동사 하기드(הגיד)와 아마르(אמר)의 의미상의 뉘앙스에 대한 자신의 해석에 근거하여 두 가지 아주 다른 방식으로 이해한다. 하기드(הגיד)가 "사건들의 정교한 재진술이 집으로 돌아온 룻에 의하여 표현되었던 사실을 추정하고 있다"는 사실에 근거하여 그는 첫 번째 문장을 "그녀가 보아스와 함께 이루었던 사실"로 번역하고, 이것을 "그러나 룻과 보아스 간의 대화에 대한 세부 사항을 재진술하는 것을 피하기 위하여 사용한 하나의 문구"로 본다(59). 그러나 동사 아마르(אמר)가 "자주 하나의 한정적 진술이 뒤따라오는 것을 요구하는, 훨씬 더 명확한 것이다"는 사실에 근거하여 그는 두 번째 문장에 들어 있는 등위절을 "내가 대면한 사람"(57)으로 번역한다. 그러나 그것들 가운데 들어 있고 또한 그것들 자체의 두 동사는 결코 그러한 협소하고 구체적인 의미들을 담고 있지 않다. 이와 같은 문맥에서 힙힐형 동사 하기드(הגיד)는 단순히 "말하다, 알리다"를 의미한다. 즉 그 자체 가운데서 이 단어는 말해진 그것의 성격에 관한 어떤 것을 전혀 암시하지 않는다. 문맥 가운데서 이것은 단 하나의 사실(예를 들어, 창 24:23) 혹은 하나의 기사(예를 들어, 창 24:28)일 수 있다. 그런 까닭에 이 문장은 이 문장의 두 부분에서 같은 방식으로 번역되어야 한다. 사실상 이것은 실질적으로 문맥에 의하여 요구된 것으로 보이는데, 그 이유는 나오미의 "어디서 일을 하였느냐?"란 질문이 그녀가 그 남자와 이룩한 일의 기사보다는 그녀가 누구와 일했는지를 말함으로써 훨씬 더 그럴듯한 답변이 주어졌기 때문이다. 허바드(184)가 지적하는 바와 같이 "구문론적으로, 직접 대화가 간접 대화의 내용을 구체적으로 설명했다(즉 '구체화되도록 그녀가 말했다…')". 군더더기라는 캠벨의 평가(106)는 옳은 것이다. 우리의 설화자는 효과를 얻어내기 위하여 자신의 설명의 속도를 줄인다. "그녀가 누구와 함께 일했는지"에 대한 문장, 즉 신(שׁ)과 아인(ע)의 두운법의 반복으로 가득한 문장을 반복함으로써(Porten, GCA 7 [1978] 36; Hubbard, 185를 보라), 저자는 그 이름을 가장 끝 부분으로 미루어서 긴박감을 조장하고 있다. 더 나아가서, 그러한 반복을 통하여 룻의 동사가 결여된 문장(*HebS* § 578)의 주어를 크게 확대함으로써 그는 보아스란 이름을 크게 강조하고 있다 – 이러한 강조는 우리 독자들이 즐겁게 기다리고 지속적으로 예상하고 있는 점인데, 그 이유는 우리가 나오미가 이 사람이 누구인지를 알 것이라는 사실을 알고 있기 때문이다("해설"을 보라).

20 "여호와의 복이 그에게 있기를 원하노라 그가 생존한 자와 사망한 자에게 은혜 베풀기를 그치지 아니하도다"(בָּרוּךְ הוּא לַיהוָה אֲשֶׁר לֹא־עָזַב חַסְדּוֹ אֶת־הַחַיִּים וְאֶת־הַמֵּתִים – 빠루크 후 라아도나이 아쉐르 로-아자브 하쓰도 에트-하하임 웨에트-함메팀). 이 문장의 번역은 두 개의 문법적 모호성과 관련하여 만들어지는 결정에 달려 있다. 첫째로, 하쓰도(חסדו, "그의 헤쎄드")가 동사 아자브(עזב, "저버리다, 삼가다")의 주어인지 아니면 목적어인지 분명치 않고 또한 둘째로 아쉐르(אשר, 〈관계대명사〉 "그")의 선행사가 "야웨"인지 아니면 "그"(보아스)인지가 모호하다. 첫 번째 문제와 관련하여, 이 문장을 어떤 방식으로 해석하든 의미에는 실질적인 차이가 없다. 그러나 아자브(עזב, "버리다, 저버리다")란 동사는 비인간(חצר, 헤쎄드)이라기보다는 인간 주어(야웨나 혹은 보아스)일 것이라는 점이 이와 같은 문맥에서는 훨씬 더 개연성이 있다(참조. Hubbard, 185-86의 논평).

두 번째 모호성, 즉 아쉐르(אשר, 〈관계대명사〉 "그")의 선행사가 "야웨"인지 아니면 보아스인지는 훨씬 더 많은 논란이 되어 왔다. 글룩(Glueck)은 자신의 헤쎄드(חסד)에 대한 연구에서 보아스가 선행사라고 주장했는데(Glueck, *Ḥesed in the Bible*, 41-42), 그의 가장 설득력 있는 논증은 그 내용상 1:8과 그리고 그 형태상 사무엘하 2:5과 평행이 된다는 것이다. 1:8에서 산 자와 죽은 자에게 헤쎄드(חסד)를 행하는 것은 인간에 대해서 서술된 것이고, 사무엘하 2:5에서 아쉐르(אשר)가 이끄는 문장의 선행사는 야웨일 수가 없고 이에 연루된 인간 주어일 뿐이다. 보다 최근의 주석가들은 글룩의 의견에 동의하지 않고 거의 설명이나 논의 없이 그 선행사가 야웨임에 틀림없다고 진술했다(예를 들어, Gray, *NCBC*, 393; Hertzberg, 270; Morris, 280; Rudolph, 50; de Waard-Nida, 42). 캠벨(106)과 사켄펠트(Sakenfeld, *The Meaning of Hesed*, 104-7)는 모두 관계절의 선행사가 야웨임에 틀림없는 창세기 24:27에 있는 유사한 문장 구조와의 비교에 근거하여 야웨가 선행사라고 주장했다(또한 참조. Gerleman, 28; Zenger, 61). 캠벨은 나오미의 축원이 일반적인 것이지 구체적인 것이 아니라는 근거를 덧붙이고 있는데, 그 이유는 나오미가 상당히 일반적 표현인 "산 자"(החים – 하힘; 남성 복수)에게 헤쎄드를 행함에 대해서 말하고, 반면에 두 여인에 대한 구체적인 언급은 여성 복수일 것이기 때문이다. 그러나 이에 답하여 레베라(Rebera, *BT* 36[1985] 320)는 남성 복수형 "산 자"(החים – 하힘)는 남성이나 여성을 언급하기 위하여 구약성경 히브리어에서 사용될 수 있는 유일한 형태인데, 그 이유는 여성 명사(חיה – 하야, 복수형은 חיות – 하요트)가 짐승들에게만 사용되기 때문이라고 정확하게 말한다. 야웨를 선행사로 주장하는 편에서서, 사켄펠트(106)는 룻으로 하여금 약간의 곡식이 달린 줄기를 줍도록 허락한 보아스의 행동을 죽은 남편들과 룻 자신에 대한 헤쎄드로 간주될 수 없다는 근거를 덧붙인다. 그러나 이것은 보아스의 행동의 의미를 심히 부당하게 판단하는 처사다. 위에서 진행된 장면에 대한 이해에 비추어 볼 때, 나오미는 실제로 보아스의 행동을 (사켄펠트 자신이 233-34에서 설명한 것과 같은) 헤쎄드의 행동으로 해석할 수 있었다는 것이다. (1) 나오미는 그것들이 존속한 인척관계로부터 나온 것이라는 점을 알고 있다(2:20; 참조. Rebera, *BT* 36[1985] 323-24). (2) 이것은 받는 자 편에서 긴급한 필요를 함축하고 있다: 두 여인은 빈곤에 처해 있고 생계 수단도 없다. (3) 이것은 보아스 편에서 행한 자유로운 행동이다. 그는 친척으로서의 책임을 가지고 있지만, 법적 책임은 없다. (4) 이것은 "의무라는 소명을 넘어서는 일"을 포함하고 있다: 룻이 누구인가를 안 순간부터 보아스는 룻을 특별히 너그러운 태도로 대우한다(마지막 장면을 보라). 나오미로 하여금 축복을 하게 만든 것은 룻이 주워온 곡식의 거대한 양뿐만 아니라 룻이 점심 식사를 배불리 먹고 남아서 집으로 가져온 음식 때문이기도 했다.

19절에서 나오미가 즉시 자신이 알지 못하는 사람에게 축복을 하기는 했지만, 그럼에도 불구하고 그녀는 그러한 행동을 해쎄드로 판단하고 있다. 그러나 그 사람이 보아스라는 사실을 알자, 나오미는 그 헤쎄드로 인하여 두 번째로 그를 축복하게 되었는데, 그 이유는 보아스의 행동이 엘리멜렉과의 인척관계로 인하여 그 두 여인에게 나온 행동임을 인식했기 때문이다(Rebera, *BT* 36[1985] 324). 그런 까닭에 그녀의 축복 다음에 룻에게 "그 사람은 우리의 근족이니 우리 기업을 무를 자 중 하나이니라"(20d-e절)는 설명을 해주고 있는 것이다. 그렇다면 보아스의 행동은 나오미에 의해서 매우 적절하게 헤쎄드로 판단되었던 것이다.

창세기 24:27과 비교한 것과 관련하여 레베라의 가장 믿을 만한 취급(*BT* 36[1985] 317-27)은 이러한 비교가 오류임을 밝혀 주었는데, 그 이유는 창세기 24:27이 그 형태와 기능상 룻기 2:20과 다르기 때문이다. 이것은 "…여호와를 찬송하나이다"(ברוך יהוה אשׁר – 바루크 야웨 아쉐르…)의 형식으로 된 야웨 찬양에 대한 묘사인데, 여기서 아쉐르(אשׁר)가 이끄는 문장은 야웨께서 찬양 받으시는 근거들을 진술하고 있다(참조. 룻 4:14에 있는 문장과 정확하게 평행이 된다). 다른 한편, 사무엘하 2:5과 정확하게 평행이 되는(Zenger, 61는 이에 반대다) 룻기 2:20은 "여호와의 복이 (이름)에게 있기를 원하노라"(ברוך…ליהוה אשׁר – 레야웨 아쉐르…

바루크 [이름])의 형태로 된 야웨에게 누군가를 축복해 달라는 기원인데, 여기서 아쉐르(אשׁר) 문장은 야웨의 축복을 기원하는 근거를 진술한다(*TDOT* 2:284을 보라). 축복의 근거가 분리된 문장으로 진술되어 있지만 인과관계가 분명하게 드러나 있는 3:10과 비교하고, 또한 그 근거가 아쉐르(אשׁר)가 아닌 키(כי, "왜냐하면")로 소개되어 있는 사무엘상 23:21과 비교하라. 사실상, 레베라(*BT* 36 [1985] 323)가 지적하는 바와 같이 룻기 2:20에 있는 아쉐르(אשׁר)는 사무엘하 2:5에서 많은 역본들이 번역하는 바와 같이 근거를 명확하게 밝히는 인과관계적 의미 "…이므로"로 취급될 수 있다. 더 나아가서 창세기 24:27에 있는 아자브 메임(עזב מים)이란 관용어는 룻기 2:20에 있는 아자브 에트(עזב את)의 동의어가 아니다(Campbell, 106는 이에 반대다). 전치사 메임(מים)은 언제나 정서, 행동, 방향 혹은 근원의 의미를 포함하는 "…로부터"를 의미한다(*HALOT*, עִם 4, p. 840을 보라). 그런 까닭에 아자브 메임(עזב מים)은 카라트 헤쎄드 메임/헤씨드(כרת חסד מעם/חסיד, "…로부터 헤쎄드를 치우다/짜르다"; 삼상 20:15; 삼하 7:15)와 매우 유사한 관용어가 보여주는 바와 같이 "…로부터 삼가다"와 같은 어떤 것만을 의미할 수 있다.

마지막으로, *IBHS* § 11. 2.10.d, p. 207에서 이 문구는 "그가 야웨께('야웨에 의하여'가 아님) 복 받은 자로 선포되기를"로 번역된다. 이것은 이 문장이 능동 문장의 수동 문장화 "내가 야웨께서 그를 축원하시기를 원하노라", 즉 "야웨께서 그를 복 주시기를"이 아니라 "내가 야웨께 그를 복 주시기를 청한다"라는 파르디의 입장에 근거하고 있는데(D. G. Pardee, *UF* 8[1976] 221-23), 그 이유는 우가릿어, 페니키아어, 아람어, 아랏 편지의 히브리어에 이 능동적 문장, 즉 바루크(ברוך)+인간의 이름+[ל+신의 이름]의 등장 때문이다(참조. Scharbert, *TDOT* II.1.i, 2:287). 만일 이러한 분석이 옳다면, 이어지는 아쉐르 문장이 야웨를 수식하는 관계절이라기보다는 야웨께서 그 사람에게 축복해 주셔야 하는 근거들을 제공하고 있다는 사실을 확실하게 밝히고 있다. 그러나 구약성경의 히브리어에 (들어 있는) 축복 공식 문구의 빈발과 다양성을 고려하면, 거기에 이 능동 문장 구조가 전혀 나타나지 않는 점은 구약성경 히브리어 분석의 타당성에 관한 심각한 문제를 일으킨다(참조. Mitchell, *The Meaning of BRK*, 111-12; Scharbert, *TDOT* 2:287).

위의 내용에 비추어 볼 때, 보아스가 관계절의 선행사라는 사실은 물어볼 필요도 없을 것 같다. 현대의 모든 번역본들 가운데서 오직 NIV만이 올바르게 그렇게 번역했다. 아자브 하쓰도 에트 (이름)([N] עזב חסדו את, "그는 [사람]과 그의 헤쎄드를 저버렸다"[직역])이란 문장은 아사 헤쎄드 에트 (이름)([N] עָשָׂה חסד את,

"[사람]과 함께 헤쎄드를 하다")의 반의어다. 그러므로 우리는 이것을 "그가 친절을 보이기를 게을리하지 않았다"로 번역했다.

"그 사람은 우리의 근족이니 우리 기업을 무를 자 중 하나이니라"(קָרוֹב לָנוּ הָאִישׁ מִגֹּאֲלֵנוּ הוּא – 콰로브 라누 하이쉬 믹고알레누 후). 나오미는 보아스가 친척일 뿐만 아니라(3:1과 그 곳의 "주석"을 보라) 그가 기업 무를 자들(복수형에 관해서는 "원문주해" 2:20.d을 보라) 중에 하나라고 설명함으로써 그에 대해 축복한 사실을 설명한다. 이 문맥은 나오미가 어떤 전문적인 법적 의미로 고엘(גאל, "기업 무를 자")을 사용하고 있지 않다는 사실을 드러내고 있다. 법적 의미로 사용되었을 때 이 단어는 다음과 같은 의무를 가졌던 가족 구성원을 가리킨다. (1) 배상의 지불을 해야 했던 친척의 사망 사건에서 속죄제(אשם – 아샴; 참조. 레 5:20-26[개역 6:1-7])와 함께 지불하는 배상 지불금을 받아야 할 책임, (2) "피의 구속", 즉 피의 보응(민 35:9-28; 신 19:6-13), (3) "인간들의 구속", 즉 가난으로 인하여 강제로 비이스라엘인에게 노예로 들어간 친척 노예를 사야 할 책임(레 25:47-55), (4) "땅의 구속", 즉 가난으로 인하여 가족 이외의 사람에게 팔려야 할 경우나 팔렸을 경우 가족의 재산을 사야 할 책임(레 25:24-25; 아래의 4:4의 "주석"에 있는 세부 논의를 보라). 고엘(גאל)의 의무 가운데 처음 세 개의 법적 의무는 룻기의 사건들과 사회적 구조를 전혀 담고 있지 않다. 그리고 네 번째 것인 땅의 구속(기업 무름)이 4장에 있는 성문의 법적 장면에서 중요한 역할을 하지만, 결국(마침) 이 시점에서 나오미가 죽은 땅 소유자의 미망인으로서 혹은 다른 역량에서 권리를 가졌을 땅의 구속을 위하여 법적 권리를 실용적인 선택 사항으로 가졌다는 것은 이야기를 터무니없게 만든다. 그 이유는 만일 그녀가 그러한 권리를 가졌다면, 그녀와 보아스가 그 일에서 어떤 행동을 하지 않고, 그 대신 룻이 어쩔 수 없이 밭에서 빈곤한 사람이 하는 일인 이삭 줍은 일을 해야 했다는 것은 믿을 수 없다. 그렇기는커녕 나오미는 보다 일반적인 의미에서, 즉 자기 백성을 위한 하나님의 행동과 관련하여 자주 사용되는 의미로 고엘(גאל)을 사용하고 있다. 이 비전문적 의미에서, 법적 의미가 두드러져 있는 지불 개념은 포함되어 있지 않다. 데이빗 다우브(David Daube, *Studies in Biblical Law*, 40)는 이 사실을 다음과 같이 잘 진술하고 있다.

> "무른다는 것"은 고엘(גאל)의 정확한 번역이 아니다. 이 단어가 사용될 때마다 되찾는 사람이 지불하지 않는 사실을 고려하면 "되가져오다"(to take back)라고 번역하는 것이 더 안전할 것이다. 이 단어는 단순히 언젠가 한 사람에게 속해 있었으나 잃어버린 사람이나 물건을 합법적으로 되가져오는 것을 나타낸다.

이러한 용법에서 이 단어는 "어떤 종류의 불행으로부터 한 친족 그룹(가족, 족속, 지파, 민족)의 일원을 건네주는 것"을 의미한다. 연루된 불행은 일반적인 것이거나(예를 들어, 모든 해악, 창 48:16; 여러 종류의 재난, 시 107:2; 죽음과 스올까지 포함한다, 애 3:53-58; *TDOT* גאל Ⅲ.1, 2, 2:352-53), 혹은 구체적인 것일 수 있다. 그러한 여러 구절들은 룻기에 있는 구절들에 딱 들어맞는다. 시편 72:14에서 왕은 압제와 강포에서 구속하라는 말을 들으며, 이사야 54:4-8에서는 야웨께서 이스라엘로부터 과부의 치욕을 제거하고 그들의 남편이 되어 주실 고엘(גאל)이시라고 되어 있다(참조. 잠 23:11). 비티(Beattie)는 다음과 같이 설득력 있게 주장한다(3:9에서 룻이 고엘〈גאל〉이란 단어를 사용한 것과 관련하여 Beattie, *JSOT* 5[1978] 44).

> 룻은 이 이야기에서 이미 역할을 한 바 있는 부분에서 보아스에 대한 묘사로 이 단어를 사용한 바 있다. 룻을 자기 밭에 기꺼이 받아들이고, 그녀에게 점심 식사를 제공하고, 그녀와 그녀의 시어머니의 생계를 유지하도록 해줄 수 있는 많은 이삭들을 줍도록 해주면서, 보아스는 룻과 나오미를 그 궁핍으로부터 구속해 주었다는 말을 들을 수 있었다.

필자의 의견에는 이것이 나오미가 이 곳 2:20에서 사용하고 있는 바로 그 의미다. 우리가 4:14에서 고엘(גאל)의 사용을 룻과 보아스 사이에 낳은 아이를 가리키는 것으로 이해해야 한다는 사실도 보라. 이것은 그가 나오미에게 생명을 주고 노년을 봉양하도록 회복시켜 줄 것이라는 의미다(15절; 그 곳의 "주석"을 보라; 참조. Beattie, *JSOT* 5[1978] 66). 현대 서구 사회에는 그와 유사한 제도가 없으므로, 영어에는 근사하게 동일한 단어가 없다. 필자는 여기에 있는 복수형 단어를 번역하기 위하여 "우리를 위하여 책임을 질 수 있는 자들"이라는 문구를 선택했다. 이 번역이 잘 들어맞지 않는 나중에 나오는 구절에서 필자는 "구속자"(redeemer; 기업 무를 자)란 단어를 사용한다. 번역 문제에 관해서는 Albrektson, *TPBT* 29(1978) 106-7의 유용한 논평을 보라.

21 "모압 여인 룻이 가로되"(וַתֹּאמֶר רוּת הַמּוֹאֲבִיָּה – 와토메르 룻 함모아비야). 몇몇 사람에게는 이 문구가 외관상 룻의 출신지가 여기서 다시 언급되어야 하는, 고대의 몇몇 역본들을 포함하고 있는 일관성이 없는 것으로 보였다(예를 들어, Rudolph, 51; "원문주해" 2:21.a를 보라). 따라서 몇몇 현대 번역가들은 LXX, Syr, OL에서 "모압 여인"을 대신하여 "그녀의 시어머니에게"란 독법을 채택한다(Joüon, Rudolph, JB; NJB는 둘 다 포함시킨다!). 그러나 1장에서 룻의 출신지에 대한 기사

가 주어졌고, 사환이 보아스에게 그녀를 "이는 나오미와 함께 모압 지방에서 돌아온 모압 소녀"(2:6)라고 밝혔으며, 또한 룻 자신이 보아스의 친절에 대해 감사하면서 자신을 이방 여인이라고 강조했으므로(2:10), 그녀의 이방 신분은 베들레헴 사람들에게 잘 알려져 있었을 뿐만 아니라 저자가 이방인이라는 단어를 덧붙이든 그렇지 않든 이야기의 독자들에게도 명확했을 것이다. 오히려 "룻"이 아닌 "모압 여인 룻"을 때때로 사용하는 것은 이 용어가 단지 그녀의 완전한 이름(full name)이기 때문에 나타나는 것이다. 그녀가 게라(גרה), 즉 "거주하는 외국인"이었던 이스라엘의 배경에서는 보통 이스라엘 본족과 함께 완전한 이름을 이루었던 부친의 이름 대신 이방 출신이라는 설명이 붙여졌는데, 이는 대부분의 다른 이방인들이 이스라엘 가운데서 계속하여 규칙적으로 그들의 출신 지방 혹은 출신 지명과 동일시되었던 방식이다. 그러므로 "헷 사람 우리야"(삼하 11장) 대 "기럇여아림 스마야의 아들 우리야"(렘 26:20-23), 또는 블레셋의 "가드 사람 잇대"(삼하 15:19-22; 18:2-12) 대 "베냐민 자손에 속한 기브아 사람 리배의 아들 잇대"(삼하 23:29)를 주목하라. 그러한 이방인 출신의 가족 혹은 족속은 이스라엘 사회에서는 신분을 가지지 못했고 거의 중요시되지도 않았으며, 그래서 이방 출신이라는 설명이 부친 이름 대신 붙여진 것이다. 사무엘하 11장에서는 완전한 이름이 어울리는 "헷 사람 우리야"가 사용된다(3, 6, 21, 24절; 참조. 삼하 12:10). 다른 곳에서는 두 가지 형태 가운데 하나로 사용될 수도 있으나, 룻처럼 출신지가 없는 형태가 더 통상적으로 사용된다. 그러므로 룻의 완전한 이름은 "모압 여인 룻"이며(우리야가 헷 사람 우리야인 것처럼), 1:22에서처럼 그녀의 완전한 이름이 이에 어울리는 곳에서 사용되었고(위의 "주석"을 보라), 특히 보아스는 법정이라는 공식적 배경에서 그녀의 신원을 밝히는 4:5, 10에서 사용했다. 다른 곳에서 설화자는 그녀의 이름만을 사용할 수도 있다. 비록 약식 이름보다 완전한 이름을 선택한 것이 이방 출신을 강조하기 위하여 사용되었을 수도 있지만, 그러한 강조가 이 문맥에서는(혹은 위의 2절에서도) 확실히 어울리지 않는다(Hubbard, 190).

"그가 내게 또 이르기를"(גַּם־כִּי אָמַר אֵלַי – 깜-키 아마르 엘라이). 이 구문론적 상황에 들어 있는 깜-키(גם־כי)라는 관용어의 의미는 문맥을 통하여 결정되어야 한다. 다른 여섯 번의 출현 가운데서 이 관용어는 여기에 나오는 경우와 같지 않은 이어지는 문장을 이끄는 종속 접속사로서 기능을 한다(*HebS* § 530). BDB(כִּי 1.d, p. 472)는 유용하게 이것을 키(כי)가 "뒤따라오는 확언에 강세나 독특성을 더해 주기 위하여" 부사나 감탄사에 덧붙여지는 관용어의 한 실례로 취급한다. 이러한 사실에 비추어 이것이 감(גם)이라는 강조적 용법보다 더 강한 형태(키〈כי〉가 덧붙여져 있으므로)로 취급될 수 있다(BDB, 2, p. 169; KB[3], 5, p. 188). 그렇다면 이것은 이것과 정확하게 같은 방식으로 사용될 수 있는 관용어 아프 키(אף כי)의 동의어다(예를 들어, 겔 23:40; 참조. *IBHS* § 39.3.4.d). 이 의미가 문맥에 아주 잘 들어맞는다: 보아스가 누구인지를 안 룻은 그가 자원하여 자신에게 추수가 끝나기까지 추수꾼들 옆에서 이삭을 줍는 특권을 부여한 데 대하여 충격을 받는다. 이것이 게를르만, 유온, 루돌프, JB, NJB, NASV, RSV가 채택한 "또한 …라고", 즉 "그 외에도, 게다가, 더"를 의미하는 문구를 제공하는 어원 설명을 하는 것보다 뜻이 더 잘 통하게 만들어 준다(BDB, גַּם 6, p. 169; 참조. *GBH* § 157a n. 2; Schoors, *OTS* 21[1981] 261이 그렇게 한다. n. 119를 더 보라). 룻은 보아스의 행동에 대한 이해를 표현하면서 나오미에게 하나의 단순한 새로운 정보를 덧붙여 주고 있는데, 이제는 자신이 그들과 인척관계임을 알고 자신이 추수의 나머지 기간 내내 그 특별한 이삭 줍는 권리에 걸맞는 사실을 포함시켜 말한다(עם דבק – 임 다바크; 8d절의 "주석"을 보라). 따라서 필자는 "어머, 그분께서 저에게…라고까지 말했어요"란 문구로 번역했다. NEB는 "그리고 더한 것은…"으로 의미를 바르게 번역한다(de Waard-Nida, 93 n. 78는 이에 반대다). 참조. NAB, NIV.

"내 추수를 다 마치기까지"(עַד אִם־כִּלּוּ אֵת כָּל־הַקָּצִיר אֲשֶׁר־לִי – 아드 임-킬루 에트 콜-하콰치르 아쉐르-리). 아드 임(עד אם)은 하나의 동사를 지배하는 접속사 아드(עד, "…까지")의 드문 형태인데, 주로 아드 아쉐르(עד אשר)의 형태를 가지고 있다(BDB, Ⅱ conj. 1.a, b, pp. 724-25). 통상적으로 우리의 저자는 이와 같은 의미를 표현하기 위하여 아드 아쉐르(עד אשר, 1:13; 3:18) 혹은 아드(עד)+부정사(1:19; 2:23; 3:3)를 사용한다(Joüon, 65). 23절에 있는 저자의 서술적 요약에서 "(그들이) 마치기까지"(עד־כלות – 아드-켈로트)란 표현을 했으므로, 캠벨(107)이 진술한 바와 같이 이것이 (여기서 룻이 인용한) 보아스 편에서 한 이례적인 연설의 또 다른 실례라는 결론을 피하기는 어려운 것 같다. 윌리엄스(*HebS* § 457)는 불변화사 임(אם)을 이 구절을 인용하는 의심의 요소를 이끌고 있는 것으로 이해하지만, 이 문맥에는 그러한 의미가 없는 것이 분명하다(아니면 창 24:19, 33; 사 30:17에서?).

룻이 보아스의 말을 인용하고 있는 이 마지막 두 개의 문장 가운데서 보아스는 "나의 것"(אשר־לי – 아쉐르-리)이라는 확장된 형태를 편들어 단순한 대명사 접미어를 피하고 있다. 루돌프(51; 참조. Hubbard, 190 n. 44)는 이것을 강조된 것으로 생각하지만, 그 다음에 그는 "내 추수"에 들어 있는 대명사를 강조할 필요가 없으므로 두 번째 출현을 삭제해야 한다(또한 참조. Witzenrath, 15). GKC(§ 135m n. 3)는 이 형태를 단순한 전치사의 자유로운 변형으로 말한다. 즉 이것은 순전히 스타일상의 문제라는 것이다. 필자는 이것이 우리의 저자에 의하여 보아스의 연설에 과장된 공식적 스타일을 제공해 주기 위해 선택되었다는 캠벨의 의견에 동의하는 바다.

"내 딸아 너는 그 소녀들과 함께 나가…는 것이 좋으니라"(טוֹב בִּתִּי כִּי תֵצְאִי עִם־נַעֲרוֹתָיו – 토브 삐티 키 테츠이 임-나아로타이우). 토브(טוב)는 형용사의 비교/최상급으로 이해해야 한다(*GBH* § 141g을 보라). 유온이 지적한 바와 같이 하나의 비교가 단 하나의 절을 가질 때(즉 비교가 되는 그것이 생략될 때) 그 단순 형용사 형태는 충분하다. 참조. 삼하 18:3(Joüon, Rudolph). 이것은 특히 에멜류스(Aejmelaeus, *JBL* 105[1986] 204-5)가 키(כי)의 강조적 사용에 관하여 제기한 문제들을 제공한 것으로서, 토브(טוב)를 강조어 키(כי, "진실로")가 뒤따라오는 허사, 즉 "좋다!"로 생각하는 것보다 문장 구조에 대한 훨씬 더 나은 이해다(Campbell, 107; Sasson, 62이 대안적 번역으로 제시함). 마지막으로 히브리어에서 비교급과 최상급 사이에 형태론적으로 감지할 수 있는 차이가 없으므로, 이것은 최상급으로 취급될 수 있다(NEB가 그렇게 함).

우리가 추수꾼 남녀들의 전체 그룹을 가리키는 것으로 해석했던, 룻이 인용한 21절에 있는 보아스의 말이 나아림(נערים)에 대해서 말하고 있기는 하지만, 그 말을 들은 나오미는 특별히 나아로트(נערות, "젊은 여인들")에 대해서 말하고 있다. 캠벨(107)이 지적한 바와 같이, 여기에 나오는 그녀의 말은 8절에 있는 보아스의 말과 매우 유사하다. 나오미가 이 말을 사용한 것은 그녀가 보아스의 남자 일꾼들에게 여자 일꾼들을 따라 붙여 주는 것을 반대하고 있다는 사실을 의미하지 않는다(Hubbard, Rudolph는 이에 반대다). 즉 "너는 (그의 남자들보다는) 그의 여인들과 함께 나가는 것이 더 나으니라." 진실로 그녀는 동사 야차(יצא, "나가다, 나아가다")를 사용하고 있으므로, 그녀는 이 여인들과 함께 "(밭으로) 나가는 것"을 의미한다.

"다른 밭에서 사람을 만나지 아니하는 것"(וְלֹא יִפְגְּעוּ־בָךְ בְּשָׂדֶה אַחֵר – 웰로 이프그우-바크 베사데 아헤르). 동사 파가(פגע)는 "만나다, 마주치다"를 의미한다. 그 만남이 적대적인 의도를 가지고 있을 때, 이것은 "습격하다, 공격하다"를 의미할 수 있다. 주로 문맥은 공격의 의도는 죽이려는 것임을 밝히고 있지만(참조. 삿 15:12 대 13절), 그러나 문맥으로부터 그러함 암시가 없고, 몇몇 문구는 죽음이 결과였음을 보여 주기 위하여 덧붙여졌음에 틀림없다(참조. 왕상 2:25, 46). 그 다음으로, 동사는 "해치려는 의도로 물리적으로 공격하다"를 의미한다(참조. REB). 따라서 나오미는 보아스가 9절이나 15절에서 사용했던 것보다 훨씬 더 강한 단어를 사용하고 있으며, 그녀가 룻의 안전에 관심을 두고 있음에 틀림없는 것으로 보인다(Sasson, 62는 이에 반대다). 틀림없이 그녀는 너무나 열심인 추수 손길이나 추수하는 자들의 듬성듬성 떨어진 것들을 탐하는 다른 이삭 줍은 자들에 의하여 쫓겨날 가능성이 있었다. 비록 파가(פגה)가 "찾다, 간청하다"보다는 "억압하다, 강요하다"를 의미하는 것으로 취급될 수 있을지라도, 이 동사를 "간청하다, 강요하다, 압박하다"를 의미하는 것으로 이해하여 "그리고 다른 밭으로 가도록 압박을 당하다"라고 번역하려는 세이쏜의 시도(62)는 신빙성이 없다(참조. 1:16). "감정을 해치다, 모욕하다"라는 의미(Rudolph, NAB)는 타당하지 않다. NEB의 번역 "아무도 너를 붙잡지 못하도록"(동사를 "만나다"를 의미하는 것으로 취급함)은 문맥상 가장 난해하다. 이것은 그녀가 어떤 다른 밭에서 발견되지 않아야 한다는 것을 의미하는가?(즉 보아스에 의해서: Morris, 281-82가 그렇게 말함)

23 "보리 추수와 밀 추수를 마치기까지"(עַד־כְּלוֹת קְצִיר־הַשְּׂעֹרִים וּקְצִיר הַחִטִּים –아드-켈로트 퀘치르-하스오림 우크치르 하히팀). 캠벨(108)은 신명기 16:9-12과 보리 추수의 시작부터 밀 추수의 끝까지의 기간이 주로 오순절에 마치는 6주간이었고, 그 해의 기간이 대략 4월 말부터 6월 초까지였던 게셀 달력으로부터 보여준다. 농사의 이러한 활동들 가운데 연루되었던 시간 길이를 잘 알고 있었던 이 이야기의 고대 독자들에게는 무엇을 의미하는지 잘 이해가 된다: 즉 아주 상당 기간 동안–이 두 곡식의 전체 추수 동안–룻과 보아스 사이에는 더 이상 아무 일도 일어나지 않았다. 미망인들이 되고 도움을 얻지 못하는 상태에서 그 해결의 약속을 간직하고 있는 것처럼 보였던 어떤 진전이 한 계절 동안 음식의 공급에 지나지 않은 것처럼 보인다.

그러나 룻이 밀 추수의 끝까지 이삭을 주웠다는 진술에 의하여 문제가 일어나는데, 그 이유는 그 다음 장면이 보리를 타작하는 동안 타작 마당에서 일어나기 때문이다(3:2). 이러한 근거에서 궁켈(Gunkel, "Ruth," 75)과 버돌렛(Bertholet, 410)은 "그리고 밀 추수"를 하나의 주석으로 삭제했다. 그러나 그러한 삭제를 지지할 만한 본문의 증거의 조각이 없다. 보리 타작이 밀 추수의 끝을 지나서까지 계속되었던 사실은 전적으로 가능하다.

"(그리고 그녀가) 그 시모와 함께 거하니라"(וַתֵּשֶׁב אֶת־חֲמוֹתָהּ –와테셰브 에트-

하모타흐). 이 문구를 이해하는 두 가지 가능한 방법이 있다. (1) "그리고 그녀가 그녀의 시모와 함께 살았다"(즉 그녀가 이삭을 줍는 동안). 혹은 (2) "그 다음에 그녀는 그녀의 시모와 함께 (집에) 머물렀다"(즉 그녀가 이삭 줍은 일을 마치고). 세이쏜은 첫 번째 번역 방식을 택하여 "그녀가 그녀의 시모와 함께 사는 동안"으로 번역하고 이야기 작가가 "룻이 보아스의 가족관계 속으로 완전히 들어오지 않아서 그녀는 더 이상 나오미와 함께 거하지 않았다는 사실을…강조하고 있다"는 사실을 주장한다(62). 이러한 해석은 룻이 자신의 신분을 그의 가족 구성원으로 조화시키기 위해 영리하게 보아스에게 설득했다는 자신의 주장(Sasson, 42-61)에 근거하고 있다. 그러나 우리가 앞에서 이미 살펴본 바와 같이, 이것은 룻의 행동과 말의 의미에 대한 오해다. 그보다(마지막 장면에 대한 "해설"을 보라), 보아스는 자신이 그녀가 누군지를 안 순간부터 그녀와의 관계와 나오미에 대한 헌신으로 인하여 그녀를 자신의 가족 구성원으로 취급했다. 와우 연속법의 형태 와테셰브(ותשב)에 대한 가장 자연스런 이해는 이것은 시간의 (혹은 논리적) 순서라는 규칙적 의미, "그 다음 그녀는 집에 머물렀다"로 취급하는 것이다. 그러므로 결론적 요약에 들어 있는 이 문장은 같은 요점을 룻이 이삭을 주운 시간의 길이를 언급하는 것으로 만든다(위를 보라. 그리고 Hubbard, 193의 논평을 유념하라). 비록 두 과부와 보아스의 관계 그리고 그의 룻에 대한 특별한 친절이 그가 그들의 문제 해결에 중요한 역할을 할 것이라는 점을 강하게 암시하고 있기는 하지만, 기대감은 실현 직전에 죽은 것처럼 보여진다: 즉 룻과 나오미가 본 장 초두에서 가졌던 그러한 신분으로 함께 살고 있다는 것이다.

해설

이 결론적 장면에서 룻과 나오미는 그 날의 사건들을 평가한다. 룻의 전반적인 기여는 그녀의 인물됨과 일관성을 가지고 있었다. 그녀의 행동은 나오미에 대한 충성과 효심으로부터 나왔다. 그녀는 그들 두 사람의 음식을 구하려고 밭에서 이삭을 줍기 위하여 나갔으며, 또한 트리블(180)이 말한 바와 같이 나오미를 통하여 보아스의 정체를 알고 룻은 자신의 효심을 입증해 나간다. 보아스가 친척이요 기업 무르는 책임을 가지고 있다는 사실을 듣고, 그녀의 이해력이 밝아 오기 시작했고, 갑자기 그의 이해할 수 없을 정도의 친절이 명확해진다. 놀랍게도 보아스가 한 또 다른 말들이 기억났고 자기들의 생계 유지와 공급원이 추수 기간 내내 계속될 것임을 자신의 시모에게 확인시켜 준다(21절). 계속되는 이야기의 발전에 비추어 볼 때, 그녀가 보아스를 자신의 미래의 남편이나 혹은 죽은 남편의 대를 이어 줄 남자 상속자를 제공해 줄 사람으로 생각하지 않았다는 사실이 매우 분명하다. 집으로 돌아와서 그녀가 한 첫 번째 행동은 나오미에게 음식을 드리는 것이었던 것처럼(18절), 이제 마지막 장면에서는 이러한 공급이 지속될 것임을 확인시켜 주고 있다(Trible, 180). 그녀는 이러한 활동을 신실하게 보리와 밀 추수가 끝나기까지 계속하며, 그 다음에는 계속 자기 시모와 함께 살아간다(23절).

그러나 나오미에게 이 장면은 생명의 회복에 지나지 않는다. 그녀는 모압으로부터 돌아오는 노중에 룻과 오르바와 고통스러운 대화를 나누고 룻의 자신과 함께 가려는 결심을 말없이 받아들이고 본국으로 돌아오게 되었으며(1:8-18), 또한 그녀는 절망과 허탈감 속에서 베들레헴으로 돌아왔고, 결국 그 괴로움의 표현이 야웨 자신에 대해 공개적으로 그 쓰라린 불평을 터뜨린 데서 절정에 달한다. 그날 아침까지도 고통과 허탈감에 젖어 있었던 그녀는 룻이 밭으로 가서 이삭을 줍겠다는 말에 대해서 두 마디 짤막한 승낙의 말로써만 무언의 승인을 해주었다(2:2). 그러나 이제 룻이 가져온 거대한 양의 곡식과 그녀가 식사를 하고 남겨 온 음식으로 말미암아 놀란 나오미는 룻이 어디서 일했는지 흥분된 질문을 던졌고, 그녀를 돌보아 준 그 사람을 예변법적으로 축복한다. 대화 전체는 즐거운 아이러니로 가득 차 있는데, 그 이유는 우리 청중들이 여인들 각자가 다른 사람에 대하여 더 많은 것들을 알게 된다는 사실을 깨닫게 되기 때문이다: 즉 룻은 자신이 보아스와 함께 일했지만 보아스가 누구인지를 알지 못하고 있었다는 사실을 알게 되고, 반면에 나오미는 룻이 하루 종일 보아스와 함께 일한 사실을 전혀 알지 못했으나 그가 누구인지를 너무나 잘 알고 있다. 룻은 무엇이 일어났는지 전혀 눈치채지 못하는 나오미의 질문에 대답하고 "엄청나고도 감동시키는 순수성"에서(Rauber, *JBL* 89[1970] 32) 그녀가 응답하는 맨 끝에 가서야 너무나 이해할 수 없을 정도로 친절하고 너그러웠던 사람의 이름을 밝힌다: "오늘 일하게 한 사람의 이름은 보아스니이다." 나오미가 룻에게 그같이 친절을 베풀고 돌보아 준 사람이 보아스라는 사실을 듣자마자 그러한 실상 가운데 잠복해 있는 가능성들을 파악하고 깨달으며, 그래서 그를 향한 찬양과 축복의 말을 발한다. 러버(Rauber, *JBL* 89[190] 32)와 같이 "그의 깨달음과 함께 심연으로부터 올라가는 그녀의 심령의 위로 치솟아 오르는 파도가 밀려오고 …우리는 죽은 자 가운데 있었던 나오미가 되살아나는 것을 알게 된다는 사실을 확인할 수밖에 없다. 끝에 가서 나오미가 발설한 그녀의 기뻐 외치는 축복의 이유

는 이것이다: "그 사람은 우리의 근족이니 우리 기업을 무를 자 중 하나이니라." 여기서 나오미가 사용한 "기업을 무를 자"는 궁핍한 중에 있는 가족 구성원을 돕기 위하여 와야 할 도덕적 책임을 가진 가족 구성원을 가리킨다("주석"을 보라). "생존한 자와 사망한 자에게 은혜 베풀기를 그치지 아니한" 보아스를 기쁨으로 축복하시도록 야웨께 구한 사실이 드러내고 있는 바와 같이, 그녀는 그 사람 안에서 그가 이 책임을 가졌을 뿐만 아니라 그가 이러한 책임을 완전히 이행할 것이라고 암시해 준 사람이라는 사실도 인식한 것이다.

이제 레베라가 통찰력 있게 간파한 바와 같이(*BT* 36[1985] 324), 나오미가 그 헤쎄드로 인하여 야웨가 아닌 보아스를 축복하고 있다는 사실을 인식하는 것은 이야기의 발전에 가장 중요하다(20절에 있는 "주석"을 보라). 한편으로, 헤쎄드를 자원하여 행하려는, 즉 자기 근족의 의무에 신실한 태도로 희생적으로 행하려는 보아스의 이러한 징조적 암시는 "전체 전략의 논리적 근거를 이루고 그 성공이 달려 있는 제3의 행동이 시작되는 논리적 근거"를 이룬다(*BT* 36[1985] 324). 다른 한편으로, 이러한 인식은 또한 고통을 당해 온 죽음과 상실감에 대한 이야기의 해결 단계의 정확한 평가에도 중요하다.

> 1:20-21에서 야웨에 대하여 자신의 압제자로 혹평하는 고발을 하는 나오미가 어떤 보상도 없이 2:20에서 그의 헤쎄드의 행위의 풍성함을 선언한다는 것은 그 줄거리를 서둘러서 나가는 것이며 실망을 주는(기대에 어긋나는) 뜻밖의 결과에 뒤따라오는 모든 것을 축소시키는 것이다. 야웨에 대한 옹호는 나오미의 발언 가운데서 발견되지 않고, 나오미가 1:20-21에서 한 고발을 들은 4:14에 있는 여인들의 발언 가운데서 발견될 것이다(Rebera, *BT* 36[1985] 324).

나오미는 사실상 보아스를 위한 그녀의 기쁨에 찬 축복의 부르짖음이 드러내 주는 바와 같이 삶이 다시 소생하지만, 이야기의 이 단계에서 이것은 희망의 부활이다. "여호와께서 자기 백성을 권고하사 그들에게 양식을 주셨고"(1:6c), 또한 이제는 보아스의 헤쎄드가 그러한 공급 가운데 일부를 그들에게 함께 나누어 주었던 것이다. 나오미의 새로운 삶은 이러한 행위들이 헤쎄드의 또 다른 행위들을 예고해 주는 것일 수도 있다는 희망에서 솟아난다. 그녀는 자식이 없고 과부 신세가 한 남성의 세계에서 살아가고 있는 이 여인들에게 의미했던 죽음과 공허를 구제하는 데까지 나아갈 수도 있다는 바람을 가지고 있는가? 그녀가 그를 "우리의 기업을 무를 자 중에 하나"로 밝히고 있다는 것은 그녀가 그렇게 바라고 있다는 힌트일 것이다.

어쨌든 이 장면의 결론은 우리에게 갑자기 보아스에 대한 가장 혼란스러운 인상을 지워 준다. 우리의 설화자는 매우 조심스럽게 그리고 의도적으로 이 막의 시초 부분에서 우리의 주의를 그에게로 이끌어 갔었다. 그는 호기심을 자극하는 가능성들을 일으키고, 그래서 우리의 흥미를 자극하기 위하여 잘 계산된 하나의 이탈 가운데 그를 우리에게 소개했었다. 즉 보아스가 엘리멜렉과 같은 근족이어서 나오미와 친척 간인 공동체 가운데서 유력한 자라는 것이다(1절). 우리의 관심은 룻이 무의식 중에 이삭을 주우러 나가서 우연히 그의 밭에 들어갔을 때 한층 더 고조된다. 그때 보아스가 즉시 출현하고, 그가 룻에게 베풀어 준 분에 넘치는 친절과 자비로운 행동은 우리의 흥미와 호기심을 더욱 자극해 주었다. 그리고 이제 보아스의 이름이 거론되고, 그가 사회적으로 지워 준 자신과 룻에 대한 책임을 가진 친척들 가운데 한 사람이라는 설명이 이 사람의 손에 그들의 문제 해결이 놓여 있을 것이라는 우리의 인상을 확고하게 해준다. 게다가, 이 장면의 결론적인 구절로서 우리의 설화자는 설화의 전체의 앞으로의 추진력을 갑작스럽고도 완벽하게 중단시키는 쪽으로 이끌어 간다. 그는 우리에게 말하고 있다. "이에 룻이 보아스의 소녀들에게 가까이 있어서 보리 추수와 밀 추수를 마치기까지 이삭을 주우며 –7주간 동안– (그리고 그 다음에) 그 시모와 함께 거하니라." 또다시 그들은 모압으로부터 돌아왔을 때와 같은 상태로 존재하게 되는데, 그 이유는 추수기의 종결은 그들에게는 궁극적으로 기근과 공허의 돌아옴을 의미하기 때문이다. 1장 끝에서 설화자는 희망을 예고했고(1:22c), 반면에 나오미는 쓰라린 절망 가운데 수심에 잠겨 있었다(1:20-21). 이 곳 2장의 끝부분에서 나오미는 다시 소생하지만(2:20), 우리의 설화자는 룻이 이삭 줍기를 시작하기 전의 그 어둡고 불확실한 상황으로 우리를 완전히 한 바퀴 돌아가게 만들었다(Trible, 181). 그는 그 이야기가 어떻게 진행되어 갈 것인지에 대한 단 하나의 힌트도 제공하지 않는다. 더 나아가서 해결로의 진행은 우리 청중들이 그러한 바와 같이 긴장감 속에서 어떤 방향으로부터 오는 자극을 기다리게 한다. 행동의 시초에는 나오미가 쓰라린 절망감 속에서 침묵을 지키고 있었으므로 이야기의 진행의 주도권은 룻에게 주어졌다. 그러나 그 다음 행동에서는 "생존한 자와 사망한 자에게 은혜를 베푸는" 새롭고도 자극적인 탄력을 제공해 줄 보아스의 자발적인 마음속에 숨어 있는 가능성으로 말미암아 다시 생기를 되찾은 나오미가 주도권을 쥘 것이다.

3막.
나오미가 룻을 타작 마당에 있는 보아스에게로 보내다(3:1-18)

장면 1.
나오미가 가문의 계획과 룻의 남편 될 사람을 밝히다(3:1-5)

참고문헌

Anderson, A. A. "The Marriage of Ruth." *JSS* 23(1978) 171-83. **Bernstein, M. J.** "Two Multivalent Readings in the Ruth Narrative." *JSOT* 50(1991) 15-26. **Bewer, J. A.** "The Goël in Ruth 4:14, 15." *AJSL* 20(1903-4) 202-6. **Borowski, O.** *Agriculture in Iron Age Israel.* Winona Lake, IN: Eisenbrauns, 1987. **Brongers, H. A.** "Bermerkungen zum Gebrauch des Adverbialen *w*^{e}*ʿattāh* im Alten Testament." *VT* 15(1965) 290-99. **Brown, M. L.** "'Is it not?' or 'Indeed!': *HLʾ* in Northwest Semitic." *Maarav* 4(1987) 201-19. **Dalman, G.** *Arbeit und Sitte im Palästina.* Vol. 3. 1933. Repr. Hildesheim: Georg Olms, 1964. **Dommershausen, W.** "Leitworstil in der Ruthrolle." In *Theologie im Wandel.* Munich-Freiberg: Wewel, 1967. 394-407. **Fewell, D. N.**, and **Gunn, D. M.** "'A Son Is Born to Naomi!': Literary Allusions and Interpretation in the Book of Ruth." *JSOT* 40(1989) 99-108. **Gow, M.** "Literary Structure in Ruth." *BT* 35(1980) 309-20. **Green, B.** "The Plot of the Biblical Story of Ruth." *JSOT* 23(1982) 55-68. **Humbert, P.** "Art et leçon de l'histoire de Ruth." In *Opuscules d'un Hébräisant.* Memoires de l'Université de Neuchâtel 26. Secrétariat de l'Université: Neuchâtel, 1968. 83-110. **Kruger, P. A.** "The Hem of the Garment in Marriage: The Meaning of the Symbolic Gesture in Ruth 3:9 and Ezek. 16:8." *JNWSL* 12(1984) 79-86. **McDonald, J.** "Some Distinctive Characteristics of Israelite Spoken Hebrew." *BO* 32(1975) 162-75. **Nielsen, K.** "Le choix contre le droit dans le livre de Ruth." *VT* 35(1985) 201-12. **Sacon, K.** "The Book of Ruth - Its Literary Structure and Theme." *AJBI* 4(1978) 3-22.

본 문

1 룻의 시모 나오미가 그에게 이르되 내 딸아 내가 너를 위하여 안식할 곳을 구하여 너로 복되게 하여야 하지 않겠느냐

1 Then Naomi, her mother-in-law, said to her, "My daughter, must I not seek[a] for you home and husband[b] so that all will be well for you?[c]

2 네가 함께 하던 시녀들을 둔 보아스는 우리의 친족이 아니냐 그가 오늘 밤에 타작 마당에서 보리를 까불리라

2 So then, is not Boaz, whose young women you have been with, a relative[a] of ours?[b] And look, tonight he is winnowing barley at the threshing floor.[c]

3 그런즉 너는 목욕하고 기름을 바르고 의복을 입고 타작 마당에 내려가서 그 사람이 먹고 마시기를 다하기까지는 그에게 보이지 말고

3 "So, wash yourself, put on perfumed oil, put on your dress,[a] and go down[b] to the threshing floor; but do not make your presence[c] known to the man until he has finished eating and drinking.

4 그가 누울 때에 너는 그 눕는 곳을 알았다가 들어가서 그 발치 이불을 들고 거기 누우라 그가 너의 할 일을 네게 고하리라

4 Then, when he lies down, note the place where he is lying, and go, uncover his legs and lie down.[a] Then he will tell you what to do."

5 룻이 시모에게 이르되 어머니의 말씀대로 내가 다 행하리이다 하니라

5 And Ruth said to her, "All that you say,[a] I will do."

원문주해

1.a. 이 곳 1절과 2절에서 우리는 확증적인 의미를 강력하게 표현하기 위하여 부정적 질문이라는 히브리어 용법을 보게 된다. "원문주해" 2:8.a을 보라. 2절에 있는 할로(הלא)가 실제로 이제까지 인식되지 않은 강조적 감탄사 할로(הלוא, "진실로")이든 아니든, 그리고 브라운(Brwon, *Maarav* 4[1978] 218)이 주장한 바와 같이 의문 불변화사 헤(ה)+부정어 로(לא)가 아니든 그것은 중요치 않은데, 그 이유는 의미가 같은, 즉 강조적 확언이기 때문이다. 1절의 독립절에 있는 미완료형(אבקשׁ)은 뉘앙스의 변화(다양성)를 표현할 수도 있다. 여기서 "해야 한다"(must)라는 명령적 의미가 가장 적절할 것으로 보인다(이에 대해서는 *HebS* § 173; 특히 *GBH* § 113m을 보라).

1.b. 직역하면 "안식처". "주석"을 보라.

1.c. 아쉐르 이타브-라크(אשׁר ייטב־לך). 문법적으로 이 관계절은 메누호(מנוח)를 수식하는 한정 수식어, 즉 "너에게 좋을 안식처"일 수도 있고(참조. NAB), 혹은 부사적으로 아바퀘쉬(אבקשׁ)를 수식하며 그것이 의도하는 결과, "너에게 좋도록…내가 찾아야하지 않겠느냐?"일 수도 있다. 후자에 관해서는 *HebS* §§ 465, 527를 보라. 문맥 가운데서 의도된 의미는 분명히 부사적인데, 특히 이 관용어가 거의 일률적으로 비인칭이기 때문이다(Rudolph, Campbell; Zenger, 65는 이에 반대다).

2.a. 모다타누(מֹדַעְתָּנוּ). 접미사 에누(ֵנוּ-) 대신 아누(ָנוּ-)의 형태는 오직 여기에만

나타난다(욥 22:20에 있는 의심스러운 형태를 제외하고). 참조. GKC § 91f.

2.b. “원문주해” 1.a.

2.c. 직역하면 “그가 보리 타작 마당에서 까불고 있다”. “주석”을 보라.

3.a. K에는 단수인 심로테크(שִׂמְלֹתֵךְ)로 되어 있지만 Q에는 복수형 심로타이크(שִׂמְלֹתַיִךְ)로 되어 있다. 이 문맥에서는 복수형이 영어의 “옷”과 같은 의미를 가지고 있지만, 이것은 문맥에 전혀 어울리지 않는다. 같은 K-Q 독법들이 삼하 12:20에서 발견되는데, 그 곳에서도 역시 K가 더 낫다. “주석”을 보라.

3.b. 이 동사의 형태 웨야라드티(וירדתי)는 완료 시제인 2인칭 여성 단수형 어미의 원래 형태 요드(י)를 보유하고 있다. 다시 말해서 티(תי)인데 이것은 하나의 접미사가 첨가될 때마다 보존된다(GKC § 44h을 보라).

3.c. 직역하면 “네 자신을 알리지 말아라”.

4.a. 2인칭 여성 단수 접미사에 붙어 있는 요드(י)에 관해서는 “원문주해” 3:3.b에 있는 설명을 보라.

5.a. Q는 동사 토므리(תאמרי, “네가 말한다”) 다음에 모음 부호를 엘라이(אֵלַי, “나에게”)라고 붙이고 있다. 몇몇 히브리어 필사본들은 Q 독법을 보유하고 있고, LXX 필사본들, OL 그리고 Syr은 번역 가운데서 이 단어들을 덧붙인다. K가 더 나은데, 그 이유는 이 단어의 첨가가 그것을 삭제하는 것보다 더 타당하기 때문이다.

양식/구조/배경

세 번째 막은 3:1-18로 구성된다. 이 단락의 구조는 앞의 막과 완전히 동일한데, 그 이유는 이것도 두 개의 이보다 짧은 장면들, 즉 하나의 서론과 다른 후기, 그리고 그 중심이 되는 룻과 보아스 간에 일어난 훨씬 더 긴 장면으로 구성되어 있기 때문이다. 필자의 의견에는 이 자료가 다음과 같이 아주 자연스럽게 나누어진다: 장면 1, 1-5절; 장면 2, 6-15절; 장면 3, 16-18절. 이 분석은 장소와 내용에 근거한다. 장면 1은 나오미의 가정에서 일어나고, 나오미의 충고와 룻에 대한 지시 그리고 룻의 수락으로 이루어져 있다. 장면 2는 타작 마당에서 일어나는데, 룻이 어떻게 나오미의 지시를 이행했는지 그리고 보아스가 어떻게 반응했는지를 묘사하고 있다. 그리고 장면 3은 다시금 나오미의 집에서 일어나며, 룻이 보아스를 만난 일에 대한 보고와 나오미의 평가로 이루어져 있다. 더 나아가서 어떤 형식적이고도 구조적인 특징들이 그러한 분석을 입증해 준다. 첫 번째 장면은 분명히 “(그 때에)…나오미가 그(녀)에게 이르되”(1절)란 진술과 “룻이 그녀(시모)에게 이르되”(5절)란 진술이 감싸고 있다. 6절은 처음 두 개의 장면과 하나의 내용 요약 간에 전환을 이루고 있는데, 이것은 일어나려는 사건들을 미리 보여 줌으로써 새로운 에피소드의 시작을 표시해 준다. 두 번째 장면은 "(그래서) 그(녀)가 타작 마당으로 내려가서"(6절)란 진술과 "(그러고 나서) 그가 성으로 들어가니라"(15절)는 진술이 감싸고 있으며 교차적인 구조로 된 룻과 보아스 간의 대화와 행동에 대한 기사를 묘사하고 있다(그 곳의 "양식/구조/배경"을 보라). 세 번째 장면의 시작은 "룻(그녀)이 시모에게 이르니(돌아왔다)"(16절)란 진술로 표시되어 있다. 그러나 최근에 고브(Gow, *BT* 35[1980] 309-20)와 세이콘(Sacon, *ABJI* 4[1978] 3-22)은 (1) 밤에, 1-7절; (2) 한밤중에, 8-14a절; (3) 새벽에, 14b-18절로 단락들을 나누면서 시간적 순서에 근거한 구분을 주장했다. 그러나 이것은 내용 구분이나 위에 열거된 형태상의 특징 그 어느 것에도 어울리지 않는다.

나오미의 제안(1a-5절)의 구조

	형 태	절	내 용	기 능	
	설 화	1a절	"나오미가 그에게 이르되"	서 론	
나오미의 단언	나오미가 문제를 진술하다	1b절	비티 할로 아바퀘쉬 בתי הלא אבקש "내 딸아 내가…구하여야 하지 않겠느냐?"	A 문제	동기
	그리고 보아스를 해결자로 생각하다	2a절	웨아타 할로 보아즈 ועתה הלא בעז "보아스는…친족이 아니냐"	B 해결	
나오미의 지시	진술: 보아스가 있는 곳	2b절	힌네 후-조레 הנה הוא זרה "보라, 그가 까불리라"	X	반응
	4개의 명령 (와우+완료)	3a-d절	웨라하츠트 웨싸크트 웨세므트…웨야라드티 ורחצת וסכת ושׂמת…וירדתי 목욕하고 기름을 바르고 의복을 입고 내려가서	Y	
	부정 명령	3e절	알-티와드이 אל-תודעי "그에게 보이지 말고"	Z	
	긍정 명령	4b절	웨야다아트 וידעת "알았다가"	Z′	
	3개의 명령 (와우+완료)	4c-e절	우바트 웨길리트…웨샤카브티 ובאת וגלית …ושׁכבתי "가서…들고…누우라"	Y′	
	진술: 그가 할 일	4f절	웨후 약기드 라크 והוא יגיד לך "그리고 그가 네게 고하리라"	X′	
	서 술	5절	"룻이 시모에게 이르되"	결 론	

앞의 막처럼 이 단락에도 연대기적 밀착성과 그 내용의 일관성을 통하여 단일성이 드러나 있다. 장면 1에서 나오미와 룻 간의 대화는 그 날에 일어난다. 장면 2는 잇따라서 그날 밤, 한밤중, 새벽에 일어나고, 반면에 장면 3은 그 이튿날 예상된 결말과 관련된 그 새벽에 발생한다(18절). 돔멀하우젠이 진술한 바와 같이(Dommerhausen, "Leitwortstil," 402-5), 반복과 상호관계를 통하여 이 단위를 함께 묶는 중요 단어들은 샤카브(שׁכב, "눕다": 4〈3회〉, 7〈2회〉, 8, 13, 14절)와 가알(גאל, "구속하다": 9, 12〈2회〉, 13〈4회〉절)이다. 샤카브(שׁכב)와 가알(גאל)은 이야기를 진행시켜 나가는 장면의 주요 개념들을 나타내고 있다. 샤카브(שׁכב, "눕다")는 "(자기 위하여) 드러눕다"는 의미로만 사용되지만, 동시에 이러한 행위를 통하여 룻이 상징적으로 보아스와의 혼인 요구를 표현하고 있다. 이런 의미로 이 단어는 같은 의미론 분야에서 가족 사회의 책임을 진 가알(גאל, "구속하다")로 연결되며 움직여 나간다("주석"과 "해설"을 보라).

세심하게 균형이 잡힌 첫 번째 장면의 구조는 나오미의 제안(1a-4d절)과 룻의 수락(5절)으로 이루어져 있다. 서술적 서론 "나오미가 그(녀)에게 이르되"(1a절)와 "룻이 시모에게 이르되"(5a절)는 이 장면을 구성하는 인클루시오를 이룬다. 중간에 들어 있는 나오미의 단언과 지시는 교차 평행적 방식으로 드러나 있는 세심하게 균형 잡힌 전체를 이루고 있다(도표, 나오미의 제안〈1a-5절〉의 구조를 보라). 그녀의 제안(1b-2a절) 가운데 첫 번째 말은 실질적으로 강력한 단언을 이루고 있는 한 쌍으로 된 부정적 질문으로 된 하나의 이행연구 A-B를 이룬다("원문주해" 1.a를 보라). 그것들은 문제-해결로서 서로 연결되어 있다. 이것들은 다시 뒤따라오는 여섯 개의 문장 단위를 일으키는데, 어휘와 문장 단위를 통하여 이루어진 빈틈없이 균형 잡힌 교차 평행으로 배열되어 있다(참조. Zenger, 65의 논평).

주석

1 "안식할 곳"(מָנוֹחַ – 마노아흐). 여기에 나오는 마노아흐(מנוח, "고요함과 휴식의 장소")는 결혼을 통하여 이스라엘 사회에서 한 여인에게 주어진 안정과 휴식의 상태를 가리킨다. 참조. 1:9. 영어에서 "안식처"라는 문자적 의미가 결혼을 의미하는 것으로 취급되지 않기 때문에 이 안정의 기초를 명확하게 하는 것이 번역에서는 더 나은 것으로 보인다. 이어서 일어날 내용에 비추어, 여기서 나오미는 룻이 이스라엘 사회에서 과부가 갖는 빈곤과 치욕이 해결되는 모습을 보는 것이 자신의

책임이라고 여기고 있다는 사실을 유념할 필요가 있다. 그녀의 진정한 관심 – 혹은 이차적 관심이기는 하지만 – 이 엘리멜렉의 가문을 위하여 하나의 후사를 낳아 주는 것이라는 암시는 전혀 없다.

여기서 나오미의 관심이 이것이라고 자주 상상되고 있기 때문에 이 점이 여기서 강조되어야 할 것이며, 처음부터 끝까지 그녀의 실질적인 주요 관심(1:19b-22에 대한 "해설" 가운데 있는 Pederson의 글로부터 인용한 글을 보라)은 수혼의 의무를 이행하는 것과 엘리멜렉의 가계를 이어갈 한 아들을 낳는 것이었다. 그러므로 예를 들어, 레겟트(Leggett, *The Levirate*, 189)는 올바르게 "3장에 있는 사건들은 나오미에게는 전적으로 보아스와 룻 간의 결혼의 가능성을 생각하는 것이다"라고 지적한다. 이와 같은 사실로부터 레겟트는 곧이어 이 결혼에서 나오미의 목적에 대한 별다른 생각이나 논의 없이 그녀가 제안하고 있는 것이 수혼이라고 생각한다: "나오미가 보아스가 수혼의 의무를 이행할 의무가 있다고 생각하고 있을지 그렇지 않으면 그것을 고엘로서의 자기의 의무인 것으로 생각하고 있을지를 파악하는 것이 남아 있다"(또한 Rudolph, 53-54, Goslinga, 535, Würthwein, 17의 논평을 비교하라; 참조. Hubbard, 205). 그러나 그러한 동기들이 일차적으로 이야기의 이 시점에서 나오미의 마음속에 있었다는 사실은 이 구절에 대한 세심한 해석에서 나온 것이 아니라, 보아스와 룻의 결혼이 하나의 수혼이었다는 선입견으로부터 나온 것이다. 그렇지만 본문은 나오미가 여기서 엘리멜렉 가문의 후사에 관심을 두고 있다는 식으로 암시하지 않고 있다. 사실상 그녀는 룻을 위하여 가정과 남편을 찾고, 그 결과로 "너로 복되게 하여야 하지 않겠느냐?"(1절)라고 말하고 있다. 만일 그녀가 룻을 위한 남편을 찾으려 하기보다 엘리멜렉의 후사를 염두에 두었더라면, 그녀는 분명히 자신의 의도를 다르게, 즉 보아스가 4:5에서 바로 그 목적으로 결혼하기를 원했을 때 사용했던 어투인 "(네가)…그 죽은 자의 기업을 그 이름으로 잇게 하여야 할지니라"나 혹은 그와 같은 방식과 유사한 어투를 사용하면서 다르게 표현했을 것이다. 그러나 그 반대로 나오미는 좁게 그리고 구체적으로 룻의 행복에 관심을 두고 있다. 오래 전에 뷰어가 바로 이 점을 인식했다. "전체 이야기는 나오미가 자기 아들 말론을 위하여 어떻게 씨를 일으킬 것인지를 계획하지 않고 어떻게 룻이 복을 받게 할까를 계획했었다는 증거를 담고 있다"(Bewer, *AJSL* 20[1903-4] 203; 또한 참조. Humbert, "Art et leçon," 98의 논평). 이러한 근거에서 트리블(192-93)은 여인들이 여기서 뿐 아니라 본서 전체를 통하여 결혼을 말할 때, 그들은 죽은 자의 이름을 회복하는 일에 관하여 말하지 않는다고 한다. 그래서 나오미는 1장에서 자기 며느리들에게 모압으로 되돌아가라고 명령하고 야웨께서 그들로 하여금 각기 남편의 집에서 안정을 찾게 해주시라고 복을 빌어 주었던 것이다(1:8-9; 참조. Anderson, *JSS* 23[1978] 178의 논평). "한 미래의 남편과 그녀 자신의 아들들에 관한 그녀의 생각까지도 자신의 죽은 남편과 아들들의 이름을 위한 것이 아니라 며느리를 위한 관심을 미리 말하고 있는 것이다"(Trible, 192-93). 또한 3:9에 있는 룻의 요구의 의미에 대한 우리의 논의를 참조하라.

2 "보아스는 우리의 친족이 아니냐?"(וְעַתָּה הֲלֹא בֹעַז מֹדַעְתָּנוּ – 웨아타 할로 보아즈 모다타누). 첫 단어 웨앗타(ועתה)는 규칙적으로 하나의 논증 가운데서 하나의 논리적 단계, 즉 자주 하나의 결과나 결론을 이끈다. BDB, 2.a, p. 774을 보라. 브롱거즈(Brongers, *VT* 15[1965] 293-94)가 진술하는 바와 같이, 이 불변화사는 "과거로 후퇴해 가며 거기로부터 나온 추론을 하면서 현재나 혹은 미래에 있을 상황의 결과를 이끌어 내려고 한다." 그런 까닭에 나오미는 보아스가 가족 구성원, 즉 하나의 모다트(מודעת)라는 사실에 근거하여 룻의 안정과 가정을 구해 주기 위한 그녀 자신의 문제에 대한 해답으로 보아스를 지명하고 있는 것이다. 나오미가 (엘리멜렉 가문의 후사를 제공하려는 것이 아니라) 특히 룻의 가정과 남편에게 관심을 두고 있다는 위의 1절의 "주석"에서 채택된 입장과 관련하여, 여기서 나오미가 룻으로 하여금 안정을 갖게 해주어야 한다는 자신의 문제에 대한 해답으로서 보아스에게 한 제안은 보아스가 고엘(גאל, "구속자")이라는 사실에 근거하지 않고, 다만 모다트(מודעת, "친척")로서의 그의 신분에 근거하고 있다는 사실을 유념할 가치가 있다. 실제로 우리가 2:20에서 채택했던(그리고 3:9에서 채택할) 나오미가 가알(גאל)을 사용한 의미에 대한 이해를 제공했으므로, 그녀가 그렇게 했다면 그것은 상당히 적절했을 것이다. 그러나 여기에 그 단어가 나타나지 않은 것은 최소한 고엘(גאל)의 의무와 임무가 여기서 나오미가 관심을 갖고 말하는 내용에서 수혼을 포함하기도 했다고 말하는 사람들의 의견을 거절한다.

"우리의 친족"(מֹדַעְתָּנוּ – 모다타누). 모다아트(מודעת)는 모다(מודע)의 여성형으로, 2:1에서 Q가 채용한 독법이다. 그 곳의 "주석"을 보라. 남성을 가리키는 극소수의 단어들만이 히브리어에서 여성형 어미를 취할 수 있다: 예를 들어, 코헬레트(קהלת, 〈회중에서〉 "말하는 자"). 참조. GKC §§ 122p, r, s. 이 단어는 단순히 모다(מודע)의 동의어인 것으로 보인다. 허바드(Hubbard, 199)가 따르고 유온이 주장한, 즉 여기에 나오는 여성형이 아랍어 용례에서 이끌어 온 것으로 "가까운 친척"이라는 강조적 의미를 가진다는 주장은 그 자체가 좋은 인상을 주지 않는다. 이 단어의 앞에 전치사 민(מן, "…으로부터")을 덧붙임으로써 본문을 수정하려는 캠벨의 시도는 이 여성형이 모다(מודע, "언약-형제"; 2:1의 "주석"을 보라)가 단일 구성원을 지칭하는 보다 큰 실재를 나타내는 집합적인 것이라는 자신의 이해에 근거하고 있다. 비록 여성 단수 실명사(특히 분사)가 하나의 집합적인 의미로서의 기능을 할 수 있을지라도, 본문을 수정하려는 캠벨의 시도와 모다(מודע)의 의미가 "언약-형제"라는 그의 가설의 빈약한 성격이 이러한 주장을 가장 있을 법하지 않게 만든다. 문맥으로부터 그리고 문맥과 2:1에 있는 모다(מודע)에 대한 분명한 관계로부터(그 곳의 "주석"을 보라), 이 단어는 "친척, 근족"이란 의미를 가지고 있음에 틀림없다. 이 단어는 정상적인 문장과 반대 순서가 됨으로써 상당히 강조되어 있다. 이것은 주어 바로 뒤에 위치해 있고, "네가 함께 한 젊은 여인들"이란 관계절 앞에 있는데, 주로 이것이 수식하는 명사 바로 뒤에 따라온다(참조. 2:19g; 참조. Hubbard, 199 n. 16).

"그가…타작 마당에서 보리를 까불리라"(הוּא זֹרֶה אֶת־גֹּרֶן הַשְּׂעֹרִים – 후 조레 에트-고렌 하스오림). 문자 그대로 히브리어 "그가 보리 타작 마당을 까불고 있다"는 문제가 되는 구절이다. 만일 이 본문이 정확하다면, 우리는 고렌(גרן, "타작 마당")을 "타작 마당의 산물", 즉 분리가 되어야 하는 볏짚, 겨, 곡식의 낟알의 환유로 이해해야 한다. 캠벨이 주장하고(117) 허바드가 따른(200 n. 18), 연계형 사슬로 이루어진 결과로 문장 구성상의 난점이 있다는 주장은 동의하기가 어려운데, 그 이유는 "보리"라는 단어의 삽입이 단순히 작물(보리 혹은 밀)이 까불려지고 있었다는 사실을 설명하기 때문이다. 그러나 여기서 보리를 까분다는 언급은 2:23과 문제를 일으키는 것으로 보이는데, 그 곳에서는 룻이 "보리 추수와 밀 추수를 마치기까지 이삭을" 주웠다고 진술되어 있기 때문이다. 보리의 까붊은 밀 추수의 끝을 지나서까지 계속되어야 했다(참조. Zenger, 66의 논평). 세이쏜(130-31)은 여기서 보리에 대한 언급만 있는 것은 율법 회의를 소집하여 자신의 사건을 제출하기 위하여 밀 추수의 끝까지(약 2-4주 후) 기다리지 않는 보아스의 지혜를 청중에게 나타내기 위하여 의도되었다고 추측한다(4:1-12). 그러나 허바드(200 n. 19)가 문제시한 이러한 입장의 난점 이외에도, 두 가지 다른 고려 사항은 이것을 가장 있을 성싶지 않게 만든다. 첫째로, 이 사건들의 적절한 시기를 결정하는 사람은 나오미이며, 우리가 위에서 말한 바와 같이 그녀의 유일한 관심은 룻의 결혼의 가능성이다. 둘째로, 설화자는 이미 우리에게 룻이 보아스의 밭에서 보리와 밀의 추수가 마치기까지 이삭을 주웠고, 그 다음에 계속하여 자기 시모와 함께 집에서 살았다고 알려 주었다(2:23). 여기에 기록된 사건들이 그때 이후에 일어나고 있음을 암시하는 것 외에도, 룻으로 하여금 계속하여 수 주간을 더 영세민으로서 밭에서 이삭을 줍도록 허락했을 것 같지는 않아 보인다(4:10). 난점을 제거하기 위하여 캠벨은 세오림(שׂערים)을 세오림(שְׂעֹרִים, "보리")으로 읽지 말고 쉐아림(שְׁעָרִים, "문들")으로 읽으며, 타작 마당의 장소를 지칭하는 부사로 이해하도록 권한다. 이러한 독법은 분명히 가능하며(모음 부호가 붙여져 있지 않은 히브리어에서는 신〈שׂ〉과 쉰〈שׁ〉이 차이가 없었다), 구약성경(왕상 22:10)과 우가릿어에서 성문에 인접한 타작 마당에 대해 언급되어 있는 것도 사실이다. 그럼에도 불구하고 캠벨의 제안은 신빙성이 없다. 첫째로, 3:3, 6에 있는 성읍으로부터 타작 마당으로 "내려간다"는 언급은 타작 마당이 그 성읍으로부터 멀리 떨어져 있었음에 틀림없다는 사실을 보여 준다(참조. Sasson, 64; Zenger, 66). 둘째로, 한 성읍의 단 하나의 성읍을 지칭하기 위하여 복수형을 사용한다는 것은 룻기(4:1, 10, 11)와 구약성경의 나머지 부분에서 실례가 없다. 이러한 사실이 가능하다는 사실을 주장하기 위하여 켐벨이 사무엘하 18:24을 이용하고 있는 점은 아주 적절하지 못한데, 그 이유는 그 곳에 있는 형태가 분명히 이중 혹은 삼중 출입구로부터 떨어진 곳을 가리키는 쌍수이기 때문이다(캠벨 자신이 주장하는 바와 같이). 셋째로(Zenger, 66이 말하는 바와 같이), 17절에 있는 본문 역시 캠벨의 이론을 입증하기 위하여 수정되어야 할 것인데, 그 이유는 이것이 특별히 보아스가 룻을 취하려고 그녀에게 주는 보리이기 때문이다. 그러나 이 제안의 가장 큰 문제는 나오미가 타작 마당이 성읍 근처라고 진술하기에는 전혀 쓸모없고 불필요한 표현이라는 것인데, 그 이유는 베들레헴의 모든 거주자가 그 곳이 어디에 자리잡고 있는지를 충분히 잘 알고 있었을 것이기 때문이다.

"오늘 밤"(הַלַּיְלָה – 할라일라). 유온이 말하는 바와 같이, "오늘 밤"은 여기서 여호수아 2:2에서처럼 "오늘 저녁"의 의미로 사용된다. 팔레스틴에서 까부르는 일은 볏짚, 겨, 곡식이 혼합된 것으로 커다란 갈퀴로 바람에 던져서 이루어졌다. 겨는 까부는 자로부터 가장 멀리 날아가고, 볏짚은 덜 날아가고, 보다 무거운 곡식 낟알은 타작 마당에 떨어졌다(참조. Borowski, *Agriculture*, 65-66). 이러한 작업에 필요한 바람은 주로 지중해로부터 매일 오후 2시경부터 해질 때까지 저녁 시간에 규칙적으로 육지를 향해 불어오는 산들바람이었다(Baly, *The Geography of the Bible*, 46를 보라). 달만(Dalman, *Arbeit und Sitte* 3:127-29)은 이 바람이 지나치게 강하지 않았음에 틀림없는데, 그 이유는 만일 그랬다면 가벼운 짚에 붙어 있는 무거운 낟알들이 날려가기 때문이라고 설명한다. 그는 여름에는 서풍이 오후에는 매우 강하게 불지만 밤에는 속도가 떨어져서 밤 시간에는 가장 바람직한 상태가 된다고 말한다. 가장 그럴듯하지만, 만일 이러한 상태가 구약성경 시대에 항상 그러했다면, 이 본문이 보아스가 저녁에 까불고 있다고 말하는 것은 상당히 정확한 것이다(Campbell는 이에 반대다). 루돌프는 이와 관련하여 탈굼역의 "밤 바람에 아침까지"라는 번역과 창세기 3:8a을 말한다. 캠벨(119)과 허바드(201 n. 16)는 하에레브(הערב, "이 밤")가 아닌 할라일라(הלילה, "오늘 밤")를 택한 것은 주제 고려 사항들, 즉 청중에게 밤의 어두움 가운데서 펼쳐지려고 하는 장면의 시간 조절을 맞추기 위하여 구술되었을 수 있다고 주장한 점에서 옳을 수도 있을 것이다.

3 "그런즉 너는 목욕하고"(וְרָחַצְתְּ – 웨라하츠트). 이 구문은 와우 연속법을 가지고 있는 완료 동사형으로 시작된다는 점에서 상당히 비정상적이다. 캠벨이 설명하는 바와 같이, 일련의 미완료형으로 시작하는 와우 연속법 연속형과 함께 완료형을 가지는 것이 통상적이지만, 이러한 형태로 시작하는 것은 일련의 명령형에는 드물다. 유온은 이러한 형태를 미래 명령형 "너는 씻을 것이다"로 이해한다. 이 용법은 주로 이것이 너무나 자주 일련의 명령형을 시작하는 것이 히브리어 스타일에서 자주 사용되었기 때문에 발전된, 하나님의 명령형을 표현하기 위하여 와우 연속법을 가진 완료형의 독립적 용법으로 이해한다(GKC § 112x, aa을 보라).

"기름을 바르고"(וָסַכְתְּ – 와싸크트). 기름은 영어 단어 "기름을 바르다"가 일차적으로 전문적, 종교적 혹은 의식적 의미를 가지게 되었으므로 여기서는 좋은 번역이 아니다. 그러나 쑤크(סוך)란 동사는 규칙적으로 화장하는 가운데 몸에 기름을 바르는 것을 가리키는 데 사용되며, 이것은 자주 직접 목적으로 쉐멘(שמן, "〈올리브〉 기름")을 취한다. 이 기름은 향기가 났음에 틀림없지만(*IDB* 3:593-95, 732를 보라), 이것이 남녀의 일반적인 화장의 일부분이었다는 사실과 관련되어 강조되었음에 틀림없다(참조. 신 28:40; 미 6:15; 삼하 12:20; 대하 28:15). 뜨거운 기후와 물이 귀하고 인간의 위생이 기껏해야 원시적 단계에 있었으므로 목욕이 가끔씩 누릴 수 있는 사치였던 문화권에서는 향기 나는 기름은 몸 냄새를 중화시키는 화장품으로 사용되었다.

"의복을 입고"(וְשַׂמְתְּ שִׂמְלֹתֵךְ עָלַיִךְ – 웨사므트 시믈테크 알라이크). 여기서 옷으로 번역된 시믈라(שמלה)란 단어를 통하여 표현된 의복의 형태는 구약성경에서 이것이 사용된 용법으로부터 상당히 확실하게 결정될 수 있다. 이것은 큰 외투(참조. 사 9:5)로서 몸 전체를 감싸고 다리까지 충분히 내려온 것이었다. 그 크기는 출애굽기 22:25-26에 나타나 있는데, 그 곳에서 이 단어는 이 옷이 가난한 사람이 잠자는 동안 덮는 유일한 것이기 때문에 해가 지기 전에 그 사람에게 돌려주어야 하는, 저당물로 취한 가난한 자의 옷을 묘사하기 위하여 사용된다. 26절에서 이것은 특히 "그의 몸의 시믈라(שׂמלה)"로 불린다(창 9:23과도 비교하라). 이것이 여기서 남녀 간의 의복이 차이가 있었던 것으로 보이기는 하지만 남녀 모두가 입었던 의복이었음에 분명하다(신 22:5). 구약성경의 대부분의 용법에서 이 단어는 영어의 "옷을 입음"으로 가장 잘 번역된 포괄적인 의미를 가지고 있다(예를 들어, 창 35:2; 신 8:4; 10:18; 22:3; 수 7:6; 사 4:1). 이것이 어떤 문맥에서 "멋진 옷" 혹은 "가장 좋은 옷"을 의미하지 않는 것은 분명하다.

룻에게 목욕하고 기름을 바르고 시믈라(שׂמלה)를 입으라는 나오미의 지시 목적이 무엇인가? 이에 대답하기 위하여 주석가들은 이와 유사한 행동 순서가 나타나는 여러 구절들을 참고했다. 가장 자주 언급된 구절은 에스겔 16:8-12인데, 이 구절은 야웨와 예루살렘의 관계가 성적으로 아주 노골적인 어투로 신랑과 신부의 혼인에 대한 비유를 사용하면서 묘사되어 있는 구절이다. 이 구절의 수많은 요소들이 룻기의 이 곳에 있는 구절과 또 뒤에 나오는 구절들과 일치되고 있으므로 이 구절을 모두 인용할 가치가 있다.

> [8] 내가 네 곁으로 지나며 보니 네 때가 사랑스러운 때라 내 옷으로 너를 덮어 벌거벗은 것을 가리우고 네게 맹세하고 언약하여 너로 내게 속하게 하였었느니라 나 주 여호와의 말이니라 [9] 내가 물로 너를 씻겨서 네 피를 없이 하며 네게 기름을 바르고 [10] 수놓은 옷을 입히고 물돼지 가죽신을 신기고 가는 베로 띠우고 명주로 덧입히고 [11] 패물을 채우고 팔고리를 손목에 끼우고 사슬을 목에 드리우고 [12] 코고리를 코에 달고 귀고리를 귀에 달고 화려한 면류관을 머리에 씌웠나니.

9-10절에서 목욕하고 기름을 바르고 옷을 입는 세 가지의 같은 행동이 룻기에 있는 구절과 같은 순서로 나타나고 있으므로, 여러 학자들은 이 나오미의 지시를 룻이 보아스에게 하나의 신부로서 말하려고 오기 위한 신부의 결혼 준비인 것으로 이해한다(Hertzberg, 274; 또한 참조. Humbert, "Art et leçon," 98-99; Sasson, 66-68; Würthwein, 17; Zenger, 66-67). 그러나 이 두 구절은 열거된 의복의 형태에서 상당히 결정적으로 차이가 있다. 신부의 준비는 여러 종류의 장식물들과 함께 "…"(겔 16:10-12)을 입는 것을 포함했다. 그러나 나오미는 단지 룻에게 평범한 시믈라(שׂמלה)를 입도록 지시하고 있다. 그리고 분명히 룻이 신부 옷을 입고 (말하려고) 타작 마당에서 보아스 앞에 나타난다는 것은 나오미가 의도하는 것과 상반되는 결

과를 나타내는, 너무나 뻔뻔스럽고 어울리지 않는 행동이었을 것이다. 다른 한편, 여러 학자들은 이러한 행동을 여성이 한 남성을 유혹하기 위하여 옷을 입을 때 여인이 취한 것들로 생각했다(Gerleman, 31; Hubbard, 201; Rudolph, 54). 아마도 이 해석은 시믈라(שִׂמְלָה)를 "가장 좋은 옷"(NAB, NASV, NIV, RSV, TEV)으로 번역하는 그 배후에 놓여 있을 것이다. 그러나 또다시 말하자면, 남자들에게 매력적으로 보이려고 했을 때 한 여인의 준비와 차림새는 단순한 목욕, 기름 바름, 시믈라(שִׂמְלָה)를 입음보다 훨씬 더 많은 것을 포함했다. 유딧서 10에서 유딧은 홀로페르네스의 "시선을 사로잡기 위해" 치장을 한다(유딧 10:4). 자신의 과부 의복을 벗고, 목욕을 하고, 향수를 바르고, "축제 복장"(시믈라, שִׂמְלָה가 아님)을 입고, "신을 신고…, 짧은 양말, 팔찌, 반지, 귀고리, 자신의 다른 모든 보석들을 걸친다"(4절).

그러나 룻기 3:3과 거의 동일한 한 구절이 있다. 사무엘하 12:20에서 다윗은 자신과 밧세바 사이에서 난 아들이 죽었다는 사실을 알고 "땅에서 일어나 몸을 씻고 기름을 바르고 시믈라(שִׂמְלָה)를 갈아입었다." 애도하는 관습은 몸을 씻거나 기름을 바르는 일을 삼가는 일을 했다는 사실이 다른 구절(삼하 14:2)과 애도하는 기간 동안 "과부의 의복"을 입거나(창 38:14, 19) 빨지 않은 평상복을 입은 사실에서 분명하게 드러난다. 그런 까닭에 룻에 대한 나오미의 가장 타당한 설명은 그것들이 그녀가 애도하는 기간을 마쳐야 한다는 것이고(참조. Green, *JSOT* 23[1982] 61) 또한 정상적인 활동과 결혼을 포함한 일상 생활의 욕구로 되돌아가는 표시를 해야 한다는 것을 의미한다는 것이다. 이러한 상징적 의미를 가지고 있는 룻의 외모의 변화는 보아스에게 그녀의 의도의 유용성과 진지성을 암시했을 것이다.

"그 사람이 먹고 마시기를 다하기까지는 그에게 보이지 말고"(לֶאֱכֹל וְלִשְׁתּוֹת אַל־תִּוָּדְעִי לָאִישׁ עַד כַּלֹּתוֹ – 알-티와드이 라이쉬 아드 칼로토 레에콜 웰리슈토트). 많은 사람들이 해석하는 바와 같이, 7절에 있는 "마음이 즐거워서"라는 진술은 이러한 충고의 이유를 밝혀 준다. 즉 나오미는 보아스가 가능한 한 받아들이는 분위기, 즉 "평상시의 상황보다 더 무르익은 상태"(Campbell, 122)가 되기를 바랐다는 것이다.

4 "그가 누울 때에"(וַיְהִי בְשָׁכְבוֹ – 위히 베샤크보). 위히(ויהי), 하야(היה)로부터 파생된 와우 연속법+칼 지시형 3인칭 남성 단수는 특이한 것이다. 이러한 문맥에서 보다 정상적인 형태는 와우 연속법+칼 완료형일 것이다(참조. 13절). 그러므로 유온(79; 참조. *GBH* § 119z)은 이것이 오류라고 생각한다. 그러나 분명히 루돌프의 반응(52)이 적절하다. 즉 여기서 이것은 하나의 명령이고, 그런 까닭에 지시

형이라는 것이다(참조. GKC § 112z). 사무엘상 10:5; 사무엘하 5:24; 열왕기상 14:5에서 나타내는 다른 세 개의 경우에 근거하여 이 형태가 "자, 이것이 가장 중요하다"를 의미하는 구어 히브리어의 수사학적 고안물이라는 허바드의 주장(202)은 지극히 타당성이 없는데, 특히 사무엘하 10:5과 열왕기상 14:5에서는 하나의 지시형이 아주 적절하지 못하다.

"그 발치 이불을 들고"(וְגִלִּית מַרְגְּלֹתָיו – 웨길리트 마르겔로타이우). 명사 마르겔로트(מרגלות)는 명사 레겔(רגל, "발, 다리")과 관련이 있다. 이것은 본 장의 다른 세 곳에서 사용되며(7, 8, 14절), 다른 곳에서는 다니엘 10:6에만 나타난다. 다니엘 10:6에서는 이것이 한 사람에 대한 묘사 가운데서 "팔"(זרעות – 제로트)과 동등한 것으로 되어 있으며, 그래서 거기서 이것은 분명히 "다리"를 의미한다. 어미(語尾) 오트(ות-)는 화자 편에서 하나의 셀 수 있는 다수가 아니라 언급하고 있는 것이 합성물인 어떤 의미를 포함하고 있는 복합적 본질을 지칭하기 위한 여성 복수형 어간에 대한 특별한 용법인데(가위, 바지 등과 같은 영어 단어들 가운데서 복수형이 사용되는 것과 같음), 예를 들면 파님(פנים, "얼굴"), 마임(מים, "물")(특히 *IBHS* §§ 7.1d와 7.4.1c; GKC § 124a, b; *HebS* § 11을 보라). 마르겔로트(מרגלות)와 유사한 것은 메로쇼트(מראשות, "한 사람의 머리 부분"; 창 28:11, 18)란 단어다. 그런 까닭에 마르겔로트(מרגלות)는 "다리들 부분의 다리"를 의미한다(참조. Campbell, 121; Hubbard, 121 n. 30는 이에 반대다). 다니엘 10:6이 보여 주고 있는 바와 같이 이것은 발보다 더 큰 부분을 가리키며, 또한 라갈(רגל)은 "발"과 함께 "다리, 아래 다리"를 의미할 수 있다(참조. 삼상 17:6; 신 28:57). 따라서 나오미는 룻이 보아스의 몸의 하반신을 들치고 자주 생각해 온 바와 같이 "그의 발치에"(예를 들어, Morris, 286; Hubbard, 121)가 아니라 그 바로 옆에 마치 "그 둘이 남편과 아내인 것처럼 서로의 곁에" 누워야 한다는 사실을 의미했던 것이다(Zenger, 67).

라갈(רגל, "발, 다리")이 남자나 여자의 성기의 완곡어로 사용될 수 있으므로(참조. BDB, 1.f, p. 920), 몇몇 사람은 마르겔로트(מרגלות)가 여기서 같은 기능을 하고 있다고 주장했다(Trible, 198 n. 23). 그러나 문맥 가운데서 그러한 의미를 암시하지 않으며(참조. Sasson, 70), 우리의 저자가 모호하게 함으로써 호기심을 자극하려고 한 명확한 표현 방식(참조. Campbell, 121, 131-32의 논평)은 이러한 입장에 강하게 반대된다. 사실상, 우리의 저자가 만일 라갈(רגל, "발")이란 단어를 사용했을지라도 명확하게 들어 있었을 그러한 암시의 가능성을 피하기 위하여 의도적으로 이러한 (드문?) 단어를 선택했다고 그럴듯하게 주장할 수 있다. 성적인 어조가 어두운 밤에 한 여인이 한 남자의 다리를 들치고 눕는 행위 가운데 나타나 있다는 사실은 의심할 여지가 없다. 그러나 내 의견에는 우리의 저자가 "그의 성기 부분을 들치고 누웠다"라는 명백한 성적 의미를 의도했다는 것은 지극히 타당치 않다("해설"을 보라). 이와 같이, 닐슨의 입장도 타당치 않다(Nielsen, *VT* 35[1985] 204-7). 한 남자의 하반신을 들친 룻의 행위는 한 여인이 한 남자의 옷을 들치는 일은 구약성경에서 유일한 곳이며, 그러한 행위는 믿을 수 없는 사실이라고 주장하면서(신 25:11-12에 있는 "한 싸우는 여인"의 경우 자신의 남편과 싸우고 있는 한 남자의 성기를 잡음으로 인하여 손을 잘라 버리는 형벌을 받는다), 닐슨(206)은 갈라(גלה; 피엘형)가 "옷을 벗기다"로 번역되어야 하고, 마르겔로트(מרגלות)가 부사적으로 "그의 발치에서"로 취급되어야 한다고 주장한다. 나오미가 룻에게 입으라고 명령한 시믈라(שׂמלה)는 "가난한 자가 입는 유일한 옷"(닐슨, 205 n. 6은 이것을 출 22:26을 인용하면서 문자 그대로 취급한다. 그러나 실제로 자기의 외투를 저당잡힌 남자가 알몸으로 걸어다녀야 하지 않았겠는가?)이므로, 룻은 보아스의 잠자리 옆에 알몸으로 누웠는데, 닐슨은 그러한 행위를 "자신을 취할 것을 암시하는 태도"라고 판단한다. 그러나 이러한 해석은 이야기의 어투나 내용 그 어느 것에도 어울릴 수 없다. 룻기 3:4, 7과 같은 구절 가운데 있는 갈라(גלה)의 피엘형 어간은 "누군가의 옷을 벗기다"의 의미를 가질 수 없다. 닐슨이 자기가 해석한 의미를 입증하기 위하여 인용한 한 구절은 히트파엘형(창 9:21)이나 니팔형 어간(출 20:26; 삼하 6:20)을 사용한다. 그러나 갈라(גלה)의 피엘형 어간은 언제나 타동사이고 그런 까닭에 그 의미를 완성할 목적어를 필요로 한다. 목적어를 가지지 않은 닐슨이 인용한 한 구절 이사야 57:8에서 문맥은 하나의 목적어가 닐슨(206)이 설명하는 바와 같이 이해된다는 사실을 매우 분명히 해주고 있다. 더 나아가서 마르겔로타이우(מרגלתיו, "그의 다리들")의 구문을 동사의 직접 목적어가 아닌 다른 방식으로 이해한다는 것은 불가능하다. 닐슨은 마르겔로타이우(מרגלתיו, "그의 다리들")를 장소 "곳"의 부사로 사용하는 실례로서 8, 14절에 호소하지만, 8절과 14절에 있는 동사는 자동사 샤카브(שׁכב, "드러눕다")인데, 이 단어가 부사적으로 이해되기를 필요로 하는 구문이다. 이 구문은 결코 4절과 7절에 있는 갈라(גלה)와 동류의 타동사 구문이 아니다. 둘째로, 이야기의 내용이 그러한 독법을 배제한다. 보아스는 "밤중에"(혹은 '한밤중에') 가서야 자기의 발치에 깨서 한 여인이 있음을 알아본다. 룻이 그 사이 여러 시간 동안 그의 옆에 벗은 몸으로 누워 있었다고 우리가 생각해야 하겠는가? 마지막으로, 그러한 행위는 이야기 가운데 묘사된 룻의 인물됨과 비교할 때 지극히 상반되는 전혀 있을 수 없는 일이라고 설명할 수 있을 뿐이다. 이러한 행위 다음에 보아스가 어떻게 하여 "네가 현숙한 여자인 줄 나의 성읍 백성이 다 아느니라"(11절)는 현실 가운데서 그녀의 요구에 동의했을 수 있는지 놀랍다. 사실 그러한 행동은 그의 다리를 들치는 행동보다 훨씬 더 설화자가 자신의 독자들이 받아들이기 어렵게 만들었다고 할 수 있을 것이다.

5 "어머니(당신)의 말씀대로 내가 다 행하리이다"(כֹּל אֲשֶׁר־תֹּאמְרִי אֶעֱשֶׂה – 콜 아쉐르-토므림 에에세). 유온(70)은 이것을 특히 미래와 관련된 공손한 표현이라고 생각하는데, "당신이 방금 말한 모든 것"이 완료형을 필요로 하기 때문이다. 그러나 사무엘하 9:11에 있는 같은 표현 가운데서 다윗을 통하여 방금 주어진 지시를 분명히 언급하기 위하여 미완료형이 사용된다(참조. Rudolph, 53). 더 나아가서 보아스가 룻의 요구에 반응하면서 11절에서 같은 표현을 사용하고 있으며, 이것은 보아스의 입에서 나온 "특별히 미래와 관련된 공손한 표현"으로 이해될 수 없다. 마지막으로, GKC § 170h는 완료형과 미완료형이 방금 일어난 행동을 언급하기 위하여 사용되는 실례들을 열거하고 있다. 여기에 나타나 있는 문장의 순서 목적어-동사는 반드시 목적어를 강조하는 위치는 아닌데, 그 이유는 그러한 순서 전환이 구어 히브리어에서는 표준이기 때문이다(McDonald, *BO* 32[1975] 164-65).

해설

우리가 앞 장면의 "해설"에서 말한 바와 같이, 설화의 그 이후 전체 목적은 그 장면의 결론적 구절과 맞추어져 있으며, 어떤 출처로부터 온 충동으로 인하여 청중들이 했던 바와 같이 긴박감 가운데 그 곳에서 기대했던 방향으로 발전한다. 그 기대감은 실제로 짧았다. 다시 생동력을 얻은 나오미는 이제 앞의 막의 초두에서 룻이 했던 것처럼 주도권을 쥐고 행동한다(2:2). 이 첫 번째 장면은 하나의 이탈(참조. 2:1)로 시작되지도 않고, 더 자세한 서술적 진술로 시작되지도 않고, 나오미의 놀라는 말로 시작되고 있는데, 그 말은 룻이 나오미를 사랑하여 한 헌신(1:16-17)이 나오미의 룻에 대한 동일한 관심과 어울린다는 사실을 암시해 주는 말로 구성되어 있다. 룻은 이성에 대한 헌신을 초월했고, 자신의 남편을 구할 수 있는 모압 땅으로 가기보다는 자신의 시어머니에게 스스로를 위탁했다. 그와 같이 나오미도 룻의 안정된 삶을 찾아 주기 위하여 자신이 할 수 있는 모든 일을 해주어야겠다는 책임 의식을 느꼈는데, 곧 그녀는 룻의 행복을 위한 모든 일(1절)을 해주기 위하여 그녀가 해줄 수 있는 가정을 이루고 남편을 구해 주는 일이었다. 이 점을 유념하는 것이 중요한데, 그 이유는 대부분의 주석가들이 여기서 나오미의 일차적 목적이 룻을 위하여 수혼 계획을 세움으로써 엘리멜렉의 가계를 이을 후사를 얻으려는 것이었다고 이해하고 있지만, 이 문맥 가운데는 이를 암시하는 기미가 전혀 없기 때문이다(1절의 "주석"을 보라). 그와 반대로, 나오미는 집중적으로 그리고 특별히 룻의 행복에 관심을 두고 있다. 이 본문을 마치 이 여인들이 자기들의 목적을 이룰 수 없었고 또한 이루지 않았던 것처럼 파악하는 것을 잘못된 것이며, 자기들의 유산이었던 가부장적 세계가 그들에게 지워 준 사항과 역할들에 대해 독립하여 자기들의 문화가 자신에게 부여한 것과 같이 자기 자신들의 필요에 대한 해답을 충분히 찾아내려고 하기나 한 것처럼 생각하는 것도 잘못된 것이다. 나오미가 다른 행동 강령들이 존재하고 있다 – 그리고 한층 호소되어야 했던 일에 있어서 권력층이 있었다 – 는 사실을 인식하고 있다는 것은 그녀가 룻에게 결혼에 대한 상징적 요구를 넘어서서 해야 할 일에 대해 아무런 지시를 하지 않고, 또한 보아스가 그녀가 해야 할 일을 말해 줄 것이라는 사실(4절)을 알려 주고 있다는 사실을 통하여 강하게 시사되어 있다. 그러나 이러한 호소를 암시해 주고 있는 나오미의 동기는 특별히 수혼의 의무를 이루려는 바람에서나 엘리멜렉 가문에 후사를 제공하고자 하는 바람에서 나온 것이 아니라, 룻의 장래를 보장해 주기 위한 관심(מנוח – 마노아흐; 1절)에서 나온 것이라는 사실을 유념하자. 그 관심은 다음 장에서 보아스를 통하여 일어나게 될 것이다.

그 다음으로 나오미는 보아스가 친척이라는 사실에 근거하여 그가 룻의 가정과 남편의 문제에 대한 해답이라고 지명한다(2절; "그리고, 그런데"〈한글 개역에는 나타나 있지 않음〉를 유의하라. 그리고 "주석"을 보라). "네가 함께 하던 시녀들을 둔"이란 문장 가운데 포함된 룻과 보아스 간의 관계에 대한 그녀의 이전의 완곡한 언급에서 분명하게 드러나는 바와 같이, 나오미는 보아스의 이전의 친절과 너그러움이 이러한 관계가 수반하고 있는 가족 간의 책임이 무엇이든 그것에 대해 그가 행동으로 옮길 수 있다는 사실을 의미하기를 바라고 있다. 그러나 추수 기간 동안 그들의 생계 유지를 도와줌에 있어서 지극히 관대했을지라도 보아스는 이러한 의무에 대해서 더 이상 행동해 나가지 않았다. 그래서 나오미는 위험스럽고도 교묘한 계획을 꾸미고 있다. 그녀는 룻에게 목욕을 하고 기름을 바르고 의복, 즉 자신의 과부 신분을 상징하는 의복(3절에 대한 이러한 해석에 관해서는 "주석"을 보라)을 벗고, 그래서 자신이 다시 일상 생활과 생활의 관계에 종사하고자 한다는 의도를 암시하는 의복을 입으라고 지시한다. 그래서 그녀는 나오미가 그녀를 위해 하고자 하는 결혼을 할 수 있게 된다. 그 다음에 나오미는 룻에게 가정과 남편을 얻어 주려는 자신의 목표의 달성에 어느 정도 관련되어 있음에 틀림없기는 하지만, 그 정확한 의도와 목적이 전혀 명확하게 드러나지 않는 일련의 행동을 하도록 지시한다. 룻은 보아스가 보리를 까불고 있는 타작 마당으로 내려가지만, 그가 먹고 마시는 일이 끝나기까지는 자신이 그 곳에 온지를 아무도 모르게 해야 한다. 그러고 나서 그가 자려고 누울 때, 그녀는 "그의 발치 이불을 들고" 누워야 한다. 룻이 먼저 그가 눕는 곳을 알아두어야 하므로(4절), 나오미가 그녀로 하여금 그가 잠이 든 다음에 그의 발치 옆에 누워야 하는 것을 암시하고 있는 것임에 틀림없다(그녀는 이렇게 행동한다, 7-8절). 그러므로 그녀는 룻에게 실질적으로 보아스와 대화하는 내용에 관해서 아무런 지시를 하지 않는다. 나오미의 지시는 분명히 보아스가 룻의 행동, 즉 자기의 발치 이불을 들치고 거기에 눕는 행동의 의미를 이해할 것이라는 사실을 암시하고 있다. 우리가 살펴본 바와 같이, 1절은 나오미가 룻에게 한 자신의 지시가 룻에게 하나의 가정과 남편을 얻게 하도록 고안된 행동의 과정으로 이루어져 있다는 사실을 이해하고 있음을 명확하게 보여 준다. 뒤이어 일어나는 장면에서 룻이 나오미의 지시를 이행할 때, 그녀는 나오미의 의도를 보아스에게 알려 주는 행동을 할 뿐만 아니라 그녀의 요구를 말하며(9절; 그 곳의 "주석"을 보라), 보아스는 그 행동과 요구를 결혼 요구인 것으로 분명하게 이해한다(10절).

그러나 행동 그 자체들과 또한 이 장면과 그 다음 장면 전체를 통하여 사용된 어휘가 성적인 어조로 가득 차 있다는 사실을 유의하는 것도 중요하다. 비록 마르겔로타이우(מרגלתיו, "그의 다리들")란 단어가 여기서 성기에 대한 완곡어로 기능을 하고 있다는 사실은 거의 희박하지만("주석"을 보라), 그럼에도 불구하고 이 단어가 보아스의 하반신이 얼마만큼 들쳐졌는지가 아주 모호한 채 의도적으로 모호하게 묘사되어 있는 것은 분명하다. 둘째로, "다리 부분"이라는 명사를 지배하고 있는 갈라(גלה, "들치다")란 동사의 사용이 마음속에 최소한 두 개의 관용어를 가져다준다. (1) "부친 옷의 자락(כנף; 참조. 룻 3:9)을 들추다"(גלה; 예를 들어, 신 23:1; 27:20), (2) 유사한 표현인 "알몸을 벗겨내다"(예를 들어, 레18:6-19; 겔 22:10). 이 두 표현은 성관계에 대한 완곡어다. 이와 같이 동사 샤카브(שׁכב, "눕다")도 4절에 있는 "자려고 눕다"라는 의미로 본 구절에서 사용되고 있는데, 이것 역시 "한 여인과 잠자리를 같이하다"라는 관용어로 자주 나타난다. 이러한 사실이 비추어, 캠벨(131)은 한 히브리 이야기 작가가 그러한 용어를 모두 같은 문맥에서 사용하면서 성적으로 자극적인 상황의 경향이 그것들에 포함되어 있다는 사실을 자신의 청중에게 암시하지 않는다는 사실은 전혀 이해할 수 없는 것이라는 점을 파악하고 실제로 수정한다. 더 나아가서 그는 또한 우리의 설화자가 전혀 자기의 청중의 흥미를 돋구는 데 관심을 갖고 있지 않다는 사실과 나오미의 계획의 목적이 보아스에 대해 성적인 함정에 빠뜨리는 것이었다는 사실을 암시하려고 의도된 그의 문학적 암시도 아니라는 사실을 확증해 주는데 이는 옳으며, 또한 이 점이 강조되어야 할 필요가 있다(Fewell and Gunn, *JSOT* 40[1989] 106는 이에 반대다). 사실 그는 이중적 의미(entendre)라는 수용 가능한 어휘를 사용했고, 또한 그는 진술되지 않은 채 남겨 놓고 있으며 그런 까닭에 어두운 밤에 타작 마당에서 이 남자와 이 여자 간에 무슨 일이 일어났는지를 아주 모호한 상태로 덮어 두었다. 그러나 그는 자신의 설화 전체에 걸쳐서 이들 두 사람을 그들의 삶이 히브리어 헤쎄드(חסד; 1:8; 2:20; 3:10)를 통하여 묘사된 친척들에 대한 신실한 충성심을 드러내고 있는 비할 데 없는 순결한 사람으로 묘사했으며, 그래서 이에 대한 그의 침묵은 그들이 이 순간에 그와 같은 순결성을 가지고 만났다는 사실을 암시하고 있는 것이다. 캠벨이 이를 통찰력 있게 진술하고 있다.

> 지금 타작 마당에서 일어나고 있는 일은 모압에서 돌아오는 길에 룻과 나오미 사이에 일어난 일처럼, 혹은 보아스가 이삭을 줍고 있던 가난한 한 과부를 칭찬했던 추수 장면에서 일어난 일처럼, 혹은 성문에서 듣고 있던 엄숙한 시민 가운데서 일어날 일처럼 이야기 작가의 목적에는 본질적인 것이다. 이야기에 있는 이 각 지점에서 하나의 선택의 순간이 주인공들과 청중들 모두에게 제공되며, 이 각 지점에서 선택이 의로운 삶이 상기시켜 주는 내용에 편들어 이루어지도록 되어 있다.

그렇다면 이 장 가운데서 그러한 성적으로 자극하는 어휘의 역할은 무엇인가? 어찌하여 저자는 설화의 단순한 의미에 모순된 어조를 가져다 주는 단어들을 선택하고 있는가? 베른스타인(Bernstein, *JSOT* 50[1991] 16-20)의 해석은 가장 매력적이고 또한 우리 설화자의 기교를 또다시 예증해 준다. 즉 이것은 의도적인 문학적 장치라는 것이다. 일반적인 성경 설화에 따라서 타작 마당에서 있었던 에피소드는 인물들 서로를 향한 어떤 감정을 묘사하거나 표현하지 않고 있다. 그런 까닭에,

> 단어들 대 문장들의 상충되는 뜻의 예술적 기능은 그 문자 너머의 차원에서 삽화에 들어 있는 인물들을 통하여 느껴진 성적·감정적 긴장감을 공급해 주었음에 틀림없다. 이

> 설화는 우리에게 솔직하게 그 타작 마당에서 어떤 성관계가 일어나지 않았으며, 그 마지막 해결책은 성문에서 있었던 장면을 기다리고 있다는 사실을 말하고 있다. 그러나 시종이 장면의 어휘는 그것이 있었을 수도 있고 또한 그 분위기가 성적으로 도발적인 것이었다는 사실을 암시한다. 그러므로 모순된 감정이다. 단어들은 표면 내면에서 그 인물들이 느꼈을 수 있는 그것이 있을 수 있다는 사실을 지적해 주고 있으며, 반면에 단어들의 결합은 실제로 그 반대임을 강조한다. 룻기 저자는 자신의 설화로부터 그들을 묘사하는 데 이르기까지 벗어남이 없이 장면의 분위기를 전달하도록 자신에게 힘을 실어 주면서 감정의 긴장을 묘사하기 위하여 어휘의 모호성에 의지하고 있다(Bernstein, *JSOT* 50[1991] 19-20).

마지막으로, 이야기 진행 자체 면에서 우리는 어찌하여 나오미가 보아스와 룻 사이의 결혼을 제안하면서 그러한 수단을 이용했는지를 물을 수 있다. 우리는 단지 추측만을 할 수 있지만, 이 추측은 지극히 그럴듯해 보인다. 사건의 보다 일반적인 상황 가운데서 보아스는 분명히 룻보다 훨씬 더 늙었음에 틀림없는데, 곧 나오미 자신과 같은 세대일 것이며(2:1의 "주석"을 보라), 그래서 3:10에서 그 자신의 말이 밝혀 주는 바와 같이 그러한 결혼이 룻에게 받아들여질 수 있었을 것이라고 예상할 이유가 거의 없다(그 곳의 "주석"을 보라). 더 나아가서 나오미 및 룻에 대한 보아스의 친척관계가 자동적으로 그로 하여금 행동하지 못하게 했고, 또한 그 어떤 사회적 불명예도 그렇게 하지 않았다고 해서 그에게 붙여질 수 없었던 그러한 먼 친척관계라면, 나오미가 그러한 계획을 세울 필요성이 있었다는 사실이 이해가 간다(2:20의 "주석"을 보라). 나오미는 분명히 이 젊은 여인에게 있었던 결혼 가능성과 매력적인 룻이 보아스로 하여금 행동하도록 그 동기를 부여해 주는 데 필요로 한 동기를 제공하기를 바라고 있다.

그리고 룻은 어떻게 되었는가? 나오미가 개략적으로 말해 준 행동 과정은 그녀의 평판(참조. 14절)과 인격에 가장 큰 위기를 초래할 것이다. 사실상, 보아스가 2:1에서 우리에게 소개되었을 때 그의 성격 묘사 가운데서 그리고 2장 전체를 통하여 드러난 그의 행동과 말을 기록하고 있는 점에서, 설화자는 우리에게 보아스가 책임성 있는 너그럽고 친절한 사람임을 밝혀 주었다. 그럼에도 불구하고, 나오미가 개략적으로 설명해 준 행동 과정은 룻이 예상할 수 있었던 바와 같이 의도된 가정과 남편과는 아주 다른 여러 가지 결과가 나타나게 할 수도 있었다. 최소한 다음의 몇 가지 사항이 가능해 보인다(참조. Zenger, 67). (1) 룻이 하나의 새로운 결혼을 하지 않았으므로, 그녀는 여전히 말론의 아내다(참조. 4:5, 10). 그러므로 보아스는 그녀로 하여금 가족으로서의 책임을 이행하지 못하도록 만들 수 있었으며, 게다가 그녀에게 간음한 여인이라는 낙인까지 찍혀 줄 수 있었다. (2) 그는 그날 밤의 이러한 기회를 자신의 성적 쾌락을 누리는 기회로 이용할 수 있었으며, 그러고 나서 남성의 허세로 그녀의 인품에 악영향을 줄 수 있었고, 어쩌면 그녀를 매춘이라는 말로 공격을 가할 수도 있었다. (3) 그는 부유하고 세력 있는 자신에게 청한 결혼 요구를 허세라는 망상으로 비웃을 수 있었다. 그러나 룻은 또다시 어떤 질문이나 반대를 하지 않고 다만 나오미에 대한 전적인 헌신의 깊이와 신뢰를 드러내는 "어머니의 말씀대로 내가 다 행하리이다"라고 대답한다. 이어지는 장면 가운데서 그녀는 즉시 그녀의 말을 행동으로 옮기지만, 우리가 보는 바와 같이 모든 세부 사항까지 노예적인 맹목적 복종을 하지는 않는다. 나오미(그리고 설화자?)가 앞에서 언급한 바와 같은 결말을 상상하고 있지 않는다는 사실은 그녀가 "그가 너의 할 일을 네게 고하리라"는 자신의 지시를 선택의 여지가 있는 것으로 결론짓고 있다는 사실에 암시되어 있다. 나오미는 보아스가 실제로 반드시 그렇게 할 것이라고 확신하고 있는 것으로 보이며, 우리 청중들도 이전의 그의 행동 가운데서 그녀의 의지대로 행동하리라는 근거를 가진다. 그럼에도 불구하고 우리는 긴장감 가운데 기다린다. 나오미가 계획한 대로 사태가 진행될 것인가? 그녀가 보아스가 룻에게 할 일을 말할 것이라고 예상한 것은 실제로 무엇인가?

장면 2.
룻이 나오미의 계획을 이행하고, 보아스가 기업 무를 자가 될 것을 승인하다(3:6-15)

참고문헌

Aejmelaeus, A. "Function and Interpretation of כִּי in Biblical Hebrew." *JBL* 105(1986) 193-209. **Beattie, D.** "Kethibh and Qere in Ruth IV 5." *VT* 21(1971) 490-94. ______. "Redemption in Ruth, and Related Matters: A Response to Jack M. Sasson." *JSOT* 5(1978) 65-68. ______. "Ruth III." *JSOT* 5(1978) 39-48. **Berlin, A.**

Poetics and Interpretation of Biblical Narrative. Sheffield: Almond, 1983. **Bernstein, M. J.** "Two Multivalent Readings in the Ruth Narrative." *JSOT* 50(1991) 15-26. **Blau, J.** *An Adverbial Construction in Hebrew and Arabic: Sentence Adverbials in Frontal Position Separated from the Rest of the Sentence.* Proceedings of the Israel Academy of Sciences and Humanities 6/1. Jerusalem: Israel Academy of Sciences and Humanities, 1977. **Burrows, M.** "The Marriage of Boaz and Ruth." *JBL* 59(1940) 445-54. **Daube, D.** *Studies in Biblical Law.* Cambridge: Cambridge UP, 1947. **Gordis, R.** "Love, Marriage, and Business in the Book of Ruth: A Chapter in Hebrew Customary Law." In A *Light unto My Path.* FS J. M. Myers, ed. by H. Bream, R. Heim, and C. Moore. Philadelphia: Temple UP, 1974. 241-64. **Green, B.** "The Plot of the Biblical Story of Ruth." *JSOT* 23(1982) 55-68. ______. "A Study of Field and Seed Symbolism in the Biblical Story of Ruth." Diss., Graduate Theological Union, Berkeley, 1980. **Leggett, D.** *The Levirate and Goel Institutions in the Old Testament.* Cherry Hill, NJ: Mack, 1974. **Levine, E.** *The Aramaic Version of Ruth.* Rome: Biblical Institute Press, 1973. **Loretz, O.** "Das hebräische Verbum *LPT.*" In *Studies Presented to A. Leo Oppenheim.* Chicago: University of Chicago Press, 1964. 155-58. **McDonald, J.** "Some Distinctive Characteristics of Israelite Spoken Hebrew." *BO* 32(1975) 162-75. ______. "The Status and Role of the Naʿar in Israelite Society." *JNES* 35 (1976) 147-70. **McKane, W.** "Ruth and Boaz." *TGUOS* 19(1961-62) 29-40. **Meek, T.** "Translating the Hebrew Bible." *JBL* 79(1960) 328-35. **Muilenberg, J.** "The Linguistic and Rhetorical Usages of the Particle כי in the Old Testament." *HUCA* 32(1961) 135-60. **Mundhenk, N.,** and **de Waard, J.** "Missing the Whole Point and What to Do about It - With Special Reference to the Book of Ruth." *BT* 26(1975) 425-33. **Rauber, D.** "Literary Values in the Bible: The Book of Ruth." *JBL* 89(1970) 27-37. **Robertson, E.** "The Plot of the Book of Ruth." *BJRL* 32(1950) 207-28. **Rowley, H.** "The Marriage of Ruth." In *The Servant of the Lord.* Oxford: Blackwell, 1952. 169-94. **Sakenfeld, K. D.** *Faithfulness in Action: Loyalty in Biblical Perspective.* Philadelphia: Fortress, 1985. ______. *The Meaning of Hesed in the Hebrew Bible: A New Inquiry.* Missoula, MT: Scholars, 1978. **Sasson, J.** "The Issue of *Geʾullāh* in Ruth." *JSOT* 5(1978) 52-64. **Speiser, E.** "'Coming' and 'Going' at the City Gate." In *Oriental and Biblical Studies.* Philadelphia: University of Pennsylvania Press, 1967. 83-88. **Staples, W.** "Notes on Ruth 2:20 and 3:12." *AJSL* 54(1938) 62-65.

Sternberg, M. *The Poetics of Biblical Narrative.* Bloomington: Indiana UP, 1985. **Thompson, D.,** and **Thompson, T.** "Some Legal Problems in the Book of Ruth." *VT* 18(1968) 79-99. **Weismann, Z.** "The Nature and Background of *bāḥūr* in the Old Testament." *VT* 31(1981) 441-50.

본 문

6 그가 타작 마당으로 내려가서 시모의 명대로 다 하니라	**6** So she went down to the threshing floor and did just as[a] her mother-in-law had instructed her.[b]
7 보아스가 먹고 마시고 마음이 즐거워서 가서 노적가리 곁에 눕는지라 룻이 가만히 가서 그 발치 이불을 들고 거기 누웠더라	**7** When Boaz had eaten and drunk,[a] he felt at peace with the world,[b] and he went and lay down to sleep[c] at the end of the heap of grain,[d] and she came quietly, uncovered his legs,[e] and lay down.
8 밤중에 그 사람이 놀라 몸을 돌이켜 본즉 한 여인이 자기 발치에 누웠는지라	**8** In the middle of the night,[a] the man awoke with a shudder,[b] turned over,[c] and here someone[d] was lying beside him![e]
9 가로되 네가 누구뇨 대답하되 나는 당신의 시녀 룻이오니 당신의 옷자락으로 시녀를 덮으소서 당신은 우리 기업을 무를 자가 됨이니이다	**9** He said, "Who are you?" and she replied, "I am Ruth, your handmaid: spread the skirt of your robe[a] over your handmaid, for you are a redeemer."
10 가로되 내 딸아 여호와께서 네게 복 주시기를 원하노라 네가 빈부를 물론하고 연소한 자를 좇지 아니하였으니 너의 베푼 인애가 처음보다 나중이 더하도다	**10** "May you be blessed by the Lord, my daughter!" he said.[a] "This last act of yours is more loyal and gracious than the first,[b] in that you haven't gone after the young men, whether rich or poor.[c]
11 내 딸아 두려워 말라 내가 네 말대로 네게 다 행하리라 네가 현숙한 여자인 줄 나의 성읍 백성이 다 아느니라	**11** So now, be assured,[a] my daughter, all that you say[b] I will do for you, for everyone in town[c] knows that you are a woman of worth.
12 참으로 나는 네 기업을 무를 자나 무를 자가 나보다 더 가까운 친족이 있으니	**12** Now,[a] truly I am a redeemer, but there is a redeemer more closely related than I.
13 이 밤에 여기서 머무르라 아침에 그가 기업 무를 자의 책임을 네게 이행하려 하면 좋으니 그가 그 기업 무를 자의 책임을 행할 것이니라 만일 그가 기업 무를 자의 책임을 네게 이행코자 아니하면 여호와의 사심으로 맹세하노니 내가 기업 무를 자의 책임을 네게 행하리라 아침까지 누울지니라	**13** Stay here tonight and in the morning, if he will redeem you, good, let him redeem you: but, if he is not willing to do so,[a] then, as the Lord lives, I will redeem you myself. Lie down until morning."

14 룻이 새벽까지 그 발치에 누웠다가 사람이 피차 알아보기 어려울 때에 일어났으니 보아스의 말에 여인이 타작 마당에 들어온 것을 사람이 알지 못하여야 할 것이라 하였음이라

14 So she lay there beside him[a] until morning. Then she arose before[b] one person could recognize another,[c] and Boaz thought,[d] "It must not be known that the woman came to the threshing floor."

15 보아스가 가로되 네 겉옷을 가져다가 펴서 잡으라 펴서 잡으니 보리를 여섯 번 되어 룻에게 이워 주고 성으로 들어가니라

15 "Hold out[a] the shawl you are wearing,"[b] he said, "grasp it tightly."[c] She held it tightly, and he put[d] six measures of barley into it and lifted it[e] upon her. Then he[f] went to the city.

원문주해

6.a. 케콜(כְּכֹל). 최근의 대부분의 주석가들이 주장하는 것처럼, 여기에 나오는 케(כְּ)는 "정확하게, 전적으로"란 뉘앙스를 표현하고 있는 소위 카프(כ) *veritatis*로 이해되어야 한다. *HebS* § 257를 보라. 그리고 "원문주해" 2:17b.b를 보라. 소수의 히브리어 필사본들, Syr, Vg은 케(כְּ)를 생략하고 이 문장을 동사 "행했다"의 직접 목적어로 만든다. 이것이 주로 에트 콜(אֶת־כֹּל)을 필요로 했을 것이므로, 이 독법은 틀림없이 중자탈락으로 말미암아 일어났다.

6.b. 치와타(צִוָּתָה). 이 형태는 동사 차와(צוה, "명령하다, 지시하다")의 3인칭 여성 단수 완료+3인칭 여성 단수 대명사 접미어다. 3인칭 여성 단수 접미사 -아흐(ָהּ)의 헤(ה)가 3인칭 여성 단수 완료 동사의 접미 형태인 -트(ַת)로 퇴화적으로 동질화되었다는 가정에 의해서 설명된다. 즉 시와타흐 〉 시와타. GKC § 59g를 보라.

7.a. 이 히브리어 문장은 직역하면 "그리고 보아스가 먹고 마시고 그의 마음이 좋았다"이다. 영어로는 보아스의 먹고 마시고 그 다음에 있었던 즐거운 상태의 인과관계를 종속절로 나타내는 것이 더 좋을 것이다.

7.b. 직역하면 "그의 마음이 유쾌했다/좋았다". "주석"을 보라.

7.c. 이것이 이 문맥에 들어 있는 히브리어 리슈카브(לִשְׁכַּב)의 명백한 함축이다.

7.d. 아레마(עֲרֵמָה)가 단순히 구체화되지 않은 내용물의 "무더기"를 의미할 수 있지만, 본문과 같은 문맥에서 이것은 분명히 타작한 곡식의 무더기를 의미한다. 또한 참조. 느 13:15.

7.e. 이러한 번역에 관해서는 3:4의 "주석"을 보라.

8.a. 이 문구는 영어의 "한밤에"(at midnight; RSV)처럼 부정확하다.

8.b. 이 동사는 다른 곳에서 "떨다"를 의미한다. "주석"을 보라.

8.c. 혹은 "찾다". "주석"을 보라.

8.d. 직역하면 "그리고 보라, 한 여인이 누워 있었다". 직역하면 히브리어 "여인"은 여

기서 영어의 부정대명사 "누군가"와 동일하다. "주석"을 보라.

8.e. 직역하면 "그의 다리들에". 이 번역에 관해서는 3:4의 "주석"을 보라.

9.a. 직역하면 "당신의 옷자락(skirt)". "주석"을 보라.

10.a. LXX과 Syr은 여기서 종속 관계사 "이는, 왜냐하면"을 덧붙이면서 이 두 문장 사이의 논리적 관계를 명확하게 표현하고 있다. 이것은 틀림없이 이러한 불변화사가 히브리어 가운데 원래 들어 있었던 증거가 아니라 번역가의 해석적 첨가물이다.

10.b. 직역하면 "당신이 당신의 나중의 헤쎄드(חסד)를 처음 것보다 더 낫게 만들었다".

10.c. 직역하면 "가난한 자든 부자든". 영어에서는 반대 순서가 훨씬 더 자연스러워 보인다(de Waard-Nida, 55).

11.a. 직역하면 "두려워하지 않다".

11.b. 소수의 히브리어 필사본과 거의 모든 역본들은 알리(אלי, "나에게")를 첨가시키고 있는데, 이는 해석적 가필임에 틀림없다. 위의 "원문주해" 5.a을 보라.

11.c. 직역하면 "내 백성의 문 모두".

12.a. LXX에는 빠져 있는데, 이는 틀림없이 난해하여 앞의 너무나 많은 단어로 구성된 다섯 단어로 인한 것임에 틀림없다. "주석"을 보라.

13.a. 직역하면 "당신을 구속하다".

14.a. 직역하면 "그의 다리들에". 4, 8절 "주석"을 보라. 마르겔로타우(מרגלתו)는 타우(ת)와 와우(ו) 사이에 예상된 요드(י)를 빠뜨리고 있다. 즉 타이우(־תיו)인데 이는 단순히 필사자의 오류다.

14.b. 통상적이고도 자주 나타나는(약 53회) Q의 뻬테렘(בְּטֶרֶם) 대신 K의 베테레옴(בטרום)의 형태는 설명 불가능한 것이며 오류임에 틀림없다.

14.c. 직역하면 "한 남자가 그의 동료를 알아보기 전에".

14.d. 직역하면 "그리고 그가 말했다". "주석"을 보라.

15.a. 하비(הָבִי), 직역하면 "주다, 이용하게 하다". "주석"을 보라. 이 형태는 특이하다. 하비(הַבִי)를 예상하게 된다. GKC § 69a를 보라.

15.b. 직역하면 "당신에 대한 것".

15.c. MT는 웨에호지(וְאֶחֱזִי). 이 동사의 특이한 발음에 관해서는 GKC § 64c를 보라. 여기서 아하즈(אחז)는 통상적인 형태와는 반대로 우-주제 모음(u-theme vowel)을 가진 하나의 강동사로 취급된다. 몇몇 필사본들은 약동사 발음 웨에헤지(וְאֶחֱזִי)를 가지고 있다(Rudolph, 56).

15.d. 직역하면 "측정했다".

15.e. 직역하면 "그것을 두었다".

15.f. 여러 히브리어 필사본, Syr, Vg에는 "그녀가 갔다"로 되어 있다.

양식/구조/배경

제3막의 두 번째이면서도 중심 장면인 이 장면은 첫 번째 장면에서 드러난 나오미의 과감한 계획에 대한 룻과 보아스의 반응을 그 행동과 말로 묘사하고 있다. 이것을 장면으로 구분짓도록 결정하는 형태와 내용에 관해서는 서론적 장면에 대해 위에서 진술한 장 전체에 대한 형태와 구조에 관한 논의를 보라. 이 장면의 첫 부분은 "그가 타작 마당으로 내려가서 시모의 명대로 다 하니라"는 요약적 진술로 표시되어 있는데, 이러한 요약적 진술을 뒤따라오는 구절들이 그 세부 사항들과 결과 가운데서 채워 준다. 이 장면은 두드러지게 대조되는 두 단어로 된 서론적 문장과 결론적 문장, 즉 그녀가 "타작 마당으로 내려갔다"(ותרד הגרן – 와테레드 하고렌)와 "성으로 가니라"(ויבא העיר – 와야보 하이르)로 구성되어 있는데, 이것은 이야기 과정에 대한 진행의 주도권이 룻과 나오미로부터 보아스에게로 옮겨 갔다는 사실을 표시해 준다.

이 장면은 두 개의 에피소드로 나누어지는데, 다음과 같은 각기 교차적으로 배열되어 있는 두 개의 버금 단락을 가지고 있다.

에피소드	연결	본문	절	구분
에피소드 1. 룻이 나오미의 계획에 따른다	a	ותרד הגרן	6a절	A (1a)
(1) 행동으로(6-7절)	b	… וישת … ויבא … הערמה	7b, d절	
(서술)	c	ותגל מרגלתיו ותשכב	7f-g절	
(2) 말로(8-9절) (대화)		כי גאל אתה	9d	B (1b)
에피소드 2. 보아스가 반응한다		גאל אנכי … גאל קרוב ממני	12a-b절	B′(2a)
(1) 말로(10-13절) (대화)		… יגאלך … יגאל	13c-d절	
		… לגאלך וגאלתיך	13e-f절	
(2) 행동으로(14-15절)	c′	ותשכב מרגלתיו עד הבקר	14a절	A′(2b)
(서술)	b′	… וישת … ויבא העיר	15f절	
	a′	כי באה האשה הגרן	14c절	

에피소드 1 (1)은 둘 다 서술이라는 점에서 2 (2)와 형식적으로 동일하다. 반면

에 에피소드 1 (2)는 둘 다 대화라는 점에서 2 (1)과 동일하다. 이러한 교차적 배열은 내용을 포함하고 있는데, 그 이유는 호소와 약속이라는 상징적 행동(A와 A′)이 요구와 동의의 말(B와 B′)을 둘러싸고 있기 때문이다. 게다가, 평행이 되고 반복이 되는 문구들이 교차 평행구를 결합시키고 강화한다. A와 A′에서 이것들이 이 장면을 하나의 총체로 포함시키도록 만들어 준다. 그러므로 Aa에 있는 "그녀가 타작 마당으로 내려가서"는 A′a′에 있는 "그 여인이 타작 마당으로 왔다"와 평행을 이룬다. Ac에 있는 "그 발치 이불을 들고 거기 누웠더라"는 A′c′에 있는 "룻이 새벽까지 그 발치에 누웠다가"와 평행을 이룬다. 포튼(Porten, *GCA* 7[1978] 39)은 Ab와 A′b′에 들어 있는 "동일한 단어들의 놀라운 혼합, 관련된 표현 그리고 유음 현상"을 설명했다.

Ab "그가 먹고, 마시고(וישׁת)…**가서**…노적가리(הערמה)
A′b′ "보리를 여섯 번 되어 룻에게,…주고(וישׁת)…**가니라**…성으로(העיר)"

이와 같이 B(9절)에 있는 "기업 무를 자"(גֹּאֵל – 고엘)의 사용은 B′에 있는 6번의 고엘의 사용과 평행을 이루는데, 12절에서는 동일한 고엘(גֹּאֵל)의 사용에 두 번, 13절에서는 가알(גָּאַל)이라는 동사형으로 네 번 사용한다.

마지막으로, 에피소드 2에서 룻의 요구에 대한 보아스의 반응은 확대된 길이로 그리고 세심한 구조를 통하여 강조되고 있다. 이것은 네 부분으로 나누어진다. 1부는 룻이 그 성읍의 젊은이들이 아닌 보아스를 선택한 것에 대해서 칭찬하는 말로 이루어져 있다(10절). 그 다음에 두 개의 결론이 뒤따라오는데(11, 12절), 각기 웨아타(ועתה, "그리고 이제")가 이끌고 있다. 첫 번째 결론인 2부는 성읍에 있는 모든 사람들이 룻의 현숙함으로 알고 있다는 사실에 근거한 보아스의 기본적인 그리고 일반적인 동의로 이루어져 있다. 그러나 두 번째 결론은 정확하게 평행적인 문장으로 되어 있는 하나의 중요한 뒤얽힌 관계를 소개하고 있다(12절).

12a절	כי אמנם כי אם גאל אנכי	"참으로 나는 네 기업을 무를 자나"
12b절	וגם יש גאל קרוב ממני	"무를 자가 나보다 더 가까운 친족이 있으나"

마지막 부분(13절)은 이 놀라운 발전의 해결책을 위한 보아스의 지침을 제공하고 있는데, 교차적으로 배열된 네 개의 문장으로 이루어져 있다.

X 13a **이 밤에 여기서 머무르라 아침에,**

Y 13b **그가 기업 무를 자의 책임을 네게 이행하려** 하면
13c 좋으니 **그가 그 기업 무를 자의 책임을 행할 것이니라**

Y′ 13d 만일 그가 **기업 무를 자의 책임을** 네게 이행코자 아니하면
13e 여호와의 사심으로 맹세하노니 **내가 기업 무를 자의 책임을 네게 행하리라**

X′ 13f **아침까지 누울지니라**

여기서 "밤은 아침을 둘러싸고 있고, 당면한 상황은 다가올 해결을 둘러싸고 있고, 지시는 상황과 약속을 내포하고 있다"(Trible, 185).

주석

7 "마음이 즐거워서"(וַיִּיטַב לִבּוֹ – 직역하면 "그의 마음이 좋았다"). 이 관용어는 여러 다양한 원인으로부터 비롯된 행복감과 편안한 마음을 표현하고 있다(참조. 왕상 8:66; 삿 18:20). 이것은 자주 사마흐(שׂמח, "즐겁게 되다, 행복하게 되다")와 동의어가 되며(예를 들어, 왕상 8:66; 전 11:9), 반면에 이것의 반의어는 아니(עני, "압제받은, 낙담한"; 잠 15:15), 카아스(כעשׂ, "슬픔"; 전 7:3), 케에브 레브(כאב לב, "마음의 근심"; 사 65:14)이다. 이 곳에서처럼 여러 문맥 가운데서 행복의 상태는 먹고 마심에서 온다(삿 19:6, 22; 왕상 24:7). 그러나 여기서 이 진술은 포도주가 포함되었는지(참조. Zenger, 69-70의 논평; Joüon, 70는 이에 반대다) 아주 모호하다. 이 서술적 진술이 나오미가 보아스가 먹고 마시는 일을 마치기까지는 그가 못 보게 하라고 지시했을 때 그녀가 바라던 효과임을 분명히 밝히고 있는 점을 유의하라(3절). 필자는 이 히브리어 관용어를 영어로 "느긋해져서"(to be at peace with the world)로 번역하는 쪽을 택했는데, 왜냐하면 이러한 표현이 보아스가 이 히브리어가 표현하는 것처럼 포도주의 영향으로 그러했는지 모호한 상태로 남겨 놓은 것으로 보이기 때문이다.

"(그리고) 룻이 가만히 가서"(וַתָּבֹא בַלָּט – 와타보 빨라트). 빨라트(בלט)가 "조용히"를 의미하는지 혹은 "비밀리에"를 의미하는지(이 경우에는 두 가지 의미가 다 가능하다. 참조. Hubbard, 209 n. 23; Joüon, 71)는 본 구절의 의미에는 중요하지 않은데, 그 이유는 두 경우 모두 룻이 자는 사람을 깨우지 않으려는 태도로 왔다는

사실을 나타낼 수 있기 때문이다. 벌린(Berlin, *Poetics*, 90-91)은 룻의 여기서의 행동과 나오미의 이전의 지시 사이의 모순을 발견하려고 하면서 룻이 보아스가 곯아 떨어지기 전에 접근하기를 나오미가 의도했다고 주장한다. 그녀(벌린)는 이러한 행동을 룻이 나오미의 궁극적 의도를 잘못 안 탓으로 돌리고 있다. 즉 "그녀가 거기에 비밀스런 법적 직무를 가지고 온 것으로 생각하면서 자신의 사명이 낭만적인 것이었다는 사실을 인식하지 못했다"(91)는 것이다. 본문이 룻이 나오미의 의도와는 다르게 자기 임무와 목적을 이해했다는 약간의 기미도 제공하고 있지 않다는 사실은 별도로 하고, "그가 어디에 눕는지를 유의하라"는 나오미의 지시는 분명히 접근하기 전에 그가 잠들기까지 기다렸다가 그의 발치를 들치고 누우라는 사실을 분명히 암시하고 있다. 벌린은 이 문구를 옆으로 제쳐놓음으로써 이러한 순서의 암시를 피하고 있다: "그리고 그가 누울 때 – 그리고 그가 눕는 곳을 알아야 할 것이다 – 너는 가서…"(90). 그러나 동사 웨야다아트(וידעת)는 하나의 지시형이 뒤따라오는 와우 연속법을 가진 완료형이며 의미상 명령법으로만 이해될 수 있고, 그런 까닭에 결과로서 일어나는 것이다(뒤따라오는 동사는 와우 연속법을 가진 또 다른 완료형이다).

8 "그 사람이 놀라 몸을 돌이켜 본즉"(וַיֶּחֱרַד הָאִישׁ וַיִּלָּפֵת – 와예헤라드 하이쉬 와일라페트). 이 두 문장의 정확한 의미는 불확실하다. 첫째로, 칼형 어간으로 되어 있는 하라드(חרד)는 "떨다"를 의미한다. 그 떪이 두려움에서 혹은 극한 위험에서 비롯되는 문맥 가운데서 가장 자주 사용되기는 하지만(예를 들어, 삼상 14:15; 사 4:5; 19:16; 겔 32:10), 이것은 다른 원인들로 인해서 떨거나 전율하는 것을 가리킬 수 있다(참조. 창 27:33; 출 19:18; 겔 26:16). 하나의 문맥 가운데서 이것은 "…에 대한 근심으로 스스로 떠는"을 의미할 수 있다(왕하 4:13). 두려움이 떪의 원인인지의 여부는 문맥에 의하여 결정된다(Sasson, 74는 이에 반대다). 결과적으로, 수많은 학자들(예를 들어, Campbell, Hubbard, Joüon, Trible)은 문맥 가운데서 보아스가 떨 만한 원인이 있다는 사실을 발견하지 못하고서 이 떪이 자신의 발 혹은 다리들이 들춰진 것으로 인하여 추위를 느낀 결과라고 생각한다. 그러나 본문이나 문맥 가운데는 보아스가 추워서 떨었다는 사실을 암시할 만한 것이 전혀 없다. 가장 그럴듯한 것은 이와 같은 문맥 속에서 이 동사가 "하나의 전율 혹은 섬뜩함을 가지고 일어났다"를 의미한다는 것이다(Gerleman, Hertzberg, Rudolph, Würthwein이 그렇게 주장). 그러나 "밤중에"는 이러한 일이 충분히 두려움과 염려가 되었을 것이라는 사실을 시사하는 요소가 있는데, 그 이유는 밤중이 구약성경에서는 자주

지극히 위험한 시간이었기 때문이다. 야웨께서 멸하시는 사자의 모습으로(출 12:23) 모든 장자를 죽이기 위하여 애굽 전역을 지나갔던 것도 밤중이었다(출 11:4; 12:29). 밤중에 야곱은 얍복 강에서 "한 사람"과 씨름을 했었다(창 32:23-32). 욥기 34:20은 밤중에 있었던 갑작스러운 죽음에 대해서 말하고 있다. 그리고 시편 91:4-5은 야웨를 거처로 삼는 자에 대해 "너는 밤에 놀람…을 두려워 아니하리로다"고 말하고 있다(참조. Zenger, 70). 이러한 구약성경의 증거 외에, 세이쏜(74-78)은 고대 근동에서 자는 남자들을 (때로는 성적으로) 공격하는 여자 밤 귀신(어떤 사람은 *Lilū*/*Lilît*라고 불렀다. 참조. 사 34:14)에 대한 일반적인 공포를 추가하고 있는데, 젱게르(70-71)가 이에 동의한다. 전체적으로 보아 이러한 배경이 주어졌으므로, 구약성경의 백성들이 누군가가 밤중에 이례적으로 무섭고도 두려움이 엄습되어 잠에서 깨어난 것을 해석했으리라는 사실은 실로 지극히 그럴듯해 보인다. 그러나 세이쏜(78)은 특히 두려워 떤 것을 보아스가 자기 옆에 있는 여인 형체를 발견한 것과 연결시킨다. 즉 "보아스는 깨어나자 여인의 모습을 간파한다. 그것이 릴릿(*Lilith*: 밤 귀신)의 모습일 수도 있다고 하면서 그는 두려워 떤다"는 것이다. 그러나 그러한 구체적인 관련은 지극히 타당성이 없다. 이러한 해석을 입증하기 위해 세이쏜은 그 다음 문장을 "지시 불변화사 힌네와 연결되어 있는 분사형의 사용은 '거기에는 그의 바로 곁에 한 여인이 누워 있었다'는 하나의 설명적 목적어를 제공한다"고 생각하면서 원인을 나타내는 의미로 해석해야 했다. 즉 "이것은 청중에게 보아스가 흥분한 행동의 원인이 되는 하나의 설명을 제공한다"(80)는 것이다. 그러나 문장 구조에 대한 이러한 이해는 입증될 수 없는데, 특히 세이쏜이 입증하기 위하여 제공하는 구절을 통해서는 입증될 수 없다. 관용어 와우(ו) + 힌네(הנה) + 분사는 거의 일률적으로 시차적으로 혹은 논리적으로 앞서 있는 문장(들) 직후에 뒤따라오는 행동을 진술한다(예를 들어, 창 24:30; 삿 11:34; 특히 참조. *SBH*, 94-96, 그리고 아래의 논의). 여기서는 바로 이 경우다. "그 사람이 두려워했다. 그리고 깨어났다?"(ויחרד האיש וילפת – 와예헤라드 하이쉬 와일라페흐)의 결과, 그 정확한 의미가 무엇이든 보아스는 자기 옆에 누군가가 있음을 깨달았다. 그럼에도 불구하고 그러한 구체적인 관계가 표현되어 있지 않지만, 세이쏜이 설명하고 있는 배경은 이스라엘 사람인 독자가 보아스의 경험을 매우 놀라게 하고 위협적인 것으로 듣고 느꼈음을 의미했을 것이 분명하다.

둘째로, 이 문맥에 들어 있는 라파트(לפת)의 니팔형 어간의 의미는 매우 모호하다. 그 어근은 이 구절 이외에 구약성경의 다른 곳에서 단 두 번만 나타나는데, 사사기 16:29에서 칼형 어간으로 그리고 욥기 6:18에서 니팔형으로 나타난다. 사사기 구절에 있는 칼형 어간에서만 그 의미가 명료하다. 즉 "잡다, 파악하다." 이것이 또한 악카드어 어근의 의미이기도 하다. 이러한 의미의 범위를 제공한 다음, 로레츠(Loretz, "Das hebräische Verbum LPT," 155-58)는 구약성경의 모든 세 구절에서 "잡다, 파악하다"란 의미를 주장했다. 룻기의 구절에서 로레츠는 "손으로 더듬다"라는 의미가 있다고 주장한다(또한 KB^3, 507를 보라). 자신의 해석 가운데서(캠벨이 이를 따름) 보아스는 추워서 떨며 일어났고, 자신을 덮기 위해 손을 더듬다가 무의식적으로 자기 옆에 누워 있는 룻을 쳤다. 그러나 문맥 가운데 보아스가 추워서 떨었다는 암시가 조금도 포함되어 있지 않으므로, 보아스가 무엇 때문에 더듬거렸는지는 이해하기가 난처하다. 그러한 해석은 너무나 많은 것을 독자의 상상에 맡겨 놓고 있으므로 알아내기가 어렵다.

다른 주석가들은 대부분의 현대 역본들이 채용한 번역 "그가 돌아누웠다"로 이끌어 가고 있는(RSV, NAB, NEB, NIV), "돌리다, 비틀다, 구부리다"를 의미하는 아랍어 어근 라파타(lafata)를 언급한다(Gerleman, Joüon, Rudolph). 만일 우리가 주장하는 바와 같이 룻이 정확하게 보아스의 발치 아래가 아니라 보아스 옆에 누워 있었거나 혹은 최소한 그의 다리들 옆에 누워 있다면, 그러한 의미는 사건들 전체의 귀결이 이해할 만한 것이 된다. 즉 보아스가 섬뜩하여 혹은 떨면서 일어났고(원인은 모름), 옆으로 돌아서 누군가가 자기 옆에 누워 있는 것을 깨달았다는 것이다. 현재 우리의 지식의 상태로는 이것이 가장 타당성 있는 해석인 것으로 보인다.

"본즉(그리고 보라!) 한 여인이 자기 발치에 누웠는지라"(וְהִנֵּה אִשָּׁה שֹׁכֶבֶת מַרְגְּלֹתָיו – 웨힌네 이샤 쇼케베트 마르겔로타이우). 맨 앞에 나오는 불변화사 웨힌네(והנה, "그리고 보라!")는 "놀라움을 표현하고 있는 문장"(*SBH*, 94; 참조. 2:4 주석)을 이끌고 있는데, 곧 이 장면을 생동감 있고 생생하게 만들면서 동시에 그것을 보아스의 관점에서 우리에게 매우 사실적으로 제공해 준다(참조. Berlin, *Poetics*, 91-92). 히브리어 어형론이 영어와 같은 언어가 하는 것보다 더 성(性) 특성이 되는 명사를 필요로 한다는 사실을 인식하고서 우리는 "그리고 여기에 누군가가 있었다"란 번역을 통하여 그 놀라움과 관점을 드러내려고 시도했다. 벌린(Berlin, *Poetics*, 152 n. 6)은 다음과 같이 관찰한 점에서 틀림없이 옳다.

> 그러나 "여인"의 사용은 누군가를 말하기 위해서는 이쉬(איש, "남자")와 이샤(אשה, "여자")인지를 선택해야 하는 히브리 문법의 필요성에 의해서 설명될 수 있다. 내 느낌으

> 로는 이 구절의 의미가 "힌네, 누군가가 그의 발치에 누워 있다"이지만, 독자가 그것이 룻인지를 알고 있으므로 비인칭으로 하기에는 너무나 모순이 되므로 남성형을 사용할 수 없었을 것이다.

따라서 필자는 "여인"보다는 비인칭적인 "누군가"란 단어를 선택하여 번역했다.

9 "당신의 시녀"(אֲמָתֶךָ – 아마테카). 2:13에서 룻은 자신을 공손하게 쉬프하(שִׁפְחָה, "한 시녀")로 지칭한 바 있다(그 곳의 "주석"을 보라). 여기서 사회적으로 더 높은 단어를 선택한 것은 룻이 보아스에게 결혼을 제안하려는 사실을 통하여 설명된다(아래를 보라). 그런 까닭에 그녀는 자신을 "하나의 자유인이 하나의 첩으로든 하나의 아내로든 취할 수 있는" 여성들의 부류인 아마(אמה)로 지칭한다(Sasson, 8). 룻이 여기서 자신을 "말론의 아내"(혹은 "죽은 자의 아내"), 즉 보아스가 4:5, 10에서 그녀를 소개하고 있는 그 신원으로 생각하거나 밝히지 않는다는 것은 아주 의미심장하다. "해설"을 보라.

"당신의 옷자락으로 시녀를 덮으소서"(וּפָרַשְׂתָּ כְנָפֶךָ עַל־אֲמָתְךָ – 우파라스타 케나페카 알-아마트카). 이 구절과 다음 구절의 해석은 지금 보아스와 룻 사이에 일어나고 있는 내용을 이해하는 데 결정적이다. 불행스럽게도 이 구절들의 정확한 의미는 모호하며, 따라서 다양한 해석이 이 구절들에 가해져 왔다. 무엇보다도 먼저 이 구절의 의미를 파악하려고 노력한 극소수의 주석가들은 1-4절에서 나오미가 룻에게 내린 지시의 내용과 목적의 함축적 의미를 고려했다. 그 곳에서(그 곳의 "해설"을 보라) 나오미는 룻을 위하여 가정과 남편을 찾아 주어야 할 책임을 확인시켜 주었고(1절), 또한 친척이 되는 보아스가 그러한 필요에 대한 답변이 될 수 있다고 확언한 바 있다. 더 나아가서 나오미는 분명하게 보아스가 자기의 발치를 들고 거기에 눕는 행동의 의미를 이해할 것이라고 예상하고 있는데(4절), 그 이유는 그녀(나오미)가 룻이 보아스에게 어떤 말을 해야 할지를 알려 주지 않고 보아스 자신이 룻이 할 일을 말해 줄 것이라고 주장하고 있기 때문이다. 룻은 나오미가 말한 대로 모두 행하기로 동의했고(5절), 또한 본문이 확증한 바와 같이(6절) 정확하게 실제로 그렇게 행동했다(7절). 그러므로 그녀의 말의 의미가 분명하게 다른 어떤 것을 암시하지 않는다면, 우리는 여기서 그녀가 나오미의 지시를 빗나가서 그녀의 바람을 말로 알게 만들어 줄 때, 그녀는 나오미가 본래 말한 것과 같은 목표와 목적(즉 가정과 남편, 1절)을 추구하게 될 것이라는 사실을 예상할 모든 이유를 가지는 것이다.

그렇다면 이 문맥에서 "당신의 옷자락(כנף – 카나프)으로 시녀를 덮으소서"란 룻의 요구는 무엇을 의미하는가? 카나프(כנף)란 단어는 룻기에 있는 용법과 관계가 있는 두 가지 의미를 담고 있다. 즉 2:12에 있는 바와 같은 "날개"이고 "(옷의) 자락"이다(참조. 학 2:12). 여기서 의도된 의미를 밝히는 일은 카나프(כנף)란 단어가 단수이냐 아니면 쌍수/복수이냐에 의해서 더욱 복잡해진다. MT의 모음 부호는 본문을 불완전하게 기록된 쌍수/복수형 케나페카(כְּנָפֶךָ; 케나페에카〈כְּנָפֶיךָ〉는 몇몇 히브리어 필사본에서 발견된 독법임)이지만, 자음 본문, LXX, Syr에는 단수형 케나프카(כְּנָפְךָ)로 되어 있다. 신명기 23:1; 27:20; 에스겔 16:8에서 남자의 겉옷의 옷자락으로 여인을 덮거나 혹은 치우는 것은 결혼의 완료에 대한 완곡 어법으로 사용되며, 이 구절에서는 카나프(כנף)가 틀림없이 단수형이다. 10절이 보아스가 룻의 말을 결혼에 대한 상징적 요구로 이해했다는 사실을 드러내고 있으므로, 대부분의 주석가들이 주장하는 바와 같이 단수형이 정확한 독법이라는 사실은 의심할 여지가 없는 것으로 보인다(Leggett, *The Levirate*, 197 n. 53에 있는 목록을 보라). 더 나아가서, 이러한 이해를 위한 중요한 증거가 일반적으로 결혼 계약의 해약을 표현하는 상징적 행위로 남자의 옷을 감싸는 행위를 이용한다는 데 대한 고대 근동의 상당한 증거 본문 가운데서 발견된다는 것이다(P. A. Kruger, "The Hem of the Garment in Marriage," *JNWSL* 12[1984] 79-83를 보라). 결혼의 상징적 행위인 겉옷으로 여인을 덮는 같은 행위가 후기 아랍 세계의 관습에서도 나타난다(Gerleman, 32; Leggett, *The Levirate*, 197 n. 53을 보라).

이러한 상징적 표현의 의미는 특히 에스겔 16:7-8에서 명확하게 나타나고 있다. 이 구절들 가운데서 야웨와 이스라엘 간의 관계가 성적으로 노골적인 어투를 사용하면서 신랑과 신부의 관계로 묘사된다.

> [7] …하였더니 네가 크게 자라고 심히 아름다우며 유방이 뚜렷하고 네 머리털이 자랐으나 네가 오히려 벌거벗은 적신이더라 [8] 내가 네 곁으로 지나며 보니 네 때가 사랑스러운 때라 내 옷으로 너를 덮어 벌거벗은 것을 가리우고 네게 맹세하고 언약하여 너로 내게 속하게 하였었느니라 나 주 여호와의 말이니라.

이 문구의 해석을 논의하면서, 비티(Beattie)는 "그러한 육체적인 깊은 접근은 그 표현이 영어에서 잠자리를 같이하자는 초청과 같은 기꺼이 성관계를 갖자는 요청을 내포하고 있다는 사실이 암시되어 있지만, 나는 결혼 개념이 어떻게 그 가운데 발견될 수 있는지 알 수 없다"고 주장했다(*JSOT* 5[1978] 43). 그러나 나오미는 본

장의 초두에서 룻의 결혼을 염두에 두고 있으며, 보아스가 룻의 말을 듣고 즉시 결혼을 생각하고 있다. 그런 까닭에 어떤 면에서 결혼이 암시되었음에 틀림없다. 그러므로 비티는 룻이 자신을 보아스에게 제공하고 영리하게도 카나프(כנף)라는 단어를 선택함으로써 자극적으로 그의 보호를 요구하고 있는데, 이 단어는 보아스가 이전에 이러한 의미로 사용했고(2:12), 또한 결혼에 대한 은근한 힌트가 발견되었을 이 보호의 개념으로 사용했던 것이다. 비티는 "그러나 룻이 결혼을 요구하거나 혹은 노골적으로 요청한 상황이 아니라, 오히려 나오미가 룻을 보아스의 침대 속으로 밀어넣음으로써 보아스의 머리 속에 그 개념을 집어 넣으려는 계획을 했던 그러한 상황이다"(43)라는 의견으로 결론을 내린다. 그러나 확실히 나오미와 룻이 한밤중에 타작 마당에서 룻이 보아스를 유혹함으로써 그로 하여금 룻과 결혼하도록 유혹하기 위한 계획을 꾸몄다는 입장은 이 두 여인의 일반적인 성품과 전혀 어울리지 않는 것이다. 그린(Green)이 이 점을 잘 진술하고 있다. "우리는 이야기의 나머지 부분에 근거하여 이 인물들의 행동이 율법에 저촉되지 않을 뿐만 아니라 그들의 행동이 율법의 요구를 넘어선 덕이 있는 행동이라고 생각할 수 있다"(Green, "Field and Seed Symbolism," 84 n. 4; 참조. Bernstein, *JSOT* 50[1991] 16-17의 논평). 어쨌든 비티의 입장은 뒤따라오는 구절들에 있는 룻의 요구에 대한 보아스의 반응과 완전히 모순된다. 다음 구절들에서 보아스는 그녀의 이러한 제안을 그녀가 이전에 나오미에게 헌신하여 행동했던 은혜로운 인애(חסד; 아래 "주석"을 보라)보다 더 나은 행동이라고 지칭하고 있으며, 그는 그녀가 "현숙한 여인"(אשת חיל – 에세트 하일; 11절)이라는 사실을 인정하면서 그녀의 요구를 승인한다. 분명히 보아스는 단순히 "나와 동침하자!"는 그 이상의 어떤 것을 의미하는 말을 들었던 것이다.

그러한 의견은 위에서 인용된 에스겔 16:8에 있는 문구와 비교할 때도 역시 유지되기가 어렵다. 비록 이 문구가 거기서 문자 그대로 "내가 나의 겉옷으로 너를 덮었노라"는 의미만을 담고 있을 수 있지만(Beatie, *JSOT* 5[1978] 47 n. 9가 그렇게 말함), 그 다음의 문구 "네게 맹세하고 언약하여 너로 내게 속하게 하였었느니라"에 비추어 볼 때, 이것은 상징적으로 "내가 너와 결혼했다"를 의미한다. 화자가 야웨이므로 이것은 "성관계를 가지다"를 의미할 수 없다.

틀림없이 "당신의 옷자락(날개들)으로 시녀를 덮으소서"로 번역되어야 할 Q의 복수적 독법은 보호의 요구로 이해되어야 할 것이다(참조. Rudolph, 55; Leggett, *The Levirate*, 193). 그러나 비티가 말하는 바와 같이(*JSOT* 5[1978] 42), 이와 같은 상황에서 한 여자가 한 남자에게 한 보호의 요구는 결혼의 요구로 이해되었을 것이다. 사실상 MT의 모음 부호는 본질적으로는 같은 의미이지만, 단수로 되어 있는 노골적인 성관계의 암시를 회피하기 위한 바람에서 생겨났을 수도 있다.

"당신은 기업을 무를 자가 됨이니이다"(כִּי גֹאֵל אָתָּה – 키 고엘 아타). 여기에 나오는 불변화사 키(כִּי)에 대한 가장 자연스럽고도 분명한 번역은 원인을 나타내는 의미 "이는, 왜냐하면"이며, 그래서 실질적으로 모든 주석가들과 역본들이 그렇게 이해했다. 그러나 최근에 룻과 보아스의 결혼이 수혼이 아니라는 자신의 입장을 지지하려는 관심에서 세이쏜(Sasson, 81-82; 참조. 같은 저자의 "The Issue of Ge'ullāh," 53)은 마지막 두 문장을 등위절과 독립절로 만들려고 했다. 그는 "그 숙명적인 날 밤에 룻은 두 가지 일을 추구했다. 그는 보아스에게 자기와 결혼하자고 요구했다…그리고 그에게 자기 시모의 기업을 무르는 자가 되어 달라고 요구했다"고 말한다("The Issue of Ge'ullāh," 62-63, 68 n. 18). 이러한 해석을 수립하기 위하여 세이쏜은 여기에 나오는 키(כִּי)를 원인을 나타내는 접속사 "이는, 왜냐하면"이 아니라 확증적 혹은 강조적 부사 "진실로"로 이해하려고 한다. 이러한 해석을 위한 그의 일차적 증거는 보아스가 11-13절에서 두 가지 문제에 대해 반응하고 있다는 입장이다. 즉 11절에서 그는 결혼에 대한 그녀의 제안에 동의하고, 12-13절에서 그는 기업을 무르는 문제를 취급하고 있다는 것이다(Ruth, 81를 보라; 같은 저자의 "The Issue of Ge'ullāh," 54-58; 또한 참조. Green, *JSOT* 23[1982] 63). 이러한 주장은 가정에서 나온 추론이 아니다. 보아스가 이 두 문제를 다루었다는 사실은, 룻의 결혼 요구와 고엘(גֹאֵל, "기업 무르는 자")로서의 그의 위치가 결코 룻이 두 가지 분리된 요구들을 했다는 사실을 필요로 하지 않는다. 그렇지만 여기서 세이쏜의 주장은 실질적으로 요점을 벗어난 것인데, 그 이유는 이 문맥 가운데서 불변화사 키(כִּי)가 원인을 나타내는 의미로만 이해될 수 있기 때문이다. 세이쏜이 참조하고 있는 GKC §§ 148d, 159ee에서 키(כִּי)의 강조적 의미의 실례는 모두 감탄문이나 상황절이며(또 다른 실례에 관해서는 *HebS* § 449를 보라), 그런 까닭에 여기에 나오는 문장과는 구문론상으로 아주 다르다. 더 나아가서 해석자들이 키(כִּי)의 강조적 의미를 주장했던 그러한 실례들 가운데서(참조. Meek, *JBL* 79[1960] 45-54; Muilenberg, *HUCA* 32[1961] 135-60), 두 문장 사이의 인과적 관계는 너무나 헐겁고 간접적이어서 원인, 이유, 동기 혹은 설명을 나타내는 접속사를 사용하면서 다른 언어로 번역하는 것들은 확실히 거슬리거나 의심스러운 것으로 보인다(Aejmelaeus, *JBL* 105[1986] 204-5의 논의를 보라. 그는 이러한 경우들에서도 강조적 해석을 의문시한다). 여기서는 분명히 그러한 경우가 아니다. 사실상 비티가 말하는 바와 같이(*JSOT* 5[1978] 65), 비록 세이손의 주장에 동의하고 키(כִּי)에 강조적 의미를 부여할지라도, 두 번째 문장은 두 문장의 구문론적 내용으로 인하여 여전히 피할 수 없이 첫 문장에서 주어진 요구의 근거들을 제공하는 것으로 해석되어야 한다.

특별 부록: 룻의 요청과 수혼 문제 간의 관계

룻기를 해석함에 있어서 가장 어려운 문제들 가운데 어떤 것은 히브리 사회에서 있었던 고엘(גאל, "기업 무르는 자")의 역할에 대한 이해와 관련되어 있다. 룻은 자기와 보아스 간의 결혼의 근거를 그의 고엘(גאל)로서의 입장에다 두고 있으며, 4장은 고엘의 책임(גאל)을 가족의 재산을 회복하거나 보존하는 것으로 소개하고, 이와 함께 이러한 두 임무가 어느 정도 연관되어 있다는 암시를 드러내고 있다. 이것이 문제를 일으키고 있는데, 곧 룻과 보아스의 결혼이 어떻게 해서 신명기 25:5-10에 규정된 소위 수혼과 관련되어 있느냐는 것이며(이 구절은 또한 창 38장에 있는 유다와 다말의 이야기에 나타난 중요한 문제를 야기한다), 또한 이러한 사회 제도가 어떻게 고엘(גאל)의 책임과 관련되어 있으며, 특히 4장에서 떠오르는 고엘(גאל)의 땅 구속권과 의무와 관련되어 있느냐는 것이다.

비록 세부 사항들에 있어서는 무수하게 다양하지만, 일반적으로 거의 모든 주석가들은 다음과 같이 주장했다. (1) 룻기 4:5, 10은 보아스와 룻의 결혼이 최소한 신명기 25:5-10에 규정된 것과 유사한 수혼 형태의 결혼이었음을 보여 준다. 보아스가 시동생(히브리어 יבם, 야밤)은 아니었지만, 4:5, 10이 룻과의 결혼 목적이 수혼에 해당하는 목적과 같은 것, 즉 "그 죽은 자의 기업을 그 이름으로 잇게 하여 그 이름이 그 형제 중과 그 곳 성문에서 끊어지지 않게"(4:10) 하는 것이었음을 규정하고 있으므로 이것은 수혼이었다(참조. 신 25:6). (2) 3:9에서 룻은 보아스가 수혼 책임을 받아들여야 한다는 자신의 요구를 그가 고엘(גאל, "기업 무를 자")이라는 사실에 근거하여 요구한다. 그러므로 "기업 무르는 자"의 법적 책임들 가운데 하나가 수혼을 하는 것이었지만, 구약성경의 기업 무르는 일을 취급하고 있는 법전에 있는 구절들이 전혀 수혼의 의무를 다루고 있지 않다. 뿐만 아니라 수혼을 취급하고 있는 구절들은 언제나 이러한 의무에 대한 하나의 책임을 "기업 무르는 자"라고 부르지도 않는다. (3) 4장에서 엘리멜렉에게 속한 땅이 갑자기 표면에 떠오르며, 보아스가 자기보다 더 가까운 기업 무를 자에게 기업 무르는 자로서 자기의 권리와 의무를 행하여 이 땅을 되사라(혹은 …의 판매를 획득하라)고 요구한다. 더 나아가서, 표준적 해석은 보아스가 우선권을 가지고 있는 이름이 나타나 있지 않은 고엘(גאל)로 하여금 자신에게 있는 권리와 책임을 양보하도록 유도하기 위하여 룻과 수혼을 하고 또한 엘리멜렉의 땅을 되무르는 이중적인 책임을 이용하고 있다고 주장한다. 그 다음에 보아스는 그 땅을 무르고 룻과 혼인을 한다. 대표적인 취급 내용에 관해서는 Campbell, 132-37의 논의를 보라; Thompson and Thompson, *VT* 18 (1968) 79-99, 그리고 충분한 취급에 관해서는 Leggett, *The Levirate*를 보라.

최근에 수많은 연구서들이 룻과 보아스의 결혼이 어떻게든 수혼과 연관되어 있다는 사실을 부정함으로써 룻기 3, 4장에 대한 주석과 해석에 대해 위에 개괄된 필요 조건들을 적용함에 있어서 일어나는 많은 난점들을 해결하기 위하여 노력해 왔다. 특히 Beattie, *VT*(1971) 49-94; *VT* 24(1974) 251-67; *JSOT* 5(1978) 39-48; *JSOT* 5(1978) 65-68; Gordis, "Love, Marriage and Business," 241-64; Sasson, *JSOT* 5(1978) 49-64; Ruth, 125-29, 143-46.

고대 이스라엘에서 수혼과 기업 무르는 일이라는 사회 제도의 성격과 역사에 관하여 성경 본문으로부터 확인될 수 있는 내용에 대한 충분한 논의를 제공하는 것이 여기서 우리의 목적에 딱 들어맞지는 않지만, 충분한 태도로 그러한 제도에 대해 취급하기 위하여 그러한 문제들을 일으키는 구절들을 취급할 때 가능하다면 우리가 살펴보고 있는 이야기의 주인공들 사이에 무슨 일이 일어나고 있는지를 명확하게 밝혀 줄 사회적・법적 배경을 밝히는 것이 필요하다. 이를 행하기 위하여 본래 그러한 임무 가운데 포함되어 있었던 어떤 원리들과 또한 우리의 처분에서 자료의 성격에 의하여 커다란 부분에 포함되어 있는 구술된 어떤 원리들을 진술하는 것이 지극히 도움이 될 것이다. 무엇보다 먼저 필자는 만일 하나의 룻기와 같은 설화가 하나의 이야기로서 기능해야 한다면 하나의 설화자가 따라야 할 이야기 진술의 원리들에 있어서 비티(*JSOT* 5[1978] 39-40)에 동의하는 바이다. 비티는 그러한 원리들을 세 가지로 개괄하고 있다. 첫째로, 설화는 일관성이 있고 이해하기 쉬워야 한다. 독자는 무엇이 일어나고 있는지 그리고 주어진 사건들이 어떻게 그 전후의 내용과 연결되는지를 파악할 수 있어야 한다. 다시 말해서 그 이야기를 이해하기 어렵게 만드는 불연속적인 내용이 없어야 한다. 둘째로, 위의 내용과 긴밀히 연결된 것으로서 설화자는 충분한 정보를 제공하여 자기 독자들이 무엇이 일어나며 왜 일어나는지를 이해할 수 있어야 한다. 이야기 이해에 결정적인 정보는 생략되지 말아야 할 텐, 그렇게 되면 발전을 설명하거나 틈을 메꾸어 줄 수 없게 된다. (필자는 여기서 하나의 설화자가 의도적으로 이야기 줄거리 혹은 줄거리 발전에 모호성을 만들어 내서 독자가 그것들을 채워넣기 위하여 여러 가지 선택 사항들을 생각해야 하는 방식을 말하고 있는 것이 아니다. 다윗과 밧세바 이야기에 포함되어 있는 그러한 요소에 대한 해석에 관해서는 Sternberg, *Poetics*, 186-299를 보라.) 예를 들면 (Green, "Field and Seed Symbolism," 73이 설명하는 것처럼), 만일 4장의 발전을 이해하기 위하여 3장과 4장의 사건들 사이에 보아스와 나오미 사이에 어떤 만남이 있었다는 사실을 추정하는 것이 필요했다면(Robertson, *BJRL* 32[1950] 220가 그렇게 말함), 설화자는 그렇게 진술했을 것이다. 셋째로, 이 이야기는 설득력이 있어야 한다. 즉 설화자가 자기 독자들이 합법적인 것으로 알고 있는 상황을 만들어 낼 수 없고 그렇지 않다면 불가능하다(예를 들어, 만일 과부들이 합법적으로 땅을 물려받거나 소유할 수 없었다면, 설화자는 한 과부가 그렇게 하는 것을 묘사할 수 없다). 이러한 원리는 물론 설화자와 독자들이 모두 이 이야기가 일어난 시기에 속했던 법적·사회적 관습과 의무를 알고 있다는 사실을 가정하고 있다. 비티가 말하는 바와 같이(*VT* 24[1971] 253), 룻기 저자가 4:7에 있는 신을 벗어 주는 구식의 법적 관습을 설명하기 위하여 사회적 관습을 독자들에게 분명히 밝히는 데 충분히 관심을 가졌으므로 그렇게 했다는 사실이 분명히 암시되어 있다. 그러나 우리에게 일을 대단히 복잡하게 만드는 또 다른 난점은 시간의 거리이며, 그런 까닭에 문화적 상황과 사회적 상황에서 이제 원래 설화자로부터 우리를 갈라놓고 있다는 것이다. 고대 이스라엘의 법적·사회적 제도의 성격과 역사에 대한 우리의 지식이 완전하지 못하므로, 실질적으로 확실하지는 않을지라도 고대 설화자와 그의 독자들 모두가 부분적으로 혹은 전적으로 우리가 깨닫지 못하는 어떤 납득했던 사항이 당연히 있을 수 있다. 그렇다면 우리가 단순히 적절한 설명과 이해를 가지지 않는 상황과 발전이 일어날 것이라는 사실이 선례적으로 가능하다. 모든 시도는 그러한 것을 제공하기 위하여 되어질 것이지만, 확실한 결론에 도달하리라는 것은 지극히 희박하다. 로울리가 진술한 바와 같이, 룻기는 "해결책들을 확증할 자료들이 없으므로 그 어떤 해결책도 발견될 수 없는 문제들을 많이 가지고 있다"(Rowley, "The Marriage of Ruth, 171).

두 번째로, 캠벨(133-35; 또한 참조. Gordis, "Love, Marriage, and Business," 256-58, 그리고 Thompsom and Thompson, *VT* 18[1968] 83-84의 해석)이 주장한 이스라엘(그리고 고대 근동)의 결의론적 법의 성격의 의미를 인식하는 것이 중요하다. 캠벨은 고대 소송법 모음집이 현대 서구 국가들 가운데서 법전들이 그러했던 것과 같은 기능을 했다고 생각하여 우리가 그러한 단어들을 "법전"으로 그리고 "법률"로 생각하는 방향으로 오도되어서는 안 된다고 주장한다. 우리는 구약성경의 법전을 재판의 체계, 법률가, 재판장, 경찰을 통하여 생활 속에서 필요한 법을 규정하기 위하여 의도된 광범위하고도 전 포괄적인 것으로 간주해서는 안 된다. 그 반대로, 법의 결정은 주로 구전으로 보존되어 왔던 지역의 법적 선례에 근거하여 그 지방의 장로들에 의하여 이루어졌다. 이것들은 다른 공동체의 것들과는 달랐으나 법적 사건들에 대해 공동체 간의 의사 교환으로 인하여 확실한 균등성을 이루었는데, 특히 지리적으로 같은 지역 간에는 그러했다. 함무라비 법전이나 출애굽기 혹은 신명기 법전과 같은 법전은 표준화된 행습을 하게 하려는 정치적 시도에서 나타났고, 특히 어려운 소송 문제를 해결하기 위한 참조 사항들로서의 역할을 하도록 의도된 법적 선례로서의 기능을 했다. 그것들의 목적은 예증적이고 교훈적이었다. 따라서 그것들은 완전하고도 광범위한 것이다. 또한 다른 결과로서, 관습과 행습들은 성경 설화 가운데서 자주 법전에 있는 율법 공식 조항과 일치하지 않았다. 이러한 사실에 비추어 볼 때, 신명기 구절들이 그 의무를 "동거하는 형제"(25:5)에게 두고 있으며, 반면에 보아스는 보다 먼 친척이기 때문에 보아스와 룻의 결혼이 신명기 25:5-10에 규정된 수혼과는 전혀 관계가 없다고 결론짓는 것은 옳지 않다(Gordis, "Love, Marriage, and Business," 246이 그렇게 말함). 이와 관련하여 이 점을 더욱 유념해야 할 것이다. 즉 우리는 설화 가운데서 일반 백성들이 사용한 용어들이 법전에서 발견되는 것과 같은 종류의 정확한 법으로 채택되기를 기대할 수 없다는 것이다. 비티가 간단명료하게 진술한 바와 같이, "법전이 '절도죄'라고 부르는 것을 이야기 작가는 너그러이 '도둑질'로 부를 수도 있다."

마음속에 이러한 원리들을 가지고서, 이제 룻이 자신의 요구가 보아스가 자신과 하는 결혼이 고엘로서 그의 역할을 하는 것이라는 사실에 기초하고 있다는 사실에 대한 암시라는 문제로 돌아가 보자. 본문 가운데 추정된 상황은 다음과 같다. 위의 1-4절에 있는 나오미가 룻에게 한 지시는 궁핍한 상태와 과부라는 멸시를 벗어 버리도록 하기 위하여 룻을 위하여 가정과 남편을 구해 주고자 하는 유일한 목적으로 표현되어 있다. 특히 그녀의 의도와 지시 속에는 그녀가 실질적으로 마음속에 엘리멜렉과 말론의 후사를 얻고자 하는 것이라든가 혹은 부가적으로 룻에게 남편을 얻어 주는 것 이외에 이러한 목적을 가지고 있다는 단 한마디의 말도 없다. 이 점에 관해서는 3:1에 있는 "주석"의 논의를 보라. 더 나아가서, 나오미는 논리적으로 2절에서("주석" 가운데 있는 웨아타〈ועתה〉에 대한 논평을 보라) 2:20에 있는 룻이 이삭 줍는 첫날에 룻으로부터 나오미가 그의 이름을 처음 들었을 때 그녀가 말했던 바로 그 같은 기대인, 곧 보아스가 친척이라는 근거에서 그가 가정과 남편을 얻을 수단이 될 수 있다고 결론을 짓는다. "그 사람은 우리의 근족이니 우리 기업을 무를 자 중 하나이니라." 그 곳에서 필자는 나오미가 "친척관계로 묶여진 덕분에 재난(예를 들어, 빈곤, 불법 행위, 압제, 종살이)으로부터 구원해 줄 책임이 있는 사람"이라는 비율법적 의미로 고엘(גאל)을 사용했다고 주장한 바 있다. 2:20의 "주석"과 3:2의 "주석"을 보라. 이야기 가운데서 그 시점으로부터 이 시점까지, 보아스와 두 과부인 나오미와 룻 사이의 관계에서 결혼과 관련되어 변화된 것은 하나도 없었다. 그런 까닭에 나오미나 룻이나 마음속에 이전보다 더 이 문맥 속에서 그들이 그 가계의 죽은 사람들의 과부로서 어떤 권리를 가졌을 엘리멜렉을 통하여 팔렸던 땅을 무르는 보아스 편에서의 의무를 가질 수가 없었다. 즉 그들은 전문적인 법적 의미에서 고엘(גאל)을 사용할 수 없었다. 이것이 나오미와 룻의 이전의 행동을 믿을 수 없고 이해할 수 없는 것으로 만들었을 것이라는 사실 이외에도, 룻은 보아스의 역할을 그가 자기와 결혼하자는 그녀의 요구에 대한 근거로서 "기업 무르는 자"(גאל – 고엘)로 이용하고 있다. 룻이 여기서 수혼의 의무를 이행하는 고엘(גאל)의 법적 책임을 가리키는 전문적 용어로 고엘(גאל)이란 단어를 사용하고 있다는 사실도 가능하지 않다. 게울라(גאלה, "속량")의 법적 책임이 수혼의 의무가 포함되었는지의 여부에 대한 난해한 문제 이외에도, 룻이 지금 언급하고 있는 보아스 편에서 법적 책임을 가정하는 것은 또다시 그 이야기를 믿을 수 없고 이해할 수 없는 것으로 만든다. 만약 그러한 책임이 존재했다면, 어찌하여 나오미가 (그는 분명히 모압 여인 룻보다는 그것에 대해서 더 잘 알고 있었을 것이다) 룻을 위험에 처하게 하고 타작 마당으로 도발적인 탈선을 하도록 보냈는가? 룻이 단독으로 그리고 나오미가 알지 못하는 가운데 나오미가 결코 생각하지 못한 법적 책임을 일으키고 있다는 것은 덜 그럴듯해 보인다(Sasson, 83는 이에 반대다). 만일 룻이 나오미가 사용했던 것과 같은 의미로 고엘(גאל)을 사용하고 있다면(2:20), 룻이 "자신의 사명이 비밀스럽고 법적인 일로 거기에 와 있었다고 생각하는 낭만적인 것이었다는 사실을 깨닫지 못했다"는 것은 가능하지 않다(Berlin, *poetics*, 91). 그렇기는커녕 이야기를 일관성 있고, 믿을 만하고, 이해할 수 있게 만드는 유일한 해석은 룻이 위에서 규정한 바와 같이 일반적인 의미로 고엘(גאל)을 사용하고 있다는 것이다. 즉 그녀가 "…당신의 옷자락으로 당신의 시녀를 덮으소서(=나와 결혼해 주소서), 당신은 기업 무를 자니이다(=당신은 궁핍에 처해 있는 가족 구성원을 돌보아야 할 책임을 가진 분입니다)."

허바드(213)가 주장하는 바와 같이, 룻이 나오미의 의도를 지나쳐서 이 단어를 사용했다는 사실은 타당해 보이지 않는다.

> …룻의 진술은-주제의 첫 번째 힌트-결혼 제안이 이제까지 비극적으로 이 이야기 가운데 나타나지 않은 후사 자체를 그녀에게 제공함으로써 나오미에게 유익을 주려는 목적을 가졌다는 사실을 암시했다…. 나오미의 지시는 단순히 룻에게 남편을 얻어주려고 의도되었다…. 그러나 룻은 주도권을 쥐고 고엘(גאל) 관습을 상기시켜 줌으로써 자신의 행복을 나오미에게 한 후사를 제공해 주는 가족 의무에 종속시켰다.

허바드(51-52; 또한 참조. 187)는 룻이 이 곳 3:9에서 고엘(גאל)이란 단어를 2:20에서 나오미가 사용했던 것과 같은 의미로, 죽은 친척의 과부와 혼인하는 고엘(גאל)의 책임을 가리키기 위하여 사용하고 있다고 이미 설득력 있게 주장했다. 그런 까닭에, 이 상징적 행동을 룻이 구체적으로 그리고 결혼에 대한 좁은 의미로 설명하면서 자기의 요구("당신의 옷자락으로 시녀를 덮으소서," 3:9a)를 말하고 있으므로(Hubbard, 212이 그렇게 말함), 어떻게 그녀가 갑자기 그 단어를 그녀에게 하나의 후사를 제공해 줌으로써 나오미를 유익하게 할 책임을 암시하기 위하여 사용되는 자기 요구의 근거로("당신은 우리 기업을 무를 자가 됨이니이다") 삼을 수 있었겠는가? 룻 자신이 보아스에게 "나는 죽은 자의 아내(곧 말론의 아내; 참조. 4:5, 10에 있는 그녀의 정체) 룻입니다"라고 곧 밝히지 않은 사실을 유의하라. 오히려 그녀는 자신을 단순히 "당신의 시녀 룻"이라고 불렀는데, 남편의 재산을 상속할 후사를 낳아 주어야 할 과부가 아니라 보아스 같은 신분을 가진 한 남자와 결혼할 자격을 가지고 있는 신분을 강조한 것이다. 이러한 사실에 비추어, 룻이 어떻게 나오미가 2:20에서 사용한 것과 다른 혹은 3:1-2에서 보아스를 친척으로 언급한 가운데 암시된 것과 다른 의미로 고엘(גאל)을 사용할 수 있었는지를 파악하기는 어렵다. 3:12-13에 있는 룻의 요구에 반응하여 보아스가 단순한 결혼을 염두에 더 두고 있는 것처럼 거의 수수께끼같이 말하고 있는 것처럼 보이지만(우리가 아래 부분에서 논증할 것임), 룻은 3:9에서 실제로 그렇게 말하고 있지 않다. (룻의 말에 대한 이러한 이해에 관해서는 Daube, *Studies in Biblical Law*, 40, 44-45; 역시 Gordis, "Love, Marriage, and Business," 253의 논평을 보라; 그리고 특히 Beattie, *JSOT* 5[1978] 44-45를 보라.) 룻이 나오미가 자신에게 보아스의 발치에 누우면 보아스가 그녀에게 할 일을 말할 것이라고 한 지시를 말없이 그대로 복종하는 그 이상으로 행동했을 때, 그녀는 그 지시를 변질시키거나 혹은 그것들을 거스르지 않고 단순하게 나오미가 1-2절에 있는 처음 진술 가운데서 말한 그 말을 한 것이다: "내가 너를 위하여 안식할 곳을 구하여 너로 복되게 하여야 하지 않겠느냐?…보아스는 우리의 친족이 아니냐?"

10 "여호와께서 네게 복 주시기를 원하노라"(בְּרוּכָה אַתְּ לַיהוָה – 빼루카 아트 라아도나이). 이러한 축복의 형태에 관해서는 2:19에 있는 "너를 돌아본 자에게 복이 있기를 원하노라"(יְהִי מַכִּירֵךְ בָּרוּךְ – 예히 마키르크 빠루크)에 대한 설명을 보라. "너의 베푼 인애가 처음보다 나중이 더하도다"(הֵיטַבְתְּ חַסְדֵּךְ הָאַחֲרוֹן מִן־הָרִאשׁוֹן –헤탑트 하씨떼크 하아하론 민-하리숀). 문자 그대로 히브리 본문은 "너는 너의 마지막 헤쎄드(חסד)를 처음보다 더 낫게 만들었다"이다. 보아스가 룻의 마지막 헤쎄드(חסד)에 대해서 의미하는 것은 그 다음에 이어지는 문장, 즉 "네가 빈부를 물론하고 연소한 자를 좇지 아니하였으니"(이 문장의 구문에 관해서는 아래를 보라)에 의하여 명확하게 드러난다. 보아스가 언급하고 있는 마지막 헤쎄드(חסד)는 분명히 어떤 의미에서 룻의 결혼 제안이다. 그러나 보아스가 룻의 첫 번째 헤쎄드 행동에 대해서 의미하는 것은 전적으로 문맥의 의미에 놓여 있다. 그럼에도 불구하고, 그것이 무엇이냐는 것은 아주 분명하다. 즉 다름 아닌 보아스가 이미 들어서 알고 있는 룻의 나오미에 대한 은혜로운 위탁인데(2:11), 이는 거의 모든 주석가들이 동의한 해석이다. 그러나 최근에 세이쏜(84)은 보아스의 말을 전혀 다른 의미로 이해하려고 시도했다. 그에 따르면, "보아스는 과거 몇 달 전에 일어났던 사건들을 상기시키기보다 룻이 9절에서 방금 말한 진술에 대해 반응하고 있었다. '마지막 (행위)'를 칭찬하면서 보아스는 남편을 구하려는 이기적인 바람보다 더 가치 있는 시어머니의 곤경을 해결해 주기 위하여 고엘(גאל)을 구하려는 그녀의 이타적인 시도를 말하고 있다"(참조. *JSOT* 5[1978] 55). 세이쏜이 특별히 진술하고 있는 바와 같이, 이것은 9절을 룻이 보아스에게 하고 있는 요구를 두 개로 분리하려는 그의 입장에 근거하고 있다. 우리가 위에서 이미 논증한 바와 같이, 9절의 해석이 구문론적으로 그리고 의미론적으로 불가능하므로, 10절에 대한 이러한 이해도 불가능하다. 더 나

아가서, 이러한 입장을 입증하기 위하여 세이쏜은 "너의 베푼 인애가 처음보다 나중이 더하도다"라는 문장과 그 직후에 뒤따라오는 "네가 빈부를 물론하고 연소한 자를 좇지 아니하였으니" 간의 명확한 구문론적 관계를 무시해야 한다. 그는 이 문장들을 독립절로 취급한다. 즉 "너는 처음보다 마지막 경우에 더 값있는 스타일로 행동했다. 그런 까닭에 가난한 자나 부자들을 찾을 필요가 없을 것이다"(72). 문장의 구조에 대한 이러한 이해는 히브리인들에게 전혀 지지를 받지 못한다(아래의 "주석"을 보라).

그렇다면 분명히 룻의 처음 헤쎄드(חסד) 행동은 그녀의 나오미에 대한 지극한 효성과 위탁이며, 그녀의 마지막 헤쎄드(חסד) 행동은 보아스에 대한 결혼 제안이다. 그러나 분명히 보아스가 룻이 젊은 남자가 아닌 자신에게 결혼 요구를 한 것을 나오미에 대한 룻의 지극한 효심보다 "더 나은 헤쎄드(חסד) 행위"로 지칭하는 것은 다소 모순된 것으로 보인다. 특히 이것은 사켄펠트가 추론한, 인간들 간에 사용되었을 때 주어진 헤쎄드(חסד)의 의미인 것으로 보인다(Sakenfeld, *The Meaning of Hesed*, 24, 233-34; 참조. 같은 저자, *Faithfulness in Action*, 13, 39-42). 이 단어에 대해 주의 깊게 연구하는 가운데, 사켄펠트는 이것이 다음과 같은 충성과 은혜로운 행동을 나타낸다는 사실을 발견한다. (1) 존재하는 관계로부터 나타나는, (2) 받는 자 편에서 긴급한 필요를 포함하는, (3) 이를 행하는 자의 자발적 행동, 즉 법적 책임이 아닌 도덕적 행동, (4) "의무라는 사명을 넘어서는" 자비 혹은 너그러움이라는 특별한 요소를 포함하는 헤쎄드(חסד)에 대한 이러한 이해를 제시하고 나서, 보아스의 비교가 사실상 일관성이 없고, 그래서 이러한 입장에 대한 세이쏜의 비평에는 분명히 장점이 있는 것처럼 보인다(*JSOT* 5[1978] 55). "어떻게 은혜로운 행동보다 결혼 제안에 더 큰 가치를 두고자 하는 남자에게서 오류를 발견할 수 없겠는가?" 보아스가 과장되게 말하고 있든지, 아니면 설화자가 그가 매우 혼란스러운 어투를 사용하고 있다는 사실을 표현할 셈으로 묘사하고 있다(아래를 보라).

룻의 요구의 성격과 보아스가 그것을 헤쎄드(חסד)의 행동으로 지칭한 사실 간의 모순성 문제가 본서의 정상적인 입장에서는 감지되지 않는다. 그러한 입장에서, 룻이 보아스를 고엘(גאל)로 말한 것은 그녀가 엘리멜렉과 말론으로 이어지는 가계를 위하여 하나의 후사를 낳기 위하여 수혼의 의무를 이행하라고 요청하고 있다는 사실을 의미하는 것으로 이해된다. 그러므로 룻의 "마지막 헤쎄드(חסד)는 한 젊은 남자와 결혼하여 자신의 야망과 행복을 추구하는 것보다 죽은 남편의 이름과 가문의 대를 이어 주는 자기의 죽은 남편에 대한 신실성으로 이해되어야 할 것이다(예를 들어, Gerleman, 32; Hubbard, 213-14; Joüon, 74; Morris, 290; Rudolph, 56). 이것이 사켄펠트가 헤쎄드(חסד)의 의미를 수립하기 위하여 그녀가 조사하는 이 구절을 포함하고 있는 단락들 가운데서 사용하는 해석의 정당한 계통이다(*The Meaning of Hesed*, 42-43). 그러나 실제로 룻의 요구에 대한 이러한 입장을 사켄펠트가 결정한 바와 같은 헤쎄드(חסד)의 정의에 적용하기는 어렵다. 그녀의 연구에 따르면 헤쎄드(חסד)는 자유로운 행동, 즉 법적 책임이 아니라 도덕적인 행동을 포함하며, 또한 이것은 "의무라는 사명을 넘어서는" 요소를 포함한다. 그러나 본서의 정상적인 입장에서 수혼은 죽은 자의 형제에게처럼 과부에게 법적으로 묶여 있으며, 또한 이것은 죽은 자의 후손을 낳아 주는 수단으로서만이 아니라 과부의 안정과 보호를 제공하기 위한 수단으로서의 기능을 한다(아래 4:5d "주석" 다음에 나오는 특별부록: 구약성경에서 수혼 제도를 보라). 이 경우 룻은 단순하게 율법, 관습 그리고 자신의 이익이 요구하는 내용을 이행하고 있는 것이다. 이것이 어떻게 헤쎄드(חסד)의 실례가 되는가? 그 해석이 잘못되었든 그렇지 않든, 이 요구가 실질적으로 수혼의 법적 의무를 이행하라는 보아스에 대한 하나의 요구라는 입장을 위한 가장 강력하고도 명백한 이유들 가운데 하나를 이루었다는 사실은 의심할 여지없이 보아스가 룻의 결혼 요구를 헤쎄드(חסד)의 행위로 지칭한 점이다(예를 들어, Burrows, *JBL* 59[1940] 450; Mundhenk and de Waard, *BT* 26[1975] 431; 혹은 McKane, *TGUOS* 19[1961-62] 31를 보라).

이와 같은 입장이 흘끗 보기에는 매력적인 것으로 보이지만, 우리가 위에서 주장한 바와 같이 룻이 고엘(גאל)을 전문적, 법적 의미로 사용하고 있다는 사실은 가능하지 않다(수혼을 이행하는 자가 고엘〈גאל, "기업 무르는 자"〉로 언급될 수 있었느냐의 여부에 대한 문제를 떠나서). 더 나아가서 고디스가 설득력 있게 주장하고(Gordis, "Love, Marriage, and Business," 248), 세이쏜(127; 참조. 같은 저자, *JSOT* 5[1978] 56)과 비티(*JSOT* 5[1978] 68)이 이를 따른 바와 같이, "네가 빈부를 물론하고 연소한 자를 좇지 아니하였으니"란 문장은 세이쏜이 진술하는 것처럼 룻이 재혼을 하려고 했을 때 자유 행동자였다는 사실을 분명히 밝히고 있다. 이러한 판단은 옳을 뿐 아니라 잘 관찰한 것이다. 룻이 그 도시의 다른 남자들 중 누군가와 결혼하고자 했을 수 있다는 사실은 그녀가 자기의 죽은 남편의 후손을 낳기 위하여 말론의 가장 가까운 친척의 아내가 되어야 하는 법적 의무, 즉 신명기 25:5-10에 규정된 수혼법과 같은 법적으로 필수 불가결한 의무를 이행할 의무에 속하지 않았다는 것을 의미한다. 우리가 위에서 주장한 바와 같이, 나오미와 룻 간의, 또는 룻과 보아스 간의 어떤 대화 가운데 어떤 자그마한 힌트도 없다. 또한 여인들 중 한 사람이 법적이든 아니면 도덕적 설득이든 그렇게 해야 한다는 어떤 책임에서 행동하고 있다는 힌트도 없다.

그러나 이러한 논란은 룻의 요구를 기업 무르는 자(גאל – 고엘)로서의 신분에 두고 있는 근거의 의미를 유의할 때 가치가 있다. 보아스의 수수께끼 같은 어투, 곧 그녀의 결혼 제안인 그녀의 마지막 헤쎄드(חאד)가 그녀의 처음보다 나중이 더 하다는 것은 그녀의 기업 무르는 일에 대한 언급으로 인하여 그녀가 결혼 이상의 것을 요구하는 것으로 그가 이해하고 있다는 사실을 시사하는가? 다시 말해서, 비록 룻이 결혼 이상을 요구하지 않았음에도 불구하고, 보아스가 그보다 더한 뜻으로 듣고 있는 것일까? 이어지는 내용 가운데서 그가 사용하게 될 어투(11-13절)는 그가 그렇게 이해했다는 사실을 더욱 강하게 시사해 준다. 그러나 룻이 결혼하는 그 이외의 어떤 방법으로 룻과 나오미가 기업 무르는 일의 필요성 가운데 처해 있는가? 이 이야기는 현재로서는 우리에게 확실한 실마리를 제공하지 않는다.

"연소한 자를 좇지 아니하였으니"(לְבִלְתִּי־לֶכֶת אַחֲרֵי הַבַּחוּרִים – 레빌티-레케트 하하레 합박후림). 이러한 부정사의 사용(정규적으로 레빌티를 통하여 부정된; 참조. *GBH* § 124e)은 설명적인 혹은 보족어적인 것이다. 이것은 영어에서 동명사적인 표현 "어떤 일을 하면서"(참조. *GBH* § 195; *IBHS* § 36.2.3e)처럼 "앞의 구절을 명확하게 설명해 주고 있다"(*HebS* § 124o).

여러 주석가들이 주장하는 바와 같이(예를 들어, Campbell, 124; Sasson, 85), 할라크 아하레(הלך אחרי, "가다, 뒤에 걸어가다")란 표현은 자주 경멸적인 의미 "to whore after"(탈굼이 룻에 대해서 이것을 그렇게 번역했음〈Levine, *Aramaic Version*, 90〉)를 지니고 있지만, 다른 곳에서는 통상적인 의미일지라도 여기서의 번역은 완전히 벗어난 것이다. 캠벨은 한 여인이 결혼 제안을 받고 승인한 다음에 사자들을 뒤따라가는 창세기 24:5, 8, 39; 사무엘상 25:42과 같은 구절들을 인용한다. 그러므로 그는 룻이 아마도 보아스의 곡식을 추수했던 젊은이들로부터 결혼 제안을 받았을 것이라고 결론짓는다. 그러나 문맥 가운데서 이 문구가 그러한 구체적이고도 거의 전문적인 의미로 사용되었다는 기미는 조금도 없다. 잠언 7:22도 전혀 관계가 없는 것으로 보이는데(de Waard-Nida, 55는 이에 반대다), 그 이유는 그 곳의 의미가 직역하면 "…의 뒤를 따라가다"이기 때문이다(참조. 6-10, 13절). 이 표현은 "뒤에서 건다, 뒤에서 걸어가다, 뒤따르다"라는 문자 그대로의 의미에서 나온 것으로 상징적인 의미로 광범위하게 사용된다(창 32:20). 가장 자주 사용되는 의미들 가운데 하나는 야웨에 대해서나(신 13:15) 혹은 이방 신들에 대해서(삿 2:12) 종교적으로 사용되는 "붙접다, …의 열성당원이 되다"이다. 하나의 연관된 의미에서 이것은 자기의 연애하는 자들을 "뒤따라가는, 붙좇아 가는" 불성실한 아내에 대해서 사용된다(호 2:7; 9에서 평행적으로 사용된 "뒤좇아가다"〈רדף – 라다프〉를 유의하라). 물론 그러한 구체적인 의미는 룻기 3:10의 문맥 가운데서 전혀 들어맞지 않는다. 그러나 이 단어가 문맥 가운데서 "(결혼의 목적으로) 뒤좇아가다"를 의미하는 것으로 만들어 주는 이와 매우 유사한 문맥이 있다(참조. Hubbard, 214). 그러나 그러한 의미가 현대 서구 사회가 그러한 문제에 있어서 한 여인에게 부여하는 행동에 대한 자유보다 훨씬 더 미묘하고 밋밋한 활동 범위를 암시한다는 사실을 인정해야 할 것이다. TEV는 이것을 "네가 찾으려고 갔을 수도 있었다"라는 말로 아주 잘 표현하고 있다.

"연소한 자"(בַּחוּרִים – 빠후림). 빠호르(בחור)는 "젊은 남자" 즉 "완전히 성숙한, 정력적인, 결혼하지 않은" 사람을 의미한다(*HALOT*, 1, p. 114). 이것은 여러 구절들 가운데서 "젊은(결혼하지 않은) 여자"(בתולה – 베툴라)와 평행을 이루고(사 23:4; 62:5), "늙은이"(זקן – 자켄)와 대조된다(렘 31:13; 잠 20:29). 이 용법과 빠호르(בחור)와 나아르(נער) 간의 의미상의 차이와 용법에 관해서는 McDonald, *BO* 32(1975) 166-68를 보라. 이것이 충분히 성장했으면서도 동시에 젊은 남자들을 가리킨다는 사실은 전도서 11:9과 같은 구절에 확실하게 나타나 있는데, 그 곳에서 빠호르(בחור)가 자신의 "어린 때"(ילדות – 얄두트)를 즐거워하라고 권면을 받는다. 보아스는 여기서 이 단어를 선택하여 사용하고 있는데, 그렇다면 나이로 인하여 아직 결혼하지 않은 대다수의 젊은이 그룹을 가리킨다. 이들은 일부다처 사회에서 한 과부에게 가장 잘 이용될 수 있는 남자들인데, 그 이유는 소수의 남자들이 한 아내 이상을 취할 수 있다고 규정된 경제력 때문이다. 이 조항이 한 계층의 개인들을 가리키는(참조. *HebS* § 92; GKC § 126m), 아마도 베들레헴에 사는 사람들(Morris, 209)을 가리키는 포괄적인 의미로 사용되었을 것임에 틀림없다. 위에서 인용된, 특히 맥도널드의 연구인 이러한 사항은 빠호르(בחור)가 그들의 삶에 있어서 혈기왕성한 시기에 있는 남자들, 즉 "소년기, 젊은이"(נערים – 나아림)나 "늙은 사람들"(זקנים – 케켄님)이 아닌 룻과 결혼을 하거나 기업 무르는 요구를 이룰 수 있기에 충분한 남자들을 의미한다는 세이쏜의 입장(85)에 강력하게 반대가 된다(또한 참조. Weismann, *VT* 31[1981] 441-50).

11 "이제"(וְעַתָּה – 웨아타). 이 불변화사의 사용은 보아스가 지금 자신이 방금

전에 말한 내용의 논리적 순서를 묘사하고 있다는 사실을 암시한다. 3:2의 "주석"을 보라. 룻이 특별한 효성을 보여 왔으므로, 보아스는 그 결과를 진술한다: 자신이 그녀가 요구한 모든 일을 할 것이다.

"내 딸아, 두려워 말라"(בִּתִּי אַל־תִּירְאִי – 빼티 알-티르이). 유온(74)은 이 문구가 "보아스가 룻에게 방금 한 말 다음에 의미를 완전히 약화시켰고 상투적인 문구의 인상을 주고 있다"고 말한다. 그렇다면 그것들은 "안심하라" 혹은 "마음을 편하게 가져라"(NEB)의 의미를 가지고 있는데, 룻이 보아스가 자신의 요구를 거절할 마음을 가질 수도 있는 어떤 염려를 완화시키기 위하여 의도된 말이다. 게를르만(32)을 따르고 있는 드 와드-니다(de Waard-Nida, 55)는 룻의 두려움의 대상이 보아스가 그녀를 도와주기를 거절하리라는 것이 아니라 "성읍 백성들이 그녀가 모압 출신인 것으로 인하여 반대할 수 있는 가능성"이라고 주장한다. 이러한 근거에서 드 와드-니다는 TEV의 문장의 재구성을 옹호하는데, 거기에 보면 다음 두 문장의 순서가 역순으로 되어 있어서 "네가 현숙한 여자인 줄 나의 성읍 백성이 다 아느니라"는 문장이 "두려워 말라"는 문장 직후에 뒤따라온다. 그러나 이것은 정확하게 히브리 문장의 순서이므로(그런 까닭에 영어로 그 의미를 분명하게 만들기 위하여 재구성할 필요가 있다) 그러한 이해를 배제한다. 그보다는 루돌프가 말하는 바와 같이(56), 그녀가 '보아스의 백성의 성문'에서 가장 좋은 평판을 받고 있다는 증거를 보아스가 그녀에게 제시하고…, 그러므로 그는 그녀의 요구를 승낙하고 있는 것이다. 그러므로 직역하면 "두려워 말라"는 이 문구는 세이쏜이 결론을 짓고 있는 바와 같이(86) 주절, 즉 웨아타(ועתה, "그러므로 이제")에 의하여 이끌어지는 결과를 구성하지 않는다. 그런 까닭에 명령형이 뒤따라왔을 때 웨아타(ועתה)의 의미와 관련된 세이쏜의 주장은 본 절의 해석에 적절하지 않다.

"내가 네 말대로 네게 다 행하리라"(כֹּל אֲשֶׁר־תֹּאמְרִי אֶעֱשֶׂה־לָּךְ – 콜 아샤르-토므리 에에세-라크). 이러한 표현에 관해서는 3:5의 "주석"을 보라. 이러한 전 포괄적인 반응은 약간 위치가 잘못된 것처럼 보인다. 결국 그녀는 그가 자신과 결혼하는 것만을 요구해 왔다. 그렇지 않으면 그러한 어투는 단순히 상투적인 것인가? 그러한 반응은 확실히 보아스가 그녀의 요구를 듣고 단순한 결혼 이상의 것을 함축하여 말하고 있는 또 다른 힌트인가, 아니면 그것만을 말하는가?

"나의 성읍 백성"(כָּל־שַׁעַר עַמִּי – 콜-샤아르 암미; 직역하면 "내 백성의 성문 모두"). 이것은 특이한 표현인데, 이주 이상하게도 두 개의 시 구절 가운데서 예루살렘을 가리키면서 문자 그대로의 의미로 나타난다(미 1:9; 옵 13, 참조. 11절). "문"

이란 단어는 여기서 비유적으로 사용되고 있기는 하지만, 몇몇 사람은 이것을 "성문의 백성 모두"와 같은 식으로 번역하면서 문자 그대로의 의미로 취급한다(예를 들어, Gerleman, Wurthwein, NASV). 그러한 비유적인 용법이 여기에만 나타나므로 정확한 의미가 모호하다. 루돌프(55)는 이 문구를 "베들레헴의 대중의 의견"을 의미하는 것으로 이해하고, 반면에 그래이(NCBC, 395)는 "성문"을 "업무의 장소와 소문으로서…특히 성문을 가리키는" 제유법으로 성읍에 대해서 사용되는 것으로 이해한다. 성문이 법적 상업 거래가 이루어졌던 장소이므로(참조. 4장), 캠벨(124)은 이 문구가 "성읍의 법적 책임을 가진 집단"의 개념을 가지고 있다고 주장한다. 유사한 입장에서 스파이서(Speiser, "Coming and Going at the City Gate," 85)는 악카드어 밥투(*bābtu*, "성문")와 유사한 의미에 호소하면서 이 곳의 성문을 "총회, 공동체"로 번역한다. 몇몇 그러한 번역들이 이 곳에서 의미하는 것과 유사한 것으로 보이며, 따라서 필자는 "내 성읍의 모든 총회[직역하면 '성문']"를 "성읍에 있는 모든 자"로 번역했다. 이러한 문장의 정확한 의미가 무엇이든 그 의미는 분명하다. 즉 그것이 통상적인 지식 문제였다는 것이다.

"현숙한 여인"(אֵשֶׁת חַיִל – 에세트 하일). 이 문구는 "룻의 인품의 질"을 강조한다(Campbell, 125; Sasson, 87-88는 이에 반대다). 잠언 31:10-31에서 칭찬 받은 에세트 하일(אֵשֶׁת חַיִל)의 덕목들은 그녀의 사회적, 종교적, 가정의 책임에 대한 신실성이다. 룻은 그러한 책임들을 나오미에게 이행했던 것이다. 대부분의 주석가들이 주장하는 바와 같이, 여기에 있는 보아스의 룻에 대한 묘사는 2:1에서 설화자가 보아스에 대해서 밝힌 것과 정확하게 일치한다.

12 "이제"(וְעַתָּה כִּי – 웨아타 키). 11절에서 보아스는 결혼을 해 달라는 룻의 요구에 대해서 긍정적인 반응을 했다. 그러나 그녀는 그 요구를 "기업 무르는 자"(גאל – 고엘)로서 보아스의 신분에 근거해서 했고, 그 사실은 나오미나 룻이 상상하지 않았던 또 다른 중요성을 가지고 있었다. 이러한 중요성에 대해서 보아스는 그 말들의 충분한 의미와 관련하여 자신의 독자들로 하여금 혼란된 상태가 되게 하고, 그런 까닭에 긴장감과 다가올 사건들에 대한 기대감을 증가시켜 주는 말로 돌아간다. 우리는 이 문장의 첫 번째 키(כי)를 문장의 나머지 부분으로부터 부사적 문장을 분리시키기 위하여 키(כי)의 한 실례로 해석하기로 했고(Blau, *Adverbial Construction*, § 2:1:4, p. 27; 특히 참조. p. 26 n. 15와 함께), 부사에서 기원된 기능을 하나의 논리적 술어로 해석하기로 했다(Blau, *Adverbial Construction*, § 1:7). 이것이 다른 선택 사항들보다 더 나은 것으로 보인다. 세이쏜이 선택한(89) 정

상적인 원인을 나타내는 의미 "…이므로, 때문에"는 문맥상 가장 타당성이 없게 만든다. 이것이 여기서 이끌고 있는 문장 "참으로 나는 네 기업을 무를 자나 무를 자가 나보다 더 가까운 친족이 있으니"는 뒤따라오는 명령, 즉 "이 밤에 여기서 머무르라"의 원인이나 이유로서는 구문론적으로 너무나 적절하지 못하다(13절; Sasson, 89는 이에 반대다; 또한 아래를 보라). 위에서 채택한 입장처럼 문맥상 거의 매력적인 입장은 양보적 의미 "…일지라도, 비록…일지라도(even if)"이다(현대의 거의 모든 영역본들처럼; 참조. Hubbard, 217, 그러나 그의 번역 208의 "…이므로"〈since〉가 그렇게 이해되어야 하는가?). 그러나 실질적인 양보를 이끌고 있는 키(כי)의 불확실성에 대한 에멜류스(Aejmelaeus, *JBL* 105[1986] 198-99)의 논평을 부여한다면, 양보적 의미는 여기서 덜 타당하다.

"참으로 나는 네 기업을 무를 자나"(אָמְנָם כִּי אִם גֹּאֵל אָנֹכִי – 암남 키 임 꼬엘 아노키). 이 문장의 구문은 단정적이고도 강조적인 두드러진 표현이 너무 많아서 복잡하게 되어 있다.

구약성경의 다른 곳에서 불변화사 암남(אָמְנָם, 〈상이한 형태는 אֻמְנָם, 움남〉)은 단정적 언어 "참으로, 진실로"로서의 기능을 할 뿐만 아니라(이에 관해서는 *IBHS* § 39.3.4b를 보라), 유사 복합 구문 암남 키(אמנם כי; 욥 12:2)와 또한 키 암남(כי אמנם; 욥 36:4, 그러나 여기서 키〈כי〉는 원인을 나타내는 의미일 수도 있다. 참조. Blau, *Adverbial Construction*, 26 n. 15의 논평)도 그러한 기능을 할 수 있다. 더 나아가서 키-임(כי־אם)은 맹세 가운데 자주 나타나는 강조적인 표현(예를 들어, 삼상 21:6)으로서의 기능을 할 수 있다(참조. *HALOT*, B.1.b, p. 471). 키 암남(כי אמנם)이 욥기 36:4에서 단정적 의미로서 기능을 하는 모호한 의미가 주어져 있다면(위를 보라), 이 문장에 들어 있는 첫 번째 키(כי)는 웨아타(ועתה)와 함께 취급되는 것이 가장 좋다. 앞의 사항을 보라. 그렇다면 K의 암남(אמנם, "참으로") + 키-임(כי־אם, "사실상")을 받아들이든 아니면 Q의 암남-키(אמנם כי, "참으로"; 뒤따라오는 임〈אם〉이 삭제됨)를 받아들이든, 의미에는 거의 차이가 없을지라도 (Blau, *Adverbial Construction*, 26 n. 15의 논평을 보라), 전자가 다소 군더더기가 많은 것으로 보인다. Q를 옹호하여 잘못된 임(אם)이 앞에 나오는 키 암남(אמנם כי)으로부터 중복오사로 말미암아 생겼다고 그럴듯하게 주장될 수 있다(예를 들어, Gerleman, Gray, Rudolph가 그렇게 주장함).

마지막으로, 이 구절에 대한 두 가지 이해 방식은 통상적으로 채택한 사항들과는 매우 다르다. 첫째로, 세이쏜(88-99; Hubbard, 208 n. 12이 이를 따름)은 12절의 문장들, 웨아타(ועתה, "이제")와 리니(ליני, "밤을 보내다"; 13절의 첫 단어) 사이에 있는 문장들 모두가 "13절의 자기의 지시들을 명확하게 하기 위하여 보아스가 말한 삽입구적 곁가지"라고 단정한다. 세이쏜은 11절과 12-13절에 있는 웨아타(ועתה)+명령형이라는 두 평행적 용법을 룻이 9절에서 했다고 주장하는 두 가지 요구에 해당되는 두 가지 반응으로서 기능하도록 하기 위하여 이러한 이해를 채택하고 있다. 그러나 9절은 두 가지 요구로 이루어져 있는 것으로 이해될 수 없으며(그 곳의 "주석"을 보라), 11절도 웨아타(ועתה)+명령형으로 이해될 수 없다(그 곳의 "주석"을 보라). 그와 같이 여기에 있는 문맥에서 불변화사 웨아타(ועתה)가 예상한 논리적 결과는 명령형 리니(ליני, "밤을 보내라")가 될 수 없고, 다만 보아스가 이 구절에서 밝히고 있는 보아스보다 더 가까운 친족이 있다는 놀랄 만큼 복잡한 사실을 구성하고 있음에 틀림없다.

둘째로, 스태플즈(Staples, *AJSL* 54[1938] 62-65)는 12절을 어떤 때는 오직 한 사람만이 "기업 무르는 자"로 지칭될 수 있다는 자신의 주장을 입증하기 위하여 통상적인 번역과는 약간 다른 의미로 해석해야 했다. 그렇게 하기 위하여 그는 다음과 같이 주장한다. (1) 첫 번째 키(כי)는 단정적인 표현을 이루는 암남(אמנם)과 함께 속한다. (2) 두 번째 키(כי)는 맹세에서처럼 하나의 강조적인 단어다. (3) 임(אם)은 드문 부정적 불변화사의 한 실례다. 이러한 사실에 근거하여 스태플즈는 이 문장을 "그러나 이제, 사실상, 내가 진정한 [너의] 고엘은 아니다. 그렇지만 너는 나보다 [너에게] 더 가까이 관련된 자 한 고엘이 있다"로 번역한다. 그러나 이러한 번역을 필요로 하는 가설은 받아들여질 수 없으며, 그렇게 해서 얻어진 의미는 문맥에 적합하지 않다. 루돌프가 지적한 바와 같이(55), 한 사람만이 "기업 무르는 자"로 지칭될 수 있다고 결론짓는 논증은 서로 뒤엉켜 있다. 잠재적인 기업 무르는 자는 실질적인 기업 무르는 자처럼 당연히 기업 무르는 자로 지칭될 수 있다(참조. 4:4, 6). 임(אם)이 여기서 하나의 부정적인 의미를 가지고 있다는 해석은 가능하기는 하지만(GKC § 149e를 보라) 이 문맥 가운데서 의미를 가장 어렵게 만드는데, 그 이유는 두 번째 문장 "그러나 나보다 더 가까운 고엘(גאל)이 있다"는 문장은 보아스 역시 이 사람들의 범주에 속해 있다는 사실을 암시하기 때문이다.

"(그러나) 무를 자가 나보다 더 가까운 친족이 있으니"(וְגַם יֵשׁ גֹּאֵל קָרוֹב מִמֶּנִּי – 웨감 에쉬 꼬엘 콰로브 밈멘니). 가끔 가정된 감(גם)에 대한 반의적 의미가 문제시되므로, 이것은 복합 단어 웨감(וגם)을 두 문장의 구조적 대조를 통하여 표시된 반의적 의미와 함께 강조의 의미를 가지고 있는 것으로 취급하는 것이 가장 좋다

(참조. *CHALOT*, גם 11b). 이 문장은 궁핍한 가족 구성원을 돌보아야 할 의무를 가지고 있는 사람들 가운데 책임과 특권이라는 하나의 계급 제도가 있었다는 사실을 드러내 준다. 나오미와 룻은 보아스가 이 도덕적 의무를 행해야 할 사람이라는 근거에서 그에게 룻과 결혼을 해 달라고 요구했고, 보아스는 9-11절에서 동의했다. 그러나 인척관계가 그보다 더 우선권과 책임을 가지고 있는 다른 친척이 있다.

13 "이 밤에 여기서 머무르라"(לִינִי הַלַּיְלָה – 리니 할라일라). 세이쏜이 주장하는 바와 같이(90), 동사 룬(לון)은 이를테면 "눕다"(שׁכב – 샤카브)와 같이 그 밤을 보내는 방식을 표현하기보다는 시간의 경과를 나타낸다. 그 때문에 이것은 그들의 행위 전체에 걸쳐서 특징을 나타내 주었던 그 같은 순수성을 가지고 있는 그들이 그러한 유혹의 환경을 당했다는 사실을 표현해 주면서 그 후에 있을 성관계 개념을 회피하고 있다(참조. Hubbard, 218). 보아스의 그 다음 말이 보여 주는 바와 같이, 룻은 보아스와 결혼하든 그렇지 않으면 방금 전에 말한 그 근족과 결혼하든 결정하기 위하여 아침까지 기다릴 것이다. 그 사이에 그 어떤 추문도 일을 복잡하게 하지 않을 것이다. 많은 주석가들은 보아스의 명령의 이유에 대해서 한 여인이 밤에 홀로 집으로 가는 위험을 표현하고 있는 것으로 본다(참조. 아 5:7). 그러나 우리의 설화자는 그 이유를 전적으로 독자의 상상에 맡기는데, 곧 자신의 설화를 모호한 상태로 남겨 놓고 어느 정도 호기심을 자극하는 방식을 사용한다.

"그가 그 기업 무를 자의 책임을 행할 것이니라"(אִם יִגְאָלֵךְ – 임-이그알레크). 이 구절에서는 룻이 세 번 명확하게 2인칭 여성 단수 대명사 접미어 형태로 동사 고엘(גאל)의 대상이 되어 있고, 한 번 함축적으로 목적어로 이해되고 있다. 필자의 의견에는 보아스가 여기서 고엘(גאל, "기업을 무르다")을 죽은 친척의 과부와 결혼함으로써 3:9에서 룻이 고엘(גאל)이란 단어를 사용했던 것과 같은 의미처럼 그리고 그 단어가 문맥 가운데서 그와 같이 사용되어 온 바로 그 의미처럼 "하나의 고엘로 행동하다"를 의미하기 위하여 사용하고 있었음에 틀림없다. 다우브가 룻기 3:13을 인용하면서 사람이 기업 무르는 자의 자격을 가진 친척에게 의존해야 하는 경우 중에 하나를 "한 남자가 아들이 없이 한 아내를 남겨 놓고 죽었을 때, 가장 가까운 친척이 그 과부와 결혼함으로써 그렇지 않으면 가족을 잃고 빈곤에 처할 그녀를 되무름[즉 구속]해야 하는 경우"로 말했을 때(괄호는 필자의 것임), 그는 매우 옳게 생각한 것이다(*Studies in Biblical Law*, 45). 이 결혼의 목적이 죽은 자의 후손을 낳아 주는 것이 아니라 과부의 보호와 생계 유지임을 유념하는 것이 중요하다. 즉 대다수의 주석가들은 이에 반대다. 명사 고엘(גאל, "기업 무르는 자")이 3:9

에서 그러하듯, 여기서 동사 가알(גאל, "되무르다, 기업을 무르다")은 다른 수혼을 협약하기 위하여 가까운 친척에게 의무가 있는 법적 의무를 가리키기 위하여 사용되지 않는다(예를 들어, Campbell, 132; Gray, *NCBC*, 395; Morris, 292-93; Rudolph, 56; de Waard-Nida, 53, 57 n. 20). 우리가 주장한 바와 같이, 죽은 자의 자손을 낳아 주기 위하여 죽은 형제의 과부와 결혼하는 수혼 의무는 어떤 점에서 이 이야기에서 현재로서는 표면화되지 않았다. 3:1-4에서 룻에게 주는 나오미의 지침과 3:9에서 보아스에게 한 룻의 말은 그들의 목적이 수혼이 아니라 단지 빈곤을 면하고 룻의 과부로서의 수치를 제거하는 것이었다. 더 나아가서 4:5에 대한 "주석"이 보여 주겠지만, 본 절과 4:10에서 말하고 있는 결혼은 죽은 형제들에게 의무가 있는 실질적인 수혼의 법적 의무의 한 실례가 아니라, 우리가 더 나은 단어의 부족으로 인하여 보아스가 처음으로 떠올리고 있는 "수혼 형태의 책임"이라고 지칭할 자원적, 도덕적 의무의 한 실례다(그 곳의 논의를 보라).

비티(*JSOT* 5[1978] 44-46)는 3:13에 있는 "기업을 무르다"(גאל – 가알)가 이것이 3:9에서 담고 있는 것과는 매우 다른 의미를 담고 있다고 제안했다. 비티가 룻이 3:9에서 고엘(גאל)을 "그가 이 이야기 가운데서 역할을 했던 부분"(44), 즉 궁핍한 가족을 도울 책임을 가진 자라는 일반적인 의미로(2:20의 "주석"을 보라) 사용하고 있다고 단언하기는 하지만, 그는 "어떤 새로운 것이 12-13절에 도입되어 있고" 또한 그 보아스의 말에 "어떤 수준의 비밀이 들어 있다"고 주장한다(45). 비티에 따르면 "어떤 새로운 것"의 정체는 4장에 가서야 분명하게 드러나는데, 그 곳에서 보아스는 "전문적인 의미에서 고엘로서 행동하고 엘리멜렉과 말론이 그들에게 남겨 놓은 재산을 그들로부터 산다". 그런 까닭에 "3:13에 있는 보아스의 진술의 의미는 단순히 이 무명의 기업 무르는 자가 땅을 무르는 일을 선택하리라는 것이다"(46). 그 다음에 비티는 보아스가 13절에서 가알(גאל, "기업을 무르다")을 땅을 무르는 고엘(גאל, "기업 무르는 자")의 의무라는 전문적 의미로 사용하고 있다고 주장한다. 그러나 이 문맥에는 룻이 3:9에서 제시했던 것과 다른 의미로 보아스가 여기서 고엘(גאל)을 사용하고 있다는 사실을 암시할 만한 것이 전혀 없다. 자기의 주장을 입증하기 위하여 비티는 13절에서 보아스가 룻이 요구한 것과 다른 어떤 것을 언급하고 있음에 틀림없다고 주장한다. 그러나 보아스가 11절에서 "내가 네가 말하는 모든 일을 행할 것이다"라고 말하는 것은 터무니없는 것이다(*JSOT* 5[1978] 46). 이것은 결코 가정에서 나온 추론이 아니다. 9절에서 룻은 본질적으로 "저에게 결혼이라는 보호막을 주십시오. 당신은 고엘이기 때문입니다"라고 말했다. 10절에서 그녀를 칭찬하는 가운데 보아스는 명확하게 자신이 그녀가 결혼해 달라고 요구하고 있는 것으로 이해하고 있음을 밝혔다. 11절에서 그는 "내가 네 말대로 네게 다 행하리라"고 말한다. 그는 구체적으로 "너와 결혼할 것이다"라고 말하지 않는다. 그 다음 12절에서 그녀의 요구의 결과로 그가 또 다른 자기보다 가까운 고엘(גאל)이 있다(즉 더 우선권을 가진)고 말하고, 그 다음에 이 사람이 룻을 구속할 가능성에 대해서 말하고 있다면, 우리는 그의 말을 결혼하는 것말고 어떤 다른 방식으로 이해할 수 있겠는가? 비티가 "이 다른 고엘이 행동하려고 하든 그렇지 않든 그 행동의 영역에 관해서 아무것도 말해져 있지 않다"고 설명할 때(*JSOT* 5[1978] 46), 그는 문맥이 어떤 의미에서 그가 행동하리라는 것인지 분명하게 밝혀 주었다는 사실을 전혀 이해하지 못하고 있다. 그러므로 12-13절은 한 친척이 고엘로서 땅을 구속하는 법적 의무 문제를 선택하는 순서가 있었던 것처럼, 또한 도덕적 의무에서 친척의 과부와 결혼하는 가족적 책임 문제에 있어서도 고엘로서 행동함에 따라 하나의 선례가 있었다는 사실을 암시한다.

어쨌든, 비티가 여기서 고엘(גאל)이라는 단어의 사용은 "의도적으로 모호한 어투다…. 보아스는 '만일 그가 너와 결혼하지 않는다면 내가 스스로 너와 결혼할 것이다'라고 말하고 있지 않다"고 주장함에 있어서 우리는 그에게 동의한다(*JSOT* 5 [1978] 45). 또다시 우리의 설화자는 자신의 어휘 선택을 통하여 보아스가 룻의 제안을 결혼 요구 이상의 것으로 들었다는 사실을 강력하게 암시해 주고 있다. 저자는 가알(גאל, "구속하다")이란 동사를 이중적인 의미(entendre)로 사용하고 있으며, 여기에는 신비적 요소가 포함되어 있는데(비티가 주장하는 대로), 그 이유는 이 이야기 가운데서 현재로서는 다른 어떤 의미에서 룻과 나오미가 "구속"이 필요한지를 전혀 암시하지 않았기 때문이다.

13절이 더 가까운 근족이나 보아스가 룻을 구속한다는 데 대해서 네 번이나 말하고 있다는 사실은, 룻이 3:9에서 두 개의 분리된 요구(그 곳의 "주석"을 보라), 즉 하나는 자신의 결혼이고 다른 하나는 나오미를 위한 구속을 요구했다는 세이쏜의 주장을 지지할 수 없는 가설이라는 최종적인 증거다. 세이쏜(90)은 이 자료가 최종적으로 "어쩌면 최선의 접근 방식은 우리가 살펴보고 있는 이야기의 구조에 이러한 자료들을 삽입하는 가운데 많은 난점들을 허용하는 것이다"라고 결론지으면서(91-92) 이러한 자료들이 제공하는 심각한 문제들을 설명하고 있을 뿐만 아니라, 그는 또한 가알(גאל)이란 동사를 덧붙여진 직접 목적격 접미사와 함께 "너를 위하여 기업을 무르다"로 번역하고 있다(72; 또한 참조. 90). 이것은 내가 알기로는 다른 곳에서는 유례가 없는 목적격 대명사 접미어의 용법이다.

그런 까닭에, 보아스가 여기서 최소한 "기업을 무르다"란 동사를 통하여 룻이 3:9에서 "죽은 친척의 과부와 결혼함으로써 고엘로서 행동하다"를 의미했던 내용을 의미한다는 것은 반증이 없는 한 사실 입증이 충분한 증거(prima-facie evident)다. 그는 이것을 이중적 의미로 사용하고 있을 수 있는데, 그럴 경우 설화자는 약간 신비스럽게 말함으로써 우리의 긴장감을 증가시키고 우리의 호기심과 흥미를 자극하고 있다. 이는 룻과 나오미의 구속 이외에 그 어떤 다른 필요도 이제까지 그 이야기 가운데서 표면에 떠오르지 않았기 때문이다. 필자의 의견에는 이것이 그가 행하고 있는 바로 그 점이다. 그러나 그는 "기업 무름"을 룻이 3:9에서 사용한 것과 전혀 다른 의미로 사용하고 있는 것이 아니다.

14 여기에 나오는 마지막 두 문장의 순서는 난해하다. 히브리어 본문은 사람이 알아볼 수 있기 이전에 일어난 사람이 룻이었다(ותקם – 와타쾀, "그녀가 일어섰다")고 진술하고 있는 반면에, 뒤따라오는 문장(ויאמר – 와요메르, "그리고 그가 말했다")에 그러한 행동의 근거를 제공한 것으로 보이는 것은 룻(하이샤〈האשה, "그 여인"〉가 밝히고 있는 바와 같이)에게 말한 것이 아니라, 보아스 자신의 말이다. 주석가들은 난점을 해결하기 위하여 여러 가지 해결 방법을 채택한다. 유온(77)은 와야콤(ויקם, "그가 일어섰다")으로 읽을 것을 제안한다. 그러나 그러한 변경을 할 만한 본문의 근거가 없는데, 그 이유는 모든 역본들이 동사를 여성형으로 읽고 있기 때문이다. 루돌프(55-56)는 유온의 수정에 반대하면서 와타쾀(ותקם, "그녀가 일어섰다") 뒤에 베데바로(בדברו, "그의 명령에 따라")를 덧붙이도록 제안하지만, 이것 또한 단 한 개의 히브리어 필사본 혹은 고대 역본만이 그러한 독법을 증거해 주고 있다. Syr은 룻을 마지막 문장의 주어로 만들어서 "그녀가 그에게 말했다. '내가 타작 마당에 있는 당신에게 온 사실을 아무도 모르게 해야 할 것입니다'"라고 번역했고, 반면에 Vg은 그렇게 함으로써 보아스의 말을 룻에게 직접적으로 말한 하나의 경고로 만들었다. 이 난점은 히브리어 필사본의 관용어 "스스로에게 말하다, 생각하다"가 가장 자주 "마음에 말하다"로 표현되기는 하지만, 동사 "말하다"만이 "마음에" 한 부사구의 첨가 없이 이런 의미로 사용될 수 있다고 생각함으로써 가장 잘 해결될 수 있다(예를 들어, 창 20:11; BDB, 2, p. 56을 보라; 아래 4:4에서 이 문구의 사용에 대한 "주석"을 참조하라). 더 나아가서 우리의 설화자는 처음에 룻이 무엇을 했으며 그 다음에 보아스가 무엇을 생각했는지를 묘사하고 있는데, 그 이유는 두 번째 문장이 와요메르(ויאמר, "그리고 그가 말했다")로 시작하는 와우

연속법이 보아스의 말을 룻의 행동보다 앞선 것으로 이해하는 것을 배제하기 때문이다.

15 "네 겉옷을 가져다가 펴서 잡으라"(הָבִי הַמִּטְפַּחַת – 하비 함미트파하트). 명령형 하비(הָבִי)는 여러 가지 관점에서 특이하다. 이것은 구약성경에서 대화 가운데서만 나타난다. 이것의 어근은 그것이 아람어/수리아어, 아랍어, 에디오피아어에서 "주다"에 대한 일반적 구문 계열에 들어 있는 의미와 함께 출현한다는 사실에 근거하여 일반적으로 야하브(יהב)인 것으로 취급된다. 이것이 특별한 감탄사로 사용될 때를 제외하고(예를 들어, 창 11:3, 4, 7), 이것은 문맥 가운데서 한 사람이 사용할 수 있게 준비되거나 혹은 만들어지기를 바라는 내용을 표현하기 위하여 룻기의 구절과 유사하게 사용된 하나의 구어체다(참조. 창 29:21; 30:1). 본 구절에서 이것은 "펼쳐라, 사용할 수 있게 만들어라"와 같은 뜻을 의미한다.

"겉옷"(הַמִּטְפַּחַת – 함미트파하트). 함미트파하트(מטפחת)란 단어는 이사야 3:22에서 여인들의 장황한 보석과 치장 목록 가운데만 나타나는데, 거기서 대부분의 항목들의 의미가 함미트파하트(מטפחת)처럼 모호하며 불확실하다. 그러나 언급된 항목들이 일반적으로 정상적인 의류나 옷의 단어들(예를 들어, בגד, שׂמלה 혹은 כתנת)을 포함시키지 않고 있으므로, 함미트파하트(מטפחת)는 시믈라(שׂמלה)와 동의어일 가능성이 거의 없고 단순히 3:3에 언급된 것과 같은 의복을 가리킨다(Campbell, 120; Joüon, 78는 이에 반대다). 더 나아가서, 룻이 걸치고 있었던 외투만을 가지고 보아스가 그녀에게 주려고 하는 매우 많은 양의 곡식을 가져가는 데 사용했을 가능성이 없어 보인다. 그런 까닭에 "쇼울"과 같은 어떤 번역들이 요구된 표준에 적합한 것으로 보인다: 이것은 외투의 한 부분이기는 하지만, 상당한 분량을 담을 만큼 충분히 크고 튼튼하다.

"보리를 여섯 번 되어"(וַיָּמָד שֵׁשׁ־שְׂעֹרִים – 와야마드 셰쉬-시오림). 상황이 그 치수를 밝혔을 경우에는 무게와 크기의 분량을 진술하는 사용된 치수가 빠져 있는 것이 구약성경에서 통상적인 일이다(참조. Brockelmann, *Syntax* § 85e; *GBH* § 142n). 불행스럽게도 특별한 상품의 치수에 대해 말하는 가운데 예상된 표준 용어에 대한 우리의 지식이 너무나 제한적이므로, 이 이야기의 원 청중들에게는 분명히 이해되었던 여기에 암시된 특별한 분량의 치수가 우리에게는 거의 알려져 있지 않다. 게다가 구약성경에서 사용되었던 크기와 무게의 치수와 정확하게 일치하는 현대의 치수에 대한 우리의 지식 역시 모호하므로, 룻이 집으로 가져갔던 보리의 양이 얼마였는지에 대해서는 아주 불확실하다. 건강한 젊은 아낙네가 옮길 수 있을 만한 마른 곡식의 분량의 치수는 셋인데, 에바(איפה), 스아(סאה), 오멜(עמר)이다. 2:17의 "주석"에 주어져 있는 정보에 따르면, 보리 한 에바는 30 혹은 50파운드보다 약간 못되고, 그래서 그러한 치수의 여섯은 180 혹은 300파운드 이하의 무게였을 텐데, 현대의 무게로 말한다면(Campbell, 104에 있는 논의를 보라) 한 여인네가 일종의 어떤 의복이라는 수단으로 옮기기에는 무리가 되는 무게다. 오멜이 에바의 10분의 1이므로 이 곡식의 무게는 약 18-30파운드일 것이다. 이것은 하루에 룻이 이삭을 주울 수 있었던 것에 비하여 상당히 적은 분량이고(참조. 2:17), 너무나 적은 분량인 것으로 보인다. 스아는 한 에바의 3분의 1이었고(스아의 에바와의 정확한 관계는 모호하다. *IDB* 4:834-35를 보라), 총 무게가 60 혹은 100파운드가 되며, 한 건강한 젊은 아낙네가 통상적으로 지는 것으로 옮기기에는 가능한 분량이었을 것이다. 그러나 그러한 분량이 어떤 외투의 형태로 옮겨질 수 있었다는 사실은 상당히 문제가 될 만하다. Sasson, 96의 "주석"을 참조하라.

"(그 다음에 그가) 성으로 들어가니라"(וַיָּבֹא הָעִיר – 와야보 하이르). 대다수의 현대 역본들(예를 들어, JB, NASV, NEB, NJPS, RSV, TEV)과 최근의 많은 주석가들은 여기서 "그녀가 들어가니라"로 읽고 있는데, 이 독법은 상당수의 히브리어 필사본, Syr, Vg에 의하여 입증되었다. 그러나 보아스를 가리키고 있는 MT의 남성 독법이 더 나은 것임에 분명하다(참조. NRSV). 루돌프(56)와 세이쏜(98)이 주장하는 바와 같이, 두 번째 위치에서 그러한 수정은 와타보(ותבוא)로 시작하는 매우 짧은 문장이 15절을 마감하고 또 이 단어로 16절을 다시 시작했을 것이라는 사실을 의미하는데, 이것은 스타일상의 비밀이 곳곳에서 입증되었던 것으로 저자에게서 기대하기가 어려운 세련되지 않은 중복적인 문장이 되게 만든다. 둘째로, 앞의 문장에서 주인공으로 행동한 사람은 보아스였고, 따라서 우리의 설화자가 보아스가 룻의 행동에 대해 말하기 위하여 돌아서기 이전에 했던 내용을 묘사하면서 끝마칠 것이라는 사실이 충분히 예상된다. 사실상, 이 문장 없이 우리는 4:1에 있는 다음 막의 첫 문장에 가서야 보아스의 다른 행동에 관해서 듣게 된다.

해설

"양식/구조/배경" 단락에서 관찰한 바와 같이, 이 장면은 앞 장면에서 제안된 나오미의 과감하고도 충격을 주는 계획에 대한 반응들을 행동과 말로 묘사하고 있는데, 먼저는 룻의 반응이요 그 다음에는 보아스의 반응이다. 첫 번째 단락(6-7절)과 마지막 단락(14-15절)은 서술로 이루어져 있다: 첫 번째 단락에서 룻은 나오미의 계획을 행동으로 옮기고, 두 번째 단락에서는 보아스가 행동으로 룻에게 반응한다. 이러한 서술 단락들은 대화라는 중심 단락의 골격을 이룬다.

서술 골격(6-7절)의 첫 번째 부분은 요약적 진술을 이루고 있는데(6절), 이에 대해서 그 다음 구절이 세부 사항들을 채우고 있다. 그렇게 하면서 이것은 3-4절에서 주어진 나오미의 지시의 내용과 명령을 반복하고 있으며, 무의미하지 않은 것으로 보이는 나오미가 언급하지 않은 세 개의 요소를 덧붙이고 있다. (1) 우리는 "보아스가 먹고 마시고 즐거웠을 때"라는 말을 듣는다. 이것은 분명히 그가 룻의 행동이 상징적으로 제시하는 요구를 받아들일 것이라는 암시를 해준다. (2) 우리는 "그 다음에 그가 가서 노적가리 곁에 눕는지라"라는 말을 듣는다. 트리블(183)의 말을 들어보자.

> "노적가리 곁에서": 사소한 사항이지만 계획의 실행에는 중요하다. 이 문구는 다른 잠자는 자들로부터는 분리되고 기다리는 여인에게는 접근할 수 있는 지역이다. 이 사항이 또 다른 삶을 위하여 투쟁하고 있는 이 여인들을 돕는 절호의 찬스의 암시인가? 일찍이 룻은 우연히 보아스의 밭으로 갔었다(2:3). 보아스는 지금 우연히 타작 마당의 한 귀퉁이에 누운 것일까? 우리는 확실히 알 수 없다.

그러나 그러한 도발적인 기미는 우리의 설화자의 섬세하고 의미심장한 스타일과 완전히 잘 어울린다! (3) 그 다음에 그는 룻이 조용히 와서 그의 발치를 들치고 누웠다고 덧붙인다. 이러한 덧붙임 – 그녀가 자고 있는 사람을 깨우지 않는 그러한 방식으로 행동했다("주석"을 보라) – 을 통하여 우리의 설화자는 나오미의 지시를 글자 그대로 옮겼다는 사실을 강조하기 원했다. 그러한 재현은 기사의 속도를 천천히 해 가면서 우리의 긴장감을 고조시킨다. 룻은 스스로 가장 미묘하고도 위험스러운 상황에 처했다. 즉 타작 마당의 외딴 모퉁이에서 보아스와 잠을 잔다! 그러한 도발적으로 육감적인 행동의 결과가 어떻게 나타날 것인가?

이러한 서술적 요약으로 이 장면을 시작한 우리의 설화자는 그 다음에 소량의 시간, 공간 그리고 일어난 사건들에 대한 글을 쓰고 있다. 그는 스타카토식으로 이어지는 일련의 세 개의 문장으로 보아스와 룻 사이의 대화를 소개하고 있다. (직역하면), "그리고 한밤중이었다. 그리고 그 남자가 떨며 일어나 돌아누웠다." 그 다음에 비순서적이고, 생동감 있고, 그림 같은 문장(보아스의 관점으로부터 장면을 표현하면서)이 뒤따라온다. "그리고 여기에 누군가가 그의 곁에 누워 있다"("주석"을 보라). 분명히 그의 관심의 초점은 한밤중에 타작 마당의 어두움 가운데서 룻과 보아스 간에 주고받은 말이다. 즉 설화자는 한 번 더 주로 대화를 통하여 자기 이야기를 진행해 나간다. 첫 번째 말(9a절)은 보아스의 말인데, 놀라서 자기 옆에 누워 있는 낯선 사람의 정체를 알려고 한 말이다. 룻의 첫 번째 말(9a절)은 단순히 이 물음에 대해서 자기 이름을 말하고 자신의 신원을 "시녀"로 밝히고 있는데, 이 용어는 공손하지만 그녀의 행동이 상징적으로 요구하는 신분과 어울리는 상태와 일치하는 단어다. 그녀는 보아스에게 자신을 "말론의 아내"(혹은 "죽은 자의 아내")로 밝히지 않는다는 사실을 유념하는 것이 중요한데, "말론의 아내"라는 신분은 만일 그녀가 진실로 자주 가정되는 바와 같이 보아스에게 엘리멜렉 가문에 후손을 낳아 줄 목적으로 수혼의 책임을 떠맡아 주도록 보아스에게 요청하고 있었을 경우 예상될 수 있는 바와 같이 보아스가 4:5, 10에서 말하고 있는 신분이다(특히 아래 4:5d의 "주석" 다음에 나오는 룻기 4장의 "수혼 형태"의 결혼 책임의 성격에 대한 논의와 그 곳의 "해설"을 보라). 이 과감한 계략을 꾸몄을 때의 나오미처럼(위를 보라), 룻은 여기서 남성 가계를 이어 주는 데 관심을 두고 있지 않다. 그보다 그녀의 목표는 한 여인의 목표, 말하자면 결혼하는 것인데, 곧 자신의 가부장적 세계에서 한 여인에게 수여된 영예로운 안정에만 관심을 두고 있다. 이것을 이루려는 그녀의 관심의 깊이는 그녀가 너무나 기꺼이 실행에 옮기고 있는 위험한 계획 가운데 반영되어 있다.

그러나 뒤이어 나오는 말씀으로, 룻은 나오미의 지시의 대본을 수정하는 것으로 보이는데 – 다소 놀랍게도 룻 자신의 말 가운데서와(5절) 설화자 자신의 말 가운데서(6절) – 그녀가 나오미가 지시한 것과 정확하게 같지 않았다는 사실을 설화자가 이미 우리에게 말했다. 나오미의 지시는 분명히 이 시점에서 보아스가 인계받을 것이라고 진술한 바 있다: "그가 너의 할 일을 네게 고하리라"(4d절). 그러나 룻은 보아스로부터 어떤 반응을 기다리지 않는다. 그녀는 나오미의 계획을 말로 진술하고, 그 계획을 이행하면서 보아스에게 "당신의 옷자락[**히.** 당신의 카나프]으로 시녀를 덮으소서. 당신은 우리 기업을 무를 자가 됨이니이다." 그 외에도 그녀는 나오미가 그녀를 위하여 심어 주었던 대본을 재진술하지 않는다. 그 반대로 룻은 나오미가 그녀에게 행하라고 지시한 상징적 행동과 같은 의미를 언어로 표현하는 하나의 관용어를 사용한다. 나오미는 "그 발치 이불을 들고 거기 누우라"고 말했고, 룻은 이 상징적 행동을 정확하게 실행했다(7절). 이제 그녀는 그러한 행동에 자연스럽고도 필요한 보충물을 이루고 있는 구어(口語) 관용어를 사용하고 있는데, 곧

"당신의 옷자락[히. 카나프]으로 시녀를 덮으소서"는 같은 의미, 즉 "나와 결혼해 주십시오"란 의미를 담고 있다("주석"을 보라). 행동과 관용어 모두 명확성에서 아무것도 결핍된 것이 없으며, 보아스는 즉시 10절이 밝히고 있는 바와 같이 이해한다. 게다가 룻의 입에 그러한 말을 넣어 줌으로써 우리의 설화자는 능숙하게 보아스가 2:12에서 추수 밭에서 있었던 첫 만남에서 그녀를 축복하기 위하여 사용한 표현과 함께 하나의 단어 유희를 이룬다. 러버(Rauber, *JBL* 89[1970] 33)는 이것의 의미를 잘 표현했다.

> 보아스의 마음에는 이것이 그의 이전의 말을 그에게 상기시켜 주는 하나의 기억을 일으킨다. "그리고 이스라엘의 하나님 여호와께서 그 날개 아래 보호를 받으러 온 네게 온전한 상 주시기를 원하노라." 일단 조화가 이루어지고, 그의 예전의 말의 충분한 의미와 암시가 그에게 밀려온다…. 곧 이해의 과정이 완성된다. 모든 것이 수확이라는 이 이미지 가운데서 절정에 이르고 부상한다: 여호와의 날개는 그 스스로 백성을 휩쓸고, 보아스의 팔은 스스로 시녀 룻을 모아들이며, 젊은 남자들의 팔이 창고 속으로 그 곡식을 끌어들인다. 이것은 상상의 화려함과 깊이의 순간이다.

야웨의 날개 아래서 은신처를 찾기 위해 온 그녀는 스스로 그러한 축복을 발설한 그 남자가 결혼하여 자기의 팔을 그녀에게 펼칠 때 야웨께부터 충분한 보상을 받을 것이다!

그러나 보아스에게 한 룻의 말은 이러한 공손함으로 그치지 않고 강한 요청을 한다. 그녀는 자신의 요구를 보아스가 고엘(גאל, "기업 무르는 자")이라는 사실, 즉 그가 재난과 고통, 다시 말해 가난, 압제, 불의로부터 자기 가족을 구속하도록 부름을 받은 자라는 사실에 근거하고 있다(2:20 "주석"을 보라). 그러한 사실은 아무리 시간과 장소와 그녀의 상징적 행동의 상황이라고 할지라도(그녀가 그의 발치를 들치고 거기 누웠다) 그리고 그녀가 그것을 해석하고 있는 말("당신의 옷자락으로 시녀를 덮으소서")이 성적 이미지와 암시로 가득 차 있을지라도, 그녀의 말은 단순하게 보아스로 하여금 성교의 쾌락으로 초대하고 있지 않다는 사실을 논박할 여지가 없게 만든다. 사실상, 그 반대로 한 이방 여인으로서 그녀는 한 이스라엘 사람에게 책임감을 가지라고 요청하고 있다(Trible, 184). 보아스가 책임성과 돌보는 방식으로 행동했을 것이라는 사실은 확실히 나오미가 보아스의 발치를 들치고 누우라고 말하면서 "그가 너의 할 일을 네게 고하리라"고 결론지었을 때 그녀가 마음속에 두고 있었던 내용이었음에 틀림없다. 그러나 한밤중에 타작 마당에서 보아스의 곁에 눕는 이러한 경우의 긴급 상황에 처하여 룻은 아주 당연히 상징적 행동에 대한 무언의 은유와 표현되지 않은 암시에 대해서 보아스로 하여금 해석하도록 그러한 경우의 의미를 남겨 놓지 않았다. 그보다 그녀는 그 경우의 의미를 말로 설명했고, 보아스에게 해야 할 일을 말했다. 그러고 나서 또다시 자신의 긴급한 상황에 처하여 그녀는 고엘(גאל, "기업 무르는 자")로서 보아스의 입장에 자신의 요구의 근거를 놓았다. 그렇게 하면서 그 이야기가 신속하게 밝혀 주는 바와 같이, 그녀는 자신도 나오미도 당장 그때 상상할 수 없었던 자기들의 곤경의 해결의 가능성을 보아스에게 열어 놓았다!

나오미의 대담한 계획을 통하여 조성된 긴장감은 룻이 그것을 어떻게 이행했는지에 대한 세부적인 기사를 통하여 첫 번째 에피소드에서 고조되었고, 이제 10-11절에 있는 보아스의 동의와 함께 가라앉는다. 특징적으로, 그의 첫 마디는 룻에 대한 축복의 말이다. 그 축복의 이유는 흘끗 살펴보면 그 순간의 의미를 룻이 자신의 관점에서 바라본 것처럼 자신의 제한된 세계에서 바라본 관점에서 인식하고 있다는 사실을 시사해 주고 있는데, 그 이유는 그의 첫 번째 반응이 나오미의 계획의 과감성에서나 혹은 룻의 상황의 불안정과 모호성에 대한 어떤 감수성으로부터 나오지 않고, 룻이 결혼하기 위하여 그 성읍의 젊은이들을 찾지 않고 자신을 찾아 준 것에 대한 감사의 깊은 감정에서 나온 것처럼 보이기 때문이다(10c절). 그는 자신의 세계 가운데서 그녀가 선택한 기쁨에 너무나 사로잡힌 나머지 그것을 친절하고 은혜로운 행동(חסד－헤쎄드)이라고 부를 뿐만 아니라, 과장하여 그것을 그녀가 이전에 나오미에게 헌신했던 것보다 더 친절하고 은혜로운 것으로 판단하는 것처럼 보였다(10b절)! 게다가 그는 과장하여 말하기만 하는가? 아무리 만족하고 있을지라도 결혼 요구에 반응하여 그가 사용하고 있는 터무니없는 어투는 우리를 놀라게 한다. 그가 그녀의 요구를 단순한 결혼 이상의 것을 포함하는 것으로 이해했을까? 만약 그렇다면 어떤 다른 방식으로 그가 그녀의 말을 이해했을까? 현재로서는 이 이야기는 우리에게 어떤 실마리를 주고 있지 않다. 보아스의 반응이 다소 어울리지 않은 것처럼 보인다는 감이 있을 뿐이다.

그러한 친절과 은혜로운 행동의 논리적 결과(서론적 문구 "그러므로 이제"를 유념하라)에는 거의 필연적으로 다음과 같은 내용이 뒤따라온다: "내 딸아 두려워 말라 내가 네 말대로 네게 다 행하리라"(11절). 긴장감은 충분히 보증을 준 것으로 보이며, 빈곤을 풍요로 바꾸어 줄 결말은 확실히 가까운 장래에 이루어질 것으로 보이는데－특히 그녀를 현숙한 여인(אשת חיל－에쉐트 하일)으로 말하고 있는 보아스의 칭찬은 즉시 마음속에 2:1에 있는 보아스에 대한 설화자의 묘사를 "유력한 자"(איש גבור חיל – 에쉬 게베르 하일)를 떠올리게 만들어 준다. "여성과 남성, 이방인과 본토인, 젊은이와 나이든 사람, 가난한 자와 부자–이 모든 상대적 형편이 인간의 가치에 의하여 중화된다"(Trible, 184). 이와 같이 차이가 있는 두 사람의 성품의 어울림은 실제로 우리에게 그 요구한 결혼이 하나의 정해진 결론이라는 사실을 보증해 준다. 그러한 미묘한 보증이 그것들 모두를 의아심 가운데 던져 넣은 것처럼 보이는 복잡한 상황에 곧바로 앞서서 표현되어야 할 것이라는 사실은 우리 저자의 또 다른 기교에 속한다. 더 나아가서 그가 그녀에게 "내가 네 말대로 네게 다 행하리라"라고 말할 때 그는 결혼만을 가리켜 말하고 있는가? 그는 분명히 결혼만을 의미하고 있다. 그렇지 않으면 그가 모든 것을 말하는가?

그러나 보아스의 응답의 말은 이 무제한적 보증의 진술로 끝나지 않는다. 첫 번째 논리적 결과는 두 번째 것과 균형을 이루고 있는데(12a절; "양식/구조/배경"을 보라), 이번은 룻이 자신의 요구를 하나의 고엘(גאל, "기업 무르는 자")로서의 보아스의 위치에 근거했다는 사실에 수반한 것이다. 보아스가 확실히 기업 무르는 자이기는 하지만, 그보다 더 가까운 기업 무르는 자가 있으며(12절), 예의상 그가 먼저 행동할 기회를 가져야 한다는 사실을 말한다(13절). "이야기를 말하는 입장에서 보면, 이것은 보아스가 자신의 유능성을 보여 줄 기회를 제공받고 있는, 보다 긴장감이 넘치는 순간을 조장하는 놀라운 효과를 가지고 있다. 그 이유는 보아스가 책임을 이행하기 위하여 다른 사람의 권리를 빼앗기까지는 않으리라는 것이 그의 용기의 한 단면이기 때문이다"(Campbell, 137). 긴장감이 보아스의 무제한적 보증에 직면해서는 가라앉았다. 그의 정직성에 직면하여 긴장감은 또다시 아주 강력한 힘을 얻는다.

그러나 긴장감에 따라서 신비감도 나타나는데, 그 이유는 보아스의 어투가 또다시 그녀가 요구하고 있는 것 이상을 그가 가리키고 있는지 아닌지 놀라게 만든다. 13절에서 네 번, 즉 근족에 대해서 두 번 그리고 자신에 대해서 두 번 그는 룻을 "구속하는 일"에 대해서 말한다. 나오미와 룻은 보아스에 대해서 룻과의 결혼만을 요구했고, 고엘(גאל, "기업 무르는 자")이라는 단어는 현재로서는 이 이야기 가운데서 궁핍에 처한 가족 구성원을 돕고 원조하기 위하여 오는 한 남자의 도덕적 의무라는 일반적인 의무로서만 사용되어 왔다. 그렇다면 분명히 보아스는 여기서 동사 가알(גאל, "기업을 무르다")을 같은 일반적인 의미로 사용하고 있음에 틀림없다. 그러나 비티가 주장하는 바와 같이(*JSOT* 5[1978] 45), 그는 "만일 그가 너와 결혼하지 않는다면 내가 그렇게 하겠다"라고 말할 수 있었다. 그가 룻을 "구속하는 일"에 관해서 말하고 있고 이 동사가 최소한 세 개의 전문적 의미를 내포할 수 있으므로(2:20 "주석"을 보라), 그가 결혼 이외의 어떤 것이나 아니면 결혼 이상의 것을 의미하여 말하고 있는가? 만일 그렇다면 그가 어떤 일을 가리킬 수 있겠는가? 빈곤과 과부 신세라는 수치를 제거하는 것 이외에 어떤 다른 방식으로 룻이 "구속"될 필요성 가운데 서 있다고 볼 수 있는가? 지금까지 이야기는 우리에게 지극히 작은 실마리도 제공하지 않았다. 그러므로 보아스는 단순한 결혼을 의미하고 있음에 틀림없다. 그렇지 않으면 그 외에 다른 것을 의미하고 있는가?

이 독특한 대화를 결론짓는 구조는 또다시 서술로 되어 있는 네 번째 에피소드(14-15절)를 이루고 있다. 그 다음날 아침 보아스는 전날 밤에 있었던 룻의 상징적인 결혼 요구에 일치하는 하나의 약속을 상징하는 상징적 행동을 한다. 우리의 설화자는 룻의 행동과 보아스의 생각을 순서적으로 구별된 사건으로 표현하고 있다: "룻이 새벽까지 그 발치에 누웠다가 사람이 피차 알아보기 어려울 때에 일어났으니 보아스의 말에 여인이 타작 마당에 들어온 것을 사람이 알지 못하여야 할 것이라 하였음이라." 캠벨(126)은 이 연속되는 사건의 의미를 정확하게 파악했다: "이야기 작가는 보아스와 룻이 이제 함께 자기들의 공동 목적이 되어 있는 일을 해결해 나가는 과정에서 주도권을 쥐고 있다는 생각을 이해시키고 있다." 보아스의 약속에 대한 상징적 행동이 즉시 뒤따라오고 있다: 그는 그녀의 쇼울에 자신의 지극히 풍성한 선물인 곡식을 가득 채워 주었는데(15절, "주석"을 보라), 이는 그들이 처음 만났을 때 그가 룻에게 너그럽게 이삭을 줍도록 허락해 준 것과 동일한 행동이었다(2:14-17). 룻으로 하여금 타작 마당으로부터 집으로 돌아가도록 "은폐물"을 제공해 주는 것 이외에도 그는 앞으로 해 나갈 자신의 행동-그들의 재난을 영원히 종식시켜 줄 행동-의 진실성을 그 선물과 함께 주었다.

이 단락은 거의 의미심장한 간결한 두 단어로 된 진술로 끝난다. "(그리고 그가) 성으로 들어가니라." 이 진술은 이 장면의 시작 부분에 있는 두 단어로 된 첫 문장과 뚜렷하게 대조된다: "(그리고) 그(녀)가 타작 마당으로 내려가서"(6a절). 2장의 초두에서 이 이야기의 과정의 주도권은 룻으로부터 발단이 되었는데, 그 이유는 나오미가 쓰라린 절망감에서 침묵에 휩싸여 있었기 때문이다. 본 장의 초두에서 주도권은 룻에게 은혜를 베푼 자가 보아스라는 사실을 알았고 기운이 소생한 나오미에게로 옮겨 갔다. 이러한 첫 진술과 마지막 진술의 대조는 이야기 진행의 주도권이 이제 룻과 나오미에게서 보아스에게로 넘어갔다는 사실을 표시하고 있다. 나오미가 이 선물을 받을 때 깨닫게 되겠지만(18절), 우리는 보아스가 모든 문제를 해결하기 위하여 행동하기까지 오래 기다릴 필요가 없을 것이다.

장면 3.
나오미가 그 만남을 평가하다: 보아스가 이행할 것이다(3:16-18)

참고문헌

McDonald, J. "Some Distinctive Characteristics of Israelite Spoken Hebrew." *BO* 32(1975) 162-75.

본 문

16 룻이 시모에게 이르니 그가 가로되 내 딸아 어떻게 되었느냐 룻이 그 사람의 자기에게 행한 것을 다 고하고

17 가로되 그가 내게 이 보리를 여섯 번 되어 주며 이르기를 빈손으로 네 시모에게 가지 말라 하더이다

18 이에 시모가 가로되 내 딸아 이 사건이 어떻게 되는 것을 알기까지 가만히 앉아 있으라 그 사람이 오늘날 이 일을 성취하기 전에는 쉬지 아니하리라

16 She came to her mother-in-law, who said,[a] "How do things stand with you,[b] my daughter?" So Ruth[c] told her all that the man had done for her.

17 "And," she said, "he gave me these six measures of barley,[a] 'because,' he said,[b] 'you must not go back empty handed[c] to your mother-in- law!'"

18 Then Naomi said, "Now you must wait,[a] my daughter, until you learn how the matter[b] will turn out, for the man will not rest this day unless he has settled it."[c]

원문주해

16.a. 직역하면 "그리고 그녀가 말했다".

16.b. 직역하면 "네가 누구냐?[즉 상황이 어떻게 되었느냐?; "주석"을 보라]".

16.c. 직역하면 "그녀".

17.a. 직역하면 "이 보리 여섯 분량을 그가 나에게 주었습니다". "주석"을 보라.

17.b. Q는 "그가 말했다"라는 동사 다음에 모음 부호를 엘라이(אֵלַי, "나에게")로 붙이고 있는데, 이러한 독법은 여러 역본들의 지지를 받은 것이다. 이 단어가 알(אֶל) 앞에서 중자탈락으로 말미암아 생략되었을 가능성이 있기는 하지만(Gerleman, 30; Hubbard, 223; Joüon, 79), 이것은 불필요하다(Rudolph, 52). 5절과 11절에서처럼 더 짧은 본문이 원문일 가능성이 크다.

17.c. 직역하면 "빈".

18.a. 직역하면 "앉아라".

18.b. 다바르(דבר, "일")는 여기서 이해할 수 없이 정관사를 가지고 있지 않을지라도, 이것에 후대에 문장 속에는 들어 있다.

18.c. 직역하면 "일".

양식/구조/배경

마감하는 장면인 이 단락은 룻이 나오미에게 그날 밤에 만난 일의 결과를 보고하는 짧은 대화로 구성되어 있다. 이 단락을 하나의 장면으로 결정하게 만드는 형식과 내용의 표준에 관해서는 첫 장면에 주어져 있는 전체 막의 형식과 구조에 대한 논의를 보라. 이 장면은 "룻이 시모에게 이르니"라는 서술적 진술로 시작되는데, 이것은 앞 장면을 마감하는 진술 즉 한 단락의 경계를 표시하는 "성으로 들어가니라"와 날카롭게 대조된다. 이 장면의 내용은 간략한 세 마디의 대화로 구성되어 있는데 그것은 다음과 같다.

절	형식	내용	기능
16b	직접 인용	나오미의 질문	동기 ↓
16c	서술적 진술 }	룻의 대답	반응
17	직접 인용 }	룻의 대답	동기 ↓
18	직접 인용	나오미의 결론	반응

본 단락은 룻이 한 일이 어떻게 되어 가고 있는지 묻는 나오미의 질문으로 시작된다(16b절). 그러고 나서 룻이 이에 답하여 보고하는 내용이 뒤따라오고(16c-17절), 그 다음에 나오미의 결론이 뒤따라온다(18절). 설화자가 룻의 대답을 기록하

는 방식(16c-17절)이 보아스가 말하고 행동하는 모든 일 중에서 단 하나에만 관심을 집중하고 있는데, 그 이유는 그날 밤의 전 과정이 간략한 서술적 진술로, "룻이 그 사람의 자기에게 행한 것을 다 고하고"라고 진술되어 있기 때문이다. 그러나 보아스의 풍성한 곡식 선물에 대한 기사가 룻의 말 가운데 하나의 직접 인용어로 제시되어 있는데, 그녀의 말 가운데 선물을 준 이유에 대해 직접 인용한 말이 포함되어 있어서 우리의 모든 관심을 이 상징적 행동과 그 의미에 집중하게 하고 있다. 앞의 두 막과 대조적으로 여기에는 결론을 짓는 서술적 진술이 있다.

주석

16 "내 딸아 어떻게 되었느냐?"(직역하면 네가 누구냐?) 이 문구의 문자 그대로의 의미는 문맥 가운데서 이해하기가 난해하다. 이것을 룻이 문을 두드리는 것에 대한 나오미의 응답으로 이해하기는 불가능한데, 그 이유는 그러한 노크에 대한 응답은 당연히 "거기 누구요?" 혹은 "룻, 너냐?"였을 것이며, 뒤따라 나오는 문장 가운데 서술된 것과는 확실히 다른 어떤 대답이 룻에게서 나왔을 것이기 때문이다(16c절; Rudolph, 57). Syr은 분명히 이 본문을 이러한 문자 그대로의 의미로 취급한 것으로 보이며, 그래서 억지로 "그녀가 그녀에게 말했다. '저는 룻입니다'"를 삽입했다. LXX[B]는 미 에트(מִי אַתְּ)란 두 단어를 전혀 번역하지 않음으로써 이 난점을 해결했다. 캠벨이 말하는 바와 같이(129) 이 난점을 해결하려는 이러한 시도는 본문이 정확한 것이라는 사실을 드러낸다. 캠벨은 또한 매우 날카롭게 나오미가 룻에게 말하는 단어인 호격 "내 딸아"가 규칙적으로 나오미와 보아스에 의하여 사용되었는데(예를 들어, 2:2, 8, 22; 3:1), 이는 분명히 이 질문이 신분을 물어보는 것이 아니라는 사실을 암시한다고 지적한다. 보아스가 "내 딸아"라는 말을 붙이지 않고 신분 그 자체를 밝히고자 하는 3:9에 있는 동일한 문구와는 대조가 된다(Sasson, 100이 그렇게 말함). 대부분의 주석가들(예를 들어, Campbell, Joüon, Rudolph)은 여기에 나오는 미(מִי)의 용법을 아모스 7:2, 5, "야곱아 어떤 식으로/어떻게 존속할 수 있겠느냐?"(מִי יָקוּם יַעֲקֹב – 미 야쿰 야아코브)에 있는 용법과 동일한 것으로 인용하면서(참조. 사 51:19), "상태의 직접 목적격" = "누구처럼?" 즉 "어떤 상태 혹은 입장으로?"로 해석한다(참조. BDB, 566; 그리고 특히 *IBHS* § 18.2d). 미(מִי)가 여기서 명사절 가운데 있는 직접 목적격으로서 기능을 하고 있다는 사실은 문법적 난점을 일으키지 않는데(Hubbard, 224 n. 5는 이에 반대다), 이 용법을 직접

목적격으로 지칭하는 것이 순전히 학술 용어의 문제이기 때문이다. 이것은 부사적 용법으로 지칭될 수 있다(참조. *HebS* § 123). 비인칭대명사 마(מָה, "무엇?")가 사사기 18:8에서 이와 매우 유사하게 사용되고 있다(Goslinga, 541). 룻의 대답이 나오미에게 보아스가 그녀 자신에게 행한 모든 일을 말하는 것이므로(16c절), 문맥상 그러한 의미가 필요하다. 여기 나오는 불변화사 미(מִי)를 순전히 의문을 나타내는 불변화사, 즉 "너, 룻이냐?"라는 질문을 말하는 의미로 해석하려는 게를르만(33)의 시도는 그 자체가 추천할 만한 것이 아니다. 그 이유는 이것 역시 그날 밤의 행동에 대한 기사 이외의 다른 반응을 룻으로부터 요구하기 때문이다.

17 "그가 내게 이 보리를 여섯 번 되어 주며"(שֵׁשׁ־הַשְּׂעֹרִים הָאֵלֶּה נָתַן לִי – 쉐쉬-하스오림 하엘레 나탄 리). 단어의 순서가 바뀌어 있는 이러한 표현은–목적어 + 동사–구어 히브리어에서는 표준적 표현으로서 강조적인 의미는 없을지라도, 이것은 분명히 어떤 강조를 암시가 없는 이 지시대명사 하엘레(האלה, "이것들"; 우리는 이러한 표현 배후에서 룻이 손가락으로 강조하여 가리키고 있음을 보게 된다. Hubbard, 225가 이렇게 말함)가 특별히 문맥상 예외적인 의미를 지닌 것으로 보인다.

"빈손으로 네 시모에게 가지 말라"(אַל־תָּבוֹאִי רֵיקָם – 알-타보이 레캄). 흥미롭게도 룻이 인용하고 있는 보아스의 이러한 말은 이 장면이 일어난 15절에서는 기록되지 않았다. 이러한 사실에 근거하여 세이쏜(151)은 룻이 나오미가 자신의 며느리를 잃어버릴까 봐 걱정하는 것을 덜어 주려고 보아스를 나오미의 은인으로 조장하기 위하여 이러한 진술을 만들어 냈다고 주장하는 데 이용한다. 세이쏜의 입장에서 볼 때, 이것을 우연히 사용할 수 있었을 보아스에게보다는 절망감에 빠져 있는 나오미로부터 처음으로 터져 나온 이 말을 들었던 룻에게 1:21에 표현된 나오미의 "비어"(emptiness)의 반전을 반영하기 위하여 채용된 것으로 함축이 있는 레캄(ריקם, "빈")의 사용을 할당하는 것이 설화자 편에서는 훨씬 더 미묘하고도 민감한 것이었을 것이다. 보다 미묘한 분석으로 벌린(Berlin, *Poetics*, 97-98)은 설화자가 여기서 룻이 생각 혹은 내적 독백을 표현하기 위하여 직접적인 인용어를 사용했을 수도 있다고 생각한다. 그녀(벌린)는 다음과 같이 말한다.

> 만일…우리가 직접적인 말을 문체론적으로는 더 낫지만 구문론적으로는 직접적인 말과 동일한 것으로 간주한다면…, 우리는 이 인용된 직접적인 말을 간접적 담화로 전환할 수 있다. 그 다음으로 우리는 룻의 말을 "내가 빈손으로 내 시모에게 돌아가서는 안 될 것이라고 생각했기 때문에 그가 이 보리 여섯 번을 되어서 내게 주셨습니다"로 번역할 것

> 이다. 이것은 보아스의 행동에 대한 심리학적인 그리고 관념적인 룻의 인식이다…우리는 어찌하여 보아스가 룻에게 보리를 주었는지 모른다. 우리는 왜 룻이 보아스가 자기에게 그것을 주었다고 생각했는지만을 안다.

그러나 필자의 의견에는 그보다는 설화자가 분명히 이것들이 보아스 자신의 말이라는 사실을 암시하고 있다. 무엇보다도 먼저 설화자는 우선 가장 일반적인 서술적 요약문인 "그래서 룻이 그 사람의 자기에게 행한 것을 다 고했다"는 기록을 하면서 나오미의 질문에 대해서 직접적인 자신의 말로 룻의 말을 기록하고 있다. 그렇지만 그 다음에 설화자는 일어났던 모든 세부 사항들, 즉 보리를 여섯 번 되어 준 선물에 관한 말을 직접적인 룻의 말로 설명하고 있는데, 그 가운데 보아스가 이 선물을 주는 이유를 설명하는 보아스의 말을 인용하고 있다. 룻의 대답의 이러한 구조를 통하여("양식/구조/배경"을 보라), 설화자는 그 선물에 그리고 특히 그 선물의 이유에 모든 강조를 두고 있다. 더 나아가서 이러한 강조는 보아스의 의도의 진지성을 우리에게(그리고 나오미에게!) 전달하기 위하여 의도되어 있다("해설"을 보라). 그 다음으로 실로 그는 실질적으로 그것이 단순히 룻이 받은 인상이 아니라 곡식이라는 선물을 주는 보아스의 의도라는 사실을 암시하기 위하여 의도하고 있다.

18 "이제 가만히 앉아 있으라"(שְׁבִי – 셰비; 직역하면 "머무르라"). 동사 야샤브(ישׁב)는 "남다, 머물다. 집에 머물다"란 의미로 사용될 수 있다(BDB, 2.a, p. 442; *HALOT*, 4, p. 444). 여기서 이 단어는 "잠잠히 앉다"라는 의미로 사용되었는데, "장소보다는 나오미가 룻이 정당하다고 생각하는 태도"가 강조되고 있다(de Waard-Nida, 61).

"이 사건이 어떻게 되는 것을"(אֵיךְ יִפֹּל דָּבָר – 에크 이폴 따바르). 나팔(נפל, "떨어지다")이 "결과가 되다, 바뀌다"를 의미하기 위하여 사용되는 것은 오직 여기에서뿐이다.

"까지"(כִּי־אִם – 키-임). 예외적인 문장을 이끌고 있다(*HebS* § 556; GKC § 163c). 즉 이것은 그 진술이 결과로 나타나기 전에 실현되어야 할 상황을 이끌고 있다.

해설

이 마지막 장면은 룻이 집으로 돌아온 후에 일어난 룻과 나오미 간의 대화를 기록하고 있다. 나오미가 룻이 자신의 과감하고도 위험한 계획을 이행하고 돌아오기를 기다린 긴장감이 그녀가 룻을 맞이하는 말 가운데 반영되어 있다. 이 말은 평온함 가운데 말해진 것이 아니다. 나오미는 거의 숨쉴 틈이 없이 그날 밤의 사건이 어떻게 되었는지를 룻에게 묻고 있다. 의미심장하게도, 우리의 설화자는 이러한 열정적인 질문에 대한 룻의 대답을 인용하여 기록하고 있지는 않고 서술적 진술을 통해서만 그 대답을 진술하고 있다. "룻이 그 사람의 자기에게 행한 것을 다 고하고"(16c절). 더 나아가, 룻의 말은 나오미의 질문에 대한 대답으로 그치지 않는다. 그녀는 대답을 계속해 나가는 가운데 "양식/구조/배경" 단락에서 지적한 바와 같이 이 사건을 룻의 말에 대한 직접적 인용에만 연결시키면서 우리의 모든 관심을 보아스가 준 많은 양의 보리에 집중시킨다. 게다가 우리의 설화자는 룻의 말 자체를 인용함으로써 장면 그 자체가 아니라 이 선물의 이유를 설명하는 방향으로 나아간다(3:15): "빈손으로 네 시모에게 가지 말라 하더이다." 이러한 사실을 강조한 이유는 파악하기가 어렵지 않으며 중요한 것이다. 앞 장면의 초두에서 소개된 나오미의 계획은 룻의 결혼을 통하여 빈곤과 룻의 과부 신분이라는 수치를 해결하는 데만 관심을 가졌으며(3:1), 타작 마당에서 있었던 룻의 요구와 보아스의 대답에서도 그러했다(3:9-11). 더 나아가서 자신과 혹은 다른 근족 가운데 한 사람이 아침에 행동할 것이라는 보아스의 약속은 특히 룻을 구속하는 일과 관련된 것이다(3:13). 그러나 나오미에 대해서는 어떠한가? 1장에서 제기된 중요한 문제인 나오미가 경험한 죽음과 결손의 문제가 어떻게 삶과 충만함으로 전환될 것인가? 진실로 우리의 설화자가 룻이 "빈손"(ריקם – 레캄)으로 그녀의 시모에게 돌아가지 말라고 주장하는 보아스의 말 자체를 인용하는 방식은, 보아스가 나오미에게 보내는 많은 양의 곡식 선물이 그가 약속한 해결이 그녀를 생명으로, 풍성함으로 돌아가게 하는 것을 내포할 것이라는 하나의 징조라는 표시인데, 그 이유는 이것이 1:21에서 나오미가 쓰라린 불평 가운데서 사용했던 것과 같은 말이기 때문이다: "내가 풍족하게 나갔더니 여호와께서 나로 비어(ריקם – 레캄) 돌아오게 하셨느니라." "단 한마디의 말로써 나오미의 재난의 일부가 해결된다"(campbell, 129). 더 나아가서 세이쏜(102)은 통찰력 있게 설명하기를, 나오미의 빈곤이 지나갔다는 그의 징표인 그 선물을 설명하고 있는 보아스의 이러한 말들이 "나오미의 절망의 깊이를 들어" 알고 있는 룻의 입으로부터 나오도록 한 사실과, 뿐만 아니라 나오미의 쓰라림을 알지 못한 상태에서 무시하고 응답되지 않은 채로 룻이 그녀와 함께 있는 것 자체가 그녀의 결손 자체가 그 때까지 어느 정도 현혹시키는 것이고 또한 가장 확실하게 일시적이었다는 분명한 증거였다는 사실은 우리의 설화자의 기민하고도 섬세한 필치다.

룻에 대한 나오미의 반응은 그녀가 보아스의 상징적 의미를 지닌 선물의 의미를 충분히 파악하고 있다는 사실을 드러낸다. 그녀는 룻에게 "이 사건이 어떻게 되는 것을 알기까지 가만히 앉아 있으라 그 사람이 오늘날 이 일을 성취하기 전에는 쉬지 아니하리라"(18절)고 하며 확고하게 앉아 있을 것을 권한다. 보아스의 진실성에 대한 나오미의 신뢰는 감소되지 않는다. 이 신뢰는 "그가 너의 할 일을 네게 고하리라"(3:5)고만 말하고 룻을 보아스의 타작 마당으로 보냈을 때처럼 여전히 그대로이다. 그러나 비록 그녀가 보아스가 행동하되 순수성을 가지고 행동할 것이라는 사실을 의심하지는 않고 있을지라도, 그가 어떤 일을 행할 것인지는 "이 사건이 어떻게 되는지"라는 모호한 표현으로만 묘사하고 있을 뿐이다. 룻은 분명히 보아스의 말과 행동을 명확하게 보고하면서 "그 사람의 자기에게 행한 것을 다 보고했다"(16b절). 보아스가 자신이나 혹은 자기보다 가까운 근족이 그녀의 기업을 무를 것이라는(3:13) 자신의 약속에 의하여 자극을 받아 룻과 결혼하는 그 이상의 일을 하리라는 사실을 나오미가 예상하고 있는가? 현재까지의 이야기는 무엇이 나오미로 하여금 보아스가 룻의 기업을 무를 것이라는 말을 했을 때 결혼 이외의 다른 어떤 것을 의미하는 것으로 결론지을 수 있었는지에 대해서 자그마한 실마리도 제공하고 있지 않다. 우리의 설화자가 많은 분량의 곡식 선물을 기록한 방법은 보아스가 룻의 요구에 응답했던 약간 일관성이 없는 방식과 연결된 것으로서 (앞 장면의 "해설" 부분을 보라), 나오미가 너무나 확신 있게 기대하고 있는 결과가 단순히 룻과 결혼하는 것보다 훨씬 더 많은 것을 해결할 것이라는 사실을 미묘하게 암시해 주고 있다. 우리의 설화자는 능숙하게 그리고 조바심이 나도록 어떻게 그리고 어떤 방식으로 이 결말이 나올 것인지에 대해 단 하나의 실마리도 제공하지 않았다.

룻과 나오미 간의 이러한 대화는 그들 중 한 사람이 전체 이야기 가운데서 발설하고 있는 마지막 말을 포함하고 있다. 실현의 문지방에서 균형을 이룬 그들은 모두 옆으로 비켜난다. "이 드라마는 이제 그들의 이야기가 아니고 그들에 관한 이야기가 된다"(Trible, 187). 보아스는 분명히 이제 중심 무대로 들어오고, 실제로 이 행동이 곧 있을 것이라는 사실이 나오미의 확언에 의하여 그리고 이러한 행동이 앞의 두 장과는 다르게 끝난다는 사실에 의하여 암시되어 있다. 우리의 설화자는 첫 번째 막을 보리 추수라는 암시와 함께 끝맺었는데(1:22b), 이것은 미묘하게 기근과 결손의 종결을 암시하는 것이다. 두 번째 막의 끝부분에서 설화자는 이야기에 들어 있는 모든 과정을 추수가 끝났을 때 룻이 여전히 자기 시모와 함께 잠잠히 살았다는 언급을 하면서 잠시 중지된 상태로 이끌고 갔는데, 이는 기근과 결손으로 되돌아감을 표시하는 것이다. 그러나 이 막은 그러한 서술적 진술이 없이 종결된다 (Trible, 187). 우리의 설화자는 보아스가 오늘날 이 문제를 해결하기까지는 쉬지 않을 것이라는 나오미의 확실한 신뢰의 말만이 우리의 귀에 울리도록 하고 있다. 곡식이라는 보아스의 상징적 선물은 나오미에게 그가 행동할 것이라는 사실을 암시해 주었고, 또한 이 선물에 모든 관심을 집중시킴으로써 그리고 그날 밤의 사건에 대한 룻의 보고 가운데 그 이유를 둠으로써, 설화자는 우리에게 자신의 이야기가 이제는 해결을 향하여 돌이킬 수 없이 돌진해 나가고 있다는 사실을 표시해 주고 있다.

4막
해결과 후기: 생명과 풍요(4:1-22)

장면 1.
보아스가 룻과 나오미를 구속할 권리를 취득하다(4:1-12)

참고문헌

Andersen, F. I. *The Hebrew Verbless Clause in the Pentateuch.* JBLMS 14. Nashville: Abingdon, 1970. ______ and **Freedman, D. N.** *Hosea: A New Translation with Introduction and Commentary.* AB 24. Garden City, NY: Doubleday, 1980. **Anderson, A. A.** "The Marriage of Ruth." *JSS* 23(1978) 171-83. **Ap-Thomas, D. R.** "The Book of Ruth." *ExpTim* 79(1967-68) 369-73. **Baker, D. W.** "Further Examples of the *WAW EXPLICATIVUM.*" *VT* 30(1980) 129-36. **Barthélemy, D.,** et al. *Preliminary and Interim Report on the Hebrew Old Testament Text Project.* New York: United Bible Societies, 1979. **Beattie, D. R. G.** "The Book of Ruth as Evidence for Israelite Legal Practice." *VT* 24(1974) 251- 67. ______. "Kethibh and Qere in Ruth IV 5." *VT* 21(1971) 490-94. ______. "Ruth III." *JSOT* 5(1978) 39-48. **Berlin, A.** *Poetics and Interpretation of Biblical Narrative.* Sheffield: Almond, 1983. **Bernstein, M. J.** "Two Multivalent Readings in the Ruth Narrative." *JSOT* 50(1991) 15-26. **Bewer, J.** "The Ge'ullah in the Book of Ruth." *AJSL* 19(1902-3) 143-48. **Boecker, H. J.** *Law and Administration of Justice in the Old Testament and the Ancient Near East.* Tr. J. Moiser. Minneapolis: Augsburg, 1980. ______. *Redeformen des Rechtslebens im Alten Testament.* WMANT 14. Neukirchen: Neukirchener, 1964. **Brichto, H. C.** "Kin, Cult, Land, and Afterlife - A Biblical Complex." *HUCA* 44 (1973) 9-24. ______. *The Problem of Curse in the Hebrew Bible.* JBLMS 13. Philadelphia: Scholars, 1963. **Burrows, M.** "Levirate Marriage in Israel." *JBL* 59(1940) 23-33. ______. "The Marriage of Boaz and Ruth." *JBL* 59(1940) 445-54. **Coats, G. W.** "Widow's Rights: A Crux in the Structure of Genesis 38." *CBQ* 34(1972) 460-66.

Danbe, D. *Studies in Biblical Law.* London: Cambridge UP, 1947. **Davies, E. W.** "Inheritance Rights and the Hebrew Levirate Marriage: Part 1." *VT* 31(1981) 138-44. ______. "Inheritance Rights and Hebrew Levirate Marriage: Part 2." *VT* 31(1981) 257-68. ______. "Ruth IV 5 and the Duties of the Gō'ēl." *VT* 33(1983) 231-34. **Dearman, J. A.** *Property Rights in the Eighth Century Prophets.* Atlanta: Scholars, 1988. **Dombrowski, B. W.** "The Meaning of the Qumran Terms 'T'WDH' and 'MDH.'" *RevQ* 7(1969-71) 567-74. **Driver, S. R.** *A Treatise on the Use of the Tenses in Hebrew.* 3rd ed. Oxford: University of Oxford Press, 1892. **Epstein, L. M.** *Jewish Marriage Contract: A Study in the Status of Women in Jewish Life.* New York: Jewish Theological Seminary, 1927. ______. *Marriage Laws in the Bible and in the Talmud.* HSS 12. Cambridge, MA: Harvard UP, 1942. **Geus, C. H. J. de.** *The Tribes of Israel.* Amsterdam: Van Gorcum, 1976. **Gibson, J. C. L.** *Canaanite Myths and Epics.* Edinburgh: Clark, 1977. **Gordis, R.** "Love, Marriage, and Business in the Book of Ruth: A Chapter in Hebrew Customary Law." In *A Light unto My Path.* FS J. M. Myers, ed. H. Bream, R. Heim, and C. Moore. Philadelphia: Temple UP, 1974. 241-64. ______. "On Methodology in Biblical Exegesis." *JQR* 61(1970) 93-118. **Gordon, C. H.** *Forgotten Scripts: Their Ongoing Discovery and Decipherment.* New York: Basic, 1982. ______. "*WM*- 'and' in Eblaite and Hebrew." In *Eblaitica: Essays on the Ebla Archives and Eblaite Language.* Vol. 1, ed. C. H. Gordon, G. Rendsburg, and N. Winter. Winona Lake, IN: Eisenbrauns, 1987. 29-41. **Gottwald, N.** *The Tribes of Israel.* Maryknoll, NY: Orbis, 1979. **Gow, M.** "*Ruth Quoque* - A Coquette?(Ruth IV 5)." *TynBul* 41(1990) 302-11. ______. "The Significance of Literary Structure for the Translation of the Book of Ruth." *BT* 35(1984) 309-20. **Houston, W. J.** Review of *Ruth,* by J. Sasson. *JSOT* 16(1980) 69-71. **Köhler, L.** "Justice in the Gate." In *Hebrew Man.* London: SCM, 1956. 149-75. **Labuschagne, C. J.** "The Crux in Ruth 4:11." *ZAW* 79(1967) 364-67. **Lachemann, E. R.** "Note on Ruth 4,7-8." *JBL* 56(1937) 53-56. **Leggertt, D.** *The Levirate and Goel Institutions in the Old Testament.* Cherry Hill, NJ: Mack, 1974. **Levine, B.** "In Praise of the Israelite *Mišpāḥâ*: Legal Themes in the Book of Ruth." In *The Quest for the Kingdom of God.* FS G. E. Mendenhall, ed. H. B. Huffmon, F. A. Spina, and A. R. W. Green. Winona Lake, IN: Eisenbrauns, 1983. **Levine, E.** *The Aramaic Version of Ruth.* Rome: Pontifical Biblical Institute, 1973. **Lipiński, E.** "Le Mariage de Ruth." *VT* 26(1978) 124-27. ______. "Sale, Transfer, and Delivery in Ancient Semitic Terminology." *SGKAO* 15(1982) 173-85. **Mace, D.** *Hebrew Marriage: A Sociological Study.* London: Epworth, 1953. **Malamat, A.** "Mari and the Bible: Some Patterns of Tribal Organization and Institutions." *JAOS* 82(1962) 143-50. ______. "Organs of Statecraft in the Israelite Monarchy." In *The Biblical Archeologist Reader 3,* ed. E. F Campbell and D. N. Freedman. Garden City, NY: Doubleday, 1970. 163-98. **McDonald, J.** "Some Distinctive Characteristics of Israelite Spoken Hebrew." *BO* 32(1975) 162-75. **McKane, W.** "Ruth and Boaz." *TGUOS* 19(1961-62) 29-40. **McKenzie, J. L.** "The Elders in the Old Testament." *Bib* 40(1959) 522-40. **Morgenstern, J.** "The Book of the Covenant, Part II." *HUCA* 7(1930) 159-85. **Neufeld, E.** *Ancient Hebrew Marriage Laws.* London/New York: Longmans, Green, 1944. **Niditch, S.** "The Wronged Woman Righted: An Analysis of Genesis 38." *HTR* 72(1979) 143-49. **Parker, S.** "The Marriage Blessing in Israelite and Ugaritic Literature." *JBL* 95 (1976) 23-30. **Pedersen, J.** *Israel, Its Life and Culture I-II.* London: Oxford, 1926. **Porten, B.** "The Scroll of Ruth: A Rhetorical Study." *GCA* 7(1978) 23-49. **Rendsburg, G.** "Eblaite *Ù-MA* and Hebrew *WM-*." In *Eblaitica: Essays on the Ebla Archives and Eblaite Languages.* Vol. 1, ed. C. H. Gordon, G. Rendsburg, and N. Winter. Winona Lake, IN: Eisenbrauns, 1987. 33-41. **Richter, H.-F.** "Zum Levirat im Buch Ruth." *ZAW* 95(1983) 123-26. **Rowley, H. H.** "The Marriage of Ruth." In *The Servant of the Lord.* Oxford: Blackwell, 1952. 169-94. **Sacon, K.** "The Book of Ruth: Its Literary Structure and Theme." *AJBI* 4(1978) 3-22. **Sasson, J. M.** "The Issue of GE'ULLAH in RUTH." *JSOT* 5 (1978) 52-64. **Schneider, T. R.** "Translating Ruth 4:1-10 among the Tsonga People." *BT* 33(1982) 301-8. **Speiser, E. A.** "Of Shoes and Shekels." *BASOR* 77(1940) 15-20. **Thompson, D.**, and **Thompson, T.** "Some Legal Problems in the Book of Ruth." *VT* 18(1968) 79-99. **Tucker, G. M.** "Witnesses and 'Dates' in Israelite Contracts." *CBQ* 28(1966) 42-45. **Vriezen, T. C.** "Two Old Cruces: a. Ruth iv 5." *OTS* 5(1948) 80-88. **Weiss, D. H.** "The Use of קנה in Connection with Marriage." *HTR* 57(1964) 243-48. **Westbrook, R.** *Old Babylonian Marriage Laws.* Horn, Austria: Berger, 1988. ______. "Redemption of Land." *ILR* 6(1971) 367-75. **Wolff, H. W.** *Hosea: A Commentary of the Book of the Prophet Hosea.* Tr. G. Stansell. Philadelphia: Fortress, 1974.

본 문

1 보아스가 성문에 올라가서 거기 앉았더니 마침 보아스의 말하던 기업 무를 자가 지나는지라 보아스가 그에게 이르되 아무여 이리로 와서 앉으라 그가 와서 앉으매

1 Now Boaz went up to the city gate[a] and sat down there, and just then the redeemer about whom[b] Boaz had spoken came passing by. Boaz[c] said, "Come over here and sit down,[d] So-and-So," and he came over[e] and sat down.

2 보아스가 성읍 장로 십 인을 청하여 가로되 당신들은 여기 앉으라 그들이 앉으매

2 He [Boaz] then procured ten[a] of the elders of the city and said, "Sit down here," and they sat down.

3 보아스가 그 기업 무를 자에게 이르되 모압 지방에서 돌아온 나오미가 우리 형제 엘리멜렉의 소유지를 관할하므로

3 Then he said to the redeemer, "Naomi, who has returned[a] from the territory of Moab, is hereby surrendering her right[b] to the field[c] of our brother Elimelech.

4 내가 여기 앉은 자들과 내 백성의 장로들 앞에서 그것을 사라고 네게 고하여 알게 하려 하였노라 네가 무르려면 무르려니와 네가 무르지 아니하려거든 내게 고하여 알게 하라 네 다음은 나요 그 외에는 무를 자가 없느니라 그가 가로대 내가 무르리라

4 And I thought I should inform you of it and say,[a] 'Acquire it in the presence of those sitting here and in the presence of the elders of my people. If you want to exercise your right of redemption, do so.[b] But if you do not,[c] tell me, so that I may know:[d] for no one but you has the right to do so and I after you.'"[e] The redeemer replied,[f] "I am willing to redeem it."

5 보아스가 가로되 네가 나오미의 손에서 그 밭을 사는 날에 곧 죽은 자의 아내 모압 여인 룻에게서 사서 그 죽은 자의 기업을 그 이름으로 잇게 하여야 할지니라

5 Then Boaz said, "On the day you acquire the field from Naomi, you acquire[a] Ruth the Moabitess, the wife of the deceased, in order to raise up descendants[b] for the deceased on his inheritance."

6 그 기업 무를 자가 가로되 나는 내 기업에 손해가 있을까 하여 나를 위하여 무르지 못하노니 나의 무를 권리를 네가 취하라 나는 무르지 못하겠노라

6 Thereupon the redeemer replied,[a] "Then I for my part cannot redeem it[b] lest I bring ruin upon my own estate.[c] You then take on my redemption responsibility,[d] for I cannot do so."[e]

7 옛적 이스라엘 중에 모든 것을 무르거나 교환하는 일을 확정하기 위하여 사람이 그 신을 벗어 그 이웃에게 주더니 이것이 이스라엘의 증명하는 전례가 된지라

7 Now this was the custom in former times in Israel in regard to the transfer of the right of redemption[a] in order to effectuate any such transaction: a man took off his sandals[b] and gave them to the other party.[c] This was the form of ratification in Israel.

8 이에 그 기업 무를 자가 보아스에게 이르되 네가 너를 위하여 사라 하고 그 신을 벗는지라

8 Then the redeemer said to Boaz, "You acquire the right,"[a] and he took off his sandals.[b]

9 보아스가 장로들과 모든 백성에게 이르되 내가

9 Then Boaz said to the elders and to[a] all the

엘리멜렉과 기룐과 말론에게 있던 모든 것을 나오미의 손에서 산 일에 너희가 오늘날 증인이 되었고

10 또 말론의 아내 모압 여인 룻을 사서 나의 아내로 취하고 그 죽은 자의 기업을 그 이름으로 잇게 하여 그 이름이 그 형제 중과 그 곳 성문에서 끊어지지 않게 함에 너희가 오늘날 증인이 되었느니라

11 성문에 있는 모든 백성과 장로들이 가로되 우리가 증인이 되노니 여호와께서 네 집에 들어가는 여인으로 이스라엘 집을 세운 라헬, 레아 두 사람과 같게 하시고 너로 에브랏에서 유력하고 베들레헴에서 유명케 하시기를 원하며

12 여호와께서 이 소년 여자로 네게 후사를 주사 네 집으로 다말이 유다에게 낳아 준 베레스의 집과 같게 하시기를 원하노라

people, "You are witnesses this day that I am hereby acquiring from Naomi the right to all that belongs to Elimelech and all that belongs to Chilion and Mahlon.

10 And I am also hereby acquiring the right to take Ruth the Moabitess, the wife of Mahlon, as my wife in order to raise up descendants for the deceased on his inheritance so that the memory[a] of the deceased may not perish from among his brothers and from the gate of his town[b] – you are witnesses this day!"

11 And all the people who were in the gate and the elders said,[a] "We are witnesses! May Yahweh make the woman who is entering your house like Rachel and Leah who together built up the house of Israel, so that you may flourish in Ephrathah and gain renown[b] in Bethlehem,

12 and may your family line[a] be like that[b] of Perez whom Tamar bore to Judah through the offspring[c] that Yahweh will give you by this young woman!"

원문주해

1.a. 수리아-헥사플라는 샤아르(שַׁעַר, "문") 다음에 "그 성읍(의)"를 덧붙인다. "성문"이란 번역에 관해서는 "주석"을 보라.

1.b. 말해진 문장이 아쉐르(אֲשֶׁר)로 시작되는 문장일 때, 말하고 있는 말에 들어가는 전치사적 표현 "대하여, 관하여"(עַל, בְּ, לְ)가 규칙적으로 생략된다. Joüon, 80; *GBH* § 158i을 보라.

1.c. 직역하면 "그(he)".

1.d. 직역하면 "옆으로 피해라. 그리고 여기 앉아라".

1.e. 직역하면 "옆으로 피해라".

2.a. 직역하면 "열 사람".

3.a. 하샤바(הַשָּׁבָה). 정관사와 함께 완료 시제의 사용에 관해서는 "원문주해" 1:22.b에 있는 동일한 형태에 대한 설명을 보라.

3.b. 마크라(מָכְרָה)에 대한 이러한 번역에 관해서는 "주석"을 보라. 몇몇 히브리어 필사본에는 헤 데도타이 노에메인(ἥ δέδοται Νωεμειν, "나오미에게 주어졌던 것")으로 되어 있다. 이러한 독법은 불가능한데, 이는 이것이 이 문장을 주절이 없는 상태로 만들기

때문이다. 다른 LXX 필사본에는 아포디도타이(*ἀποδίδοται*) 혹은 아페도토(*ἀπὲδοτο*)로 되어 있는데, 이 모든 것은 이 히브리어 형태가 분사가 아니라 완료형으로 이해되었다는 사실을 보여 준다("주석"을 보라).

3.c. 직역하면 "밭의 일부". 이러한 표현에 관해서는 "원문주해" 2:3.d를 보라.

4.a. 직역하면 "말하여".

4.b. 직역하면 "너의 구속의 권리를 행사하라".

4.c. 직역하면 "만일 네가 너의 구속의 권리를 행사하지 않는다면". 히브리어 본문은 실질적으로 예상된 2인칭 남성 단수형인 티그알(תגאל)이 아니라 3인칭 남성 단수형인 이그알(יגאל)이다. "주석"을 보라.

4.d. K는 미완료형 웨에드아(ואדי)이고, Q는 권고형 웨아다아(ואדעה)이다. 앞의 명령형 학기다(הגידה, "내게 말하라")가 권고형 어미를 가지고 있으므로 Q가 더 나은 독법인 것으로 보인다.

4.e. 직역하면 "구속해야 할 너와 너 다음에 나 외에는 아무도 없다".

4.f. 직역하면 "그가 말했다".

5.a. K의 콰니타이(קניתי)보다는 Q의 콰니타(קניתה)로 읽음(참조. *BHS*, n. b). "주석"을 보라.

5.b. 직역하면 "이름".

6.a. 직역하면 "그 다음 그 기업 무르는 자가 말했다".

6.b. 직역하면 "나는 나 자신을 위하여 기업을 무를 수 없다".

6.c. 직역하면 "유산".

6.d. 직역하면 "너 자신을 위하여 기업을 무르라. 네가, 내 기업 무름을".

6.e. 직역하면 "기업을 무르다".

7.a. 직역하면 "기업 무를 권리와 이동과 관련하여"인데 이사일의다. "주석"을 보라.

7.b. 직역하면 집합적 의미인 "신". "주석"을 보라.

7.c. 직역하면 "그의 동료, 이웃".

8.a. LXX은 목적어 텐 앙키스테이안 무(*τὴν ἀγχιστεὶαν μου*, "나의 혈족 권리")는 틀림없이 설명적인 부가 문구다.

8.b. 직역하면 "신". "원문주해" 7.b를 보라. LXX과 OL은 여기서 "그리고 그에게 그것들을 주어라"를 덧붙이고 있는데, 이는 와이텐 로(ויתן לו)의 첨가를 암시한다(참조. 7b절). Joüon, 88는 이에 반대다. Rudolph, 60(그는 유사한 끝 글자로 인한 오류에 근거하여 생략을 설명한다. 즉 서기관의 눈이 첫 번째 로〈לו〉로부터 두 번째 것으로 넘어갔다는 것이다), MT가 보유되어야 한다. 이 문구가 원래 들어 있었다가 후에 생략되었다기보다는 첨가물이라는 것이 훨씬 더 그럴듯하다.

9.a. Joüon, 88는 이에 반대다. ולכל로 읽을 필요는 없다. 전치사의 반복은 히브리어에서는 불필요하다. 4절에 있는 나가드(נגד)에 대한 "주석"을 보라.

10.a. 직역하면 "이름". 5절에 있는 같은 표현에 대한 "주석"을 보라.

10.b. 직역하면 "장소, 위치". *BHS*는 이것이 LXX에 기초할 때 미아모(מעמו, "그의 백성으로부터")란 독법을 LXX 전승의 암시를 잘못 해석하고 있는데, 그 이유는 사실상 LXX 전승 전체가 퓔레(φυλή, "족속, 지파, 총회")를 포함하고 있는 표현을 내포하고 있기 때문이며, 이러한 표현은 샤아르(שער)의 파생된 의미, 즉 "특별한 통찰력"을 가진 "법적 모임"을 반영하는 표현이다([3:11에 대한] Campbell, 124).

11.a. LXX 이문에 관해서는 "주석"을 보라.

11.b. 직역하면 "이름".

12.a. 직역하면 "집".

12.b. 직역하면 "…의 집".

12.c. 직역하면 "씨".

양식/구조/배경

제4막은 4:1-22로 이루어져 있다. 이것은 형식과 내용에 기초하여 세 단락으로 나누지는데, 두 개의 장면(4:1-12과 4:13-17)으로 구성되며, 다윗 족보에 대한 하나의 후기(4:18-22)로 이루어져 있다. 이 구조는 앞의 두 장의 A/단(短) - B/장(長) - A/단 패턴으로부터 근본적으로 이탈한다. 그 대신 이 구조는 1장의 구조와 평행을 이루면서 1장에 너무나 쓰라리게 묘사된 나오미의 문제의 완전한 해결에 있어서 본서 전체에 나타난 균형과 종결을 제공한다. 죽음과 결손은 생명과 충만함으로 바뀐다.

첫 장면(4:1-12)에서 보아스는 엘리멜렉의 밭을 무르고 룻과 결혼하여 밭을 상속받고 나오미를 돌볼 후손을 낳을 수 있는 권리를 얻는다. 이 장면은 보아스, 가까운 근족 그리고 법적 회의 간의 대화와 그 과정에서 기업 무를 자가 취하하는 대화로 이루어져 있는 점에서 1:7-19a와 평행을 이루고 있는데, 그와 같이 1:17-19a도 나오미, 룻, 오르바 간의 대화가 있고 이 과정에서 오르바가 떠나간다. 보아스가 4:1-12에서 룻과 결혼할 권리를 얻을 때, 이것은 그녀의 가정과 남편 문제를 해결한다. 이 점은 1:7-19a에서 나오미와 두 젊은 여인 간의 현안 문제 자체였고, 룻이 자신의 삶을 나오미에게 위탁했을 때 그것을 박탈당한 것처럼 보였다. 4장의 두 번째 장면인 13-17절은 1:19b-22과 뚜렷하게 평행을 이룬다. 여기서 그 성읍의 여인들은 기뻐하면서 룻과 보아스 사이에 나오미의 생명과 풍성함을 회복시켜 줄 아들을 낳은 것을 축하하고 있으며, 그와 같이 1:19b-22에서도 나오미가 사별과 상실이라는 쓰라린 이야기를 퍼부었던 것도 그 성읍의 여인들에 대한 것이었다. 마지막으로, 교차적인 순서로 되어 있는 후기(18-22절)는 다윗의 가계를 기록하고 있는 것으로서 1:1-6과 평행을 이루는데, 그 이유는 이 후기가 이스라엘에서 출산의 열 세대를 기록하고 있으며, 이것이 모압에서 10년 간 죽음이 있었다는 기사와 평행을 이루고 있기 때문이다(참조. Porten, *GCA* 7[1978] 23, 48).

첫 장면(1-12절)을 시작하는 경계는 언제나 문장의 초두에 나오는, 결과를 나타내는 와우 연속법 동사로부터 비결과적 와우+주어+완료형으로의 전환에 의해서 표시된다. "그리고 보아스가 올라갔다"(**ובעז עלה** – 와보아즈 알라). 이 단락은 하샤아르(**השׁער**, "그 문")와 아나쉼 미지크네 하이르(**אנשׁים מזקני העיר**, "그 성읍의 장로들로부터 나온 사람들")에 의해서 이루어진 인클루시오에 의하여 윤곽이 그려져 있으며(1-2절), 이 문구가 11절의 콜 하암 아쉐르-바아샤르 웨하즈케님(**כל־העם אשׁר־בשׁער והזקנים**, "성문에 있는 모든 백성과 장로들") 가운데서 반복된다. 이러한 분석은 내용 분석을 통하여 입증되는데, 그 이유는 1-2절이 법정 회의의 개회로 구성되어 있고 반면에 11a-b절은 그것이 개회되었던 기능에 대한 수행을 기술하고 있는데, 곧 3-10절에 서술된 협상으로 말미암아 결론이 내려진 권리의 이전을 증명하고 있기 때문이다. 남아 있는 유일한 문제는 11c-12절에 있는 성문에 있었던 장로들과 백성들의 축복이 이 단락에 속하느냐 아니면 다음 단락에 속하느냐는 것이다. 세이콘(Sacon, *AJBI* 4[1978] 15-17)과 고브(Gow, *BT* 35[1984] 316-18)는 후자의 입장을 주장했다. 세이콘은 자신의 분석을 한편으로는 5-10절의 긴밀하고도 세심한 구조에 근거한다. 그러나 이 구조에 대한 세심한 분석을 한다면 그러한 분석을 뒷받침하지 않는다(아래를 보라). 다른 한편, 그는 11c-12절의 장로들과 백성들의 축복이 다음 장면의 필수적인 부분을 이루고 있다고 주장하는데, 그리하여 축복과 그 결과라는 두개의 평행적 세트를 이룬다는 것이다. 그러나 이것은 그 단락의 형식과 구조를 오해하고 있다. 그 곳의 논의를 보라. 고브는 자기의 결론을 11a절의 LXX 형태에 기초한 본문의 수정에 근거하면서 LXX이 주어+완료로 된 구조, 즉 **והזקנים אמרו**임을 추정하면서 새로운 단락을 암시하고 있다고 한다. 그러나 여기에 나타난 헬라어 본문 순서가 히브리어 본문을 반영하고 있다는 사실은 아주 불확실하다. 이것은 와우 연속법 미완료로 번역할 수도 있다(*BHS* n. a-a을 보라). 어쨌든 간에 우리는 이 본문을 우리가 그렇게 되기를 바라는 것이 아닌 지금 가지고 있는 것과 같은 본문으로 해석하도록 요청을 받게 되며, 또한 고브 자신도 MT이 12절 다음에서 분석하고 있음을 암시하고 있다고 주장한다(*BT* 35[1984] 316). 더 나아가서 고브의 수정은 이 첫 장면(아래를 보라) 중 두 번째 대화에 대한 서술적 서론들을 이루는 한 쌍의 교차적 평행을 파괴하며, 한쪽 끝을 막음하도록 만들어 주는 인클루시오의 한쪽 절반을 제거해 버린다(위를 보라). 필자의 의견에는 이 축복이 법정 회의의 기능에 대한 적절한 결론인데, 그 이유는 이것이 보아스의 가계의 규모와 번성 그리고 명성에 집중적으로 그리고 배타적으로 집중하도록 만들어 주기 때문이며, 이것이 법정 회의의 배타적인 가부장적 관심에 그리고 그것이 인가하고 있는 협상에 꼭 들어맞는 주제인 반면에, 그 다음 장면에서는 그 성읍의 여인들이 진술한 축복이기는 하지만 모든 관심이 나오미를 사랑하고 일곱 아들보다 더 나은 룻을 통하여 그녀에게 아들을 낳아 줌으로써 나오미의 삶과 충족과 은총의 회복에 중점을 두고 있기 때문이다(15절; "해설"을 보라).

이 장면(4:1-12)은 논리적으로 구리고 구조적으로 다음과 같이 세 개의 에피소드로 나누어진다.

에피소드 1	1-2절	보아스가 법정 회의를 소집하다.
에피소드 2	3-8절	보아스가 가까운 근족과 협상하다.
에피소드 3	9-12절	법정 회의가 합의 사항들을 재가하고 보아스를 축복하다.

구조적으로 에피소드 1은 협상과 재가에 필요한 세 당사자가 모이는 기사로 구성되어 있다: 보아스, 가까운 근족 그리고 법정 회의. 각기 필요로 하는 당사자가 참석했다는 사실이 결론적 문구 "그가/그들이 앉았다"로 표시되어 있다.

1-2절의 구조

1. 보아스	ובעז עלה השער 보아스가 성문에 올라가서	1a	A	진술
2. 고엘	וישב שם 거기 앉았더니	1b	C	진술
	והנה הגאל עבר 마침 보아스의 말하던 기업 무를 자가 지나는지라	1c	A′	진술
	וימר סורה שבה־פה 보아스가…이르되…이리로 와서 앉으라	1d	B	소환
	ויסר וישב 그가 와서 앉으매	1e	C′	수락
3. 법적 회의	ויקה עשׂרה אנשׁים מזקני העיר 그가 성읍 장로 십 인을 청하여	2a	A″	진술
	ויאמר שׁבו־פה 가로되 당신들은 여기 앉으라	2b	B′	소환
	וישׁבו 그들이 앉으매	2c	C″	수락

에피소드 2인 협상은 구조적으로 두 단락으로 나누어진다. 그것은 (a) 3-4절과 (b) 5-8절인데 각기 보아스가 가까운 근족에게 말하고 그가 대답하는 세 부분으로 된 대화다(아래 도표 3-8절의 구조를 보라). 각 단락은 보아스의 진술로 시작된다. 첫 단락에서 보아스의 진술(S) 다음에 보아스의 요구가 뒤따라오고($D_{B\rightarrow G}$) 가까운 근족 편에서의 동의 선언으로 결론지어진다(A_G). 이 구조는 전반적인 직접적 평행을 이루고 있다. S는 S′과 토지에 관한 정보를 공유한 점에서 평행을 이루고 있는데, S에서는 나오미가 이 토지에 대한 자신의 권리를 포기하는 결과를, S′에서는 기업 무를 자가 그 권리를 획득할 때 그 결과로 그가 역시 죽은 자의 자손을 낳도록 룻을 얻게 된다. D′는 D와 대조되며 내용에 있어서는 교차적 구조로 되어 있다. 이것이 요구의 방향이 (a), $D_{B\rightarrow G}$에서 보아스로부터 기업 무를 자에게 주어져 있고, 반면에 (b), $D_{G\rightarrow B}$에서는 기업 무를 자에게서 보아스에게 요구한 점에서 대조된다. 보아스의 요구의 순서는 콰나(קנה, "얻다") 다음에 가알(גאל, "기업을 무르다")로 되어 있고, 반면에 기업 무를 자의 요구는 가알(גאל, "기업을 무르다") 다음에 콰나(קנה, "얻다")로 되어 있는 교차적 배열이다. 세 번째 요소는 대조적 평행이다. 즉 (a)에서 기업 무를 자의 동의(A_G), 이것은 (b)에 있는 포기 선언(R_G)의 상징적 행동이다. 이 세 부분의 구조는 7-8a절의 이탈에 의하여 모호하게 되어 있는데(참조. Berlin, *Poetics*, 99), 보아스에게 기업 무를 자가 요구하는 단락을 크게 확대시켜 줄 뿐만 아니라 기업 무를 자의 응답의 중간에 삽입되어 있기 때문에 설화자로 하여금 명확하게 하기 위하여 누가 누구에게 말하고 있는지를 독자들에게 다시 알려 주고 있는 두 번째 서술적 서론을 삽입하도록 만들고 있다(8a절).

에피소드 3은 보아스와 법정 회의 간의 대화로 이루어져 있는데, 여기서 보아스는 공적으로 자기들의 결론을 재가함으로써 방금 전에 결론이 난 협상에 대해서 법적인 입회를 제공할 회의를 소집한다. 회의석상에서 한 보아스의 말은 증거하라는 소환들로 구성되어 있는 동등한 인클루시오를 통하여 둘러싸여 있는데, 그 사이에 그가 교차적으로 구성된 재산과 여인에 대한 권리를 얻었다는 그의 공식적 확언이 들어 있다(도표 9a-11b절의 구조를 보라). 전체 장면은 함께 묶여 있고 통일성이 있는데, 그 이유는 도표에서 a-b-c로 붙여진 보아스의 확언이 앞의 에피소드의 두 진술인 S와 S′의 내용을 다시 요약하고 있기 때문이다. 이 세 요소가 S′을 요약한 것이고 첫 번째는 S로부터 요약한 것이다.

3-8절의 구조

(a) 3-4절				
	3a	ויאמר לגאל B→G		서술적 서론
S	3b	a חלקת השׂדה אשׁר …לאלימלך מכרה נעמי	S	보아스의 진술
	4c	…קנה	קנה	
$D_{B \to G}$	4de	אם־תגאל גאל	$D_{G \to B}$	보아스의 요구
	4fgg	ואם־לא תגאול…	גאל	
	4ij	כי אין זולתך לגאול		
	4k	ויאמר G→B		서술적 서론
A_G	4l	אנכי אגאל	A_G	기업 무를 자의 동의
(b)5-8절				
	5a	ויאמר בעז B→G		서술적 서론
S′	5b	a …קנותך השׂדה מיד נעמי		
		b ומאת רות …אשׁת־המת קניתי	S′	보아스의 제안
		c להקים שׁם־המת על־נחלתו		
	6a	ויאמר הגאל G→B		서술적 서론
	6b	לא אוכל לגאול־לי		
	6c	פן־אשׁחית את־נחלתי	גאל	
	6d	גאל־לך אתה את־גאלתי		
$D'_{G \to B}$	6e	כי לא־אוכל לגאל		기업 무를 자의
	7a	וזאת…	$D'_{G \to B}$	역제안
	7b	שׁלף איש נעלו (이탈)		
		וזאת…		
	8a	וימר הגאל לבעז G→B		
	8b	קנה־לך	קנה	
R_G	8c	וישׁלף נעלו	R_G	기업 무를 자의 포기 선언의 상징적 행동

9a-11b절의 구조

절	본문	구조		설명
9a	ויאמר בעז לזקנים וכל־העם 보아스 → 법정 회의			서술적 서론
9b	עדים אתם היום כי		A	보아스의 소환
9c	קניתי את־כל־אשר לאלימלך	a	B	
9d	ואת כל־אשר לכליון ומחלון מיד נעמי			
10a	וגם את־רות ··· אשת מחלון קניתי לי לאשה	b	B′	
10b	להקים שם־המת על־נחלתו	c		
10c	ולא יכרת שם־המת מעם אחיו ומשער מקומו			
10d	עדים אתם היום		A′	
11a	ויאמרו כל־העם אשר־בשער והזקנים 법정 회의 → 보아스			서술적 서론
11b	עדים			회의의 동의

마지막으로, 이 장면은 법정 회의의 축복과 함께 11c-12절에서 끝난다. 이 축원은 바깥 요소들은 지시형을 사용하고(AB-B′A′), 중심 요소(C)는 명령형을 사용하는 구문론적인 면에서와, 그리고 내용적인 면에서 교차적인 방식으로 구성되어 있다(도표 11c-12절의 구조를 보라).

11c-12절의 구조

절	본문	형태	구조
11c	יתן יהוה את־האשה הבאה	지시형	A
	אל־ביתך כרחל וכלאה אשר בנו שתיהם את־בית ישראל		B
11d	ועשה־חיל באפרתה	명령형	C
11e	וקרא־שם בבית לחם	명령형	
12	ויהי ביתך כבית פרץ אשר־ילדה תמר ליהודה מן־הזרע	지시형	B′
	אשר יתן יהוה לך מן־הנערה הזאת		A′

이러한 구조는 강조를 중심에 있는 요소(C), 즉 보아스 자신에 대한 축원에 두고 있다. 이것이 신부가 될 여성으로 시작되고 마치기는 하지만, 그녀의 이름이 거론되지 않았고 가계가 이어지는 수단으로서만 이 양 골격 가운데서 언급되어 있는데, 이는 그녀의 신원이 협상에서 "죽은 자의 아내"로(5b절) 그리고 승인에서 "말론의 아내"(10a절)로 거론되는 것과 같은 방식이다. "해설"을 보라.

주석

1 "보아스가…올라가서"(וּבֹעַז עָלָה - 우보아즈 알라). 완료 동사 앞에 주어를 가지고 있는 이러한 구조는 앞선 사건과의 어떤 시간적인 순서를 표현하는 일을 피하고, 앞 장면의 결과로서 일어나는 사건들과 연결시키기 위해 사용된 와우 연속법 구조의 연속성을 끊으면서 새로운 장면의 시작을 표현하고 있다("양식/구조/배경"을 보라). 아무런 연속성이 암시되어 있지 않으므로 이 구조를 통하여 표현된 시간 관계가 모호하다. 이것은 앞의 것보다 이를 수도 또 동시에 일어났을 수도 혹은 뒤에 일어났을 수도 있으며 이 세 경우가 모두 구약성경 히브리어 가운데 나타난다(*GBH* §§ 118d-f을 보라). 동사 앞에 주어를 가지는 이러한 순서는 주어, 즉 보아스를 강조하지 않는다. 완료형이 와우 연속법을 가진 미완료형을 피하기 위하여 사용될 때 이것이 정상적인 순서다(*GBH* § 166a; *HebS* § 573[4]을 보라). 이런 이유로 캠벨의 번역(140)인 "보아스에 대해서는, 그가 올라갔을 때"는 피해야 할 것이다. 구문을 통하여 암시되어 있는 시간의 순서가 모호하고, 또한 보아스가 성문으로 올라간 것과 방금 기록한 룻과 나오미의 대화 간의 구체적인 시간 관계를 암시하고 있는 직접적인 문맥 가운데 아무런 단서도 없으므로 번역을 모호한 채로 남겨 놓는 것이 더 나을 것 같다. 그러므로 우리는 "그러는 동안 보아스가 올라갔다"와 "보아스가 올라갔었다"는 문장을 모두 피했다. 비록 우리의 설화자가 앞의 사건과의 정확한 연대기적 관계를 표현하고 있지는 않을지라도 그는 명확하게 보아스 자신이 "아침에" 그 일을 처리할 것이라는 3:13에서 룻에게 한 약속을 이루기 위하여 지체하지 않고 추진해 나갔다는 사실을 암시하고 있다.

"성문"(הַשַּׁעַר - 하샤아르). 샤아르(שַׁעַר)가 규칙적으로 한 성이나 도시의 문(그리고 드물게 요새, 궁전 혹은 성전의 문을 가리킴)을 가리키므로 영어 단어의 "문"은 훨씬 더 광범위한 의미와 용법을 가지고 있는 한편, 성문을 의미한다는 사실을 분명히 해야 할 필요가 있다(참조. de Waard-Nida, 63).

"(그리고) 마침"(וְהִנֵּה - 웨힌네)은 ו+הנה+동사 구문의 본 뜻을 번역한 것이다(이에 대해서는 2:4의 "주석"에 있는 같은 구조에 대한 설명을 보라). 여기서 분사형은 행동의 계속적 성격을 표현하고 있다.

"아무여"(פְּלֹנִי אַלְמֹנִי - 펠로니 알모니). 이러한 표현은 잡동사니를 부르는 단어 유희의 한 실례다(Sasson, *IDBSup*, 969). 이러한 종류의 표현에서는 단어들이 자주 리듬을 가졌으며, 그것들 가운데 한두 개는 주어진 표현 이외에 다른 의미를 가지지 않는다(예를 들어, 영어의 "잡탕"〈hodge-podge〉). 이 관용어는 구약성경의 다른 문맥에서 엘 메콤 펠로니 알모니(אל מקום פלני אלמני; 삼상 31:3; 왕하 6:8)란 문구 가운데 나타나는데, 그 곳에서 설화자는 말하고자 하는 장소의 이름을 말하기를 원치 않고 있는 것이 분명하다. 즉 이 문구는 영어에서 "여차여차한 장소"와 같은 것을 의미한다. 더 나아가서 이 문구는 몇몇 LXX 필사본들 가운데서 호 데이나(*ὁ δεῖνα*, "그러한 사람〈것〉")로 번역되며(참조. 마 26:18), 구 라틴어 역본의 필사 보충으로 "너희 중 누구든지"(*quicumque es*)로 번역되어 있다. 마지막으로, 첫번째 단어 펠로니(פלני)와 같은 동족어가 유대 아람어, 수리아어, 아랍어 그리고 현대의 이디오피아어에서 "누군가, 어떤 사람"이란 의미로 나타나는 이러한 표현은 영어의 "아무개"와 같은 어떤 의미를 가지고 있음에 틀림없는데, 화자가 이름을 기억하지 못하거나 아니면 그 이름을 거론하기를 원치 않았을 때 사용한 표현이다.

이러한 사실들이 오히려 분명한 사실을 밝혀 주었고, 또한 이러한 형태의 단어유희 관용어가 이러한 표현이 사용된 문맥으로부터 거의 일률적으로 의미하는 것을 얻는다는 사실을 밝혀 주었으므로(이 단어가 일반적인 의미에서 의미하는 것보다 더), 이 두 단어가 의미하는 바에 대해 생각되어 온 가설적인 어원론들을 여기서 제공하는 것은 거의 의미가 없어 보인다(확인). (이에 대해 관심을 가진 사람들은 Campbell, 142, Rudolph, 59에 제공되어 있는 광범위한 내용을 참고할 수 있을 것이다.) 이와 같은 방식으로 몇몇 "비밀의 암시가 이 문구의 의미와 함께 묶여 있었다"는 사실을 주장하기 위하여 "비밀한, 감추어진"의 범주에 놓여 있는, 여러 역본들에 포함되어 있는 번역들을 사용하려는 캠벨의 고도로 사변적인 시도(42)는 전혀 가망성이 없다. 역본들에 포함되어 있는 그러한 번역들은, 그것들이 그 문구의 실질적인 의미를 반영한다기보다는 문제가 되고 있는 단어의 어원론에 근거하여 이 생소하고도 난해한 문구를 번역하려는 시도이라는 것이 훨씬 더 개연성이 있다.

비록 이 문구의 의미가 비교적 분명할지라도, 그 사용 이유는 그렇게 분명하지 못하다. 우선, 우리는 이 문구가 보아스가 아니라 설화자와 함께 기원이 되었다는 사실을 이해해야 한다(참조. Berlin, *Poetics*, 99-101). 보아스가 베들레헴과 같은 작은 마을에서 사는 동료의 이름을 전혀 몰랐고, 다만 자기보다 앞서서 기업 무르는 자로서의 가족의 권리를 가지고 있는 친척이라는 사실만을 알았다는 사실(3:12)은 전혀 불가능하다. 이러한 사실은 미국 본토인이 어떤 생소한 사람을 "맥"이라고 소개하는 것과 어느 정도 유사하다는 사실을 암시하는 것처럼 보인다는 맥도널드의 입장(McDonald, *BO* 32[1975] 173)을 전혀 불합리한 주장으로 만든다. 더 나아나

가서, 보아스가 전혀 그의 이름이나 아니면 "아무개"(פלני אלמני – 펠로니 알모니)란 표현을 사용하지 않고 근족을 매우 쉽게 소개할 수 있었다는 사실을 인정하는 것이 이러한 단어 유희를 사용하는 저자의 의도와 목적을 이해하는 데 결정적인 역할을 한다. 켐벨이 주장하는 바와 같이(141), 1절의 문장 구조는 이름의 사용을 필요로 하지 않는다. 그러므로 설화자는 보아스가 3절에서 장로들에게 말하는 방식과 같이 단순하게 근족에게 말하는 가운데 전혀 이름을 사용하지 않고 부를 수 있었다는 것이다. 그렇지 않으면, 그는 보아스가 "아무개"(פלני אלמני – 펠로니 알모니) 대신 "선생님"(אדני – 아도나이)이라는 존칭적 호격을 사용하도록 했을 수도 있다(참조. 삿 4:18에 나오는 시스라에게 말한 야엘의 유사한 말). 그러므로 문제는 캠벨이 적절한 대답을 발견할 수 없었던 "어찌하여 익명인가?"라고 한 질문이 아니라, 어찌하여 설화자가 하나의 이름이 알려져 있지 않고 피하게 되었을 때 통상적으로 사용된 이러한 특징적인 단어 유희로 그를 소개함으로써 그가 근족의 이름을 거론하지 않은 사실을 강조하려고 했는가이다. 너무나도 세심하게 다른 주인공들의 이름을 거론하고 있는 하나의 설화 가운데서 이 사람의 무명(無名)을 강조하고 있는 그러한 효과적인 방법(참조. 1:2, 4; 2:1)은 그에 대한 인상을 덜 호의적으로 만들고, 또한 우리에게 이러한 표현의 선택 가운데 들어 있는 경멸적 표현의 의도를 추측해 보도록 자극시켜 준다(참조. Zenger, 81의 해석, 그리고 본 주석의 "해설").

만일 이 문구의 의미에 대한 이러한 이해가 옳다면, 이것을 "친구/내 친구"(NASB, NIV, RSV, TEV)와 같은 식으로 번역하거나 혹은 보아스가 실제로 Vg의 "이름을 불러"(NAB, NEB, Rudolph)와 같이 의역함으로써 그 사람의 이름을 거론했다는 사실을 암시하는 것은 설화자의 의도적인 생략의 의미를 완전히 오해하는 것이다. 그의 의미를 포착하기 위하여 우리는 이 표현을 "아무개"로 번역하는 사람들을 따랐다(NJPS, Gerleman, Hertzberg, Joüon, Sasson, Würthwein).

2 "보아스가 성읍 장로 십 인을 청하여"(וַיִּקַּח עֲשָׂרָה אֲנָשִׁים מִזִּקְנֵי הָעִיר – 와이카흐 아사라 아나쉼 미찌크네 하이르). 이 문장은 보아스가 근족을 소환한 방식과는 현저하게 대조된다. 이 사람이 보아스가 성문에서 자리를 잡고 앉아 있을 때 지나가고 있었으므로(1절에 있는 "마침"에 대한 "주석"을 보라), 그는 단순하게 그에게 올라오라고 불렀고(סורה) 앉았다. 그러나 라카흐(לקח)는 "취하다"뿐만 아니라 "갖다, 획득하다. 데리고 오다, 가져가다"도 의미한다(참조. 창 27:13; BDB, 4.b, 6, p. 543을 보라). 이것은 또한 "(누군가를) 데려왔다"를 의미할 수 있다(참조. 삼상 17:31; 렘 37:17; *HALOT*, 5, p. 534). 이것은 보아스가 다른 근족과 함께 앉아서

단순히 그 성읍의 장로들 열 명이 자기들 밭으로 지나가기를 기다렸다는 것이 아니라 그가 그들을 소환했을 가능성을 강하게 시사해 주고 있는데, 그 이유는 특히 2b절에서 그가 "돌이켜 와서(סורו) 앉으라"가 아니라 단순히 그들에게 "여기 앉으라"고 말하고 있기 때문이다. 다른 한편, 장로 회원을 형성했던 수많은 지도급의 시민들을 포함하여 그 성읍의 대다수의 사람들이 (다음 "주석"을 보라) 밭에서 일하기 위해 아침 일찍 성문을 통과해 갔을 것이므로 그들이 성문을 통과해 갈 때 열 명의 장로를 선택하는 데 틀림없이 터무니없이 많은 시간이 걸리지는 않았을 것이다. 그러나 여기서 동사의 선택이 "그가 (그들을) 데려왔다"는 의미가 보다 그럴듯하다는 사실을 강력하게 시사하고 있는데, 이는 특히 법정 회의가 장로들로만 구성되지 않았기 때문이다(다음을 보라).

고대 이스라엘에서 법적 권위는 "법정 회의"에서 인정받았다. 이 회의의 구성원은 일반적으로 그 성읍의 모든 남성 시민에게까지 확대되었다고 생각된다. 구약성경의 여러 구절들은 법적 위원회가 장로나 관리(שָׂרִים)뿐만 아니라 그러한 경우에 모였던 적격의 나머지 남성으로 구성되었다는 사실을 드러내 준다(예를 들어, 참조. 창 23:10, 18; 34:24; 왕상 21:13; 렘 26:11, 12, 16; 32:12; Köhler, "Justice in the Gate," 151-53; Boecker, *Law and the Administration of Justice in the OT*, 32-33를 보라). 이 남자들은 쾰러("Justice in the Gate," 153)의 말에 따르면 어떤 종류의 후견인 아래 속해 있지 않은 자로서 다음과 같은 네 가지 권리, 즉 결혼, 제의, 전쟁 그리고 법 집행권을 가지고 있는 사람들로서 자신의 재산을 가진 사람들이었다. 쾰러는 다음과 같이 계속해서 말한다(153).

> 나이가 든 건강한 남성이라는 자존감과 신분을 가지고 있는 최상의 권리는 자신의 재산을 가지고 있으면서 자기 동료들에게 인정을 받는 것이며, 또한 법정 회의에 참석하여 발언을 할 권리다. 이 곳은 실질적으로 중요한 인물들의 회합 장소다.

이 회의의 회원 가운데는 구약성경에서 "장로들"(זקנים – 제케님)로 알려진 그룹 혹은 동료 단체도 존재했었다. 특히 여기서처럼 "성읍", "땅" 혹은 "백성"과 같은 부가된 소유격에 의하여 자격이 갖추어졌을 때, "장로"란 호칭은 특별한 연령의 그룹의 일원이라기보다는 직분을 가진 자를 지칭했다. 고대 이스라엘의 성읍들과 지파 영역이라는 일반적인 지배 통제권 안에서, 장로들은 그 단체를 다스리는 자로(독립적으로 그리고 그 공동체의 지도자와 연계하여) 그리고 법정 회의의 일부분으로 나타난다(McKenzie, Bib 40[1959] 523-27; *TDOT* 4:126-28). 누가 장로들이었고, 그들이 어떻게 선발되었으며, 그들의 구체적인 책임과 특권이 일반적으로 회의에서 관련되었는지는 아주 불확실하고 논쟁이 되고 있는 문제다(참조. McKenzie, *Bib* 40[1959] 532-40; de Geus, *The Tribes of Israel*, 139-41; 군주제 아래서 장로 단체의 역할에 관해서는 Malamat, "Organs of Statecraft," 167-75를 보라). 이러한 요소들 모두, 즉 그 성읍의 적격의 남성과 장로들은 보아스가 자기의 사회 활동을 제안한 단체에 제안했다. 이것은 기업을 무르는 선택 사항이 4절의 "여기 앉은 자들(**הישבים**; 아래를 보라)과 내 백성의 장로들 앞에서" 가까운 근족에게 제안되는 행정 절차의 첫 번째 부분에 있는 진술에 의하여 확증된다. 이와 같이 보아스가 절차를 인증하기 위하여 법정 회의를 소집할 때 그는 "장로들과 모든 백성"(9절)을 소환하고 있으며 반응하는 사람은 "성문에 있는 모든 백성과 장로들"이다(11절). 법정 회의는 정해진 시간에 열리지 않았고, 법적 절차를 시행할 목적으로 따로 분리된 건물도 없었다. 이 회의는 분쟁 중인 원고나 혹은 피고에 의하여 공의에 호소함으로써 야기된 필요에 따라 소집되었다. 그러한 하나의 호소가 흥미를 가진 방청객들을 율법 법정으로 변형시켰다(참조. 렘 26장; 보다 자세한 사항에 관해서는 Boeker, *Law and the Administration of Justice in the OT*, 30-40, 혹은 Köhler, "Justice in the Gate," 149-65를 보라). 그러한 호소가 이루어지고 법정 회의가 열린 장소는 여기서처럼 가장 자주 성문이었다. 그러므로 선지자들은 "성문에서 판단하는 자를 올무로 잡듯"(사 29:21) 하는 사람들에 대항하여 맹렬히 비난하거나 혹은 "뇌물을 받고 성문에서 궁핍한 자를 억울하게 하는 자"(암 5:12)를 미워했다. 그렇지 않으면 그들은 이스라엘로 하여금 "성문에서 공의를 세울지어다"라고 권면했다(암 5:15; 또한 참조. 욥 5:4; 신 21:19; 22:15; 25:7). 보다 정확하게 말하자면 성문 자체의 방이 그러한 회합을 하기에는 너무나 작았고, 그 정확한 장소는 성문 안쪽에 있는 광장이었을 것이다(그러한 물리적 배경에 관한 고고학적 증거에 관해서는 Campbell, 154-55의 탁월한 논증과 도해를 보라).

앞의 논의에 비추어 볼 때, 보아스가 그 성읍의 장로들 열 명을 초대한 구체적인 진술은 알맞게 구성했던 법적 회의가 그가 활동 중에 정하기를 원했던 행정 절차를 증명하고 합법화하기 위하여 제안되었던 사실을 확실하게 하고자 그가 취한 노력을 강조하기 위해 의도되었다.

3 "우리 형제 엘리멜렉의 소유지"(חֶלְקַת הַשָּׂדֶה אֲשֶׁר לְאָחִינוּ לֶאֱלִימֶלֶךְ – 헬콰트 하사데 아쉐르 레아히누 렐리멜렉). 이 전체 문구는 한 문장의 목적어를 이루고 있으며 맨 앞에 나와 있다. 문장 가운데서 차지하고 있는 이러한 위치가 이 문장에서

강조되어 있다는 사실은 거의 불가능한데, 그 이유는 이러한 순서가 구어 히브리어에서는 통상적인 것이기 때문이다. 3:5, 11의 룻의 말에 들어 있는 같은 순서를 유념하고 그 곳에 있는 주석과 참고도서를 참조하라. 같은 순서가 3:5, 11에서도 발견된다. 영어에서 가장 자연스러운 비강의적 순서가 주어를 맨 앞에 두는 것이므로, 히브리어 문장의 순서는 그 역순이 되어야 할 것이다.

"형제"(אָח – 아흐)란 단어는 구약성경에서 자주 그러하듯 분명히 "(남자) 친척"이라는 일반적인 의미로 이해되어야 할 것이다. 참조. 열왕기하 10:13에서는 이 단어가 예후에게 죽임당한 유다 왕 아하시야의 42명의 친척들을 가리키는 데 사용되었다. 엘리멜렉의 가족과 보아스의 관계는 가장 일반적인 어투로만 앞의 서술 가운데서 묘사되었는데, 이를테면 2:20에서 "우리의 한 친척"(קרוב לנו – 콰로브 라누)으로 그리고 가까운 친척이지만 불행스럽게도 2:1; 3:2에서 상당히 수수께끼 같은 모다(מודע)와 모다아트(מודעת)로 묘사되었다(그 곳의 "주석"을 보라). 따라서 우리는 그 친척관계가 얼마나 가까운지를 알지 못하며, 개연성 있는 내용에 대한 고찰(예를 들어, "사촌," Joüon, 80; Levine, "Legal Themes," 102)은 순전한 어림짐작에 지나지 않는다. 이 이야기의 전체 분위기는 이 친척관계가 비교적 먼 관계였다는 사실을 강하게 시사한다. 그런 까닭에 몇몇 랍비 해석가들이 채택한 입장(Sasson, 108, 혹은 Campbell, 143에 있는 참고서적들을 보라)과 가장 최근에 리핀스키가 재활용한(Lipiński, *VT* 26[1978] 126-27) "형제"(אח – 아흐)가 문자 그대로 취급되어야 하고, 따라서 엘리멜렉, 보아스 그리고 근족이 같은 아버지의 아들들이었다는 입장은 전혀 개연성이 없다.

여기에 나오는 이 히브리어 표현은, 연계형 구문 헬콰트 하사데(חלקת השדה)가 단순한 생각, 즉 한 개인이 소유했던 베들레헴의 "밭들"(שׂדה – 사데)의 그 부분을 표현하는 복합 명사이므로, 소유 관계가 히브리어로 표현되어 있는 이와 같은 경우에는 통상적인 방식이라는 단순한 이유 때문에 "…에게 속하는 밭"이나 "…에게 속해 있는/속했던 밭"보다는 단순하게 "우리 형제 엘리멜렉의 밭"으로 번역되어야 할 것이다(2:3에 있는 유사한 표현 헬콰트 하사데 레보아즈〈חלקת השדה לבעז〉에 대한 "주석"을 보라; 참조. GKC § 129d). 특히 "…에게 속했던 밭"이란 번역(현대의 거의 모든 역본들이 채용함)은 영어에서 과거형인 "속했던"은 피해야 하는데, 그 이유는 그 밭이 지금은 죽어 있는 엘리멜렉에게 속한 것으로 이제는 더 이상 간주될 수 없었다는 사실을 의미할 수 있기 때문이며, 반면에 고대 히브리의 가족 결속 개념에서는 "우리 형제 엘리멜렉의 소유지"라는 문구의 의미가 분명하게 보여 주는 바와 같이 정확하게 그 반대 개념을 가지기 때문이다.

"모압 지방에서 돌아온 나오미가…를 관할하므로." 이 이야기 가운데서 이제까지 전혀 언급하지 않은 엘리멜렉에게 속한 밭이 있다는 언급은 매우 놀랍다. 그러나 나오미가 일종의 그러한 재산을 "팔" 혹은 "판" 권리를 가졌다는 사실은, 이와 같은 사실이 어떻게 앞의 내용이나 뒤따라오는 내용에 일관성 있게 그리고 확실하게 들어맞는지의 문제와 함께 의심할 여지없이 그러한 수수께끼로 가득한 설화 가운데서 가장 불가해하고도 난해한 전개를 이루고 있다. 논리적이고도 일관성 있는 방식으로 사건들의 두드러진 이러한 전환과 관련하여 존재하는 상당히 많은 모호성들, 불확실한 내용들 그리고 열려지지 않은 내용들을 다루기 위하여 필자는 전체적으로 혹은 부분적으로 여러 학자들이 그 해결책으로 제시해 온 수많은 가설과 제안들과 함께 다음과 같이 전개해 나갈 것이다. 필자는 먼저 가능한 한 문법적이고 사전적인 사실들 그리고 3-5a절의 본문의 해석학적 증거를 통하여 제시된 가능성들을 밝히고, 그와 함께 특히 여기서 생겨난 문제들, 즉 나오미가 권리를 가지고 있는 밭과 그것을 무르는 일에 제한하고, 수혼 문제는 시기 적절한 5b절에 대한 해석을 할 때까지 남겨 놓고, 여기에 있는 자료들을 통하여 야기된 관련된 법적 · 사회적 배경과 함께 밝히려고 한다. 이 일을 하기 위하여 5a절, 즉 5절의 ("나오미로부터" 〈מיד נעמי – 미야드 나오미〉로 끝나는) 첫 문장까지 해석학적 연구를 넘겨주는 것이 필요할 것이다. 그 다음[특별 부록: 3-5a절에서 보아스가 제안한 거래의 성격]에서 필자는 이러한 해석학적 그리고 사회적-법적 자료들과 잘 들어맞는 제안된 해결책과 제안들을 상술하고 필자의 의견에 가장 개연성 있는 해결책을 이루는 내용을 설명할 것이다.

논의의 목적상 3절의 해석에 연루된 불확실한 내용들은 각기 서로 관련된 세 개의 질문 아래 포함되어 설명될 수 있다. 그 하나는 사전적인 것이다: 이 문맥 가운데서 동사 마카르(מכר)의 의미는 무엇인가? 둘째는 문법적인 것이다: 동사형 마크라(מָכְרָה)가 어떻게 이해되고 번역되어야 할 것인가? 세 번째는 사회적-법정적인 것이다. 만일 나오미가 엘리멜렉의 밭을 "팔았다면" 혹은 "팔려고 한다면" 그녀가 그렇게 할 권리를 가지고 있음에 틀림없다. 과부로서의 그녀가 엘리멜렉의 밭에 대해서 어떤 권리를 가지고 있으며, 또한 과부가 자기의 남편 땅을 소유할 수 있었던 구약성경에 직접적인 증거가 없는데 그녀가 어떻게 그러한 권리를 소유하게 되었는가? 제기된 문제의 순서에 따라서 이러한 문제들을 취급해 보도록 하자.

(1) 마카르(מָכַר)의 의미. 동사 마카르(מכר)는 최소한 두 개의 깊이 연결되어

있으면서도 아주 구별된 의미들을 가지고 있다. 여러 문맥 가운데서 이 단어는 "동산 상품을 완전히 팔다", 즉 영어의 통상적인 의미로서의 "팔다"를 의미한다. 이것은 이 판매가 팔린 물건의 무조건적 소유권과 처분권과 함께 그것의 소유와 사용권의 이전을 포함한다. 이러한 의미에서 이 동사는 이러한 항목들을 언급하는 가운데 일반적인 상업 거래(느 10:32; 13:20), 고기(신 14:20), 기름(왕하 4:7), 의복(잠 31:24), 한 인간을 노예로 파는 것까지(창 37:27, 28, 36; 신 21:14)로 나타난다. 다른 한편, 상행위 대상이 땅인 상당수의 구절들 가운데서는 이 동사가 위에서 설명한 바와 같은 "완전히 팔다"를 의미하지 않는다. 그 대신 이 단어는 땅의 사용권만이 명문화된 기간 동안 명문화된 값어치에 대하여 이전되는 상호 협정을 가리킨다(참조. 레 25:14-16). 이와 관련해서는 리핀스키의 탁월한 연구 *SGKAO* 15(1982) 173-78를 보라(또한 같은 저자의 *THAT* 2:869-75; *VT* 26[1978] 124-27 참조). 이스라엘에서는 땅 소유에 대한 하나의 오랜 그리고 영구적인 형태가 소유권이 개인이 아닌 대가족이나 족속에게 부여되었던 것이므로 이러한 상황이 존재했다. 이러한 형태의 땅 소유로 되어 있는 가족의 조상으로부터 물려받은 유산은 일반적으로 양도할 수 없는 것으로 간주되었다. 즉 이것은 영원히 팔 수 없었다(레 25:23; 참조. 왕상 2:3). 군주제 아래서 이러한 체계가 소유권이 양도권을 포함했다고 생각한 보다 상업적인 입장이 기원됨과 동시에 경쟁에 돌입하게 되었던 것도 사실이다(참조. Dearman, *Property Rights*, 62-74). 그러나 보다 이른 보수적이고 가족 유산으로서 부동산을 지키려고 했던 토지 소유권에 관한 입장은 8세기 선지서들 가운데 개인의 소유로 되어 있는 재산의 축적에 대한 날카로운 비판을 통하여 입증된 바와 같이 계속해서 사회 내에서 중요한 역할을 했다(예를 들어, 미 2:1-2, 8-9; 사 5:8; 참조. Dearman, *Property Rights*, 74-77). 그러한 토지 지향적인 땅 보유권이 주어졌으므로 땅의 사용권만이 팔렸던 것이다. 더 나아가서 그러한 사용권 이전은 친척에 의한 선매 권리(예를 들어, 렘 32:6-10)나 기업을 무르는 권리, 즉 친척 자신이나 혹은 소유자 자신이 되무르는 권리에 속해 있었고(레 25:24-27), 그렇지 않으면 그것은 희년에 소유자에게 되돌아갔다(레 25:28). 아래 4절의 "주석"에 있는 구속(redemption, 기업을 무름)에 대한 논의를 보라. 이 점에서 아브라함이 막벨라 굴을 구입하는 경우(창 23장)와 아합이 나봇의 포도원을 구입하려는 제안의 경우(왕상 21장)에 재산의 완전 매도가 연루되어 있었고 이것은 중대한 일이었는데, 거기서 "판다"는 동사는 마카르(מכר)가 아니라 나탄(נתן)이다(창 23:4, 9, 13; 왕상 21:2, 3, 6). 또한 신명기 21:14; 아모스 2:6에서 저자가 완전 매도가 암시되어 있다는 사실을 밝히기를 원하고 있는데, 사용된 표현이 마카르 베케세프(מכר בכסף, "돈을 얻기 위하여 넘겨주다")이다. 같은 용법이 나탄(נתן, "주다")과 함께 발견된다(참조. *THAT* 2:3, 701f). 그런 까닭에 리핀스키는 다음과 같이 결론짓는다(*THAT* 2:875).

> 마카르(מכר)란 어근은 동산이나 부동산을 넘겨주거나 양도하는 것을 암시하는 상거래를 나타내기 위하여 나탄(נתן)과 함께 가장 자주 사용된다. 이것의 의미론적 범위는 "넘겨주다, 맡기다, 양도하다, 건네주다"를 망라한다. 그러한 상거래의 결과는 주로 계약이라는 맹세와 법적 형태에 따른 법적 소유 혹은 소유권이었다. 그러나 초기 히브리어 자료들 가운데서 마카르(מכר)는 대부분 소유의 단순한 양도를 가리키고, 반면에 나탄(נתן)은 계약에서 사용되었으며, 이것은 땅의 양도 곧 영구적인 양도를 나타낸다(창 14:15; 17:8; 48:4)는 사실이 강조되어야 할 것이다…. 그렇다면 마카르(מכר)는 소유의 양도 혹은 후자의 의미의 점차적인 이전과 함께 완전한 양도를 의미한다. 그러므로 마카르(מכר)는 상거래의 형태를 나타내지만, 그것의 본질(취지)을 상술하지는 않는다.

분명히 사용권만의 이전이 엘리멜렉의 밭의 "매매"에 포함되어 있는데, 그 이유는 그 다음 구절이 이 "매매"가 과거에 결론지어졌든 혹은 지금 제안되었든(다음을 보라) 기업 무를 권리에 속해 있기 때문이다.

그러므로 최소한 여기서 마카르(מכר)를 "팔다"로 번역하거나 혹은 뒤따라오는 다음 구절에서 콰나(קנה)를 "사다"로 번역하는 것은 "주로 돈을 사용한 재정적 활동과 관련된 구입/판매 전환 형태의 보충적 의미들"을 포함하여 "'상거래'나 '소유권의 변화'라는 의미의 요소들"을 내포하는 동사들을 사용하는 것이다(Schneider, *BT* 33[1982] 304). 그러나 비록 죽은 자의 과부로서 나오미가 지극히 문제가 되어 있는 선결 조건들인 자기의 죽은 남편의 재산의 사용권을 가졌고, 또한 그 재산의 처분권을 가졌을지라도(아래의 논의를 보라), 연루되어 있는 이 상거래는 단순히 "구입/매도"에 의하여 암시된 성격의 상업적 "현금 상거래"가 아니다(Campbell, 145는 이에 반대다). 그러한 상거래가 영어로 어떻게 번역되어야 할 것인가? 리핀스키(*THAT* 2:871)는 "팔다"란 번역이 룻기 4:3을 포함한 그 어떤 구절에도 적절하지 않다고 주장하는데, 방금 말한 이와 같은 이유들 때문이다. 그런 까닭에 그는 "이전하다, 위탁하다"(*übertragen, übergeben*)를 채택했다. 루돌프(64) 역시 여기 나오는 마카르(מכר)가 진정한 매매를 나타낼 수 없고 "…를 양도하다"(*veraussern*)로 번역되어야 한다고 주장한다. 그러나 만일 "팔다"라는 번역이 너무나 많은 것을 의미한다고 할 것 같으면, "이전하다, 위탁하다"와 같은 영어의 동사들은 너무나 편협한 내용을 의미할 것이다. 그러한 번역들은 소유권과 사용권의 양도를 함축하지 않았으며, 반면에 "…를 양도하다"는 그 자체가 이 문맥에서 "팔다"와 같은 무조건적 의미로 이해될 수 있을 것이다. 문맥에 가장 적절한 의미를 전달하기 위하여 필자는 여기에 나오는 마카르(מכר)를 "…에 대한 권리를 포기하다"라는 표현으로 번역했고, 나오미의 밭에 대한 권리가 무엇이었는지를 진술하지 않은 채로 남겨 놓았는데, 그 이유는 이 권리가 모호하기 때문이다. 이 문제에 대해서는 아래의 논의를 보라. 여기에 나타난 동사 마카르(מכר)가 "기업 무르는 협정 권리를 이양하다"라는 전문적 의미를 담고 있다는 고디스의 입장(Gordis, "Love, Marriage, and Business," 255-58)도 그 곳에서 논의될 것이다.

(2) 동사형 마크라(מכרה)의 번역. 형태적으로 마크라(מָכְרָה)는 더할 나위 없이 명확하다. 즉 이것은 칼 완료형 3인칭 여성 단수다. 그렇지만 이 형태는 문맥에서 여러 가지 형태로 번역될 수 있다. (1) 완료형으로, 이것은 가장 명확하게 하나의 과거 시제, 즉 "(she) 'sold' has 'sold'"(그녀는 팔음을 팔았다)로 번역될 수 있다. (2) 그러나 또한 "영어에서 이해될 수 있는 바와 같이 현재 시간 언급과 관련될 수 있는"(*IBHS* § 30.5.1c) 완료형의 사용 범주에 속해 있는 것으로 이해될 수 있다. 선포하고 맹세하는 등의 동사와 함께(소위 verba dicendi) 완료형은 자주 선언과 행동의 시행의 동시 발생을 표현하는 동시 발생적 현재라고 불리는 내용을 표현한다(*IBHS* § 30.5.1d; *HebS* § 164; GKC § 106i). 이 경우에 이 형태는 "(그녀가) '팔고' 있다"로 번역될 것이다. 또 다른 깊이 관련된 그리고 자주 겹치는 용법은 "말과 행동이 동시적일 뿐만 아니라 그것들이 동일한"(*IBHS* § 30.5.1d), 영어에서는 자주 "이 결과, 이와 같이"란 단어의 사용을 통하여 명확하게 번역되는 "수행 완료"(performative perfect)다(Campbell, 143-44에서는 본 구절을 그렇게 이해한다). 히브리어에 인용되어 온 모든 실례가 1인칭이므로 이것은 적용될 수 있을 것 같지 않아 보인다. 왈키-오코너(Waltke-O'Conner, *IBHS* § 30.5.1d; 참조. Driver, Treatise § 13)는 "결단의 완료상(相)", 즉 "(그녀가) '팔'려고 하고 있다"를 주장하며 자신들의 주장의 실례들 가운데 본 구절을 포함시킨다. 그러나 이러한 범주의 존재는 아주 모호한데, 그 이유는 왈키-오코너가 인용한 다른 두 개의 실례가 단순히 동시적인 또는 수행 완료로 이해될 수 있기 때문이다.

여러 가지 이유로 방금 주어진 해석들을 거부하는 수많은 학자들(대표적인 학자들의 목록을 보려면 Rudolph, 59를 보라)은 MT 모음 부호를 분사형을 암시하는 모케르(מֹכֵר)로 수정하는 방향을 선택하면서 번역을 "팔고 있다" 혹은 "팔려고 한다"로 할 것을 요구한다. 이러한 해석에 대한 문제는 궁극적으로 이 "판매" 가운데 일어나는 내용을 어떻게 이해하는지에 달려 있다. 그런 까닭에 우리는 이 문제가 아래의 [특별 부록: 3-5a절에서 보아스가 제안한 거래의 성격]에서 논의되기까지 결정을 유보하고자 한다.

(3) 자신의 죽은 남편 엘리멜렉의 밭에 대한 나오미의 권리. 마카르(מכר)에 대해서 "팔다", "양도하다, 위탁하다" 혹은 "…에 대한 권리를 포기하다" 중에서 어떤 해석이 채택되든, 그리고 그 동사의 형태가 과거형이든 아니면 현재형이든, 나오미가 그렇게 할 권리를 가졌다는 사실이 암시되어 있다. 그러나 구약성경에 보존되어 있는 법전은 한 과부가 자기 남편의 재산을 물려받을 수 있다는 그 어떤 암시도 주고 있지 않은데, 그렇다면 어떻게 나오미가 그러한 권리를 가지게 되었는가? 한 과부가 자기 남편의 땅의 사용권이나 혹은 소유권을 물려받을 수 있는 어떤 증거가 있는가, 아니면 그와 같은 권한을 양도할 권리가 있는가?

구약성경의 법전에는 일반적으로 상속을 취급하는 법이 없다. 신명기 21:15-17과 민수기 27:1-11(민 36:6-9에 보록이 있음)만이 이 주제를 취급하고 있고, 이러한 구절들은 특별한 경우를 언급하고 있다. 구약성경의 서술 부분(룻기와 같은)으로부터 나온 또 다른 정보는 해석하기가 어려운데, 이는 그러한 자료들이 한 가지 이상의 다양한 해석이 가능한 제한된 자료를 제공하기 때문이다(참조. Boecker, *Law and the Administration of Justice*, 118-19의 설명을 보라). 그런 까닭에 구약성경에서 상속을 다루고 있는 법규들에 관한 그 어떤 일반적인 진술도 결정될 수 없다. 그럼에도 불구하고, 정상적인 관습은 아들이 상속해야 했다는 사실을 분명히 하고 있는 것으로 보인다(신 21:15-17). 아들이 없을 경우에 딸이 상속을 받았겠지만(민 27:7-8) 그들은 "오직 그 조상 지파의 가족에게로만"(민 36:6) 시집을 가야 하는 제한을 받았으며, 그리하여 가족의 조상으로부터 물려받은 재산이 지파의 재산으로 보존되었을 것이다(7-9절). 다른 한편으로 만일 한 남자가 자식이 없이 죽었다면 그의 재산은 먼저 그의 형제에게로 상속되었고, 그 다음에는 그의 부친의 아들들, 그리고 마지막에는 그 지파 중에서 가장 가까운 친척(직역하면 "육신")에게 넘어갔다(민 27:9-11). 이 마지막 두 조항은 구약성경에 있는 상속 체계에 대한 중추적 관심이 그 재산이 그것이 본래 속해 있던 대가족 내에 남아 있어야 한다는 사실을 드러내고 있는데, 이것이 기업을 무르는 권리와 단순히 돈을 받고 땅을 파는 것을 금하고 있는 규례의 배후에 있는 관심이다(레 25:23-30; 위의 논의를 보라). 어떤 무조건적 과부 상속권은 그 재산이 재혼했을 때 그 지파로부터 사라진다는 것을 의미했을 것이다. 사실상 웨스트브룩(Westbrook, *ILR* 6[1971] 372)이 설명하는 바와 같이 여인들이 재산을 전부 가질 수 있었다는, 문제가 되는 소수의 참고 구절들은 구약성경에서 명확하지 않다(삿 17:2-4; 삼하 14:5-11; 왕하 8:1-6). 어떤 경우에 이러한 참고 구절들은 아들을 가진 여인들에게 해당한다. 또한 과부를 공동체가 특별히 돌보아 주어야 하는 사람들과 같은 거주하는 외국인과 고아와 함께 포함시키는 것은 아마도 그들이 생계 수단이나 세력을 가지지 못했기 때문일 텐데, 이것은 분명히 과부가 보통 그녀의 남편의 재산 상속자들이 아니었다는 사실을 암시한다.

이러한 상속을 위한 규정이 구약성경에서 무조건적으로 적용되고, 또한 그것이 룻 이야기에서 상황들을 지배하고 있으며, 그리하여 나오미가 그 밭을 상속하지 않았을 수 있음에 틀림없다고 가정하고 몇몇 학자들은 그 땅이 그녀가 자신의 아버지로부터 상속을 받아서 엘리멜렉이 살아 있는 동안 그에게 위임되어 있었거나(Leggett, *The Levirate*, 212; Rowley, "The Marriage of Ruth," 184 n. 2) 아니면 그녀의 지참금이었던 것으로(참조. Beatie, *VT* 24[1974] 254-55) 나오미의 본래의 재산이었을 것임에 틀림없다고 주장했다. 그렇지 않으면 과부의 재산이 표준적인 것이 아니었으므로, 몇몇 사람은 엘리멜렉이 특별히 자기 재산을 나누거나 혹은 그 전체를 나오미에게 주기를 바라거나 증여했을 것이라고 주장했다(참조. Beatie, *The Levirate*, 217; Rowley, "The Marriage of Ruth," 184 n. 2; Thompson and Thompson, *VT* 18[1968] 97). 그러나 이것이 그 밭이 특별히 엘리멜렉의 밭이었다는 사실을 규정하고 있는 4:3, 9에 들어맞지 않는 것 이외에도, 그러한 모든 제안들은 "설화 정보의 충족"의 원리에 의하여 상황에 대한 믿을 만한 설명으로는 불가능하게 된다. 만일 나오미가 그러한 어떤 특례("법률"이기는 하지만) 통로를 통하여 땅을 소유하게 되었다면, 설화자는 우리가 나오미의 땅 소유에 관해서 그러한 바와 같이 알려져 있지 않은 사실을 자기의 독자들과 그들에게 알려 주어야 할 의무가 있었을 것이다.

사실상 만일 신명기와 레위기의 법률 규례가 무조건적으로 적용된다는 사실이 유지된다면, 민수기 27:9-11에 따라서 엘리멜렉에 죽었을 때 그의 밭은 말론과 기론에게 넘겨졌을 것이고, 또한 그들이 죽었을 때는 엘리멜렉의 형제들에게 넘겨졌을 것이라고 결론짓는 것이 논리적이다. 엘리멜렉에게 다른 형제들이 없었던 것으로 보이므로(4:3에 있는 아흐〈אח〉에 대한 "주석"을 보라), 그 밭은 "더 가까운 친족"(3:12)에게 넘어갔을 것으로 여겨지는데, 그 이유는 이 사람이 그것 때문에 엘리멜렉의 "가장 가까운 친족"(민 27:11)이었다는 사실을 의미했을 것이라고 생각되었기 때문이다(참조. Pedersen, *Israel I-II*, 92). 그러나 그러한 모든 설명들은 이스라엘 백성의 결의론적인 법의 성격을 무시하는 것이며(3:9에 대한 "주석"에서 논의된 것과 같이) 구약성경의 법전이 완전하고도 전 포괄적이 되도록 의도되었고, 또한 그것들의 공식화가 고대 이스라엘에서 어느 때나 어느 장소에서 적용되었다고 가정하는 것이다. 그러나 우리가 앞에서 살펴본 바와 같이 구약성경 시대의 관습법은 지역의 상황 내에서 선례에 따라 형성되었으며, 그러므로 지역과 시대에 따라서 달라졌음에 틀림없다는 사실이 점차적으로 인식되고 있다. 그런 까닭에 고대 이스라엘에서 과부가 자기 남편의 재산에 대한 어떤 권리나 그 재산 사용권을 상속받을 수 없었다고 하는 우리가 가지고 있는 법전들에 근거하여 결론짓는 것은 아주 적절하지 못하다(Levine, "Legal Themes," 102는 이에 반대다).

따라서 대부분의 학자들은 나오미가 엘리멜렉의 밭에 대한 권리를 상속받았음에 틀림없다고 주장했다. 예를 들어, 로울리는 "그녀가 자세하게 밝혀지지 않은 상당량의 재산에 대한 법적 권리를 가졌다는 것은 아주 분명하다"고 결론짓는다(Rowley, "Marriage of Ruth," 184; 참조. Hubbard, 54-55의 설명). 그러한 어떤 권리는 잠언 15:25, "그(여호와)는 과부의 지계를 정하시느니라"에 암시된 것처럼 보인다. 어쨌든 구약성경에서 땅에 대한 소유권은 지파에서 부여되었고, 반면에 개인은 소유권과 사용권만을 가졌으며, 구약성경의 상속 체계의 주된 관심은 재산 소유권이 본래 소속되어 있던 지파 내에 머물러 있어야 한다는 것이었다(위를 보라). 그런 까닭에 과부가 자기 남편의 재산에 대한 사용권만을 가졌다는 것과 그녀가 다시 재혼하거나 죽을 때까지만 그렇게 했는데, 그 때는 그러한 권리들이 상속의 규정된 순서에 따라 그녀의 남편의 친족에게 부여되었다고 말한 리핀스키와 같이 결론을 지어야 할 것이다(*VT* 26[1978] 125-26). 남동 아프리카의 통가(Tsonga) 민족 사이에 있는 바로 이와 같은 관습은 이러한 문화가 많은 면에서 고대 이스라엘의 문화와 유사하다는 사실을 보여 주고 있는데, 이에 대해서는 Schneider, *BT* 33(1982) 303를 보고, 또한 주전 5세기 애굽의 아수안 유대인들 사이에서 있었던 유사한 상황에 관해서는 Epstein, *The Jewish Marriage Contract*, 176를 보라. 나오미가 상속받은 그러한 권리가 이러한 방식으로 이해된다는 사실이 인정된다면, 룻기 저자가 자신의 독자들이 그것을 아들이나 딸이 없는 과부가 자기 남편의 재산을－최소한 사용권과 소유권 그리고 지파 내에서 같은 권한을 양도하거나 부여하는 권리라는 의미에서－상속받았다는 사실을 이상한 것으로 간주하지 않을 것이라고 상상하고 있다는 사실을 인정해야 할 것이다(참조. Burrows, *JBL* 59[1940] 448; Beattie, *VT* 24 [1974] 256).

4 "(그리고 내가) 네게 고하여 알게 하려 하였노라"(וַאֲנִי אָמַרְתִּי אֶגְלֶה אָזְנְךָ לֵאמֹר – 와아니 아말티 에글레 아즈네카 레모르). 이 표현의 정확한 의미는 확신을 가지고 결정하기가 어렵다. 문제는 삼중적이다. (1) 아마르(אמר)의 의미의 넓이가 매우 다양하고 이것의 의미의 뉘앙스가 풍부하게 많다(Wagner, *TDOT* 1:329-35를 보라). 많은 가능성들 가운데서 어떤 구체적인 의미가 이 문맥에서 요구하는 것인가? (2) 이것의 완료 시제형의 본 의미는 무엇인가? (3) 이 문맥 가운데서 직역하여 "귀를 열다"인 갈라 오젠(גלה אזן)이란 관용어의 의미는 무엇인가? 첫째로, 앞의 서로 관련된 질문을 생각해 보도록 하자. 만일 이 완료형이 과거 시제를 의미하는 것으로 이해된다면, 아마르(אמר)는 "약속하다"란 뉘앙스로 이해될 수 있다(참조. BDB, 3, p. 56; *HALOT* 5, p. 66). 이것은 NEB가 채택하고, 또한 어떤 점에서 "비록 보아스가 실제로 앞에서 말한 하나의 약속을 인용하고 있었고, 그리하여 우리가 보아스와 나오미 사이의 대화의 가능성을 완전히 부정할 수는 없을지라도 3장의 끝에 있는 사건들과 4장 초두에 있는 사건들 사이는 떨어져 있는 것으로 보인다"고 주석하는 캠벨(144)이 채택하고 있는 의미다. 캠벨은 그러한 주장을 반대하고 있으며, 필자의 의견에는 이야기가 암시한 사건들의 결과(특히 앞 장을 마감하는 장면에서 보아스가 한 곡식 선물에 대한 나오미의 반응의 암시; 그 곳의 "해설"을 보라)는 불가능하지는 않을지라도 그러한 이해를 거의 불가능하게 만든다. 보아스는 자신이 자신보다 더 가까운 친척과 "매매" 문제를 꺼내겠다고 나오미와 어떤 약속이나 동의를 한 것에 대해 말하고 있지 않는데, 그 이유는 이 이야기가 오히려 3장과 4장 사이에 있는 잠시 동안 보아스와 나오미 사이에 발생한 그 어떤 것도 암시하고 있지 않기 때문이다. 상당히 다른 하나의 방향을 취하면서 유온(81)은 "내가 결정했다, 결심했다"는 번역을 채택하는데, 이를 세부적인 면에서 캠벨이 따르고 있다(144; 위에 언급된 그의 해석에도 불구하고). 첫째로, 이 동사가 유온과 캠벨이 자기들의 번역의 근거로 인용한 구절에서 "결정하다, 결심하다"라는 의미를 담고 있는지는 상당히 결정하기가 어렵다. 그러나 의미의 문제를 완전히 떠나서 이 구절과 다른 구절들의 구문은 이 동사가 명사적인 직접 목적어를 취하든 그 뒤에 부정사가 뒤따라오든 룻기에 있는 구절과는 분명하게 다른데(Campbell, 144의 해석처럼), 왜냐하면 여기에 있는 동사 다음에 직접적인 대화가 따라오기 때문이다.

현대의 많은 역본들(예를 들어, JB, NAB, NASB, NIV, RSV, TEV)과 주석가들

(예를 들어, Gerleman, Haller, Rudolph, Würthwein)은 "누군가에게 말하다, 생각하다"라는 의미를 채택하고 있는데, 이는 주로 아마르 벨레브(אמר בלב), 즉 "마음에 말하다"란 관용어가 담고 있는 의미이지만, 또한 동시에 레브(לב, "마음")가 없이 아마르(אמר)만으로도 그 의미를 가진다(BDB, 2, p. 56; *HALOT*, 4, p. 66; 참조. *TDOT* II, 4., 1:333). 이 구절 가운데서 우리는 룻기 구절에 드러난 것과 정확하게 같은 문장을 발견하게 되는데, 그 이유는 아마르(אמר)가 "생각하다"라는 의미를 담고 있는 모든 실례 가운데서 이 동사 다음에 직접 대화가 나타나기 때문이다. 그러한 구절들의 대부분에서 이 동사가 룻기 4:4에서처럼 1인칭 단수 완료형인 아마르티(אמרתי)로 나타난다는 사실은 특히 주목할 만하다(예를 들어, 창 20:11; 26:9; 삼하 12:22; 왕하 5:11). 이러한 아마르(אמר)의 의미와 함께, 뒤따라오는 동사 에글라(אגלה; 아래를 보라)를 미완료 직설법으로 이해하여 "내가 알리기로 결심했다"로 번역하거나 혹은 권고형으로 이해하여 "내가 알려야 한다고 생각했다"로 번역하는 것은 모두 잘 어울릴 것이다.

세이쏜(115-16; Hubbard, 239가 따름)은 또 다른 접근 방식을 제안했다. "나는 이것을 현재로서는 해명되지 않는 하나의 행동에 대해 말하는 법률 문맥에서 사용된 완료형의 또 다른 실례, 즉 '동시적 현재'의 한 실례로 생각한다"(참조. 위의 3절에 있는 마크라〈מכרה〉에 대한 논의). 그러한 용법은 엄숙하고도 자주 공개적인 진술을 하는 여러 구절 가운데는 나타나지 않는다(특히 삼하 19:30; 사 36:5을 보라; 또한 참조. 삿 2:3; 사 22:4; 욥 32:10). 또다시 이러한 발언의 구문에서 동사 다음에 직접 대화가 따라온다. 그렇다면 이 구절은 "내가 선언한다: 내가 너에게 알린다"(만일 에글라〈אגלה〉가 미완료 직설법으로 이해된다면)를 의미하거나 혹은 "내가 선언한다: 너에게 알리겠다"(만일 에글라〈אגלה〉가 권고형이라면)를 의미할 것이다. 이러한 용법은 특별히 율법 법정에서 공식적인 진술을 소개하는 데 적절했을 것이다.

이러한 두 개의 해석 가운데 어느 것이 문맥에 가장 잘 어울리는지는 세 번째 문제, 즉 에글레 아즈네카 레모르(אגלה אזנך לאמר)란 문장의 의미와 구조 문제를 어떻게 이해하느냐에 달려 있다. 직역하여 "귀를 열다"인 갈라 오젠(גלה אזן)이란 관용어의 의미는 의심할 여지가 없다: 사무엘상 2:2, 12, 13; 22:8, 17에서 "사람"을 주어로 하고 또한 사무엘상 9:15; 사무엘하 7:27에서 "하나님"을 주어로 하면서 이것은 "알리다, 말하다"를 의미하며(*TDOT* II.2.b, 2:480을 보라), 반면에 욥기 33:6; 36:10, 15에서는 이것이 전혀 표현되지 않은 메시지의 내용과 함께 나타나는

데, 이것은 “교훈하다”와 같은 어떤 것을 의미한다. 이 관용어가 캠벨이 주장한 바와 같이(144) 어떤 비밀스런 요소를 내포하고 있다는 것은 그가 인용하고 있는 구절들을 통하여 전혀 실증되지 않는다. 그러나 비록 동사적 표현의 의미가 아주 분명하기는 하지만, 그것의 목적어가 무엇인지는 분명하게 나타나지 않는다. 전달되는 사실이 무엇인가? 관용어 갈라 오젠(גלה אזן, “귀를 열다”)은 그 자체가 완전한 표현이므로, 여러 다른 문장의 구조들은 전달된 정보를 진술하기 위하여 사용된다. 우리는 이것들 가운데 단 두 개에 대해서만 관심을 둘 필요가 있다. (1) 사무엘상 20:2, 12, 13; 22:17에서 전달된 정보는 문제가 되는 관용어를 포함하고 있는 문장에 선행하는 독립절 가운데 나타나 있다. 예를 들어 사무엘상 22:17은 “…그들이 다윗의 도망한 것을 알고도 내게 고발치(직역하면 ‘내 귀를 열어 주다’) 아니하였음이니라.” 목적어가 문맥상 분명하므로 그것이 또다시 진술되지 않는다. (2) 다른 한편, 사무엘상 9:15; 사무엘하 7:27에서 전달된 정보는 “귀를 열다”라는 관용어에 뒤따라오고 부정사 레모르(לאמר, “말하여”)를 통하여 소개된 직접 인용구로 구성되어 있다. 예를 들어, 사무엘하 7:27, “주의 종에게 알게 하여 이르시기를[직역하면 ‘당신의 종의 귀를 여셨나이다’] 내가 너를 위하여 집을 세우리라 하신 고로”이다. 이 문장 가운데서 부정사 레모르(לאמר, “말하여”)는 실질적으로 직접 대화를 소개하는 콜론으로서의 기능을 한다(*TDOT* Ⅱ.5, 1:334을 보라). 룻기 구절 가운데서 보아스가 방금 더 가까운 기업 무를 자에게 엘리멜렉의 밭을 “파는 일”에 관하여 말했으므로, 이것을 전달된 정보로 취급하고 이 구문론적 구조를 위의 실례 (1)의 구조로 이해하는 것이 보다 자연스러운 것으로 보인다. 다른 한편, 이 관용어에 뒤따라오는 레모르(לאמר, “말하여”)가 소개한 직접 인용은 이것이 전달된 정보일 수도 있다는 사실과 또한 이것이 구문론적 구조의 한 실례(2)라는 사실을 암시하고 있다. 필자의 의견에는 이 문맥이 강력하게 전자 편을 편들어 주고 있는데, 보아스의 앞의 진술만이 그가 더 가까운 친족에게 전달한 정보를 구성하고 있다는 단순한 이유 때문이다. 여기서 레모르(לאמר, “말하여”)에 뒤따라오는 문장의 내용은 정보가 아니라 보아스가 한 명령, 즉 더 가까운 친족으로 하여금 아비멜렉의 밭을 상대하여 그의 의무를 이행하라는 도전이다. 그러한 것으로서, 이것은 “알리다”를 의미하는 관용어의 목적어로는 구문론적으로 부적절하다(Hubbard, 240는 이에 반대다). 그런 까닭에 세이쏜(103)은 에글레 아즈네카(אגלה אזנך)란 표현을 “내가 공식적으로 당신에게 분부한다”로 번역하고 있기는 하지만, “명령하다, 지시하다, 분부한다”는 의미를 가진 평행절은 전혀 없다. 이 표현을 구문론적 구조 (1)의 실례로 이해함에 있어서, 부정사 레모르(לאמר, "말하여")는 정보 전달의 또 다른 결과 혹은 목적을 소개하는 것으로 이해되어야 하고 "그리고 말하다" 혹은 "그리고 제안하다" 혹은 그와 같은 것으로 번역되어야 한다. 레모르(לאמר, "말하여")에 대한 이러한 사용에 관해서는 *TDOT* Ⅱ.5, 1:334에 있는 논의를 보라.

그렇다면 이 표현을 "내가 그것에 대하여 당신에게 알리고 말해야 할 것이라고 생각했다…(참조. NJPS)는 의미로 이해하는 것이 가장 좋을 것으로 보인다. 문맥 가운데서 에글레(אגלה)를 독립형이 아닌 권고형으로 이해하는 것이 더 나을 것으로 보인다(ה״ ל 동사들 가운데서 권고형과 직설법은 함께 직설법 형태에 해당한다. GKC § 75l를 보라).

마지막으로, 어미가 바뀐 동사 앞에 있는 독립대명사 아니(אני)가 여기서 강조되어 있다는 사실은 개연성이 없는데(Campbell, Haller, Rudolph, Sasson, Würthwein이 이해한 것처럼), 그 이유는 이 문장 구조가 강조가 있을 법하지 않은 문맥 가운데서 구어 히브리어에 규칙적으로 나타나기 때문이다(McDonald, *BO* 32[1975] 166-67의 논의를 보라). 문맥은 문장에서 1인칭 주어를 강조하지 않기를 요구한다.

"그것을 사라"(קְנֵה – 퀘네). 마크라(מכרה, "팔다")의 시제가 무엇이든, 논의하여 이루어진 상거래는 절대적이고 제한이 없는 의미에서의 매매가 아니고 밭에 대한 나오미의 권리의 이양이다. 만일 나오미가 엘리멜렉의 상속자로서 그에게서 얻은 밭의 소유권과 사용권을 가졌다면(위의 마카르〈מכר〉에 대한 논의를 보라), 나오미가 "팔고"있는 것은 이 권리다. 영어의 "사다"가 통상적인 용법에서 산 물건의 소유권과 처분권을 포함한 소유권의 무조건적 양도를 의미했으므로, 여기서는 보다 일반적인 "얻다"는 용어를 사용하는 것이 더 낫다. 얻어지는 물건은 표현되지 않았는데, 그 이유는 이것이 방금 전에 문맥 가운데서 언급되었기 때문이다. 히브리어에서 그러한 경우에 동사의 목적어가 자동적으로 대명사 접미어를 통하여 표현되었을 때 이것은 생략된다(*HebS* § 588; *GBH* § 146i[2]을 보라).

"여기 앉은 자들과 내 백성의 장로들 앞에서"(נֶגֶד הַיֹּשְׁבִים וְנֶגֶד זִקְנֵי עַמִּי – 네게드 요슈빔 웨네게드 지크네 암미). 이들이 두 개의 다른 그룹을 의미하는가(대부분의 역본들이 암시하는 것처럼), 그렇지 않으면 두 번째 문구가 보족어적인 문구인가? 다시 말해서, 와우(ו)가 "다시 말하면"과 같은 어떤 것이고, 두 번째 문구가 특별히 암시하는 사람을 가리키는 것인가(유온과 NEB가 채택하는 바와 같이)? 와우(ו, "그리고") 접속사는 하나의 보족어적 문구를 이끌 수 있다(참조. 대상 5:26; GKC § 154a n. 1[b]; *HebS* § 434; 그리고 특히 Baker, *VT* 30[1980] 129-36). 캠벨(145)이 "이 히브리어는 각 그룹 앞에 전치사 네게드를 재사용함으로써 거기에 언급된 두 그룹이 있다는 사실이 있을 수 있는 것처럼 명확하다"고 판단을 내렸는데 이는 옳지 않다. 같은 전치사에 의하여 논리적으로 지배를 받은 여러 항목들이 열거되었을 때 이 전치사는 반복될 수도 있고 반복되지 않을 수도 있다(*HebS* § 238를 보라). 더 나아가서 엄격한 동격의 경우에(즉 와우〈ו, "그리고"〉가 없는 경우), 이 전치사는 자주 반복된다(참조. GKC § 131h; *GBH* § 132g). 베들레헴의 모든 장로들 가운데서 오직 이 열 명의 장로들만이 이제까지 성문에 앉아 있는 것으로 언급되어 있다는 사실에 근거하여 캠벨은 "(여기에) 앉아 있는 사람들"이 이 열 명의 장로들을 의미하며, 반면에 "내 백성의 장로들"은 열 명의 앉아 있는 자들이 대표로 하고 있는 그 성읍의 보다 큰 그룹의 대규모의 장로들을 가리킨다고 판단한다. 그러나 보아스가 자신이 착수하고 있는 상거래를 합법화하고 증명하기 위하여 모이게 한 그룹은 성문에서 우연히 모여든 적격의 나머지 남자 시민들과 함께 그가 소환한 열 명의 장로들로 구성되어 있다는 사실이 분명해 보인다. 이 점에 관해서는 위의 2절에 있는 열 명의 장로들에 대한 "주석"을 보라. 율법 회의 정상적인 구성에 관한 이러한 사실을 고려하면, "앉아 있는 자들"은 9, 11절의 "모든 백성"에 해당한다는 사실이 분명해 보인다(Rudolph, 59가 그렇게 말함). 그런 까닭에 이 복합적 표현은 일반적으로 율법 회의를 가리킨다. 이것은 또한 여기서 이것이 열왕기상 21:8, 11에 있는 용법에 근거하여 "평의원들" 혹은 "행정 장관들"을 의미한다는 브릭토의 입장(Brichto, *The Problem of Curse*, 160-61; 또한 Sasson, 117이 채택함)을 불가능하게 만든다. 이 문맥에서 이것이 고트왈드가 여러 문맥 가운데서 주장한 "통치자들, 권위자들"이라는 의미를 담고 있다는 것 역시 가능해 보이지 않는다(Gottwald, *Tribes of Israel*, 512-32).

"우리 백성의 장로들"(우리에게는 이것이 좀더 자연스러울 것이다)이 아닌 "내 백성의 장로들"이라는 표현은 어떤 의미는 없을 것 같고 단순히 문화적 분위기 가운데서 결정된 대화 방식으로 보인다. 나오미가 3:18에서 "우리가 어떻게 되는 것을 알기까지"가 아닌 "네가 어떻게 되는 것을 알기까지"라고 말하면서 그녀 자신을 배제한 것처럼, 보아스도 더 가까운 기업 무르는 자를 배제하려고 의도하고 있다(Joüon, 82).

"네가 무르려면 무르려니와"(אִם־תִּגְאַל גְּאָל – 임-티그알 께알). 이 문장은 앞의 내용을 설명하고 있으며, 그 상거래에 그 밭을 소유하거나 혹은 밭에 대한 소유권을 가지고 있는 나오미가 연루되었든 그렇지 않으면 소유권과 사용권이 이전에 팔린 제3자가 연루되었든, 이것이 완전한 법적 소유권 이양이 아니고, 파는 자와 그의 가족 편에서 기업 무르는 권리를 가지고 있는 사용권의 지명이라는 사실을 명확하게 밝혀 주고 있다(소원태, 즉 "만일 네가 기업 무르기를 원한다면"을 표현하기 위하여 미완료형을 사용한 점에 대해서는 *HebS* § 171; *GBH* § 113n을 참조하라).

고대 이스라엘에서 기업을 무르는 권리는 모든 땅이 야웨께 속했고, 그러므로 영구히 팔 수 없다는 신학적 원리로부터 생겨났다(레 25:23). 이것은 또한 고대 이스라엘의 가족 연대 개념에 그 뿌리를 두고 있다. 가족은 고대 이스라엘의 세계에서 너무나 중추적인 기관이었으므로 땅은 그것이 궁극적으로 소속되어 있었던 가족으로부터 떨어져 나갈 수가 없었다(참조. 왕상 21:3). 브릭토(Bichto, *HUCA* 44[1973] 9)는 그 원리를 다음과 같이 통찰력 있게 진술하고 있다.

> 땅 소유권의 수직적·수평적인 면들. 수직적으로 그것은 과거와 미래의 가족 재산이다. 이것은 죽은 조상들과 그들의 태어나지 않은 자손들에게 속한다…. 수평적으로 그것은 살아 있는 세대의 가족 재산이다. 각 개인은 전 가족의 우위에 속하는 소유권에 종속된 자신의 땅을 소유한다.

이러한 개념을 고려하면, 땅이 팔릴 수 있기로 예상된 유일한 상황은 빈곤이라는 압력이며(레 25:25a), 그러한 상황에서의 판매는 기업 무르는 권리에 속하게 되어 있다(레 25:24). 즉 영국의 공통적인 법의 언어로 그 어떤 땅도 돈을 받고 팔리지 않는다. 비록 동일하지는 않을지라도 매우 유사한 땅 소유의 형태는 마리라는 북서 메소보다미아 유적지에 널리 퍼져 있었는데, 맬러맷은 그러한 땅 소유를 "일종의 임대 계약"이라고 언급한다(*JAOS* 82[1962] 152). 한편으로 그러한 용어는 소유권의 이전을 의미하지 않는 유리한 점을 가지고 있고, 다른 한편으로 이것은 정규적인 정기적 지불을 의미하는데, 그것은 외관상 레위기 25:14-16의 규정들과 예레미야 32장(이에 관해서는 아래를 보라)의 경우에서 드러나는 바와 같이 이스라엘의 상거래의 경우는 아닌 것 같다. 레위기 25장에 있는 법은 그러한 판매에 귀속된 땅이 원주인, 혹은 최소한 원주인의 가족에게 되돌아가는 세 개의 다른 상황들을 열거하고 있다. (1) 판 사람의 근족/가장 가까운 기업 무르는 자(הקרוב אליו)가 와서 그 형제의 판 것을 물러야 한다(레 25:25b). (2) 만일 판 자에게 고엘(גאל, "기업 무르는 자")이 없고 다만 되무를 충분한 수단이 있다면, 그는 자기 스스로의 힘으로 다시 무를 수 있다(레 25:26-27). (3) 이것도 저것도 불가능하면, 희년에 그 땅이 값을 지불하지 않고 판 자에게 되돌아간다(레 25:28). 그 외에도 대부분의 학자들은 종으로부터 친척을 구속하는 경우에 대해서 레위기 25:48b-49a에 열거된 기업 무르는 자들의 순서가 땅의 구속(기업을 무르는)에도 적용되었다고 결론짓는다. "그 형제 중 하나가 속하거나 삼촌이나 사촌이 속하거나 그 근족(직역하면 '그의 육신의 나머지') 중 누구든지 속할 것이요."

이러한 규례들을 적용하려고 할 때 여러 가지 모호한 점과 불확실한 점들이 일어나는데, 그것들 가운데 둘이 룻기 4장에서 일어나는 상거래를 이해하는 데 중요하다. 이것들 가운데 첫 번째 것은 기업 무르는 자의 구입을 통하여 가족 밖의 사람에게 땅이 판매되는 "선매권"(preemption)의 문제다. 그러한 관습이 기업 무르는 법에 포함되어 있는가, 아니면 분명하게 관련되어 있기는 할지라도 하나의 분리된 문제인가? 피상적으로 본다면, "선매권"은 우리가 살펴보겠지만 거기에 암시될 수 있는 레위기 25장의 기업 무르는 규례들 가운데 포함되어 있는 것으로 보이지 않는다. 그러나 특별히 예레미야 32:6-10에 있는 설화 기사 가운데서 일어난다. 여기서 예레미야의 삼촌 하나멜은 예레미야가 기업을 살 권리를 가지고 있으므로 아나돗에 있는 밭을 사라고 예레미야에게 요구한다(7절). 예레미야는 공식적으로 계약서에 서명을 하고 증인들 앞에서 매매가를 달아 줌으로써 그 밭을 산다(9-10절). 이것이 기업을 무르는 것이라기보다는 선매권의 경우임이 분명하므로, 몇몇 학자들은 그러한 상거래가 기업 무르는 의무의 일부가 아니라고 생각했다. 고디스(Gordis, "Love, Marriage, and Business," 253)는 레위기 25장에 규정된 절차들만이 기업을 무르는 경우들, 즉 친족 이외의 사람에게 팔린 땅이 원 주인에게 회복되는 경우들을 말하고 있다고 주장한다. 그는 예레미야 32장에 묘사된 절차들은 "외인 구입자의 소유로부터 땅의 이동 혹은 원 주인에게로의 회복을 포함하고 있지 않은 것으로 기업 무르는 경우가 아니고, 그러므로 레위기에 있는 게울라 법에 포함되지 않는다고 주장한다. 사실상 만일 고디스의 입장이 확인된다면, 룻기 4장에 있는 우리의 해석상의 문제는 상당히 간소화되는데, 그 이유는 우리가 뒤에 살펴볼 두 개의 시나리오 가운데 두 번째 것이 그것을 통하여 제거될 것이기 때문이다(고디스는 실제로 그렇게 한다. "Love, Marriage, and Business," 254). 그러나 그러한 입장은 확인될 수 없는데, 그 이유는 하나멜의 요구가 특별히 예레미야의 기업 무르는 의무에 근거하고 있다는 사실을 통하여 배제되기 때문이다. 그는 예레미야에게 "이 기업을 무를 권리가 네게 있기 때문에"(כי לך משפט הגאלה לקנות – 키 르카 미슈파트 하그울라 리크노트; 렘 32:7) 그리고 "기업의 상속권이 네게 있고 무를 권리가 네게 있기 때문에"(כי־לך משפט הירשה ולך הגאלה – 키-르카 미슈파트 하이루샤 울르카 하그울라; 렘 32:8) 밭을 구입하라고 요구한다. 특히 7절의 어투를 유의하라. 이 곳에서 하나멜은 자기가 요구하는 이유를 예레미야의 "기업 무를 권리"로 제시하고 있다. 이러한 사실에 비추어 볼 때 이유를 나타내는 문장은 고디스가 주장하는 바와 같이("Love, Marriage, and Business," 254) "예레미야가 잠재적인 기업 무르는 자와 상속자으로서 밭에 대한 확정된 관심을 가졌다는 사실을 의미하기보다는 기업을 무르는 의무가 선매권을 포함했다는 사실을 의미하고 있다는 것이 훨씬 더 그럴듯하다(또한 참조. Levine, "Legal Themes," 100의 설명). 그렇다면 선매권이 "기업을 무름"(גאלה – 게울라)의 관습 가운데도 포함되었다는 것은 분명하다. 사실상 루돌프(63)의 주장처럼 "그 근족이 와서 동족의 판 것(ממכר)을 무를 것이요"라는 규정에 들어 있는 미므카르(ממכר)란 단어가 "팔린 것"과 함께 "팔 것"을 의미한다고 결론짓는다면, 이 선매권이 레위기 25:25에 포함되어 있을 수도 있다. 필자의 의견에는 이 어투가 이 두 가지 가능성을 포함시키도록 하기 위하여 의도적으로 모호하게 되어 있다는 루돌프의 제안이 가장 타당하다.

위에서 살펴본 네 개의 절차 가운데 단 두 개만이 룻기 4장에서 일어나는 내용을 이해하는 데 연루될 수 있다는 사실이 곧 드러난다. (1) 이미 팔린 땅에 대해 기업 무르는 자가 되사는 것(레 25:25)과 (2) 기업 무르는 자의 무름을 통하여 가족 이외의 누군가에게 땅을 판 것에 대한 선매권(렘 32장; 이는 레 25:25에 암시되어 있는 것 같다).

룻기 4장에 있는 상거래에 해당하는 기업 무르는 법에 들어 있는 두 번째 모호성은 기업 무르는 자가 땅의 무름을 포함하고 있는 계약 조항에 있는데(레 25:25), 이것은 이것을 되산 다음에 땅의 소유권과 사용권을 누가 가지는지, 즉 기업을 무르는 자인지 아니면 가난해진 원주인인지가 아주 모호하다. 그러나 이 문제는 6절에서 더 가까운 친척의 마음의 변화 문제에 해당하므로, 우리는 이것을 그 구절의 "주석"에서 다룰 것이다.

"(그러나 만일) 네가 무르지 아니하려거든"(וְאִם לֹא יִגְאַל – 웨임 로 이그알; 참조. "원문주해" 4:4.c). 현대의 거의 모든 역본들과 주석들이 여기서 여러 히브리어 필사본들과 모든 고대 역본들을 따라 2인칭으로 번역한다. 문맥이 요구한 수정이 이루어져야 할지라도 3인칭 독법을 위한 설득력 있는 설명이 제공될 수 없다(Barthélemy의 다른 곳 *Preliminary and Interim Report* 2:141을 보라). 동사 자체가 구문에 불필요하므로 이 동사가 원래 난외의 주석이었다는 루돌프(59)의 주석은 불가사의한 것을 한 단계 더 퇴보하게 만드는 것에 지나지 않는데, 그 이유는 이것이 또한 한 서기관이 부정확한 인칭으로 난 외의 설명을 덧붙였으리라는 것 역시 설명이 안 되기 때문이다. 원본을 해석하려는 두 가지 시도는 그것들 자체가 추천할 만한 것이 아니다. NEB는 "그러나 그렇지 않는다면, 누군가가 그 일을 해야 한다"로 번역하지만, 이것은 이 히브리어에 대한 받아들일 만한 번역이 아니다. 세이쏜(108, 118)은 그가 열변 가운데서 근족의 다음 차례를 겨냥하여 모인 장로들에게 연설하기 위하여 잠깐 돌이키는 일련의 현실적인 움직임을 보아스에게로 돌리기 위하여 이것이 사용되고 있다고 주장함으로써 3인칭 형태가 원본이라고 설명하려 한다. 이것은 우리에게 일련의 현실적인 움직임들을 제공하고 있지 않지 않을 뿐만 아니라, 세이쏜(103)이 괄호로 된 언급 "받을 만한 사람들의 갑작스러운 변화를 묘사하기 위하여 [기업 무르는 자에게로 되돌아가기 이전에 그가 장로들에게 연설했을 때 보아스에게 덧붙인]" 문구에 대한 자신의 번역에 덧붙여야 했던 사실로부터 입증된 바와 같이 억지이고 또한 있을 법하지도 않다.

"내게 고하여 알게 하라"(הַגִּידָה וְאֵדְעָ כִּי… – 학기다 리 웨에드아 키). 거의 모든 주석가들과 번역가들은 처음 세 개의 단어를 명령형+미완료 / 목적 혹은 결과를 표현하기 위한 권고형으로 구성되어 있는 하나의 문장으로 취급하고(참조. GKC § 108d; *IBH* § 107[c]), "나로 하여금 알게 나에게 말하라"와 같은 식으로 번역을 해 왔다. 그렇다면 그 다음에 나오는 키(כי)는 통상적인 원인을 나타내는 의미인 "그 이유는, 왜냐하면"을 지니고 있으며 이유를 나타내는 종속절을 이끈다(예를 들어, Campbell, Rudolph, Rasson). 그러나 허바드(237 n. 7)는 MT 이접사 엑센트(*rebia*ʿ)가 그 위에 그렇게 구술되어 있다는 사실에 근거하여 문장들을 리(לי, "나에게") 다음에서 나누고 있다. 이것은 권고형(Q; "원문주해" 4.d을 보라)이 아닌 미완료형 웨아다(ואדע; K)를 채용하기를 요구하고 있으며, 그 다음에 키(כי)를 웨아다(ואדע)의 목적인 명사절을 이끄는 것으로 이해하여 그 결과로 "나에게 말하라, …을 내가 알도록 하기 위하여"라는 번역을 만들어 낼 것을 요구하고 있다. 그러나 맛소라 학자들이 이접사 액센트를 그런 식으로 의도하여 붙이지 않았다는 사실이 Q독법에 의하여 분명하게 암시되어 있는데, 그 곳에서 그 액센트에 뒤따라오는 동사에 헤(ה)를 붙임으로써 맛소라 학자들은 자신들이 이 동사를 목적/결과를 표현하는 권고형으로 이해했다는 사실을 드러내고 있다. 더 나아가서 다음 문맥 가운데서 그 어떤 것도 허바드가 두 번째 문장을 시작하고 있는 뉘앙스 "위하여"를 암시하고 있지 않으며, 현재 시제가 미완료형이 아니라 아니 요데아(אני יודע), 분사+독립대명사로 표현되었으리라는 것이 더 타당하다(참조. 창 3:5; *IBHS* § 37.6b

을 보라).

"네 다음은 나요 그 외에는 무를 자가 없느니라"(לִגְאוֹל וְאָנֹכִי אַחֲרֶיךָ אֵין זוּלָתְךָ – 에엔 줄라트카 리그올 웨아노키 아하레카). 캠벨은 이 표현이 "히브리어 줄라트(זוּלָת, "…이외에, 제외하고")가 언제나 다른 곳에서 유일한 제외를 지칭하기 위하여 사용되었기 때문에" 나머지 것을 전치사가 실제로 여기서 유일한 제외, 즉 "너와 나"를 지칭하고 있다는 사실로 인정하지 않는다. 이것은 단순히 이것이 논리적으로 두 개(혹은 그 이상)의 항목을 지배할 때 전치사를 반복하지 않는 실례에 지나지 않는다(*HebS* § 238를 보라). 이 문장은 부분적으로 혼란을 야기하고 있는데, 왜냐하면 정상적인 순서는 부정사 리그올(lwagl)이 부정적 불변화사 에엔(אין) 직후에 뒤따라와야 하는, 즉 에엔 리그올 줄라트카(אין לגאול זולתך)가 되었을 것이기 때문이다. 본문의 순서는 줄라트카(זולתך, "그러나 당신은")에 강조를 두고 있다. 또한 전치사+대명사 접미어의 반복 대신에 독립대명사 아노키(אנכי, "나는")를 사용함으로써 이것에 대해 강조되고 있다.

"내가 무르리라"(אָנֹכִי אֶגְאָל – 아노키 에그알). 유온(83)이 지적하는 바와 같이, 기업 무를 자는 문제가 해결되는 공식적 선언을 암시하는 완료형 가알티(גאלתי)를 피하고 있다: "나는 이로써 나의 권리를 행사한다"(위의 수행적 완료형에 대한 논의를 보라; 참조. 카니티〈קניתי〉, 9, 10절). 그 반대로, 그는 단순히 자신의 자원하는 마음을 표현하거나 그렇게 하려는 의도를 표현하면서 보아스로부터 어떤 또 다른 제안이 나오도록 문을 열어 놓고 있다. 또다시 어미가 변화된 동사 앞에 나오는 독립대명사가 강조되어 있지 않다(예를 들어, Morris, 303; 본 절의 초두에 있는 웨아니 아마르티〈ואני אמרתי〉에 대한 논평을 보라).

5a. "나오미의 손에서"(מִיַּד נָעֳמִי – 미야드 나오미). 미야드(מיד, 직역하면 "…의 손으로부터")란 관용어에는 어떤 특별한 의미는 없는데, 그 이유는 여러 다른 전치사들이 단순한 민(מן, "…으로부터")을 포함하고 있는 것으로 어떤 것을 파는 사람을 지칭하기 위하여 사용되며(레 25:44, 45), 미야드(מיד, 창 33:19; 39:1; 레 25:14)와 함께 복합 전치사 메암(מעם, 삼하 24:21)과 메에트(מאת, 예를 들어, 레 27:24)가 모두 이러한 문맥에서는 단순하게 "…으로부터"를 의미하기 때문이다.

이러한 마지막 증거물과 함께, 우리는 가능한 한 엘리멜렉의 밭의 갑작스러운 출현과 함께 그와 관련된 법적·사회적 배경의 몇 가지 사항의 출현과 관련된 다른 문법적·사전적 가능성들을 설명해 왔다. 이제 현재까지 본문에서 추정된 상황에 대한 가장 개연성 있는 이해를 설명하도록 하자.

특별 부록: 3-5a절에서 보아스가 제안한 거래의 성격

여기에는 수많은 모호성, 불확실성 그리고 미지의 내용들이 나타나 있는데 이러한 연루된 문제들에 대한 그 어떤 최종적인 해결책도 우리를 이러한 문제로부터 벗어나게 하지 못하고 있다. 이러한 난점들과 모호성들에도 불구하고, 필자는 이러한 대부분의 모호성들이 우리의 설화자의 무지, 부적절 혹은 "훌륭한" 이야기를 작성하려는 목적을 위하여 율법의 원리들의 의도적(예술적이기는 하나) 조작과 체계적 정리라기보다는 고대 이스라엘에서 있었던 그러한 부동산 거래와 가족 의무를 조절했던 사회적-법적 관습들과 기구들에 대한 우리의 지식의 결핍에서 일어나는 것이라는 필자의 가설적 입장으로 채용할 것이다(Levine, "Legal Themes," 96는 이에 반대다). 설화자는 지금까지 자신을 유일하게 타당한 작업 가설은 계속되고 있었던 내용을 이해하도록 하기 위하여 그와 그의 고대 독자들이 사회적・법적 관습과 의무에 대한 충분한 지식을 가지고 있었다고 가정하게 하는 그러한 능숙하고도 박식한 이야기 작가로 나타내 보여 주었다. 캠벨이 말한 바와 같이, "여기서 문제가 되는 세속(사회) 문제들은 그것들이 우리에게 그러한 것처럼 고대의 청중을 혼란스럽게 하지 않았다…백성들은 일반 관습에 대한 그들의 지식으로부터 이 설명을 하지 않았으며, 아마도 이것은 있는 그대로 두 번째 사상을 제공했을 것이다." 나의 해결 가설인 이것과 함께, 필자는 다음 논의에서 가장 먼저 사실들이 필요로 하는 것으로 보이는 다양한 선택 사항들을 진술하고, 두 번째로 나에게 가장 타당성 있는 것으로 보이는 내용을 서술하려고 한다. 그렇게 하면서 필자는 반드시 (1) 만일 설화자의 이야기가 하나의 이야기로서 효과적으로 기능하기 위해서라면 그 설화자가 따랐을 일관성, 충분, 확실성의 원리들과 (2) 이스라엘의 결의론적인 법의 성격의 의미를 통하여 지도를 받았을 텐데, 이것들은 모두 3:9의 "주석"에서 설명되었다.

첫째로, 우리는 여기서 동사 마크라(מכרה; 3절)를 가장 명백한 의미(과거의 의미로)로 취급할 수 없다는 사실을 유념하고, 또한 나오미가 과거 어느 때에 밭을 팔았다고 생각하도록 하자. 그녀는 자기의 남편이 죽은 다음 10년 동안 모압에서 그러한 일을 했을 수 없으며, 또한 확실성의 원리가 그녀가 돌아온 다음에 그렇게 할 수 있었을 가능성을 배제하는데, 그 이유는 그녀와 룻이 영세민으로 살아왔기 때문이다(아래를 보라). 이 문제 자체는 비티의 취급과 함께 중요한 문제들 가운데 하나다(*VT* 24[1974] 251-67). 비록 그가(*VT* 24[1974] 256; 참조. 동일 저자, *JSOT* 5[1978] 39-40) 그들의 남편의 재산을 상속받기 위하여 그것이 아이가 없는 과부들을 위한 표준이었다는 사실을 수립하기 위해 너무나 분명하게 일관성과 확실성의 원리에 호소하고 있을지라도, 밭의 매매 문제에서 그는 매우 숨김없이 진술하고 있다(*VT* 24[1974] 266).

보아스는 나오미가 그 밭을 팔았다는 사실을 기업 무르는 자에게 말하고, 그에게 그 기업을 무르기를 원하느냐고 묻고 있다. 논리적으로 말해서 "룻이 그 밭을 팔았다"는 것이 더 옳을 것 같지만, 설화자는 보아스의 룻에 대한 언급을 잠시 보류하고 있다. 여기서 그녀의 이름을 들먹인다는 것은 보아스의 두 번째 연설의 드라마를 파괴하는 것이다.

비티는 언제 그러한 매매가 일어났는지에 대해서 어느 곳에서도 문제시하지 않고 있으며, 만일 나오미와 룻이 상속인으로서 땅에 대한 권리를 가졌고 그것을 팔 권리도 가졌다면, 그럼에도 불구하고 이제까지 여전히 영세민으로 살면서 이삭 줍는 일을 해 올 수밖에 없었다면, 그 이야기가 어떻게 진실성의 원리를 충족시킬 수 있는지도 문제시하지 않는다. 그 반대로, 확실성의 원리는 마크라(מכרה)가 과거형으로 번역될 수 있는 가능성을 배제한다. 그렇다면 위에서 논의된 현재 시제들 가운데 하나로 이해되어야 한다.

사실 이런 경우는 이 상황을 이해함에 있어서 두 개의 광범위한 시나리오만이 가능하다. (1) 첫 번째 시나리오에서 엘리멜렉이 모압으로 이민을 가기 전에 자기의 땅 사용권을 팔았고(돈을 받고 파는 것은 가능하지 않다. 위의 마카르〈מכר〉에 대한 논의를 보라), 그 이후로 밭이 다른 사람의 소유로 있어 왔다. 이제 나오미가 보아스를 통하여 현재의 소유자로부터 그 밭을 다시 사기 위하여 더 가까운 기업을 무르는 자에게 요청하고 있다. 그렇다면 이 상거래는 레위기 25:25에 기록된 것과 같은 기업을 무르는 경우다. (2) 두 번째 시나리오에서 엘리멜렉은 이민을 가기 전에 자기의 밭의 사용권을 팔지 않았고, 그래서 나오미는 지금 그 밭에 대한 사용권을 가지고 있다. 그렇다면 이 상거래는 예레미야 32장에 진술되어 있는 것(그리고 레 25:25에는 암시되어 있는)과 같은 선매권의 경우다.

해석가들이 직면하고 있는 난점은 이들 가능한 각각의 시나리오 이야기의 몇몇 내용과 또한 그 상황을 결정했음에 틀림없는 해석학적 · 사회적 · 법적 자료의 몇몇 내용과 일관성 있게 들어맞지만(위에 밝혀진 내용 몇몇), 다른 그러한 자료들 모두와 들어맞지는 않는다. 이 두 개의 가능성 있는 시나리오들의 얽힌 내용을 차례로 검토하고 그 다음에 가장 타당성 있는 경우를 결정하도록 하자.

(1) 이 상거래가 기업을 무르는 경우인 첫 번째 시나리오. 여러 주석가들이 주장한 바와 같이(예를 들어, Brichto, *HUCA* 44[1973] 15; Campbell, 156; Gordis, 254; Rudolph, 66), 모압으로부터 돌아온 나오미와 룻은 극빈자들이다. 1:21에서 나오미는 비통하게 "내가 풍족하게 나갔더니 여호와께서 나로 비어 돌아오게 하셨느니라"고 호소하고 있으며, 그 다음의 사건들은 그녀가 단순히 자기의 남편과 아들들을 잃은 것에 대해서 언급하고 있지 않은데, 그 이유는 그들 두 사람의 생계 유지를 위하여 룻이 당하고 있는 빈곤을 해결해야 하고 극빈자로서 밭에서 이삭 줍은 일을 해야 했기 때문이다(2장). 그런 까닭에 이야기의 일관성과 확실성을 위해서는 엘리멜렉이 모압으로 떠나기에 앞서서 자기의 밭의 사용권을 팔았어야 하는데, 그 이유는 나오미와 룻이 매우 명확하게 그 밭으로 접근할

수도 없었고 경작할 수도 없었기 때문이다. 만일 사실이 그러하다면, 나오미가 밭을 "팔려고" 하고 있다고 명확하게 진술하고 있는 3절에 대해서 우리는 어떤 의미로 받아들여야 하는가? 혹은 더 가까운 근족이 나오미로부터 밭을 얻으려 한다고 진술하고 있는 5a절을 어떤 의미로 받아들여야 하는가?

이러한 두드러진 상충된 사항들을 취급하기 위하여 여러 가지 시도가 있어 왔다. 웨스트브룩(*ILR* 6[1971] 373-74)은 비록 본문이 "나오미"에 대해서 말하고 있기는 하지만 이것이 실제로는 그 밭을 팔았던 엘리멜렉이었다고 주장한다. 엘리멜렉이 원래 팔았던 세부 사항들을 설명하는 것이 설화자에게는 지루했을 것이고, 또한 나오미가 이제 선조의 땅과의 마지막 연결 고리이고 설화자가 처음부터 끝까지 그녀의 역할을 강조하고 있으므로, 우리는 그녀가 "오류가 분명하게 되었을" 그 땅을 팔았다는 진술을 "서술의 기교"로 이해해야 한다. 그러한 서술 기교들, 특히 부정확한 기여가 상당히 분명하게 되었을 때, 확실하게 알려지지 않은 것은 아닐지라도(예를 들어, Westbrook, *ILR* 6[1971] 374 n. 34이 인용한 실례를 보라) 여기에 그러한 기교가 들어 있는 것 같지 않아 보인다. 설화자는 나오미가 그 땅을 팔았다는 진술을 하면서 그가 했던 것보다 어떤 "지루한 세부 사항들"을 포함시키지 않고 실제로 팔았던 사람에 관하여 상당히 구체적일 수가 있었다. 그는 "모압 지경으로부터 돌아온 나오미의 남편 우리 형제 엘리멜렉이 그에게 속하는 밭을 팔았다"고 말했을 수 있었고, 또한 그는 게다가 나오미가 밭을 팔았다고 진술함으로써 언제 누구에게 어떤 상황에서 그 판매가 그가 했던 것처럼 이루어졌는지에 관해서와 같은 세부 사항들을 완전히 청중의 추측에 맡기고 있다.

같은 경향으로 브릭토(Brichto, *HUCA* 44[1973] 15)는 엘리멜렉이 모압으로 이민을 가기 전에 땅을 팔았다고 주장하고, 그는 3절과 "능동 완료가 과거 수동으로 번역되어야 할 것이다"(후자는 성경 히브리어에서 전혀 전례가 없음; 참조. 창 29:34; 31:48)라는 유일한 진술과 두드러진 상충점을 취급하고 있다. 능동 완료를 과거 수동으로 번역하는 일(칼 수동형이나 아니면 3인칭 단수에 대한 비인칭적 사용인가?)의 정확성에 관해서 결론지을 수 있는 것이 무엇이든, 그러한 이해는 본문을 과감하게 수술하지 않고서는 룻기 4:3에서는 결코 가능하지 않은데, 그 이유는 이 문장이 주어("나오미")와 목적어("…의 밭")를 모두 포함하고 있기 때문이다. 또한 Sasson, 110의 설명을 참조하라.

이러한 자료를 취급하는 데 가장 일관성이 있고 매력적인 시도는 고디스("Love, Marriage, amd Business," 252-59)의 시도인데, 그는 나오미가 엘리멜렉의 상속자로서 소유하고 있는 내용이 매수자들로부터 그것을 구입함으로써 자기 남편의 잃어버린 재산을 되무르는 권리라고 주장한다. 그녀가 그렇게 하는 어떤 수단을 가지고 있지 않으므로, 그녀는 자신의 가장 가까운 친족에게 이 의무 권리를 양도한다(מכר). 보아스는 이러한 밭 의무 권리와 무를 권리를 얻기 위하여(קנה) 더 가까운 기업 무를 자를 부른다(4절). 이 사람이 결국 거절하자(6절) 이 의무 권리는 신을 전달하는 상징적 행동을 통하여 보아스에게 넘어온다(7-8절). 고디스의 입장에서 밭과 관련된 룻기 4장에 실질적으로 묘사된 유일한 상거래는 더 가까운 근족으로부터 보아스에게로 넘겨진 기업 무를 권리의 양도다. 엘리멜렉으로부터 그 밭을 얻은 사람으로부터 보아스가 그 땅 자체를 무르는 일은 본서 가운데 기록되어 있지 않다(룻이 관심의 초점이기 때문에). 이러한 입장을 유지하기 위하여 고디스는 마카르(מכר, "넘겨주다, 팔다")와 콰나(קנה, "얻다, 사다")라는 동사가 이 문맥 가운데서 각각 "기업을 무르는 의무 권리를 양도하다"와 "기업을 무르는 의무 권리를 얻다"란 특별한 뉘앙스를 가지고 있다고 가정해야 한다. 웨스트브룩(*ILR* 6[1971] 375)과 브릭토(*HUCA* 44[1973] 15)의 연구들은 상거래의 유사한 이해를 암시한다. 이제 만일 마카르(מכר)와 콰나(קנה)에 일치하는 유일한 의미가 각각 "팔다"와 "사다"라면(예를 들어, Campbell, 145), 그리고 이것들이 제한된 현대의 상업적인 "현금" 거래의 의미로 이해된다면(예를 들어, Sasson, 117), 이러한 동사들의 의미는 유지되기가 어려운 것으로 보인다. 그러나 위에서 살펴본 바와 같이 리핀스키는 마카르(מכר)의 구문론적 범위가 동산과 부동산 사용권의 전달에 대해 가장 자주 사용된 "넘겨주다, 위임하다, 양도하다, 전달하다"를 내포하고 있다고 논증하고, 마카르(מכר)가 "상거래 형태의 특성을 나타내고 있지만 그것의 내용은 상술하지 않는다"고 결론짓는다(*THAT* 2:875; 위의 3절에 대한 "주석"을 보라). 그러한 의미의 범위가 인정될 때, 자기 남편의 재산에 대한 과부의 사용권에 관한 상황 가운데서 이 동사들이 그것들의 보상의 성분을 나타내 주었으며, 어떤 권리를 의미하는지를 명백하게 밝히면서 (…에 대한 권리)"를 양도하다, 포기하다" 그리고 (…에 대한 권리)"를 얻다, 받아들이다"를 의미하는 가능성의 범위를 전혀 넘어가지 않는 것으로 보인다. 남동 아프리카 통가 민족의 유사한 문화의 배경과 대조가 되는 슈나이더(Schneider, *BT* 33[1982] 304-5)의 유익한 논의를 보라(그렇지만 필자는 여기에 있는 마카르〈מכר〉와 콰나〈קנה〉가 동사 가알〈גאל〉과 동의어라는 그의 결론에는 동의하지 않는다. 이와 관련하여 어떤 종류의 적절한 "매매"가 룻기 4장에서 보아스와 나오미 사이에 일어나지 않았다는 사실을 강조하는 것이 중요하다. 아무런 돈의 양도 협상되지 않았고, 나오미는 나타나지도 않는다. 아래의 논의를 보라.

(2) 상거래가 선매권이라는 두 번째 시나리오. 이것은 3절의 어투의 분명한 암시인 것으로 보이는데, 이 구절은 나오미가 엘리멜렉의 밭의 사용권을 "팔고" 있다고 진술하고 있으며, 5a절의 어투는 그 밭이 나오미로부터 얻어야 한다고 진술한다. 분명히 엘리멜렉이 모압으로 떠나기에 앞서서 자기의 밭을 팔지 않았고, 과부인 나오미가 자기의 죽은 남편의 밭에 대한 사용권을 소유하고 있으며, 그녀가 이제 이것을 보아스를 통하여 팔려고 제공하고 있다고 주장된다. 그러나 이것은 이야기를 터무니없는 것으로 만든다! 나오미와 룻은 위에서 언급한 바와 같이 이 이야기 내내 보아스의 적선에 의존하는 궁핍한 자들로 살아가고 있다. 실제로 이 이야기의 일관성과 확실성은 나오미가 그 땅의 실질적인 소유권이나 사용권을 가졌을 가능성을 배제하고 있다.

여러 학자들은 이 난문제를 해결할 여러 가지 방편을 제안했다. 대부분은 위에 언급된 고디스와 웨스트브룩의 방안과 같은 입장에 반대한다. 엘리멜렉이 모압으로 이민 가기에 앞서서 자기 땅을 팔았을 것 같지 않다고 주장해 왔다. 세이쏜(113)은 그가 이방 땅에서 영구적인 은신처를 찾으려 하지 않았을 것이고, 다만 기근이 끝나자마자 귀국하려고 기대했을 것이라고 주장한다. 루돌프(66- 67)는 일반적인 기근 가운데서 그의 기업을 무르는 자들 중 아무도 자기들의 선매권을 행사할 수단들을 가지지 않았을 것이므로 그가 베들레헴을 떠나기에 앞서서 급히 그 밭을 양도하기는 어려웠을 것이라고 주장한다. 더 나아가서, 그 소유자가 장기간 비어 있는 동안 버려지거나 혹은 묵혀져 있는 상태가 되어 있는 그러한 땅에 공동체의 전진하는 삶에는 농경지가 너무나 값나가고 본질적이므로, 우리는 엘리멜렉이 가족 혹은 친구들이 돌보게 하는 구상을 했거나(Sasson, 113), 혹은 기타 다른 사람이 조용히 버려진 재산을 도용했다는 사실(참조. Hubbard, 53)을 가정해야 한다. 수많은 주석가들은 그러한 하나의 시나리오가 아들이 엘리사를 통해서 살림을 받은 수넴 여인(왕하 4:8-37)에 관해서 말하고 있는 열왕기하 8:1-6에 있는 기사에 근거하여 가능할 뿐만 아니라 그럴듯하다고 주장해 왔다(예를 들어, Burrows, *JBL* 59[1940] 448; Campbell, 157; Rudolph, 66). 수넴 여인은 기근으로 인하여 7년 간 블레셋 땅에 거주하기 위해서 갔다(1-2절). 이 기간이 끝나서 그녀가 돌아왔을 때, 그녀는 자기의 가정과 자기 밭으로 돌아온 것을 왕에게 호소해야 했다(3절). 비록 이 설화가 진술하고 있지는 않을지라도, 그녀가 그 당시에 과부였고 자기의 작은 아들 대신 재산을 관리하고 있었던 것(2절은 그녀와 그녀의 권속이 그 땅을 떠났다고 진술하고 있다)과 룻기에 있는 상황과는 정확하게 일치하지 않을지라도, 이 기사는 그러한 상황에서 버려진 재산이 다른 사람들의 손에 들어가게 될 수 있었다는 사실을 예증해 준다. 이러한 일들에 관해서 우리의 설화자가 침묵하고 있는 점에 대해서 루돌프(66)는 궁켈을 따라 그러한 일이 너무나 통상적인 일이었을 것이므로 열왕기하 8:1-6의 설화자(3절 난외주를 보라!)와 또한 룻기 설화자도 이것을 특별히 불법적 압류를 기록하는 것이 필요하리라고 생각하지 않았다고 주장한다. 더 나아가 세이쏜은 타당성 있게 구약성경 정보의 결핍으로 우리는 초창기 시대에 얻었던 랍비 시대의 법정에 여인들이 서 있는 것이 – 말하자면 법정이 진행되는 동안 특히 재산 양도 문제에서 여인들의 권리가 – 엄격히 제한을 받았다고 가정할 수 있다고 본다. 그런 까닭에 나오미 혼자서는 자기 남편의 땅에 관해서 절차를 밟기 위하여 일단의 장로들을 법적으로 소집할 수 없었을 것이다. 이를 위하여 그녀는 하나의 후원자가 필요했고, 그녀는 보아스를 끌어들였던 것이다. 열왕기하 8장에서 수넴 여인이 자기 성읍의 율법 회의라는 정상적인 창구를 통하여 바로잡으려 하지 않고 왕에게 호소하고 있는 사실을 유념하는 것은 이 점에서 관계가 있는 것 같다(그러나 Boecker, *Law and the Administration of Justice*, 51-52를 참조하라).

(3) 가장 가망성이 있는 경우. 분명히 위에 언급된 두 개의 중요한 시나리오에 수반되

는 밀접한 관계들과 다양한 가능성들을 상세히 설명하기 위해서는 많은 가정과 추정들이 이루어져야 한다. 그러한 불확실성들과 미지의 미궁 속에서 가장 그럴듯하고 가망성 있는 경우를 서술한다는 것은 상당히 어렵게 보인다. 그러나 필자의 의견에는 어휘의 난점에도 불구하고 첫 번째 시나리오를 훨씬 더 그럴듯하고 가망성 있는 것으로 만들어 주는 전체 상거래의 또 다른 면이 있다. 두 번째 시나리오는 연루된 상거래가 선매권의 경우라는 사실로 이해한다. 나오미가 엘리멜렉의 상속자로서 그의 밭의 소유권과 사용권을 가지고 있으며, 그래서 그녀는 예레미야가 자신의 삼촌인 하나멜의 밭을 구입한 것과 같이(렘 32장) 보아스를 통하여 나오미로부터 이 소유권과 사용권을 구입하도록 더 가까운 근족에게 요구한다. 더 가까운 근족이 그렇게 하기 위하여 자기 권리를 포기할 때, 보아스는 그 다음에 그 일을 한다(9절). 그러나 만일 사실이 그러하다면, 상거래는 구약성경에서 다름 아닌 그러한 땅 구입에 일치시켰을 것이며 무조건적 소유권이 양도되는 구입도 아니고(예를 들어, 창 23:4-18; 33:19; 삼하 24:24; 왕상 16:24) 예레미야 32장에서처럼 소유권과 사용권이 양도되는 이전도 아니다. 웨스트브룩(*ILR* 6[1971] 373)이 언급하는 바와 같이 파는 자 나오미는 전혀 나타나지 않고, 가격에 대한 언급도 없는데, 이는 땅의 구입을 설명하는 다른 설화들은 지극히 독특해 보이는 점이다. 이 점에서는 예레미야 32장에 있는 선매권에 해당하는 경우가 가장 잘 드러내 보여 주고 있다. 예레미야는 유다 땅의 미래의 회복의 확실성을 강조하기를 원하고 있으므로(참조. 44절) 이 상거래가 법적으로 타당하고 완전하다는 사실을 강조하려 하고 있으며, 그래서 특히 구입가, 매매 증서 그리고 증인들이 모두 언급되어 있다. 이제 보아스는 이처럼 아주 다른 이유로 인하여 증인들로서 율법 회의를 소집하고 그들의 공증의 기능과 권력을 공적으로 이끌어 냄으로써 룻기 4장에 연루된 상거래의 법적 타당성을 보증하는 데 필요한 모든 일을 행한다(9-10절; 아래의 논의를 보라). 그렇다면 만일 그 파는 자가 참석하지 않고 상거래가 법적으로 묶일 수 있는 매매가의 결정과 전달이 빠져 있다면, 어떻게 땅이나 혹은 시행되는 어떤 종류의 땅에 대한 권리의 매매가 빠질 수 있겠는가? (Rudolph, 64의 이와 관련된 타당성이 없는 가설과 비교하라. 그는 밭과 함께 딸려 가는 과부를 돌보기 위하여 사는 자의 의무가 매매 가격을 대신하고 있다는 사실을 가정함으로써만 법적으로 필요로 하는 지불의 생략이라는 두드러진 예외를 해명할 수 있다). 그 반대로, 파는 자가 없고 또한 어떤 지불 혹은 그 금액에 대해 언급이 없는 것은 이 문제를 해결 불가능하게 만들지는 않을지라도, 나오미를 통하여 보아스에게 엘리멜렉의 밭 선매권 판매 혹은 어떤 종류의 판매로 연루된 상거래 관계에 가장 큰 난점을 제공한다. 게다가 아래서 살펴보는 바와 같이 더 가까운 근족의 마음의 변화 역시 실질적으로 이 상거래를 선매권으로 이해하기 불가능하게 만든다. 6절의 "주석"을 보라.

그런 까닭에 이러한 상황에 대한 가장 그럴듯한 해석은 위의 첫 번째 시나리오에서 묘사된 고디스의 제안 가운데 제공된 것이다. 죽은 자의 아내로서 나오미는 엘리멜렉의 밭의 사용권을 가지고 있고, 그런 까닭에 그것을 되무를 권리, 즉 지금 이것을 소유하고 있는 누군가로부터 되사는 권리를 가지고 있다. 그녀가 엘리멜렉의 가장 가까운 근족에게 양도하려고 제시하고 있는 것이 곧 보아스가 진술하고 있는 이 권리들인데, 그 이유는 한 여인으로서 그녀가 그 문제에 있어서 법적 신분이 거의 없거나 혹은 전혀 없고(위에 언급된 세이쏜의 입장을 보라) 또한 그 밭을 되무를 수단들도 가지고 있지 않기 때문이다. 그러므로 보아스는 더 가까운 근족에게 그 문제에 있어서 그의 권리를 행사하고 그 밭을 무르라고 요구한다. 9-10절에 있는 해결 내용 가운데서 적절히 소집된 장로 모임 앞에서 보아스가 행한 엄숙한 선언과 증인으로서의 율법 회의의 엄숙한 확증은 분명히 그리고 틀림없이 발생했던 밭에 연루되어 있는 유일한 상거래를 법적으로 묶는 방식으로, 더 가까운 근족으로부터 보아스에게로 밭을 무르는 권리와 의무의 양도를 결론짓고 증명한다. 밭을 실질적으로 되무르는 일은 설명되어 있지 않았는데, 이 일은 말하자면 이 이야기 기록 밖에서 일어난다. 그렇다면 우리는 3-4절에 있는 동사 마카르(מכר)와 콰나(קנה)는 다른 곳에서는 입증되지 않은 것으로 각각 "(…에 대한 권리)를 양도하다"와 "(…에 대한 권리)를 얻다"는 의미를 담고 있다고 결론지어야 하며, 또한 문맥은 이에 연루된 권리가 엘리멜렉의 밭에 대한 사용권과 그것을 되무르는 것이라는 사실을 명확하게 만들어 준다.

마지막으로, 이 사실에 비추어 3절에 있는 동사형 마크라(מכרה)는 "동시적 완료", 즉 "나오미가 (지금) 그녀의 권리를 양도하고 있다"로 취급되는 것이 가장 좋다. 이것은 "수행적 완료" 즉 "나오미가 이 방법으로 그녀의 권리를 양도하고 있다"로 혹은 "해결의 완료" 즉 "나오미가 그녀의 권리를 양도하려고 (의도하고) 있다"로 될 수 있지만, 이것들은 3절의 "주석"에 언급된 이유들로 인하여 개연성이 덜한 것으로 보인다.

필자는 이제 3-5a절의 해석학적 증거를 통하여 제공된 문법적·사전적 사실들과 가능성들을 거기에서 발생된 법적·사회적 배경과 함께 설명해 왔으며, 나오미가 권리를 가지고 있는 엘리멜렉의 밭의 이러한 갑작스러운 출현과 그것의 되무름의 성격을 이해할 수 있도록 만드는 과정에서 연루된 가장 개연성 있는 시나리오를 개략적으로 서술해 왔다. 그러므로 이제 우리는 5b절에 있는 보아스의 그 다음 진술의 의미를 생각해 보는 데로 나아갈 수 있게 되었는데, 이 구절에서 그는 더 가까운 근족에게 그 문제가 엘리멜렉의 밭을 무르는 권리와 연루되어 있을 뿐만 아니라, 죽은 자의 아내 모압 여인 룻과 결혼하는 일과도 연루되어 있다는 사실을 알려 준다. 여기서 두 개의 비평적인 문제가 소개되어야 할 것이다. 첫째로, 보아스는 더 가까운 근족이 룻과 결혼해야 한다고 제안하고 있는가? 아니면 그가 자기가 그렇게 할 것이라고 알리고 있는가? 둘째로, 만일 그럴지라도 어떤 방식으로 이 제안된 결혼이 구약성경의 다른 곳에서 나타나는 수혼의 관습과 관련되는가? 이 문제들을 5b 절의 본문에 대한 해석적 자료를 통하여 야기된 것들과 함께 취급하도록 하자.

5b. "죽은 자의 아내 모압 여인 룻에게서 사서"(וּמֵאֵת רוּת הַמּוֹאֲבִיָּה אֵשֶׁת־הַמֵּת קָנִיתִי – 우메에트 룻 함모아비야 에셋-함메트 콰니타이). 본 구절의 일관성 있는 해석을 제공하기 위해서 이 문장과 함께 다루어야 할 세 가지 중요한 문제가 있다. (1) 동사 콰니타이(קניתי)의 표현된 혹은 암시된 목적어가 무엇인가? (2) 만일 콰니타이(קניתי)의 목적어가 룻으로 취급된다면, 아내를 취하는 것과 관련되어 사용되었을 때 동사 콰나(קנה, "사다, 얻다")의 의미와 취지가 무엇인가? (3) MT의 콰니타이(קניתי)의 정확한 독법이 무엇인가? 케티브의 콰니티(קָנִיתִי, "내가 얻다")인가, 아니면 케레의 콰니타(קָנִיתָה, "당신이 얻다")인가? 이것들을 언급된 순서에 따라서 취급해 보자.

(1) 동사 콰니타이(קניתי)의 목적어. 현재 그대로의 본 절의 문장 구조는 문제가 있어 보인다. 첫째로, 동사 콰나(קנה)의 목적어가 표현되어 있지 않았으며, 그럴지라도 이 동사는 목적어가 문맥 가운데 분명하게 암시되었을 때는 표현된 목적어 없이 사용될 수 있는데(Vriezen, *OTS* 5[1948] 81는 이에 반대다; 참조. 레 25:14, 15; 룻 4:4), 여기에 의도되어 있는 목적어가 완전히 모호하다. MT에서 "모압 여인"과 동격으로 구두점이 찍힌 "죽은 자의 아내"란 문구를 목적어로 취급하려는 NIV의 어색한 시도는 그 자체가 전혀 마음에 들지 않은데, 그 이유는 이것이 이 문구의 지시 대상을 완전히 모호하게 만들어 놓고 있으며(참조. Gow, *TB* 41[1990] 302-3) 또한 나오미만이 4절에서 언급되어 있기 때문이다. 실질적으로 두 사람이 밭의 양도권을 가질 수는 없다. 이 구절을 있는 그대로 "꽤 규칙적인 히브리어"로 해석하려는 시도를 하는 가운데 세이쏜(121)은 목적어를 문맥에서 그 밭 자체로 암시된 것으로 취급한다. 그러나 그 결과로 나타나는 번역은 구문론적으로 부적절하다. 그 의미에서 볼 때 그 결과로 나타나는 문장은 단순히 그 밭이 얻어지는 목적을 진술하고 있으며, 그러한 구문론적 배경에서 시간을 나타내는 문장은 동의어의 가장자리에 있다: "당신이 그 밭을 얻을 때…, 당신은 …을 위하여 그 밭을 얻는다." 더 나아가서, 이것은 루돌프(59)가 말하는 바와 같이 9-10절에서 보아스가 공개적으로 그가 5절에서 제안하는 의무를 떠맡기 때문에 5절에 대한 적절한 주석을 이루고 있는 9-10절과 상충된다. 그리고 그는 엘리멜렉의 상속자를 얻기 위하여 나오미와 룻으로부터 그 밭을 얻고 있다는 사실을 말하지 않고 다만 두 의무를 분리된 것으로 생각한다: 하나는 밭과 관련된 것이고, 다른 하나는 룻과 관련된 것이다. 다른 방침

을 취하면서 고브(Gow, *TB* 41[1990] 310-11)는 케레 독법 콰니타(קניתה)를 LXX 독법을 인용하면서 콰니타흐(קְנִיתָהּ, "당신이 그녀를 얻는다")로 해석한다. 이것은 다음과 같은 번역을 낳는다: "당신이 나오미와 죽은 자의 과부 모압 여인 룻의 손에서 그 밭을 얻는 날에, 당신은 …을 위하여 그녀를 얻는다." 이러한 제안은 4절에서 나오미만이 언급되어 있다는 사실과 두 사람이 밭의 양도권을 가질 수 없다는 반대에 봉착한다. 이것은 또한 대명사 그녀의 지시 대상을 모호한 상태로 남겨 놓는다.

둘째로, 전치사구 "나오미와 룻으로부터"에 들어 있는 두 명사를 논리적으로 지배가 같은 전치사의 반복을 통해서 수립되지 않고(위의 4절에 있는 네게드〈נגד〉… 웨네게드〈ונגד〉에 대한 "주석"을 보라) 두 개의 다른 전치사들, 즉 "미야드 나오미 우메에트 룻(מיד נעמי ומאת רות)의 사용을 통하여 수립되어 있다는 사실은 현재의 문장 가운데서 지극히 이례적이고 구문론적으로 의심스러운 것이다(Sasson, 120는 이에 반대다). 전치사의 변화가 의도적인데, (나오미를 지배하고 있는) 미야드(מיד)는 그녀가 상거래의 권위를 행사하고 소유권을 포기하는 사람임을 상징하고 있지만, (룻을 지배하고 있는) 메에트(מאת)는 룻 역시 그 상거래에서 법적인 관심을 가지고 있다는 사실을 상징하고 있다는 고브의 제안(*TB* 41[1990] 309)은 그 자체가 전혀 마음에 들지 않는다. 콰나(קנה)의 적절하고도 알맞은 목적어가 없다는 사실을 고려하고, 특별히 보아스가 9-10절에서 자신이 여기서 제안한 의무를 떠맡을 때 나오미와 룻에 대하여 두 개의 다른 행동을 언급하고 있는 것을 고려하면, 미야드(מיד)로부터 메에트(מאת)로의 구문론적으로 의심스럽고 부적절한 변화는 그 문제의 진원지가 바로 여기에 있다는 사실을 암시해 준다.

이 같은 사실에 비추어 대부분의 학자들은 우메에트(ומאת)를 깜 에트-(את־גם; *BHK/BHS*가 그렇게 함, 이를 대부분의 학자들이 따름; Leggett, 224 n. 53)나 혹은 웨감 에트(וגם את; 예를 들면 Gray, *NCBC*, 380; Gerleman, 35; Hubbard, 243 n. 8이 그렇게 함)로 수정하는 편을 택했다. 그러나 우메에트(ומאת)가 전치사 와우(ו)+직접 목적어 불변화사 에트(את)의 앞에 붙은 전접사 멤(מ)으로 구성되어 있다는 사실이 받아들여진다면 수정은 더 이상 불필요하다. 같은 결합이 구약성경의 다른 곳에 있는 전치사+전접사 멤(מ)으로 해석될 수 있다. Anderson, *Hebrew Verbless Clause*, 48, 124 n. 13을 보라. 이제 멀리 관련된 고대 에블라의 어휘로부터 설명된 확증된 증거도 유념하라; Gordon, "WM- 'and'" 29을 보라; 그리고 Rendsburg, "Eblaite U-MA," 33-34.

마지막으로, 이 모든 것 가운데서 가장 덜 만족스러운 것은 여기 나오는 메에트(מאת)가 "…대신에"를 의미하고 또한 미야드(מיד, "…의 이름으로")와 어느 정도 동일한 것이며, 따라서 "그리고 당신이 나오미의 이름으로 밭에 대한 권리를 사는 날에 당신은 (그것을) 또한 룻 대신에 살 것이다"란 번역을 낳는다고 제안함으로써 MT를 유지하려는 바델레미 등(Berthelemy et al., *Preliminary and Interim Report* 2:142의 시도다. 그러나 메에트(מאת, 다른 곳에서 9회 사용된)와 미야드(מיד, 다른 곳에서 3회 사용된)가 "(누군가로부터) 얻다"라는 의미를 표현하기 위하여 콰나(קנה)와 함께 사용된 정상적인 전치사들이며, 거기에는 이 문장의 구문론적 내용에는 그것들이 정상적인 관용어에서 담고 있는 것보다 여기서 약간 다른 의미로 사용되었다는 사실을 암시하는 점이 전혀 없다. 더 나아가서 전치사들 메에트(מאת)와 미야드(מיד)의 사용에 대한 광범위한 검토의 결과 암시된 의미들을 그것들이 담고 있는 단 하나의 문맥도 나타나지 않았다.

(2) 콰나(קנה)의 의미. 이 구절과 10절에 있는 평행 구절은 동사 콰나(קנה, "얻다, 사다")가 결혼을 통하여 아내를 취하는 것을 가리키기 위하여 사용된 구약성경에서 유일한 구절이다. 콰나(קנה)의 의미가 "구입하다"란 번역에 한정될 때, 여기에 나오는 용법은 "한 사람의 아내가 되도록 구하다"(즉 신부값[**히.** מהר]의 지불을 통하여; 참조. KB1, 843; Ges-Buhl, 717)라는 특별한 의미를 수립하도록 요구된다. 많은 사람은 이것이 코샤커(Koschaker)에 의하여 바벨론 사회에 대하여 표현된 고대 근동과 구약성경에 있었던 결혼에 대한 입장인 "구입을 통한 결혼"을 반영하고 있다는 사실을 주장함으로써 이 입장을 증명하려고 시도해 왔다(Westbrook, *Old Babylonian Marriage Laws*, 53-54를 보라; 룻과 관련해서는 Bewer, *AJSL* 19[1902-3] 146; Neufeld, *Marriage Law*, 94-95를 보라). 그러나 여기에 나오는 용법에 근거하여 콰나 레이샤(קנה לאשה)가 좁은 의미로 "(신부값의 지불을 통하여) 구입하다"를 의미하는 것으로 취급될 수는 없고 다만 보다 넓은 의미로 "(아내로) 얻다"를 의미하는 것으로 이해되어야 한다(*THAT* 2:653)고 슈미트가 주장하는데, 이는 분명히 옳은 것이다. 우선 첫째로, 한 여인이 사고 파는 상거래와 유사한 방식으로 얻어졌던 구입을 통한 결혼 개념이 구약성경이나 고대 근동 사회에 있었는지는 지극히 의심스럽다(특히 Westbrook, *Old Babylonian Marriage Laws*, 54-58에 의한 Koschaker의 입장에 대한 비평을 보라; 구약성경과 관련해서는 Mace, *Hebrew Marriage*, 169-72를 보라; 보다 자세한 참고 서적을 위해서는 Leggett, *The Levirate*, 225-29를 보라). 비록 구약성경을 포함하여 대부분의 고대 근동 사회에서 한 여인

이 공식적으로 그리고 법적으로 한 남자의 아내가 되는 행위가 신랑이나 그의 부친에 의하여 신부의 가족이나 부친에게 주는 "결혼-돈"의 지불로 이루어졌을지라도(히. מהר; 참조. Lipiński, *THAT* 4:372-74) 실제로 하나의 지불은 결혼 성사를 위한 법적 형식에 지나지 않았다(Boecker, *Law and the Administration of Justice*, 101를 보라). 뵈커가 말하는 바와 같이, 그러한 절차를 "구입을 통한 결혼"으로 지칭하는 것은 현대의 서방 세계의 독자들에게는 오해를 불러일으키는데, 왜냐하면 우리는 물건들만을 구입하므로 그것은 한 여인을 한 남자가 구입한 재산의 일부인 것처럼 취급하는 것이며, 이는 여인에 대해 명예를 훼손하는 입장이기 때문이다. 그러나 고대 사고에서 실제로는 그 반대였다: "결혼-돈"의 분량은 그 남자가 자기 신부가 될 사람에게 가졌던 존중의 암시였다(Schneider, *BT* 33[1982] 306-7의 논평을 더 보라). 그런 까닭에, 이 지불에 대하여 "신부값"(히. מהר)이라는 통상적인 번역은 부적당하고 오도할 수 있는 것이다. 혼인성사에 대한 이러한 수단이 구약성경에서 상업적 상거래로 생각되지 않았다는 사실은 통상적으로 번역된 "약혼하다"(그러나 "[누군가를] 한 아내로 얻다"로 번역되는 것이 더 나음: 호 2:21에 대한 Wolff, *Hosea*, 52를 보라), 즉 아라시(ארשׂ)의 피엘형 어간을 지지하여 구입이라는 용어의 회피를 통하여 입증된다. 결혼이 성사되었던 행동을 묘사하는 가운데 바벨론인들이 상업적 용어를 회피한 것에 관해서는 Boecker, *Law and the Administration of Justice*, 101를 보라.

더 나아가서, 바이스(Weiss, *HTR* 57[1964] 244-48)는 여기서 콰나(קנה)를 선택한 이유는 오로지 문맥적 혹은 문체론적인 것이라고 주장했다. 이것은 단순히 결혼을 위한 전문적인 용어로서 콰나(קנה)의 일반적인 사용을 의미하지는 않는다. 바이스는 "아내를 취하다"란 관용어가 콰나(קנה) 동사의 사용이 수혼이나 혹은 종의 구입같이 규범이 되는 다른 상거래를 포함하는 문맥에서 자주 나타나는 미쉬나적 히브리어 가운데서 여러 구절을 언급하고 있다. 이 구절들 가운데서 동사는 아내를 얻는 데 사용될지라도, 이것은 결코 다른 곳에서 그러한 의미로 사용되지 않는다. 바이스는 그러한 용법이 스타일상의 균일성의 목적을 위한 것이라고 주장한다. 룻기 4장에서처럼 5a, 9절에서 밭 "구입"에 대한 언급에서 두 경우에 바로 뒤따라오는 "아내를 얻다"를 표현하기 위한 문구 가운데서 동사 콰나(קנה)의 사용을 유발한다. 그러나 그러한 상황들이 적용되지 않는 4:3에서 사용된 동사는 통상적으로 "취하다"(לקח-라카흐)이다. 만일 여기에 연루된 상거래가 5a, 9절에 있는 동사 콰나(קנה)가 "…에 대한 권리를 얻다"를 의미하기 위하여 사용되는 그러한 것이라면 바이스의 논증은 강압적인 것이다.

마지막으로, 세이쏜(136)은 여기에 나오는 콰나(קנה)의 의미를 "구입하다, 사다"로 해석하고 나서 그가 "사변적인 것이지만 결코 받아들이기 어려운 것이 아닌" 제안이라고 지칭하는(123-25) 내용이 "그녀를 나오미에게 묶였던 결속들로부터 룻의 해방을 얻기 위한, 보아스가 그녀의 모두를 사야 했거나 혹은 가치 있는 조력자를 잃은 데 대해 최소한 보상해야 했을 수 있는" 그러한 "약속" 혹은 "(불문) 계약"(125)의 어떤 형태였다고 주장하지만, 그럼에도 불구하고 이 구입가는 신부값이 아니었다(124). 나중에 그는 한 사람의 "약정된" 룻과 나오미에 의한 "매매"에 대해서 말한다(136). 그러나 분명히 이 두 여인의 관계에 대한 이러한 이해는 그 관계를 사랑에서 나온 효도의 하나로 묘사하고 있는 여러 구절들과 상반되며(예를 들어, 1:16-17; 2:11-12; 3:10; 4:15), 또한 이것은 기껏해야 약정된 종의 수준으로 축소시키는 것이고 가장 나쁘게는 상업적 상거래의 수준으로 축소시키는 것이다. 룻이 자신을 나오미의 권위 아래 있는 것으로 간주하고 있다는 사실은 분명해 보이지만(참조. Thompson and Thompson, *VT* 18[1968] 96의 설명들을 보라), 그 권위가 사실은 연장자가 연소자에게, 즉 시어머니가 며느리에게 가지는, 기꺼이 받아들이는, 그리고 장래의 남편을 통한 그녀에 대한 문서적 구매를 필요로 하지 않는 도덕적 권위다!

(3) 콰니타이(קָנִיתִי)의 정확한 독법. 물론 케티브의 קניתי는 의심할 여지없이 콰니타이(קָנִיתִי, "내가 얻는다, 얻었다")로 모음 부호가 찍혀진 것으로 읽거나 혹은 (ל״ה 동사와 함께 자주 나타나는 형태인 마지막 모음이 h로 표시된; 특히 참조. *GBH* § 42f; GKC § 44g) 2인칭 남성 단수 완료의 긴 형태 콰니타(קָנִיתָה)로 거의 언제나 해석되는 케레의 קניתהה("당신이 얻는다, 얻었다")로 읽어야 한다. 사실상 긴 형태는 여기서 틀림없이 의도적으로 2인칭을 표시하기 위하여 사용되었을 수 있다. 모든 고대의 역본들과 실질적으로 모든 현대의 역본과 주석들은 케레인 "당신이 얻는다"로 읽었다. 이것은 거의 일률적으로 3:9에서 룻이 보아스에게 자신의 결혼 요구를 고엘(גאל, "기업 무르는 자")로서의 보아스의 신분에 근거하면서 수혼이라는 법적 의무를 이행하라고 촉구하고 있다는 본서에 대한 전통적인 입장에 근거한 것이다(3:9에 대한 "주석"을 보라). 이러한 입장에 근거하여 보아스가 더 가까운 근족에게 이 법적 책임을 떠맡으라고 요구하고, 그런 까닭에 케레가 반드시 올바른 독법이라는 것이 거의 모든 주석가들에게는 자명한 증거(*prima facie* evident)로 보였다. 그러나 위의 3:9을 해석하는 가운데 주장한 바와 같이 룻과의 수

혼관계에 들어가는 어느 누구에게도 법적 의무를 가지고 있다는 언급이 본서에는 드러나 있지 않은데, 그 이유는 룻이 3:9에서 전문적인 의미로 고엘(גאל)이라는 단어를 사용하지 않았기 때문이다. 그보다는 궁핍한 가족 구성원에게 도움을 주어야 할 책임을 가진 사람이라는 일반적인 의미로 고엘(גאל)로서의 보아스에게 호소한 것이다(3:9 "주석"을 보라). 어쨌든 최소한 수혼과 매우 유사한 책임이 K-Q 형태 콰니타이(קָנִיתִי) 직후에 뒤따라오는 문장 가운데 소개되어 있으며, 이러한 사실은 결정이 케티브와 케레 중 어느 것이 옳은 독법이냐와 관계하여 근거가 마련되어야 하는 가장 중요한 증거의 일부분을 이루고 있다. 그러므로 가장 먼저 이어지는 문장 가운데 연루되어 있는 해석학적 자료를 진술하고, 또한 그 안에서 일어난 관습의 사회적-법적 배경을 논의하는 것이 논리적으로 필요하다. 그 다음에 콰니타이(קָנִיתִי)의 올바른 독법의 문제로 눈을 돌릴 수 있을 것이다.

"그 죽은 자의 기업을 그 이름으로 잇게 하여야 할지니라"(לְהָקִים שֵׁם־הַמֵּת עַל־נַחֲלָתוֹ – 레하킴 쉠-함메트 알-나할라토). 전치사 레(ל) + 부정사가 이끄는 이 문장은 룻을 아내로 얻어야 하는 목적을 표현하고 있다. 이 목적이 그 어휘에 있어서까지도(10절도 참조하라) 신명기 25:6에 표현된 것과 같은 수혼의 목적과 매우 유사하므로, 룻기의 거의 모든 해석가들의 결론은 여기에 나타난 결혼이 신명기 25:5-10에 묘사된 것과 동일하지는 않을지라도 매우 유사한 수혼으로 밝히고 있다는 것이다(3:9의 "주석"을 보라). 이 문제를 취급하기 위하여 필자는 다음과 같은 절차를 따를 것이다. (1) 필자는 먼저 이 문장의 의미를 구약성경에 있는 유사한 표현의 사용에 비추어 규명할 것이다. (2) 이 연구 결과 이 문장이 "죽은 자를 위한 후손을 얻는다"는 의미, 곧 이 결혼이 최소한 수혼과 유사한 목적임을 분명하게 보여준다는 사실을 의미한다는 것을 보여 줄 것이므로, 필자는 특별 부록에서 룻기를 제외한 구약성경에서 수혼의 성격을 생각해 볼 것이다. (3) 그 다음으로 이러한 배경에 대하여 필자는 룻기에 있는 결혼 책임의 성격을 검토할 것이다. (4) 이 문장의 의미를 결정하고 거기에 연루된 의무의 성격을 검토한 다음 필자는 K-Q 콰니타이(קָנִיתִי)의 올바른 독법을 결정할 것이다.

(1) "그 죽은 자의 기업을 그 이름으로 잇게 하여야 할지니라"라는 문장의 의미. 이 관용어의 정확한 의미는 결정하기가 쉽지 않다. 이 특별한 관용어는 이 곳과 4:10에만 나타나지만 그 의미가 밀접하게 연결되어 있고 분명하게 일치하는 세 개의 표현이 구약성경의 다른 두 곳에서 나타난다. ① 신명기 25:5-10, 즉 수혼의 의무를 서술하고 있는 신명기의 법전에 있는 구절, ② 창세기 38:6-26, 수혼이 두드러지게 묘

사되어 있는 유다와 다말 설화. 신명기 25:5-10은 한 남자가 아들이 없이 죽었을 때 그 죽은 자의 형제가 죽은 자의 아내를 자기 아내로 취하여 그 결합으로 얻은 첫 번째 아들을 죽은 형제에게로 "돌린다"(יקום על־שם, 직역하면 "…의 이름으로 일으킨다/선다"; 5-6절). 만일 그 남자가 거절하면, 죽은 자의 아내는 "내 남편의 형제가 그 형제의 이름을 이스라엘 중에 잇기를[להקים לאחיו שם] 싫어하여 거절했다"(7절)고 말함으로써 성문에서 장로들 앞에서 그 사람을 고소할 수 있었다. 본문은 계속하여 만일 남편의 형제가 장로들의 권고에도 불구하고 고집한다면(8절) 그 다음에(9절) 죽은 자의 아내는 그를 장로들 앞으로 데리고 가서 그의 신을 벗기고 그의 얼굴에 침을 뱉고, "그 형제의 집 세우기를 즐겨 아니하는 자에게는 이같이 할 것이라"(לא יבנה את־בית אחיו – 로 이브네 에트-베트 아히우)고 선언한다. 이와 유사하게 창세기 38장에서 유다의 장남 엘이 죽었을 때(7절), 유다는 자기 둘째 아들 오난에게 엘의 아내 다말을 취하여 그녀를 위하여 남편의 형제의 의무를 행하여 "네 형을 위하여 씨가 있게 하라"(הקם זרע לאחיך, 8절)고 말한다.

수많은 학자들이 주장하는 바와 같이 이 구절들에 들어 있는 쉠(שֵׁם, "이름")이라는 단어는 문자 그대로의 의미로 사용되지 않고 행위, 성취, 물질(재산, 상품, 자산) 그리고 명성, 영예, 한 사람의 평판의 구현인 역동적인 의미로 사용되고 있는 것으로 보인다(참조. van der Woude, *THAT* 2:947). 구약성경에서 이러한 의미로 되어 있는 "이름"은 사실상 "후손들, 자손"과 동의어로 사용될 수 있다(참조. 사 66:22). ("이름"의 이러한 사용과 의미에 대해서는 BDB, 2.c, p. 1028을 보라; 그리고 특히 Thompson and Thompson, *VT* 18[1968] 84-88; Leggett, *The Levirate*, 48-54를 보라). 그러므로 신명기 25:6의 야쿰 알-쉠(יָקוּם עַל־שֵׁם, "…의 이름을 위하여 서다")은 "…의 이름을 대신하다"를 의미하며, 레하킴 쉠(לְהָקִים שֵׁם)은 "…의 집을 세우다"(신 25:9)와 레하킴 제라(לְהָקִים זרע, "자손들을 일으키다"; 창 38:8)가 분명히 드러내는 바와 같이 이러한 구절들과 동일한 표현으로서 "후손들을 낳다"를 의미한다. 어떻게 "이름"이 실질적으로 민수기 1:2; 26:53과 같은 구절들에서 "인격"과 동일한지 유의하고, 또한 특히 Burrows, *JBL* 59(1940) 31의 논평을 보라. 그런 까닭에 이 관용어는 태어날 아들이 문자 그대로 죽은 자의 이름을 가지게 된다는 사실을 의미하지 않는다. 첫째로, 특별히 "…의 이름으로 불리다"를 의미하는 관용어가 있다: להקרא על־שם 혹은 להקרא בשם(예를 들어, 창 48:6, 16 참조). 둘째로, 자주 지적되어 온 바와 같이 유다와 다말 사이에 태어난 아들과 보아스와 룻 사이에 태어난 아들은 그들이 계속 잇는 가문과 가문 사람의 이름보다는 그들의 친부의 이름으로 이름을 짓는다. 그러나 이 주장은 다말과 유다의 관계와 보아스와 룻의 결혼이 수혼 의무의 실행의 실례들이라는 사실을 가정하고 있다는 사실을 유념해야 할 것이다. 이것은 결코 확실하지 않다(아래의 논의를 보라).

르바인(Levine, "Legal Themes," 105-6)은 5b, 10절에 있는 레하킴(לְהָקִים)이 "헤페르(הפר, '취소하다, 피하다')와 반대되는 '성취하다, 확증하다'를 의미하며" 그런 까닭에 이 문구는 "자기의 죽은 자에 대해 죽은 자의 칭호를 확증하다"를 의미한다고 본다. 그러므로 여기서 그 의미는 수혼을 취급하고 있는 (위에 있는) 평행 구절들에 포함되어 있는 의미들과는 다르다. 이 의미를 수립하기 위하여 르바인은 율법 구절들에 들어 있는 헤킴(הקים)의 의미에 호소하고, 민수기 30:14-15에서 그것을 사용하고 있다고 인용한다. 그러나 이러한 구절들은 룻기 4장의 문맥이 요구한 의미와 전혀 동일하지 않은 쿰(קום)과 헤킴(הקים)에는 특별한 전문적 의미들을 나타내고 있다. 그러므로 민수기 30장의 처음부터 끝까지 동사 쿰(קום)이 "유효하게 되다"(예를 들어, 5, 6, 13, 14절)라는 전문적 의미로 나다르(נדר, "맹세")와 같은 명사들의 술어로 사용되며, 히필형 헤킴(הקים)은 "승인하다, …의 타당성을 확증하다"를 의미하는 대상으로 나다르(נדר, "맹세")와 같은 명사들을 지배하는데 사용된다. 그러한 의미는 결코 룻기 4장에서 요구한 의미와 들어맞지 않는다. 만일 여기에 있는 쉠(שֵׁם, "이름")이 "호칭"(르바인이 어디에서도 실증하지 않은 의미임)이란 의미를 가지고 있다는 사실을 인정했다면, 더 가까운 근족(혹은 보아스)이 "그의 재산에 대한 죽은 자의 타당성을 확증하기 위하여" 룻과 결혼해야 한다는 룻기 4장에서는 거의 의미가 없다. 이 문제는 호칭의 유효가 아니라 상속자의 존재다. 더 나아가서 10절에 주어진 부가적 이유, 즉 "그 죽은 자의 기업을 그 이름으로 잇게 하여 그 이름이 그 형제 중과 그 곳 성문에서 끊어지지 않게 하기 위한"이 이 관용어가 신명기 25장에서 가지고 있는 것과 가까운 의미를 지니고 있다는 사실을 매우 분명하게 보여 주고 있는데, 그 곳에서 유사한 표현이 나타난다. 즉 "그 이름을 이스라엘 중에서 끊어지지 않게 할 것이니라"(6b절). 그렇다면 필자는 여기에 나오는 레하킴 쉠-하메트(להקים שֵׁם־המת)가 "죽은 자를 위하여 자손들을 낳다", 즉 "사람"과 실질적인 동의어로 사용되는 "이름"을 의미한다고 결론지어야 하겠다.

특별 부록: 구약성경에서의 수혼 제도

레하큄 쉠-하메트(להקים שם־המת, "죽은 자를 위하여 자손들을 낳다")의 의미에 대한 앞의 논의로부터, 보아스가 제안한 결혼의 목적이 신명기 25:5-10에 규정된 수혼과 매우 유사하다는 것과 창세기 38장에서 유다의 아들들에게 주어진 혼인상의 의무와 유사하다는 사실이 명백하게 드러난다. 창세기 38장의 주인공들인 유다, 다말 그리고 베레스가 12절에 있는 장로들의 축복 가운데 언급되는 것을 볼 때, 거의 모든 주석가들이 여기에서 제안된 결혼이 수혼이거나 그렇지 않으면 그와 매우 긴밀하게 관련된 관습이라고 결론지은 것은 놀라운 것이 아니다. 그러므로 로울리가 이 문제에 대한 자신의 고전적 논문에서 "십중팔구는 룻의 결혼을 본질적으로 수혼과 구별하고 단순히 룻과 보아스 간의 관계의 정도에서가 아니라는 사람들에게 대항한다"고 주장한다("Marriage od Ruth," 174-75).

그럼에도 불구하고, 이 세 개의 구절 가운데 신명기 25:5-10, 창세기 38장 그리고 룻기 4장에는 그 요구의 성격에서 그리고 이것들이 기능을 하는 방식에서 – 이러한 문제를 취급하려는 시도 가운데서 매우 많은 문서가 생겨난 것과 같이 많음 – 상당히 많은 차이점이 있다. 1964년까지 오래된 문서들이 Rowley, "The Marriage of Ruth"의 곳곳에서 자세히 논의되었다. 또한 Rudolph, 60-61에 있는 참고서적을 보라. 1973년까지의 문서는 Leggett, *The Levirate*, 9-62 가운데 개괄되고 논의되어 있다. 레게트 이후 보다 의미심장한 논의는 Anderson, *JSS* 23(1978) 171-83; Beatie, *VT* 24(1974) 251-67; Davies, *VT* 31(1981) 138-44, 257-68; Gordis, "Love, Marriage, and Business," 241-64; Thompson, and Thompson, *VT* 18(1968) 79-99; 그리고 Sasson, 125-29, 143-46를 보라. 여기서 이 문서를 자세하게 검토하거나 그것이 수반하고 있는 어려운 문제들을 해결하는 것이 필자의 목적은 아니다. 그러나 우리는 더 가까운 근족에게 말한 보아스의 진술 가운데 연루된 의무의 성격을 규명하게 충분한 방법으로 연루된 복잡한 내용들 속으로 파고 들어가야 한다.

신명기 25:5-10에 진술된 수혼 의무를 위한 법적인 대책은 죽은 자, 곧 아마도 장남(참조. 창 38장)의 형제에 한정된 관습일 뿐만 아니라, 그것이 시행되는 상황들이 "형제들이 함께 거할 때"(5a절)라는 수수께끼 같은 문구로 묘사되어 있다. 이 대책이 무엇이든간에 형제보다 먼 다른 친척은 언급되어 있지 않고, 사실상 만일 나이가 더 든 형제가 원하지 않는다면 또 다른 형제에게 의무를 양도할 대책은 없으며 보다 먼 친척만이 가능하다. 앤더슨(*JSS* 23[1978] 177)이 지적하는 바와 같이 이것은 분명히, 만약 또 다른 형제나 보다 먼 친척이 같은 효과를 가지고 같은 의무를 시행할 수 있었다면 꺼리는 시동생이 그렇게 공개적으로 치욕을 당하고 따돌림을 당해야 하는 것은 불공평한 것으로 보인다. 더 나아가서, 여기서 상상된 수혼은 하나의 심각한 법적 의무다. 사실 이것은 벌금이나 투옥 혹은 더 나쁜 어떤 체벌 없이 시동생이 거절할 수 있었다. 그러나 그러한 거절 사건에서 죽은 자의 과부는 공개적인 법적 행동이 허용되었다. 그녀는 자기의 불만을 성문에 있는 장로들 앞, 곧 그녀가 거주하는 곳의 법적 회의 앞에 가져와서 그 의무를 시행하기를 거절한 것에 대해서 반항하는 시동생을 공개적으로 소송하고(7절), 만일 그가 계속하여 거절하면 공개적으로 그에게 모욕을 준다(9-10절). 법적 신분이 있다손 치더라도 여인들에게 거의 주어지지 않은 문화에서 이것은 상당한 권리였다(Boecker, *Law and the Administration of Justice*, 32; de Vaux, *Ancient Israel*, 39-40; 그리고 특히 Trible, *IDBSup*, 964를 보라). 이것이 아무리 많이 후기 랍비 해석 가운데서 그렇게 사용되었다고 할지라도, 이것의 일차적 목적이 시형제가 공식적으로 자기의 의무를 부인할 수 있었던 하나의 수단을 제공해야 했던 법적 행위는 아니었다는 사실을 유념하라(Neufeld, *Marriage Laws*, 42; Davies, *VT* 31[1981] 250는 이에 반대다; 또한 Morgenstern, *HUCA* 7[1930] 166-67; Leggett, *The Levirate*, 55-57). 그보다 이것은 과부가 관습과 선례가 허용했던 모든 권력을 자기의 의무 수행을 꺼려한 시형제에 대해 행사할 수 있었던 수단이었다. 이것은 또한 그녀가 자신의 시형제의 권위로부터 자유를 얻을 수 있었던, 즉 "나가서 타인에게 시집가려고"(5d절) 선택했을 때 스스로 양도할 자유를 얻을 수 있었던 수단이기도 했다(만일 이것은 시형제의 신을 벗는 상징적 행위의 옳은 의미라면; 참조. Morgenstern, *HUCA* 7[1930] 168-69; Thompson, and Thompson, *VT* 18[1968] 92-93; 그리고 아래). 과부에게 허용되었던 이 법적 권리는 그녀에게 지극히 중요한 것이었다. 사실 공개적인 법정에 의무를 이행하기를 꺼려하는 자기의 시형제를 데려와서 소송하는 일은 그녀가 살고 있었던 가부장적 문화의 두드러진 관심 편에서 진술되어 있다(말하자면, 그는 "자기의 죽은 형제를 위하여 자손들을 낳기를 거절했다"[7절], 그리고 그는 "그의 형제의 집을 세우지 않을 것이다"[9절]). 그러나 그녀는 "나가서 타인에게 시집가려고"(5d절) 해서는 안 된다. 그런 까닭에 그녀는 결혼을 통하여 자기의 죽은 남편의 가족에게 속해 있게 된다. 하나의 결혼이 의도되어 있다는 사실은 5절에 있는 그 다음 문장에서 명확해진다: "그 남편의 형제가 그에게로 들어가서 그를 취하여[즉 그녀와 성관계를 가져] 아내를 삼아." 즉 이 결혼은 그 초야를 치른 결혼 완성에 의하여 그 효과가 이루어진다. 즉 의식은 필요치 않다는 것이다. 그런 까닭에 과부는 의무를 가졌을 뿐만 아니라 권리도 가졌는데, 곧 가부장적 문화에서 결혼을 통해서만 한 여인에게 주어질 수 있었던 안정과 신분을 얻을 권리다(참조. McKane, *TGUOS* 19[1961-62] 29-30; 특히 Niditch, *HTR* 72[1979] 146).

창세기 38장에서 이 의무는 그 형제, 이 경우 나이가 더 든 형제에게 마찬가지 의무가 있으며 실로 엄격했던 것으로 보이는데, 그 이유는 오난이 표면상으로 그 의무를 다하지만 "형에게 아들을 얻게 아니하려고" 함으로써 특별히 무례하게 행동했기 때문이다(38:9). 두 번째로 죽은 자의 아내 다말이 그러한 결혼의 권리를 가졌다는 사실은 그러한 전제에 근거하여 틀림없이 행동한 그녀의 행동을 통하여 확증된다. 더 나아가서 창세기 38:14에서 유다를 통하여 아기를 얻으려고 그녀가 세운 전략의 이유를 제시할 때 설화자는 이것을 보다 분명하게 명시한다: "이는 셀라가 장성함을 보았어도 자기를 그의 아내로 주지 않음을 인함이라"(הִוא לֹא־נִתְּנָה לוֹ לְאִשָּׁה – 히우 로-니트나 로 레이쌰; 또한 창 38:26에 있는 유다의 말을 참조하라). 이것이 법적인 의무라는 사실은 뚜렷하게 분명한 것은 아니고 38:26에 있는 유다의 말과 신명기 25장과 평행이 되는 점이 이 사실을 보다 타당하게 만들어 준다. 여기서 우리는 그 여인의 관점에서 수혼의 목적을 보게 된다. 이것은 그녀에게 남편과 자식만이 제공할 수 있었던 보호와 안정을 제공해 주었다(참조. מנוח – 마노아흐, 룻 3:1). 이것은 과부가 실질적인 결혼이 아닌 아들 개념을 통해서만 자기 시형제로부터 기대하는 권리를 가졌다는 코츠의 입장(*CBQ* 34[1972] 461-66)을 결정적으로 반증하는 매우 특별한 어휘다(또한 Davies, *VT* 31[1981] 143를 보라). 수혼 의무의 성격에 관해서 이것이 훨씬 더 창세기 38장으로부터 추론되었다는 사실은 합리적으로 명확해 보인다.

그러나 수많은 학자들은 이 설화로부터 다른 두 개의 결론을 이끌어 내려고 시도했다. ① 거기에 반영되어 있는 수혼 의무가 신명기 25장에 묘사된 것보다 더 구속력이 있었다는 것과 ② 이 의무가 형제들을 넘어서, 특히 시아버지에게까지 확대되었다는 것. 그러므로 창세기 38장에 있는 수혼은 예외가 없이 의무적이고도 허용적인 것이며(Gordis, "Love, Marriage, and Business," 249) 혹은 "피할 수 없는 의무로 간주되어야 했을"(Davies, *VT* 31[1981] 261; 또한 참조. Anderson, *JSS* 23[1978] 177-; Morgenstern, *HUCA* 7[1930] 165; Rudolph, 62-63) 것이라고 주장된다. 그러나 다른 사람들은 같은 자료로부터 두 본문 간에 차이가 거의 없는데, 있다손 치더라도 의무의 구속력 있는 성격에서 차이가 있다고 결론지었다(예를 들어, Thompson and Thompson, *VT* 18[1968] 93-94; Rowley, "Marriage of Ruth," 181). 이와 유사하게 몇몇 사람은 자기의 시아버지 유다로부터 아기를 얻으려는 다말의 전략으로부터 수혼 의무가 신명기에서 "함께 거하는 형제"에게 한정되어 있는 상황과는 반대로 거기서 시아버지에게 확대되었거나(예를 들어, Rowley, "Marriage of Ruth," 176, 다른 참고도서 목록, n. 1과 함께; Thompson and Thompson, *VT* 18[1968] 94-95; Gordis, "Love, Marriage, and Business," 249) 혹은 확대되지 않았다(Beatie, *VT* 24[1974] 260-61; Anderson, *JSS* 23[1978] 175-76)고 결론지었다. 필자의 의견에는 그러한 대부분의 시도들은 이 이야기로부터 이끌어 낼 수 있는 결론을 관련된 행동과 대화로부터 합법적으로 결론내려질 수 있는 내용보다 훨씬 더 멀리까지 강제로 이끌고 간다. 설화자는 자기의 주인공들이 행하고 말한 것들을 우리에게 말해 주고, 그들이 법적으로든 혹은 다른 방식으로든 무엇을 할 수 있었고 또 하지 않았던 일을 모호한 상태로 남겨 놓고 있다. 따라서 그러한 결론들은 너무나 가설적이고도 불확실해서 가치가 전혀 없는 것으로 간주되어야 한다.

그럼에도 불구하고, 위의 논의로부터 몇몇 합리적으로 확실한 결론들이 신명기 25:5-10에 진술되고 창세기 38장에서 예증된 의무의 성격과 범위에 관해서 이끌어 낼 수 있다. ① 이 두 구절에서 묘사된 의무는 죽은 자의 형제들에게 확실한 의무가 있고, 그것이 그 이상으로 확대된다는 확실한 증거도 없다. 그것이 시아버지에게 (그런 까닭에 넌지시 보다 먼 친척에게까지) 확대되었다는 것은 확실하게 창세기 38장으로부터 결정될 수 없다. ② 이 의무는 그 배후에 율법의 힘을 가졌을 뿐만 아니라 거역했을 때 공개적인 수치라는 형벌(이것이 벌금이나 투옥에까지 확대되지는 않았지만 그럼에도 불구하고 잔인했던 것)을 포함했던 엄격한 것이다. ③ 거절 사건에서, 절차에 따라 관습과 선례가 허락하는 모든 강압적 행사를 거절하는 시형제에게 법정 앞에서 공개적으로 정당한 법적 행동을 행사하는 상당한 권리를 법적 신분을 가진 이 과부에게 허용했다. ④ 이러한 관습의 목적은 삼중적이다. ㉠ 죽은 자를 위하여 자손을 낳는 것, ㉡ 과부의 보호처와 안식처를 제공하는 것, ㉢ 이러한 결합으로 태어난 아들이 죽은 자의 후손이 된다는 법적인 가정을 통하여 간주되므로, 죽은 자의 법적인 자손을 얻어서 가문 안에 있는 가족의 "상속된 재산"(נחלה)을 지키는 것이다. 이것은 수혼을 수반하는 거의 필수적인 것으로 보인다. 이것의 증거로서 민수기 27:1-11에 있는 슬로브핫의 딸들의 경우가 주로 인용된다. 그들의 아버지가 아들이 없이 죽었으므로, 딸들은 자기들의 경우를 다음과 같이 진술하면서 자기들의 부친의 재산을 상속할 권리를 달라고 모세에게 다음과 같이 호소했다: "어찌하여 아들이 없다고 우리 아버지의 이름이 그 가족 중에서 삭제되리이까 우리 아버지의 형제 중에서 우리에게 기업(אחזה)을 주소서"(4절). 여기서 "이름"이 "재산"(Neufeld, *Marriage Laws*, 47)을 의미하거나 혹은 "재산과 상속"(Thompson and Thompson, *VT* 18 [1968] 87)을 의미한다고 결론지으려는 필자의 의견 가운데 오류가 있을지라도("개인의 기억" 혹은 "개인의 존재[후손을 통하여]"와 같은 어떤 것이 의도된 의미에 더 가까울 것이다), 그럼에도 불구하고 이것은 이 구절들이 한 사람의 "이름"이 후손들이 그의 땅을 상속함으로써 보존되었다는 사실을 암시한다. 이 마지막 목적, 즉 가족 재산의 처분을 방지하는 것은 신명기 25:5-10이나 창세기 38장에서 사용된 어휘 어디에도 명백하게 진술되지 않았을지라도 암시되어 있다.

(3) 룻기 4장의 "수혼 형태"의 결혼 책임의 성격. 방금 전에 위에서 설명된 수혼의 성격에 관한 결론으로부터 즉시 상당한 차이점들이 이 관습 사이에 실제로 존재한다는 것과 또한 룻기에 있는 상황에 의하여 가정된 것이 드러날 수 있다. 세 가지 차이점들이 반대 없이 수립될 수 있다.

① 첫째로 그리고 가장 중요한 것은 룻기에 있는 관습이 어떤 점에서 법적 형태라는 구속력 있는 성격을 가지고 있다는 것이다. 루돌프(62)가 주장하는 바와 같이, 무엇보다도 처음부터 끝까지 모범적인 인물이요 신망이 있는 사람으로 묘사된 보아

스는 그가 어떤 점에서 법적 의무를 가지고 있다는 사실을 암시하는 이 이야기에서 이 지점까지 혼자서 행동해 오지 않았다. 더 나아가서, 수혼은 과부를 위한 보호처와 안식처라는 의미심장한 수단으로서의 역할을 했을 뿐이다. 이것은 또한 수혼에 대한 그녀의 권리가 거절되거나 무시되었던 사건에서 법적인 행동을 취할 권리를 허용했다. 나오미나 룻은 그러한 어떤 법적 권리를 가졌다고 암시하는 그런 태도로 행동하지 않았다. 그러한 법적으로 압박하는 행동보다 그들은 생계 유지를 위해 룻의 이삭 줍은 일에 의존하면서 궁핍한 상황에서 살아왔다. 스스로 수혼법의 존재가 전제 조건으로 하고 있었던, 가장 가까운 근족에게 결혼을 불러일으키기 위하여 어떤 법적으로 의지가 될 사람을 이용하기보다 그들은 룻이 야밤에 타작 마당으로 나들이를 하는 대담하고도 위험한 전략에 의지해야 했다. 더 나아가서, 수혼은 그 과부에게 법적 권리를 되찾아주도록 허용했을 뿐만 아니다, 그것은 또한 그녀에게 법적 의무들을 지워 주었다(참조. 신 25:5; 창 38:11). 그러나 3:10에 있는 룻을 칭찬하는 "네가 빈부를 물론하고 연소한 자를 좇지 아니하였다"는 보아스의 진술은 그녀가 결혼하게 되었을 때 자유로운 집행자였고, 그런 까닭에 그녀의 죽은 남편의 친척과 수혼을 해야 하는 법적 의무가 없었다는 사실을 보여 준다. 위의 3:1, 9, 10의 "주석"을 보라. 게다가 비티(*VT* 24[1974] 262-63)와 세이쏜(128-30)이 지적한 바와 같이, 만일 보아스가 4:5에서 호소하는 현존하는 수혼에 대한 법적 의무가 있었다면, 6절에서 더 가까운 근족의 갑작스러운 마음의 변화를 설명하기가 어렵다. 더 가까운 근족이 엘리멜렉의 밭을 물러 주는 법에서 자기의 우선권에 대해 잘 알고 있었음에 틀림없으며, 또한 보아스가 그것을 문제시했을 때 그는 즉시 그렇게 하겠노라는 자기의 의도를 밝히고 있다(4절). 게다가 보아스의 두 번째 진술은 그가 밭을 무르기로 동의했을 때 예상하지 않았던 요구를 포함시켰음에 틀림없는데, 그 이유는 그가 그 동의를 즉시 철회했기 때문이다. 이 요구는 수혼의 법적 의무일 수는 없는데, 그 이유는 더 가까운 근족이 보아스보다 법적 책임에 대해 덜 인식하고 있었던 것으로 생각하는 것이 합리적인 것이 아니기 때문이다.

(2) 둘째로, 수혼은 죽은 남편의 형제에게만 증명될 수 있으며, 신명기 25장과 창세기 38장에는 그가 거절할 경우 그를 대신하여 보다 먼 친척이 봉사할 수 있었다는 확실한 암시가 없다(참조. Anderson, *JSS* 23[1978] 175-77). 더 가까운 근족 및 보아스와 엘리멜렉의 가족 간의 정확한 관계는 정체를 알 수 없는 단어 모다(מודע; 2:1)에 대한 우리의 부정확한 지식으로 말미암아 우리에게는 알려져 있지 않고 감추어져 있지만, 그들이 엘리멜렉의 형제들이 아니며(4:3에 있는 아흐〈אח〉

에 대한 "주석"을 보라), 말론 혹은 기룐은 말할 것도 없다는 사실이 분명하다. 거의 십중팔구는 그들이 엘리멜렉의 부친과 관련된 분가된 친척에 속한, 즉 아마도 삼촌이었을 것이다(Levine, "Legal Themes," 102이 그렇게 주장함). 그런 까닭에 동사 "시형제의 의무를 행하다"(יבם –야밤)나 "시형제"(יבמה)란 명사가 룻의 결혼과 관련하여 나타나지 않는다(1:15에 있는 예비므테크〈יבמתך〉에 대한 "주석"을 보라).

(3) 셋째로, 신명기 25장과 창세기 38장 모두에서 수혼이 구속력을 가진 의무이므로 그것을 거절했을 때는 치욕적인 사회적 오명이 따라왔으며(신 25:9-10), 반면에 룻기 4장에서 더 가까운 근족이 자기의 권리를 보아스에게 넘겼을 때 그 어떤 오명도 그에게 따라오지 않았다.

이러한 신명기 25:5-10 및 창세기 38장과 룻기 간의 매우 의미심장한 차이점들은 주로 그러한 행습을 관장하는 규칙과 관습들의 연대기적 진화와 발전을 수립하기 위하여 모색함으로써 구약성경에 있는 수혼에 대한 논의들 가운데서 취급되어 왔다. 이러한 시도들은 거의 변함없이 창세기 38장에 반영된 수혼이 주로 구속력 있는 성격과 또한 그것의 적용 범위와 관련하여 신명기 25:5-10과 상당히 다르다고 결론짓는 방식으로 창세기 38장의 설화 자료를 강압적으로 해석해 왔다(특주: 구약성경에서의 수혼 제도를 보라). 룻기를 수혼의 한 실례의 형태를 나타낸다는 하나의 선입견을 가지면서, 이러한 논의들은 가정된 수혼의 성격과 어울리는 관습의 발전의 단계에서 그리고 상상된 발전의 계통에서 이 수혼 관습의 형태를 어디에 둘 것인지를 시도해 왔다. 이러한 시도들은 그들의 결론에 따라 상당히 다르다(참조. Leggett, *The Levirate*, 271-93). 예를 들어, 뷰어는 룻기가 가장 초창기의 것이고, 창세기 38장이 그 다음이며, 신명기 25장이 그 다음이라고 주장한다(Bewer, *AJSL* 19[1902-3] 143-44). 대이비스는 창세기 38장이 가장 초창기이고, 신명기 25장, 룻기 순이라고 주장한다(Davies, *VT* 31[1981] 267). 그리고 고디스는 창세기 38장이 가장 초창기이고, 그 다음은 신명기 25장, 레위기 18:16; 20:21의 금지 조항 순이며, 룻기는 전혀 수혼 관습을 나타내지 않는다고 한다(Gordis, "Love, Marriage, and Business," 248-50). 필자의 의견에는 이러한 시도들이 창세기 38장으로부터 합법적으로 이끌어 낼 수 있는 내용을 넘어서 창세기 38장의 설화를 강제로 밀어넣고 있으며, 또한 그들이 신명기 25장과 창세기 38장에 있는 수혼의 성격과 룻기에서 추정된 의무의 성격 간에 위에 약술된 근본적인 차이를 적당히 고려하지 않았다는 것이다. 그런 까닭에 그러한 방법론에 근거한 결론들은 너무나 가설적이고도 불확실하여 적용 불가능하다(참조. Hubbard, 50의 논평).

그보다는, 신명기 25장과 창세기 38장에 나오는 수혼은 ① 법적 의무, ② 죽은 자의 형제들에게 제한된 것이며(라틴어로 *levir*, "시형제"에서 나온 수혼〈*levirate*〉이란 명칭이 의미하는 바와 같이), ③ 그것은 그 문제에서 자신의 권리를 효력 있게 하기 위하여 법적 의무와 실질적인 법적 행동의 특권을 과부에게 허용하며, ④ 그 사람의 거절은 심각한 사회적 오명이라는 형벌을 자초했다. 이러한 상황들 중 그 어떤 것도 룻기에서 추정된 의무에 적용되지 않는다. 그러므로 필자가 보기에 명료와 혼란의 결핍은 단일한 제도로 되어 있는 신명기 25장 및 창세기 38장과 룻기의 이질적 관습들을 결합할 만큼 광범위하게 수혼을 규정함으로써가 아니라(Brichto, *HUCA* 44[1973] 12 n. 16과 반대로) 신명기 25장과 창세기 38장에 묘사된 시형제 결혼의 법적 의무에 대해서만 배타적으로 "수혼"이라는 이름을 보존함으로써 문제에 접근할 수 있다. 여러 연구서들은 이러한 화합할 수 없는 차이점들에 신중한 집중을 해 왔고 룻기 4:5, 10에 제안된 결혼이 수혼이 아니라는 결론에 도달하게 되었다(Beatie, *VT* 24[1974] 251-67; Gordis, "Love, Marriage, and Business," 246-52; Sasson, 125-29, 143-46를 보라).

그럼에도 불구하고, 신명기 25장과 창세기 38장의 수혼 제도와 현저하게 유사한 룻기 4:5, 10에서 추정된 의무의 특징들이 있다. 비록 추정된 의무가 법적 입장을 가지지는 않았고, 또한 연루된 양자들에게 법적 권리들을 허용하지 않았으며, 그것을 거절했을 때 그 어떤 평가할 수 있는 사회적 오명을 가져다 주지는 않았을지라도, 룻기 4:5d은 분명히 친척 다음 편에 가족의 책임, 즉 사회적으로 인정된 도덕적 의무가 존재했다는 것을 의미한다. 이 책임은 "그 밭을 사는 날에…그 죽은 자의 기업을 그 이름으로 잇게 하기 위하여 죽은 자의 아내"(5절)를 얻는 것이었다. 룻의 신분이 어떻게 룻기 4:5, 10에서 의미심장하게 변했는지를 유의하라. 이야기의 앞부분에서 그녀는 단순하게 "룻"(1:4, 14, 16), 혹은 "모압 여인 룻"(1:22; 2:1, 21), 혹은 "(나오미의) 자부"(1:22; 2:22)다. 감독하는 사환은 2:6에서 그녀를 단순히 "나오미와 함께 모압 지방에서 돌아온 모압 소녀"라고 밝혔다. 룻은 보아스에게 자신의 정체를 밝힐 때 2:10에서 단순하게 "이방 여인"이라고 말하고 있으며, 가장 의미심장하게도 타작 마당에서(3:9) 그녀는 "당신의 시녀 룻"이라고 말한다(그 곳의 "주석"을 보라). 분명히 공동체에서 그녀의 정체이든 그녀가 중요한 순간에 자신에게 부여한 신분이든 그녀는 "말론의 아내"가 아니다. 그러나 4:5, 10에서 그녀의 정체는 극적으로 달라진다. 이 공개적인 율법 회의에서 보아스는 이제 그녀의 정체와 신분을 밝히고 그런 까닭에 "죽은 자의 아내[אשת־המת, 에셰트-하메트] 모압 여인 룻"으로 그녀의 도덕적 책임을 이끌어 낸다. 참조. 10a절. 더 나아가서 그녀는 "그 죽은 자의 기업을 그 이름으로 잇게" 하기 위하여 이 아기를 낳을 수 있다는 자격으로 결혼해야 할 것이다. 여기서 보아스는 특별히 그리고 공개적으로 가문을 잇고, 그로 말미암아 가족 재산의 상실을 방지한다는 이중적 책임을 명확하게 진술한다. 이 결혼의 삼중 목적은 수혼의 그것과 동일하다: 즉 죽은 자를 위하여 자손을 낳아 주는 것, 가족 재산의 상실을 막아 주는 것 그리고 이에 수반하여 과부의 보호처와 안식처를 제공하는 것이다(그녀의 정체가 "죽은 자의 아내"이기는 하지만, 이 마지막 조항은 배후로 밀려나 있다).

룻과 보아스 간의 결혼이 수혼이었다는 사실을 부정하려고 논증들을 정리한 가운데 언급된 연구서들은, 법 속에 의무가 들어 있었을 뿐 아니라 동시에 보아스나 혹은 더 가까운 근족이 룻과 결혼하는 관습 가운데 하나의 의무가 들어 있었다는 사실을 부정함으로써 부정한다. 필자가 보기에는 이것은 사실을 대단히 과장해서 말한다. 필자는 거기에 법적 의무가 없었다고 동의하지만, 거기에는 자원하여 공동체가 인정한 인정된 가족 의무였던 관습적 의무가 있었다고 주장하는 바이다. 이러한 논의가 4:5에 대한 논의로 돌아설 때, 그들은 필연적으로 관습적인 의무가 성격상 수혼의 의무와 유사한 결혼에 연루된다는 사실을 인정하도록 강요되어 왔다는 사실을 유의하라. 그러므로 고디스("Love, Marriage, and Business," 256-59)는 수혼 관습과 룻의 결혼의 차이점들을 파악하고 그 시행이 그것이 전적으로 금지될 때까지 점차적으로 제한되는, 그리고 룻기에서 보여진 바와 같은 관습이 어디에서도 발견할 수 없는 수혼의 연대기적 발전을 수립하려고 시도한다. 그럼에도 불구하고 그는 룻기 4장을 해석할 때 보아스가 나오미가 엘리멜렉의 밭을 되무르는 의무 권리를 양도하려 하고 있음을 근족에게 알리고(4:3), 이 의무 권리를 얻으라고 그에게 요청할 때(4:4) 보아스는 또한 그에게 "그 의무가 아이를 가질 가능성을 가진 룻과 결혼을 하고 그녀를 부양하는 의무를 이행해야 하며, 그 다음에야 그가 본래 엘리멜렉에게 속했던 땅에 대한 권리 주장을 할 수 있을 것이다"라는 사실도 알려 준다고 가정한다(256). 고디스는 그러한 의무의 출처와 관련해서는 우리에게 가르치고 있지 않지만, 그것은 분명히 결혼의 목적이 수혼의 목적과 유사한 결혼, 즉 이스라엘 가운데서 자기 형제의 이름을 끊어지지 않게 하기 위한 결혼을 떠맡도록 그 "기업 무르는 자"(גאל – 고엘)를 소환했다는 관습으로부터 유래될 수 있다(Gordis, 248). 그와 같이 비티(*VT* 24[1974] 264-67)는 룻과 보아스의 결혼이 일차적으로 그 수혼이 시형제에 제한되었다는 사실에 근거하여 수혼이 아니었다고 결론짓는다. 그러나 아이가 없는 과부가 통상적으로 자기 남편의 재산을 상속받았을 것이고 (252-56), 또한 수혼법의 목적들 가운데 하나가 남편의 재산을 상속받는 과부가 그 재산이 가족 내에 보존될 수 있도록 자기 남편의 가족 내에서만 결혼해야 했다고 결론짓고 나서 비티는 같은 목적을 보아스와 룻의 결혼에 붙이는 것을 꺼려한다 (265). 그런 까닭에 비티에 따르면, 4:5에서 보아스는 기업 무르는 자에게 다음과 같이 선언한다는 것이다: "내가 룻과 결혼하여 그 밭의 상속자를 낳아 줄 것이다" (266). 그러한 단서가 보아스에 의하여 공개적으로 선포되었을 수 있고, 가족 재산을 그대로 지키도록 죽은 자를 위하여 자손을 낳을 목적으로 과부와 결혼하는 것이 친척에게 의무가 있었던 관습이 있었을 때만 더 가까운 근족에게 하나의 위협으로 감지될 수 있었다. 이와 같이 세이쏜은 수혼이 룻기에 있는 하나의 현안 문제였다는 사실을 부인하기 위하여 장황하게 논증을 정리하고 나서(125-32), 그럼에도 불구하고 이 제도의 중요한 **목표들** 가운데 **하나**인 죽은 자의 이름을 이어 줄 한 아들을 낳는 것(132; 강조는 원 저자의 것)은 보아스와 룻 간의 결혼 가운데 연루되어 있었다. 그런 까닭에 세이쏜은 단정하기를, 엘리멜렉의 재산을 사는 것이 그에게는 아무런 유익이 없을 것이라는 사실을 그 근족에게 설득하기 위하여 "보아스는 때를 맞추어 조직된 법률을 제정하는 모임 앞에서 말론의 상속자로서 룻의 맏아들, 즉 엘리멜렉의 땅의 미래 소유자를 보증하기 위하여 선언을 했다"(135)고 주장한다. 또다시 보아스는 수혼의 목적들과 매우 유사한 목적을 위하여 과부와 결혼하는 친척에게 그러한 의무가 있다는 사실을 명령하는 관습은 없었지만, 그러한 상황에서 그러한 공개적인 선언을 할 수 없었고, 또한 그로 말미암아 더 가까운 근족에게 위협하지 않을 수 있었다. 휴스톤(Houston)이 주장하는 바와 같이, "보아스의 결혼이 말론을 위하여 자손을 낳을 수 있었던 관습 가운데 몇몇 사례를 제외하고는(단순한 명령에 의하여 한 사람이 자기 친척의 자손을 만들 수 있었던가?), 그 첫 번째 고엘로 하여금 마음이 변하도록 할 원인은 없었다"(*JSOT* 16[1980] 70).

따라서 혼란을 피하기 위하여 "수혼"이라는 호칭은 신명기 25:5-10에 규정되고 창세기 38장에 입증된 합법적으로 요구된 사회적 관습에 한정되어야 했을 것이다. 그러나 룻기는 그 성격상 법이 아닌 도덕적 즉 자발적인 가족의 책임을 가정하고 있는데, 그러한 상황에서 죽은 친척의 아내와 결혼하여 그의 재산을 상속받을 죽은 자의 후손을 낳는 것이 친척의 다음 의무였다. 그 목적이 수혼 본래의 목적과 아주 유사하므로 그러한 의무는 적절하게 "수혼 형태의 책임"이라고 지칭될 수 있을 것이며, 또한 그것들의 법적 지위와 관련되어 있는 두 개의 의무 가운데 있는 차이점들, 죽은 자의 형제들에게 양도된 의무든 아니면 보다 먼 친척에게 양도된 의무든 연루된 양자의 법적 권리들과 그 거절에 뒤따라오는 사회적 오명은 전부가 논리적으로 그 의무가 더 먼 친척을 덜 압박했다는 사실로부터 기인하는 것으로 이해될 수 있다. 그러한 용어를 "기업을 무르는 자-결혼"으로 채택하는 것(참조. Epstein, *Marriage Laws in the Bible*, 84-88)이 보증된 책임 그 이상으로 보다 공식적인 신분을 가지고 준수하도록 하는 도덕적 책임을 허용해 준다. 그 이유는 틀림없이 그것의 시행이 한 형제보다 더 먼 친척 편에서 두드러진 자비를 나타내 보이는, 실로 드문 일이기 때문이다.

(4) 케티브-케레 콰니타이(קָנִיתָי)의 바른 독법. 이제 4:5의 마지막 문장에 연루된 해석적 자료를 검토하고 거기에 연루된 의무의 성격을 규명했으므로, 케티브-케레 콰니타이(קָנִיתָי)의 바른 독법 문제로 돌아가 보자. 보아스가 더 가까운 근족에게 그가 그 밭을 얻을 때 그 사람 곧 더 가까운 근족이 위에서 확인한 목적을 위하여 룻과 결혼해야 한다고 알리고 있는가? 아니면 보아스는 자신이 룻과 결혼하려고 한다는 사실을 알리고 있는가? 위에서 살펴본 바와 같이 모든 고대 역본들, 알려진 바로는 REB를 제외한 모든 현대 역본들 그리고 거의 모든 현재 주석은 전자의 경우를 선택하고 케레처럼 "당신이 얻어라"로 읽었다. 필자의 의견에는 위에서 살펴본 룻기 3:9-13; 4:3-5의 혼합된 자료와 해석에 의하여 케레 독법이 불가피하다. 이것이 그러하다는 것은 분명히 3:13 가운데서 드러난다. 3:11에서 보아스는 룻이 요구했던 일, 곧 그녀와의 결혼을 하기로, 다시 말하면 궁핍한 가족 구성원을 도와야 할 책임을 가졌던 고엘(גאל)로서 자신의 책임을 이행하기로 동의했다. 3:9의 "주석"을 보라. 그러나 3:13은 그러한 책임들과 모든 권리들을 행할 의무가 있었던 사람에게 그것들의 서열이 있었고, 또한 룻을 "구속할"(redeem) 의무와 함께 우선권을 가졌던 더 가까운 친척이 있었다는 사실을 지적해 준다. 이 점이 룻이 두 번은 명백하게 그리고 한 번은 암시적으로 "구속하다"(기업을 무르다)란 동사의 직접 목적어로 나타나는 구절에 들어 있는 세 개의 분리된 문장에 의하여 명확하게 그리고 강조적으로 묘사되어 있는데, 이 문맥에서 "친척의 과부와 결혼"을 의미하기 위하여 사용된다. 3:13 "주석"을 보라. 그런 까닭에 3장은 뚜렷하게 더 가까운 근족이 그 과부와 결혼할 우선권을 가졌다는 사실을 드러내고 있다. 그러므로 4장에서 율법 회의를 소집한 보아스가 이제 과부와의 결혼이 단순히 그녀의 보호와 생계 유지만을 위한 것이 아니고, 그 주요 목적이 가족 재산이 손상되지 않은 채로 보존되도

록 죽은 자의 자손을 낳는 것이라고 공개적으로 선언하고 있다. 그는 가족 책임에 대해서 우선권을 가지고 있는 고엘(גאל)에 대한 보다 깊은 책임을 가지고 있다고 언급할 수 있을 뿐이다. 그러나 비티(*VT* 21[1971] 490-94; *VT* 24[1974] 261-64)와 세이손(129-135)은 케티브의 콰니티(קָנִיתִי, "내가 사고 있다")를 편들어 장황하게 주장했다(또한 참조. Gordon, *Forgotten Scripts*, 169-71). 세이쏜이 따르는 비티는 Q를 거절하는 자신의 논증을 더 가까운 근족이 수혼을 약정할 법적인 의무를 모르고 있었을 수는 없다는 사실에 근거했는데, 그 이유는 더 가까운 근족이 보아스보다도 자기의 법적 책임에 대해서 덜 인식하고 있었다고 상상하는 것은 타당하지 않기 때문이다. 뿐만 아니라 그는 룻의 존재에 대해서 보아스보다 더 모르고 있었을 수도 없다(참조. 2:11). 이러한 입장들 모두에 대해서 필자는 동의하는 바이다. 더 가까운 근족의 마음의 변화는 그가 자기의 법적 의무를 알지 못하고 있었다거나 혹은 그의 인척관계에 대해서 알지 못하고 있었다는 사실에 근거해서 설명될 수 없다(그러한 마음의 변화에 대한 필자의 입장에 관해서는 다음 구절에 대한 "주석"을 보라). 비티와 세이쏜은 더 가까운 근족이 몰랐던 유일한 사항은 이전에 보아스가 타작 마당에서 했던 룻과의 결혼에 대한 동의와 약속이라고 보았다. 그러므로 보아스의 선언은 곧 자기가 룻과 결혼을 하려는 것이었고, 이 결혼의 목적은 죽은 자의 재산을 보존할 상속자를 낳는 것이었다는 것인데, 이것이 더 가까운 근족이 마음을 바꾼 원인이 되었던 것이다. 그러나 필자가 진술한 바와 같이, 그리고 비티와 세이쏜이 상황 분석에서 가정한 바와 같이, 거기서 이 명시된 목적을 위해 죽은 자의 과부와 결혼할 다음 근족 편에 공개적으로 인정된 도덕적 의무를 가지지 않았다면, 땅을 물러 줄 더 가까운 근족의 우선권을 위협했을 그 어떤 협정과 목적도 보아스에 의하여 공개적으로 선포될 수 없었을 것이다. 그리고 필자가 주장한 바와 같이, 3:12-13은 밭을 물러 줄 권리와 함께 과부의 결혼과 관련하여 권리의 서열이 있었다는 사실을 드러내고 있다. 비티는 룻의 결혼의 목적에 관한 보아스의 말이 "그가 자기 자녀와 룻의 자녀 대신에 그 땅에 대한 권리 주장을 하려는 의도를 가지고 있다"고 주장한다(*VT* 21[1971] 493; 또한 같은 저자의 *JSOT* 5[1978] 46 참조). 그 땅을 물러 줄 권리, 곧 하나의 상속자가 없는 가운데 그 권리와 함께 현실적인 경제적 유익을 수반했던 법적 권리는 우선권이라는 고정된 순서 가운데서도 가까운 친척들이 책임을 지는 권리와 의무다(4:4). 보아스가 자신이 룻과 결혼을 한다고 선언하고 있다는 사실을 의미하는 케티브 독법을 비티와 세이쏜이 채택한 것은 가족 구성원들이 더 나은 순서 없이 죽은 자의 과부와 결혼해서 "그의 상속 재산에 대해 죽은 자를 위한 자손을 낳을" 도덕적 책임을 떠맡도록 상기시켰다는 사실을 의미한다. 그러나 현실적인 경제적 불이익과 함께 그것(권리)을 수반했던 도덕적 의무(말하자면, 과부의 생계 유지와 재산 보존을 위하여 상속자를 제공하는 것인데, 상속자가 없으면 그 사람 자신이 상속했을 것이다)가, 현실적인 경제적 이익과 함께 그것(권리)을 수반했던 법적 의무(말하자면, 밭의 무름)가 그렇게 했을 것이라고 생각해야 하는 것처럼 고정된 우선권의 순서에 따라 가까운 친척들에게 양도되었을 것이라고 생각하는 것 역시 타당하다. 그러나 사실은 타당하든 그렇지 않든, 3:12-13은 그러한 도적적 의무가 실제로 존재했다는 사실을 밝혀 준다.

마지막으로, 케티브 독법 קניתי을 채택하고 이것의 의미와 전치사 메에트(מאת)의 의미를 재해석함으로써 4:5의 난점들을 해결해 보려는 프리젠의 시도(*OTS* 5 [1948] 80-88)는 가장 있을 성싶지 않다. (위의 קניתי 동사의 목적어에 대한 논의를 보라). 이것은 이 단어들이 구약성경의 다른 곳에서 가지고 있지 않은 의미를 그 단어에 부여할 뿐만 아니라(참조. Rudolph, 59), 이렇게 해서 이끌어 낸 의미는 3:12-13이 더 가까운 근족이 룻과 결혼할 우선권을 가지고 있다는 사실을 명확하게 보여 주고 있다는 사실과도 어울리지 않는다(또한 참조. Rowley, "Marriage of Ruth," 193 n. 1; Leggett, *The Levirate*, 233-37).

이러한 고찰에 비추어 볼 때 분명히 케레의 콰니타(קָנִיתָה, "당신이 얻어야 한다")만이 이러한 경우들과 어울린다.

6 "나를 위하여 무르지 못하노니"(לֹא אוּכַל לִגְאָול־לִי – 로 우칼 리그아울-리). 전치사 라메드(ל) + 대명사 접미어 1인칭 단수는 소위 심성적 여격의 한 실례인데, 여기서 대명사 접미어의 인칭은 언제나 동사의 그것과 일치하며 특별한 주어를 위하여 문제의 출현의 의미를 강조하기 위해" 사용된다(GKC § 119s). 4절에서처럼 목적어가 표현되어 있지 않다(그 곳의 "주석"을 보라). 나타나 있는 가장 직접적인 목적어는 룻인데, 왜냐하면 보아스가 이 더 가까운 근족에게 자신의 가족으로서의 책임을 시행하도록 요청하고 죽은 자의 자손을 낳기 위하여 룻과 결혼을 하라고 요청했기 때문이다. 그러나(Joüon, 84는 이에 반대다) 이 근족은 마음속에 일차적으로 엘리멜렉의 밭을 무를 권리를 가지고 있고, 그 다음에 룻과 결혼할 권리를 가졌다는 사실을 염두에 두고 있다. 여기에 나오는 동사 가알(גאל)은 그 의무들, 곧 근족이 받아들이라고 요청을 받은 권리들(קנה, 4, 5절), 다시 말해 밭에 대한 문제에서는 법을, 룻과 관련해서는 자발성을 가질 것을 세심하게 규명한다.

"나는 내 기업에 손해가 있을까 하여"(פֶּן־אַשְׁחִית אֶת־נַחֲלָתִי – 펜-아슈히트 에트

-나할라티). 이와 같은 문맥에 있는 동사 샤하트(שׁחת)는 "파괴하다"(예를 들어, 창 6:13; 18:28, 31) 혹은 "훼파하다, 약탈하다, (심각하게) 훼손하다"(예를 들어, 삿 6:4; 삼상 6:5)를 의미한다. 두 의미 가운데 어느 것이 의도되어 있을지라도, 더 가까운 근족은 자기 가족의 기업을 위험에 빠뜨릴 것이라는 빈곤의 상태로 이끌어 갈 것을 확실하게 예상하고 있다.

이 점은 필연적으로 어떻게 해서 이 근족의 재산이 룻과 결혼해야 한다는 근족의 책임에 대한 보아스의 선언으로 말미암아 위협을 받을 수 있었느냐는 문제가 일어나게 한다. 무엇보다도 먼저 레게트(Leggett, *The Levirate*, 231-32)와 데이비스(Davies, *VT* 33[1983] 233-34)가 말하는 바와 같이 그가 룻의 존재를 몰랐다고 가정함으로써 더 가까운 근족의 이러한 마음의 변화를 설명하려는 시도들을 타당성이 없는 것으로 밀어 두도록 하자. 비티(*VT* 21[1971] 492 n. 3)는 "보아스가 그녀를 만나기 전에 룻에 관해서 속속들이 알았고(2:11), 반면에 그 성읍 전체가 그녀의 도착을 증거해 주었으며(1:19), 역시 그녀에 대해서 전부 알고 있었다(3:11)"고 주장한 점에서 확실히 옳다. 레게트 자신이 설명하고 있는 바와 같이(*The Levirate*, 231 n. 73), 모든 백성들 가운데서 나오미의 친척들은 그런 상황들에 대해서 잘 알고 있었음에 틀림없다. 우리는 그가 자기의 법적 의무에 대해서 보아스보다 덜 알고 있었다고 상상할 수가 없다. 즉 이 가까운 근족이 보아스보다 가족 구성원과 가족 구속력과 책임에 대해서 덜 알고 있었다고 상상할 수가 없다. (위의 5b절의 "주석" 다음에 나오는 특별 부록: 구약성경에서의 수혼 제도에 있는 이 후자에 대한 논의를 보라).

그 반대로, 룻과 그 밭을 구속하기를 더 가까운 근족이 거절하는 이유가 자기 가족의 재산을 위기에 빠뜨릴 수 있다는 것이므로, 룻기 4장과 관련된 기업을 무르는 형태가 이 더 가까운 근족에게 땅의 소유와 사용에 대해서 무조건적 권리도 혹은 상환할 수 있는 권리도 제공해 주지 않았다는 사실이 뒤따라온다. 만일 그가 그 밭을 소유하고 또한 어떤 방식으로 그가 처분할 수도 없었다면, 혹은 만일 그가 그것을 구입한 것에 대해서 그에게 상환함으로써만 처분될 수 있다면(우리는 이것을 소유의 상환권이라고 부른다), 그의 재산이 상거래로 말미암아 심각하게 위협 받을 수 있다는 사실을 생각할 수 있는 길이 없다.

위의 4절 "주석"에서 필자는 네 개의 다른 절차 가운데 단 두 개만이 레위기 25장에 규정된 기업 무를 의무 가운데 포함되었으며, 또한 예레미야 32장의 법적 배경을 이루는 것이 룻기 4장과 관련된 상거래에 대한 이해와 관련되어 있다고 주장한 바 있다. 이러한 두 개의 절차는 다음과 같다. (1) 친척 밖의 누군가에게 이전에 팔린 땅에 대해 기업 무르는 자를 통한 환매. 이러한 형태의 구속은 [특별 부록: 3-5a절에서 보아스가 제안한 거래의 성격]에서 필자가 "첫 번째 시나리오"라고 이름을 붙인 룻기 4장과 관련된 상거래에 대한 이해 가운데 연루되었었다. (2) 친척 밖의 누군가에게 기업 무르는 자의 같은 구입에 의한 땅 매매의 선매권. 이러한 형태의 "구속"은 필자가 위의 "두 번째 시나리오"라고 이름붙인 룻기 4장과 관련된 상거래에 대한 이해 가운데 연루되었다.

절차 (2)에서 선매권, 자기의 가난해진 친척으로부터 기업 무르는 자에 의한 밭의 매입이 우리가 위에서 재산 소유에 대한 배상권이라고 불렀던 내용을 그 기업 무를 자에게 주었다는 사실은 무엇이든 의심할 수 없다. 밭의 가격을 빈곤하게 된 친척에게 건네준 다음에 그가 자기에게 배상 없이 밭을 돌려달라고 요구를 받는다는 것(최소한 희년 이전에)은 결코 있을 수 없다. 사실상, 더 가까운 근족의 마음의 변화를 설명하기 위하여 세이쏜(139)이 상상한 것은 이와 같은 시나리오다. 세이쏜은 비록 레위기 25:25이든 예레미야 32장에서 발견된 원형이든 거기서 통용되는 매우 다른 상황들로 인하여 룻기에 있는 상황에는 들어맞지 않을지라도, 엘리멜렉의 땅에 대한 더 가까운 근족의 "구속"은 "예레미야서의 상황과 유사한" 것이라고 주장한다. 그 다음에 세이쏜은 보아스가 룻의 첫 번째 아기를 말론의 상속자로 서약했으므로 더 가까운 근족은 이 자손의 수탁자로서 그녀의 권한 속으로 그 땅을 돌려주어야 했을 수 있었다고 주장한다. 그렇지만 어떤 근거에서 그러한가? 단순히 지금 상속자가 있다는 것 때문인가? 예레미야가 상환 없이 자기가 하나멜로부터 산 밭을 하나멜의 상속자에게 되돌려주어야 했을 것인가? 전혀 그렇지 않다! 있을 성싶지 않은 사실들을 조립하기 위하여 세이쏜은 그 다음에 나오미와 그녀의 갓난아기가 이제는 빈곤하게 된 친족이 되고(비록 그 아기가 보아스의 아들일지라도?), 그들은 이제 그 땅을 다시 한 번 팔 수 있고 그 더 가까운 근족은 또다시 고엘(גאל, "기업 무르는 자")로서 행동하도록 요청받게 될 것이라고 상상해 낸다. 물론 그러한 시나리오는 터무니없는 한계에까지 나간다. 다른 한편, 만일 그 다음에 기업을 무르는 자로부터 밭을 되무르는 재력, 즉 그 밭이 지파 밖의 누군가에게 팔렸을 때 그가 했던 그대로(레 25:26-27) 스스로 그것을 무를 재력을 얻었다면, 원 소유자가 그 되무를 권리를 소유했었다는 것은 지극히 당연하다. 그러나 그것은 단순히 요점을 강화시켜 준다: 그 밭은 그가 그 기업 무르는 자에게 구입품에 대한 대가를 상환했을 때만 원 소유자에게 돌아갈 수 있었다. 만일 이것이 사실이라면, 룻기 4:3-4

에 묘사되어 있는 상거래는 그것이 더 가까운 근족에게 제공됨으로써 엘리멜렉의 밭의 판매의 일종의 선매권일 수 있는 있음직한 방법이 없다. 나오미가 자기 남편으로부터 밭의 소유권과 사용권에 대한 완전한 권리를 상속받았고, 그런 까닭에 *loco conjugis*로 행동하거나 혹은 그녀가 그러한 권리를 가지고 있고, 또한 죽은 자의 과부로서 미래의 상속자의 대리인으로서 행동하고 있든 그렇지 않으면 그녀가 어떤 다른 있음직한 수용성 안에서 행동하고 있든, 만일 연루된 상거래가 선매권이라면 더 가까운 근족이 얻은 소유권은 상환될 수 있을 것이고, 그 어떤 재산의 상속자를 낳을 자발적인 책임도 그의 재정적 상황을 위협할 수 없었을 것이다. 실로 만일 모압에서 죽음과 상실의 비극이 전혀 일어나지 않았고 엘리멜렉 자신이 나오미와 상속자인 말론과 함께 돌아왔다면, 그리고 빈곤으로 인하여 더 가까운 근족에게 직접 그것을 제공함으로써 가족 밖에 있던 자기 땅의 매각을 선매권으로 강제로 획득하게 되었다면, 정확하게 같은 상황이 적용되었을 것이다. 그 밭을 구입한 다음 그 기업을 무르는 자는 그것을 엘리멜렉에게 쉽게 돌려주지 않았을 것이다. 만일 엘리멜렉이나 말론이 필요로 한 재력을 얻었다면, 그들이 그것의 소유권을 얻기 위하여, 즉 그것을 스스로 무르기 위하여 분명히 더 가까운 근족으로부터 레위기 25:26-27에 묘사된 상황과 정확하게 유사한 방법으로 그 땅을 구입해야 했을 것이다. 만일 그러한 상황들이 엘리멜렉이 살았을 경우 엘리멜렉에게 구속력이 있었다면, 만일 나오미가 어떤 방법에서 *loco conjugis*로 행동하고 있다면 그 상황들은 분명히 그녀에게도 구속력이 있었을 것이다.

(위에 언급된) 절차 (1)에서, 친척 외의 누군가에게 이전에 팔린 땅에 대한 기업 무르는 자의 되무름(repurchase), 즉 온전한 기업 무름에 있어서 불행스럽게도 레위기 25:25에 있는 법은 제3자로부터 기업 무르는 자에 의하여 그 땅이 재구입되었을 때 그 밭의 소유권과 사용권을 누가 얻는지를 진술하지 않은 상태로 남겨 놓았다는 사실과 또한 우리가 가지고 있는 난점들이 서로 뒤엉켜 있다. 이 법은 단순하게 "만일 너희 형제가 가난하여 그 기업 얼마를 팔았으면 그 근족이 와서 동족의 판 것을 무를 것이요"라고 진술하고 있다(레 25:25). 비티가 말하고 있는 바와 같이, 이 법은 "세밀한 개념들로서의 소유권을 다루고 있지 않다"(*VT* 24[1974] 257). 그 목적은 가족의 소유 내에 그 재산을 보존하는 것이었고, 소유권을 받은 가족 구성원을 진술하려는 것이 아니다. 물론 단 두 가지 가능한 선택 사항이 그것들 가운데 나타나 있고, 또한 이 둘 다 해석자들에 의하여 주장되어 왔다. 첫째로, 그 법의 목적이 본래 소유권을 가지고 있는 사람이 소속된 대가족 내에 그 땅을 보존하는

것이라는 근거에서 기업 무르는 자가 소유권과 사용권을 보유한다. 만일 원 소유자가 그 땅 소유권을 유지할 힘과 능력을 가지지 못했다면, 그는 그 땅을 잃게 되었음에 틀림없다. 그러나 가족으로서 대가족은 잃은 것이 전혀 없다(Pederson, *Israel Ⅰ-Ⅱ*, 84에서 그렇게 주장; 또한 참조. Westbrook, *ILR* 6[1971] 369-70에서는 종의 구속과 평행이라는 근거에서 그 땅이 기업 무르는 자의 재산으로 남아 있었던 사실을 주장한다). 두 번째 선택 사항 가운데서 기업 무르는 자는 그 땅을 단순히 대가족 내에 보존하기 위해서 무를 뿐만 아니라 자신의 빈곤한 친척에게 그 소유권과 사용권을 회복시켜 주기 위해서 물러 주었다(Daube, *Studies in Biblical Law*, 44-45; Gordis, "Love, Marriage, and Business," 253-54). 이 경우에 이 법은 지파 전체가 아니라 개별 가족을 위하여 주어진 것이다(Levine, "Legal Themes," 100-101에서 그렇게 주장). 이러한 분석에 비추어, 더 가까운 근족의 마음의 변화는 만일 그 기업 무르는 법이 오직 이 두 번째 선택 사항에 따라서 기능을 한 룻기 4장에 있는 땅을 되사는 것을 취급하고 있다면 설명될 수 있다는 사실이 매우 분명해진다. 하지만 이 법은 다른 장소와 다른 시기에 기능했을 수도 있다. 필자의 의견에는 이 지점에서 비티의 주장(*VT* 24[1974] 258)이 논박의 여지가 없는 것으로 보인다.

> 만일 이 연구가 근거하고 있는 원리들-이야기 작가가 설명한 법적 상황들에 인정되는 확실성-이 타당한 것으로 인정된다면, 하나의 재산이 팔리고 그 판 사람의 가족 중 한 사람이 다시 샀다면 원래 팔았던 사람과 그의 상속자가 그 재산에 대한 모종의 권리들을 보유했었다고 결론내려야 할 것이다.

필자의 의견에는 이 "모종의 권리들"은 소유권과 사용권이었음에 틀림없는데, 그 이유는 만일 그 기업 무르는 자가 소유와 사용에 대한 무조건적 권리 혹은 그것에 대한 상환권을 얻었다면 엘리멜렉 가문에 상속자가 있을 경우에 자신의 재산이 축소되는 심각한 위기감을 전혀 가지지 않았을 것이고, 따라서 그 밭을 무르려는 일에 있어서 마음이 변하지도 않았을 것이기 때문이다.

그러한 사실에 근거하여 룻기 4장에 나오는 기업 무르는 형태는 온전한 기업 무름, 즉 그 땅이 이전에 팔렸던 제3자 편으로부터 엘리멜렉의 땅을 되사는 것이 되어야 한다. 만일 나오미가 엘리멜렉의 땅에 대한 상속자였다면 그리고 이전에 그것을 팔았다면, 그것은 이야기를 터무니없이 만들기 때문에 엘리멜렉이 모압으로 이주해 가기 전에 그 땅을 팔았다고 가정해야 하고, 또한 이야기의 원 청중들이 엘리멜렉의 땅을 무르는 문제가 일어나자마자(4d절) 그러한 사건들의 상태를 추측했을 것이라고 가정해야 한다. 게다가 이 입장을 강력하게 뒷받침하는 증거의 또 다른 맥락은 다른 근거에서 위에서 주장했는데, 곧 동사 마카르(מכר)와 콰나(קנה; 4-5절)가 각각 "양도하다, …에 대한 권리를 포기하다"와 "얻다, …에 대한 권리를 받아들이다"란 의미를 가지고 있다는 것이다.

만일 이러한 고찰들이 설득력 있는 것이라면, 우리는 그 근족의 마음의 변화를 다음과 같이 이해해야 한다: 보아스가 율법 회의를 소집한다(1-2절). 그리고 나오미가 엘리멜렉의 밭에 대한 자기의 권리를 포기하고 있다는 사실을 더 가까운 근족에게 알린다(3절). 죽은 자의 아내로서 그녀가 자기가 살아 있는 동안 그 밭의 사용권을 가지고 있지만, 그 밭이 물러야 할 입장에 있고 그녀가 그것을 무를 만한 재력이나 법적 신분도 가지지 않았으므로, 그녀는 엘리멜렉과 말론이 아들이 없이 죽었기 때문에 그 다음에 상속자가 되는 더 가까운 기업 무르는 자에게 자기의 권리를 포기하고 있다. 거기에는 수혼법을 내세울 만한 가능성이 없고 죽은 자의 형제들이 생존해 있지도 않았으므로, 그리고 더 가까운 근족이 틀림없이 자원하여 가족적 책임을 이행해서 유일한 결혼 적령기의 과부 룻과 결혼하여 죽은 자의 자손을 낳아 준다는 것을 전혀 알 수 없었으므로 그 밭을 무르겠다고 동의한다(4절). 엘리멜렉 가문의 자손이 없이, 그가 밭을 무르기 위하여 지불해야 하는 돈의 양과 연루된 과부를 돌보는 일은 그 밭 자체의 가치와 산물을 통하여 보충이 되고도 남고, 그 밭은 엘리멜렉 가문의 후손이 없는 상태에서는 자기 가문의 상속 재산의 일부가 될 것이다. 그때 보아스가 공개적으로 더 가까운 근족에게 결혼 적령기의 과부 룻과 자원하여 결혼하는 가문의 책임을 이행하여 그 상속 재산에 대해 죽은 자의 자손을 낳아 주라는 요청을 한다(5절). 더 가까운 근족은 이제 공개적으로 윤리적이고 경제적인 딜렘마에 빠진다. 거기에는 그가 택해야 하는 최소한 세 개의 행동 과정이 있었다. (1) 그가 그 밭을 무르고 룻과 결혼하여 그가 물러 준 엘리멜렉의 가족 재산을 상속할 상속자를 낳아 주기로 동의할 수 있다. 만일 그가 그렇게 한다면, 그는 그 밭을 물러 주는 데 따르는 아마도 상당한 돈을 손해 볼 것이다(6c절). 그렇게 된다면, 그것은 자기가 엘리멜렉의 가문을 일으켜 주어야 하는 그 상속자의 재산이 된다. (2) 만일 다른 한편으로 그가 동의하고 그에 따라서 그 밭을 물러 주기는 하지만, 그 다음에 룻과 결혼하는 자신의 맹세를 무시한다면, 그는 자신의 공개적인 맹세를 취소할 뿐만 아니라 자기 자신을 부정적이고 인색하게도 경박한, 즉 이익이 생기지만 자신이 어떤 것에 소비하는 것에게는 그렇지 않은 자인데 가족의 의무에 대해서는 자원하여 이행한 사람으로 몰아넣을 것이다. (3) 만일 그가 분명한 이유로 이러한 행동 과정들 중 그 어느 것도 택하려 하지 않는다면, 그는 이 두 문제에서 기업 무르는 자로서 자기 권리를 보아스에게 양도할 수 있었다. 그에게는 네 번째 선택 사항도 취할 수 있다: 그는 밭을 물러 주는 일에 있어서는 기업 무르는 자로서 자기의 권리를 행사하고 과부와 결혼하는 권리를 보아스에게 양도하는 선택을 할 수 있다(필자의 의견에는 그러한 기업 무르는 자로서 한 사람의 권리를 선별적으로 시행하는 것은 가장 불합리했을 것이지만). 이것 역시 전체 공동체 앞에서 자기를 부정적이고 인색하게도 경박한 상태로 몰아넣을 뿐만 아니라, 그것은 틀림없이 그 가문에서 그 다음 기업 무를 자가 되는 보아스가 그 과부와 결혼하여 더 가까운 근족이 샀던 밭을 상속받을 엘리멜렉 가문에 상속자를 일으켜 줄 수 있을 것이라는 사실을 의미하기도 했을 것이다. 그런 까닭에, 이러한 경제적 · 윤리적 딜렘마에 빠진 그리고 두 가지 책임을 취하는 데 비용을 부담하거나 아니면 다른 행동 과정이라는 불명예를 짊어지기를 원하지 않아서 그는 이 두 문제에서 자기의 기업을 무르는 권리를 보아스에게 양도하기로 결정한다.

"나의 무를 권리를 네가 취하라"(גְּאַל־לְךָ אַתָּה אֶת־גְּאֻלָּתִי – 게알-르카 아타 에트-게울라티). 심성적 여격인 르카(לְךָ, "네 자신을 위하여")는 첫 번째 문장에 있는 1인칭 심성적 여격과 대조를 이루고 있으며 그런 까닭에 강조되어 있다. 대명사 접미어와 동격으로 되어 있는 독립대명사 아타(אתה)는 강조에 강도를 더해 주며(GKC §§ 135d-g; *HebS* § 107), 번역에서 그 뜻을 전달하기는 전반적으로 어렵다. 필자는 "그렇다면 네가 취하라"로 번역함으로써 그렇게 하려고 시도했다. 유온(84)이 지적하는 바와 같이, 같은 어족의 직접 목적격 명사를 가진 동사 가알(גאל)은 "시행하다, 수행하다"(게울라)란 의미를 가지고 있다. 참조. 하나의 다른 동사, 베칸오 에트-비느아트(בקנאו את־קנאתי, "나의 질투심으로 질투하여", 직역하면 "나의 질투를 시행함으로 말미암아"; 민 25:11)와 같이 여기 나오는 게울라(גאלה)는 예레미야 32:8(참조. 32:7)에 있는 것과 같은 "기업을 무르는 권리(혹은 의무)"라는 의무를 가지고 있다.

7 "옛적 이스라엘 중에"(וְזֹאת לְפָנִים בְּיִשְׂרָאֵל – 웨조트 레파님 베이스라엘). 하나의 문장을 이끌도록 하기 위하여 와우(ו)+동사를 포함하지 않는 요소를 사용하는 것은 드물지 않게 이접적이고 삽입구적이며(참조. *IBHS* § 39.2.3c), 그런 까닭에 "이제 이것이 …였었다"이다. 중성적 의미에서 하나의 행동, 사건, 선언을 가리키는 조트(זאת, "이것")는 히브리어에서 간혹 나타나는 것이 아니며(참조. BDB, 1.a, p. 260; *HALOT*, 4, p. 264), 여기서 지시 대상은 "한 남자가 자기 신을 벗었다"를 시

작하는 문장이 된다. 약간 이례적인 것은 "이것이 이전에 …의 풍습/관습이 있었다"는 의미가 암시되어 있다. LXX이 카이 투토 토 디카이오마(*καὶ τοῦτο τὸ δικαίωμα*, "그리고 이것이 공의/의였다")로 읽고, Syr, Tg, Vg이 모두 "이것이 관습/관례였다"로 읽고 있으므로, 유온(85)은 원래 웨제 하미슈파트(וזה המשפט, "그리고 이것이 관습이었다")를 LXX 번역자가 "정의, 옳음"이라는 보다 통상적인 의미인 미슈파트(משפט)로 취급하여 이것을 디카이오마(*δικαίωμα*)로 번역했다. 그러나 지시 대명사 조트(זאת)는 여성형이고, 그러한 독법을 위해 필요로 한 남성이 아니며, 따라서 원래 다른 히브리어를 번역한 것이 아니라 MT의 히브리어에 필요한 의역을 제공하고 있는 것으로 이해하는 것이 훨씬 더 바람직하다(Campbell, Rudolph). LXX은 하나의 수수께끼로 남아 있는데, 그 이유는 헬라어로 디카이오마(*δικαίωμα*)가 문맥이 필요로 하는 것으로서 "관습, 형태"를 의미하지 않기 때문이다. 물론 원래 히브리어가 웨제 하미슈파트(וזה המשפט)로 되어 있다면 같은 수수께끼가 존재한다!

캠벨(147)이 기록하고 있는 바와 같이, 부사 레파님(לפנים, "이전에, 이전 시기에")은 한 세대나 혹은 보다 덜한 이전 시기(욥 42:11; 삿 3:2), 오랜 시기(대상 9:20, 수백 년), 혹은 원시의 고대(시 102:26)를 가리킬 수 있다. 여기에 나오는 시기는 단순히 신을 벗는 상징적 행동이 더 이상 사용되지 않고, 그 의미가 잊혀진 충분히 오랜 시기다. 얼마나 오랜 시기인지는 상상으로만 할 수 있지만, 이것은 가끔 가정된 바와 같이 낳은 세대일 필요는 없다(Campbell, 148를 보라).

"모든 것을 무르거나 교환하는 일을"(עַל־הַגְּאוּלָּה וְעַל־הַתְּמוּרָה – 알-하그울라 웨알-하트무라). "…에 관하여, …에 관해서는"이란 의미를 가지고 있는 전치사 알(על; BDB, 1.f[h], p. 754; *HALOT*, 3, p. 826을 보라)은 주로 그러하듯이 여기서 지배를 받는 각 명사와 함께 반복된다. 위의 4절에 있는 나가드(נגד)에 대한 설명을 보라. 비록 게울라(גאלה, "구속〈…의 책임〉")의 의미가 분명하기는 하지만, 테무라(תמורה)의 정확한 의미는 그렇게 쉽게 얻어지지 않는데, 그 이유는 부분적으로 그 용법의 결핍으로 인한 것이다. 이 단어는 룻기 밖에서 다섯 번만 사용된다. 그러한 구절들 가운데 네 번은 "바꾸어진 것", 즉 "대리, 대체"를 의미하는데, 레위기 27:10, 33에서는 짐승의 대치 혹은 바꿈을 가리키고, 욥기 28:17에서는 지혜의 대체물인 순금 주발을 가리킨다. 욥기 15:31에서 이것의 의미는 "대리, 대체"보다는 "보답"에 더 가까운 것으로 보인다. 그러나 욥기 20:18에서 이것은 "교환 행위"를 가리키며 그 문맥에서는 교환을 가리키는 것 같다(참조. Gordis, *JQR* 61[1970]

102의 설명). 그러므로 연루되어 있는 상거래가 한 기업을 무르는 자로부터 그 다음 사람에게로 권리의 이전(혹은 교환)이 있는 이 문맥을 고려하면(아래를 보라), 이 단어는 "교환, 양도"를 의미함이 분명하다. 이러한 결론을 뒷받침하는 것이 곧 히필형으로 되어 있는 동사 무르(מור)가 "교환, 대치"를 의미한다는 사실이다(Anderson-Freedman, *Hosea*, 355-58). 테무라(תמורה)를 "사회적 상거래"를 의미하는 게울라(גאלה)와 대조하여 엄밀하게 "돈의 가치가 궁극적으로 문제가 되어 있는 상업상의 거래"로 규정하려는 세이쏜의 시도(141-42)는 위에 진술된 용법에 의하여 전혀 입증되지 않는다. "교환, 양도"라는 의미가 이 문맥에서는 상당히 잘 어울리는데, 그 이유는 브릭토가 지적하는 바와 같이 여기서 일어나고 있는 상거래만이 더 가까운 근족으로부터 보아스에게로 밭을 무를 권리의 양도이기 때문이다(*HUCA* 44[1973] 18). 브릭토는 계속하여 여기에 나오는 게울라(גאלה)가 "기업을 무를 권리"를 의미하고(바로 앞 절에서처럼), 또한 그런 까닭에 하게울라 웨하트무라(הגאלה והתמורה, "기업을 무를 권리와 교환")가 "기업을 무를 권리의 양도"를 의미하는 이사일의라고 주장한다(또한 참조. Anderson-Freedman, *Hosea*, 357; Sasson, 142는 이에 반대다; Hubbard, 249, 그는 모든 상거래 형태를 의미하는 반복어의 결합으로 이해한다). 필자의 의견에는 그의 논증이 설득력이 있는 것으로 보인다.

"일을 확정하기 위하여"(לְקַיֵּם כָּל־דָּבָר – 레콰옘 콜-따바르). 세이쏜(142)이 말하는 바와 같이, 다바르(דבר) 위에 붙어 있는 자켑카톤(֔)은 맛소라 학자들이 이 문구를 앞의 단어에 부속되는 것으로 이해했음을 보여 준다. 필자의 의견에는 이것이 가장 개연성이 있다(또한 Brichto, *HUCA* 44[1973] 18를 보라). 그런 까닭에 신을 양도하는 상징적 행동은 모든 상거래를 확정하는 것이 아니라(게울라〈גאלה〉와 테무라〈תמורה〉가 동의어 반복의 형태를 이룬다는 자기의 생각을 입증하기 위하여 이런 의견을 주장하는 Sasson, 142는 이에 반대다), 여기서는 단순히 특별한 상거래, 즉 한 사람의 고엘(גאל, "기업을 무르는 자")로부터 다음 고엘에게 기업을 무르는 책임 양도를 확정하는 것이다(참조. Anderson-Freedman, *Hosea*, 357). 이러한 이해는 이 상징적 의미를 이해하는 일에 중요하다. 비록 한 사람이 나오미와 더 가까운 근족 간의 제안된 상거래를 엘리멜렉의 밭의 명백한 구입으로 이해할지라도, 그것은 여기서 확정되는 것이 아니다. 로울리("Marriage of Ruth," 182)가 진술하는 바와 같이,

> 신을 벗는 행위는 어떤 재산의 매매를 상징하지 않았는데, 그 이유는 그 근족이 어떤 것을 사지도 팔지도 않았기 때문이다…여기서 신을 벗는 행위는 재산과 룻에 대하여 근족에게 주어져 있는 의무의 저버림을 상징했다.

"사람이 그 신을 벗어 그 이웃에게 주더니"(שָׁלַף אִישׁ נַעֲלוֹ וְנָתַן לְרֵעֵהוּ – 샬라프 이쉬 나알로 웨나탄 레레에후). 이 곳과 8절에만 샬라프(שׁלף)가 신을 벗는 행위를 가리키기 위하여 사용되었다. 그러나 이것은 가장 빈번하게 칼집에서 칼을 뽑는 행위를 가리키며(참조. 삿 8:20), 여기에도 틀림없이 이 의미가 들어 있다. 다른 곳에서는 동사 나샬(נשׁל; 출 3:5; 수 5:15)과 할라츠(חלץ; 신 25:9, 10; 사 20:2)가 신을 벗는 행위를 가리키기 위하여 사용되었다(이것이 아람어 용법에 근거한 히브리어에서의 의미 차용어라는 증거에 관해서 그리고 룻기의 연대와의 밀접한 관계에 관해서는 룻기의 서론에 있는 연대를 보라). 단수형 나알(נעל)이 주로 두 개의 신을 신었다는 사실을 가리키기 위하여 쌍수로 사용되었으므로(참조. 사 20:2; 왕상 2:5; 특히 수 5:15과 출 3:15을 비교하라), 이것은 여기서도 그러한 경우임에 틀림없다(신 25:9, 10에서처럼; 참조. Joüon, 86의 주석).

이 문장 가운데서 한 사람이 자기 신을 벗는 것은 자기 자신을 벗는 것이지 다른 사람의 신을 벗는 것이 아니라는 사실이 분명한데, 그 이유는 나알로(נעלו)란 단어에 있는 대명사 접미어 "그의"가 동사 샬라프(שׁלף)의 주어 곧 이쉬(אישׁ, "사람")만을 가리킬 수 있기 때문이다. 그러나 이 문장에는 여러 다른 모호성과 문법상의 난점들이 있다. 첫째로, 본문은 단순히 누가 자신의 신을 벗어서 그것들을 다른 편에게 주었는지, 다시 말해서 한 사람이 자기 의무 책임을 양도하는지, 아니면 한 사람이 권리가 양도된 사람에게 주는지가 모호하다. 그런 까닭에 이 상징적 행동은 두 개의 다른 그리고 반대 방향에서 이해될 수 있다. 이것이 아무런 지불을 하지 않는 상태에서 밭의 구속권과 룻과의 결혼 권리의 양도이기 때문에 거기에는 사실상의 물질 양도가 아닌, 곧 보상품이 없는 양도다. 그러므로 신의 양도는 권리 자체의 양도의 상징, 즉 이것이 다른 점에서 볼 때는 희미하고 확실하지 않은 것을 확고하게 만드는 것이라고 주장될 수 있다(Brichto, *HUCA* 44[1973] 18이 그렇게 주장함). 이 경우 권리를 양도하는 사람은 자기 신을 벗어서 그것을 다른 편에게 준다. 다른 한편, 실질적인 물질의 양도는 없을지라도 권리의 양도가 있고, 또한 그러한 양도가 보상품을 요구하고 있다고 주장될 수 있다. 양도를 합법화하기 위하여 상징적 지불이 있어야 하고, 그런 까닭에 신을 양도하는 것이다. 이 경우, 권리를 받는 사람이 자기 신을 벗어서 그것을 다른 편에게 주는 것이다. 8절은 이 문제와 관련하여 모두 모호한데, 그 이유는 본문이 "그 다음에 그(더 가까운 근족)가 보아스에게 말했다. '너 자신이 권리를 얻으라', 그리고 그는 자기 신을 벗었다"로 되어 있기 때문이다. 더 가까운 근족과 보아스가 첫 문장 가운데 명확하게 언급되어 있으므로, 마지막 문장에 있는 동사 샬라프(שָׁלַף, "그가 벗었다")의 주어가 누구인지 명확하지 않다. 사실상, 캠벨(148)이 다소 장황하게 주장한 바와 같이 7절에 있는 관용어 이쉬…레레에후(אִישׁ…לְרֵעֵהוּ, "한 사람이…자기의 상대에게")는 자주 양편이 서로에게 어떤 일을 하는 것을 표현하는 상호 교환의 의미를 가지고 있다(참조. 삼상 20:41). 7절의 문장 구조상 여기서도 그러한 의미를 담고 있을 수 있다: "각기 자기 신을 벗어서 그것들을 서로에게 주었다." 그러나 세이쏜(142)은 8절이 한 사람만이 자기 신을 벗어서 다른 사람에게 양도했다는 사실을 명확하게 보여 주고 있다고 주장했는데, 이것은 확실히 옳다(Campbell, 150; Anderson-Freedman, *Hosea*, 357는 이에 반대다).

그러한 모호성에 비추어, 학자들은 성경 밖의 문서에 있는 그러한 상징적 행동의 가능한 실례로 눈을 돌이켰는데 이는 놀랄 일이 아니다. 스파이서(Speiser, *BASOR* 77[1940] 151-56)는 신과 의복이 "정상적인 상거래 행위가 일어났음을 그것들을 줌으로써 특별한 상거래들을 승인하는 상징적 지불"(154)이었다는 사실을 암시하는 누지 본문들 가운데 있는 어떤 상거래들을 기록하고 있다. 만일 누지 본문에 대한 스파이서의 해석이 옳다면, 그러한 행습은 보아스가 더 가까운 근족이 자기에게 넘겨 준 고엘(גֹּאֵל, "기업 무르는 자")로서의 행동 권리에 대한 상징적 지불로서 더 가까운 근족에게 자기의 신을 양도했다는 사실을 암시했을 것이다. 그러나 누지 본문의 해석은 지극히 난해하며, 이러한 양도된 품목들은 상징적 행동이 아닌 실질적인 지불이나 선물이나 담보물일 수도 있다(참조. Thompson and Thompson, *VT* 18[1968] 90-92의 논평). 룻기 구절에 대한 우리의 해석을 그러한 불확실한 해석을 한 자료에 근거를 두도록 하는 것은 아주 위태로운 것이다. 이와 유사하게, 누지 본문에 대해 그와 같이 기술하고 있는 라흐만(Lachemann, *JBL* 56[1937] 53-54)은 재산의 양도를 유효한 것으로 만들기 위하여 한 사람이 "자기 재산으로부터 자기 발을 들어올렸을 것이며" 또한 "다른 사람의 발을 그것 가운데 놓았던"(53) 여러 형태의 상거래에서 부동산의 양도를 포함하는 하나의 행습을 참조하여 말한다. 그러나 발을 들어올렸다가 놓는 이러한 상징적 행동은 룻기에 있는 행동과는 명백하게 다르며, 그것은 부동산의 소유권의 양도, 분명히 룻기 구절에는 연루되지 않은 상거래임을 상징한다. 그런 까닭에 그러한 상징적 행위는 7-8절의 해석에 빛을 던져 주지 않는다.

따라서 누가 자기 신을 벗어서 그것을 다른 사람에게 주었는지 그리고 그 행동이 권리의 구체적 양도였는지 아니면 상징적 지불을 통하여 합법화되었는지는 모호한 채로 남아 있음에 틀림없다. 그러나 8절에 대한 가장 자연스러운 해석은 첫 번째 동사의 주어 와요메르 학고엘(ויאמר הגאל, "그 기업 무르는 자가 말했다")이 그 다음에 이어지는 동사 와이숄로프(וישלף, "그리고 그가 벗었다")의 주어이기도 하며, 그러므로 자기의 신을 벗어서 그것들을 보아스에게 준 사람은 기업을 무르는 자였다고 이해하는 것이다(참조. Hubbard, 250). 그렇다면 그 행동은 하나의 고엘(גאל, "기업을 무르는 자")이 그 다음 사람에게 구체적인 권리의 양도를 상징하면서 동시에 양도의 행동을 하고 있는 것이다. 그 같은 사실이 평행절을 통하여 강력하게 암시되어 있다. "양식/구조/배경"을 보라. 이러한 이해를 지지하는 점은 그것이 그때 수혼법과 관련되어 있는 신명기 25:9에 있는 유사한 행동에 대한 일관성 있는 해석을 허용한다는 것이다. 자기의 죽은 형제로부터 재산을 상속받을 위치에서 있는 시형제가 자기의 의무를 이행하기를 거절하고 과부와 결혼함으로써 그녀를 보호하고 자기의 죽은 형제의 재산을 상속할 자손을 낳기를 거절했으므로, 그 과부는 자기 자신의 인격에 대한 권리를 취하고 그의 신을 벗김으로써 자유(그리고 아마도 그가 그때 박탈했을 그녀의 남편의 재산에 대한 권리까지지도; 참조. Thompson and Thompson, *VT* 18[1968] 92-93; Sasson, 145-46; Davies, *VT* 31[1981] 262-63는 이에 반대다)를 취하는 것을 상징화하고 있다. 그러나 다행스럽게도 행동의 정확한 성격과 그 의미에 대한 이러한 불확실성은 결코 그 이후의 설화에 대한 해석에 결정적인 것이 되지 못한다.

두 번째 난점은 문법적인 것이다. 과거에 있었던 관례적 행동을 기록하고 있는 구절 가운데서 완료 시제 샬라프(שָׁלַף, "그가 벗었다")의 사용은 대부분의 해석자들에 의하여 놀랍고도 결정하기 어려운 것으로 생각된다. 보다 일반적으로 미완료형 이숄로프(ישלף)와 같이, 습관적인 혹은 반복을 나타내는 "그가 벗을 것이다, 그가 벗곤 했다"를 표현하는 동사 형태를 예상했을 것이다. 더 나아가서 이 동사 다음에 "그리고 주었다"가 뒤따라오는데, 이것은 시간적으로 그 결과로서 일어나는 행동이며 완료+와우, 즉 웨나탄(ונתן)으로 표현되는 그러한 순서에는 지극히 문제성이 있는 것이다. 정상적인 그리고 규칙적인 형태는 미완료+와우 연속법인 웨이텐(ויתן)일 것이다. (룻기의 날짜에 대한 이러한 이례적인 용법의 암시에 관해서는 룻기 서론 중 연대 부분을 보라). 이러한 난점을 해결하기 위하여 수많은 제안들이 있어 왔는데, 그것들 가운데 어느 것도 전혀 만족할 만한 것이 없다. 루돌프(60)는 부정사 절대형 샬로프(שָׁלֹף; 그리고 וְנָתֹן? – 웨나톤)로 읽도록 제안하고 있지만, 부정사 절대형의 그러한 용법은 그것이 정형 동사의 대체물로서 기능을 하는 다른 곳에서 사용된 용법과는 전혀 어울리지 않으며(참조. GKC §§ 113y-ff) 그런 까닭에 지극히 의심스럽다. LXX에 근거하여 이슐로프(יִשְׁלֹף)로 읽으라는 유온의 주장(85-86)은 관련된 이유의 방향이 가장 타당치 않은 것으로 만든다. 대부분의 학자들이 유보를 하고 있음에도 불구하고, 완료형이 습관적인 혹은 반복을 요구하는 하나의 구절 가운데서는 유례가 없는 것이 아니지만, 그럼에도 불구하고 이것이 가장 자주 와우(ו) 접두사를 가지고 있다(참조. GKC § 112dd; Brockelmann, *Syntax* § 41a). 그러므로 사무엘상 9:9에 있는 한 구절이 룻기 4:7과 매우 유사한데, 그 이유는 그것이 또한 전혀 모호하지 않은 완료형이 사용되는 용법을 인용하고 있기 때문이다: "옛적 이스라엘에 사람이 하나님께 가서 물으려 하면 말하기를." 이러한 실례들과 또한 히브리어에서 시제의 사용에 대한 우리의 지식의 미완성 상태로 인하여, 우리는 본문을 현재 그대로 놓아 두는 것이 가장 좋을 듯하다.

"이것이 이스라엘의 증명하는 전례가 된지라"(וְזֹאת הַתְּעוּדָה בְּיִשְׂרָאֵל – 웨조트 하테우다 베이스라엘). 또다시 해석하는 일이 용법의 불충분으로 말미암아 막힌다. 이 구절 밖에서 테우다(תעודה)는 이사야 8:16, 20에만 나타나는데, 이 구절들은 그 단어의 의미가 역시 매우 불분명한 두 개의 난해한 상황들이다. 이 단어는 주로 우드(עוד)란 어근으로부터 나온 것으로 이해되는데, 이것은 두 가지 의미로 히필형으로 가장 자주 사용된다. (1) "경고하다, 권고하다, 엄중하게 분부하다", (2) "증인을 가지다, 증인으로 부르다." 이 단어가 토라(תורה, "가르침")와 함께 평행이 되어 사용되는 이사야 8:16, 20에서 "증명, 증언"이란 의미가 주변의 본문에 들어 있는 이사야의 권고와 심판의 신탁을 입증하는 이사야의 엄중한 선언을 가리키면서 어느 정도 좋은 의미로 되어 있다. 그러나 하나의 사실을 지지하는 하나의 엄숙한 선언, 즉 "증언" 혹은 "증명"이란 의미는 룻기 4:7에서 그런 대로 괜찮은 의미를 전혀 만들어 내지 않는다. 반복되는 단어 웨조트(וזאת, "그리고 이것")가 보여 주는 바와 같이, 이 단어는 신을 벗는 상징적 행동을 가리키거나 혹은 지칭했음에 틀림없다(Campbell, 149는 이에 반대다. 앞에 언급된 "기업을 무르는" 혹은 "교환하는" 상거래가 아님). 이 상징적 행위가 권리의 구체적인 혹은 합법적인 양도를 두드러지게 그리고 명백하게 만드는 수단이었으므로(위의 논의를 보라), 테우다(תעודה)는 여기서 레콰옘(לקים, "이루다, 확증하다")과 같은 범위의 의미로 움직인다는 사실이 옳으며 "비준, 확인"과 같은 의미가 문맥에서 뜻이 통한다. 그러나 터커(Tucker, *CBQ* 28[1966] 44, Sasson, 146-67가 그를 따르고 있음)는 "입증, 증거"란 의미를 받아들이면서 두 가지 고대의 관습이 언급되고 있다고 주장한다. 즉 (1) "확증하는" 그리고 (2) "입증하는." 첫 번째 것은 신을 취급하는 의식적 행위이지만, 두 번째 것은 상거래가…실제로 일어났다는 사실을 확인하거나 증명하는 수단을 가리키고, 또한 "그러므로…구두 계약을 공식적인 것으로 증거하는 것을 가리킨다"(9-11a절)는 것이다. 그러나 (이러한 언급과 관련하여 웨조트⟨וזאת⟩의 위치에 관한 세이쏜의 주장들, 147에도 불구하고) 이것은 거의 불가능한데, 그 이유는 두 번째 웨조트(וזאת)가 성문에 있는 장로들과 백성들이 증거하는 공식적인 행위를 가리키기 때문이며, 두 번째 웨조트(וזאת)가 보아스가 9-10절에서 소집하는 장로들의 입증하는 역할을 가리킬 수 있을 가능성을 불가능하게 만들면서 설화자가 자신의 여담, 즉 7절의 부가적 설명에서 언급하고 있는 모든 절차가 8절의 설화적 진술을 통하여 끝나기 때문이다(참조. Hubbard, 252). 그런 까닭에 이 문맥은 테우다(תעודה)에 대하여 "비준, 확인"과 같은 의미를 요구한다.

8 "네가 너를 위하여 (권리를) 사라"(קְנֵה־לָךְ – 퀘네-라크). 여기서 기업 무르는 자는 자기의 권리를 보아스에게 양도한 6절에서 한 자신의 진술을 간결하게 요약하고 있다(위의 "주석"을 보라). 오직 여기서만 그는 고엘(גאל)이 아닌 콰나(קנה)를 사용한다. 이것은 그러한 거래에서는 고정된 공식 문구일 수도 있다(렘 32:8에서 하나멜의 말의 시작 부분과 끝 부분에서 이 문구의 반복적인 사용을 유의하라; 참조. Boecker, *Redeformen des Rechtslebens*, 168). "그 어떤 구입도 일어나지 않았으므로, 이것은 이 구절에 있는 동사 콰나(קנה)가 '…에 대한 권리를 얻다'란 의미를 가지고 있다는 가장 분명한 증거다." 그런 까닭에 유온(87)은 이에 반대다. LXX을 따를 필요가 없으며("원문주해"를 보라) 목적어 에트-게울라티(את־גאלתי)를 제공할 필요도 없다. 이것이 6절에서 사용된 동사와 다르므로, 우리는 이것이 의심할 여지없이 6절의 기업 무르는 자의 말을 요약하는 설화자의 단순한 진술이라기보다는, 자기의 신을 벗는 상징적 행위와 함께 말한 기업 무르는 자의 또 다른 진술이었다고 이해해야 한다. 자기 신을 벗은 자가 누구인가에 대한 문제에 관해서는 앞 구절의 "주석"을 보라.

9 "산 일에 너희가 오늘날 증인이 되었고"(עֵדִים אַתֶּם הַיּוֹם כִּי קָנִיתִי – 에딤 아템 하욤 키 콰니티). 이제 보아스는 성문에서 장로 회의를 소집한 목적을 진술하고 있다. 뵈커(*Redeformen des Rechtslebens*, 160)의 말로 표현하자면,

> 성문에서 모인 히브리 율법 법정의 기능은 여러 종류의 문제들을 해결하고 결론짓는 데 국한되지 않았다. 상속, 가정 그리고 동산에 대한 권리를 포함하고 있는 앞 부분에서 법적 거래의 적절한 해결에 공식적 비준이 필요했다. 지방 주민들의 공식적 대표로서 율법 회의는 공증의 기능을 준수해야 했다.

뵈커가 계속해서 진술하는 바와 같이, 더 가까운 근족이 밭을 무르고 과부와 결혼하는 자신의 권리를 양도하기로 동의했을 때에 한해서 율법 법정은 행동하도록 요청 받는다. 이 문제가 당사자간에 서로 만족감을 갖게 되었으므로, 하나의 공증 기능은 법정으로 떨어진다: 그것은 단순히 그 동의를 비준해야 한다(*Redeformen des Rechtslebens*, 161). 보아스가 "너희가 오늘날 증인이 되었느니라"는 소환과 함께 그 율법 법정을 부르는 것이 바로 이러한 기능이었다. 터커는 이것이 엄밀하게 구두 거래라는 사실을 지적했다(*CBQ* 28[1966] 42-44). 율법 회의는 기록된 문서를 통하여 그 증명 기능을 행사하지 않지만, 그 거래는 기록되지 않았을지라도 그 이상으로 유효한 것으로 공식화된다. 증인이 되라는 보아스의 율법 회의에 대한 공적인 공개적 요청과 그들의 공개적 확언 그리고 그 역할의 선언(11절)은 후대에 상거래와 증인들의 이름을 기록으로 남기고 도장을 찍는 기록 문서화 시대에 그러했던 것과 똑같이 거래의 시행과 유효를 증명하고 입증해 준다(참조. 렘 32:10). (어떤 법적 사실과 상거래의 합법성과 시행에 대해 입증하기 위해서 증인들을 요청하는 같은 사례에 관해서는 수 24:22; 삼상 12:3-5을 참조하라). 터커는 또한 하욤(היום, "오늘날")을 두 번 반복한 것은 아카드어 율법 문서의 "날짜" 상투어들과 비교해 볼 때 "그러한 행동이 구체적인 순간에 일어났다는 사실과 – 그와 반대로의 계약 없이 – 영원히 유효했고…이스라엘의 율법 사건들에 들어 있는 그 문구는 하나의 거래의 완성과 영속적 유효성을 암시했다는 사실"을 상징하는 것으로 보일 수 있다고 주장한다(*CBQ* 28[1966] 44-45). (행동의 선언과 시행 간의 일치성을 지칭하기 위하여 콰니타이〈קָנִיתִי〉에서 완료 시제의 사용, 즉 수행문에 관해서는 위의 3절에 있는 마크라〈מכרה〉에 대한 논의를 보라).

"기룐과 말론에게 있던 모든 것을"(וְאֵת כָּל־אֲשֶׁר לְכִלְיוֹן וּמַחְלוֹן – 웨에트 콜-아쉐르 레킬욘 우마흘욘). 엘리멜렉의 아들들의 순서가 1:2, 5에 진술되어 있는 순서와 반대로 제공되어 있기는 하지만, 이러한 사실로부터 이끌어 낼 만한 의미는 거의 없다. 이것은 법적 목적에 필요한 알파벳 순서를 나타낸다는 루돌프의 주장은 가장 개연성이 없으며, 반면에 순서의 변화가 교차적 생각에서 나온 결과라는 캠벨의 주장은 두 문맥을 분리하는 수많은 자료를 고려할 때 가장 난해한 것으로 보인다. 가장 개연성 있는 주장은 보다 중요한 사람이 룻기 1:4, 14에서처럼 두 번째로 열거된다는 세이쏜의 입장일 수도 있다.

10 "또 말론의 아내 모압 여인 룻"(וְגַם אֶת־רוּת הַמֹּאֲבִיָּה אֵשֶׁת מַחְלוֹן – 웨감 에트-룻 함모아비야 에쉐트 막흘욘). 여기서 앞 문장의 순서에 상반되게 동사 콰니타이(קניתי) 앞에 있는 목적어는 강조가 되는 위치다(Campbell, 151는 이에 반대다. 웨감⟨וגם⟩에 본래 강조적 의미가 있기보다는; 참조. Sasson, 150). 룻의 정체가 "말론의 아내"(אֵשֶׁת מַחְלוֹן – 에세트 마흘욘)로 묘사된 의미에 관해서는 위의 5절 "주석"을 보라).

이 곳과 5절 두 곳 모두에서 룻이 "모압 여인 룻"이라는 생략되지 않은 정식 이름으로 밝혀져 있는데, 이것은 법적 회의라는 공적인 배경에서 볼 때는 적절하다. 법적 회의에서는 정식 이름이 필수다. 이러한 신분은 보아스의 진술이 법적 구속력을 가지도록 의도되어 있고, 그래서 자기의 의무가 가능한 한 자세한 형태로 설명되어 있는 이 곳 10절에서는 특별히 중요하다("해설"을 보라). 룻의 생략되지 않은 정식 이름으로서의 "모압 여인 룻"에 관해서는 2:21 "주석"을 보라.

"그 죽은 자의 기업을 위하여 자손들을 일으키도록 하기 위하여"(לְהָקִים שֵׁם־הַמֵּת עַל־נַחֲלָתוֹ – 레하큄 쉠-함메트 알-나할라토). 이 문구의 의미에 관해서는 위의 5절 "주석"을 보라.

"그 이름이 그 형제 중과 그 곳 성문에서 끊어지지 않게 함에"(וְלֹא־יִכָּרֵת שֵׁם־הַמֵּת מֵעִם אֶחָיו וּמִשַּׁעַר מְקוֹמוֹ – 웰로-이카레트 쉠-함메트 메임 에하이우 우미샤아르 메코모). 이 문장의 구조는 보아스의 행동을 정당화하기 위하여 구술이나 기록된 법의 주요 부분으로부터 인용된(Sasson, 134-35) 것으로 사용된 부정적인 마지막 문장이 아니다(GKC §§ 109g, 165a). 그보다 이것은 단순히 "전치사를 가지고 있는 부정사의 문장들이 등위 부정사에 의해서가 아니라…정형 동사라는 수단을 통하여 설화의 더 자세한 과정 가운데서 계속되는" 그러한 규칙적 방법의 한 실례일 뿐이다(GKC § 114r). 그런 까닭에, 이것은 두 번째 목적 혹은 결과를 표현하고 있다(참조. Hubbard, 253 n. 7). 캠벨(151)이 말하는 바와 같이, "거주의 장소, 도시, 성읍"을 의미하는 마콤(מקום, 직역하면 "장소")의 사용은 구약성경에서 비정상적이다(왕하 18:25을 보라; 참조. BDB, 3.a, p. 880). 신명기 21:19과 비교하고, 3:11에 있는 표현을 유념하라(그 곳의 "주석"을 보라).

"너희가 오늘날 증인이 되었느니라"(עֵדִים אַתֶּם הַיּוֹם – 에딤 아템 하욤). 거래 중재와 목적 진술이 너무나 장황하고 세부적으로 진술되었으므로, 보아스는 율법 법정으로 하여금 더 가까운 근족을 통하여 자기에게 양도된 땅을 무르고, 룻과 결혼할 권리를 시행하는 데 증인이 되며, 또한 자기가 그것을 떠맡았다는 사실의 합법성을 증거하라는 요청을 반복하고 있다. 그러한 반복은 엄숙하고 강조적인 것이기도 하다.

11 "성문에 있는 모든 백성과 장로들이 가로되 우리가 증인이 되노니"(עֵדִים וַיֹּאמְרוּ כָּל־הָעָם אֲשֶׁר־בַּשַּׁעַר וְהַזְּקֵנִים – 와요므루 콜-하암 아쉐르-빠샤아르 웨하제케님 에딤). 보아스의 요청에 반응하는 자들의 정체가 보아스가 4:9에서 그들에게 말했을 때 제공된 것과 반대 순서로 진술되어 있다. 이러한 사실을 고려하면, LXX이 "성문에 있었던 모든 백성"을 "우리가 증거하느니라"고 확증하는 말의 주어로 하는 원래 독법을 보존하고 있고, 또한 "그 장로들"을 두 번째 "말하여"의 주어로 하면서 그 다음에 뒤따라오는 축복을 그것의 목적어로 보존하고 있는 것은 가장 사실 같지 않아 보인다(Joüon, JB, NJB는 이에 반대다; 참조. Campbell, Gerleman, Rudolph). 4:4과 4:9 모두에서 율법 회의는 협조하여 행동하는 두 그룹으로 형성되어 있다(4절에 있는 하요슈빔⟨הישבים⟩에 대한 "주석"을 보라; Campbell, 152). 여기서도 역시 가장 개연성이 있다. 이 에피소드에 있는 대화의 두 절반을 이끌고 있는 평행적인 서술적 진술들을 비교하라("양식/구조/배경"을 보라). 유온(89)은 시적 스타일로 되어 있는 라헬과 레아, 베레스와 세라에 대한 독창적인 비유와 함께 축복이 백성에 의해서 발설되었다면 그것은 난해한 것이라고 주장하지만, 설화 스타일에서는 전체의 대표자인 그들 중 한 사람이 그러한 축복을 발설했고, 그 나머지 사람들은 즐겁고 기쁘게 동의한 것으로 이해하면서 그 축복을 "성문에 있는 모든 백성"에게로 돌리는 것이 매우 적절할 것이다. "간결"(Sasson, 151)하기보다는 확증인 에딤(עדים, "증인들")은 율법 회의가 더 가까운 근족이 보아스에게 한 권리 양도의 시행과 합법성을 증명하는 규범적인 반응을 이루고 있다(앞의 "주석"을 보라). 이것은 히브리인의 율법 스타일일 뿐만 아니라(Campbell, 152) 확정하는 반응이 하나의 질문이나 진술에 대해 주어지는 통상적인 방식이기도 하다(참조. GKC § 150 n.). 성경 히브리어는 라틴어와 같이 "예"(yes)와 동일한 단어를 가지고 있지 않으므로, 하나의 긍정적인 반응을 이루기 위해서는 비평적 단어나 혹은 질문의 문구를 반복해야 한다.

"여호와께서 네 집에 들어가는 여인으로…라헬, 레아 두 사람과 같게 하시고"(יִתֵּן יְהוָה אֶת־הָאִשָּׁה הַבָּאָה אֶל־בֵּיתֶךָ כְּרָחֵל וּכְלֵאָה – 이텐 아도나이 에트-하이샤 하빠아 엘-뻬테카 케라헬 우클레아). "우리가 증인들이다"라는 공증과 함께 율법 회의는 보아스가 요청한 사실에 대해 증명하는 일을 공식적으로 결론지었지만, 이야기 가운데서 그 역할은 결론지어지지 않았다. 그것을 증명하는 기능을 시행하고 나서, 이것은 보아스에 대한 삼중적인 축복을 가지고 그 역할을 마무리짓고 있는데, 그 주제는 "죽은 자를 위해서 자손을 낳아 주기 위한" 이 결혼의 목적이 충만하고도 풍성하게 이루어지기를 바라는 기도다. 이 축복은 신부의 다산을 기원하는 하나의 기도로 시작된다. 그녀는 하이샤 하빠아 엘 뻬에테카(האשה הבאה אל־ביתך, "네 집에 들어가는 여인")로 지칭된다. 이샤(אִשָּׁה)가 "여인"이나 "아내"를 의미하므로, 우리는 이와 같은 구절 가운데서 어떤 의미가 의도되어 있고 "들려지는"지를 결정해야 한다. 필자의 의견에는 "여인"이란 의미가 좀더 가능성이 있는데(Hubbard, 258는 이에 반대다; 12절에 있는 "소녀 여자"⟨הנערה – 한나아라⟩를 유의하라), 왜냐하면 보아스가 아직 룻과 결혼을 하지 않았고, 하이샤 하빠아 엘 뻬에테카(האשה הבאה אל־ביתך, "네 집에 들어가는")란 어투가 신부가 "그 남자의 집에 들어간 다음" 결혼 예식 가운데서 신랑의 가정으로 공식적인 행렬을 하는 것(the traditio puellae; 참조. Mace, *Hebrew Marriage*, 173-74, 180-81; de Vaux, *Ancient Israel*, 33-34)을 반영하고 있기 때문이다(참조. 창 24:67; 신 20:7). 이 문맥 가운데서 불변화사 바아(באה)는 보다 가까운 미래를 표현하고 있다(참조. GKC § 116d; *GBH* § 121i). 놀랍게도 "라헬과 레아"라는 순서는 많은 해석을 야기시켜 왔다(Campbell, 152; Rudolph, 69). 세이쏜(154)은 이 두 번째 위치가 중요하며(9절의 "기룐과 말론"에 대한 "주석"을 보라), 따라서 레아가 유다의 어머니요 축복의 세 번째 구성원(12절)이 그녀의 자손과 관계하고 있으므로 레아에게 일치한다고 추측한 점에서 옳을 수 있다.

"이스라엘 집을 세운…두 사람"(אֲשֶׁר בָּנוּ שְׁתֵּיהֶם אֶת־בֵּית יִשְׂרָאֵל – 아쉐르 빠누 쉐테헴 에트-뻬트 이스라엘). 야곱의 열두 아들들이 레아와 라헬 그리고 그들이 야곱에게 대리모로 준 그들의 시녀 실바와 빌하에게서 태어났으므로, 그들 두 사람이 "이스라엘 집을 세웠다"고 말하는 것은 과장이 아니다(이 관용어에 대해서는 신 25:9; 참조. 창 16:2; 30:3을 보라). "둘"이란 숫자의 여성형에 "그들"이라는 남성형 어미를 붙인 것은 동음이의어 쌍수형 어미의 또 다른 실례임을 반영한다(1:8에 있는 임마켐⟨עמכם⟩에 관한 "주석"을 보라). 그렇다면 첫 번째 축복은 룻이 이스라엘에게 잘 알려진 어머니들인 라헬과 레아의 다산과 같은 생식력을 갖기를 바라는 것이다.

"너로 에브랏에서 유력하고 베들레헴에서 유명케 하시기를 원하며"(בְּבֵית לָחֶם

וַעֲשֵׂה־חַיִל בְּאֶפְרָתָה וּקְרָא־שֵׁם – 와아세-하일 뻬에프라타 우크라-쉠 뻬베트 라헴). 삼중적인 축복의 이 두 번째 부분은 시적인 2행 시구인데, 그 두 개의 단어들의 음절과 강세가 충분하고도 완전하게 조화를 이루고 있어서 히브리어로 인상적인 반복의 아름다움을 가지고 있다. 그러나 불행하게도 그 의미는 그 흐름이 매력적인 만큼 문제도 많으며, 또한 그 의미에 대해 아직도 학계의 일치가 나타나지 않고 있다. 첫 번째 문구 아세 하일(עשה־חיל)은 광범위한 의미를 가지고 있으며, 반면에 두 번째 문구 콰라-쉠(קרא־שם, "이름을 주다")의 통상적인 의미가 문맥에 들어맞지 않는 것처럼 보인다. 아세 하일(עשה־חיל)의 가능한 의미의 범위는 광범위하게 차이가 나는 번역들 가운데 드러나 있다. 하일(חיל)이 "능력, 힘"을 의미할 수 있으므로 아세 하일(עשה־חיל)은 "용감하게 행사하다, 능력, 힘을 행사하다, 큰 일을 하다"를 의미할 수 있는데(예를 들어, 민 24:18; 삼상 14:48; 시 60:12), 이 의미가 자주 채택되어 왔다(예를 들어, JB, NEB, Gerleman, Hertzberg, Rudolph). 하일(חיל)이 "부, 소유"를 의미할 수도 있으므로 아세 하일(עשה־חיל)이 "부를 이루다, 부를 얻다"를 의미할 수 있는데(예를 들어, 신 8:17, 18), 이것이 룻기의 구절에서 자주 채택된 번역이다(예를 들어, NASB, NJPS, RSV, Joüon, Moffatt, Smith-Goodspeed).

라부샤뉴(Labuschagne, *ZAW* 79[1967] 364-67)는 삼중적 축복 중 중간 부분의 의미의 범위가 첫 번째와 세 번째의 의미와 일치함에 틀림없다고 주장하면서 이 문구에 대한 새로운 해석을 제안했다. 이것들 둘 다 풍요와 자손과 관련되어 있으므로, 두 번째 것도 그러함에 틀림없다는 것이다. 그는 다음과 같이 주장한다. "보아스의 행복을 비는 사람들이 그의 신부가 자손을 낳고 또한 그 다음에는 그에게로 향하여 개인적으로 그가 부유하기를 원하고 혹은 용감하고 유명하게 되기를 바란다는 희망을 표현했고(마치 그가 결혼을 열매가 가득하게 만듦에 있어서 아무런 역할을 하지 못한 것처럼), 또한 계속하여 그의 자손이 유다와 다말의 자손처럼 되기를 바라는 희망을 표현하고 있다고 상상할 만한 이유가 없다"(365; 또한 참조. Parker, *JBL* 95[1976] 23-24). 이러한 사실에 비추어 라부샤뉴는 구약성경에 있는 확실한 구절들인 욥기 21:7-8; 요엘 2:22; 잠언 31:3에 있는 확실한 구절들에 호소하는데, 거기서 라부샤뉴는 하일(חיל)이 "다산의 능력", "자손을 낳는 능력"이라는 의미를 가지고 있다고 생각한다. 그런 까닭에 그는 룻기 4:11에 있는 아세 하일(עשה־חיל)이 "다산의 능력이 생기다"를 의미한다고 주장한다. "보아스 개인을 향하여 가진 장로들의 바람은 그가 하나의 아들을 낳기에 충분히 힘차고도 강하게 되는 것이었다"

(*ZAW* 79[1967] 366). 이 문구에 대한 이러한 이해는 캠벨(153-54)과 세이쏜(155)에 의해 받아들여졌다. 그러나 라부샤뉴의 해석에는 심각한 문제점들이 있다(또한 참조. Witzenrath, 56 n. 29). 그가 인용하고 있는 이러한 구절들 가운데 그 어느 것도 명확하게 하일(חיל)이 "다산의 능력이 생기다"를 의미하지 않는다. 그가 인용하고 있는 가장 명확한 구절인 잠언 31:3에서 하일(חיל)은 "자손을 낳는 능력"이 아니라 "성적 능력, 힘"을 의미한다. 요엘 2:22; 욥기 21:7에서 암시된 의미는 가장 있을 성싶지 않다. 더 나아가서 고대 세계에서 남성력이나 불임에 대한 개념을 알았다는 것은 있을 성싶지 않다. 아기를 가지는 능력이나 불능은 일률적으로 여인과 관련되어 있었다(참조. Mace, *Hebrew Marriage*, 203-4). 그런 까닭에 아세 하일(עשׂה־חיל)이 "다산의 능력이 생기다"라는 의미를 가질 수 있는 다른 구절들로부터 나온 증거는 기껏해야 빈약하다.

그러나 더 나아가서 라부샤뉴가 자신의 연구를 시작하는 전제, 즉 축복의 첫 번째와 세 번째 것이 풍요와 자손을 취급하고 있다는 전제 자체가 지극히 의심스럽다. 첫 번째 것이 신부의 생식력을 축복하고 있다는 것은 의미할 여지가 없으나, 라부샤뉴는 세 번째 것을 잘못 진술하고 있으며, 그것 역시 비교적인 면에서 자손의 숫자를 취급하고 있다는 논의 없이 공언하고 있다. 그렇지만 12절은 "그의[보아스의] 자손이 유다와 다말의 자손과 같이 되는 희망을 표현하고" 있지 않다(*ZAW* 79 [1967] 365). 구체적으로 말해서 그것은 보아스의 집, 즉 그의 가문이 베레스의 집(가문)과 같이 되기를 바라고 있다. 능력이나 비교적인 관점에서는 이 구절 가운데서 그 어떤 내용도(첫 번째 축복에 명확하게 진술되어 있는 바와 같이) 말해진 것이 없다. 이 구절은 이러한 유사성이 표현되는 수단－주께서 이 젊은 여인을 통하여 너에게 주실 자손을 통하여－을 표현하고 있지만, 동시에 이 문장은 비교되는 각 가문의 구체적 성격에 대해서도 문을 열어 놓고 있다. 만일 제라(זרע, "씨, 자손")가 라브(רב, "많은")와 같은 형용사에 의하여 수식되었다면 자손의 번성만을 의미했을 수 있다. 그러므로 비교의 요점은 베레스의 가문이 가장 잘 알려진 그것임에 틀림없다. 구약성경에는 베레스의 가문이 특별히 자손이 크고 많았다는 사실을 암시하는 점은 전혀 없고, 다만 창세기 38:27-30에 있는 베레스의 출생 기사와 오경에 있는 그에 관한 다른 언급들(창 46:12; 민 26:20-21)로부터 그 베레스 사람들이 유다 지파에게는 가장 중요한 족속이었다는 그럴듯한 경우만을 언급할 수 있을 뿐이다. 이것은 틀림없이 이 가문에서 훗날 다윗에 태어났다는 사실을 말하고자 한 것이다. 이것이 최소한 현 상태로 되어 있는 본서의 입장이라는 것은 (4:18-

22에 있는 족보가 원본이 아닐 수도 있으므로), 4:18-22의 다윗의 족보가 유다로부터가 아닌 베레스로부터 시작되고 있다는 사실에서 분명하게 나타난다. 물론 이 이야기 자체의 시대에는 이것이 베레스 가문이 중요성을 가지고 있는 이유가 아닐 수도 있는데, 그 이유는 다윗의 출생이 아직도 3세대 이후이기 때문이다. 그러나 이 이야기는 분명히 먼 훗날 다윗 시대 이후에야 말해지고(참조. 4:17d), 그래서 비록 이야기 작가에 대해서 전혀 관심이 없기는 하지만 그러한 역사적 시대가 차이가 난다. 그러므로 필자의 의견에는, 우리가 이 축복의 세 번째 부분을 "당신의 가문이(유다의 가장 중요한 지파) 베레스의 가문과 같이 되기를"을 의미하는 것으로 이해해야 한다(또한 참조. Hubbard, 261; Sasson, 155-56). 그렇다면 이러한 사실에 비추어 볼 때, 그의 신부를 위한 생식력을 바람으로 말미암아 보아스의 성공을 바라는 데서부터(11b절), 신랑의 유력, 무용, 힘 혹은 번영을 바람으로 돌아서서(11c절), 다시 그의 가문이 영예와 중요한 지위를 가지기를 바라는 축복으로 진행해 나가는(12절) 완벽한 일관성이 있다. 이것이 그러한 과정을 따르고 있다는 사실은 파커가 진술한 바와 같이(*JBL* 95[1976] 23-30) 룻기 4:11b-12에서 "결혼-축복" 간의 평행을 통하여 강하게 암시되어 되어 있으며, 그것은 우가릿 만신전의 우두머리인 엘(El)이 크르트(Krt) 왕이 우둠(Udm) 왕의 딸 흐리(Ḥry)와 결혼할 때 선언했던 축복이기도 하다(*Krt* B[=*CTA* 15/*KTU* 15]/*UT* 128] ii. 11-iii. 16; Ginsberg, *ANET*[3], 146를 보라; 또한 참조. Gibson, Canaanite Myth, 91-92). 파커는 이 본문이 또한 크르트가 취하고 있는 이 신부의 생산력을 기원함으로 시작하여(ii.19-28) 크르트 자신의 위대성을 두 번 반복하는 기원에 가서 절정에 이른다는 사실을 밝혀주고 있다(iii. 2-4, 13-15). 이 두 본문을 비교하면서 파커는 다음과 같이 말한다(*JBL* 95[1976] 28).

> 이 두 축복은 그것들이 신랑에게 전달되었다는 점에서 동일한 형태를 취하고 있지만, 그 다음에 즉시 중요한 생산력의 주체가 되는 역할을 하는 신부에 대하여 말하고 있다. 그러나 이 두 구절 가운데서 이것이 본문의 실질적인 관심을 표현하는 형태다: 즉 룻기 축복의 중간 단락에서 직접적으로 취급되고, 크르트 축복의 반복구에서 취급된 신랑의 위대성이다.

이 명확한 평행절은 최소한 라부샤뉴가 주장하는 바와 같이(*ZAW* 79[1967] 365), 보아스가 신부의 생산력을 바라는 것을 보아스 자신의 유력, 힘, 번영과 보아스 가문의 위대성을 기원하는 근거로 사용함으로써 장로들이 보아스를 축복하는 내용 가운데는 받아들이기 어려운 것이 없다. 우리는 아세 하일(עשׂה־חיל)과 콰라 쉠(קרא שׁם)을 특별히 보아스의 자손 혹은 생식력과 관련되어 있음에 틀림없다는 표현으로 이해하는 부자연스런 시도는 잘못된 것이며, 또한 이러한 문구가 이 문맥 가운데서 그것들의 규칙적으로 입증된 의미 가운데 하나를 가지고 있음에 틀림없다고 결론지어야 한다.

구약성경 가운데 나타나는 수많은 실례들이 입증하고 있는 바와 같이, 지시형이나 권고형 뒤에 따라오는 와우(ו)를 가진 명령형은 결과나 목적을 나타낸다(참조. GKC § 110i; *GBH* §§ 116f, 120; *HebS* § 519). 그런 까닭에 축복의 중간에 들어있는 두 개의 명령절은 첫 번째 축복의 결과로 취급하는 것이 가장 좋다(또한 Rudolph, 59; Sasson, 155; Parker, *JBL* 95[1976] 23-24이 그렇게 주장함; 놀랍게도 Joüon, 90-91는 그렇지 않다). 그렇다면 아세 하일(עשׂה־חיל)이 신부를 향해서 기원한 생산력의 결과를 표현하고 있으므로, 그리고 그 의미의 범위가 "큰 일을 행하다, 용기를 보이다, 존경할 만하게 행동하다, 부를 얻다, 번영하다"를 포함하므로 "번영하다"와 같은 번역이 가장 적절한 것으로 보이는데, 그 이유는 이것이 히브리적 표현이 그러하듯 영예와 위대성 그리고 부의 달성을 담고 있기 때문이다.

두 번째 명령절의 의미 역시 문제가 있는 것인데, 그 이유는 동사 콰라(קרא, "부르다, 선언하다, 소집하다")의 목적어인 쉠(שׁם)이 다른 곳에서 규칙적으로 덧붙여진 이름과 함께 "누군가 혹은 아무개의 이름을 부르다"를 의미하는 관용어로 사용되기 때문이다(참조. BDB, קרא, 6.a, p. 896; KB^3, קרא, A.2, p. 1028; 4:17 "주석"에 있는 논의를 유의하라). 위의 논의에 비추어 볼 때, 이 의미는 문맥에 전혀 맞지 않는다(Labuschagne, *ZAW* 79[1967] 366는 이에 반대다). 더 나아가서, 그 어떤 다른 문맥 가운데도 최소한 거론된 이름을 진술하거나 주로 그 이름 자체를 말하지 않고 콰라 쉠(קרא שׁם)이란 관용어가 사용되지 않는다. 쉠(שׁם)은 구약성경에서 "명성, 평판"으로 사용되는데, 이 의미가 여기서 놀랍게도 문맥에 잘 들어맞지만, "이름을 짓다, 스스로 명성을 얻다"라는 관용어는 아세 쉠 레-(עשׂה שׁם ל״) 혹은 셈 쉠 레-(שׂם שׁם ל״)이다. 따라서 주석가들은 수많은 해결책을 제시해 왔다. 가장 일반적인 것은 본문을 웨니크라 쉼카(וְנִקְרָא שִׁמְךָ; 참조. BHK^3; Gray, *NCBC*, 379)로 혹은 웨이콰레 쉼카(וְיִקָּרֵא שִׁמְךָ; Rudolph, 60)로 수정하는 것인데, 이 두 의미는 "당신의 이름/명성이 선포되기를"이다. 루돌프는 니팔형 어간에 대한 증거로서 14b절에 호소하고, 쉼카(שׁמך)에 있는 카프(כ)가 뒤따라오는 베트(ב) 앞에서 생략되었다고 주장한다(또한 참조. Würthwein, 20). 유온(Joüon, 90-91)은 아사

(עשׂה)를 콰나(קנה, "〈이름을〉 얻다")로 수정한다. 리히터(Richter, *ZAW* 95[1983] 123-24)는 와아세(ועשׂה)와 우크라(וקרא)에 있는 두 와우(ו)가 "에브라다에서 번성하게 되기를! 이름이 계속하여 베들레헴에서 언급되기를!"로 읽게 만들어 주는 요드(י)를 잘못 읽은 것이라고 주장한다. 그러나 그러한 독법을 지지할 만한 필사본도 역본의 증거도 없으며, 처음 두 개가 2행 시구의 음절과 음조의 균형을 깨뜨리며, 반면에 네 개 모두가 캠벨(154)이 말하는 바와 같이 "보다 어려운 독법으로부터 원본일지라도 문맥에 의해 보호되어야 할 독법으로의 수정을 필요로 한다." 게다가 리히터의 제안은 어떤 접속사 없이 차례로 나타나는 세 개의 지시 등위절이라는 특이한 현상을 나타낼 것이다. 따라서 필자는 문맥으로부터 콰라 쉠(קרא שׁם)이라는 표현은 아사 쉠/셈(עשׂה שׁם/שׁם)의 동의어이며 "이름을 얻다, 명성을 얻다"를 의미한다고 본다(참조. Sasson, 156; 특히 Hubbard, 260). 드 와드-니다(de Waard-Nida, 74)는 그러한 축복이 중동 지역에서 지금까지도 사용되고 있다고 말한다. 여기서 선택된 콰라 쉠(קרא שׁם)이라는 동의어적 표현은 아사(עשׂה)의 반복을 피하기 위한 것인가(참조. Joüon, 91)?

12 "네 집으로…베레스의 집과 같게 하시기를 원하노라"(ויהי ביתך כבית פרץ -위히 베트카 케베트 페레츠). 명령형을 앞서는 와우가 결합된 지시형은 단순한 등위관계를 표현할 수도 있다(예를 들어, 창 20:7; 시 27:14). 그러나 그보다 자주 이것은 목적이나 결과를 표현하는 논리적으로 종속된 것이다(예를 들어, 창 20:3; 왕하 6:17; GKC §§ 109f, 165a[j]; *GBH* § 116d; *IBH* § 107[c]). 문맥, 즉 두 문장의 구조 내용만이 어떤 관계가 의도되어 있는지를 결정하며, 그리고 때때로 의도된 관계는 상당히 모호하기도 하다(예를 들어, 창 24:51; 31:37). 필자의 의견에는 이 문장은 앞의 문장의 등위절로 취급되는 것이 가장 좋을 것 같은데, 왜냐하면 이것이 보아스의 가문이 베레스의 가문과 같이 될 수 있도록 하는 대리자를 포함하고 있기 때문이다: "야웨께서 이 젊은 여인을 통하여 너에게 주실 자손을 통하여." 이것이 그의 신부에게 기원해 준 생산력에 의존하는 또 다른 결과절이라는 것은 이 구절을 가장 있을 법하지 않은 구절로 만든다(parker, *JBL* 95[1976] 24; 참조. Hubbard, 254 n. 13).

해설

룻과 나오미의 삶을 고통스럽게 했던 죽음과 상실의 해결 과정은 이제 보아스에게 달려 있다. 2장 초두에서 이 이야기의 발전 과정의 주도권은 룻에게서 발전해 갔는데, 그 이유는 나오미가 쓰라린 절망감에서 침묵을 지키고 있었기 때문이다. 3장 초두에서 주도권은 나오미에게로 옮겨 갔는데, 그녀는 보아스의 이름을 듣고서 생명력이 다시 솟았기 때문이다. 여기서 주도권은 보아스에게 주어지는데, 그는 나오미의 위험스러운 계획을 룻이 시행함에 따라 기업 무를 자로서 자기의 책임을 행사하기로 도전을 받았기 때문이다. 룻에 대한 자신의 약속(3:13)에 신실하게, 곡식이라는 선물을 통하여 표현된 나오미에게 보낸 그의 상징적 징표에 일치하게 그리고 룻이 빈손으로 돌아오지 않은 일에 관하여 그녀가 보고한 말에 일치하게 (앞 장면에 대한 "해설"을 보라) 보아스는 즉시 행동에 옮긴다. 그리고 – 앞의 두 장면과 같이 서술적 요약을 통해서가 아니라, 보아스가 오늘날 그 문제가 해결되기까지 쉬지 아니하리라는 나오미의 확신에 찬 말과 함께 앞 장면을 마감함으로써 이제 우리의 이야기는 해결을 향하여 돌이킬 수 없이 급하게 돌진해 나간다는 사실을 표현하고 나서 – 우리의 설화자는 아무런 말을 하지 않는다. 앞 장면에서 있었던 보아스의 약속(3:12-13)이 가져다 주었던 현안 문제는 룻을 구속하는 문제, 즉 그녀와 결혼하는 문제에 있어서 더 가까운 근족의 우선권 문제를 수반한다. 그런 까닭에 보아스는 그 성읍의 율법 회의를 소집하는데, 그들은 중죄 소송 문제를 심판할 뿐만 아니라 민사상의 문제에서 권리의 양도와 같은 상거래의 문제에서도 공증인의 기능을 행사하기도 했다. 비문서화된 사회에서는 이러한 수단을 통하여 그러한 거래가 구두로 기록되고, 그 문제에 대해 차후에 논란이 될 사건에서 후세를 위하여 보존되었다(율법 회의의 성격과 기능에 관해서는 2절 "주석"을 보라). 따라서 보아스는 곧바로 주로 사업과 법적인 문제들이 시행되었던 장소인 성문의 광장으로 나간다. 거기서 그는 연루된 상대방을 소환하고 그 성읍의 장로들 10인을 초청함으로써 율법 회의를 소집한다. 회의의 소집은 "그가/그들이 앉았다"는 결론으로 표시된 각기 필요로 한 편의 참석과 함께 세 개의 간략한 평행절로 설명되어 있다("양식/구조/배경"을 보라). 여기서 우리의 설화자는 놀라운 방식으로 보아스가 더 가까운 근족을 소환한 사실을 기록하고 있다. 설화자는 이 근족을 단순하게 무명씨로 기록하는 것뿐 아니라 보아스가 그를 "아무개"로 부름으로써 그의 무명(namelessness)을 강조하고 있는데, 이런 표현 방식은 하나의 이름이 알려져 있지 않고 또 그 이름을 회피하려 했을 때 사용되는 히브리어에서 독특한 단어 유희다. 하나의 이름이나 소개 말이 문장 구조상 필요하지 않았으므로(1절의 "주석"을 보라), 그러한 고안은 우리의 눈길만을 주게 만들고 이 사람의 역할이 일어날 과정 가운데서 이 사람이 할 역할에 관해서 예변법적으로 우리로 하여금 의아심을 갖게 한다. (우리가 "아무개"로 번역한 히브리어 표현이 영어에서 표현한 것과 같이 보다 강한 별명을 대신해서 완곡하게 사용되기도 했다면 실로 놀라운 일이다!)

율법 회의를 소집한 다음 보아스는 즉시 더 가까운 근족에게 하나의 진술과 함께 협상을 시작한다(3절). 이 첫 번째 진술은 이 이야기 가운데서 하나의 완전히 새로운 발전과 분규를 이끌고 있는데, 이 분규는 우리를 연루된 관습으로부터 분리시키는 커다란 시간적 그리고 문화적 거리로 말미암아 일어나는, 현대 독자들에게는 경악과 의아심을 야기하는 것이다(5a절의 "주석" 다음에 나오는 〈특별 부록: 3-5a절에서 보아스가 제안한 거래의 성격〉에 있는 논의를 보라). 그러나 이러한 분규는 이야기의 원 독자들 편에서는 이해를 환기시키고 즐거운 감격을 일으켰을 텐데, 그 이유는 갑자기 원 독자들이 틀림없이 느꼈을 사실 그대로 엘리멜렉 가문의 조상의 기업, 조상의 땅이 드러났기 때문이다. 그 문화의 사람들에게 엘리멜렉과 같은 상당한 주민의 가족 기업에 일어났을 수 있는-그리고 일어났을-일에 관한 문제가 그들이 이 이야기를 들었을 때 그들의 생각과 관심의 배후에 계속 깔려 있었을 것이다. 그래서 그러한 주제에 대한 단 한마디의 말도 없이, 우리의 설화자는 보아스가 더 가까운 근족에게 나오미가 엘리멜렉의 땅에 대한 자신의 사용권, 즉 그녀가 죽은 자의 과부로서 소유하고 있는 권리를 포기하려 하고 있다는 사실을 알렸다고 기록한다(3절). 그 다음에 그는 엄숙하게 더 가까운 근족에게 이 권리를 받아들이고(4a-c절) 그 밭을 무르라(4d-l), 즉 엘리멜렉이 그것을 팔아서 물러 주어야 할 필요가 있으므로 그 삼자에게서 그것을 사라고 요청한다. (일어나는 과정에 대한 이러한 해석의 논의와 변호에 대해서는 4-8절의 "주석"을 보라. 그리고 특히 5a절의 "주석" 다음에 나오는 〈특별 부록: 3-5a절에서 보아스가 제안한 거래의 성격〉을 보라.) 대가족 가운데는 죽은 자들의 형제들이 없었고, 그래서 필요로 한 수혼법의 가능성이 없었다. 만일 그가 그것까지 생각했다면, 이 더 가까운 근족은 틀림없이 조용히 연루된 유일한 젊은 과부 룻과 자원하여 결혼해서 죽은 자에게 자손을 낳아주는 가족적 책임을 무시하면서 계획을 세웠을 수 있는데, 그것은 마음에 자신의 이익을 가졌던 바 어떤 통상적으로 추정된 상속이 뒤따라왔을 그러한 행동 과정이었다. 엘리멜렉 가문의 후손이 없다면, 그 밭은 쉽게 자기 가족의 상속 재산의 일부가 될 것이고, 그래서 그가 무르기 위하여 지불한 금액(그리고 어쩌면 연루된 나이가 많은 과부를 돌보는 비용)은 밭 자체의 가치와 소산으로 보충될 것이었다. 따라서 그는 즉시 그 밭을 무르겠노라고 승낙한다(4k-l절; "양식/구조/배경"을 보라).

이와 함께 더 가까운 근족은 보아스가 왜 자기 자신에게 그렇게 간단하고도 너무나 명백하게 이익을 주는 행동 과정을 제시하기 위하여 율법 회의를 소집했는지 의아해했을 수도 있기는 하지만, 이 협상이 당연히 종결되었다고 생각했을 수 있다. 그러나 이 이야기의 독자들은 보아스에게서 나오는 또 다른 진술을 예상하여 기다리고 있는데, 그 이유는 그가 아직 자신이 룻과 나오미에게 약속했던 책임, 즉 룻과의 결혼을 꺼내지 않았기 때문이다. 보아스는 즉시 협상의 하반부(5-8절)에서 이 문제로 말머리를 돌린다("양식/구조/배경"을 보라). 여기서 그는 말하자면 비장의 수를 쓴다. 그는 공개적으로 그 더 가까운 근족에게 젊은 과부 룻과 결혼을 하여 그 밭을 상속할 죽은 자의 상속자를 낳는 가족으로서의 책임을 자원하여 이행하라고 요청한다(5절; 여기에 나오는 케티브-케레에 얽혀 있는 난점들에 대한 논의에 관해서는 "주석"을 보라). 더 가까운 근족은 이제 공개적으로 윤리적, 경제적 딜렘마에 빠진다(세부 사항에 관해서는 6c절에 대한 "주석"에 있는 논의를 보라). 그는 공개적으로 그 책임 자체가 자기에게 이익을 주는 역할을 하는, 기업을 무르는 법적 요구를 자원하여 떠맡으려 한다는 사실을 선언했다. 이제까지 그는 공개적으로 자기가 기꺼이 자원하여 과부와 결혼하여 자기에게 이익을 가져다 주는 밭의 후사를 낳을 것이라고 선언하고 있는데, 그러고 나서 자기의 서약과 의무를 무시하는 것은 자신을 공동체 전체 앞에서 부정적이고도 인색하게 경솔한 사람으로 내던지는 것이었다. 기업을 무르는 일이 가족의 회복과 구조가 아닌 개인의 이익, 즉 재산의 소득이라는 동기로부터 나왔다는 사실이 드러날 것이다. 사실상 필자의 의견에, 이것은 어째서 보아스가 그러한 공개 법정에서 가족 내의 의무와 권리에 연루되는 절차를 이행하려고 했는지를 설명해 준다. 성문에서 열린 전체 율법 회의는 사실상 그러한 절차를 비준하기 위해서는 필요치 않다. 보아스가 훨씬 더 적은 공개적 배경에서 소수의 장로들 앞에서 가족 내의 의무에 관한 문제에 대해 그러한 비준의 목적을 이룰 수는 없었던가? 그러나 지극히 공개적인 방식을 취한 것 자체(성읍의 대부분의 사람들이 아침에 밭에서 일하려고 성문을 통과해 나갔을 것이다)가 더 가까운 근족으로 하여금 법적으로나 자원함으로 완전한 의무에 직면하도록 압력을 가할 필요가 있는 배경인데, 그 의무는 더 가까운 근족으로서 자신의 역할로 그가 해야하는 의무다. 그래서 더 가까운 근족은 자기의 권리를 시행하여 이 두 의무를 이행할 것이지 아니면 기업 무르는 자 보아스에게 자기의 권리를 양도함으로써 그렇게 하기를 거절할 것인지의 선택에 직면하게 된다. (그가 하나의 권리를 시행하고 다른 권리를 거절하고 가능한 수반되는 결과들에 대한 선택권을 가진 것과 관련된 문제에 대해서는 6c절의 "주석"을 보라.)

더 가까운 근족은 두 가지 책임을 취하기로 동의할 수 있었다. 만일 그가 그렇게 한다면, 보아스가 앞 장면에서 구두(3:13)와 선물(3:17;"해설"을 보라)로 룻과 나오미에게 한 약속은 만족될 것이다. 그는 룻을 위하여 가정과 남편을 제공했을 것이고, 엘리멜렉의 조상 기업을 상속받을 엘리멜렉 가문의 후손이 되며, 그렇게 하여 "네 생명의 회복자이며 네 노년의 봉양함으로써"(15절) 나오미의 기업 무르는 자를 제공해 줄 것이다. 그러한 가능성을 고려하면 긴박감과 놀람의 간략한 순간이 야기되었는데, 왜냐하면 이제까지 모든 이야기는 명백하게 또한 암시적으로 그 독자들로 하여금 주인공들의 절망적인 곤경에 대해 해결책을 제공할 사람이 관대하고도 영예로운 보아스라는 사실을 믿도록 해주었기 때문이다. 아주 잠깐 동안 우리는 – 가장 불만족스러운 – 예상되고 상상되어 왔던 것과는 다르게 돌아설 것인가라는 생각을 한다. 그러나 그러한 부적절한 해결 가능성에 대한 우리의 실망은 일어나자마자 사라진다. 더 가까운 근족이 그에 반응하여 한 첫 번째 말 자체는 그가 동기들뿐만 아니라 이 경우에 일어날 평판을 가지고 있지도 않다는 사실을 드러내 준다. "나는 내 기업에 손해가 있을까 하여 나를 위하여 무르지 못하노니"(6절). 비록 우리가 기업을 무르기 위하여 진 가격에 대해서와 그러한 가족 의무들로부터 얻어진 이익들에 대해서 거의 모르는 것이 그 사실의 어떤 증명을 방해하고 있기는 할지라도, 이 사람의 행동과 설화자의 그에 대한 취급에 대한 일반적인 흐름(아래를 보라)은 자기의 책임들을 취함에 수반하는 결과들에 대한 이 진술이 지나치게 사실을 과장해서 말하고 있다는 사실을 강력하게 시사한다. 그것이 어떻든 간에, 그의 말은 분명히 자신의 조상의 기업과 이익에만 관심이 있음을 표현하고 있다. 그의 말은 룻과 엘리멜렉의 가문에는 전혀 관심을 보이고 있지 않다. 그러므로 우선권을 가진 기업 무르는 자로서의 자신의 완전한 책임들을 떠맡기를 꺼려하면서, 그는 보아스에게 자기의 권리를 얻으라고 요구하고(8a절), 관례적으로 그러한 양도를 동반한 물리적 행동을 통하여 상징적 방식으로 양도 의사를 표현한다. 즉 그는 신을 벗어서 보아스에게 주었다(8b절). 이 상징적 행동은 우리의 설화자가 이야기를 작성할 당시에는 너무나 시대에 뒤떨어지므로 설명적인 해석으로 자기 독자들에게 그 의미를 설명했다(7절). 이러한 행동과 함께, 더 가까운 근족은 "이야기로부터 떠나간다. 보아스에게 패한 사람으로서 그의 임무는 끝나고, 또한 그는 자신이 등장했던 것과 같이 무명씨로 끝난다"(Trible, 190). 이제 우리는 설화자가 더 가까운 근족을 무명씨로 남겨 놓을 뿐만 아니라 보아스가 그를 경멸적으로 "아무개"로 말하고 있는 이유를 알게 된다(위를 보라). "'그가 자기 기업을 위하여 죽은 자의 기업을 회복하기를' 거절했으므로, 그 자신은 아무런 명성도 얻지 못한다. 무명씨는 심판을 의미한다"(Trible, 190).

보아스 자신과 더 가까운 근족 간의 협상이 그 근족이 자신의 권리를 포기함으로써 성공적으로 결론이 나고, 보아스는 율법 회의로 얼굴을 향한다(9-10절). 그는 그들로 하여금 자기들이 증인이라고 공식적으로 선언함으로써 구술로 그 거래를 기록하고 후대를 위해 그것의 존속과 합법성을 보존하는 그들의 공증인의 기능-권리의 양도를 인증하는 것-을 이행하라고 요청한다(9절 "주석"을 보라). 증거해 달라는 이 요청에 대하여 그 회의는 "우리가 증인이 되노니"(11a-b절)라는 확증으로 응답한다. 회의가 입증하는 양도가 법적으로 구속력이 있을 것이므로, 보아스는 공식적으로 충분하고도 상세하게 더 가까운 근족이 그에게 양도한 이중적 의무를 가능한 하나의 형태로 반복한다. 그리하여 "우리 형제 엘리멜렉의 소유지"(3a절)는 "엘리멜렉과 기룐과 말론에게 있던 모든 것"(9c절)이 된다. 룻은 5c절에 있는 "죽은 자의 아내 모압 여인 룻"이 아닌 "말론의 아내 모압 여인 룻"(10a절)이라는 자신의 완전한 이름과 공식적 이름으로 불린다. 그리고 "그 죽은 자의 기업을 그 이름으로 잇게 하기 위한"(5e절) 룻과의 결혼의 목적은 두 번째 진술 "그 죽은 자의 기업을 그 이름으로 잇게 하여 그 이름이 그 형제 중과 그 곳 성문에서 끊어지지 않게 함"(10c절)으로 확대됨으로써 그 중요성이 더해지고 있다. 이러한 확대는 암시적 의미로 가득해 있는데, 그 이유는 죽은 자에 대한 기억이 그가 "성문"에서 소집하고 있는 율법 회의, 곧 보아스가 지금 자신을 위해 확증을 이끌어 내고 있는 바로 그 장소와 상황에서 자신의 합법적인 지위를 가질 하나의 자손을 가졌을 때 그 성문으로부터 사라지지 않을 것이기 때문이다. 트리블(191)이 통찰력 있게 관찰하는 바와 같이, 보아스의 엄숙하고도 강조적인 진술에서 유다에서 모압으로 이주해 갔던 온 가족이 첫 장면(1:2) 이후 또다시 처음으로 이름이 거론되었다. 사실상, 제1막의 모든 인물들 가운데서 분명한 이유 때문에 오르바만이 빠져 있다. 그러나 그녀가 룻을 돋보이게 하는 자로서의 역할을 하듯이 더 가까운 근족은 보아스를 돋보이게 하는 자로서 그 역할을 하고 있다.

그러나 대용품이란 상이점이 있다는 사실을 의미한다. 오르바는 이름이 기록되어 있고 말도 한다(1:10). 그녀는 이야기 가운데서 자기 민족에게로 돌아감으로써 사라지게 되며, 그녀에 대한 판단은 호의적인 것이다(1:15). 이름이 거론되지 않은 근족은 자신의 재산으로 돌아감으로써 이야기 가운데서 사라지게 되며, 그에 대한 판단은 적대적인 것이다. 결국 그는 한 이방 여인이 아니라 가장 가까운 남자 근족이다. 그러므로 그는 무명이라는 오명과 함께 사라진다(Trible, 191).

이 사람의 인색한 이기심과는 반대로, 이 공식적 선언 가운데 충분하고도 세부적으로 표현된 보아스의 이타적인 너그러움이 두드러진 묘사 가운데 들어 있다.

이를 인정하여 율법 회의는 이 장면에 잘 들어맞는 결론이 되는 삼중적 축복(11c-12절)을 하면서 증거한다고 결론짓고 있는데, 그 이유는 이 축복이 좁게는 그리고 특별히 보아스에게 집중하고 있기 때문이다. 축복이 그가 결혼하기로 서약한 여인과 함께 시작되고 끝난다. 그러나 그녀의 이름이 거론되지 않고 첫 번째 축복에 들어 있는 그녀에 대한 축복이 보아스로 하여금 족장 이스라엘의 규모와 같은 가족의 규모를 가질 수 있도록 생식력을 구하고 있다. 그녀는 마지막(세 번째) 축복 가운데서는 보아스가 베레스의 가문과 같은 중대한 가문을 가질 수 있는 수단으로서만 언급되고 있다. 교차적 구조("양식/구조/배경"을 보라)는 중앙에 위치한 내용을 강조하는 법인데, 곧 이 가문을 통하여 보아스가 베들레헴에서 유력하고 유명하게 되기를 구하고 있다. 이야기 주인공 자신들은 (끝 부분에 있는 족보처럼) 보아스와 룻의 결합으로 말미암아 낳은 자손이 나오미에게만 속하여 엘리멜렉의 가문을 이을 뿐만 아니라(17절), 진정한 의미에서 보아스에게도 속할 것이라는 사실을 인식하고 있음을 유념하는 것이 중요하다.

보아스에 대한 율법 회의의 삼중적 축복과 함께 장면은 마지막에 가까워진다. 세심하게 구성된 협상을 통하여 이 이야기의 중요한 뒤얽힌 관계가 해결되었다. 그러나 이러한 사실을 보다 자세하게 살펴보기에 앞서, 이 장면이 앞 장면과 매우 다른 협의 사항과 목적을 유의하는 것은 전체 설화의 성격과 목적을 파악하는 데 중요하다. 성문에서 있었던 율법 회의라는 남성 세계에서 주인공들은 자신들의 가부장적 세계라는 남성 편에서 인물, 사건 그리고 필요들을 완전히 파악하고 있다(참조. Trible, 192-93). 이것을 예증하고 있는 것이 룻의 신분이 확연하게 달라져 있는 점인데, 이것이 이야기의 나머지 부분에서 차지하고 있는 그것과는 두드러지게 다른 점이다. 추수 밭에서 있었던 장면에서 보아스의 사환은 그녀를 "이는 나오미와 함께 모압 지방에서 돌아온 모압 소녀"(2:6)로 밝힌 바 있다. 공동체 안에서 그녀의 신분은 분명히 (한 사람이 다른 사람에게 그녀를 소개할 때) "말론의 아내"가 아니었다. 가장 중요한 것은, 그녀가 3:9의 타작 마당에서 보아스가 자신과 결혼을 하는 준비 단계로 자신을 보아스에게 소개했을 때, 그녀는 "말론의 아내"가 아니라 단순히 "당신의 시녀 룻"이라고 밝혔다는 것이다. 이것은 분명히 이러한 위험스러운 계획을 꾸미고 실행하는 나오미와 룻 모두의 목적과 잘 들어맞는 것인데, 곧 엘리멜렉의 가문을 보존하는 것이 아니라 룻을 위하여 가정을 이루게 하고 남편을 구해주는 것이었다(3:1-5의 "해설"을 더 보라). 그리고 이 여성의 행동의 합법성을 인정한 것은 여인들만이 아니었다. 타작 마당에서 있었던 그들의 비밀스런 회합에서, 보아스는 자기의 관심의 유일한 대상을 룻의 행복으로 정했다. 그녀가 그를 선택한 데 대해서 만족해하고 기뻐한(3:10) 그는 거기서 룻의 행동을 통해서 요구받은 일 –보아스와 결혼하여 룻이 안정을 얻는 것(3:11, 14)–에 대해서만 반응하며, 또한 이 두 여인에게 안정을 찾도록 해주려는 자신의 의도가 진실하다는 사실을 보이기 위하여 룻으로 하여금 나오미에게 많은 분량의 곡식 선물을 가지고 돌아가게 한다. 그러나 성문에서 열린 율법 회의라는 남성 세계에서는 엘리멜렉의 가족 땅과 그 기업을 무르는 문제가 표면에 떠오를 뿐만 아니라, 이 여인들의 정체와 보아스와 룻의 결혼을 다른 각도에서 바라보게 되고, 그래서 또 다른 의제를 해결해야 했다. 그러한 가부장적 세계에서 가문은 가족 기업에 근거하여 보존되어야 했고, 따라서 (1) 나오미는 가족 기업이 보존될 수 있도록 자신의 사용권을 포기하고 있으며, (2) 룻의 정체가 이제 "죽은 자의 아내"가 되며, 또한 (3) 룻의 결혼 목적이 이제 가족 재산을 상속받음으로써 하나의 가문을 잇는 아들을 낳는 것이다. 이것은 다른 사람들에 대한 나오미와 룻의 신실성을 취급하는 것은 물론 그들이 보아스로 하여금 자기들을 향하여 자신의 책임을 신실하게 이행하도록 할 뿐만 아니라, 이것은 또한 보아스의 신실성과 자신의 가부장적 세계의 관심과 구조를 능숙하게 이용하여 더 가까운 근족의 우선권으로 인하여 생긴 장애물을 극복하도록 하고, 그리하여 나오미의 삶 가운데서 일어났던 죽음과 결손을 다음 장면에서 묘사될 생명과 충분한 보상으로의 전환을 가능하게 만들도록 하는 보아스의 신실성을 취급하고 있다.

이 장면이 보아스에 대한 율법 회의의 삼중적 축복과 함께 결론지어져야 한다는 사실은 매우 적절하며, 또한 그는 실제로 바로 그 임무에 꼭 맞았다. 그가 없이는 전개되려고 하는 나오미 이야기의 행복한 결말은 일어날 수 없었을 것이다. 앞 막(3:1-4)의 초두에 있었던 나오미의 대담한 계획은 나오미의 룻에 대한 사랑에서 나왔으며(3:1), 빈곤과 룻의 과부 신분이라는, 수치의 종결이라는 제한적 목적을 가졌다. 이러한 계획을 시행하면서, 룻은 나오미가 명령한 상징적 행동을 자신의 결혼 요구를 긍휼한 가족 구성원을 돕는 한 사람의 고엘로서의 책임에 근거하면서 말로 설명한다(3:9). 그렇게 하면서 그녀는 보아스가 밭을 무르고, 또한 빈곤과 룻의 과부 신분이라는 수치를 종결짓고 물러진 가문의 땅을 상속할 엘리멜렉(그리고 나오미! –17절) 가문에 상속자를 낳아 주고, 그리하여 나오미를 고통스럽게 하고 있는 죽음과 상실까지도 종결지을 수 있는 행동 과정의 문을 보아스에게 열어 주었다. 찬양과 축복이라는 율법 회의의 발언은 그에 대한 적절한 대 찬사다.

이러한 두 개의 희미하게 연결된 여성 친척들에게 대한 자신의 의무들, 즉 우연히(하나님에 대한 암시 어구; 2:3) 룻이 그의 밭에 이삭을 주우러 오게 되었을 때 자신의 삶에서 발견한 의무들을 신실하게 이행하고 나서, 그는 이 이야기에서 빠져나간다. 그가 자기의 말을 신실하게 이행하고 룻과 결혼해서 그로 말미암아 한 아들이 태어났다는 사실을 설명할 목적으로만 설명을 하고 있는 다음 장면을 시작하는 서술적 진술 이외에, 그의 이름은 베레스로부터 다윗에게로 이어져 가는 부친의 족보에 있는 한 연결고리로서 족보 후기(21절)에만 나타난다. 다음 장면에 있는 죽음과 결손의 행복한 결말은 보아스에 관한 이야기가 아니라 나오미에 관한 이야기다.

이 장면이 우리의 이야기의 대단원을 설명하지는 않고 있지만, 러버(Rauber, *JBL* 89[1970] 34-36)는 이것을 하나의 "삽화"로 상상하고 이것이 비교적 중요하지 않은 것이며, …큰 중요성을 가진 두 장면을 구분하고 분리하는 수사학적 목적을 가진 평서문으로의 의도적인 하강이라고 결론지으면서 그것의 역할을 과소평가한다. 그 반대로, 이 장면은 매혹적이고도 힘차게 묘사되어 있다. 비록 이 구성의 발전에서 그 역할이 부차적이기는 하지만, 그럼에도 불구하고 이것은 중요한 것이다. 여기서 보아스는 이 이야기의 흐름 가운데서 중요한 뒤얽힌 관계 –엘리멜렉의 땅을 무르는 법적 의무 문제에서와 말론의 아내와 결혼하는 가족 구성원의 책임에 있어서 우선권을 가졌던 "아무개"라는 사람이 존재하고 있다는 것 –를 극복했다. 이 두 가지 의무를 가지기 위하여 성문에서 소집된 율법 회의에 의하여 준비된 공개적인 법정에서 이 사람에게 도전함으로써, 보아스는 더 가까운 근족의 자발적인 철회를 받아내고 이러한 문제들에 있어서 자기의 권리들을 자신에게로 양도하는 데 성공한다. 이에 대한 행동은 율법 회의에 의하여 알맞게 공증되었다. 이러한 중요한 장애물이 제거되자, 나오미와 룻을 고통스럽게 했던 무자(無子)와 과부 신분 –죽음과 상실 –의 최종 해결에 길이 열렸다.

장면 2.
룻과 보아스 사이에 아들이 태어나다: 나오미가 생명과 풍요를 회복하다(4:13-17)

참고문헌

Bettan, I. *The Five Scrolls: A Commentary on the Song of Songs, Ruth, Lamentations, Ecclesiastes, Esther.* Cincinnati: Union of American Hebrew Congregations, 1950. 49-72. **Bewer, J.** "The *Goël* in Ruth 4:14,15." *AJSL* 20(1903-4) 202-6. **Bush, F. W.** "Ruth 4:17, A Semantic Wordplay." In *Go to the Land That I Will Show You.* FS D. W. Young, ed.J. Coleson and V. Matthews. Winona Lake, IN: Eisenbrauns, 1996. 3-14. **Eissfeldt, O.** *The Old Testament: An Introduction.* Tr. P. Ackroyd. New York: Harper and Row, 1965. 477-83. ______. "Sohnespflichten im Alten Orient." *Syria* 43(1966) 39-47. ______. "Wahrheit und Dichtung in der Ruth-Erzählung." *SSAW* 110(1965) 23-28. **Gunkel, H.** "Ruth." In *Reden und Aufsätze.* Göttingen: Vandenhoeck & Ruprecht, 1913. 65-92. **Holladay, W.** *The Root Šûbh in the Old Testament.* Leiden: Brill, 1958. **Hubbard, R.** "Ruth IV:17: A New Solution." *VT* 38(1988) 293-301. **Key, A.** "The Giving of Proper Names in the Old Testament." *JBL* 83(1964) 55-59. **Köhler, L.** "Die Adoptionsform von Ruth 4,16." *ZAW* 29(1909) 312-14. **Long, B.** *The Problem of Etiological Narrative in the Old Testament.* BZAW 108. Berlin: Töpelmann, 1968. **Loretz, O.** "Das Verhältnis zwischen Rut-Story und David-Genealogie im Rut-Buch." *ZAW* 89(1977) 124-26. **Mace, D.** *Hebrew Marriage: A Sociological Study.* London: Epworth, 1953. **Parker, S. B.** "The Birth Announcement." In *Ascribe to the Lord.* FS P. C. Craigie, ed. L. Eslinger and G. Taylor. JSOTSup 67. Sheffield: JSOT, 1988. 133-49. **Porten, B.** "The Scroll of Ruth: A Rhetorical Study." *GCA* 7(1978) 23-49. **Rauber, D.** "Literary Values in the Bible: The Book of Ruth." *JBL* 89(1970) 27-37. **Richter, H.-F.** "Zum Levirat im Buch Ruth." *ZAW* 95(1983) 123-26. **Vaux, R. de.** *Ancient Israel: Its Life and Institutions.* Tr. J. McHugh. New York: McGraw-Hill, 1961.

본 문

13 이에 보아스가 룻을 취하여 아내를 삼고 그와 동침하였더니 여호와께서 그로 잉태케 하시므로 그가 아들을 낳은지라

13 So Boaz took Ruth, and she became his wife. And when they came together,[a] Yahweh caused her to conceive,[b] and she gave birth to a son.

14 여인들이 나오미에게 이르되 찬송할지로다 여호와께서 오늘날 네게 기업 무를 자가 없게 아니 하셨도다 이 아이의 이름이 이스라엘 중에 유명하게 되기를 원하노라

14 And the women said to Naomi, "Blessed be Yahweh, who has not left you today without[a] a redeemer! May his name be renowned[b] in Israel!

15 이는 네 생명의 회복자며 네 노년의 봉양자라 곧 너를 사랑하며 일곱 아들보다 귀한 자부가 낳은 자로다

15 He shall become the one who restores your life[a] and provides for your old age, for your daughter-in-law who loves you[b] has given him birth[c] – she who is more to you than seven sons!"

16 나오미가 아기를 취하여 품에 품고 그의 양육자가 되니

16 And Naomi took the boy and held him to[a] her breast and became the one who took care of him.[b]

17 그 이웃 여인들이 그에게 이름을 주되 나오미가 아들을 낳았다 하여 그 이름을 오벳이라 하였는데 그는 다윗의 아비인 이새의 아비였더라

17 And the women of the neighborhood gave him a name, saying, "A son has been born to Naomi," so they called him Obed – he is the father of Jesse, the father of David.

원문주해

13.a. 직역하면 "그리고 그가 그녀에게 갔다".

13.b. 직역하면 "야웨께서 그녀에게 잉태/수태를 주셨다".

14.a. 직역하면 "너에게 결핍되게 했다".

14.b. 직역하면 "선포되다".

15.a. 직역하면 "너에게 생명의 회복자".

15.b. 많은 필사본들은 아헤바테크(אֲהֵבָתֶךְ), 즉 L의 바(בַ)가 아닌 바(בָ)로 모음 부호를 붙이면서 수정을 한다. 참조. *BHS* n. 15a; GKC § 59g.

15.c. 여기에 나오는 형태 옐라다투(יְלָדַתּוּ)는 3인칭 여성 단수 완료 동사 옐라다트(יְלָדַת)의 미형의 타우(ת)에 대한 3인칭 남성 단수 어미 -후(הוּ-)의 헤(ה)의 역행 동화를 통하여 생겨났다. 즉 *yĕladat-hu* 〉 *yĕladattû*(참조. GKC § 59g 그리고 "원문주해" 3:6.b에 있는 유사한 형태에 대한 설명을 유의하라). 휴지에서는 동화가 일어나지 않는다. 참조. 삼상 18:28에 있는 아헤바트후(אֲהֵבַתְהוּ).

16.a. 직역하면 "그를 …에 두다".

16.b. 직역하면 "그에게 하나의 보모가 되다".

양식/구조/배경

앞 장면과 비교하여 간결하기는 하지만, 이 장면은 네 번째 막 중에서 사실상 책 전체에서 가장 중요한 부분과 절정을 이루고 있는데, 그 이유는 이것이 나오미의 삶을 고통스럽게 했던 죽음과 상실을 해결하고 있기 때문이다. 이 단락을 결정하는 일반적인 특징과 1장과의 평행에 관해서는 첫 번째 장면의 구조를 기술하는 가운데 위에서 주어진 본 장 전체의 형식과 구조에 대한 논의를 보라.

이 장면의 경계들은 13e절에 있는 와텔레드 벤(ותלד בן, "그리고 그가 아들을 낳은지라")와 17b절에 있는 율라드 벤(ילד בן, "그리고 그녀가 아들을 낳았다")에 의하여 이루어진 인클루시오로 표시되어 있다(도표를 보라). 이 장면 자체는 두 개의 에피소드로 나누어지는데, 그것들은 각기 하나의 서술적 진술로 이루어지며(A, 13절; A′, 16절) 그 뒤에 성읍의 여인들 편에서 그 결과로서 일어나는 행동이 뒤따라온다(B, 14-15절; B′, 17a-c절). 여인들의 행동은 각기 첫 번째로 말이 나오고(14-15절), 두 번째로 이름-제공(17a-c절)이 나오는데, 앞의 서술적 진술과 관련된 중요한 사건들에 대한 하나의 반응을 이루고 있음에 분명하다. 구조와 내용 모두 이것을 확증하기 위하여 결합되어 있다. 13절의 사건들이 즐겁고 기쁘며 앞의 계획과 약속의 성취를 이루고 있기는 하지만("해설"을 보라), 그럼에도 불구하고 그것들은 다섯 개의 속사포와 같은 스타카토식 문장으로 연결되어 있는데, 그 중에서 가장 긴 것이 단 네 개의 단어로 구성되어 있다! 이러한 간결성은 이것이 이 장면의 절정이 아니라는 사실을 표시해 준다. 그보다는 앞의 모든 장면을 통하여 설정된 패턴과 일치되게, 절정은 한 몫 끼는 참가자들 – 이 경우에는 베들레헴 여인들 – 의 발언을 통하여 제시된다. 그들의 삼중적 발언은 간략한 범위로 방금 설명된 사건들에 대한 해석과 의미를 제공한다. 그리고 이 발언은 그 자체가 거의 일률적으로 나오미의 생명과 풍요로의 회복를 묘사하고 있다. 그와 같이 16절에서도 아기를 기뻐하고 돌보는 옛 여인에 대한 감동적이고도 부드러운 장면 – 너무나도 오래전에 사별하고 남편과 아들을 잃은 – 이 나오는데, 나오미가 한 아들을 낳았다는 사실은 이웃에 사는 여인들의 즐거움에 찬 부르짖음을 유발시킨다. 이것은 다시 그녀의 노년에 그녀를 돌보며 부양할 그 아들의 이름 오벳(עובד)이 직역하면 "봉사자, 노동자"이지만, 문맥 가운데서는 "보호자, 제공자"임을 암시하는 상황을 이룬다("주석"을 보라).

13-17절의 구조

히브리어	절	본문	구분
ויקח בעז את־רות	13a	그래서 보아스가 룻을 취했다	A 서술적 진술
ותהי־לו לאשה	b	그리고 그녀가 그의 아내가 되었다.	
ויבא אליה ויתן יהוה לה הריון	c-d	그리고 그와 동침하였더니 여호와께서 그로 잉태케 하시므로	
ותלד בן	e	그가 아들을 낳은지라	
ותאמרנה הנשים אל־נעמי	14a	그리고 여인들이 나오미에게 이르되	B 여인들의 발언
ברוך יהוה אשר לא השבית לך גאל היום	b	찬송할지로다 여호와께서 오늘날 네게 기업 무를 자가 없게 아니하셨도다	
ויקרא שמו בישראל	c	이 아이의 이름이 이스라엘 중에 유명하게 되기를 원하노라	
והיה לך למשיב נפש ולכלכל את־שיבתך	15a	이는 네 생명의 회복자며 네 노년의 봉양자라	
כי כלתך אשר־אהבתך ילדתו אשר־היא טובה לך משבעה בנים	b	너를 사랑하며 일곱 아들보다 귀한 자부가 낳은 자로다	
ותקח נעמי את־הילד	16a	그리고 나오미가 아기를 취하여	A′ 서술적 진술
ותשתהו בחיקה	b	품에 품고	
ותהי־לו לאמנת	c	그의 양육자가 되니	
ותקראנה לו השכנות שם לאמר	17a	그 이웃 여인들이 그에게 이름을 주되	B′ 여인들의 행동
ילד־בן לנעמי	b	나오미가 아들을 낳았다 하여	
ותקראנה שמו עובד	c	그 이름을 오벳이라 하였는데	
הוא אבי־ישי אבי דוד	d	그는 다윗의 아비인 이새의 아비였더라	

이 두 에피소드는 엄밀하게 동의 평행절임을 나타내고 있다(도표를 보라). 그러므로 설화 진술 A(13a-e절)와 A′(16a-c절)는 그 형식과 내용이 평행적인데, 형식상 일련의 짧은 그리고 시간적 결과절로 되어 있고, 내용상 각기 "취하다"(לקח – 라카흐; 13a, 16a절)를 사용하면서 동일한 구문론적 구조로 시작하고, 또한 관용어 "그리고 그녀가 그에게…가 되었다"(ותהי לו ל־ – 와트히 로 레-; 13b, 16c절)를 사용하는 동일한 구문론적 문장을 담고 있다. 결과로서 나타나는 행동 B(14a-15b절)와 B′(17a-c절) 역시 각기 성읍의 여인들(הנשים – 하나쉼, 14a절; השכנות – 하슈케노트, 17a절)이 말한 하나의 진술을 담고 있는 것으로 형식과 내용이 평행된다.

둘 다 그 온 관심을 갓난아기(가알〈גאל, "기업 무르는 자", 14b절〉; 벤/오베드〈בן /עובד, "아들, 오벳", 17b-c절〉)와 나오미(14a, 17b절) 간의 관계에 집중하고 있다. 그리고 각기 관용어 쉠 콰라(קרא שׁם, "그의 이름을 부르다")를 담고 있다. 사실상 17d절에 있는 부가되었으면서도 중요한 동격어 "다윗의 아비인 이새의 아비"는 14c절에 있는 갓난아기에 대한 여인들의 기도 "이 아이의 이름이 이스라엘 중에 유명하게 되기를 원하노라"의 실현을 제공한다. 여인들의 첫 번째 진술 B(14a-15b절)의 충분히 확대된 내용은 이 장면 중에서 가장 중요한 부분임을 표시한다. 그리고 그 자체만으로 중요한 내용("해설"을 보라)인 이것이 야웨 찬양의 형식을 가지고 있기는 하지만, 여인들의 이 찬양은 나오미에게 온 집중을 하고 있다. 서술적 서론(14a절)은 이것이 그녀에게 주어진 것임을 밝히고 있으며, 나오미를 가리키는 2인칭 여성 단수 대명사 접미어가 여인들의 발언 전체에 걸쳐서 여섯 번이나 되풀이된다. 쉰/신, 베트(שׁ/שׂ, ב)라는 자음들과 모음 *i(도표를 보라; 참조. Porten, *GCA* 7[1978] 47)를 포함하고 있는 4중적 유사음으로 이루어지는 단어 유희(참조. Sasson, *IDBSup*, 969)가 나오미의 회복의 과정을 강조하고 또한 결합시켜 주고 있다: "여호와께서 오늘날 네게 기업 무를 자가 없게 아니하셨도다[השׁבית – 히슈비트]… 이는 네 생명의 회복자[למשׁיב – 레메쉬브]이며 네 노년[שׂיבתך – 세바테크]의 봉양자라 곧 너를 사랑하며 일곱[משׁבעה – 미쉬브아] 아들보다 귀한 자부가 낳은 자로다"(Porten, *GCA* 7[1978] 47). 또 다른 유음으로 이루어지는 단어 유희 즉 레칼켈(לכלכל, "봉양하다")과 칼라테크(כלתך, "네 자부") 간의 유사음으로 되어 있는 단어 유희는 이 장면의 중요성을 강조하고 있다(Porten, *GCA* 7[1978] 47).

이 구조는 이 설화의 절정과 해결을 묘사하고 있는 이 장면이 얼마나 완전한지를 드러내고 있는데, 그 모든 관심을 나오미와 그녀의 생명과 충만함의 회복에 집중하고 있으면서도 룻을 완전히 무시하지 않고 또한 룻과 나오미의 관계도 무시하지 않는다("해설"을 보라). 이 절정을 이루고 있는 장면에서 오로지 나오미에게만 관심을 쏟고 있다는 사실은 본서의 주인공이 룻이며, 그 중심 주제는 자신의 죽은 남편에 대한 그녀의 의무의 신실성으로 인하여 그녀가 성공적으로 엘리멜렉 가문의 상속자를 낳게 된 과정이라고 상상하는 사람들에게 여러 가지 문제를 안겨 준다. 루돌프(70)는 13절을 전체의 절정으로 밝히고 있는데(또한 참조. Campbell, 167), 그 이유는 여기서 2:12에 있는 보아스에 대한 축복이 실현되기 때문이라는 것이다: "이제까지 부정되어 온 어머니로서의 의무가 룻의 '완전한 보상'이다." 그는 17절을 "이웃 여인들이 그 아이에 관해서 '한 아들이 나오미에게 태어났다'고 외치도록"으로 읽도록 수정하고, 그 때문에 이것은 "전체 가운데 절정의 사건"을 이루고 있다고 주장한다. 왜냐하면 이것이 룻이 다윗의 증조모가 되었다는 사실을 확증하고 있기 때문이라는 것이다. 그 다음에 그는 결론짓기를, "그러므로 13절과 17b절로 본 이야기는 막을 내릴 수도 있다"고 한다. 따라서 그는 14-16절을 첨가 부분으로 취급해야 했다: "그러나 설화자는 아직도 그 마음속에 나오미에 관한 어떤 것을 가지고 있다." 일시적 기분과 같이, 그는 나오미에게 한 아들이 태어났다는 17절에 있는 이웃 여인들의 선언을 "좋은 의미의 조롱"으로 이해한다. 그러나 사실상 그러한 취급은 이 장면의 의미를 지극히 잘못 해석하는 것이다. 13절은 매우 간략한 사건들에 대한 요약에 지나지 않는 것이요, 위에서 그 구조를 살펴본 바와 같이 하나의 절정이 아니다. 게를르만(37)은 이 마감하는 장면은 룻이 아니라 나오미에게 관심을 집중하고 있다는 사실을 정확하게 지적하고 있다. 그러나 이를 설명하기 위해서 그는 설화자가 룻을 유대 국가로 가입시킨 것으로는 충분치가 않았다고 주장한다(앞에서 본서의 주 목적이 전승이 저자에게 다윗의 증조모로 전한 룻을 "유대화"하는 것이었다고 결론짓고 나서). 이와 반대로 저자는 13-17절에서 "입양이라는 행동을 통하여 갓난아기를 참 유대인 어머니에게로 돌리는 것에 대해 큰 어려움을 겪는다." 게를르만은 자기 품에 아기를 앉는 나오미의 행동에서 이 "입양의 행동"을 발견한다. 그러나 이러한 해석은 자기 품에 아기를 앉은 나오미의 행동의 의미를 잘못 해석하는 것일 뿐만 아니라(16절에 대한 "주석"을 보라), 본 장면의 요점을 완전히 놓치고 있다. 모리스(313)는 어째서 나오미가 이 마지막 장면에서 중요한 역할을 하고 있는지를 설명하기 위하여 또 다른 방침을 취한다. 그는 이 설화를 이 여인들이 이제 나오미가 훨씬 더 나아졌다고 알고, 또한 그녀가 더 폭넓은 교우관계를 가질 필요가 있는 사람이기 때문에 나오미에게 왔다고 상상함으로써 심리학적으로 분석한다.

그러나 이 장면에 대한 이러한 모든 해석들은 그 의미를 놓치고 있다. 이 단락의 구조가 보여 주고 있는 바와 같이, 이 장면의 중심점은 율법 이야기를 통하여 그리고 아기가 그녀를 사랑하고 일곱 아들보다 귀한 자부에게서 태어났다는 사실 덕분에 그녀의 자식이 된, 룻과 보아스 사이에서 태어난 아기를 통하여 나오미가 생명과 풍요로 회복되었다는 사실을 묘사하는 것이다. 그러한 절정은 1:19b-23에 묘사된 죽음과 상실이라는 감동적인 장면이 그러하듯 균형을 이루면서, 나오미가 "그 '고통'이 전체 이야기를 함께 결합시키는 인물"임을 실제로 보여 준다(Campbell, 168).

주석

13 (직역) “보아스가 룻을 취했다. 그리고 그녀가 그의 아내가 되었다”(וַיִּקַּח בֹּעַז אֶת־רוּת וַתְּהִי־לוֹ לְאִשָּׁה – 와이콰흐 뽀아즈 에트-루트 와테히-로 레이샤). 이 관용어의 어투는 “취하다”란 동사가 틀림없이 혼인 의식에서 신랑의 집으로 데려가는 공식적인 과정을 나타내는 “집으로 데려가다”(참조. 신 20:7)란 개념을 담고 있는 특별한 문화적 성향을 가진 어투다(참조. 창 24:67; 위의 11b의 “주석”을 보라). 이것은 “네 집에 들어가는 여인”(11절)에 대해서 말하는 장로들의 축복에 포함되어 있는 어투 가운데서 신랑의 관점에서의 반영이다. 그렇다면 전체의 표현은 문화적으로 “그래서 보아스가 룻과 결혼했다”와 동일하다.

“그와 동침하였더니”(직역하면 ‘그가 그녀에게 갔다’)(וַיָּבֹא אֵלֶיהָ – 와야보 엘레하). 이것은 성관계에 대한 통상적인 구약성경의 완곡어다(예를 들어, 창 16:2; 29:21, 23; 삼하 16:21). 이 완곡어는 자기 아내의 장막이나 방으로 들어가는 남편의 행동으로부터 기원이 된 것이다(창 39:14; 삿 15:1; 삼하 12:24; 잠 2:19과 같은 구절들에서 확정적으로 드러난 바와 같이; 이것은 또한 같은 목적으로 남자의 방으로 들어가는 여인에 대해서도 사용될 수 있다. 참조. 창 19:34; 삼하 11:4). 문자 그대로의 번역 “그가 그녀에게로 갔다”(NIV)는 영어 용법에서는 전혀 그러한 개념을 가지고 있지 않고, 반면에 “그가 그녀에게로 들어갔다”(NASB, RSV, Moffatt)와 같은 번역은 이것이 영어 번역가에 의하여 성교 행위 자체를 가리키는 것으로 이해된다는 점에서 부적절하며, 그런 까닭에 완곡어가 될 수 없다. 영어에서 대체적으로 같은 표현을 가진 표현으로서 우리는 이것을 “그들이 함께 했을 때”로 번역하기로 결정했다.

“여호와께서 그로 잉태케 하시므로”(직역하면 ‘야웨께서 그녀에게 잉태를 주셨다’)(וַיִּתֵּן יהוה לָהּ הֵרָיוֹן – 와이텐 아도나이 라흐 헤라욘). 유온이 설명하는 바와 같이 헤라욘(הריון)은 “수태”(conception)라기보다는 “임신”(pregnancy)이 더 적절하다.

14 “오늘날 네게 기업 무를 자가 없게 아니하셨도다”(לֹא הִשְׁבִּית לָךְ גֹּאֵל הַיּוֹם אֲשֶׁר – 아쉐르 로 히슈비트 라크 꼬엘 하욤). 이 히슈비트(השבית)의 용법은 예외적인 것이다. 전치사 민(מן)과 함께 사용되었을 때, 이것은 “…로부터 제거하다”(예를 들어, “집으로부터 누룩을,” 출 12:15) 혹은 “…로부터 (어떤 것)을 모자라게 하다”(예를 들어, “소제로부터 소금을,” 레 2:13) 혹은 “(누군가가 어떤 일)을

하기를 중단하다"(예를 들어, "백성이 일하기를", 출 5:5)를 의미할 수 있다. 전치사구 없이 이것은 단순히 "제거하다"(예를 들어, "이방 제사장들", 왕하 23:5) 혹은 "…를 그치게 하다"(예를 들어, "이스라엘 왕국", 호 1:4)를 의미할 수 있다. 이러한 분명한 구문론적 범위와 함께, 여기에 나오는 긍정적인 진술은 "너를 위하여 오늘날 한 기업 무를 자가 없게 하지 않았다"를 의미한다. 이 문구가 부정될 때, 그러한 의미는 영어에서는 긍정적 진술로 전달될 수 있다: "그가 너를 위하여 한 기업 무를 자를 준비하셨다"(참조. TEV)이지만, 통상적인 번역 "그가 너에게 한 기업 무를 자를 없게 남겨 놓지 않았다"가 더 나을 것인데, 이것이 히브리어와 같은 의미를 가지고 있고 부정 개념을 보존하고 있다.

"기업 무를 자"는 갓난아기임에 틀림없다. 이것은 "오늘날"(היום – 하욤; 14b절)의 가장 자연스러운 암시이며, 그를 낳은 자가 룻이라는 15b절에 있는 진술은 이것을 필수적인 것으로 만들고 있는데, 특히 앞 문장에 표현되어 있지 않은 주어(15a절)가 분명히 이 "기업 무르는 자"이기 때문이다. "기업 무르는 자"(גאל – 고엘)란 단어는 여기서 어떤 전문적인 의미로 사용되지 않았고 그가 15a절에 묘사되어 있는 일반적인 의미, 즉 나오미의 생명의 회복자요 노년의 봉양자로 사용되었다(참조. Leggett, *The Levirate*, 259의 설명). 이것은 이야기 가운데 나오는 여인들이 앞에서 고엘(גאל)을 사용했던 그 방식이다. 2:20; 3:9의 "주석"을 보라. 그러한 일반적인 의미를 법적 의제에 의하여 나오미의 아들인 이 아기에게 적용함에 있어서 부적당한 것은 없다(Sasson, 163-64는 이에 반대다).

그러나 수많은 학자들은 여기에 언급된 기업 무를 자가 보아스를 가리킨다고 주장해 왔다(예를 들어, Bewer, *AJSL* 20[1903-4] 202-23; 참조. Leggett, *The Levirate*, 255 n. 2에 있는 참고서적). 이러한 결론은 "기업 무르는 자"(גאל – 고엘)가 여기서 전문적인 용어, 즉 수혼의 의무를 시행하여 엘리멜렉의 가문의 상속자를 낳도록 요청을 받은 자로 사용되고 있다는 입장에 근거한다. 이것은 거의 일률적으로 이것이 보아스로 하여금 룻과 결혼하도록 설득하려는 나오미의 계획과 보아스에 의하여 성문에서 열린 법적 절차의 목적이라는 입장과 맞아떨어진다. 그러므로 베탄(Bettan)은 "이는 근족의 의무를 이행한 보아스를 가리킨다. 그리고 말론의 상속자를 얻은 바로 이날 자기의 직무를 완전히 이루었다"고 본다(Bettan, *Five Scrolls*, 71). 유사한 방식으로, 세이쏜(163)은 "여인들이 하나의 고엘이 나오미의 궁핍을 돌보기 위하여 생겨나게 된 그의 적극적인 행동으로 인해서 뿐만 아니라, 엘리멜렉 가문의 대가 끊어짐을 방지하기 위하여 그가 개입한 일로 인하여 하나님을 찬양하고 있었다"고 주장한다. 유온(93)은 여기에 나오는 기업 무르는 자라는 단어가 갓난아기를 가리키고, 또한 "(법적) 상속자와 거의 동일하지만 할아버지의 이름을 망각으로부터 구속 혹은 구출하는 뉘앙스를 가지고 있다"고 주장함으로써 이 입장을 극단으로 이끌어 간다. 그 다음의 문구 웨이콰레 쉐모 베이스라엘(שמו בישׂראל
ויקרא)이 "그의 이름이 이스라엘에서 선포될 수 있도록"이라는 결과를 나타내고 있으므로, 그렇게 선포된 이름은 엘리멜렉의 이름이 되어야 한다. 따라서 유온에 의하여 이 두 문장 사이에는 조화의 결핍이 나타나 있다: 그가 고엘(גאל, "기업 무르는 자")이 너에게 끊어지지 않게 했고, 그리하여 그의 이름이 이스라엘에서 선포되도록 하였다. 그런 까닭에 "너를 위하여"(לך – 라크)는 원문이 아님에 틀림없고, 이것은 레모트(למת, "죽은 자를 위하여")로 수정되어야 하며, 라크(לְךָ, "그가 증언하다")의 수정은 "여인들이 말하고 있는 나오미에 대한 생각을 통하여 서기관에게 쉽게 일어났을 수 있다!" 그러나 나오미에 대한 생각으로 휩쓸려 가서 본문 속에 그녀를 삽입한 사람이 어떤 고대의 서기관이 아니며, 여기서 기업 무르는 일이 엘리멜렉 가문의 상속자를 낳아 줄 책임을 가리킬 수 있을 뿐이고, 그래서 그러한 관심을 본문 속에 읽어 넣었던 입장을 통하여 그렇게 휩쓸려 간 사람은 유온 자신이다(JB를 포함한 다른 역본들처럼). 정확하게 이와 같은 편애로 인하여 리히터(*ZAW* 95 [1983] 125)는 14-15절 본문이 순서대로 되어 있지 않다고 결론짓게 되었다("보아스가 아닌 이 아기가 노년에 나오미의 봉양자가 되기 때문임"). 그는 "중요한 추측"은 순서대로 되어 있다고 느끼고, 따라서 그는 베트(בית)란 단어가 중자 탈락에 의하여 하슈비트(השׁבית) 다음에 본문으로부터 떨어져 나갔으며, 그 다음에 어떤 후대의 서기관이 빠져 있는 단어를 보충하기 위하여 라크 고엘(לך גאל)을 삽입했다고 상상한다. 그렇다면 변화들은 15절에서도 이루어져야 하고, 그리하여 이 본문은 나오미의 생명과 풍요를 회복시켜 주어서보다는 엘리멜렉의 가문을 보존시켜 주심으로 인하여 여인들이 야웨를 찬양하고 있는 것으로 만들어질 수 있다. 그러나 확실히 현재 그대로의 문장이 구문론적으로 또한 의미론적으로 정확하게 되어 있는 아주 훌륭한 문장을 이렇게 대담하게 수정하는 것은, 리히터가 "본서의 진정한 의도는…자신의 죽은 남편과 그 가족에게 대한 아내의 신실성을 찬양하는 것이다"라는 자신의 가설을 본 구절 속으로 읽어 넣고 있다는 사실을 드러내고 있다. 필자는 그러한 결론과 근거가 희박한 수정에 대해 강하게 반대하면서, 여기서 여인들과 여인들의 관심이 중심 무대에 서 있고 또한 그들의 아기에 대한 관심이 일차적으로 보아스가 자발적으로 엘리멜렉의 가문을 이어 주기 위하여 엘리멜렉의 기업의 상속

자로 약속했다는 사실과 연결시키고 있다는 데 대해서 단 하나의 증거도 없다는 사실을 주장하는 바이다. 그 반면에 이웃 여인들은 오직 그 다음 구절들 가운데서 이 아기에게만 관심을 가지고 있는데, 그 이유는 기업 무르는 자로서 아기의 기능이 나오미에게 "네 생명의 회복자이며 네 노년의 봉양자"(15a절)가 되는 것이기 때문이다. 그리고 이 아기가 나오미를 구속할 수 있다고 주어진 이유가 여인들의 관심과 관계를 반영하고 있다. 이것이 법적 의제(擬制)에 의하여 죽은 자의 가문을 이어 주는 그의 역할을 진술하는 말로 표현되어 있지 않고(야큠 알-쉠 하모트〈יקום…על־שם המת〉와 같은, 신 25:6). 그 반대로 이것은 그의 모성으로 인한 것이다. 나오미가 이 아기를 그녀의 노년을 구속할 자로 생각할 수 있는 것은 룻의 입증된 헌신과 정절로 인한 것이다: "곧 너를 사랑하며 일곱 아들보다 귀한 자부가 낳은 자로다"(15b절)!

"이름이 이스라엘 중에 유명하게 되기를 원하노라"(וְיִקָּרֵא שְׁמוֹ בְּיִשְׂרָאֵל – 웨이콰레 쉐모 베이스라엘). 이 표현의 정확한 뉘앙스는 난해하다. 이 문구의 의미는 다음 두 개의 질문에 대한 답변에 의하여 달라진다. (1) "그의 이름"에 있는 대명사 접미어 "그의"의 선행사가 무엇인가? (2) 관용어 니콰라 쉐모(נקרא שמו)의 의미가 무엇인가? 첫 번째 질문에 대해서는 "그의"가 기업 무를 자나 혹은 야웨 중 하나를 가리킬 수 있는데, 이 둘 다가 앞 문장에 언급되어 있다. 이것이 죽은 자를 가리킬 수는 없는데(엘리멜렉이나 말론; NEB는 이에 반대다; 참조. REB), 그 이유는 그가 10절 이후에는 어떤 방식으로든 언급되어 있지 않기 때문이다. 두 번째 질문에 관해서 이 관용어는 창세기 17:5; 35:10; 신명기 25:10; 에스겔 20:29; 다니엘 10:1(그리고 삼하 6:2=대상 13:6)에 나타나는 관용어인 문자 그대로 "그의 이름이 N으로 불릴 것이다"로 사용되지 않는다는 것이 분명하다. 이 후자의 관용어는 능동 문장의 수동형 "그가 그의 이름을 N으로 부를 것이다"이다(예를 들어, 창 5:2, 3; 16:15; Bush, "Ruth 4:17," 8에 있는 작명 공식 문구의 문장 구조의 분석에 있는 형식 § 2a를 보라). 이 문자 그대로의 관용어는 문맥에 어울리지 않을 뿐만 아니라 여기에 나타난 이 관용어는 구문론적으로 비평적인 점에서 다르다. 즉 준동사적 표현 이크라 쉐모(יקרא שמו, "그의 이름이 불려질 것이다")의 목적어가 나타나 있지 않다. 즉 그 어떤 이름도 나타나 있지 않다는 것이다.

그러나 로레츠(Loretz, *ZAW* 89[1977] 125)는 이 문구를 작명 공식 문구로 취급한다. 그는 이 이야기의 요점과 목적이 "수혼을 하여 남자 아기를 낳는 일에 관한 사건"이라는 막연한 근거에서 4:16에서 이 이야기의 근거를 찾아야 한다고 결론을 내린다. 그런 까닭에 그는 이 곳 14절에 있는 문구가 원래 와이크라 쉐모+PN(이름+ויקרא שמו)으로 되어 있었음에 틀림없고, 사람 이름이 보아스와 오벳이란 이름들이 설화 가운데 부차적으로 소개되었을 때 베이스라엘(בישראל)로 전환되었다고 주장한다. 그러나 그러한 입장의 지극히 사변적인 성격과 또한 그들이 기초를 둔 근거들의 빈약성은 고사하고, 작명 공식 문구가 여인들이 나오미의 생명의 회복자며 노년의 봉양자가 될 고엘(גאל, "기업 무르는 자")을 제공해 주심으로 인하여 야웨를 찬양하고 있는 14절의 마지막 문장의 문맥에는 어울릴 수 없다.

세오쏜(164-66) 역시 이름이 빠져 있다는 사실을 설명한다. 그렇지만 룻기의 본 구절 이외에 위의 관용어가 출현하는 경우에 고유명사가 뒤따라온다는 사실을 발견하고, 그는 이와 같은 사실은 여기서도 같다고 주장한다. 그러므로 이 구절은 "원래 나오미의 고엘이 될 아기의 이름을 포함했을 수도 있다"(166). 세이쏜은 4:13-17이 하나가 아닌 두 개의 탄생 에피소드로 구성되어 있다는 자기의 가설을 뒷받침하기 위하여 이 주장을 이용한다. 그가 고엘 에피소드라고 이름짓고 있는 13-15절의 첫 번째 에피소드는 법적으로 룻과 보아스의 아기로서 그들 사이에서 태어나 보아스로부터 그 직능을 물려받은 나오미의 고엘(גאל, "기업 무르는 자")이 된 아기를 묘사하고 있다. 그가 "아들" 에피소드라고 이름 붙이고 있는 16-17절에 나타나는 두 번째 에피소드는 룻과 보아스 사이에서 태어난 두 번째 아기를 기술하고 있는데, 그는 엘리멜렉의 가문에 상속자를 낳아 줄 것이라는 보아스의 약속을 이루는 나오미의 아들과 상속자라는 것이다(158-61). 그러나 13-15절을 16-17절로부터 구별하여 한 아이의 태어남과 이름을 짓는 에피소드로 이해하려는 세이쏜의 시도는 유지될 수 없다. 그렇게 하기 위하여 그는 13-15절을 *The Problem od Etiological Narrative*에서 롱(Long)이 주장했던 혼합된 형태의 출생과 작명 인과론의 한 실례로 이해하려고 한다. 이러한 관점으로부터 본문에 대한 세이쏜의 분석(159)에서 13절은 "배경"을 이루고, 14-15절은 "출생 기록"(그리고 작명)을 이룬다. 그러나 출생 기록은 실제로 13c-d절에 나타난다: "그리고 그들이 함께 했을 때, 야웨께서는 그녀로 하여금 잉태하게 하시고 또한 그녀는 한 아들을 낳게 되었는데"에 대해서는 13a-b절이 실질적인 배경이다: "그리고 보아스가 룻을 취했다. 그리고 그녀가 그의 아내가 되었다." 더 나아가서 14a-b절은 "고엘의 출생에 대한 나쉼(여인들)의 선언"으로 해석될 수 없다(159). 첫째로 출생은 이미 13c-d절에 기록되었고, 둘째로 여인들의 진술은 선포의 형태를 가지고 있지 않다. 그보다도 이것은 그녀에게 하나의 고엘(גאל, "기업 무르는 자"), 즉 궁핍에 처한 가족 구성원을 돌볼 자를 제공해 준 것에 대해서 야웨를 찬양하는 말이다(15절의 어투가 분명하게 밝혀 주고 있는 바와 같이). 그러한 문맥은 문자 그대로 하나의 이름을 지어 준다는 의미에서 이크라 쉐모(יקרא שמו)라는 관용어의 의미를 취하기를 배제한다(그리고 세이쏜은 이것을 그렇게 번역하지 않는다!). 여기에 나오는 여인들은 고엘(גאל, "기업 무르는 자")의 출생을 선언하고 있지 않다. 그들은 나오미에게 생명과 풍요를 회복시켜 주신 것에 대해서 야웨를 찬양하고 있는데, 이런 배경에서는 (룻이나 보아스에 의하여?) 아기의 작명은 의미가 없다. 마지막으로 그리고 결정적으로, 세이쏜의 가설은 우리의 저자가 큰 힘을 가지고 그리고 인간애를 취급하면서 죽음과 상실로부터 나오미의 생명과 풍요로의 전환을 묘사하고 있는 하나의 단락을 세이쏜의 해석에서 한 아들은 엘리멜렉의 가문을 이어 주고, 다른 아들은 룻이 3:9에서 보아스에게 요구했던 고엘(גאל, "기업 무르는 자")이 되어 줄 자로 법적인 세부 사항들을 만족시켜 주는 것과 관련된 것으로 재해석한다.

따라서 니크라 쉠(נקרא שם)이란 관용어를 작명 공식 문구로 이해하는 데 필요로 하는 하나의 비평적 구문론적 요소, 즉 목적어인 이름이 빠져 있으므로, 이 관용어는 또 다른 의미에서 해석되어야 한다. 우리가 이미 바로 이 본 장에서 능동태로 사용된 관용어의 이러한 독립적 사용을 살펴보았다는 사실은 의미가 있다(4:11). 이 관용어는 구약성경에 있는 두 개의 다른 구절(창 48:16; 렘 44:26)에서는 나타나지 않지만, 이 두 구절에 포함되어 있는 의미는 여기에 나타나 있는 용법과 관계가 있지 않다. 동사 콰라(קרא)가 니팔형(수동형) 어간에서 쉠(שם, "이름")과 함께 본 구절과 비교되는 주어로 사용된 용례가 없으므로, 우리가 살펴보고 있는 이 관용어가 수동적 행동, 즉 쉠(שם)+단순 목적어인 대명사 접미어(혹은+이름)를 가진 콰라(קרא)의 칼형 어간의 사용이 될 수 있는 동사의 능동적 용법으로 돌아설 필요가 있을 것이다. 여기서 우리는 콰라 쉠(קרא שם)이란 관용어가 기도나(예를 들어, 렘 3:55) 혹은 찬양, 축하에서, 즉 "그의 이름을 찬양하고, 축하한다"는 의미에서 "그의 이름을 선포하기 위하여" 야웨의 "이름을 부르는 것"을 의미하는 여러 용례를 가지고 있다(특히 신 32:3; 시 99:6을 보라. 그리고 Campbell, 163의 유익한 설명을 유의하라). 이 관용어를 능동적으로 사용하는 그 모든 실례들이 야웨를 주어로 가지고 있으므로, 이 곳 룻기 4:14에 있는 관용어의 수동형은 같은 방식으로 이해하여 야웨께서 "그의 이름"에 들어 있는 대명사 "그의"의 선행사가 되어야 하고, 따라서 이 문구는 실질적으로 "그의 이름이 찬양 받으시기를"(NJB그 그렇게 번역함)과 동일한 것으로 이해되어야 할 수도 있으며, 여인들이 야웨를 찬양함으로써 말을 시작하고 있으므로 이것이 이 문맥과 잘 어울릴 수 있다. 그러나 앞 문장(14a절)과 다음 문장(15a절)의 주어는 모두 갓난아기다. 여기에 주어의 어떤 변화가 암시되어 있지 않았으므로, 이 갓난아기를 이 문장의 주어로 보는 것이 더 자연스러워 보인다. 특히 만일 이름이 여기서 "유명, 명성"의 의미로 사용되었다면, 그러한 관용어는 하나의 인간에 대해 사용되었을 수 있다는 것도 불가능하지 않다(BDB, 2.b, p. 1028). 그렇다면 필자는 여기서 사용된 관용어는 "그의 이름이 이스라엘 가운데서 선포되기를[즉 '유명하게 된다'는 의미에서] 원하노라"를 의미한다고 결론짓는 바이다(참조. BDB, 2.a, p. 896; KB^3, 2.b, p. 1055). 마지막으로 여기서 "이스라엘"이라는 용어는 하나님의 모든 언약 백성을 가리키며, 그리하여 "여기서 그 범위가 크게 되어 4:11에 있는 베들레헴과 에브라다와 같은 지역을 넘어, 혹은 남왕국과 북왕국을 지칭하는 유다와 이스라엘과 같은 정치적 단위"까지도 넘어간다(Campbell, 163).

15 "이는 네 생명의 회복자며 네 노년의 봉양자라"(직역하면 '그리고 그가 너에게 생명의 회복자요 노년의 봉양자가 될 것이다')(**וְהָיָה לָךְ לְמֵשִׁיב נֶפֶשׁ וּלְכַלְכֵּל אֶת־שֵׂיבָתֵךְ** – 웨하야 라크 레메쉬브 네페쉬 울르칼켈 에트-세바테크). 하쉬브 네페쉬(**הֵשִׁיב נֶפֶשׁ**)의 문자 그대로의 의미는 욥기 33:30에 있는 것과 같은 "생명을 회복하다"이다. 이것은 열왕기상 17:21, 22에 있는 것과 같은 관용어 야수브 네페쉬(**נֶפֶשׁ יָשׁוּב**, "생명이 돌아오다, 회복되다")의 타동사적(혹은 사역형) 반사 작용이다(참조. Holladay, *The Root Šubh*, 75, 97). 그러나 보다 자주 이것은 정상, 존재의 완전한 상태를 회복한다는 의미에서 상징적 의미인 "누군가의 영, 용기 혹은 힘을 갱신하다/회복하다"로 사용된다(참조. Westermann, *THAT* 2:79). 예레미야애가 1:11, 19에서 이 관용어는 음식이 사람을 굶주리게 하는 내용을 기술하는 데 사용되고, 반면에 예레미야애가 1:16에서 이것은 큰 비극의 중간에서 위로하고 안위하는 사람에 의하여 제공된 심령의 갱신을 기술하고 있다. 한 문맥 잠언 25:13은 부와 의미심장한 이미지를 제공해 준다: "충성된 사자는 그를 보낸 이에게 마치 추수하는 날에 얼음 냉수 같아서 능히 그 주인의 마음을 시원케 하느니라[**נֶפֶשׁ אֲדֹנָיו יָשִׁיב** – 네페쉬 아도나이우 야시브]." 관용어에 대해 사용된 이러한 평행절을 고려해 보면, 본 문구가 "생명이 충만함으로 회복하다"란 상징적 의미로 사용된다는 사실이 룻기 이야기 문맥 가운데 나타난다. 여기서 우리의 저자는 전체 이야기의 예술적인 마감을 제공해 주는 하나의 인클루시오를 만들어 내고 있는데, 그 이유는 그가 여기서 해결되는 나오미가 가장 쓰라린 죽음과 상실을 표현했을 때인 2:1에서 그녀의 입에

서 나왔던 것이 수브(שׁוּב) 히필형이었음을 말하고 있기 때문이다: "내가 풍족하게 나갔더니 여호와께서 나로 비어 돌아오게 하셨느니라(הֱשִׁיבַנִי)." 이 문맥 가운데서 이 문구의 이러한 의미를 고려해 볼 때, 이 문구는 나오미의 풍부하고도 의미심장한 은유를 표현하고 있다(Morris, 313-14는 이에 반대다).

이 아기의 기능을 묘사하기 위하여 사용된 두 번째 표현의 의미는 아주 분명하다. 칼켈(כלכל)은 특별히 "부양하다, …의 필요들을 공급하다"를 의미한다(참조. 창 45:11; 왕상 4:7). 그러나 그 구문론이 두드러져 있는데, 그 이유는 이것이 부정사 연계형+라메드(ל)로 되어 있고, 반면에 메쉬브(מֵשִׁיב)와 균형을 이루도록 분사형 메칼켈(מכלכל)을 예상했을 것이기 때문이다. 다른 비교할 만한 실례는 구약성경에 기록되어 있고(Rudolph, 69가 그렇게 함), 또한 이것은 지나치게 성급한 수정에 대하여 우리에게 주의를 주고 있다(참조. Sasson, 167).

"일곱 아들보다 귀한"(אֲשֶׁר־הִיא טוֹבָה לָךְ מִשִּׁבְעָה בָּנִים – 아쉐르-히 토바 라크 미쉬브아 빠님). 관용어 토브 레(טוב ל)는 문자 그대로는 "…을 위하여/에게 좋게 하다/되다"를 의미한다. 참조. 사무엘상 25:15. 여기서 이것은 상징적으로 사용되었다: "그녀는 그 이상을 의미한다, 너에게 그 이상으로 가치가 있다"는 의미(참조. Joüon, 94; Campbell, 164)에서 "그녀가 너에게 더 좋다"(NJPS). 이것은 과거를 가리킨다기보다는(NEB, TEV는 이에 반대다), 오히려 현재를 가리킨다. 이 표현은 룻이 나오미에게 의미하는 모든 것을 잘 표현하고 있는데, 그 이유는 "일곱"이 성경적 개념에서 아들들의 이상적인 숫자이기 때문이다(참조. 삼상 2:5; 욥 1:2; 42:13; 마카비2서 7; 행 19:14-17). 자신이 그녀에게 열 아들보다 더 낫다는 한나에게 말한 엘가나의 확언(삼상 1:8)은 관습적인 표현에서 능가하도록 하기 위하여 의도된 것으로 보인다.

"그녀가 아기를 취하여 품에 품고"(וַתְּשִׁתֵהוּ בְחֵיקָהּ – 와트쉬테후 베헤콰흐). 헤크(חיק)는 아기들을 안고 데려가는(민 11:12) 혹은 배우자나 사랑하는 자를 앉는(한 여인의 남자, 왕상 1:2; 한 남자의 한 여인, 신 28:56) 몸의 일부분을 가리킨다. 이것은 또한 환유법을 통하여 사람이 손을 넣거나(출 4:6, 7) 물건을 둘 수 있는(잠 17:23) 몸의 이 부분의 옷을 덮는 것을 가리킨다. 한 구절에서 이것은 "무릎"(잠 16:33)에 대한 실질적인 동의어이지만, 다른 모든 구절들 가운데서 이것은 "품, 가슴"과 동의어다. 이것은 결코 아기가 젖을 빠는 여성의 유방을 가리키지 않는다. 그것이 품이라는 의미를 가지고 있을 때 그것과 함께 가장 자주 사용된 준동사적인 표현은 나사 베(נשׂא ב, "…로 나르다"), 그리고 샤카브 베/하슈키브 베(ב

השׁכיב/שׁכב, "눕히다, …에 눕다")이다. 여기서만 이것이 준동사적 표현 쉬트 베(ב שׁית, "…에 두다")와 함께 나타난다.

이 구절은 12장에서 나오미를 고통스럽게 했던 죽음과 상실로부터 생명과 풍요로의 회복을 묘사하는 데 모든 주의를 다 기울이고 있다(양식/구조/배경과 "해설"을 보라). 이 회복은 보아스가 엘리멜렉 가문의 상속자로 약속했던 룻과 보아스 간의 아기, 그런 까닭에 법적 의제(legal fiction)에 의하면 나오미의 손자의 출생을 통하여 그 결과가 나타났다. 그러한 관계 때문에 그는 그녀의 생명을 회복시켜 주고 그녀의 노년에 봉양해 주는 자가 될 고엘(גאל, "기업 무르는 자")로 지칭될 수 있다(15절). 이것이 인정될 때, 이 "아기를 취하여 품에 품고"란 표현은 모든 여인들이 이해할 수 있는 말로 나오미의 생명과 풍요로의 회복의 완전성을 묘사하는 부드러움과 사랑을 나타내기 위하여 의도되었다는 사실이 매우 분명하다. 궁켈이 표현한 바와 같이, 16-17절은 "부드러운 모습"을 그리고 있다("Ruth," 84; 참조. Rauber, *JBL* 89[1970] 34-35). "그러한 이해가 잘 지어진 이야기의 결말에 적합하지 않았을 것"이라고 판단하고 나오미의 완전한 회복에 대한 의미심장하고도 감동적인 모습을 "맥빠지고 무의미한 감상적 표출"(Sasson, 171-72)을 드러내는 것으로 지칭하는 것은 이 장면을 실제로 오해한 것이다.

그러나 자주 아기를 자기 품에 품는 나오미의 행동이 입양에 대한 상징적 행위라고 주장되어 왔으나(Gerleman, 37-38; Würthwein, 23; 특히 Köhler, *ZAW* 29[1909] 312-14; Leggett, *The Levirate*, 260-63), 엄밀한 의미에서 입양이 구약성경에서 알려졌고 시행되었는지는 지극히 의심스럽다(참조. Mace, *Hebrew Marriage*, 116-17, 212-13; de Vaux, *Ancient Israel*, 51-52). 드 보(de Vaux)는 나오미의 행동을 한 아기를 또 다른 사람의 무릎에 두는 관습과 비교하고(창 30:3; 48:12; 50:23) 이것들이 완전한 의미에서 입양이 아니라고 결론지었는데, 그 이유는 그러한 일들이 가족과 직계 가족 내에서 일어나고 "그러므로 그러한 입양의 법적 결과들이 멀리 미치지 않기 때문"이라고 한다(*Ancient Israel*, 51). 그러나 연루된 이 두 행동은 확연히 다르다: 창세기 구절들은 무릎을 말하고 있고, 반면에 헤크(חיק)는 엄밀하게 "무릎"이 아니라 "품"이라는 것이다(참조. Köhler, *ZAW* 29[1909] 312). 더 나아가서 창세기의 관습은 입양 행위라기보다는 아기가 무릎 사이에서 태어나거나 가장이나 여가장의 무릎 사이에 두는 의식으로서 출생 과정에서 그들이 참여함으로써 자기들의 가족으로 인정하는 것으로 이해하는 것이 더 나을 것이다(Köhler, *ZAW* 29[1909] 312; 참조. Sasson, 171). 앞의 4:5b의 "주석"에 있는 [룻기 4장의 수혼 형태의 결혼 책임의 성격]에서 우리가 살펴본 바와 같이, 룻과 보아스 간의 결합의 결과로 낳은 첫 번째 아기가 가문을 이어 주고 법적 의제에 의하여 엘리멜렉의 재산 상속자가 되므로, 나오미는 이 아기를 입양할 필요가 없었다. 그는 이미 그녀의 자식이 된 것이다(참조. Joüon, 94). 이러한 평행절들과 그들이 입양으로 해석한 것이 지극히 빈약한 것 이외에도, 이러한 행위를 하나의 법적 절차로 해석한 사실을 가장 타당치 못하게 만드는 것은 무엇보다도 이 구절의 성격이 생명과 더할 나위 없는 행복으로의 나오미의 회복에 대한 묘사라는 점이다. 나오미의 행동은 "사랑의 행위이지 법적인 행위가 아니다"(Rudolph, 71).

"그리고 그의 양육자가 되니"(וַתְּהִי־לוֹ לְאֹמֶנֶת – 와트히-로 레오메네트). 아만(אמן)의 칼형 어간은 분사 형태로만 "아기를 기르다, 아기를 돌보다"란 의미와 함께 나타난다. 이것은 단 한 번 준동사적 문장에서 사용되었다(에 2:7). 다른 곳에서 이것은 명사로서의 기능을 한다. 놀랍게도 남성형은 아기를 돌보는 한 사람을 가리키는 데 사용되었고(ינק, 민 11:12), 또한 아합의 70명의 아들들을 "양육하는"(מגדלים) 보호자들을 지칭하기 위하여 사용되었다(왕하 10:1, 5; 참조. 사 49:23). 여성형은 한 구절(룻 4:16 이외)에서 다섯 살 난 므비보셋의 "유모"를 가리키기 위하여 나타난다(삼하 4:4). 그런 까닭에 이 단어가 한 아기를 양육하고 돌보는 사람이라는 의미의 "유모"를 의미하기 위하여 사용된다는 사실이 분명하다. 이것은 "유모가 되다"를 의미하지 않는다(de Waard-Nida, 79는 이에 반대다). 이 의미가 어근 야나크(ינק, "빨다")로부터 파생된 히필 분사 메네퀘트(מינקת)로 표현되었다(이 용어까지도 "보호, 다스림"의 의미로 사용될 수 있다는 사실을 유념하라; 이것은 완전히 성숙한 리브가를 돌보는 여인에게 사용되었다; 창 24:59; 35:8). 필자의 의견에는 이 단어가 모호하고 "유모"를 의미하는 것으로 취급될 수 있으므로 영어 단어 "유모"(nurse)는 피하는 것이 가장 좋을 것 같다.

헤크(חיק)가 "품, 가슴"을 의미하고, 반면에 히브리어가 아기들이 젖을 빠는 여인의 유방을 가리키기 위해서는 다른 단어를 사용하고 있다는 사실, 오메네트(אמנת)가 아이를 돌보는 사람을 의미하고 결코 유모를 의미하지 않는다는 사실, 그리고 나오미가 그러한 기능을 실현하기에는 너무나 늙었다는 사실(참조. Sasson, 172) – 이것들은 여기에 나오는 어휘가 한 왕의 아기가 여러 여신들의 젖을 빨고 자랐다고 기록하고 있는 고대 근동 문서에 나오는 언급들을 상기시키기 위하여 의도되었다고 주장하려는 세이쏜의 시도(235-37)가 불가능하다는 것을 입증한다. 이것이 아기가 젖을 빨았다는 언급이 없이 한 할머니가 자기의 손자를 돌보고 있는 이러한 애정 어린 모습이므로, 여기에는 세이쏜이 인용한 구절들과 비교할 만한 흔적을 가진 동기가 전혀 없다.

17 "그 이웃 여인들이"(הַשְּׁכֵנוֹת – 하슈케노트). 샤칸(שׁכן, "이웃, 거주민")의 여성형이 다른 곳에서는 출애굽기 3:22에서만 단수형으로 나타나는데, 그 곳에서 이 단어는 분명히 "(여성) 이웃"을 의미한다. 그러나 남성형은 "이웃"과 "주민" 모두를 의미할 수 있다(예를 들어, 사 33:24; 호 10:5). 그런 까닭에 여기에 나오는 하슈케노트(השכנות)가 일반적인 베들레헴의 여성 거주민을 가리킨다는 사실이 가능하다(참조. NIV). 그러나 그렇게 지칭된 여인들이 아기와 나오미에게 친절한 역할을 하고 있으므로, 즉 그들이 그 아기와 나오미의 관계에 근거하여 그 이름을 거론하고 있으므로(아래를 보라), 이 단어는 "(여성) 거민"이 아니라 "(여성) 이웃"을 의미한다는 것이 훨씬 더 타당성이 있다.

"그 이웃 여인들이 그에게 이름을 주되 나오미가 아들을 낳았다 하여 그 이름을 오벳이라 하였는데"(וַתִּקְרֶאנָה לוֹ הַשְּׁכֵנוֹת שֵׁם לֵאמֹר יֻלַּד־בֵּן לְנָעֳמִי וַתִּקְרֶאנָה שְׁמוֹ עוֹבֵד – 와티크레나 로 하슈케노트 쉠 레모르 율라드-벤 레나오미 와티크레나 쉐모 오베드). 여기에 나오는 복잡한 작명은 형태나 내용상 너무나 이례적이므로 자주 이것은 위에서 주어진 번역 가운데서 주어진 바로 그 의미로 이해될 수 없다고 주장되어 왔다. 두 가지 주된 반대 의견들이 본문을 현재 그대로 취급해야 한다고 주장되어 왔다. (1) 17a절에 있는 관용어 와티크레나 로…쉠(ותקראנה לו…שם)은 "그리고…그에게 이름을 주었다"를 의미하는 바로 그 의미로 취급될 수 없으며, 그러므로 어떤 다른 의미가 의도되어 있음에 틀림없다는 것이다. (2) 이 문장의 원본문이 표준적인 작명이었지만, 후대의 편집자들에 의하여 되었으며, 그래서 본문을 순서대로 두기 위하여 원래 이름을 회복시키는 것과 같은 여러 가지 변화가 이루어져야만 했다는 것이다(아래를 보라). 이러한 결론들을 입증하기 위하여 제시된 주장들은 주로 다음과 같은 것들이다. (1) 이웃 여인들은 그 이름을 명확하게 설명하는 진술을 하고 있을 뿐만 아니라(17a-b절), 그 아기의 이름을 지어 주기도 한다(17c절). 구약성경에는 모친 이외의 다른 사람이나 혹은 때때로 아버지가 아기 이름을 짓는 다른 실례들이 없다. 사무엘하 12:25에 있는 평행절은 근거가 확실하지 않은데, 그 이유는 거기서 그것은 아이의 개인 이름을 짓는 것이 아니라 선지자 나단이라는 대리인을 통하여 솔로몬에게 상징적인 이름을 지어 주는 일이 야웨께서 하신 일이기 때문이다(참조. Witzenrath, 23). 누가복음 1:59 역시 적절한 것이 아닌데, 그 이유는 거기서 작명하는 일이 이웃들이 주장하는 일이고 이를 부모가 거절하고 있기 때문이다(Rudolph, 70에서 그렇게 말함; 참조. Sasson, 273-74의 설명). (2) 17b절에 있는 이웃 여인들의 발언은 구약성경에 있는 작명 기사들 가운데서 압도적으로 그러한 바와 같이 17c절에서 그들에 의하여 주어진 아기의 이름에 대한 발음 그대로의 암시나 혹은 제시를 담고 있지 않다(위의 논의를 보라). (3) 17a절이 콰라 로 쉠(קרא לו שם)을 담고 있고 레모르(לאמר, "말하여")로 소개된 이름에 대한 설명으로 보이는 내용이 뒤따라오므로, 이것은 불완전한 인과관계적 작명인 것으로 보이며, 그런 까닭에 이 구절은 두 개의 그러한 이름들을 담고 있는 것으로 보인다(참조. Ap-Thomas, *ET* 79[1967-68] 370-71; Campbell, 166; Eissfeldt, *Introduction*, 479; Joüon, 95; Witzenrath, 24-25). 그러나 최근의 한 논문(Bush, "Ruth 4:17," 3-14을 보라)에서 필자는 (1) 이것이 결론짓고 있는 장면의 문학적 성격과 의미(위의 "양식/구조/배경"을 보라), 그리고 (2) 구약성경에 현존하는 작명의 구문론적 구조들에 대한 정확한 이해를 계산에 넣는다면 본문은 현재 그대로로써 일관성 있는 해석이 제공될 수 있다고 주장했다. 첫째로, 최소한 구조상 17절은 인과관계적 작명의 완전히 정상적인 하나의 실례라는 사실이 입증될 수 있다. 주동자들 가운데 한 사람의 직접적 발언으로 이루어져 있는 이름에 대한 설명이 앞에서 나오고, 작명 그 자체가 콰라(קרא; 와우 연속법)+쉠(שׁם)+대명사 접미어+개인 이름이라는 매우 빈번한 구조를 가지고 있다(Bush, "Ruth 4:17"에 있는 구문론적 구조 § 3a, 특히 p. 10에 있는 "해설"을 보라).

해설: 17a-b절
וַתִּקְרֶאנָה לוֹ הַשְּׁכֵנוֹת שֵׁם לֵאמֹר יֻלַּד בֵּן לְנָעֳמִי(와티크레나 로 하슈케노트 쉠 레모르 율라드 벤 레나오미)
그리고 그 이웃 여인들이 그에게 이름을 주되 "나오미가 아들을 낳았다" 하여
작명: 17c절
וַתִּקְרֶאנָה שְׁמוֹ עוֹבֵד(와티크레나 쉐모 오베드)
그리고 그들이 그 이름을 오벳이라고 불렀다.

둘째로, 해설 가운데 있는 "그 이웃 여인들이 그에게 이름을 주되"란 문구는 이것이 수정되어야 할 정도로 불완전한 작명은 아니다(예를 들어, 빠진 이름을 덧붙여 주어서, Eissfeldt, *Introduction*, 479-80; Würthwein, 2-3, 24에서 그렇게 주장함; 혹은 약간 다른 절차를 통하여 Rudolph, 69-70; Joüon, 45가 그렇게 주장함). 이 항목에 대해서 어떤 다른 의미가 있는 것으로 가정할 필요도 없다(예를 들어,

R. Hubbard, *VT* 38[1988] 299-301; Campbell, 165-66; Sasson, 168; 참조. Bush, "Ruth 4:17," 11). 그 반대로, 여기에는 형식과 의미에 관해서 전혀 불완전한 부분도 없다. 이것은 질 입증된 작명에 대한 "총칭적" 진술의 한 실례다(예를 들어, 창 2:20; 26:18; 사 65:15; Bush, "Ruth 4:17," 7에 있는 구문론적 문장 구조 § 1을 보라).

마지막으로, 작명의 인과관계적 형식들 가운데서 그 이름에 대한 설명이 주로 유사한 소리에 의존하기는 하지만(Sasson, *IDBSup*, 969), 즉 이것이 그 이름의 소리의 유사성 혹은 암시를 담고 있기는 하지만(Bush, "Ruth 4:17," 9-10를 보라), 이 구절에 직접적으로 관련되어 있는 이러한 형태의 단어 유희와는 차이가 있다. 가끔 이름에 대한 설명이 유음, 곧 소리의 유사성에 의존하지 않고 의미에 대한 단어 유희에 의존한다(참조. Witzenrath, 24). 예를 들어, 창세기 35:18b에서 리브가가 베냐민에게 붙여 주는 벤-오니, 즉 "나의 슬픔의 아들"이라는 이름은 18a절에 설명된 상황, 즉 죽음으로 몰고 간 그녀의 산고로 설명된다. 이와 유사하게 창세기 38:30에서 "세라"(זרח, 제라; 마치 제라흐〈זרח, "일출"〉로부터 파생된 것과 같이; 참조. 왕하 3:22)란 이름은 샤니(שָׁנִי, "주홍색 실")에 대한 의미론적 단어 유희로 설명된다(또한 참조. 삼하 12:24-25; 창 22:14; 26:21; 삼상 23:24-28). 이러한 실례들이 보여 주는 바와 같이, 이러한 의미론적 단어 유희는 때때로 유음 현상에서 그러하듯이 모호하고 동떨어져 보이는 암시에 근거할 수 있다. 이러한 해석은 아이쓰펠트의 두 개의 논문을 통하여 설득력 있게 논증되어 왔는데(*SSAW* 110[1965] 23-28; *Syria* 43[1966] 39-47), 거기서 그는 룻의 이야기와 다윗 가문 간의 역사적 관련성이 결핍되었다는 사실과 관련하여 자신이 *The Old Testament*, 479-80에서 신봉했던 입장을 뒤집어엎었다. 후대의 논문들 가운데서 아이쓰펠트는 전승이 보아스, 룻, 오벳의 이름들을 룻기의 저자에게 다윗의 조상들과 같은 역사적 유명 인사들로 만들어 주었다고 주장하고("Wahrheit," 27-28를 보라), 이 사실이 그와 다른 사람들로 하여금 17절을 수정하도록 만들었던 불규칙을 설명한다. 오벳이 설화자에게 룻의 아들로 알려져 있었으므로, 그는 "오벳"과 "나오미" 간의 유음 현상에 근거한 그 어떤 단어 유희도 만들 수 없었다(통상적인 수정은 그러한 단어 유희를 가정한다. Eissfeldt, *The Old Testament*, 479; 동일 저자의 "Wahrheit," 26를 보라). 그러나 더 나아가서 이 문맥 가운데서 강조는 "나오미"에게 있지 않고 "아들"에게 있다(Syria 43[1966] 47; Parker, "Birth Announcement," 138 n. 13는 이에 반대다). 그런 까닭에 설화자는 의미론적 단어 유희를 의도하고 있다. 즉 "나오미에게 태어난 아들"은 여기서 "공급자, 보호자"의 의미로 이해되는 "오벳/봉사자"란 이름을 받는데(참조. 말 3:17), 왜냐하면 그가 자기 할머니에게 하나의 아들로서의 의무가 있는 친절을 보여 줄 것이기 때문이다. 의미에 대한 이러한 단어 유희 상황이 14-15절에서 이미 명백한 명료성을 가지고 진술된 나오미와 이 "아들" 간의 관계를 통하여 진술되고 있다. 여인들은 야웨께서 그녀에게 여기서 오벳과 대략적으로 같은 의미를 가지고 있는 한 "기업 무를 자", 즉 "네 생명의 회복자이며 네 노년의 봉양자"가 될 아들을 그녀에게 주셨다는 사실을 축하하고 있다. 문맥이 이미 이 사실을 밝혀 주었으므로, 다른 방식으로는 어느 정도 무리하고도 거리가 먼 "나오미에게 태어난 한 아들"과 오벳이라는 이름 간의 의미론적 단어 유희가 충분히 실현 가능하다. "오벳"이 기껏해야 신의 이름을 받은 이름에 대한 친밀감을 나타내는 혹은 애칭이라는 사실(참조. עבדיה〈오바댜〉/עבדיהו〈오바댜후〉, 구약성경에서 12명의 동명이인이 가진 이름)은 이 입장에 반대되지 않는데, 그 이유는 그러한 의미론적 단어 유희가 전적으로 과학적인 인과관계를 무시하고 있기 때문이다.

이 점이 나타나고 또한 이 장면에 대한 문학적 성격과 의미를 계산에 넣을 때, 주로 현재 그대로의 구절에 대항하여 주장된 내용이라는 다른 문제들은 문맥에 적용되는 일관성이 있는 해석이 주어질 수 있다. 아기의 이름을 짓는 사람이 이웃 여인들이라는 사실은 "글자 그대로 적절하다"(Hubbard, *VT* 38[1988] 294에서 그렇게 말함). 이 장면의 구조 분석이 드러내 주는 바와 같이("양식/구조/배경"을 보라), 저자는 이 여성들의 합창을 이 아기의 출생이 나오미를 생명과 풍요로 회복시켜 주는 하나의 도구가 될 것이라는 놀라움과 기쁨이 뒤섞인 표현을 하는 데 적절한 수단으로 이미 14-15절에서 사용한 바 있다. 그런 까닭에 17절에서 저자는 이들의 "나오미가 아들을 낳았다"는 기쁨의 함성 가운데서 같은 주제를 계속하여 말하는 것으로 기록하고 있다. 여기서 우리의 설화자는 자신의 "시적 면허증"과 같은 표현을 사용하고 있다. 그는 우리로 하여금 자기의 말을 문자 그대로 취급하도록 기대하지 않고 있으며, 또한 실제로 그 아기의 이름을 지은 사람이 이 이웃 여인들이었다는 사실을 믿도록 기대하지도 않는다. 그가 부모(주로 모친)가 아기 이름을 짓는 것으로 모두에게 알려져 있는 사실과 지극히 상충되는 자신의 주제넘은 진술, 즉 "그들[여성 복수]이 그에게 이름을 지어 주었다"를 통하여 의미하는 바는 곧 이 여인들이 "나오미가 아들을 낳았다"는 기쁨의 함성과 함께 그의 이름에 대한 설명을 제공해 줌으로써 그에게 이름을 지어 주었다는 것이다. 창세기 38:27-29에 나오는 베레스의 작명에서 유사한 상황이 제공되고 있다. 거기서 그 아기가 출생했을 때 산파가 "네가 어찌하여 터치고 나오느냐"(29c절)고 외치고, 그 다음에 설화자는 그 아기의 이름을 베레스, 곧 "터치다"(29d절)라고 짓게 되었다고 설명한다. 만일 이것이 이러한 배경에서 문자적으로 적절했다면, 설화자는 당연히 "산파가 네가 어찌하여 터치고 나오느냐"고 말하면서 이름을 지어 주었을 텐데, 그 이유는 그 이름에 대한 설명을 제공하고 있는 것이 이러한 진술이기 때문이다.

이러한 이해를 지지해 주는 또 다른 설명을 허바드(*VT* 38[1988] 295-99)와 파커(Parker, "Birth Announcement," 133-39)가 제공해 주었는데, 그는 각자 따로 구약성경(렘 20:15; 사 9:5; Hubbard; Parker)과 우가릿(*KTU* 1.17, Ⅱ.14-15; Parker)에서 나온 악캇(Aqht) 본문에 나타난 "출생 선언 공식 문구"의 증거에 대한 룻기의 구절의 중대성에 관심을 집중했다. 파커는 이 네 개의 본문들의 어휘를 세심하게 검토하고(룻기 구절의 "출생 선언," 139를 포함하여; 참조. R. Hubbard, *VT* 38[1988] 295) 다음과 같이 결론짓는다. 그것들은

> 두 개의 다른 어휘와 문서로부터 나왔다. 즉 시와 산문으로부터 나온 것이다. 애가, 시적 설화, 예언적 선포 그리고 산문 설화로부터 나온 것이다. 게다가 이것들 모두가 여러 형태상의 특징들을 가지고 있다: 얄라드 동사의 3인칭 남성 단수 수동형, 주어로서 명사 *bn*, 그리고 뒤따라오는 대명사 접미어 혹은 개인 이름과 함께 전치사 라메드(ל)로 이루어지는 전치사구. 이것이 하나의 출생 소식을 알리는 데 사용된 전통적으로 고정된 언급이라고 결론짓는 것이 타당하다.

룻기에 있는 발언의 형식은 전치사 라메드(ל)에 뒤따라오는 대명사 접미어를 개인 이름으로 대치한다는 점을 제외하고는 다른 구절들과 같다(Parker, "Birth Announcement," 139).

> 그러나 이것은 그것이 구술된 상황과 정확하게 일치한다. 이 선언은 이사야서 구절에서처럼 그 아기 자체가 아니라, 이것이 나오미에게 의미 있는 내용임을 인식하도록 초대된 가족 밖의 공동체에게 전달된다. 그런 까닭에 이 출생의 유익을 제1차적으로 받는 자로서 나오미는 이 아기가 그를 위하여 출생되었다고 말해지고 있는 것이다.

틀림없이 그 원래 배경에서 있었던 말이 그 출생의 소식을 듣기 위하여 근처에서 기다리고 있는 부친에게 들려졌다는 사실을 주장하는 허바드(R. Hubbard, *VT* 38[1988] 296)가 옳다. 그는 그 소식을 하나의 사실에 대한 단순한 진술 이상의 것으로 받아들였을 것이다. 그것은 기쁨과 즐거움이 의도된 기쁨의 외침이었다(특히 참조. 렘 20:15과 *Aqht* 구절의 문맥; Parker, "Birth Announcement," 144-45; R.

Hubbard, *VT* 38[1988] 298). 그 말에 대한 이러한 배경을 고려하면, 그 용법은 룻기에 있는 장면에 가장 적절하다(R. Hubbard, *VT* 38[1988] 298-99). 자신의 문학적 특허권을 행사하면서, 우리의 저자는 지금은 아이가 없는 그 나오미에게, 통상적으로 기다리고 있는 부친에게 전해지는 기쁜 출생 소식이라는 바로 그 어투를 그녀에게 적용함으로써 이 아기가 가져다 주는 행복을 강조하고 있다.

관용어 콰라 쉠 레(-קרא שׁם ל)가 포괄적인 작명 공식 문구라는(Sasson, 165는 이에 반대다) 위에서 언급된 인식(Bush, "Ruth 4:17," 17를 보라)은 이것이 "그에게 하나의 이름을 지어 주었다"로 번역되어야 한다는 사실을 의미한다. 그렇다면 이것은 구문론적으로 상당히 다른 표현인(Bush, "Ruth 4:17," 11 n. 16을 보라) 콰라 쉠(קרא שׁם)에 대한 세이쏜의 해석에 근거한 것으로 보이는 의미인 "그의 명성을 입증한"으로 번역될 수 없다(Sasson, 158, 233는 이에 반대다). 즉 여기서 흔적으로 남겨진 모티프들, 즉 룻기가 "사울의 권좌로의 다윗의 등극 선언을 지지하기 위한 수단"(Sasson, 240)으로 사용되었다는 사실을 암시하는, "고대 근동에서 왕이 되는 인물들의 합법성을 위한 은유로 사용되었던 신의 행동과 구술을 강력하게 생각나게 하는" 모티프들로 보려는 세이쏜의 시도(233-35)는 근거가 없다.

해설

우리가 앞 장면의 해설 단락에 대한 결론적 설명에서 언급한 바와 같이, 보아스는 자기보다 우선권을 가진 기업 무르는 자인 "아무개"가 있음으로써 만들어진 이 이야기의 중요하고 복잡한 상황을 성공적으로 극복했다. 그는 베들레헴 율법 회의 석상에서 가진 자신의 기술적인 협상을 통하여 엘리멜렉의 땅을 무르고 말론의 아내와 결혼하여 그 기업을 무를 상속자를 낳아 줄 권리를 얻음으로써 이 일을 실현했다(4:9-10). 이러한 장애물이 사라짐과 동시에 그리고 사실상 지혜롭고도 이타적인 보아스에 대한 율법 회의의 두 번째 축원과 함께, 우리의 저자는 그 즉시 보아스의 이야기가 시작한 죽음과 상실에 대한 충분한 해결을 제공해 주는 간략하면서도 강력한 장면으로 돌아선다.

그는 다섯 개의 짧은 문장으로 진술하고 있는 간략한 요약으로 시작하여("양식/구조/배경"을 보라), 그가 처음 줄거리에서 탈선하여 암시적으로 보아스를 소개한 2:1로부터 율법 회의가 보아스에게 축복을 선언한 4:11-12까지에 이르는 일련의 장면들 가운데 진술되어 있는 예상, 계획, 약속들의 성취를 기록해 나간다. 보아스와 룻의 결혼 과정에서 룻을 위하여 가정과 남편을 구해 주려는 나오미의 과감한 계획(3:1-4)은 열매를 맺고, 타작 마당에서 보아스가 룻에게 개인적으로 한 약속(3:11)과 성문에서 열린 율법 회의에 대한 그의 공적인 선언(4:10)은 실현되었다. 룻으로 하여금 잉태하게 하신 분이 야웨시라는 사실과 그녀가 아이를 낳았다는 진술 가운데서, 우리는 보아스가 2:11-12에서 룻을 위하여 가정과 남편과 아기를 가지는 일의 실현이 실제로 그녀의 "충분한 보상"(12절)으로 나타나고 나오미를 섬기기 위하여 자기 부친과 모친과 본 고향을 떠나는 선한 행실에 대한 보응으로 나타나도록 야웨에게 한 기원(11절)의 극적인 실현을 발견하게 된다. 사실상 "이성과의 결합을 뒤엎고" "자신의 삶을 남성들에게 의탁해야 하는 세계에서…하나의 건장한 남자를 찾기보다는 한 늙은 여인에게 자신을 위탁한"(Trible, 173; 참조. 1:7-19a의 "해설") 이 젊은 여인은 자기가 포기한 모든 것, 아니 그 이상으로 되돌려 받게 되었는데, 그 이유는 야웨께서 제공하시는 일순간의 번영이 모압에서 10년 간 자식이 없었던 삶과 뚜렷한 대조를 이루고 있기 때문이다. 이와 같은 간결한 진술 가운데서 야웨께서 수여하신 개념은 율법 회의가 보아스의 신부의 다산을 위하여 빌어 준 기도의 즉각적인 실현과 보아스의 자손들의 번성을 바라는 그들의 바람의 실현의 시작을 이루고 있다(4:11b-12).

사실이 어떻든 간에 이 모든 일은 우리의 설화자에 의하여 전적으로 공식화되지 않은 채 남아 있는데, 그 이유는 그가 그러한 실현이 무엇인지 전혀 암시하고 있지 않기 때문이다. 사실상 "사건들은 신속하게 진행되어" 가지 않는다(Trible, 193). 하나의 결혼, 그 결말, 룻의 이전의 불임을 즉각적인 번성으로 전환시키시는 야웨의 개입 그리고 아기의 출생에 관해서 말하고 있는 13절의 실질적인 사건들은 모두가 거의 1년 간이 걸리는데, 곧 앞의 설화 전체가 필요로 했던 것보다 상당히 더 긴 기간이었을 것이다. 그보다도 단 한마디의 여유도 없이 신속하게 진행되어 나가는 것은 그 설화 자체다. 사실상 그의 진술의 간결성과 압착성을 고려하면, 그것은 마치 거의 우리의 저자가 이러한 사건들을 "물론 당신이 무엇을 예상했겠는가?"라는 의미를 가지고 진술하고 있는 것처럼 보인다. 그가 우리의 시선을 끌려고 하는 것은 사건들 자체가 아니라 나오미의 삶의 의미와 중대성이다. 모든 앞 장면들 가운데 진술된 패턴과 일치되게, 그는 이것을 발언, 즉 또다시 일종의 여성 합창을 이루고 있는 베들레헴의 여인들의 발언을 통하여 묘사하고 있는데(Porten, *GCA* 7 [1978] 30, 47), 그들의 발언(14-15절)은 거의 배타적으로 나오미를 위한 아기의 출생의 의미를 묘사하는 데 집중하고 있다. 그들은 그 아기를 그녀의 "기업 무르는 자"로 지칭함으로써 그 아기가 무엇보다도 나오미에게 의미가 있다는 사실을 기술하고 있다. 여기서 그들은 그것이 본서의 나머지 부분에서 사용되어 온 것과 같은 의미(4:1-12에서 성문에서의 법적 협상이 진행되는 동안 그것이 담고 있었던 전문적인 용어를 제외하고), 다시 말하자면 재난으로부터 친척을 구출할 책임을 가지고 있는 의미로 사용하고 있다(2:20 "주석"을 보라). 그리고 우리는 나오미가 구출을 필요로 했던 재난에 관해서 가진 의문점을 곧 해결 받게 되는데, 그 이유는 여인들이 계속해서(15절) 명확한 말로 그 기업 무르는 자를 묘사하고 있기 때문이다. 그는 "그녀의 생명을 회복하는 자"요 또한 "노년의 봉양자"가 될 것이다. 해결은 완벽하다. 우리의 이야기는 완전히 한 바퀴 돌아왔다. 죽음과 상실(1:3-5, 21)은 생명과 풍요로 변하고, 우리의 저자가 이러한 전환을 묘사하기 위하여 사용하고 있는 수단은 어느 모로 보나 적절하다. 베들레헴 여인들은 나오미의 쓰라린 애통 "내가 풍족하게 나갔더니 여호와께서 나로 비어 돌아오게 하셨느니라"(21절)는 말을 유발시켰던 인식에서 기쁨의 탄성을 질렀던 사람들이었다. 이제 그들은 기쁨의 합창 가운데서 그녀의 비극적 상황의 완전한 반전을 묘사하고, 그녀에게 생명을 가져다 주는 아기에 대한 기쁨에 찬 묘사 가운데서 그녀의 회복을 요약하고 있는 자들이다(15절 "주석"을 보라).

이것은 앞 장면에서 중심 무대를 점유했던 남자 인물들 및 그들의 관심과 대조되어 있는데, 그 이유는 이 장면이 여인들과 그들의 관심의 지배를 받고 있기 때문이다. 야웨께서는 자손이 없는 엘리멜렉의 가문에 자손을 남겨 주셨다는 것 때문이 아니라 주께서 나오미를 그녀가 궁핍할 때 기업 무를 자가 없는 상태로 남겨 두지 않으셨다는 사실 때문에 여인 합창을 통하여 찬양을 받으신다. 그리고 여성 합창은 이 아기의 정체를 엘리멜렉의 상속자라는 정체 가운데서가 아니라 그녀의 노년에 그녀를 봉양할 나오미에게 생명을 회복시켜 주는 자로서 그의 역할 가운데서 이 아기의 의미를 파악하고 있다. 그들은 이 아기의 정체를 "엘리멜렉이 아들을 낳았다"로 선언하는 것이 아니라 "나오미가 아들을 낳았다"(17절)고 선포함으로써 이 아기를 축하하고 있다.

14-15절에 이 여성 합창의 발언 가운데 표현된 13절의 사건의 의미가 생명과 풍요로의 나오미의 회복에 중점을 두고 있기는 하지만, 룻과 아기가 아무런 언급도 없이 지나가지는 않는다. 룻에 대한 그들의 언급은 감동적이고도 힘찬 표현이다. 여성 제창은 그 아이가 나오미에게 그들이 확언하고 있는 모든 것이 되어 줄 것이라는 행복에 찬 확신을 풍기고 있다. 아기들이 언제나 그들을 향하여 마음에 품은 희

망을 실현시키지는 않으므로 그것은 하나의 희망적 생각에 근거한 것인가? 아니다. 왜냐하면 이 여인들은 자기들의 예견을 과거의 실상에 근거하고 있기 때문이다. 그들은 말한다. "이는 네 생명의 회복자이며 네 노년의 봉양자라 곧 너를 사랑하며 일곱 아들보다 귀한 자부가 낳은 자로다!" 그들이 말하고 있는 사랑은 룻이 말로(1:16-17) 또한 그들이 동행하여 여행했던 행실로(2:11) 드러났었다. 그래서 이 여인들의 마음속에는 룻의 아기가 그러한 사랑을 나타내 보일 것이고, 따라서 그에 대해 확신에 찬 기대에 어울리게 행동할 것임을 의심할 수가 없었다. 루돌프(Rudolph, 70)가 룻의 "나오미에 대한 사랑이 그에게 유산으로 남겨질 것이다"라고 진술한 것은 지나치게 나가지 않은 진술이다. 이 말은 역시 룻이 나오미에게 일곱 아들–구약성경 개념에서 이상적인 수–보다 더 귀하다고 진술함으로써 "룻에 대한 이야기의 궁극적 평가"(Campbell, 168)를 간직하고 있다("주석"을 보라). 이러한 평가는 특별히 결국 한 아들만을 얻음(17b절)이 너무나 많은 것을 의미하는 것으로 나타나 있다는 사실이 문맥 가운데서 말해지고 있다. 갓난아기 자신에 대해서 그들이 자기 아버지의 그것보다 더 뛰어난 평가를 바라고 있는데, 그럼으로써 그의 이름이 베들레헴과 에브라다에서(11절)뿐만 아니라 이스라엘 모든 지파 가운데서 유명하게 되리라는 것이다(참조. 14c절; 참조. Rudolph, 70).

그러한 의미심장한 발언 가운데서 나오미의 생명과 풍요로의 회복을 묘사하고 나서, 우리의 저자는 이제 독자들을 위하여 부드럽고도 감동적인 장면을 묘사함으로써 같은 사실을 기술한다(16절). "자신의 두 아들[ילדים]이 없이 홀로 남겨졌던"(1:5) 여인인 나오미는 이제 아들(ילד)을 취하여 품에 안고 그를 양육하는 자가 된다. 바꾸어서 이 장면은 또 하나의 반응을 유발하는데, 이번에는 여인들 전체로부터 오지 않고 나오미의 이웃들로부터 나온다. 자신의 독특한 시적 특징을 이용하면서 우리의 저자는 그 아기가 누구인지–그들의 즐거운 "나오미가 아들을 낳았다"는 외침 가운데 표현된–그리고 오벳이란 이름의 "보호자, 공급자"란 의미(참조. 주석), 즉 자기의 조모를 위하여 한 남자에게 지워진 걱정을 가지고 그녀를 돌보아 줄 자 사이에 들어 있는 의미론적 단어 유희에 그 이름들을 기초로 하여 여인들이 아기에게 이름을 말하면서 이 아기와 나오미의 관계를 또다시 요약하고 있다(참조. 말 3:17).

오벳이란 이름에 덧붙여진 마지막 문장과 함께 우리의 저자는 자신의 남성 위주의 세계에서 이 아기의 중요성을 기술하기 위하여 여인들, 여성 합창 그리고 나오미의 생명과 풍요로의 회복에 대한 그들의 즐거운 축하를 기록하고 있다. 이 의미는 본래 어떤 용기 있는 위업 혹은 어떤 인격의 기질에 들어 있는 것이 아니고 하나의 놀라운 신분 가운데 들어 있다: "그는 다윗의 아비인 이새의 아비였더라." 이 놀라운 사실은 설화자가 자기 이야기의 처음 부분에서 이미 고통을 당하게 된 이 가족의 정체를 "유다 베들레헴 에브랏 사람들"(1:2)과 연결시켰을 때 희미하게 암시했고, 그래서 사무엘상 17:12에 있는 설화에 그가 소개될 때 다윗의 부친의 이름을 제공해 주기 위하여 바로 그 족속이요 성읍임을 암시했으므로 좀더 즐겁게 한다(1:1-6의 "해설"을 보라). 이러한 놀라운 신분에 대한 암시에 관해서는 뒤따라오는 족보에 대한 "해설"을 보라.

장면 3.
후기: 회복된 한 유다 가문: 다윗의 계보(4:18-22)

참고문헌

Curtis, E. L. *A Critical and Exegetical Commentary on the Books of Chronicles.* ICC. Edinburgh: T. & T. Clark, 1910. **Flanagan, J. W.** "Chiefs in Israel." *JSOT* 20(1981) 47-73. **Leggett, D.** *The Levirate and God Institutions in the Old Testament.* Cherry Hill, NJ: Mack, 1974. **Porten, B.** "The Scroll of Ruth: A Rhetorical Study." *GCA* 7(1978) 23-49. **Wilson, R.** *Genealogy and History in the Biblical World.* New Haven: Yale UP, 1977.

본 문

18 베레스의 세계는 이러하니라 베레스는 헤스론을 낳았고	**18** Now these are the descendants[a] of Perez: Perez fathered Hezron:
19 헤스론은 람을 낳았고 람은 암미나답을 낳았고	**19** Hezron, Ram:[a] Ram, Amminadab:
20 암미나답은 나손을 낳았고 나손은 살몬을 낳았고	**20** Amminadab, Nahshon: Nahshon, Salmon:[a]
21 살몬은 보아스를 낳았고 보아스는 오벳을 낳	**21** Salmon, Boaz: Boaz, Obed:

았고

22 오벳은 이새를 낳았고 이새는 다윗을 낳았더라

22 Obed, Jesse; and Jesse, David.

원문주해

18.a. 직역하면 "세대".

19.a. 직역하면 "헤스론은 람의 아비가 되었다"이며 22절까지 그러하다.

20.a. 히브리어는 여기서 살마(שלמה)로 되어 있지만, 이 문장에서 그 직후에 살몬(שלמון)이 뒤따라온다. "주석"을 보라.

양식/구조/배경

본 단락을 세 장면으로 구분짓는 양식과 내용에 대한 특징에 관해서는 첫 번째 장면을 위하여 위에 주어진 본 장 전체의 구조에 대한 논의를 보라. 이 네 번째 막의 세 번째 단락의 양식 자체는 틀림없이 따로 분리되는 하나의 족보다. 이것은 베레스라는 개인 이름을 통하여 그리고 일곱 숫자의 기술적인 사용을 통하여 앞의 단락과 연결되어 있는데, 이는 포르텐(Porten, *GCA* 7[1978] 48)이 기록한 바와 같다.

> 룻은 나오미에게 "일곱 아들"보다 더 나은 자라는 말을 듣는다(4:15). 룻과 결혼한 베레스의 자손은 일곱 번째 세대만에 나타났다(4:21). 늙은 과부 나오미에게 일곱 명의 아들보다 더 나은 젊은 과부 룻은 7대째 자손인 보아스와 결혼했다. 장로들은 보아스의 집이 베레스의 집과 같기를 축원해 주었었다(4:12). 독자는 이제 베레스의 집이 보아스까지 7대이고(4:18-21), 다윗까지는 10대였다는 사실을 알게 된다.

웨엘레 톨도트(ואלה תולדות –"그리고 이것들은 …의 세대들이다")는 계보를 소개하기 위하여 오경에서 사용되는 표준 공식 문구다(예를 들면 참조. 창 6:9; 10:1; 11:1; 민 3:1). 이러한 표현은 주로 오경의 제사 문서로 추정되는 성격으로 간주된다(예를 들면 참조. Campbell, 170; Joüon, 96; 더 자세한 참고서적에 관해서는 Leggett, *The Levirate,* 265 n. 44을 보라). 이 족보와 역대상 2장에 있는 족보의 관계 문제가 중요하므로(Campbell, 170에서 말하고 있는 바와 같이), 역대상의 저자가 상당히 다른 공식 문구, 즉 가장 일반적인 표현인 "X의 아들들은 이름$_1$, 이름$_2$…이었더라"(예를 들어, 대상 1:5, 6)나 혹은 "이들은 X의 아들들, 이름$_1$, 이름$_2$…이니라"(예를 들어, 대상 2:1; 3:1)를 사용한다.

이 족보가 원본이냐 아니면 후대의 첨가물이냐와 같은 문제와 관련된 세부적인 논의에 관해서, 또는 이것이 오벳을 말론의 아들이 아닌 보아스의 아들로 정함에 있어서 이야기의 나머지 부분과 상충되는지의 여부에 관해서는 서론에 있는 단일성 부분을 보라.

주석

18 "헤스론"(חֶצְרוֹן – 헤츠론). LXX, OL, Vg은 "헤스론"이 아닌 "헤스롬"으로 말하고 있는데, 신약성경은 마태복음 1:3; 누가복음 3:33에서 이를 따르고 있다. 그러나 두 개의 다른 히브리어 이름들이 -n과 -m에서 차이가 나는 미형을 가지고 있으므로(게르손/솜과 세단/담), 이 이름들은 한 사람의 이름의 다른 형태일 가능성이 있다(Campbell, 170).

19 "람"(רָם – 람). 역본들은 일률적으로 LXX 필사본들 대부분, Vg, Syr이 아람으로 읽고 있는데, 여기에 나오는 람이란 독법을 입증하지 못하고 있다. 역대상 2:9-10에 있는 평행절에서 MT는 룻기와 동일하지만, 역본들은 람과 아람을 헤스론의 아들로 말하면서도 한편으로 아람을 암미나답의 아버지로 만들고 있는 LXX 필사본의 대다수처럼 다양한 차이를 보이고 있다. 그러나 LXX 전승에서의 차이를 고려하고 역대상 2:9에서, 특히 Syr에서 람이란 이름에 대한 다른 역본들 가운데 지속적으로 들어 있는 점을 고려하면(이에 대한 충분한 논의에 관해서는 Campbell, 171를 보라), MT의 람을 *BHS*처럼 아람으로 수정할 만한 타당성이 충분해 보이지 않는다. 더 나아가서 구약성경의 다른 곳에서 헤스론의 아들 람에게까지 거슬러 올라가는 유다 계열의 다른 족보가 나타나 있지 않으므로(Curtis, *Chronicles*, 87를 보라), 룻기와 역대상 9장의 MT에 람이란 이름이 출현한다는 사실은 이 두 족보의 상호 의존을 강하게 시사해 준다(또한 참조. Sasson, 187-88).

"암미나답"(עַמִּינָדָב – 암미나답). 여기서 나손의 아비가 되는 암미나답은 주로 아론의 아내 엘리세바의 아버지와 동일시되고 있는데, 엘리세바는 나손의 누이로 밝혀져 있다(출 6:23).

20 "나손"(נַחְשׁוֹן – 나흐손). 암미나답을 아론의 장인과 동일시하는 것은 광야 시대에 암미나답의 아들 나손이 유다 지파의 족장으로(민 2:3; 7:12, 17; 10:14) 그리고 인구 조사에서 모세를 도왔던 사람들 중의 한 사람으로 출현한 사실에 의하여 입증된다(민 1:7).

[20]-[21] "살마/살몬"(שַׂלְמָה/שַׂלְמוֹן). 룻기에 있는 이 이름의 차이나는 형태, 즉 20절에서는 살마로, 21절에서는 살몬으로 나타난 형태의 난점은 역대상 2:10-11에서 계속 사용된 또 다른 형태인 살마(שַׂלְמָא)에 의하여 더욱 복잡해진다. 이 세 가지 모든 형태가 이 이름에 붙어 있는 다른 애칭적인 접미어들을 가진 같은 이름이라는 세이쏜의 입장(189-90)은 사실인 것 같다. 그러나 그 현상은 단순히 족보의 특징, 특히 목록의 중간 부분에 들어 있는 이름들과 관련되어 "압축된" 것으로 알려진 특징인 가변성으로부터 결과된 것일 수 있다. 서론의 단일성 부분에 있는 설명들을 보라.

해설

이 네 번째 막의 세 번째 장면은 이 이야기 전체의 후기를 제공한다. 이 후기로서의 본 단락은 1:1-6(서론에 진술된 본서의 담화 구조를 보라)의 교차적으로 배열되어 있는 서막과 균형을 이루고 있는데, 그 이유는 이 단락이 암시적으로 이스라엘에서의 열 번째 세대의 출생과 모압에서 있었던 10년 간의 죽음과 평행을 이루도록 작성되었기 때문이다(1:11-6; Porten, *GCA* 7[1978] 23-24, 48를 보라). 이것은 또한 이 가정의 남성 구성원의 정체를 "유다 베들레헴 에브랏 사람들이더라"(1:2; 참조. 삼상 17:12; 1:1-6에 대한 서론)로 밝히고 있는 서막 가운데 언급된 다윗의 기원에 대한 미묘한 암시를 통하여 표시되어 있다. 서막 가운데서 최전방에 배치된 혈통의 묘사를 통하여 생겨난 그러한 암시는 이제는 다윗의 가문에 대한 이 명백한 인용을 통하여 행복하게 결론이 내려지고 있다.

사실상, 이 족보는 자주 해석되어 온 바와 같이 상충되고 어색한 부차적인 첨가물이라기보다는 이 이야기의 해결에 두드러지면서도 적절한 후기(13-17절)를 제공해 준다(서론의 단일성 부분에 있는 논의를 보라). 이 단락은 이것을 두 가지 방식으로 행하고 있다. 첫째로, 이 막(4:1-12)의 첫 번째 장면에 대한 "해설"에서 11-12절에 있는 율법 회의의 축복이 특별히 보아스에게 집중되었다는 사실이 언급된 바 있다. 회의에 모인 장로들과 백성들은 야웨께서 보아스를 번성케 하고 가족의 규모가 이스라엘 부족의 그것처럼 커짐을 통하여 베들레헴에서 유명하고 그의 중요성이 유다의 제1부족장인 베레스의 그것과 어울릴 만하게 해 달라고 구했었다. 베레스로부터 보아스를 통하여 다윗에게로 이르는 이 족보는 베들레헴에서의 율법 회의의 축복의 실현에 대한 웅변적인 증거를 담고 있다.

둘째로, 이 족보는 이 이야기에 적절한 후기를 제공하고 있는데, 왜냐하면 이것이 이 이야기의 해결 - 생명과 풍요로의 나오미의 회복 - 에 두드러진 중요성을 부여하고 있기 때문이다. 부족에 기초한 사회들 가운데서 족보의 사용에 대한 최근의 연구들이 기록해 준 바와 같이(예를 들어, Flanagan, *JSOT* 20[1981] 58-65를 보라), 가족의 족보는 보통, 최종적으로 그리고 가장 현저하게 가문 설립자에게로 인도하면서, 그를 그 사람 위에 있는 개인들의 가계와 연결시킴으로써 열거되어 있는 마지막 사람의 정치적, 법률적 혹은 종교적 역할을 합법화하는 기능을 한다. 그러나 방금 전에 설명된 서막과 후기가 평행이 되고, 또한 앞 장면에서 너무나 힘있고도 날카롭게 묘사된 해결이 평행되어 있다는 사실이 암시하는 것들은(4:13-17), 우리의 설화자가 그 기능을 말하자면 그 정상에 올려 놓고 있다는 사실을 의미한다. 여기서 사용된 것처럼, 다윗 계열의 족보는 자신의 친척관계의 자격(기능, 능력)을 제공함으로써 다윗을 합법화하기 위하여 사용되고 있지 않다. 그보다 우리의 설화자는 자신의 이야기의 해결의 의미를 묘사하려 하고 있는데, 그 이유는 앞 장면의 해설이 진술한 모든 것 덕분에 의해서 뿐 아니라 그것이 두 세대 후에 다윗에게로 인도한 가문에서 순수한 하나의 고리를 제공했다는 사실을 통하여 의미를 가지기 때문이다.

사실상, 모압 여인 룻의 시어머니에 대한 사랑에서 우러난 헌신과 복종, 그것은 국가의 기원과 국가의 종교에 대한 권리 주장을 초월했다(2:16). 보아스의 현명함과 룻과 나오미를 위한 가족으로서의 책임에 대한 신실성, 그것은 이기주의적 권리 주장을 초월했다. 자부의 행복을 위한 나오미의 관심과 배려, 그것이 타작 마당에서의 위험한 계획을 유발시켰다. 그리고 밭의 소출과 태의 열매에 대한 야웨의 은혜로우신 공급, 그 모두가 룻에게 가정과 남편을 가져다 주었고, 나오미에게는 생명과 풍요의 회복을 가져다 주었으며, 이제 모든 이스라엘에게는 헤아릴 수 없는 유익을 가져다 주었다. 왜냐하면 인간과 하나님 편에서의 그러한 신실성으로부터 나온 아들이 다윗 대왕의 조부가 될 것이었고 - 마태복음 초두에 있는 족보가 기록하고 있는 바와 같이(1:5-6) - 위대한 다윗의 더 위대한 아들의 먼 조상이 될 것이었기 때문이다. 이와 같은 방법으로 본 설화의 원래 요점은 한 가족의 삶에서 하나님의 섭리와 돌보심의 표명 너머로 확대된다. 그것은 이제 국가 전체의 삶에 관심을 가지고 있는데, 그 이유는 나오미에게 태어난 아들 안에서 다윗을 통한 하나님의 통치의 역사가 시작되었기 때문이다. 이 "종악장"(이 용어에 관해서는 Berlin, *Poetics*, 107-10, 특히 110를 보라)으로 종결지음으로써 본서는 구속사에 대한 성경의 중요한 주제와의 관계가 이루어진다(참조. Childs, *Introduction*, 566).

에스더

주요 참고문헌

주석류

(본 주석 가운데서는 저자의 이름만 언급했음)

Anderson, B. W. *The Book of Esther: Introduction and Exegesis.* IB 3. New York: Abingdon, 1954. 820-74. **Baldwin, J. G.** *Esther: An Introduction and Commentary.* Downers Grove, IL: InterVarsity, 1984. **Bardtke, H.** *Das Buch Esther. KAT* 17/5. Gütersloh: Mohn, 1963. **Barucq, A.** *Judith Esther.* La Sainte Bible. 2nd ed. Paris: Cerf, 1959. **Bettan, I.** *The Five Scrolls: A Commentary on the Song of Songs, Ruth, Lamentations, Ecclesiastes, Esther.* Cincinnati: Union of American Hebrew Congregations, 1940. **Brockington, L. H.** *Ezra, Nehemiah and Esther. CeB.* London: Nelson, 1969. **Clines, D. J. A.** *Ezra, Nehemiah, Esther.* NCBC. Grand Rapids, MI: Eerdmans, 1984. **Dommershausen, W.** *Ester.* Die neue Echter Bible. Würzburg: Echter, 1980. **Fox, M. V.** *Character and Ideology in the Book of Esther.* Columbia, SC: University of South Carolina, 1991. **Gerleman, G.** *Esther.* BKAT 21. Neukirchen: Neukirchener, 1982. **Gordis, R.** *Megillat Esther.* New York: Ktav, 1974. **Haller, M.** *Die Füf Megilloth.* HAT 18. Tübingen: Mohr, 1940. **Keil, C. F.** *The Books of Ezra, Nehemiah, and Esther.* Biblical Commentary on the Old Testament. Tr. S. Taylor. Repr. Grand Rapids, MI: Eerdmans, 1950. **Meinhold, A.** *Das Buch Esther.* ZBAT 13. Zurich: Theologischer, 1983. **Moore, C. A.** *Esther.* ab 7B. Garden City, NY: Doubleday, 1971. **Paton, L. B.** *The Book of Esther.* ICC. Edinburgh: T. & T. Clark, 1908. **Re'emi, S. P.** *The Faithfulness of God: A Commentary on the Book of Esther.* In Coggins, R. J. *Israel among the Nations.* ITC 34. Grand Rapids, MI: Eerdmans, 1985. 103-40. **Ringgren, H.** *Das Buch Esther.* ATD 16. Göttingen: Vandenhoeck & Ruprecht, 1967. **Roberts, M.** *Ezra, Nehemiah, Esther.* The Communicator's Commentary. Dallas: Word, 1993. **Streane, A. W.** *The Book of Esther.* Cambridge Bible for Schools and Colleges. Cambridge: Cambridge UP, 1907. **Würthwein, E.** *Die Fünf Megilloth.* HAT

18, 2nd ed. Tübingen: Mohr/Siebeck, 1969.

다른 연구서들

Albright, W. "The Lachish Cosmetic Burner and Esther 2:12." In A *Light unto My Path. FSJ.* M. Myers, ed. H. Bream, R. Heim, and C. Moore. Philadelphia: 1974. 25-32(= Moore, *Studies*, 361-68). **Anderson, B. W.** "The Place of the Book of Esther in the Christian Bible." *JR* 30(1950) 32-43. **Bardtke, H.** "Neuere Arbeiten zum Estherbuch." *EOL* 19(1965-66) 519-49. **Ben-Chorin, S.** *Kritik des Esterbuches: Eine theologische Streitschrift. Jerusalem*, 1938. **Berg, S.** *The Book of Esther: Motifs, Themes and Structure.* SBLDS 44. Missoula, MT: Scholars, 1979. **Bergey, R. L.** "The Book of Esther - Its Place in the Linguistic Milieu of Post-exilic Biblical Hebrew Prose: A Study in Late Biblical Hebrew." Diss., Dropsie College, 1983. ______. "Late Linguistic Features in Esther." *JQR* 75(1984) 66-78. ______. "Post-exilic Hebrew Linguistic Developments in Esther: A Diachronic Approach." *JETS* 31(1988) 161-68. **Bickerman, E. J.** *Four Strange Books of the Bible.* New York: Schocken, 1967. **Botterweck, G. J.** "Die Gattung des Buches Esther im Spektrum neuerer Publikationen." *BibLeb* 5(1964) 274-92. **Cazelles, H.** "Note sur la composition du rouleau d'Esther." In *Lex tua veritas.* FS H. Junker, ed. H. Gross and E. Mussner. Trier: Paulinus, 1961. 17-29(= Moore, *Studies*, 424-36). **Clines, D. J. A.** *The Esther Scroll: The Story of the Story.* JSOTSup 30. Sheffield: JSOT, 1984. ______. "In Quest of the Historical Mordecai." *VT* 41(1991) 130-36. **Cohen, A. D.** "'Hu Ha- goral': The Religious Significance of Esther." *Judaism* 23(1974) 87-94. **Condamin, A.** "Notes critiques sur le texte biblique: II. La disgrace d'Aman(Esth. VII, 8)." *RB* 7(1898) 253-61. **Cook, H. J.** "The A-text of the Greek Versions of the Book of Esther." *ZAW* 81(1969) 369-76. **Craig, K.** *Reading Esther: A Case for the Literary Carnivalesque.* Louisville: Westminster/John Knox, 1995. **Darr, K. P.** "More than Just a Pretty Face: Critical, Rabbinical, and Feminist Perspectives on Esther." In *Far More Precious Than Jewels: Perspectives on Biblical Women.* Louisville: Westminster/John Knox, 1991. 164-202. **Danbe, D.** "The Last Chapter of Esther." *JQR* 37(1946-47) 139-47. **Dommershausen, W.** *Die Estherrolle: Stil und Ziel einer alttestamentlicher Schrifl.* SBM 6. Stuttgart: Katholisches Bibelwerk, 1968. **Dorothy, C. V.** "The Books of Esther: Structure, Genre, and Textual Integrity." Diss., Claremont, 1989. **Duchesne-**

Guillemin, J. "Les noms des eunuques d'Assuérus." *Mus* 66(1953) 105-8(= Moore, *Studies*, 273-76). **Ehrlich, A. B.** *Randglossen zur hebräischen Bibel: Textkritisches, Sprachliches und Sachliches.* VII. 1914. Repr. Hildesheim: Georg Olms, 1968. 107-25. **Fox, M. V.** *The Redaction of the Books of Esther.* SBLMS 40. Atlanta: Scholars, 1991. ______. "The Structure of the Book of Esther." In *Isac Leo Seligmann Volume: Essays on the Bible and the Ancient World*, ed. A. Rofé and Y. Zakovitch. Jerusalem: Rubinstein, 1983. 3:291-303. **Gehman, H. S.** "Notes on the Persian Words in Esther." *JBL* 43(1924) 321-28(= Moore, *Studies*, 235-42). **Getleman, G.** *Studien zu Esther: Stoff-Struktur-Stil-Sinn. BS* 48. Neukirchen: Neukirchener, 1966. **Goldman, S.** "Narrative and Ethical Ironies in Esther." *JSOT* 47(1990) 15-31. **Gordis, R.** "Religion, Wisdom and History in the Book of Esther: A New Solution to an Ancient Crux." *JBL* 100(1981) 359-88. ______. "Studies in the Esther Narrative." *JBL* 95 (1976) 43-58. **Hallo, W. W.** "The First Purim." *BA* 46(1983) 19-26. **Harris, M.** "Purim: The Celebration of Dis-Order." *Judaism* 26(1977) 161-70. **Haupt, P.** "Critical Notes on Esther." *AJSL* 24(1907-8) 97-186(=Moore, *Studies*, 1-79). **Heltzer, M.** "The Book of Esther." *BR* 8(1992) 24-30, 41. **Herrmann, W.** *Esther im Streit der Meinungen.* Beiträge zur Erforschung des AT und des antiken Judentums. Frankfurt am Main: Peter Lang, 1986. **Herst, R.** "The Purim Connection." *USQR* 28(1972-73) 139-45. **Horbury, W.** "The Name Mardochaeus in a Ptolemaic Inscription." *VT* 41(1991) 220-26. **Hoschander, J.** *The Book of Esther in the Light of History.* Philadelphia: Dropsie College, 1923. **Humphreys, W. L.** "A Life-style for Diaspora: A Study of the Tales of Esther and Daniel." *JBL* 92(1973) 211-23. ______. "The Story of Esther and Mordecai: An Early Jewish Novella." In *Saga, Legend, Tale, Novella, Fable: Narrative Forms in Old Testament Literature*, ed. G. Coats. JSOTSup 35. Sheffield: JSOT, 1985. 97-113. **Jacob, B.** "Das Buch Esther bei den LXX." *ZAW* 10(1890) 241-98. **Jones, B. W.** "The So-called Appendix to the Book of Esther." *Semantics* 6(1978) 36-43. **Klingbeil, G. A.** "רכשׁ and Esther 8, 10. 14: A Semantic Note." *ZAW* 107(1995) 301-3. **Lebram, J. C. H.** "*Purimfest und Estherbuch.*" *VT* 22(1972) 208-22(=Moore, *Studies*, 205-19). **Levenson, J. D.** "The Scroll of Esther in Ecumenical Perspective." *JES* 13(1976) 440-51. **Lewy, J.** "The Feast of the 14th Day of Adar." *HUCA* 14(1939) 127-51. **Limosín, R.** "Estudios filológicos- derásicos acerca de Ester y el Iran antiguo: II. El nombre Mŏrdeḵay." *Aula Orientalis* 1(1983)

209-13. **Loader, J. A.** "Esther as a Novel with Different Levels of Meaning." *ZAW* 90(1978) 417-21. **Loewenstamm, S. E.** "Esther 9:29-32: The Genesis of a Late Addition." *HUCA* 42(1971) 117-24(=Moore, *Studies*, 227-234). **McKane, W.** "A Note on Esther IX and 1 Samuel XV." *JTS* 12(1961) 260-61. **Meinhold, A.** "Die Gattung der Josephgeschichte und des Estherbuches: Diasporanovelle I." *ZAW* 87(1975) 306-24. ______. "Die Gattung der Josephgeschichte und des Estherbuches: Diasporanovelle II." *ZAW* 88(1976) 72-93. ______. "Theologische Erwägungen zum Buch Esther." *ZAW* 34(1978) 321-33. ______. "Zu Aufbau und Mitte des Estherbuches." *VT* 33(1983) 435- 45. **Millard, A. R.** "The Persian Names in Esther and the Reliability of the Hebrew Text." *JBL* 96(1977) 481-88. **Moore, C. A.** *Daniel, Esther, and Jeremiah: The Additions.* AB 44. Garden City, NY: Doubleday, 1977. ______. "Esther Revisited: An Examination of Esther Studies over the Past Decade." In *Biblical and Related Studies Presented to Samuel Iwry*, ed. A. Kort and S. Morschauser. Winona Lake, IN: Eisenbrauns, 1985. 163-72. ______. *The Greek Text of Esther.* Ann Arbor, MI: University Microfilms, 1965. ______. "A Greek Witness to a Different Hebrew Text of Esther." *ZAW* 79(1969) 351-58(=Moore, *Studies*, 521-28). ______. *Studies in the Book of Esther.* New York: Ktav, 1982. **Morris, A. E.** "The Purpose of the Book of Esther." *ExpTim* 42(1930-31) 124-28. **Murphy, R. E.** *Wisdom Literature: Job, Proverbs, Ruth, Canticles, Ecclesiastes, and Esther.* FOTL 13. Grand Rapids, MI: Eerdmans, 1981. **Radday, Y. T.** "Esther with Humour." In *On Humour and the Comic in the Hebrew Bible*, ed. Y. T. Radday and A. Brenner. Sheffield: Almond, 1990. 295-313. **Ringgren, H.** "Esther and Purim." *SEÅ* 20(1956) 5-24(=Moore, *Studies*, 185-204). **Rosenthal, L. A.** "Die Josephgeschichte mit den Buchern Ester und Daniel verglichen." *ZAW* 15(1895) 278-84(=Moore, *Studies*, 277-83). **Rudolph, W.** "Textkritisches zum Estherbuch." *VT* 4(1954) 89-90. **Shea, W.** "Esther and History." *AUSS* 14(1976) 227-46. **Stiehl, R.** "Das Buch Esther." *WZKM* 53(1957) 4-22. **Striedl, H.** "Untersuchung zur Syntax und Stilistik des hebräischen Buches Esther." *ZAW* 14(1937) 73-108. **Talmon, S.** "'Wisdom' in the Book of Esther." *VT* 13(1963) 419-55. **Torrey, C. C.** "The Older Book of Esther." *HTR* 37 (1944) 1-40. **Tov, E.** "The 'Lucianic' Text of the Canonical and Apocryphal Sections of Esther: A Rewritten Biblical Book." *Textus* 10(1982) 1-25. **Wehr, H.** "Das Tor des Königs in Buche Esther und verwandte Ausdrücke." *Der Islam* 39(1964) 247-60.

White, S. A. "Esther: A Feminine Model for Jewish Diaspora." In *Gender and Difference in Ancient Israel*, ed. P. Day. Minneapolis: Fortress, 1989. 161-77. **Wiebe, J. M.** "Esther 4:14: 'Will Relief and Deliverance Arise for the Jews from Another Place?'" *CBQ* 53(1991) 409-15. **Wright, J. S.** "The Historicity of the Book of Esther." In *New Perspectives on the Old Testament*, ed. J. B. Payne. Waco, TX: Word, 1970. 37-47. **Yahuda, A. S.** "The Meaning of the Name Esther." *JRAS*(1946) 174-78. **Yamauchi, E.** "The Archaeological Background of Esther." *BSac* 137(1980) 99-117. ______. "Mordecai, The Persepolis Tablets, and the Susa Excavations." *VT* 42(1992) 272-75. **Zadok, R.** "Notes on Esther." *ZAW* 98(1986) 105-10. ______. "On the Historical Background of the Book of Esther." *BN* 24(1984) 18-23. **Zimmern, H.** "Zur Frage nach dem Ursprunge des Purimfestes." *ZAW* 11(1891) 157-69(=Moore, *Studies*, 147-59).

서론

정경성과 위치

참고서적

Anderson, B. W. "The Place of the Book of Esther in the Christian Bible." *JR* 30(1950) 32-43. **Bardtke, H.** "Neuere Arbeiten zum Estherbuch." *EOL* 19(1965-66) 519-49. **Beckwith, R.** *The Old Testament Canon of the New Testament Church.* Grand Rapids, MI: Eerdmans, 1985. **Ben-Chorin, S.** *Kritik des Esterbuches: Eine theologische Streitschrift.* Jerusalem, 1938. **Bickerman, E. J.** "The Colophon of the Greek Book of Esther." *JBL* 63(1944) 339-62. **Clines, D. J. A.** *The Esther Scroll: The Story of the Story.* JSOTSup 30. Sheffield: JSOT, 1984. **Eissfeldt, O.** *The Old Testament: An Introduction.* Tr. P. Ackroyd. New York: Harper and Row, 1965. **Finkel, J.** "The Author of the Genesis Apocryphon Knew the Book of Esther."(Heb.) In *Essays on the Dead Sea Scrolls.* FS E. L. Sukenik, ed. C. Rabin and Y. Yadin. Jerusalem: Hekhal Ha-sefer, 1961. **Jacob, B.** "Das Buch Esther bei dem LXX." *ZAW* 10(1890) 241-98. **Leiman, S. Z.** *The Canonization of Hebrew Scripture: The Talmudic and Mishnaic Evidence.* Hamden, CT: Archon, 1976. **Lewis, J. P.** "What Do We Mean by Jabneh?" *JBR* 32(1964) 125-34. **McDonald, L. M.** *The Formation of the Christian Biblical Canon.* Nashville: Abingdon, 1988. **Moore, C. A.** *Daniel, Esther, and Jeremiah: The Additions.* AB 44. Garden City, NY: Doubleday, 1977. ______. "Esther." *ABD* 2:633-43. **Neusner, J.** *The Talmud of the Land of Israel: Vol. 19. Megilla. Chicago*: University of Chicago Press, 1987. **Orlinsky, H. M.** *Essays in Biblical Culture and Bible Translation.* New York: Ktav, 1974. **Sanders, J. A.** "Canon, Hebrew Bible." *ABD* 1:837-52. ______. *From Sacred Story to Sacred Text.* Philadelphia: Fortress, 1987. **Sandrmel, S.** *The Enjoyment of Scripture: The Law, the Prophets, and the Writings.* New York: Oxford UP, 1972.

정경성

에스더서의 정경성이 최종적으로 확정된 연대를 결정하는 것은 가장 어려운 일인데, 그 이유는 그 증거와 이에 대한 해석이 모두 상당히 모호하고 논란이 되는 문제이기 때문이다. 첫째로, 예상되는 바와 같이 주후 2세기 이전까지의 증거는 유대인의 자료들로부터 나오는데, 가장 초창기의 것이 쿰란에 있었던 에쎄네 공동체(주전 150년경부터 주후 70년까지)와 요세푸스(주후 90년경)로부터 나온 것이다. 그러나 불행스럽게도 이 증거의 중요성을 평가하기는 어렵다. 첫 번째 것에 관해서 말하자면, 정경으로서의 언급이 전혀 없어서 어려움을 당하고 있는데, 그 이유는 에스더서가 에쎄네파가 사용한 본문들 가운데서 발견되지 않은 유일한 구약성경이기 때문이다. 이것은 필사본 보존의 우연한 결과이거나 변덕의 결과일 수도 있지만 가장 불가능해 보인다(Beckwith, *Canon*, 291는 카이로 게니자로부터 나온 두루마리와의 대조를 기록하고 있는데, 거기서 에스더서 단편들은 오경 이외의 다른 책들의 단편들보다 훨씬 더 숫자가 많다). 쿰란 공동체가 부림절을 예배 의식 달력 가운데 포함시키지 않았으므로 에스더서가 쿰란에서 발견되지 않았다는 것이 훨씬 더 그럴 듯하다. 벡윗(Beckwith, *Canon*, 291-94)은 부림절 축하에 대해 에스더서가 정한 날짜들 가운데 하나인 아달월 14일은 그 날짜가 안식일이었으므로 쿰란 공동체에서 사용되는 예배 의식 달력과 상충된다고 타당성 있게 주장한다. 만일 그것이 사실이라면 에스더서는 당시 일반 유대인 정경에 포함되었을 수 있지만 쿰란 종파가 거부했거나 무시했을 수도 있다. 따라서 쿰란 공동체 문서에 에스더서가 없는 것은 쿰란 공동체의 정경 가운데서 본서의 정경성에 관해서나 다른 유대인 사회에서 본서의 정경성에 관해서 암시하는 내용이 명확하지 않다는 것을 보여 준다(참조. Sanders, *ABD* 1:842). (쿰란 공동체가 에스더서를 알았다는 Finkel, "Author"의 입장에 관해서는 Bardtke, *EOL* 19[1965-66] 523-24를 보라.)

이와 같이 요세푸스의 증거가 에스더서의 정경성에 관해서 암시하는 내용도 불분명하다. *Against Apion* 1.7-8에서 그는 유대인 정경의 수를 22권으로 제시하고 있기는 하지만, 불행스럽게도 그 책들의 이름을 밝히지는 않았다. 모세 후기의 책들에 관해서 그는 "모세의 죽음으로부터 크세르크세스를 이어 페르시아 왕으로 계승된 아르타크세르크세스(Artaxerxes)까지, 선지자들은…13권에…그 역사를 기록했다. 남은 네 권은 하나님에 대한 찬양과 삶의 규례를 담고 있다"고 기록하고 있다. 요세푸스의 13권의 정체와 관련하여 학자들 사이에는 일치된 견해가 없다. 어떤 학자들

(예를 들어, Beckwith, *Canon*, 79-80; Leiman, *Cononization*, 153n. 160; Moore, xxiii)은 에스더서가 분명히 그것들 가운데 포함되어 있었을 것이라고 주장한다. 이 주장은 그가 숫자를 계산하는 중에 후대에 오리겐, 에피파니우스, 제롬이 증거한 것과 같이 룻기를 사사기에 포함시키고 애가를 예레미야서에 포함시키는 유대인의 관례(Beckwith, *Canon*, 253; Leiman, *Canonization*, 32, 152 n. 154)를 채택했을 것이라는 근거에서(참조. Beckwith, *Canon*, 185-87, 188-90, 119-21), 그리고 그가 다른 곳에서 에스더서에 나오는 페르시아 왕으로 말하고 있는 아르타크세르크세스를 언급하고 있다는 사실에 근거하여 주장된 것이다. 그러나 다른 사람들은 에스더서를 배제한다(예를 들어, Orlinsky, *Essays*, 272-72).

본서에 대한 가장 초창기의 명확한 증거는 주후 128-29년경에 만들어진 아퀼라 역본으로부터 헬라어로 인용한 짤막한 인용문을 포함하고 있는 *Midr. Esth. Rab.* 2.7의 증거인데, 글을 인용한 사람은 에스더서가 자기가 사용한 히브리 본문 가운데 포함되어 있었다고 밝히고 있다(Beckwith, *Canon*, 277). 마지막으로, 탈무드가 에스더서가 주후 2세기 초반에 유대인들에 의하여 서로서로 받아들여졌다는 증거를 담고 있다. 그러므로 *b. B. Bat.* 14b는 선지서와 에스더서를 포함하고 있는 성문서의 순서를 따라 바라이타(*baraita*, 즉 주후 2세기 초에 살았던 랍비 학파들인 탄나임으로부터의 인용)를 인용한다(Beckwith, *Canon*, 122; Eissfeldt, *Introduction*, 563). 미쉬나는 부림절에 본서의 정규적인 낭독을 규정하도록 전체 소논문(Megilla)을 기록하고 있다. 그리고 다른 탄나임의 문서는 본서를 권위 있는 성서로 인용한다(참조. Beckwith, *Canon*, 328n. 50).

그러나 이러한 긍정적인 증거 이외에도 에스더서가 성서로서 여러 랍비 사회에서 의문시된 다섯 권의 책 가운데 들어 있었다는 명백한 증거가 있다(다른 네 권의 책들은 에스겔, 잠언, 전도서, 아가이다). 첫째로, 에스더서의 세속성(랍비들이 다섯 권에 대해 정경성을 문제 삼았던 근거에서 두 가지 중요한 근거 가운데 하나임; 참조. Beckwith, *Canon*, 283-87)이 가장 초창기로부터 난점을 일으켜 왔을 수도 있다. 70인경이라는 헬라어 역본(주전 114년경에 만들어졌거나〈Jacob, *ZAW* 10[1890] 278-79〉 아니면 주전 78-77년경에 만들어졌음〈Bickerman, *JBL* 63[1944] 346-47를 보라〉)은 히브리 역본에 대한 비정경적 첨가물들 가운데 서술적으로 가치가 있는 종교적 내용과 동기들을 덧붙였는데, 특히 첨가물 A, C 그리고 하나님에 대한 명백한 언급과 정경 단락들 가운데 있는 종교적 관습들을 덧붙였다(그 실례에 관해서는 Moore, *Additions*, 158; Clines, *Esther Scroll*, 171를 보라). 이것은 본서의 세속성이 수정될 필요가 있었던 난점으로 느껴졌다는 사실을 강하게 암시한다. 이러한 수정의 목적이 무엇이었든, 이 "정경 형성의 변환이 그 정경성을 확증하는 효과를 가졌다"(Clines, *Esther Scroll*, 174). 또 다른 증거는 *y. Meg.* 1.5에 있는 진술인데, 모르드게와 에스더가 유대인들에게 부림절를 지키도록 수립했을 때, (1) 그 축하가 하만이 했던 것과 같은 고통을 그들에게 가져다 주었을 것이고(Neusner, *Talmud of the Land of Israel*, 32, Ⅱ.A을 보라), (2) 어떤 새로운 것도 모세 율법에 덧붙여져서는 안 된다는 근거에서 반대가 있었다는 것이다(Neusner, Ⅲ. A, B; 참조. Beckwith, *Canon*, 289). 주후 3, 4세기의의 랍비들의 것으로 돌려지기는 하지만, 이 진술은 그 문제들이 가장 초창기로부터 본서에 관해서 문제가 되어 왔다고 그들이 믿었다는 사실을 암시한다. 그것이 어떻든 간에 바벨론 탈무드에 있는 진술은 본서의 정경성이 최소한 주후 2세기경부터 도전을 받고 있었다는 사실을 밝혀 주고 있다. 가장 초창기의 도전은 *b. Meg.* 7a에 있는, 부림이 오경에 규정된 절기에 하나의 부가된 절기였다고 주장함으로써 야기된 2세기 초의 에스더서의 정경성에 대한 랍비들의 논쟁에 대한 언급인 것으로 보인다(Beckwith, *Canon*, 289, 315, 327 n. 45에 의하여 기록됨). *b. Meg.* 7a에도 기록된 주후 2세기 중반의 것인 두 개의 후대의 본문들(이 두 본문들에 관해서는 Leiman, *Canonization*, 106를 보라; 또한 참조. Beckwith, *Canon*, 279)은 어떤 랍비들이 에스더서의 정경성을 문제시하고 있다는 진술을 기록하고 있다(이에 연루된 지극히 이례적인 용어 "손들을 부정하게 만드는"= "정경이 되는"의 의미에 관해서는 Leiman, *Canonization*, 102-20를 보라; 그리고 특히 Beckwith, *Canon*, 278-81를 보라). 첫 번째 본문 가운데서 "…룻기, 아가, 에스더서가 손을 부정하게 만든다고 [모두가 동의했다]"는 사실이 진술되어 있는데, 이는 문제가 이미 야기되었다는 사실을 분명하게 암시하고 있음을 진술하는데 당연한 결과다. 두 번째로 명백한 진술은 에스더서가 "손을 부정하게 만들지 않는다"고 되어 있다. 이 논의는 최소한 3세기 말까지 질질 끌어 온 것처럼 보이는데, 그 시기부터 에스더서 두루마리가 손을 부정하게 만들지 않았다는 사실을 암시하는 두루마리 덮개를 필요로 하지 않았다. 즉 정경이 아니라는 의견이 나온다(*b. Sanh.* 100a; Leiman, *Canonization*; Beckwith, *Canon*, 290를 보라).

기독교 자료에서는 2세기 말 이전까지는 에스더서의 정경성에 대한 명확한 증거가 거의 없었다. 벡윗(Beckwith, *Canon*, 295-97)은 그 당시 이전까지 증거를 검토해 보고, 확실하지는 않지만 본서가 서방 교회에서 언제나 정경으로 간주되었던 것 같다고 결론지었다(또한 참조. Moore, xxv-xxviii). 그러나 동방 교회에서는 상황이 전혀 달라는데, 거기서는 본서의 정경성이 자주 부인되었다. 그래서 2세기 중반에 사르디스 감독 멜리토(그의 자료가 팔레스틴으로부터 나오기는 했지만 유대교보다는 매우 기독교적인 것이었다. 참조. Beckwith, *Canon*, 183-85에서 그렇게 주장함)는 에스더서를 자신의 정경 목록에서 제거했다. 에스더서를 거부한 수많은 동방 교부들 가운데는 아다나시우스, 나지안주스 그레고리, 몹슈스티아의 데오도르가 있었는데, 이들 모두가 4세기 사람들이다(참조. Beckwith, *Canon*, 297; Moore, xxv-xxviii). 본서의 정경성은 최종적으로 힙포의 회의(주후 393년)와 카르타고(주후 397년) 회의에 의하여 확정되었다.

에스더서의 정경성에 대한 이러한 증거의 혼란은 오늘날 유대인 정경이 확정되었던 날짜가 모호하다는 사실로 말미암아 더욱 복잡하게 되었다. 금세기의 지난 수십 년 이전에는 이 문제에 관해서 일치된 의견이었다. 오경의 내용들은 주전 400년경에 확정되었고, 예언서의 정경성은 주전 200년경에 확정되었으며, 성문서(혹은 하기오그라파)의 내용들은 주후 90년경에 막을 내린 소위 얌니아(Jamnia=Jabneh) 회의까지 문제로 남아 있었다(이 대표적인 논의에 관해서는 Eissfledt, *Introduction*, 564-68를 보라). 루이스(Lewis)와 레이만(Leiman)의 연구서들(또한 Beckwith, *Canon*, 276-77의 간단 명료한 논의를 참조하라)에 의하면, 야브네에서 있었던 랍비 학자들의 모임이 권위를 가진 회의가 아니었고(후대 교회 회의의 신앙의 유비에 따라), 아가와 잠언서를 제외한 어떤 책들의 정경성에 대해 논의한 기록도 없다(그리고 그것들의 정경성이 이어지는 세기에 계속 논란이 되었다). 더 나아가서 쿰란 문서와 사해 근방에서 나온 다른 본문들의 발견과 이에 대한 연구와 함께, 정경화 과정의 성격에 대한 논쟁과 정경의 한계가 확정되었던 날짜들이 다시 재개되었다(참조. Sanders, *ABD* 1:839-43). 한편, 정경이 주후 1세기보다 더 이른 두 세기 이전에 완료되었다고 주장되고 있으며(Beckwith, *Canon*; Leiman, *Canonization*), 그래서 랍비 자료들 가운데 있는 논의는 이미 정경화된 책들을 제외시켰을 가능성이 있었던 것으로 간주된다(에스더서에 관해서는 Beckwith, *Canon*, 288-91 참조). 다른 한편, 사회-정치적(공식 회의나 공인 회의가 아닌) 요인들이 주후 2세기 초에 정경 구성에 막을 내리게 했고(예를 들어, McDonald, *Formation*, 60-66; Sanders, *Sacred Story*, 11-13), 그리하여 논란이 된 다섯 권의 책들에 대한 랍비들의 논의는 그것들의 정경성에 관한 진지한 논쟁을 기록해 놓고 있다.

필자의 의견에는 전자의 이해가 옳다는 증거가 더 우세한데, 그럴 경우 에스더서는 주전 2세기 어느 때에 그 정경성이 확증되었을 것이다. 벡윗(Beckwith, *Canon*,

312)은 이 일이 유다 마카비우스가 안티오커스 박해 이후에 성서의 모음집을 만들었을 때 일어났다고 생각한다(마카비2서 2:14에 기록됨; 또한 참조. Leiman, *Canonization*, 201 n. 634). 만약 이것이 사실이라면, 이 논쟁들은 이미 정경이 된 책의 제거를 취급한 것이다. 이러한 입장에서 본다면, 책들을 문제 삼는 랍비들의 의견은 분명히 소수의 입장이며 논박을 받도록 하기 위하여 인용된 것이다. 다른 한편, 만일 증거의 두 번째 해석이 정확한 것이라면(그리고 첫 번째 입장의 증거가 강압적이지 않다면), 에스더서는 주후 3세기 랍비들의 논쟁 말기까지는 유대인의 완전한 정경이 되지 않았고 기독교회에서도 한 세기나 그 후까지도 완전한 정경이 되지 못했다.

에스더서의 정경성은 주후 4세기 초 랍비들의 논쟁 이후에도 가끔 유대인 공동체 내에서 의문시되었다. 그 반대로 본서가 부림절 제도를 세웠고, 또한 그 책이 정규적으로 읽혀진 부림절이 유대인 예배 의식 절기에서 가장 중요한 절기들 가운데 하나가 되었으므로, 에스더서는 오경 이외의 유대인 정경 가운데서 가장 중요한 책들 중 하나가 되었다(아래 신학 부분에 있는 부림절에 대한 논의를 보라).

그러나 기독교에서는 그 반대였다. 교회 교부들 가운데 아무도 본서에 대한 주석을 쓰지 않았을 뿐만 아니라 자기들의 저술 가운데 본서에 대해서 드물게만 언급했다(대표적인 인용문들에 관해서는 Bardtke, *EOL* 19[1965-66] 258-60를 보라). 더 나아가서 그러한 언급들 가운데서 전반적으로 우선권이 주어지고, 또한 본서에 대한 다른 진술에 신앙적 의미가 주어지는 분위기를 설정하는 것이 신앙적으로 기원된 70인경의 첨가물이다(참조. Bardtke, *EOL* 19[1965-66] 260). 중세 시대 초반까지 본서에 대한 주석은 기록되지 않았다: 9세기에 마인쯔의 대감독 라바누스 마우러스(Rhabanus Maurus)의 주석이다. 더 나아가서, 주후 1000년 중반 이후 본서가 기독교 정경의 일부분으로 공식적으로 인정되기는 했지만, 본서는 자주 기독교 세계에서 매우 부정적인 평가를 받아 왔으며, 본서의 정경과 가치가 심각하게 의문시되었다. 가장 베일에 휩싸이고 간접적인 방식으로 표현된 사실을 제외하고는 본서에 하나님에 대한 언급이 없다거나 혹은 세상에 그분의 임재에 대한 암시가 없는 점이 불가피하게 그 신학적 의미에 대한 문제를 야기했다. 그러나 이러한 부정적인 평가의 대부분은 본서 전체와 또한 거기에 들어 있는 몇몇 구절들의 의도와 목적을 오해한 데서 생겨난 것이다(아래 신학 부분에 있는 부림절에 대한 논의를 보라).

정경에서의 위치

현대의 인쇄기의 발명과 함께 에스더서는 유대인과 기독교 정경 내에서 견고하고도 거의 불변적인 위치를 차지하게 되었다. 주후 10세기 티베리안 맛소라 당시에 다섯 개의 절기용 두루마리 전체(아가, 룻기, 예레미야애가, 전도서, 에스더서)가 유대인 예배 의식 중 다섯 개의 중요한 절기에 읽혀지게 되었다(룻기 서론 중 정경의 위치 부분을 보라). 이러한 발전의 결과로, 이 다섯 권의 책들은 하나의 모음집으로 모아져서 "메길롯"("두루마리들")이라고 이름이 붙여졌고, 정규적으로 잠언서 다음과 유대인 정경의 끝 부분에 있는 다니엘, 에스라-느헤미야, 역대기 앞에 위치하게 되었다. 메길롯의 연대기적 그리고 역사적 순서에서(룻기 서론 중 정경의 위치 부분을 보라), 에스더서는 맨 마지막 위치인 다니엘서 바로 앞에 위치해 있다.

기독교회에 의한 유대인의 정경 순서에 대한 개정으로, 에스더서는 기독교 정경의 네 부분 가운데 두 번째 부분인 역사서 범주에 속한 것으로 생각되어 왔다. 이러한 책들의 순서가 연대기적 순서이므로, 에스더서는 에스라-느헤미야 다음에 마지막 위치를 차지하게 되고 시가서 및 지혜 문서의 첫 번째 책인 욥기 바로 앞에 위치하게 된다.

그러나 현대에 들어서기 이전에, 오경 이외의 정경의 순서는 지극히 다양했다. 절기 모음집이 만들어지기 이전(주후 6세기에서 9세기) 시기에 유래하는 정경들에 대한 유대인의 순서 가운데서, 그리고 예배 의식 순서를 사용하지 않은 유대인의 필사본들 가운데서(즉 다섯 개의 절기 두루마리를 함께 묶지 않았음, 이에 관해서는 Beckwith, *Canon*, 452-57를 보라) 에스더서는 정규적으로 다니엘, 에스라-느헤미야, 역대기와 함께 정경의 끝 부분에 함께 위치해 있었다. 사실상 분명히 유대인의 자료들을 의존하고 있는 네 개의 가장 초창기 목록 중 세 개, 즉 오리겐, 에피파니우스, 제롬(Beckwith, *Canon*, 185-87, 188-90, 119-21를 보라)에서 에스더서는 성문서의 맨 끝 부분에 열거되어 있는데, 이것은 본서가 정경에 가입된 맨 마지막 책이었다는 사실을 암시한다. 만약 벡윗(Beckwith, *Canon*, 159-60)의 설명이 옳다면, 가장 초창기의 유대인 목록 *b. B. Bat.* 14b에 있는 *baraita*의 목록, 즉 그 곳에 있는 성문서의 마지막 책들인 다니엘, 에스더, 에스라/느헤미야, 역대기의 순서가 시대의 연대기에 대한 잘못된 지식에 근거하여 책들을 연대기적으로 배열하려는 잘못된 시도라는 사실이 이러한 증거에 덧붙여질 수 있을 것이다.

본문

참고문헌

Jacob, B. "Das Buch Esther bei dem LXX." *ZAW* 10(1890) 241-98. **Moore, C.** *Daniel, Esther and Jeremiah: The Additions.* Garden City, NY: Doubleday, 1977. **Torrey, C. C.** "The Older Book of Esther." *HTR* 37(1944) 1-40.

룻기처럼 본문과 주석이 근거한 본문은 *BHS*에 출판된 레닌그라드 사본이다(이 본문에 대한 더 자세한 자료에 관해서는 룻기 서론에 있는 본문을 보라). 룻기의 경우처럼 에스더서의 본문 역시 아주 잘 보존되어 있다. 이것이 사실상 가장 다행스러운 것인데, 그 이유는 고대 역본들로부터 나온 에스더서의 본문의 증거가 제한되어 있기 때문이다. LXX이 히브리 설화에 잘못 붙여져 있는 여러 단락들을 포함하고 있을 뿐 아니라(아래의 단일성과 편집을 보라), 이 역본의 MT 번역이 직역이 아니라 매우 자유롭고 의역이기 때문이다(참조. Fox, 10). 에스더서의 헬라어 역본에 대해서 최근에 연구를 했던 무어(Moore)는 "LXX^B가 MT의 한 단어, 문구, 문장을 빠뜨리지 않은 구절이 거의 없다"고 말한다(Moore, *Additions*, 162). 이에 대한 증거로서 얼마나 자주 〉 G*("LXX에는 없음")라는 표시가 *BHS*의 본문 비평란에 나타나는지를 유의해야 할 것이다. 사실상, 너무나 자유롭고도 의역을 한 것은 B역이다. 자콥(Jacob)은 이것이 "히브리 원본에 대한 비평적 증거로서는 다소 무가치하다"고 결론지었다(Jacob, *ZAW* 10[1890] 270, Moore, *Additions*, 162 n. 22에서 인용). 그리고 토리는 "어째서 이 히브리어 본문에 대한 헬라어 역본이 없는가? 히브리 성경의 모든 다른 책은 헬라어로…신빙성 있는 번역본을 가지고 있다. 반면에 정경 에스더서에 대해서는 그러한 역본이 현존하지 않는다"고 말했다(C. C. Torrey, *HTR* 37[1944] 1, Moore, *Additions*, 162 n. 18에서 인용). 본문에 대한 필자 자신의 연구에서 70인역이 너무나 자유롭고 의역이어서 히브리 원본에 대한 증거 자료로 사용하기에는 제한적이라는 판단을 입증한 바 있다. 그런 까닭에 필자는 *BHS*의 본문 비평란에 있는 마아쓰(F. Maass)의 많은 가능성으로부터 선발된 70인경 본문의 가감 내용을 취급하는 것이 도움이 되지 않는다고 느꼈다. Syr과 Vg만이 히브리 본문에 대해 상당히 직역한 것을 나타내 보이고 있고, 다른 고대 역본들은 LXX의 역본들이다.

필자의 의견에는, 역본들의 독법과 *BHS*의 본문 비평란에 언급된 학자들의 문서 가운데 제안된 수정으로부터 나온 수많은 다양한 독법들 중 단 두 개의 독법만이 MT의 본문에 바람직한 것으로 보인다. 첫째로, 3:7의 MT 본문에는 호모이오텔류톤(homoeoteleuton, 끝 글자가 유사함으로 인하여 일어난 오류)에 의하여 하나의 문장이 사라졌는데, LXX에서는 타당성 있는 확신을 가지고 덧붙여질 수 있다. 그 곳의 "주석"을 보라. 둘째로, 9:29, 31(이 곳의 구절들 가운데서 LXX 번역은 문자적으로는 일관성이 없다. Fox, 286-87를 보라)에서 필자는 내적인 일관성에 의하여 널리 받아들여진 세 개의 수정을 받아들일 필요성을 느꼈다. 그 곳 단락의 "원문주해" 가운데 있는 29-32절에 대한 특주를 보라.

마지막으로, 수많은 다양한 독법은 다른 히브리어 필사본들 혹은 MT의 K/Q독법에 근거하여 가능하다. 이것들 가운데 네 개는 비교적 중요한데, 그 이유는 그것들이 상이한 혹은 동의어 어형론을 구성하고 있기 때문이다(3:4에 있는 Q의 케아므림〈כאמרים〉 대 K의 베아므림〈באמרים〉; 4:4에 있는 Q의 와타보나〈וַתָּבוֹאנָה〉 대 K의 와트보에나〈וַתְּבוֹאֶינָה〉; 4:7; 8:1, 7, 13; 9:15, 18에 있는 Q의 예후딤〈יְהוּדִים〉 대 K의 예후디임〈יְהוּדִיִּים〉; 8:13에 있는 Q의 아티딤〈עֲתִידִים〉 대 아투딤〈עֲתוּדִים〉). 그러나 이 네 개의 경우에 Q는 K보다 더 우월한 독법을 보이고 있다. 1:16에서 메무칸(מְמוּכָן)은 미므칸(מימכן)보다 더 낫다. 9:19에서 하프라짐(הַפְּרָזִים)은 하프로짐(הפרוזים)보다 더 낫다. 9:27에서 웨키쁠루(וְקִבְּלוּ)는 웨퀴벨(וקבל)보다 더 낫다. 10:1에서 아하슈웨로쉬(אֲחַשְׁוֵרוֹשׁ)는 아하쉐로쉬(אחשרוש)보다 더 낫다(상기 각 구절에 있는 논의를 보라).

단일성과 편집

참고문헌

Berg, S. B. *The Book of Esther: Motifs, Themes and Structure*. Missoula, MT: Scholars, 1979. **Bickerman, E. J.** *Four Strange Books of the Bible*. New York: Schocken, 1967. **Brooke, A. E., McLean, N.,** and **Thackeray, H. St. J.** *The Old Testament in Greek*. Vol. 3/1. London: Cambridge UP, 1940. 32-42. **Cazellea, H.** "Note sur la composition du rouleau d'Esther." In *Lex tua veritas*. FS H. Junker, ed. H. Gross and E Mussner. Trier: Paulinus, 1961. 17-29(=Moore, *Studies*, 424-36). **Clines, D.**

J. A. *The Esther Scroll: The Story of the Story.* JSOTSup 30. Sheffield: JSOT, 1984. **Cook, H. J.** "The A-text of the Greek Versions of the Book of Esther." *ZAW* 81 (1969) 369-76. **Eisenmann, R.,** and **Wise, M.** "Stories from the Persian Court." In *The Dead Sea Scrolls Uncovered.* Rockport, ME: Element, 1992. 99-103. **Fox, M. V.** *The Redaction of the Books of Esther. Atlanta*: Scholars, 1991. **Gan, M.** "The Scroll of Esther in the Light of the Story of Joseph in Egypt."(Heb.) *Tarbiz* 31(1961-62) 144-49. **Gerleman, G.** *Studien zu Esther: Stoff- Struktur-Stil-Sinn. BSt* 48. Neukirchen: Neukirchener, 1966. 1-48. **Hahhart, R.** *Septuaginta: Vetus Testamentum Graecum Auctoritate Academiae Scientiarum Gottingensis editum.* 2nd ed. Vol. 7/3. Göttingen: Vandenhoeck & Ruprecht, 1983. **Lagarde, P. de.** *Librorum Veteris Testamenti Canonicorum Pars Prior Graece.* Göttingen, 1883. **Lebram, J. C. H.** "Purimfest und Estherbuch." *VT* 22(1972) 208-22(=Moore, *Studies*, 205-19). **Martin, R.** *Syntactical Evidence of Semitic Sources in Greek Documents.* SBLSCS 3. Cambridge: Cambridge UP, 1974. ______. "Syntax Criticism of the LXX Additions to the Book of Esther." *JBL* 94(1974) 65-72(=Moore, *Studies*, 595-602). **Milik, J. T.** "Les modèles araméens du livre d'Esther dans la grotte 4 de Qumrân." *RevQ* 15-16(1992-93) 321-99. **Moore, C. A.** *Daniel, Esther and Jeremiah: The Additions.* AB 44. Garden City, NY: Doubleday, 1977. ______. *The Greek Text of Esther.* Ann Arbor, MI: University Microfilms, 1965. ______. "A Greek Witness to a Different Hebrew Text of Esther." *ZAW* 79 (1969) 351-58(=Moore, *Studies*, 521-28). **Rosenthal, L. A.** "Die Josephgeschichte, mit den Büchern Ester und Daniel verglichen." *ZAW* 15(1895) 278-84(=Moore, *Studies*, 277-83). **Tov, E.** "The 'Lucianic' Text of the Canonical and Apocryphal Sections of Esther: A Rewritten Biblical Book." *Textus* 10(1982) 1-25. **Watson, W. G. E.** "Aramaic Proto-Esther." *In Dead Sea Scrolls Translated.* Brill: Leiden, 1992. 291-92.

룻기의 대조 가운데서 우리가 주장한 것은 거기에는 합성된 기원이 거의 없다는 사실에 근거한 단일성인데(룻기 서론을 보라), 에스더서는 이것이 합성된 작품이라는 학자들 가운데 강력한 의견의 일치가 있었던 문학적 스타일과 문체에서 두드러진 불일치와 반복과 변화를 나타내고 있다. 이와 관련된 이론들은 본서의 두 개의 다른 단락에 집중되어 있다. 한편, 여러 학자들은 초창기 자료들과 전승들이 기본 설화, 즉 주로 현재의 설화를 만들어 내기 위해 합성된 초창기 "에스더"와 "모르드게" 이야기를 서술하고 있는 1-8장을 구성하는 데 사용되었다고 생각해 왔다. 다른 한편, 초기 본서의 본문 비평 연구 이래(18, 19세기의 입장에 관해서는 Paton, 57를 보라) 결론적 단락, 주로 9:20-10:3이 첨가물과 주석의 단층을 포함하고 있다고 상상해 왔다.

A. 기본 설화, 1-8장이 합성물이라는 입장. 전체 설화가 보다 이른 시기의 이야기나 전승으로부터 유래되었다는 이론들은 한편으로는 저자가 더 이른 성경 설화들을 의식적으로 개작하고 있다는 입장에 근거했으며, 다른 한편으로 그가 성경 밖의 전승에 의존하고 있다는 입장에 근거했다.

1. 저자가 더 이른 성경 설화들에 의존하고 그것을 의식적으로 개작하고 있다는 입장. 이와 관련하여 두 가지 다른 입장이 제시되었다. 첫째로, 게를르만(Gerleman, 11-23; Studien, 1-48)은 본서가 단일하다고 주장하면서도, 이것이 "외국의 왕실, 매우 심한 위협, 구출, 보복, 승리, 절기의 제정"(11)을 포함하고 있는 출애굽기 설화의 구성과 특징들과 상당히 닮았고 그것을 개작하고 있다고 주장했다. 틀림없이 출애굽 전승이 의식적으로든 무의식적으로든 에스더서 저자에게 영향을 주기는 했을지라도, 게를르만이 인용하고 있는 비교가 되는 내용들과 평행이 되는 내용들은 너무나 일반적이고도 문제가 있으므로 결코 자신의 입장을 증명할 수 없다. 그것들 가운데 여러 개가 출애굽기가 에스더서에 영향을 준 암시라기보다는 단순히 "효과적인 이야기 서술 기술의 요구"(Moore, "Esther Revisited," 166)의 결과인 것으로 보인다. 더 나아가서 몇몇 평행적 내용들은 게를르만이 주장하는 것처럼 전혀 유사하지 않고, 반면에 두 작품의 다른 특징들은 뚜렷한 차이가 있다(또한 참조. Berg, "Book of Esther," 6-8의 비평; Z. Jacques, *Bib* 47[1966] 463). 둘째로, 마인홀드(Meinhold)는 에스더서 1-8장이 전반적인 구성 발전에서뿐만 아니라 개별적인 구성 요소들에서(비록 상당한 차이가 있기는 하지만) 부림절을 취급하고 있는 마지막 장들의 개작이 부차적으로 덧붙여진 세속화된 디아스포라 세계라는 매우 다른 신학적 전망에서 "디아스포라 단편 소설"로서 기록된 것으로, 요셉 설화의 의식적 개작이라고 주장했다(14-17; *ZAW* 87[1975] 306-24; *ZAW* 88[1976] 72-93). 그러나 버그(Berg, "Book of Esther," 133-36)는 구성 요소들과 결과들은 마인홀드가 주장하는 것처럼 그렇게 유사하지 않으며, 그런 까닭에 비록 에스더서의 저자가 요셉 설화를 익숙히 알고 있었음에 틀림없을지라도, "본문들 간에 개별적으로 비교를 해보아도 결정적으로 직접 빌려왔음을 암시하지 않는다"고 주장했다("Book of Esther," 141). 그럼에도 불구하고, 마인홀드와 버그의 연구("Book of Esther," 123-42; 특히

174-79)는 에스더서의 저자가 틀림없이 의식적으로든 무의식적으로든 오래 전부터 인정되어 온 바와 같이 그 어투와 요셉 이야기의 소량의 에피소드를 의존했다고 주장했다(Rosenthal, *ZAW* 15[1895] 278-84; Can, *Tarbiz* 31[1961-62] 144-49를 보라).

2. 저자가 의식적으로 성경 밖의 설화를 의존하고 있다는 입장. 몇몇 학자들은 본서가 다음과 같은 몇 가지 표준들에 근거하여 성경 밖의 이야기들 혹은 전승들로부터 나왔다고 주장해 왔다. (i) 설화 발전에서 어떤 "불일치들"로 가정된 것들, (ii) 두 주인공 에스더와 모르드개의 존재, 이들 모두는 이야기가 진행되어 감에 따라 설정된 위기의 해결에 중요한 기여를 한다. (iii) 한편으로는 모르드개에 대한, 다른 한편으로는 유대 백성 전체에 대한 하만의 분노와 음모에 관한 이중적인 초점, (iv) 이야기 중에 나오는 의미심장한 "중복"이라는 숫자, 예를 들면 왕의 두 번의 연회(1장), 에스더의 두 번의 연회(5, 7장), 일곱 페르시아 방백의 두 개의 목록(1:10, 14), 9장에 있는 두 개의 편지 – 하나는 모르드개에 의하여 기록되고 하나는 에스더에 의하여 기록된 것임, 처녀들의 두 번의 모집(2:8, 19). 이러한 근거에서 캐젤스(Cazelles, "Note")는 가장 세밀한 분석을 제공하고 또한 두 자료를 주장하는데, 하나는 지방을 중심으로 하고 있었던 에스더가 연루되어 있는 "예배 의식적" 성격과 유대인들에 대한 음모로 되어 있고, 다른 하나는 수산(Susa)을 중심으로 한 모르드개가 연루되어 있는 "정치적" 성격과 그와 하만의 대결이다(간단명료한 요약과 비평에 관해서는 Clines, *Esther Scroll*, 115-21를 보라). 이와 비슷한 표준들에 근거하여 바트케(Bartke, 248-52), 빅커만(Bickerman, *Four Strange Books*, 172-200), 레브람(Lebram, *VT* 22[1972] 208-22), 링그렌(Ringgren, 374-76)은 여러 가지 면에서 서로 크게 다르기는 하지만, 원래 분리되어 있었던 두 개의 이야기가 존재하고 있었다고 주장했는데, 하나는 에스더가 연루되어 있었던 것이고 다른 하나는 모르드개가 연루되어 있었던 것이라고 한다(바트케와 링그렌은 1장 배후에 놓여 있는 하나의 분리된 "와스디"〈Vashti〉 자료를 상상하기도 한다). 여기서 이러한 가설들을 검토해 볼 필요는 없는데, 그 이유는 클라인즈가 그것들의 주장을 성립하게 하는 데 있어서 상당히 불충분한 점을 효과적으로 드러내면서 요약하고 평가했기 때문이다(*Esther Scroll*, 130-38).

그러나 이러한 입장들, 특히 캐젤스의 입장에 근거하여 논증을 하면서, 클라인즈는 2-8장의 설화로부터 나온 두 개의 분리된 자료들을 그럴듯하게 추정해 냈다. (i) "그들의 상대적인 지위 문제 주변에 전개되는 두 관리의 충돌 이야기"인 모르드개 이야기, 그리고 페르시아 왕실에서 그들의 신분의 극적인 반전 가운데서 있었던 문제들, (ii) 에스더가 "아름다움, 용기, 설득력, 전략의 조화를 통하여" 유대인들을 멸망시키려 한 하만의 음모를 그 한 사람의 멸망을 도모함으로써 제거했던 성공적인 에스더 이야기(*Esther Scroll*, 115-26). 그러나 클라인즈가 추론하는 두 개의 자료가 그럴듯할지라도, 이것은 그러한 자료들이 이전에 실제로 존재했었다는 증거가 되지는 않는다. 사실상, 클라인즈 자신은 다음과 같이 말한다. "두 개의 이야기의 존재가…매우 개연성이 있다고 내가 믿는 그것을 확신 있게 말할 수는 없다"(*Esther Scroll*, 138). 폭스(Fox, *Redaction*, § 2, 97-99)는 클라인즈의 이론을 위시하여 모든 제안된 다양한 두 자료 이론들의 타당성에 대해 강력한 이의를 제기한다. 첫째로, 이 이론이 근거하고 있는 이중적인 이야기의 존재와 또한 보다 큰 이야기에 들어 있는 일관성 있는 설화 묘사는 자료를 구성하고 있는 증거에 미치지 못하는데, 그 이유는 그 이중이라는 것이 서로 상충되지 않고 그 설화가 스타일이나 개념상 차이가 없다는 증거를 드러내기 때문이다. 그런 까닭에 그것들은 전체 이야기 구성 내용 내에서 다른 주제가 아닌 두 개의 주제의 발전을 내포하고 있다. 둘째로 이 이론의 약점은 용어나 구조 형식상의 특징에 있어서 두 자료가 모두 요셉 이야기와 전반적으로 평행을 이루고, 또한 각기 서로 다른 부분들로부터 영향을 받고 있다는 사실에 의하여 드러난다(*Redaction*, 98-99). 마지막으로, 폭스는 비록 우리가 그러한 이야기들이 존재했었다는 독립된 증거를 가졌을지라도, 그것들은 너무나 많은 변화를 겪었고 그 마지막 서술 가운데서 창작되어 사용되었으므로 그러한 변화와 사용이 편집권이 아닌 저작권을 이룬다고 설득력 있게 주장한다. 이 자료들은 최종적인 본문과는 너무나 거리가 멀기 때문에 해석상 가치가 없다. 이것이 그러하므로, 우리는 본서를 해석하는 데 있어서 그러한 어떤 추정되는 자료들을 가정하거나 언급하지 않을 것이다.

B. 본서의 끝 부분인 9-10장이 후대의 가필이라는 입장. 그런데 본서의 끝 단락을 살펴보면 상황은 그 반대다. 여기서 최근의 비평적 연구는 편집상의 단층들이 있다는 증거를 제시했다. 이러한 증거는 무엇보다도 내적인 표준들에 의존하고 있는데, 그러한 표준들은 아마도 불일치한 내용들, 두드러진 상충점들, 반복적 내용들, 문학적 스타일상의 변화와 같은 합성된 본문 중에서 추정된 자료들을 결정하기 위하여 의존해야 하는 표준들이다. 그러한 증거가 언제나 미묘하고 당연히 사변적이기는 할지라도, 에스더서의 끝 부분에서는 특별히 강렬하다. 그러나 이 경우에 우리는 그러한 내적 표준들에 의하여 제시된 증거만을 의존할 수는 없다. 그 반대로,

이것은 에스더서 설화와 평행하는 역본이 존재한다는 사실에 의하여 입증될 수 있다. 이것은 소위 알파-본문 혹은 A-본문(이후로는 AT라고 지칭함), 곧 클라인즈와 폭스가 최근에 히브리어로부터 번역된 에스더 이야기의 형태를 담고 있다고 주장한 한 헬라어 본문인데, 그것은 MT의 에스더 히브리어 본문과는 현격한 차이가 있다(Clines, *Esther Scroll*, 71-92; 특히 Fox, *Redaction*, 10-95를 보라). 클라인즈와 폭스를 따르고 있는 여기서 받아들여진 이 입장은 에스더서가 저자-편집자가 창조적으로 부림절의 인과관계적 사건으로 기능하고 있는 두드러진 문학적 그리고 주제적 단일성을 창작해 내기 위하여 보다 이른 시기의 설화를 창조적으로 개작하고 부록 부분을 가한 두 개의 편집 단계의 산물이라는 것이다. 이러한 편집 단계에 대한 하나의 가장 중요한 증거물은 지금은 A본문에 보존된 에스더서 이야기 중 보다 이른 시기의 역본일 수도 있다(이것은 아래에 기록될 것인데 "원-AT"라고 이름을 붙일 것이다).

1. A-본문의 특징과 성격: 에스더서 이야기의 상이한 히브리 역본의 헬라어 역본-"원-AT". 에스더서 A-본문은 주후 10세기부터 13세기까지 다섯 개의 필사본 가운데 현존해 있다. 이 본문은 현재 두 개의 판 가운데 들어 있다. (i) 드 라가르데(P. de Lagarde)의 1883년 판이 에스더서 표준판 70인역 본문을 따른 대 케임브리지 70인경(Larger Cambridge Septuagint) 가운데 출판되었다(Brooke et al., *The Old Testament in Greek*). (ii) 괴팅겐 70인경(Göttingen Septuagint)에는 하나의 새 비평판이 70인경 본문 아래쪽 페이지 각주에 출판되었다(Hanhart, *Septuaginta*를 보라). 대 케임브리지 70인경 판의 헬라어 본문은 클라인즈(*Esther Scroll*, 215-48)와 폭스(*Redaction*, Appendix B, 156-67)에 의하여 출판되었다. 클라인즈는 매우 유익하게도 상당히 직역한 영문 번역본을 포함시키고 있다.

이것이 70인역의 루시안 개정판의 일부분으로 간주되었으므로 AT는 주로 최근 수십 년 간 무시당해 왔으나, 1965년에 무어(C. A. Moore)는 이것이 그렇지 않다고 증명했는데(*The Greek Text*, 133-39; 또한 같은 저자의 *ZAW* 79[1969] 352-53; Additions, 163-65를 보라), 이러한 결론은 이제 거의 전 세계적으로 일치된 의견이 되었다(예를 들면 Hanhart, *Septuaginta*, 92; 특히 Fox, *Redaction*, § 1.2, 14-17의 간결한 논의를 참조하라). 이 연구서들 가운데서 무어는 70인역과 공통되는 여섯 개의 비정경적 첨가물을 제외하고, AT가 MT 본문과 상당히 다른 히브리어 본문의 번역본이라는 몇 가지 증거를 제시했다(Moore, *ZAW* 79[1969] 355-58; *Additions*, 165를 보라). 이 증거 내용은 클라인즈(Clines, *Esther Scroll*)에 의하여 세 가지 방식으로 더욱 발전되었다. (ⅰ) 그는 AT가 MT와는 다른 히브리어(혹은 아람어)판을 개정한 70인역의 교정본이라는 토브의 입장(Tov, *Textus* 10[1982] 1-25)을 반박했다(*Esther Scroll*, 85-92; 또한 Fox, *Redaction*, § 1.2, 14-15에 의한 반박을 보라). (ⅱ) 그는 대체적으로 정경적 에스더서(즉 여섯 개의 비정경적 증보판을 제외한)와 동일한 AT의 본문이 MT와는 다른 히브리어 원 자료의 번역본이었다는 몇 가지 추가된 증거를 제시했다(*Esther Scroll*, 87-92). (ⅲ) 토리의 작품에 기초하여(Torrey, *HTR* 37[1944] 14-15) 그리고 쿡의 작품(Cook, *ZAW* 81[1969] 369-76)과 상호 작용하여 그는 여섯 개의 비정경적 증보판에 첨가하여 그가 8:17-21, 33-52로 밝혀내고, 또한 부분적으로 MT 8:5-10:3과 동일한 자료로 구성되어 있는 AT의 끝 부분도 역시 70인경에 의존하고 있다고 주장했다. (AT 8:22-32와 53-59는 첫 번째 것이 비정경적 증보판 E와 두 번째 증보판 F로 이루어져 있으므로 생략되어 있다. 여기에 사용된 구절 목록은 클라인즈와 폭스가 따르기도 했던 케임브리지 70인경의 것이다.) 이를 입증하기 위하여 그는 증거 가운데 두 줄을 인용했다. (a) LXX에 의존했다는 사실을 드러내고 있는 토브가 인용한 AT의 끝 부분에서 나온 다섯 개의 실례(*Esther Scroll*, 86-87), (b) 그것이 이차적인 것이었다는 문학적 근거에서 그가 주장했던 AT 끝 부분의 설화적 일관성에 대한 세부적인 검토(*Esther Scroll*, 78-84).

클라인즈의 작품은 폭스(Redaction)에 의하여 상당히 확대되고 발전되었는데, 폭스는 에스더서에 있는 편집상의 단층들 문제를 세부적으로 검토해 주었다. 폭스는 두 개의 가정에 대해 논증들을 제공함으로써 클라인즈의 주요 결론들을 확증하고 있다. (a) AT는 두 개의 구별된 합성된 단층들을 담고 있는데, 하나는 70인경으로부터 취해 온 자료로 구성되어 있는 편집상의 단층이고, 두 번째 것은 LXX과 관련되지 않은 자료로 구성되어 있는 단층이다. (b) 이 두 번째 단층은, 비록 유사하기는 하지만 MT와 LXX에 보존된 에스더서 설화(첨가 부분은 제외하고)와는 다른 이야기를 말하고 있는 히브리어 원 자료(클라인즈를 따라 폭스는 이것을 "원-AT"라고 부른다)의 번역본이다(*Redaction*, § 2, 17-34를 보라).

폭스는 AT와 LXX 간의 어휘상의 일치점들에 대한 세부적인 통계적 분석에 의하여 가설 (a)를 수립한다(그는 이것에 "어울리는 것들"〈matches〉이라는 용어를 붙이는데, 이에 관한 정의와 실례에 관해서는 *Redaction* § 2.7, 19-22를 보라). 그의 분석은 AT가 한편으로는 그 자료가 LXX 본문과 너무나 잘 어울리므로 그것이 분명히 LXX을 의존하고 있으며, 다른 한편으로 이 두 개 사이에 우연적인 어휘상의 일치를 보이고 있는 것으로, 이를테면 유사한 이야기를 진술하고 있는 두 개의 본문으로부터 예상된 것과 같은 단 하나의 모호한 자료가 있다는 것이다. 소수의 고립된 간략한 구절들을 제외하고, LXX을 의존하고 있다는 사실을 입증하고 있는 자료들은 AT의 여덟 개의 근접한 구절들 가운데 촘촘하게 무리지어 있다. 이것들은 다음과 같다. 첫째로, 여섯 개의 비정경적 첨가물들이 있는데, 그것들은 A에서 F까지이다(이것들에 관해서는 Moore, *Additions*를 보라). 둘째로, AT의 끝 부분이 있다(이후부터는 AT-end라 부른다. 그 정확한 출발점을 Fox는 Clines가 하는 것보다 다른 지점에 둔다). 셋째로, 간략한 단락인 AT 6:13-18이 있는데, 폭스는 이것을 D+라고 부른다(이것이 첨가물 D의 것을 직접 따르고 있기 때문에 그렇게 부른다). D+가 LXX 5:3-8의 본문을 의존하고 있는 것이 분명하므로, 폭스는 이것이 편집자가 자신의 원 자료에 덧붙여 장황하게 기록한 구절이라고 매우 타당성 있게 주장한다(즉 그가 LXX에서 나온 자료를 덧붙이고 있었던 AT의 본문; *Redaction* § 6.1, 42-43를 보라). 마지막으로, 폭스는 이 근접한 단락들로부터 따로 떨어진 뒤따라온 고립된 구절들이 LXX에 대한 의존을 보여 주는 증거를 제공한다: AT 2:1a(=LXX 1:1a); 2:5b-8(=LXX 1:5b-8); 4:2(=LXX 3:2); 4:9b-11-10a(=LXX 3:9b-11; AT는 이 구절들의 순서를 바꾼다); 5:4b-5(=LXX 4:8b); 5:9b-10(=LXX 4:14b); 6:21ab(=LXX 5:10ab); 7:1(=LXX 6:1a); *Redaction* § 6.2(43-47)을 보라.

AT 본문의 나머지 부분은 LXX 본문과 거의 어울리는 점들을 보이지 않으므로 이것은 LXX로부터 나온 것일 수 없다(특히 Fox의 도표, *Redaction* § 7, 47-50를 보라). 클라인즈를 따라 폭스는 이 자료를 "원-AT"라고 부른다.

폭스는 헬라어 본문이 원래 헬라어 작성문인지, 그렇지 않으면 셈계(히브리어 혹은 아람어) 기원을 가진 것에서 번역한 것인지를 결정함에 있어서 마틴(Martin, *Syntactical Evidence*)이 발전시킨 구문론적 표준을 적용함으로써 가설 (b)를 수립한다. 마틴의 표준들을 원-AT로부터 나온 57개의 구절들에 적용시키면서, 그는 이것이 히브리어나 혹은 아람어에서 기원한 것을 번역한 것이라고 증명한다(또한 참조. Martin, *JBL* 94[1975] 65-72). 사실상, 그것은 LXX-에스더서(이는 물론 MT-에스더서 번역이다. *Redaction* § 2.10, 30-34)보다 더 철저하게 명확한 번역상의 성질을 가지고 있다. 마지막으로, 그는 확신 있게 원-AT의 원 자료의 어휘가 아람어가 아니라 히브리어라는 사실을 주장한다(*Redaction* §§ 2.9.5, 2.9.6, 26-28를 보라).

이러한 연구와 함께, 폭스와 클라인즈는 원-AT에서 우리는 히브리어 본문의 번역인 에스더 이야기의 헬라어 변형을 보게 된다고 입증했고, 또한 그들이 주장하는 것은 MT 설화와는 다르다. 이것은 여기서 우리가 에스더 설화의 평행본을 가지고 있다는 매우 흥미를 돋우는 그리고 중요한 가능성을 우리에게 제공하며, 이를 통하여 MT 판과 비교함으로써 우리는 본서의 편집 역사에 대한 보다 큰 통찰력을 얻을 수 있고, 특히 9-10장의 기원과 이 장들의 보다 이른 시기의 설화와의 관계와 관련하여 일어난 문제들에 대해서 좀더 확실하게 될 수 있다. 여기서 우리의 임무가 에스더서 여러 판의 편집 역사를 연구하는 것이 아니라 MT-에스더서를 이해하고 해석하는 것이기는 하지만, 그럼에도 불구하고 하나의 본문이 예상될 수 있는 편집 역사를 가지고 있다는 사실은 본서의 해석에 중요한 하나의 요인이다(이 점에 대해서는 Fox, *Redaction*, 5장, 142-54의 논평을 보라).

2. 원-AT의 원 결말. 그러나 우리가 그러한 비교를 할 수 있기 전에, 우리는 AT의 정확하게 어느 곳에서 원-AT가 끝나고 AT-end(즉 LXX에서 취해 온 편집상의 끝)가 시작되느냐는 중요한 문제를 스스로 진지하게 검토해야 한다. 위에서 언급한 바와 같이, 클라인즈는 원-AT가 AT 8:7에서 종결되었다고 주장했는데, 이 지점은 왕이 하만의 칙령을 폐지해 달라는 모르드개의 요구에 응답하는 지점이다(AT 이야기에서 이 지점은 대략 MT 8:7인데, 이 곳은 왕이 하만의 칙령을 폐지해 달라는 에스더의 요구에 응답하는 곳이다). 그는 이러한 결론을 부분적으로 쿡(Cook은 AT 8:16 이후에 AT의 특징이 변했다고 주장했다)의 증거에 기초했으나 일차적으로는 문학적 근거, 즉 AT-end의 설화적 일관성에 대한 세부적인 분석에 근거했다. 여기서 그는 "이것이 본서의 주요 부분으로서 같은 저자나 혹은 같은 편집상의 차원의 것으로 돌려질 수 없고, 주요 부분에 부차적인 것으로서만 간주될 수 있는 빈약하게 기록된 설화, 곧 본 자리에서는 대단히 난해한 설화다"(*Esther Scroll*, 84)라는 사실을 입증하기 위해 시도했다. 그러나 클라인즈 자신은 현재 있는 그대로 AT 8:17은 본서에 알맞은 결론이 아니라는 사실을 설명해야 했고, 그래서 그는 어떤 것이 누락되었다고 상상해야 했다(*Esther Scroll*, 189 n. 25). 폭스 역시 이 질문을 검토했다(*Redaction* § 5, 38-42). 클라인즈의 입장과의 확대된 상호작용 가운데서, 그는 원-AT가 8:17에서 끝나지 않고 AT 8:18-21, 33-38(즉 LXX에서 취해 온 첨가물 E를 이루고 있는 22-32를 배제하고)도 포함해야 한다고 주장했다. 폭스의 주장은 여기서 클라인즈의 입장이 그러했던 것처럼 문학적 해석에 대한 미묘한 차이점들에만 의존하지 않았다. 그보다는 그가 AT와 LXX의 어휘를 서로 조화시킨 비교에 근거하여, 그는 AT 8:17 이후에 있는 자료 가운데서 이 구절들만이 LXX을 의존하

고 있지 않다고 주장한다(§§ 8.1-8.8, 52-70에 있는 편집자의 작품에 대한 그의 세부적인 논의를 보라). 마지막으로, 그는 자기가 최소한 파악될 수 있는 문체론적 혹은 문학적 결함들이 무엇이든, 하나의 편집자로서 한 저자로부터 당연히 나왔다고 주장할 수 있는 과정에서, 이 구절들의 부차적인 성격으로 인하여 클라인즈가 개진한 문학적 논증의 대부분을 논박하고 시도한다. 필자의 의견에는 여기서 폭스의 주장은 클라인즈의 주장보다 더 호소력이 강하며, 따라서 원-AT가 AT 8:18-21, 33-38을 포함시켜야 할 것이다. 그렇지만 그 외에도 필자에게는 원-AT가 38절로 끝나기보다는 39-40절까지 포함하도록 확대되어야 한다는 점이 가능해 보인다. 34-38절은 모르드개가 온 국민에게 하만의 죽음과 또한 암시를 통하여(Fox, *Redaction*, 41이 그렇게 주장) 칙령의 폐지를 알리는 서신을 보냈다는 사실을 설명한다. 이것은 분명히 "하나의 적절한…원-AT에 대한 결론"이라고 말해질 수 없다(Fox, *Redaction*, 39). 이야기는 모르드개가 왕의 의복을 입고 왕실을 떠나고 수산 성읍이 기뻐하며(39-40a절), 특히 유대인들이 축하한 사실(40b절)과 함께 끝난다. 물론 이에 대한 반대 의견은 이 구절들이 LXX과 수많은 어휘상의 일치점들(Fox의 용어로는 "어울리는 것들")을 가지고 있다는 것이다. AT는 여기 15a절에서 동의 대용어를 가지고 있다(스톨렌〈*στολὴν*〉 대신 에스데타〈*ἐσθῆτα*〉). 이것이 15b절에서는 누락되어 있고(MT는 웨아테레트 자하브 께돌라〈ועטרת זהב גדלה〉=LXX는 카이 스테파논 에콘 크루순〈*καὶ στέφανον ἔχων χρουσοῦν*〉) 16절에서는 하나의 추가물(*πότος*－포토스)을 가지고 있다. 그러나 그 외에도 중요한 더 긴 문장이 누락되어 있다. AT에는 유대인들에게 기쁨이 되고 축하하게 되었던 "왕의 조명이 이르는 각 도, 각 읍에서"(17a절, MT와 LXX 모두에 나타나 있다. 아래의 도표를 보라)라고 규정하고 있는 문장이 누락되어 있다. 이것은 당연히 MT의 편집자가 가한 하나의 첨가물일 수 있으며, 이는 바로 앞에 나오는 MT 8:9-14에 묘사되어 있는 반대 칙령에 얽힌 길고도 세부적인 기사로 말미암아 일어났을 수 있다. 어쩌면 이 점이 이 구절들이 원-AT의 실질적인 일부분이라는 사실을 암시하고 있는데, 이에 대한 그러한 구체적인 언급이 원-AT에 앞서 나오는 내용이 온 민족에게 하만의 칙령이 폐지되었다고 알리는 모르드개의 편지여서 덜 적절했기 때문이다. 그러나 15a, c, d절, 그리고 16a절 문장에서 LXX와의 일치는 우연한 것이었을 것이다. 그러나 AT 편집자(즉 원-AT에 LXX로 부록을 첨가하고 있는 편집자)는 정기적으로 LXX로부터 한두 구절을 취해 왔으며(위를 보라), 또한 이것은 그러한 또 다른 경우일 수도 있다. 이것이 원-AT의 종결부이므로 그리고 편집자가 자신의 편집 작품을 완성하기 위하여 LXX만을 의존할 것이므로, 그는 원-AT의 이 마지막 두 구절 앞에서 LXX을 사용하기 시작했을 수 있다.

3. 에스더서 원-AT와 MT 본문들의 관계. 그렇다면 만일 이것이 원-AT의 범위라면, 검토되어야 할 문제는 이것과 MT 본문들이 어떤 관계냐는 것이다. 이를 입증하기 위하여 두 본문을 비교하고 대조할 필요가 있다.

a. 원-AT와 MT 이야기의 비교. 클라인즈(*Esther Scroll*, 8장, 93-114)와 폭스(Redaction, 2장, 96-126) 모두가 세밀하게 검토하여 비교해 주었으므로, 두 본문의 종결부를 검토함으로써 간략한 방식으로 우리의 목적을 이룰 수 있게 되었다. 왜냐하면 원-AT의 기본적인 줄거리가 몇몇 구절로 훨씬 더 간결하게 되어 있을지라도, 이것이 그 주요 부분에서는 그 지점에서 하만의 음모가 드러나고 그가 사형에 처해지는 MT 7장의 끝 부분에 이르기까지 MT-에스더의 그것과 매우 유사하기 때문이다. 그러나 이 지점 이후부터 두 본문은 두드러지게 차이가 난다. 이 점은 두 개의 칼럼 가운데 정리된 비교를 통해서 가장 잘 드러난다(다음 페이지에 있는 도표를 보라).

MT와 원-AT의 종결부의 비교

이 배열에서 동일하거나 매우 유사하거나 혹은 같은 역할을 하는 두 본문 가운데 있는 요소들은 서로 정면으로 상반된 위치에 두었다. 다른 본문의 직접적인 문맥 가운데서 평행이 되지 않는 요소들은 홀로 남겨 두었다. 주제적으로 이것과 평행이 되는 9장의 MT 자료는 상응하는 원-AT 자료 반대편의 도표(괄호 안에 그리고 진한 글씨체로) 안에 삽입되었다. 그러나 원-AT 설화에 있는 이 평행되는 자료의 기능은 MT 9장에 있는 그 기능과는 상당히 다르다. MT 칼럼은 필자의 직역이고 원-AT는 클라인즈의 번역이다.

MT	원-AT
[8:1]그날 아하수에로 왕이 왕비 에스더에게 유다인의 대적 하만의 재산을 주었다.	
그리고 모드르개가 왕의 존전에 왔는데, 그 이유는 에스더가 자기과 그가 어떤 관계인지를 모두 그에게 알렸기 때문이다.	[8:15]그리고 왕이 모르드개를 불렀다.
[2]그때 왕이 자신이 하만으로부터 받은 자기의 인장 반지를 빼어 그것을 모르드개에게	

주었고,
그리고 에스더는 그에게 하만의 재산에 대한 관할권을 주었다.

3 그때 에스더가 다시 왕에게 말했다.
그녀는 그의 발 앞에 엎드려 울었다. 그리고 하만이 유다인에 대하여 꾸몄던, 아각 사람 하만의 악한 계획을 제거해 달라고 애원했다.
4 왕이 에스더에게 금홀을 내밀었고, 그녀는 일어나서 왕 앞에 섰다.
5 그녀가 말했다. "만일 왕이 기뻐하신다면, 그리고 만일 제가 그분에게 은총을 입었다면, 그리고 그분이 그 제안이 적절하다고 생각한다면, 그리고 만일 제가 그분의 눈에 총애를 받고 있다면,
아각 사람 함므다다의 아들 하만의 계획, 모르드개가 말했다. "너는 하만의 공문서를 폐지해야 할 것이다." 곧 그가 왕의 관할 지방들 가운데 있는 유다인들을 멸하기 위하여 기록한 공문서들을 취소하라는 명령을 내리시옵소서.
6 제가 어떻게 제 백성들에게 임하는 재난을 보고 견딜 수 있겠나이까? 그리고 어떻게 제가 제 모든 친척들의 멸망을 보고 견딜 수 있겠나이까?"
7 그때 아하수에로 왕이 왕비 에스더에게 그리고 유대인 모르드개에게 말했다. "보아라, 내가 하만의 재산을 에스더에게 주었고 그가 유다인들을 대항하여 손을 들었으므로 인하여 교수대에 달렸다.

[9:1-5 유다인들이 자기들의 대적들을 이겼고 그들에게 살육과 멸망을 가했다.]

그리고 하만의 것이었던 모든 것을 그에게 부여했다.
16 그리고 그가 그에게 말했다. "네가 무엇을 원하느냐? 내가 너를 위하여 그것을 하겠노라."

17 그리고 왕이 왕국의 일들을 그의 손에 주었다.
18 또 에스더가 왕에게 말했다. "나에게 내 대적들을 살육으로 몰아넣도록 허락해 주십시오."

[9:13 에스더가 말했다. "만일 왕이 기뻐하
시면, 내일 수산에서도 오늘의 칙령에 따
라 행동하도록 유다인들에게 권한을 부여
해 주소서
그리고 하만의 열 아들을 교수대에 달리게
해 주소서.
[9:14 그리고 왕이 그렇게 되도록 명령했
다.]
[9:16 유다인들이 성읍들 가운데서 75,000명
을 죽인다.]
[9:6, 16 수산에서 유다인들이 첫 날에 500명
을 죽이고 둘째 날에 300명을 죽인다.]

19 그리고 왕비 에스더가, 하만의 아들들도
역시 자기 아비와 함께 죽어야 할 것이라고
그들에 대해서 왕과 의논을 했다. 그리고 왕
이 "그렇게 되도록 하라"고 말했다.
20 그리고 그녀가 거대한 숫자의 대적들을 쳤
다.
21 그리고 수산에서 왕이 남자들을 죽이도록
왕비와 합의하고, 그가 말했다. "보라, 내가
너에게 그들을 교수대에 달도록 하노라." 그
리고 그렇게 되었다.
[첨가물 E, 22-32절]
33 그리고 이 일들을 성립하는 칙령이 수산에
서도 발표되었다.

8 그러므로 너는 왕의 이름으로 네 기뻐하는
대로 유다인들에 관하여 기록하고 왕의 인
장 반지로 봉인하라. 그 이유는 왕의 이름으
로 기록되고 왕의 인장 반지로 봉인된 칙령
은 폐지될 수 없기 때문이다."
9 또 그래서 왕의 서기관들이 그때 곧 셋째
달, 곧 시완월 스무셋째 날에 소집되었다.
그리고 하나의 칙령이 정확하게 모르드개가
지시한 대로 유다인들에게, 총독들, 장관들,
각 지방–인도에서 구스까지 펼쳐진 127지
방–의 통치자들에게, 각 지방에는 그 자체
의 문자로 그리고 각 백성에게는 자기들의
언어로 그리고 유다인들에게는 그들의 글과
언어로 기록되었다.
10 그것이 아하수에로 왕의 이름으로 기록되
었고 그의 인장 반지로 봉인되었다.
[9:20-22 모르드개가 유다인들로 하여금 자기
들의 구출에 대한 축하를 기억케 하는 절
기를 의무적으로 지키도록 기록한다.]
그리고 모르드개가 공문서들을 보냈다.

34 그리고 모르드개가 기록으로 명령을 보냈
다.
그리고 그것들을 왕의 인장 반지로 봉인했다.
자기 백성이 각자 자신의 위치에 남아 있어
서 하나님에게 절기를 지켜야 한다는 것을.
35 그리고 모르드개가 보낸 편지는 다음과 같다:

왕의 사육장에서 징발한 국가 공무에 쓰는
파발마를 타는 특사들을 통하여,
11왕은 각 그리고 모든 모이는 성읍에서 유
다인들에게 자신들을 방어하고, 그들을 공
격하는 어떤 백성이나 성읍의 세력도 멸하
고 살육하고 제거하도록 허락하노라.
포함된 여인들과 어린아이들을 포함하여 그
들의 물품을 약탈하도록 하라.
12열두 번째 달, 곧 아달월 열세 번째 날 하
루에 아하수에로 왕의 모든 각 지방에서.
13또한 칙령의 한 부본이 모든 백성들에게
공개적으로 드러나서 유다인들로 하여금 자
기들의 대적들에게 보응하도록 이 날을 위
하여 준비할 수 있도록 모든 각 성읍에서 법
으로 공표되어야 했다.
14왕의 사육장에서 징발한 파발마들 위에 올
라탄 특사들이 왕의 명령에 의하여 나아가
되 신속하게 나가 박차를 가했을 때, 그 칙
령은 수산 성채에서 공포가 되었다.
15모르드개가 푸르고 흰 옷을 입고, 크고 금
으로 된 터번을 쓰고, 희고 자줏빛 나는 아
마포로 된 외투를 걸치고 왕궁에 있는 왕으
로부터 물러나왔다.
그리고 수산 성이 기뻐하고 즐거워했다.
16모든 유다인들에게는 유쾌하고, 즐겁고, 기
쁘고, 영예스러웠다.

36"하만이 너희에게 다음과 같은 편지를 보
냈다: '내 대신에 유다인이라는 반역적인 인
종을 멸하도록 온 힘을 다해 보내기를 전속
력을 다하라.'
37그러나 나 모르드개는 이 일을 한 그 사람
이 수산 성문에서 교수당했고 그의 가족이
살육당했다는 사실을 알린다.
38그 이유는 그가 우리를 죽이려고 계획했기
때문이다.

아달월인 그 달의 열세 번째 날에."

[39그리고 모르드개가 왕실 의복을 입고, 자
줏빛으로 가장자리가 달린 아마포의 모자를
쓰고 나왔다.]
[40그리고 수산에 있는 사람들이 보았을 때,
그들은 즐거워했다. 그리고 유대인들은 유
쾌해하며 마시고,

17 그리고 왕의 명령과 칙령이 닿는 각 모든 지방에서와 각 지방에서 유다인들에게는 기쁨과 즐거움이 있었고, 연회와 축하가 있었다.	그리고 연회를 가졌다.]
그리고 모르드개의 두려움이 그들 위에 떨어졌으므로 그 땅의 많은 민족의 사람들이 유다인이 되기로 고백했다.	[없음]
9:1-5: 유다인들은 승리했다. 그들은 자기들의 모든 대적들을 칼로 쳤다.	[없음]
9:6-19: 그 사건들이 이틀 이상 부림절 축하를 하게 한다.	[없음]
9:20-32: 모르드개, 에스더 그리고 유다인들이 부림이라는 날짜를 정하고 스스로 지속적으로 지키기로 다짐한다.	[없음]
10:1-3: 모르드개에 대한 찬사	[없음]

주의: 39-40절은 괄호로 되어 있는데, 왜냐하면 이것이 원-AT의 일부분인지 분명치 않기 때문이다(아래의 논의를 보라).

본 도표가 보여 주는 바와 같이, MT-에스더서는 8:17c과 9-10장을 담고 있는데, 이는 원-AT가 담고 있지 않은 내용이다. AT의 이 자료 편집자는 LXX로부터 나온 구절들을 삽입함으로써 여백을 메웠다. 그러나 원-AT의 결말 부분이 최소한 주제에 있어서 MT 9장에 있는 자료와 평행이 되는 자료를 담고 있다는 사실을 유의하는 것이 중요하다. 그러므로 AT 8:18-21은 유대인들의 대적들에 대한 살육 기사를 제공하고, 8:34c은 모르드개가 유대인들에게 하나님에게 하나의 절기를 지켜야 한다고 기록한 사실을 설명한다.

b. 원-AT와 MT 본문 간의 차이. MT와 원-AT의 이러한 차이나는 결말 부분을 세심하게 검토해 보면 다음과 같은 차이가 드러난다.

(ⅰ) 첫째로, 원-AT의 이 마감 단락만 검토해도 이 부분이 페르시아 법의 불가변성의 개념에 대해 전혀 언급하고 있지 않다는 사실이 즉시 드러난다. 이것이 단 두 구절로 MT에 명백하게 진술되어 있기는 하지만(1:19; 8:8), MT 본문 전체에 걸쳐서 가정되어 있다. 이러한 개념상의 차이로 인하여 두 개의 매우 다른 줄거리가 발전되어 나타나는데, 이것이 위의 비교 도표에 나타나 있다. 이 점에서 충분히 일관성이 있고 변함없는 원-AT에서 일단 하만의 음모가 에스더의 연회에서 드러나

고, 그가 8:1-4에서 교수형을 당하자(위에 언급된 본문에 바로 앞서) 그의 칙령의 위협은 매우 쉽게 폐지될 수 있다. 왕은 모르드개에게 단순하게 그가 원하는 것이 무엇인지를 묻고, 그는 "당신께서 하만의 편지를 폐지하는 것"(AT 8:16)이라고 응답한다. 이 폐지는 왕이 모르드개에게 국사를 일임했다는 뒤따라오는 진술을 통하여 효과적으로 암시되어 있다(AT 8:17). 그러나 이 상황이 MT에서는 매우 다르다. 페르시아 법의 불가변성이라는 가정과 함께, 하만의 칙령은 쉽게 폐지될 수 없다. 전체 줄거리의 발전은 이제 주된 요인으로서 긴장감이 쌓이게 되고, 독자는 변경할 수 없는 칙령을 어떻게 폐지하느냐는 문제에 봉착한다. 모르드개보다는 이제 에스더가 MT 본문 가운데서 왕의 총애를 받고 있으므로, 그녀가 왕으로 하여금 하만의 칙령을 폐지할 것을 구한다(MT 8:3-6; 원-AT 8:16b에서는 모르드개의 요구에 해당한다). 왕의 인장 반지로 봉인된 칙령은 그 어느 것도 폐지될 수 없으므로 왕의 응답은 모든 문제가 에스더와 모르드개에게 유리하게 된다(8:7-8). 그런 까닭에, 모르드개는 하만의 칙령을 그 동일한 조항과 미묘한 첨가 내용을 통하여 효과적으로 실효시킬 하나의 칙령을 발표해야 한다(8:9-14; 장면 7에 대한 "양식/구조/배경"을 보라). 더 나아가서, 그 다음 설화는 MT 9:1-5에서 계속되어야 하고 유대인들을 위하여 이 두 개의 타협할 수 없는 칙령들 간의 충돌에 대해 그 결과를 말해야 한다(클라인즈는 이에 반대다. 그는 MT 설화가 일단 8:15-17, 즉 모르드개의 존영과 두 번째 칙령의 선포에 이어 유대인들의 기쁨과 축하와 함께 종결되었다고 주장한다. 9:1-5의 "주석"에 있는 논의를 보라).

(ii) 둘째로, 원-AT는 원수들에 대한 유대인의 살육에 관한 기록에서 MT-에스더서와 매우 다르게 끝난다. 이 주제는 그것이 원-AT에서 기능을 하는 것보다 MT에서 매우 다르게 기능을 한다(참조. Fox, *Redaction*, § 6.2, 119). 원-AT에서 하만의 칙령은 폐지되었고(8:16-17), 그래서 유대인들은 공격의 위험에 처해 있지 않다. 에스더는 단순하게 왕이 자기들의 대적들을 "징벌"(*κολάσαι*)하도록 허락해 달라고 요구한다(8:18). 그러나 MT에서 하만의 칙령은 폐지되지 않고, 다만 그와 거의 동일한 그들에게 자기들을 방어하는 권리를 부여하는 칙령과 함께 폐지된다(MT 8:9-14). 이것은 두 개의 타협할 수 없는 칙령들이 수행되어야 할 시기가 왔을 때 일어난 "유대인의 자기 방어라는 생명과 죽음"(Fox)이라는 기사를 필요로 한다(MT 9:1-5).

(iii) 더욱 놀랍게도, 수산에서 자기 대적들에 대한 유대인의 살육(AT 8:21)이 MT에서는 상당히 다른 기능을 가지고 있다. MT 9:6-19에 크게 확대되어 있으며

싸움이 이틀 간 계속되고, 유대인의 대적들에 대한 징계와는 아무런 관계가 없다. 그보다 그것은 문학적 목적을 가지고 있다. 그것은 부림절 축하라는 두 개의 다른 날들을 설명해 주는 기능을 한다(9:6-19에 대한 "주석"과 "해설"에 있는 논의를 보라; 참조. Fox, *Redaction*, § 6.4, 120). 원-AT에는 이틀 간의 싸움이나 이틀 간의 축하에 대한 힌트가 없고, 절기 날짜들을 결정하는 데 이러한 요소의 사용만을 남겨놓고 있다.

(iv) 이 모든 것 가운데 가장 의미심장한 것은 틀림없이 원-AT가 에스더 이야기를 부림절의 인과적 사건으로 사용하고 있지 않다는 사실이다. 원-AT는 하만이 유대인 제거를 위한 날(아달-니산월의 열세 번째 날과 동일한 날, AT 1:1에서도 나타나는 가장 혼란을 일으키게 하는 달 호칭임; 이에 대한 논의에 관해서는 Fox, *Redaction*, 60-61를 보라)을 결정하기 위하여 제비를 뽑았다고 설명한다(AT 4:7). 그러나 이 제비뽑기는 하만이 유대인들을 제거하기 위하여 왕의 허락을 받아낸 다음에 했을 뿐만 아니라(MT에 있는 것보다 바로 전), 그 제비가 MT 3:7에 있는 바와 같이 "푸르"(pur)라고 불리지도 않는다. 원-AT에서는 수산에서(MT 9:18)와 각 도에서(MT 9:17, 19)의 싸움 이후에 있었던 축하의 날들과 동일한 것이 전혀 없고, 또한 모르드개가 계속하여 유대인들로 하여금 이 축하의 날들을 매년 이틀 간 계속하여 지키도록 의무를 지워 주기 위하여 기록한 것(MT 9:26b-28)과 혹은 유대인들이 스스로 그러한 절기를 지킬 것을 맹세한 일에 관해서도 아무것도 없다. 뿐만 아니라 절기를 "부림"이라고 이름지은 것에 관해서도 한마디도 없다(MT 9:26a). 원-AT는 모르드개가 유대인들에게 "각기 자기들의 거주처에 머물면서 하나님에게 하나의 절기(*ἑορτάζειν*-헤오르타제인)를 지켜야 한다"고 그들에게 편지를 썼다는 진술만을 보유하고 있다. 이것은 임시적인 언급이며(뒤따라오는 편지의 인용문 가운데 그러한 절기에 대한 언급이 없다, AT 8:36-38), 또한 이것은 지속적인 매년의 축하이기보다는 자기들의 구출로 인한 단 한 번의 언급임에 틀림없다. 이 절기는 MT의 부림절의 날짜와는 관련되어 있지 않다. 모르드개는 AT 8:38에서 아달월 13일을 언급하지만, 이것은 단지 하만이 유대인을 박멸하기 위하여 제비를 뽑아 결정한 날만을 가리킨다(AT 4:7). 사실상 날짜들의 불충분성에도 불구하고 하만의 칙령을 폐지하기를 허락하고(8:16-17), 유대인의 대적들을 징벌하고(8:18-21), 이 사실을 국민에게 알리는 모르드개의 편지를 쓰는 이 모든 사건들이 당연히 아달월 13일 이전에 일어났다는 것이 원-AT 가운데서 분명하게 드러난다(참조. Fox, *Redaction*, § 9.8, 80-83).

(v) 원-AT는 MT 10:1-3에 있는 모르드개에 대한 대찬사와 비교할 만한 것을 가지고 있지 않다. 만일 AT 8:39-40이 원-AT의 마감 구절들을 구성하고 있다면(위에서 우리가 주장한 바와 같이), 이 구절들은 모르드개가 왕실 의복을 입고 나아가서 수산 거민들의 기쁨이 된 일에 대한 그 구절들의 묘사와 함께 모르드개의 새로운 신분에 대해 모호한 힌트를 담고 있다. 그런 까닭에, 그것이 그러한 대찬사를 붙이도록 MT 편집자에게 자극을 주었을 수 있다.

(vi) 원-AT는 내시의 음모로부터 모르드개가 왕을 구출한 기사를 가지고 있지 않다(MT 2:21-23). 클라인즈가 이것은 원-에스더에는 없었고 AT 7:3에서 그러한 음모가 있었다는 힌트를 통하여 MT 편집자가 덧붙였다고 강력하게 주장하고 있기는 하지만(=MT 6:1; *Esther Scroll*, 104-5를 보라), 이것은 헬라어 원-AT의 편집자를 통하여 쉽게 생략되었을 수 있는데, 왜냐하면 이것이 그가 LXX으로부터 내시의 음모를 언급하고 있는 첨가물 A를 덧붙이자마자 불필요한 것이 되었기 때문이다(Fox, *Redaction*, § 6.7, 121이 그렇게 말함).

(vii) 원-AT는 MT를 상대하여 덧붙이는 흥미를 돋우는 것을 가지고 있는데, 말하자면 하나님에 대한 언급 혹은 종교적 관습이다(확인). 5:9; 8:2에는 주인공들 혹은 자기 백성들을 위한 하나님의 행동이 언급되어 있다. 5:11; 7:17에는 하나님을 향한 기도 혹은 간구가 언급되어 있다. 8:34에는 하나님에게 하나의 절기를 축하하는 언급이 있다. 4:7; 6:23에는 이방 신들에 대해 하만과 그의 아내에 의하여 언급되어 있다. (5:5; 7:1과 또한 7:22에는 AT 편집자가 LXX으로부터 취해 온 하나님에 대한 언급이 있다〈Fox, *Redaction*, § 6.6, 120이 주장한 바와 같이 그들의 어투가 실질적으로 LXX의 어투와 동일하므로 그것들이 원-AT에 있었다는 것은 전혀 타당성이 없다〉.) 이와 대조적으로 MT-에스더서는 결코 명백하게 하나님이나 혹은 하나님을 향한 종교적 관습을 언급하고 있지 않다(MT에 언급된 유일한 종교적 관습은 금식〈4:3, 16; 9:31〉이지만, 그것들의 목적이 하나님에 대한 간구라는 사실은 결코 특별하게 진술되지 않았다). 원-AT에 이것이 덧붙여진 의미는 확인하기가 거의 불가능하다. 만일 이러한 언급들이 원-에스더서에 나타나 있었다면, MT의 편집자가 조직적으로 그것들을 제거했다고 가정해야 한다(처음으로 클라인즈가 *Esther Scroll*, 107-12에서 조심스럽게 주장하고, 그 다음에 152에서 확언한 바와 같이). 그렇지 않다면 그러한 언급들이 원-에스더서에 나타나 있지 않았고(그렇다면 MT 편집자가 주장한 특징), 원-AT에 있는 언급은 후대에 덧붙여진 것이라고 가정해야 한다(Fox, *Redaction*, § 6.6, 120이 제기함). 한 유대인 저자가 그러한 어떤

언급 없이 원-에스더서를 구성했을 것이라는 생각에 반대할 수는 있을지라도, MT-에스더서의 존재는 그것이 일어났든 그렇지 않든 최소한 그 시기의 유대인 디아스포라 가운데서 그러한 작문이 가능했다는 사실을 드러낸다. 이러한 사실에 비추어 볼 때, 그것들이 원-에스더서에는 없었고 AT 편집 기간 동안 덧붙여졌다는 사실이 더 개연성이 있다.

c. 결론: 원-AT와 MT 본문 간의 관계. MT와 원-AT에 대한 검토 가운데서 클라인즈(*Esther Scroll*, 93-114)와 폭스(*Redaction*, 96-126)는 모두가 원-AT가 MT-에스더서의 교정본이 아닐 뿐만 아니라 그 본문에 앞서서 작성되었음에 틀림없다고 동의한다. 즉 그것이 원-에스더서에 훨씬 더 유사한 이야기 형태로 간직되어 있으며 그 원래 이야기로부터 둘이 유래되었다. 위에 묘사된 MT에 비하여 원-AT의 부족한 다섯 가지 사항을 검토해 보면(단락 [i]에서 [v]까지) 이러한 결론이 확실시된다.

그러므로 위의 차이 (i)과 관련하여, 클라인즈가 관찰한 바와 같이(그리고 그 다음에 두 설화의 통찰력 있는 분석과 함께 진술하고 있는, 94-104) 두 칙령 간의 상충점이 설화의 긴장에서 너무나 가치가 있는 자료이므로 그 기록 밖에서 그것을 기록하고 있는 이야기의 수정자를 상상하기는 어렵다(*Esther Scroll*, 94). 원-에스더서가 이러한 특징을 포함하고 있지 않고, 그래서 이것이 MT의 편집자가 이야기에 덧붙인 것이라는 견해가 훨씬 더 개연성이 있다. 클라인즈가 말하는 바와 같이(Clines, 95), 에스더가 살던 시기의 유대인 세계에서 이 설화 발전의 자료는(아래 연대에 대한 논의를 보라) 상상하기 어렵지 않은데, 왜냐하면 이와 같은 전승이 다니엘서 6장에서 중요한 역할을 하고 있지만 다른 곳에서는 결코 알려져 있지 않기 때문이다(Fox의 주장, *Redaction*, § 6.1, 118-19, 그러한 사상이 AT 4:10에서 하만에게 한 왕의 말에서 나왔다는 것은 필자가 보기에는 훨씬 덜 그럴듯해 보인다).

위의 차이 (ii)에서 (v)까지에 기록된 원-AT에 비하여 MT가 네 개나 더 덧붙여진 사항에 관해서는 MT에 있는 것들 모두가 부림절의 성격과 수립에 직접적으로 그리고 이것들에게만 연관되어 있다. 확실히 그 직후의 평판과 그 절기가 드러내주는 것과 같은 유대인의 생활과 관습에 중추적이고도 중요한 것으로서, 원-AT 편집자가 자기 설화 밖으로부터 이러한 요소들을 기록했을 것이라는 사실은 생각할 수가 없는데, 비록 그것들이 원-에스더 가운데 있었을지라도 그러하다(참조. Fox, *Redaction*, § 4.2, 113-14). 유일하게 가능한 결론은 MT에 있는 이 덧붙여진 내용들이 MT-에스더의 편집자에 의하여 원-에스더서에 덧붙여졌다는 것이다.

4. MT 본문의 편집. 이제 소개되어야 할 필요가 있는 문제는 이 모든 요소들이 같은 필자에 의하여 한 번에 현재의 MT를 형성하도록 원-에스더서에 첨가되었느냐, 아니면 그것들이 여러 단계에 걸쳐서 첨가되었느냐는 것이다. *Esther Scroll* 1장(27-30), 3장(39-49), 8장(93-114), 10장(15-68)에서 클라인즈는 일련의 여러 단계에서 MT의 발전이 있었다고 힘차게 주장한다. 첫 번째 단계에서 한 저자가 (a) 원-에스더서(클라인즈가 근본적으로 원-AT와 동일시하고 있는) 페르시아 법의 불가변성이라는 주제를 덧붙였다. (b) 내시들의 음모(2:21-23)를 덧붙였다. (c)하나님에 대한 언급과 종교적 관습들을 모두 제거했다. (a)의 서론은, 불가변성이라는 주제는 모르드개와 에스더가 하만의 칙령을 취소하기 위하여 하나의 칙령을 초안한다는 사실을 필요로 했다. 문학적 근거에서 주장하면서 클라인즈(27-28)는 이 두 번째 칙령이 너무나 첫 번째 칙령의 "성격을 뒤바꾸어 버리기" 때문에 이 이야기의 해결은 그로 말미암아 실현된다고 본다. 그 결과는 교착 상태가 되고, 또한 8:15-17에서 모르드개의 영광과 유대인들의 기쁨과 축하와 함께 그 줄거리의 본 맥락이 일치되었고 효과적인 이야기 결말이 나타났다(64-68). 이 편집의 결과는 클라인즈가 "원-MT"라고 부르는 두 번째 에스더 이야기다. 따라서 원-MT의 저자보다는 훨씬 화술이 능하지 못하고 논리적 기교가 못한 후대의 편집자들은 초창기 이야기가 아달월 13일에 실제로 일어난 일을 말하기 위하여 그리고 구원이라는 즐거운 축하연에 대한 주제를 소개하기 위하여 줄거리로 전환시키는 것이 필요하다는 확신에서 먼저 9:1-19을 덧붙였다. 그 다음에 그들은 그 축하연을 부림절 제도와 더 명확하게 연결시키기 위하여 9:20-32을 덧붙였다(162-67). 마지막으로, 그들은 모르드개에 대한 찬사인 10:1-3을 덧붙였다(167-68).

위에서 설명된 바와 같이 클라인즈는 이러한 재구성을 논리적 설화 약점들과 또한 이 후기들, 특히 9:1-19과 앞의 설화, 즉 그의 "원-MT"의 내용 사이의 상반된 사항들에 근거한다(많은 해석가들은 9:20-10:3에 관한 같은 논증을 해 왔다). 클라인즈가 주장하는 차이점들 가운데 몇몇은, 위의 편집에 관한 연구가 가장 그럴듯한 내용을 만들어 낸 바와 같이, 이 자료가 1-8장과는 다른 문학적 선역사를 가지고 있다는 사실을 가장 강하게 주장하는 유리점을 가지고 있다. 그럼에도 불구하고, 클라인즈가 주장한 두 단락 간의 주요 문학적 차이와 상반성들은 필자가 보기에는 그의 입장을 유지하기에는 충분해 보이지 않는다. 폭스는 클라인즈와 같이 그것들이 앞의 설화와 문학적인 불일치점들과 여분의 것들을 드러내고 있다는 근거에서, 그것들을 후대의 일련의 첨가물로 생각하는 사람들과는 대조가 되는 MT 설화의 9-10

장의 문학적 단일성을 나타내는 강력한 증거들을 제공했다(*Redaction*, § 3, 99-109; 이 점은 필자가 매우 마음에 들어 한 경우다). 9-10장의 문학적 단일성을 수립하고 나서, 폭스는 "원-MT"(1-8장)와 본서의 결론(9-10장) 사이에 클라인즈가 자신이 감지한 것보다 상당히 더 많은 문학적 일치점들이 있다는 증거를 제공한다. 그것들은 사실상 앞의 설화의 자연스럽고도 필수적인 확대다. 이러한 결론의 근거들을 제공하고 있는 세부적인 논의에 관해서는 아래의 9:1-5에 대한 "주석"과 특히 Fox, *Redaction*, §§ 4-4.1.4, 110-13를 보라. 필자가 논의를 하는 중에 이 글을 많이 인용했다.

5. 결론. 만일 위의 논증들이 수긍이 간다면, 다음의 결론이 도출될 수 있을 것이다. MT 편집자가 원-에스더서(이것은 원-AT에 상당히 유사했음에 틀림없다)에 페르시아 법의 불가변성이라는 주제를 덧붙였다. 이것은 그 다음에 8장의 상당한 확대를 필요로 했는데, 여기서 모르드개는 결국 유대인들에게 자기 방어권을 부여하는 반대 칙령을 발표함으로써 변개할 수 없는 칙령 폐지라는 난 문제를 해결한다. 이것은 바꾸어서 9:1-5에 설명된 자기들의 대적들에 대한 유대인들의 승리에 대한 기사를 필요로 한다. 그 다음에 편집자는 이 이야기를 그 절기의 영속적인 매년의 준수를 제도화하는 결말을 덧붙임으로써 부림절의 인과론적 설명으로 이용한다. 폭스가 간결하게 진술한 바와 같이 에스더서는(*Redaction*, 115),

> 실제로 단일체이지만 본문의 역사 가운데 두 단계로 이루어져 있다. 단 한 사람의 편집자가 그것들의 공통 선구자인 히브리어 원-AT 혹은 – 신중하게 – 원-에스더서를 개작하고 보충하면서 MT 전체를 만들어 냈다. 1-7장에서 이 저자-편집자는 그 대부분을 바로 이용할 수 있는 더 오래된 이야기를 개작하고 있다. 8장에서 그는 그 설화를 계속 써 내려가고 있지만, 이제는 자기의 자료를 훨씬 더 광범위하게 취급한다. 9장에서 그는 예배 의식적인 목적을 가지고 자기의 자료를 통하여 제공된 수량의 힌트만을 남기면서 새로운 결말을 창작한다. MT는 단 한 사람의 편집자가 자기의 뜻과 의도를 초창기 본문에 덧붙이는 한 하나의 단일체다.

에스더서의 편집 역사에 대한 이러한 연구는 본서의 해석에 대단히 중요하다. 첫째로, 이 연구는 성경 신학 학계가 그 초장기부터 본서의 처음 8장과 마지막 두 장들 사이에 있는 것으로 생각해 왔던 설화의 문학적 특징과 의도와 목적에 들어 있는 날카로운 차이점들에 대한 편집상의 설명을 제공한다. 둘째로, 이 연구는 문학적 증거 이외에도 원 이야기의 장르가 무엇이었든 간에 우리가 가지고 있는 최종 형태로 된 본서의 장르가 "절기의 인과관계"라는 강력한 편집상의 증거를 제공한다(아래의 장르에 대한 논의를 보라).

마지막으로, 최근에 출판된 쿰란으로부터 나온 본문들은 MT 에스더서가 그 기본적 내용들이 지금 원-AT 가운데 보존된 이야기의 초창기 형태의 편집을 통하여 기원되었다는 입장을 보다 그럴듯하게 만들어 주는 배경을 제공한다. 이러한 자료들은 쿰란으로부터 나온 약 여섯 개의 심하게 마멸된 아람어 본문으로 이루어져 있다(4Q550, Milik, *RevQ* 15-16[1992-93] 321에 의하여 약어 4QProto Esther[a-f]로 제시된 것). 이러한 본문들은 특히 에스더 설화의 전조를 이루었고, 또한 에스더서의 자료를 이루었던 페르시아 왕실에서 있었던 일련의 유대인들의 이야기를 담고 있는 것으로 해석하려는 밀리크의 독창적인 시도(*RevQ* 15-16[1992-93] 321-99)는 가장 설득력이 없는 것인데, 그 이유는 그것이 너무나 많은 추측에 근거한 수정과 지극히 논란이 될 수 있는 독법을 포함하고 있기 때문이다. 그럼에도 불구하고 이 본문들은 심하게 마멸되어 있기는 하지만, 설욕을 포함하여 다양한 변천과 운명을 경험한 페르시아 왕실에 있었던 유대인들의 이야기의 단편들을 보존하고 있다(영역본들에 관해서는 Watson, "Aramaic Proto-Esther," 291-92; Eisenmann and Wise, "Stories from the Persian Court," 99-103, 특히 후자에 들어 있는 내용의 간략한 요약을 보라). 그렇다면 그것들은 에스더서의 원-AT와 MT 형태를 가진 본문의 몇 가지 사실을 연상케 하는 주제들을 취급하는 설화가 유대인 공동체 가운데 존재하고 있다는 보다 자세한 증거를 제공해 주고 있는데, 최소한 원-AT 이야기의 분리(고립)를 제거한다.

결론적으로, 본서의 마지막 형태의 저자-편집자가 그 이야기를 변형시킴으로써 원-AT 설화의 성격을 과격하게 변형시켰다는 사실을 강조하는 것이 중요하다. 그는 또한 무엇보다도 부림절의 수립과 관련된 마지막 단락을 첨가시킴으로써 본서의 장르와 책 전체의 목적을 변형시켰다. 자신의 수정을 통하여 저자-편집자는 두드러진 문학적, 주제적 단일성을 가진 작품을 창작해 냈다.

저자와 연대

참고문헌

Berg, S. B. *The Book of Esther: Motifs, Themes and Structures.* Missoula, MT: Scholars, 1979. **Bergey, R. L.** "The Book of Esther – Its Place in the Linguistic Milieu of Post-exilic Biblical Hebrew Prose: A Sturdy in Late Biblical Hebrew." Diss., Dropsie College, 1983. ______. "Late Linguistic Features in Esther." *JQR* 75(1984) 66-78. ______. "Post-exilic Hebrew Linguistic Developments in Esther: A Diachronic Approach." *JETS* 31(1988) 161-68. **Bickerman, E. J.** "The Colophon of the Greek Book of Esther." *JBL* 63(1964) 339-62. **Clines, D. J. A.** *The Esther Scroll: The Story of the Story. JSOTSup* 30. Sheffield: *JSOT*, 1984. **Fox, M.** *The Redaction of the Books of Esther: On Reading Composite Texts.* Atlanta: Scholars, 1991. **Jacob, B.** "Das Buch Esther bei dem Septuagint." *ZAW* 10(1890) 241-98. **Moore, C. A.** *Daniel, Esther and Jeremiah: The Additions.* AB 44. Garden City, NY: Doubleday, 1977. ______. "Esther, Book of." *ABD* 2:633-43. **Morris, A. E.** "The Purpose of the Book of Esther." *ExpTim* 42(1930-31) 124-28. **Pfeiffer, R. H.** *Introduction to the Old Testament.* New York: Harper, 1948. **Rowley, H. H.** *The Growth of the Old Testament.* 3rd ed. rev. London: Hutchinson, 1967.

저자

룻기의 경우처럼 에스더서의 저자 역시 아무런 저작권의 암시도 제공하고 있지 않는데, 이는 무명으로 되어 있는 구약성경 설화의 특성이다(이러한 문제에 관해서는 룻기의 저작권에 대한 논의 가운데 있는 설명들을 보라). 에스더서의 저자는 어떤 방식으로든 자신을 전혀 언급하고 있지 않으며, 그래서 직접적으로나 간접적으로 자기의 정체에 대해서 하나의 역사적 인물로서 지극히 사소한 암시도 주고 있지 않다. 그러나 본서가 특히 그리고 협소하게 흩어져 있는 유대인들의 삶과 이들에 대한 관심을 두고 있다는 사실(아래의 주제와 목적에 들어 있는 "디아스포라 비망록"에 대한 논의를 보라)은 디아스포라 저작권을 실질적으로 확실하게 만들며, 또한 페르시아 세계와 왕실에 관한 저자의 풍부하고도 정확한 지식은 그가 동양의 수많은 디아스포라의 일원이었다는 사실을 증거한다. 자기 앞에 있었던 다른 사람들처럼 폭스(Fox, 140)도 수산의 지리에 대한 저자의 확실한 지식과 수산 궁에서 가졌던 부림절 날짜에 대한 세심한 관심(9:18-19)은 그가 수산 자체에 거주했었다는 사실을 암시한다고 주장한다. 이러한 주장이 지극히 그럴듯하기는 할지라도, 페르시아의 사건들에 대한 저자의 지식은 (폭스가 말하고 있는 바와 같이) 반드시 동방의 기원을 필요로 한다고 할 수 없는데, 그 이유는 일반적인 시기에 기록되고 페르시아 세계에 관한 상당히 세부적인 지식을 제공하고 있는 최소한 두 개의 작품인 헤로도투스의 *History*(역사)와 베로수스의 *Babylonica*(바벨론)가 그러한 정보를 제공해 줄 수 있었기 때문이다.

위의 통일성과 편집에서 논증되었던 본서의 편집사의 타당성을 인정한다면 두 사람의 저자가 연루되어 있는 것으로 보이는데, 원-AT의 현재의 형태와 매우 유사한 원 이야기의 저자와 MT 본문의 저자-편집자다. 원-AT 설화에 대한 MT 저자-편집자의 변형이 그 설화의 성격을 너무나 과격하게 변형시켰고, 특히 9-10장에 있는 부림절과 관련된 마지막 단락들인 부록이 이야기의 장르와 목적을 상당히 변형시킨 방식을 고려하면, 필자의 의견에는 이 편집자를 저자로 말하는 것이 적절할 것으로 보인다("저자들"로서의 "편집자들"에 대한 문제에 관해서는 Fox, *Redaction*, 1-3, 142-43의 간결하면서도 유익한 설명을 보라). 클라인즈는 MT 저자-편집자가 가한 변형의 의미와 그가 자신의 임무를 시행함에 있어서 가지고 있었던 극적이고도 이야기를 표현하는 기술에 대한 명석한 통찰력을 제공했다. 원-AT에 대한 페르시아 법의 불가변성 개념의 첨부의 의미에 대한 그의 논의를 보라(*Esther Scroll*, 94-104). 물론 저작권을 한 편집자로 돌릴 수 있는데, 그는

> …어떤 의미에서 자신의 전임자의 빈약한 이야기 구절을 확장한 것에 지나지 않지만, 또 다른 면에서 자신의 원 자료를 생생하고도 독창적인 극적 방식으로 변형시켰고(두 번째 칙령을 위하여 필요한), 그러면서도 원 이야기의 스타일상의 요구 사항을 충분히 유지하였다(103).

그렇지만 룻기처럼 이러한 것이 역사적 인물(들)로서 에스더서의 저자(들)에 관해서 무엇인가를 말해 주지는 않는다.

연대

제안된 연대가 전 구약성경 시대의 주요 부분에 걸쳐 있었던(다윗 시대로부터 포로 후기까지; 룻기를 보라) 룻기와는 대조적으로, 에스더서의 연대가 정해져야 하는 시기의 범위는 상황의 사실에 의하여 규정된다. 그것은 분명히 아하수에로(Xerxes Ⅰ, 주전 486-65) 통치 이후에 기록되었음에 틀림없으며, 어쩌면 그로부터 상당한 시기가 지난 후에 기록되었을 텐데, 이는 1:1, 13-14; 4:11; 8:8; 10:2과 같은 구절들이 최소한 수 세대 이후를 암시하는 것으로 보이기 때문이다(그것들이

페르시아 제국이 "어렴풋한 기억으로 남아 있었음"을 암시하는 것으로 말해질 수 있을지라도, Pfeiffer, *Introduction*, 741; 참조. Anderson, 827; Panton, 61). 확실한 최종 기한은 에스더서의 LXX 본문에 대한 마침표가 초창기의 종착 지점을 설정하기는 하지만 주후 90년경에 기록된 요세푸스의 유대인의 고대사(Josephus, *Jewish Antiquities*, 11.184-296)에서 그가 이 이야기를 완전히 이용하고 있는 사실을 통하여 결정된다(그 곳에 주어진 진실성을 의심할 이유가 거의 없으므로; 참조. Moore, *Additions*, 251). 그 본문은 "톨레미와 클레오파트라의 통치 제4년에 도시데오스(Dositheus)…그리고 그의 아들 톨레미가 상술한 부림에 대한 책을 알렉산드리아로 가져온 것으로 보인다"고 진술한다(책의 간기는 행선지를 진술하지 않는다). 이것은 LXX이 주전 114년, 즉 톨레미 Ⅷ의 제4년 이전의 어느 시기(Bickerman, *JBL* 63[1944] 347이 그렇게 말함)나 혹은 주전 77년, 즉 톨레미 Ⅻ의 제4년(Jacob, *ZAW* 10[1890] 279-80이 그렇게 말함)의 어느 시기에 이루어졌음에 틀림없다는 사실을 증거하고 있는데, 이것은 클레오파트라라고 이름한 아내를 가졌고 4년 이상을 통치했던 톨레미 가문의 통치 시기인 것으로 보인다(Moore, *Additions*, 250를 보라). 그런 까닭에 히브리어 원 자료는 주전 1세기보다 이른 시기에 있었을 것임에 틀림없는데, 이는 이 책이 회람되고 헬라어 번역을 보증하기에 충분히 알려지게 되었기 때문이다.

그러나 이러한 범위 가운데서 가능성의 범위를 좁혀 들어가는 데 있어서(4세기부터 2세기까지) 자료는 많은 정밀도를 허용하지 않는다. 가장 유익한 자료는 다음과 같다. 첫째로 (몇몇 해석자들의 입장과는 반대로), 본서는 페르시아 당국 편에서와 비유대인의 대다수 편에서 유대인들에 대한 부정적인 태도를 증거하지 않는다. 사실상, 거기에는 분명히 상당한 위협을 가할 만한 하만의 칙령 편에 서서 행동할 인구가 충분히 있었음에 틀림없다. 그럼에도 불구하고, 유대인의 대적들은 페르시아 당국이나 수 개국의 언어를 구사하는 페르시아 인구 대다수로 구성되어 있지 않다. 그들은 "저희를 제어하기를 바랐던 자", "해하고자 하는 자", "미워하는 자"로만 구성된다(9:1-5). 아하수에로는 유대인 제거에 동의함에 있어서 유순하고, 형사상 유죄이지만 그의 행동은 그들에 대한 증오에서 나오지는 않았다. 그는 순전히 무관심했는데, 그 이유는 그가 자신이 제거하려고 명령하고 있는 이 백성들이 누구인지를 알지 못하고 있기 때문이다(2막, 장면 2, 3:7-11에 대한 "해설"을 보라). 그리고 페르시아 세계는 그 통치자에게 집약되어 있었다. 비록 그것이 확고하지 못한 불안정을 드러내고 있기는 할지라도, 이것 역시 유대인들에게 본래부터 적대적인 것은 아니었다(아래의 주제와 목적을 보라). 이것은 분명히 3:15d(그 곳의 "주석"을 보라)과 8:15b과 같은 구절들 그리고 본서의 전반적인 성격에 드러나 있다. 둘째로, 결과가 동등하게 사실이다. 본서는 유대인 공동체를 해치려는 사람들을 향해서만 유대인의 적대심을 나타내 보이고 있다(Pfeiffer, *Introduction*, 741는 이에 반대다; 참조. Berg, *Esther*, 170의 논리 정연한 논평을 참조하라). 클라인즈(Clines, 272)와 다른 사람들(예를 들어, Moore, *ABD* 2:641)이 주장한 바와 같이, 그러한 일반적으로 우호적인 태도는 후기 페르시아 시대 혹은 헬라 시대(즉 주전 4세기 후반부터 3세기 초반까지)에 살았던 저자에 의하여 채용되었다는 것이 더 타당하다. 특히 이것이 마카비 시대를 반영하고 있다는 것은 불가능한데(예를 들면 Morris, *ExpTim* 42[1930-31] 125-28; Pfeiffer, *Introduction*, 741-41; Rowley, *Growth*, 155와 같은 초창기 학자들이 주장한 바와 같이), 이 때는 유대인들과 그들의 통치자 간의 반목이 절정에 달하고 있었던 때였다.

본서의 어투의 증거는 이것이 그 시기 내에서 어떤 보다 큰 정밀도를 제공할 수 없기는 하지만 위에 주장한 시대를 입증한다. 본서의 언어학적 자료에 대한 자신의 충분한 연구 가운데서 버기(Bergey, "Book of Esther"; 또한 같은 저자의 *JETS* 31 [1988] 161-68; *JQR* 75[1984] 66-78 참조)는 자신이 연대를 결정하는 데 해당하는 것으로 결정한 약 58개의 특징 가운데 17개가 다른 LBH 산문에는 나타나지 않으나 MH에는 발견된다는 사실을 입증했다("Book of Esther," 182-83를 보라). (이 증거의 진가를 제공하기 위하여 이 언어학적 특징 가운데 13개는 "원문주해" 가운데 언급되어 있다. "원문주해" 1:8a., 11.a., 15.b.; 2:1.b.; 3:8.b., 12.a.; 4:11.b., 11.c.; 6:6.a.; 7:4a.; 8:5.b., 15.a.; 9:26.b.) 반대로, 에스더서와 MH 모두에 나타나는 후대의 언어적 특징들 가운데 약 11개의 경우에 다른 LBH 산문은 그것들의 SBH와 동일한 것들만을 사용한다. 에스더서의 언어학적 특징들 가운데 상당수가 후대성을 증거하고 있는 점을 고려한 다음 버기(Bergey)는 다음과 같은 임시적인 결론에 이른다: "다른 LBH 산문 자료들 사이에 있는 에스더서의 언어학적 위치에 관한 보다 명확한 결론이 LBH의 모든 자료들의 언어학적 특징들에 대한 통시적이고 공시적인 분석들을 기다리고 있기는 하지만", 그럼에도 불구하고 "포로 후기 BH 산문의 언어학적 환경에서 에스더서의 위치는 초창기보다는 포로 후기 문학 영역의 후반부에 더 가까운 것으로 보인다"(Bergey, "Book of Esther," 185). 이것은 주전 4세기 후반보다 더 이른 시기는 될 수 없음을 말해 준다.

이러한 고찰에 의하면 MT 에스더서를 만들어 낸 편집 과정에서 가장 적절한 연대는 후기 페르시아로부터 헬라 시대까지, 즉 대략 주전 4세기경으로 연대를 결정하게 만들어 주는데, 증거의 무게는 이 시기의 후반부 쪽으로 약간 더 기울어진다.

장르

참고문헌

Alter, R. *The Art of Biblical Narrative.* New York: Basic, 1981. **Beekman, J., Callow J.,** and **Kopesec, M.** *The Semantic Structure of Written Communication.* Dallas: Summer Institute of Linguistics, 1981. **Berg, S. B.** *The Book of Esther: Motifs, Themes and Structure.* Missoula, MT: Scholars, 1979. **Berlin, A.** *Poetics and Interpretation of Biblical Narrative.* Sheffield: Almond, 1983. **Botterweck, G. J.** "Die Gattung des Buches Esther im Spektrum neuerer Publikationen." *BibLeb* 5(1964) 274-92. **Childs, B.** *Introduction to the Old Testament as Scripture.* Philadelphia: Fortress, 1979. **Clines, D. J. A.** *The Esther Scroll: The Story of the Story.* JSOTSup 30. Sheffield: JSOT, 1984. **Coats, G.,** ed. *Saga, Legend, Tale, Novella, Fable: Narrative Forms in Old Testament Literature.* JSOTSup 35. Sheffield: JSOT, 1985. ______. "Tale." In *Saga, Legend, Tale, Novella, Fable: Narrative Forms in Old Testament Literature,* ed. G. Coats. JSOTSup 35. Sheffield: JSOT, 1985. 82-96. **Crenshaw, J. L.** "Method in Determining Wisdom Influence upon 'Historical' Literature." *JBL* 88(1969) 129-42. **Dorothy, C. V.** "The Books of Esther: Structure, Genre, and Textual Integrity." Diss., Claremont, 1989. **Driver, S. R.** *Introduction to the Literature of the Old Testament.* Edinburgh: T. & T. Clark, 1913. **Eissfeldt, O.** *The Old Testament: An Introduction.* New York: Harper and Rowe, 1965. **Gerleman, G.** "Studien zu Esther: Stoff-Struktur-Stil-Sinn." *BS* 48(1966) 1-48. **Cordis, R.** "Religion, Wisdom, and History in the Book of Esther - A New Solution to an Ancient Crux." *JBL* 100(1981) 359-88. **Herst, R.** "The Purim Connection." *USQR* 28(1972-73) 139-45. **Humphreys, W. L.** "A Life-style for Diaspora: A Study of the Tales of Esther and Daniel." *JBL* 92(1973) 211-23. ______. "Novella." In *Saga, Legend, Tale, Novella, Fable: Narrative Forms in Old Testament Literature,* ed. G. Coats. JSOTSup 35. Sheffield: JSOT, 1985. 82-96. ______. "The Story of Esther and Mordecai: An Early Jewish Novella." In *Saga, Legend, Tale, Novella, Fable: Narrative*

Forms in Old Testament Literature, ed. G. Coats. JSOTSup 35. Sheffield: JSOT, 1985. 97-113. **Jensen, P.** "Elamitische Eigennamen: Ein Beitrag zur Erklärung der elamitischen Inschriften." *WZKM* 6(1892) 47-70, 209-26. **Long, B.** "Introduction to Historical Literature." In *1 Kings with an Introduction to Historical Literature*. FOTL 9. Grand Rapids, MI: Eerdmans, 1984. 1-8. **Meimhold, A.** "Die Gattung der Josephgeschichte und des Estherbuches: Diasporanovelle I." *ZAW* 87(1975) 306-24. ______. "Die Gattung der Josephgeschichte und des Estherbuches: Diasporanovelle II." *ZAW* 88(1976) 72-93. **Moore, C. A.** "Esther, Book of." *ABD* 2:633-43. ______. "Esther Revisited: An Examination of Esther Studies over the Past Decade." In *Biblical and Related Studies Presented to Samuel Iwry*, ed. A. Kort and S. Morschauser. Winona Lake, IN: Eisenbrauns, 1985. 163-72. **Stiehl, R.** "Das Buch Esther." *WZKM* 53(1957) 4-22. **Talmon, S.** "'Wisdom' in the Book of Esther." *VT* 13(1963) 419-55. **Zimmern, H.** "Zur Frage nach dem Ursprunge des Purimfestes." *ZAW* 11 (1891) 157-69(=Moore, *Studies*, 147-59).

장르의 개념과 구약성경 설화에서 장르의 중요성에 대한 일반적인 논의에 관해서는 룻기 서론에 있는 장르 단락을 보라. 그 논의 가운데서 룻기의 장르 결정이 방법론적 문제로 말미암아 심각하게 논란이 되어 왔다고 설명한 바 있다. 에스더서의 장르 결정에서도 마찬가지다(1964년 이전까지 학자들이 채택한 본서의 장르에 대한 수많은 다른 입장들의 개관에 관해서는 Botterweck, *BibLeb* 5[1964] 274-92를 보라). 한 세기 전 "범 바벨론주의"의 절정기에 옌센(Jensen, *WZKM* 6[1892] 47-70, 209-26)과 짐메른(Zimmern, *ZAW* 11[1891] 157-69)은 본서가 엘람인의 신들 후만/하만(Human/Haman)과 마스디/와스디(Mashti/Vashti)가 바벨론 신들 마르둑/모르드개(Marduk/Mordecai)와 이스타/에스더(Ishtar/Esther)에게 격퇴를 당했다는 바벨론 형태의 신화의 역사화였다는 의견을 주창했다(이러한 입장들에 대한 세부 사항에 관해서는 Paton, 87-94를 보라). 구약성경이 그러한 "역사화된 신화"를 내포하고 있는지의 여부를 떠나서, 이 성경의 설화는 그 어떤 신화적 특징들도 내포하고 있지 않다(이 이름들의 유사성을 넘어서서 에스더서의 경우에는 어쩌면 우발적일 것이다. 2:7의 "주석"을 보라). 특히 본서는 하만과 와스디가 모르드개와 에스더와 대결했다는 것에 대한 언급이 없다(Berg, *Book of Esther*, 22 n.27; 또한 참조. Eissfeldt, *Introduction*, 507-8). 이 입장은 불행스럽게도 본서를 "니가노르의 날"을 부림절로 대치하기 위하여 요한 힐카누스(주전 125년경)에 의한 그러한 종류의 신화의 개작으로 해석하고자 허스트(Herst, *USQR* 28[1972-73] 139-45)에 의하여 부활되었다(이에 관해서는 마카비1서 7:48-49; 마카비2서 15:36을 보라).

스티얼(Stiehl, *WZKM* 53[1957] 5, 7), 아이쓰펠트(Eissfeldt, *Introduction*, 507) 그리고 다른 사람들은 본서를 "역사 소설"이라고 지칭했다. 이것은 비교가 되는 내용을 적절하게 정당하게 취급하지 않고 성경 밖의 유사한 내용에 의존하고 있을 뿐만 아니라 본서의 가장 중요하고도 분명한 기능이 부림절 제도를 세우고 정규적인 절기로 만드는 것이라는 사실을 완전히 놓치고 있다(아래를 보라).

또한 구약성경 밖의 유사한 내용으로 시선을 돌리면서, 고디스(Gordis)는 본서의 장르가 "페르시아 왕실의 연대기"라는 가설을 주창했다(*JBL* 100[1981] 359-88). 고디스는 본서가 동방의 한 디아스포라 유대인에 의하여 하나의 연대기 형태로 작성되었고, 마치 어떤 이방의 서기관에 의해서 기록된 것처럼 작성되었다고 주장한다. 그는 이런 방식으로 하나님의 이름의 결핍과 유대인의 신앙 사상(motif)이 없는 것, 그리고 그 때문에 "하나의 단순한 그리고 자연스러운 설명"(375)을 용인하고 있는 것으로 생각하고 있는 여러 가지 다른 특징들과 함께 이러한 내용들의 결핍을 설명하려고 한다. 그러나 본서 이해의 목적에서나 혹은 가설을 확증하거나 논쟁을 하는 목적을 위해서 한 사람이 비교를 할 수 있었던 어캐메니드(Achaemenid) 역사 연대기, 왕의 혹은 다른 연대기가 현존하고 있지 않다(Gordis 자신이 말하는 바와 같이, 375 n. 50; 참조. Fox, 144). 아리스테아스의 편지가 위서로 되어 있는 한 헬라 시대의 유대인 작품을 이방(애굽) 궁궐의 한 일원의 것으로 돌릴 수 있다는 가능성을 입증해 주기는 하지만, 이 편지는 에스더서와 너무도 달라서 고디스가 생각하는 바와 같이 이것이 그 가설을 입증하기보다는 오히려 효과적으로 반증한다(Fox, 144를 보라).

이와 동일하게 문제가 되는 것은, 이것이 구약성경의 유사한 내용들에 의존하고 있기는 하지만, 에스더서가 "하나의 역사화된 지혜 이야기"라는 탈몬(Talmon, *VT* 13[1963] 419-55)의 입장이다. "표준이 되는 하나의 '지혜' 모티프의 제정…이는 유사한 성격을 가진 성경 설화들의 순서로 제공되고, 성경 문서가 고대 근동 지혜 문서와 공통점을 가지고 있다"(426). 탈몬은 자신의 논거를 형식적인 문학상의 평행적 내용과 어휘에 두지 않고 에스더서와 지혜 문서에 있는 일반적인 상황과 개념에 포함되어 있는 유사성에 두는데, 말하자면 불특정한 그리고 멀리 떨어진 신 개념, 유대인의 신앙 개념의 결핍, 본서의 인간 중심적 사상과 개인주의적 경향, 왕실에 대한 세부 사항과 분위기에 대한 관심, 전통적인 지혜 삼각틀을 예증하는 세 부류로 이루어진 주인공들, 즉 능력이 있지만 재치가 없는 권력자(아하수에로와 와스디), 의로운 지혜자(에스더와 모르드개), 교활한 음모자(하만과 세레스)다. 그러나 수많은 학자들이 지적한 바와 같이(예를 들어, Bardtke, *EOL* 19[1965-66] 115-17; Crenshaw, *JBL* 88[1969] 140-42; Fox, 142-43), 이러한 여러 특징이 다른 지혜 문서 가운데서도 발견될 수 있을 뿐만 아니라 이 이론은 지혜 범주와 에스더서를 오해하고 있는 것이다. 그러므로 예를 들면 전도서나 욥기에 있는 엘로힘, 엘로아흐 혹은 엘-샤다이 같은 하나님에 대한 불특정한 호칭을 볼 때, 에스더서에 하나님에 대한 언급이 결여되어 있는 것은 결코 가정에서 나온 추론이 아니라고 설명할 수 있다. 이것들은 에스더서와는 완전히 대조가 되는 명백한 하나님에 대한 언급이다. 더 나아가서 잠언서와 같은 지혜에 대한 다른 구약성경의 실례들 가운데서 하나님은 불특정하고도 멀리 떨어진 존재가 아니라 인류의 삶 가운데 세밀하게 연루되신 분이다(Fox, 143). 그리고 에스더서가 유대인의 역사, 정체 혹은 운명과 같은 유대인의 내적인 현안 문제를 나타내고 있으므로, 비역사적 그리고 비국가적 지혜 이데올로기에 의존하고 있다는 입장은 본서가 구체적으로 팔레스틴 지리나 제도를 언급하고 있지는 않지만 이러한 현안 문제들이 본서의 목적과 가르침에 중심이라는 사실을 인식하지 못한 것이다(아래의 목적을 보라). 또한 주인공들이 지혜 상투 양식들로 이해될 수 없다. 모르드개는 그 성격이나 행동에 있어서 지혜자를 표상하고 있지 않으며, 왕은 능력은 있으나 재치가 없는 권력자의 표상이 아니다(Crenshaw, *JBL* 88[1969] 141).

전혀 다른 방향에서, 게를르만(Gerleman, 11-23과 여러 곳; 또한 같은 저자, *Studien*, 1-48 참조)은 본서가 신화의 역사화나 민속 이야기(혹은 그러한 종류의 구성물)가 아니고 출애굽 설화의 줄거리와 설명에 대한 의식적 모방과 개작이라고 주장한다. 이러한 작품인 본서는 "중심이 되는 구원[heilsgeschichtlichen] 전승에 대한 의도적이고도 의식적인 세속화와 비신학화"(23)다. 게를르만이 주장하고 있는 평행적 내용과 비교가 되는 내용들이 그의 주장을 입증하지 않는다는 사실 이외에(위의 단일성과 편집에 나오는 논의를 보라), 에스더서는 그것이 함축하는 것이 무엇이든 그것을 출애굽 전승의 의도적 비신학화로 이해하기 어려운 구체적인 신학적 진술로 만들고 있다(Clines, *Esther Scroll*, 156).

마지막으로, 험프리즈(Humphreys, *JBL* 92[1973] 211-23; "Story of Esther"), 메인홀드(Meinhold, 14-17에서 간결하게 논함; *ZAW* 87[1975] 306-24; *ZAW* 88

[1976] 72-93에서 보다 세부적으로 논함) 그리고 폭스(Fox, 145-48)는 에스더와 모르드개 이야기(즉 부림절과 관련된 사항을 제외하고)가 "디아스포라 소설"의 장르에 속한다고 가정하는데, 이 장르는 이방의 통치 아래서 유대인의 삶을 이러한 위협적이지만 참을 수 있는 세계에서 일어나는 그들의 존재를 위협하는 세력에 맞설 수 있도록 힘을 부여해 주는 디아스포라 스타일의 삶으로 진술하는 경향이 있다는 것이다. 험프리즈는 그러한 장르에 대한 자신의 설명을 에스더서, 다니엘 1-6장, 요셉 이야기에서 공통적으로 발견되는 "이방 왕실에서 지혜로운 신하"의 모티프에 기초하고 있으며, 반면에 마인홀드는 에스더서와 요셉 이야기에서 공통이 되는 상세한 문학적 구조라고 주장하고(위의 단일성과 편집에 나오는 논의를 보라), 폭스는 일반적인 표현으로 디아스포라 유대인의 생활 방식을 가르치려는 에스더서, 다니엘 1-6장, 토빗서의 의도에 호소한다. 이 장르 호칭이 의도적으로 부림절 제도의 설립을 취급하는 단락을 제거하고 있고, 그런 까닭에 본서의 첫 부분만을 취급하고 있으므로 "에스더와 모르드개 이야기"는 본문 전체의 장르가 될 수 없다. 그러나 아래 부분에서 증명할 논의와 같이, 이제 필자가 취급하려는 해명 내용은 전체 작품의 복잡한 장르의 진짜 특징을 다룰 것이다.

룻기의 장르에 대한 논의 가운데서 필자는 Beekman, Callow, Kopesec, *Semantic Structure*에 있는 설화에 대한 일반적인 해석의 논의, 그리고 Coats, *Saga, Legend, Tale, Novella, Fable*에 있는 룻기와 에스더서와 같은 본문에 적절한 구체적인 구약성경 설화 장르들 몇몇에 대한 논의를 고려하여 룻기와 에스더 같은 설화들의 장르를 설명하는 것이 가능하다고 주장한 바 있다. 이러한 논의들에 비추어 볼 때, 룻기와 마찬가지로 에스더서의 일차적인 목적이 인과관계가 두드러져 있는 사건들의 순서를 약간 세부적으로 표현하고, 또한 그 일차적 의도가 객관적으로 그 본래의 순서대로 사건들을 기록하려는 설화 범주에 속하지 않는다는 것은 분명하다(참조. Long, "*Introduction*"; Coats, "Tale," 63). 그 반대로 룻기처럼 에스더서의 설화는 Beekman, Callow, Kopesec, *Semantic Structure* § 4.2.4에 묘사된 "문제에 기초한 줄거리"에 의하여 통제를 받는데, 그 담화의 패턴은 다음과 같이 되어 있다. (a) 배경, (b) 문제, (3) 복잡하게 하는 사건(들), (d) 해결 사건(들), (e) 해결, (f) 결과, (g) 결론/종결. 그것들 사이와 그것들의 구성 부분들 사이에 존재할 수 있는 세 개의 인과관계를 포함하여 문제에 기초한 줄거리의 이러한 구조적 요소들에 대한 간결한 정의와 논의에 관해서는 룻기 서론의 장르 단락을 보라.

이러한 구조적 대화 역할과 그것들의 관계를 이용하면서, 에스더서의 줄거리는 다음 페이지에 나오는 대화 구조 표에 있는 바와 같이 분석될 수도 있을 것이다(기초적인 장면들과 에피소드의 구조와 역할에 관해서는 다음에 나오는 "주석"에 있는 "양식/구조/배경"을 보라). 1-2장은 배경 혹은 상황을 이룬다. 문제, 유대인을 제거하려는 하만의 칙령은 3장에 묘사되어 있다. 4-7장은 일련의 복잡하게 만드는 사건들과 해결 사건들로 되어 있다. 그리고 문제는 9:6-32의 이중적인 해결 가운데서 해결된다. 결말은 9:6-32에 있는 부림절 제도의 기사 가운데 뒤따라 나온다. 마지막으로, 10:1-3에 있는 모르드개에 대한 대찬사가 결론/종결을 이룬다.

설화 가운데 있는 담화의 역할에 대한 이러한 분석으로부터 이 이야기의 장르가 추론될 수 있을 것이다. 이것들은 최소한 삼중적으로 되어 있다. 둘은 결과의 특성에 의하여 진술되어 있고, 하나는 앞서 나오는 문제에 기초한 줄거리의 특성으로 진술되어 있다.

A. 결과에 의하여 진술된 장르. 1. 절기 인과관계. 첫째로 이 구조에 대한 이러한 요소들의 담화 역할들을 조심스럽게 검토했을 때, 결과 즉 9막(9:6-32)이 두드러지게 일관성이 없다는 사실을 유념해야 할 것이다. 문제에 기초한 줄거리의 결과는 보통 "문제-해결"에 대한 반응이다.

해결의 결과를 표현해야 할 텐데, 곧 그 결과는 그것이 주인공들에 대해서 묘사하고 있는 것과는 차이가 있다(룻기 서론과 그 곳의 목적 단락에 있는 룻기의 결과에 대한 논의를 보라). 그러나 아래서 살펴보겠지만, 본 주석에서 이 단락에 대해 우리가 검토해 본 바와 같이 이것이 에스더서에 있는 결말의 기능은 아니다. 그 곳의 논의에서 9:6-32의 내용과 목적이 앞선 설화 및 뒤따라오는 결론/종결과 상당히 다르다는 증거를 제시할 것이다(9막, 9:26-32의 "양식/구조/배경"과 "해설"을 보라; 참조. Fox, *Redaction*, § 4.3, 114-15). 분명한 것은 이 단락이 결코 에스더, 모르드개, 유대인들을 위한 해결의 결과들을 열거하고 있지 않다는 것이다. 이 단락은 유대인의 승리에 대한 세부 사항들을 열거하지도 않고 또한 부림절이 어떻게 생기게 되었는지를 설명하고 있지도 않다. 폭스가 설명하고 있는 바와 같이, 이것은 "그것들을 보고하기보다는 설명하고 있는 사건들에 더 관심을 둔 설화적이 아닌 분석적인 것이다"(Fox, *Redaction*, 115). 그 목적은 서술하려는 것이 아니라 부림절의 날짜, 목적, 성격을 진술하고, 유대인 공동체가 지속적으로 축하해야 한다는 사실을 제정하려는 것이다(9:26-32의 "해설" 부분의 첫 단락을 보라). 이것은 설

에스더서 담화 구조

담화 역할	관 계	구 절	내 용
배경 (주인공들이 소개되고 장면을 설정하는 데 필요한 사건들이 설명된다)	계기 ←	1:1–1:9	왕 아하수에로가 호화로운 두 연회를 연다: (1) 그의 귀족과 (2) 방백들
	결과 ← 계기	1:10–1:22	왕후 와스디가 수산 성의 사람들 앞에서 나타내 보이기를 거절했으므로 폐위된다.
	격려 ← 결과	2:1–2:4	아하수에로가 기뻐하는 아름다운 젊은 여인을 간택함으로써 새 왕후를 물색하기로 결심한다.
	응답 ← 계기	2:5–2:11	모르드개와 에스더가 소개된다. 에스더가 모든 젊은 여인들과 함께 왕실 하렘으로 들어간다.
	결과	2:12–2:18	모든 젊은 여인들 중에서 에스더가 왕의 총애를 얻고 왕후로 선택된다.
	여담 ←	2:19–2:23	모르드개가 왕의 암살 음모를 발견하고 에스더를 통하여 왕에게 알린다.
문제 진술 / 격려	격려	3:1–3:6	하만이 승진하고 그에게 복종하라는 명령이 내려진다. 모르드개가 절하기를 거절하고, 하만이 유다인들을 멸하기로 결심한다.
	격려 ← 반응	3:7–3:11	하만이 거짓말과 암시를 가지고 유다인을 멸하려고 왕의 허락을 얻는다.
	반응 ← 격려	3:12–3:15	하만이 모든 제국 내에서 유다인들을 진멸하라는 명령을 내리는 칙령을 발표한다.
반응 / 사건 해결 / 격려	계기 ← 반응	4:1–4:3	모르드개와 모든 유다인들이 애도한다. 모르드개가 베옷을 입고 왕실 입구에 나간다.
	결과 ← 격려 ←	4:4	모르드개가 에스더가 보낸 옷을 받아 입기를 거절한다.
	격려 ← 반응	4:5–4:9	에스더가 이유를 묻고, 모르드개는 하만의 칙령을 에스더에게 알리고 자기 백성을 위하여 왕에게 간청하도록 요구한다.
	분규 →; 반응 ← 격려	4:10–4:17	에스더가 자기 생명의 위험을 왕에게 호소하기로 동의한다. 그녀가 모르드개와 유다인들에게 자기를 위하여 3일 동안 금식하도록 명한다.

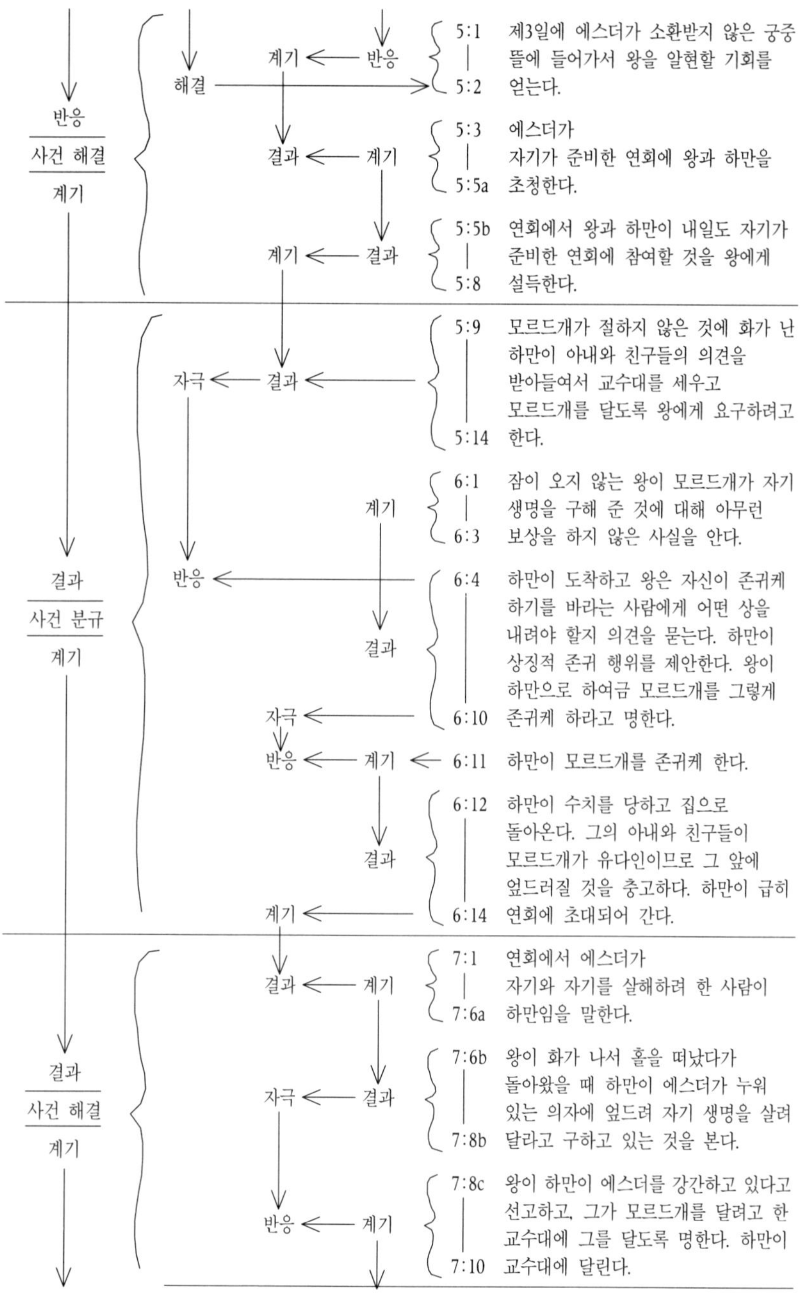
반응
사건 해결
계기
해결
계기
반응
결과
계기
계기
결과
5:1–5:2 제3일에 에스더가 소환받지 않은 궁중 뜰에 들어가서 왕을 알현할 기회를 얻는다.
5:3–5:5a 에스더가 자기가 준비한 연회에 왕과 하만을 초청한다.
5:5b–5:8 연회에서 왕과 하만이 내일도 자기가 준비한 연회에 참여할 것을 왕에게 설득한다.
결과
사건 분규
계기
자극
결과
5:9–5:14 모르드개가 절하지 않은 것에 화가 난 하만이 아내와 친구들의 의견을 받아들여서 교수대를 세우고 모르드개를 달도록 왕에게 요구하려고 한다.
계기
6:1–6:3 잠이 오지 않는 왕이 모르드개가 자기 생명을 구해 준 것에 대해 아무런 보상을 하지 않은 사실을 안다.
반응
결과
자극
6:4–6:10 하만이 도착하고 왕은 자신이 존귀케 하기를 바라는 사람에게 어떤 상을 내려야 할지 의견을 묻는다. 하만이 상징적 존귀 행위를 제안한다. 왕이 하만으로 하여금 모르드개를 그렇게 존귀케 하라고 명한다.
반응
계기
6:11 하만이 모르드개를 존귀케 한다.
결과
계기
6:12–6:14 하만이 수치를 당하고 집으로 돌아온다. 그의 아내와 친구들이 모르드개가 유다인이므로 그 앞에 엎드러질 것을 충고하다. 하만이 급히 연회에 초대되어 간다.
결과
사건 해결
계기
결과
계기
7:1–7:6a 연회에서 에스더가 자기와 자기를 살해하려 한 사람이 하만임을 말한다.
자극
결과
7:6b–7:8b 왕이 화가 나서 홀을 떠났다가 돌아왔을 때 하만이 에스더가 누워 있는 의자에 엎드려 자기 생명을 살려 달라고 구하고 있는 것을 본다.
반응
계기
7:8c–7:10 왕이 하만이 에스더를 강간하고 있다고 선고하고, 그가 모르드개를 달려고 한 교수대에 그를 달도록 명한다. 하만이 교수대에 달린다.

전체 구조	세부 구조	본문	내용
결과 / 부분적 해결 / 격려	격려 ← 결과	8:1–8:2	모르드개가 왕에게 나아가 총리직을 받고 에스더로부터 하만의 재산을 받는다.
	반응 ← 격려	8:3–8:8	에스더가 왕에게 하만의 칙령을 폐지하기를 요구한다. 왕이 에스더와 모르드개가 원하는 대로 기록하고 왕의 인장 반지로 봉인하도록 명한다.
	격려 ← 계기 ← 반응	8:9–8:14	모르드개가 유다인들에게 자기들을 방어하고 원수들을 보응할 권리를 주는 철회하는 칙령을 발표한다.
	결과	8:15–8:17	모르드개가 수산 궁이 즐거워하는 중에 영예의 옷을 입고 왕의 전에서 나온다. 모든 유다인들은 기뻐하고 즐거워하면서 축하한다.
반응 / 완전한 해결 / 계기	반응	9:1–9:5	아달월 13일에 유다인들이 자기들을 해치려는 사람들을 살육한다. 모든 페르시아 관리들이 유다인들을 도와서 모든 대적들을 살육하도록 한다.
결과 / 결말: / 부림절 제도	계기	9:6–9:15	수산 궁에서 유다인들이 500명을 죽인다. 왕이 에스더에게 다른 구할 것이 있는지 묻고, 그녀는 두 번째 날도 살육할 것을 요구한다. 아달월 14일에 그들이 300명을 살육한다.
	계기	9:16–9:19	아달월 13일에 유다인들이 다른 곳에서 75,000명을 살육하고 아달월 14일을 즐거워하는 축하일로 정한다. 그러나 수산 궁의 유다인들은 아달월 15일을 즐거워하는 축하일로 만든다. 그런 까닭에 수산 궁에 있지 않은 유다인들이 아달월 14일을 축하한다.
	결과 ← 격려	9:20–9:22	모르드개가 모든 유다인들로 하여금 의무적으로 매년 아달월 14일과 15일을 음식을 서로 나누어 주면서 이 즐거운 날을 축하하도록 기록한다.

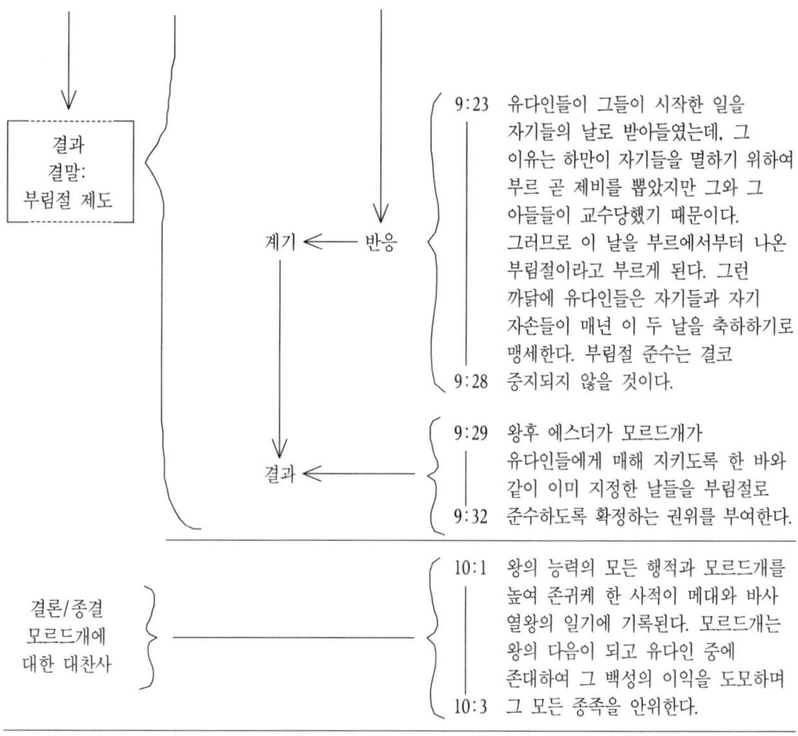

화 스타일까지도 극적인 전환을 겪는다는 사실을 통하여 입증될 수 있다. 앞의 이야기가 설화적 기교와 민감한 성격 묘사로 진술되었으나, 여기서 설화는 거기서 떨어져 나간다. 특히 에스더가 무엇을 원하든지 이루어 주겠노라고 그녀에게 제안하는 왕의 재발언(12c절)과 에스더가 하루 더 대적을 치도록 해 달라는 요구(13절)는 적합하지 않다. 앞의 설화 가운데 있는 그 어느 것도 여기서 일어난 행동의 동기가 되지 않는다. 그것들은 다른 곳에서 일어난 일과는 반대로, 유대인 공동체 중 또 다른 부분에서 절기를 축하하는 이틀 간의 축하를 설명하기 위하여 수산에서 이틀 간 싸울 날짜가 필요하다는 사실 가운데 그 동기가 드러나 있다(9:6-15의 "해설"을 보라). 이것은 이 결말과 원-AT의 결말 간의 두드러진 대조를 통하여 더 잘 뒷받침될 수 있다(위의 단일성과 편집에 있는 원-AT와 MT-에스더의 분석과 비교를 보라). 거기서 위기의 해결은 모르드개가 왕으로 하여금 하만의 칙령을 폐지하도록 요구하고 왕이 그에게 왕국의 제반사를 관장할 권한을 줄 때 그 효과가 나타나며(AT 8:16-17), 그 결말은 다음과 같은 내용으로 구성되어 있다. (1) 에스더의 요청(AT 8:18-21)에 의하여 유대인의 대적들과 하만의 열 아들에 대한 징벌, (2) 유대인들로 하여금 잠잠하고 한 절기를 지키게 하며, 또한 위기 해결에 대해 제국에 충고하고 있는(AT 8:34-38) 모르드개의 편지, (3) 모르드개가 왕실의 옷차림을 하고 밖으로 나가고 수산이 기뻐하며 유대인이 축하한 사실(AT 8:39-40). 이것은 사실상 이야기 주인공들에게 해결의 결과를 상술한 것이다.

마지막으로, 결말은 10:1-3에 있는 결론/종결과도 대조가 되는데, 그 이유는 이 결론이 부림절 축하에 대해 최소한의 방식으로도 설명하지 않기 때문이다. 예를 들어 그것이 유대인 공동체가 실제로 그 절기를 설립했고, 그것을 "오늘날까지"(혹은 그런 식으로) 계속 준수했다고 설명했다면 그렇게 했을 것이다. 반대로, 설화자는 부림에 대한 입법상의 관심을 여백으로 남겨 놓고 모르드개에 대한 대 찬사로 완성함으로써 앞의 설화에 대한 관심 쪽으로 눈을 돌리고 있다. 사실상, 10:1-3의 설화가 모르드개의 신분과 영향에 대해 계속해서 충분히 강조하고 있는 방식이 매우 두드러져 있는데, 이 점은 해결 부분(참조. 8:15; 9:3-4)에 진술되어 있었던 것이다.

그러므로 에스더서의 첫 부분(1:1-9:5)과 그 결론 부분(10:1-3)은 "해결"을 통한 "배경"의 기능과 문제에 기초한 줄거리의 "결론/종결" 담화 역할을 한다. 첫 부분은 극적이고도 서술적인 기교가 인물 묘사에 대한 민감성과 결합된 채로 그렇게 묘사되어 있다. 그러나 결말(9:6-32)의 설화 스타일은 뚜렷하게 다르며, 그 담화 역할은 완전히 새로운 방향을 취한다. 이에 대한 설명은 위의 단일성과 편집에 들어 있는 본서의 편집에 대한 증거 가운데 나타나 있다. 원래 이야기("원-에스더")가 페르시아 법의 불가변성, 그로 말미암아 필수적으로 있어야 했던 8장에 나오는 반대 칙령의 입안과 발표, 그리고 서로간의 화합이 불가능한 칙령들로 말미암아 필요했던 9:1-5에 있는 충돌에서 유대인들의 궁극적 승리라는 주제의 첨부를 통하여 수정되었다고 주장되었다. 사실상, 미묘하지만 (1) 설화 스타일과 (2) 본서의 앞의 두 부분 간의 담화 역할에 들어 있는 명백한 부조화가 (3) 하나의 원래 이야기가 부림절 제정의 목적을 위하여 개작되었다는 가설을 입증하는 편집 구조와 거의 완벽하게 들어맞기 때문에, 이것이 우리에게 본서의 합성적 성격에 대한 증거가 되는 독립된 세 개의 경계를 제공하고 있다는 사실은 놀라운 일이다.

장르에 관한 한 이 모든 것의 결과는 본서의 목적이 이중적 성격을 가졌다는 인식을 필요로 한다. 본서의 최종 형태의 장르는 명백하게 "절기 인과론" 장르, 즉 전체 설화가 부림절의 기원을 설명할 뿐만 아니라 그 준수까지도 가르치고 있다(특히

Fox, 151를 보라). 여러 주석가들은 특히 이 장르를 "절기 전설"(legend)로 지칭했고(예를 들어, Bardtke, 251-52; Gerleman, 23; Haller, 114; Ringgren, 375), 반면에 많은 다른 사람들은 이것이 최소한 본서의 최종 형태의 목적이라는 사실을 인정했다(예를 들어, Driver, *Introduction*, 481; Childs, *Introduction*, 603-5; Clines, 262; id., *Esther Scroll*, 158-67; Moore, liii; id., *ABD* 2:634; Paton, 54-56). 그렇다면 하나의 차원에서 본서의 장르는 절기 인과론이다.

2. 절기 낭독. 부림절 제도(제정)의 주의 깊은 낭독은 기능 수준에서 본서의 장르가 절기 낭독이라는 사실을 보여 준다(Fox, 152를 보라). 9:26에서 유대인들이 스스로 부림절을 축하하기로 결정한 이유를 이루고 있는 "유다인이 이 글의 모든 말과 이 일에 보고당한 것을 인하여"란 문구(26b절)는 분명히 전멸시키려는 하만의 칙령에 의하여 야기된 위기로부터의 구원이라는 전체 이야기를 가리킨다. 28절은 규정하고 있다. 부림절기의 날들은 "대대로 이 두 날을 기념하여[직역하면 '기억된 그리고 시행된', 하나의 이사일의; "주석"을 보라] 지키되 이 부림일을 유다인 중에서 폐하지 않게 하고 그 자손 중에서도 기념함이 폐하지 않게 하였더라." 분명히 이 구원의 기쁨을 기념하는 것은 그 이야기의 재진술(retelling)을 필요로 한다. 조상의 경험을 축하하는 것은 그 경험이 어떤 것이었는가를 재진술할 필요성이 있다. 그렇다면 그 이야기를 듣는 것이 부림절 축하의 본질적인 부분이다. 그러므로 부림절이라는 상황에서 이야기의 기능은 그 장르가 절기 낭독의 장르이기도 하다는 것을 의미한다.

B. 1:1-9:5의 문제에 기초한 줄거리를 통하여 진술된 장르: 하나의 상황의 본질을 드러내는 간략한 이야기. 위의 논의가 보여 주고 있는 바와 같이, 거기에 설명된 긴밀히 연결된 장르 호칭들은 본서의 최종 형태들만을 취급한다. 장르를 결정함에 있어서 전 부분을 포괄하고 있는 설화의 앞 부분과 결론 부분이 고려되어야 한다. 위의 구조 분석에서 설명된 이 단락들의 담화 역할과 기능은 구약성경에 있는 소설이라는 장르를 규정하고(humphreys, "Novella") 이 호칭을 에스더서에 적용하려는 험프리즈의 시도("Story of Esther and Mordecai")가 유익한 출발점이라는 사실을 시사한다. 험프리즈는 길이와 복잡성에 근거하여 "단편 소설"과 "소설"을 구별한다. 일반적으로 소설은 보다 길 것이고, 보다 많은 주인공들이 등장하고, 보다 복잡한 줄거리 구조를 가지며, 보다 확대된 시간 구조를 가진다("Novella," 85). 필자가 보기에 가장 유용한 점은 단편 소설이 "에피파니 특징"(epiphany quality)을 가지는데, 다시 말하면 이것이 하나의 인물이나 상황의 성격을 드러내며, 반

면에 소설은 인물들이나 상황들을 발전시킨다(보다 자세한 취급에 관해서는 룻기 서론의 장르 단락에 있는 논의를 보라)는 험프리즈의 관점이다(현대 단편 소설과 소설 간에 제임스 조이스가 가한 구별에 의존하고 있음). 이 분석을 고려하면, 험프리즈는 에스더서 이야기를 줄거리의 길이와 복잡성뿐 아니라 이것이 인물들의 기질을 발전시키고 있으므로 하나의 소설로 해석한다(그의 논문 "The Story of Esther and Mordecai"을 보라).

그러나 필자에게 이것은 본 장들의 요점과 목적에 대해 상당히 오해한 것으로 보인다. 첫째로 그리고 가장 중요한 점은 저자가 본 장들 가운데서 일차적으로 자신의 작품 속에 등장하는 인물들의 기질보다는 상황의 질에 관심을 두고 있다는 점이다. (다음에 나오는 목적과 주제 가운데서 에스더서 저자가 묘사하려는 구체적인 상황이 디아스포라 유대인들의 삶의 질이라는 사실이 논증될 것이다.) 상황의 질에 대한 저자의 관심은 가장 먼저 본서의 위치가 알터(Alter)가 유용하게 그리고 통찰력 있게 구약성경의 "대화를 통한 서술"이라고 불렀던 내용과 관련하여 구약성경 설화 영역 편에 속해 있다는 사실 가운데 나타난다(*Art*, 69; 또한 참조. Berlin, *Poetics*, 33-42). 다시 말해서 대부분의 구약성경 서술 줄거리는 그 주인공들의 성격 묘사와 함께 일차적으로 대화를 통하여 진행된다는 것이다. 그러므로 알터(Alter)는 "대화의 제1순위가 그렇게 결정되었으므로 많은 3인칭 설화 부분들, 즉 그것들을 앞서거나 혹은 그것들이 이끄는 대화에 대해 말로 반영하는 요소들은 조사에 의하여 대화-경계로 판명된다. 그러므로 서술은 자주 대화 가운데서 이루어진 확증하는 주장의 역할로 분류된다…"(*Art*, 65)고 했다. 하나의 인물에 관한 암시적인 내용, 즉 최소한 하나의 특별한 서술 접합점에 중요한 "대화를-통한-서술"은 거의 전적으로 한 인물의 연설 가운데 드러날 수 있다(*Art*, 70). 이것이 룻기의 서술 스타일인데, 거기서 저자는 자신의 글의 세 주인공을 자기 독자들에게 일차적으로 대화를 통하여 줄거리를 본뜨고 전개시켜 나갈 모델들로 제공하는 방식으로 그 성격을 묘사하고 있다(룻기 서론 중 장르 단락에 있는 논의를 보라). 그러나 이것은 에스더 설화 스타일과는 거리가 멀다. 이것이 주인공들의 발언이 구성하고 있는 각 서술의 비율과 같은 분량에 의하여 드러날 수 있다. 룻기의 1,392개의 단어들 가운데 738개가 인물들을 통하여 구술되어 있는데, 이는 53.0퍼센트를 이룬다. 그러나 에스더서의 단어에서는 3,044개 가운데 718개만이 직접적인 단화(短話)인데, 이는 룻기의 절반에도 못 미치는 23.6퍼센트에 지나지 않는다. (에스더서 전체의 단어 수는 Dorothy, "Book of Esther," 1로부터 인용한 것이다. 다른 숫자들은 마켑을 무시하고 에트〈את〉를 계산하여 얻은 필자의 숫자다).

그러나 단순한 단어의 계산보다 훨씬 더 시사하고 있는 점은 에스더서에 있는 대화(직접 담화)의 분배와 사용이다. 룻기 저자와는 대조적으로 에스더서 설화자는 일차적으로 대화가 전혀 없이 혹은 간접적인 담화를 사용하여 일관된 서술을 통하여 자기의 줄거리를 전개시켜 나간다. 그러므로 구약성경 서술은 알터(Alter)가 하나의 서술을 이끌고 있는(*Art*, 80-81), 그리고 특히 인물이나 장면이라는 물리적 묘사에 들어 있는 "설명 정보"라고 부르는 내용 가운데서는 매우 부족하다. 그러므로 룻기에서 설명은 1:1-6의 빈약한 서술 가운데 진술되어 있고, 그래서 룻기는 어떤 종류의 물리적 묘사를 가지고 있지 않다. 이와 대조적으로 에스더서의 설명은 길고도 자세한 개요를 담고 있는 두 장(1:1-2:23)으로 이루어져 있는데, 그 내용이 모두 서술이면서도 와스디 폐위 문제를 어떻게 해야 할지에 대하여 왕과 모사들 간의 간략한 대화(1:15-20)와 그녀를 대신할 여자를 간택하자는 의논에 왕이 친히 참석한 간략한 대화(2:2b-4)를 삽입하고 있다. 구약성경의 나머지 부분에서 1:5-8에 있는 아하수에로의 두 번째 연회의 배경과 상황에서 풍부, 사치성, 폭식에 대한 묘사와 같은 자세한 묘사는 거의 찾아볼 수 없을 것이다. 담화 구조 중 "문제" 단락(3:1-15)과 "해결" 단락(8:1-9:5)은 일관성 있는 서술로 전개되고 있으나 3:8-11에 있는 하만의 왕에 대한 상소와 8:5-8에 있는 에스더의 상소를 위하여 전개된다. 사실상, 이 두 단락 가운데서(유대인을 박멸하려는 하만의 칙령[3:12-15]과 유대인들에게 자기 방어권을 주고 대적들에 대한 보복권을 부여하는 모르드개의 반대 칙령[8:9-14]) 중요한 부분은 전체적으로 간접적 담화를 통해서 뿐 아니라 수동형으로 묘사되어 있는데, 이는 페르시아의 관료 제도의 냉혹한 비인격적 조직을 극적으로 전달하고 있다. 에스더가 처음으로 모르드개를 통하여 권유를 받고 그 다음에 자신의 두 연회에서 교묘하게 자기 백성의 생명을 구출해 줄 것을 왕에게 호소하고 있는 설화의 위기의 중심 단락, 즉 3-6막(5:1-7:10)에서만 설화자가 대화를 통해서 줄거리를 이어 나가고 있다. (4:5-17에 나오는 이 위기 단락의 서론에 있는 간접 담화로부터 직접 담화로의 인위적인 전환을 눈여겨 보라.) 마지막으로, 부림절 제정을 묘사하고 있는 결말 전체는 일관성 있는 서술 혹은 간접적 담화로 되어 있으면서도 수산에서 있었던 이틀 간의 살육에 대한 왕과 에스더 간의 간략한 대화로 되어 있다(9:12-14). 이것은 설화의 초점을 상황의 질에 대한 독자의 관심에 두고 있다.

같은 결론이 이 두 책 가운데 있는 비교적인 성격 묘사에서 나타난다. 룻기에서 주인공들 가운데 두 사람 룻과 보아스가 그들의 말과 행동을 통하여 묘사되어 있을 뿐만 아니라 "기억 속에 새겨진 평가"(embedded evaluation), 즉 다른 인물들의 발언을 통한 평가(예를 들어, 2:11; 3:10, 11에 있는 보아스에 의한 룻; 3:17-19에 있는 나오미에 의한 보아스)를 통하여 반복적으로 그 성격이 묘사되어 있으며, 인물 대조(오르바 및 룻과 무명의 더 가까운 근족과 보아스; Berlin, *Poetics*, 40-41, 104-6)를 통하여 묘사되어 있다. 하나의 두드러진 사례 가운데서 설화자는 자신의(모든 것을 다 아는) 평가를 내리고 있다(2:1에서 보아스). 룻기 서론의 장르 단락에 있는 자세한 논의를 보라. 에스더서에는 실질적으로 이것이 전혀 없다. 그 어떤 인물들도 기억 속에 새겨진 평가를 내리고 있지 않으며, 아무도 대조가 되고 있지 않다. 사실상, 발언은 인물 묘사 가운데 상상적으로 사용되고 있을 뿐이다. 두 책 간의 불균형의 극단적인 성격이 에스더서 전체에서 설화자가 본서에서 가장 중요한 인물들 중의 한 사람인 모르드개에 대해서 한 인물 묘사 가운데 드러나 있으나, 단 31개의 단어로 되어 있는 간략한 발언이다(4:13b-14)! 하만의 악함이 그가 말한 내용을 통해서가 아니라 그의 생각과 감정에 대한 설화자(모두 알고 있는)의 발언을 통하여 묘사되어 있다(아래의 주제와 목적을 보라). 사실상, 에스더서에 있는 성격 묘사에 대한 이러한 일반적인 묘사가 아니라 특히 설화 주인공들의 인격 묘사에 대한 자세한 연구를 하면(왕과 그가 다스리는 세계, 하만, 모르드개, 에스더 그리고 유대인들, 또한 이야기 가운데서 하나님의 역할) 설화자가 자신의 글에 등장하는 인물들의 기질보다는 상황의 질을 드러내려고 의도하고 있다는 사실이 드러난다. 그러한 상황이 어떠한 상황인지를 결정하는 데 있어서 그 타당성으로 인하여 주인공들에 대한 성격 묘사에 관한 이러한 연구는 1:1-9:5의 주제에 대한 논의 가운데서 제공될 것이다(아래의 주제, 목적, 신학을 보라). 이 모든 것은 저자가 일차적으로 인물들의 기질을 묘사하는 것이 아니라 상황의 질을 묘사하고 있다는 사실을 밝혀 준다(그 정체에 관해서는 아래의 주제와 목적을 보라).

마지막으로 필자의 의견에는 설화자가 이 상황의 질을 발전시켜 나가려고 의도하지 않고, 그 대신 그것을 드러내려 하고 있다는 사실이 분명해진다. 그것은 말하자면, 그것이 단편 소설의 "에피파니 기질"(epiphany quality)을 가지고 있고, 소설의 발전적 성질은 가지고 있지 않다는 것이다. 험프리즈는 이야기 중의 네 명의 주인공들이 요셉 설화의 그것에 비하여 "보다 상투적인 사람들"로 보이기는 하지만, 그럼에도 불구하고 "모두가…발전하는 것으로 보인다"는 사실에 근거하여 에스더서를 하나의 "소설"(novella)로 지칭한다(Humphreys, "Story of Esther and Mordecai," 105). 그 반대로, 네 주인공 중에서 에스더만이 변화 혹은 발전을 한다(아래의 주제 가운데 있는 논의를 보라). 험프리즈는 모르드개는 점점 수동적이 되어 가고, 에스더는 점점 능동적이 되어 간다고 주장한다(Humphreys, "Story of Esther and Mordecai," 106). 험프리즈가 진술하고 있는 바와 같이, 모르드개는 두 개의 해결해 가는 사건들과 중심 단락에 있는 분규 가운데서(5:1-7:10) 배후에서 매우 많이 활동하는 것은 사실이지만, 이것은 전적으로 줄거리 발전의 필요성 때문이며, 그런 까닭에 모르드개에 대한 성격 묘사와 거의 일치하지 않는다. 본서의 후반부에서 그의 역할은 전혀 수동적이라고 말할 수 없다. 위기 해결 가운데서(8:1-9:5) 유대인들을 구출하게 만드는 반대 칙령을 왕의 이름으로 초안하고 발표한 사람이 모르드개이며, 그래서 두말할 필요도 없이 유대인들로 하여금 부림절을 지키라는 편지를 기록하고 있는 결말에서(9:6-32) 그는 중요한 역할을 하고 있다(9:20-22, 23b, 26b; 참조. Fox, 185). 하만과 아하수에로의 성격 묘사에 대한 험프리즈 자신의 논의(107-8)는 전혀 변화와 발전을 증거하고 있지 않다. 하만은 처음부터 끝까지 줄곧 악하고, 아하수에로는 유순하고, 변하기 쉽고, 충동적이고, 완고한 사람으로 남아 있다. 주인공들에 대한 발전은 분명히 에스더의 기질이라고 말할 수 없다.

이야기가 묘사하고 있는 상황의 질 역시 마찬가지다. 디아스포라 유대인들의 삶의 가능성, 그러나 위험성과 불확실성(에에 대해서는 아래의 주제와 목적을 보라)은 이야기 과정 내내 완전히 변하거나 발전하지 않는다. 그러므로 예를 들어 유대인들을 위협하는 위협의 성격은 줄거리가 발전함에 따라 발전하거나 줄어들지 않고 처음에 그러했던 바와 같이 종말에서도 극단적인 상태로 남아 있다. 이야기의 위기가 2막 장면 1(3:1-6)에 소개되어 있는 바로 그 방식에 따라 이 점이 나타난다. 모르드개가 자기에게 절하기를 거부한다는 사실을 들었을 때, 그는 모르드개 자신에 대해서 어떤 행동을 취하기로 결심하지 않고 모르드개의 민족이 어떤 민족인지를 알고 나서 모든 유대인을 전멸시키는 방법을 강구한다. 이러한 무서운 위기의 성격은 처음부터 끝까지 같을 뿐만 아니라, 설화자는 예를 들어 그 해결에 대해 증가하는 의구심을 일으킴으로써 발전을 소개하지 않는다. 사실, 에스더가 부름을 받지 않고 왕 앞에 나아가는 위험한 일을 일으킬 때 사소한 의심이 잠시 나타난다(4:10-11). 그러나 이러한 관심은 설화자가 에스더가 베푼 두 번의 연회의 기사를 기록할 때(5:1-8; 7:1-10) 즉시 해결되는데, 거기서 하만의 사망을 향한 멈추지 않는 과정은 그가 모르드개를 교수형시키려는 자신의 시도를 기록하는 삽입적 내용에 의하여 느려질 뿐 계속 진행된다. 이 삽입적 내용은 비록 긴장감을 조장하기는 하지만 하만의 운명에 관해서 의심을 일으키지 않다. 그보다 이야기는 극적으로 두 개의 완전한 반전을 통하여 그의 파멸을 미리 알림으로써 그 확실성을 말해 주고 있다: 그의 영광을 얻으려는 희망(6:6)이 극단적인 수치로 전환하고(6:10-11), 그의 아내와 친구들의 조언이 행복한 전망(5:14)으로부터 그의 파멸에 대한 우울한 선언(6:13)으로 전환된다. 마지막으로 하나는 유대인의 진멸을 규정하고 있는 것이고, 다른 하나는 그들의 대적들에 대한 자기 방어와 보복권을 규정하고 있는 두 개의 피할 수 없는 칙령 간의 충돌은 반드시 후자의 승리로 그 결과가 나타날 것이라는 사실이 모르드개가 왕실의 의복을 입음, 수산 성읍이 기뻐함, 유대인들의 축하 그리고 설화자가 모르드개의 반대 칙령의 직접적인 결과로서 묘사하고 있는 수많은 비유대인들의 전향이라는 기사를 통하여 명백하게 암시되어 있다(8:15-17). 하만의 전멸 칙령으로부터 유대인의 구출이라는 설화의 장르는 "소설"이 아니라 "단편 소설"인데, 그 이유는 이것이 상황의 질을 드러내고 있기 때문이다. 즉 이것은 상황을 발전시켜 나가고 있지 않다는 것이다(이것이 차용되었던 문학 전승 가운데서 "소설"이라는 장르 호칭의 의미와 길이에 근거하여 에스더서의 장르를 "소설"보다는 "단편 소설"로 지칭하는 것이 더 낫다는 보다 자세한 논증에 관해서는 Fox, 146 n. 15을 보라).

그렇다면 이러한 사실에 근거하여 에스더서 설화의 장르는 최소한 삼중적이다. 한 차원에서, 즉 최종 형태에서는 이것이 부림절에 대한 인과관계와 절기 낭독으로서의 기능을 한다. 그러나 두 번째 차원에서 본서의 장르는 상황의 질을 드러내 주는 하나의 단편 소설이다.

주제, 목적, 신학

참고문헌

Alter, R. *The Art of Biblical Narrative*. New York: Basic, 1981. **Anderson, B. W.** "The Place of the Book of Esther in the Christian Bible." *JR* 30(1950) 32-43. **Bandstra, B. L.** *Reading the Old Testament: An Introduction to the Hebrew Bible*. Belmont, CA: Wadsworth, 1995. **Baumgarten, A. I.** "Scroll of Esther." *EncJud* 14: 1047-57. **Ben- Chorin, S.** *Kritik des Esterbuches: Eine theolog ische Streitschrift*. Jerusalem, 1938. **Berg, S. B.** *The Book of Esther: Motifs, Themes and Structure*.

Missoula, MT: Scholars, 1979. **Berlin, A.** *Poetics and Interpretation of Biblical Narrative.* Sheffield: Almond, 1983. **Bettan, I.** *The Five Scrolls.* Cincinnati: Union of American Hebrew Congregations, 1950. **Bewer, J. A.** *The Literature of the Old Testament.* Rev. ed. New York: Columbia UP, 1933. **Brenner, A.** "On the Semantic Field of Humour, Laughter and the Comic in the Old Testament." In *On Humour and the Comic in the Hebrew Bible,* ed. Y. T. Radday and A. Brenner. Sheffield: Almond, 1990. 39-58. **Childs, B.** *Introduction to the Old Testament as Scripture.* Philadelphia: Fortress, 1979. **Clines, D. J. A.** *The Esther Scroll: The Story of the Story.* JSOTSup 30. Sheffield: JSOT, 1984. ______. Review of W. Hermann, *Esther im Strcit der Meinungen.* Society for Old Testament Study Book List, 1988. 78. **Cornill, C. H.** *Introduction to the Canonical Books of the Old Testament.* Tr. G. Box. New York: Williams and Norgate, 1907. **Darr, K. P.** "More than Just a Pretty Face: Critical, Rabbinical, and Feminist Perspectives on Esther." In *Far More Precious Than Jewels: Perspectives on Biblical Women.* Louisville: Westminster/John Knox, 1991. 164-202. **Dillard, R. B.,** and **Longman, T. III.** *An Introduction to the Old Testament.* Grand Rapids, MI: Zondervan, 1994. **Driver, S. R.** *Introduction to the Literature of the Old Testament.* 9th ed. Edinburgh: T & T Clark, 1913. **Eissfeldt, O.** *The Old Testament: An Introduction.* Tr. P. Ackroyd. New York: Harper and Row, 1965. **Fohrer, G.** *Introduction to the Old Testament.* Tr. D. Green. Nashville: Abingdon, 1968. **Fox, M.** "The Structure of the Book of Esther." In *Isac Leo Seligmann Volume: Essays on the Bible and the Ancient World,* ed. A. Rofe and Y. Zakovitch. Jerusalem: Rubinstein, 1983. 3:291- 303. **Gaster, T. H.** *Purim and Hanukkah in Custom and Tradition.* New York: Henry Schuman, 1950. **Gordis, R.** *Megillat Esther: The Masoretic Hebrew Text with Introduction, New Translation and Commentary.* New York: Rabbinical Assembly, 1972. **Harris, M.** "Purim: The Celebration of Dis-Order." *Judaism* 26(1977) 161-70. **Herrmann, W.** *Esther im Streit der Meinungen.* Beiträge zur Erforschung des AT und des antiken Judentums. Frankfurt am Main, 1986. **Humphreys, W. L.** "A Life-style for Diaspora: A Study of the Tales of Esther and Daniel." *JBL* 92(1973) 211-23. ______. "The Story of Esther and Mordecai: An Early Jewish Novella." In *Saga, Legend, Tale, Novella, Fable: Narrative Forms in Old Testament Literature,* ed. G. Coats. *JSOTSup* 35. Sheffield: *JSOT,* 1985. 97-113. **Ironside, H. A.** *Joshua, Ezra, Nehemiah, Esther.* Neptune, NJ: Loiseaux Brothers,

1983. **Jacob, L.** "Purim." *EncJud* 13:1390-95. **LaSor, W. S., Hubbard, D. A.,** and **Bush, F. W.** *Old Testament Survey: The Message, Form, and Background of the Old Testament.* Rev. ed. Grand Rapids, MI: Eerdmans, 1996. **Levenson, J. D.** "The Scroll of Esther in Ecumenical Perspective." *JES* 13(1976) 440-51. **Lewy, J.** "The Feast of the 14th Day of Adar." *HUCA* 14(1939) 127-51. **Loader, J. A.** "Esther as a Novel with Different Levels of Meaning." *ZAW* 90(1978) 417-21. **Moore, C. A.** "Esther, Book of." *ABD* 2:633-43. **Radday, Y. T.** "Esther with Humour." In *On Humour and the Comic in the Hebrew Bible,* ed. Y. T. Radday and A. Brenner. Sheffield: Almond, 1990. 295-313. **Ringgren, H.** "Esther and Purim." *SEÅ* 20(1956) 5-24(= Moore, *Studies,* 185-204). **Sandmel, S.** *The Enjoyment of Scripture.* New York: Oxford UP, 1972. **Shmeruk, C.** "Purim-shpil." *EncJud* 13:1396-1404. **Sternberg, M.** *The Poetics of Biblical Narrative: Ideological Literature and the Drama of Reading.* Bloomington: Indiana UP, 1985. **Weiser, A.** *Introduction to the Old Testament.* Tr. D. Barton. London: Darton, Longman and Todd, 1961. **White, S. A.** "Esther: A Feminine Model for Jewish Diaspora." In *Gender and Difference in Ancient Israel,* ed. P. Day. Minneapolis: Fortress, 1989. 161-77.

주제와 목적

룻기 서론의 주제와 목적 단락에 있는 논평에서, 서술 장르에서는 해결과 결말의 담화 요소는 가장 큰 중요성을 가지고 있다고 주장된 바 있는데, 그 이유는 서술에서 담화 역할들 간에 포함되어 있는 지배적인 관계가 원인-결과이고(자극-원인이든 아니면 유인-결과이든), 또한 결과들이 자연적으로 원인보다 더 두드러지기 때문이다. 그런 까닭에 본 작품의 주제와 목적을 결정함에 있어서 가장 중요한 것은 이 담화 요소들이다(즉 개념화된 의미, 중심적이고도 두드러진 사상에 대해 강조를 하고 있는 줄거리 진술).

이것이 그러하므로, 에스더서의 주제와 목적은 그 장르가 이중적인 것처럼 이중적이라는 사실이 곧 드러나는데, 그 이유는 작품 가운데 "문제-해결" 담화 요소들과 그 뒤에 따라오는 "결과" 사이에 두드러진 불일치가 드러나 있기 때문이다. 결말은 결코 주인공들의 "문제-해결" 순서의 결과들을 기록하지 않는다. 그보다는 부림절의 날짜, 목적, 성격을 기록하고 있으며, 유대인 공동체로 하여금 의무적으로 계속하여 준수하도록 규정하려 한다(장르에 있는 논의를 보라). 그러나 앞서 나타나는 문제에 기초한 줄거리와의 이러한 불일치에도 불구하고, 결말은 그것이 규정하고 있는 절기의 인과관계로서 그 이야기에 의존한다. 그런 까닭에 이야기의 주제와 목적을 생각하는 것이 가장 먼저 필요하다. 그 다음에 결말의 목적과 주제로 돌아가는 것이 가능할 것이다.

A. 에스더서 1:1-9:5; 10:1-3의 "문제에 근거한 줄거리"의 주제와 목적

1. 전반적 고려. 상황의 질에 대한 묘사(위의 장르에 있는 1:1-9:5의 장르에 대한 논의를 보라), 다시 말해서 디아스포라 유대인의 생존의 위험스럽고도 불확실한 성격은 그 주제에 의미심장한 요소다. 이것은 서술의 모든 단계에 나타나 있다.

a. 설화의 비-대화 서술의 의미. 먼저 비-대화 서술이 줄거리의 발전과 성격 묘사에 있어서 이 이야기에 포함되어 있는 가장 중요한 내용을 가져다 준다는 사실을 살펴보도록 하자. 여기서 다시 장르의 결정에서처럼 룻기와 에스더서 간의 비교가 유익할 것이다. 룻기에서 설화자는 주로 대화를 통하여 줄거리를 진행시켜 나가는데, 그는 이 대화를 통하여 자신의 이야기의 주인공들의 삶의 질을 드러낸다. 이야기를 앞으로 진행시켜 나가는 그들의 행동과 성격의 기질이 동일하다(룻기 서론의 주제와 목적을 보라). 그러나 에스더서에서는 그와 반대다. 저자는 여기서 주로 자기의 이야기 줄거리를 진행시켜 나가기 위하여 대화보다는 서술을 사용한다. 따라서 줄거리 구조와 발전은 본서의 주제와 목적을 결정함에 있어서 보다 중요하지는 않을지라도 성격 묘사와 동등한 역할을 한다.

b. 설화의 "영역"의 의미. 둘째로, 우리가 살펴보고 있는 이야기의 명백하면서도 중요한 영역을 살펴보도록 하자. 다시 룻기와 대조점이 두드러져 있다. 룻기에서 배경은 시골, 농경지이고(추수밭, 타작 마당, 촌락의 성문), 또한 모든 주인공들이 평민들이다. 하만의 가정에서 있었던 에피소드(5:9-14; 6:12-14)와 최종적인 유대인의 승리에 대한 간략한 기사(9:1-5)를 제외하고 에스더서의 모든 장면은 페르시아 왕궁 안과 보좌에서 그리고 왕의 사저에서 일어난다. 에스더서에 나오는 세 사람의 주인공은 왕궁에서 가장 중요한 인물들이며(왕, 황후, 총리 대신), 네 번째 주인공은 왕궁의 한 직원으로 시작하여(2:19 "주석"을 보라) 나중에는 총리대신의 자리를 차지한다. 이야기의 대다수를 차지하고 있는 호화로움과 화려함이 랫대이(Radday)가 제공한 통계치에 의하여 잘 파악되었는데, 그는 본서 전체의 3,270단어 가운데 (그의 숫자에 의하면) 439개 이상의 단어가 홀, 의례, 부라는 언어 의미론 분

야에 속한다고 말한다(Radday, "Esther with Humour," 329; 참조. 그 곳에 있는 목록). 그렇다면 이야기는 완전히 세계를 주관하고 다스리는 권력의 중심부에서 일어난 일이다.

2. 이야기의 "세계": 유대인 디아스포라. 위에서 살펴본 보다 큰 영역 가운데서 이야기의 보다 좁은 세계는 디아스포라의 유대인 세계다. 이 이야기 가운데 두 가지 요소가 극적인 명료성과 함께 이 사실을 입증한다. (a) 모르드개의 별칭 하예후디(הַיְּהוּדִי, "그 유다인")의 중요성, (b) 이 이야기의 디아스포라 협의 사항.

a. 모르드개의 별칭 하예후디(הַיְּהוּדִי, "그 유다인")의 중요성. 모르드개가 이야기 가운데서 소개될 때, 그는 이쉬 예후디(אִישׁ יְהוּדִי, "한 유대인 남자")로 밝혀지고 있으며(이 별칭이 "유다인" 혹은 "유다 지파 사람"이 아니라 "유대인"으로 이해되어야 한다는 주장에 관해서는 2:5의 "해설"을 보라), 본서의 나머지 부분 내내 그의 일차적 정체가 "유대인 모르드개"(5:13; 6:10; 8:7; 9:31; 10:3)다. 성서 가운데 있는 별칭들은 간혹 식별을 위한 우발적 호칭들이다(Fox, 186; 참조. Sternberg, *Poetics*, 328-31). 스턴버그는 "성경의 별칭은 최소한 두 가지 기능을 하는데, 하나는 그것이 수식하고 있는 성격과 직접적으로 관련이 있고, 다른 것은 그가 행동자로 혹은 희생자로 묘사하고 있는 줄거리와 직접적으로 관련이 있다(*Poetics*, 337-38). 그렇다면 이 별칭은 이 이야기에서 가장 중요한 방식으로 행하고 있는 모르드개의 역할의 특징을 묘사하고 있다. (모르드개의 성격을 그렇게 묘사하고 있는 의미에 대해서는 아래에서 논의될 것이다.) 그 중요성은 이것이 이스라엘 공동체의 본토 출신자가 구약성경 전체에서 이방인에 의하여 거론되고 소개되는 단 한 번의 경우라는 사실을 통하여 암시되고 있다. 구약성경에서 이스라엘 백성은 비록 그의 이스라엘에서 본래 위치가 주어지기도 하지만, 보통은 부친의 이름(즉 자손의 남성 계통)으로 지칭된다. 이스라엘 가운데 거류하는 외국인으로 거주하고 있는 이방인들만 보통 출신지의 지방이나 지역으로 지칭된다. 그러므로 이방인 "헷 사람 우리야"(삼상 11장 곳곳; 23:29)는 기랏 여아림 출신 "스마야의 아들 우리야"(렘 26:20-23)와 대조가 되고, 혹은 블레셋의 "가드 사람 잇대"(삼하 15:19-22; 18:2-12)는 "베냐민 자손에 속한 기브아 사람 리배의 아들 잇대"(삼하 23:29)와 대조가 되며, 룻기에 있는 룻의 완전한 이름이 "모압 여인 룻"(특히 룻 2:21의 "주석"을 보라)으로 사용된 점을 유념하라. 그러므로 이러한 이방적 호칭을 모르드개에 대한 신원 확인으로서만 사용한 것은 본서 내내 모르드개와 유대인 공동체의 이방인, 디아스포라 신분에 대한 의식적인 인식을 표현한 것이다. 모르드개와 그의 동료 유대

인들이 이방 땅에서 외국인과 거주하는 이방인으로서 살고 있으므로 그는 "야일의 아들 모르드개"나 혹은 "베냐민 사람 모르드개"가 아니라 "유대인 모르드개"다. 그렇다면 에스더서에서 "유대인"이 특별히 그를 디아스포라 중 한 사람으로 밝히고 있고 "유대인이 됨"이 "디아스포라로서의 존재"와 동일시되는 것으로 이해하는 한, 모르드개를 통하여 상징화된 관념은 무엇보다도 먼저 그가 유대인이라는 사실을 통하여 그 신원 확인이 된 사람, 즉 대표 유대인이라는 관념이다(Fox, 186).

b. 설화의 다이스포라 협의 사항. 레벤손(Levenson, *JES* 13[1976] 444-51)은 에스더서의 가장 중요한 특징을 지적했는데, 이 특징은 모르드개의 별칭인 "그 유대인"의 의미를 뒷받침하는 것이다. 본서가 특별히 "구속 역사라는 큰 패턴" 가운데서 "하나님의 구원의 한 실례"를 디아스포라에 제공하기 위하여 의도되었다고 주장하는 과정에서(448-49), 레벤손은 포로기와 포로 후기에 나온 이스라엘 문서의 나머지 모든 것(제2, 제3이사야, 학개, 스가랴, 오바댜, 에스라-느헤미야, 다니엘)은 하나의 단일 정신을 가진 협의 사항을 가지고 있다고 통찰력 있게 주장한다. 이러한 작품들은 세밀하게 그리고 특별하게 포로가 된 유대인 공동체 지도자들의 이스라엘 본국으로의 귀환과 "하나님의 구원의 완전한 전조로서 그리고 궁극적 구원의 첫 번째 표시로서" 예루살렘 성읍과 성전의 재건에 관심을 두고 있다(445). "이러한 협의 사항의 전망으로부터 포로의 신학적 평가는 전적으로 부정적이었고…귀환으로의 예비로서만 가치가 있는 메마른 막간의 역사였다"(446). 포로지에 머물러 있었던 사람들이 그들의 팔레스틴 동포들에 의하여 저주 아래 있는 자들로 평가되었는지 그리고 그런 까닭에 신앙의 공동체 밖에 있었다고 생각되었는지의 여부는(Levenson, 446, 448) 결정하기가 어려운데, 그 이유는 에스더서와 다니엘서 밖에서는 포로지에 남은 자들에 관하여 단 한마디도 없기 때문이다.

여기서 중요한 것은 "남아 있는"이다. 험프리즈는 포로민들에게 보낸 예레미야의 말(렘 29:4-7)은 "포로민의 두드러진 생활 스타일"을 시사한다고 주장했다. 즉 새로운 상황이라는 이방 문화에서의 풍성한 생활과 그 문화와의 접촉의 가능성에 문이 열려 있었다는 것이다(*JBL* 92[1973] 211). 이 진술 가운데서 예레미야는 디아스포라에 영구적인 협의 사항을 제공하려고 의도하지 않는다. 그보다 그는 틀림없이 영구적이고도 지속적인 디아스포라 존재의 수립이 아닌 심판의 실상으로서 포로의 확실성(약 70년 간 지속될)을 수립하려고 의도하고 있다(8-14절이 드러내는 바와 같이). 예레미야의 다른 전승들과 함께 이 전승은 어쩌면 디아스포라 (팔레스틴 공동체 내에서와 더불어) "유대인 공동체 내에서 보존되고 발전되어" 왔을 수 있으며, 디아스포라에 "새로운 생활 스타일과 신학적 자기 이해를 재건하고 구현하려는 시도에서 상당한 주목을 받았겠지만(Humphreys, *JBL* 92[1973] 212), 구약성경에 이에 대한 증거가 나타나 있지 않다. 포로지에 머물러 있었던 사람들이 최소한 전혀 포로 후기 문서의 나머지 부분에서 어떤 의미심장한 방식으로 간주되지 않았다는 것은 분명히 사실이다.

팔레스틴 포로 후기 문서에 기록된 디아스포라의 유대인 협의 사항과 에스더서의 협의 사항 간의 차이는 극적이다. 레벤손(Levenson, *JES* 13[1976] 447)은 페르시아 시대로부터 헬라 시대까지 세 가지 타당한 실례를 말한다. (i) 모르드개처럼 느헤미야는 수산에 있는 페르시아 왕실에서 고관이다. 그렇지만 그의 온 집중, 관심, 행동은 예루살렘의 회복에 있고(느 1-2장), 그는 그 곳으로 돌아간다(2:5). 그가 (수산에서) 소개될 때, 그는 하가랴의 아들 느헤미야로 소개되며(1:1), 예루살렘에서 그를 소개하는 별칭은 "총독 느헤미야"(8:9; 10:1; 12:26)이다. 그렇다면 그의 실례는 험프리즈가 말하는 바와 같이(*JBL* 92[1973] 212) 디아스포라의 생활 스타일을 구성하는 데 있어서 그 증거로서 사용될 수 없다. 느헤미야의 마음은 여전히 시온에 가 있는 것만이 아니다(Levenson, *JES* 13[1976] 447). 그래서 느헤미야서 설화자는 그렇게 말하고 있다. (ii) 다니엘 역시 왕실에서 섬기고 있지만, 다니엘서의 관심은 팔레스틴 유대인 공동체의 미래다. 즉 다니엘 자신은 기도할 때 예루살렘으로 얼굴을 향하고(단 6:10-11), 예루살렘이 황폐하리라고 예언된 70년 간 기도를 힘쓰고 있으며, 예루살렘의 미래에 대한 예언을 받는다(단 9장). (iii) 다리우스의 개인 수행원인 스룹바벨이 그가 원하는 것은 무엇이나 받을 것을 약속 받았을 때, 그는 예루살렘과 성전의 재건을 요구하고 성전 그릇들의 회복을 요구한다(에스드라1서 4:42-46).

에스더서의 협의 사항은 이와 날카롭게 대조되어 있다. 에스더와 모르드개는 시종 예루살렘과 성전에 관해서 그리고 그 제의에 관심을 두고 있다고 표현하지 않을 뿐만 아니라 팔레스틴 공동체에 대해 단 한마디도 언급하지 않는다(일단 하만의 칙령의 위협이 무효가 되고 모든 대적들이 살해되자, 그들은 그 결과가 나타날 때까지 팔레스틴에 관심을 둘 수가 없었을 것이다). 그들은 단 하나의 협의 사항, 즉 디아스포라 가운데서 구원의 기쁨을 축하하는 절기 제정만을 가지고 있다(모르드개에 관해서는 9:20-22을, 에스더에 관해서는 9:29-32을 보라). "그 유대인" 모르드개에 대한 대찬사에서 그가 지극히 존귀히 여김을 받은 것은 "유대인들 가운데서"이며, 그가 계속해서 추구하려 한 것은 유대인들의 번영과 그들의 자손들의 번영이다(10:3). 그렇다면 이스라엘의 포로 후기 문서의 나머지 부분과는 반대로, 에스더서는 특히 그리고 협소하게 디아스포라 유대인들과 그들의 생명에 관심을 두고 있다(참조. Fox, 228). 그렇다면 우리가 살펴보고 있는 이야기의 보다 협소한 초점은 유대인 디아스포라의 세계이며, 우리의 설화자는 그 세계를 위험하고도 불확실한 장소로 그 성격을 말하고 있다.

3. 이야기 가운데 등장하는 주인공들에 대한 설화자의 성격 묘사. 우리가 위의 장르에 포함되어 있는 논의 가운데서 살펴본 바와 같이, 설화자가 상황의 질을 드러내고자 하는 가장 분명한 암시는 그가 자신의 주인공들에 대한 성격 묘사를 통하여 하고 있는 방식 가운데서 발견되어야 한다. 이것은 그들 각자에 대한 설화자의 성격 묘사 가운데 나타나 있다.

a. 왕과 그가 다스리는 세계에 대한 성격 묘사. 어쨌든 이야기 주제가 디아스포라 유대인들의 위험하고도 불확실한 생명의 성격과 질을 포함하고 있다는 사실은 일차적으로 이야기 세계에 대한 성격 묘사에 의하여 나타난다. 이것은 첫째로 그리고 가장 우선적으로 처음 두 장, 즉 이야기의 배경 혹은 해설에 나타나 있다. 대부분의 구약성경 서술에서 해설(알터가 "설명적 정보"라고 부르는 것)은 "약간의 간략한 진술"로 이루어져 있으며, "구체적인 시기의 순간에 매여 있지 않은 초시간적, 정적으로 열거하고 있는 자료다. 즉 그것들은 이야기 본래의 시기 앞에 위치해 있는 사실들이다"(*Art*, 80). 이것으로부터 에스더서의 배경이 극적으로 갈라져 나온다. 물론 이것은 우리에게 이야기의 네 명의 주인공들 가운데 세 명을 소개한다(아하수에로, 에스더, 모르드개). 그리고 그것이 설명하고 있는 사건들은 이야기의 본래 시기 앞에 위치해 있다. 그러나 이것은 간략하지 않으며, 자료를 정적으로 열거하고 있지도 않다. 앞으로 일어날 이야기를 이해하기 위한 정보를 제공하는 데 필요한 기본적 사실들은 실제로 실로 간략한 범위로 진술되어 왔을 수도 있다(물론 설화 형태로): 왕의 왕다운 위엄에 대한 침해와 왕후가 폐위당함으로 인하여, 후보자들이 그 왕후의 자리를 대신하기 위하여 소집되었을 때, 그 궁궐의 관리인 유대인 남자 모르드개의 사촌 에스더가 거기에 포함되어 있었고 페르시아 왕후가 된다. 모르드개는 에스더를 통하여 왕의 생명을 해하려는 음모를 왕에게 알리고 이 선한 행위가 왕실의 일기에 기록된다. 이러한 사실들을 우리가 가지고 있는 세부적이고도 장식된 설화 속으로 확대해 넣으면서, 우리의 설화자는 이 훌륭한 이야기가 말하고 있는 것보다 훨씬 더 많은 내용을 집어넣었다. 그는 이 이야기가 전개될 세계를 풍자를 통하여 묘사했다.

이것은 특히 첫 장면(1:1-22)에서 그러하다("해설"과 Clines, *Esther Scroll*, 9-11, 31-33를 보라). 여기서 우리는 법을 통하여 냉혹하게 다스려지는 질서가 잡힌 세계가 묘사된 것을 보게 되지만(Fox, 248-53의 통찰력 있는 분석을 보라), 그 권력 아래 처해 있는 사람들에게는 안정 혹은 정의라는 많은 보장을 가져다 줄 수 있는 법이 아니다. 그것은 변할 수 없지만(1:19), 그 원천은 전능한 왕(그가 알려진 세계를 다스린다, 1:1)의 뜻이요 변덕인데, 그는 첫 번째 에피소드(1:1-9)에서 자기의 시간을 호화로운 연회에 쏟아 붓는 사람으로 묘사되어 있다. 이것들 가운데 첫 번째 것이 무려 6개월 간이나(!) 계속되는 것으로 조롱 섞인 과장법으로 묘사되어 있으며, "그 영화로운 나라의 부함과 위엄의 혁혁함을 나타내려는" 목적을 가지고 그렇게 한다(1:4). 두 번째 연회의 풍요롭고도 호화로운 장면에 대한 묘사(구약성경 설화에서는 드문)가 기이함과 놀라움으로 묘사되어 있으며, 왕의 술의 풍부함을 강조하고 있고, 이것은 한이 없이 흘러나왔는데(5-8절), 곧 왕과 왕궁 뜰의 부와 사치에 대한 묘사가 계속된다("해설"을 보라). 두 번째 에피소드(1:10-22)에서 왕은 달콤하고도 빈정대는 농담을 하면서 그의 아내 와스디의 의지를 시험하는 데 실패하는 자로 묘사되어 있는데, 그는 관을 쓰고 그녀의 아름다움을 과시하기 위하여 취해 있는 일반 관중 앞에서 자기 앞에 나타내 보이라고 명령을 내린다. 와스디는 부와 무절제라는 이러한 세계에서 단정함과 체면의 요소만을 드러내면서 그 요구를 거절한다. 이러한 상황에 대처할 방법을 알지 못한 왕은 자신의 비밀 어전 회의를 열고 의견을 묻게 되는데, 그들의 우스꽝스러운 발음이 들리는 긴 목록은 히브리인의 귀에 바보같이 들렸을 것이며, 그들은 우습게도 "사례를 아는 박사들…규례와 법률을 아는 자"로 불린다(1:13). 이러한 호화로운 고관들은 "귀천을 무론하고 모든 부녀가 그 남편을 존경할"(1:20) 그리고 "남편으로 그 집을 주관하게 하라"(1:22)고 명령하는 하나의 터무니없는 (그리고 변개할 수 없는!) 법을 발표한다. 따라서 첫 장면에서 왕은 영예에 사로잡히고 변덕스럽게 행동하며, 가족의 명예가 걸린 일을 처리하는 방법을 결정하려고 비밀 어전 회의에 의존하는 오만하고 허세를 부리는 자로 묘사되고 있다. 이러한 남성 세계와 와스디가 두 번째 연회에서 술취한 군중들 앞에 일반 고급 매춘부와 같이 자기를 드러내기를 거절하면서 보이는 예절감과 자존감을 대조함으로써 설화자는 이 이야기가 진행될 세계에 대해 더욱 조소를 보내고 있다.

우리의 이야기의 첫 장면은 이야기를 말하는 데 필요한 기본적인 몇몇 사실들을 상술하고 있지만, 설화자는 이것을 이야기가 전개될 세계의 특징을 설명하기 위하여 풍자적으로 사용한다. 이러한 형태의 유머는 편향적인 하나의 "수사학적 폭로 수단"이며(Brenner, "Semantic Field." 39-40), 그의 풍자는 이것이 디아스포라 유대인들이 살아야 하는 세계이므로 비웃기 위해서 뿐만 아니라 교훈을 주기 위해서 의도된 것이다.

조소와 풍자라는 같은 어조가 두 번째 막에서도 계속된다(2:1-18). 에스더의 왕후 자리로의 즉위라는 기본적인 사실과 관련하여, 이야기는 또한 이 세계의 난잡하고도 세속적인 방종을 풍자적으로 묘사하고 있다("해설"을 보라). 그러므로 그가 와스디와 그녀의 추방을 회상함에 대해서 그의 아픈 후회감을 완화시켜야 한다고 제안하는 자들은 왕의 젊은 시종들이다(2:1-2a). 그들의(그들의 나이와 경험에 알맞았을) 충고는 그가 정계의 세력 있고도 고상한 왕가 출신의 한 사람과 결혼을 통하여 동맹을 맺어서 자기 영역의 안정을 확보하는 것이 아니라 그의 제국의 모든 도 출신의 아름답고도 젊은 여인들을 소집하여 "왕의 눈에 아름다운 처녀로 와스디를 대신하여 왕후를" 삼으라는 것이다(2:4). 왕이 기뻐하는 첫 번째 표준은 사치스럽고도 조소적인 과장법을 가지고 묘사되어 있다. 즉 그들의 미인을 선발하기 위한 철저한 준비는 만 일 년 간 계속된다(2:12)! 왕이 기뻐하는 두 번째 표준은 훌륭한 겸양으로 말해지고 있기는 하지만 이 역시 명확하다: "저녁이면 갔다가 아침에는 둘째 후궁으로 돌아와서 비빈을 주관하는 내시 사아스가스의 수하에 속하고 왕이 저를 기뻐하여 그 이름을 부르지 아니하면 다시 왕에게 나아가지 못하더라"(2:14). 분명히 너무나 섬세하게, 그러면서도 너무나 의미심장하게 왕과 신하들이 광활하고도 권세 있는 제국의 왕후가 될 여인에 대해 가지는 유일한 표준이 그녀의 아름다움과 성행위 기술이라는 사실을 말하는 것은, 페르시아 군주와 그의 궁궐에 대해 냉소적이고도 편견적인 시선을 던지는 것이다. 1:1-9에서 왕의 화려한 허식과 사치와 또한 1:10-22에서 자기 식구들 가운데서 주인과 가장이 될 그들의 세력과 권리를 법으로 뒷받침하기 위하여 힘쓰고 있는 왕과 왕실의 익살을 비웃기를 멈추고, 그는 이제 그들을 천박하고도 닳고 닳은 사람들로 묘사하고 있는데, 그들의 왕 편에서 왕후로서의 역할을 할 적절한 여인에 대한 유일한 척도가 그녀의 외모와 얼굴의 아름다움 그리고 침실에서의 성행위다!

왕이 자기 욕구 만족에 지나치게 몰두하고 있어서 이러한 욕구에 지배를 받고 자신의 영예를 더럽히고 있으며(Fox, 171-77를 보라), 스스로 아무런 결정을 할 수 없다는 왕에 대한 성격 묘사는 설화의 나머지 부분에 나오는 그의 모습과 일치한다. 예를 들어, 그 다음 막에서 하만이 하찮은 이유와 막대한 뇌물로 인하여 자기 제국

내의 이름 모를 민족을 제거하자는 믿을 수 없는 제안을 할 때, 왕은 하만에게 어떤 질문이나 언급도 없이 "그 은을 네게 주고 그 백성도 그리하노니 너는 소견에 좋을 대로 행하라"(3:11)는 통명스러운 언질과 함께 모든 일을 마무리해 버린다. 이는 자기를 충동질하는 욕구와 특권에 대해 자신의 세계에 대한 왕의 무책임한 처리일 수밖에 없다. (5:7-8; 6:1-11; 7:8c-10; 8:3-8에 대한 "해설"에 있는 이와 유사한 성격 묘사에 대한 논의도 참조하라.)

설화자는 왕과 그가 다스리는 페르시아 세계의 성격을 그렇게 묘사했다. 그의 단호하고도 신랄한 조롱은 조소적일 뿐만 아니라 동시에 심판적인 발언이다. 그러한 세계는 믿을 수가 없다. 그 세계가 선천적으로 악하지는 않을지라도 자기 내시들(1:10-22), 자기 시종들(2:1-4), 자기 총리 대신(3:7-11) 그리고 자기 왕비(5:1-8; 7:1-10)에 의하여 쉽게 흔들리는 충동적이고 유순한 세속의, 방종한 절대 군주의 통치 아래 있다. 그러나 풍자는 부패한 면도 가지고 있다. 그것은 위험으로 가득한 사회임을 드러낸다. 이 세계가 법으로 통치를 받고 있기는 하지만, 이것이 안정이나 정의를 보증해 주지는 않는데(Fox, 249), 그 이유는 이것이 연약한 이기주의자들이 이기적인 원인들의 촉진을 위한 그 나라 전체의 입법권과 행정상의 기구를 배치할 수 있는 광대들에 의하여 쉽게 조종을 받기 때문이다.

그럼에도 불구하고, 이것이 그 질서가 불안정한 균형 상태에 있는 위험한 세계일지라도, 그리고 하만의 칙령의 발표를 효력 있게 시행하기 위하여 즐거운 마음으로 행동하려는 백성들이 많이 있었음에 틀림없을지라도, 그 왕이나 그의 세계가 유대인들에게 본래 적대적인 입장에 있지는 않았다. 3:15d에 있는 하만의 칙령의 발표에 대해 수산 백성들의 혼란과(이 점은 왕과 하만의 냉담한 무관심과 대조된다) 또한 8:15b에 있는 모르드개의 칙령과 왕실의 상태에 대해 기쁨으로 축하한 사실이 보여 주는 바와 같이, 제국 내에 있는 유대인들의 유일한 고질적 대적들은 "저희를 제어하기를 바랐던" 그리고 "해하고자 하는 자"들(9:1-2)이다.

이 설명에 대한 풍자적인 묘사는 이야기가 전개되는 세계를 그 안에서 디아스포라 상태에서 살아가야 하는 유대인들에게는 위험하고도 불확실한 장소로 묘사했다. 폭스(Fox, 249)가 지적하는 바와 같이, "그러한 세계는 본래 해로운 세계가 아니라…위협을 가하는 악인들에게 풍요로운 근거지다." 그 악의 범위와 혹독함은 그 다음에 뒤따라오는 위기의 성격 가운데 나타난다. 과거에 유대인 공동체는 그 수도와 성전의 멸망 그리고 바벨론에 의한 침입과 포로라는 붕괴를 경험했고, 또한 미래에는 안티오커스 에피파네스의 통치 아래서 율법 준수 금지, 할례의 박탈 그리고 성전의 더럽힘이라는 유사한 대참사를 경험할 것이었다. 그러한 끔찍한 사건들이 있었고 또한 있을 것이며, 그들은 하만에 의하여 비쳐진 그리고 하만의 끔찍한 칙령을 통하여 법으로 제정된 백성 전체의 철저한 멸망이라는 무서운 공포와 비교하여 창백해진다. 설화가 미묘하거나 혹은 미묘하지 않게 그 위협이 실행되지 않을 습관을 암시할지라도, 그 위협의 극단적 성격은 디아스포라 세계의 겉보기에 질서가 잡힌 사회 아래 잠복해 있는 두려운 위기에 관한 명백한 증거가 된다.

b. 하만에 대한 성격 묘사. 사건 그 자체의 공포는 위기의 성격에 의해서 뿐 아니라 그 가해자인 하만에 대한 무자비한 성격 묘사에 의해서도 암시되어 있다. 모르드개처럼 하만도 이상적인 인물, 즉 설화 가운데 있는 결정적인 고비 때 반복된 그의 별칭이 드러내 주는 것처럼 유대인의 두드러진 대적으로 나타난다(3:10; 8:1; 또한 9:10, 24 참조; 특히 3:1-6에 있는 "해설"을 보라). 그러나 하만은 주로 그의 별칭을 통해서나 그의 행동을 통해서 그 성격이 표현되고 있지 않다(모르드개처럼; 아래를 보라). 그의 성격은 설화자의 직접적인 진술, 특히 "내부로부터의 연설"(inward speech)이라는 그의 기록을 통하여 묘사되어 있지 않다(참조. Alter, *Art*, 114-30; 그리고 특히 Fox의 통찰력 있는 연구, 178-84를 보라). 폭스가 관찰한 바와 같이, 하만은 "아무런 신비성들이 드러나 있지 않다. 그 동기, 추진력, 태도들이 투명해 보이고 그의 비뚤어진 영혼이 모든 사람 앞에 노출되어 있다"(178). 왕에 관한 몇몇 진술들(그의 진노, 1:12; 7:7; 2:1; 제안에 대한 그의 흔쾌한 승낙, 1:21; 2:4; 에스더에 대한 그의 애정, 2:17) 이외에도, 설화자가 계속해서 그러한 직접적인 진술을 통하여 드러내고자 하는 것은 하만의 감정과 정서뿐이다(예를 들면, 그의 분노, 3:5; 5:9; 그의 기쁨, 5:9; 그의 슬픔과 수치, 6:12; 그의 두려움, 7:6; Fox, 178를 보라). 그는 그 생각(6:6), 의도(3:6), 지각(7:7)까지도 드러내고 있다. 그와 대조적으로, 모르드개와 에스더의 인격은 거의 일률적으로 그들의 말과 행동을 통하여 드러난다. 예를 들어, 행동을 통해서만 모르드개의 슬픔을 묘사한 것(4:1)과 하만의 슬픔과 수치에 대한 설화자의 직접적인 진술(6:12)을 비교해 보라.

비록 그와 모르드개가 그들의 조상으로부터 기원되었다는 저자의 자극이 그러한 악감정이 거기에 있었다는 사실을 드러내고 있기는 하지만(Fox, 179), 이러한 묘사는 하만의 반-셈족 사상이 결코 인종적·종교적 증오심에 의해서 자극 받지 않았다는 사실을 보여 준다(Fox, 181). 이것이 그를 움직이게 한 내용이라는 사실이, 우리가 그를 바라보는 처음 세 장면 가운데 드러나 있다. 3:1-6에서 그의 상처난 자존심은 그의 대적을 멸망시키지 않고서는 치유될 수가 없었다. 유대 민족 전체의 진멸을 통해서만 그의 깊은 열등감에 뿌리를 둔 분노가 완화될 수 있었다("해설"을 보라). 5:9-14에서 그는 자기 아내와 친구들에게 자기의 모든 삶에 의미를 주는 것이 단 한 사람의 존재 때문에 없어진다고 고백한다("해설"을 보라). 그리고 6:1-11에서 "왕이 존귀케 하기를 기뻐하는 사람"이란 문구를 통하여 그의 부풀어오른 자존심과 이기심이 그로 하여금 이것은 분명히 자기 자신을 가리키는 것임에 틀림없다고 결론짓게 하고, 그로 하여금 모르드개를 영화롭게 하는 일을 명하도록 부지중에 격려한다. 하만은 그렇게 비이성적인 악인으로 묘사되어 있다.

그러한 악인이 페르시아의 권력의 자료와 조직을 자신의 목적을 위한 방향으로 너무나 쉽게 돌려놓을 수 있다는 사실은 이 디아스포라 세계를 위험스럽고도 불확실한 장소로 만들어 놓는다는 것이다. 그러나 이것이 우리가 살펴보고 있는 이야기의 주제는 아니다. 그것은 결코 인간의 용기와 지혜에 대한 이야기가 아니다[이 이야기가 "유대인이…자신의 유산과 하나님에게 충성할 수 있고, 게다가 보상을 받으면서 창조적인 삶을 살 수 있고, 이방 세상 가운에서…삶을 이룩할 수 있다는 사실을 확증해 주는 디아스포라 유대인의 삶의 한 스타일"을 제공하고 있다는 험프리즈의 입장(*JBL* 92〈1973〉 223)은 이에 반대다; 또한 참조. Clines의 언급, *Esther Scroll*, 157]. 주제는 모르드개와 에스더를 통하여 그 결과가 나타난 이야기의 해결을 고려해야 한다(주제를 결정함에 있어서 해결의 "돌출"의 중요성에 대해서는 룻기 서론의 주제와 목적 단락에 있는 논의를 보라). 그렇다면 이제 모르드개, 에스더, 유대인들의 역할에 대한 설화자의 성격 묘사로 돌아가서 살펴보자.

c. <u>모르드개</u>에 대한 성격 묘사. 하만의 칙령의 위협은 공포감을 주면서 동시에 두렵게 묘사되어 있다. 그러나 이야기의 주안점은 단순히 하만의 칙령의 완전한 반전이 아니라 이것이 실현된 방식이다. 공포스러운 위협은 부분적으로 실행되지 않았는데, 그 이유는 모르드개를 통하여 유대인들이 권력을 잡게 되었기 때문이다.

모르드개가 본서에서 가장 중요한 인물이기는 하지만(Fox, 185와 아래 결말[9:6-32]과 부림에 대한 논의를 보라), 그는 칙령을 반전시키는 데 가장 중요한 요인은 아니다. 그 영예는 에스더에게 돌아간다(아래를 보라). 그러나 그는 반전의 주동자이며, 따라서 그는 본서의 영웅들 가운데서 소개되어야 할 첫 번째 인물이다. 위에서 살펴본 바와 같이, 본서의 주제에 있어서 그의 중요성은 2:5에 이쉬 예후디(איש יהודי, "한 유대인 남자")라는 별칭으로 표시되어 있는데 그가 이 이름으로 소개된다. 그러나 이 별칭은 이 이야기에서 그의 역할을 제한하고 있다. 즉 이 별칭은 모르드개 자신을 하나의 중요한 방식으로 수식하고 있기도 하다(Fox, 185-95에 의한 모르드개의 성격에 대한 통찰력 있는 연구를 참조하라). 이것의 중요성은 이 별칭이 2:5에서는 실질적으로 필요하지 않는다는 사실에 의하여 암시되어 있다. 그의 조상으로부터 물려받은 이름과 그의 가문의 역사적 기원을 제공하고 있는 결부된 관계절이 모두 틀림없이 그의 정체를 밝혀 주었을 것이다. 더 나아가서 그는 신원 증명이 필요한 여러 구절들 가운데서 "유대인 모르드개"로 불린다. 그러므로 하만은 그의 존재 자체가 자기 세계를 무의미하게 만드는 인물로 밝히고 있다(5:13). 왕도 그를 하만이 자기 자신을 위하여 즐겁게 하려고 제안한 그 영예를 돌리는 일을 지금 시행하라고 한 그 사람을 하만에게 그 같은 별칭으로 소개한다(6:13). 왕이 하만의 칙령을 취소하는 책임을 그에게 물려줄 때 설화자가 말하고 있는 호칭도 그 별칭이다(8:7). 그리고 이야기 중에 그에 대한 대찬사 가운데서도 그러한 별칭이 사용된다(10:3; 또한 아래 결말의 논의에 포함되어 있는 9:31을 참조하라). 그의 행동을 설명하는 것 이외에도(그리고 아첨꾼으로서 그의 역할에 대한 진술, 2:19, 21), 설화자가 이 부분에서뿐만 아니라 본서 전체에서 모르드개의 성격을 묘사하는 주된 방식이 이러한 별칭이다. 이 이야기 가운데서 그렇게 지칭된 사람은 아무도 없다. 그렇다면 모르드개는 전형적인 유대인이다. 설화자가 그의 성격을 묘사하기 위하여 그렇게 의도하고 있다는 사실은 그의 최후의 권력과 권위의 신분에 대한 묘사 가운데서 더욱 드러난다. 그는 왕실의 의복을 입고 왕 앞에서 물러난다(8:15). 수산 궁궐과 각 지방에서 그의 권력의 위치와 명성은 대적들에 대한 유대인의 승리에서 상당한 요인으로 작용한다(9:3-4). 그리고 그에 대한 대찬사에서 그는 왕 다음 가는 2인자이고 자기 동족들 가운데서는 뛰어난 인물이다(10:3a).

"그 유대인"이라는 별칭과 그의 최후의 권력과 권위의 신분에 대한 묘사 이외에도 모르드개는 그의 행동을 통하여 성격이 묘사되어 있으며, 이들 모든 사람들 가운데서 그는 절대적 충성심과 지조가 뛰어난 사람이다. 그는 자기 피후견인 에스더에게 충실했고(2:7; 10-11), 왕에게도 충성을 다했다(2:21-23). 무엇보다도 그는 유대 민족에게 충성을 다했다. 그가 취한 모든 행동은 그들의 구출을 위한 방향으로 향해 있었다(예를 들어, 4:1-3에 나오는 그의 애도는 특별히 하만의 칙령을 에스더에게 전달하기 위한 것이었다. 4:1-3의 "해설"을 보라). 그가 교사할 때, 에스더의 행동의 결과에 대해 완고한 경고를 통하여 지지를 받은 에스더는 목숨을 걸고 왕에게 호소할 것을 동의한다. 그리고 그는 모든 점에서 하만의 칙령을 취소하는 두 번째 칙령을 작성하고 공포함으로써 변개할 수 없는 칙령을 취소하는 난 문제를 눈부시게 해결한다(8:9-14의 "해설"을 보라). 절정은 10:3b에 있는 그에 대한 대찬사 가운데서 모르드개에 대한 이러한 성격 묘사에 나타난다. 그는 만민에게 존경을 받는데, 왜냐하면 "그 허다한 형제에게 굄을 받고 그 백성의 이익을 도모하며 그 모든 종족을 안위하였기" 때문이다.

더 나아가서, 설화자는 자주 하만의 성격을 묘사하고 있는 방식과는 확연하고도 두드러지게 대조가 되는 방식으로 모르드개의 감정, 정서, 생각 혹은 의도를 직접적인 진술로 단 한 번도 묘사하지 않는 사실이 두드러져 있다(위를 보라). 또한 그는 대화가 정규적으로 서술을 이끌어 가는 곳에서 대화를 사용하지 않고 있는데, 이것은 성경에서 특히 회피하고 있는 점이다(위의 장르 가운데 나오는 논의를 보라. 그리고 룻기를 참조하라). 모르드개의 실질적인 말은 모르드개가 에스더로 하여금 왕에게 백성들을 위하여 멸하지 않도록 구하라고 설득할 때 단 한 번만 인용된다(4:13-14). (사실상, 이 말의 의미가 얼마나 독특한 것인지는 이 시점에서 모르드개와 에스더의 대화가 간접적 담화 사용을 통하여 표시되어 있다. 4:4-17의 "양식/구조/배경"과 "해설"을 보라.) 결과적으로 모르드개의 동기는 수수께끼다. 우리는 그에게 동기를 부여한 것이 무엇인지를 모른다. 가장 혼란스러운 것은 그가 하만에게 절하기를 거절한 점이다. 설화자가 우리에게 주고 있는 유일한 힌트는 이 두 종족 간의 오랜 적대감인 것 같은데(3:1-6 "해설"을 보라), 이 점이 매우 미묘하지만 그가 한 걸음 뒤로 물러서는 알 수 없는 사실에 동기를 부여하고 있다. 설화자는 모르드개에 대해서 "성품에 있어서 모호한 깊이 있는 감"을 우리에게 제공한다(Alter, *Art*, 115; 참조. Fox의 지각력 있는 논평, 191-95).

그렇다면 모르드개의 성격은 대략 단 하나의 기질 혹은 특성으로 표현되어 있는데, 곧 그의 유대 민족에 대한 철저한 충성심이다. 그는 벌린(Berlin, *Poetics*, 23-32)이 단호한 성격 혹은 "유형"이라고 부르는 바로 그런 사람이다. 다시 말하자면 그는 이상적인 디아스포라 유대인이 마땅히 보여 주어야 하는 바로 그러한 기질을 전형적으로 나타내는 인물이다.

d. 에스더에 대한 성격 묘사. 모르드개가 본 이야기 가운데서 일인자로 소개되어야 하고 또한 하만의 칙령을 취소시키는 일을 착수할 사람이기는 하지만, 이러한 취소를 가능하게 만들 수 있는 가장 중요한 인물은 에스더다(Fox, 196-205를 보라). 그런 까닭에 그녀는 이야기 가운데서 관심의 초점이다(관점에 대한 개념에 관해서는 Berlin, *Poetics*, 43-82, 특히 47-48, 84를 보라). 그녀는 또한 본서에서 유일하게 완전한 인물인데(인격의 유형에 관해서는 Berlin, *Poetics*, 23-31, 85; 그리고 룻기 서

론의 장르와 주제와 목적을 보라), 그 이유는 설화자가 그녀의 인격을 왕과 하만, 그리고 큰 인물됨에 대해서는 모르드개와 같이 하나의 고정된 성격을 가진 자로 묘사하고 있지 않기 때문이다. 그보다 그녀는 다른 세 사람과는 대조적으로 그녀의 인격이 발전해 나간다는 사실을 통하여 큰 범위에까지 성숙한 어느 정도 깊이 있고 복잡한 사람으로 묘사되고 있다. 게다가 이것은 설화자가 하만에게 가한 바와 같이 그녀 자신의 감정이나 혹은 그녀의 생각과 동기를 드러내고 있는 직접적인 진술에 의하여 묘사되지 않는다. (그는 그녀가 어떤 커다란 비극이 일어났다는 사실을 알았다는 것을 암시하는, 모르드개와 유대인 공동체의 애도와 행동에 대해 깊이 근심한 점을 기록하면서[4:1-4] 단 한 번 그렇게 한다. 그녀의 심히 아름다움[2:7]에 관한 그의 진술은, 그녀가 왕이 모은 모든 처녀들을 능가할 것이라는 사실을 암시하는 줄거리를 통하여 표현된다. 2:5-11의 "해설"을 보라). 그보다 그녀는 그녀의 행동과 발언을 통하여 그 인격이 표현된다.

설화자는 그녀의 조용한 성품을 간접적으로 묘사하면서 이야기를 시작하고 있는데, 이는 그녀가 이야기 가운데서 독립된 서론을 통하여 소개되지 않고 모르드개의 피후견인으로 표현되어 있기 때문이다. 설화자가 그녀가 왕후가 되었을 때까지도 그녀에 대해서 말하고 있는 바로 그 역할을 하고 있기 때문이다(그녀가 계속하여 모르드개의 지시를 따랐다는 2:10, 20에 있는 반복된 진술처럼). 이것이 단단하게 일련의 세 개의 수동형 동사들로 계속되고 있는데("왕의 조명이 반포되매 처녀들이…모여…에스더도…이끌려 가서"), 이것은 그녀가 불가피한 운명으로 왕의 하렘에 도착한 사실을 그리고 있다(2:5-11의 "해설"을 보라). 그러나 그녀가 왕후로 간택된 기사 가운데서 설화자는 그녀의 사랑스런 모습을 묘사하기 시작한다. 그녀는 즉시 헤개에게(2:9) 그리고 "모든 보는 자에게"(2:15) 귐을 얻었고, 비록 그녀가 헤개의 행동(2:9)과 충고(2:15)의 수동적 대상이기는 하지만, 설화자가 선택하여 사용하는 어투(그녀가 "베풀어", "귐을 얻었다", 2:9, 15, 17; 2:9에 있는 "주석"을 보라)는 미묘하게 일어나고 있는 일에 그녀의 행동이 연루되어 있음을 암시하고 있다. 그는 처녀들이 여인들의 처첩실로부터 왕의 침실로 걸어가는 일반적인 묘사에 대해 감각적인 어떤 암시들이 전혀 없이 그녀가 왕에게로 들어간 사실을 기록함으로써 하나의 부정적인 묘사를 피하고 있다(2:5-11의 "해설"을 보라).

그러나 이것이 모르드개에 대한 묘사와 교대되면서 극적으로 변한다(4:4-17; 참조. Clines, *Esther Scroll*, 33-36). 하나의 감동적이고도 놀라움을 주는 대화 가운데서 그녀는 한 사람의 대리자 이상의 목적을 가진 아름다운 젊은 여성, 그리고 언제나 복종하고 있는 의무감을 가지고 있는 한 사람의 피후견인으로부터 유대인 공동체의 두 지도자 가운데 한 사람인 왕후 에스더로 변화된다. 전적인 변화는 모르드개가 아닌 에스더의 관점에서 우리에게 제공되고 있다(그녀가 대화의 주도권을 잡고 있는 점[4:4-5], 그리고 대화를 이끌어 가고 있는 사람이 그녀의 중개자인 점[4:6-10]을 유의하라; 참조. Fox, 198). 더 나아가서, 설화자는 왕에게 호소하라는 모르드개의 지시에 대한 에스더의 반응으로 시작하는 전환의 정점에서만 직접적인 발언을 사용한다(4:10-16; 4:10-17에 대한 "해설"을 보라). 그녀는 이러한 반응을 왕에 대한 자신의 호소의 효력에 대한 의구심에 기초하여 반대한다: 그녀는 30일간이나 왕의 소환을 받지 못했던 것이다("해설"을 보라). 모르드개의 첫 번째 반응은 그녀 자신의 생명이 그 일 속에서 위험에 처해 있다는 사실을 상기시켜 주고 있으며, 그 다음에 그는 그녀가 유대인의 구원의 유일한 원천이라는 강조적인 수사학적 질문을 하면서 강력한 힘을 가지고 지적함으로써 그녀의 호소의 효력에 관한 의심을 반박한다(4:14 "주석"을 보라). 그는 그녀의 현재의 위치의 배후에 하나님의 섭리적 목적이 있을 가능성에 대해 그녀에게 상기시키면서 말을 마친다: 아마도 그녀가 왕후가 된 것은 바로 이 같은 경우를 위한 것이라는 것이다. 에스더는 다른 반대를 하지 않고 즉시 왕에게 호소하러 가려는 자기를 위하여 준비할 때 3일 간 금식하라는 지시를 한다. 그녀의 반응은 그녀가 결코 모르드개의 권위에 맹목적으로 복종하지 않았다는 사실을 드러내 주고 있는데(Fox, 63), 그 이유는 그것이 자기를 포기한 수납이 아니라 확고한 신념의 수납이기 때문이다. 하만의 칙령으로부터 그녀 자신과 유대인을 구출하는 유일한 희망은 그들을 위하여 왕에게 호소하는 것뿐이라는 것이며, 그녀는 바로 이것을 행하기로 결정한 것이다. 그렇다면 그녀의 마지막 말 "죽으면, 죽으리이다"는 피할 수 없는 일에 대한 자기 포기라는 절망적인 표현이 아니라(Paton, 226) 용기 있는 결정이다(Clines, 303).

이것은 에스더서의 발전에 결정적인 전환점이다. 이제까지 왕후였음에도 불구하고 그녀는 피후견인으로서 모르드개의 권위 아래 완전히 소속되어 있었다. 이제 그녀는 상황을 설정하고 명령을 내리는 사람이다. 사실상, 설화자의 요약적 진술인 4:17에서 설화자는 두드러진 대조를 하고 있다. 8절에서 에스더로 하여금 자신의 백성을 위하여 왕에게 나아가서 그에게 호소하도록 명령했던 사람이 모르드개였다. 여기서 그는 "모르드개가 가서 에스더의 명한 대로 다 행하니라"고 기록하고 있다.

에스더의 변화는 5장과 7장에 있는 왕에게 호소하는 기사 가운데서 극적으로 계속된다(참조. Fox, 200-202). 일단 왕을 알현할 수 있도록 받아들여진(용기를 가지고 동요나 주저함 없이) 다음에, 그녀는 완전히 명령을 하는 입장이 된다. 연회 전략은 완전히 그녀 자신의 전략이고, 그래서 그녀는 용기, 완성하는 기술 그리고 칭찬할 만한 민첩함을 가지고 이 일을 추진하는데, 특히 그녀가 지혜롭게 사전에 왕으로 하여금 두 번째 연회에 참석하게 하는 미리 언급되지 않은 요구에 수락한다는 사실을 왕 스스로 공개적으로 말하도록 왕에게 교묘한 수단을 사용하는 방식에서 그러하다(5:7-8의 "주석"과 "해설"을 보라). 두 번째 연회에서 왕이 또다시 그녀의 요구 사항이 무엇이냐고 물을 때, 그녀의 대답은 빈틈없고 재치가 있다. 즉 그녀는 수동태로 그 문제를 제시함으로써 왕의 암시에 대한 어떤 언급을 피함에 있어서 빈틈이 없고, 왕을 애타게 하고 신경 쓰게 하는 문제를 유발시키기 위하여 용서를 구하는 데 있어서 재치가 있다(7:1-6a의 "해설"을 보라). 자기 생명을 구하기 위하여 그녀의 의자 위에 엎드린 하만의 모습은 그녀가 이제 실질적으로 "자신의 당당한 자격을 가지고 일이 처리되도록 하는 힘"이 있다는 사실을 그리고 있다(Fox, 202). 이것은 또한 이 설화에 나오는 그녀의 마지막 역할에서 분명하게 드러난다(8:1-8). 첫째로, 그녀는 하만의 권력과 재산을 가지고 모르드개에게 주는 데 성공한다(8:1-2). 그 다음에 그녀는 자신에 대해 왕이 분명하게 내보인 애정에 대해서 태연하게 대처하는 기교와 재치를 가지고 왕에게 마지막 호소를 하는데, 이번에는 하만의 칙령을 취소해 달라는 것이다. 또다시 그녀는 성공하고, 왕은 그녀에게 허락을 해주며, 모르드개로 하여금 왕의 이름으로 그들 두 사람이 원하는 대로 쓰도록 허락한다(8:3-8의 "해설"을 보라).

또한 에스더는 이상적인 하나의 모델이면서도 모르드개보다도 훨씬 더 생생하고 실질적인 인물이다. 그녀는 외모와 몸매의 아름다움에서만 왕실에서 가치를 발휘한 보잘것없는 인물로 시작되지만, 궁극적으로 왕후로서의 자기의 지위를 이용하라는 모르드개의 도전을 받아들여서 자기 백성의 구원을 위하여 행동한다(단 하나의 간단한 목적으로 가지고). 하나의 결정적인 순간에 그녀는 무시 못할 하나의 세력자가 된다. 모르드개의 충성심은 유대인의 구원에 하나의 열쇠가 되는 요인이다. 그러나 용기, 약삭빠름, 재간, 외교술 – 남성들을 통하여 다스려지는 세계일 뿐 아니라 여인들을 하찮게 여겼던 세계에서 – 을 가지고 자기 백성들의 구원을 이루어 낸 주인물은 바로 그녀다. (디아스포라 세계에서 그녀의 역할을 긍정적으로 바라보는 에스더에 대한 페미니스트의 관점에 대해서는 White, "Esther"를 보라; 에스더에 대한 여러 페미니스트적 관점들에 대한 세심한 입장에 관해서는 Darr, "More than Just a Pretty Face"을 보라; 보다 극단적인 페미니스트의 입장들에 대한 비평에 관해서는 Fox, 205-11를 보라.)

e. 유대인들에 대한 성격 묘사. 하나의 민족으로서 유대인들(Fox, 212-34의 통찰력 있는 연구를 보라. 이 논의에 대해서는 논란이 많다)이 본서 가운데 어느 곳에서나 실체로 나타나 있다. 모르드개의 정체인 이쉬 예후디(איש יהודי, "한 유대인")가 유대 민족이 있었다는 사실을 암시할 수도 있으나, 그들은 "해설"(1-2장)에서는 아무런 소개가 나타나 있지 않다. 설화의 나머지 부분에서 설화자는 단 한마디의 직접적인 언급으로도 그들의 성격을 묘사하지 않고, 다만 독자로 하여금 유대인의 대적 아각 사람 함므다다의 아들 하만의 눈을 통하여 그들을 바라보도록(아이러니 중의 아이러니이다!) 하고 있다(깊이 새겨진 평가에 대해서는 Berlin, *Poetics*, 105; 참조. 룻기 서론의 장르 단락에 있는 논의). 그들은 "흩어진", "동화된", "왕의 법률을 지키지 아니한다"고 하만은 독자에게 말하고 있는데, 첫 번째 호칭은 그들이 제국 내에 흩어져 있었다는 사실을 암시하고, 마지막 두 호칭은 틀림없이 그들의 사회적·종교적 관습이 다른 족속들과 달랐다는 사실을 암시하는데, 이러한 현상은 모든 민족 그룹들에 대해서도 같은 현상이었다(3:7-11의 "해설"을 보라). 그들이 왕의 법에 복종하지 않는다는 그의 마지막 진술은 새빨간 거짓말인데, 본서 전체를 통하여 그들의 행동이 이를 반박한다(참조. Fox, 215). 위기 기간 내내 마지막 해결책의 순간까지 그들은 이야기 가운데서 수동적인 단일체로서 특징이 없는 실체가 된다. 이처럼 그들은 단순히 인종적 실체인 "유대인"으로 출현하는데(이들은 두 번 모르드개의 민족으로 지칭된다, 3:6, 7), 하만은 모르드개만 제거해서는 자기의 분노가 그치지 않을 것이므로 이들을 모두 제거하려고 한다. 위기가 해결될 때까지 그들은 단 두 번만 활동한다. 하만의 칙령을 듣고서 그들은 울며 금식하고(4:3), 모르드개의 반대 칙령을 듣고 그들은 축하하고 절기를 지킨다(8:17). 이 사건들은 일반적인 수동 문장으로 기록되어 있고(참조. Fox, 213), 이야기의 줄거리 가운데서 그들의 구원의 의미를 묘사하고 있는 극적인 반전들 가운데 하나로서 기능한다. 그들은 긴장 속에서 "다만 자기들이 알지 못하는 방식으로 다른 사람들이 자기들의 운명을 결정해 주기를 기다릴 수밖에 없다"(Fox, 214). 그러나 그들의 수동적 태도는 위기의 최종적 해결과 함께 끝나는데(9:1-5), 그 이유는 그들이 독립적으로 스스로 구원을 하기 위하여 행동하기 때문이며, 이러한 사실이 수동 동사가 아닌 능동태 동사로 묘사되어 있다. 이것이 모르드개의 반-칙령의 실현이므로, 여기서 그들은 그 땅의 법에 따라서 행동한다. 더 나아가서 이러한 행동은 가장 간략하고도 요약적인 진술로만 묘사되어 있으며, 피비린내 나는 세부 사항을 모두 삭제할 뿐만

아니라 해결의 가장 중요한 부분이 앞서 나타나는데, 이것은 에스더와 모르드개가 왕의 허가를 얻어서 반-칙령을 선포하는 세부적인 기사다(참조. Fox, 215). 그들은 또한 독립적으로 부림절 제도를 세우는 데도 능동적으로 행동한다(9:23-28). 그 방법을 산정함에 있어서 유대인들은 이러한 기능과 행동을 통하여 그 특성이 묘사되어 있는데, 유대인들이 페르시아 왕실이나 일반적인 페르시아 세계에 대해서 어떤 면에서 적대적이었다는 사실을 시사하고 있는 점이 전혀 없다는 사실을 유념하는 것이 가장 중요하다. 설화자가 기술하고 있는 유일한 적대감은 유대인들과 "그들을 미워하는 자" 및 "그들을 해하고자 하는 자"다(9:2; "주석"과 "해설"을 보라). 3:15b과 8:15d이 있는 그대로 보여 주는 바와 같이 왕실이나 일반적인 페르시아 세계 편에서 유대인들을 향한 고유의 적대감의 증거가 나타나 있지 않다(위의 페르시아 세계의 성격 묘사에 관한 논의는 특별히 Fox, 217-20를 보라).

그럼에도 불구하고, 유대 민족이 자기들의 세계에 대한 적대감과 같이 묘사되어 있지 않고 또한 그들이 무분별한 살육에 가담하지는 않을지라도, 세 경우에서 모르드개와 에스더의 행동은 도덕적으로 변명의 여지가 없다. 첫째로, 설화자는 하만에게 절하기를 거절한 모르드개의 동기(그러한 행동은 하만의 혼란된 반응을 촉진하는 것)를 부친의 이름에 대한 미묘한 사용에 의한 인종적 교만으로 묘사한다(3:1-6의 "해설"을 보라). 모르드개의 동기들은 우리의 이야기를 이해하는 데 아무런 중요성을 가지고 있지 않은데, 그 이유는 설화자가 어떤 의미 있는 방식으로 그 문제를 소개하지 않기 때문이다. 설화자는 단순하게 자신의 그러한 거절을 전혀 설명하지 않은 채 절하기를 거절했다고 진술한다. 그런 까닭에 그는 모르드개의 교만에 대해 어떤 주의를 끌도록 만들지 않는다(사실상, 우리가 그것을 교만으로 인정하기 위해서는 문장의 행 사이를 읽어야 한다). 모르드개에 대한 설화자의 성격 묘사가 틀림없이 처음부터 끝까지 긍정적이므로, 설화자가 용인된 모르드개의 국가적 자존심과 이스라엘의 고대 전승에 대한 그의 신실성을 취급하고 있고 그것들을 전적으로 받아들일 만한 것으로 생각하고 있다는 것은 분명한 것이다. 모르드개의 성격에 대한 이러한 상황은 단순히 이야기의 자료로 표현되어 있다(Clines, 294). 그렇다면 인종적 자존심은 설화자의 표현이며 이에 대해서 그가 잘못일 수 있다. 둘째로, 모르드개의 칙령은 유대인들로 하여금 자기들을 공격하는 자들을 멸하라고 부여한 허락 가운데서 여인들과 어린아이들을 포함시키고 있으며(8:11; 이 구절의 구문을 재해석함으로써 이것을 제거하려는 시도는 유지될 수 없다. "주석"을 보라), 그리고 셋째로 에스더는 왕으로부터 요구를 받아서 수산에서 두 번째 날도 살육을 하도록 한다(9:13-15). 그러나 이 두 구절이 줄거리의 발전에 문학적 기능을 제공하기 위하여 설화자가 사용했다는 사실을 유념하는 것이 중요하다. 첫 번째 것은 설화자가 완전 정반대의 역전에 대한 표현으로서 모르드개의 반-칙령 가운데 그 칙령을 하게 만들었던 하만의 칙령의 말씨를 축어적으로 사용한 데서 나타나며(8:1-17의 "양식/구조/배경"을 보라), 두 번째 것은 유대인의 축하라는 이틀 간의 날을 설명하기 위해서만 설화 가운데서 기능을 하고 있다(9:6-15의 "해설"을 보라). 그렇다면 도덕적 실패는 이야기의 성격보다는 설화자에게 있지만, 그들은 도덕적 실패로 인정되어야 한다(참조. Fox, 224-26의 논평). 그러나 그들이 자주 그러하듯 인물들이나 혹은 이야기를 피에 굶주리고 증오심으로 가득 찬 것으로 성격 묘사를 하는 것은 부적합하다(아래 신학을 보라).

4. 이야기에서 하나님의 역할. 룻기에서도 그러하듯 하나님께서는 설화 가운데 나타나는 인물들 가운데 한 분은 아니며, 어떤 면에서 그분에 대한 성품 묘사에 대해 말하는 것은 불가능하다. 게다가 필자가 보기에 하나님(혹은 최소한 그분의 섭리)은 이 이야기에서 (a) 본서 가운데 풍성하게 나오는 일련의 있을 것 같지 않은 상황들과 보기 드문 우연의 일치, (b) 줄거리의 특성을 나타내는 일련의 주목할 만한 반전을 이루는 사건들 가운데 임재하신다.

a. 있을 것 같지 않은 상황들과 보기 드문 우연의 일치. 하만의 칙령으로부터 유대인의 구출은 그것이 모르드개의 충성심과 에스더의 현명함과 재치의 결과인 것처럼 또한 이러한 사건들의 결과이기도 하다. 다른 한편, 클라인즈가 주장하는 바와 같이 그것들은 다음과 같은 사실을 포함한다(Clines, *Esther Scroll*, 155: 그의 인용문들은 W. Beet, *Exp* 22[1921-22] 298-99로부터 인용한 것이다).

> 줄거리 전체의 형성…. 페르시아 왕실에 있는 왕후의 공석, 유대인 왕후의 즉위, 모르드개의 음모의 발견, 에스더가 왕에게 받아들여진 일, 하만이 일찍이 왕궁에 도착하고 혹은 그가 무모하게 에스더의 발 앞에 엎드려 자비를 구한 일, 이러한 우연히 일어난 일들이 점증적인 효과를 가진다. "이러한 자체적으로 일어난 각각의 사건들이 우연의 결과로 보일 수 있고, 커다란 줄거리의 성공이나 혹은 다른 결과를 낳지 못할 수도 있다. 그러나 그것은 함께 일어났고, 그래서 우연의 요소가 사라진다. 즉 그것들은 모두가 한 가지 점에 집중되어 있다. "하나가 다른 것을 보충한다." 사건의 전 과정이 "밝혀지지 않은 위대한 자의 인도하시는 손길"에 의하여 이루어진다.

다른 한편, 이러한 요인들 역시 줄거리 그 자체의 위태로운 사항들로 뻗어 나간다. 이것이 유대인들을 제거하려는 하만의 확신에 찬 계획들의 과정에서 모르드개를 교수형시키기 위하여 왕에게 요구하려는 결정, 즉 결정적인 전환점을 이루는 사건 가운데 가장 분명하게 나타난다(5막, 5:9-6:14). 거기에는 다섯 개의 우연히 일치하는 사건들이 "하나님이 조종하신" 일에 대한 설화자의 숫자 놀이라고 말할 수 없는 특이한 성격을 가지고 일어난다(6:1-11에 대한 "해설"을 보라).

b. 일련의 주목할 만한 반전을 이루는 사건들. 위의 사실과 동등하게 주목할 만한 점은 줄거리의 특성을 나타내는 일련의 주목할 만한 반전을 이루는 사건들이다. 이 원리는 저자가 "유다인의 대적이 저희를 제어하기를 바랐더니 유다인이 도리어 자기를 미워하는 자를 제어하게 된 그 날"이라는 사실을 바라볼 때 그 저자에 의하여 명백하게 표명되었다(9:1; 주석과 "해설"을 보라). 폭스는 유익하게 이것을 "peripety"(줄거리의 반전)라고 이름을 붙이는데, 말하자면 어떤 결과를 일으키기로 의도되거나 예상된 행동이나 사건이 실제로 그 정반대되는 사건을 낳게 되는 원리다. 이 반전들은 그것들의 숫자에 꼭 들어맞지 않는다. 주의 깊게 읽는 독자가 설화자가 여러 경우에 의식적으로 사건과 그 반대 사건에서 동일한 혹은 거의 동일한 용어를 사용함으로써 그 반전에 주의를 끌어 가고 있다는 사실을 알아채는 것밖에 다른 유리한 점이 없다(참조. Berg, *Book of Esther*, 106). 이것이 해결의 가장 중요한 부분에서 가장 충분하게 그리고 의식적으로 사용되었는데, 그 곳에서 8:9-16에 있는 모르드개의 반-칙령 입안, 공포 그리고 언질이 3:12-15에 있는 하만 칙령의 입안, 공포, 언질에 대한 기록 가운데 같은 어휘가 세심하게 반복된다("양식/구조/배경"과 "해설" 단락들 가운데 있는 논의를 보라). 어휘의 일치가 여러 다른 경우에서도 두드러지게 같은데, 다음에 나오는 도표가 이를 드러내 준다(동일한 문구들은 진한 글씨체로 되어 있다. 참조. Berg, *Book of Esther*, 106-7; Fox, "Structure," 294-96).

사건 / 행동	**반 전**
3:1-2 그 후에 아하수에로 왕이 아각 사람 함므다다의 아들 하만의 지위를 높이 올려 모든 함께 있는 대신 위에 두니 대궐 문에 있는 왕의 모든 신복이 다 왕의 명대로 하만에게 꿇어 절하되 모르드개는 꿇지도 아니하고 절하지도 아니하니.	9:3-4 각 도 모든 관원과 대신과 방백과 왕의 사무를 보는 자들이 모르드개를 두려워하므로 다 유다인을 도우니 모르드개가 왕궁에서 존귀하여 점점 창대하매 이 사람 모르드개의 명성이 각 도에 퍼지더라.

3:10 **왕이 반지**를 손에서 **빼어 유다인의 대적** 곧 아각 사람 **함므다다의 아들 하만에게 주며.**

8:2a **왕이** 하만에게 거둔 **반지를 빼어 모르드개에게 준지라.**

4:1 모르드개가 이 모든 일을 알고 그 옷을 찢고 굵은 베를 입으며 재를 무릅쓰고 성중에 나가서 대성 통곡하며.

8:15a 모르드개가 푸르고 흰 조복을 입고 큰 금면류관을 쓰고 자색 가는 베 겉옷을 입고 **왕의 앞에서 나오니.**

4:3 **왕의 조명이 각 도에 이르매 유다인이** 크게 애통하여 금식하며 곡읍하며 부르짖고 굵은 베를 입고 재에 누운 자가 **무수하더라.**

8:17 **왕의 조명이 이르는 각 도**, 각 읍에서 **유다인이** 즐기고 기뻐하여 잔치를 베풀고 그 날로 경절을 삼으니 본토 백성이 유다인을 두려워하여 유다인 되는 자가 많더라.

5:14 그 아내 세레스와 모든 친구가 이르되 오십 규빗이나 높은 나무를 세우고 내일 왕에게 모르드개를 그 나무에 달기를 구하고 왕과 함께 즐거이 잔치에 나아가소서 하만이 그 말을 선히 여기고 명하여 나무를 세우니라.

6:13b-14 그 중 지혜로운 자와 그 아내 세레스가 가로되 모르드개가 과연 유다 족속이면 당신이 그 앞에서 굴욕을 당하기 시작하였으니 능히 저를 이기지 못하고 분명히 그 앞에 엎드러지리이다 아직 말이 그치지 아니하여서 왕의 내시들이 이르러 하만을 데리고 에스더의 베푼 잔치에 빨리 나아가니라.

5:14 그 아내 세레스와 모든 친구가 이르되 **오십 규빗이나 높은 나무를 세우고** 내일 왕에게 **모르드개를 그 나무에 달기**를 구하고 왕과 함께 즐거이 잔치에 나아가소서 하만이 그 말을 선히 여기고 명하여 나무를 세우니라.

7:9-10 왕을 모신 내시 중에 하르보나가 왕에게 아뢰되 왕을 위하여 충성된 말로 고발한 모르드개를 달고자 하여 **하만이 고가 오십 규빗 되는 나무를 준비하였는데** 이제 그 나무가 하만의 집에 섰나이다 왕이 가로되 하만을 그 나무에 달라 하매 모르드개를 달고자 한 나무에 **하만을 다니** 왕의 노가 그치니라.

6:6-9 하만이 들어오거늘 왕이 묻되 왕이 존귀케 하기를 기뻐하는 사람에게 어떻게 하여야 하겠느뇨 하만이 심중에 이르되 **왕이 존귀케 하기를 기뻐하시는 자**는 나 외에 누구리요 하고 왕께 아뢰되 왕께서 사람을 존귀케 하시려면 왕의 입으시는 왕복과 왕의 타시는 **말**과 머리에 쓰시는 왕관을 취하고 **그 왕복과 말**을 왕의 방백 중 가장 존귀한 자의 손에 붙여서 왕이 존귀케 하시기를 기뻐하시는 **사람에게 옷을 입히고 말을 태워서 성중 거리로 다니며 그 앞에서 반포하여 이르기를 왕이 존귀케 하기를 기뻐하시는 사람에게는 이같이 할 것이라 하게 하소서.**

6:11-12 하만이 **왕복과 말**을 취하여 **모르드개에게 옷을 입히고** 말을 태워 **성중 거리로 다니며 그 앞에서 반포하되 왕이** 존귀케 하시기를 **기뻐하시는 사람에게는 이같이 할 것이라** 하니라 모르드개는 다시 대궐 문으로 돌아오고 하만은 번뇌하여 머리를 싸고 급히 집으로 돌아와서.

이 점에 있어서, 에스더서는 룻기와 다르다. 룻기 저자는 일차적으로 상황의 질보다는 그의 인격의 기질을 묘사하고 있고, 하나님의 섭리가 우선적으로 인물들의 삶의 질을 통하여 행사하신다는 사실을 묘사한다. 즉 하나님께서는 룻과 보아스의 헤세드(חסד, "친절, 은혜, 성실")라는 행동 속에서 행사하신다. 그러나 여기서 설화자는 상황의 질을 묘사하고 있고, 그런 까닭에 하나님의 섭리는 동시 발생적 사건들을 통하여 역사하시며 줄거리가 진척되어 가는 두드러진 반전 가운데서 역사 하신다.

그러나 두드러진 동시 발생과 극적인 반전은 그것들 자체 가운데 또한 그것들 자체로부터 하나님이 그것들 배후에 계신다는 사실을 드러내지 않는다(참조. Clines, *Esther Scroll*, 155의 해석). 사실상 폭스(235-47)는 구조에 대한 자신의 논문에서 취했던 입장을 저버리면서(구조를 보라), 본서의 증거는 하나님께서 완전히 베일 속에 감추고 계신다는 사실을 암시한다고 주장한다. 그런 까닭에 저자는 하나님의 존재에 관한 전적인 불확실성을 전달하고 있다. "저자는 양쪽 가능성을 배제하기를 거절함으로써 역사 가운데 있는 하나님의 손의 사역에 대한 결정적인 지식이 있을 수 없다는 자기의 신념을 전달하고 있다"(247). 폭스는 이 입장을 회의론과 동등한 것으로 말하지 않는다. 그보다 "섭리의 가능성에 대한 열린 마음을 가지고 역사를 대하려는 자발적인 마음은…깊은 신앙의 자세다"(247).

그러나 필자는 이 문맥이 저자의 글을 이런 식으로 이해하도록 유도하고 있다고 믿지 않는다. 담화의 의미는 모든 차원에서 그 말의 의미처럼 장르와 나란히 그리고 장르를 포함하면서 문맥에 의존한다(Fox 자신이 238에서 말하는 바와 같이). 본서 가운데 드러난 문맥은 명백하게 이 요소들을 모두 하나님의 섭리에 관한 하나의 진술로 이해하는 편에 서 있다. 첫째로, 저자 자신은 신이 말하고 있는 문맥이 실제로 구약성경의 신앙의 세계임을 두 곳에서 묘사한다. 4:3에서 그는 유대인을 하만의 칙령의 소식을 듣고 금식하는 자들로 그리고 있고, 4:15-17에서는 에스더가 "나를 위하여" 3일 간, 즉 24시간 동안 왕에게 들어갈 준비를 위하여 금식하라고 명령한다(모드르개가 이를 이행한다). 비록 하나님의 이름이 거론되어 있지는 않지만, "하나님의 뜻을 얻어내기 위한 것이 아니라면 어떤 목적으로 이러한 행동을 하겠는가?"(Fox, *Structure*, 297). 그와 같이 모르드개가 4:14에서 에스더에게 했던 유대인을 구할 수 있는 사람은 에스더 이외에 아무도 없다는 강력한 진술의 문맥에서, 그녀가 왕후의 지위를 가진 것이 바로 이 때를 위한 것이라는 희망은 그 일을 하기를 부정하는 것이 아니라 하나님의 섭리를 이루기 위하여 의도된 분명한 진술이다.

둘째로, 사건의 반전이라는 주제, 곧 하나님께서 자기 백성을 위하여 반전이 일어나도록 행동하신다는 주제가 구약성경에서 지배적인 주제다(Fox, "Structure," 299-303; Loader, *ZAW* 90[1978] 419를 보라). 이 문맥 가운데서 사건의 반전의 기능은 미적 가치 이상을 가진다. 이것은 "인간 사건들에 대한 하나님의 지도"를 가리키며, 그러므로 "저자의 세계관을 반영해 주고, 또한 동시에 독자에게도 그러한 입장을 전달해 준다"(Fox, *Structure*, 296, 299). 셋째로, 본서가 그 개념에 있어서 그리고 어떤 경우에는 그 어투에 있어서 요셉과 출애굽 설화를 모두 반영하고 있으며(위의 단일성과 편집에 있는 논의를 보라), 그런 까닭에 의식적으로 구약성경의 중심 주제 중에 하나인 이스라엘의 구출을 참고로 하고 있다는 사실은 더욱 저자가 세속적 상황에서보다는 신앙적 상황에서 기록하고 있으며 특히 구약성경 신앙의 상황을 불러일으키는 것이다. 이러한 배경은 확실히 미묘하게 드러나 있기는 하지만, 에스더가 수산 유대인들에게 요구한 첫 번째 달 13일에 시작하는 3일, 24시간의 금식(4:15-17; 이것은 전반적으로 유대인 공동체가 이미 시작했던 금식의 계속이다, 4:3)이 틀림없이 유월절 축하를 취소하게 했을 것이다(3:12; 4:16에 "주석"을 보라).

사실상, 그러한 상황 속에서 "이야기 작가는 신앙심이 없는 유대교에 신학적 괴변을 조장하지 않고, 다만 궁극적인 신앙 행위는 하나님의 보호 섭리를 당연한 것으로 여긴다고 믿는 노련한 신자다"(Clines, *Esther Scroll*, 155-56). 마지막으로, 필자는 버그(Berg, *Book of Esther*, 178)와 로데르(Loader, *ZAW* 90[1978] 418)와는 반대로 "에스더 이야기 사건들의 인과관계에 관하여 감추어지거나 베일에 싸여 있는 것은 없다. 즉 이것은 사실상 표현되어 있지는 않지만 이야기가 진술된 문맥 가운데 명백하게 제시되어 있다"고 말한 클라인즈(Clines, *Esther, Scroll*, 156)에게 동의한다.

5. 결론: 에스더 1:1-9:5; 10:1-3의 주제. 줄거리와 그 인물들의 성격 묘사에 대한 이러한 연구에 근거하여, 이 이야기의 주제는 다음과 같이 진술될 수 있다. 부, 무절제, 불확실성, 악의를 가지고 있는 위험한 세계 속에서 이러한 위기의 세계에서도 지도자의 역할을 즐겁게 받아들인 두 지도자, 곧 유대 민족과 왕에 대한 모르드개의 충성심과 에스더의 용기, 빈틈없음, 현명함 그리고 하나님의 믿을 만한 섭리가 디아스포라 유대인 공동체를 멸망시키려는 공포스러운 위협으로부터 구원했으니, 이는 디아스포라 유대인들에게 있어서 존속 가능한 삶이 그와 같은 악의 성향에 직면할 때까지도 가능하다는 사실을 드러내 준다.

B. 결말(에스더 9:6-32)의 주제와 목적. 결말의 주제는 이것이 결코 앞에 나타나

있는 문제에 근거한 줄거리의 결과들을 기록하고 있지 않다는 사실에서 곧 명확하게 드러난다. 그 목적은 아달월 13일에 있었던 극적인 구원 다음에 일어난 축하와 기쁨의 날을 기념하기 위하여 유대인 공동체로 하여금 매년 축하하기 위하여 절기를 제정하도록 의무를 지워 주는 것이다(이 단락에 대한 "해설"과 위의 장르 단락에 있는 논의를 보라).

그러므로 첫 번째 장면(6-19절)의 내용은 일차적으로 유대인 공동체의 다른 편들이 절기를 지키는 다른 두 날을 설명하기 위하여 기록되었다. 이러한 날짜들을 그렇게 설명하면서 설화자는 나머지 날들이라는 새로운 주제를 소개하고 싸움에서 승리한 그 다음날에 일어난 축하를 소개하고 있다("해설"에 있는 논의를 보라). 원래 상황 가운데서 이 절기들은 첫날에 일어났던 승리에 대한 자연스러운 축하였을 수 있으며, 19절에 묘사된 그 다음날까지 이어지는 축하는 대개 같은 성격을 가졌을 것이다. 이 축하에 대한 주제는 다음 장면에 진술된 에스더와 모르드개의 지시들 가운데서 취급되지만, 축하의 성격은 가장 의미심장한 방식으로 변형된다.

결말의 두 번째 장면(20-32절)에서, 모르드개는 유대인 공동체로 하여금 이 자연 발생적인 축하를 영속적인 매년의 절기로 돌리도록 하는 글을 보낸다(아래 신학 단락과 "해설"을 보라). 그는 그 성격을 군사적 승리의 날들에 대한 기념으로서가 아니라 싸움과 피흘림의 날들에 뒤따라온 나머지 날들의 기념과 즐거운 잔치로서 진술하고 있다. "이 달 이 날에 유다인이 대적에게서 벗어나서 평안함을 얻어 슬픔이 변하여 기쁨이 되고 애통이 변하여 길한 날이 되었으니"(22절). 그런 까닭에, 그는 싸움 직후에 뒤따라오는 날들 곧 아달월 14, 15일로 세운다. 그 다음에 저자는 유대인 공동체가 모르드개가 스스로 이 절기의 날들을 지키도록 의무화하고 그 절기의 성격을 기록했던 내용을 확증했다고 설명한다. 마지막으로, 에스더 역시 왕후로서의 자기의 권위를 덧붙이면서 부림 절기의 수립을 명령했다.

에스더서의 주제는 두 편집 단락의 주제를 결합한다. 그렇다면 전체의 주제는 이것이다. 즉 아달월 14, 15일에 지켜야 하고 모르드개, 에스더, 유대인 공동체 자체의 지도력과 행동을 결합시키면서 수립한 부림절은 하만이 그들을 전멸시키려고 했던 끔찍한 칙령으로부터 구원받은 날 다음날을 표시했던 바, 슬픔이 기쁨으로 그리고 애곡이 휴일로 변한 사실에 대한 영속적인 매년의 기념일로서 잔치하며 즐거워하는 날 및 서로간에 음식을 제공하고 가난한 자에게 선물을 보내는 날로 이루어진다. 디아스포라라는 위험하고도 불안한 그리고 해악의 성향을 가진 세계에서 있었던 전멸의 위험으로부터의 구원은 그러한 세계에서 지도자의 역할을 즐겁게 받아들인 두

지도자, 곧 유대 민족과 왕에 대한 모르드개의 충성심과 에스더의 용기, 빈틈없음, 현명함 그리고 하나님의 믿을 만한 섭리에 의하여 이루어졌는데, 이는 디아스포라 유대인에게 존속할 수 있는 삶이 그러한 해악의 성향에 직면해서까지도 가능하다는 사실을 드러내 주고 있다.

신학

בָּרוּךְ אַתָּה יְיָ אֱלֹהֵינוּ מֶלֶךְ הָעוֹלָם אֲשֶׁר קִדְּשָׁנוּ בְּמִצְוֹתָיו וְצִוָּנוּ עַל־מִקְרָא מְגִלָּה:

주 우주의 왕 우리 하나님 야웨여, 찬양을 받으소서. 주께서 당신의 법으로 우리를 거룩하게 하셨고 두루마리를 읽도록 명령하셨나이다.

בָּרוּךְ אַתָּה יְיָ אֱלֹהֵינוּ מֶלֶךְ הָעוֹלָם שֶׁעָשָׂה נִסִּים לַאֲבוֹתֵינוּ בַּיָּמִים הָהֵם בַּזְּמַן הַזֶּה:

주 우주의 왕 우리 하나님 야웨여, 찬양을 받으소서. 주께서 옛적 이 절기의 말에 우리 조상들을 위하여 기적을 행하셨나이다.

בָּרוּךְ אַתָּה יְיָ אֱלֹהֵינוּ מֶלֶךְ הָעוֹלָם שֶׁהֶחֱיָנוּ וְקִיְּמָנוּ וְהִגִּיעָנוּ לַזְּמַן הַזֶּה:

주 우주의 왕 우리 하나님 야웨여, 찬양을 받으소서. 주께서 우리의 생명을 지키시고 부양하시고 이 성스러운 절기까지 이끄셨나이다.

ברכות מתפלה מעריב לפורים

부림 마아리브 예배에서 에스더 두루마리의 낭독 이전에 낭송된 찬양 (Gordis, *Megillat Esther*, 93)

에스더서의 장르, 주제, 목적에 대한 이러한 분석으로부터, 그것들이 문학적 매개물 가운데 미묘하게 표현되었을지라도, 중요한 신학적 강조점들이 흘러나온다. 그리고 최종 형태로 되어 있는 본서의 장르와 주제가 이중적이므로, 그것을 알려 주는 강조점 역시 이중적이다. 그것들은 본서의 결말(9:6-32), 곧 한편으로는 부림절 제정과 성격, 그리고 다른 한편으로는 "문제에 근거한 줄거리"(1:1-9:5, 10:1-3)로부터 나오는데, 곧 모르드개의 충성, 에스더의 용기와 재치 그리고 하나님의 섭리로 말미암아 이루어진 하만 칙령으로부터의 구원 이야기다(위의 주제와 목적을 보라).

A. 결말(9:6-32)의 신학적 강조점. 일차적 주제가 전멸시키려는 하만의 칙령의 무서운 해악으로부터 "구출의 기쁨"에 대한 기념으로서 부림절의 제정이다. 이 절기의 의미는 본서 자체에 주어져 있는 성격으로부터 나와야 할 텐데, 그 이유는 이 절기의 어떤 형태가 본서의 최종 형태로 구성되고 있었던 시기에 이미 축하되고 있었을지라도, 저자가 과거의 전승 가운데 파묻힌 그 기원을 남겨 놓고 있기 때문이다(9:20-32의 "해설"을 보라). 비유대인 기원에 대한 수많은 제안들이 수 년 간에 걸쳐서 제시되어 있는데, 파르바르디간(Faevardigān) 페르시아 절기로부터 나왔다는 루이의 주장(Lewy, *HUCA* 14[1939] 127-51) 혹은 페르시아 신년 축제의 어떤 형태로부터 나왔다는 링그렌의 주장(Ringgren, *SEÅ* 20[1956] 5-24)과 같은 주장들이다. 이러한 주장들 중 몇몇은 다른 것들보다 더 그럴듯하지는 하지만(Clines, 263-66; Moore, xlvi-xlix에 있는 유익한 논의들을 보라; 금세기 초에 있었던 현존하는 입장들에 대한 자세한 논의들에 관해서는 Paton, 77-94를 보라), 그것들이 그 이야기 자체에 들어 있는 확고한 증거에 기초하지 않고 또한 부림절의 성격을 이해하는 데 기여하고 있지 않으므로, 그것들은 여기서 논의되지 않을 것이다.

절기의 성격을 평가함에 있어서 여러 가지 특징들이 강조되어야 할 필요가 있다. 첫째로, 설화자가 그것을 수립하기 위하여 사용하고 있는 영향력은 이중적이다(Clines, *Esther Scroll*, 165-66; 특히 Fox, 226-28를 보라). 디아스포라 공동체의 지도자로서 모르드개는 공동체로 하여금 그 절기의 제정과 준수를 의무적으로 할 것을 명령한다. 그는 하나의 율법 수여자로서 그것을 글로 남기거나 그것의 준수를 "지시" 혹은 "명령"하지 않는다. 그보다 그는 자신의 편지로부터 이끌어 낸 회고에 요약된(9:24-25; "해설"을 보라) 위기에 대한 전체 이야기에 포함되어 있는 의무에 근거하여 그들에게 이것을 요구하고 있다(9:21 "주석"과 9:20-22의 "해설"을 보라). (b) 유대인 공동체 역시 스스로 이러한 의무를 가지고 시행한다(9:23-28의 "해설"을 보라). 새로운 절기를 수립하는 권위는 공동체의 지도자에게 놓여 있을 뿐만 아니라 공동체 자체의 독립된 행동 가운데 놓여 있는데, 먼저는 자발적으로 축하함으로써 축하 절기를 영원히 지키기로 결정함에 있어서 그러하다.

둘째로, 설화는 부림절의 제의적 의미를 수립한다. 그 절기 준수는 의무이며(참조. 레콰옘 알〈לקים על, "…을 요구하다, …을 지우다"〉의 의미; 9:21 "주석"을 보라), 또한 절기 준수의 영속성과 포괄성이 강조되어 있다. 이 절기는 "해마다"(21절), "각 도, 각 읍, 각 집에서 대대로" 그리고 "폐하지 않고" 축하되어야 할 것이다. 그 준수는 "유다인 중에서 폐하지 않게 하고" 또한 "그 자손 중에서도 기념함이 폐하지 않게" 해야 할 것이다(27-28절; 참조. Childs, *Introduction*, 603).

셋째로, 모르드개는 이 절기가 나머지 날들과 싸움 다음에 뒤따라온 기쁨의 절기들을 지켜야 할 것이라는 사실을 지시한다. 그렇다면 축하의 성격은 원래의 절기에서 가장 의미심장한 방식으로 변형된다(참조. Childs, *Introduction*, 603-4; Clines, *Esther Scroll*, 160-62). 그 기원 때처럼 그 절기는 군사적 승리와 대적의 살육이라는 자연 발생적인 축하가 아니다. 그 싸움이 아달월 14일에 수산에서 일어나기는 했지만, 9:17-18에 묘사된 대조가 되는 내용은 이것이 다른 두 축하일을 설명하기 위해서만 포함된다는 사실을 분명히 명시하고 있다. 이 날에 각 도에 있는 유대인들은 싸우지 않았고 즐거운 축하일을 지키고 있었다. 그런 까닭에 이 절기는 전쟁에서의 승리를 축하한 것이 아니고, 또한 즐거워하는 일이 자기들의 대적을 살육했음으로 인한 악의적인 환희도 아니다. 그보다 이 절기는 그들이 "대적에게서 벗어나서 평안함을 얻어 슬픔이 변하여 기쁨이 되고 애통이 변하여 길한 날이 되었다"는 사실을 기념하는 것이다(22절). 그렇다면 이 절기는 박해로부터 구출을 축하하는 것이며, 그들의 존재를 위협하는 세력으로부터 구출 받은 기쁨을 기념하는 것이다. 이것이 특별히 9:24-25에 나오는 유대인 공동체를 엄숙하게 이러한 매년의 준수를 지키는 방향으로 움직여 나가고 있는 이야기에 대한 간략한 회고 가운데 분명하게 명시되어 있는데, 이는 이 기사 가운데서 싸움이나 승리에 대한 내용을 전혀 언급하고 있지 않기 때문이다(Clines, *Esther Scroll*, 164). 이것은 오직 하만의 음모로부터의 구출에만 관심을 두고 있다. 같은 강조점이 절기 그 자체의 이름을 통하여 분명하게 암시되어 있는데, 이것이 유대인을 제거하기 위하여 3:7에서 하만이 뽑은 제비(פּוּר, 푸르)를 가리키는 것으로 이해된다(특별히 26a절의 인과적 설명이 설명하고 있는 바와 같이; 참조. Clines, *Esther Scroll*, 164). 그와 같이 그들이 절기를 준수하기로 한 결정을 부추긴 이야기와 또한 그 절기의 이름 자체가 모두 군사적 승리나 대적들에 대한 살육을 마음에 떠올리게 하지 않고 하만의 음모와 그 다음에 이어지는 해악과 재앙으로부터의 구출을 마음에 떠올리게 하고 있다.

동일하게 중요성을 가진 내용은 부림절이 유대인 공동체가 이미 자기들의 종교적 전승, 즉 금식과 애도의 준수 가운데서 스스로 시행했던 것과 같은 방식으로 준수되어야 할 것이라는 에스더의 말이다(9:31). 이것 또한 이 절기가 군사적 행동에 대한 축하가 아니라 위기와 재난으로부터의 구출에 대한 축하를 강조하는 역할을 한다. 그들의 기쁨은 그 일을 야기시켰던 일에 의하여 완화될 것이다. 그 절기는 "그들에게 슬픔이 변하여 기쁨이 되고 애통이 변하여 길한 날이 되었던 달"(22절)

을 축하한다. 그런 까닭에 "그것은 기쁨의 절기를 위한 상황을 제공한다…. 그 기쁨은 그들의 기상에 대한 공공연한 단순한 발산이 아니라 슬픔의 반전이요 애곡으로부터의 구출과 관련되어 있다"(Clines, *Esther Scroll*, 167).

마지막으로, 위의 장르에 대한 논의에서 26-28절에 있는 부림절 제정의 규범이 이야기의 재진술을 필요로 했었다는 사실이 진술되었는데, 그 이유는 조상들의 체험을 축하한다는 것이 그 체험의 재진술을 필요로 하기 때문이다. 위기와 구출에 대한 이야기를 듣는다는 것은 그 절기를 기념하는 기쁨의 체험을 상기하는 데 필수적이다. 그런 까닭에 그 기능 면에서 본서는 절기 낭독 구절 장르다.

부림절의 성격에 대한 이러한 분석으로부터 이 절기가 디아스포라 유대인들에 대해 완전한 그리고 생각할 수 없는 악에 직면해서까지도 구출의 기쁨을 축하하도록 요구했음에 분명하다. 그러한 (특히 유대인에게) 하나의 요청이라는 번거롭고 난처하게 하는 모든 성격에 대하여 유대인 공동체는 이에 대해 활발하게 그리고 열정을 가지고 반응했다. 마카비2서 15:36에 있는 "모르드개 당시"라는 언급이 그 절기가 주전 1세기 초반 어느 때에 존재했다는 사실을 드러내고 있으므로, 부림절 축하가 에스더서의 출현 이후 곧 시작되었음에 틀림없다. 그 초창기 축하는 또한 "유대인들이 아직도 앞에 언급했던 날들을 지키고 있는데, 그 날을 부림의 날들이라고 부른다"는 주후 1세기 요세푸스의 진술(*Ant.* 11.6.13)과 또한 부림의 날짜에 대한 규정, 두루마리 낭독의 규칙 그리고 본문에 대한 학가다의 해설을 할애하고 있는 메길라, 즉 "그 두루마리"라고 이름붙여진 미쉬나(주후 처음 두 세기의 것임)의 전체적인 논평에 의하여 입증된다. 이 절기는 아직도 유대인의 의식 가운데 가장 중요하고도 대중적인 절기 중 하나다. 본서 자체는 토라(오경) 밖에서 유일하게 그 해설에 할애된 두 번째 탈굼을 가진 것이고, 그에 대한 미드라쉬들의 숫자와 다른 유대인 주석들은 구약의 다른 책들에 대해 기록된 것들을 더 능가한다(Paton, 97; 요약에 관해서는 101-7를 보라). 유대인 공동체에서 이에 대한 존중심은 메시아가 와서 예언서와 성문서가 사라질 때 에스더서와 토라만이 남아 있을 것이라는 명성 있는 유대인 학자 마이모니데스의 말을 인용함으로써 자주 평가된다. 이것의 중요성은 십계명의 두 번째 명령이 유대인 공동체 가운데서 중세 시대에 있었던 인간 형상으로 나타나는 모든 형태를 금지하는 것으로 해석되어 왔으나, 이러한 금지는 에스더 두루마리의 장식에는 적용되지 않았다는 사실에서 더욱 확실하게 나타난다. 유대인들이 전 세기를 통하여 이 두루마리를 숭배했던 인상적인 그리고 예술적인 예증(삽화, 해설)은(예를 들어, Baumgarten, *EncJud* 14:1049-53를 보라) 그들이 본서를 가졌었다는 애정어린 존중에 대한 웅변적인 표현을 제공한다. 사실상, 에스더서 필사본들에 대한 조명은 중세 유대인의 예술품 가운데 가장 훌륭한 몇몇 실례들을 보존해 왔다(Gordis, *Megillat Esther*, 15). (일반적으로 유대인의 예술품에 대한 에스더서의 영향에 대해서는 *EncJud* 6:908-12를 보라.) 그것이 너무나 지나치게 인기가 있고 받아들이고 있으므로, 에스더서가 가지고 있는 문제점들을 논의할 때 유대인 학자들이 그 정경성에 대해서 의문시했던 매우 드문 경우를 인용하려는 기독교 학자들의 편에서의 경향(예를 들어, *JR* 30[1950] 33-34에 있는 Ben-Chorin, *Kritik*, 5의 입장에 대한 Anderson의 인용; 혹은 *ABD* 2:635에 있는 Sandmel, *Enjoyment*, 44의 진술에 대한 Moore의 인용)은 지극히 오해하게 만드는 것이다.

본서의 규정이 그 절기의 일차적 성격으로 진술하는 구원의 기쁨(위를 보라)은 유대인의 부림절 준수를 통하여 잘 파악되었는데, 그 이유는 그것이 떠들썩한 축하, 곧 환희로 충만하고 명랑함으로 가득한 축하이기 때문이다. 이것이 또한 매우 초창기에 시작되었다는 사실은 미쉬나에 있는 한 남자가 너무나 부림절에 취하여 "모르드개를 칭송하고" "하만을 저주하는" 것 사이에 구별지을 수 없도록 불가피하게 된다는 바벨론 교사 라바(Raba)에 의한 유명한 진술 가운데서 입증된다(*m. Meg.* 7b). 한 절기의 식사는 자주 밤까지 계속되는 아달월 14일 밤에 먹는다. 음식은 친구들에게 제공된다(가장 인기 있는 것들 가운데 하나는 *hamantaschen*, 직역하면 "하만의 호주머니들"인데, 히브리어 오젠 하만〈אזן המן〉이란 표현으로부터 나온, 자주 "하만의 귀들"이라고 불린 세 귀퉁이를 가진 파이들이다). 그리고 돈은 가난한 자에게 증여된다. 어린아이들은 자주 두루마리가 낭독되는 동안 하만의 이름이 나올 때마다 손에 든 소리를 내는 기구를 흔들어대거나 휘파람 소리를 내거나 야유를 한다. 네 개의 "구출 구절들"(2:5; 8:15, 16; 10:3)은 다른 본문들보다 훨씬 더 크게 낭독된다. 역할 반전을 포함하는 연기와 가면 무도회는 자주 아주 절정에 오르며 그 절기를 표현한다(Harris, *Judaism* 26[1977] 163-66). 어린이들은 화려한 복장을 하고 이웃들로부터 선물을 요구한다(참조. Gaster, *Purim*, 59). 현대에는 (Raba의 진술을 암시하는) 아들로야다(Adloyada, "사람이 알지 못하기까지")라고 불리는 카니발 퍼레이드가 매년 수천 명이 참석한 가운데 텔아비브 거리에서 열린다. 중세 시대부터 대학살이 그들을 전멸시키기까지, 유럽 유대인 공동체들 가운데서는 부림절 가족 식사에서 부림-슈필(Purim-shpils, "극")이라 불린 풍자적이고 희극적인 일인극 혹은 그룹 연극을 상연하는 관습이 발전했다. 이 관습은 결국 19세기와 20세기에 성경의 주제와 이야기에 맞추어 잘 발전된 극으로 발전했는데, 문학적 스타일, 주제의 선택 그리고 장면 설계에 있어서 유럽 극장의 여러 경향을 반영하고 있다(Shmeruk, *EncJud* 13:1396-1406를 보라). 동구권 탈무드 아카데미에서는 대학살이 그들을 절멸시키기까지 한 사람의 "부림-랍비"가 성스러운 본문을 경솔하게 다루면서까지도 자기의 교사들에게 풍자시에 대한 인허를 받아냈던 학생들 가운데서 자주 세워졌다(Gordis, *Megillat Esther*, 16). 이 모든 일들 가운데서도 평민의 단정한 회집과 행동적 집회들이 미결인 채로 남아 있고 풍자와 익살의 정신이 가득해 있는데 에스더서 자체의 풍자적 정신과 완전히 일치한다.

에스더서와 부림절이 왜 유대인 정신에 들어와서 그 정신을 그렇게 표현하도록 했느냐고 묻는 것(참조. Bettan, 200-201)은 명백한 것을 집요하게 묻고 늘어지는 것일 테지만, 대학살 후의 세계에서는 그러한 표현이 반복되고 있다. 첫째로, 우리가 위에서 살펴본 바와 같이 에스더서는 구약성경에서 유일하게 유대인, 즉 디아스포라 유대인에게 관심을 두고 있는 책이다. 그리고 1, 2차 유대인 폭동 때 로마인들에 의한 유대 나라에서의 유대인의 멸망 이후로 유대인들은 최소한 이스라엘 국가의 수립이 있기까지 디아스포라로서만 존속해 왔다. 둘째로, 본서의 중요한 두 주제 가운데 하나는 모르드개와 에스더의 지도력과 하나님의 섭리가 디아스포라 세계에서 살고 있는 유대인들을 세계가 담고 있는 최악의 사태, 즉 멸절시키려는 위협으로부터 어떻게 구출했느냐는 것을 보여 주는 것이다. 그들이 존속하는 동안 내내, 특히 서방 세계에서의 지난 수백 년 간 유대인들은 여러 종류의 박해를 통하여 재산과 생명의 상실을 포함한 대학살에 대한 미묘하고 명백한 식별력을 넓혀 가면서 자기들의 디아스포라 세계에 있었던 악한 거주자의 성향을 알고 또 경험해 왔다. 정규적인 부림절 준수의 모든 기쁨, 풍자 그리고 축제 분위기에 대하여 유대인의 풍습은 "특별한 부림절 의식들"을 수립하는 관습에서 구출의 축하로서 부림에 대한 중대한 인식을 드러내고 있다. 이러한 것들은 자주 절기 식사를 포함하여 가난한 자 구제, 회당에서의 특별한 감사 기도를 포함한 특별한 구출에 대한 기사를 기록하고 있는 기사 낭독을 하면서 부림절과 유사한 의식을 포함하고 있는, 멸망으로부터의 구출이라는 부림절과 유사한 축하들이다. 이 "특별한 부림절 의식들"은 개별 공동체와 가족들이 거행했으며, 그런 까닭에 (장소나 가족의 이름에 따라) "…의 부림"으로 알려져 있다. *EncJud* 13:1396-98를 보라. 거기에는 12세기부터 20세기에 걸쳐서 알려져 있는 대표적인 (그리고 길다란) 목록이 언급되어 있다. 이 절기가 축하하는 구출의 목록은 차분하고도 냉담한 낭독이다. 유대인들에게 에스더서는 사실이 되어 있다. 하나의 공동체로서 그들은 그 절기를 살았다.

유대인의 신앙의 공동체 밖에 있는 사람은 부림절에 해악과 재난으로부터의 구출의 기쁨을 영속적으로 기념하라는 요란한 요청이 유대인 공동체에게 무엇인지에 대해서는 상상만 할 수 있을 뿐이다. 수 세기 동안 너무나 많은 유대인 가족들과 공동체들에게 그들의 경험은 그 이야기를 충실하게 반영해 주는 이미지였다. 대학살들은 모두가 너무나 성공적으로 이루어졌다. 하만의 영적 후손들, 곧 히틀러와 나치 추종자의 사실 그대로의 그리고 생각할 수조차 없는 공포감 가운데서 절정에 이르렀는데, 그들은 하만과는 달리 유럽의 7백만 유대인들 가운데 6백만 명의 유대인들을 전멸시키는 대학살에 성공했고, 실질적으로 유럽의 유대인 문화를 멸종시켰다. 그들에게는 모르드개가 없었고, 또한 그들에게는 에스더가 없었다. 그들에게는 구출도 없었다. 그리고 그들의 신앙은 하나님의 섭리를 어떻게 받아들여야 할지도 모르게 되었지만, 받아들여야 했다. 아마도 편안한 판단을 하는 위험에서 개인적으로나 공동체적으로 그러한 공포를 당하면서 살지 않았던 외부인은 에스더서의 메시지와 부림절이 계속 생생하게 살아 남아야 할 것이라는 판단을 과감하게 할 수도 있었고, 사실상 대학살 이후의 세계에서 더 무시무시하게 생각될 수도 있었는데, 그 이유는 그것이 공동체로 하여금 에스더서 이야기가 하만과 그의 악한 음모 가운데서 너무나 놀랍게도 그리고 너무나 잘 표현한 공포스럽고도 비이성적인 세계의 성격에 들어 있는 악마적 요소에 직면하여 그 믿음을 행사하고 또한 소망을 붙잡도록 요청하고 있기 때문이다. 사실상, 부림은 그 모든 참상과 공포로 인하여 대학살이 유대교의 종말이나 유대인들의 전멸을 의미하지 않았다는 사실을 축하하는 것이다. 대학살에 비추어, 에스더서와 부림절의 축하의 기쁨이 유대인 세계에 의미하는 것은 유대인들에게 가장 잘 남아서 다음과 같이 표현하고 있다.

> 부림은 유대인 전승에서 놀이 시간이다. 이것은 하나의 중요한 기능을 가지고 있다… 니체가…기록한 바 있다. "나는 놀이 이외에 큰 임무들에 잘 대처하는 다른 방법을 알지 못한다." 이것은 부림이 성취하는 내용이다. 그것은 유대인들로 하여금 하나의 커다란 임무에 대처하도록 힘을 부여한다. 즉 바벨론 포로에 잘 대처하는 것이다(Harris, *Judaism* 26[1977] 166).

이러한 부림절 준수의 예술적이고도 비공식적인 양식들은 유대인 정신의 두드러진 면을 강조한다. 에스더서의 중요 문제는 매우 심각하다－곧 하나의 시도로서 완전한 대학살을 시행하고, 그리하여 유대 민족을 잔멸시키려는 것은 다행스럽게도 성공하지 못한 것으로 입증되었다. 더 나아가서 하만의 음모는 유대인의 경험 가운데서 하나의 분리된 에피소드가 아니었다. 그것은 오늘에 이르기까지 수 세기 동안 여러 차례 반복하여 재현되

> 었는데, 히틀러가 대량 학살을 감행했을 때 가장 대대적이고도 또한 거의 성공적이었다. 유대인들이 에스더서를 고대의 역사로 간주하는 호화스러움을 가질 여유가 있었다고 할지라도 거의 드물다. 그들에게 그것은 거의 언제나 그들 당시의 사건들이었다. 줄곧 내재하는 대참사의 그늘 아래 살면서 유대인들은 물리적으로 뿐 아니라 정신적으로도 위협을 당했다. 사망의 그늘 속에서 걸어간다는 것은 마치 죽는 것과 같은 위험스러운 것이었다. 유대인들이 살아 남아서 정신이 온전했던 것은 압제에 대해 조소할 수 있었던 그들의 특별한 은사로 인한 것이었다(Gordis, *Megillat Esther*, 16).

압제자들에 대해 장난기를 가지고 대하고 비웃는 그 은사의 주 원천에다가 또 하나 확실하게 덧붙일 수 있는 것은 그것이 태동했던 에스더서와 부림절이다.

물론 유대인의 성경 "타낙"(히브리어 구약성경 토라=율법; 네비임=선지서; 케투빔=성문서 전체의 약자)이 기독교회에 의하여 경전의 일부로서 구약성경으로 받아들여졌을 때, 교회가 부림절을 축하함으로써 악으로부터의 구출의 기쁨을 기념하도록 하는 에스더서의 요청을 받아들이지 않은 것은 놀랄 일도 아니고 관심을 둘 일도 아니다. 교회는 완전히 다른 방식으로 구원의 기쁨을 축하하는데, 그 이유는 메시아의 오심과 더불어 거의 모든 구약성경의 구속과 신앙에 대한 표현들이 새로운 형태로 발전했기 때문이다. 그러나 교회는 부림절을 받아들이지는 않았을지라도, 유대인 정경의 남은 부분과 함께 에스더서는 받아들였다. 그러나 그것은 대부분 실제로 냉담한 포용이었다. 그 대표적인 예가 마틴 루터의 이 책에 대한 논평, 곧 "나는 이 책(마카비2서)과 에스더서에 대해서 너무나 적대감이 들어서 이것들이 전혀 존재하지 않았기를 바라는데, 그 이유는 그것들이 너무 지나치게 유대 신앙을 채용하고 있으며 이방의 부당성을 많이 가지고 있기 때문이다", 그리고 아이쓰펠트의 해석인 "…기독교는…그것을 가질 만한 이유와 명분을 가지고 있지 않다. 기독교에 있어서 루터의 논평은 결정적인 것임에 틀림없기 때문이다"(*Introduction*, 511-12)이다. 부림절도 용인되지 않았다. 아이언사이드는 이 절기를 이것이 "불경건한 기쁨을 조장하는 하나의 절기로 타락시켰고, 또한 그 성격에 있어서 경건하기보다는 좀더 애국적인 것이다"라는 근거에서 경멸과 함께 거부했다(*Esther*, 115). 특히 제2차 세계대전과 대학살 이전에 있었던 에스더서에 대한 이러한 여러 부정적 평가는 서방 세계의 영향을 치명적으로 받은 미묘하고도 잠재적인 반셈족 사상에 의하여 영향을 받았다. 코닐은 다음과 같이 기록한 바 있다. "유대교의 가장 나쁜 그리고 가장 불쾌한 특징들 모두가 위장 없이 여기서 드러난다. 그리고 오직 알렉산드리아에서만 소수의 종교적 구역을 가진 가장 추하게 드러난 장소들을 덮는 것이 절대적으로 필요하고 느꼈다"(*Introduction*, 257). 보다 자세한 실례들에 관해서는 헤르만의 에스더 해석의 개요(Herrmann, *Esther im Streit der Meinungen*, 19-29)를 보라. "에스더서의 해석의 모습 아래서 발설되었던 그의 반셈족의 목록은 낙담케 하는 낭독을 만든다"(Clines, *Review of Esther im Streit der Meinungen*).

그것이 아무리 그럴지라도, 이 평가가 기초하고 있는 많은 특성들은 본서에 대한 오해로부터 솟아난다. 9:1-5에 있는 하만의 칙령을 통하여 인가를 받아 대학살을 자행하려 한 사람들에 대한 유대인들의 반응은 "무방비한 이방인들의 대량 학살"로 해석된다(Pfeiffer, *Introduction*, 741). 많은 사람들은 본서가 강렬한 국수주의적 정신과 이방인들에 대한 맹렬한 적대감을 신봉하고 있다고 주장한다. 이 책은 "잔인한 국수주의와 뻔뻔스러운 보복성의 감화를 받은" "이스라엘이 교만하여…국수주의를 하나의 종교로 만들었다는 사실에 대한 증거다"(Anderson, *JR* 30[1950] 32, 40). "야웨 종교의 요구와 의무들에 대한 모든 이해심을 잃어버린 유대인을 살육하려는 사람들에 대해 보복하려는 국수주의적 정신의 산물"(Fohrer, *Introduction*, 253), "광신적이 된 유대교의 국수주의 정신에 대한 기념비적 작품"(Weiser, *Introduction*, 312; 또한 참조. Bewer, Literature, 306-7; Driver, *Introduction*, 486-87; Eissfeldt, *Introduction*, 511; Pfeiffer, *Introduction*, 743-44). 주인공들도 비판을 받는다. 앤더슨은 다음과 같이 말한다. "이 이야기는 인간의 마음의 음침한 감정을 드러내고 있다. 즉 질투, 증오, 두려움, 분노, 보복, 오만이며", 또한 감히 "만일 기독교 목사들이 상황에 충실하다면, 그는 자신의 본문을 에스더서로부터 취하지는 않을 것이다"라는 의견을 진술하고 있으며, 반면에 페이톤(Paton)은 "본서에 고상한 인물은 하나도 없다"는 의견을 말하고, 저자가 "자기의 영웅의 부와 승리를 흡족하게 바라보고 있으며 또한 그들의 도덕적 결핍에 대해서는 잊고 있다"고 의견을 제시한다(96).

그러나 본 주석이 주장해 온 내용을 세심하게 읽어 보면 이러한 관점들이 잘못되어 있다는 사실을 드러난다. 유대인의 군사적 행동이 근본적으로 방어적이라는 입장에 관해서는 9:1-5의 "주석"과 "해설"에 있는 논의를 보라. 유대 민족의 성격 묘사에 대한 논의(주제와 목적을 보라)와 그 주제가 무시무시한 전멸의 위협으로부터 디아스포라 유대인 공동체의 구출인 디아스포라 단편 소설로서 본서의 장르 결정에 대한 논의(장르와 주제와 목적을 보라)에서 본서가 결코 국수주의인 심한 매도로 파악될 수 없다는 사실을 입증한 바 있다. 모르드개와 에스더에 대한 성격 묘사(주제와 목적을 보라)는 위에 표현된 입장들과 또한 그와 유사한 다른 입장들이 지극히 평향적인 입장이라는 사실을 입증한다. 도덕상의 모범은 없을지라도, 그들은 인간 성품 자체인 암-퀘쉐-오레프(עם קשה ערף, "목이 곧은 백성", 출 32:9; 33:3, 5; 34:9)보다는 더 나쁘지 않은(그들 중에 몇은 그보다 더 나은) 자들인데, 그들은 성경 구약과 신약의 페이지들을 아름답게 장식하는 사람들이다. 그 반대로 여기에 제공된 해설이 제시한 바와 같이, 필자가 믿기로는 에스더서는 비윤리적이고 속 좁은 인종적 그리고 국수주의적 행동 강령을 묘사하지 않고 신앙의 공동체로 하여금 악과 재난으로부터 구출 받은 기쁨을 기념하라고 요청하고 있다. 다행스럽게도, 기독교 세계에서 기록된 본서에 대한 보다 최근의 볼드윈(Baldwin), 바트케(Bardtke), 게를르만(Gerleman), 마인홀드(Meinhold), 무어(Moore), 로버츠(Roberts) 그리고 특히 클라인즈(Clines)와 같은 사람들의 주석들은 본서를 훨씬 더 섬세하고도 긍정적으로 취급했다(또한 참조. Bandstra, *Reading*, 459-64; Dillard-Lonman, *Introduction*, 189-97; LaSor 외 공저, *OT Survey*, rev. ed., 532-41의 서론들).

사실상, 에스더서는 부정적 그리고 동정심이 없는 입장을 낳기보다는 특히 대량학살(Holocaust) 이후의 세계에서 기독교인의 양심을 괴롭힌다. "에스더서는 반유대적 적대감이 하나님의 뜻이 아니며 그분이 그것을 용인할 수 없으시다는 사실을 기독교인들에게 말하고 있다"(LaSor 외, *OT Survey*, 629). 사실상, 서방 세계에서 유대인들이 지난 두 세기 동안(앞선 천 년을 언급한 것이 아님) 경험했던, 즉 홀로코스트(holocaust, 대학살)에서 절정에 오른 악행의 대다수가 주로 기독교 국가들의 손에서 이루어졌고, 또한 이것들 모두에 대해서 너무나 자주 교회 편에서 침묵과 수동적 입장으로 대처해 왔다는 사실을 고려하면, 에스더서는 무엇보다도 기독교 공동체 안에 있는 우리로 하여금 무릎을 꿇고 회개와 참회를 함과 동시에 또한 미래는 과거와는 다를 것이라는 (에스더서의 신인 협력설에 일치하여) 기도와 해결을 하도록 인도해 준다.

그러나 절기 낭독본으로서 에스더서의 기능, 절기의 상황을 제공하기 위한 그리고 특별히 절기의 성격을 제공하기 위한 이야기 낭독은 본서가 구약성경의 공동체와 함께 신약성경의 공동체에게도 말해 주는 말씀을 가지고 있다는 사실을 분명히 보여 주고 있다. 기독교인들 역시 미움과 박해를 통하여 그 성품을 드러내는 위험하고도 비우호적인 "디아스포라 세계"에서 살아왔으며(예를 들어, 초대 교회의 로마 세계와 금세기의 공산주의 정권이 언급하기에 가장 명확할 것이다), 또다시 그러할 것이다(요 15:18-21을 보라). 현대 서방 세계에서 신앙 공동체는 지금 점차적으로 비우호적이지는 않을지라도 신앙의 문제에 대해서 점점 더 무관심해지고 있는 기술적이고 세속적인 세계에서 살고 있다. 에스더 이야기의 구출은 그러한 모든 공동체들에게 "구출과 구원"이 실질적으로 인간의 노력과 하나님의 섭리의 조화에 의하여 비롯될 수도 있다는 희망을 제공한다. 부림절은 공동체로 하여금 완화되지 않는 그리고 생각할 수 없는 해악에 직면해서도 구원의 기쁨을 축하하도록 요청한다.

B. "문제에 근거한 줄거리"의 신학적 강조점들(1:1-9:5; 10:1-3). 모르드개의 충성, 에스더의 용기와 기지 그리고 하나님의 섭리 이야기는 하나님 백성의 구출을 이룸에 있어서 하나님과 인간 활동의 상호 보완성, 신인 협력설에 관한 강력한 진술을 만들어 낸다. 룻기에서 하나님의 역할에 대한 논의 가운데 이 이야기에서 하나님의 임재에 대한 설화자의 묘사는 본서를 하나님의 인과관계에 대한 구약성경의 묘사의 한 면으로 멀리 둔다는 사실을 관찰한 바 있다. 그의 이름이 자주 축복과 감사의 말들을 하는 주인공들의 입으로부터 거론되고, 이야기의 (소수!)의 사건들 중에서 하나님의 인과관계가 두 개의 배후에 놓여 있다는 사실을 설화자 자신이 명백하게 확증하고 있을지라도, 그분의 섭리는 명백하기보다는 암시적이다(룻기의 서론 중 장르와 신학 단락들을 보라). 이 점은 에스더서에서 훨씬 더 그러하다. 저자는 하나님을 한 번도 언급하지 않고, 하나님의 손길이 설화 사건들 배후에 놓여 있다는 취지로 단 한 번의 진술도 하지 않는다. 게다가 하나님의 섭리는 줄거리가 앞으로 진행해 나가는 두드러진 동시 발생적 사건들과 극적인 반전들 가운데 표현되어 이야기에 나타나 있다(주제와 목적 가운데 있는 "하나님의 역할"을 보라). 룻기에서보다 에스더서에서 훨씬 더 하나님의 섭리가 지극히 그리고 완전하게 명확하다. 하지만 그것이 거기에 있다.

그러나 하만의 유대인을 진멸하라는 칙령으로부터 유대인의 구출은 모르드개의 충성과 에스더의 용기, 민첩성 그리고 지혜에 달려 있으면서도 동시에 하나님의 섭리를 묘사하고 있는 두드러지게 동시 발생적 사건들과 사건들의 반전에 달려 있다(참조. Clines, 270-71; 같은 저자, *Estehr Scroll*, 156-58; Berg, *Book of Esther*, 178-79). 더 나아가서 에스더서에서 하나님은 일차적으로 룻기에서처럼 이야기 가운데서 주인공들을 통하여 행동하시는 분으로 묘사되고 있지 않다. 그보다는 하나님의 섭리와 인간의 주도권이 하만의 악한 칙령으로부터 구출하는 데 필수적인 요소다. 그들은 상호 보완을 한다. "유대인 주인공들의 기지와 용기 없이 하나님의 역사에 의한 동시 발생적 사건들은 이루어지지 않는다. 그리고 동시 발생적 사건들 없이는 세계에 있는 모든 지혜로도 유대 민족을 구원하지 못했을 것이다"(Clinres, 271). 사실상, 저자는 암시적으로 하나님의 섭리를 묘사하고, 그러나 매우 명백하게 유대인의 구출을 이루어 내는 인간 주인공들의 충성, 민첩성, 지혜를 묘사하는 방법으로 신인협력에 대한 인간의 기여에 모든 강조를 두고 있다. 이것은 하나님의 행동이 명백할 뿐만 아니라 동시에 자주 사건들에게 직접적으로, 자연 세계를 다스리시는 법칙을 물리치고 또한 거의 자주 인간의 역할을 전혀 남겨 놓지 않고 설사 남겨 놓는다고 할지라도 인간의 효력을 위한 역할을 거의 남겨 놓지 않고 영향을 미치시는 것으로 묘사되어 있는 하나님의 간섭이 구약성경의 다른 부분에 표현되어 있는 방식과는 확연하게 다르다(참조. Clines, 271). 수많은 다른 사건들에서처럼, 하나님께서 이 세상에서 역사하시는 방법의 표현 방식과 묘사하는 방식을 성경은 여러 가지를 가지고 있다.

더 나아가서 하나님의 섭리와 인간 주인공들의 충성과 지혜가 그들의 성과를 이끌어 가는 종착점은 신학적으로 중요한데, 이는 그 목적이 유대 민족의 구출이기 때문이다. 자기 자신의 신념을 (매우 아이러니하게도) 하만의 아내 세레스의 입에 둠으로써(6:13; 6:12-14의 "주석"과 "해설"을 보라), 저자는 이 민족이 이겨낼 수 없는 민족이라는 자신의 확신을 표현하고 있다. 이것은 "명백한 운명"이나 혹은 그와 유사한 사실에 대한 고대의 형태가 아닌데, 그 이유는 그의 주제와 어휘가 반영하고 있는 본서의 더 큰 상황과 구약성경의 다른 구출 이야기들(요셉과 출애굽)이 모두(위의 단일성과 편집을 보라) 이러한 구출을 전적으로 구약성경의 신앙이라는 상황 가운데 두고 있기 때문이다. 구약성경 전체에서 유지되는 그 믿음의 중심 되는 신조는, 그와 그의 가문을 통하여 땅의 모든 족속이 복을 받을 것이라는 족장 아브라함에게 주신 하나님의 약속(창 12:3)이다. 그런 까닭에 유대인의 구출은 사랑받은 민족 이상의 백성들에게 의미를 가지고 있다. 유대인의 관점에서 고디스(Gordis)는 다음과 같은 방식으로 진술하고 있다.

> 유대 민족의 보존은 그 자체가 첫 번째 중대성이라는 종교적 의무(약정)다. 이스라엘이 시내산 언약과 함께 시작되는 그 역사 전체를 통하여 하나님 말씀의 그릇이 되어 왔으므로 이것은 사실이다…. "시내 산에서 이스라엘은 제사장 나라와 거룩한 백성"(출 19:6)이 되는 그 자체만으로는 살아 남을 수 없다는 사실을 배워야 했다…. 그 전승과 운명을 통하여 그 나라에 지워진 이스라엘의 영원한 임무는 "네가 소경의 눈을 밝히며 갇힌 자를 옥에서 이끌어 내며 흑암에 처한 자를 간에서 나오게 하는 것"(사 42:7)이다. 이스라엘이 살아 있듯이, 메시아 시대의 희망도 모든 사람들에게 살아 있게 되며, 그때 "하나님의 거룩한 산 모든 곳에서 해됨도 없고 상함도 없을 것이니 이는 물이 바다를 덮

음같이 여호와를 아는 지식이 세상에 충만할 것이기 때문이다"(사 11:9). (*Megillat Esther*, 13)

신약성경의 신앙 태도를 가지고 있는 사람들과 축복에 대한 구약성경의 희망이 유대인의 메시아 예수의 오심 안에서 실현되기 시작했다는 사실을 증언하는 사람들은 하나님의 은혜에 대해 특별한 감사와 함께 이 구원의 이야기를 읽는데, 그 이유는 유대인의 보존(그것이 그 자체로서 중요한)이 유대인에게나 이방인들에게 구원을 가능하게 만들어 주는 세상의(유대인의) 구세주의 오심을 보장해 주었기 때문이다.

개 요

1막. 서론과 배경: 에스더가 페르시아의 왕후가 되다(1:1-2:23)
장면 1. 왕후 와스디의 폐위(1:1-22)
삽화 1. 아하수에로 왕의 연회: 페르시아의 화려함과 상황(1:1-9)
삽화 2. 와스디 왕후가 폐위되다: 페르시아의 어리석음(1:10-22)
장면 2. 에스더가 왕후가 되다(2:1-18)
삽화 1. 아하수에로가 새 왕후를 뽑기로 결심하다(2:1-4)
삽화 2. 에스더가 왕의 규방으로 들어가다(2:5-11)
삽화 3. 에스더가 왕후로 뽑히다(2:12-18)
장면 3. 모르드개가 음모를 폭로하다(2:19-23)

2막. 위기: 유대인을 멸하려는 하만의 음모(3:1-15)
장면 1. 하만이 유대인을 진멸하기로 결심하다(3:1-6)
장면 2. 하만이 유대인을 진멸하려는 음모를 진행시키다(3:7-15)
삽화 1. 하만이 유대인을 진멸하려고 왕의 인허를 얻다(3:7-11)
삽화 2. 하만이 유대인을 전멸시킬 것을 명하다(3:12-15)

3막. 모르드개의 전략: 에스더가 왕에게 호소하기로 동의해야 함(4:1-17)
장면 1. 모르드개와 온 유대인이 하만의 칙령으로 인하여 애곡함(4:1-3)
장면 2. 모르드개의 명령에 따라 에스더가 왕에게 호소하기로 동의함(4:4-17)
삽화 1. 모르드개가 에스더가 보낸 옷을 입기를 거절하다(4:4)
삽화 2. 모르드개가 에스더로 하여금 왕에게 호소하도록 지시하다(4:5-9)
삽화 3. 에스더가 왕에게 호소하기로 동의하다(4:10-17)

4막. 에스더가 호소하기 시작하다: 그녀가 왕과 하만을 연회에 초대하다(5:1-8)
장면 1. 에스더가 왕과 하만을 연회에 초대하다(5:1-5a)
삽화 1. 에스더가 왕의 허락을 받아내다(5:1-2)
삽화 2. 에스더가 왕과 하만을 연회에 초대하다(5:3-5a)
장면 2. 에스더가 다시 왕과 하만을 연회에 초대하다(5:5b-8)

5막. 하만의 전략이 반대 결과를 가져오다: 그가 수욕을 받고 모르드개가 영광을 얻다

(5:9-6:14)

장면 1. 하만의 오만: 그의 아내와 친구들이 모르드개를 교수형시키기 위하여 왕에게 구하도록 설득하다(5:9-14)

장면 2. 하만의 수욕: 왕이 그에게 모르드개를 영광스럽게 하도록 명하다(6:1-11)

삽화 1. 왕이 모르드개에게 상을 주지 않은 것을 발견하다(6:1-3)

삽화 2. 하만이 왕이 영광스럽게 하기를 원하는 사람을 보상하는 방법을 제안하다(6:4-10)

삽화 3. 하만이 그렇게 모르드개를 영광스럽게 하다(6:11)

장면 3. 하만의 종말: 그의 아내와 친구들이 그의 멸망을 예고하다(6:12-14)

6막. 에스더가 호소를 하다: 하만의 몰락(7:1-10)

삽화 1. 에스더가 왕에게 자기 생명을 구해 줄 것을 호소하다(7:1-6a)

삽화 2. 하만이 자기 생명을 구하려고 에스더에게 호소하다(7:6b-8b)

삽화 3. 하만이 죽다(7:8c-10)

7막. 에스더가 다시 왕에게 호소하다: 그녀와 모르드개가 하만의 음모를 제거하다(8:1-17)

장면 1. 에스더와 모르드개가 반-칙령을 반포할 권한을 얻다(8:1-8)

삽화 1. 모르드개가 왕을 알현하다(8:1-2)

삽화 2. 왕이 에스더와 모르드개에게 유대인들을 위한 칙령을 기록하는 권위를 부여하다(8:3-8)

장면 2. 모르드개가 반-칙령을 반포하다(8:9-17)

삽화 1. 반-칙령이 기록되고 발표되다(8:9-14)

삽화 2. 모르드개가 영광을 얻어 왕의 알현실을 나오고 유대인들은 즐거워하다(8:15-17)

8막. 유대인들이 승리하다: 그들이 대적들을 살육하다(9:1-5)

9막. 부림절이 제정되다: 모르드개, 에스더, 유대인 공동체가 날짜를 정하고 그 성격을 규정하다(9:6-32)

장면 1. 부림절을 이틀 간 지키도록 만들었던 사건들(9:6-19)

삽화 1. 아달월 13, 14일에 일어난 수산의 싸움의 방법(9:6-15)

삽화 2. 수산 유대인들과 다른 지방 유대인들이 두 개의 다른 날들을 축하한 이유(9:16-19)

장면 2. 모르드개, 에스더, 유대인 공동체가 부림절 날짜를 정하고 스스로 계속하여 지키기로 결정하다(9:20-32)

삽화 1. 모르드개가 유대인들에게 매년 14일 혹은 15일을 즐거운 절일로 축하하도록 요구하다(9:20-22)

삽화 2. 유대인과 그 자손들 그리고 그들에게 속한 모든 자가 이틀 간의 부림절을 계속 지키기로 결정하다(9:23-28)

삽화 3. 에스더가 부림절 준수를 확정하는 글을 써서 보내다(9:29-32)

10막. 후기: 모르드개에 대한 대찬사(10:1-3)

1막. 서론과 배경: 에스더가 페르시아의 왕후가 되다(1:1-2:23)

장면 1.
왕후 와스디의 폐위(1:1-22)

참고문헌

Barthélemy, D., et al. *Preliminary and Interim Report on the Hebrew Old Testament Text Project.* Vol. 2. New York: United Bible Societies, 1979. **Berg, S. B.** *The Book of Esther: Motifs, Themes and Structure.* SBLDS 44. Missoula, MT: Scholars, 1979. **Bergey, R. L.** "The Book of Esther - Its Place in the Linguistic Milieu of Post-exilic Biblical Hebrew: A Study in Late Biblical Hebrew." Diss., Dropsie College, 1983. **Briant, P.** "Persian Empire." *ABD* 5:236-44. **Cameron, G.** "The Persian Satrapies and Related Matters." *JNES* 32(1973) 47-56. **Cook, J. M.** "The Rise of the Achaemenids and Establishment of Their Empire." In *The Cambridge History of Iran: Vol. 2. The Median and Achaemenian Periods*, ed. I. Gershevitch. Cambridge: Cambridge UP, 1985. 200-291. **Craig, K.** *Reading Esther: A Case for the Literary Carnivalesque.* Westminster: John Knox, 1995. **De Miroschedji, P.** "Susa." *ABD* 6:242-45. **Dorothy, C. V.** "The Books of Esther: Structure, Genre, and Textual Integrity." Diss., Claremont, 1989. **Driver, G. R.** *Aramaic Documents of the Fifth Century B.C.* Oxford: Clarendon, 1957. ______. "Problems and Solutions." *VT* 4(1954) 224-45. **Duchesne- Guillemin, J.** "Les noms des enuques d'Assuérus." *Mus* 66(1953) 105-8(= Moore, *Studies*, 273-76). **Gehman, H. S.** "Notes on the Persian Words in Esther." *JBL* 43(1924) 321-28 (= Moore, *Studies*, 235-42). **Gordis, R.** "Studies in the Esther Narrative." *JBL* 95 (1976) 43-58(= Moore, *Studies*, 408-23). **Haupt, P.** "Critical Notes on Esther." *AJSL* 24(1907-8) 97-106(= Moore, *Studies*, 1-90). **Herzfeld, E.** *The Persian Empire: Studies in the Geography and Ethnography of the Ancient Near East.* Wiesbaden: Steiner, 1968. **Junker, H.** "Konsonantenumstellung als Fehlerquelle und textkritische Hilfsmittel im AT" In *Werden und Wesen des Alten Testaments*, ed. J. Hempel et al. BZAW 66. Berlin: Töpelmann, 1936. 162-74. **Millard, A. R.** "The

Persian Names in Esther and the Reliability of the Hebrew Text." *JBL* 96(1977) 481-88. **Murphy, R. E.** *Wisdom Literature: Job, Proverbs, Ruth, Canticles, Ecclesiastes, and Esther.* FOTL 13. Grand Rapids, MI: Eerdmans, 1981. **Oppenheim, A.** "On Royal Gardens in Mesopotamia." *JNES* 24(1965) 328-33(= Moore, *Studies*, 350-55). **Radday, Y. T.** "Esther with Humour." In *On Humour and the Comic in the Hebrew Bible*, ed. Y. T. Radday and A. Brenner. Sheffield: Almond, 1990. 295-313. ______. "Humour in Names." In *On Humour and the Comic in the Hebrew Bible*, ed. Y. T. Radday and A. Brenner. Sheffield: Almond, 1990. 59-97. **Rudolph, W.** "Textkritisches zum Estherbuch." *VT* 4(1954) 89-90. **Shea, W.** "Esther and History." *AUSS* 14(1976) 227-46. **Striedl, H.** "Untersuchung zur Syntax und Stilistik des hebräischen Buches Esther." *ZAW* 14(1937) 73-108. **Stronach, D.** "Pasargadae." In *The Cambridge History of Iran: Vol. 2. The Median and Achaemenian Periods*, ed. I. Gershevitch. Cambridge: Cambridge UP, 1985. 838-55. **Weidner, E. F.** "Hof- und Harems-Erlasse assyrische Könige aus dem 2. Jahrtausend v. Chr" *AfO* 17(1954-55) 257-93. **Yamauchi, E.** *Persia and the Bible.* Grand Rapids, MI: Baker, 1990. **Zadok, R.** "Notes on Esther." *ZAW* 98(1986) 105-10.

본 문

삽화 1. 아하수에로 왕의 연회: 페르시아의 화려함과 상황(1:1-9)	**Episode 1. The banquets of King Ahasuerus: Persian pomp and circumstance (1:1-9)** **Time: year 3 of the reign of Ahasuerus**
1 이 일은 아하수에로 왕 때에 된 것이니 아하수에로는 인도로 구스까지 일백이십칠 도를 치리하는 왕이라	1 It happened[a] in the days of Ahasuerus[b]—the Ahasuerus[c] who ruled over one hundred and twenty-seven[d] provinces stretching from India to Ethiopia.[e]
2 당시에 아하수에로 왕이 수산 궁에서 즉위하고	2 In those days,[a] when King Ahasuerus was ruling from the Citadel of Susa[b]
3 위에 있은 지 삼 년에 그 모든 방백과 신복을 위하여 잔치를 베푸니 바사와 메대의 장수와 각 도의 귀족과 방백들이 다 왕 앞에 있는지라	3 in the third year of his reign, he gave a banquet for all his nobles and courtiers,[a] both the aristocracy of Persia and Media[b] and the governors of the provinces who were present,[c]
4 왕이 여러 날 곧 일백팔십 일 동안에 그 영화로운 나라의 부함과 위엄의 혁혁함을 나타내니라	4 putting on display the riches and glory[a] of his empire and the pomp and splendor of his majesty for many days,[b] one hundred and eighty in all!
5 이 날이 다하매 왕이 또 도성 수산 대소 인민을	5 At the end of this time,[a] the king gave another

위하여 왕궁 후원 뜰에서 칠 일 동안 잔치를 베풀새

banquet for all the men[b] who were present in the Citadel of Susa, from the least to the greatest. The banquet lasted for seven days and took place in the court located in the garden of[c] the royal pavilion.[d]

6 백색, 녹색, 청색 휘장을 자색 가는 베줄로 대리석 기둥 은고리에 매고 금과 은으로 만든 걸상을 화반석, 백석, 운모석, 흑석을 깐 땅에 진설하고

6 And, oh, the white and violet hangings of linen and cotton,[a] held by white and purple cords of fine linen[b] on silver rods and alabaster columns: the couches[c] of gold and silver on a mosaic pavement of porphyry, alabaster, shell-marble, and turquoise!

7 금잔으로 마시게 하니 잔의 식양이 각기 다르고 왕의 풍부한 대로 어주가 한이 없으며

7 And, oh, the drinks that were served from golden decanters, each different from the other, while the king's wine flowed in royal style![a]

8 마시는 것도 규모가 있어 사람으로 억지로 하지 않게 하니 이는 왕이 모든 궁내 관리에게 명하여 각 사람으로 마음대로 하게 함이더라

8 By ordinance of the king there were no restraints placed upon the drinking,[a] for the king had instructed every one of his wine stewards to serve each and every man as much as he desired.[b]

9 왕후 와스디도 아하수에로 왕궁에서 부녀들을 위하여 잔치를 베푸니라

9 And Queen Vashti also gave a banquet for the women in the royal palace of King Ahasuerus.

삽화 2. 와스디 왕후가 폐위되다: 페르시아의 어리석음(1:10-22)

Episode 2. Queen Vashti deposed: Persian folly and foolishness(1:10-22)

Time: year 3

10 제칠일에 왕이 주흥이 일어나서 어전 내시 므후만과 비스다와 하르보나와 빅다와 아박다와 세달과 가르가스 일곱 사람을 명하여

10 On the seventh day of the banquet, when the king was lightheaded[a] with wine, he commanded Mehuman, Biztha, Harbona, Bigtba, Abagtha, Zethar, and Carcas – the seven eunuchs who personally waited upon him[b] –

11 왕후 와스디를 청하여 왕후의 면류관을 정제하고 왕의 앞으로 나아오게 하여 그 아리따움을 뭇 백성과 방백들에게 보이게 하라 하니 이는 왕후의 용모가 보기에 좋음이라

11 to bring Queen Vashti before the king, wearing her royal crown,[a] in order to put her beauty on display before the people and the nobles, for she was a beautiful woman.

12 그러나 왕후 와스디가 내시의 전하는 왕명을 좇아 오기를 싫어하니 왕이 진노하여 중심이 불붙는 듯하더라

12 But Queen Vashti refused to come at the king's command conveyed by the eunuchs.[a] At this the king became very angry, and his rage burned within him.

13 왕이 사례를 아는 박사들에게 묻되 (왕이 규례와 법률을 아는 자에게 묻는 전례가 있는데

13 The king then said to the sages who understood the times[a] – for in this manner did the king

14 때에 왕에게 가까이 하여 왕의 기색을 살피며 나라 첫 자리에 앉은 자는 바사와 메대의 일곱 방백 곧 가르스나와 세달과 아드마다와 다시스와 메레스와 마르스나와 므무간이라)

15 왕후 와스디가 내시의 전하는 아하수에로 왕명을 좇지 아니하니 규례대로 하면 어떻게 처치할꼬
16 므무간이 왕과 방백 앞에서 대답하여 가로되 왕후 와스디가 왕에게만 잘못할 뿐 아니라 아하수에로 왕의 각 도 방백과 뭇 백성에게도 잘못하였나이다

17 아하수에로 왕이 명하여 왕후 와스디를 청하여도 오지 아니하였다 하는 왕후의 행위의 소문이 모든 부녀에게 전파되면 저희도 그 남편을 멸시할 것인즉

18 오늘이라도 바사와 메대의 귀부인들이 왕후의 행위를 듣고 왕의 모든 방백에게 그렇게 말하리니 멸시와 분노가 많이 일어나리이다

19 왕이 만일 선히 여기실진대 와스디로 다시는 왕 앞에 오지 못하게 하는 조서를 내리되 바사와 메대의 법률 중에 기록하여 변역함이 없게 하고 그 왕후의 위를 저보다 나은 사람에게 주소서

20 왕의 조서가 이 광대한 전국에 반포되면 귀천을 무론하고 모든 부녀가 그 남편을 존경하리이다

21 왕과 방백들이 그 말을 선히 여긴지라 왕이 므무간의 말대로 행하여
22 각 도 각 백성의 문자와 방언대로 모든 도에 조서를 내려 이르기를 남편으로 그 집을 주관하게 하고 자기 민족의 방언대로 말하게 하라 하였

consult with[b] all who knew law and legal process
14 (those closest to him[a] being Carshena, Shethar, Admatha, Tarshish, Meres, Marsena, and Memucan, the seven nobles of Persia and Media who had immediate access to the king[b] and occupied the highest posts in the realm[c]):
15 "According to law,[a] what should be done with Queen Vashti because she has not obeyed the king's command[b] conveyed by the eunuchs?"
16 And Memucan[a] said to the king and the nobles, "It is not just the king alone whom Queen Vashti has wronged but all the nobles and all the peoples who are in all the provinces of King Ahasuerus.
17 For knowledge of the queen's conduct will spread[a] to[b] all the women so that they will treat their husbands with contempt,[c] saying, 'When King Ahasuerus ordered Queen Vashti to be brought before him, she would not come.'
18 And this very day the noble ladies[a] of Persia and Media who will have heard what the queen has said will say the same[b] to the nobles of the king, and there will be no end to the disrespect and anger![c]
19 "Therefore, if it please the king, let a royal decree be issued by him,[a] and let it be inscribed in the laws of Persia and Media, never to be repealed, that Vashti shall not come again into the presence of King Ahasuerus, and let the king give her place as queen to another woman who is better than she.
20 And let the king's proclamation which he will make be heard throughout all his kingdom—how magnificent it is![a]—so that all women, high and low alike, will give honor to their husbands."
21 This proposal pleased the king and the nobles, and the king did as Memucan said.
22 He sent letters to all the provinces of the realm, to each and every province in its own script and to each and every people in their own

더라

language, that every man should be ruler in his own household and speak the language of his own people.[a]

원문주해

1.a. 에스더서는 하야(היה, "이다") 동사의 독특한 와우 연속법 형태가 이끄는 하나의 문장으로 시작되는데, 이를 직역하면 "그리고 그 일이 아하수에로 날에 있었다"이다. SBH에서 이 문장은 보통 동사의 미완료형+와우 연속법 형태가 이끄는 두 번째 동사절이 뒤따라오고 첫 번째 문장은 보통 상황적 의미를 표현한다(가장 자주 시간을 나타냄: 참조. *IBHS* § 33.2.4.b; 룻 1:1). 그러나 여기서는 LBH에 있는 와우 연속법 형태의 사용에 들어 있는 두드러진 감소에 일치하여 완료형(עָשָׂה, 3b절; *IBHS* § 33.2.4.b는 이에 반대다)이 주절을 이끌고 있다(룻기 서론의 연대에 대한 논의에 포함되어 있는 언어 특징 [2]를 보라). 이것은 결코 에스더서가 앞의 어떤 설화의 계속이라는 사실을 암시하지 않는다(룻 1:1의 "주석"에 있는 논의를 보라; 참조. Moore, 3의 해석).

1.b. LXX과 요세푸스는 에스더 이야기 내내 아르타크세르크세스(*Ἀρταζέρζης*)로 표기한다. AT는 아쉬에로스(*Ἀσσυῆρος*), Vg은 Asuerus, 그리고 Syr은 *ʾḥšyš*로 되어 있는데, 이것들 모두가 MT를 지지한다. "주석"을 보라.

1.c. Syr은 여기서 "아하수에로의 아들"을 보유하고 있는데, 이는 역사적으로 불가능한 독법으로서, 일반적으로 부친의 이름을 포함시켰던 왕실의 통상적 직함(titulature)을 따르기 위한 것으로 보인다(참조. Gerleman, 47).

1.d. Syr에는 "일백이십 도"(아마도 단 6:1의 영향을 받은 것 같음)로 되어 있으나, 9:30을 참조하라.

1.e. 직역하면 "에도에서 에디오피아까지 127도를 다스린".

2.a. 아하수에로의 신원을 밝히는 1절에 있는 길다란 동격 문장으로 인하여, 저자는 이 요약적인 시간을 나타내는 문장 빠얌밈 하헴(בימים ההם, "그 때에, 당시에")으로 다시 시작해야 했다. 히브리어에서 이것이 새 문장이라는 사실이 가능하기는 할지라도(영문 번역이 요구하는 것은 별개 문제다), "원문주해" 1.a에서 논의한 상황절이 이것을 가장 불가능하게 만든다.

2.b. 직역하면 "아하수에로 왕이 수산 궁에서 자기 왕의 보좌에 앉았던 때". 여기서 "성"(성채, citadel)으로 번역된 빠라(בִּירָה)는 악카드어 비르투(*birtu*, "요새, 요새화된 성읍")로부터 나온 것으로 아람어에서 차용한 단어다(참조. 페르시아 수도 성읍들 가운데 또 다른 성채인 엑바타나〈Ecbatana〉를 언급하고 있는 스 6:2의 비르타〈בירתא〉). 그 의미에 관해서는 "양식/구조/배경"과 "주석"에 있는 논의를 보라.

3.a. 히브리어는 아바다이우(עבדיו)이며, 직역하면 "그의 종들"이다.

3.b. 직역하면 "페르시아와 메데의 세력, 귀족들". "세력" 앞에 "…의 방백들" 혹은 "…의 장관들"의 삽입은 거절되어야 할 것이다. "주석"을 보라.

3.c. 직역하면 "그 앞의 각 도의 귀족들", 즉 제국의 각 도의 통치자들이 왕궁 뜰에 참석해 있다.

4.a. 직역하면 "…의 영광의 부요함". Syr은 "…의 부와 영광"으로 되어 있으나 LXX은 "영광"을 생략한다. MT가 더 나을 것이다(Bardtke, 275는 이에 반대다). 역본들은 보다 매끈한 번역을 하려고 시도하고 있다.

4.b. "여러 날 동안"이란 문구는 LXX을 따라 생략되어서는 안 될 것이다. 에스더서의 LXX은 MT에 비하여 상당한 내용을 첨가하고 삭제하는 의역이다. 에스더서 서론을 보라.

5.a. 직역하면 "이 날들이 찼을 때".

5.b. 본문에는 하암(העם, "백성")으로 되어 있을지라도, 9절은 남자들만을 의미한다는 사실을 밝혀 주고 있다.

5.c. 직역하면 "…의 왕실의 정원".

5.d. 훌륭한 영어 스타일이 되려면 길다란 히브리어 문장이 둘로 끊어져야 한다.

6.a. 직역하면 "흰옷, 아마포, 보랏빛 옷". 자주 제안된 수정 본문들(예를 들면 *BHS* n.)은 불필요하다. "주석"을 보라.

6.b. LXX의 루시안 본문과 Syr에 근거하여 미토트(מטות)에 뻬(בְּ) 혹은 우(ו)를 덧붙이는 것(*BHS* n. b)은 다른 히브리어 본문을 입증해 주지 못한다. 그것들은 히브리 문장 구조를 보다 매끄럽게 하기 위한 역본들의 시도다("주석"을 보라).

7.a. 직역하면 "왕실의 포도주가 왕의 손에 따라 풍부했다".

8.a. 직역하면 "술(השתיה, 하슈티야)이 '금하지 않게 하라'는 칙령에 따랐다". 셰티야(שְׁתִיָּה, "술")는 BH에서 여기에만 나타난다. 동적인 행동(영어의 동명사)을 지칭하기 위하여 SBH는 부정사 연계형을 사용한다. 에스더서에 있는 용법의 후대성은 명사 셰티야(שְׁתִיָּה)가 다른 곳에서는 MH에서만 나타난다는 사실에 의하여 암시되어 있고, 또한 (부정사 대신) 동적인 행동을 지칭하기 위하여 명사적인 형태의 사용이 BH에서 전혀 나타나지 않든가, 지극히 드물지만 MH에서는 자주 나타난다는 사실에 의하여 암시되어 있다. Bergey, "Esther," 29-30를 보라.

8.b. 직역하면 "각 사람 그리고 모든 사람의 바람에 따라 행하라".

10.a. 직역하면 "왕의 마음이 좋았을 때". "주석"을 보라.

10.b. 직역하면 "왕 아하수에로의 얼굴을 섬겼던 자".

11.a. 케테르(כֶּתֶר, "왕관")란 단어("주석"을 보라)는 BH에서 오직 에스더서에만 나타난다. SBH와 LBH의 다른 곳에서는 נזר와 עטרה가 사용된다. 에스더서에 있는 용법의 후대성은 이것이 MH의 다른 곳에만 나타난다는 사실에 의하여 암시되어 있다. Bergey, "Esther," 98-99를 보라.

12.a. 직역하면 "그것은 내시(의 손길으로)를 통해서였다".

13.a. 몇몇 학자들이 제안한 하이팀(העתים, "시기들")을 하다팀(הדתים, "율법들")으로 수정하는 문제에 관해서는 "주석"을 보라.

13.b. 직역하면 "이전에 그같이 왕의 일들을…이 있었으므로".

14.a. Syr은 웨하콰로브 엘라이우(והקרב אליו)를 13절에 있는 동사 와요메르(ויאמר, "그리고 그가 말했다")의 2인칭 간접 목적어로 취급하며, 반면에 LXX은 처음부터 끝까지 프로셀덴(*προσῆλθεν*)으로 되어 있는데, 이것은 정형 동사 והקריבו("그리고 그들이 접근했다")를 반영했을 것이다. MT가 더 나을 것이다. 본 절은 괄호에 들어 있으며 설화의 이어지는 내용 밖에 서 있는 내용이다(Gelreman, 47). 왕상 5:7(*BHS* n)을 따라 콰로브(קָרֹב)를 콰라브(קָרָב)로 모음 부호를 다시 붙여야 할 것이다. 이러한 부정사 절대형의 사용은 에스더서 LBH 관용어 가운데서 받아들여질 수 있는 구문이다.

14.b. 직역하면 "왕의 얼굴을 보았던 자".

14.c. 직역하면 "그 나라에서 첫째로 낮은 자".

15.a. 케다트(כדת)란 단어를 앞 절의 마지막 단어의 마지막 자음(כוה)의 중복오사로 삭제하는 것(Rudolph, *VT* 4[1954] 89; *BHS* n.a)은 받아들일 수 없다. 하나의 와우(ו)가 구약성경 히브리어나 후대의 정방형 히브리어 문자에서 달렛(ד)으로 잘못 읽혀지는 일은 전혀 없다. 또한 이것을 앞 절의 끝 부분으로 이동시키는 것도 불필요하다(Haupt, *AJSL* 24[1907-8] 111; Bardtke, 285; *BHS* n. a). 이 단어가 13b-14절의 길다란 삽입구적 표현 다음에…재개되는 것으로 말해질 수는 없을지라도(Moore, 10), 그것의 괄호 앞의 본문에 다시 시작해야 할 것이 아무것도 없으므로 이것은 문맥에 잘 들어맞는다. 이 문구는 이 장면의 광대풍의 분위기와 완전히 어울린다. "주석"을 보라.

15.b. 마아마르(מַאֲמַר, "명령")란 단어는 에스더서에서만 BH에 나타난다(또한 2:20; 9:32). SBH와 LBH 다른 곳에서는 왕실이라는 상황 속에서 "명령"이란 의미는 다바르(דבר)나 미츠와(מצוה)로 표현된다. 에스더서에 있는 용법의 후대성은 이것이 다른 곳에서는 MH에만 나타난다는 사실에 의하여 암시되어 있다. Bergey, "Esther," 100-101를 보라.

16.a. 14절에 있는 메무칸(מְוּמְכָן)이란 형태를 고려하면, K의 메우무칸(מומכן)은 서기관의 오류임에 틀림없다.

17.a. 직역하면 "왕후의 일이 퍼질 것이다".

17.b. 알(על)을 알(אל)로 변경시킬 필요가 없다(Bardtke, 285; 참조. *BHS* n.a가 그렇게 함). 이 두 단어는 일반적으로 BH에서 자주 혼동이 되었고(참조. *GBH* § 133b) 또한 특별히 LBH에서 그러하다(참조. Striedl, *ZAW* 14[1937] 77). 이것은 아람어로부터 영향을 받았을 텐데, 그 이유는 알(אל)이 에스더서에서 자주 상호 교환적으로 사용되고 있기 때문이다. "원문주해" 2:14.b., 4:5.b., 7:7.b., 7:8.a. 참조. *BHS* n. 9:23c; *GBH* § 133f.

17.c. 직역하면 "그것들이 그들의 눈에 그들의 남편들을 멸시하도록 만들면서".

18.a. 이 히브리어는 사로트(שָׂרוֹת)로서 사르(שַׂר)의 여성 복수형이며, 필자는 이를 "귀족"으로 번역했다.

18.b. 이 히브리어는 목적어가 없이 단순히 "말할 것이다"로 되어 있다. 이에 따라서 제안되어 온 수정들에 관해서는 "주석"을 보라.

18.c. 이 히브리어는 애매하고도 불분명한 단어로, 직역하면 "충분히 멸시와 분노가 (있을 것이다)"가 된다.

19.a. 직역하면 "그의 존전으로부터".

20.a. 이 감탄사는 LXX에는 누락되어 있다. 그 의미에 관해서는 "주석"을 보라.

22.a. 이 히브리어는 직역하면 "그의 민족의 언어를 따라 말하라"이다. 이 문구는 LXX에는 누락되어 있다. 제안된 다양한 수정들에 대한 논의에 관해서는 "주석"을 보라.

양식/구조/배경

에스더서의 제1막은 1:1-2:23로 이루어져 있다. 이 두 장이 하나의 막을 이루고 있는데, 그 이유는 이 장들이 본 이야기의 해설을 이루고 있기 때문이다(참조. Dorothy, "Books of Esther," 272-73). 이 막 가운데서 우리의 저자는 두 가지 일을 하고 있다. (1) 설화의 주인공들을 소개하고 줄거리의 발전에 필요한 사건들과 상황을 설명하고 있으며, (2) 이야기의 성격과 경향을 설정하고 있다("해설"을 보라). 이 막의 각 장면들은 이어지는 이야기를 이해하는 데 결정적인 실마리가 되는 상황과 발전을 준비하고 있다(참조. Clines, *Esther Scroll*, 9-10). 이 장면들은 이 설화의 네 명의 주인공 가운데 세 명, 즉 아하수에로, 모르드개, 에스더를 소개하고 있고, 이들에 대한 성격을 묘사해 나가기 시작한다. 장면 1은 에스더가 왕후 자리에 오르는 데 필요한 왕후 와스디의 폐위로 이끌어 가는 사건들을 기록한다. 장면 2는 유대인들을 전멸시키려는 하만의 칙령을 좌절시키는 에스더의 역할에 필요로 한 것으로서, 그녀가 왕후 와스디를 대신하여 페르시아의 왕후가 되는 과정을 묘사한다. 장면 3은 모르드개가 왕을 위하여 하나의 공로를 세웠으나 보상을 받지 못한 사건을 기록하고 있는데, 이것이 6:1-13에 있는 사건들과 피할 수 없이 연결된다. 이 장면은 상징적으로 중요한데, 이는 거기서 모르드개가 올라가고 하만은 수욕을 당하기 때문이다.

첫 번째 장면의 첫 번째 삽화는 1-9절로 이루어져 있다(참조. Murphy, *Wisdom*, 158). 이것은 와예히(וַיְהִי)에 의하여 도입되었는데, 이는 설화의 새로운 단락 특유의 서막이다(아래의 "주석"을 보라). 삽화의 끝은 9절에 있는 3인칭 독립적 진술(아래를 보라)에서 주어+동사의 문장 순서로의 전환을 통하여 표시되어 있다(한 단락의 경계를 표시하기 위한 그러한 어순의 전환의 사용에 관해서는 SBH, 78, 80-82를 보라).

이 삽화는 구조적으로 세 개의 중요한 독립적 진술로만 구성되어 있는데 각기 동사 아사(עשׂה)를 보유하고 있고 잔치를 베푸는 것을 서술한다.

(1) 3b절, "아하수에로 왕이…그 모든 방백과 신복을 위하여 잔치를 베푸니."
(2) 5b절, "왕이…인민을 위하여…잔치를 베풀새."
(2) 9a절, "왕후 와스디도…잔치를 베푸니라."

첫 번째와 두 번째 독립적 진술은 수식하는 문장에 의하여 확대되어 있다. 저자의 조롱의 수단을 이루고 있는 것이 이 확대된 내용이다("해설"을 보라).

첫 번째 독립절 가운데서 주절(3b절)은 세 개의 시간을 나타내는 문장에 의하여 시작되며(1ab, 2ab, 3a절), 그 다음에 상황절이 따라온다(4절; 참조. Dorothy, "Books of Esther," 268-70). 시간을 나타내는 문장들은 이야기의 때와 장소를 설정하고 있다(참조. Dommershausen, *Estherrolle*, 18): "…아하수에로 왕 때에…," 1a절; "당시에 아하수에로 왕이 수산 궁에서 즉위하고," 2b절; "위에 있은 지 삼 년에," 3a절. 뒤따라오는 상황절(4절)은 완전히 균형 잡힌 평행적 구조를 나타내 보이고 있다.

בְּהַרְאֹתוֹ אֶת־עֹשֶׁר כְּבוֹד מַלְכוּתוֹ
וְאֶת־יְקָר תִּפְאֶרֶת גְּדוּלָּתוֹ

שְׁמוֹנִים וּמְאַת יוֹם

그 영화로운 나라의 부함을…나타내니라
그리고 위엄의 혁혁함을
여러 날
일백팔십 일 동안에

필자의 의견에는(Dorothy, "Books of Esther," 268-71는 이에 반대다), 연회를 베푸는 것과 페르시아의 세력, 호화로움, 상황이라는 주제가 뒤따라오는 두 단락과 너무나도 직접적으로 관계되어 있으므로 1-4절은 10:1-3과 균형을 유지하도록 하는 "골격 서막"으로서의 기능을 하고 있지 않은 것으로 보인다. 더 나아가서 왕과 함께 모르드개가 10:1-3에서 하나의 주요 인물이며, 주요 인물이 아닐지라도 여기에는 평행적 요소가 없다.

두 번째 독립적 진술(5b절)은 첫 번째 것처럼 세 개의 동사절로 수식을 받고 있으며(5a, 5c, 5d절) 그 다음에 상황절이 뒤따라오지만(6-8절), 그 형식과 내용은 첫 번째 진술에 있는 상황절과는 뚜렷하게 차이가 있다. 그보다도 설화자가 여기서 부정사 연계형이 이끈 문장보다는 명사절을 사용한다. 명사절들의 첫 번째 세트인 6절이 형식과 내용에서 두드러져 있다. 이것은 지극히 이례적인 문장 구조를 가지고 있는 두 접속사의 생략을 포함하고 있다(즉 아무런 접속사가 사용되지 않았다. "주석"을 보라). 두 개의 문장이 구조에서 평행을 이루고 있는데, 첫 번째 것은 분사구로 수식된 명사구와 하나의 전치사구로 이루어져 있고, 두 번째 것은 전치사구를 통하여 수식된 명사구(연계형)로 이루어져 있다.

חוּר כַּרְפַּס וּתְכֵלֶת
אָחוּז בְּחַבְלֵי־בוּץ וְאַרְגָּמָן
עַל־גְּלִילֵי כֶסֶף וְעַמּוּדֵי שֵׁשׁ

백색, 녹색, 청색 휘장을
자색 가는 베줄로
대리석 기둥 은고리에 매고

מִטּוֹת זָהָב וָכֶסֶף
עַל רִצְפַּת בַּהַט־וָשֵׁשׁ וְדַר וְסֹחָרֶת

금과 은으로 만든 걸상을
화반석, 백석, 운모석, 흑석을 깐 땅에 진설하고

6절과는 달리, 7-8절은 표준 명사절로 이루어진 정상적인 문장 구조를 보이고 있다(즉 주어+술어). 그러나 그러한 것들 역시 상황절이고 계속하여 연회의 성격에 대한 묘사를 하고 있다. 사실상, 7절은 6절과 같은 감탄적이고 시적인 성격을 가지고 있는 그러한 간결한 명사절로 이루어져 있다.

마지막으로, 세 번째 독립된 진술(9절)은 잔치가 베풀어진 그 대상들과 장소에 대한 간략한 범위와 일반적인 용어로 진술되어 있는 간략하고도 적절한 진술이다.

삽화의 첫 번째 주절에 대해 서언으로 붙여진 시간을 나타내는 문장들 가운데 두 번째 것, 즉 2절(위를 보라)은 본 이야기의 시기뿐만 아니라 그 장소, 즉 "수산궁"까지도 열거하고 있다. 삐라(**בירה**, "망대, 성채")란 단어는 페르시아 왕국이 자리잡은 수산 성읍의 중심부에 있는 높은 언덕을 가리킨다. 이것은 에스더서에서 망대와 그 성읍 자체 간에 구별을 하고 있는 점과, 또한 그 단어의 의미에서 분명하게 드러난다("주석"을 보라; 3:15; 4:1-6; 8:14-15). 사실상 이 설화의 모든 사건들, 분명히 그 줄거리에 결정적인 역할을 하는 모든 일들이 수산 궁으로부터 일어난다. 엘람이라는 초창기 국가의 고대 수도였던 수산 성(Yamauchi, *Persia*, 279-303에 의한 충분하고도 탁월한 논술을 보라)은 중심이 되는 자그로스 산맥 중심 강 줄기의 출구에 있는 페르시아 만 북쪽으로 약 150마일 지점에 위치한 티그리스 강의 골짜기에 가까운, 그리고 그 골짜기보다 약간 높은 비옥한 평지에 자리잡고 있었다. 그런 까닭에 이 곳은 동쪽과 남쪽으로는 페르시아 본토와, 서쪽과 북쪽으로는 메소보다미아와 아시아 사이의 중심부에 위치해 있었는데, 양 방향에 놓인 주요 도로들(De Miroschedji, *ABD* 6:244), 특히 수산으로부터 사르디스에 이르는 "왕의 도로"를 내려다보면서 위치해 있었다(Yamauchi, *Persia*, 174-78를 보라). 엘람 성은 주전 640년 앗수르 왕 아슈르바니팔에 의하여 완전히 파괴되었으나, 신바벨론 시대 말기에 소규모로 회복되었고, 고레스와 캄비세스 치하에서 얼마간 페르시아 점령 하에 있었던 것으로 보인다. 그러나 그 곳이 차지했던 전략상의 위치로 인하여 다리우스 1세는 이 성읍을 자기 제국의 행정 수도와 자신의 주요 거주지로 만들었다(Cook, "Rise of the Achaemenids," 238가 그렇게 말함). 그렇게 하기 위하여 그는 이 성읍을 완전히 재건하고 고대 엘람 성채를 크게 확장했으며, 테라스를 약 50피트 높이로 올리고 그 고분을 거대한 요새화하고 그 성읍의 나머지 부분으로부터 분리시키는 운하로 둘렀다. 그는 이 성채 위에 자신의 거대한 왕궁을 건설하고 알현실을 만들었다(도형에 관해서는 Yamauchi, *Persia*, 293-98를 보라). 세 개의 방언으로 되어 있는 다리우스의 비문이 발견되었는데(한 인용 문구를 보려면 Yamauchi, *Persia*, 293-98를 보라), 그 건물을 건조하기 위하여 제국의 각처로부터 가져온 금, 보석들, 진기한 목재, 건축용 돌 그리고 숙련공들에 대해서 말한다. 현대에는 궁전, 북쪽에 있는 알현실 그리고 궁전 건물 경내로 들어가게 하는 서쪽에 있는 거대한 입구를 발굴해 냈다. 이 구조물들의 다양한 모습들이 에스더서 이야기의 상황과 관련될 수 있으며, 최소한 저자가 이 궁궐에 대해 익숙히 알고 있었다고 결론짓게 만든다. 야마우치(Persia, 300)는 1970년대에 알현실 경내를 발굴했던 페롯(Perrot)의 결론을 다음과 같이 기술한다. "…크세르크세스의 궁전의 내부 배치에 대한 세부적인 묘사는 이제 고고학적 실체와 매우 일치한다." 우리는 아래의 논의 가운데 적절한 지점에서 이러한 상호 연관성들을 기술할 것이다.

이 첫 번째 장면의 두 번째 삽화는 양식과 내용에 의해서 암시된 바와 같이 1:10-22로 이루어져 있다. 양식적으로 이 발단은 또 다른 상황절에 의해서 표시되어 있는데(앞의 삽화 역시 그러한 문장과 함께 끝났다. 위의 논의를 보라), 곧 "(잔치의) 제칠일에"라는 시간을 나타내는 진술로 시작된다. 그 종결은 양식적으로 다음 장면(2:1)이 시작되는 상황절로 표시되어 있다. 일반적인 내용 면에서 이 삽화는 첫 번째 삽화에서 묘사되었던 두 번째 잔치 동안 일어나는 사건들에 관심을 두고 있다. 구체적인 내용 면에서 이 삽화는 새로운 인물을 포함시킨다. 즉 왕후인데 그녀의 폐위가 이어지는 사건들에 대해서 준비를 해주고, 왕의 가장 가까이에서 조언을 해주는 사람들 가운데 한 사람인 므무간의 제안이 왕후의 폐위에 영향을 준다.

구조적으로 이 삽화는 두 개의 간결한 설화 요약 내용, 즉 10-12절과 21-22절로 이루어져 있는데, 이것이 훨씬 더 긴 대화인 13-20절을 감싸고 있다(참조. Murphy, *Wisdom*, 158-59). 구약성경의 표준이 되는 설화가 그러하듯, 이 대화는 삽화를 이끌어 간다. 첫 번째 설화 요약과 대화가 모두 길고도 세부적인 확인, 왕의 소원을 운영해 가는 부차적인 인물들의 이름과 기능을 통하여 확대된다. 대화의 시작 부분에 있는 길고도 포괄적인 삽입구적 언급에서 설화자는 다음의 사항들을 제공한다. (1) "사례를 아는 박사들"의 이름, (2) "왕에게 가까이 하여 왕의 기색을 살피며 나라 첫자리에 앉은 자"라는 그들의 정체, (3) 그러한 방식으로 "왕이 규례와 법률을 아는 자에게 묻는 전례"가 있었다는 사실. 이 부차적 인물들에 대한 이렇게 자세한 정보는 이 장면에 대한 과장된 언사와 자만성을 현저하게 덧붙여 주고 있는데, 이는 전체 기사의 광대풍의 성격에 어떤 효과를 더해 준다("해설"을 보라).

주석

1 "아하수에로"(חֲשְׁוֵרוֹשׁ - 아하수에로스). 금세기 초 이후 이 이름은 구 페르시아어 크사르야산(*Xšayāršān*)의 히브리어 형태임에 틀림없는 것으로 보이는데, 이것의 전통적 영어 형태는 헬라어 크세르크세스(*Xερζης*)로부터 나온 크세르크세스(Xerxes)이다. 이 히브리어 이름이 구 페르시아어 아르타크샤자(*Artaxšaça*)를 나타내지 않는다는 사실은 이제 언어적 근거에서만도 확실하다. 크세르크세스와 아르타크세르크세스는 이제 그 시대의 고대 언어들 가운데 일곱 개에서 입증되며(악카드어, 아람어, 애굽어, 엘람어, 헬라어, 히브리어 그리고 구 페르시아어), 후자의 이름은 언제나 "t"와 함께 기록된다(Shea, *AUSS* 14[1976] 228). 분명한 것은 저자가

첫 번째 페르시아 왕이 그 이름을 가졌다는 사실을 의미했으며, 페르시아 제국의 네 번째 왕은 주전 485년부터 465년까지 통치했던 크세르크세스 1세였다는 사실이다(특히 Yamauchi, *Persia*, 187-239; Paton, 41-45; Moore, xxxv-xli; Re'emi, 116-17).

"아하수에로는 인도로 구스까지 일백이십칠 도를 치리하는 왕이라"(וּמֵאָה מְדִינָה ... הוּא אֲחַשְׁוֵרוֹשׁ הַמֹּלֵךְ – 후 아하수에로쉬 함말렉…우메아 메디나). 방금 거론된 인물에 관한 보다 자세한 정보를 제공하고 있는 이 길다란 동격 어구는 페르시아 왕을 의미하는 세심한 호칭을 제공하려는 의도가 거의 없는 것으로 보이는데, 그 이유는 페르시아 제국이 아하수에로 선조 왕들의 통치 아래서 이와 같은 범위까지 확장되었기 때문이다(Clines, 275가 그렇게 주장함). 이 아하수에로를 특히 같은 이름을 가진 또 다른 사람으로부터 구별짓기 위한 적절한 신원 증명인 것 같지 않아 보인다. 설화자는 분명히 자기의 독자들이 이 왕이 누구인지를 알고 있으리라고 이해하고 있는 것으로 보이며, 그래서 그는 그를 오직 그가 통치하고 있는 방대한 영역만을 언급하면서 묘사하고 있는 것이다. 여기서 "일백이십칠 도"라는 언급이 역사적 오류이거나(Paton, 71-72) 혹은 문학적 파격(Brockington, 224)이라고 자주 주장된다. 이 문제는 확실하지 않다. 헤로도투스(Herodotus, 3.89)에 따르면 페르시아 제국을 "총독들"(구 페르시아 *xšaçapāvan*, 즉, "왕국/왕권의 수호자")에 의하여 다스려진 단 20개의 총독 관할 구역으로 편성했던 사람은 크세르크세스의 부친 다리우스 1세(주전 522-487년)였다. 이러한 행정 구획의 숫자와 성격이 시대에 따라 달라지기는 했지만, 후대의 자료는 31개 이상의 도를 전혀 말하고 있지 않다. 그렇지만 이 본문은 바트케가 진술하는 바와 같이(Bardtke, 278) 총독들에게 속해 있는 방백들에 의하여 다스려졌던 행정 버금 구역을 가리킬 수 있는 메디나(מְדִינָה, "도")란 단어를 사용하고 있다. 사실상, 카메론의 연구(*JNES* 32[1973] 47-56)는 아케메니드(Achaemenid) 본문들 가운데 나타나는 여러 목록이 몇몇 사람들이 주장한 바와 같이 총독 자신들의 목록이 아니라 다양한 민족 그룹들의 목록이라는 사실을 지극히 타당성 있게 만들어 준다(또한 참조. Briant, *ABD* 5:239; Yamauchi, *Persia*, 178-80의 설명). 헤르츠펠드(Yamauchi, *Persia*, 179에 인용된 Herzfeld, *Persian Empire*, 288)는 "헬라와 페르시아 자료들 가운데 인용된 국내 그룹들의 총계가 80개에 달한다"고 말하고, 이어서 그는 "에스더서(1:1)와 다니엘서(6:1)가 127(그리고 120)나라들"로 말하고 있으며, 또한 "세금 징수관들의 사무실에 보관된 원래 목록은 그만한 숫자를 포함했을 수도 있다"고 결론짓는다. 그런 까닭에 에스더서의 자료를 역사적으로 신빙성이 없는 것으로 너무 조급하게 거절해서는 안 될 것이다(참조. Clines, 275). 그러나 그 결론이 무엇이든 간에, 제국의 행정 구역들을 열거하려는 결정은 이 설화에서 대개 역사성에 관한 논란에서 빠뜨려 왔던 하나의 목적을 가지고 있다. 이러한 거대한 숫자를 선택함으로써 제국의 호화로움과 영광이 확대되어 있는데, 이 점은 본 장 전체에 나타난 냉소적인 모습에 기여하고 있다(참조. Radday, "Humour," 296; Craig, *Reading Esther*, 54; 그리고 아래의 논의를 보라). 너무나도 거대한 세력과 다루기 힘든 행정 구역은 일차적으로 여섯 달 간의 연회에 묘사된 왕의 잔치의 사치성들을 만족시키기 위하여 의도된 것으로 보인다. 이러한 통치가 후대에 효과를 가져오게 될 공포를 주는 칙령이 무엇이든 간에, 우리의 설화자는 가장 먼저 이것을 가정 내에서 남성의 권위를 뒷받침하는 법률 제정과 같은 철없는 동기들을 초래하는 기능을 하는 것으로 묘사한다(아래 10-22절을 보라). 마지막으로 127이라는 숫자가 완성과 완전의 수인 12×10+7로 구성되어 있는 상징적인 숫자라는 돔멀샤우센(Dommerchausen, *Estherrolle*, 18; 또한 참조. Meinhold, 23)의 생각이 본문에는 전혀 암시되어 있지 않다.

2 "당시에 아하수에로 왕이 수산 궁에서 즉위하고"(כְּשֶׁבֶת הַמֶּלֶךְ אֲחַשְׁוֵרוֹשׁ עַל כִּסֵּא מַלְכוּתוֹ – 크세베트 하멜레카 아하쉬웨로쉬 알 키쎄 말쿠토, 직역하면 "왕 아하수에로가 자신의 왕좌에 앉아 있었을 때"임). 많은 고대(Paton, 124에 있는 참고서적을 보라)와 현대의 해석가들(예를 들어, Bardtke, 278; Dommerchausen, 13; Meinhold, 24)은 이 문구를 "안전하게 앉았다" 즉 "세력이 견고하게"를 의미하는 것으로 이해했는데, 이것은 크세르크세스가 그의 통치 처음 3년 동안 애굽과 바벨론에서 있었던 반역을 진압해야 했다는 사실을 언급하는 것이다. 그러나 폭스(Fox, 16)가 주장하는 바와 같이, 그것 자체 가운데 있는 표현과 그것에 대한 표현은 결코 그러한 개념을 언급하고 있는 것이 아니다. 이 단락이 이야기를 위한 하나의 설명을 제공하고 있으므로, 이 문구가 수산 궁과 성읍에 있는 그 궁궐의 위치를 말하기 위하여 의도되었다는 것이 훨씬 더 개연성이 있다(참조. Ciles, 275; Fox, 16; 배경에 관해서는 위의 "양식/구조/배경"을 보라).

"수산 궁에서"(בְּשׁוּשַׁן הַבִּירָה – 베수산 하삐라). 이러한 표현은 다리우스가 자신의 거대한 궁궐 성채를 건설했던 성읍의 중앙에 있는 높은 언덕을 가리킬 가능성이 매우 크다("원문주해"와 "양식/구조/배경"을 보라; 참조. Berg, *Esther*, 49 n. 5). 혼란의 가능성을 피하기 위하여 우리는 비라(בירה)를 번역하면서 "성채"(acropolis)가 아닌 "성곽"(citadel)이란 용어를 사용했는데, 그 이유는 오늘날에는 현대

부지의 일부분만이 "성채"라고 불리고 있으며, 또한 이 부분이 다리우스의 궁전 전체 건물이 서 있던 언덕이 아니었기 때문이다. 수산 성읍과 성곽에 대한 보다 자세한 묘사에 관해서는 위의 "양식/구조/배경"을 보라.

3 "잔치를 베푸니"(עָשָׂה מִשְׁתֶּה – 아사 미슈테; 직역하면 "그가 미슈테를 주었다"). 미슈테라는 단어는 영어 단어 "연회" 혹은 "잔치"와 같은 의미를 가지고 있다(예를 들어, 창 19:1-3; 26:30-31; 또한 참조. 에 5:4-9). 5, 9절에서 7일 간 계속된 이 일은, 백성들이 그 축제가 진행되는 동안 여러 번에 걸쳐서 참가한 하나의 "리셉션" 혹은 "축제"(참조. Cilnes, 276, 클라인즈는 LXX의 번역 독세⟨*δοζὴ*⟩를 그같이 설명한다) 기간이었을 것이다. (참조. מִשְׁתֶּה – 미슈테, "혼인", 7일 간 계속된 "잔치"; 창 29:21-28; 삿 17:10-17). 그러나 연회가 180일, 즉 거의 6개월이나 계속되었다고 말하고 있는 여기서는 그러한 축제 기간이라고 말할 수 있다. 분명한 것은 설화자가 냉소적인 과장법을 사용하고 있다는 것이다.

"그 모든 방백과 신복을 위하여 잔치를 베푸니 바사와 메대의 장수와 각 도의 귀족과 방백들이 다 왕 앞에 있는지라"(לְכָל־שָׂרָיו וַעֲבָדָיו חֵיל פָּרַס וּמָדַי הַפַּרְתְּמִים וְשָׂרֵי הַמְּדִינוֹת לְפָנָיו – 레콜-사리우 와아바다이우 헬 파라쓰 우마다이 하파르테밈 웨사레 함메디노트 레파나이우). 여기서 얼마나 많은 그룹들이 참석했다는 사실을 말해 주고 있는지는 불분명하다. 이러한 모호성은 (1) 연계형 문구인 헬 파라쓰 우마다이(חיל פרס ומדי, "페르시아와 메데의 힘")와 명사 하파르테밈(הפרתמים, "귀족")의 앞에 접속사가 없어서 이것들이 동격어인지 아니면 분리된 실체들인지 불명확하게 만들고 있기 때문에, 그리고 (2) 하일(חיל, "힘")이란 단어의 정확한 개념으로 말미암아 생겨난다. 첫 번째 사항은 단순히 일련의 명사들에서 개별 사항들에 있는 와우 연결사의 사용이 지극히 다양하지만(*IBHS* § 39.2.1.b을 보라) 최소한 에스더서에서는 그렇지 않다(예를 들어, 에 9:6-9, 하만의 열 아들들의 목록; 또한 참조. 4:3; 8:9; 9:3). 가끔 이것은 마지막 항목에서만 발견된다(예를 들면 에 1:6의 처음 세 단어). 드물게는 이것이 불규칙적으로 분배되어 있다(예를 들어, 에 1:10, 왕의 내시 일곱 명의 목록). 그리고 그 외에도 거의 가끔 이것이 생략되기도 한다(예를 들어, 에 1:14, 그 나라의 일곱 명의 귀족들). 그런 까닭에 와우 연결형이 없는 두 항목은 목록 가운데서 분리된 항목들일 수도 있고, 혹은 앞의 것과 동격일 수도 있다. 그렇다면 헬(חיל, "힘")이라는 단어의 의미에 따라 결정된다. 이 단어는 일반적으로 갖고 있는 "무장한 세력, 군대"라는 의미를 가질 수 없는데, 그 이유는 왕이 그러한 많은 숫자를 잔치에 초대했을 것이라고 생각할 수 없기 때문이다. 야마우찌(Yamauchi, *Persia*, 196)는 크세르크세스가 헬라로 데려간 군대의 규모를 대략 15만에서 20만의 규모로 추산한다. 이러한 난점을 해결하기 위하여 무어(여러 학자들의 의견에 따라, Moore, 5-6; 참조. *BHS* n.a)는 웨사레(וְשָׂרֵי, "그리고 …의 두목들")를 헬(חֵיל, "힘") 앞에 삽입하여 "그리고 …의 군대의 두목들"이란 문구를 만들어 낸다. 그는 이것을 LXX의 독법 카이 토이스 로이포이스(*καὶ τοῖς λοιποῖς*, "그리고 그 나머지")가 히브리어 독법 와아쉐르(וַאֲשֶׁר)를 나타낸다는 생각에 근거를 두고 있는데, 이것이 웨사레(וְשָׂרֵי)의 마멸일 수도 있다는 것이다. 이것은 억측에 지나지 않는 것이며, LXX이 자주 그러하듯 이 곳의 본문을 명확하게 하기 위하여 확대했을 가능성이 있다(Fox, 276). 와우 연결형이 없는 것을 마지막 세 개의 표현이 처음 두 개의 항목과 동격으로 되어 있다는 사실을 의미하는 것으로, 그리고 더 나아가서 이 그룹들이 누구인지를 규명하고 있다는 사실을 의미하는 것으로 취급하는 것이 훨씬 더 타당하다(Bardtke, 278도 그렇게 주장한다). 이럴 경우 헬(חֵיל, "군대")은 환유에 의하여 방백 단체를 가리킬 수 있다(Bardtke, 278-79; Dommershausen, *Estherrolle*, 19). 그러나 필자의 의견에는 문맥상 여기에 나오는 헬(חֵיל, "군대")을 "귀족, 관료, 상류층"의 의미로 취급하는 것이 가장 좋을 것으로 보이는데(Gerleman, 54-55, Clines, 276이 이를 따른다. 참조. *HALOT*, 4, p. 311), 포로 후기의 또 다른 본문에서도 이러한 의미를 가지고 있다(느 4:2[MT] 3:34). 또한 왕상 10:2 참조. 이 경우에 사레 함메디노트(שָׂרֵי הַמְּדִינוֹת, "각 도의 귀족")는 페르시아와 메데의 중심부 밖에 있는 변방의 통치자들을 가리켰을 것이다(Gerleman, 54).

5 "왕이…왕궁 후원 뜰에서"(בַּחֲצַר גִּנַּת בִּיתַן הַמֶּלֶךְ – 빠하차르 낀나트 삐탄 함멜레크). 오펜하임(Oppenheim, *JNES* 24[1965] 328-33)이 확신을 가지고 주장한 바와 같이 삐탄(בִּיתָן)이란 단어는 악카드어로부터 아람어를 통하여 들어온 차용어이며, 일종의 야외의 기둥이 있는 "정자와 같은 구조물" 혹은 "터키식 정자"로서 궁전의 종합 건물 내에 속한 자그마한 내전을 가리킨다. 이 연회는 이 정자와 연결된 정원 안에 위치한 포장된(6절) 뜰 혹은 안뜰 야외에서 있었다. 정자 혹은 정원은 또한 7장에 있는 이야기의 절정의 무대이기도 하다. 페르시아인들은 고대에 왕궁과 연결된 그리고 왕궁을 둘러싸고 있는 정원과 공원을 가지고 있었던 것으로 유명했다(참조. Yamauchi, *Persia*, 332-33; Pasargadae에 있는 궁궐 정원에 대한 묘사에 관해서는 Stronach, "Pasargadae," 846-47를 보라).

6 이 구절은 지극히 비정상적인 문장 구조를 나타내고 있다. 이것은 접속사가

생략된 미완성의 두 개의 문장으로 구성되어 있다. 이 문장들은 두 개의 명사구가 각각 수식어를 가지지 않은 채 독립적으로 되어 있다는 점에서 미완성된 구절들이다. 이 본문이 "각 단어들이 공중에 매달려 있고", 그래서 고대 역본들이 "그리고 그 홀이…세마포로 꾸며져 있었다"와 같은 어떤 의미를 암시하고 있으므로 순서가 바뀌어 있다는 드라이버의 입장(Driver, *VT* 4[1954] 235)은 추천할 만한 것이 못된다. 역본들이 여기에 있는 비정상적인 문장을 매끄럽게 하려고 이렇게 했다는 것이 훨씬 더 타당하다. 더 나아가서 스트리들(Striedl, *ZAW* 14[1937] 86)과 다른 사람들(예를 들어, Dommershausen, *Estherrolle*, 22)은 이 비정상적인 문장을 아주 만족할 만하게 설화자 편에서의 하나의 의도로 해석했는데, 간결하고 감탄조의 문장과 동등하며 그 특성에 있어서는 시적인 이 문장은 그러한 호화롭고도 웅장한 연회에 대해 경이로움과 놀라움을 표현하기 위하여 의도된 것으로 해석했다("해설"을 보라). 필자는 폭스(Fox, 274)를 따라 "그리고 오, 이…이여!"로 번역함으로써 놀라움에 대한 감탄조의 의미를 표현하려고 했다(7절에도 표현되어 있다).

사용된 수많은 단어들의 의미는 불확실하며, 여기에서만 여러 번 나타난다. 다른 곳에서는 에스더 8:15에만 나타나는 후르(חוּר)는 달리 알려진 바가 없다. 그러나 이것이 "흰"(참조. 사 29:22)을 의미하는 셈어 어근으로부터 파생되고 카르파쓰(כרפס, "아마포")와 테켈레트(תכלת, "자주옷")의 의미들은 알려져 있으므로 일반적으로 일종의 흰 면이나 아마포 옷의 형태인 것으로 취급된다. 이에 근거하여 후르 카라파쓰 우테켈레트(חור כרפס ותכלת)는 세 개의 다른 형태의 옷감일 수도 있다(Gerleman, 58이 그렇게 말함). 그러나 이 문장이 두 번째 문장과 평행을 이루고 있다는 사실("양식/구조/배경"을 보라)은 후르 카라파쓰(חור כרפס)가 하나의 사상, 즉 "흰 아마포/면"을 표현하는 복합 명사임을 강력하게 시사한다. 기둥들이 만들어지고 모자익 마루를 이룬 네 자료 가운데 하나의 자료를 의미하는 쉐시(שֵׁשׁ)라는 단어는 설화석고라는 의미가 거의 틀림없는 애굽어로부터 나온 외래어일 것이다. (Clines, 277는 이것이 석고보드의 변종인 영국이나 이탈리아의 설화석고가 아니라 진짜 대리석이라고 설명한다.) 빠하트(בהט)는 "반암"을 의미하는 애굽어로부터 온 외래어일 수 있다. 다르(דר)는 아랍어 두룬(*durrun*, "진주")과 관련되어 있을 수 있으며(또한 LXX의 핀니노스 리도스〈*πίννινος λίθος*, "진줏빛 돌"〉란 번역에 암시되어 있음), 그런 까닭에 자주 "진주의 어머니"라고 번역한다. 그러나 클라인즈(Clines, 277)가 설명하는 바와 같이, 진주의 어머니는 모자익 바닥의 조각으로는 적절하지 못하다. 그러므로 필자는 이 단어를 "조개 껍질-조각"(화석 조개 껍질들을 포함하고 있는 조각)으로 번역하는 하우트(Haupt, *AJSL* 24[1907-8] 106)의 제안을 채택했다. 쏘하레트(סחרת)의 의미는 지극히 불확실하다. "값진/값비싼 돌들"(예를 들어, JB, NIV, RSV가 그렇게 번역함)을 의미할 수 없는데 이는 그러한 재료들이 하나의 바닥재로서는 어울리지 않기 때문이다. 필자의 번역 "터키옥"(NEB, REB가 그렇게 번역함)은 순전히 추측이다.

7 "금잔으로 마시게 하니 잔의 식양이 각기 다르고"(וְהַשְׁקוֹת בִּכְלֵי זָהָב וְכֵלִים מִכֵּלִים שׁוֹנִים – 웨하슈코트 빼클레 자하브 웨켈림 미켈림 쇼님). 웨하슈코트(וְהַשְׁקוֹת)는 "…에게 술을 돕다, …에게 술을 주다"를 의미하며(참조. 창 19:32; 21:19) 켈레(כְּלִי, "그릇")란 단어는 액체와 관련되어 사용될 때는 거의 일률적으로 액체가 보관된 그릇을 가리키거나 혹은 가끔 술을 담아 놓는 역할을 하는 그릇을 의미한다. 그렇다면 이 진술은 매우 일반적인 것으로서 술이 보관된 술병들과 그릇들과 함께 포도주를 마시는 잔들과 사발 모양의 술잔을 가리킨다. 그렇다면 이것은 그릇들의 질뿐만 아니라 그것들의 양과 다양성을 가리킨다. "식양이 각각 다르고"는 "서로 각기 다른"이란 의미일 뿐이다. 크세노폰(Xenophon, *Cyropaedeia* 8.8.18)은 페르시아인들이 수많은 잔들을 가진 것에 대해 자랑한다고 언급한다. 그렇다면 이러한 묘사는 왕실의 과시를 강조하고 있다(Clines, 277).

"왕의 풍부한 대로"(כְּיַד הַמֶּלֶךְ – 케야드 함멜렉). 이 관용어의 정확한 의미는 명확하지 않다. 다른 곳에서 사용한 용법(특히 에 2:18; 또한 참조. 왕상 10:13; 느 2:8)과 본 절의 문맥에 따르면, 그 의미는 "자유로, 풍족하게"(Bardtke, 282; Dommershausen, 14; 참조. 대부분의 현대 역본)이거나 "왕에게 어울리는 대로"(as befits a king)(Moore, 7; NEB)이다.

8 "마시는 것도 규모가 있어 사람으로 억지로 하지 않게 하니"(וְהַשְּׁתִיָּה כַדָּת אֵין אֹנֵס – 웨하슈티야 카다트 에엔 오네쓰). 오래 전에 하우트가 지적한 바와 같이 탈무드에서 이 단어를 사용한 데서(*AJSL*, 24[1907-8] 106) 아나쓰(אנס, "금지하다"; 구약성경에서는 여기만 사용됨)란 동사는 긍정적인 의미로 "행동하도록 강요하다" 그리고 부정적인 의미로는 "행동하지 않도록 금하다"를 모두 가지고 있다. 왕의 시종들이 "각 사람으로 마음대로 하여야" 했다는 문맥에서 볼 때, 그 의미는 "금하다"이고 그 상태가 간청의 형태로 "되게 하라"임에 틀림없다. 무어(Moore, 7-8)는 "마시는 것도 규모가 있어"라는 첫 번째 문장이, 왕이 페르시아 연회에서 술을 마실 때는 언제나 모든 객들이 마신다는 몇몇 고대의 권위 있는 자들(예를 들어, Herodotus, 1.33; Josephus, *Ant.* 11.188)이 언급한 관습을 반영하고 있다는 입장을

취한다. 만일 이것이 그 의미라면, 이 문장은 분명히 다음에 뒤따라오는 문장인 "사람으로 억지로 하지 않게 하니"와 상충됨에 틀림없다. 이러한 난점을 제거하기 위하여 그는 첫 번째 문장에 하나의 부정어를 삽입하고 있는 LXX의 독법을 채택한다. 그러나 만일 이것이 첫 번째 문장의 원문이라면, 전체 히브리어 필사본 전승에서 이 부정어가 사라진 원인이 무엇이었는가? 오히려 LXX 독법이 바로 그러한 상충점을 해결하기 위한 시도에서 생겨났을 가능성이 매우 크다. 이 문장이 이 연회에 대한 왕실의 특별한 법칙을 가리키는 것으로 이해하는 것이 훨씬 더 자연스럽다. 이러한 입장이 설화의 분명한 아이러니와 잘 어울린다: 하나의 법칙이 없어지는 일까지도 하나의 칙령을 필요로 한다는 것이다(Clines, 278; 또한 참조. Berg, *Book of Esther*, 36)! 이것은 또한 왕의 자유분방함, 과음에 대한 묘사를 해주고, 또한 어찌하여 와스디가 무제한적으로 마시고 있었던 일반 군중들 앞에 나서기를 거절했는지를 이해하게끔 도와준다.

9 "왕후 와스디도…"(…**גַּם וַשְׁתִּי הַמַּלְכָּה** – 깜 와슈티 함말카). 와스디란 이름에 대한 엘람인의 어원적 설명에 관해서는 Zadok, *ZAW* 98[1986] 109-10를 보라(참조. Moore, 9; Clines, 278). 참고서적에 관해서는 아래 이름들에 대한 "주석"을 보라.

10 "왕이 주흥이 일어나서"(**כְּטוֹב לֵב־הַמֶּלֶךְ בַּיָּיִן** – 케토브 레브-함멜렉 빠야인, 직역하면 "왕의 마음이 포도주로 좋아졌을 때"). 히브리인의 인간론에 의하면, "마음"은 의지와 생각의 좌소다. "마음의 좋음"이란 표현 자체는 단순히 광범위한 그리고 행복한 상태 가운데 있음을 의미한다(참조. 왕상 8:66; 특히 잠 15:15, 여기서 이 단어는 아니⟨**עני**, 즉 "압제받은 자"⟩의 그것과 반대되는 상태를 표현하고 있다). 그러나 그 상태가 알코올로 인하여 생겼을 때 이것은 판단력의 결핍을 암시하기도 한다(참조. 삿 16:25; 특히 삼상 25:36). 여기서 채택한 번역(Fox, 18로부터 채용한 것임)은 그러한 뉘앙스를 살리기 위한 것이다. 왕의 흥분에 대한 언급은 앞의 묘사 가운데서 너무나 신랄하게 언급된 사건의 경박함과 과음을 계속해서 강조하는 역할을 한다.

"어전 내시 므후만과…가르가스 일곱 사람"(**הַסָּרִיסִים הַמְשָׁרְתִים אֶת־פְּנֵי הַמֶּלֶךְ מְהוּמָן…וְכַרְכַּס שִׁבְעַת** – 메후만…웨카르카쓰 쉬브아트 하싸리씸 함샤르팀 에트-페네 함멜렉; 전혀 다른 문맥에 들어 있는 이와 유사한 표현에 관해서는 삼상 2:11, 18을 보라). 싸리쓰(**סריס**)란 단어는 단순히 궁궐의 관리를 의미하지만, 여기서는 규방을 관리했던 사람으로서 왕의 가장 가까운 시종을 가리킨다. (앗수르 궁궐에서 가졌던 이들의 유사한 기능에 관해서는 Weidner, *AfO* 17[1954-55]를 보라; 그러나 규방으로 드나들 수 있었던 앗수르의 모든 시종들과 호위병들이 내시는 아니었다는 증거에 관해서는 Yamauchi, *Persia*, 262-63를 보라.) 일곱 명의 내시들의 이름은, 비록 이 이름들이 현재는 널리 알려진 페르시아/메디아인의 이름들 가운데 나타나기는 하지만, 대부분이 페르시아 혹은 메데 가문의 어휘로부터 나온 타당한 어원적 설명이 제공되어 온 고유명사적인 요소들로 이루어져 있다(Gehman, *JBL* 43[1924] 321-28; Duchesne-Guillemin, *Mus* 66[1953] 105-8; Millard, *JBL* 96[1977] 481-88; Zadok, *ZAW* 98[1986] 105-10). 이름들을 자세하게 열거하는 저자의 목적은 자기가 말하고 있는 이야기의 역사적 사실성을 말하기 위해서가 아니라(Bardtke; Fox는 이에 반대다), 그러한 일의 엄숙성과 호화로움을 더해 주기 위한 것이다(Clines의 단어들 가운데서는 이야기의 "장식적인 수법"). 12, 15절에서 "내시의 전하는"이라는 표현의 사용을 통하여 그들을 반복해서 언급하고 있는 점을 유의하라. 왕후는 왕의 가장 가까운 시종의 충분한 호위를 받으면서 나타나야 한다. 필자의 의견에는, 폭스(Fox, 20)가 그것들의 의미를 잘 파악한 것으로 보인다: "…이것은 이 왕궁의 뜰에서 모든 것, 즉 왕후에 대한 초청까지도 호화로움과 형식으로 가득하다는 사실을 보여 주기 위한 임시로 창출된 모조품 의식이다." 이러한 생소하게 발음되는 이름들이 바보 같은 소리로 들렸다는 주장에 관해서는 14절의 "주석"을 보라.

11 "왕후의 면류관을 정제하고"(בְּכֶתֶר מַלְכוּת - 뻬케테르 말쿠트). 케테르(כתר)란 단어는 BH에서 에스더서에만 사용된 희귀한 단어다("원문주해" 11.a를 보라). 이 곳과 2:17에서 이 단어는 페르시아 왕후가 머리에 쓰는 머리 장식을 가리키고, 6:8에서는("주석"을 보라) 이것이 왕의 말의 머리에 있는 장신구에 대해서 사용된다. 여기서 이것은 틀림없이 유럽인의 생각과 같은 왕관을 가리키지 않고 페르시아인의 "터번"(turban)을 가리키는데(Moore, 9), 말하자면 기념물에 그려진 것으로서 보석들이 끼워진 "높고도 딱딱한 모자"다(Clines, 279).

13 "사례를 아는 박사들에게"(לַחֲכָמִים יֹדְעֵי הָעִתִּים - 라하카밈 요데 하이팀). 무어(Moore, 9)와 다른 사람들에 따르면 이러한 표현은 왕실의 점성학자들을 시사하고 있는데, 헤로도투스에 의하면 그들의 기능들이 페르시아 왕실을 위하여 기록되어 있다(참조. Herodotus, 1.107; 7:19). 이것이 그 직후에 뒤따라오는 곧 이들이 "규례와 법률을 아는 자"(דת ודין - 다트 와딘; 다음에 나오는 이름을 보라)라는 설명과 맞지 않는다는 근거에서, 무어는 할러(Haller)와 다른 사람들의 지도를 따라

이팀(עתים, "시기")을 다팀(דתים, "법률들")으로 수정하고 있는데, 불행스럽게도 이러한 수정을 JB, NAB, NJB, NRSV가 따르고 있다. 같은 이유로 인하여 브로킹톤(Brockington, 226 n. 13)은 에트(עת)를 아랍어 어근 *'nt*("곤란하게 하다")와 연결시켜서 "고통, 범죄"로 번역하고 있는데, 불행스럽게도 이러한 수정을 NEB가 따르고 있다. 이러한 수정은 거부되어야 할 것이다(참조. Berthélemy와 다른 저자들의 *Preliminary and Interim Report* 2:547). 문맥은 이 문구를 왕실의 점성학자들로 취급하는 것을 금하고 있다(참조. Bardtke, 287; Clines, 280; Gerleman, 64). 그들의 대답 가운데는 아무것도 전문적인 점성술 지식을 나타내 주고 있지 않으며(Clines), 또한 설화자는 직접 자신의 "왕이 규례와 법률을 아는 자에게 묻는 전례가 있는데"라는 설명으로 명확하게 밝히고 있는데, 이 설명문은 점성학자들과 예언가들을 가리키지 않고 "모든 사례를 익숙하게 아는 자들"임을 밝히고 있다(Fox, 21; 또한 참조. Gerleman, 64-65의 유용한 논의). 더 나아가서 실질적으로 같은 문구가 점성학자라는 사실을 언급한다고 보기에는 전혀 어울리지 않는 역대상 12:33(개역 32절)에 나타난다는 사실은 이 같은 사실을 강력하게 시사해 준다(Clines, 280; Fox, 21).

"규례와 법률을 아는 [모든] 자"(כָּל־יֹדְעֵי דָּת וָדִין – 콜-요데 따트 와딘). 딘(דין)이란 동사가 "소송을 청원하다, 판단을 시행하다"를 의미하는 반면에, 다른 곳에서 딘(דין)이란 명사는 "법적 권리주장; 법적 경쟁, 소송"을 의미한다(*HALOT*, 1, p. 220을 보라). 이러한 사실에 비추어 여기서는 법적 절차라는 의미에서 "판결"을 의미함에 거의 틀림없는데, 이것이 문맥에 가장 적합하다.

14 "바사와 메대의 일곱 방백 곧 가르스나와…므무간이라"(כַּרְשְׁנָא…מְמוּכָן שִׁבְעַת שָׂרֵי פָּרַס וּמָדַי רֹאֵי פְּנֵי הַמֶּלֶךְ – 카르셰나…므무칸 쉬브아트 사레 파라쓰 우마다이 로에 페네 함멜렉). 위의 10절에 있는 왕의 개인 고문(모사)들의 이름들에서처럼, 이 일곱 귀족의 이름들 가운데 몇몇은 페르시아/메디아 고유명사집으로부터 나온 타당한 어원들이 제공되어 있다(참고서적에 관해서는 위의 10절에 대한 "주석"을 보라). 아르타크세르크세스의 일곱 고문이 에스라 7:14에도 언급되어 있으며, 다른 고대 자료들은 왕을 직접 알현하는 여러 귀족 고문들과 친구들 그룹을 언급하고 있다(특히 Herodotus 3. 31, 84, 118; Xenophon, *Anabasis*, 1.6.4을 보라). 공식적인 "일곱 명의 자문위원회"가 계속 존속했었는지에 대해 심각한 의문을 제기하고 있는 충분하고도 타당성 있는 논의에 관해서는 Cook, "The Rise of the Achaemenids," 232-35를 보라. 이 "규례와 법률을 아는" 귀족들을 모두 거론하고 있는 것은 상황의 아이러니를 강화시켜 준다. 즉 국내의 사소한 다툼거리들이 하나의 유명한

재판으로 전환된다는 것이다(참조. Radday, "Esther with Humour," 297). 랫대이(Radday)는 이 이국적인 이름들의 발음 자체가 히브리인들의 귀에는 우스꽝스럽게 들렸을 것이며, 그래서 이 목록은 "희가극에서 무언의 합창이라는 인상"을 제공하는 풍자적인 것이 되도록 의도되어 있다고 주장한다(Radday, "Humour in Names," 71-72). 전체 장면의 비웃음을 고려하면 이 주장은 가장 매력적인 것이다.

15 "규례대로"(כְּדָת – 케다트). 물론 이 표현은 왕후의 불복종에 대한 합법적인 책벌에 관한 어떤 규례가 이미 존재해 왔다는 사실을 의미할 수가 없다. 여기에 나오는 "법"은 "법적 선례" 혹은 "설립된 고유의 절차"로 취급되어야 할 것이다(Fox, 20). 그렇지라도 그 조건은 자기의 반항하는 아내를 처치할 방법을 알지 못하고, 왕은 그 문제를 국가 문제로 돌리고 있는 우스꽝스럽고도 익살맞은 일이 되도록 의도하고 있다. 게다가 왕의 법적 선례에 대한 요구는 그러한 상황을 처리할 그의 부적격성의 인정을 회피하고 있다(Baldwin, 61). 자주 주장되어 온 바와 같이, 법이나 법적인 선례가 므무간의 대답 가운데서 어떤 역할을 해내지 못하고 있다. 즉 이것은 순전히 현실적인 충고다(Clines, 281).

18 "오늘이라도 바사와 메대의 귀부인들이 왕후의 행위를 듣고 왕의 모든 방백에게 그렇게 말하리니"(פָּרַס־וּמָדַי אֲשֶׁר שָׁמְעוּ אֶת־דְּבַר הַמַּלְכָּה לְכֹל שָׂרֵי הַמֶּלֶךְ
וְהַיּוֹם הַזֶּה תֹּאמַרְנָה שָׂרוֹת – 웨하욤 하제 토마르나 사로트 파라쓰-우마다이 아쉐르 샤우 에트-떼바르 하말카 레콜 사레 함멜렉). 이 문장은 동사 토마르나(תֹּאמַרְנָה, "말할 것이다")의 목적어가 없는 것 같으므로 난해하다. 따라서 수많은 학자들(예를 들어, Bardtke, Haller, Moore: *BHS* n.a를 보라)은 이 동사를 티므레나(תִּמְרֶינָה, "완강하게 될 것이다, 반항하게 될 것이다")로 또는 타므레나(תַּמְרֶינָה, "반역할 것이다")로 수정하는데, 이를 NAB와 NRSV가 채택했다. NEB와 REB는 시간을 나타내는 표현 "오늘날"을 목적어로 취급하고 있는데, 이는 가장 타당성이 없는 방법이다(Clines, 281이 주장한 바와 같이). 다른 한편, 클라인즈는 고디스(Gordis, *JBL* 95 [1976] 45-46)를 따라 관계사인 아쉐르(אשר, "which")를 키(כי, "…하는 바")와 동의어로 취급한다. 그렇다면 하나의 관계사가 "바사와 메대의 귀부인들"을 수식하는 문장을 이끌고 있는 것이 아니라, 하나의 명사절 즉 동사 토마르나(תֹּאמַרְנָה, "말할 것이다")의 목적어를 이끌고 있다(NJB가 그렇게 하고 있음). 관계사의 이러한 용법이 특히 LBH에 자주 나타나기는 하지만, 이것은 여기서 하나의 부자연스러운 해석이다. 이를 클라인즈가 간파했는데, 그는 한정목적어 에트(את)의 표시를 관계사 앞에 둠으로써 본문을 수정한다. 더 나아가서 이 해석은 더 많은 문제점들을 가

지고 있다. 그 다음에 고디스(Gordis, *JBL* 95[1976] 46)는 뒤따라오는 부사절 레콜 사레 함멜렉(לְכֹל שָׂרֵי הַמֶּלֶךְ)을 "왕의 귀족의 면전에"란 의미로 이해해야 했는데, 아마르(אמר, "말하다")란 동사 뒤의 이 문맥에서는 가장 부적절한 의미다. 클라인즈는 에트-떼바르 하말카(אֶת־דְּבַר הַמַּלְכָּה, "그 왕후의 반응")를 샴우(שָׁמְעוּ, "들었다")의 직접 목적어가 아니라 보족어적 동격으로 취급함으로써 이 난점을 피하려 한다: "여인들이…자기들이 들은 바 즉 왕후의 반응(다바르)을 말할 것이다[혹은 '말한다']." 문맥을 고려하면, 이것 역시 동일하게 억지 해석이다. 만일 BH에서 목적어가 문맥에서 명확하게 드러날 때는 언제나 직접 목적어의 생략이 규칙적인 용법이라는 사실을 인정한다면 이것 가운데 어느 것도 필요치 않은데, 이러한 상황은 이것이 여기서처럼 바로 앞선 문맥에서 언급되었을 때 가장 자주 일어난다(참조. Fox, 274-75).

19 "그 왕후의 위를…사람에게 주소서"(וּמַלְכוּתָהּ יִתֵּן הַמֶּלֶךְ – 우말쿠타흐 이텐 함멜렉). 필자의 의견에는 이 문장이 바로 앞 문장과 대등한 문장인 것으로 보이며, 그런 까닭에 본 절 초두에 있는 지시형과 동일한 문장이라기보다는 관계사 아쉐르(אשׁר)의 지배를 받고 있다.

20 "왕의 조서가…반포되면"(וְנִשְׁמַע פִּתְגָם הַמֶּלֶךְ – 웨나슈마 피트감 함메렉). 이 문장이 완료형+와우(ו) 연속형으로 시작되고 또한 19절의 처음 부분에서 직접적으로 (즉 삽입된 문장 없이) 일련의 지시형 문장이 계속되고 있으므로, 대부분의 주석가들은 키(כי)라는 불변화사를 반의적/양보를 나타내는 문장으로 취급하고 "사실 그대로 광대하게"나 그 같은 내용으로 번역한다(Gerleman, 69가 그렇게 함; NIV, NASV, RSV, NRSV). 그러나 필자의 의견에 문맥은 키(כי)가 여기서 확정적인/강조적인 의미로 사용되었다(창 18:20에서처럼)는 폭스의 해석에 들어맞는다고 생각된다. 그렇다면 이 문구는 "하나의 우발적인 우아한 감탄사"(Fox), 하나의 "아첨하는 삽입구적 논평"(Paton, 158)인데, 이것은 설화자가 이러한 화려한 아첨꾼들을 취급하는 조소임을 명확하게 드러낸다.

22 "각 도 각 백성의 문자와 방언대로 모든 도에"(אֶל־מְדִינָה וּמְדִינָה כִּכְתָבָהּ וְאֶל־עַם וָעָם כִּלְשׁוֹנוֹ – 엘-메디나 우므디나 키크타바 웨엘-암 와암 킬소노). 헤로도투스에 의하면, 왕의 도로와 통신 수단의 페르시아 체계는 능률적이고도 잘 유지되었는데(Herodotus 5.52-53; 8.98; 또한 Xenophon, *Cyropaedeia* 8.6.17; 특히 Yamauchi, *Persia*, 174-78에 있는 수산으로부터 사르디스에 이르는 "왕의 도로"에 대한 묘사를 보라), 본문의 어투 가운데 그 실제성이 반영되어 있다. 그러나 "한 남자가

자기 가정을 잘 다스리는 일을 제외하고, 페르시아의 모든 일을 시행하는 수단의 뛰어난 효과를 드러내기 위하여 의도된"(Clines, 283), 즉 의식적으로 과장된 표현이다.

"남편으로 그 집을 주관하게 하고 자기 민족의 방언대로 말하게 하라"(לִהְיוֹת כָּל־אִישׁ שֹׂרֵר בְּבֵיתוֹ וּמְדַבֵּר כִּלְשׁוֹן עַמּוֹ – 리흐요트 콜-이쉬 소레르 베베토 우므다베르 킬손 암모). 무엇보다도 먼저 지역 전체에 (그리고 각 민족의 글과 어휘로) 회람될 칙령의 내용이 19절에서 므무간이 제안한 칙령과 상당히 다르다는 사실을 눈여겨보아야 할 것이다. 그 칙령은 특별히 왕후에 대해서 취해져야 했던 내용과 왕실 안과 왕실에 대해서 반포되었던 그리고 그 주변에 반포되었던 내용을 취급했다. 그 시행은 21b절의 요약적 진술 가운데 기록되어 있다. 이 칙령은 므무간의 두 번째 관심사(20절)를 취급하는데, 곧 왕의 선포가 그 나라 각지로 반포되어 신분의 고하를 막론하고 모든 여인들이 자기들의 남편을 존중해야 한다는 것이다.

이 문맥 가운데서 두 번째 문장 "자기 민족의 방언대로 말하게 하라"의 의미는 많은 이들에게 문제가 되어 왔던 것으로 보이며, 여러 그리고 다양한 수정을 낳게 했다(참조. *BHS* n.). 이 문장이 LXX에는 없으므로, 여러 역본들은 이 문구를 하나의 주석으로 생략해 버린다(예를 들어, JB, NAB, NJB, NRSV). 다른 사람들은 두 개의 가장 일반적인 추측에 의한 수정 가운데 하나를 따르는데, ומדבר כל־שׁוה עמו("그리고 무엇이든지 그에게 적합한 것을 말하라"; 한 세기 이전에 힛지히가 제안함; Haupht, *AJSL* 24[1907-8] 17; Meinhold, 22; Moore, 11-12가 그렇게 함)로 읽거나 혹은 우마드비르 콜-나솨이우 임모(וּמַדְבִּיר כָּל־נָשָׁיו עִמּוֹ, "또한 모든 자기 아내들을 복종하게 하도록 하라"; H. Junker, "Konsonantenumstellung," 173; NEB, Bardtke, 284; Brockington, 227가 그렇게 주장함)로 읽는다. 그러나 자주 주장되어 온 바와 같이(Fox, 275; Clines, 283), 전적으로 추측의 성격을 가진 이외에도 이러한 수정들이 받아들여질 만한 히브리어가 되지 못한다. 첫 번째 독법은 임모(עִמּוֹ)가 아닌 로(לוֹ)를 요구하며(3:8; 5:13에서 소외〈שׁוה〉의 사용을 보라) 적당하게 남자의 행동에 대한 억제를 암시하는 "그에게 적합한, 적당한 일"을 의미할 것이다(Haupht, *AJSL* 24[1907-8] 17; Fox, 275). 둘째로, 군대의 의미를 가지고 있는(참조. Fox, 275) 하드비르(הדביר, "복종시키다, 압도하다")는 이와 같은 문맥에서는 부적절하다. 움두바르 빌숀 노암(וּמְדֻבָּר בִּלְשׁוֹן נֹעַם, "그리고 예의 바르게 [직역하면 '상냥한 말로'] 전달되게 하라")으로 읽도록 하는 클라인즈의 주장(Clines, 283)은 마찬가지로 추측에 의한 것이며, 반면에 "모든 남자는 자기 가정에서 지배자가 되도록"(NIV, REB)보다 앞선 문장의 도치는 순전히 추측에 의한 것은 아니다. 제안된 의미들은 결코 히브리어로부터는 얻어낼 수 없는 것이다. 그러나 만일 이것이 디아스포라 공동체의 한 구성원을 통하여 포로 후기 유대인 디아스포라에 전달된 이야기라는 사실을 충분히 고려한다면 고전 주석가들의 해석은 매우 적절하다(Gordis, *JBL* 95[1976] 53; 참조. Barthélemy 등, *Preliminary and Interim Report* 2:547). 이것은 단순히 인종적으로 뒤섞인 가족 가운데서(Clines의 주장과는 반대로 아마도 유대인 디아스포라 가운데서는 너무나 흔한 상황이었을 것임) 남자는 자기 나라말로 말하기를 원하고 또 그렇게 해야 했을 것이다(참조. 느 13:23-28). 폭스(Fox, 23)가 말하는 바와 같이, "페르시아 제국 내에 있는 다른 민족들이 그러한 느낌을 가지고 있었든 그렇지 않든, 이 문구는 실제로 히브리어를 유대인의 고유한 언어로 보존하려는 유대인의 관심을 반영하고 있다."

해설

삽화 1. 아하수에로 왕의 연회: 페르시아의 화려함과 상황(1:1-9)

이 첫 번째 삽화 가운데서 설화자는 자신의 이야기의 배경, 말하자면 사건의 배경을 제공해 주는 상황을 진술해 나가기 시작한다. 연루된 사실에서 볼 때, 이러한 상황들은 지극히 간략한 형태로 진술될 수 있다: 누가? 아하수에로가. 언제? 그의 통치 제3년에. 어디서? 수산 궁에서. 어떤 일이 일어났나? 그가 두 번의 잔치를 베풀었다. 첫 번째 잔치는 자기 왕실의 고위 귀족과 방백들을 위한 것이었는데 180일 간 계속되었다. 두 번째 잔치는 자신의 궁, 수산 궁의 온 백성들을 위한 것이었는데 7일 간 계속되었다. 같은 시기에 왕후 와스디도 여인들을 위하여 잔치를 베풀었다. 실제로 이러한 삽화 구조 자체는 이것들이 기본적인 사실이라는 점을 표시하고 있는데, 그 이유는 이것이 공식적으로 세 개의 주된 독립적 진술로만 구성되어 있고, 각기 잔치를 베푼 사실을 서술하고 있기 때문이다("양식/구조/배경"을 보라).

물론 실제로 설화자는 이러한 기본적인 사실을 진술하는 그 이상의 훨씬 더 많은 것을 진술하고 있다. 처음 두 개의 독립적 진술에 첨가된 수식 문장과 묘사 문장들로 구성되어 있는 내용의 나머지 부분에서 그는 능숙하게 자기 이야기의 색채와 기질을 진술해 나가기 시작한다. 그러므로 이 삽화의 첫 번째 주된 진술에 서언이 되는(3b절; "양식/구조/배경"을 보라), 시간을 나타내는 문장의 첫 번째 것(1절)은 그 설화의 주인공 가운데 한 사람인 아하수에로의 이름을 우리에게 제공해 주고 있을 뿐만 아니라, 동시에 그가 광활한 영역을 다스리고 있다는 사실을 설명해 주는 긴 등위절을 덧붙임으로써 그 인물됨을 밝히고 있다: "인도로 구스까지 일백이십칠 도", 즉 알려진 세계 전체. 이렇게 설명하고 있는 문장이 절대적이고도 무한한 세력 이외에 무엇을 암시할 수 있겠는가? 그러한 설명은 설화자가 이 장면에 대한 수식 문장의 나머지 부분에서 페르시아 왕실의 잔치들을 장엄하고도 낭비적인 과도한 것으로 풍자하여 묘사하고 있는 미묘한 방식과는 다르다. 그리고 우리는 곧 그러한 성격 묘사 다음 장면으로 넘어가게 된다. 첫 번째 주된 진술에 곧 이어 나오는 상황절(4a-b절)은 이 페르시아 군주의 사치스러운 장엄함과 자만스러운 과시를 명백하고도 강렬하게 묘사하고 있다: "그 영화로운 나라의 부함과 위엄의 혁혁함을 나타내니라"(4a절). 그 다음에 이 문장을 결론짓는, 즉 이 영화로운 잔치의 기간을 표현하고 있는 시간을 나타내는 문구가 명확하고도 지나친 과장법으로 우리에게 그 잔치가 180일 간 계속되었다고 설명한다. 태음력의 길이가 모두 29일 혹은 30일이므로, 이것은 실질적으로 6개월과 동일하다. 바트케(Bardtke, 279)가 지적하는 바와 같이, 앞 문장의 문맥 가운데서 이것은 왕실의 부에 대한 또 다른 지나친 전시다.

그러나 두 번째 잔치 다음에(5b절) 지극히 부수적인 명사절로 된(6-8절) 왕실의 부와 사치성에 대한 묘사가 덧붙여져 있다. 6절의 간결한 설명적 문장과 동일한, 그 성격에 있어서는 시적인 문장이 설화자가 우리로 하여금 그러한 웅장하고도 호화로운 잔치를 느끼기를 원하는 놀라움을 절묘하게 표현하고 있다(Fox, 16-17를 보라). 폭스는 나타나 있는 느낌을 잘 파악하고 있다: "감탄조의 나열은 감각적 이미지를 사로잡고, 부에서 방탕한 환희와 그 폭식에 대한 의식을 암시하고 있는 수많은 이미지들을 창출해 내고 있다." 7, 8절은 사용되는 그릇들의 사치성, 대량의 어주(御酒) 그리고 자기들이 원하는 대로 마실 수 있는 객들의 자유를 강조한다.

마지막으로, 세 번째 독립된 진술(9절)은 뚜렷하게 차이가 있다. 간략하고도 요점적으로 앞의 두 개의 진술과 같이 상황절로 확장되어 있지 않고 완전히 다른 어조와 성향을 나타내고 있다. 여기서는 사치나 풍부함을 표현하고 있는 진술은 없고, 호화로움에 대한 묘사와 상황, 화려한 물건 그리고 풍부한 비품들에 대한 묘사도 없으며, 대량으로 무한정으로 받아들인 어주에 대한 묘사도 없다. 고대 페르시아에서 여인들을 위한 잔치가 실질적으로 어떠하든, 설화자는 왕과 그의 남자 신하들의 잔치의 사치성과 낭비성이 와스디와 그녀의 동료들의 정숙한 축하연과 차이가 남을 과장 없이 뚜렷하게 묘사하려고 하고 있다(특히 Fox, 167-69를 보라). 이 장면의 두 번째 삽화는 보다 엄격하고도 무자비한 풍자를 가지고 그 다른 면을 묘사할 것이다.

사실상 이것은 우리의 설화자가 자신이 묘사하고 있는 바 왕실을 바라보는 조롱조의 안목이다: 알려진 전 세계를 다스리는 한 왕이 자기의 시간을 사치스런 잔치를 베푸는 일에 낭비하고 있다! 이 잔치의 첫 번째 기간이 왕의 모든 고위 귀족들과 관리들을 위하여 6개월 간 지속되고, 그것은 자기 제국의 부와 영광을 나타내 보이려는 단 하나의 목적으로 인한 것이다. 자기 수도 성읍의 모든 거주민들을 위하여 베푼 두 번째 잔치는 왕 자신의 정원에 있는 외국풍의 모자익 바닥에 전반적으로 덮인 차양의 호화로운 구조물과, 객들이 걸터앉는 금으로 만든 의자로부터 어주가 무한정으로 흘러나온 다양한 금 그릇에 이르기까지 부의 냄새를 물씬 풍기는 배경에서 일어난다. 그는 이 삽화를 어떤 장식이 전혀 없이 왕후 역시 여인들을 위하여 잔치를 베풀었다는 단순한 진술과 함께 마친다.

삽화 2. 와스디 왕후가 폐위되다: 페르시아의 어리석음(1:10-22). 이 두 번째 삽화에서 설화자는 계속하여 예비적 사건들과 자기의 이야기가 전개해 나갈 위기의 배경을 제공하는 상황을 진술하고 있다. 그리고 첫 번째 삽화에서 이 위기를 이해하기 위해서 필요한 실질적인 사건들이 실제로는 매우 사소한 것이며, 그래서 간략하게 묘사해 왔던 것이다: 왕후 와스디가 공개적으로 불복종함으로써 왕이 그녀를 폐위시키는 칙령을 발표하고, 또 다른 보다 존귀한 여성을 그녀를 대신하여 뽑으라고 명령했다는 것이다. 이것은 어떻게 해서 에스더가 사건들의 과정 가운데서 영향력을 행사할 수 있는 위치에 서게 되었는가를 설명하는 데 필요한 필수적인 사건들이다.

그렇다면 설화자가 취한 방식에서 자신의 기사를 꾸밈으로써 이룬 것이 무엇인가? (1) 이 삽화에 대한 자신의 확장된 취급 가운데서, 첫 장면에서 페르시아 왕실에 대해 바라보는 조소적인 안목은 무자비하게 진행된다는 것이다. 페르시아 왕실의 장엄한 그리고 낭비적으로 탕진하는 생활 스타일에 대한 풍자적인 묘사로부터, 우리의 설화자는 있는 그대로의 익살로 돌아선다: 온 세상을 지배하고 있는 왕이 자기 아내를 자기 뜻대로 움직일 수 없다는 것이다! 모든 예의범절이라는 포도주로부터 박탈당한 그는 그녀와의 의지의 경쟁에서 실수를 저지르고, 그녀가 술취한(7-8절) 군중들 앞에(5절) 아름다운 자태를, 곧 그의 풍요롭게 설치된 전시장에 하나의 장식품으로(6절) 나타내기를 거절할 때 실패하고 만다. 그녀로 하여금 강제로 그렇게 하도록 할 수 있었다. 그러나 그녀를 지배할 수는 없었다!

와스디가 수산 궁의 얼근히 취한 일반 대중 앞에 하나의 첩과 같이(참조. Fox,

168의 해석) 나타내 보이기를 거절한 사실은 설화자가 왕실의 나머지 부분을 묘사했던 조롱 섞인 묘사 가운데서 그녀를 제외시켜 놓은 부분으로서 바른 몸가짐과 자존감을 드러낸다. 그녀는 긍정적으로 평가받는다. 이러한 장면은 설화자가 장차 전개될 왕실 세계를 바라보는 경멸적인 내용과 뚜렷하게 대조가 되어 드러난다(참조. Fox, 167-69).

이러한 상황을 어떻게 처리할지를 몰라서 왕은 왕실의 표준적인 절차를 구한다(13b절). 그는 가장 가까운 그리고 가장 중요한 조언자들에게 묻고, 그로 말미암아 가정사가 국사의 차원으로 올라간다. 이러한 허세를 부리는 자세한 내용으로 기록되어 있는(14절) 고관들은 이들이 "사례(times)를 아는"(13a절) "현자"들이 아니라는 사실을 드러낸다. 그보다 그들은 와스디의 불복종이 전반적으로 부부간의 무례한 언동에 불을 붙일 뿐만 아니라(17절) 그들 가속들 가운데서 반항심을 조장할 것이라는 비이성적인 가정에서 자신들의 공통적인 감각과 바른 판단력을 잃어버린다(18절; Clines, The *Esther Scroll*, 32)! 그들의 해결책은 아이러니하다. 그들은 와스디가 이미 결정한 내용을 그녀가 향하여 칙령으로 발표한다. 즉 그녀가 "다시는 왕 아하수에로 앞에 오지 못하게"(19절) 한다는 것이다. 전 제국에 반포된 칙령으로 말미암아 그들의 아내로부터 영광을 얻으려는 그들의 결정은 물론 이미 와스디의 행동과 그들이 듣고 두려워하여 진압하려고 한 왕의 당혹감에 관한 소문 자체의 보급을 실제로 성취했을 것이다(참조. Fox, 24; Clines, The *Esther Scroll*, 33).

(2) 우리의 설화자의 확대된 취급은 페르시아 제국이 법에 의해서 냉혹하게 다스려진다는 사실을 선명하게 강조하지만, 그 명령 하에 있는 사람들에게는 안정감과 정의를 가져다 줄 수 있는 법은 아니라는 것이다. 한편으로 변역할 수 없지만(19절), 다른 한편으로 그 원천은 그 자신의 자존심과 기쁨 외에는 거의 관심을 갖지 않는 것으로 보이는 허약하고도 변하기 쉬운 폭군의 의지요 변덕이다.

그래서 우리의 이야기의 첫 장면은 이 같은 사실 이상의 것에 대한 기대를 하도록 우리를 준비시켜 주는 풍자적인 어조를 보이고 있다.

> 이 첫 번째 장은 독자로 하여금 왕, 그의 방백들 혹은 그의 법을 외적 가치로 취급하지 않도록 상황을 말하는, 그리고 독자로 하여금 아직 펼쳐지지 않은 이야기 가운데서 틀림없이 명확하게 밝혀질 아이러니에 대해서 주시하도록 경고하는 잊혀질 수 없는 상황을 진술한다. 이 첫 장의 명확한 호화로움이 없다면 우리는 당연히 본서의 본론 부분에 있는 아이러니한 기록들의 타당성에 대해 더 의아하게 생각할 것이다. 1장은 의혹에 대한 해석을 허가해 주고 있다(Clines, The *Esther Scroll*, 33).

그러나 그 조소는 또한 사악한 면도 가지고 있다. 이것은 위험을 내포한 사회를 드러내고 있는데, 그 이유는 부드러운 자아들이 이기적이고도 유치한 원인들의 조장을 위하여 나라의 법과 행정 기구를 집합시킬 수 있는 광대들의 자존심과 호화로움에 의하여 다스림을 받기 때문이다. 사실상, 그러한 배경에서는 그 나라의 소수민족들 가운데 하나를 살육하기 위하여 움직여지는 나라의 기구가 있다는 것을 발견하고, 또는 이러한 살육이 왕이 기쁜 마음으로 생각하고 교만한 마음으로 눈감아 줄 수 있는 목표라는 점을 발견하는 것은 당연해 보일 것이다.

장면 2. 에스더가 왕후가 되다(2:1-18)

참고문헌

Albright, W. "The Lachish Cosmetic Burner and Esther 2:12." In A *Light unto My Path.* FS J. M. Myers, ed. H. Bream, R. Heim, and C. Moore. Philadelphia: 1974. 25-32(= Moore, *Studies,* 361-68). **Berg, S. B.** *The Book of Esther:Motifs, Themes and Structure.* Missoula: Scholars, 1979. **Bergey, R. L.** "The Book of Esther - Its Place in the Linguistic Milieu of Post-exilic Biblical Hebrew: A Study in Late Biblical Hebrew." Diss., Dropsie College, 1983. **Cameron, G. G.** *Persepolis Treasury Tablets.* Chicago: University of Chicago Press, 1948. **Clines, D.J.A.** *The Esther Scroll: The Story of the Story. JSOTSup* 30. Sheffield: *JSOT,* 1984. ______. "In Quest of the Historical Mordecai." *VT* 41(1991) 130-36. ______. "Mordecai." *ABD* 4:902-4. **Delaporte, L.** *Épigraphes araméens.* Paris: Librairie Paul Geuthner, 1912. **Driver, G. R.** *Aramaic Documents of the Fifth Century B.C.* Oxford: Clarendon, 1957. **Edehnan, D. V.** "Kish." *ABD* 4:85-87. **Gordis, R.** "Studies in the Esther Narrative." *JBL* 95(1976) 43-58(= Moore, *Studies,* 408-23). **Haupt, P.** "Critical Notes on Esther" *AJSL* 24 (1907-8) 97-106(= Moore, *Studies,* 1-90). **Hotbury, W.** "The Name Mardochaeus in a Ptolemaic Inscription." *VT* 41(1991) 220-26. **Knobloch, F. W.** "Adoption." *ABD* 1:76-79. **LaSor, W. S.** *Handbook of Biblical Hebrew.* 2 vols. Grand Rapids, MI: Eerdmans, 1978. **Levenson, J. D.** "The Scroll of Esther in Ecumenical Perspective."

JES 13(1976) 440-51. **Lewy, J.** "The Feast of the 14th Day of Adar." *HUCA* 14 (1939) 127-51. **Limosín, R.** "Estudios filológicos-derásicos acerca de Ester y el Iran antiguo: II. El nombre Mŏrdeḵay." *Aula Orientalis* 1(1983) 209-13. **Murphy, R. E.** *Wisdom Literature: Job, Proverbs, Ruth, Canticles, Ecclesiastes, and Esther.* FOTL 13. Grand Rapids, MI: Eerdmans, 1981. **Paul, S.** "Adoption Formulae: A Study of Cuneiform and Biblical Legal Clauses." *Maarav* 2(1979-80) 173-85. **Shea, W. H.** "Esther and History." *AUSS* 14(1976) 227-46. **Stolper, M. W.** *Entrepreneurs and Empire: The Murašû Archive, the Murašû Firm, and Persian Rule in Babylonia.* Leiden: Nederlands Historisch-Archaeologisch Instituut te Istanbul, 1985. ______. "Murashû, Archive of." *ABD* 4:927-28. **Talmon, S.** "The Ancient Hebrew Alphabet and Biblical Text Criticism." In *Mélanges Dominique Barthélemy*, ed. P. Casetti et al. Göttingen: Vandenhoeck & Ruprecht, 1981. 497-530. **Vanderkam, J. C.** "Calendars, Ancient Israelite and Early Jewish." *ABD* 1:814- 20. **Wenham, G.J.** "*Bᵉtûlāh*, 'A Girl of Marriageable Age.'" *VT* 22(1972) 326-48. **Wright, J. S.** "The Historicity of the Book of Esther." In *New Perspectives on the Old Testament*, ed. J. B. Payne. Waco, TX: Word, 1970. 37-47. **Yahuda, A. S.** "The Meaning of the Name Esther." *JRAS*(1946) 174-78. **Yamauchi, E.** "The Archaeological Background of Esther." *BSac* 137(1980) 99-117. ______. "Mordecai, the Persepolis Tablets, and the Susa Excavations." *VT* 42(1992) 272-75. **Zadok, R.** "Notes on Esther." *ZAW* 98(1986) 105-10.

본 문

삽화 1. 아하수에로가 새 왕후를 뽑기로 결심하다(2:1-4)

때: 3년 후 어느 때

1 그 후에 아하수에로 왕의 노가 그치매 와스디와 그의 행한 일과 그에 대하여 내린 조서를 생각하거늘

2 왕의 시신이 아뢰되 왕은 왕을 위하여 아리따운 처녀들을 구하게 하시되

3 전국 각 도에 관리를 명령하여 아리따운 처녀를 다 도성 수산으로 모아 후궁으로 들여 궁녀를 주관하는 내시 헤개의 손에 붙여 그 몸을 정결케

Episode 1. Ahasuerus decides to seek a new queen (2:1-4)

Time: some time after year 3

1 Some time later,[a] when the anger of King Ahasuerus had subsided, he remembered Vashti and what she had done and the measures that had been taken[b] against her.

2 So the king's personal attendants suggested,[a] "Let a search be made[b] for beautiful young women for the king.

3 And let the king appoint officials in all the provinces of his kingdom to bring[a] each of these beautiful young women to the harem[b] in the

하는 물품을 주게 하시고

Citadel of Susa. Let them be put into the custody[c] of Hegai,[d] the king's eunuch in charge of the women, and let him provide them[e] the cosmetics they will need.[f]

4 왕의 눈에 아름다운 처녀로 와스디를 대신하여 왕후를 삼으소서 왕이 그 말을 선히 여겨 그대로 행하니라

4 And let the young woman who pleases the king[a] be queen in place of Vashti."
The idea pleased the king,[b] and he did as his attendants suggested.[c]

삽화 2. 에스더가 왕의 규방으로 들어가다 (2:5-11)

때: 3년 후 어느 때

5 도성 수산에 한 유다인이 있으니 이름은 모르드개라 저는 베냐민 자손이니 기스의 증손이요 시므이의 손자요 야일의 아들이라

6 전에 바벨론 왕 느부갓네살이 예루살렘에서 유다 왕 여고냐와 백성을 사로잡아 갈 때에 모르드개도 함께 사로잡혔더라

7 저의 삼촌의 딸 하닷사 곧 에스더는 부모가 없고 용모가 곱고 아리따운 처녀라 그 부모가 죽은 후에 모르드개가 자기 딸같이 양육하더라

Episode 2. Esther is taken to the royal harem (2:5-11)

Time: some time after year 3

5 Now there was a Jew in the Citadel of Susa whose name was Mordecai, son of Jair, son of Shimei, son of Kish, a Benjaminite

6 who had been deported from Jerusalem among those whom Nebuchadnezzar king of Babylon had carried off with Jeconiah king of Judah.[a]

7 He was raising Hadassah (also known as Esther[a]), his cousin,[b] since she had neither father nor mother. She was a very beautiful young woman,[c] and Mordecai had adopted her[d] as his own daughter when her father and mother died.

8 왕의 조명이 반포되매 처녀들이 도성 수산에 많이 모여 헤개의 수하에 나아갈 때에 에스더도 왕궁으로 이끌려 가서 궁녀를 주관하는 헤개의 수하에 속하니

8 So when the king's command and edict were proclaimed and many young women were gathered into the Citadel of Susa into the custody of Hegai, Esther too was taken to the palace and put in the care of Hegai,[a] who was in charge of the women.

9 헤개가 이 처녀를 기뻐하여 은혜를 베풀어 몸을 정결케 할 물품과 일용품을 곧 주며 또 왕궁에서 의례히 주는 일곱 궁녀를 주고 에스더와 그 궁녀들을 후궁 아름다운 처소로 옮기더라

9 And the young woman pleased him[a] and won his favor. So he promptly supplied her with[b] her cosmetics and her allowance of food. And he also gave her the seven specially chosen maids from the palace and transferred her and her maids to the best part of the harem.

10 에스더가 자기의 민족과 종족을 고하지 아니하니 이는 모르드개가 명하여 고하지 말라 하였음이라

11 모르드개가 날마다 후궁 뜰 앞으로 왕래하며 에스더의 안부와 어떻게 될 것을 알고자 하더라

10 Esther did not make known her nationality or her parentage, for Mordecai had commanded her not to do so.

11 And every day Mordecai would walk back and forth in front of the court of the harem in

order to find out how Esther was and what was happening to her

삽화 3. 에스더가 왕후로 뽑히다(2:12-18)
때: 7년 10월

12 처녀마다 차례대로 아하수에로 왕에게 나아가기 전에 여자에 대하여 정한 규례대로 열두 달 동안을 행하되 여섯 달은 향품과 여자에게 쓰는 다른 물품을 써서 몸을 정결케 하는 기한을 마치며

13 처녀가 왕에게 나아갈 때에는 그 구하는 것을 다 주어 후궁에서 왕궁으로 가지고 가게 하고

14 저녁이면 갔다가 아침에는 둘째 후궁으로 돌아와서 비빈을 주관하는 내시 사아스가스의 수하에 속하고 왕이 저를 기뻐하여 그 이름을 부르지 아니하면 다시 왕에게 나아가지 못하더라

15 모르드개의 삼촌 아비하일의 딸 곧 모르드개가 자기의 딸같이 양육하는 에스더가 차례대로 왕에게 나아갈 때에 궁녀를 주관하는 내시 헤개의 정한 것 외에는 다른 것을 구하지 아니하였으나 모든 보는 자에게 굄을 얻더라

16 아하수에로 왕의 칠 년 시월 곧 데벳월에 에스더가 이끌려 왕궁에 들어가서 왕의 앞에 나아가니

17 왕이 모든 여자보다 에스더를 더욱 사랑하므로 저가 모든 처녀보다 왕의 앞에 더욱 은총을 얻은지라 왕이 그 머리에 면류관을 씌우고 와스디를 대신하여 왕후를 삼은 후에

18 왕이 크게 잔치를 베푸니 이는 에스더를 위한 잔치라 모든 방백과 신복을 향응하고 또 각 도의 세금을 면제하고 왕의 풍부함을 따라 크게 상주

Episode 3. Esther is chosen queen 2:12 18
Time: month 10, year 7

12 Now when each young woman's turn came to go to King Ahasuerus, after having completed the twelve-month period[a] prescribed for the women[b] (for the required period of their beauty treatment was fulfilled as follows: six months in oil of myrrh and six months in perfumes and other cosmetics used by women),

13 she would go to the king in the following manner: everything that she requested[a] to take with her from the harem to the king's quarters was given to her.

14 In the evening she would go in, and in the morning she would return again to the harem,[a] but now to[b] the custody of Shaashgaz, the king's eunuch in charge of the concubines. She would not go again to the king unless he took pleasure in her[c] and she was summoned by name.

15 But when it came the turn of Esther the daughter of Abihail, the uncle of Mordecai (who had adopted her as his daughter),[a] to go to the king, she requested nothing except what Hegai, the king's eunuch in charge of the women, advised, and she won the favor of all who saw her.

16 So Esther was taken to King Ahasuerus in his royal quarters[a] in the tenth month, the month of Tebeth,[b] in the seventh[c] year of his reign.

17 And the king loved Esther more than all the women, and she won his favor and approval more than all the girls. He placed a royal crown on her head and made her queen instead of Vashti.

18 And the king gave a great banquet in Esther's honor for all his nobles and courtiers,[a] and he proclaimed a remission of taxes[b] for the

니라 provinces and distributed girls in royal style.[c]

원문주해

1.a. 직역하면 "이 일들/사건들 후에".

1.b. 직역하면 "선포된 것". 가자르 알(גזר על, "포고하다")이란 관용어는 BH에 있는 산문 가운데서 여기만 나타난다. SBH에서는 관용어가 차와 알(צוה על)이다. 에스더서에 있는 용법의 후대성은 이것이 다른 곳에서 MH에만 나타난다는 사실에 암시되어 있다. Bergey, *Esther*, 109-101를 보라.

2.a. 직역하면 "그를 섬겼던 왕의 수행원들[직역하면 '젊은이들']이 말했다".

2.b. 히브리어는 선행사가 없는 3인칭 남성 복수을 사용하고 있는데, 이는 영어에서 수동형과 동일하다(참조. *GBH* § 155b).

3.a. "…로…을 가져가다"인데, 직역하면 "그리고 그들로 하여금 …로 모으도록 하라."

3.b. 이 문구는 직역하면 "여인들의 집/숙소"이며, 왕의 처첩들이 거주했던 왕궁 안에 있는 왕의 사저의 일부분을 가리킨다.

3.c. 훌륭한 영어 스타일은 여기에 나타난 길다란 히브리어 문장을 둘로 끊도록 요구한다.

3.d. 이 본문에서는 이름이 헤게(הֵגֶא)이지만, 8, 15절에서는 헤가이(הֵגַי)다.

3.e. 이 문장은 와우(ו)를 가진 부정사 절대형, 즉 웨나톤(ונתון)으로 시작되고 있는데, 하나의 정형 동사의 위치에서 기능을 하고 있다. 이러한 용법은 SBH에서보다는 LBH에서 더 통상적이다(*IBHS* § 35.5.2.b에 있는 논의를 보라; *GBH* § 123x, 특히 n. [1]). 이 동사는 인칭과 그 시제/상을 결정하는 앞의 동사에 종속된다(즉 시간 혹은 논리의 결과로서 일어나는 것이다)(참조. *IBHS* § 35.5.2.d).

3.f. 직역하면 "그들의 화장품".

4.a. 직역하면 "왕의 눈에 기쁨이다".

4.b. 직역하면 "왕의 눈에 기쁨이었다".

4.c. 직역하면 "그러므로/그래서".

6.a. 직역하면 "바벨론 왕 느부갓네살이 붙잡아 갔던 유다 왕 여고냐와 함께 포로가 되었던 포로민들과 함께". 설화자는 여호야긴이란 이름의 다른 형태를 사용하고 있는데(참조. 렘 24:1; 27:20; 대상 3:16), 그는 주전 597년에 포로로 잡혀갔다.

7.a. 직역하면 "그것은, 에스더다".

7.b. 직역하면 "그의 삼촌의 딸". LXX에는 "그의 삼촌, 아미나답의 딸"로 되어 있는데, LXX이 2:15; 9:29에서 에스더의 아버지로 말하고 있는 이름과 같다. OL과 Vg은 에스더를 모르드개의 조카딸로 말하고 있다.

7.c. 직역하면 "용모가 아름답고 외모가 사랑스러운".

7.d. 혹은 "그녀를 자기에게 하나의 딸로서 취급했다". "주석"을 보라. LXX에는 에파이듀센 아우텐 헤아우토 에이스 귀나이카(ἐπαίδευσεν αὐτὴν ἑαυτῷ εἰς γυναῖκα, "그가 그녀를 자신의 아내로 일으켜 세웠다")로 되어 있다. 이것은 아마도 그가 아직은 그녀와 혼인하지 않았다는 사실을 의미하는데(Moore, 21는 이에 반대다), 그 이유는 그 다음 구절이 그녀가 왕을 위하여 모집한 다른 결혼하지 않은 여인들과 함께 왕궁으로 취하여 들여졌다고 기록하고 있기 때문이다. LXX이 독창적이기는 하지만, 베트(בית, "집")를 "아내"의 의미로 취급하고 있는 탈무드를 따라 레바트(לבת)를 레비트(לבית, "한 아내를 위하여")로 읽고 있다는 하우트의 주장(*AJSL* 24[1907-8] 116)은 전혀 타당성이 없다. 이 단어가 LXX의 번역 당시와 같은 초창기의 의미를 가지고 있었다는 것은 전혀 개연성이 없다.

8.a. 직역하면 "왕궁으로 취해져서 헤개의 관리 아래 들어갔다".

9.a. 직역하면 "그의 눈에 기쁨이었다".

9.b. 직역하면 "그녀에게 주도록 재촉했다".

12.a. Syr은 본 절 전체에 걸쳐서 "달들" 대신에 "날들"로 읽는다. 이것은 다른 히브리어 본문으로 인한 차이라기보다는 익살맞게 확대된 시기로 야기된 의도적 전환(그 의미에 관해서는 "해설"을 보라)임에 거의 틀림없다.

12.b. 직역하면 "여인들의 처방에 따라 그녀의 12개월이 된 때". 이 문장 "여인들의 처방에 따라 그녀가…된 때"가 LXX에는 없는데, 이는 틀림없이 히브리어 본문이 다르기 때문이라기보다는 의역으로 인한 것이다.

13.a. 어느 정도 자주 그러하듯, 여기서 직접 목적어를 표시하는 에트(את)는 수동 동사 인나텐(ינתן, "주어졌다")의 주어를 표시한다. *IBHS* §§ 10.3.b, c; 10.3.2.b를 보라.

14.a. 혹은 "두 번째 하렘[규방]으로 돌아가다". "주석"을 보라.

14.b. 엘-야드(אל־יד)가 알-야드(על־יד)로 전환되어서는 안 될 것이다(Haller, 122; 참조. *BHS* n. b). "원문주해" 1:17.c를 보라.

14.c. LXX에는 없는 "그가 그녀 안에서 기쁨을 취했다[저를 기뻐하여]"는 문구는 삭제해서는 안 될 것이다(*BHS* n). 이것은 다른 히브리어 본문으로 인한 차이라기보다는 의역으로 인한 것이다.

15.a. 무어(Moore, 16)는 LXX에는 없는 삽입구적인 문구가 7절부터 나온 후대의 해석이라고 생각한다. LXX이 의역이고 또한 히브리어 본문에 비하여 수많은 덧붙인 내용과 삭제된 내용이 있으므로, 이 문구가 LXX 번역자에 의하여 누락되었다는 것이 더 그럴듯하다.

16.a. 직역하면 "그의 왕실 숙소로". LXX에 없는 이 문구는 삭제되어서는 안 될 것이다. 이것이 히브리 원본이라는 사실은 그 특이한 형태에 의하여 나타나는데, 이에 대한 논의에 관해서는 "주석"을 보라.

16.b. LXX에는 "아달월인 열두 번째 달에"로 되어 있다.

16.c. Syr은 와스디의 폐위가 너무 긴 시간이 되는 "네 번째"로 되어 있는데, 틀림없이 4년과 관련되어 있다. 이 이야기의 역사성을 주장하는 사람들은 크세르크세스가 이 4년 가운데 2년을 헬라에 대한 원정으로 보냈다고 말한다(예를 들어, Shea, *AUSS* 14[1976] 233-35).

18.a. 직역하면 "자기 모든 귀족들과 신복들을 위한 한 큰 잔치-에스더를 위한 잔치". 사라이우 와아바다이우(שָׂרָיו וַעֲבָדָיו)를 "귀족들과 신복들"로 번역한 문제에 관해서는 1:3에 있는 이 문구에 대한 "주석"을 보라.

18.b. 하나하(הֲנָחָה, 직역하면 "안식, 휴식, 완화하게 하는")는 아람어 하펠(haphel) 부정사의 패턴을 따라 세워진 LBH 형태다(*GBH* §§ 88L, b; BL § 61jє을 보라). "세금을 면제하고"란 의미는 불확실하다(*HALOT*, 252를 보라; 참조. Clines, *Esther Scroll*, 184 n. 41). 제안된 다른 의미들은 "공휴일", "사면", "강제 노역의 면제" 혹은 "군대 복역의 면제"다.

18.c. 직역하면 "왕의 손에 따라". 그 의미에 관해서는 1:7의 "주석"을 보라. 마지막 문장 전체는 LXX에는 없다.

양식/구조/배경

내용과 양식 면에서 이 두 번째 장면은 세 개의 삽화로 나누어진다. 내용에 관해서 말하자면, 이것들은 연대와 줄거리의 발전에 의하여 각기 분리된 단계들로 나누어진다(참조. Murphy, *Wisdom*, 159-60). 첫 번째 삽화인 1-4절은 왕이 와스디를 폐위하기로 결정하고 그것을 어떻게 처리할 것인지를 설명한다. 두 번째 삽화인 5-11절은 연대기적으로 후대의 것으로서, 에스더가 왕의 규방에 도착하게 된 상황을 설명한다. 그러므로 설화자는 이 삽화를 에스더를 소개하면서 시작해야 하는데, 이러한 사항이 모르드개를 소개하는 일 그리고 그와 그녀의 관계를 설명하는 일과 서로 얽혀 있다. 그 다음으로 세 번째 삽화는 에스더를 와스디를 대신할 왕후로 간택하는 사건들 및 상황을 설명한다.

삽화들의 분석은 양식적으로도 표시되어 있다. 첫 번째 삽화는 일반적인 시간을 나타내는 표현 "그 후에"로 소개되어 있는데, 이것은 새로운 단락을 시작하기 위하여 히브리 설화에서 자주 사용된 것으로서 삽화의 초두에 나오는 언급이다. 삽화의 종결은 4c절의 요약적 진술에 의해서 뿐만 아니라 두 번째 삽화의 시작을 표시하는 결과절에 의해서도 암시되어 있다: 이쉬 예후디 하야 베수산 하비라…(…איש יהודי היה בשושן הבירה, "이제 도성 수산에 한 유다인이 있으니…"(5절). 이 장면 전체의 종결은 명확한 인클루시오로 표시되어 있다: 즉 세 번째 삽화(17d절)에 있는 와얌리케하 타하트 와슈티(וימליכה תחת ושתי, "그리고 와스디를 대신하여 왕후를 삼은 후에")라는 말이 첫 번째 삽화에 있는 티믈로크 타하트 와슈티(תחת ושתי תמלך, "와스디를 대신하여 왕후를 삼으소서"; 4절)라는 왕의 시신들의 말로부터 완전히 한 바퀴를 돌아왔기 때문이다. 이것이 또한 다음 장면이 시작되는 길다란 상황절(19-20절)을 통해서도 강조되어 있다. 양식적으로 삽화 2와 3 간의 구분은 덜 명확하게 표시되어 있다. 그러나 경계선이 14절과 15절 사이에 있지 않고 11절과 12절 사이에 놓여 있다는 사실은 12-13절과 15절의 구조의 평행을 통하여 암시되어 있는데, 이것은 그것들의 단일성에 우리의 주의를 환기시킨다.

12-13절	ובהגיע תר נערה ונערה לבוא אל־המלך	처녀마다 차례대로 왕에게 나아가기 전에…,	A
	…את כל־אשר תאמר ינתן לה	그 구하는 것을 다 주어	B
15절	ובהגיע תר־אסתר…לבוא אל־המלך	에스더가 차례대로 왕에게 나아갈 때에	A′
	לא בקשה דבר כי אם את־אשר יאמר הגי	헤개의 정한 것 외에는 다른 것을 구하지 아니하였으나	B′

이것은 또한 11절과 12절에서 주어의 의미심장한 전환 그리고 14절과 15절에서 주어의 결핍을 통하여 암시되어 있다.

마지막으로, 전체 장면의 단일성은 그 내용의 일관성에 의하여 암시되어 있다(다음 페이지에 있는 도표를 보라). 이것은 일차적으로 전체를 하나로 묶는 하나의 두드러지고도 평행적인 양식으로 본문 가운데 기술적으로 짜여진 일련의 중심 주제들(반복된 표현들)로 수립되어 있다. 도표가 드러내 주고 있는 바와 같이, 여인들의 화장품을 취급하고 있는 하나의 중심 주제 C가 모든 세 개의 삽화 가운데 나타나 있다. 그러나 전체를 묶고 있는 것은 삽화 2다. 삽화 2에 있는 중심 주제들 가운데 여섯 개가 각기 세 개의 중심 주제들로 2조를 이루고 있다. 한 조인 A, B, D는 삽화 1과 2에만 공통으로 되어 있다. 다른 한 조 F, G, H는 삽화 2와 3에만 공통으로 되어 있다. 이러한 배열은 솜씨 있게 세 개의 모든 삽화를 함께 묶는다. 삽화 1과 3에 공통이 되는 중심 주제 E는 이 장면의 중심 주제를 밝히고 있고, 그러므로 전체를 종결짓는 하나의 인클루시오를 제공한다.

장면 2의 일관성

삽화 1, 1-4절:

절	본문	
2b절	아리따운 처녀들을 구하게 하시되	A
3b절	각 아리따운 처녀	
3b절	도성 수산으로 모아 후궁으로 들여 궁녀를 주관하는 내시 헤개의 손에 붙여	B
3c절	그 몸을 정결케 하는 물품을 주게 하시고	C
4a절	**왕의 눈에 아름다운 처녀로**	D
4a절	와스디를 대신하여 왕후를 삼으소서	E

삽화 2, 5-11절

절	본문	
7b절	용모가 곱고 아리따운 처녀라	A
7c절	모르드개가 자기 딸같이 양육하더라	F
8b-c절	수산에 많이 모여 헤개의 수하에 나아갈 때에…궁녀를 주관하는 헤개의 수하에 속하니	B
8d절	에스더도 왕궁으로 이끌려 가서	G
9a절	**이 처녀를 기뻐하여**	D
9b절	은혜를 베풀어 ותשׂא חסד לפניו	H
9c절	몸을 정결케 할 물품과 일용품을 곧 주며	C

삽화3, 12-18절

절	본문	
12c절	…여자에 대하여 정한 규례대로…동안을 행하되	C
12d절	…여섯 달은 향품	
15a절	…자기의 딸같이 양육하는	F
15c절	모든 보는 자에게 굄을 얻더라 ותהי אסתר נשׂאת חן בעיני כל־ראיה	H
17b절	저가 모든 처녀보다 왕의 앞에 더욱 은총을 얻은지라 ותשׂא־חן וחסד לפניו מכל־חבתולת	
16a절	에스더가 이끌려 왕궁에 들어가서 왕의 앞에 나아가니	G
17d절	와스디를 대신하여 왕후를 삼은 후에	E

주석

2 "아리따운 처녀들을"(נְעָרוֹת בְּתוּלוֹת טוֹבוֹת מַרְאֶה – 네아로트 베툴로트 토보트 마르에, 직역하면 "결혼 적령기의 외모가 아름다운 젊은 여인들"). 베툴라(בתולה)란 단어는 영어로 전문적인 의미에서 "동정녀"를 의미하지 않는다. 이 단어는 "결혼 적령기의 젊은 여성"을 의미한다(M. Tsevat, בתולה, *TDOT* 2:341-43; 특히 Wenham, *VT* 22[1972] 343-44를 보라). 웬함이 지적하는 바와 같이, 이 단어가 이 구절에서 일반적인 의미를 담고 있다는 사실은 그것이 17절에서 사용되었다는 사실에 암시되어 있는데, 이 곳에서 이 단어는 "동정녀"를 의미할 수 없다. 그러므로 특히 가부장적 세계에서 결혼 적령기의 젊은 여성은 성 경험이 전혀 없는 사람이 요구되기는 하지만 여기서 글자 그대로 숫처녀를 강조하고 있지 않다.

3 "(각) 아리따운 처녀"(אֶת־כָּל־נַעֲרָה־בְתוּלָה טוֹבַת מַרְאֶה – 에트-콜-나아라-베툴라 토바트 마르에). 언뜻 보기에 이 히브리어는 문제가 있어 보인다. 불변화사 에트(את)가 접두되어 있는데, 이것은 산문체에서 드물게 부정 직접 목적어와 함께 사용된다(그것은 주로 한정 직접 목적어를 표시한다). 그러나 에트(את)+콜(כל) 혹은 숫자는 논리적으로 한정된 것인데(*IBHS* § 10.3.1.a; p. 180; 참조. GKC § 117d가 그렇게 말함), 특히 부정 계층, 여기서는 "아름다운 젊은 여인들"이 앞 절에서 언급되었을 때 그러하다. 그렇다면 마치 왕의 시종들이 지금 과장하여 말하고 있는 것처럼, "모든 아름다운 젊은 여인"이란 번역을 피해야 한다(NASV; Moore, 18; Fox, 26-27이 그렇게 번역함).

5 "한 유다인이 있으니"(אִישׁ יְהוּדִי הָיָה – 이쉬 예후디 하야). 예후디(יהודי)란 단어가 여기서 여고냐와 함께 유다로부터 포로가 된 한 사람을 가리키므로(혹은 그의 조상은 기스였다. 아래의 논의를 보라), 이것은 유대인(혹은 유다인)으로 번역될 수 있다. 그러나 유대인(혹은 유다인)은 유다의 독립된 국가의 일원(一圓)을 가리키거나 혹은 에스더서의 이야기 배경에서는 이와 같은 이름으로 알려진 지역의 한 구성원을 가리키는데, 곧 페르시아 제국 행정 구역의 구성원이었다(아마도 한 지방의 한 구역 단위 같은 구역이었을 것임; 참조. 에스라-느헤미야). 그러나 이와 같은 별칭이 이 곳과 다른 다섯 개의 구절에서(5:13; 6:10; 8:7; 9:31; 10:3; 필자의 의견에는 9:31에서의 사용은 원본이 아닌 것으로 보인다. 9:6-32에 대한 "원문주해"에서 29-32절에 대한 특별 부록을 보라) 모르드개에 대해서 사용되었으며, 그는 철저하게 페르시아의 "유대인" 공동체의 한 구성원이 아니라 유대인/유다인

디아스포라 가운데 한 사람, 즉 예루살렘 주변에 사는 귀환한 유대인 공동체에서 일익을 감당했던 사람이 아니라 페르시아 제국 내의 여러 곳에서 고국을 떠나 살아가는 사람이었다. 이것은 명사에서 나온 동사 미트야하딤(מתיהדים, 직역하면 "유대인이 되었다"; 8:17)의 사용에서 분명하게 드러나는데, 이 단어는 "거류지를 바꾸지 않고 되어질 수 있는…어떤 것을 의미한다"(Levenson, *JES* 13[1976] 450). 이 이야기는 유다인들이 아니라 유대인들(Jews), 즉 페르시아 전국에 흩어져 있는 고국을 떠난 유대인 공동체 구성원들(2:8)에 관한 이야기다. 그런 까닭에 이 별칭은 유대인(Jew)으로만 번역될 수 있다. 이러한 구별은 설화 전체의 목적과 의미를 이해하는 데 지극히 중요하다(에스더서 서론에 있는 주제와 목적에 있는 논의를 보라).

"이름은 모르드개라 저는 베냐민 자손이니 기스의 증손이요 시므이의 손자요 야일의 아들이라"(וּשְׁמוֹ מָרְדֳּכַי בֶּן יָאִיר בֶּן־שִׁמְעִי בֶּן־קִישׁ אִישׁ יְמִינִי – 우쉐모 모르드카이 벤 야이르 벤-쉬므이 벤-퀴쉬 이쉬 예미니). 모르드개의 이름이 그 당시에 사용되던 실제 개인 이름이라는 사실은 의심의 여지가 없다. 이 이름은 주전 5세기의 아람어 알파벳으로 된 기록과 설형문자 기록에 들어 있는 여러 다른 본문들 가운데 나타난다. 예를 들어, 이것은 아람어 가운데 나타난다. (1) 애굽에서 발견된 편지에는 *mrdk*라고 기록되었는데, 아마도 북 메소보다미아에 자리잡고 있었던 것으로 보이는 한 직위의 이름인 것으로 보인다(Driver, *Aramaic Documents*, 27-28, 56). (2) 한 본문의 역순으로 기록된 *mardk*'(이것은 달리 바벨론 설형문자로 기록되어 있다. Delaporte, *Épigraphes*, 59). 이것은 설형문자 기록에도 나타난다. (1) 무라슈(Murashû) 기록에 나오는 마르두카(marduka)란 형태로(Stolper, *Entrepreneurs*, 294). (2) 페르세폴리스(Persepolis) 보고 토판들과 페르세폴리스 성채(城砦) 본문들에 있는 약 30개의 엘람인의 본문들에서는 마르두카(marduka) 혹은 마르두쿠(marduku) 형태로, 여기서는 적어도 네 명의 사람들을 가리켜 말하고 있다(Yamauchi, *VT* 42[1992] 273). (3) 같은 본문들 가운데서 복합적 이름들로 되어 있는 신의 이름을 받은 이름으로(참조. Cameron, *Persepolis Treasury Tablets*, 84). 그리고 (4) 바벨론 근처 보르십파(Borsippa)에서 나온 것으로 보이는 것으로서 페르시아 관리들에게 주어진 지불 내용의 목록을 담고 있는 토판에서는 마르두카(marduka)의 형태로. 이것은 바벨론 변방과 강 건너(Beyond the River, 즉 Abar Nahara) 총독의 서기관 혹은 행정 기능직의 이름이다(그 의미에 관해서는 Clines, *VT* 41[1991] 134를 보라). 이 경우 대부분 그 이름을 가지고 있는 사람은 페르시아 행정부에서 어떤 종류의 직위인 것으로 보인다. 아무 곳에서도 그가 유대인이라는 증거는 없다.

이 이름이 같은 시대의 유대인들에게 채택된 이름이었다는 분명한 증거가 있다. 그러므로 에스더서에서 그 이름이 사용된 것을 제외하고, 이 이름은 (1) 스룹바벨과 함께 본국으로 돌아온 포로민들 가운데 한 사람으로(스 2:2; 느 7:7; 에스드라1서 5:8), 그리고 (2) 이 이름이 최근에 주전 200-150년경 톨레미 중간 시기에 애굽 알렉산드리아의 한 유대인 묘지 입구에 있는 매장 비문에 헬라어 마르도카이오스(*μαρδοχαìος*)로 기록되어 있는 것이 언급되었다.(Horbury, *VT* 41[1991] 220 -26를 보라). 이 이름은 바벨론 만신전의 두목격인 신 마르둑이라는 이름으로부터 유래되었을 가능성이 매우 크므로, 아마도 신의 이름을 포함한 이름인 것으로 보인다(Clines, *ABD* 4:902가 그것이 "특별한 사람"을 의미하는 후리인이나 엘람인의 이름이었다는 Limosín의 최근 주장을 말하고 있기는 하지만). 이 시기에 동방의 디아스포라 가운데서 바벨론인의 이름을 가지는 것은 보기 드문 일이 아니었던 것으로 보인다. 이러한 사실은 세스바살과 스룹바벨이라는 성경의 이름들과 다니엘과 그의 세 친구의 바벨론 이름들을 통하여 강력하게 암시되어 있으며(단 1:6-7), 또한 유대인들 사이에서 자기들의 자녀들에게 바벨론식 이름을 지어 주는 경향이 있었다(Stolper, *ABD* 4:928)는 사실에 암시되어 있다. 에스더("하닷사", 7절)와 다니엘과 그의 친구들처럼 모르드개는 바벨론 이름이면서 동시에 히브리 이름이었던 것으로 보인다(Clines, 286). 만약 그렇다면 설화자가 에스더에게 했듯이 이를 암시하지 않았다는 점이 이상해 보인다.

5-6 덧붙여진 6절의 일련의 세 개의 관계절을 고려하여, 5절에 있는 모르드개의 족보의 의미와 의도는 수많은 논란이 있어 왔다. 한편으로 시므이와 기스라는 이름들은 모르드개의 베냐민 가문에서 먼 조상들일 수 있는데, 그 이유는 기스가 사울의 부친이었고(삼상 1:9) 시므이가 다윗에게 반역했던 사울 가문(직역하면 בית, "집")에 속한 (삼하 16:5-13) 지파의 한 사람의 이름이었기 때문이다. 어떤 사람은 설화자가 모르드개의 조상을 사울의 부친 기스에게까지 거슬러 올라가고 있다고 생각하는데(Panton, 167-68; Moore, 19-20, 35; Bardtke, 299가 그렇게 가정함), (1) 하만에게 엎드려 절하기를 거절하고 그 결과로 둘 사이에 화해할 수 없는 적대감을 설명하기 위하여, 그리고/혹은 (2) 사울이 아말렉 사람들의 왕이요 하만의 조상인 아각을 제거하기를 실패했으므로 모르드개가 아각 사람 하만을 제거하는 일의 중요성을 강조하기 위해서였다는 것이다(삼상 15장; 아래 3:1에 대한 "주석"을 보라). 그러나 만일 이들이 사울 당시의 먼 조상들이라면, 6절에 있는 일련의

관계절들이 가리키는 것은 오직 모르드개 자신일 수 있다. 따라서 주전 597년에 여호야긴과 함께(위의 "원문주해" 6.a를 보라) 포로가 되어 간 사람이 바로 이 사람이다. 이 점은 모르드개가 이 이야기가 진행되었을 당시에 약 120세가 되어 있었을 것이고, 에스더(네아로트 베툴로트 토보트 마르에〈נערות בתולות טובת מראה, "아리따운 처녀들"〉, 2절 중에 한 사람으로 선택된)가 모르드개보다 나이가 약간 적었을 것이라는 지극히 불가능한 상황이 된다. 단순히 설화자가 연대기적으로 혼동했을 수도 있다(Fox, 29; Moore, 27가 그렇게 말함). 그러나 최소한 자신의 이야기가 속해 있는 페르시아 세계의 배경과 상황에 대해 너무나 충분히 알고 있는 것으로 자신을 드러내고 있는 설화자가 그 시대의 일반적인 연대에 대해서는 알지 못하고 있었으리라는 것은 타당하지 못하다(Bardtke, 299는 이에 반대다). 클라인즈가 말하는 바와 같이(Clines, 286), 설화자가 첫 번째 페르시아 왕 당시에 포로에서 돌아온 사람들 가운데 그 공동체의 가장 나이가 많은 사람들만 솔로몬의 성전을 기억할 수 있었다는 사실을 알지 못했으리라는 것은 있을 성싶지 않다(스 3:12).

더 나아가서, 기스와 시므이는 분명히 같은 족보에 속해 있지 않으며(위를 보라), 또한 그러한 지식을 가지고 있는 설화자가 불가능한 족보를 고안해 냈을 것 같지도 않다(그러나 Berg, *Book of Esther*, 64-66를 보라).

다른 한편, 이 족보 가운데 세 명은 모르드개의 직계 조상들로 취급할 수 있다. 그럴 경우, 위에 언급된 있을 성싶지 않은 사실들을 피하기 위해서는 6절에 있는 일련의 관계절이 모르드개를 가리키지 않고 족보의 맨 마지막 사람인 기스나(예를 들어, Edelman, *ABD* 4:86; Yamauchi, *BSac* 137[1980] 107; Wright, "Historicity," 38), 혹은 집합적 계보(Gerleman, 77; Bardtke, 299)를 가리킨다고 결론지어야 한다. 이것이 이 문장에 대한 가장 자연스러운 해석은 아닐지라도, 결코 배제되지 않는 해석이다(Clines, 287). 이 같은 해석을 지지하여 주장하는 내용은, 지파의 동격어구 이쉬 예미니(איש ימיני, "한 베냐민 사람")가 모르드개가 아닌 기스와 동격어구일 수도 있다는 사실인데, 왜냐하면 모르드개가 문장의 초두에서 인종적 단어인 예후디(יהודי, "유대인")와 동일시되었고, 그런 까닭에 또 다른 인종을 밝힐 필요가 없었기 때문이다(Edelman, *ABD* 4:86).

그럼에도 불구하고, 이 족보의 이름들이 모르드개의 직계 조상들로 취급될지라도, 이 부친의 이름은 모르드개와 피할 수 없이 연결되어 있는 자로서 모르드개를 베냐민 지파 기스의 자손으로 밝혀 주고 있거나, 혹은 최소한 아각과 아말렉 사람들의 숙적인 사울을 생각나게 하는 사람으로 밝혀 주고 있는데, 이러한 사실은 모르드개와 아각 사람 하만 간의 강력한 적대감과 대립에 길을 열어 주고 있다(3:1-5의 "해설"을 보라). 마지막으로, 모르드개의 현조(玄祖)가 여호야긴과 함께 포로로 잡혀갔다는 사실은 그의 가족이 고위직이었거나 혹은 최소한 유대인 사회에서 상류층에 속했다는 사실을 암시하고 있는데, 그 이유는 주전 597년에 있었던 첫 번째 포로에서 이 그룹이 일차적으로 포로로 끌려갔기 때문이다.

7 "하닷사 곧 에스더"(אֶת־הֲדַסָּה הִיא אֶסְתֵּר – 에트-하닷사 히 에스테르). 모르드개란 이름에 대한 논의 가운데서 위에 인용된 실례들의 유추 다음으로 보족어적 문구 "곧 에스더"의 첨가는 에스더가 히브리어와 비히브리어의 이름을 가졌다는 사실을 의미하는 것으로 취급해야 할 것이다. 그렇다면 "하닷사"는 히브리어 하다쓰(הדס, "도금향"〈myrtle〉)의 여성형으로 이해되었을 수 있다. 만약 이것이 사실이라면, 이 이름을 이쉬타르 여신의 별칭인 악카드어 하다샤투(*ḫadašatu*, "신부")로부터 유래한 것으로 본 오래된 입장(Lewy, *HUCA* 14[1939] 128-29)은 잘못된 것이다(참조. Fox, 275). "에스더"란 이름에 대해서, 비록 이러한 주제로 많은 내용이 저술되기는 했지만, 이러한 어원적 설명은 본 이야기에 아무런 의미도 더해 주지 않는다. 사독이 주장한 도식적이고도 고유명사학적인 반대 증거(Zadok, *ZAW* 98 [1986] 107)를 고려하면, 이 이름이 바벨론 여신 이쉬타르의 한 형태라는 것(참조. Clines, 287)은 전혀 타당성이 없다. 가장 자주 제안된 다른 어원적 설명은 페르시아어 스타라(*stâra*, "별")란 단어다(Zadok을 보라; 이 이름이 "도금향"이란 페르시아 단어의 형태라는 입장에 관해서는 Yahuda, *JRAS*[1946] 174-78를 보라).

"모르드개가 자기 딸같이 양육하더라"(לְקָחָהּ מָרְדֳּכַי לוֹ לְבַת – 레콰하흐 모르드카이 로 레바트). 구약성경의 율법에는 법적 입양이 없으므로, 이에 대한 전문적 히브리어 단어가 없다. 그런 까닭에 이 용어는 단순히 공식적인 입양 행위가 아닌 가족의 타협을 의미한다. 그러나 공식적인 합법적 입양은 메소보다미아에서 널리 유행했고, 따라서 바벨론 디아스포라 유대인들이 그 지역의 법적인 요구, 특히 에스더 시대의 결혼하지 않은 여인의 미묘한 입장 중에서 나이가 더 든 사촌의 가족과 함께 사는 요구에 따랐을 것이다(참조. Knobloch, *ABD* 1:78). 이 히브리적 표현이 바벨론의 문구 아나 마루팀 레쿠(*ana mārūtim leqū*, "아들/딸로 취하다")라는, 실질적인 의미 차용어(외국 관용어를 문자 그대로 차용하는 외래어)라는 사실은 이러한 해석을 지지한다.

9 "이 처녀를 기뻐하여 은혜를 베풀어"(וַתִּשָּׂא חֶסֶד לְפָנָיו – 왓티싸 헤쎄드 레파나이). 바트케(Bardtke, 303)와 무어(Moore, 21)는 모두 에스더서에서만 사용된 나

사+헤쎄드란 관용어와 그 동의어 나사+헨(은총/은혜를 들어올리다/옮겨가다/취하다)이 마사+헨(은혜를 발견하다/얻다)의 수동형이라기보다는 은혜를 "얻어내다" 혹은 "구하다"라는 능동적 행동을 가지고 있다고 주장한다. 이러한 주장은 왕실의 관습을 따라 에스더가 이 관용어의 상황적 사용과 함께 그녀의 요구들을 시작하는 세 경우(5:8; 7:3; 8:5)에 사용된 것은 적절하게 수동형 마사+헨이라는 사실에 의하여 지지를 받는다.

"몸을 정결케 할 물품과 일용품을 곧 주며 또 왕궁에서 의례히 주는 일곱 궁녀를 주고"(וַיְבַהֵל אֶת־תַּמְרוּקֶיהָ וְאֶת־מָנוֹתֶהָ לָתֵת לָהּ וְאֵת שֶׁבַע הַנְּעָרוֹת הָרְאֻיוֹת לָתֶת־לָהּ מִבֵּית הַמֶּלֶךְ – 와예바헬 에트-타므루퀘하 웨에트-마노테하 라테트 라흐 웨에트 쉐바 한네아로트 하르우요트 라테트-라흐 미베트 함멜렉). 페이톤(Paton, 175)은 쉐바 한네아로트 하르우요트(שבע הנערות הראיות, "특별히 뽑은 그 일곱 궁녀")에 있는 관사를 "이것은 왕의 호의를 얻으려는 후보자들 각자에게 분배된 규정된 숫자였다"를 의미하는 것으로 해석하고, 반면에 "가려 뽑은 에스더의 일곱 명은 다른 미녀들에게 할당된 사람들보다 더 나았다는 사실을 보여 준다"는 사실을 의미한다고 해석한다(또한 Fox, 32 참조). 그러나 이러한 해석은 전혀 타당성이 없다. 첫째로, 이러한 상당히 다른 두 가지 개념들은 이러한 단 하나의 표현으로는 전달될 수 없다. 둘째로, 이 해석은 이 정관사의 본래 의미를 오해하고 있다. 다른 한편, 이 관사는 총칭적 의미로 사용될 수도 있다. 말하자면 "독특하고도 그것들 자체로 결정되는 어떤 계층의 인간, 물질, 질을 표시한다"(*IBHS* § 13.5.1.f; 또한 참조. *GBH* § 137 n). 이 궁녀들은 독특하며, 이 점은 이들이 "가려 뽑은/특별히 선택한"(ראיות – 레우요트) 사람들이라는 사실에서 드러난다. 다른 한편, 이 관사는 단순히 "이 일곱 명의 소녀들이 어떤 특별한, 아마도 와스디의 후임이 될 가능성이 가장 큰 여인을 위하여 헤개가 의도적으로 따로 보관해 둔 시종들이었다"는 사실을 암시할 수도 있다(Moore, 22). 이 마지막 해석은 이 궁녀들이 "왕궁에서" 주는 사람들이라는 진술에 의하여 입증된다(이는 아마도 그들이 왕이 주는 급여를 받고 있었다는 사실을 의미한다. Clines, 288이 그렇게 주장함). 이 특별한 궁녀들이 에스더에게만 주어졌다는 또 다른 암시는 "그녀"라는 대명사가 없는 점이며("그녀의 몸을 정결케 할 물품"과 "그녀의 일용품"이 다른 여인들에게 주어진 것들과는 달리 그녀에게 주어진 것들임을 규정하고 있는 방식을 유의하라), 또한 그들이 주어진 것이 "그녀에게 주기 위하여"(לתת־לה – 라테트 라흐)의 반복을 통하여 앞의 내용과 분리하여 진술되어 있다는 사실이다("그녀에게 주기 위하여"〈לתת־לה, 라테트 라흐〉

란 문구가 레우요트(ראיות, "특별히 선택한")와 미베트 함멜렉(מבית המלך, "왕궁으로부터")이란 문구 사이에 위치해 있다는 사실은 NIV의 번역 "왕궁으로부터 선택된"이란 번역을 배제한다. 모든 여인들이 12개월이라는 오랜 미용 기간을 거쳐야 했으므로(12절), "(서둘러) 몸을 정결케 할 물품…을 주고"라는 진술은 아마도 헤개가 그 과정에서 다른 여인들보다 더 일찍이 그녀에게 미용을 하도록 해주었다는 사실을 암시한다(Fox, 31-32).

12 "처녀마다 차례대로 아하수에로 왕에게 나아가기 전에"(וּבְהַגִּיעַ תֹּר נַעֲרָה וְנַעֲרָה לָבוֹא אֶל־הַמֶּלֶךְ אֲחַשְׁוֵרוֹשׁ – 우베학기야 토르 나아라 웨나아라 라보 엘-함멜렉 아하스웨로쉬). 보 엘(בוא אל, "에게로 가다")이란 관용어가 12-14절에서 네 번이나 사용되고 있는 점이 놀라운데(12a, 13a, 14a, 14c절), 이는 여인들 각자가 왕후가 되기를 다투어 경쟁했다는 사실을 묘사하는 세밀한 묘사 방식이다. 이것이 자주 언급된 사실을 고려하면, 이 관용어가 이중적인 의미(entendre)로 사용될 수도 있다. 이 구절은 감각적 의미로 가득하고, 그래서 이 히브리 관용어는 남자에게 사용되든(예를 들어, 창 16:2; 29:21, 23; 삼하 16:21, 22; 룻 4:13; 특히 룻 4:13의 "주석"을 보라), 여인에게 사용되든(예를 들면 삼하 11:4), 구약성경에서 성관계에 대한 완곡어로 자주 사용된다.

"여섯 달은 몰약 기름을 쓰고 여섯 달은 향품과 여자에게 쓰는 다른 물품을 써서"(שִׁשָּׁה חֳדָשִׁים בְּשֶׁמֶן הַמֹּר וְשִׁשָּׁה חֳדָשִׁים בַּבְּשָׂמִים וּבְתַמְרוּקֵי הַנָּשִׁים – 쉬쏴 호다쉼 뻬쉐멘 함모르 웨쉬쏴 호다쉼 빠쁘샤밈 우브타므루퀘 한나쉼). 이것이 스탠드 형태로 된 태워 만든 화장품의 향기로 한 여인의 옷과 피부에 스며들게 하는 것을 가리킨다는 올브라이트의 설명(Abright, "Lachish Cosmetic Burner")은 그 과정을 설명한 것일 수도 있다. 그러나 이 설명이 19세기 에디오피아의 관습에 의존하고 있으므로 호소력이 없다는 클라인즈의 경고(Clines, 289)는 인기가 있다.

13 "(그리고) 처녀가 왕에게 나아갈 때에는"(וּבָזֶה הַנַּעֲרָה בָּאָה אֶל־הַמֶּלֶךְ – 우바제 한나아라 빠아 엘-함멜렉). 12절의 확대된 시간을 나타내는 문장과 삽입구가 서문을 이루고 있는 이 13절에는 주절이 제공되어야 한다. 본 절은 서론적 부사구 우바제(ובזה, "그리고 이와 함께")로 시작된다. 그러나 이 문구가 무엇을 가리키는지는 모호하다. 한편으로, 무어(Moore, 23; 또한 Paton, 181)는 이 문장을 12절의 앞부분에 나오는 시간을 나타내는 문장을 재진술함으로써 삽입구 다음에 문장을 다시 시작하도록 이 문구에 시간적 의미를 부여한다(NJB, NRSV가 그렇게 번역함). 그러나 삽입구는 그 전체 문장의 불필요한 재진술을 필요로 할 만큼 충분히 길지 못

하다. 다른 한편, 이 표현은 "이와 같은 방식으로/상태로"와 같이 방법과 상태를 표현하는 부사구로 취급될 수도 있다. 이러한 의미로라면, 이 문구는 방금 진술된 아름다움의 상태를 가리키는 것으로 취급될 수 있다(RSV가 그렇게 번역함). 그러나 이 문장을 다음 문장과 연결시켜 주는 접속사 와우(ו)가 없다는 사실을 고려하면, 그녀가 왕궁으로 들어가는 방식이 그 다음에 이어지는 문장에 의하여 표현되는 것으로 취급되는 것이 가장 좋다(NIV, NASV; Fox, 34-35이 그렇게 번역함).

"후궁에서 왕궁으로"(מִבֵּית הַנָּשִׁים עַד־בֵּית הַמֶּלֶךְ – 미뻬트 한나쉼 아드-뻬트 함멜렉). 여기 뻬트 함멜렉(בית המלך, "왕궁")은 8, 9절에서처럼 왕실 전체를 의미할 수 없는데, 그 이유는 하렘(규방)은 왕의 사저로 사용하기 위하여 구별된 왕궁의 일부분 가운데 위치해 있기 때문이다(참조. Paton, 179; Moore, 21; 특히 Fox, 276). 그러므로 NJB을 제외한 현대의 거의 모든 역본들(JB, NAB, NASV, NEB, NIV, NRSV, REB, RSV)이 사용한 "후궁에서 왕궁으로" 혹은 이와 같은 방식의 번역은 이것이 대부분의 영어를 사용하는 사람들이 두 개의 구별된 장소(그렇지 않으면 두 개의 분리된 건물)를 의미했을 것이므로 옳지 않다.

14 "둘째 후궁으로 돌아와서"(הִיא שָׁבָה אֶל־בֵּית הַנָּשִׁים שֵׁנִי – 히 솨바 엘-뻬트 한나쉼 쉐니). "둘째"(שֵׁנִי – 쉐니)가 바로 앞에 있는 명사구, 즉 두 번째 규방을 수식하고 있는지 아니면 동사, 즉 "돌아오다"를 수식하는지는 결정하기가 어렵다. 어느 경우든 이 형태는 문제가 있다. 첫 번째 경우라면 하쉐니(השני, "그 둘째")로 읽혀져야 하는데, 왜냐하면 명사구가 정관사로 한정되어 있기 때문이다. 두 번째 경우라면 그 형태는 여성형, 즉 쉐니트(שנית)가 되어야 한다. 필자의 의견에는 첫 번째 해석이 더 희박하다. 한편으로 정관사가 사라진 사실을 설명하기가 어렵고, 다른 한편으로 이 문구는 글자 그대로 규방의 두 번째 부분이 아닌 두 번째 규방을 의미할 것이므로 왕실 안에 그러한 분리된 장소가 있다는 사실은 전혀 타당성이 없다(Gordis, *JBL* 95[1976] 53). 두 번째 해석 역시 문제가 있기는 하지만, 이 형태는 단순히 부사의 다른 형태일 수 있거나(Fox, 276), 혹은 뒤따라오는 알렙과의 중자탈락에 의하여 타우(ת)가 상실되었을 수 있고(그의 형태는 팔레스틴 히브리어 글자에서 매우 유사하다. 참조. Talmon, "The Ancient Hebrew Alphabet," 513), 혹은 의도적 축약일 수도 있다(Gordis, *JBL* 95[1976] 54). 영어에서 불필요한 "다시 돌아왔다"는 표현은 난점이 없다. 이는 열왕기상 9:7에 있는 것과 정확하게 같은 표현이다.

16 "(그의) 왕궁에"(אֶל־בֵּית מַלְכוּתוֹ – 엘-뻬트 말쿠토). 이 표현은 분명히 2:13

에 있는 뻬트 함멜렉(בית המלך, "왕궁", 직역하면 "왕의 집")과 동의어임에 틀림없는데, 이는 아마도 앞의 문구 가운데 나타나는 왕이라는 단어의 반복을 피하기 위하여 선택된 것 같다(Moore, 24). 또한 5:1에 있는 이 단어의 다른 용법과 비교하라.

"(그의 통치) 칠 년 시 월 곧 데벳월"(בַּחֹדֶשׁ הָעֲשִׂירִי הוּא חֹדֶשׁ טֵבֵת בִּשְׁנַת־שֶׁבַע לְמַלְכוּתוֹ – 빠호데쉬 하아시리 후 호데쉬 테베트 삐슈나트-쉐바 레말쿠토). 포로 후기 공동체는 달력의 바벨론의 달 이름들을 채택했다(Vanderkam, *ABD* 1: 816를 보라). 구약성경에서 여기서만 사용된 테벳월은 우리의 12-1월에 해당한다. 우리의 설화자는 어째서 와스디 폐위 이후 4년이라는 기간이 지나갔는지에 대해 아무런 단서도 제공하지 않고(1:3을 보라), 이 기간에 아하수에로 왕국 내에 어떤 일이 발생했는지도 말하지 않는다. 그런 까닭에 에스더가 왕후가 된 것은 오랜 기간의 시험을 거친 다음이었다는 사실을 암시한다.

17 "왕이 모든 여자보다 에스더를 더욱 사랑하였다"(וַיֶּאֱהַב הַמֶּלֶךְ אֶת־אֶסְתֵּר מִכָּל־הַנָּשִׁים – 와예하브 함멜렉 에트-에쓰테르 미콜-한나쉼). 아하브(אהב, "사랑했다")란 단어의 사용은 왕이 다른 여인들에게서 "기쁨을 누린"(히브리어 חפץ, 하파츠) 것과 비교하기 위하여 의도되었음에 틀림없으며(14절), 그래서 "그 너머 단계로"까지 나아간다(Fox, 37). 그럼에도 불구하고, 이 단어는 흔히 영어 단어에 스며들어 있는 깊은 감정적 유대감이나 낭만적 감정을 표현한 것이 아니다. 사실상, 왕이 와스디를 대신할 만한 여인을 선택하는 표준이 말하자면 그녀의 아름다움과 성적으로 왕을 만족시켜 줄 재능에 근거하고 있었다는 사실을 고려하면(위의 12-14의 "주석"을 보라), 에스더에 대한 아하수에로의 사랑의 감정은 "소유에 대한 자만심+성적인 만족감 이상의 어떤 것일 수가 없었다"는 것은 틀림없는 사실이다(Fox, 38).

해설

두 번째 장면인 이 단락은 에스더가 와스디를 대신하여 페르시아의 왕후로 즉위한 사건과 상황들, 즉 하만이 유대인을 전멸시키려는 음모를 좌절시킴에 있어서 그녀의 역할에 필요한 상황을 연결지음으로써(장면 1의 "양식/구조/배경"을 보라) 이야기의 설명을 계속해 나가고 있다. 첫 번째 장면에서처럼 설화자는 자신이 기록하고 있는 기사를 구체화하면서 장식해 나가고 있다(기본적인 사실은 매우 간략하게 진술했다). 그렇게 하는 가운데 그는 두 가지 점을 말하고 있다. 첫째로, 그는 자신이 첫 번째 장면에서 했던 어조와 분위기를 계속 진술한다(그 곳의 "해설"을 보라). 둘째로, 그는 이 장면이 소개하고 있는 인물, 특히 에스더에 관한 성격 묘사를 하고 있다. 이 장면은 세 개의 삽화로 나누어진다(위의 "양식/구조/배경"을 보라).

삽화 1. 아하수에로가 새 왕후를 뽑기로 결심하다(2:1-4). 첫 번째 삽화는 진행되는 과정의 배경이 되는 상황을 진술하고 있다: 와스디를 대신할 왕후를 뽑기로 한 왕의 결정과 그가 그렇게 하는 방법. 이 삽화는 설화 가운데서 아하수에로의 생각을 표현하고 있는(1절) 진술로 시작된다. "와스디와 그의 행한 일과 그에 대하여 내린 조서를 생각했다"는 그의 생각에 대한 자세한 묘사와 그의 시종의 즉각적인 반응의 내용은 그가 수심에 잠기어 그 모든 사건에 대해 특히 조급하게 행동했음을 후회했다는 사실을 암시한다(참조. Clines, 284-85). 더 나아가, 그녀의 폐위를 언급하기 위하여 사용된 수동형 동사는 그가 그 문제에 있어서 개인적 책임을 거의 지지 않았다는 사실을 의미하는데(Fox, 26), 이것은 우리의 설화자가 이 페르시아 군주와 그의 세계에 대해 계속 그 성격을 묘사하고 있는 점이다(앞 장면에 대한 "해설"을 보라). 아하수에로는 광대한 제국의 왕일 수는 있으나 자신의 법의 노예다! 게다가 그는 그러한 법들이 만들어 낸 결과에 대한 개인적 책임을 지지 않는다.

삽화 2. 에스더가 왕의 규방으로 들어가다(2:5-11). 이 삽화는 에스더가 와스디를 대신하여 왕후가 되려고 지원한 다른 젊은 여인들과 더불어 왕궁에 도착한 상황을 설명하고 있다. 설화자는 그녀를 우리에게 설명하기 위하여 자기의 이야기를 잠시 끊어야 했는데(5-7절), 이는 역시 규방에 들어가는 그녀의 상황에 모르드개가 연루되어 있을 뿐만 아니라(10절) 그와 그 두 사람의 관계가 다음에 이어지는 사건들에서 하나의 결정적인 역할을 할 것이므로 모르드개를 소개하는 일과 연루되어 있다. 이들이 본서에서 가장 중요한 인물들이고 그들의 관계가 설화에 가장 중요하므로, 설화자는 그들을 성경의 설화에 나오는 주로 그와 일치되는 인물들보다 상당히 더 확대하여 소개하고 있다(참조. 룻 2:1에 있는 보아스에 대한 소개와 비교하라). 그렇게 하는 가운데 그는 또한 그들에 대한 성격을 묘사하고 있다. 이쉬 예후디(איש יהודי, "한 유대인 남자")라는 모르드개의 정체는 이야기의 디아스포라 배경을 수립하는 데 있어서 큰 중요성을 가지고 있다("주석"과 에스더서 서론의 주제와 목적 단락을 보라). 이 서론 부분처럼 설화자는 우리에게 모르드개의 조상들의 이름들을 우리에게 소개하고 있는데, 이 이름들은 설화자의 이야기에 중요하다. 이 이름들이 바로 직전의 조상들이든 아니면 먼 조상들이든("주석"을 보라), 그들은 모르드개와 하만 사이에 곧 드러나게 될 적대감을 설명하는 데 불길한 징조로 가로놓여 있다(아래를 보라). 무겁고도 세부적인 문장으로 설화자는 모르드개의 가족(아마도 모르드개 자신; "주석"을 보라)이 여호야긴과 함께 포로로 잡혀 왔다고 알려 주고 있는데, 이는 이 가정이 귀족이거나 혹은 최소한 유다인 사회에서 상류층에 속했다는 사실을 암시하는 것으로 보인다("주석"을 보라). 그는 또한 모르드개와 에스더 사이의 관계를 알려 주고 있는데, 즉 그녀가 그의 사촌일지라도 그녀를 자기의 딸같이 길렀다는 것이다. 이것은 이어지는 이야기에서 중요한데, 그 이유는 그녀가 황후일지라도 여전히 가족의 권위자로서 그의 지도를 따르고 있었기 때문이다(10절, 그리고 특히 아래의 20절을 보라).

마지막으로, 에스더는 "용모가 곱고 아리따운 처녀"로 묘사된다. 그녀는 와스디를 대신할 후보자로서 규방으로 들어갈 사람들 축에 들어갈 정도다. 사실상 에스더에 대한 묘사를 통하여 설화자는 앞으로 일어날 일을 미리 명확하게 암시하고 있는데, 이는 에스더의 미모가 왕후가 되려는 다른 후보자들의 미모를 훨씬 더 능가하기 때문이다. 그들은 "아리따운 처녀들"(2-3절)임에 틀림없다. 그러나 에스더는 "용모가 곱고 아리따운 처녀라"고 묘사되어 있으며(영어 본문은 "매우 아름다운 젊은 여성"이라고 번역함), 그래서 왕후가 되려는 후보자들 가운데서 단연 두각을 나타냈을 것이다.

에스더가 궁으로 이끌려 들어가는 기사(8절)는 간결하고 군더더기 없이 기록되어 있다. 게다가 풍부하게 사용된 어휘와 형태는 방금 소개한 그 후보자들이 그러한 과정에서 그 어떤 선택권도 없었다는 사실을 암시하고 있다. 왕의 명령과 칙령(8a절)을 변개할 수 없다는 사실을 갑자기 상기시킴으로써(1:19을 보라), 설화자는 에스더가 왕의 규방으로 들어간 사실을 왕도 에스더 자신도 저항할 수 없는 불가항력의 운명으로 묘사하려고 하고 있다. 더 나아가서, 그들이 이 과정에서 수동적으로 움직인다는 사실은 8절에 있는 간결한 세 개의 수동형 동사로 표현되어 있다. 말하자면 "…반포되매…모여…이끌려 가서"로 되어 있는데, 이것은 피할 수 없는 일련의 사건들을 묘사하고 있다. 여러 주석가들의 입장(예를 들어, Paton, 173)과는 달리 이런 식으로 "설화자는 모르드개에 대한 어떤 비평을 소극적으로 배제하고 있다"(Clines, 288; 또한 참조. Bardtke, 301).

책임을 맡고 있는 왕의 내시 헤개가 에스더에게 반응하는 태도에 대한 9절에 있는 묘사 가운데서 설화자는 장차 일어날 일에 대해서 좋은 결과를 암시해 주는 적극적인 태도를 취하는 사람으로 묘사한다. 첫째로, "헤개가 이 처녀를 기뻐하여"란 언급은 그녀가 "와스디를 대신하여 왕후를 삼을"(4절) 왕이 기뻐하는 처녀라는 사실을 왕의 시종들의 이러한 암시 속에서 밝혀 주고 있다는 것을 의미한다. 이러한 표현의 미묘한 반복은 뒤따라오는 상황들 속에서도 계속된다. 설화자가 그녀가 헤개에게 주는 인상을 묘사하기 위하여 사용하는 관용어는, 그녀가 이 일에서 능동적 역할을 하고 있다는 사실을 암시하고 있는데, 그 이유는 이 관용어가 능동적 의미인 "은총을 얻어내다 혹은 구해내다"라는 의미를 가지고 있기 때문이다("주석"을 보라). 헤개가 "신속하게"(직역하면 "서둘렀다") 그녀에게 화장품과 분배된 음식과 함께 그가 모든 후보자들에게 주는 가운데도 규방에서 가장 좋은 궁녀들인(9d절) "특별히 선발한 궁녀들"을 주었다는 진술("주석"을 보라)은 에스더가 그에게서 특별한 관심을 받았다는 사실을 암시한다. "에스더는 아하수에로가 그녀를 보기 이전에도 은총을 얻는다"(Clines, 288).

이 삽화는 계속해서 모르드개에 대한 성격 묘사로 이어간다. 첫째로, 설화자는 모르드개와 에스더가 보호자와 피보호자의 관계라는 사실을 말한다. 즉 그는 에스더가 모르드개의 명령에 의하여 자기 인종의 정체를 숨겼다고 진술한다(10a절). 그러나 설화자는 어째서 모르드개가 그녀에게 그렇게 지시했는지에 대해서 아무런 암시도 주지 않는다. 모르드개가 하만으로부터 경험한 편견을 에스더가 왕실로부터 받을 것을 두려워했다고 추측할 수 있기는 하지만, 이야기 가운데서는 그러한 편견이 표면으로 떠오르지 않는다. 그보다 모르드개와 설화자가 그렇게 모르드개가 지시한 이유를 전혀 밝혀 주고 있지 않다는 사실은 에스더의 국적의 공적인 발설이 지극히 위험스러울 것이라는 모호한 불안감을 주장하고, 그리하여 우리로 하여금 다가올 사건들에 대비하게 만들어 준다. 이 삽화는 에스더의 행복을 위한 모르드개의 염려를 드러내 주면서 끝난다.

삽화 3. 에스더가 왕후로 뽑히다(2:12-18). 삽화 3의 첫 부분은 하나의 길고도 복잡한 시간을 나타내는 문장(12절)으로 이루어져 있다. "처녀마다 차례대로 아하수에로 왕에게 나아가기 전에"라는 시간을 나타내는 중요한 진술(12a절)에 각 여인의 순번의 기간을 말하고 있는 두 번째 시간을 나타내는 문장(12b절)이 덧붙여져 있다. 여기서 설화자는 비현실적인 과장법을 사용한다. 즉 왕후 후보자들이 미모를 가꾸는 데 1년 동안 계속한다! 더 나아가서 그는 더욱 지나치게 확대된 삽화적 과장법을 덧붙임으로써 이러한 진술을 강조하고 있다. "여섯 달은 몰약 기름을 쓰고 여섯 달은 향품과 여자에게 쓰는 다른 물품을 써서"(12c절)! 그는 분명히 독자들이 이 기록을 문자 그대로 취급하기를 기대하지는 않는다. 그보다 이러한 익살맞은 과장된 표현 속에서 설화자는 페르시아 왕실의 어리석은 인위적 꾸밈과 경박한 사치에 대해 계속해서 신랄하게 풍자를 하고 있다(Clines, 289).

삽화 3의 첫 번째 버금 단락(12-14절)에서 설화자는 왕후 후보자였던 처녀들에게 일어났던 일에 대해 간략한 묘사를 한다. 그렇게 하는 가운데 설화자는 계속해서 왕과 왕실에 대한 자신의 풍자적 묘사를 하고 있는데, 그 이유는 이 기사가 감각적인 암시로 가득 차 있기 때문이다. 분명히 왕이 처녀들 가운데서 왕 자신을 기쁘게 하는 사람을 결정하여 와스디를 대신하여 왕후를 삼는 두 가지 표준이 나타나 있다: (1) 아리따움과 (2) 성적으로 왕을 기쁘게 하는 재능이다. 첫 번째 것은 명백하게 진술되어 있을 뿐 아니라 세 개의 삽화 모두에서 "물품을 주어"의 반복을 통하여 강조되어 있는데("양식/구조/배경"에 있는 중심 사상 C를 보라), 이것이 일 년 간의 미모를 가꾸는 기간이라는 풍자적으로 과장된 표현 속에서 점점 절정에 도달한다(위를 보라). 두 번째 표준은 보다 암시적인 것이지만, 그럼에도 불구하고 노골적으로 드러나 보인다. "밤에 왕에게로 들어간" 다음 각각의 처녀들은 아침에 규방으로 돌아오지만, 이제 그녀는 왕의 첩들을 관리하는 책임을 지고 있는 내시 사아스가스의 관리하에 들어가며, "왕이 저를 기뻐하여 그 이름을 부르지 아니하면" 다시 왕에게 나아가지 못한다(14절). 분명히 왕이 그녀에게서 쾌락을 누렸다는 근거들은 진술될 필요가 없다. "세밀한 내용을 보류하면서 이 이야기는 충분히 진술되어 있으나 육감적인 세부 사항은 전혀 없다"(LaSor, *Handbook* 1:62). 사실상 이 이야기는 표현이 보류된 내용과 함께 진술되어 있고, 육감적인 세부 사항들은 전혀 없지만, 그럼에도 불구하고 육욕적 내용이 들어 있다. 이것이 어휘의 선택에까지 영향을 미친다. 이러한 종류의 문맥에서 성적 표현을 가지고 있는 네 번이나 사용된 관용어 "…에게로 가다"는 이중적 의미로 되어 있다("주석"을 보라). 폭스(Fox)는 "규방에서 인내하며 거주하는 일, 미인들의 준비, 그들이 왕에게로 갔다가 처첩실로 되돌아오고, 거기서 왕에게로의 새로운 방문을 준비하면서 기다리는 그들의 삶, 이 모든 것이 줄거리가 말하고 있는 전부라고 말할 수 없다"고 한다. 그렇지만 일차적으로 육감적인 것 자체만을 위하여 기록된 것은 아니다(Fox, 36). 그 반대로, 이것은 한 통치자의 육욕적인 방종을 풍자함으로써 이 이야기 세계의 육감적이고도 육욕적인 무절제를 조소하여 묘사하고 있다. 왕과 그의 시종들이 왕후가 될 여인들을 바라보는 유일한 표준은 그녀의 미모(일 년 간의 미용을 통하여 가꾸어진 미모)와 그녀의 성적 기교였다(에스더서 서론의 주제와 목적 단락을 보라). 이 표준과는 반대로, 헤로도투스는 삼중적 표준(1.135; 3.84; 7.61)을 진술했는데, 곧 왕은 페르시아의 일곱 귀족 계급에 속한 처녀와만 결혼할 수 있다는 것이다(이것은 그 선택이 실질적으로 일반 역사와 통상적인 생각이 입증해 주는 바와 같이 정치적 필요성과 세력의 균형에 의하여 영향을 받았다는 사실을 암시한다).

설화자는 일반적으로 일어났던 내용, 즉 각각의 여인들이 왕에게 나아갔다는 간략한 진술을 마감하고 나서 이제 에스더에 관해서 말하게 된다(15-18절). 자기의 설화를 이렇게 두 부분으로 나눔으로써 설화자는 자신이 방금 전에 다른 처녀들에 관해서 말한 육욕적인 세부 사항들과 에스더를 연결시켜 말하기를 피하고 있는데, 그렇게 하여 그녀에 대한 부정적 묘사를 기피하거나 혹은 최소한 완화시키고 있다. 실질적으로는 그 반대로, 설화자는 에스더의 행동을 그 후보자들의 행동과 대조시킴으로써 에스더에 대해 긍정적인 묘사를 하고 있는데, 그 이유는 이 두 단락(12-13절, 15절)을 여는 진술이 형식상으로는 동의어를 이용함으로써 평행이 되고 있지만 내용상으로는 대조가 되고 있기 때문이다("양식/구조/배경"을 보라). 왕실에 가지고 들어가려고 후보자들이 요구한 "모든 것들"(이 문구가 문장의 초두〈13b절〉에 있어서 강조되어 있다)과는 대조적으로 에스더는 "내시 헤개의 정한 것 외에는 다른 것을 구하지 아니하였다"(15절). 이러한 대조는 다른 처녀들 편에서 의복과 향품이 지나치게 야한 사치품에 비하여 에스더 편에서 "여인들에 대한 왕의 입맛을 다른 누구보다도 더 잘 알고 있었던"(Moore, 27) 헤개의 충고에 따라 분별력 있고 훌륭한 스타일로 입어 허세 부리지 않고 지각력 있는 태도를 가졌다는 사실을 의미한다. 더 나아가서, 이러한 사건들 가운데서 다른 행동들은 그것이 어떤 것이든, 그녀의 역할 속에서 그녀가 받아들인 것은 포로 후기 유대인 세계의 관습(식사 규칙과 같은)에는 어긋나는 것이었는데, 그녀는 여기서 디아스포라 세계에 있었던 다른 인물들의 행동 및 태도에 일치되게 이방의 사치품을 거절한다(참조. 단 1:8-15; 토빗 1:10-11).

설화자가 이미 진술한 에스더의 우월성과 성공에 대한 미묘한 예상을 고려하면 (위를 보라), "왕이 모든 여자보다 에스더를 더욱 사랑했다"(17a절)는 것은 놀랄 일이 아니다. 그리고 실질적으로 그녀에 대한 왕의 반응은 "굄을 얻더라"는 모티프의 사용을 통하여 삽화 3에서 강도가 더해 간다(위의 "해설" 가운데 있는 삽화 2에 대한 논의를 보라). 여기에 이 모티프의 이중적 진술이 있을 뿐만 아니라(15c, 17b절), 이 모티프의 두 번째 진술은 앞의 두 관용어 "기뻐하여"(9b절)와 "(그녀가 그들)에게 굄을 얻더라"(15c절)를 함께 묶어서 강조적 문장인 "저가 모든 처녀보다 왕의 앞에 더욱 은총을 얻은지라"로 이끌어 간다(17b; "양식/구조/배경"에 있는 도표를 보라). 이 장면은 "왕이…와스디를 대신하여 왕후를 삼았다"는 진술과 함께 완전히 한 바퀴 돌아왔다(4절을 보라).

마지막으로, "그 머리에 면류관을 씌우고"(17c절)라는 진술과 "왕이 크게 잔치를 베푸니 이는 에스더를 위한 잔치라 모든 방백과 신복을 향응하고"(18a절)라는 진술은 장면 1과 2를 연결시키고 동시에 두 단락을 종결지어 준다. 에스더는 이제 와스디가 벗었던 왕후의 면류관을 쓰고(11절), 에스더를 위하여 베푼 "모든 방백과 신복을 위한 잔치"는 처음에 아하수에로가 베풀었던 "그 모든 방백과 신복을 위한 잔치"(1:3)로 우리를 이끌어 가며, 반면에 이것은 와스디가 베풀었던 잔치(1:9)와 대조를 이룬다.

장면 3.
모르드개가 음모를 폭로하다(2:19-23)

참고문헌

Brockington, L. H. *The Hebrew Text of the Old Testament: The Readings Adopted by the Translators of the New English Bible*. Oxford: Oxford UP, 1973. **Driver, G. R.** "Problems and Solutions." *VT* 4(1954) 224-45. **Ehrlich, A. B.** *Randglossen zur hebräischen Bibel: Textkritisches, Sprachliches und Sachliches*. VII. 1914. Repr. Hildesheim: Georg Olms, 1968. **Gordis, R.** "Studies in the Esther Narrative." *JBL* 95(1976) 43-58. **Heltzer, M.** "The Book of Esther." *BR* 8(1992) 24-30, 41. **Loretz, O.** "*šʿr hmlk* - 'Das Tor des Königs.'" *WO* 4(1967) 104-8. **Murphy, R. E.** *Wisdom Literature: Job, Proverbs, Ruth, Canticles, Ecclesiastes, and Esther*. FOTL 13. *Grand Rapids, MI: Eerdmans*, 1981. **Rudolph, W.** "*Textkritisches zum Estherbuch.*" *VT* 4(1954) 89-90. **Rüger, H. P.** "'Das Tor des Königs' - der königliche Hof." *Bib* 50(1969) 247-50. **Thornton, T.** "The Crucifixion of Haman and the Scandal of the Cross." *JTS* 37(1986) 419-26. **Wehr, H.** "Das Tor des Königs in Buche Esther und verwandte Ausdrücke." *Der Islam* 39(1964) 247-60. **Yamauchi, E. M.** "Mordecai, the Persepolis Tablets, and the Susa Excavations." *VT* 42(1992) 272-75.

본 문

시간: 제7년
19 처녀들을 다시 모을 때에는 모르드개가 대궐 문에 앉았더라

20 에스더가 모르드개의 명한 대로 그 종족과 민족을 고하지 아니하니 저가 모르드개의 명을 양육 받을 때와 같이 좇음이더라

21 모르드개가 대궐 문에 앉았을 때에 문 지킨 왕의 내시 빅단과 데레스 두 사람이 아하수에로 왕을 원한하여 모살하려 하거늘

22 모르드개가 알고 왕후 에스더에게 고하니 에스더가 모르드개의 이름으로 왕에게 고한지라

23 사실하여 실정을 얻었으므로 두 사람을 나무에 달고 그 일을 왕의 앞에서 궁중 일기에 기록하니라

Time: year 7
19 Now, while young women were being gathered a second time,[a] Mordecai was serving as an official in the court.[b]

20 (Esther continued to keep secret her parentage and her nationality,[a] as Mordecai had instructed her. She continued to do[b] what Mordecai told her, as she had done when she was under his care.[c])

21 At that time, when Mordecai was serving as an official,[a] Bigthan and Teresh, two of the eunuchs who guarded the entrance to the king's quarters,[b] became angry at King Ahasuerus and sought to assassinate[c] him.

22 The affair became known to Mordecai, who told Queen Esther, and she told the king, giving credit to Mordecai.[a]

23 When the plot was investigated, it was found to be true, and the two men were hung on the gallows. All this was recorded in the daily court record[a] in the presence of the king.

원문주해

19.a. 의미를 가장 이해하기 어려운 이 문장은 LXX에는 없다. 논의에 관해서는 "주석"을 보라.

19.b. 이 히브리어 표현은 직역하면 "왕의 문에 앉아 있는"이다. 그 의미에 관해서는 "주석"을 보라.

20.a. 직역하면 "알려져 있지 않았다".

20.b. 직역하면 "그녀가 하고 있었다".

20.c. 직역하면 "자기와 함께 양육하는 동안" 혹은 "그를 통하여 양육을 받는 때". 히브리어 오므나(אמנה)는 *HALOT*에 의하면 "돌봄, 보호"를 의미하는 명사로 취급되며, 그런

까닭에 번역은 "그의 피후견인이었다"이지만(NEB, REB), 히브리어 구문은 이 단어가 명사로 취급된다면 대단히 어색하다. 훨씬 더 나은 입장은 드라이버의 것인데(Driver, *VT* 4[1954] 235), 그는 이 형태를 부정사 연계형 + 3인칭 여성 단수 대명사 접미어로 이해하고(마지막 글자의 헤⟨ה⟩를 마픽을 가진 아흐⟨הּ⟩로 만들거나 혹은 마픽이 없는 3인칭 여성 단수 접미어 아⟨הָ⟩로 만든다, GKC § 91f; 참조. Fox, 277; *BHS* n.), 위에 제시한 직역을 만들어 낸다.

21.a. "원문주해" 19.b를 보라.

21.b. 직역하면 "문지방을 지키는 사람들로부터".

21.c. 직역하면 "…에게 대하여 한 손을 보내다".

22.a. 직역하면 "모르드개의 이름으로".

23.a. 이 히브리어 표현은 "그 날들의 사건들의 문서"다.

양식/구조/배경

이 단락은 짧음에도 불구하고 본문의 양식과 내용이 모두 하나의 분리된 장면임을 표시한다. 양식 면에서 새로운 단락의 시작이 하나의 길다란 괄호(20절)를 포함하고 있는 19-20절의 상황절에 의하여 암시되어 있다. 그러나 사건이 불분명하다. 이 문장들의 상황적 성격은 그것들이 세 번째 장면을 시작하기보다는 두 번째 장면을 마감하는 기능을 하고 있으나(Bardtke, 291-93, 309; Fox, 26, 36-41; Murphy, *Wisdom*, 159-60이 그렇게 주장함), 그것들의 내용은 이 구절들이 세 번째 장면의 시작을 이루고 있다는 사실을 필요로 한다. 시작을 표시하고 있는 시간을 나타내는 문구 "처녀들을 다시 모을 때"(만일 그렇게 이해한다면; "주석"을 보라)는 이 사건이 앞서 있었던 일 이후 어느 때에 일어난 것임을 밝혀 준다. 모르드개가 왕궁에서 한 관리로 봉직하고 있었다는 기록(그 의미에 관해서는 "주석"을 보라)은 그가 다음에 나오는 장면에서 감당할 부분의 기회와 의미를 모두 부여한다. (설화자는 이러한 사실을 21절에서 다시 진술하는데, 그 이유는 20절의 길다란 삽입구로 인한 것이다.) 앞의 두 장면과는 매우 대조적으로, 이 사건들은 그 장면들을 특징지어 주는 어떤 꾸밈이 없이 스타카토식 간결함으로 설명되어 있다(특히 21-23절의 히브리어 문장 구조에서는 이것이 두드러진다).

주석

19 "처녀들을 다시 모을 때에는"(וּבְהִקָּבֵץ בְּתוּלוֹת שֵׁנִית – 우브히콰베츠 빼툴로

트 쉐니트). 이 문구의 의미가 명확하기는 하지만, 문맥상 이 문장의 해석은 가장 까다롭다. 에스더가 왕후로 간택되었으므로 또다시 처녀들을 모을 필요가 없을 것으로 보인다. 수많은 적절한 해석 방법들이 채택되어 왔다(보다 오래된 주장들에 관해서는 Paton, 186-87를 보라). NEB와 REB는 LXX을 따라서 이 문장을 삭제하고 있으나(Brockington, *Hebrew Text*, 100; TEV도 그렇게 함), LXX은 지나치게 의역이므로 히브리 본문이 원래 이 문장이 없었다는 확신을 주지 못한다. 무어(Moore, 30)와 다른 사람들은 엘리히(Ehrlich, *Randglossen*, 114)를 따라 쉐니트(**שֵׁנִית**, "두 번째")를 수노트(**שׁוֹנוֹת**, "많은")로 수정하는데, 이 문장을 8-10절에 기록된 이전에 있었던 처녀들의 소집을 가리키는 것으로 이해한다. 게를르만(Gerleman, 83, NAB가 이를 따른 것으로 보인다)은 이 쉐니트(**שֵׁנִית**, "두 번째")를 부정사 우브히콰베츠(**וּבְהִקָּבֵץ**, "그리고 모였을 때")를 수식하지 않는다고 보고 논리적 의미로 이해한다. 즉 "처녀들을 모으는 일과 관련하여 두 번째 것(이 말해질 것이다)"는 이 문장을 앞에서 처녀들을 모은 일을 가리켜 말한 것으로 이해한 것이다. 그러나 이러한 방법들 중 어느 것도 문맥 가운데서 통하지 않는다. 첫째로, 베툴로트(**בְּתוּלוֹת**, "처녀", 즉 "젊은 여인들")는 비한정적이어서 앞에서 모았던 처녀들을 언급한다고 보기는 어렵다. 둘째로, 22b절이 보여 주고 있는 바와 같이 이때 이미 에스더가 왕후로 있었으므로 처녀들을 모으는 일이 앞에서 규방으로 처녀들을 모은 사건을 가리킬 수 없다(참조. Fox, 277). 다른 사람들은 이 문장을 14절에 기록된 "두 번째 여인들의 집"으로 되돌아가는 것을 가리키는 것으로 이해하려고 한다. 폭스(Fox, 277)는 이 문장을 사실 그대로 이러한 의미로 해석하려 하고, 반면에 *BHS*, n. 19a-a은 이 문장을 단순히 이러한 의미를 제공하도록 수정하려 한다(즉 **הנשים משנה בהקבל הבתולות אל־בית**, "처녀들이 여인들의 두 번째 집으로 옮겨졌을 때에"). 또한 NEB, REB 참조. 그러나 14절에 기록된 행동은 매일 밤과 아침에 반복적으로 일어났으며, 그런 까닭에 의미 있는 시간을 나타내는 문장으로서 기능을 할 수 없다. 더 나아가서, 여기서 말하고 있는 것은 베툴로트(**בְּתוּלוֹת**, "젊은 결혼하지 않은 여인들")를 가리키며, 여기에 정관사가 없는 것은 이러한 해석에도 난점들을 일으킬 수 있다. 가장 중요한 것은 규방의 이 부분으로 되돌아온 여인들이 사아스가스의 관할 아래 돌아왔는데, 이 사람은 "비빈(첩)을 주관하는 내시"(**הַפִּילַגְשִׁים** – 하필라그쉼)였고, 그런 까닭에 그들은 베툴로트(**בְּתוּלוֹת**, "젊은 결혼하지 않은 여인들")의 범주에 들어가지 않는다. 마지막으로, 루돌프(Rudolph, *VT* 4[1954] 89-90; 참조. *BHS* n.)는 19절 전체가 20절에 대한 난외주로 생겨났다고 주장한다(22b절로 인하여 이 20절이 문맥에 필요하다는 것이다). 그의 입장에 의하면 20절이 10절을 반복하고 있으므로, 누군가가 먼저 쉐니트(שֵׁנִית, "두 〈번째로〉")를 덧붙였다는 것이다. 따라서 19절의 나머지 부분은 에스더가 자기의 국적을 비밀로 한두 번의 경우, 즉 "처녀들이 소집되었을 때"(8절)와 "모르드개가 왕의 문에 앉아 있는 동안"(21절)을 동일시하기 위하여 덧붙여진 것이다(그 다음에 다른 시행 구절 숫자들이 없었으므로). 이 난외주가 후대에 본문 가운데 삽입되었을 때 쉐니트(שֵׁנִית)가 부정확한 위치로 옮겨졌다. 이러한 주장은 독창성이 있는 것이지만, 지나치게 가정에 의한 주장이어서 확신을 주기가 어렵다. 19절이 없이 본문이 일관성을 가지므로 그러한 난외주를 만들어 내는 일이나 그것을 본문 속으로 삽입하는 일을 할 필요가 없다. 문맥상 많은 내용을 덧붙여야 할 여지를 남겨 놓고 있기는 하지만, 우리는 이 문장을 현재 있는 그대로 취급하여 왕이 왕후를 간택한 이후까지도 계속하여 첩들을 뽑았다는 사실을 기록함으로써 왕과 왕실에 대해 더욱 비꼬는 묘사를 하고 있다고 해석하는 바이다.

"모르드개가 대궐 문에 앉았더라"(וּמָרְדֳּכַי יֹשֵׁב בְּשַׁעַר־הַמֶּלֶךְ – 우모르또카이 요쉐브 빼솨아르-함멜렉). 이 문구는 글자 그대로 취급하여 모르드개가 에스더의 행복에 대하여 다른 소식들을 듣기 위해서 왕실의 경내에 자주 다니고 있었다는 사실을 의미하는 것으로 해석할 수 있다(Clines, 281; 참조. 10절). 그러나 대부분의 해석가들은 이 문구를 상징적 의미로 이해한다. 문이 고대 근동에서는 법적인 모임이 있고 상거래가 있었던 장소였으므로 "왕의 문", 즉 대궐 문은 "일반적인 왕실"을 의미했다(Rüger, *Bib* 50[1969] 247-50를 보라). 이것은 1970년대 프랑스 발굴단에 의하여 발굴된 거의 13,000평방 피트에 이르고 또 왕실의 약 90야드 동쪽에 위치해 있는 거대한 대궐 문 건물을 통하여 보다 타당성 있는 것으로 입증되었다(참고서적과 함께 이에 대한 간략한 묘사에 관해서는 Yamauchi, *VT* 42[1992] 274를 보라). 베르(Wehr, *Der Islam* 39[1964] 247-60)는 그러한 건물들이 왕궁의 행정과 물류 공급 기능을 했다는 사실을 앗수르와 바벨론의 비문과 함께 헤로도투스와 크세노폰의 글로부터 입증해 냈다(간략한 묘사에 관해서는 Heltzer, *BR* 8[1992] 29를 보라; 그리고 보다 자세한 내용에 관해서는 Loretz, WO 4[1967] 104-8를 보라). 이러한 증거에 근거하여 "대궐 문에 앉았다"는 표현은 "왕실 행정부에서 하나의 관직을 가지고 있었다"를 의미한다(Loretz, *WO* 4[1967] 104-8; Gordis, *JBL* 95[1976] 47-48를 보라; 그러나 이 문구가 특별히 지방 장관이나 재판관을 가리킨다는 Gordis의 입장은 너무 편협한 해석인 것으로 보인다). 이 단어의 이러한 의미는 문자 그대로의 의미가 부여해 주는 것보다 그 다음에 이어지는 삽화(20절)를 설화자가 삽입한 데 대해서 보다 훌륭한 이유를 제공해 준다(10절에 있는 순서와는 달리 "종족과 민족"으로 그 순서가 바뀌어 있음을 유의하라). 직역은 모르드개를 "대궐 문에서 게으름을 피우는 자"(Paton, 188가 이렇게 말함)로 만들어 버린다. 여기서 그의 직위를 언급하는 이유는 분명하다. 즉 왕실에서 그가 있었다는 사실은 그로 하여금 왕에 대한 모반의 음모를 발견할 기회를 제공해 주었고, 그것을 알리기 위하여 에스더에게 접근할 기회를 제공해 주었다.

23 "두 사람을 나무에 달고"(וַיִּתָּלוּ שְׁנֵיהֶם עַל־עֵץ – 와이탈루 쉐네헴 알-에츠). LXX은 히브리 관용어 "하나의 나무에 달다"(תלה על עץ – 탈라 알 에츠)를 십자가에 못 박음을 가리키는 것으로 이해했음에 분명하다(참조. Thornton, *JTS* 37[1986] 421). 이것은 로마의 영향을 받은 지역에서 중죄인을 처벌하는 널리 유포된 처형 형태라는 사실에 비추어 볼 때 자연스러운 해석이지만, 이 관용어가 페르시아 통치하에서 그리고 그 시대에 "처형 방법" 혹은 "십자가 처형"이었는지의 여부는 불확실하다. 아마도 이것은 교수형을 가리키지는 않을 텐데, 그 이유는 고대 세계에서는 매다는 것이 교수형을 가리키지 않고 죽은 다음에 시체를 공개적으로 전시하는 것이었을 것이기 때문이다(Thornton, *JTS* 37[1986] 421과 반대로).

해설

이 장면은 설명, 곧 이 이야기의 배경과 상황을 마감하고 있다(참조. 장면 1의 "양식/구조/배경" 단락에 있는 제1막의 내용에 대한 논의를 참조하라). 모르드개는 6:1-3의 사건에 필요한 왕에게 했던 보상을 받지 않은 공적을 설명하면서 결론을 짓고 있다. 이 설명을 마치고 설화자는 곧 자신의 이야기가 진행되어 나가는 위기를 기록해 나간다.

이 장면은 이 사건들의 시기를 지나간 것보다 더 후대로 진술하고 있는 시간을 나타내는 문장과 함께 시작하면서 미묘하게도 앞 장면에서 설명한 왕의 호색적인 성격 묘사에 대해 언급한다(만일 이것이 본문에 대한 정확한 이해라면; "주석"을 보라). 그 다음으로 모르드개가 왕실의 행정부에서 하나의 관직을 가지고 있었다(직역하면 "대궐 문에 앉았다. "주석"을 보라)는 사실을 말하고 있다(21절에서 강조하여 재진술하고 있음). 이것이 언제나 가지고 있었던 지위였는지 아니면 에스더가 새로 왕후가 된 결과로 가진 지위였는지에 대해서(Gordis, *JBL* 95[1976] 47-48

가 그렇게 말함; 그들의 관계를 밝히지 않은 채 이루어졌던 것 같다. 아래를 보라), 설화자는 우리에게 이 장면에서 기록하고 있는 자신의 설화의 간결성에 일치되게 약간의 실마리도 제공하지 않는다. 이 사실을 설명하는 그의 의도는 분명하다. 이 사실은 우리로 하여금 모르드개가 어떻게 왕을 살해하려는 음모를 알게 되고, 그것을 에스더에게 알리는 위치에 있었는지를 이해하도록 만들어 준다.

그 다음으로 우리의 설화자는 우리에게 또다시 에스더가 계속 자기와 모르드개의 관계 및 자신의 국적을 밝히지 않았다는 사실을 알려 준다. 이러한 사실은 우리로 하여금 달리는 이해할 수 없는 잇따라 일어나는 설화 가운데서 두 개의 상황을 이해하도록 만들어 준다. 첫째로, 그리고 가장 중요한 것은 하만이 유대인을 멸하기 위하여 자기의 음모를 말할 때(3:8-11) 그리고 특히 에스더가 그를 범인으로 밝힐 때(7:3-5) 왕이 왕후의 국적을 전혀 모르고 있었다는 사실을 내비친 일을 이해할 수 있게 만들어 준다. 둘째로, 2:10에 나오는 "민족"과 "종족"이라는 순서와 반대되는 이 곳에 나오는 "종족"과 "민족"이라는 순서가 어째서 모르드개가 페르시아 왕후의 양아버지임에도 불구하고 여전히 왕실 행정부의 사소한 지위, 곧 모르드개와 하만 간의 투쟁이 곧 일어나게 해줄 하나의 중요한 직위를 유지하고 있었는지를 이해하게 만들어 준다. 더 나아가서 설화자는 우리에게 에스더가 계속해서 그가 돌봄을 받았을 때처럼 모르드개에게 순종했다는 사실을 알려 준다(20b절). 그 밖에 그러한 간결한 방식으로 묘사된 장면 가운데서도 특이한 이러한 명확한 진술은 유대인들이 페르시아 왕실에 대해 상당한 권한, 곧 유대인의 관심을 밀어붙이는 권한을 가지고 있다는 사실을 알려 주고 있다. 그러한 권한의 중요성은 본 이야기가 진행되어 나가면서 위기가 드러나게 된 그 다음 행동 가운데서 숨김없이 드러난다(그 곳의 "해설"을 보라).

이 장면의 실질적인 사건들은 가능한 한 가장 간략한 말로 설명되어 있다. 우리는 무엇이 왕을 암살하게 만들었지 또는 모르드개가 어떻게 그것을 알았는지에 대해서 아무것도 알지 못한다. 이를 왕에게 알리는 모르드개의 통로가 이제는 왕후가 된 그의 양딸이었다는 사실은 실제로는 가장 자연스러운 수단이었던 것으로 보이며, 또한 그녀가 왕에게 "모르드개의 이름으로" 알렸다는 사실은 물론 이 장면이 준비적 역할을 하고 있는 6:1-13의 사건에 결정적인 영향을 주었다. 그와 같이 그 다음의 사건에 결정적인 영향을 준 것은 그 일들이 "왕의 앞에서 궁중 일기에 기록되었다"는 사실이다. 이것이 왕 앞에서 기록되었다는 사실은 분명히 그가 그 일을 충분히 알고 있었다는 사실을 의미한다(그 문구의 정확한 의미가 무엇이든 간에).

수많은 주석가들이 주장하는 바와 같이(특히 Clines, 293; Fox, 40를 보라), 헤로도투스는 페르시아 왕들을 그러한 행위에 대해서 아주 잘 보상하는 자들로 묘사하고 있는데, "왕의 은인들"의 목록에 대해서까지도 말하고 있다. 그러한 사실에 비추어 아하수에로가 그 당시에 보상을 해주지 않았다는 사실은 그의 편에서 심각한 실책이다(설화자가 어떤 방식으로 우리의 주의를 끌도록 하지 않고 있기는 하지만). 이것은 줄거리가 6장에서 의미심장하게 앞으로 나아가는 "기분 좋은 극적인 전환"(Clines, *Esther Scroll*, 105)인 6:1-3에 있는 생략을 기꺼이 바로잡기 위한 길을 준비해 준다. 마지막으로, 모르드개의 보상을 받지 못한 행위는 바로 그 다음 구절에서 설명된 원인 모를 하만의 승진과 뚜렷하게 대조가 된다.

설화자는 이러한 간략한 장면과 함께 자신의 이야기 진술에 필요한 배경과 상황을 결론으로 이끌어 간다. 그는 설화에 포함되어 있는 네 명의 주인공 가운데 세 명을 소개하고 그들의 성격을 묘사했으며, 또한 그는 자신의 이야기의 위기를 타개할 가장 중요한 상황을 설명했다: 에스더는 왕의 사랑을 받아 페르시아의 왕후가 되었다. 이러한 주어진 정보와 어조와 기질을 진술하고 나서, 설화자는 자신의 이야기가 진행되어 나가는 위기로 즉시 나아간다.

2막.

위기: 유대인을 멸하려는 하만의 음모(3:1-15)

참고문헌

Alter, R. *The Art of Biblical Narrative.* New York: Basic, 1981. **Barthélemy, D.,** et al. *Preliminary and Interim Report on the Hebrew Old Testament Text Project.* Vol. 2. New York: United Bible Societies, 1979. **Bergey, R. L.** "The Book of Esther - Its Place in the Linguistic Milieu of Post-exilic Biblical Hebrew: A Study in Late Biblical Hebrew." Diss., Dropsie College, 1983. ______. "Late Linguistic Features in Esther." *JQR* 75(1984) 66-78. **Bivar, A.D. H.** "Achaemenid Coins, Weights and Measures." In *The Cambridge History of Iran: Vol. 2. The Median and Achaemenian Periods,* ed. I. Gershevitch. Cambridge: Cambridge UP, 1985. 610-39. **Brockington, L. H.** *The Hebrew Text of the Old Testament: The Readings Adopted by the Translators of the New English Bible.* Oxford: Oxford UP, 1973. **Clines, D. J. A.** *The Esther Scroll: The Story of the Story. JSOTSup* 30. Sheffield: *JSOT,* 1984. **Daube, D.** "The Last Chapter of Esther." *JQR* 37(1946-47) 139-47. **Dommershausen, W.** *Die Estherrolle.* Stuttgart: Katholisches Bibelwerk, 1968. **Dorothy, C. V.** "The Books of Esther: Structure, Genre, and Textual Integrity." Diss., Claremont, 1989. **Fretz, M. R.** "Agagite." *ABD* 1:89-90. **Hallo, W. W.** "The First Purim." *BA* 46 (1983) 19-26. **Haupt, P.** "Critical Notes on Esther." *AJSL* 24(1907-8) 97-186(= Moore, *Studies,* 1-90). **Jones, B. W.** "The So-called Appendix to the Book of Esther." *Semantics* 6(1978) 36-43. **Kutscher, E. Y.** *A History of the Hebrew Language.* Leiden: Brill, 1982. **Lewy, J.** "Old Assyrian *puru'um* and *pûrum.*" *RHA* 5(1939) 116-24. **Mattingly, G.** "Amalek." *ABD* 1:169-71. **Millard, A. R.** "The Persian Names in Esther and the Reliability of the Hebrew Text." *JBL* 96(1977) 481-88. **Murphy, R. E.** *Wisdom Literature: Job, Proverbs, Ruth, Canticles, Ecclesiastes, and Esther.* FOTL 13. Grand Rapids, MI: Eerdmans, 1981. **Olmstead, A. T.** *History of the Persian Empire.* Chicago: University of Chicago Press, 1948. **Qimron, E.** *The Hebrew of the Dead Sea Scrolls.* Atlanta: Scholars, 1986. **Zadok, R.** "Notes on Esther." *ZAW* 98(1986) 105-10. ______. "On the Historical Background of the Book of Esther." *BN* 24(1984)

18-23.

본 문

장면 1. 하만이 유대인을 진멸하기로 결심하다(3:1-6)

시기: 11년 후반

1 그 후에 아하수에로 왕이 아각 사람 함므다다의 아들 하만의 지위를 높이 올려 모든 함께 있는 대신 위에 두니

2 대궐 문에 있는 왕의 모든 신복이 다 왕의 명대로 하만에게 꿇어 절하되 모르드개는 꿇지도 아니하고 절하지도 아니하니

3 대궐 문에 있는 왕의 신복이 모르드개에게 이르되 너는 어찌하여 왕의 명령을 거역하느냐 하고

4 날마다 권하되 모르드개가 듣지 아니하고 자기는 유다인임을 고하였더니 저희가 모르드개의 일이 어찌 되나 보고자 하여 하만에게 고하였더라

5 하만이 모르드개가 꿇지도 아니하고 절하지도 아니함을 보고 심히 노하더니

6 저희가 모르드개의 민족을 하만에게 고한고로 하만이 모르드개만 죽이는 것이 경하다 하고 아하수에로의 온 나라에 있는 유다인 곧 모르드개의 민족을 다 멸하고자 하더라

Scene 1. Haman Decides To Annihilate The Jews (3:1-6)

Time: late in year 11

1 Some time later,[a] King Ahasuerus promoted Haman son of Hammedatha, the Agagite. He advanced him in rank and gave him precedence[b] over all his other nobles.

2 And all the king's officials at the court[a] bowed down and did obeisance to Haman, for so the king had commanded. But Mordecai would not bow down, and he would not do obeisance.

3 So the king's officials said to Mordecai, "How come[a] you're disobeying the king's order?"

4 And when[a] they challenged[b] him day after day and he paid them no heed, they informed Haman to see whether Mordecai's explanation[c] would stand up,[d] for he had told them that he was a Jew.

5 And when Haman saw that Mordecai would not bow down or do obeisance to him, he was furious.[a]

6 But, since they had told him who Mordecai's people were, he thought it beneath him[a] to lay hands on him alone.[b] So he sought for a way to destroy all the people of Mordecai,[c] the Jews, who were in the whole empire of Ahasuerus.

장면 2. 하만이 유대인을 진멸하려는 음모를 진행시키다(3:7-15)

7 아하수에로 왕 십이 년 정월 곧 니산월에 무리가 하만 앞에서 날과 달에 대하여 부르 곧 제비를 뽑아 십이 월 곧 아달월을 얻은지라

Scene 2. Haman Sets In Motion a Plot To Annihilate The Jews (3:7-15)

7 In the first month, the month of Nisan, in the twelfth year of King Ahasuerus, pur[a] – that is, the lot – was cast[b] in Haman's presence[c] for the day and the month to annihilate the people of Mordecai in one day: and the lot fell on the thirteenth day of[c] the twelfth month, the month

of Adar.

8 하만이 아하수에로 왕에게 아뢰되 한 민족이 왕의 나라 각 도 백성 중에 흩어져 거하는데 그 법률이 만민보다 달라서 왕의 법률을 지키지 아니하오니 용납하는 것이 왕에게 무익하니이다

8 Then Haman said to King Ahasuerus, "There is one people scattered among the peoples in all the provinces of your realm, yet who keep themselves separate.[a] Their laws are different[b] from those of every other people, and the king's laws they do not obey. Hence it is not in keeping with the king's interests to let them be.

9 왕이 옳게 여기시거든 조서를 내려 저희를 진멸하소서 내가 은 일만 달란트를 왕의 일을 맡은 자의 손에 부쳐 왕의 부고에 드리리이다

9 So, if it please the king, let an edict be drawn up[a] for their destruction, and ten thousand talents of silver I will pay[b] to the king's officials[c] to deposit in the royal treasury."

10 왕이 반지를 손에서 빼어 유다인의 대적 곧 아각 사람 함므다다의 아들 하만에게 주며

10 Then the king took his signet ring from his hand and gave it to Haman son of Hammedatha, the enemy of the Jews.[a]

11 이르되 그 은을 네게 주고 그 백성도 그리하노니 너는 소견에 좋을 대로 행하라 하더라

11 And he said, "The money and the people are yours;[a] do with them as you please."

삽화 2. 하만이 유대인을 전멸시킬 것을 명하다 (3:12-15)

시기: 1/13일

Episode 2. Haman orders the annihilation of the Jews (3:12-15)

Time: 1/13, year 12

12 정월 십삼 일에 왕의 서기관이 소집되어 하만의 명을 따라 왕의 대신과 각 도 방백과 각 민족의 관원에게 아하수에로 왕의 이름으로 조서를 쓰되 곧 각 도의 문자와 각 민족의 방언대로 쓰고 왕의 반지로 인치니라

12 And so the royal scribes were summoned on the thirteenth day of the first month,[a] and an edict was written,[b] exactly as[c] Haman directed, to the royal satraps, to the governors who were in charge of each province, and to the rulers of each people, to each province in its own script and to each people in their own language. It was written in the name of King Ahasuerus and sealed with his signet ring.

13 이에 그 조서를 역졸에게 부쳐 왕의 각 도에 보내니 십이 월 곧 아달월 십삼 일 하루 동안에 모든 유다인을 노소나 어린 아이나 부녀를 무론하고 죽이고 도륙하고 진멸하고 또 그 재산을 탈취하라 하였고

13 And dispatches were sent[a] by means of couriers to all the provinces of the king, giving the order[b] to destroy, slay, and annihilate all the Jews, young and old, women and children included, on one day, the thirteenth day of the twelfth month, the month of Adar, and to seize their goods as plunder.

14 이 명령을 각 도에 전하기 위하여 조서의 초본을 모든 민족에게 선포하여 그 날을 위하여 준비하게 하라 하였더라

14 Also a copy of the edict was to be promulgated[a] as law in every province, being publicly displayed[b] to all peoples so that they might be ready for this

15 역졸이 왕의 명을 받들어 급히 나가매 그 조서가 도성 수산에도 반포되니 왕은 하만과 함께 앉아 마시되 수산 성은 어지럽더라

day.

15 As the couriers went forth spurred by the king's command, the edict was issued in the Citadel of Susa. Then the king and Haman sat down to a banquet,[a] but the city of Susa was confused and in tumult.[b]

원문주해

1.a. 직역하면 "이 사건들 후에".

1.b. 직역하면 "그의 자리를 위에 두었다".

2.a. 직역하면 "대궐 문에 있었던 왕의 종들". 대궐 문의 의미에 관해서는 2:19 "주석"을 보라.

3.a. 대부분의 문맥에서 맛두아(מדוע)는 단순히 "왜?"를 의미한다. 이 문맥 가운데서 이 단어는 단순한 하나의 질문 이상으로 훨씬 더 도전적이다. 4절을 보라.

4.a. Q는 베아므람(באמרם) 대신에 이해하기 어려운 케아므람(כאמתם)으로 되어 있는데, 그 이유는 이 두 형태가 실질적으로는 동의어이기 때문이다(Moore, 33; 참조. *IBHS* § 36.2.2.b).

4.b. 직역하면 "…에게 말했다".

4.c. 직역하면 "말씀들/일들".

4.d. 이 관용어는 아마드 띠브레 모르또카이(עמד דברי מרדכי)다. "주석"을 보라.

5.a. 직역하면 "분노로 가득 채워졌다".

6.a. 직역하면 "그가 그의 눈을 경멸했다". 니팔형 어간 와입빠즈(וַיִּבָּז, "그것이 멸시당했다"; *BHS* n. b)로의 수정은 불필요하다.

6.b. 이 전체 문장은 LXX에는 없는데, 이는 LXX이 다른 히브리어 본문에서 번역했었다는 증거가 아니라 의역했다는 또 다른 증거다. 이 내용의 생략은 하만의 결정의 매우 효과적인 증대의 여지를 남겨 놓고 있다(Bardtke, 315).

6.c. 히브리어 문장 구조에서 이 동격 어구 암 모르또카이(עם מרדכי, "모르드개의 민족")는 "아하수에로의 온 나라에 있는"이란 관계절에 의하여 그 지시 대상인 "온 유대인"과 분리된다. 이 문장이 "구문론적으로 문장의 나머지 부분과 관련되어 있지 않고" 또한 "의미론적으로 덜 적절하다"는 근거에서 무어(Moore, 37)는 궁켈과 여러 다른 사람들(예를 들어, Brockington, *Hebrew Text*, 100; 참조. NEB, REB)을 따라 암(עַם, "민족")을 임(עִם, "함께")으로 모음 부호를 붙인다. 그러나 그 어떤 이유도 MT에 모음 부호를 다시 붙이는 충분한 이유가 되지 못하다. 9:30에 있는 동격 어구 "화평하고 진실한 말로"에서처럼 여기에 나타나 있는 동격어구가 이례적으로 길기는 하지만(이 점이 LXX에 나타나

지 않은 이유를 명확하게 설명해 준다. 참조. *BHS* n. d-d), 지시 대상으로부터 분리되어야 할 동격 어구가 BH 구문과 상반되지는 않다(Fox, 278). 더 나아가서 필자의 의견에는 이것이 수정된 본문의 의미이지만 의미론적으로는 덜 적절한데, 그 이유는 하만의 전략이 일차적으로 모든 유대인들을 포함한 모르드개에 대한 공격이 될 것임을 암시하며, 반면에 온 유다인에 대한 공격이 곧 모르드개에 대한 공격을 암시하기 때문이다.

7.a. 설화자가 히브리어 고랄("제비")과 동의어로 말하고 있는 외래어 푸르(פּוּר)는 "제비"를 의미하는 악카드어다(참조. 악카드 관용어 푸라 카라루〈*pûra karāru*, "제비를 던지다"〉는 히필 푸르〈הִפִּיל פּוּר〉와 정확하게 동일하다. KB^3 3:870); Lewy, *RHA* 5 (1939) 116-24를 보라. 이 두 단어 모두 실질적으로 구 페르시아어에서 차용한 단어이거나 설화자가 그렇게 생각한 단어다.

7.b. 히브리어는 "그가 던졌다"로 되어 있으며, 이것은 비한정 주어로 취급되어야 할지라도 그러한 종류의 주어는 히브리어에서 주로 복수형이다. 이것이 영어로는 수동형으로 표현되는 것이 가장 좋을 것이다.

7.c-c. 이 히브리어는 직역하면 "날부터 날까지 그리고 달부터 제12월까지 곧 아달월"로 되어 있는데, 이러한 표현은 이 상태로는 잘 이해가 되지 않는다. 부가적인 내용은 LXX에 근거한다. "주석"을 보라.

8.a. 직역하면 "흩어진 그리고 동화되지 않은 한 민족". "주석"을 보라.

8.b. 관용어 솨나 민(שׁנה מן, "…로부터 다르다")은 BH에서 여기만 나온다. SBH에서는 같은 사상이 하하르(אחר)로 표현되어 있다. 에스더서에 있는 용어가 후대의 것이라는 사실은 솨나 민(שׁנה מן)이 다른 곳에서는 MH에만 나타난다는 것이다. Bergey, "Book of Esther," 115를 보라.

9.a. 직역하면 "기록되도록 하라".

9.b. 직역하면 "내가 …의 손에 분배해 줄 것이다".

9.c. SBH에 있는 오쉐 함믈라카(עשׂי המלאכה, 직역하여 "일을 행하는 자들")라는 표현은 "숙련공"을 의미한다(예를 들면 출 36:8; 왕하 12:12, 15, 16을 참조하라). 에스더서에서는 일반적으로 행정부에 있는 공직의 용어로 보인다. 참조. 9:3. 여기서는 물론 이것이 세금의 징수와 기록과 관련된 직무들을 가리킨다.

10.a. 하만의 부친을 언급하는 "함므다다의 아들"과 동격어인 "유대인의 대적"이란 문구는 LXX에는 없는데, 이 역본은 그 대신 스프라기사이 카타 톤 게그람메논 카타 톤 유다이온(*σφραγὶσαι κατὰ τῶν γεγραμμὲνων κατὰ τῶν Ἰουδαὶων*, "유대인들에 대한 칙령을 인봉하기 위하여)을 덧붙이고 있는데, 이는 분명히 설명적 첨가 본문이다.

11.a. 직역하면 "그 돈은 너에게 주어지고, 그리고 그 민족은…". *BHS* nn. a.b에 제안된 본문 수정은 불필요하다. "주석"을 보라.

12.a. 여기에 사용된 달력 공식 문구에서 지시적 전치사구 보(בו, "그 안에서")의 첨가

(직역하면 "첫 번째 달에, 그 안에서 13째 날에")는 에스더서 BH에만 나타난다(또한 8:9; 9:1, 17, 18[3회], 21을 보라). SBH는 이 전치사구를 생략하거나 혹은 לחרשׁ("그 달의")로 대치한다. 에스더서에 있는 용법의 후대성은 이것이 다른 곳에서 DSS에 나타나고 MH의 특징이라는 사실을 통하여 암시되어 있다. Bergey, *JQR* 75(1984) 72를 보라. 같은 저자의 "Book of Esther," 73-74에 보다 충분히 논의되어 있는 내용을 보라.

12.b. 직역하면 "그것이 기록되었다".

12.c. 직역하면 "그 모든 …에 따라".

13.a. 와우를 가진 부정사 절대형의 용법에 관해서는 "원문주해" 2:3.e를 보라.

13.b. 히브리어 본문에는 단순히 "멸하다, 살육하다 그리고 제거하다"로 되어 있다. 이 부정사들은 틀림없이 발송의 목적뿐 아니라 그것들의 내용의 전달을 표현하고 있다.

14.a. 이 문장의 구조는 이것이 발표한 명령들의 일부라는 사실을 드러낸다. "주석"을 보라.

14.b. 이것은 "발표되는"(being published; JB, NAB, NASV, NEB, NJB이 이렇게 번역함)이라기보다는 "드러나는, 밝혀지는, 알려지는"(NIV, REB, TEV가 이렇게 번역함)을 의미하는 גלוי의 의미인 것으로 보인다.

15.a. 이와 같은 문맥에서 샤타(שׁתה, "마시다")란 동사에서 파생된 부정사 리슈토트(לשׁתות)는 명사 미슈테(משׁתה)가 1:1, 5 그리고 다른 곳에서 보통 그러하듯 마시는 것만을 가리키는 것이 아니라 충분한 음식에 대한 환유를 통해서도 언급하고 있다(1:1에 대한 "주석"을 보라; 참조. 욥 1:4). 이러한 해석을 강력하게 편들어 주는 내용은 보다 완전한 표현인 미슈테 하이인(משׁתה היין, "포도주의 연회")이 술잔치가 일어났던 식사의 일부분을 구체적으로 묘사하기 위하여 스 5:4; 7:2에서 사용되어야 했다는 사실이다.

15.b. 4:3이 여기서 위치가 바뀌었을 것이라는 주장에 관해서는 그 구절의 "원문주해"를 보라.

양식/구조/배경

양식과 내용 모두 이 단락이 하나의 새로운 막임을 표시한다. 형식 면에서 볼 때 새로운 막의 시작은 첫 부분에 나오는 시간을 나타내는 문장 "그 후에"로 진술되어 있는데, 이 문구는 앞의 사건과 이제 막 설명하려는 내용 사이에 연대적 간격을 설정해 주고 있다. 이것의 종결부는 15절에 있는 마감 구절의 상황적 성격을 통해서 암시되어 있다. 내용은 우리가 여러 방식에서 새로운 막에 접근해 있다는 사실을 드러내 준다. 첫째로, 즉시 새로운 인물이 소개되어 있는데, 곧 본 설화의 마지막 주인공 아각 사람 함므다다의 아들 하만이다. 둘째로, 그리고 가장 중요한 것은 지금 소개되어 있는 사건이 이야기의 "문제"(즉 전개되어 나가는 이야기를 이룰 위기; 에스더서 서론의 장르 단락에 있는 담화 구조를 보라), 말하자면 유대인들을 전멸시키려는 하만의 음모를 이룬다는 것이다. 마지막으로, 새로운 현장이다. 관심이 규방으로부터 왕실과 그 인물들, 그리고 음모로 옮겨 간다.

이 막은 두 장면으로 나누어진다. (1) 1-6절인데, 여기서 하만이 유대인들을 모두 전멸시키기로 결심한다. (2) 7-15절인데, 여기서 그가 이러한 목적을 이루기 위하여 고안한 계획이 설명되어 있다. 두 장면 간의 구분은 결정하기가 쉽지 않다. 클라인즈(Clines, 293), 돔멀샤우젠(Dommershausen, *Estherrolle*, 58-61) 그리고 머피(Murphy, *Wisdom*, 161)는 7절을 두 번째 장면이 아닌 첫 번째 장면에 포함시킨다. 그러나 이 구절은 이것을 두 번째 장면으로 단단히 연결시키면서 유대인을 전멸시키는 길일을 택하려고 의도한다("주석"을 보라). 이것을 하만이 왕에게 의뢰하기 이전에 그가 결정한 날과 관련된 설명으로 보는 것이 적절하다는 사실(Bardtke, 318; 참조. Murphy, *Wisdom*, 161)은 특별히 이것을 1-6절보다는 8-15절과 연결시켜 준다. 6절이 음모의 착상을 설명하고 있고, 그 다음 구절들이 그 준비와 제안과 실행을 나타내고 있다는 근거에서 6절을 7-15절과 연결시키려는 도로시(Dorothy, *Book of Esther*, 279-80)의 결정은 이러한 문장들의 논리적 관계를 묘사할 수는 있지만, 장면의 구조에는 어울리지 않는다.

폭스(Fox, 41)는 두 번째 장면을 두 개의 다른 장면들로 나눈다. (1) 7-11을 "하만이 유대인들을 전멸시키기 위하여 허락을 구하다"로 제목을 붙였고, (2) 12-15절을 "하만의 칙령이 반포되다"로 제목을 붙였다. 그러나 12-15절은 실질적으로 새로운 인물과 새로운 현장이 아니다. 이 구절들은 왕이 하만에게 7-11절에서 반포하기로 허락했던 칙령의 이행을 묘사하고 있을 뿐이다. 이 두 단락은 한 장면의 두 삽화다. 이것들은 칙령을 통하여 그리고 두 번째 삽화 가운데서 유대인들을 전멸시키기 위하여 정해진 날짜(13절)가 첫 번째 단락의 처음 부분(7절)에서 제비를 통하여 결정된 날짜(7절)라는 사실을 통하여 하나로 묶여 있다. 게다가 이것들이 분리된 장면은 아닐지라도, 이것들이 한 장면의 분리된 삽화인데, 각 삽화로의 분리는 내용상의 차이로 암시되어 있다. 첫 번째 삽화는 거의 전적으로 하만과 왕 사이의 짧은 대화로 이루어져 있다. 두 번째 삽화는 간략한 범위 가운데 칙령의 유포를 설명하고 있으며 그 즉시 나타난 결과와 관련된 진술, 즉 수산 성읍에 혼란이 일어났다는 사실과 함께 마친다(15d절).

주석

1 "아각 사람 함므다다의 아들 하만"(אֶת־הָמָן בֶּן־הַמְּדָתָא הָאֲגָגִי – 에트-하만 벤-함므다타 하아가기). "하만"과 "함므다다"란 이름들의 어원과 의미는 페르시아인으로 생각되기는 하지만 아주 불확실하다("함므다다"에 관해서는 Millard, *JBL* 96[1977] 484; Zadok, *ZAW* 98[1986] 107를 보라). (에스더서에 있는 이름들의 히브리어 필사본의 신빙성과 관련하여 무어〈Moore, xliv〉가 발표한 의문점들은 Millard가 효과적으로 답변했다). 저자가 이 두 이름에 대해 아무런 단어 유희를 하고 있지 않으므로 이 문제는 이 이야기 자체에서는 거의 무의미하다. 그러나 인종을 나타내는 "아각 사람"에 대해서는 그렇지가 않다. 이 인종은 원래 우리에게는 알려져 있지 않은 페르시아인이나 혹은 엘람인을 지칭했을 수 있다(Ringgren, 387를 보라; Zadok, *BN* 24[1984] 21; 다른 가능성 있는 기원에 관해서는 Moore, 35를 보라). 어쨌든 이 이야기 가운데 지금 나타나 있는 바와 같이 이것이 아말렉 왕 아각의 이름을 반영하기 위하여 의도된 것이라는 점에는 의심할 여지가 없는데, 이 이름의 의미에 관해서는 "해설"을 보라.

2 "모르드개는 꿇지도 아니하고 절하지도 아니하니"(וּמָרְדֳּכַי לֹא יִכְרַע – 우모르또카이 로 이크라). 설화자는 모르드개가 하만에게 절하기를 거절하는 명확한 동기를 제공하지 않는다. 우리가 알고 있는 유일한 이유는 그가 유대인이라는 사실이며, 설화자는 이를 당연한 일로 생각하고 있는 것으로 보이는데, 그 이유는 설화자가 다음에 나오는 설화에서 이를 언급하면서 여기서는 언급하지 않기 때문이다(4c, 6a절). 그러나 어찌하여 유대인인 모르드개가 절하기를 거절했을까? 브로킹톤(Brockington, 231)은 이것을 "첫 번째와 두 번째 계명에 대한 실질적인 거역"이라고 설명하고 있으며, 그 외에도 LXX은 이러한 행위를 하나님에게만 돌려야 할 존경의 표시를 인간에게 돌리기를 원치 않은 것으로 말하고 있다. 그러나 수많은 해석가들이 주장한 바와 같이 그가 절하기를 거절한 것은 그의 종교적 의무 조항과 관련지을 수가 없는데, 그 이유는 유대인들이 정규적으로 왕들에게(예를 들어, 삼상 24:8) 그리고 보다 높은 직위에 있는 자들에게(예를 들어, 창 23:7; 참조. Moore, 36) 경의를 표해 왔기 때문이다. 다른 주장들도 타당성이 덜하다. 페이톤(Paton, 197)은 이러한 행위를 단순히 모르드개의 오만으로 돌린다. 그러나 폭스(Fox, 43)가 말하는 바와 같이 이러한 주장은 저자의 태도가 아닌데, 그 이유는 이러한 태도가 모르드개에 대한 본서 전체의 긍정적인 묘사와는 대조가 되기 때문이다. 예를 들어 탈

굼과 미드라쉬의 설명들은 하만이 자신을 신격화했거나 혹은 자기 의복의 가슴이나 소매에 수놓아진 신 형상을 가지고 있었다는 사실을 추론한다(Fox, 43-44를 보라). 그것이 모르드개가 유대인 됨을 설명하는 당연한 설화자의 방법이고(위를 보라), 또한 설화자가 자기 독자들에게 다른 어떤 타당한 설명을 주지 않은 것은 그들 두 사람의 조상들에 의하여 암시된 종족과 인종적 적대감을 인식했을 것이라고 가정했다는 입장에 큰 신빙성을 더해 준다.

4 "자기는 유다인임을 고하였더니 저희가 모르드개의 일이 어찌 되나 보고자 하여 하만에게 고하였더라"(וַיַּגִּידוּ לְהָמָן לִרְאוֹת הֲיַעַמְדוּ דִּבְרֵי מָרְדֳּכַי כִּי־הִגִּיד לָהֶם אֲשֶׁר־הוּא יְהוּדִי – 와야기두 레하만 리르오트 하야암두 띠브레 모르또카이 키-히끼드 라헴 아쉐르-후 예후디). 폭스(Fox, 277-78)는 여기서만 사용된 관용어 아마드 다바르(עמד דבר, "타당한 진술")가 LBH의 쿰 다바르(קום דבר)와 동의어라고 설명하며(아마드〈עמד〉가 LBH에서 쿰〈קום〉 대신 사용되었으므로, 과정이 실질적으로 MH에서 완료된다. 또한 참조. Kutscher, *History*, 84), 그리고 여기서 그 의미는 신명기 19:15에 있는 후자의 의미, 곧 "고소/타당하다는 주장"에 가깝다.

이 문장은 주절 "그들이 하만에게 고하였더라", 그 다음에 이어지는 목적절 "저희가 모르드개의 일이 어찌 되나 보고자 하여" 그리고 그 다음에 이어지는 동기절 "자기는 유다인임을 고하였더니"로 구성되어 있다. 이러한 구조는 동기절이 주절에 기록된 행동을 위한 이유로 의도된 것인지, 아니면 목적절에 기록된 행동을 위한 이유로 의도된 것인지에 대해 흥미 있는 문제를 일으킨다. 폭스(Fox, 45-46)는 전자에 반대하는 매우 개연성 있는 상황을 만들어 낸다. 그는 자기의 결론을 세 가지 근거에 기초한다. (1) 만일 동기절이 그들이 하만에게 보고한 이유로 의도되었다면, 이유의 명확한 어구(설명)는 "그가 그들에게 자신이 유대인임을 알려 주었으므로"가 아니라 "그가 유대인이었기 때문에"였을 것이다. 그렇지 않으면 달리 생각해서 요점을 분명히 하기 위하여 목적절의 명확한 어구(설명)는 "그의 설명이 우세할 것인지의 여부를 보기 위하여"가 아니라 "모르드개가 우세할 것인지의 여부를 보기 위하여"였을 것이다. (2) 이 해석은 그들이 비-유대인 편에서 같은 행실을 하만에게 알리지 않았고, 게다가 그들이 그의 국적을 알기 이전에 그들이 모르드개에게 도전했다는 사실을 암시한다. (3) 이 해석은 왕의 관리들 편에서 가지고 있었던 반셈족의 경향이 있었고, 그럼에도 불구하고 그들이 그에게 하만의 진노와 국가법의 보복을 가도록 하기 위하여 그의 행동을 즉시 들추어내지 않고 그 대신 매일 그를 채근한다는 사실은 그들이 근본적으로 그에게 적대감을 가지고 있었다는 사실을 암시한다. 그 반대로 폭스는 동기절이 모르드개가 유대인이라는 자신의 설명이 통할지 어떨지 알아보고자 하는 이유를 제공한다고 주장한다. 필자의 의견에는 폭스의 주장이 설득력이 있다(또한 참조. Clines, *Esther Scroll*, 44-45). 그렇지만 폭스는 계속해서 주장하기를, 모르드개의 동료 관리들의 동기가 그러한 이유가 타당한지에 대한 단순하고도 객관적인 관심이었을 것이라고 주장하지만, 이 주장은 타당성이 있어 보이지 않는다. 그들은 이보다 훨씬 덜 냉담했다는 것이 훨씬 더 타당하다. 말하자면, 그들은 모르드개가 왕의 칙령에 대해서 업신여김으로써 그리고 그의 동기들로 말미암아 감정이 상했었다("교만은 패망을 낳는다"는 원리에 대한 확신을 가지고). 필자의 의견에는, 그들이 모르드개의 설명이 타당하냐 그렇지 않느냐는 거의 문제시하지 않았을 것이다. 다만 이 전체 장면 가운데서 모르드개의 미묘한 침묵을 유지하면서 우리의 설화자는 두 문장을 파악하도록 우리에게 기회를 주고 있다.

7 "무리가 하만 앞에서 날과 달에 대하여 부르 곧 제비를 뽑아"(לִפְנֵי הָמָן הִפִּיל פּוּר הוּא הַגּוֹרָל – 히필 푸르 후 학고랄 리프네 하만, 직역하면 "그가 하만 앞에서 푸르 곧 제비를 던졌다"). 부림절의 기원이 무엇이든, 르위(Lewy, *RHA* 5 [1939] 116-24)의 작품 이후 줄곧 히브리어 단어 푸르(פּוּר)는 히브리어 고랄(גורל)의 동의어로서 "제비"를 의미한다고 주장되어 왔다. 페르시아인들 가운데서 제비를 던지는 일이 헤로도투스(Herodotus 3. 128)와 크세노폰(Xenophon, *Cycropaedeia* 1.6.46; 4.5.55; Clines, 295가 그렇게 주장)의 작품에 언급되어 있다. 고대 근동에서의 제비의 사용에 대한 증거와 에스더서에서 그것들의 의미에 관해서는 Hallo, *BA* 46(1983) 19-26를 보라.

"십이 월 곧 아달월을 얻은지라"(מִיּוֹם לְיוֹם וּמֵחֹדֶשׁ לְחֹדֶשׁ שְׁנֵים־עָשָׂר – 미욤 레욤 우메호데쉬 레호데쉬 쉐넴-아솨르; 직역하면 "날부터 날까지 그리고 달부터 12번째 달까지"). 이 의미는 분명히 불완전한 것이고, 레호데쉬(לחדש, "달까지") 다음에 어떤 것이 빠져 있다. 문맥은 의도된 가능성 있는 의미를 제한하고 있다. 첫째로, 이 표현은 그 특별한 날이 길일인지 아닌지를 결정하기 위하여 첫 번째 달부터 열두 번째 달까지 매일 제비를 던졌다는 것을 의미할 수 없는데, 그 이유는 그 날짜가 이미 첫째 달 14일에 정해졌기 때문이다(12절을 보라). 둘째로, 페이톤(Paton, 201-2)은 하만에게 유대인을 멸할 날이 아니라 왕에게 자신의 탄원을 아뢸 가장 징조가 좋은 날을 정하기 위하여 그 제비를 뽑았다고 생각한다. 그러나 이것은 받아들일 수 없는데(문맥에서도 이것은 실질적으로 애매하지 않다. Fox, *Redaction*,

12 n. 4가 그렇게 주장함), 그 이유는 MT 본문이 불완전한 바와 같이 이것은 틀림없이 이 과정이 제12월을 포함했었다는 사실과, 반면에 12절은 하만이 이미 제1월 13일에 왕에게 자기의 탄원을 아뢰었다는 사실을 암시하기 때문이다. 문맥은 분명히 (1) "하만 앞에서 날과 달에 대하여 부르 곧 제비를 뽑아"가 그 제비가 그 해의 가장 길한 날을 결정하기 위하여 잇달아 각 달과 날을 위하여 한 특별한 날 동안 제비를 뽑았다는 사실을 의미하는 진술(비록 Paton, 202가 말하는 바와 같이 이것은 "날로부터 날까지…제비를 뽑았다"는 문구에 대한 가장 자연스러운 해석은 아니다), (2) 그렇게 해서 선택된 그 날은 유대인을 전멸시키려는 날이 될 것이었다. 가장 간단한 해결을 위하여 본문을 재생하는 것은 레호데쉬(לחדשׁ)의 중자 탈락을 가정하여 "그 날과 그 달을 위하여 제12월(이 선택되기)까지"(JB, NJB가 그렇게 번역함)라고 번역되는 우메호데쉬 레호데쉬 레호데쉬 쉐님 아솨르(ומחדשׁ לחדשׁ לחדשׁ שׁנים־עשׂר)로 읽는 것이다. 그러나 이 구절의 어투가 분명히 날과 달이 함께 결정되었다는 사실을 암시하고 있을 뿐만 아니라 제12월 13일이 13절에 있는 하만의 칙령 가운데 구체화되어 있으므로 문맥에는 잘 어울리지 않는다. 그런 까닭에 여기서 언급될 날짜를 예상하는 것이 논리적이다.

LXX은 "달로부터 달까지" 다음에 호스테 아폴레사이 엔 미아 헤메라 토 게노스 마르도카이우 카이 에페센 호 클레로스 에이스 텐 테싸레스카이데카텐 투 메노스(*ὥστε ἀπολέσαι ἐν μιᾷ ἡμέρᾳ τὸ γένος Μαρδοχαίου καὶ ἔπεσεν ὁ κλῆρος εἰς τὴν τεσσαρεσκαιδεκάτην τοῦ μηνός*, "한 날에 모르드개의 민족을 제거하도록 그리고 제비를 그 달의 14일에 던졌다")를 덧붙인다. 여기에 있는 그 달의 14일이라는 날짜는 이 문맥에는 맞지 않는다. 그렇지만 특히 A-Text가 유사한 구절에서 "13일"로 읽고 있으므로(이에 관해서는 Clines, *Esther Scroll*, 225를 보라) 9:17-19의 영향으로 헬라어 자체 내에서 마멸이 일어난 것일 수 있다(Clines, 295가 그렇게 말함). 만일 LXX 독법이 원문을 번역한 것이라면, 이 첨가된 문구는 유사한 끝 글자(homoeoteleuton)로 인한 오류 때문에 MT에서 떨어져 나갔을 수 있는데, 원래 다음과 같은 본문일 수 있다: יום לחדשׁ שׁנים־עשׂר…מחדשׁ לחדשׁ להשׁמיד עם מרדכי ביום אחד ויפל הגורל על שׁלשׁה עשׂר, "그 날에 모르드개의 민족을 멸하기 위하여 달로부터 달까지, 그리고 그 제비를 12월 13일에 던졌다"). 다른 한편, 이것은 문맥에 따라서 LXX 번역자들이 본문에 첨가한 것일 수도 있다. 그러나 히브리어 본문은 결점이 있으며, 문맥은 최소한 유사한 어떤 것을 필요로 한다. 그러므로 우리는 "13일"로 수정함과 동시에 LXX 추가 본문을 모두 채택하여 번역했다(NEB,

NIV, NRSV, REB; Fox, 278-79; 또한 참조. Barthélemy et al., *Preliminay and Interim Report* 2:548-49). 구절 전체는 자주 제2차적인 본문으로 간주되는데(참조. Clines, 294-95; Moore, 37-38), 왜냐하면 이것이 6절과 8절의 사상적 흐름을 단절시키기 때문이다. 그러나 공격의 날짜가 거의 1년 이후의 일이므로, 그러한 날짜를 선택한 것에 대해 약간의 설명을 필요로 하며, 그 결정의 예변법적 배치가 이 본문 가운데 있는 설화자의 섬세하고도 자기 억제적인 스타일에 어울린다.

8 "한 민족"(עַם־אֶחָד – 암-에하드). 순자를 나타내는 에하드(אחד, "하나")는 단순히 영어에서 부정관사의 의미 "한 민족"을 가진다(GKC § 125b). 그러나 이 문맥에서 이 숫자는 여러 민족 가운데서 "보잘것없는" 민족이라는 의미를 가진다(Clines, 295). 폭스(Fox, 48)가 명확하게 밝히고 있는 바와 같이, "하만이 넌지시 빗대는 문구를 선택하여 말하고 있다. 즉 당신의 제국이 많은 민족들을 포함하고 있습니다. 그들 가운데 한 민족(단 하나; 지극히 하찮은)은 특이하고도 위험합니다", 즉 "독특하지만 특별하지 않습니다."

"흩어져 있는 그리고 동화되지 않는"(מְפֻזָּר וּמְפֹרָד – 메푸자르 움포라드). 메푸자르(מפזר)의 의미가 명확하게 "흩어지다, 산재하다, 흩뿌려지다"이지만(능동적 의미에 관해서는 욜 4:2[개역 3:21]을 보라), 메포라드(מפרד)의 의미는 문제가 된다. 파라드(פרד)라는 어근이 푸알형 어간으로는 다른 곳에서 전혀 나타나지 않으며, 피엘형으로는 그 의미가 불분명한 상징적 용법으로 호세아 14:4에만 나타난다. 이것은 단순히 파자르(פזר, "흩어지다")의 동의어일 수도 있다(NASV, NIV, NRSV, REB, RSV, TEV). 그러나 이것은 니팔형 어간으로는 "나누어지다, 나뉘다, 분리되다" 그리고 히필형으로는 "분리하다"를 의미한다(참조. 룻 1:17). 이 의미의 범위를 고려하면, 이것은 복수형 어간으로 의도된 의미가 유대인들이 세상의 관습들을 받아들이기보다는 독특하게 가지고 있는 종교적·인종적 관습을 가리키는 "(…로부터) 분리되다, (다른 민족으로부터) 고립되다, 동화되지 않다"를 의미할 가능성이 매우 크다(JB, NAB, NEB, NJB이 그렇게 함).

9 "은 일만 달란트"(וַעֲשֶׂרֶת אֲלָפִים כִּכַּר־כֶּסֶף – 와아세레트 알라핌 키카르-케쎄프). 이는 틀림없이 돈의 총 합계를 나타내기 위하여 의도된 표현인데, 왜냐하면 악카드 제국(레반트, 바벨론, 이란)의 동편에서 중요 통화 수단이 주로 막대 모양과 두꺼운 널빤지 모양으로 된 은의 크기였다는 상당한 증거가 있기 때문이다(Bivar, "Achaemenid Coins," 2:612-13). 다리우스 1세의 개혁 이후 악카드 제국 내에서 사용된 바벨론의 표준 달란트 무게는 30,240킬로그램 혹은 66,67파운드이다

(이 수치는 현대 탐사자들에게 널리 받아들여진 것임; Bivar, 2:621-25를 보라). 이에 근거하여 하만의 지불금은 은 333톤(혹은 302 계량톤)이라는 거대한 양에 달했다. 클라인즈(Clines, 296)가 설득력 있게 관찰한 바와 같이, 그러한 양은 오늘날의 세금과 비교할 때만 참으로 의미가 있다. 가장 적절한 정보는 헤로도투스가 기록한 아르타크세르크세스 시대에 여러 총독들이 매년 지불한 공물의 목록이다(Herodotus, 3.89-95; 참조. Olmstead, *History*, 192-99). 여기서 우리는 (1) 대부분의 총독들이 매년 지불한 공물이 200에서 700"유보이아"(Euboic) 달란트였고(유보이아는 일반적으로 헤로도투스가 자기 당시의 아데네인의 표준 환〈煥〉을 의미했던 유보이아 달란트로 생각된다), (2) 총독들 가운데 어떤 사람이 지불한 매년 가장 많은 공물은 인도의 4,680달란트, 즉 바벨론의 1,000달란트의 공물이었으며, (3) 전 페르시아 제국의 매년 세금은 14,560달란트였다는 사실을 알게 된다(3.95; Olmstead, *History*, 297-98를 보라). 바벨론 달란트가 1.3유보이아 달란트에 해당되므로(Herodotus 3.89; 참조. Bivar, "Achaemenid Coins," 623), 이것은 10,920 바벨론 달란트와 동일하다. 그런 까닭에 하만이 제공한 숫자는 전 페르시아 제국이 지불한 매년 공물의 합계와 거의 동일한 것으로서 막대한 양이었다. 바트케(Bardtke, 322)는 그 총계를 액면 가치로 취급하여 이 돈이 13절에 암시되어 있는 바와 같이 유대인들을 탈취하여 얻은 탈취물로부터 들어올 것을 암시하는 것으로 이해한다. 그러나 9절의 문맥에는 이를 암시하는 내용이 전혀 들어 있지 않다. 13절에 언급된 탈취는 아마도 유대인들을 공격하는 사람들("모든 민족", 14절)로 하여금 대학살의 명령을 이행하기 위하여 유혹하는 자극으로 의도되어 있다(Daube, *JQR* 37[1946-47] 141; 참조. Clines, 296-97). 이를 뒷받침하는 것은 8:11; 9:15에서 유대인들이 자기 대적들의 약탈품을 받을 것이라는 사실을 명확하게 암시하고 있다는 사실이다(참조. Paton, 206). 그런 까닭에 필자가 보기에는 설화자가 계속하여 또다시 페르시아의 탐욕과 욕망을 비웃기 위하여 엄청난 과장을 하고 있는 것으로 보인다.

10 "반지"(טַבַּעַת – 탑바아트). "인장 반지"는 "도장"을 의미하는데 곧 하나의 문서를 공문서로 만드는 사인으로 사용했던 반지 형태로 되어 있는 도장이다. 자주 언급된 바와 같이, 여기에 나오는 어휘는 창세기 41:42의 어휘와 매우 유사하다.

11 "그 은을 네게 주고"(הַכֶּסֶף נָתוּן לָךְ – 하케쎄프 나툰 라크). 언뜻 보기에 이것은 왕이 그 헌물을 거절하고 있고 하만에게 "돈을 간수하라"고 말하는 것을 의미하는 것으로 취급할 수 있다(그래서 LXX 번역자들을 따라서 NAB, NIV, NJB, JB, REB가 그렇게 번역함). 이 문구를 문자 그대로 이해하도록 하기 위하여 크세르크

세스 전쟁의 결과로 인하여 리디아인 피디우스(Pythius)가 제공한 이보다 더 거대한 양을 크세르크세스가 거절한 실례가 자주 인용된다(Moore, 40를 보라). 그러나 잇따라 일어나는 설화는 이것이 설화자가 의미하는 내용이 아니라는 사실을 밝혀 주고 있다. 그러므로 4:7에 있는 모르드개가 에스더에게 그 사실을 전달한 내용 가운데서 그는 하만이 유대인을 제거하는 대가로 이러한 양을 왕의 보물 창고에 지불하기로 한 사실을 진술하고, 7:4에서 에스더는 그녀와 그 백성이 "팔렸다"고 주장하고 있다. 따라서 여기서 사용된 어휘는 자주 창세기 23장에서 아브라함과 헷 사람 에브론 간에 이루어진 의례적인 거래 교섭의 개시로 간주된다(특히 Daube, *JQR* 37[1946-47] 142-43를 보라; 참조. Fox, 52). 은뿐만 아니라 백성들까지 하만에게 주어졌으므로, 이 표현은 "그 돈을 받아들이는 궁중의 한 형태"이며(Clines, 297) 둘 다 하만의 처분에 맡겨졌다는 사실을 의미한다.

12 "왕의 대신과 각 도 방백과 각 민족의 관원에게"(הַפַּחוֹת…וְאֶל־שָׂרֵי עַם וָעָם אֶל אֲחַשְׁדַּרְפְּנֵי־הַמֶּלֶךְ וְאֶל־ – 엘 아하슈따르프네-함멜렉 웨엘-하파호트…웨엘-샤레 암 와암). 하만의 명령을 전달받은 방백들은 그 제국의 중요한 행정 장관들이었다. 다시 말해 하나의 관할 구역, 즉 제국의 대단위 행정 구역을 다스렸던 총독("도"란 단어에 대한 논의에 관해서는 1:1의 "주석"을 보라), 한 대단위 관할 구역 내에 있는 도 혹은 성읍의 도를 다스렸던 통치자들이었다. 그리고 "각 민족의 방백들"은 인종과 부족 그룹과 같은 것으로 위의 도보다는 덜 공식적으로 구성된 그룹의 우두머리였다. 이 목록은 모두가 포함되었다는 사실을 의도하기 위한 것이다.

14 "조서의 초본을…(법으로) 선포하여"(פַּתְשֶׁגֶן הַכְּתָב לְהִנָּתֵן דָּת – 파트쉐겐 하케타브 레힌나텐 따트). 주어("이 조서의 초본") + 부정사 술어("선언하여", 직역하면 "주어지도록")로 구성되어 있는 이 문장의 구조는 하나의 양식 혹은 탄원의 의미를 표현하고 있다(*IBHS* § 36.2.3.f을 보라; 이 용법은 SBH에서보다는 LBH와 DSS 히브리어에서 훨씬 더 통상적이다. *HDSS*, 70-71를 보라). 그런 까닭에 이것은 특사들이 왕의 각 도에 보내진 명령 부분이다.

15 "수산 성은 어지럽더라"(וְהָעִיר שׁוּשָׁן נָבוֹכָה – 웨하이르 수산 나보카). 이 문맥에 있는 부크(בוך, "당황했다")의 니팔형 어간의 의미는 불분명하다. 이것이 단순히 불확실성이나 혹은 큰 슬픔(Paton, 211이 이렇게 주장함. 그 다음에 그는 설화자가 자신의 감정을 수산 궁에 있는 거민들이 가진 것으로 묘사하고 있다고 단정한다)에 대한 진술을 의미하는 것으로 취급될 수도 있으나, 이 단어는 지극히 동요한, 당황한 그리고 소동이 일어난 상태를 가리킨다. 그러므로 출애굽기 14:3에서 이 단

어는 이스라엘이 애굽에서 나간 후 사막에 갇혔을 때 바로가 이스라엘에 대해서 묘사한 동요된 그리고 당황한 상태를 가리킨다. 요엘 1:18에서 이 단어는 한발로 인하여 초장을 잃어버린 가축들의 당황한 상태를 가리킨다(이 평행절들은 짐승들의 신음하며 고통당함에 대해 말한다). 그런 까닭에 여기서 이 단어는 하만의 칙령이 전달해 주었던 내용의 흉악성으로 인하여 야기된 소동과 혼란을 가리킨다. 설화자가 공포를 심어 주는 명령이 전달될 때 냉정하게 그리고 조용히 이를 즐기고 있는 하만과 아하수에로의 극단적인 냉담함을 지적하려고 의도하고 있으므로, 이 단어는 틀림없이 수산 거민의 일부분인 유대 공동체의 상황에 공감하는 것을 암시한다.

해설

이 두 번째 막은 이야기를 본격적으로 이끌어 가는 위기, 즉 아하수에로의 모든 제국 내에 있는 유대인들을 모두 멸하려는 하만의 음모와 칙령을 묘사하고 있다. 설화자는 자기의 기사를 구체화하여 아름답게 장식하는 방식으로 앞의 설명 부분에서 자신의 이야기를 다소 장황한 어조와 추세로 진술하고 나서 여기서 약간 그와 같은 방식으로 묘사하고 있다. 사실상 그의 설화는 간결할 뿐만 아니라 너무나 단어를 아끼고 표현을 억제하고 있으므로 우리는 자주 각 행들을 세심하게 파악해 나가야 한다.

장면 1. 하만이 유대인을 진멸하기로 결심하다(3:1-6)

두 장면 가운데 그 첫 번째 것인 이 장면(위의 "양식/구조/배경"을 보라)은 하만의 음모의 이유, 즉 아각 사람 하만과 유대인 모르드개 사이의 적대감, 특히 하만이 모르드개에 대하여 가진 극심한 미움과 나쁜 감정을 설명한다. 설화자는 우리 독자들에게 자기 이야기의 네 번째 인물이자 마지막 주요 인물인 아각 사람 함므다다의 아들 하만을 소개하면서 이 단락을 시작한다. 설화자의 간략한 설화는 이 새로운 인물을 왕이 그 지위를 올려 다른 대신들 위에 두었다는 사실을 말하는 과정 속에서 소개한다(1절). 설화자는 그의 지위가 올라간 이유에 관해서는 아무런 힌트도 주고 있지 않은데, 이에 대한 그의 진짜 목적은 왕이 왕실에 있는 자기 모든 관리들이 하만에게 엎드려 절해야 한다고 명령했다는 사실을 설명하는 것이다.

하만을 소개하면서 설화자는 자신이 앞 장면에서 모르드개를 소개했던 것과 유사한 방식으로 그의 부친의 이름과 인종을 소개한다. 그러한 정보는 다른 두 인물들 에스더와 아하수에로 왕에게는 주어지지 않았는데, 이는 부친의 이름들이 그들의 신분과 성격을 밝히는 데 적절하기 않기 때문이다. 그 기원과 원래의 의미가 무엇이었든 간에("주석"을 보라) 아각 사람이라는 단어는 가장 의미심장한 인종의 정체로 의도되어 있다(참조. Clines, *Esther Scroll*, 14). 아각은 사울에게 패배당하고 사무엘에게 죽임을 당한 아말렉 사람의 왕이었으며(삼상 15장), 구약성경의 전승은 한결같이 두 인종 간에 존재해 왔던 첨예하고도 무자비한 적대감을 강조했다. 아말렉은 이스라엘의 두드러진 원수로 존재한다(Mattingly, *ABD* 1:169-71). 그러므로 광야에서 이스라엘 백성들에 대한 아말렉 사람들의 공격 이야기의 결론(출 17:8-16)은 "여호와께서 맹세하시기를 여호와가 아말렉으로 더불어 대대로 싸우리라"고 기록하고 있으며, 신명기서는 "…너는 아말렉의 이름을 천하에서 도말할지니라 너는 잊지 말지니라"고 공언하고 있다(25:19; 또한 삼상 15:2-3 참조). 더 나아가서 아말렉 사람들은 이스라엘의 숙적일 뿐만 아니라 아각 자신도 민수기 24:7에서 그렇게 묘사되어 있다. 이러한 하만의 인종적 정체는 설화자가 모르드개의 정체와 연관시키기 위하여 의도한 것이었는데, 이는 모르드개의 부친의 가계 이름(2:5의 "주석"을 보라)이 그를 아말렉 사람의 왕 아각을 패배시켰던 베냐민 지파 기스의 아들과 기스의 또 다른 직계 자손 사울의 한 후손으로 밝히고 있기 때문이다. 그렇다면 이 두 주인공의 부친의 이름들은 이 두 사람이 인종적 적대감과 반목을 가진 자손들이라는 사실을 암시하고 있다. 사실상, 하만이 본서에서 밝혀진 방식은 그가 유대인의 숙적임을 표시해 주고 있다(Jones, *Semantics* 6[1978] 36-43; Fretz, *ABD* 1:89-90를 보라). 이것은 가장 시사적인 순서로 이루어져 있다.

3:10	아각 사람 함므다다의 아들 하만
8:1	유다인의 대적 하만
8:3	아각 사람 하만
8:5	아각 사람 함므다다의 아들 하만
9:10	함므다다의 손자요 유다인의 대적 하만
9:24	아각 사람 함므다다의 아들 모든 유다인의 대적 하만

두 명칭들의 사용은 교차적 순서로 되어 있다. 두 명칭들을 사용하고 있는 하만에 대한 가장 완전한 명칭은 하나의 인클루시오를 이루고 있다(그리고 하나는 "모든"이라는 단어로 그 절정에 도달한다). 그것들 가운데 끼어 있는 것이 명칭들 가

운데 하나를 빼거나 혹은 다른 것을 빼고 있는 요약된 형태를 이루고 있는데, 이 역시 교차적 형태를 이룬다: 즉 8:1과 9:10에서 그는 "유대인의 대적"으로 밝혀져 있고, 반면에 8:3과 8:5에서 그는 단순히 "아각 사람"이다. 이러한 구조에 들어 있는 이러한 상이한 별칭은 "아각 사람"을 "유대인의 대적"과 동의어로 만든다(참조. Fretz, *ABD* 1:89-90). 이것은 대부분의 고전 해석가들도 이 용어를 그렇게 이해했다는 사실에 의하여 강화된다. 그래서 요세푸스는 하만을 "아말렉 사람"이라고 부르며, 탈굼 번역가들은 "아각 사람"에 동격 어구 *br ʻmlq*, 즉 "아말렉의 자손"을 덧붙인다. LXX은 3:1에서 아각 사람을 *bougaion*(의미 불명)으로 대치하지만, 9:24에서 마케돈(*makedôn*, "마게도니아인")을 덧붙이는데, 이것들은 모두 헬라 시대에 경멸적인 용어로 이해될 수 있다(Haupt, *AJSL* 24[1907-8] 123-24). 이것은 헬라어 번역가가 본문을 현대화하고 있는 것으로서 헬라어 번역가 당시 헬라어를 읽는 유대인 동시대인들이 당시의 "증오하던 대적"에 대해 사용하는 용어들을 사용하고 있는 것이다(Moore, 36).

하만의 상승된 위치와 그의 모든 동료 직원들로부터 절을 받을 권리에 대해 우리에게 말하면서 그 배경을 설정해 주고 나서, 우리의 설화자는 즉시 자신의 주안점을 기술해 나간다: 모르드개가 절을 하지 않고 왕이 명한 절을 하지 않았다는 것이다(2b절). 여기서 우리의 설화자는 부친의 이름들을 사용하면서 간접적으로 그리고 미묘한 방식으로 기술하고 있는데, 이는 설화자가 모르드개가 절하지 않은 이유를 전혀 언급하고 있지 않기 때문이다. 훌륭한 설화자는 자기가 하고 있는 이야기를 이해하도록 하기에 필요한 정보를 제공해 주어야 하므로 최소한 자신의 원 독자들에게는 그 어떤 설명도 필요치 않다고 느꼈음에 틀림없다. 사실상, 그는 원 독자들이 그 동기가 모르드개가 유대인이라는 사실과 관련되어 있다고 즉시 인식했으리라고 믿었음에 틀림없는데, 그 이유는 그가 어찌하여 모르드개의 동료 직원들이 그의 행동에 대해서 하만에게 알려 주었는지에 대한 설명으로(4b절) 그리고 (2) 하만이 이것을 모르드개가 단순히 절하지 않았다는 일과 관련해서만이 아니라 모르드개만을 공격하는 것이 그에게는 부족하다고 생각한 이유로(6b절) 그 사실을 설명하고 있기 때문이다. 그러나 어찌하여 모르드개가 유대인이었다는 사실이 모르드개가 절하기를 거절한 충분한 이유가 되었는가 혹은 하만의 극악무도한 행동의 이유가 되었는가? 분명한 것은 전자는 모르드개의 종교나 기질을 설명할 수 없고("주석"을 보라), 후자는 하만의 인종적 증오심으로부터 나온다는 사실이 설화자가 제공하고 있는 이유를 통하여 분명하게 밝혀진다는 것이다("저희가 모르드개의 민족을 하만에게 고한고로"). 이러한 반응들을 타당하게 만들어 주는 문맥에 들어 있는 유일한 것은 유대인과 아말렉 족속들 간의 오랜 앙숙관계를 미묘하게 암시해 준다(참조. Fox, 42-45). 모르드개의 행동은 인종적 자만심에서 나온 것이 아니다. 그는 단순히 아말렉 족속의 후손에게 절을 하지 않았을 것이다(참조. 신 25:17-19). 하만의 반응은 틀림없이 너무나 무감각하고 무분별하여(아래를 보라) 그 외에 모르드개의 자만이 빛이 바래는 인종적 증오심에 의하여 야기되었음에 틀림없다. 그 외에 어느 것이 모르드개를 자극했는지에 대해서 설화자는 본서 전체에 걸쳐서 불투명하게 그의 성품을 묘사하고 있다. 설화자는 모르드개를 "깊이 있는 모호한 성격의 소유자"로 말한다(Alter, *Art,* 115; 에스더서 서론에 있는 주제와 목적을 보라).

거만한 자만심으로 인하여(Bardtke, 317) 하만은 모르드개가 절하지 않은 일에 대해 눈이 멀었으나(5a절), 모르드개의 동료 직원들은 그렇지 않았다. 그들은 계속하여 왕의 칙령을 멸시하는 이유를 설명하라고 매일 도전을 가했다(3-4a절). 결국 자기가 절하지 않은 것에 대한 모르드개 자신의 설명이 오래 갈 것인지의 여부를 알아보기 위하여(4b절), 그리고 왕의 법에 대한 거역과 그의 인종적 자만심에 자극을 받아("주석"을 보라) 그들은 그의 이러한 행동을 하만에게 알렸다.

하만의 반응이 무엇이었든지 간에 모르드개가 왕이 규정한 영예를 자신에게 돌리지 않은 사실을 비밀리에 관찰하여 이제 그 일이 드러났고, 그의 반응은 예상 가능한 것이었는데, 곧 그가 분노했다는 것이다(5절). 실질적으로 하만에게 절하기를 거절하는 모르드개의 행동은 사회적 불복종과 개인적인 모욕의 문제를 모두 포함한다. 그러나 하만의 반응은 거의 전적으로 후자, 즉 개인적 모욕감에서 우러나온 것인데, 그 이유는 여기서 설화자가 이를 상상하도록 여지를 남겨 놓고 있지 않고, 다만 그 이유를 명백하게 "저희가 모르드개의 민족을 하만에게 고한고로"(6a절)라고 진술하고 있기 때문이다. 종족과 인종적 증오심이 그를 자극하고 있지만, 그가 반응한 적대감은 종족 간의 적대감 이상의 어떤 것으로부터 일어난 것이었는데, 그 이유는 그가 모르드개만을 죽이는 것이 경하다고 생각했기 때문이다(6b절). 그는 모르드개의 공개적 굴종을 강요할 수 있었거나 혹은 그로 하여금 왕의 명령을 거절했다고 혐의를 가하여 그를 제거할 수도 있었으나 그렇게 한다는 것은 모르드개가 자신에게 어떤 행동을 했는지, 곧 그의 원수의 행동들이 공격받기 쉬운 오점을 건드렸다는 사실을 그려내 줄 것이었다. 이것은 그 다음에 나타나는 그의 인물됨이 강조해 주는 바와 같이, 그를 자만심이 강한 교만한 사람이요 허영심이 많은 사람임을 드러내 준다(특히 참조. 5:11-13). 그래서 그는 훨씬 뒤에까지 모르드개의 눈꼴사나운 거역과 모욕에 관해서 직접적으로 어떤 행동을 하는 일을 지체한 사실이 암시하는 바와 같이 무관심한 것처럼 가장한다(참조. 5:9). 그 대신 그는 모르드개를 간접적으로 제거하기로 결정한다. 즉 그는 전체 유대 민족을 제거하는 방법을 모색한다. 그리고 설화자가 그 결정을 설명하는 퉁명스럽고도 거의 우발적인 방식은 이것이 주저함이나 양심의 가책이 없이 이루어졌다는 사실을 암시한다. 마침내 이것까지도 충분치 못하여 그는 모르드개 자신을 제거하기로 결심하지만(5:9-14), 이제 그는 우발적으로 자기 대적을 제거하려는 방식으로 집단 학살을 선택한다. 그 다음에 하만은 약간의 자비나 동정도 없이 권력으로만 움직여 나간다. 그는 냉담한, 완고한 그리고 무분별한 악의 화신이다.

장면 2. 하만이 유대인을 진멸하려는 음모를 진행시키다(3:7-15)

삽화 1. 하만이 유대인을 진멸하려고 왕의 인허를 얻다(3:7-11). 모르드개가 속한 모든 인종을 제거함으로써 자기 대적을 제거하려는 하만의 비상식적인 결정에 대해서 간결하게 말하고 나서 설화자는 이제 지극히 간결하고도 무뚝뚝한 기사를 기록해 나간다. 첫째로, 그는 하만이 어떤 방식으로 그런 결정을 했는지에 대해서 전혀 말하지 않는다. 설화가 암시하고 있는 장면의 두 개의 전환의 배경과 상황에 관한 단 하나의 세부적인 설명도 없이 설화자는 그 날을 선택한 일(7절)과 왕의 동의를 얻어낸 일(8-11절)을 설명하고 있다. 이 후자의 일은 그러한 알현을 하는 데 있어서 어려움이 있었다는 아무런 암시도 없는데, 설화자가 나중에 밝히고 있는 이 문제는 가장 무서운 결과가 따르는 일이었다(4:11; 참조. Dommershausen, 63)! 둘째로, 그는 계속하여 전체 행동의 스타일을 과묵하고도 간접적으로 묘사한다. 두 번째 삽화에 가서야 그는 우리에게 하만이 이러한 무시무시한 목표를 이루기 위하여 제안하고 있는 정확한 수단에 관한 정보를 제공하고 있으며, 실질적으로 그는 이것을 거기서 그 일을 초래할 명령의 유포를 설명하는 동안에(12-14절) 간접적으로만 드러내고 있다. 그 대신, 그는 우리에게 연대기에 기초한 하만의 행동의 기사를 제시해 준다.

그는 유대인을 멸절하는 데 가장 길조인 날을 결정하기 위하여 제비를 뽑는 일을 설명하면서 시작한다(7절에 대한 이러한 해석에 관해서는 "주석"을 보라). 제비를 통하여 결정되기는 했을지라도, 선택된 그 날은 운명의 장난처럼 보인다. 13이라는 숫자는 페르시아인들과 바벨론인들에게 불길한 날로 생각되었으며, 반면에 유대인 진멸을 반포하는 칙령이 발송되었던(12절) 1월 13일은 애굽의 노예로부터 구출된 것을 기념하는 유월절 전날이다.

이것이 완료됨과 동시에 설화자는 그 다음으로 변화의 말도 없이 하만이 왕에게 한 제안을 설명한다. 여기서 하만은 빈틈없고 영리하고 위험스러운 중상 모략가로 드러난다. 하만은 그 민족의 정체를 억압하여 말하면서 "한 민족"이라 하고 있는데, 이 용법은 이 민족(혹은 그들을 멸절하는 문제)이 하찮다는 사실("주석"을 보라)을 암시하는 용법이다. 게다가 그들은 그 제국의 "각 도 백성 중에 흩어져 거하고 있었다." "각 도 백성 중에 흩어져 있었다"는 표현은 과장법일 뿐만 아니라(Clines, 295) 그들의 사회적·종교적 관습의 차이를 가리키는 "달라서"라는 단어를 첨가하면서 고발한다("주석"을 보라). 즉 그들은 어디에나 있고, 다른 민족과 다르고, 사악하고, 도처에 존재해 있다는 것이다. 그는 빗대어 말하면서 그리고 반쪽짜리 진리를 가지고 노골적이고도 뻔한 거짓말과 고발로 나아간다(8c-d절). 여기서 영어로 되어 있는 본문과 관련된 우리의 이해는 번역상의 문제에 봉착하는데, 이는 하만이 고발하고 있는 두 문장(8c, d절)에서 페르시아어에서 차용한 단어 다트(*dât*)와 같은 단어를 사용하고 있기 때문이다. 다트(*dât*)가 "관습, 규례"(예를 들어, 에 2:12), "규모"(예를 들어, 1:8), "법"(예를 들어, 3:14; 4:11)을 의미할 수 있으므로 하만은 유대인의 다팀(דָּתִים, "법/칙령"), 즉 그들의 종교적·사회적 규례/관습이 다르다는 비난으로부터 그들이 왕의 다팀(דָּתִים)을 복종하지 않는다는 고발로 전개해 나갈 수 있었다. 첫 번째 고발은 사실이지만, 페르시아인들이 스스로 자긍심을 가지고 있는 다양성에 비추어 볼 때 그 제국 내에 있는 모든 다른 민족에게도 그것은 똑같이 사실이다. 둘째 고발은 하나의 보편성으로서 뻔한 거짓말인데, 그 이유는 본서 전체를 통하여 하나의 민족으로서 유대인들의 행동은 철저하게 법에 따른 행동이기 때문이다(참조. Fox, 215). 하만은 같은 단어를 사용하여 첫 번째 고발 내용이 두 번째 고발의 근거를 제공한다는 사실을 암시해 나간다. 그 다음으로 하만은 왕의 인종의 우월성과 불안에 호소하여 "용납하는 것이 왕에게 무익하니이다"라고 말하고 있는데, 이는 그들의 존재 자체가 왕의 영예와 행복에 손실이라는 사실을 암시하는 말이다. 그러므로 일련의 빗대어 말하는 설명, 반쪽짜리 진리 그리고 노골적인 거짓말로써 하만은 이러한 하찮은 민족이 어디에나 존재하고 있고, 무법하고, 그런 까닭에 왕의 행복에 위협을 가한다는 고발을 했다. 마지막으로 왕이 그 백성이 계속 존재하는 것이 실질적으로 이익이 되는지 아닌지를 생각해 보기도 전에 그는 그들을 제거하는 것이 자기에게 크게 이로울 것이라고 생각하게 된다. 하만은 뻔뻔스럽게도 거대한 뇌물을 가지고 왕의 부정 이득과 탐욕에 호소한다: 만일 왕이 그들을 멸하도록 칙령을 반포하면 왕의 보고에 은 일만 달란트를 제공하리라는 것이다(사실상, 이 숫자는 너무나 거대하므로 하나의 풍자적 과장에 지나지 않을 수 있다. "주석"을 보라).

아하수에로는 이 믿을 수 없을 만큼 큰 제안에 대해서 어떤 질문이나 언급도 없이 허락한다. 그는 쉽게 하만에게 자신의 이름과 권위를 가지고 자유롭게 행동할 권위를 부여하는 인장 반지를 주면서 "그 은을 네게 주고 그 백성도 그리하노니 너는 소견에 좋을 대로 행하라"(달리 표현하면, "그 백성과 돈에 대해서 네가 좋을 대로 하여라" – 역자주)고 말한다. 이러한 반응은 그가 이 민족이 멸망하든 그렇지 않든 상관없다는 사실을 밝혀 주고 있다. 전체의 일이 너무나 하찮은 것이므로 그의 시간과 관심을 끌지 않는다. 하만은 수그러지지 않은 악이지만, 왕은 의인화된 위험스러운 무관심이다.

삽화 2. 하만이 유대인을 전멸시킬 것을 명하다(3:12-15). 유대인을 멸하라는 왕의 허락을 받아낸 다음 하만은 대량학살을 준비하기 위하여 서둘렀다. 이 이야기는 수동태로 되어 있다: "기록되었다"(12a, b,절), "인쳐졌다"(12c절), "그 조서가 발송되었다"(13절), "조서의 초본이…선포되도록"(14절) 등은 이러한 과정의 냉정하고도 잔인한 그리고 비인도적인 성격의 인상을 전달해 준다. 더 나아가서, 조서의 도착지가 전포괄적이다: 왕의 이름으로 기록되고 왕의 도장이 인쳐진, 즉 왕의 명백한 권위가 실린 칙령이 제국 행정부의 모든 3개 부처의 우두머리들에게 보내진다(12절; "주석"을 보라). 이 칙령은 12월 13일 하룻동안에 모든 유대인 남녀노소를 치고, 살육하고, 전멸시키고, 그들의 재산을 약탈하라는 명령이다(13절). 그러나 이러한 진멸을 가하는 수행인을 발견하기 위해서 우리는 각각의 내용을 살펴보아야 할 텐데, 그 이유는 이것이 "이 명령을 각 도에 전하기 위하여 조서의 초본을 모든 민족에게 선포하여 그 날을 위하여 준비하게 하라"(14절)는 명령을 통하여 간접적으로만 제공되어 있기 때문이다. 이와 함께, 하만의 악한 계획의 원한을 불러일으키는 그리고 소름끼치는 정도(범위)가 마침내 드러난다. 그는 전 유대인을 전멸시키는 일에 모든 인구를 동원하기 위해 약탈과 노획물을 예상하는 구체적인 탐욕이라는 동기로 자극 받은 종족과 인종 간의 적대감, 미움, 의심이라는 일반적인 배경을 이용한다. 더 나아가서, 대량학살은 11개월 간 일어나지 않을 것이다. 이것이 유대인의 고통을 연장시켜 줌과 동시에 (페르시아 제국 내에서 도피할 가능성은 없는데, 그 이유는 이것이 대체로 알려진 세계 전체를 포함하기 때문이다[Bardtke,

325]) 반유대인 감정이 증대되고(Clines, 298) 공격 준비를 할 충분한 시간을 마련해 줄 것이다(14c절).

이 막은 네 개의 간략하지만 인상적인 묘사와 함께 마친다. 첫 번째 두 개는 칙령의 발표와 관련되어 있다: 역졸들이 왕의 명을 받들어 급히 나갔을 때, 이 칙령은 수산 궁 즉 왕실과 그 주변에 발표되었다(그래서 모르드개는 이 사실을 즉시 알아차렸다, 4:1). 그 다음 두 개는 그 결과를 설명하고 있다: 왕과 하만이 잔치에 참석하지만, 수산 궁(즉 성채 자체가 아닌 성읍 자체의 거주민들)은 동요하고 소동했다. 이 점이 왕과 하만의 행동과 비교되어 나타내고 있는 강한 대조는 지역 거주민들이 유대인 공동체와 공감하여 반응하고 있다는 사실이지만, 그것이 이 묘사 가운데서 설화자가 말하고자 하는 주 목적이 아니라는 사실을 암시한다. 오히려 설화자는 왕과 하만의 냉담한 무관심의 흉악성을 웅변적으로 묘사하기 위하여 이러한 대조를 이용하고 있다: 즉 그들은 조용히 냉정하게 잔치 자리에 앉아 있지만, 그 성읍의 시민들은 소동 가운데 있다는 것이다.

그 문제의 해결을 위하여 본 이야기의 나머지 부분이 할애될 것인데, 그 문제(에스더서 서론의 장르 단락에 있는 강화 개요를 보라)는 이와 같이 진술되어 있다. 유대인의 대적 아각 사람 함므다다의 아들 하만은 제국의 모든 민족들이 아달월 곧 12월 13일 하룻동안 모든 유대인 남녀노소 할 것 없이 치고 살육하고 전멸시킬 준비를 하고, 또한 그들의 재산을 약탈할 준비를 하라는 칙령을 페르시아 법으로 기록했다. 공적인 폭행, 살인, 약탈은 하만이 자존심을 상한 것에 대해 보복을 하도록 폭발될 것이다. 하만의 지위와 권력 그리고 페르시아 법의 불가변성을 고려하면 유대인의 운명은 결정난 것처럼 보인다.

그렇지 않겠는가? 본 이야기의 주인공들 가운데 한 사람이 가장 베일에 싸여 혹은 미묘한 암시를 통하여 이 비극적 막에는 나타나지 않았다. 게다가 하만이나 왕에게는 알려지지 않은(그러나 우리에게는 잘 알려진!) 죽어야 할 운명에 처한 이 인종 가운데 한 사람이 지금 페르시아 왕후의 자리에 알려지지 않은 채 앉아 있다. 그러나 지극히 높은 위치에 앉아 있지만 그런 야릇한 일들에 직면하여 무엇을 할 수 있겠는가? 아마도 많은 일은 아니겠지만, 설화자는 그 위치를 바꾸어 놓든 어떻든 어떤 희망이나 기대감을 남겨 놓고 있다. 그는 에스더를 그녀에게 일어난 일에 적극적으로 연루되어 있는 사람으로 묘사해 왔으며(2:5-11에 대한 "해설"을 보라), 또한 그는 반복을 통하여(2:10, 20) 그녀가 아직도 모르드개에게 순종하고 있다는 사실을 강조한다(2:19-23에 대한 "해설"을 보라). 그런 까닭에 유대인 공동체는 페르시아 왕실 속으로 들어갈 수단을 가지고 있으며, 또한 이에 대해서 과소평가해서는 안 될 것이다. 우리의 설화자는 이에 대해서 지체하지 않고 기록해 나갈 것이다.

3막.
모르드개의 전략: 에스더가 왕에게 호소하기로 동의해야 한다(4:1-17)

참고문헌

Ackroyd, P. R. "Two Hebrew Notes." *ASTI* 5(1966-67) 82-86. **Bergey, R. L.** "The Book of Esther - Its Place in the Linguistic Milieu of Post-exilic Biblical Hebrew: A Study in Late Biblical Hebrew." Diss., Dropsie College, 1983. **Clines, D. J. A.** *The Esther Scroll. JSOTSup* 30. Sheffield: *JSOT*, 1984. **Dommershausen, W.** *Die Estherrolle.* Stuttgart: Katholisches Bibelwerk, 1968. **Dorothy, C. V.** "The Books of Esther: Structure, Genre, and Textual Integrity." Diss., Claremont, 1989. **Driver, G. R.** "Affirmation by Exclamatory Negation." *JANES* 5(1973) 107-14. ______. "Problems and Solutions." *VT* 4(1954) 224- 45. **Gerleman, G.** *Studien zu Esther.* Neukirchen: Neukirchener, 1966. **Hasel, G.** זעק. *TDOT* 4:112-22. **Haupt, P.** "Critical Notes on Esther." *AJSL* 24(1907-8) 97-186(= Moore, *Studies,* 1-90). **Hillera, D. R.** "A Convention in Hebrew Literature: The Reaction to Bad News." *ZAW* 77(1965) 86-90. **Hyman, R. T.** "Questions and the Book of Ruth." *HS* 24(1983) 17-25. **Murphy, R. E.** *Wisdom Literature: Job, Proverbs, Ruth, Canticles, Ecclesiastes, and Esther.* FOTL 13. Grand Rapids, MI: Eerdmans, 1981. **Talmon, S.** "'Wisdom' in the Book of Esther." *VT* 13(1963) 419-55. **Wiebe, J. M.** "Esther 4:14: 'Will Relief and Deliverance Arise for the Jews from Another Place?'" *CBQ* 53(1991) 409-15.

본 문

장면 1. 모르드개와 온 유대인이 하만의 칙령으로 인하여 애곡함(4:1-3)
시기: 12년 1월 13일 혹은 14일
1 모르드개가 이 모든 일을 알고 그 옷을 찢고 굵은 베를 입으며 재를 무릅쓰고 성중에 나가서 대성 통곡하며

Scene 1. Mordecai and All the Jews Lament over Haman s Edict (4:1 3)
Time: 1/13 or 1/14, year 12
1 Now Mordecai learned of all that had been done. And he tore his clothes, put on sackcloth and ashes, went out into the city, and raised a loud and bitter outcry.

2 대궐 문 앞까지 이르렀으니 굵은 베를 입은 자는 대궐 문에 들어가지 못함이라	2 He went as far as the entrance[a] to the royal court[b] because it was forbidden to enter the court dressed in sackcloth.
3 왕의 조명이 각 도에 이르매 유다인이 크게 애통하여 금식하며 곡읍하며 부르짖고 굵은 베를 입고 재에 누운 자가 무수하더라	3 And in every single province, which the command and edict of the king reached, there was great mourning among the Jews, with fasting, weeping, and lamentation, while many made their beds on sackcloth and ashes.[a]
장면 2. 모르드개의 명령에 따라 에스더가 왕에게 호소하기로 동의함(4:4-17) **시기: 12년 1월 13일 혹은 14일**	**Scene 2. At Mordecai s Command Esther Consents To Appeal To The King (4:4 17)** **Time: 1/13 or 1/14, year 12**
삽화 1. 모르드개가 에스더가 보낸 옷을 입기를 거절하다(4:4)	**Episode 1. Mordecai refuses the clothing Esther sends him (4:4)**
4 에스더의 시녀와 내시가 나아와 고하니 왕후가 심히 근심하여 입을 의복을 모르드개에게 보내어 그 굵은 베를 벗기고자 하나 모르드개가 받지 아니하는지라	4 Esther's maids and eunuchs came[a] and told her about this, and the queen was greatly distressed,[b] So she sent garments for Mordecai to wear instead of sackcloth,[c] but he would not accept them.
삽화 2. 모르드개가 에스더로 하여금 왕에게 호소하도록 지시하다(4:5-9)	**Episode 2. Mordecai orders Esther to appeal to the king (4:5-9)**
5 에스더가 왕의 명으로 자기에게 근시하는 내시 하닥을 불러 명하여 모르드개에게 가서 이것이 무슨 일이며 무슨 연고인가 알아보라 하매	5 So Esther summoned Hathach, one of the king's eunuchs whom he had appointed[a] to wait on her, and ordered him to go to[b] Mordecai to find out why he was acting in this way.[c]
6 하닥이 대궐 문 앞 성중 광장에 있는 모르드개에게 이르니	6 Hathach went out to Mordecai in the city square in front of the royal court.[a]
7 모르드개가 자기의 당한 모든 일과 하만이 유다인을 멸하려고 왕의 부고에 바치기로 한 은의 정확한 수효를 하닥에게 말하고	7 And Mordecai told him all that had happened to him and the exact amount of money that Haman had promised to pay into the royal treasury for the destruction of the Jews.
8 또 유다인을 진멸하라고 수산 궁에서 내린 조서 초본을 하닥에게 주어 에스더에게 뵈어 알게 하고 또 저에게 부탁하여 왕에게 나아가서 그 앞에서 자기의 민족을 위하여 간절히 구하라 하니	8 And he gave him a copy of the text of the edict which had been issued in Susa for their destruction, so that he might show it to Esther, tell her about it, and order her to go to the king to implore his favor and plead with him on behalf of her people.
9 하닥이 돌아와 모드드개의 말을 에스더에게 고	9 So Hathach went and told Esther what[a]

하매

Mordecai had said.

삽화 3. 에스더가 왕에게 호소하기로 동의하다 (4:10-17)

10 에스더가 하닥에게 이르되 너는 모르드개에게 고하기를

11 왕의 신복과 왕의 각 도 백성이 다 알거니와 무론 남녀하고 부름을 받지 아니하고 안뜰에 들어가서 왕에게 나아가면 오직 죽이는 법이요 왕이 그 자에게 금홀을 내어 밀어야 살 것이라 이제 내가 부름을 입어 왕에게 나아가지 못한 지가 이미 삼십 일이라 하라

12 그가 에스더의 말로 모르드개에게 고하매

13 모르드개가 그를 시켜 에스더에게 회답하되 너는 왕궁에 있으니 모든 유다인 중에 홀로 면하리라 생각지 말라

14 이 때에 네가 만일 잠잠하여 말이 없으면 유다인은 다른 데로 말미암아 놓임과 구원을 얻으려니와 너와 네 아비 집은 멸망하리라 네가 왕후의 위를 얻은 것이 이 때를 위함이 아닌지 누가 아느냐

15 에스더가 명하여 모르드개에게 회답하되

16 당신은 가서 수산에 있는 유다인을 다 모으고 나를 위하여 금식하되 밤낮 삼 일을 먹지도 말고 마시지도 마소서 나도 나의 시녀로 더불어 이렇게 금식한 후에 규례를 어기고 왕에게 나아가리니 죽으면 죽으리이다

17 모르드개가 가서 에스더의 명한 대로 다 행하니라

Episode 3. Esther consents to appeal to the king (4:10-17)

10 Esther then ordered Hathach to reply to Mordecai,[a]

11 "The king's courtiers and the people in his provinces alike all know that, for every man or woman who enters into the king's presence in the inner court who has not been summoned, the king has but one law.[a] That person is to be put to death, unless the king holds out[b] the golden scepter;[c] then he or she may live. And thirty days have passed since I have been summoned to come into the king s presence."[d]

12 And Mordecai was told[a] what[b] Esther had said.

13 Mordecai then sent this reply to Esther,[a] "Do not imagine that you are any more likely to escape in the king's palace than all the Jews.

14 For, if you remain silent at this time, relief and deliverance will not arise for the Jews from any other quarter,[a] and you and your father's house will perish. And who knows if it is not for a time like this that you have become queen?"

15 Esther then replied to Mordecai,

16 "Go, assemble all the Jews to be found in Susa, and fast on my behalf. For three days eat or drink nothing, day or night. I and my maids will also fast in the same way. After that I will go to the king, even though it is against the law. And if I perish, I perish."

17 So Mordecai left and did exactly as[a] Esther had ordered him.

원문주해

2.a. 직역하면 "…앞에까지".

2.b. 이 표현은 직역하면 "왕의 문"인데, 이 문구의 의미에 관해서는 2:19의 "주석"을

보라.

3.a. 직역하면 "베옷과 재가 많은 사람을 위하여 (침대와 같이) 펼쳐졌다". 능동태로 되어 있는 동일한 어휘에 관해서는 사 58:5을 보라. 3절이 2절과 4절 간의 흐름을 차단하고 있다고 주장된다. 그런 까닭에 AT가 본 절을 생략하고 있고 OL 역본이 3:15과 매우 유사한 어떤 것을 가지고 있으므로, 몇몇 사람들은 본 절을 그 곳에 두기를 원한다(참조. *BHS* n.). 그러나 MT의 순서가 옳음에 틀림없다. 연대기적으로 모르드개는 그 역졸들이 제국의 전국에 그 칙령을 전달하기 오래 전에 그 이루어진 일들에 대해 알고 있었을 것이다(Fox, 58). 더 나아가서 본 절은 문자 그대로 모르드개의 반응의 결과를 강화하고 있는데, 왜냐하면 그것의 기능이 유대인의 나머지 부분의 반응을 그의 거울 이미지로 만들기 위한 것이기 때문이다(Ckines, 299).

4.a. K의 와트보에나(וַתְּבוֹאֶינָה)로 모음 부호가 찍혀야 하는 ותבואינה는 Q의 와타보나(וַתָּבוֹאנָה)보다 3인칭 미완료 여성 복수 동사의 훨씬 드문 형태다. GKC § 76g를 보라.

4.b. 헬(חיל)/홀(חול)의 히트팔렐형 어간은 여기에만 나타난다. 칼형 어간은 "(고통 중에) 몸부림치다"라는 의미와 함께 나타나며, 이와 긴밀하게 관련된 히트폴렐형 어간이 "두려움에 몸서리치다"(악인을 가리킴)라는 의미로 욥 15:20에 나타나고, (강풍, 폭풍을 가리키는) "소용돌이치다"라는 의미로 렘 23:19에 나타난다. 그 다음에 문자 그대로의 의미로 이 단어는 재앙이나 고통의 충격으로 말미암아 야기된 육신의 반응을 함축한다. 여기서 이 단어는 "깊이 근심하게 되다"라는 상징적인 의미를 가지고 있음에 틀림없다.

4.c. 직역하면 "모르드개에게 옷을 입히고 그에게서 베옷을 벗기려고".

5.a. 드라이버(Driver, *VT* 4[1954] 235; 참조. *BHS* n. b)는 MT의 헤에미드(העמיד) 형태가 LXX, Syr 그리고 제2탈굼역이 동사의 칼형을 전제로 하고 있고(참조. *BHS* n.) 또한 이것이 더 바람직한 의미를 제공하고 있다는 사실에 근거하여 두 개의 대안적 독법 아쉐르 아마드 레파네하(אשר עמד לפניה)와 하오메드 레파네하(העומד לפניה)의 결합이라고 생각한다. 필자의 의견에는 MT의 의미가 훨씬 더 낫다고 생각된다.

5.b. 알(על)은 여기서 알(אל, "에게로")로 고쳐져서는 안 된다(Bardtke, 327; 참조. *BHS* n. c). 10절에 있는 알(אל)을 가진 같은 관용어를 유의하고 "원문주해" 1:17.c를 보라.

5.c. 직역하면 "이것이 무엇인지 그리고 어찌하여 이러한지를 파악하다".

6.a. "원문주해" 2.b를 보라.

9.a. 무어(Moore, 45, 48)는 LXX을 따라 충성스러운 종 하닥이 들은 모든 일을 보고했을 것이라는 근거(또한 12절에서도 그렇게 함)에서 콜(כל, "모든")을 덧붙여서 "모르드개가 말한 모든 일"로 읽는다. 그러나 이것은 "(그가) 에스더에게 모르드개의 말들을 말했다"는 히브리어 관용어 가운데 암시되어 있는 것으로 보인다. 이러한 첨가는 LXX 역본의 특징인 확대된 본문의 형태임에 틀림없다. 참조. 에스더서 서론에 있는 "본문" 부분.

10.a. 직역하면 "에스더가 하닥에게 말했다. 그리고 그에게 모르드개에게 (가라고) 명령했다."

11.a. 직역하면 "그의 법은 하나다".

11.b. 여기서 동사 요쉬트(יוֹשִׁיט, "나타내다, 확장하다")는 에스더서 BH에만 나타난다(또한 5:2; 8:4을 보라). SBH에 있는 비교가 되는 상황 가운데서 나타(נטה)와 쉘라흐(שׁלח)가 사용된다. 에스더서에 있는 용법의 후대성은 이것이 다른 곳에서 MH에만 나타난다는 사실에 암시되어 있다. Bergey, "Book of Esther," 123-24를 보라.

11.c. 이 샤르비트(שַׁרְבִיט, "홀")란 단어의 이형(異形)은 에스더서의 BH에만 나타난다(또한 5:2; 8:4을 보라). SBH에서는 이형 셰베트(שׁבט)가 사용된다(참조. 창 49:10; 삿 5:14). 에스더서에 있는 용법의 후대성은 이것이 다른 곳에서 MH에만 나타난다는 사실에 암시되어 있다. Bergey, "Book of Esther," 50-51를 보라.

11.d. 직역하면 "나에 대해서는, 나는 이 30일을 왕에게 나아가도록 소환을 받지 못했다".

12.a. 직역하면 "그들이 모르드개에게 말했다…". 동사를 수정하는 것은 불필요하다. "주석"을 보라.

12.b. 무어(Moore, 46)는 또다시 LXX을 따르면서 콜(כל, "모든")을 덧붙인다. "원문주해" 9.a를 보라.

13.a. 직역하면 "모르드개가 에스더에게 대답하여 말했다".

14.a. 이 번역은 이 문장을 강력한 부정을 표현하는 수사학적 질문으로 이해한다. "주석"을 보라.

17.a. Syr, Vg, LXX은 이 문구를 케콜(ככל, "모두에 따라")보다는 콜(כל, "모든")이란 독법을 암시하는 동사의 직접 목적어로 번역한다(참조. *BHS* n.; Bardtke, 328). 그러나 만일 이것이 원래 히브리어 문장이었다면, 이것은 직접 목적어를 한정하는 에트(את)의 표시를 필요로 했을 것이다. 그런 까닭에 MT 독법은 단순히 중복오사를 통하여 일어나지 않았을 수 있다. 역본들은 의역을 나타내고 있음에 틀림없다.

양식/구조/배경

3막의 처음 부분이 앞 막을 시작했던 것처럼(3:1; 또한 참조. 2:1), 어떤 시간을 나타내는 전환 문구를 갖고 있지는 않지만 그 시작은 공식적으로 상황절을 통하여 표시되어 있다. 즉 앞 장면의 마지막 부분을 표시하고 있는 3:15의 스타카토식 4중적 상황절과 이 장면의 첫 부분을 표시하고 있는 4:1의 상황절이다. 새로운 막으로의 전환은 더욱 날카롭게 이와 같은 문장들의 내용 가운데 있는 전환을 통하여 표시되어 있다. 즉 3:15c에 있는 왕과 하만으로부터 4:3에서 에스더를 통하여 연결되는 두 번째 장면의 첫 문장인 4:1에 있는 모르드개로의 전환이다. 이 막의 종결은 4:17의 요약적 진술로 표시되어 있다.

이 막은 두 장면으로 이루어져 있다. 돔멀샤우젠(Dommershausen, *Estherrolle*, 68-69)은 4:1-3을 *Kurzbericht*(간단한 정보)로 분리시키지만, 모르드개의 그 성읍으로의 여행의 종착점, "왕실 출입"(여기서 에스더의 하녀들과 내시들이 그의 행실을 관찰했을 것이다)은 분명하게 이것이 분리된 단락이 아닌 그 다음 단락에 대한 하나의 머리말이라는 사실을 드러낸다(참조. Murphy, *Wisdom*, 163). 도로티(Dorothy, "Book of Esther," 282-87)는 첫 번째 것이 "제안된 계획"을 나타내고 두 번째 것이 "시작된 계획"을 나타낸다는 사실에 근거하여 이 막을 다음에 뒤따라오는 막(5:1-8)과 연결시킨다. 이것은 분명히 이 둘이 줄거리의 구조 가운데서 어떻게 연결되어 있는지를 표현하고 있지만, 그것들을 통합된 하나의 막으로 간주할 만한 충분한 근거는 없다.

첫 번째 장면(1-3절)은 꽉 짜여지고 결여된 것이 없는 직접적인 서술로 이루어져 있다. 이것은 그 내용상 뒤따라오는 장면과 분리된 장면으로 구별되어 있는데, 모르드개와 모든 다른 유대인들이 하만의 칙령과 그 공포 내용에 대하여 반응한 근심과 충격을 설명하고 있다. 이것은 모르드개가 성읍으로 나갈 뿐만 아니라 궁전 뜰까지 들어갔다는 사실을 설명함으로써 이 두 번째 장면의 초두에 필요로 하는 배경을 제공한다.

두 번째 장면(4-17절)은 첫 번째 장면에 비하여 길고도 자세하며, 주로 에스더와 모르드개 간의 대화로 이루어져 있다(도표를 보라). 새로운 장면의 시작은 새로운 인물 에스더에 대한 소개로 암시되어 있다. 이 장면은 세 개의 삽화로 구성되어 있다. 직접적인 서술로 이루어져 있는 첫 번째 삽화(4절)는 뒤따라오는 내용을 위한 장면을 제시한다. 종들로부터 모르드개의 행동과 옷차림에 대하여 듣고 크게 근심한 에스더가 옷을 보내서 베옷을 벗기려고 한다. 모르드개의 거절이 중간 전달자들을 통한 대화로 이끌어 가는데 다음 두 삽화 가운데 나타나 있다.

마지막 두 삽화(5-9절과 10-17절)는 에스더와 모르드개 사이에 일어나는 대화를 설명한다. 그것들은 세심하게 이루어져 있다(도표를 보라). 두 기록이 하나의 대화로 되어 있기는 하지만, 그것들은 스타일과 문장 구조가 현저하게 다르다. 삽화 2는 에스더와 모르드개 사이에 있었던 두 번의 대화(5-6절과 7-9절)를 기록하고 있다. 이것이 간접적 대화라는 점에서 그리고 그들의 중계자 하닥의 정체와 행동을 상당히 자세하게 설명함으로써 그들의 대화의 중재적 성격을 강조하고 있는 점에서

장면 2(4-17절)의 구조

삽화	스타일	구절	내용 및 기능
삽화 1	직접적 진술	4	서술: 에스더가 자기 시녀들과 내시들로부터 모르드개와 온 유대인의 근심과 슬픔에 대한 소식을 듣는다. 그녀가 그의 베옷을 벗기기 위해 의복을 보낸다. 그가 거절한다.
삽화 2	세부적인 서술 전환을 가진 간접 강화	5a	서술 서론: 에스더가 하닥을 소환하여 모르드개에게 가 보라고 지시한다.
		5b	서술 가운데 포함된 간접 대화: 에스더가 무슨 일인지 그리고 왜 모르드개가 슬퍼하는지 알기 위해 하닥을 보낸다.
		6	서술 전환: 하닥이 왕실 광장에 있는 모르드개에게 간다.
		7-8	간접 강화: 모르드개가 무슨 일이 일어났는지 하닥에게 말하고 에스더로 하여금 왕에게 나아가 백성을 위하여 호소할 것을 지시한다.
		9	서술 결론: 하닥이 에스더에게 모르드개가 말한 내용을 말한다.
삽화 3	최소한의 서술 전환을 가진 간접 강화	10	서술 서론: 에스더가 하닥에게 모르드개에게 답하도록 지시한다.
		11	직접 강화: 에스더가 부름받지 않고 왕에게 나아가는 것은 생명을 잃을 위험이 있다고 거절한다.
		12	서술 전환: 모르드개가 에스더의 말을 듣고 대답한다.
		13-14	직접 강화: 모르드개의 불만 표명: 에스더가 왕궁에 있다고 해서 도피하지는 못할 것이다. 에스더가 왕후가 된 것은 바로 이 때를 위해서였을 것이다.
		15	서술 전환: 에스더가 모르드개에게 대답한다.
		16	직접 강화: 모르드개와 수산에 있는 유대인들이 에스더와 시녀들과 더불어 밤낮 3일을 금식해야 한다. 그 후에 그녀가 어떤 결과가 나오든 왕에게 나아갈 것이다.
		17	서술 결론: 모르드개가 에스더가 지시한 대로 행한다.

삽화 3과 현저하게 다르다(참조. 5a, 6, 9절). 이 삽화는 하닥이 에스더에게 그녀의 질문에 대한 모르드개의 대답을 전달한 결과에 대한 하나의 요약적 진술(9절)과 함께 마친다.

삽화 3은 에스더와 모르드개 간의 세 부분으로 된 의사 전달을 기록하고 있다(11, 13-14, 16절). 이것은 직접 대화라는 점에서 그리고 점차적으로 간략한 서술 전환을 통하여 표시되어 있는데, 그것들 가운데 마지막 두 개는 메시지를 전달해야 하는 중재자에 관한 자세한 사항들을 모두 생략하고 있다(첫 번째 삽화[10절]는 이 삽화에 대한 서술 전환을 열어 주는 기능을 하고 있으므로 보다 세부 사항을 제공한다). 직접 대화와 여분의 서술 전환들을 선택하여 사용한 것은 연설의 내용에 강조를 두면서 동시에 이 장면이 절정에 도달하고 있다는 사실을 보여 준다. 삽화 3과 전체 장면은 서술적 요약으로 막을 내린다(17절).

주석

1 "이 모든 일을 알고"(יָדַע אֶת־כָּל־אֲשֶׁר נַעֲשָׂה – 야다 에트-콜-아쉐르 나아사). 이 문구를 "이 모든 일을 알았다"로 번역하는 것(JB, NJB; 참조. NAB)은 그가 칙령의 내용을 알았다는 사실을 의미하는 것으로 취급하는 것으로서 이는 부정확한 번역이다. 여기서 설화자가 선택하여 사용한 어투는 "되어진 모든 일을 알았다"로서 의도적으로 그렇게 표현한 것이요 또한 훨씬 더 포괄적인 표현이다(참조. Clines, 299; Moore, 46; Fox, 57). 이것은 틀림없이 모르드개가 빅단과 데레스가 왕의 생명을 해하려는 음모를 꾸몄다는 사실을 알아냈다는 사실을 의미하는(2:19-23) 것과 동일하게 심각한 왕실 문제에 관한 지식을 의미한다. 이것이 그러하다는 사실은 하만이 유대인을 제거하기 위하여 왕궁 보물 창고에 지불하기로 약속한 돈의 정확한 액수에 대해 모르드개가 알아낸 지식 가운데 암시되어 있다(4:7).

"굵은 베와 재"(שַׂק וָאֵפֶר – 사크 와에페르). 사크(שַׂק, "굵은 베")는 아마도 허리에 걸치는 간단한 옷일 텐데 염소나 약대털로 된 거친 옷을 가리킨다. 재는 주로 사람의 머리에 뿌려졌다. 이러한 행위들은 모든 종류의 재앙과 불길한 소식에 대한 슬픔, 근심, 걱정, 애도, 겸비함을 표현하는 행위(예를 들어, 요셉의 행방 불명, 창 37:29; 군대의 패배, 삼상 4:12; 삼하 1:2; 반역, 삼하 15:32; 강간, 삼하 13:9; 포위와 공격의 위협, 왕하 18:37; 참조. Hillers, *ZAW* 77[1965] 86-90)와 함께 죽은 자를 위한 애도(참조. 창 37:34; 37:29)의 행위다.

"대성 통곡하며"(וַיִּזְעַק זְעָקָה גְדֹלָה וּמָרָה - 와이즈아크 제아카 게돌라 우마라). 자아크(זעק, "부르다, 부르짖다")와 같은 어근의 명사형 제아카(זעקה, "부르짖다, 소리치다")의 사용 가운데서 둘 다 "애처로운 부르짖음, 도움을 위한 요청"이라는 분명한 개념을 가지고 있다. 게를르만(Gerleman, 104)은 여기서 모르드개의 부르짖음을 이해하기를, 왕으로 하여금 법적인 개입을 하도록 유도하기 위한 합법적 행동을 하고 있는 공식적인 것으로 그 의미를 부여한다. 문맥 가운데서 이러한 부르짖음이 그러한 합법적인 상징적 행동으로 의도되어 있다는 사실을 암시할 수 있다는 유일한 내용은 모르드개가 대궐 문까지 이르렀다는 사실뿐이다. 그러나 이것은 에스더의 주의를 끌기 위한 그의 방식으로 이해하는 것이 가장 좋을 듯한데, 그의 의도가 정확하게 들어맞았다(4절). 같은 근거에 의하여 클라인즈(Clines, 299)는 이 부르짖음을 왕에 대한 저항 행위로 해석하고 있는데, 모르드개가 베옷을 입은 사람은 대궐 문에 들어갈 수 없다는 법규 때문에 왕의 존전에 예외적으로 들어가려고 시도했다는 것이다(2b절). 그러나 문맥 가운데는 그러한 의미가 전혀 포함되어 있지 않다(특히 Hasel, *TDOT* זעק Ⅲ. 1, 4:116-19를 보라; 또한 참조. Fox, 57). 그 반대로, 부르짖음과 동반된 옷을 찢고 베옷을 입고 재를 뒤집어쓰는 행동들은 법적 대응이나 저항과는 아주 다른 어떤 것을 의미한다. 그러한 행동들은 슬픔, 근심, 애도를 표현하고 있으며(위를 보라), 또한 이 부르짖음은 "유대 민족에게 닥칠 재난에 대한 슬픔을 표현하는 애도의 의미의 '고뇌의 부르짖음'임을 암시한다"(Hasel, *TDOT* 4:117).

2 "대궐 문 앞까지 이르렀으니"(וַיָּבוֹא עַד לִפְנֵי שַׁעַר־הַמֶּלֶךְ - 와야보 아드 리프네 샤아르-함멜렉). 주석가들은 1-2절에 있는 결정적인 결과가 없는 모르드개의 행동의 정확한 의도에 대해서 논란을 벌여 왔는데, 그 이유는 설화자가 그 숨은 뜻을 알아내도록 또다시 우리에게 문제를 던져놓기 때문이다. 어쨌든 모르드개의 행동은 결코 하만을 자극한 것에 대한 자기 질책으로 야기된 행동일 수 없다(Clines, 299; Fox, 57). 뿐만 아니라 이것은 왕후의 관심을 끌기 위하여 의도된 슬픔이나 근심의 행동일 것 같지도 않다(Haller, Ringgren, Anderson). 그보다 이것은 그가 자기의 슬픔과 걱정을 공개적으로가 아니라(1절) 에스더의 주의를 끌도록 되어 있는 장소인 왕실 뜰의 입구에 왔다는 사실에서 그 결과가 나타난다.

4 "에스더의 시녀와 내시가 나아와 고하니"(וַתָּבוֹאינָה נַעֲרוֹת אֶסְתֵּר…וַיַּגִּידוּ לָהּ - 와타보나 나아로트 에쓰테르…와약기두 라흐). 이 히브리 문장은 목적어가 문맥 가운데 분명한 경우에 자주 그러하듯 목적어를 가지고 있지 않다. 에스더의 질문의

내용은 "무슨 일이냐, 어쩐 일이냐?"(5절)이며, 뒤따라오는 모르드개의 대답은(자기에게 무슨 일이 일어났는지 그리고 하만의 뇌물의 분량을 말하고 그 칙령의 부본을 그녀에게 전달해 주는 것, 7-8절) 암시된 목적어를 분명하게 밝히고 있다. 그녀의 시녀와 내시를 통하여 에스더에게 전달된 정보는 모르드개와 수산의 유대인들의 행동과 복장에 관한 것이었음에 틀림없다(3절).

"(그리고) 왕후가 심히 근심하여"(וַתִּתְחַלְחַל הַמַּלְכָּה מְאֹד – 와티트할할 함말카 메오드). 에스더의 근심(이 동사의 의미에 관해서는 "원문주해"를 보라)은 모르드개와 수산 궁의 유대인들의 행동과 복장으로 말미암아 표현된 슬픔과 근심에 의하여 야기되었을 수 있다(앞의 "주석"을 보라). 여기서 근심은 다가올 유대인들의 전멸로 인하여 야기된 것일 수가 없는데, 그 이유는 그 다음 내용이 보여 주는 바와 같이 그녀가 아직은 하만의 무시무시한 칙령을 알지 못하고 있기 때문이다. 그러나 분명한 것은 그 동사의 의미로 보아 그녀가 모르드개의 행동과 복장이 매우 심각한 일이 일어났음을 의미하고 있다는 사실을 알고 있다는 것이다.

"입을 의복을 모르드개에게 보내어"(וַתִּשְׁלַח בְּגָדִים לְהַלְבִּישׁ אֶת־מָרְדֳּכַי – 와티슐라흐 뻬가딤 메할삐쉬 에트-모르또카이). 폭스(Fox, 59-60)는 에스더가 모르드개에게 의복을 보낸 것은 그녀의 천박함을 나타내고 있다는 의견을 말한다. 그의 입장에서 "모르드개의 행동의 의미와 이유는 그녀에게 아무런 일도 아닌 것으로 보인다. 만일 그녀가 그 불쾌감을 내쫓아 버릴 수 있었다면, 그 일은 충분했을 것이다"(Fox, 59). 그러나 이것은 본서 전체에 걸쳐서 설화자가 그녀에 대해서 묘사하고 있는 적극적인 성격에는 어울리지 않는다. 그녀가 의복을 보낸 목적은 그로 하여금 왕실로 들어와서 그의 행동과 복장에 대한 이유를 알리라고 했다는 것이 더욱 개연성이 있는 것으로 보이는데(Paton, 216; Clines, 300), 그 이유는 베옷을 입고 들어가는 것이 금지되었기 때문이다. 이것이 그녀의 그 다음 행동, 즉 자기의 내시 하닥을 보내어 모르드개가 어찌하여 슬퍼하고 있는지를 묻도록 한 사실에 강하게 암시되어 있다(5절).

"(그)가 (그것들을) 받지 아니하는지라"(וְלֹא קִבֵּל – 웰로 킵벨). 설화자는 모르드개가 이를 거절한 이유를 추측하도록 여지를 남겨 놓고 있다. 수많은 주석가들(예를 들어, Clines, Paton)은 이것이 "그를 슬프게 만든 이유가 아직 끝나지 않고 여전히 계속되고 있었기" 때문이라는 요세푸스의 설명을 받아들인다. 그러나 무어(Moore, 48)는 개인의 슬픔을 공적인 것으로 나타내지 않는다는 탈무드 유대인 사상의 강조점에 근거하여 모르드개가 그것이 무시무시한 공적 재앙이고 개인의 슬픔이 아니기 때문에 거절했다는 앤더슨의 설명을 받아들인다. 그러나 설화자는 우리에게 아무런 단서도 남겨 놓지 않으며, 그래서 그의 거절은 그 두 사항 때문이었을 수 있다.

8 "에스더에게 뵈어 알게 하고 또 저에게 부탁하여"(וּלְהַגִּיד לָהּ וּלְצַוּוֹת עָלֶיהָ
לְהַרְאוֹת אֶת־אֶסְתֵּר – 레하르오트 에트-에쓰테르 울레학기드 라흐 울차우오트 알레하). 이 세 개의 간결한, 그런 까닭에 강조적인 부정사절은 모르드개가 하닥에게 하만의 칙령의 한 부본을 준 목적/결과를 표현하고 있다. 처음 두 개의 부정사절 모두의 목적어가 표현되지 않은 채로 남아 있다. 이것은 의도된 그 목적어가 방금 전에 표현되었거나 혹은 문맥 가운데서 분명하게 드러날 경우 히브리어 문장에서는 흔히 있는 일이며, 그래서 부정사절 모두의 표현되지 않은 목적어는 하만의 칙령임에 틀림없다. 처음 두 부정사절은 에스더가 문맹이었다는 사실을 암시할 수 없다(두 번째 동사를 "설명하다"로 번역하는 NAB, NIV, NRSV, RSV에 암시된 바와 같이). 만일 그녀가 문맹이었다면 그 문서를 그녀에게 보여 주는 일은 무의미하며(Fox, 60), 또한 그 칙령이 페르시아어로 되어 있었고 에스더가 그것을 읽을 수 없었다고 추측하는 것(Paton, 218; Clines, 301이 그렇게 주장함)은 억지 해석이다. 레학기드(להגיד)란 동사는 가장 자주 "말하다, 보고하다, 알리다"를 의미한다(그리고 유일하게 수수께끼와 꿈과 같은 대상물을 "설명하다"를 의미한다). 그런 까닭에, 이 설화는 아마도 하닥이 그 칙령을 읽어 보도록 에스더에게 보여 주어야 했고, 또한 동시에 최소한 모르드개가 하닥에게 알려 준 내용에 관한 또 다른 배경이 되는 정보를 포함하여 그 상황에 관해서 그녀에게 말해 주어야 했다는 사실을 암시한다(7절을 보라; NEB, REB가 그렇게 함; Fox, 59). 달리 말하자면, 그러나 이보다 덜 개연성이 있는 것은 두 부정사절이 이사일의로 이해될 수 있다는 것이다(두 단어가 단 하나의 의미를 나타내기 위하여 사용되는 것). 즉 "그녀의 정보를 위하여 에스더에게 보여 주도록"(JB, NJB가 그렇게 번역함).

12 "그(들)가 에스더의 말로 모르드개에게 고하매"(לְמָרְדֳּכָי אֵת דִּבְרֵי אֶסְתֵּר
וַיַּגִּידוּ – 와약기두 레보르드카이 에트 띠브레 에쓰테르). 여기 나오는 복수형은 설화자가 부정 주어 "그들"을 사용한 것으로 이해하는 것이 가장 좋은데(이에 관해서는 *IBHS* § 4.4.2; Brockelmann, *Syntax*, § 36c를 보라), 이것은 수동형과 실질적으로 동일하다. 이것은 본문 전사상의 오류가 아니라 설화자에 의한 의도적인 전환이다. 이 장면의 발전에 포함되어 있는 이 결정적인 고비에서 설화자는 의사소통의 내용들을 전면에 부각시키기 위하여 간접 대화(삽화 2, 2-5절)로부터 직접 대화(삽

화 3, 10-17절; "양식/구조/배경"을 보라)로 돌렸다. 그러므로 그는 필요로 하는 중개자의 활동에 대한 자세한 기록을 생략하고 있으며(참조. Bardtke, 332) 그 중개자의 비한정 주어를 사용한다. 그는 15절에서 그러한 인물들을 모두 언급하는 일을 생략한다. 그러나 이제까지 유일한 메시지 전달자가 하닥이었기 때문에 복수 동사로 인하여 혼란을 일으킨 수많은 주석가들(예를 들어, Paton, 221-22; Moore, 46, 50)은 LXX과 OL을 따라 "그(하닥)가 말했다"로 읽거나 "수동형 동사로 수정한다(참조. *BHS* n.). 그러나 수동형으로의 전환이나 LXX과 OL 번역자들의 단수형 독법은 모두 드러난 난점을 해결해 보려는 시도들이며, 따라서 그들은 이 장면의 문학적 발전을 놓치고 있다("양식/구조/배경"을 보라).

14 "유다인은 다른 데로 말미암아 놓임과 구원을 얻으려니와"(**מִמָּקוֹם אַחֵר רֶוַח וְהַצָּלָה יַעֲמֹד לַיְּהוּדִים** – 레와흐 웨하찰라 야아모드 라예후딤 밈마콤 아헤르). 필자의 의견에는 이 문장의 번역과 이해와 관련된 두 가지 문제가 13-14절에 대한 일관성 있는 이해를 불가능하게 해 온 것으로 보인다. (1) 마콤 아헤르(**מקום אחר**, 직역하면 "다른 장소")란 표현은 고대(예를 들어, 요세푸스와 탈굼 에스더서)와 현대(예를 들어, Gerleman, *Studien zu Esther*, 21-22; Moore, 50; Paton, 22-23)의 주석가들에 의하여 하나님의 대리인이나 혹은 하나님에게 대한 가려진 암시로 이해되어 왔다. 이러한 이해를 지지하여 자주 인용된 것(예를 들어, Moore에 의하여)은 탈무드 시대에는 하마콤(**המקום**, 직역하면 "장소")에 대한 용법이 하나님의 대리인이었다는 것이다. 그러나 최근의 논의의 결과 이러한 해석이 더 이상 유지될 수 없다는 사실이 드러났다. 그러한 후대의 용법이 에스더서에게는 적용될 수 없다는 사실 이외에도, "장소"를 하나님에 대한 언급으로 취급하는 것은 "또 다른 하나님으로부터"라는 번역을 낳게 되는데, 이러한 표현의 의미는 지극히 인정하기 어려운 것이다(Ackroyd, *ASTI* 5[1966-67] 83). 더구나 복합적 표현 "또 다른 장소"을 하나님에 대한 언급으로 취급하는 것(예를 들어, Haupt, *AJSL* 24[1907-8] 136; Brockington, 235; Talmon, *VT* 13[1963] 429가 그렇게 말함)은 동일하게 인정하기 어려운 의미를 산출하는데, 그 이유는 하나님의 구원과 에스더가 왕에게 호소하여 얻을 수 있는 구원 간에 설정되는 순전한 대조(참조. Clines, 302)는 당연히 그 후자가 하나님으로부터 오지 않은 구원을 의미하기 때문이다. 이것은 에스더의 위치와 행동이 하나님의 섭리의 작용이라는 본문 전체의 명확한 의미에서 그리고 특히 14c절에서 이탈해 나가는 것이다(에스더서 서론의 주제와 목적에 있는 본 이야기 가운데서 하나님의 역할에 대한 논의를 보라). 그런 까닭에 "또 다른 장소"란 표현은 구출

에 있어서 또 다른 인간 대리자를 가리킴에 틀림없다(특히 Ackroyd, *ASTI* 5[1966-67] 82-84; Fox, 63를 보라).

(2) 이 문장은 거의 언제나 긍정적 진술로 이해되어 왔다. 즉 "구원과 구출이 유대인들을 위하여 다른 장소로부터 일어날 것이다." 그러나 본문에 대한 이러한 독법은 가장 설명하기 어려운 여러 가지 문제들을 낳는다(Wiebe, *CBQ* 53[1991] 413-15)

(a) 설화자가 강조해 온 본 이야기의 사실들, 곧 왕의 성격, 하만의 위치의 권세, 그의 칙령의 악마적 성격, 페르시아 법의 변개할 수 없는 성격을 고려해 보면, 유대인들을 구원할 수 있는 다른 인간 대리자가 있을 가능성은 상상하기 어렵다. 상상되는 사람들, 즉 다른 유대인 관리들, 유대인의 무장 봉기 혹은 제국 거민들의 친절(Clines, 302; 같은 저자, *Esther Scroll*, 42-43가 그렇게 생각함)은 유감스럽게도 있을 법해 보이지 않는다. 사실상 그러한 다른 구원의 대리자가 있으리라는 모르드개의 확신은 하나님의 섭리에 대한 신뢰로 설명될 수 있지만, 설화자가 모르드개를 이러한 문장을 하나의 진술로 해석하는 것을 제외하고 그러한 강한 신앙의 인물이요 경건한 사람으로 묘사하고 있는 사실을 암시하는 이야기 가운데는 결코 나타나 있지 않다(참조. Fox, 189-91, 244-45에 관한 논의). 사실상, 모르드개가 어떤 섭리에 대한 확신을 나타내고 있는(14c절) 유일한 다른 장소 가운데서 그것이 가장 암시적인 태도로 진술되어 있다. "네가 왕후가 된 것이 이와 같은 때인지 아닌지 누가 아느냐?"

(b) 만일 이 첫 번째 귀결절(14b절)이 하나의 진술로 취급된다면, 에스더와 그녀의 "아비 집"이 말할 것이라고 진술하고 있는 두 번째 문장(14c절)의 뜻을 파악하기가 가장 어렵다(Wiebe, *CBQ* 53[1991] 412-13). 어찌하여 그녀와 그녀의 가족이 다른 유대인들이 구원받을 때 멸망한다는 것인가? 설화가 우리에게 어떤 힌트를 전혀 제공해 주지 않으므로 제안된 설명들은 상상에 지나지 않는다. 두 가지 가장 통상적인 설명은 하나님의 심판(예를 들어, Clines, 302; Fox, 62; Moore, 50; 또 다른 장소가 하나님을 가리키지 않으므로 훨신 더 가능성이 덜하다)과 유대인의 보응이다(예를 들어, Brockington, 235; Fox; Moore가 그렇게 주장). 이러한 설명들은 "네 아비 집"이라는 표현이 일차적으로 모르드개와 그 가족을 가리킨다는 사실을 살펴볼 때 더 타당성이 적어 보인다(설화 내용을 통하여 우리가 알고 있는 실질적으로 아는 바와 같이). 가족 연대 의식을 떠나서(이러한 배경과 연대 가운데서 그들의 활동이 미심쩍다), 어찌하여 하나님의 심판이나 유대인의 보응이 에스더의

비겁함과 비협조로 인하여 모르드개에게 떨어진다는 말인가(Wiebe, *CBQ* 53[1991] 412-13를 보라)?

(c) 14절을 이끌고 있는 불변화사 키(כִּי)는 이유를 나타내는 "이는, 왜냐하면"의 의미를 가지고 있는데, 뒤따라오는 내용이 어떤 의미에서 다른 유대인들보다 하만의 칙령으로부터 왕궁에서 더 안전히 거하지 못할 것이라고 한 13절에 있는 모르드개의 진술의 이유를 제공하고 있다는 사실을 암시한다. 그러나 14절이 긍정적인 진술로 취급된다면 이것은 13절에 있는 모르드개의 진술의 이유나 혹은 설명으로서 기능을 하지 않는다.

이러한 난점으로 인하여 위비(Wiebe, *CBQ* 53[1991] 413-15)는 이 문장이 하나의 진술이 아니라 질문이라고 주장한다. 이 문장이 그 어떤 규칙적인 히브리어 의문을 나타내는 불변화사를 가지고 있지 않다는 사실은 심각한 장애가 아닌데, 그 이유는 의문문이 자주 표시되어 있지 않고 BH에서 상승조로 표시되기 때문이다(Wiebe, 414, n. 20에 의하여 인용된 그러한 표시되지 않은 질문들에 대한 언급들 이외에 *GBH* § 161a; *IBHS* § 18.1.c n. 1을 참조하라). 사실상, 그러한 표시되지 않은 질문들은 에스더서 SBH보다는 LBH에 보다 자주 나타난다(Wiebe). 이 문맥 가운데서 질문은 긍정적인 수사학적 질문인데, 곧 그것을 통하여 강력한 부정적 진술을 표시하려는 의도를 가지고 있다(그러한 "질문들"에 관해서는 Driver, *JANES* 5 [1973] 107-14; 특히 Hyman, *HS* 24[1983] 17-25를 보라). 14b절을 하나의 진술로 취급함으로 말미암아 야기된 (위에 언급된) 문제들은 이것이 강력한 부정을 표시하는 긍정적인 수사학적 질문이라는 사실을 인정함으로써 완전히 해소된다. 모르드개는 그 구원이 어떤 신비적인 표명되지 않은 출처를 통하여 유대인들에게 닥칠 것이라고 상상하지 않는다. 그보다 에스더가 유대인 구출에 유일하게 가능한 출처라는 사실을 확언함으로써 그녀로 하여금 행동에 옮기라고 동기 부여를 하고 있는 것이다. 본문에 대한 이러한 이해와 함께 모르드개를 포함한 에스더와 그녀의 가족의 멸망의 이유는 우리가 상상으로만 할 수 있는 알려져 있지 않은 원인이 아니다. 그 반대로, 그 원인은 분명하고도 절대적이다. 즉 위협적인 유대인의 전멸이다. 더 나아가서 그렇다면 14절은 어째서 에스더가 다른 유대인들과 함께 왕궁에서 멸망을 피하지 못할 것인지(13절)에 대한 일관성 있는 설명을 해주고 있다. 즉 그녀가 유대인이라는 사실이 알려지면 그녀도 남은 유대인들과 함께 망할 것이다. 마지막으로, 이 문장을 하나의 질문으로부터 암시된 부정적 진술로 바꿔 말하는 것은 이와 같은 상황에서 영어로는 훨씬 더 명확하다(그러한 전환에 관해서는 Hyman, *HS* 24

[1983] 18-19를 보라).

"네가 왕후의 위를 얻은 것이 이 때를 위함이 아닌지 누가 아느냐?"(וּמִי יוֹדֵעַ אִם־לְעֵת כָּזֹאת הִגַּעַתְּ לַמַּלְכוּת – 우미 요데아 임-레에트 카조오트 힉가아트 람말쿠트). 수사학적 질문 형식으로 되어 있는 모르드개의 진술, 곧 그녀의 호소가 유대인들이 가지고 있는 유일한 희망이라는 사실이 지극히 강조되어 있다. 따라서 이 질문 중 "누가 알겠느냐?"는 왕후로서의 그녀의 위치에 대한 섭리적 목적에 관한 의심이나 회의 혹은 단순한 가능성을 표현하는 것이 아니다. 그 반대로, 이것은 확신 있는 희망을 표현하고 있다(참조. 욘 3:9; Clines, 302; 에스더서 서론의 주제와 목적에 있는 이 이야기에서의 하나님의 역할 부분을 보라).

16 "나를 위하여 금식하되 밤낮 삼 일을 먹지도 말고 마시지도 마소서"(וְצוּמוּ עָלַי וְאַל־תֹּאכְלוּ וְאַל־תִּשְׁתּוּ שְׁלֹשֶׁת יָמִים לַיְלָה וָיוֹם – 웨추무 알라이 웨알-토클루 웨알-티슈투 쉘로쉐트 야밈 라일라 와욤). 유대인 공동체는 이미 하만의 전멸 칙령을 듣고 금식을 해 왔다(3절). 이 금식은 슬픔과 애도를 동반한 금식이 아니라(Clines, 302는 이에 반대다: 이 위기는 미래에 놓여 있다) 실질적으로 중재 간구의 금식이다(예를 들어, 왕상 21:27; 욘 3:5-8; 느 9:1을 참조하라). 에스더가 요구하는 금식은 중보 기도임이 분명한데, 그 이유는 그녀가 그 목적을 "나를 위하여"(עָלַי – 알라이)로 규정하고 있기 때문이다. 자주 관찰되어 온 바와 같이(특히 Clines, 302; 같은 저자, *Esther Scroll*, 36), 이것은 전에 없는 엄격한 금식이다. 금식은 주로 아침부터 저녁까지 계속되었다(참조. 삿 20:26; 삼하 1:12). 그렇다면 하나님에게 대한 중재 기도와 그것을 유발시키는 사실의 심각성 모두에 대한 의미심장한 강조가 포함되어 있다. "밤낮"이라는 순서는 아마도 특별한 의미는 없는 것으로 보이는데, 그 이유는 구약성경에서 하루(24시간)는 밤에 시작되었기 때문이다(창 1장의 시간을 나타내는 숫자 참조). 또한 우리의 설화자가 여기서 날짜에 대한 암시를 하고 있지는 않지만, 3:12에 주어진 유대인을 제거하려는 칙령의 작성과 공포의 날짜는 유월절 전날이었는데(3:7-11에 대한 "해설"에 있는 논의를 보라), 그 날의 중요성은 유대인 지도자들의 관찰을 피할 수 없었을 것이다. 그런 까닭에 에스더가 명령을 내리는 3일도 역시 유월절 밤에 시작되었고, 그래서 출애굽기 12장의 율법에도 불구하고 그 의식을 폐지할 수 없었을 것이다(Clines, *Esther Scroll*, 36-37).

해설

페르시아 유대인들이 당면하고 있는 극한 위기가 2막에서 가장 베일에 쌓인 혹은 에스더에 대한 미묘한 암시조차 없이 설명되었다(그 곳의 "해설"을 보라). 게다가 신분을 숨기고 있는 에스더가 페르시아 왕실에서 얻은 위치(1막)와 그녀에 대한 설화자의 성격 묘사가 아무리 덧없어도 그녀가 유대인들을 하만으로부터 건질 도구를 제공할 수 있다는 우리의 희망을 불러일으킬 수밖에 없었다. 에스더에게 우리의 희망을 두도록 한 다음, 우리의 설화자는 다른 시나리오에 대해서 한마디도 하지 않는다. 그 다음 막인 이 막은 우리의 이야기의 문제, 즉 위협적인 유대인 제거 문제의 해결에 그 제1단계를 묘사하고 있다. 이 막은 어떻게 모르드개의 분명한 명령에 대해서 에스더가 자기 백성들을 위하여 왕에게 호소하기로 동의하고 있는지를 설명하고 있다.

장면 1. 모르드개와 온 유대인들이 하만의 칙령으로 인하여 애곡하다(4:1-3)

이 짧은 장면은 왕의 칙령에 대해서 모르드개와 모든 유대인들이 반응했던 근심과 슬픔을 설명하고 있는데, 슬픔과 중재 기도라는 특징적인 문화적 표현들을 통하여 표현된 것이다("주석"을 보라). 이것은 또한 뒤따라오는 모르드개와 에스더 간의 직접 대화로 이끌어 가고 있는데, 이는 모르드개가 자신의 슬픔과 근심을 개별적으로나 혹은 결코 공개적인 방식으로 표현하고 있지 않기 때문이다("성 중에서 나가서", 1절). 그보다 그는 큰소리로 심하게 울면서 대궐 문에까지 나간다. 생각건대 그는 왕실 뜰까지 들어갔던 것 같으며 베옷을 입고 왕실 뜰 가운데로 들어갈 수 없었음에도 불구하고 "후궁 뜰 앞으로 왕래하며"(2:11) 큰소리로 슬피 울었던 것으로 보인다. 그 어떤 슬픔이나 베옷이나 재도 왕의 허세를 부리는 세상 쾌락을 그치게 하지 못했음에 틀림없다(위의 1막을 보라)! 모르드개의 행동은 가능한 한 그 두려운 상황으로 왕후의 시선을 끌도록 하기 위하여 의도된 것이었다("주석"을 보라). 설화자가 그 직후에 설명하는 바와 같이 그 일이 정확하게 일어났다(4절).

장면 2. 모르드개의 명령에 따라 에스더가 왕에게 호소하기로 동의하다(4:4-17)

두 번째 장면은 에스더와 모르드개 간의 계속된 대화를 위하여 할애되어 있다. 이 대화 중에서 모르드개는 일어난 모든 일을 알리고, 생명을 내건 위험한 일임에도 불구하고 에스더를 격려하여 백성들의 생명을 구하기 위해 왕에게 호소하겠다는 동의를 얻어낸다. 이 장면은 솜씨 있게 짜여진 세 개의 삽화 가운데서 발전되어 나가는데("양식/구조/배경"을 보라), 각 삽화 가운데서 에스더와 모르드개 간의 의사교환은 점점 더 격렬하게 되고, 직접적인 대화로 변하며, 세부적인 내용으로 변해간다(참조. Clines, *Esther Scroll*, 34-35).

삽화 1. 모르드개가 에스더가 보낸 옷을 입기를 거절하다(4:4). 첫 번째 삽화에서 시녀와 내시들을 통하여 모르드개의 상황을 듣고 심히 근심한 에스더는 의복을 보내어 그의 베옷을 벗기려고 한다(그렇게 해서 그로 하여금 왕궁으로 들어와 어떤 두려운 일이 그로 하여금 그러한 행동을 하게 했는지를 그와의 직접적인 대화를 통해서 알아보려고 한 것 같다). 그가 거절함으로써 더욱더 의문점이 일어난다.

삽화 2. 모르드개가 에스더로 하여금 왕에게 호소하도록 지시하다(4:5-9). 첫 번째 것과는 대조적으로 두 번째와 세 번째 삽화는 모르드개가 왕실 밖에 있으므로 중개인을 통하여 의사를 교환한 에스더와 모르드개 간의 대화를 기록하고 있다. 간접 대화로 되어 있는 두 번째 삽화는 중개인 하닥의 정체와 행동을 약간 세밀하게 기록함으로써 설화의 속도를 늦추고 있다("양식/구조/배경"을 보라). 이 대화는 이중적인 것으로서 무슨 일이 일어났으며 어찌하여 그런 일이 일어났는지에 대한 에스더의 질문(5-6절)과 모르드개의 응답(7-8절)으로 이루어져 있다. 자신의 응답 가운데서 모르드개는 하닥에게 "자기의 당한 모든 일과 하만이 유다인을 멸하려고 왕의 부고에 바치기로 한 은의 정확한 수효"를 말해 준다. 이제 우리의 설화자가 "이 모든 일을 알고"(1절)라고 진술한 의미가 무엇인지 분명해진다. 그가 파악한 내용은 유대인을 진멸하는 권한을 얻어내기 위하여 하만이 왕에게 약속한 뇌물의 수량까지도 알아냈다는 것이다(7절; 참조. 3:21-22). 게다가 모르드개는 서류를 에스더에게 보여 주고 상황을 설명해 주도록 하닥에게 그 칙령의 부본을 주어 보냈다("주석"을 보라). 마지막으로, 그는 왕실의 낮은 관료가 왕후에게 말하는 태도가 그러하듯 단순하게 그녀에게 격려하거나 왕에게 호소하도록 간청하지 않는다. 그보다 그는 그녀의 부모/보호자로서 자신의 권위를 행사하고 있는 것처럼 그렇게 행동하도록 명령을 내리고 있다. 우리의 설화자가 이미 반복을 통하여 강조해 온 바와 같이(2:10, 20; 2:19-23의 "해설"을 보라), 그리고 그 다음 내용이 드러내는 바와 같이 그녀가 모르드개에게 순종하는 것은 바로 이러한 권위 때문이었다. 이 삽화는 하닥이 모르드개가 말한 모든 것을 에스더에게 전달했다는 요약적 진술과 함께 막을 내린다(9절).

삽화 3. 에스더가 왕에게 호소하기로 동의하다(4:10-17). 세 번째 삽화에서 우리의 설화자는 스타일을 변화시켜 기록하고 있다. 이제는 직접 대화를 사용하면서 에스더와 모르드개가 서로 교환한 말 자체를 기록하고 있으며, 또한 그는 중개인이 연루되었다는 지극히 작은 암시만을 하면서 기록해 나간다("양식/구조/배경"을 보라). 그렇게 함으로써 그는 이것이 이 장면의 절정이라는 사실을 표시하고 있다. 그들이 서로 교환한 내용은 삼중적이다. (1) 모르드개의 명령에 대한 에스더의 반대 의사(11절), (2) 그녀의 반대 의사에 대한 모르드개의 반응(13-14절), (3) 왕에게 호소하리라는 그녀의 최종적 동의와 약속(16절). 에스더는 소환을 받지 않고 왕 앞에 나아가는 것은 자기의 생명만을 위태롭게 할 것이라는 사실을 모르드개에게 알리면서 그의 명령에 대해서 반대 의사를 표명한다. 설화자는 또다시 에스더의 반대 의사의 (자신의 생명의 위험 이외에) 배후에 있는 이유를 독자의 상상에 맡겨 놓고 있다. 그녀가 주저한 것은 비겁의 표시로 간주되지 말아야 할 것이다. 그 이유는 그녀의 이러한 반응의 결정적인 이유는 그녀가 30일 간이나 왕을 알현하지 못했다는 것인데, 이것은 모르드개가 알지 못한 사실이었다(Clines, 301). 그렇다면 그녀가 주저한 것은 그러한 호소를 하려다가 생명이 남아 있을까라는 의아심에서뿐만 아니라, 자기의 왕에게 드리는 호소가 효력이 있을까에 대한 의아심에서 일어난 것인데, 그 이유는 에스더와 아하수에로 간의 애정이 매우 퇴조해 있었던 것으로 보이기 때문이다.

모르드개의 반응은 퉁명스럽고도 정곡을 찌른 것이다. 그가 그녀에게 한 첫마디 "너는 왕궁에 있으니 모든 유다인 중에 홀로 면하리라 생각지 말라"(13절)는 책망조로 생각해서는 안 되고 위협으로는 더욱 생각하지 말아야 할 것이다. 그 말은 단순히 그녀가 왕을 알현하러 들어가는 것만큼 왕을 알현하지 않은 상태에서도 죽어야 할 위험을 안고 있다는 사실을 강조한 것이다(참조. Clines, 301-2). 그의 그 다음 말(14절)은 이러한 사실에 대한 설명이다. 그가 그녀에게 주입시키는 말은, 만일 그녀가 잠잠하다면 구원은 다른 곳으로부터 일어나지 않을 것이고(자기의 진술을 강조적인 수사학적 질문으로 발전시킨다. "주석"을 보라), 그녀와 그녀의 가족이

망하리라는 것이다. 마지막으로 그의 호소의 절정에 이르러 그는 제안을 하고 있는데("주석"을 보라), 곧 그녀가 지금의 위치를 가지게 된 데는 하나님의 섭리적 목적이 있다는 것이다. 즉 그녀가 바로 이와 같은 때를 위하여 왕후가 되었으리라는 것이다.

에스더는 다른 반대 의사를 표명하지 않을 뿐만 아니라, 그녀는 자기가 취하는 행동의 과정에 무엇이 일어날는지 불확실성을 표명하지도 않는다. 즉 그녀는 즉시 그 지역 공동체("수산에 있는 유다인을 다 모으고")가 자기 및 자기 시녀들과 합세하여 3일 동안 24시간 금식해야 한다고 명령을 내린다(16절). 분명히 하나님의 섭리가 그녀를 페르시아의 왕후의 위치에 오르도록 했다는 모르드개의 암시적인 제안이 열매를 맺었다. 그 금식은 중재 기도인데("나를 위하여"; "주석"을 보라), 이는 분명히 그녀가 당면할 위험과 그녀의 노력의 결정적 성격과 관련된 중재 기도다(14절). 따라서 금식은 그 엄격성에 의하여 구별된다. 이 금식은 완전한 24시간 금식일 뿐만 아니라(그런 까닭에 특별히 엄격하다) 유대인의 매년 절기 중에 가장 중요한 절기인 유월절을 파기할 금식이다(3:12에 있는 하만의 칙령의 발표로 주어진 날짜에 의하여 이미 정해진 그 시기로 인하여; "주석"을 보라). 유대인과 페르시아인 간의 대조가 극적이다. 페르시아인들은 사치스럽게 잔치를 벌이지만(설화자가 앞에서 냉소적으로 장황하게 강조해 온 바와 같이; 참조. 1:4), 유대인들은 가장 혹독한 금식을 해야 한다(Clines, *Esther Scroll*, 36).

에스더의 응답은 하나의 강한 확신이다. 그녀의 마지막 말 "죽으면 죽으리이다"는 피할 수 없는 체념이라는 절망적 표현이 아니라(Paton, 226) 용기 있는 결단이다(Clines, 303). 본 이야기의 위기의 해결 과정의 책임은 이제 그녀에게 넘겨졌다.

하만과 그의 칙령에 의한 전멸로부터 유대인 구출에 대한 희망이 떠올랐다. 사실상 이 희망은 현재 호의를 받고 있지 않고, 또한 "이제까지 그 생명이 외모와 왕궁의 침실에 달려 있었던"(Fox, 67) 그 왕후의 손에 놓여 있는 빈약한 희망으로 보일 수도 있다. 그러나 설화자는 에스더가 유대인 공동체에 지시한 금식을 통하여 그리고 그녀가 왕후가 된 배후에 하나님의 섭리적 목적이 있을 수도 있다는 모르드개의 암시를 통하여(14d절) 하나님의 섭리를 미묘하게 묘사했다. 더 나아가서 설화자는 에스더를 일어난 모든 일을 수동적으로 받아들인 사람이 아니라 그녀를 둘러싸고 있는 사건들 가운데서 능동적으로 대처한 사람으로 묘사했다(2:5-11의 "해설"을 보라). 그녀가 그 도전에 대해서 책임을 지지 않을 수도 있지 않은가?

4막

에스더가 호소하기 시작하다: 그녀가 왕과 하만을 연회에 초대하다(5:1-8)

참고문헌

Brockington, L. H. *The Hebrew Text of the Old Testament: The Readings Adopted by the Translators of the New English Bible.* Oxford: Oxford UP, 1973. **Clines D. J. A.** *The Esther Scroll: The Story of the Story. JSOTSup* 30. Sheffield: *JSOT*, 1984. **Dommershausen, W.** *Die Estherrolle.* Stuttgart: Katholisches Bibelwerk, 1968. **Dorothy, C. V.** "The Books of Esther: Structure, Genre, and Textual Integrity." Diss., Claremont, 1989. **Haupt, P.** "Critical Notes on Esther." *AJSL* 24(1907-8) 97-106(= Moore, *Studies*, 1-90). **Moore, C. A.** *Daniel, Esther and Jeremiah: The Additions.* ab 44. Garden City, NY: Doubleday, 1977. **Murphy, R. E.** *Wisdom Literature: Job, Proverbs, Ruth, Canticles, Ecclesiastes, and Esther.* FOTL 13. Grand Rapids, MI: Eerdmans, 1981. **Radday, Y. T.** "Esther with Humour." In *On Humour and the Comic in the Hebrew Bible*, ed. Y. T. Radday and A. Brenner. Sheffield: Almond, 1990. 295-313. **Rudolph, W.** "Textkritisches zum Estherbuch." *VT* 4(1954) 89-90. **Speiser, E. A.** *Genesis.* AB. Garden City: Doubleday, 1974.

본 문

장면 1. 에스더가 왕과 하만을 연회에 초대하다(5:1-5a)

Scene 1. Esther Invites the King and Haman to a Banquet(5:1-5a)

시기: 12년 1월 16일 혹은 1월 17일

Time: 1/16 or 1/17, year 12

삽화 1. 에스더가 왕의 허락을 받아내다(5:1-2)

Episode 1. Esther gains an audience with the king(5:1-2)

1 제삼일에 에스더가 왕후의 예복을 입고 왕궁 안뜰 곧 어전 맞은편에 서니 왕이 어전에서 전 문을 대하여 보좌에 앉았다가

1 On the third day, Esther donned her royal robes[a] and stood in the inner court of the palace[b] in front of the king's quarters,[b] as the king was sitting on his royal throne in the audience hall[c] facing the entrance to the building.[d]

2 왕후 에스더가 뜰에 선 것을 본즉 심히 사랑스

2 And when the king saw Queen Esther standing

러우므로 손에 잡았던 금홀을 그에게 내어미니 에스더가 가까이 가서 금홀 끝을 만진지라

in the court, she won his favor and he extended to her the gold scepter which he was holding. Esther approached and touched the end of the scepter.

삽화 2. 에스더가 왕과 하만을 연회에 초대하다 (5:3-5a)

3 왕이 이르되 왕후 에스더여 그대의 소원이 무엇이며 요구가 무엇이뇨 나라의 절반이라도 그대에게 주겠노라

4 에스더가 가로되 오늘 내가 왕을 위하여 잔치를 베풀었사오니 왕이 선히 여기시거든 하만과 함께 임하소서

5 왕이 가로되 에스더의 말한 대로 하도록 하만을 급히 부르라 하고

Episode 2. Esther invites the king and Haman to a banquet (5:3-5a)

3 And the king said to her, "What is it, Queen Esther? What is your request? Even if it's for half of my empire, it shall be granted you!"

4 Esther replied, "If it please the king, let the king and Haman come today[a] to the banquet which I have prepared for him."

5a And the king said, "Quick! Bring Haman so that we may do as Esther has asked."[a]

장면 2. 에스더가 다시 왕과 하만을 연회에 초대하다(5:5b-8)

시기: 12년 1월 16일 혹은 17일

5b 이에 왕이 하만과 함께 에스더의 베푼 잔치에 나아가니라

6 잔치의 술을 마실 때에 왕이 에스더에게 이르되 그대의 소청이 무엇이뇨 곧 허락하겠노라 그대의 요구가 무엇이뇨 나라의 절반이라 할지라도 시행하겠노라

7 에스더가 대답하여 가로되 나의 소청, 나의 요구가 이러하니이다

8 내가 만일 왕의 목전에서 은혜를 입었고 왕이 내 소청을 허락하시며 내 요구를 시행하시기를 선히 여기시거든 내가 왕과 하만을 위하여 베푸는 잔치에 또 나아오소서 내일은 왕의 말씀대로 하리이다

Scene 2. Esther Again Invites the King and Haman to a Banquet (5:5b 8)

Time: 1/16 or 1/17, year 12

5b So the king and Haman came to the banquet which Esther had prepared.

6 And during the wine course,[a] the king said to Esther, "What do you want and what is it that you request? Even if it's for half of my kingdom, it shall be granted and it shall be done."[b]

7 And Esther replied, "My wish and my reques t?…

8 Well, if I have found favor with the king,[a] and if it pleases the king to grant what I ask and to fulfill my request, let the king and Haman come to the banquet which I shall prepare for them,[b] and tomorrow I will do as the king has said."[c]

원문주해

1.a. 직역하면 "그녀 자신이 왕 신분의 옷을 입었다". 루돌프(Rudolph, *VT* 4[1954] 89; Bardtke가 이를 따른다. 참조. Moore, 55; *BHS* n.a)는 말쿠트(מלכות, "왕위") 앞에서 한 단어가 빠졌다고 주장하지만, 태도의 부사 대격으로 실명사를 사용하는 것은 히브

리어에서 받아들여질 수 있는 것이다(참조. *IBHS* § 10.2.2.e.). 무어(Moore, 55)는 6:8; 8:15과 LXX 및 OL에 호소하면서 레부쉬(לְבוּשׁ, "의복")를 집어넣지만, 레부쉬(לְבוּשׁ, "의복")가 의미론적으로는 6:8; 8:15에서 필요로 하지만 이 곳의 상황에는 반대된다. 현실에 있어서는 LXX이 MT 독법과 대립되기보다는 지지하고 있는데, 그 이유는 이 문장에서 LXX이 바로 앞에 있는 엑세두사토 타 히마티아 테스 데라페이아스(*ἐξεδύσατο τὰ ἱμάτια τῆς θεραπείας*, "그녀가 〈하나님에 대한〉 바람의 옷을 벗었다")와의 대조를 나타내기는 하지만, 페리에발레토 텐 독산 아우테스(*περιεβάλετο τήν δόξαν αὐτῆς*, "그녀가 화려한 옷을 입었다")로 되어 있기 때문이다(이는 페리에발레토 타 히마티아 테스 독세스〈*περιεβάλετο τὰ ἱμάτια τῆς δόξης*, "그녀가 자기의 화려한 옷을 입었다"〉로 되어 있는 A-본문과 대조된다).

1.b. 직역하면 "왕의 집". "주석"을 보라.

1.c. 직역하면 "왕위의 집"인데, 아마도 왕좌가 있는 방 혹은 알현실을 가리키는 것 같다. "주석"을 보라.

1.d. 직역하면 합바이트(הַבַּיִת, "그 집"). "주석"을 보라.

4.a. 소수의 히브리어 필사본들, Syr은 "오늘날"을 생략하고 있지만, 그 다음 문장이 같은 날임을 명시하고 있으므로 MT에 대한 후대의 삽입으로 보기보다는 이 본문들 가운데서 생략되었을 가능성이 훨씬 더 크다.

5.a. 직역하면 "에스더의 말".

6.a. 직역하면 "주연(酒宴)에서".

6.b. 직역하면 "네 소원이 무엇이냐? 너에게 수여하리라. 그리고 무엇이 너의 요청이냐? 나라의 절반까지도 되어질 것이다".

8.a. 직역하면 "왕의 눈에".

8.b. 마하르(מחר, "내일")란 단어는 이 문장 가운데서 하만(המן, "하만") 다음이나 (Brockington, 236; 참조. 같은 저자, *Hebrew Text*, 100; NEB, REB, RSV) 혹은 문장의 끝에 있는 라헴(להם, "그들을 위하여") 뒤에 삽입되어야 할 것이다(Bardtke, 336; Haller, 126; Moore, 57). 무어는 LXX이 후자가 히브리어 본문 가운데서 그 위치에 있었다는 사실을 암시하고 있으며, 그런 까닭에 중자탈락으로 떨어져 나갔다는 사실에 근거하여 MT에 그것이 없다는 사실을 설명하고 있다. 그러나 무어 자신의 인용문에 따르면, "히브리어 글자의 순서를 그대로 보존하거나 히브리어 글자 하나 하나에 대해서 일관성 있게 기계적으로 번역하는 데는 관심을 두지 않는" LXX은 의역이며 또한 자연스러운 번역이다 (Additions, 162). 그런 까닭에 (부사절 에피 텐 아우리온〈*ἐπι τὴν αὔριον*, "내일"〉은 LXX 번역자들에 의하여 문장의 끝에 두어지지 않았다는 사실과는 별도로) LXX은 히브리 원본의 순서의 증거를 제공하지 못한다. MT가 더 나을 것이다. 그 다음 문장에 있는 부사 "내일"은 시간을 가리킨다.

8.c. 직역하면 "왕의 말씀에 따라서 행하라".

양식/구조/배경

네 번째 막인 이 막의 처음 부분은 와예히(וַיְהִי)로 시작된 시간을 표시하는 문장의 사용과 함께 시작되는데, 이는 자주 설화의 새로운 단락을 도입하는 문장 구조다. 여기서 사용된 시간을 표시하는 문구 "제3일에"는 새로운 행동의 시작을 표시할 뿐만 아니라 이 막을 이전의 막과 긴밀하게 연결시켜 주고 있는데, 이는 그 이전 막이 수산 궁에 있는 유대인 공동체가 3일 간의 금식을 약속한 것으로 마쳤기 때문이다. 이 막의 종결은 에스더의 8d절에 있을 그 다음날의 행동에 대해 시간을 표시하는 언급과 설화자의 9절에 있는 같은 날에 있었던 하만의 행동에 대한 시간을 표시하는 언급 간의 대조를 통하여 표시되어 있는데, 이와 함께 그 다음 장면이 시작된다.

이 막은 두 장면으로 이루어져 있으며(1-5a절과 5b-8절), 설화상의 전환(5b절)을 통하여 연결되어 있다. 문장 구조를 다섯 개의 동등한 단락으로 나누는 머피(Murphy, *Wisdom*, 163)의 분석은 사건의 순서를 표시하고 있지만 생생한 분석, 즉 알현실에서 에스더와 왕(1-5a절), 에스더를 상대하여 왕과 하만이 그녀의 잔치에 있는 사실(5b-8절)을 포착하지 못하고 있다. "해설, 1-2절"과 "대화: 왕과 에스더, 3-8절"로 분석하는 도로티의 분석(Dorothy, "Books of Esther," 285-86)은 단락의 생생한 발전만을 파악하고 단락의 구조는 거의 파악하지 못하고 있다.

첫 번째 장면(1-5a절)은 두 개의 삽화, 즉 1-2절과 3-5a절로 이루어져 있다. 첫 번째 삽화는 미결 상태로 가득한 장면을 설명하고 있다: 소환을 받지 않고 왕을 알현하기 위한 에스더의 입궐. 이 삽화의 중요성을 고려하면, 이것을 각기 분리된 장면으로 나누려는 유혹을 받는다. 그러나 1-2절과 3-5절 간에 사건의 현장이나 인물의 변화가 없으므로, 그리고 1-2절이 3-5a절의 배경을 제공하고 있으므로 그것들을 하나의 장면의 삽화들로 취급하는 것이 훨씬 더 낫다.

두 번째 삽화는 왕과 에스더 간의 대화로 되어 있는데, 여기서 왕은 그녀가 소환을 받지 않고 알현하고 있는 이유를 묻고 나서 지극히 너그러운 의례적인 문구를 포함하는 수락 약속의 말을 한다. 이에 답하여 그녀는 왕과 하만을 자신의 잔치에 초대한다.

두 번째 장면은 첫 번째 장면과 긴밀하게 연결지어 주는 서술적 전환 구절(5b

절)을 통하여 도입된다. 이것은 그 장면의 두 번째 삽화와 현저하게 평행을 이룬다. 왕은 다시 에스더의 요구가 무엇인지를 묻는다. 왕은 이 질문에 이어 지극한 너그러움을 나타내는 똑같이 의례적인 문구를 포함하는 수락할 것을 약속하는 말을 하고, 에스더는 이번에는 다음날 있을 잔치에 왕과 하만을 다시 초대한다.

장면 1과 장면 2 모두의 대화는 내용과 구조의 유사한 반복을 통하여 하나의 막으로 긴밀하게 묶여 있다. 그러나 두 번째 장면에서 대화는 보다 발전되어 있고 첫 번째 장면보다 각각의 요소가 강조되어 있다. 그러므로 장면 1에서 왕의 판에 박힌 질문 다음에(3b절) 왕이 에스더의 요구 사항이 무엇인지를 한 번 묻고, 그러고 나서 수락할 것을 약속한다(3c-d절). 그러나 장면 2에서는 이중적 질문과 이중적 수락의 약속이 있다(6b-c절). 이와 유사하게 장면 1에서 에스더는 왕실의 의례에 합한 "왕이 선히 여기시거든"(4a절)이란 정중한 문구를 사용하여 잔치에 초청하는 말을 한다. 그러나 장면 2에서 그녀는 상당히 정중하고도 존경의 태도를 더 보이면서 초청을 하고 있다. 그녀는 자신이 실질적인 요구를 하려고 한다는 사실을 암시하는 문구(7절)로 시작하지만, 문장을 불완전한 채로 남겨 놓고 다시 말을 시작한다(8절; "주석"을 보라). 그녀는 말할 때 첫 번째 초청 때 사용한 정중한 문구를 두 번째 요구의 서론격으로 말하는데, 이번에는 왕의 총애에 호소하는 말로 구성되어 있다: "내가 만일 왕의 목전에서 은혜를 입었고…"(8a절; 이러한 대조적인 되풀이의 의미에 관해서는 "해설"을 보라).

주석

1 "그리고 그녀가 섰다"(וַתַּעֲמֹד – 와타아모드). 이와 같은 문맥에서 동사 아마드(עמד)는 "일어서다"를 의미하지 않고 "서다, 머무르다, 선 채로 있다"를 의미한다(7:7에서 사용된 것을 참조하라). 또한 Haupt, *AJSL* 24[1907-8] 139와 룻기 2:7에 있는 이 동사에 대한 논의를 보라.

"왕궁"(בֵּית־הַמֶּלֶךְ – 베트-함멜렉). 이 단어는 에스더가 서 있는 장소를 밝혀 주는 부사적 전치사구로 사용된다: "왕궁 안 뜰 곧 어전 맞은편"이다. 첫 번째 문구인 왕궁은 왕궁 전체의 복합 건물을 의미한다. 두 번째 문구인 어전은 왕이 개인적으로 사용하는 왕궁의 내전임에 틀림없다. 2:13의 표현에 대해서는 "주석"을 보라.

"어전"(בְּבֵית הַמַּלְכוּת – 삐베트 하말쿠트). 여기에서 의도된 공간의 배열이 약간 모호한데, 그 이유는 설화자가 외관상으로는 다른 방을 지칭하기 위하여 동일한 단어를 사용하기 때문이다. 1:9에서 이 표현은 "왕궁의 복합 건물"이라는 의미에서 뻬트 함멜렉(בית המלך, 직역하면 "그 왕의 그 집")의 동의어임에 분명하지만, 여기서는 왕의 개인 사저의 어떤 부분을 가리킴에 분명하다(2:16에서 그러한 것처럼; 그 곳의 "주석"을 보라). 왕이 자기 왕좌에 앉아 있으므로, 이 단어는 "보좌 방"을 의미할 가능성이 크다. 이와 유사한 단어들이 의미하는 정확한 공간 배열이 어떠하든 간에, 2절을 볼 때 에스더가 어전(בֵּית־הַמֶּלֶךְ – 뻬트-함멜렉)의 전면에 서 있었을 때 이 방에 앉아 있던 왕에게 발견될 수 있었음에 분명하다. 그런 까닭에 본 절의 끝에 있는 베트(בית)란 단어는 왕궁 복합 건물의 이 부분을 가리키는 것으로 취급하는 것이 가장 좋을 것이다.

2 "본즉 심히 사랑스러우므로"(נָשְׂאָה חֵן בְּעֵינָיו – 나사아 헨 뻬에나이우). 설화자는 또다시 "은혜를 입었다"라는 수동적 표현보다는 "그녀가 호의를 얻어냈다"는 능동적 표현을 사용한다(아래 8절을 보라). 2:9에 있는 표현에 관해서는 "주석"에 있는 논의를 보고, 2:15, 17에 있는 용법을 유의하라.

3 "왕후 에스더여 그대의 소원이 무엇이뇨?"(מַה־לָּךְ אֶסְתֵּר הַמַּלְכָּה – 마-라크 에쓰테르 함말카). 폭스(Fox, 281)는 이 구어체(מה ל-X מה ל-Y, 관용어 편이 아닐 때)는 "언제나 듣는 자가 어떤 방식으로 혼란을 겪거나 고통을 당한 사실을 암시하며" 그런 까닭에 여기서 "너에게 무슨 일이 있었느냐?"로 번역이 되어야 한다고 본다. 그러나 폭스가 말하는 의미 이외에도 이 관용어는 다양한 상황 가운데서 "무엇을 원하느냐?"(예를 들어, 수 15:18; 삿 1:14)를 포함하여 매우 다양한 뉘앙스로 사용된다(예를 들어, "충고", 겔 18:2; 욘 1:6). 특히 사사기 18:3과 사사기 18:23, 24에 있는 의미와의 대조를 유의하라. 그런 까닭에 그 의미는 문맥에 의하여 결정되어야 한다. 에스더가 실제로 취한 위험, 즉 그녀의 그렇게 하는 목적이 위험이 따른다는 사실을 암시하기는 할지라도 왕의 "요구가 무엇이뇨?"라고 묻는 두 번째 질문은 이 관용어가 여기서 그녀를 괴롭게 하는 것이라기보다는 그녀가 바라는 일의 요구로 이해되어야 한다는 사실을 강하게 시사한다.

6 "잔치의 술을 마실 때"(בְּמִשְׁתֵּה הַיַּיִן – 베미슈테 하야인, 직역하면 "포도주의 연회에서"). 생각건대 포도주를 마시려는 목적을 표현하는 데 있어서 페르시아 연회에는 하나의 분리된 과정이 있었던 것으로 보인다(Fox, 67를 보라). 이것은 식사의 끝에 일어났을 것임에 분명하다(참조. Fox, 67; Clines, 304). 잔치는 사회적으로 적절한 "겉치레", 곧 중요한 간청과 협상을 위한 의례였고(다음 "주석"을 보라), 그러한 주제가 기분이 즐거운 모습이 관찰되기까지는 겉으로 드러나지 않았다.

7 "나의 소청, 나의 요구가 이러하니이다"(וַתַּעַן אֶסְתֵּר וַתֹּאמַר שְׁאֵלָתִי וּבַקָּשָׁתִי–와타안 에쓰테르 와토마르 쉐엘라티 우바콰샤티). 필자의 의견에는, 이것은 틀림없이 파격 구문이라고 생각된다. 즉 이 문장은 "내 생각과 나의 요구는…"으로 시작되지만 그 다음에 끊어졌다가 8절에서 구문론적 혹은 논리적 완성이 없이 새롭게 시작된다(참조. Bardtke, 339). 맛소라 학자들이 그것을 그렇게 간주했다는 사실은 그 구절 분석에 나타나 있다. 그러나 현대의 모든 역본들(JB, NJB, Moffatt를 제외하고)은 본문을 그렇게 이해하지 않는다. 오히려 그 역본들은 두 개의 명사 "내 소원, 내 요구"를 완전한 문장의 주어로 해석했는데, 그 이유는 그 다음 구절이 술어이기 때문이다. 그런 까닭에 그것들은 7절과 8절을 결합시켜서 "내 소원, 내 요구는, 즉 내가 만일 은혜를 입었다면…", 혹은 그와 유사한 방식으로 번역한다. 이러한 번역은 당연히 에스더의 "간청과 요구"가 왕과 하만이 그녀가 그 다음날 준비할 잔치에 오도록 요구하는 것이라는 사실을 암시하지만, 이것은 분명히 오류인데, 그 이유는 이것이 그녀의 요구가 아님이 분명하기 때문이다. 왕은 그 잔치 자리로의 초대가 사회적 "겉치레"일 뿐이라는 사실을 이해하고 있음을 드러내고 있는데, 이는 각 잔치의 식사가 끝난 다음에 포도주가 제공되고 나서(위의 "주석"을 보라) 그가 에스더에게 그녀의 "소청과 요구"를 말하라고 하고 있기 때문이다(5:6; 7:2).

그렇다면 이 불완전한 문장을 어떻게 이해해야 하는가? 무어(Moore, 56; 또한 참조. Meinhold, 56 n. 14, 58)는 이 문구를 긍정적인, 즉 주로 히브리어에서 응답이 되는 질문의 말의 반복을 통하여 이루어지는 반응으로 해석한다(BH가 "예"라는 단어를 가지고 있지 않으므로; 참조. 창 18:15; 29:6; Speiser, *Genesis*, 130). 그러나 이러한 해석은 유지될 수 없으니, 이는 이것이 7절과 8절을 결합하려는 시도보다 더 명확하기는 할지라도 에스더의 요청이 자신의 잔치에의 초대라는 사실을 암시하기 때문이다.

그런 까닭에 우리는 에스더가 마치 자기의 요청을 진술해 나가려 하고 있었지만, 그 다음에 그것을 단념하고 왕과 하만을 그 다음날에 있을 또 다른 잔치에 초대했다고 결론지어야 한다. 이러한 사실은 그녀가 두려움이나 결단력이 없어서 주저했다는 사실을 의미하는가(Haupt, *AJSL* 24[1907-8] 140가 그렇게 생각함; 참조. Fox, 71)? 아마도 그럴 것이다. 그러나 필자의 의견에는 그녀가 왕이 실질적으로 그것이 무엇인지를 알기 전에 그녀의 요구를 허락하도록 유도하는 지혜로운 방식은 그녀가 행하고 있는 일을 그녀가 충분히 알고 있다는 사실을 암시하며(다음의 "주석"을 보라), 따라서 필자는 이 문구를 하나의 의문 부호로 취급했다(참조. JB,

NJB, Moffatt; 본문의 영문을 보라－역자주).

7-8 그러나 앞의 "주석"에서의 논의는 왕을 두 번의 잔치로 초대하는 에스더의 전략의 이유에 대한 해석 문제를 일으킨다. 그녀의 요구 문제가 너무나 긴급하고 절박했음에도 불구하고 어째서 그녀는 왕과 하만을 또 다른 잔치에 초대하지 않고서도 왕이 그 요구를 허락하겠다고 관대하게 암시한 그 즉시 그녀의 요구를 알게 하지 않았던가? 여러 가지 제안들(예를 들어, 그녀가 왕을 포도주로 즐겁게 하기를 원했다는 것, 그녀가 이것이 심리학적으로 올바른 순간이 아니라는 사실을 감지했다는 것; 참조. Paton, 234; Moore, 56)은 모두가 단순한 추측인데, 이는 그것들이 문맥에 전혀 맞지 않기 때문이다.

페이톤(Paton, 234)에 의하면, 에스더가 그러한 상황에서 자신의 요구를 말하는 일을 지체하는 것은 심리학적으로 가장 적절하지 않다. 그런 까닭에 대부분의 주석가들의 의견과 같이(예를 들어, Bardtke; Dommershausen; Moore; Murphy, Wisdom) 그는 에스더가 지체한 진정한 이유는 전혀 그녀의 어떤 전략에 있지 않고 순전히 문학적인 데 있다고 결론짓는다. 즉 저자가 5:9-6:11에서 모르드개의 승귀와 하만의 굴욕을 설명하기 위하여 그리고 긴박감을 조장하기 위하여 연기할 필요가 있었다는 것이다. 그러나 그러한 필요성은 현재의 설화의 경로를 설명할 수 없다(Fox, 71). 예를 들어, 만일 그 잔치가 그 다음날(두 번째 잔치로써)에 벌어졌다면 하만의 굴욕을 위하여 첫 번째 잔치 이전에도 충분한 시간이 있었을 것이다. 그 경로는 분명히 긴박감을 조장하지만, 이 목적은 현존하는 설화 경로를 설명하는 데는 충분치 못하다. 바트케(Bardtke, 339)는 저자의 설화 경로가 에스더의 커다란 위기라는 또 다른 순간에 꺼냄으로써 이러한 긴박감을 조장한다고 주장한다(그녀가 소환 받지 않고 왕 앞에 나타나는 일과 같은). 바트케에 따르면, 이 커다란 위기는 잔치 동안에 마음이 변할 가능성이 있음으로써 혹은 하만이 에스더가 유대인이었다는 사실을 앎으로써 조장된다. 7절과 8절 간의 날카로운 분리 가운데 표현된 에스더의 망설임이 에스더가 이러한 위험성을 의식하고 있었다는 사실을 암시하고 있지만, 긴박감은 실제로 이보다 훨씬 더 직접적이고 분명한 방법으로 조장되는 식으로 저자의 기교가 드러나 있는 것으로 말해진다. 사실상 마음속에 에스더와 모르드개에 대해 흥미와 관심을 두고 있는 우리 독자들에게는 그 망설임이 에스더 이외의 다른 사람에 의해서 조장되었다면, 예를 들어 만일 왕이 그녀의 요구를 허락하는 데 거리낌을 보여 주었다면 긴박감은 훨씬 더 효과적으로 조장되었을 것이다(참조. Fox, 71).

분명히 그러한 모든 설명들은 설명되지 않은 에스더의 혼란스럽게 하는 것처럼 보이는 행동을 남겨 놓고 있으며, 우리로 하여금 억지로 하나의 은사를 받은 설화자가 자기의 기교를 잊어버렸다고 결론짓도록 만들어 준다. 반대로 확실히 본서 전체를 통하여 흐르는 설화자의 완전한 기교는 에스더의 망설임이 그 배후에 어떤 목적을 가졌다는 사실을 암시해 주고 있으며, 그것은 하만의 굴욕을 위한 어떤 여지를 만들기 위하여 그리고 긴박감을 조장하기 위하여 설화자의 갑작스럽고 서투른 필요의 결과가 아니다. 이러한 사실에 비추어 에스더의 목적에 대한 폭스의 이해(Fox, 71-72)는 설득력 있고 위압적인 감을 가지게 한다. 우리는 그녀의 세계 편에서 에스더의 행동을 밝혀야 할 것이다. 그녀는 분명히 주도권을 잡고 있으며, 사건들의 과정을 결정하고 있는 사람이다.

해설

장면 1. 에스더가 왕과 하만을 연회에 초대하다(5:1-5a)

삽화 1. 에스더가 왕의 허락을 받아내다(5:1-2). 모르드개에게 자기를 위하여 3일간 금식하라고 지시한 3막의 끝 부분에 표현된 에스더의 확고한 확신과 결단(4:16)은 분명히 시들지 않은 채 유지되었다. 제3일에(금식은 여전히 계속되고 있었던 것으로 보인다) 그녀는 자신의 왕후 의복을 입고 생명과 용기를 내걸고—"죽으면 죽으리라!"(4:16) —왕의 알현실로 들어갔다. 우리의 설화자는 이 결정적인 순간의 결과에 대한 기록을 기술적으로 지연시키고 있다. 그는 에스더와 왕의 위치를 그녀가 왕 앞에 나타났다는 사실을 의심할 수 없는 방식으로 매우 자세하게 설명한다: "에스더가…왕궁 안 뜰 곧 어전 맞은편에 서니 왕이 어전에서 전 문을 대하여 보좌에 앉았다가"(1절). 그는 이런 식으로 에스더의 행동의 결과를 보도록 인위적으로 긴박감을 조성하고 있는데, 무서운 결과가 아직도 모르드개에 대한 에스더의 간청으로부터 우리 귀에 생생하게 울리고 있다(4:11). 설화자는 더 나아가서 본 막에서 실질적으로 다시 시작되고 있는 이 순간의 중요성을 표시하고 있다. 그는 2절에서 자기가 1절에서 시작한 것과 같은 구문론적 구조로 시작하는, 두 번째 시간을 표시하는 문장으로 에스더의 행동의 결과를 소개하고 있다("양식/구조/배경"을 보라). 그녀는 이전에 그러했던 것처럼(헤개[2:9]와 왕 자신[2:17]에게), 왕의 은총을 이끌어 내고 왕의 알현실로 받아들여진다.

삽화 2. 에스더가 왕과 하만을 연회에 초대하다(5:3-5a). 에스더가 소환을 받지 않고 왕의 알현실에 나타남과 동시에 그녀의 생명이 위험에 처할 것이라는 사실은 분명히 커다란 중요성을 가진 문제였으며, 따라서 왕은 즉시 그녀의 요구가 무엇인지를 묻는다(3a절). 그 다음에 그녀가 받아들여졌다는 호의를 내비치면서 왕은 지극히 너그러운 약속을 덧붙인다: "나라의 절반이라도 그대에게 주겠노라." 아무도 이 문구를 글자 그대로 취급하지 않았던, 의례적으로 판에 박힌 표현이기는 하지만, 이 문구는 그의 성미의 도를 지나치고 변덕스러운 성격에 대한 왕의 편애에 관한 묘사에 기여한다. 직접 인용문을 통해서만 우리는 이 사람의 이전의 성품을 파악하게 되는데(참조. Radday, "Esther with Humour," 305), 그는 무의식적이고도 퉁명스러운 언급과 함께 온 백성을 넘겨주고 만다(3:11). 이제 에스더의 갑작스러운 출현의 의미에 관하여 그녀로부터 한마디의 말도 들어보지 않은 채, 30일 간 왕으로부터 소환을 받지 않은 그녀에게 쉽게 백지 위임장이 주어진다! 에스더는 즉시 이러한 놀라운 제안에 반응하지 않는데, 이것은 그녀가 두려워했던 일이 일어날 수 있었던 일과는 정반대되는 일이다(4:16). 그 대신에 의례와 예의를 갖춘 정중한 요구를 유지하면서, 에스더는 왕과 하만을 잔치에 초대한다(4절). 왕은 즉시 하만에게 참석하도록 명령한다(5a절).

장면 2. 에스더가 다시 왕과 하만을 연회에 초대하다(5:5b-8)

잔치 좌석에서 포도주를 마실 때 왕은 다시 에스더의 소청이 무엇인지를 그녀에게 묻고, 또다시 같은 관대한 수락의 약속을 덧붙인다. 에스더는 또다시 왕과 하만으로 하여금 다음날 잔치 자리에 참석해 달라고 요청한다. 이렇게 자기 요청을 왕에게 제시하기를 자제한 것은 서투른 설화자의 문학적 결핍으로 인한 것이 아니다("주석"을 보라). 그보다 설화를 주의 깊게 살펴보면 알 수 있듯이 이러한 절차는 에스더가 주도권을 잡고 사건들의 과정을 결정하고 있는 빈틈없고 의도적인 계획의 일부분이다. 첫째로 두 번이나 왕이 그녀의 소청이 무엇인지를 물을 때(6절), 그녀는 의문사를 가지고 "나의 소청, 나의 요구요?" 하고 요청하기 시작하는데(7절), 이는 그녀가 자기의 실질적인 소청을 표현하려는 듯하지만, 바로 그때 그녀는 잠시 멈추어 다시 시작한다(8절; "주석"을 보라). 이러한 그녀의 소청에 대한 근접해 나가는 계시와 함께 그녀는 그 내용의 성격이 진지한 것이라는 사실을 암시하면서 또한 왕의 호기심을 자극한다(Fox, 73). 둘째로 그녀는 이제 첫 번째 초청 때보다 의식적 형식이나 공손함에 있어서 한층 더 요령 있고 신중하게 처신하는데, 이는 여기서 그녀가 이중적으로 정중한 문구 "내가 만일 왕의 목전에서 은혜를 입었고 왕이 내 소청을 허락하시며 내 요구를 시행하시기를 선히 여기시거든"이라는 문구를 사용하기 때문이다("양식/구조/배경"을 보라). 셋째로 그리고 가장 중요한 것은 그녀가 이전에 사용했던 방식과는 상당히 다른 방식으로 두 번째 상황절을 사용하고 있다는 것이다. 그 주어는 이제 장면 2에서처럼 잔치로의 초대가 아니다. 그보다 여기서 그 주어는 뒤따라오는 부정사 구문이다. 그녀는 문자 그대로 말하면 다음과 같이 말한다. "만일 제가 요구하는 바를 허락하시고 나의 소청을 이루시기를 왕이 기뻐하신다면, 전하께서는…잔치에 오시기를." 틀림없이 에스더의 미묘한 초청과 함께 왕의 미래의 수락(이제 그는 그것을 거절할 수가 없다)은 실질적으로 그녀가 진술하지 않은 요청을 허락할 것에 대한 공개적인 맹세가 되었다("주석"을 보라)! 이 두 대화 가운데서 이 용의주도하고도 미묘한 전개는, 에스더로 하여금 왕을 불필요한 잔치에 무모하게 초청하여 그들이 소비한 시간으로 인하여 스스로 위험에 처하게 하면서 흑암 가운데서 무모하게 비틀거리게 하지도 않고, 또한 이것은 설화자가 독자들로 하여금 일이 어떻게 되어 가고 있는지 전혀 모르고 무모하게 비틀거리도록 만들면서 하나의 발전을 서투르게 이끌어 가지 않았다는 사실을 드러내 준다. 에스더는 빈틈없이 그리고 교묘하게 잘 고안된 계획을 이끌어 나가는데, 이를 통하여 그녀는 왕으로 하여금 사전에 자신을 위탁하도록 교묘히 다루어 나갔다.

마지막으로, 왕은 현재까지는 이야기 가운데서 자기 충고자들의 충고에 따라 결정해 나갔다. 그녀가 하만의 가면을 벗기자 곧 하만은 왕에게 충고할 여유가 없었다. 그래서 하만이 연회에 있어야 할 뿐만 아니라, 또한 그녀는 왕으로 하여금 즉각적인 행동에 옮기도록 재촉하는 그런 방식으로 그 임무를 실현해야 했다. 이 장면과 막은 에스더가 다음날 "왕의 말씀대로 하리이다"라고 확언하는 것과 함께 끝난다. 즉 그녀는 자기의 소청을 알게 할 것이다. 이러한 발전의 교묘한 능력과 탁월성은 클라인즈의 평가에 의해서보다 더 잘 파악될 수는 없을 것이다(*Esther Scroll*, 37).

> 그리고 에스더의 마지막 말에 의해서 그녀는 마치 왕이 호의를 베풀고 있었다기보다는 그녀가 호의를 베풀기나 한 것처럼 "왕이 말한 내용"(8절)을 행하는 입장에서 그녀 자신이 원하는 내용을 진술할 수 있었다. 우리가 보는 바와 같이, 3-7절의 대화는 모두 에스더가 역할의 대상을 공개함이 없이 자기의 목표를 이루기 위하여 다루고 있는 흥정이라는 섬세한 역할이었다. 설화의 본문은 지극히 풍부하고 미묘하며, 모든 면에서 설화자의 솜씨

를 입증하고 있다.

다음날 잔치에서 그녀가 자신의 소청을 알릴 것이라는 사실을 우리 귀에 울리게 하는 8절 끝 부분에 있는 에스더의 확언과 함께, 우리는 설화자가 결과, 곧 본 이야기의 주인공들과 독자들에게 그러한 순간의 결과에 대한 우리의 호기심을 신속하게 만족시킬 것이라는 믿을 만한 기대감을 가지고 그 결과에 눈을 돌리게 되는데, 모두(이야기의 주인공들과 현대의 독자 – 역자주)가 이제 그 결과에 관심을 많이 쏟았다. 그러나 그는 이 결과를 말하지 않는다. 그 대신 그는 중간 지점에서 줄거리의 선을 잘라 버리고, 긴박감 가운데 우리를 붙들어 매며, 그 다음 막은 우리를 전혀 다른 방향으로 인도해 간다. 그는 또다시 하만과 모르드개간의 관계로 돌아간다.

5막.

하만의 계략이 빗나가다: 그는 수욕을 받고 모르드개가 영광을 얻다(5:9-6:14)

참고문헌

Barthélemy, D., et al. *Preliminary and Interim Report on the Hebrew Old Testament Text Project.* Vol. 2. New York: United Bible Societies, 1979. **Bergey, R. L.** "Late Linguistic Features in Esther." *JQR* 75(1984) 66-78. **Bivar, A. D. H.** "Achaemenid Coins, Weights and Measures." In *The Cambridge History of Iran: Vol. 2. The Median and Achaemenian Periods,* ed. I. Gershevitch. Cambridge: Cambridge UP, 1985. 610-39. **Brockington, L. H.** *The Hebrew Text of the Old Testament: The Readings Adopted by the Translaters of the New English Bible.* Oxford: Oxford UP, 1973. **Clines, D. J. A.** *The Esther Scroll: The Story of the Story. JSOTSup* 30. Sheffield: *JSOT,* 1984. **Dommershausen, W.** *Die Estherrolle.* Stuttgart: Katholisches Bibelwerk, 1968. **Dorothy, C. V.** "The Books of Esther: Structure, Genre, and Textual Integrity." Diss., Claremont, 1989. **Driver, G. R.** "Problems and Solutions." *VT* 4(1954) 224-45. **Gordis, R.** "Studies in the Esther Narrative." *JBL* 95(1976) 43-58. **Haupt, P.** "Critical Notes on Esther." *AJSL* 24(1907-8) 97-106(= Moore, *Studies,* 1-90). **Humphreys, W. L.** "The Story of Esther and Mordecai: An Early Jewish Novella." In *Saga, Legend, Tale, Novella, Fable: Narrative Forms in Old Testament Literature,* ed. G. Coats. *JSOTSup* 35. Sheffield: *JSOT,* 1985. 97-113. **Murphy, R. E.** *Wisdom Literature: Job, Proverbs, Ruth, Canticles, Ecclesiastes, and Esther.* FOTL 13. Grand Rapids, MI: Eerdmans, 1981. **Powell, M. A.** "Weights and Measures." *ABD* 6:897-908. **Radday, Y. T.** "Esther with Humour." In *On Humour and the Comic in the Hebrew Bible,* ed. Y. T. Radday and A. Brenner. Sheffield: Almond, 1990. 295-313. **Wiebe, J.** "Zeresh." *ABD* 6:1083.

본 문

장면 1. 하만의 오만: 그의 아내와 친구들이 모르드개를 교수형시키기 위하여 왕에게 구하도록 설득하다(5:9-14)

시기: 늦은 아침 혹은 이른 오후, 12년 1월 16일 혹은 1월 17일

Scene 1. Haman s Hubris: His Wife and His Friends Persuade Him to Ask the King To Hang Mordecai (5:9-14)

Time: late morning or early afternoon, 1/16 or 1/17, year 12

9 이 날에 하만이 마음이 기뻐 즐거이 나오더니 모르드개가 대궐 문에 있어 일어나지도 아니하고 몸을 움직이지도 아니하는 것을 보고 심히 노하나

9 So Haman left the banquet[a] that day full of joy and light of heart. But, when he saw Mordecai in the royal court,[b] and he did not stand up or show any fear in his presence,[c] Haman was filled with rage.

10 참고 집에 돌아와서 사람을 보내어 그 친구들과 그 아내 세레스를 청하여

10 But he kept himself under control and went home. Then he sent for[a] his friends and Zeresh his wife

11 자기의 부성한 영광과 자녀가 많은 것과 왕이 자기를 들어 왕의 모든 방백이나 신복들보다 높인 것을 다 말하고

11 and recited to them the splendor of his wealth, the great number of his sons, all[a] the ways in which the king had promoted him, and how he had elevated him above his[b] other nobles and courtiers.[b]

12 또 가로되 왕후 에스더가 그 베푼 잔치에 왕과 함께 오기를 허락 받은 자는 나밖에 없었고 내일도 왕과 함께 청함을 받았느니라

12 "Furthermore," Haman said, "Queen Esther had no one come with the king to the banquet which she had prepared except me, and tomorrow also I have been summoned to come to her[a] with the king.

13 그러나 유다 사람 모르드개가 대궐 문에 앉은 것을 보는 동안에는 이 모든 일이 만족하지 아니하도다

13 But all of this means nothing to me as long as I see Mordecai the Jew in attendance at the king's court."[a]

14 그 아내 세레스와 모든 친구가 이르되 오십 규빗이나 높은 나무를 세우고 내일 왕에게 모르드개를 그 나무에 달기를 구하고 왕과 함께 즐거이 잔치에 나아가소서 하만이 그 말을 선히 여기고 명하여 나무를 세우니라

14 And his wife Zeresh and all his friends said to him, "Have a gallows erected, fifty cubits high, and in the morning speak to the king and have Mordecai hanged upon it. Then go with the king to the banquet full of joy." This proposal pleased[a] Haman, and so he had the gallows built.

장면 2. 하만의 수욕: 왕이 그에게 모르드개를 영광스럽게 하도록 명하다(6:1-11)

삽화 1. 왕이 모르드개에게 상을 주지 않은 것을 발견하다(6:1-3)

시기: 이른 아침, 12년 1월 17일 혹은 1월 18일

Scene 2. Haman's Humiliation: The King Commands Him to Honor Mordecai (6:1-11)

Episode 1. The king discovers the failure to reward Mordecai (6:1-3)

Time: early morning, 1/17 or 1/18, year 12

6:1 이 밤에 왕이 잠이 오지 아니하므로 명하여 역대 일기를 가져다가 자기 앞에서 읽히더니

6:1 That night the king could not sleep.[a] So he ordered the record of daily court events[b] to be brought in: and it was read to him.

2 그 속에 기록하기를 문 지킨 왕의 두 내시 빅다나와 데레스가 아하수에로 왕을 모살하려 하는 것을 모르드개가 고발하였다 하였는지라

2 And it was found recorded therein that Mordecai had provided information about Bigthan[a] and Teresh, two of the king's eunuchs from those who guarded the entrance to the king's quarters,[b] who had sought to assassinate[c] him.

3 왕이 가로되 이 일을 인하여 무슨 존귀와 관작을 모르드개에게 베풀었느냐 시신이 대답하되 아무것도 베풀지 아니하였나이다

3 So the king asked, "What honor or distinction has been conferred upon Mordecai for this?" And the king's attendants[a] said, "Nothing has been done for him."

삽화 2. 하만이 왕이 영광스럽게 하기를 원하는 사람을 보상하는 방법을 제안하다(6:4-10)

Episode 2. Haman advises the king how to reward the man whom the king wishes to honor(6:4-10)

시기: 이른 아침, 12년 1월 17일 혹은 1월 18일

Time: early morning, 1/17 or 1/18, year 12

4 왕이 가로되 누가 뜰에 있느냐 마침 하만이 자기가 세운 나무에 모르드개 달기를 왕께 구하고자 하여 왕궁 바깥 뜰에 이른지라

4 "Who is in the court?" the king asked, just as Haman was entering[a] the outer court of the king's residence[b] in order to speak to the king about having Mordecai hung on the gallows which he had prepared for him.

5 시신이 고하되 하만이 뜰에 섰나이다 왕이 가로되 들어오게 하라 하니

5 The king's attendants answered, "Haman is standing there in the court." So the king said, "Have him come in."

6 하만이 들어오거늘 왕이 묻되 왕이 존귀케 하기를 기뻐하는 사람에게 어떻게 하여야 하겠느뇨 하만이 심중에 이르되 왕이 존귀케 하기를 기뻐하시는 자는 나 외에 누구리요 하고

6 When Haman entered, the king said to him, "What should be done for the man whom the king desires to honor?" And Haman thought,[a] "Now, whom would the king desire to honor more than me?"[b]

7 왕께 아뢰되 왕께서 사람을 존귀케 하시려면

7 So he answered the king, "The man whom the king desires to honor···

8 왕의 입으시는 왕복과 왕의 타시는 말과 머리에 쓰시는 왕관을 취하고

8 let royal robes be brought which the king has worn and a horse which the king has ridden, one with a royal diadem upon its head.[a]

9 그 왕복과 말을 왕의 방백 중 가장 존귀한 자의 손에 붙여서 왕이 존귀케 하시기를 기뻐하시는 사람에게 옷을 입히고 말을 태워서 성중 거리로 다니며 그 앞에서 반포하여 이르기를 왕이 존귀케 하기를 기뻐하시는 사람에게는 이같이 할 것

9 Then let the robes and the horse be handed over[a] to a member of the nobility.[b] Let him see that the man whom the king desires to honor is robed[c] and led[c] through the city square mounted on the horse. And let there be proclaimed[c] before

이라 하게 하소서

him, 'This is what is done for the man whom the king desires to honor!'"

10 이에 왕이 하만에게 이르되 너는 네 말대로 속히 왕복과 말을 취하여 대궐 문에 앉은 유다 사람 모르드개에게 행하되 무릇 네가 말한 것에서 조금도 빠짐이 없이 하라

10 Then the king said to Haman, "Quick! Take the robes and the horse, just as you have said, and do this for Mordecai the Jew who is an official in the court.[a] Omit nothing from all that you have said!"

삽화 3. 하만이 그렇게 모르드개를 영광스럽게 하다(6:11)

Episode 3. Haman so honors Mordecai (6:11)

시기: 늦은 아침, 12년 1월 17일 혹은 1월 18일

Time: late morning, 1/17 or 1/18, year 12

11 하만이 왕복과 말을 취하여 모르드개에게 옷을 입히고 말을 태워 성중 거리로 다니며 그 앞에서 반포하되 왕이 존귀케 하시기를 기뻐하시는 사람에게는 이같이 할 것이라 하니라

11 So Haman got the robes and the horse. He robed Mordecai and led him through the city square mounted on the horse. And he proclaimed before him, "This is what is done for the man whom the king desires to honor!"

장면 3. 하만의 종말: 그의 아내와 친구들이 그의 멸망을 예고하다(6:12-14)

Scene 3. Haman s End: His Wife and His Friends Predict His Downfall (6:12-14)

시기: 이른 오후, 12년 1월 17일 혹은 1월 18일

Time: early afternoon, 1/17 or 1/18, year 12

12 모르드개는 다시 대궐 문으로 돌아오고 하만은 번뇌하여 머리를 싸고 급히 집으로 돌아와서

12 Mordecai then returned to the royal court,[a] but Haman hurried home mourning and in shame.[b]

13 자기의 당한 모든 일을 그 아내 세레스와 모든 친구에게 고하매 그 중 지혜로운 자와 그 아내 세레스가 가로되 모르드개가 과연 유다 족속이면 당신이 그 앞에서 굴욕을 당하기 시작하였으니 능히 저를 이기지 못하고 분명히 그 앞에 엎드러지리이다

13 And he related to Zeresh his wife and all his friends all that had happened to him. Then his advisers[a] and Zeresh his wife said to him, "Since Mordecai, who has already begun to defeat you,[b] belongs to the Jewish race,[c] you will not get the better of him, but you will most certainly fall before him."

14 아직 말이 그치지 아니하여서 왕의 내시들이 이르러 하만을 데리고 에스더의 베푼 잔치에 빨리 나아가니라

14 While they were still talking with Haman, the king's eunuchs arrived and brought Haman in haste to the banquet that Esther had prepared.

원문주해

9.a. 직역하면 "나갔다".

9.b. 문자 그대로의 표현은 "왕의 문에서"이다. 그 의미에 관해서는 2:19의 "주석"을 보라.

9.c. 직역하면 "그 앞에서 떨었다". 그 의미에 관해서는 "주석"을 보라.

10.a. 직역하면 "보냈다 그리고 데려왔다". 이 관용어는 손님들을 호위하도록 종들을 보내는 관습을 가리킨다.

11.a. 콜(כל, "모두")은 *BHS*에서 지워지지 않는다. 이것은 이례적인 것이지만 받아들일 만한 히브리어 구문이다. "주석"을 보라.

11.b. 소수의 히브리어 필사본들은 "그의 방백들" 앞에 콜(כל, "모든")을 덧붙이고, 반면에 Syr은 역시 "신복들" 앞에 이 단어를 덧붙인다. 이 첨가는 분명히 3:1-2의 영향을 받았다.

12.a. 직역하면 "그녀에게[그녀에 의하여?] 소환당한". 이 관용어는 왕의 소환이 거절을 허용하지 않는다는 사실을 반영한다.

13.a. 직역하면 "왕의 문에 앉은". 그 의미에 관해서는 2:19 "주석"을 보라.

14.a. 직역하면 "앞에서 기뻐하고 있었다". 소수의 히브리어 필사본들과 Syr에는 레파나이(לפני, "앞에") 대신에 훨씬 더 일반적인 빼에네(בעיני, "…의 눈에")로 되어 있다. MT가 보존되어야 한다(Bardtke, 340는 이에 반대다).

6:1.a. 직역하면 "왕의 잠이 사라졌다". LXX 독법 호 퀴리오스 아페스테센 톤 휘프논 아포 투 바실류스(*ὁ κύριος ἀπέστησεν τὸν ὕπνον ἀπὸ τοῦ βασιλέως*, "주께서 왕으로부터 잠을 가져가셨다"(Vg을 제외한 모든 역본들이 이를 따랐다)에 근거하여, 드라이버는 나드다(נדדה)가 노데드 헤-(″ נֹדֵד ה)로 읽혀졌다고 주장하는데, 여기서 헤-(″ ה)는 야웨(יהוה, "야웨")의 약자로 이해되고 노데드(נֹדֵד)는 폴렐형 어간 "도망치게 하다"로 이해되었다고 주장한다(Driver, *VT* 4[1954] 238). 역본들의 번역자들이 본문을 어떻게 읽든 간에 MT 저자의 의도에 대한 그러한 해석은 에스더서의 나머지 부분에서 나타난 하나님의 이름에 대한 일관된 회피 현상과는 상반된다.

1.b. 이 히브리 문구는 쎄페르 하지크로노트 띠브레 하야밈(ספר הזכרנות דברי הימים, 직역하면 "날들의 사건들의 기록의 책")이다. 이 문구의 의미가 이성적으로 분명하기는 하지만(2:23에 있는 평행적 문구가 매우 통상적인 쎄페르 띠브레 하야밈⟨ספר דברי הימים, "날들의 사건들의 책"⟩이라는 사실을 고려하면), 그것을 구문론적으로 이해하는 방식은 결정하기가 어렵다. 이것은 하지크로노트(הזכרנות)에 붙어 있는 정관사로 인하여 네 개의 단어로 구성된 연계형 문구로 취급될 수 없다. 어원론적으로 두 번째 문구를 첫 번째 문구와 동격으로 "연대기/역대기"(NASB, NIV, NRSV, JB, NJB, RSV가 그렇게 번역함)로 이해하기는 어려운데, 이는 그 의미가 일률적으로 구약성경에서(30회 이상) 2:23에서처럼 쎄페르 띠브레 하야밈(ספר דברי הימים)이란 완전한 문구로 표현되어 있기 때문이다. 여기에 나오는 지크로노트(זכרנות)가 "기억할 만한 사건들의 연대기" 혹은 그와 유사한 번역(RSV, NAB, REB가 그렇게 번역함)을 낳는 "기억할 만한" 혹은 "주목할 만한"을 의미한다는 것은 더욱 타당하지 못하다. 우리가 이 표현을 고정된 표현으로 구성되

어 있는(각기 연계형 문구다) 두 개의 단어로 짝지어진 연계형 문구, 즉 "날들의 사건들에 대한 비망록 책(즉 현행의 사건들의 책)"으로 이해하는 가장 좋을 듯하다. 첫 번째 연계형 문구 쎄페르 하지크로노트(ספר הזכרנות, "비망록 책")는 아람어 표현 쎄페르 따크라나야(ספר דכרניא, "기록들의 책", 스 4:15)에 근거한 히브리어 차입어(외래어에서 차용한 표현)일 수도 있다(또한 참조. 띠크로나〈דכרונה, "비망록"〉, 스 6:2).

2.a. 이 히브리어는 2:23에 있는 빅탄이란 이름과 상이한 빅타나로 되어 있다.

2.b. 직역하면 "문지방을 지키는 자들로부터".

2.c. 직역하면 "…에 대하여 한 손(hand)을 보내다".

3.a. 직역하면 "그를 시중들고 있는 왕의 종들".

4.a. 라하차르(לחצר) 대신 알 하차르(אל חצר)로 읽는 것(참조. *BHS* n)은 중자탈락을 통하여 알렙(א)의 소실로 이해한 것으로서 불필요하다(Bardtke는 이에 반대다).

4.b. 직역하면 "왕의 집". 여기서 의도되어 있는 것은 궁전이 아니라 왕의 사저다. 5:1의 "주석"을 보라.

6.a. 직역하면 "그의 마음속에 말했다".

6.b. 비교 구문 요테르 민(יותר מן, "…보다"), 이 관용어는 BH의 다른 곳에서는 전 12:12에만 나타난다. SBH와 LBH의 다른 곳에서는 이 비교 구문이 요테르(יותר) 없이 민(מן)으로만 표현되어 있다. 에스더서에 있는 용법의 후대성은 이것이 DSS에 나타나고 MH에 자주 나타난다는 사실에 암시되어 있다. Bergey, *JQR* 75(1984) 75-76를 보라.

8.a. 이 마지막 문장은 LXX에는 없다. 논의에 관해서는 "주석"을 보라.

9.a. 직역하면 "…의 손에 주어진". 이 동사는 부정사 절대형이다. 이러한 형태의 사용에 관해서는 "원문주해" 2:3e를 보라.

9.b. 직역하면 "왕의 관리들, 귀족들 가운데서 나온 한 사람".

9.c. 직역하면 "그들로 하여금 그 사람에게 옷을 입히게 하라…그리고 그들로 하여금 그를 인도하게 하라…". LXX에는 이 동사들로 되어 있고, "그들로 하여금 선포하게 하라"는 단수로 되어 있다(참조. *BHS* n.). 이에 대한 논의와 번역에 관해서는 "주석"을 보라.

10.a. 직역하면 "왕의 문에 앉아 있는 사람". 이 의미에 관해서는 2:19 "주석"을 보라.

12.a. 직역하면 "왕의 문으로". 이 의미에 관해서는 2:19 "주석"을 보라.

12.b. 직역하면 "그의 머리를 덮은 채". "주석"을 보라.

13.a. 이 히브리어는 하카마이우(חכמיו, 직역하면 "지혜로운 사람들, 현인들"). 참조. 1:13. 5:10, 14에서 이 사람들에 대해서 사용된 단어와 본 절의 앞부분에서 사용된 단어는 오하바이우(אהביו, "친구들")다. 여기에 나타난 변화는 의심할 여지없이 아이러니다. 즉 그들이 사실은 "지혜로운 자들"이다(Moore, 66; 참조. Barthélemy 등, *Preliminary and Interim Report*, 549-50)! 그런 까닭에 이 단어는 LXX과 Syr을 따르고 있는(참조. *BHS* n.) 브로킹톤(Brockington, *Hebrew Text*, 100; 참조. NEB, REB, NJB, JB)과 할러(Haller,

128)처럼 수정해서는 안 될 것이다. 에스더서의 A-Text(7:22)에는 호이 소포이 아우투 (*οἱ σοφοὶ αὐτου*, "그의 지혜로운 사람들")로 되어 있는데(Clines, *Esther Scroll*, 236), 이는 MT를 지지한다.

13.b. 직역하면 "그 앞에서 당신이 무너지기 시작했다".

13.c. 직역하면 "유대인의 자손으로부터".

양식/구조/배경

5:9-14과 6:1-13/14을 분리된 단락으로 취급하는 수많은 해석가들(Clines, 305-10; Dommershausen, *Estherrolle*, 80-92; Moore, 59-67; Murphy, *Wisdom*, 164-65)의 입장은 이에 반대다. 필자의 의견에는 5:9-6:14이 함께 하나의 막에 속한다고 생각한다(Fox, 73-82도 그렇게 생각함). 사실상 5:9-14과 6:12-14에서 집에 있는 하만, 그의 아내, 그의 친구들 그리고 6:1-10에서 왕궁에 있는 왕 왕의 시종자들과 하만 간에 등장 인물 및 발생지가 달라져 있다. 그러나 이 모든 세 개의 단락들의 내용은 두 개의 긴밀하게 연결된 발전을 추적하는 데 필수적이다(도표를 보라). 첫째로, 모르드개의 목을 매달려는 하만의 결정을 통하여 창안된 음모(5:9-14)와 그 전환(6:11)에 들어 있는 분규 상태, 그리고 두 번째로 두 극적인 반전이다. 이 반전들은 모르드개의 승격에 대한 하만 자신의 부지중의 처방(그 다음에 그는 이 일을 친히 수행해야 했다)을 통하여 그의 도가 지나친 교만이 그의 극단적인 수치로 전환된 점이며, 또한 왕으로 하여금 모르드개를 달도록 그의 아내와 친구들의 조언이 그 대신 그의 파멸에 대한 예견으로 전환(이 사건들로 인하여)된 점이다. 5:9-14을 4:1-5:8과 대등한 제3단락으로 정렬시키려는 도로티의 결정(Dorothy, "Book of Esther," 287-88)은 그가 6:1-5을 전체 설화의 "결정적인/중심점"을 이루는 하나의 분리된 단락으로 구별지음으로써 결정된 것으로 보이지만, 이것은 6:1-5이 단순히 5:9-14에 소개된 분규 상태의 해결의 일부분이라는 사실을 무시하는 것이다(에스더 서론에 있는 주제와 목적에 있는 대화의 구조를 보라).

이 막의 처음과 끝(도표를 보라)은 명확한 인클루시오를 통하여 표시되어 있다: 5:9에서 하만은 그날 잔치 자리를 떠난다. 6:14에서 내시들은 그 다음날 그를 잔치 자리로 데려온다. 이것은 6:14이 뒤따라오는 내용을 시작하기보다는 이 장면을 마감한다는 사실을 명확하게 밝히고 있는데, 바트케(Bardtke, 351)와 도로티(Dorothy, "Book of Esther," 292), 무어(Moore, 68), 머피(Murphy, "Wisdom," 165)는 이를 반대한다. 이 장면의 일관성은 두 번째 인클루시오에 나타나 있다: 처음 장면

(5:9-14)과 마감 장면(6:12-14) 모두에서 하만은 집에 있고 자기 아내와 친구들로부터 조언을 받는다. 그렇다면 이 장면은 그 구조와 내용 면에서 세 개의 장면, 즉 5:9-14, 6:1-11, 6:12-14로 명확하게 나뉜다.

첫 번째 장면(5:9-14)과 세 번째 장면(6:12-14)은 같은 현장, 같은 등장 인물, 같은 내용으로 되어 있다: 각 장면에서 하만은 집에서 자기 아내와 친구들과 함께 있고, 그들은 하만에게 조언을 한다. 또한 각기 인클루시오로 구성되어 있다: 첫 장면의 시작 부분에서 하만은 "잔치 자리에서 마음이 즐거이 나오고"(5:9) 끝 부분에서 "즐거이 잔치 자리에 간다(5:14). 세 번째 장면의 시작 부분에서 하만은 급히 집으로 돌아오고(6:12), 끝 부분에서는 왕의 내시들이 잔치에 빨리 가도록 재촉한다(6:14).

5막의 구조

장면	구절	현장과 등장 인물	내용과 구조
장면 1	5:9-14	자기 친구들과 아내인 세레스와 함께 집에 있는 하만	5:9 하만이 **즐거이** 잔치 자리에서 나옴 집에서 하만이 자기 아내와 친구들에게 모르드개가 왕궁에 존재하는 한 자기 생명이 무의미하다고 말한다. 그들이 모르드개를 나무에 달도록 왕에게 요구하라고 조언한다. 5:14, "**기쁨으로 잔치에** 나아간다."
장면 2 삽화 1	6:1-3	왕의 사저에 있는 왕과 시종들	잠이 오지 않는 왕이 역대 일기에서 모르드개가 자기 생명을 구해 준 것에 대해 상을 내리지 않았다는 사실을 발견하다.
장면 2 삽화 2	6:4-10	왕의 사저에서 왕과 하만	하만이 입궐한다. 왕과 하만이 왕이 존귀케 하기를 기뻐하는 사람에게 어떻게 해야 할지를 논의한다. 왕은 그 사람에게 왕복을 입히고 왕의 말에 태워서 성을 두루 돌면서 "왕이 존귀케 하기를 기뻐하시는 사람에게는 이같이 할 것이라"고 선포하라고 하는 하만의 제안을 받아들인다. 왕이 하만에게 모르드개를 그렇게 존귀케 하도록 명한다.
장면 2 삽화 3	6:11	수산 궁에서 하만과 모르드개	하만이 왕이 자기에게 명한 그대로 모르드개에게 행한다.
장면 3	6:12-14	자기 친구들과 아내인 세레스와 함께 집에 있는 하만	6:12b, "**하만이** 머리를 싸고 **급히** 집으로 **돌아왔다.**" 하만이 자기 친구들과 아내 세레스에게 모르드개에게 당한 일을 설명한다. 그들이 하만에게 그가 모르드개를 이기지 못하고 그 앞에서 엎드러질 것을 조언한다. 6:14b "(그들이) 잔치에 **빨리 나아갔다.**"

이 두 번째 장면(6:1-11)의 시작 부분은 시간을 나타내는 문구 "이 밤에"로 표시되어 있는데, 이는 장면 1의 "이 날에"와 대조를 이룬다. 이 장면은 하만이 모르드개를 존귀케 하는 일을 설명하고 있는 설화 요약 부분을 마감한다. 세 개의 삽화로 구성되어 있는 이 장면은 현장, 등장 인물, 내용에 있어서 첫 번째와 두 번째 장면과 다르다. 첫 번째 삽화(1-3절)는 왕과 그의 시종들이 참석하는 왕의 사저에서 일어나며, 모르드개에게 상을 내리지 않았다는 사실을 발견했다고 진술한다. 두 번째 삽화(4-10절) 역시 왕의 사저에서 일어나는데, 왕과 하만이 등장하고 그들 사이에 왕이 존귀케 하기를 원하는 사람에게 어떻게 해야 할지에 대한 대화가 오간다. 세 번째 삽화(11절)는 수산 궁에서 일어나는데 모르드개와 하만이 등장하고 하만이 모르드개를 존귀케 하는 서술적 요약 내용이 설명되어 있다.

주석

9 직역하여 "그리고 그가 그 앞에서 떨지도 않았다"(וְלֹא זָע מִמֶּנּוּ – 웰로 자아 밈멘누). 드물기는 하지만 자와(זוע)는 "움직이다, 떨다"(참조. 전 12:3)를 의미한다. 이 문맥 가운데서 "두려움을 나타내 보이다"란 상징적 의미는 훌륭한 의미를 지닌다. 그런 까닭에 이 동사가 자아아(*za'a*, 즉 "떨다"; "떨다" 혹은 "몸부림치다"의 동사들이 מן보다는 מפני를 선호하는 것처럼 보인다는 의심스러운 근거에서) 대신에 아랍어 어근 자가(*zaǵa*, "벗어나다")를 묘사하고 있는 "…로부터 옆으로 움직인"을 의미하는 것으로 취급되어야 한다는 드라이버의 제안(Driver, *VT* 4[1954] 236, Bardtke, 340가 이를 따름)은 불필요하다.

11 "왕이 자기를 들어…높인 것을 다"(וְאֵת כָּל־אֲשֶׁר גִּדְּלוֹ הַמֶּלֶךְ – 웨에트 콜-아쉐르 끼뜰로 함멜렉). 고디스(Gordis, *JBL* 95[1976] 54-55)는 창세기 20:16; 욥기 13:1에 있는 유사한 용법에 호소하면서 에트 콜(את כל)이란 문구가 "모든 일을"(즉 이 모든 일과 함께)을 의미하는 부사적 표현이라고 주장한다. 그러나 인용된 구절들이 여기에 나오는 구절에 딱 들어맞지 않을 뿐만 아니라 에트 콜-아쉐르(את כל־אשר)가 단순히 존경이나 예절에 대한 하나의 직접 목적격, 즉 "…한 방법"으로 사용된 관용어 에트 아쉐르(את אשר)의 확장일 뿐이다(GKC § 157c; Fox, 281를 보라).

14 "오십 규빗이나 높은 나무(직역하면 '장대')를 세우고"(יַעֲשׂוּ־עֵץ גָּבֹהַּ חֲמִשִּׁים אַמָּה – 야아수-에츠 까보아흐 하미쉼 암마). 고대의 측량 단위가 현대의 단위

들처럼 정확하거나 표준화되지 않았으므로 그것들을 현대의 용어로 번역할 때는 언제나 어려움이 따른다. 그러나 일반적으로 1.5피트가 구약성경에서 사용된 규빗에 거의 근사하므로(Powell, *ABD* 6:899-900), 장대의 높이는 약 75피트가 된다(혹은 이 규빗이 약간 더 길었던 것으로 보이는 고대 페르시아 시대에 사용되었던 것을 의미했다면 85피트 정도일 것이다. Bivar, "Achaemenid Coins," 625-30, 637). 이것이 문자 그대로 취급되어야 할 것인지 혹은 또 다른 풍자적인 과장으로 취급되어야 할 것인지는 결정하기가 어렵다. 만약 문자 그대로라면 이것은 한 개의 장대 혹은 이 높이의 단위에 찔린 혹은 목 매달린 그 신체가 수산 궁 전체에 보일 수 있도록 공개 처형으로 의도된 것일 수 있다. 여기서는 풍자가 어울리지 않으므로 그 높이는 문자 그대로 취급되어야 할 것이고, 이러한 전시는 모르드개의 공개적인 치욕을 의도한 것 같다.

"모르드개를 그 나무에 달기를"(וְיִתְלוּ אֶת־מָרְדֳּכַי עָלָיו–웨이틀 루 에트-모르또카이 알라이우). 탈라(תלה, "매달다")가 찌르는 것인지 아니면 못 박는 것인지 분명치 않다(2:23에 있는 탈라 알 에츠〈תלה על עץ, "나무에 달다"〉에 대한 "주석"을 보라). 나무가 매우 높은 것으로 보이고 혹은 매우 높은 단상에 세워지는 것으로 보인 점을 고려하면(앞의 기록을 보라), 여기서의 동사는 처형 방식보다는 시신의 공개적인 전시를 가리키는 것처럼 보인다.

6:7 "왕께 아뢰되 '왕께서 사람을 존귀케 하시려면.'" 이것은 맛소라 학자들이 그것을 이해한 대로 파격 구문으로 취급되는 것이 가장 좋다(본 절 구분이 입증한 바와 같이: 유사한 경우에 관해서는 5:7을 보라). 이것은 무어(Moore, 64)의 입장보다 훨씬 더 나은데, 무어는 이 문구를 히브리의 긍정적인 답변의 또 다른 실례인 것으로 생각하여(5:7 "주석"을 보라) 이것을 "옳다"(all right)로 번역한다. 현대의 영역본들은 모두 이 문구를 이익에 대한 예변법적 여격, "그 사람을 위해서는…"으로 해석하든지(예를 들어, KJV, RSV, NRSV, NEB) 아니면 상황절이든지(JB, NJB), 아니면 주격 절대형 "그 사람에 대해서는…"(Moffatt)으로 해석하여 문장을 매끄럽게 하고 있다. 이 모든 번역은 설화자의 미묘한 차이를 드러내지 못하고 있다. 설화자는 파격 구문을 통하여 하만이 그 사람이 자기인 것으로 생각했으므로 왕에게 너무나 열정적으로 대답하여 자기 생각 가운데 가장 좋은 내용을 가진 문장인 "왕께서 존귀케 하시려는 사람은"으로 시작하고 있다는 사실을 암시하고 있다. 그 다음에 그는 생각이 깨어나서 자기가 원하는 존귀케 하는 일을 묘사하기 위하여 또다시 시작한다. 하만의 잘못된 출발이 그의 열망으로부터 생겨났다는 사실은 왕실의 의

례적인 발언에 따른 표준적인 의례적 공식 문구 "만일 왕이 기뻐하시면"과 같은(참조. Fox, 76) 발언으로 서두를 꺼내지 않은 사실이 입증한다. 설화자는 그의 어울리지 않는 조급함을 가지고 그를 미묘한 아이러니를 가진 사람으로 묘사한다.

8 "왕의 입으시는 왕복…을 가져다가"(יָבִיאוּ לְבוּשׁ מַלְכוּת אֲשֶׁר לָבַשׁבּוֹ הַמֶּלֶךְ – 야비우 레보쉬 말쿠트 아쉐르 라바쉬 뽀 함멜렉). 선행사가 표현되지 않은 3인칭 남성 복수 주격은 영어에서는 수동형으로 표현되는 것이 가장 낫다. 왕 자신의 옷을 입는다는 것은 고대 페르시아에서 특별한 호의와 지위의 표시였던 것으로 보인다(참조. 삼상 18:4). 플루타크(Plutarch, *Artaxerxes* 5)는 아르타크세르크세스가 자기가 입고 있었던 왕복을 그의 신하가 입기를 요구하자 자기 신하들 중 한 사람에게 주었으나 그가 그것을 입는 것을 금했다고 기록하고 있다(이 구절 전문이 Moore, 64-65에 인용되어 있음). 페르시아 왕의 복장은 그것을 입는 자에게 왕위를 수여하는 권세를 보유하는 것으로 생각되어 왔을 수도 있다(최소한 후기 헬라 기록자들에 따르면: 참조. Fox, 77).

"머리에 쓰시는 왕관을 취하고"(וַאֲשֶׁר נִתַּן כֶּתֶר מַלְכוּת בְּרֹאשׁוֹ – 와아쉐르 니탄 케테르 말쿠트 뻬로쇼: 직역하면 "그리고 그 머리에 왕관을 두도록 하시고"). 여기에 나오는 구문은 명확하고 틀림없다: 그 왕관은 말의 머리에 씌워야 한다는 것이다. 게를르만(Gerleman, 115-16: 또한 참조. Clines, *Esther Scroll*, 192 n. 8)은 말의 머리에 그러한 장식을 하는 것은 있을 성싶지 않으므로(다른 주석가들이 주장하는 유사한 입장에 관해서는 Paton, 248를 보라), 그는 웨아쉐르(ואשר)가 아닌 아쉐르(אשר)로 읽고 관계대명사를 시간을 나타내는 의미로 해석하여 "왕관이 (왕의) 머리에 있는 동안"의 의미를 만들어 낸다(또한 NAB의 번역을 참조하라. 거기서는 말이 왕이 자기 즉위식에서 탔던 말이어야 한다는 사실을 암시하는 것처럼 보인다). 그러나 관계대명사에 그러한 의미를 부여하는 것은 나타난 의미와 같이 억지다. 더 나아가서 그러한 말 머리에 있는 관은 고대 페르시아 시대에는 있을 성싶지 않지 않다: 페르세폴리스(Persepolis)에 있는 아파다나(apadana)의 동쪽 계단에서 나온 부조를 보라. 그 부조는 그렇게 치장한 말을 보여 주고 있다(그러한 실물에 관해서는 Moore, p. 22 다음에 있는 도표 2를 보라).

9 "…사람에게 옷을 입히고 말(들)을 태워서…그(들로 하여금) 앞에서 반포하여 이르기를"(וְהִלְבִּישׁוּ אֶת־הָאִישׁ …וְהִרְכִּיבֻהוּ …וְקָרְאוּ – 웨힐삐수 에트-하이쉬…웨힐키부후…웨코르우). 수많은 주석가들(예를 들어, Bardtke, 344: Brockington, 238: Haupt, *AJSL* 24[1907-8] 144-45: Moore, 63)은 여기서 LXX 독법을 채택하

여 이 세 개의 동사들 모두를 단수로 수정한다. 결과적으로 모르드개를 존귀케 하는 일을 수행하는 사람이 왕의 대리인 한 사람이기 때문에(Bardtke) 단수가 사리에 맞는다(Brockingon)는 근거에서 그렇게 한다. 그러나 단수로의 전환은 불필요하다. 하만의 제안이 선행사가 표현되지 않은 채 8절에서 3인칭 복수 동사, 즉 야비우(יָבִאוּ, "그것들을 가져오게 하여")로 시작되었는데, 이는 실질적으로 수동형과 동일하다. 이 문장 구조는 뒤따라오는 각각의 주절 가운데서 계속되며, 먼저 9절이 칼 부정사 절대형인 웨나톤(וְנָתוֹן, "그리고 주어지게 하여")으로 시작되고, 그 다음은 여기서 문제의 세 개의 동사로 시작된다. 이 문장 구조는 존귀에 대한 하만의 묘사 가운데서 지극히 적절한데, 그 이유는 연루되어 있는 내용이 문법적 초점의 문제이기 때문이다. 부정 주어를 가진 문장은 문법적 초점을 각 문장의 목적어에 두는데, 말하자면 부정적이고 그런 까닭에 중요치 않은 상태로 남아 있는 행동의 대행인에게보다는 암시되는 존귀에 둔다. 각 문장 가운데 있는 동사가 하나의 수동형으로 번역되는지, 부정 주어를 가진 하나의 복수 동사로 번역되는지, 그렇지 않으면 단수 주어를 가진 능동 동사로 번역되는지의 여부는 순전히 영어(혹은 헬라어) 번역상의 문제다. 더 나아가서 행동의 대행인을 부정적 인물로 남겨 놓는 히브리어에서 이 목적격-초점 문장은 분명히 구체적인 인물을 존귀케 해주는 일을 수행하는 사람이 귀족 중 한 사람임을 암시한다. 그러나 영어 번역에서는 이것이 명시되어야 할 필요가 있다.

10 "대궐 문에 앉은 유다 사람 모르드개에게 행하되"(וַעֲשֵׂה־כֵן לְמָרְדֳּכַי הַיְּהוּדִי הַיּוֹשֵׁב בְּשַׁעַר הַמֶּלֶךְ – 와아세-켄 레모르뜨카이 하예후디 하요세브 빼솨아르 함멜렉). 여기서 왕은 모르드개의 직무상의 위치를 알고 있을 뿐만 아니라 그가 유대인이라는 사실도 알고 있다. 2:19-23에서 모르드개를 대신하여 에스더를 통하여 왕에게 전달된 암살 시도에 관한 정보를 고려하면, 모르드개에 관한 왕의 지식은 놀랄 일이 아니다. 그러나 그의 인종에 대한 왕의 갑작스러워 보이는 지식은 주석가들의 마음속에 이 이야기의 일관성과 사실성에 대한 수많은 문제들을 일으켰다(Moore, 65; Paton, 250를 보라). 이 이야기의 이 시점까지 단 두 가지 사건만이 왕이 모르드개가 있다는 사실을 알게 되는 것이 어디서 명확하게 되었는지를 설명했다. (1) 에스더가 알려 준 바 암살 시도에 대해 왕에게 들어온 모르드개의 보고(위에 언급됨), 그리고 (2) 같은 사건이 왕실 기록을 통하여 발견되는 본 단락. 첫 번째 사건에서는 에스더가 "모르드개의 이름으로"(2:22) 왕에게 보고를 한 것으로 되어 있다. 이 사건에서는 모르드개를 "유대인 모르드개"로 밝히고 있지 않고, 모르드개의

종족이 왕에게 비밀로 되어 있었다는 사실도 드러나 있지 않다. 더 나아가서 3:1-6 다음에 유대인으로서의 모르드개의 정체가 왕실에 널리 알려졌었다는 사실은 분명하다. 그런 까닭에 이야기 가운데서 왕이 모르드개의 인종적 정체를 알아야 했다는 것이 사실 같지 않은 것으로 만드는 점은 없다. 만일 그가 그것을 사전에 알지 못했었다면, 그는 분명히 자신의 시종들을 통하여 보고를 들을 수 있었을 것이다(참조. Bardtke, 349, 바트케는 하르보나가 7:9에 기록된 하만의 집에 있는 나무의 규모와 목적에 대해 가지고 있는 지식을 말하고 있다). 그러나 이 이야기는 왕이 다른 두 가지 중요한 사실을 알지 못하고 있다는 것을 분명히 밝혀 주고 있다. (1) 에스더는 유대인이라는 것(이야기는 반복적으로 이 사실을 강조해 왔다, 2:10, 19). 그리고 (2) 에스더와 모르드개의 관계(참조. 8:1). 마지막으로 클라인즈가 주장하는 바와 같이(Clines, 309), 왕이 유대인 모르드개를 존귀케 하라는 사실과 유대인을 전멸시키라는 명령 사이에 상충점은 없는데, 그 이유는 3:8-11에서 하만이 연루된 민족의 이름에 대해서는 전혀 언급하지 않았기 때문이다. 사실상 왕은 망각 속에 던져 버린 그 민족의 정체에 대해서 알지 못한 유일한 사람인 것처럼 보이며, 그럼에도 불구하고 이것이 설화자가 그의 성격을 묘사한 풍자적인 방식과 아주 잘 일치한다.

12 "번뇌하여 머리를 싸고"(אָבֵל וַחֲפוּי רֹאשׁ – 아벨 와하푸이 로쉬). 물론 여기에 나오는 "번뇌하여"(mourning)는 죽은 자를 위한 애도의 감정을 가리키지 않고 수치스러운 굴욕감에서 일어나는 유사한 감정을 가리킨다. 그와 같이 머리를 감싸는 것은 비록 이러한 행위가 구약성경의 다른 곳에서 죽은 자를 위한 애도의 표시이기는 하지만, 여기서는 수치와 절망감을 가리킨다(참조. Paton, 255, 그는 삼하 15:30; 렘 14:4을 언급하고 있음). 이 동사 하푸이(חפוי)를 아랍어의 같은 어근에 근거하여 "벗다"(또한 애도의 표시로)를 의미하는 것으로 해석하려는 브로킹톤의 시도(Brockington, 238; NEB가 이를 따름)는 그 자체가 추천할 만하지 못하다(참조. Clines, 309).

13 "모르드개가 과연 유다 족속이면…능히 저를 이기지 못하고 분명히 그 앞에 엎드러지리이다"(אִם מִזֶּרַע הַיְּהוּדִים מָרְדֳּכַי…לֹא־תוּכַל לוֹ כִּי־נָפוֹל תִּפּוֹל לְפָנָיו – 임 미쩨라 하예후딤 모르또카이…로-투칼 로 키-나폴 팁폴 레파나이). 불변화사 임(אם, "만일")이 이끄는 공식적으로 상황절인 히브리어 첫 문장은 하만이 이미 모르드개가 유대인임을 자기 아내와 친구들에게 말했으므로(5:13) 실제 상황이 될 수 없다. 그렇다면 이 문장은 실질적으로 의미에 있어서 인과관계이며, 영어에서는

이것을 그렇게 번역하는 것이 더 명확해진다. 이러한 의견이 하만 자신의 아내와 친구들의 실질적인 확신일 수는 없다는 것은 타당성 있는 생각으로 보이지 않는다. 그들이 하만에게 확신을 가지고 나무를 세우고 왕에게 유대인 모르드개를 거기에 달기를 구하라고 조언했던 것이 바로 지난밤이었다. 여러 주석가들이 주장하는 바와 같이(예를 들어, Clines, *Esther Scroll*, 43; Moore, 66; Wiebe, *ABD* 6:1083), 여기 나오는 하만의 조언자들이 설화자와 독자들의 확신을 반영하고 있다고 보는 것이 더 개연성이 있다. 구약성경은 자주 이스라엘과 아말렉 간의 사무치는 적대감을 언급하고 있으며(출 17:14-16; 삼상 15:2-8; 삼하 1:8-16), 또한 이스라엘의 궁극적 승리를 분명하게 암시해 주고 있다(민 24:7, 20). 설화자와 그의 독자들에게 사울의 집, 곧 그 부친을 통하여 사울과 결속되어 있는 모르드개가(2:5-6과 그 곳의 "주석"을 보라), 하만이 그 부친을 통하여 결속되어 있는 아말렉 사람 아각의 집을 이기리라는(3:1과 그 곳의 "해설"을 보라) 것이 필연적인 결론이다.

해설

이전 막의 끝 부분에서 우리가 살펴본 바와 같이, 모든 것은 우리의 설화자가 즉시 그 다음날의 잔치와 에스더의 초청에 관해서 독자에게 말하려고 했었다는 사실을 시사했다. 그런 까닭에 이 막의 매 첫 번째 구절에서 우리가 그 다음날 잔치, 에스더, 하만, 왕 그리고 요청에 관해서 듣지 않고, 그 대신 같은 날 하만과 모르드개에 관해서 듣게 된다. 긴박감을 고조시키면서 우리의 설화자는 우리에게 여전히 에스더의 요청의 결과가 어떻게 될 것인지 예상하도록 기대를 남겨 놓고, 또한 다시 한 번 하만과 모르드개 간의 뒤따라오는 관계로 돌려놓고 있다.

그럼에도 불구하고 이 장면이 이러한 관계를 따르고 있기는 하지만, 그리고 실제로 이것이 모르드개가 왕의 생명을 구한 것에 대해 어떤 보상을 받았는지를 암시하고 있기는 하지만, 이러한 사실들은 그 주요 관심에 비하여 부수적인 것에 지나지 않는다. 그 이유는 이것이 하만에 대해서 모든 관심을 쏟고 있기 때문이다. 사실상 모르드개는 잠시 등장하고, 각 장면은 일차적으로 하만의 완전하고도 철저한 파멸을 예상하도록 하는 하나의 장식 역할을 하고 있다. 첫 번째 장면에서 설화자는 하만이 자기의 마땅한 권리로서 간주하고 있었던 자신에 대한 복종을 모르드개가 거부한 것에 대해 지나치게 행동하여 그의 자기 위치, 권세, 특권에 대한 무서운 집념을 묘사함으로써 하만에 대한 성격 묘사를 완성하고 있다. 두 번째 장면에서 모르드개는 하만이 모르드개를 나무에 달도록 구하기 위하여 왔으나 그 대신 자신이 친히 자기 자신을 위해서 제안했던 존귀와 왕의 인정을 공개적으로 모르드개에게 돌려야 했던 상황에서 그 극적인 반전을 묘사하는 데 장식 역할을 한다. 세 번째 장면에서 모르드개는 또다시 하만의 아내와 친구들의 조언 가운데서 완전한 반전의 장식 역할을 하는데, 본 장면에서 모르드개의 종말을 효과 있게 하는 방법에 대해서 첫 번째 장면에서 했던 확신 있는 충고가 모르드개 앞에서 하만이 공개적으로 수욕을 당한 것이 그의 운명을 예상한다는 쓰라린 예고로 변한다.

장면 1. 하만의 오만: 그의 아내와 친구들이 모르드개를 교수형시키기 위하여 왕에게 구하도록 설득하다(5:9-14).

하만은 왕과 에스더와 함께 마음에 충만한 기쁨과 즐거움을 가지고 잔치 자리를 떠나게 되는데(5:9), 그의 교만은 에스더가 왕과 왕비만 있는 두 번째 잔치 자리에 초청함으로써 더욱 커진다. 그러나 그의 그러한 기분은 잠시뿐이었는데, 그 이유는 그가 집으로 오는 도중에 모르드개가 계속하여 그를 주시하지 않고 있었기 때문이다. 여기서 우리의 설화자는 모르드개 편에서 하만의 존엄성을 더욱 분명하게 훼손하고 있었던 것처럼 보이도록 의도하고 있다. 그는 3:2-5에 있었던 첫 번째 대면에서 했던 것처럼 엎드려 복종하기를 거절할 뿐만 아니라 이제 하만 앞에서 일어나지도 않고 그가 있는 앞에서 두려움도 보이지 않고 있다. 하만의 반응은 또다시 과장된 교만과 허영심에서 일어난다. 전에 그러했던 것처럼 그는 자기 대적의 행동으로 인하여 그를 손댔다는 사실을 드러내지 않을 것이고, 또한 그래서 그는 무관심을 가장한다: "참고 집에 돌아와서"(5:10a). 첫 번째 경우에서 설화자는 하만의 내적인 의도를 우리 독자에게 은밀히 알림으로써 그의 과도한 교만을 묘사하고 있다: "모르드개만 죽이는 것이 경하다 하고"(3:6). 그러나 이 경우에 대해서 자기 가정이라는 친밀한 배경에서 그리고 자기 아내와 친구들이 있는 자리에서 하만은 자기 대적에 대한 오만한 집념에 대한 감정의 결과를 공개적으로 발설한다. 그의 모든 급료, 그의 거대한 부, 그의 수많은 아들들, 왕이 자기를 편애하고 오늘과 내일 왕후 자신까지 자기만을 왕과 함께 잔치 자리에 초대한 사실에도 불구하고, "유다 사람 모르드개가 대궐 문에 앉은 것을 보는 동안에는 이 모든 일이 만족하지 아니하도다"라고 말한다(5:13). 사실상 이 마지막 진술이 보여 주는 바와 같이 모르드개가 복종하지 않는 것, 혹은 오늘날처럼 일어나지도 않고 두려움을 보여 주지도 않는 것은 정당하지 못하다. 마지막 분석에서 하만은 자기의 존재 자체를 참아낼 수 없다. 하만은 "거대하고도 미숙한 자아"(Fox, 179)를 감추는 과도한 교만과 오만에 있어서 하나의 사례 연구다.

자기 원수에 대한 교만스러운 집념에 사로잡힌 하만은 어떻게 해야 할지를 완전히 잃어버렸다. 그래서 그의 행동 과정을 말해 준 사람이 그의 아내 세레스다(그리고 그의 친구들, 5:14의 히브리어 어순은 그녀가 일차적으로 말하는 사람으로 되어 있음). 설화자의 아이러니는 실로 미묘하다(필자의 생각에는 랫대이만이 이것을 잘 파악했다고 생각된다[Radday, "Esther with Humour," 306]): 고관의 이러한 무기력한 모습은 왕과 그의 이성을 잃은 관련자의 논의가 법제화한 남성 우월의 변장이다(1:20-22)!

하만의 아내와 친구들은 하만의 원한이 결코 그의 대적의 죽음을 통하여 가라앉지는 않을 것이라고 이해하고(Clines, 306), 따라서 그들은 하나의 공개적 수욕을 제안한다. 즉 모르드개의 처형에 대해 왕의 재가를 받아야 한다는 것과 그의 시체가 8피트 높이의 교수대에 달리게 하여 온 수산 성에 전시가 되어야 한다는 것이다(5:14a). 하만은 그 제안을 너무나 기뻐하여 즉시 교수대를 세웠다(5:14d). 그는 자신이 내일 모르드개를 매어 다는 일에 대해 왕의 동의를 얻어낼 것이라고 충분히 예상하고 그의 아내와 친구들이 확신 있게 예견한 바와 같이 "왕과 함께 즐거이 잔치에 나아갈"(5:14c) 것이다.

장면 2. 하만의 수욕: 왕이 그에게 모르드개를 영광스럽게 하도록 명하다(6:1-11)

그러나 앞 장면의 끝 부분에서 하만의 예상은 그 정상에 도달한 것처럼 보였다. 그가 왕의 이름으로 공포한 칙령은 자기의 대적 민족인 유대인의 전멸을 보증해 주었다. 이제는 모르드개 자신에 대한 원한을 풀기 위하여 한 발자국만 내디디면 되었다. 만일 왕이 그 민족의 제거에 동의하도록 조종될 수 있었다면 한 사람을 제거하는 동의를 얻어내는 일이야 얼마나 어렵겠는가? 그러나 하만의 예상은 실제로 그가 전혀 상상할 수 없었던 방식으로 최고조에 이르렀다. 그의 모르드개를 나무에 매다는 일에 관하여 아침에 왕에게 말하려는 결정은 너무나 현저한 것이었으므로 그것이 "하나님께서 정하신"(Clines, 307) 일에 대해 설화자가 사용한 암호 이외에 다른 어떤 것일 수가 없는 일치된 사건들과 만난다. 하만의 계획은 하나님의 섭리의 방향으로 막 치달려 가고 있다.

잠을 이룰 수 없었던 왕(일치된 사건 1)은 궁중 일기를 읽고 그 곳에서 모르드개가 왕 자신을 시해하려는 음모를 들추어냈다는 사실을 발견하고(일치된 사건 2) 모르드개가 이 일에 대해서 아무런 보상을 받지 않았다는 사실을 시신들을 통하여 듣게 된다(일치된 사건 3). 그가 비록 외관상으로 이것이 즉시 수정되어야 한다고 결정했을지라도, 그는 늘 그래왔던 것처럼 그 일을 스스로 결정하지 못하고 조언자를 찾았다. 그런 까닭에 이러한 일련의 일치된 사건들 가운데 가장 주목할 만한 일이 일어난다. 그는 자기 시신에게 "누가 뜰에 있느냐?"고 묻는데, 바로 그때 하만이 자기가 준비한 나무에 모르드개를 달기를 왕에게 요구하기 위하여 왕이 거주하는 외전에 들어오고 있었다(일치된 사건 4). 하만이 입궁한 사실을 안 왕은 시신에게 명하여 그로 하여금 들어오게 하라고 명하고, 모르드개를 존귀케 하려고 한다는 사실을 밝히지 않은 채 하만에게 자신이 존귀케 하기를 원하는 사람에게 어떻게 해야 할 것인지를 묻는다(일치된 사건 5): "왕이 존귀케 하기를 기뻐하는 사람에게 어떻게 하여야 하겠느뇨?" 구약성경의 세계관을 가지고 있었던 본서 기록자(본 이야기 가운데 그 밖의 많은 것이 드러내 주었던 바와 같이 에스더서 저자가 그런 사상을 가지고 있었다)는 자기 독자들로 하여금 그러한 순수한 기회가 되는, 겉으로 나타난 일련의 사건들 가운데 있는 하나님의 섭리의 손길을 바라보도록 의도하고 있을 뿐이다(에스더서 서론의 주제와 목적에 있는 이야기 가운데 하나님의 역할을 보라).

그러나 하만이 무엇 때문에 한밤중에 왕궁으로 들어가고 있는가? 그의 아내와 친구들은 "내일 아침"(5:14)에 왕에게 나아가라고 하만에게 조언을 했었다. 아마도 우리는 왕이 불면증으로 아침 일찍 일어났었다고 이해해야 할 것이다. 그 시간이 언제가 되었건, 그러한 정당치 않은 시간에 하만이 입궐한 사실을 소개함으로써 설화자는 분명히 하만이 자기 대적을 죽이려고 하는 정당치 않음과 서두름에 대해서 아이러니하게 반영하고 있다(참조. Radday, "Esther with Humour," 306).

사실상 이것은 하만을 이 순간까지 이끌어 왔던 주목할 만한 섭리적 상황이었지만, 동시에 하만이 스스로 통제할 수 없는 상황이었다. 이 순간이 길조가 아닌 것만은 사실이다–즉 왕이 하만의 대적에게 보상할 수단을 찾고 있고, 하만은 자신의 뜻에 반대되는 목표를 가졌던 자신의 행동 강령에 의하여 행동해야 하는 사람이다. 주목할 만한 것이기는 하지만, 그럼에도 불구하고 이러한 상황들은 아직까지는 불가피하게 그를 위협하고 있는 행동 과정을 시작하지 않았다.

실제로 모르드개에게 어떻게 상 줄 것인가에 대해 문의를 받을 사람이 하만이라는 사실은 모르드개에게 나쁜 징조가 될 수 있었을 것이라고 상상할 수 있음직하다(Moore, 67). 그러나 그러한 어떤 불행스러운 결과의 가능성을 독자들이 품게 되기도 이전에, 하만 자신이 일어날 그 일을 착수한다. 그리고 바로 자신의 한껏 부풀어 오른 교만이 그를 덫에 걸리게 한다. 그는 질문을 받은 즉시 전혀 생각해 보지도 않고 결론을 내린다. 즉 그는 스스로에게 자문하기를 "왕이 존귀케 하기를 기뻐하시는 자는 나 외에 누구리요?"라고 말한다. 설화자는 능숙하게 그로 하여금 넋을 잃게 만드는 것은 "왕이 존귀케 하기를 기뻐하시는 자"라는 문구라는 사실을 알려준다(참조. Dommershausen, 88-89). 그와 함께 그는 이것을 적극적으로 음미하면서 대답한다(6:7). 그런 다음 자신의 대답을 논리적으로 정리하기 위하여 다시 문장을 시작하면서("주석"을 보라), 그는 두 번이나 더 자기 입으로 그 문구를 되뇌면서 말하고 있는데, 마지막 문장에서는 그 문구와 함께 자기의 의견을 말하고 있으며(6:9), 자신이 규정하고 있는 상급 가운데 같은 주제를 들먹이고 있다. 그는 부나 권세를 요구하고 있지는 않지만, 존귀케 하기를 원하는 사람에게 왕 자신의 의복을 입히고 왕의 말 위에 앉게 하고 "왕이 존귀케 하기를 기뻐하시는 사람에게는 이같이 할 것이라"는 말을 되풀이하면서 자기 동료 방백 중 한 사람이 수산 성읍 사방 거리로 행진케 하는 영예와 인정을 바라고 있다. "영예는 자기 생명의 피요, 영예에 대한 생각은 모르드개에 대한 자신의 계획으로부터까지도 그를 돌려놓을 것이다"(Clines, 307-8).

그가 자기 자신의 것으로 너무나도 확신 있게 예측했던 그 영예가 왕으로부터 나온 한마디 문장, 즉 "너는 네 말대로 속히 왕복과 말을 취하여…유다 사람 모르드개에게 행하라"(6:10)란 말로 즉시 비참하고도 극단적인 수치로 전환되었을 때, 하만은 거의 아무 말도 할 수 없었다. 하만의 운명의 완전한 반전이라는 쓰라린 아이러니는 설화자가 처음으로 왕이 모르드개를 "유다 사람 모르드개"로 지칭했다는 사실에 암시되어 있다(참조. Clines, 309). 유다인들의 원수(3:10과 그 곳의 "해설"을 보라)는 이제 자기 자신에 대해서 예견했던 그 영예를 그 유다인에게 돌려주어야 한다.

설화자는 하만이 왕의 명령을 이행한 사실을 그의 수욕에 대한 사실만을 묘사하고 있는 단 한 절로 된 가장 간략한 기사로 진술한다(6:11). 하만의 반응에 대해 설화자가 언급하지 않은 점이 너무나 자주 하만의 감정을 묘사하고 있는 설화의 다른 부분에 비교하여 볼 때 독특하다(에스더서 서론의 주제와 목적을 보라). 여기서 그는 이 숙적들의 반응에 대해서 지혜롭게도 자기 독자들의 상상에 맡기면서 완전히 침묵하고 있다(원-AT 7:14-19과 대조하라).

> 확신과 자기 독자들에 대해 확고하게 믿고 신뢰한 저자만이 이 너무나도 간단하고도 그래서 청중들에게 너무나 많은 내용들을 상상하도록 하기 위하여 두 주인공들 간의 앙숙관계 가운데 이러한 절정을 남겨 놓고 있다. 능숙한 솜씨를 가지고 있는 저자는 언제 지나치게 말하지 말아야 할지를 잘 알고 있다(Humphrey, "Story," 203)

실제로 그의 침묵은 틀림없이 이 침묵이 이 검은 코메디 가운데 일부분을 차지하고 있는 바와 같이 그들의 단호한 침묵에 대해 웅변적으로 말하고 있다(참조. Fox, 76-78). 그러나 그는 완전히 침묵하지는 않는다. 비록 그는 그들의 반응에 대해서는 말하고 있지 않지만, 하만이 모르드개 앞에서 자기가 제안했던 그 말을 선포했다고 기록하고 있다. 그렇게 그는 자기의 단호한 침묵이 하만이 자기에 대한 것인 줄로 알았을 때 자기가 그렇게 즐겼던 그 문구의 발언에 의해서만 깨뜨려졌다는 사실을 제시하지만, 이제 그가 모르드개 앞에서 그것을 선언할 때 쓰라림이 그의 입을 가득 채웠음에 틀림없다. "왕이 존귀케 하시기를 기뻐하시는 사람에게는 이같이 할 것이라."

장면 3. 하만의 종말: 그의 아내와 친구들이 그의 멸망을 예고하다(6:12-14)

하만은 큰 절망감과 수치심을 가지고 집에 도착하여 자기에게 일어난 일을 모두 말하면서 자기 아내와 친구들에게서 어떤 위로를 받기 원한다. 또다시 그들은 그에게 조언을 한다. 이제 첫 장면에서 모르드개를 죽이는 방법에 대해서 확신을 갖고 했던 충고가 변한 내용의 상징적 가치에 대한 침울한 깨달음으로 변한다. 하만의 멸망이 확실하다고 그들은 예견한다. 그러나 그들이 그렇게 말하는 이유는 극적이고도 놀랍다. 유대인들은 이겨내기 어렵다고 확신을 준다. "모르드개가 과연 유다 족속이면 당신이 그 앞에서 굴욕을 당하기 시작하였으니 능히 저를 이기지 못하고 분명히 그 앞에 엎드러지리이다"(이 상황절의 임시적 의미에 관해서는 "주석"을 보라). 아마도 십중팔구는 여기서 설화자가 하만의 조언자들의 입에 자기 자신의 확신을 넣어 둔 것으로 보인다("주석"을 보라). 어쨌든 그 말을 여기에 둔 것은 다음 날 있을 하만의 멸망의 확실성을 표시하고 있다. 이것은 또한 이와 유사한 운명이 유대인을 진멸시키려는 그의 음모를 기다리고 있다는 사실을 강력하게 시사해 준다.

장면 3의 결론은 중도에서 극적으로 끊겨진 이전의 막을 능숙하게 다시 시작하고 있는데, "내가 왕과 하만을 위하여 베푸는 잔치에 또 나아오소서"(5:8)라는 하만과 왕에 대한 에스더의 초청이 "왕의 내시들이 이르러 하만을 데리고 에스더의 베푼 잔치에 빨리 나아가니라"(6:14)로 된다. 이것은 그 다음 막으로의 매끈한 전환을 표시하고 있는데, 그 이유는 하만의 멸망이 지극히 확실하다는 하만의 아내와 친구들의 예견이 아직도 귀에 쟁쟁하게 울리고 있을 때, 왕의 내시들이 도착하여 에스더가 자기 요청을 왕에게 알려 주겠다고 말한 그 잔치(5:8)에 하만을 급히 데려갔기 때문이다. 이것은 또한 이 장면이 너무나 극적으로 묘사해 왔던 하만의 운명의 반전이 이제 냉혹하게 그 결론으로 급히 몰아가고 있다는 사실을 극적으로 표시해 주고 있다.

6막.
에스더가 호소하다: 하만의 몰락(7:1-10)

참고문헌

Bergey, R. L. "The Book of Esther – Its Place in the Linguistic Milieu of Post-Exilic Biblical Hebrew Prose: A Study in Late Biblical Hebrew." Diss., Dropsie College, 1983. ______. "Post-exilic Hebrew Linguistic Developments in Esther: A Diachronic Approach." *JETS* 31(1988) 161-68. **Brockington, L. W.** *The Hebrew Text of the Old Testament: The Readings Adopted by the Translators of the New English Bible.* Oxford: Oxford UP 1973. **Clines, D. J. A.** *The Esther Story: The Story of the Story.* *JSOTSup* 30. Sheffield: *JSOT*, 1984. **Condamin, A.** "Notes critiques sur le texte biblique: II. La disgrace d'Aman (Esth. VII, 8)." *RB* 7(1898) 253-61. **Dorothy, C. V.** "The Books of Esther: Structure, Genre, and Textual Integrity." Diss., Claremont, 1989. **Ehrlich, A.** *Randglossen zur hebräischen Bibel: Textkritisches, Sprachliches und Sachliches.* VII. 1914. Repr. Hildesheim: Georg Olms, 1968. **Ginsberg, H. L.** "Lexicographical Notes." In *Hebräische Wortforschung.* FS W. Baumgartner. *VTSup* 16. Leiden: Brill, 1967. 71-82. **Goldingay, J. E.** *Daniel.* WBC 30. Dallas: Word, 1989. **Gordis, R.** "Studies in the Esther Narrative." *JBL* 95(1976) 43-58. **Greenberg, M.** *Ezekiel I-XX.* AB 22. Garden City, NY: Doubleday, 1983. **Haupt, P.** "Critical Notes on Esther." *AJSL* 24(1970-8) 97-186(= Moore, *Studies*, 1-90). **Humphreys, W. L.** "The Story of Esther and Mordecai: An Early Jewish Novella." In *Saga, Legend, Tale, Novella, Fable: Narrative Forms in Old Testament Literature*, ed. G. Coats. *JSOTSup* 35. Sheffield: *JSOT*, 1985. 97-113. **Murphy, R. E.** *Wisdom Literature: Job, Proverbs, Ruth, Canticles, Ecclesiastes, and Esther.* FOTL 13. Grand Rapids, MI: Eerdmans, 1981. **Perles, F.** *Analekten zur Textkritik des alten Testaments.* Munich: Theodor Ackermann, 1895. **Rudolph, W.** "Textkritisches zum Estherbuch." *VT* 4(1954) 89-90. **Striedl, H.** "Untersuchungen zur Syntax und Stilistik des hebräischen Buches Esther." *ZAW* 14(1937) 73-108. **Wagner, M.** *Die lexikalischen und grammatikalischen Aramaismen im alttestamentlichen Hebräisch.* Berlin: Töpelmann, 1966.

본 문

삽화 1. 에스더가 왕에게 자기 생명을 구해 줄 것을 호소하다(7:1-6a)

시기: 12년, 1/17일 혹은 1/18일, 늦은 오후/초저녁

1 왕이 하만과 함께 또 왕후 에스더의 잔치에 나아가니라

2 왕이 이 둘째 날 잔치에 술을 마실 때에 다시 에스더에게 물어 가로되 왕후 에스더여 그대의 소청이 무엇이뇨 곧 허락하겠노라 그대의 요구가 무엇이뇨 곧 나라의 절반이라 할지라도 시행하겠노라

3 왕후 에스더가 대답하여 가로되 왕이여 내가 만일 왕의 목전에서 은혜를 입었으며 왕이 선히 여기시거든 내 소청대로 내 생명을 내게 주시고 내 요구대로 내 민족을 내게 주소서

4 나와 내 민족이 팔려서 죽임과 도륙함과 진멸함을 당하게 되었나이다 만일 우리가 노비로 팔렸더면 내가 잠잠하였으리이다 그래도 대적이 왕의 손해를 보충하지 못하였으리이다

5 아하수에로 왕이 왕후 에스더에게 일러 가로되 감히 이런 일을 심중에 품은 자가 누구며 그가 어디 있느뇨

6a 에스더가 가로되 대적과 원수는 이 악한 하만이니이다 하니

삽화 2. 하만이 자기 생명을 구하려고 에스더에게 호소하다(7:6b-8b)

시기: 12년, 1/17일 혹은 1/18일, 늦은 오후/초저녁

6b 하만이 왕과 왕후 앞에서 두려워하거늘

7 왕이 노하여 일어나서 잔치 자리를 떠나 왕궁 후원으로 들어가니라 하만이 일어서서 왕후 에스더에게 생명을 구하니 이는 왕이 자기에게 화를 내리기로 결심한 줄 앎이더라

8 왕이 후원으로부터 잔치 자리에 돌아오니 하만

Episode 1. Esther pleads with the king for her life (7:1-6a)

Time: late afternoon/early evening, 1/17 or 1/18, year 12

1 So the king and Haman went to dine with Queen Esther.

2 And also on this second day during the wine course, the king said to Esther, "What do you want and what is it that you request, Queen Esther? Even if it's for half of my kingdom, it shall be granted and it shall be done."[a]

3 Queen Esther replied, "If I have found favor with you,[a] O King, and if it please the king, let my life be granted to me – that is my wish; and that of my people – that is my request.[b]

4 For we have been sold, I and my people, to be destroyed, slaughtered, and annihilated. Now, if[a] we had merely been sold as slaves,[b] I would have said nothing, for the trouble would not be commensurate with this annoyance to the king."[c]

5 Then King Ahasuerus answered. And he said to Queen Esther,[a] "Who is he? And where is he [b] – the man who has dared[c] to do such a thing?"

6a Esther replied, "He is a hateful man and an enemy[a] – this vile Haman!"

Episode 2. Haman attempts to plead with Esther for his life (7:6b-8b)

Time: late afternoon or early evening, 1/17 or 1/18, year 12

6b At this, Haman faced the king and the queen in terror.[b]

7 The king in a rage rushed from the wine course into the garden of the royal pavilion,[a] while Haman, realizing that the king intended to do him[b] harm,[c] remained behind[d] to plead with Queen Esther for his life.

8a Just as he was falling upon[a] the couch where

이 에스더의 앉은 걸상 위에 엎드렸거늘

Esther was reclining,[b] the king returned from the pavilion garden to the banquet room[c]

삽화 3. 하만이 죽다(7:8c-10)
시기: 12년, 1/17일 혹은 1/18일, 늦은 오후/초저녁

8b 왕이 가로되 저가 궁중 내 앞에서 왕후를 강간까지 하고자 하는가 이 말이 왕의 입에서 나오매 무리가 하만의 얼굴을 싸더라

9 왕을 모신 내시 중에 하르보나가 왕에게 아뢰되 왕을 위하여 충성된 말로 고발한 모르드개를 달고자 하여 하만이 고가 오십 규빗 되는 나무를 준비하였는데 이제 그 나무가 하만의 집에 섰나이다 왕이 가로되 하만을 그 나무에 달라 하매

10 모르드개를 달고자 한 나무에 하만을 다니 왕의 노가 그치니라

Episode 3. Haman loses his life (7:8c-10)
Time: late afternoon/early evening, 1/17 or 1/18, year 12

8b The king exclaimed, "Is he also going to assault the queen in my very presence?"[d] As the king uttered the words, Haman's face was covered.[e]

9 Then Harbonah, one of the eunuchs in attendance on the king, said, "Look, the gallows which Haman had erected[a] for Mordecai, whose report benefited the king,[b] is standing at Haman's house, fifty cubits high!" "Hang him on it!" said the king.

10 So they hanged Haman on the gallows which he had prepared for Mordecai, and the anger of the king subsided.

원문주해

2.a. 직역하면 "당신의 소원이 무엇이뇨, 왕후 에스더여? 그것이 당신에게 수여될 것이다. 그리고 당신의 요청이 나라의 절반까지라도 무엇이뇨? 그것이 되어질 것이다".

3.a. 직역하면 "당신의 눈에".

3.b. 직역하면 "내 소원대로 내 생명을 내게 주소서. 그리고 내 민족을 내 요청대로".

4.a. 사실과 상반되는 상황적 불변화사라는 이러한 형태 일루(אלו, "만일")는 BH에서 이 곳과 전 6:6에만 나온다. SBH에서 이 형태는 루우/루(לו/לוא)다. 에스더서 형태의 후대성은 이것이 MH에서 사용되는 유일한 형태라는 사실에 암시되어 있다. Bergey, *JETS* 31(1988) 163를 보라.

4.b. 직역하면 "남종과 여종들".

4.c. 이 히브리어는 애매하고 그 의미가 불확실하다. "주석"을 보라.

5.a. 이 히브리어는 직역하여 "그때 왕 아하수에로가 말했다. 그리고 왕후 에스더에게 말했다"로 되어 있다. 두 번째 동사가 LXX에는 누락되어 있다. 논의에 관해서는 "주석"을 보라.

5.b. 직역하면 "이 사람이 누구냐? 그리고 이…자가 어디서 온 자냐?" 이러한 반응은 자극적이고도 화가 난 것이다. "주석"을 보라.

5.c. 직역하면 "그의 마음을 채웠다". 피엘형 어간 밀레(מִלֵּא)를 읽을 필요가 없다(Bardtke, 355; 참조. *BHS* n.). 동사의 칼형 어간은 준 상태 동사의 의미로 사용되었을

때 목적어를 취할 수 있다(*GBH* § 79j). 필자의 의견에는 립보(לבו, "그의 마음")는 주어가 아니라 동사의 목적어다. 즉 이 문장은 "그의 마음이 그를 채웠다"가 아니라 "그가 그의 마음을 채웠다"를 의미한다(Bardtke, 355는 이에 반대다; Haupt, *AJSL* 24[1907-8] 149). 동사의 예변법적 대명사 접미어를 사용한 것(즉 "그가 그것, 즉 그의 마음을 채웠다")은 히브리어에서 이례적이다(*GBH* § 146e; Brockelmann, *Syntax* § 68b).

6.a. 직역하면 "한 사람, 원수요 대적". "주석"을 보라.

6.b. 직역하면 "하만은 왕과 왕후 앞에서 떨었다". 무어(Moore, 71)는 칼형 어간으로 사용된 구약성경의 다른 문맥, 곧 단 8:17과 대상 21:30에 호소하면서 그리고 Haupt, *AJSL* 24(1907-8) 150의 주장을 언급하면서 이 동사가 "두려워했다"가 아니라 "놀람을 취했다"를 의미한다고 주장한다. 그러나 이 두 구약성경 구절들, 특히 대상 21:30을 조심스럽게 조사해 보면 그 반대임이 드러난다. 그리고 하우트의 주장은 오직 히브리어 단어의 정확한 의미에 관해서 아무것도 입증할 수 없는 아랍어 어근의 의미에만 근거하고 있다.

7.a. 이 히브리어 관용어는 얼마간의 극적인 생략법을 포함하고 있다: "왕이 일어났다…잔치 자리에서…왕궁 후원으로." 그러므로 왕의 미결정과 그가 자리에서 급히 떠남을 동시에 암시하고 있다. "주석"을 보라.

7.b. 알라이우(אליו)에서 알라이우(עליו)로의 전환(Bardtke, 355; 참조. *BHS* n.)은 불필요하다(Gerleman, 12). 원문주해 1:17.b를 보라.

7.c. 이 히브리어 관용어는 수동형이다: "화가 왕으로부터 그에게 의도되었다."

7.d. 이것이 여기에 나오는 아마드(עמד)란 동사의 의미다(Bergey, "Book of Esther," 125는 이에 반대다). 아마드(עמד)가 LBH에서 쿰(קום)에 지정되어 있던 다양한 의미 중에서 쿰을 대치하고 있으며, 에스더서에 있는 네 개의 다른 구절들 가운데서 이러한 의미들로 사용된다(Bergey, "Book of Esther," 125-28를 보라). 그럼에도 불구하고 에스더서의 다른 곳에서 이 동사를 이것이 SBH에서 가지고 있는(약 6회, 예를 들면 5:1; 특히 8:4에 있는 ‥ותקם ותעמד, "그녀가 일어나 섰다"를 참조하라) 규칙적 의미로 사용하고 있는 것, 이 문맥 가운데 의도된 명백한 의미와 바로 앞 문장에서 왕을 가리켜 말하는 쿰(קום, "일어서다, 일어나다") 간의 대조, 그리고 여기서 하만을 가리켜 말하고 있는 아마드(עמד; "양식/구조/배경"에 있는 도표를 보라)는 아마드(עמד)가 여기서 "일어서다, 일어나다"가 아니라 "남다, 뒤에 머무르다"라는 의미로 사용되었다는 사실을 드러낸다(참조. Haupt, *AJSL* 24[1907-8] 151).

8.a. 알하미타(על־המטה)에서 엘-하미타(אל־המטה)로의 전환(Bardtke, 355; 참조. *BHS* n. a)은 불필요하다. 나팔 알(נפל על, "…에 떨어지다")은 특히 여기서 적절하다. 또한 "원문주해" 1:17.b를 보라.

8.b. 직역하면 "에스더가 있었던 그 위에".

8.c. 직역하면 "포도주의 잔치의 집으로".

8.d. 직역하면 "건물/장소에서 나와 함께". 참조. 왕상 3:17(*GBH* § 132a). 우리는 여기서 두 개의 분리된 부사적 표현을 가지고 있지 않다(RSV, NRSV는 이에 반대다). 왕상 3:17에 있는 평행절을 참조하라.

8.e. 이 번역은 하푸(חפו, "그들이 덮었다")를 비한정 주어의 사용으로 이해하고 있는데(영어에서 수동형과 동등함), 이는 히브리어에서 약간 자주 등장하는 구조다(참조. *IBHS* §§ 4.4.2, 22.7; *GBH* § 155b; "원문주해" 2:2.b.). 그렇다면 이 동사를 칼 수동형으로 다시 모음 부호를 붙일 필요는 없다(Brockington, *Hebrew Text*, 102; 참조. Condamin, *RB* 7[1898] 258-61). 이 표현의 의미가 명확하지 않으므로("주석"을 보라) 수많은 수정들이 제안되어 왔다. 파님 하파르(פנים חפר, "수치를 당하다")의 의미를 만들어 내고(참조. 시 34:6; Rudolph, *VT* 4[1954] 90; 참조. *BHS* n. b) 동시에 LXX에 근거하여 하페루(חָפְרוּ)로 수정하는 것(Perles, *Analekten*, 32; Fox, 283에서 선호함; 또한 Condamin, *RB* 7[1898] 253; *BHS* n. b 참조)은 전혀 설득력이 없다. 바로 앞서 있는 명사 "하만"에 견인시킴으로써 칼 수동 분사 단수 하푸이(חָפוּי)라는 드물고도 이례적인 형태인 하푸(חפו)로 읽으라는 고디스의 제안(Gordis, *JBL* 95[1976] 56)은 억지일 뿐만 아니라 불필요하다. 마지막으로, 게를르만(Gerleman, 123-24; 이를 Clines, *Esther Scroll*, 195 n. 12가 따름)은 이 관용어를 "실신하다, 의식을 잃다"를 의미하는 아랍어 표현과 동일한 히브리어로 이해하지만, 이러한 제안은 추천할 만하지 않다. 이 두 관용어 사이에는 어떤 언어상의 일치점이 없다(아랍어 동사 *ǵana*는 "덮다"를 의미하지 않는다. 참조. Fox, 283).

9.a. 직역하면 "만들었다".

9.b. 직역하면 "왕(의 유익)을 위하여 선한 말을 했던 자". 띱베르 토브 알(טוב על דבר)은 다른 곳에서 직역하여 "누군가에 관해서 좋은 말을 하다"를 의미한다(Haupt, *AJSL* 24[1907-8] 153를 보라). 그럼에도 불구하고 하우트와 같이 까말 따바르 토브 알-함멜렉(גָּמַל דָּבָר טוב על־המלך, 또한 Haller, 130도 그렇게 주장함; 참조. *BHS* n. a-a)으로 읽는 것도 불필요하다. 문맥 가운데서 이 관용어는 문자 그대로 "누군가가 유익하도록 좋은 말을 하다"를 의미함에 틀림없다(또한 Fox, 284 참조). "좋은"을 누락시킨 LXX(참조. *BHS* n. b)은 오류임에 틀림없다.

양식/구조/배경

6막은 그 내용과 형식에 있어서 하나의 분리된 단락으로 명확하게 표시되어 있다. 그러나 이것은 단 하나의 장면으로 되어 있다. 이 막은 하나의 현장과 배경, 즉 에스더가 왕의 사저에서 준비한 잔치가 있고(7a절; 참조. 1:5), 또한 같은 주인공들, 곧 에스더, 하만 그리고 왕과 그의 시신들이 등장한다. 형식적으로 단일한 장면으로서의 단일성이 여러 문학적 수단을 통하여 암시되어 있는데, 그 수단들을 통하여 설화자는 이 막을 함께 묶어 놓고 있다(아래 있는 논의와 도표를 보라).

6막의 구조

단락	스타일	절		내용		구조
서론	서술	1		왕과 하만이 에스더의 잔치에 온다.		X
삽화 1	순서에 따른 꽉 짜여진 대화	2-6a	ויאמר המלך 2절	왕이 에스더에게 그녀의 소청이 무엇이냐고 묻는다.	a	A
			ותען אסתר 3-4절	에스더가 답한다. 그녀가 자기 생명과 자기 백성의 생명을 구해 줄 것을 요청한다.	b	
			ויאמר המלך 5절	누가 감히 그같이 에스더를 위협했느냐고 왕이 묻는다.	a′	
			ותאמר אסתר 6a절	에스더가 그가 하만이라고 답한다.	b′	
삽화 2	순서에 따르지 않은 대화	6b-8b	והמן נבעת 6b절	하만이 두려워한다.	a	B
			והמלך קם 7a절	왕이 노하여 궁실을 떠난다.	b	
			והמן עמד 7b절	하만이 자기 생명을 구하려고 머문다.	c	
			והמלך שׁב 8a절	왕이 그 자리로 돌아온다.	b′	
			והמן נפל 8b절	하만이 에스더의 의자에 엎드려 있다.	a′	
삽화3	순서에 따른 꽉 짜여진 대화	8c-9	ויאמר המלך 8c절	왕이 하만이 왕후를 강간하는 것으로 단죄한다.	a	A′
			8d절	그때 하만의 얼굴이 덮어진다.		
			ויאמר חרבונה 9a절	하르보나가 하만이 모르드개를 달기 위해 만든 나무가 하만의 집에 세워져 있다는 사실을 보고한다.	b	
			ויאמר המלך 9b절	왕이 하만을 거기에 달도록 명령한다.	a′	
결론	서술	10		하만이 나무에 달리고, 왕의 진노가 가라앉는다.		X′

이 장면은 거의 숨쉴 수 없는 사건들의 진행으로 함께 묶여 있으므로 이것을 여러 삽화로 나누는 것이 어렵다. 머피(Murphy, Wisdom, 165)는 이 장면을 하나의 서론(6:14-7:1; 내 생각으로는 6:14이 앞의 막에 속한다고 생각되는데, 이에 관해서는 그 곳의 "양식/구조/배경"을 보라), 그리고 네 개의 동등한 단락들, 즉 2-4절, 5-7절, 8a절, 8b-10절로 나누는데, 반면에 폭스(Fox, 88)는 이것을 세 개의 단락으로 나눈다: (a) 1-6절, 에스더가 자기의 생명을 요구하다. (b) 7절, 하만이 자기 생명을 구하려고 요청하다. (c) 8-10절, 하만이 목숨을 잃다. 그러나 이 분석은 이러한 분석들이 하는 바와 같이 사건들의 꽉 짜여진 진행 순서 가운데서 단 하나의 내용, 한 사건으로 제멋대로 설정하기 위한 것이다. 필자의 의견에는 이 장면은 하나의 설화적 서론 1절(X)과 하나의 설화적 결론 10절(X′)로 뼈대가 이루어지고 세 개의 분명한 삽화들로 나누어지는 설화자 자신의 세심하게 고안된 순서로 되어 있다. 형식상 삽화 1(A)과 3(A′)은 꽉 짜여진 대화들의 순서로 이루어져 있다. 첫 번째 삽화에서 왕은 두 가지 질문을 한다(a와 a′, 2절과 5절), 이에 대해서 에스더가 응답한다(b와 b′, 3-4절과 6절). 그의 두 번째 질문(5절)은 그녀의 첫 번째 응답(3-4절)으로 말미암아 나온 것이다. 세 번째 삽화에서 왕후의 의자에 엎드려 있는 하만을 보고 왕이 분노하여 외친 말(a, 8c절)은 하르보나의 제안을 이끌어 내고 있는데(a′, 9a절), 이는 다시 하만을 그 나무에 달도록 하는 왕의 명령으로 이끌어 간다(a′, 9b절). 이 두 대화는 각기 각 발언이 도입되는 일련의 와우 연속법 동사형을 통하여 원인과 결과라는 하나의 연속된 순서로 묶여 있다(도표를 보라). 그러나 이러한 대화로 구성된 삽화 2는 확연히 다르다. 형태상 이것은 단 한마디의 대화도 없는 일관된 서술로 이루어져 있다. 이것은 한 장면을 묘사하고 있는데, 이 한 장면에서 여러 가지 사건이 실질적으로 동시 발생적으로 일어나며, 지극히 우발적인 와우+주어+동사 문장 구조로 극적으로 표현되어 있는데, 이와 함께 각 주절이 시작된다(도표를 보라). 이러한 사실에 근거하여 이 장면은 시간적으로 연속적인 대화들로 이루어져 있으며(삽화 1과 3, 즉 A와 A′), 한 장면은 대화가 없는 시간적으로 동시 발생인 사건들로 이루어져 있다(삽화 2, 즉 B). 이것은 이 장면을 긴밀하게 서로 연결된 삽화들로 나누어 줄 뿐만 아니라 여기에 신속하게 진행되는 탄력을 실어 주면서 이것을 결합된 전체에 묶어 주고 있다. 이 장면을 세 개의 삽화로 나누는(1절, 설명; 2-8절, 묘사; 9-10절, 결과) 도로티의 분석(Dorothy, "Book of Esther," 292-94)은 다섯 개의 동등한 요소들로 이루어진 획일적인 그룹 가운데서(2-8절) 처음 두 개의 삽화들을 묶음으로써 이 구조의 정교성을 놓치고 있다.

특히 왕과 에스더 사이에 있는 두 번째 질문과 대답 과정(5-6절, 삽화 1)에서 그 형식과 내용은 극적인 결과와 연결된다. 여기서 질문과 대답에 들어 있는 구조와 형식은 말이 진술된 지극히 강렬한 감정을 교묘하게 묘사하고 있다. 5b절에서 왕은 이 악인의 정체와 행위를 질문하면서 에스더가 밝힌 진상에 대해 답한다. 그의 대답의 첫 부분은 두 개의 완전히 균형 잡힌 그리고 교차적 대구법으로 정리된 명사절로 이루어져 있다.

מִי הוּא זֶה
미 후 제
이 자가 누구냐?

וְאֵי־זֶה הוּא
웨에-제 후
그가 어디 있느뇨?

그 다음에 목적어 "그의 마음"이 앞의 동사에 있는 어울리는 대명사 접미어를 통하여 예변법적으로 강조되어 있는 관계절이 뒤따라온다.

אֲשֶׁר מְלָאוֹ לִבּוֹ לַעֲשׂוֹת כֵּן
아쉐르 멜라오 립보 라아소트 켄
이런 일을 심중에 품은 자

이 명사절의 스타카토식 음절들은 뒤따라오는 관계절에 있는 삼중으로 강조된 장모음 오-(ô-)와 함께 왕이 대답하는 급작스러운 격분을 잘 표현하고 있다(참조. Dommershausen, 95).

에스더의 대답(6a절)도 동일하게 인상적이다. 이 대답 역시 갑작스럽고 날카로운 음절로 이루어져 있다. 그녀는 왕의 "누구냐?"와 "어디에 있느뇨?"에 대해서 두 부분으로 이루어진 완전히 평행을 이루는 대답으로 응답한다. 세 개의 두 음절 단어들로 구성되어 있는 마지막 문장은 각기 동등한 음절 "하-"로 시작되는 문장으로 날카로운 리듬 효과를 만들어 내고 있다.

אִישׁ צַר וְאוֹיֵב
이쉬 차르 웨오예브
한 사람 한 대적 한 원수

הָמָן הָרָע הַזֶּה

하만 하라아 하쩨
하만 그 악한 이는

우리는 실질적으로 그 단어들 모두의 음절이 끊겨져 있는 것처럼 듣게 된다.

주석

4 "대적이 왕의 손해를 보충하지 못하였으리이다"(כִּי אֵין הַצָּר שֹׁוֶה בְּנֵזֶק הַמֶּלֶךְ –키 에엔 하차르 쇼웨 뻬네제크 함멜렉). 이 문제가 되는 구절의 번역은 두 가지 이유 때문에 지극히 난해하다. (1) 그 간결함이 그 의미의 모호성을 크게 증가시켜 주고 있다. (2) 그 단어들 가운데 세 개, 즉 자르(זר), 샤와(שׁוה), 네제크(נזק)가 모호한 의미들을 가지고 있다. 차르(צר)는 "대적"을 의미할 수도 있고, "재난, 근심, 고통"을 의미할 수도 있다. 이 단어가 에스더서에서 "재난"이란 의미로 사용된 적이 없기 때문에 이것은 "대적"을 의미함에 틀림없다는 페이톤의 주장(Paton, 261)은 사실보다 너무 과장하는 것이다. 사실상, 차르(צר)란 단어는 에스더서의 다른 곳에서는 7:6절에서만 "대적"의 의미로 나타난다. 이 단어의 동의어 초레르(צֹרֵר)가 에스더서 3:10; 8:1; 9:10, 24에서 "대적"을 의미하는 데 사용된다. 그러한 용법은 7:4에 있는 차르(צר)의 의미에 관해서 거의 아무것도 암시해 주지 않는다. 차르(צָר)를 "근심"과 "역경"을 의미하도록 하기 위하여 카메츠(ָ)가 아닌 파다(ַ)로 모음 부호를 고칠 필요도 없는데(Fox, 282), 그 이유는 이 단어들의 형태가 모두 그 어느 쪽의 의미를 가질 수 있기 때문이다(그러므로 정상적인 형태인 차르〈צָר, "대적"〉를 비교하여 스 7:6; 암 3:11에 있는 차르〈צַר〉를 유의하고, 정상적인 형태인 차르〈צַר, "고통, 궁색"〉를 비교하여 민 22:26; 시 4:2에 있는 차르〈צָר〉을 유의하라). 샤와(שׁוה, "같이 되다, 동등하게 되다")로부터 파생된 불확실한 의미를 가진 두 번째 단어 쇼웨(שֹׁוֶה) 칼 분사형은 에스더서의 다른 곳에서는 쇼웨 레-(-שֹׁוֶה לְ, "어울리다, 들어맞다, 가치 있는")라는 관용어로만 나타난다(3:8; 5:13). 쇼웨 뻬-(-שֹׁוֶה בְּ)라는 관용어가 다른 곳에서 나타나지는 않을지라도 동사적 관용어 샤와 뻬(שָׁוָה בְּ)가 "…와 비교될 수 있는"이란 의미로 잠언 3:15; 8:22에 나타난다. 그렇다면 이 단어는 "유사한, 동등한, 적절한, 비교할 수 있는"의 범위에 포함되어 있는 수많은 의미를 가지고 있을 수 있다. 불확실한 의미를 가진 나자크(נזק)란 마지막 단어는 구약성경 히브리어에서 여기에만 나타난다. 이 명사는 "해치다, 파괴하다"를 의미하는데, 그 이유는 이 단어가 그러한 의미로 포로 후

기 성경 히브리어와 아람어에 자주 나타나기 때문이라고 주장된다(참조. Fox, 282, 폭스는 MH에 있는 그 의미에 근거하여 "금전상의 손실"을 의미한다고 주장한다). 더 나아가서 이 동사는 에스라 4:13에서 하펠(haphel) 어간으로 되어 있는 성경 아람어에서 "해치다, 상처를 주다"라는 의미로 나타나며, 에스라 4:15, 22에서도 나타난다(이 구절들 가운데서 "고통, 어려움"이라는 의미도 가능하기는 하지만; 참조. Ginsberg, "*Lexicographical Notes,*" 81; Haupt, *AJSL* 24[1907-8] 147). 그러나 다니엘 6:3에서는 칼형 어간으로 사용되었는데, 여기서는 "고통을 당하다, 괴롭힘을 당하다"라는 의미가 "해침을 받다, 상처를 받다"라는 의미보다 문맥에 훨씬 더 잘 어울린다(참조. Goldingay, *Daniel,* 120; Ginsberg, "*Lexicographical Notes,*" Haupt, *AJSL* 24[1907-8] 147). 그런 까닭에 에스더 7:4에서(여기서는 이 단어가 최소한 아람어 용법의 영향을 받았을 가능성이 매우 크다. Wagner, *Die lexikalischen,* no. 186, p. 82는 이것을 아람에서 차용한 단어로 취급한다) 이 명사는 "해치다, 상처를 주다"라는 보다 강력한 의미와 함께 "고통스러운, 어려운"을 의미할 수도 있다(Fox, 282는 이에 반대다; 참조. Haupt, *AJSL* 24[1907-8] 147, 그는 아람어 어근을 인용한다). 마지막으로, 에스더의 대답의 마지막 부분(3-4a절)에서, 그녀는 자기 생명을 구해 달라는 말로 시작하는데(3절), 그 다음에 "내 민족이 팔렸음이니이다"(4a절)라고 그 이유를 제시한다. 그런 까닭에, 에스더의 발언의 두 번째 부분이 같은 구조를 가지고 있다는 근거에서(참조. Bardtke, 354), 불변화사 키(כִּי, "이는")에 대한 가장 자연스러운 해석은 이것을 임시적 의미로 취급하여 이 문장을 앞의 상황절에 대한 이유를 진술하는 것으로 이해해야 할 것이다.

이 문장의 이러한 범위의 의미와 수수께끼 같은 성격과 함께 이에 대한 수많은 해석들이 제안되어 온 것은 놀랄 일이 아니다. 이 모든 제안된 해석 가운데서 가장 개연성이 적은 해석은 하차르 쇼웨(הַצָּר שֹׁוֶה)를 하찰라 쇼와(הַצָּלָה שָׁוָה, "구원이 무가치할 것이다")로 수정하는 것이다(Haller, 130; 참조. *BHS* n.). 이 의미가 이 문맥에 전혀 어울리지 않는다는 사실 이외에도, 타당한 의미는 상상에 의한 수정에 호소하지 않고 본문에 적용될 수 있다는 것이다. 몇몇 사람은 차르(צר)를 "대적"을 의미하는 것으로, 그리고 나자크(נזק)를 "파괴하다, 상처를 주다"를 의미하는 것으로 취급하여 "대적/원수가 왕에게 주는 손상과 동일하지 않다/어울리지 않는다/비교되지 않는다"라는 직역을 만들어 내는데, 이것은 "그러나 그 어떤 원수도 왕에 대한 이러한 성가신 일(혹은 '파괴')을 보상할 수 없다(혹은 '가치가 되지 못한다')"는 의미로 해석된다(Dommershausen, 37; NRSV; 또한 참조. NAB, NJB, JB, NIV

난외주). 그러나 이 해석은 두 가지의 심각한 난점에 봉착한다. (1) 이것은 앞의 상황절과 본 문장 간의 생략을 가정하고 있는데, 말하자면 "그러나 우리가 전멸되어야 하므로" 혹은 그와 유사한 문장을 가정한다(JB가 그렇게 번역함, "but as things are…"; 또한 참조. NJB). 그리고 (2) 그것은 불변화사 키(כי)를 무시했거나 혹은 임시적 의미 이외의 다른 의미를 부여하고 있음에 틀림없다. (이 해석을 채택하고 있는 모든 번역문들 가운데서 발견된 반의적 의미는 오직 문맥에만 근거한다. 이것은 불변화사 키〈כי, "왜냐하면"〉의 번역이 될 수 없는데, 그 이유는 이 불변화사가 부정문 이후에서만 반의적 의미를 가지기 때문이다.)

그러나 이 난점들은 수수께끼 같은 형태로 되어 있을지라도 차르(צר)를 "재난, 어려움"으로 취급하고, 나자크(נזק)를 "고통, 곤혹"의 의미로 취급한다면 난점이 해소되고, 이 히브리어로부터 얻은 그런 대로 괜찮은 의미가 될 수 있다. 이것을 문자 그대로 번역하면, "그 이유는 그 재난이 왕에게 주는 고통과 비교가 되지 못할 것이다" 혹은 "그 이유는 (우리가 노예로 팔려가는) 그 재난이 왕에게 주는 (제가 지금 말하고 있는) 근심에 정당한 가치가 되지 못할 것이다/정당화하지 못할 것이다"이다(참조. Clines, 311; Gordis, *JBL* 95[1976] 55-56; Moore, 70; RSV, NIV, NASV가 그렇게 함). 이것은 RSV, NEB, REB가 그렇게 하는 것처럼 나자크(נזק)를 "손상시키다, 해치다"로 취급하는 것보다 훨씬 더 낫다(그것을 유대인 공동체로부터 나오는 세금의 손실을 가리키는 것으로 이해하고 있는가? - Fox, 282가 그렇게 이해함).

5 "아하수에로 왕이 왕후 에스더에게 일러 가로되"(וַיֹּאמֶר לְאֶסְתֵּר הַמַּלְכָּה
וַיֹּאמֶר הַמֶּלֶךְ אֲחַשְׁוֵרוֹשׁ – 와요메르 함멜렉 아하슈에로쉬 와요메르 레에쓰테르 함말카). 언뜻 보기에 본문은 주어와 간접 목적어 사이에 불필요하게 와요메르(ויאמר, "그리고 그가 말했다")가 반복되어 있는 것처럼 보인다. 이 두드러진 부자연스러운 표현은 해석가들에 의하여 두 가지 다른 방식으로 취급되어 왔다. 어떤 사람은 이 본문을 오류가 있는 것으로 생각하고 두드러진 너무 많은 단어를 가지고 있는 이 내용을 해결하려고 노력했다. 대부분의 사람들은 LXX을 따라서 두 번째 와요메르(ויאמר, "그리고 그가 말했다")를 삭제했는데, JB와 NJB를 제외한 현대의 모든 영어 번역본들이 따른 해결책이다. 그러한 삭제는 (1) 이 단어가 중복오사이거나(Moore, 68; Haupt, *AJSL* 24[1907-8] 149 혹은 (2) 이것이 잘못된 것이거나(Gerleman, 121) 혹은 (3) 이것이 "어색한 것"(Meinhold, 65)이라는 근거에서 정당한 것으로 간주된다. 그러나 LXX이 하나의 다른 히브리어 원 자료 역본의 증거라는 것은

전혀 불확실한 사실인데, 그 이유는 LXX 번역자가 이러한 두드러진 난점들로 인하여 문장을 매끄럽게 다듬었을 수 있기 때문이다. 클라인즈(Clines, *Esther Scroll*, 113)는 이러한 반복이 전승의 역사 과정으로부터 설명되어야 할 것이라고 주장한다(또한 참조. Paton, 258). 그는 이 부분에서 왕이 말한 두 부분으로 이루어진 발언을 가지고 있는 AT 본문에 호소한다. 그런 까닭에, "MT는 자기 원 자료 가운데서 자기 앞에 말하는 두 동사를 가졌던 원-MT 설화자 편에서 하나의 작은 오류를 보존하고 있는 것으로 상상할 수도 있으나, 그는 자기 설화 가운데서 첫 번째 발언만을 보존하기를 바라고 있다." 이러한 설명은 물론 가장 빈약하고도 사변적이다. 이러한 설명은 전-AT와 전-MT 이전의 히브리 원 자료가 있었다는 사실을 가정하고 있는데(즉 현행의 AT와 MT에 선행하는 본문들), 이 원 자료는 왕이 한두 번의 발언을 보유한 자료였다는 것이다. 이러한 설명의 유일한 증거는 AT로서 간접 발언을 사용하고 있으며, "말하다"란 동사를 거의 피하고 있다. 그런 까닭에 "AT viii 7과 MT에 있는 동사들 사이에는 특별한 관계가 없다"(Fox, 283). 몇몇 사람들(예를 들어, Haller, 130는 분명히 Ehrlich, Randglossen, 120; 참조. *BHS* n. a)은 본문을 수정하여 첫 번째 와요메르(ויאמר)를 와예마헤르(וַיְמַהֵר, "그리고 그가 〈말하기를〉 서둘렀다")로 읽는다. 이러한 수정은 문맥에서는 뜻이 통하지만, 이것은 순전히 상상에 지나지 않는다.

다른 한편, 다른 사람들은 여기서 의도적 반복을 발견하고 문맥 가운데서 이에 대한 어떤 의미를 발견하려고 시도한다. 돔멀샤우젠(Dommershausen, *Estherrolle*, 95)은 이 반복이 왕의 놀람과 경악을 표현하기 위하여 의도되어 있다고 상상한다. 그는 "자기의 숨을 멈추고" 다시 말하기 시작했다는 것이다(또한 참조. Striedl, *ZAW* 14[1937] 106; Meinhold, 65 n. 19). 그러나 이 문장 구조는 왕이 어떤 머뭇거리는 행동을 하는 것으로 해석되기가 어렵다(Fox, 283). 이 말은 왕의 말이 아니라 설화자의 글이다. 이와 유사하게, 이 반복은 왕이 에스더의 말을 가로막았다는 사실을 암시하는 것으로 해석될 수 없다(JB, NJB이 그렇게 함). 훨씬 더 타당성 있는 설명은 바트케(Bardtke, 356)의 입장인데, 그는 이것을 왕이 말할 사람들, 즉 에스더와 하만과 관련하여 독자들의 긴박감을 일으키기 위하여 의도된 것으로 설화자의 약간 늦추는 고의적 계획으로 취급될 수 있다고 본다. 구조가 긴박감을 점점 고조시키고 있기는 하지만, 독자는 실제로 왕이 누구에게 말할 것인지를 알고 있다. 에스더는 어떤 방식으로든 자신이 말한 협박자가 누구인지를 밝히지 않았고(그녀의 말 가운데 그 어느 것도 하만을 드러내지 않았으나, 그럼에도 불구하고 독자들은 그녀가 말하려고 하는 사람을 예상할 수 있다). 그녀의 말이 이끌어 내고 있는 자연스런 질문은 왕이 즉시 그녀에게 하는 그 말이다: "이 일을 한 자가 누구냐?"

그러나 이 반복이 설화의 속도를 서서히 증가시켜 긴박감을 조성하고 있다고 이해하는 점에서는 바트케가 옳음에 틀림없다. 이 관용어에 대한 이러한 이해는 그 완전한 호칭, 즉 "왕 아하수에로…왕후 에스더"라는 호칭과 함께 화자와 듣는 자 모두의 이름을 설화자가 사용하고 있다는 사실에서 강력하게 뒷받침된다. 폭스(Fox, 283)는 에스겔 10:2에서 와요메르(ויאמר)의 같은 반복을 말한다. 이것은 구약성경의 다른 구절들에서도 나타난다. 이를테면 창세기 22:7; 46:2; 사무엘하 24:17인데, 여기서 이 단어가 서서히 속도를 증가시키면서 설화의 엄숙성을 더해 간다(참조. Greenberg, *Ezekiel*, 180). 이 결정적인 순간에 여기서 진지하게 속도를 늦추고 있는 것은 왕이 말할 사람들과 관련하여 독자의 긴박감을 일으키지 않는다. 긴박감은 오히려 에스더의 말로 인하여 왕이 반응하게 될 내용과 하만이 이러한 위협의 계획자라는 사실이 어떻게 밝혀질 것인지에 대한 보다 거대하고 중요한 질문과 관련하여 일어난다. 필자의 번역(영어 본문을 읽어 보라-역자주) 역시 설화의 속도를 서서히 줄이고 긴박감을 서서히 조장하려 하고 있다.

7 "왕이 노하여 일어나서 잔치 자리를 떠나 왕궁 후원으로 들어가니라"(הַבִּיתָן
וְהַמֶּלֶךְ קָם בַּחֲמָתוֹ מִמִּשְׁתֵּה הַיַּיִן אֶל־גִּנַּת - 웨함멜렉 캄 빠하마토 밈미슈테 하야인 엘-기나트 하삐탄). 자신이 하던 습관에 따라 설화자는 우리에게 또다시 어째서 왕이 홀을 떠나서 후원으로 갔는지를 이해하도록 하기 위하여 윤곽을 파악하도록 여지를 남겨 놓고 있다. 왕의 행동이 단순히 설화자의 필요에서 8절에 묘사된 장면을 위하여 그로부터 곁길로 빗나가도록 만들어 놓고 있다는 입장(Paton; Moore, 71; Brockington, 239)을 포함하여 많은 제안들이 있어 왔다(초창기 학자들의 입장에 관해서는 Paton, 262를 보라). 그가 본 장면에서 완전히 사라진 것은 다시 돌아온 그가 하만이 에스더의 의자에 엎드려 있는 것을 발견하고, 그리하여 그를 해치울 또 다른 이유를 발견할 수 있도록 하기 위해서 필요했다. 클라인즈는 이러한 행동을 하만의 정체를 밝힌 에스더의 행동의 결과가 완전히 모호하다는 사실을 의미한다고 해석한다. 왕도 우리도 왕의 분노가 하만에게인지 아니면 에스더에게인지 알지 못한다. 사실상, 왕이 다시 돌아와서 바로 그 즉시 하만이 에스더의 의자에 엎드려 있는 것을 보는 섭리적인 동시 발생적 사건이 그의 마음속에 결심을 굳히도록 만든 것으로 보인다(*Esther Scroll*, 15-16). 그러나 사실상 이것은 사실이 아니다. 설화자는 하만의 눈을 통하여 에스더의 발설에 대한 왕의 반응을 보도록 우리를 유도하고

있다. "이는 왕이 자기에게 화를 내리기로 결심한 줄 앎이더라"(7c절). 분명히 왕의 행동은 왕의 분노가 (설화자가 하만의 인식을 통하여 우리 독자들로 하여금 그것을 인식하도록 하고 있으므로, 하만의 인식에서 그런 까닭에 우리의 인식에서) 왕후에 대한 것이 아니라는 사실을 입증해 주고 있다. 그렇다면 그의 미결정은 하만에게 취해야 할 행동이 무엇인지에 대해 설명해야 하며(그런 까닭에 자기의 생명을 구하기 위하여 에스더에게 호소하려는 하만의 결심), 그의 미결정이 그의 성격과 완전히 맞아떨어진다. 그는 이제까지 귀족들과 지혜자들에게 속해 있는 조언자들에게 물은 후에야 어떤 결정을 해 왔는데(1:13-15; 2:2-4; 6:3-6), 저자가 우리에게 알려 준 이러한 습관은 그의 통상적인 습관이었다(1:13). 이 은밀한 밤의 모임에서 이제 그가 누구에게 물어볼 수 있겠는가(참조. Clines, *Esther Scroll*, 15-16)? 분노로 인하여 어찌할 바를 모르는 그는 후원을 향하여 소리친다. 사실상 이 구절 가운데 표시된 생략법, 즉 "왕이 노하여 일어나서 잔치 자리를 떠나 왕궁 후원으로 들어가니라"는 사실상 그가 분노로 인하여 어떻게 행할지를 몰랐다는 사실을 강력하게 시사한다.

8 "저가 궁중 내 앞에서 왕후를 강간까지 하고자 하는가?"(הֲגַם לִכְבּוֹשׁ אֶת־הַמַּלְכָּה עִמִּי בַּבָּיִת – 하감 리크보쉬 에트-함말카 임미 빠빠이트). 이 표현은 틀림없이 왕의 계속된 진노를 표현하기 위한 간결한 표현이다(그러나 Dommershausen, *Esther-rolle*, 96의 말처럼 가정에서 나오지 않은 추론은 아니다). 이것은 하나의 양상을 나타내는 의미(즉 "그가 의도하는가/원하는가") 혹은 임박한 의미("그가 하려고 하는가")를 표현하기 위한 부정사 연계형의 서술적 용법으로 되어 있다. 참조. *IBHS* § 35.2.3.f, g. "그가 하려는가"라는 영어 관용어가 여기서 아주 적절한데, 그 이유는 이것이 히브리어 관용어와 같은 의미를 가질 수 있기 때문이다. 카바쉬(כבשׁ)란 동사는 구약성경의 다른 곳에서 정규적으로 복종시키는 "복종시키다"를 의미한다(예를 들어, 창 1:28; 렘 34:16). 이러한 사실에 근거하여 바트케(Bardtke, 359)는 이 단어를 설화자가 왕후에 대한 의도적 강간을 의미하는 것으로 사용하려고 할 수 없다고 주장한다. 그보다 이것은 왕실 사저에서 지켜야 하는 엄격한 법규, 즉 시신과 하렘의 여인들 간에는 어떤 접촉이나 약간의 신체적 접근도 금지되어 있었던 법규에 대한 하만의 지나친 위반을 가리킬 수도 있는데, 이것은 아가야 페르시아 시대까지는 알려져 있지 않았지만 앗수르 왕실의 예절로는 잘 알려진 법규다(예를 들어, Bardtke, 358 n. 4을 보라). 하만이 왕후에게 신체적 접촉이나 강간을 하려 하지 않았다는 사실은 자명하다. 그러나 필자의 의견에는 두 개의 부사적 문장들, "여기

궁중, 내 앞에서"란 문장은 왕이 이 말을 왕후에게 접근하여 그녀를 만지는 일과 관련하여 왕실 내전 법규의 단순한 위반 이상의 것을 의미하는 것으로 의도하여 말하고 있음을 강력하게 시사한다. 만일 왕이 하만을 그러한 하렘 법규 위반의 죄를 씌우려 했다면, 실제로 그는 카바쉬(כבשׁ) 이외의 다른 단어를 사용했을 것이다. 이 단어가 에스더 당시의 LBH에서 "강간하다, 폭행하다"라는 보다 강한 의미를 가졌다는 것이 훨씬 더 그럴듯하다.

"무리가 하만의 얼굴을 싸더라"(וּפְנֵי הָמָן חָפוּ – 우프네 하만 하푸). 이 히브리어 문장의 번역은 의문의 여지가 없다. 그러나 이것이 의미하는 바는 또 다른 문제다. 일반적으로 왕의 신하들이 사형 선고를 받은 표시로서 하만의 얼굴을 덮은 것을 의미하는 것으로 취급된다(Paton, 264; Moore, 72에 있는 참고문헌을 보라; Bardtke, 359 n. 5에 있는 완전한 인용문을 보라). 그러나 이것은 페르시아에서 알려져 있지 않은 관습일 뿐만 아니라, 후기 헬라와 로마 본문에 있는 인용문들은 문제가 있다(Fox, 283의 비평; Clines, 313를 보라). 제안되어 온 수정 본문들이 그것들 자체를 추천하고 있지 않으므로, 필자는 의미의 불확실성에도 불구하고 직역을 했다.

10 "나무에 하만을 다니"(וַיִּתְלוּ אֶת־הָמָן עַל־הָעֵץ – 와이틀루 에트-하만 알-하에츠). 이것이 나무에 묶어 놓음을 가리키는지 아니면 못 박음을 가리키는지에 대해서는 2:23 "주석"을 보라.

해설

삽화 1. 에스더가 왕에게 자기 생명을 구해 줄 것을 호소하다(7:1-6a). "왕이 하만과 함께 또 왕후 에스더의 잔치에 나아가니라." 앞의 두 막 이후에 제6막의 거의 간결한 서론인 이 막은 긴장과 긴박감으로 가득 차 있다. 사실상 우리는 하만의 종말이 다가오고 있고 에스더와 그의 민족의 구원이 이루어질 것이라는 사실을 의심하지 않는데, 그 이유는 설화가 분명한 어투로 각자의 확실성을 알려 주었기 때문이다. 왕은 가장 큰 호의를 가지고 온통 왕후의 요청을 주시하면서 나라의 절반이라도 에스더에게 허락하겠노라는 반복되는 약속으로 매우 관대하게 대우해 왔고, 또한 에스더의 능란한 전략을 통하여 그가 있는 잔치 자리에서 그녀의 소청을 이루어 주겠노라는 공적인 맹세까지 하게 되었다(5:5b-8의 "해설"을 보라). 이와 같이 하만의 운명은, 모르드개를 나무에 달려는 그의 계획은 공개적으로 모르드개를 존귀케 하는 방향으로 돌아서는 방식을 통하여 그리고 하만의 아내와 친구들의 암울한 예고를 통하는 방식을 통하여 예측되었다. 그럼에도 불구하고 각자의 운명과 관련된 긴박감이 남아 있는데, 그 이유는 설화 가운데 어느 것도 그 운명이 어떤 방식으로 이루어질 것인지를 정확하게 미리 암시해 주지 않았기 때문이다.

물론 가장 큰 긴박감은 왕에게서 일어난다. 에스더가 왕에게서 얻어낼 수 있었던 왕의 호의적인 약속들과 공개적인 약속이 있었음에도 불구하고 그는 스스로 순간의 변덕을 통하여 허약성과 경고하지 못한 절대 군주의 모습과 즉석에서 언급을 하고 전 백성을 부주의하게 넘겨 버리고 잊어 버리는 사람임을 내보이고 있는 자기의 오만과 과시욕에 의하여 조종을 받는 절대 군주의 모습을 보여 주었다. 그렇다면 그의 반응이 어떻게 될 것인지, 또는 에스더의 소청이 자기 아내들 가운데 가장 총애를 받는 사람에 대항하여 자기 시신들 가운데 가장 총애하는 시신과 맞닥뜨려질 때 그 양 상대방들에 대해서 공격을 할지 그렇지 않을지가 가장 불확실하다.

왕을 향한 에스더의 호소에 대해서 이렇게 긴박감을 조성한 다음, 설화자는 이제 이와 관련된 일에 대해서 한마디도 할애하지 않는다. 조심스럽게 고안한 그리고 꽉 짜여진 이 장면은 왕의 질문과 세 번째 너그러운 약속의 반복과 함께 시작된다(2절). 이 장면은 여기서 신속하게 그리고 속도를 늦추지 않고 단 한 번의 속도 조절을 하면서(5a절) 하만의 종말로 치달려 간다("양식/구조/배경"을 보라). 왕의 질문에 대한 에스더의 대답(3-4절)은 그녀가 자신의 위치의 미묘하고도 위태로운 성격을 충분히 이해하고 있다는 사실을 드러내 주고 있다. 에스더와 그 민족에 대한 위협은 두 범행자, 즉 하만과 왕을 가지고 있고, 이 두 사람이 그녀를 상대하고 있다. 그녀는 하만의 죄악상을 충분히 드러내야 하고, 반면에 왕에 대해서는 어떤 방식으로든 어떤 비난도 가져다 주어서는 안 된다. 그런 까닭에 그녀의 반응은 지극히 잘 고안된 것이고, 또한 아주 기교 있게 제안된다.

첫째로, 그녀는 자신이 왕을 잔치에 초대했던 이중적인 정중한 문구와 함께, 그렇지만 하나의 미묘하지만 인상적인 전환적 문구와 함께 서두를 꺼낸다(5:8). 첫 번째 문구에서는 그녀가 다른 모든 곳에서 사용했던 어투, 즉 왕에게 사용하는 정상적인 왕실 관습인 3인칭을 사용하는 대신 그보다 훨씬 더 친근한 2인칭을 사용한다. "내가 만일 당신의 목전에서 은총을 입었다면, 오 왕이여." 이렇게 하면서 그녀는 왕과 왕후로서의 특별한 관계를 강조하고 있다.

둘째로, 자기의 소청을 말하면서 왕의 질문 형식을 사용하고 있기는 하지만, 그녀는 의미심장하게 암시적인 방식으로 그것을 수정하고 있다. 왕의 질문은 "소청"과 "요구"라는 두 단어를 사용하면서(5:6; 7:2) 중복하여 두 번 진술되었지만, 사실은 그것이 단 하나의 호소임을 분명하게 밝히고 있다. 에스더의 대답 역시 이중적으로 진술되어 있다. 그녀는 의미 있는 문장으로 간결하게 이 모든 단어를 사용하면서 초대받은 왕에게 단 하나의 소청을 말하지만, 그 각각의 단어들은 다른 내용을 서술하고 있으며, 그것들을 통하여 실질적인 내용을 말하고 있다. "내 소청대로 내 생명을 내게 주시고 내 요구대로 내 민족을 내게 주소서." 그러므로 그녀는 자신을 자기 민족과 완전히 동일시한다: 하나를 위협하는 것은 다른 것을 위협하는 것이다.

셋째로, 그 다음에 이어지는 문장 가운데서 그녀는 세심하게 선택한 어휘를 사용하면서 자신의 요구를 설명한다(4절). 한편, 그녀는 하만의 칙령이라는 구체적인 용어를 사용하면서 자기 생명과 자기 민족의 생명을 위협하는 본래 세력을 정확하게 폭로한다(3:13을 보라). 다른 한편, 그녀는 이중적인 의미를 가진 하나의 관용어를 사용하여(마카르 레〈" מָכַר לְ〉란 표현은 "…에게 넘겨진" 뿐만 아니라 "팔려진"을 의미할 수 있다) 이것을 수동형으로 진술한다. 그러므로 그녀는 하만과 왕 사이의 거래를 미묘하게 암시하면서도(3:9-11) 수동태를 사용함으로써 거래 상에서 파는 자, 곧 왕 자신을 직접적으로 언급하는 일을 피하고 있다.

그럼에도 불구하고, 그녀가 취한 행동이 아무리 빈틈없고, 그녀의 답변이 아무리 잘 먹혀 들어갈지라도, 그녀가 유대인이라는 정체는 밝히지 않을 수 없었고, 따라서 그녀는 자신을 가장 위험스러운 상태에 노출시킨다. 왕이 자신의 왕후가 멸망시키도록 맡겨 버린 바로 그 민족에게 속해 있다는 사실을 알았을 때 그의 반응이 어떠할 것인가? 이러한 폭로가 몰고 올 굉장한 위험을 충분히 인식하고, 그녀는 대단한 재치를 가지고 왕을 괴롭게 하고 당황하게 만들 수 있었던 현안 문제를 완곡하게 변명하고 있다(4b절; "주석"을 보라).

이제 모든 것은 이러한 깜짝 놀랄 만한 사실에 대한 왕의 반응에 달려 있다. 그런 까닭에 5c절에서 설화자는 왕과 왕후의 호칭을 완전하게 사용해 가면서 자기 설화의 속도를 늦추고 있으며, 또한 "말했다"라는 동사를 두 번 진지하게 사용함으로써 속도를 늦추고 있는데, 첫 번째 것은 주어와 함께 그 다음에는 간접 목적어와 함께 사용하고 있다("주석"을 보라). 그러나 설화의 속도가 늦추어질 수는 있지만, 왕의 반응은 그렇지 않았다. 히브리어로 된 처음 두 문장의 간략한 명사절, 그 단어들의 단음절로 된 단어들과 교차 평행적 표현, 그리고 뒤따라오는 관계절의 세 개의 액센트를 가진 오(o)모음들(5b-c절; "양식/구조/배경"을 보라)이 왕의 격정적이고도 분노한 반응을 기술적으로 묘사하고 있는 날카롭고도 스타카토식인 발언을 효과적으로 묘사하고 있다. "감히 이런 일을 심중에 품은 자가 누구며 그가 어디 있느뇨?" 그가 화가 나서 각 낱말을 간략하고도 날카로운 음절로 끊어 말하고 있는 것을 들을 수 있다. 왕은 분명히 자기 왕후의 생명에 위협을 가하는 사태에 화가 나 있다. 또한 그는 최소한 이 순간만은 유대인에 대한 하만의 교활한 음모나 자신이 거기에 가담되었다는 사실에 대해서 아무것도 기억할 수가 없다. 그래서 멋들어진 아이러니를 가지고, 그는 자신이 그 당사자들과 함께 앉아 있다는 사실을 전혀 모른 채 범죄자의 정체에 대해서 그리고 그가 어디에 있는지에 대해서 묻는다.

에스더는 왕의 노한 질문에 대해 같은 분노를 가지고 대답한다. 여기서도 역시 간략하고도 한두 개의 음절을 가진 단어들로 구성되어 있으면서 세 개의 단어로 구성된 명사절의 평행적 표현과 또한 특히 두 번째 문장의 운율 구조(6a절; "양식/구조/배경"을 보라)는 그녀의 분노한 그리고 격앙된 규탄의 강세를 잘 표현하고 있다: "대적과 원수는 이 악한 하만이니이다." 하만을 손가락으로 가리키면서 각 단어를 날카롭게 강조하고 있는 그녀를 눈으로 보는 듯하다.

삽화 2. 하만이 자기 생명을 구하려고 에스더에게 호소하다(7:6b-8b). 첫 번째 삽화(1-6a절)에서 설화자는 일어나고 있었던 사건들에 대한 하만의 반응을 우리의 상상에 맡겨 놓고 있다. 그럼에도 불구하고, 최소한 왕과 왕후 사이의 친밀한 야간 회동이 하만의 아내와 친구들이 말한 하만의 파멸에 대한 불길한 예언에도 불구하고, 하만이 모르드개를 나무에 달려 했던 계획에서 비롯된 수치스러운 패배를 통하여 너무나 깊이 상처를 받았던 그의 자만심을, 최소한 확신은 아닐지라도 치유는 해 줄 것이라는 최소한의 희망을 가지고(참조. 5:12) 하만이 잔치에 참석했다고 상상하는 것은 무리한 일을 너무 쉽게 믿어 버리는 것이 아니다. 그렇다면 우리는 당연히 초기의 당혹을, 그 다음에는 자기가 에스더의 대답에 귀를 기울여야 했던 공포스러운 이해를 상상할 수 있다. 그는 왕후가 유대인이었다는 사실을 전혀 몰랐다. 그런 까닭에 하만은 왕에게 자기의 생명을 주고 자기 민족의 생명도 자기에게 달라고 한 그녀의 호소를 의아심과 근심이 교차된 감정을 가지고 들었을 것이고, 그 다음에 그녀의 정체의 암시와 자기 자신의 칙령의 문자 그대로의 어투가 재빠르게 명백히 드러나면서 신속하게 믿을 수 없는 마음과 두려움으로 변했을 것이다. "나와 내 민족이 팔려서 죽임과 도륙함과 진멸함을 당하게 되었나이다." 이러한 반응들은 왕이 화가 난 질문인 "누구?"며 "어디에 있는가?"라는 말을 내뱉었을 때 곧 극단적인 공포에 도달했음에 틀림없다.

어쨌든, 에스더의 격렬하고도 분노한 고발 이후에 설화자는 독자들로 하여금 하만의 반응을 상상하도록 여유를 주지 않는다. 그는 비굴한 공포감에 사로잡혔고, 이에 따라 파멸을 가져다 주는 행동 과정을 밟아 나간다. 설화자는 이것을 대화 없이 그리고 거의 시간의 경과 없이 이 장면 가운데서 그림같이 묘사하고 있으며("양식/구조/배경"을 보라), 여기서 실질적으로 일련의 동시 발생적인 사건들이 숨쉴 틈 없이 앞으로 돌진해 나가고 있다: 공포가 하만을 사로잡는다(6b절) – 왕이 화가 나서 방으로부터 뛰쳐 나간다(7a절) – 왕이 자기를 해치려 하고 있다는 사실을 알고 하만이 왕후에게 자기 생명을 구하려고 머무른다(7b절) – 왕이 후원으로부터 돌아온다(8a절) – 바로 그때 하만이 호소하려고 에스더의 의자에 엎드려 있는 것을 본다(8b절).

왕의 생명을 위협하는 범죄자가 자기와 함께 식탁을 대하고 앉아 있는 바로 그 사람이라는 사실을 발견하고 왕은 잔치 좌석에서 후원으로 뛰쳐 나갔다. 너무나 분노하여 그는 어찌할 바를 알지 못한다(7a절; 왕의 행동에 대한 이러한 이해에 관해서는 "주석"을 보라). 그는 이제 갑작스럽게 자기가 이제까지 논의를 하기 위하여 자문을 구했던 시신들을 잃어버렸다(Clines, 312; 참조. 1:13). 그의 진노는 분명히 하만을 향한 것이었는데, 그 이유는 설화자가 하만의 안목을 통하여 우리에게 알려주고 있기 때문이다. "이는 왕이 자기에게 화를 내리기로 결심한 줄 앎이더라"(7c절). 이것이 왕을 상당한 궁지로 몰아넣는다(참조. Fox, 86). 왕이 동의를 해주고 자기 이름으로 전한 변개치 못할 칙령을 발표하도록 한 그 음모로 인하여 하만을 징벌할 수 있을까? 이러한 곤경에 처한 왕은 잔치 자리로 돌아오고, 바로 그때 에스더가 누워 있는 의자에 엎드려 자기 생명을 살려 달라고 구하고 있는 하만을 본다(8b절).

삽화 3. 하만이 죽다(7:8c-10). 하나님의 섭리가 왕의 곤경을 구해 준다(Clines, *Esther Scroll*, 16). 하만이 이러한 상황에서 실제로 왕후를 범하려 하고 있었다고 왕이 생각했다고 믿는 것은 너무 가볍게 믿도록 강요하는 것이다. 그보다 그는 하만의 행동을 그렇게 해석함으로써 왕이 그를 고소한 혐의를 제공하고, 그리하여 비난의 진정한 이유, 곧 유대인을 제거하려는 음모로부터 왕을 공개적으로 구출하도록 만들어 준다. 그러므로 시종일관 아하수에로의 성품을 보여 준 그의 무책임성과 일관성 있게 왕 자신은 그 문제에서 자기 자신의 숨겨진 그리고 검토되지 않은 공범이라는 죄목으로부터 벗어나게 되는 것이다. 또 다른 두드러진 동시 발생적 사건이 유대인들을 편들어 일어났다.

이러한 왕의 죄에 대한 폭로가 사형 판결을 암시한다는 사실을 간파한 하르보나

(참조. 1:10)가 또다시 왕을 단독으로 결정하도록 혹은 이번에는 모사들의 충고를 구하는 일에 있어서도 왕을 공경에서 구출해 준다. 하르보나가 사형에 적절한 수단을 지적하고, 다른 한편으로 하만의 또 다른 죄악상, 즉 왕의 생명을 구출해 주려고 했던 그 사람의 생명을 고의적으로 취하려고 했다는 사실을 알려 준다. 그와 같이 해서 왕의 결정은 더욱 정당하다고 입증되고, 왕은 즉시 하만의 처형을 명령한다. 섭리적 동시 발생 위에 섭리적 동시 발생 사건이 계속될 뿐만 아니라 아이러니 위에 아이러니가 계속된다. 즉 하만은 자신이 모르드개를 죽이려고 의도했던 바로 그 나무에 달려 처형되고, 그는 자신이 범하지 않은 죄로 인하여 처형을 당한다!

유대인의 대적 아각 사람 하만의 최후에 대해서 설화자는 매우 가볍게 보고 있다. 에스더가 밝힌 사실에 대해 하만이 두려워했다는 사실, 왕이 자기를 해칠 것이라는 의도를 알아차렸다는 사실(7절) 그리고 왕후에게 대한 무분별한 집요(8a절)를 말한 다음에, 설화자는 왕의 사형 언도에 대한 하만의 반응을 절혀 말하고 있지 않다. 그는 하만이 나무로 끌려갔다는 기록까지도 말하지 않는다. 설화자는 그의 얼굴이 감싸졌다는 것만을 말하고 있으며(8절), 또한 하만이 모르드개를 달려고 세운 나무에 하만이 달렸다는 아이러니를 상기시키고 있다. 아마도 이런 식으로 설화자는 실질적으로 "공포감으로 구성된 그의 마지막 쓰라린 하만의 공포심을 독자의 뇌리에 박히게 하기 위하여 노력하고 있는" 것으로 보인다(Humphreys, "Story," 107).

그리고 이 모든 일을 통하여 에스더에 대해서는 무엇을 말하고 있는가? 설화자는 첫 번째 삽화에서 하만에 대해서 했던 것처럼, 이 마지막 두 삽화 가운데서 에스더의 반응에 대해서도 완전히 우리의 상상에 맡기고 있다. 그녀는 틀림없이 하만에 대한 자신의 고발에 관한 왕의 반응에 대해 거의 확신하지 못했을 것이다. 그렇다면 우리는 그녀의 감정이 잔치 방으로부터 왕이 밖으로 뛰쳐 나간 것을 보았을 때 가졌던 두려운 감정으로부터 왕이 분노하여 하만에게 강간의 죄책을 뒤집어 씌웠을 때 가졌던 극적인 안도감에 이르기까지 다양했을 것이라고 상상할 수 있다. 그것이 어떤 것이었든, 설화자는 하만이 자기 생명을 구하기 위하여 호소하고, 그가 사형 판결을 받기까지 에스더가 말없이 잠잠히 있는 것으로 기록하고 있다. 몇몇 학자들은 이러한 에스더의 침묵을 그녀의 소극적 성격으로 해석했지만(예를 들어, "그녀는 싸늘한 시선으로 냉담하고도 무관심하게 바라보고 있다," Anderson, 862; "그녀의 성격은 그녀가 측은한 감을 보여 주었다면 보다 매력적이었을 것이다," Paton, 264), 이러한 해석은 전체의 상황을 잘못 설명한 것이다(Moore, 74; 참조. Fox, 87가 그렇게 주장함). 하만은 멸망한 원수가 아니라 멸망해 가고 있는 원수다. 하만이 에스더, 모르드개 그리고 온 유대인 공동체에 나타내 보인 두려운 위협은 그가 살아 있는 한 계속될 것이라는 사실을 그의 행동이 나타내 주고 있었다. 에스더가 느낀 자비와 긍휼의 감정이 어떤 것이었든 간에, 그녀의 신중성과 논리성이 하만에 대한 사형 판결을 막도록 하기 위하여 왕에게 호소하지 못하도록 만들었을 것이다.

이 장면이 끝나 가면서 우리는 왕의 진노가 하만이 모르드개를 달려고 준비했던 나무에 달렸을 때 가라앉았다는 사실을 알게 된다(10b절). 왕의 분노를 일으켰던 것은 유대인 공동체 전체를 진멸하려는 괘씸한 음모가 아니었다. 결국, 그는 처음에 무관심하고도 퉁명스러운 말을 하고 그들을 잊어버렸다(3:11). 자신을 움직여서 자기 왕후를 공격하는 것은 자기의 명예에 모욕을 가하는 것이고, 이에 대해 보복을 가하는 것이 아하수에로에게는 당연했다. 그러나 왕이 진정할 수도 있겠지만, 유대인 공동체에 대한 위협은 무시할 수 없다. 이것은 왕의 이름으로 반포된 하만의 변개할 수 없는 칙령과 관련되어 있다. 유대 민족을 구원하는 임무, 즉 모르드개가 왕후인 에스더에게 지워 준 임무는 실질적으로 이제 방금 전에야 시작되었다. 에스더와 모르드개는 이제 외적으로 보기에는 불가능한 변개할 수 없는 칙령을 철회하는 임무에 직면해야 했다.

7막.
에스더가 다시 왕에게 호소하다: 그녀와 모르드개가 하만의 음모를 제거하다(8:1-17)

참고문헌

Bergey, R. L. "The Book of Esther - Its Place in the Linguistic Milieu of Post-exilic Biblical Hebrew: A Study in Late Biblical Hebrew." Diss., Dropsie College, 1983. ______. "Post -exilic Hebrew Linguistic Developments in Esther." *JETS* 31(1988) 161-68. **Clines, D. J. A.** *The Esther Scroll: The Story of the Story. JSOTSup* 30. Sheffield: *JSOT*, 1984. **Driver, G. R.** *Aramaic Documents of the Fifth Century B.C.* Oxford: Clarendon, 1957. **Dommershausen, W.** *Die Estherrolle*. Stuttgart: Katholisches Bibelwerk, 1968. **Dorothy, C. V.** "The Books of Esther: Structure, Genre, and Textual Integrity." Diss., Claremont, 1989. **Fox, M.** *The Redaction of the Books of Esther: On Reading Composite Texts*. Atlanta: Scholars, 1991. **Gordis, R.** "Studies in the Esther Narrative." *JBL* 95(1976) 43-58(= Moore, *Studies*, 408-23). **Haupt, P.** "Critical Notes on Esther." *AJSL* 24(1907-8) 97-186(= Moore, *Studies*, 1-90). **Healey, J. P.** "Am Ha'arez." *ABD* 1:168-69. **Klingbeil, G. A.** "רכשׁ and Esther 8,10.14: A Semantic Note." *ZAW* 107(1995) 301-3. **Murphy, R. E.** *Wisdom Literature: Job, Proverbs, Ruth, Canticles, Ecclesiastes, and Esther*. FOTL 13. Grand Rapids, MI: Eerdmans, 1981. **Naveh, J.** "The Aramaic Ostraca from Tel Arad." In Y. Aharoni, *Arad Inscriptions*. Jerusalem: Israel Exploration Society, 1981. 153-76. **Williamson, H. G. M.** Review of *The Esther Scroll*, by D. J. A. Clines. *JTS* 37(1986) 146-52.

본 문

장면 1. 에스더와 모르드개가 반-칙령을 반포할 권한을 얻다(8:1-8)	**Scene 1. Esther and Mordecai Acquire Authority to Issue a Counterdecree (8:1-8)**
시기: 12년, 1/17일 혹은 1/18일 저녁	**Time: evening, 1/17 or 1/18, year 12**
삽화 1. 모르드개가 왕을 알현하다(8:1-2)	**Episode 1. Mordecai is admitted into the king's**

presence (8:1-2)

1 당일에 아하수에로 왕이 유다인의 대적 하만의 집을 왕후 에스더에게 주니라 에스더가 모르드개는 자기에게 어떻게 관계됨을 왕께 고한고로 모르드개가 왕의 앞에 나아오니

1 That very day King Ahasuerus gave to Queen Esther the property of Haman, the enemy of the Jews, and Mordecai was admitted into the king's presence[a] because Esther had informed him of all that he was to her.[b]

2 왕이 하만에게 거둔 반지를 빼어 모르드개에게 준지라 에스더가 모르드개로 하만의 집을 주관하게 하니라

2 Then the king took[a] off his signet ring which he had taken away from Haman and gave it to Mordecai, and Esther placed him in charge of Haman's property.

삽화 2. 왕이 에스더와 모르드개에게 유대인들을 위한 칙령을 기록하는 권위를 부여하다(8:3-8)

Episode 2. The king grants Esther and Mordecai authority to write an edict on behalf of the Jews (8:3-8)

3 에스더가 다시 왕의 앞에서 말씀하며 왕의 발 아래 엎드려 아각 사람 하만이 유다인을 해하려 한 악한 꾀를 제하기를 울며 구하니

3 Then Esther again spoke to the king. She fell down at his feet and wept, and implored him to get rid of the wicked scheme of Haman the Agagitea which he had devised against the Jews.

4 왕이 에스더를 향하여 금홀을 내어미는지라 에스더가 일어나 왕의 앞에 서서

4 The king held out to Esther the gold scepter, and she rose and stood before the king.

5 가로되 왕이 만일 즐겨하시며 내가 왕의 목전에 은혜를 입었고 또 왕이 이 일을 선히 여기시며 나를 기쁘게 보실진대 조서를 내리사 아각 사람 함므다다의 아들 하만이 왕의 각 도에 있는 유다인을 멸하려고 꾀하고 쓴 조서를 취소하소서

5 She said, "If it pleases the king, and if I have found favor with him,[a] and if he considers the proposal proper[b] and if I am pleasing in his eyes, let an order be given[c] to revoke the dispatches – [d]the scheme of Haman son of Hammedatha, the Agagite[d] – which he has written in order to destroy the Jews[e] who are in all the king's provinces.

6 내가 어찌 내 민족의 화 당함을 참아 보며 내 친척의 멸망함을 참아 보리이까

6 For how could I bear to see[a] the disaster which would fall upon[b] my people? And how could I bear to see[a] the destruction of all my relatives?"[c]

7 아하수에로 왕이 왕후 에스더와 유다인 모르드개에게 이르되 하만이 유다인을 살해하려 하므로 나무에 달렸고 내가 그 집으로 에스더에게 주었으니

7 Then King Ahasuerus said to Queen Esther and to Mordecai the Jew,[a] "Look, I have given Haman's property to Esther, and he has been hanged on the gallows because he lifted[b] his hand against the Jews.

8 너희는 왕의 명의로 유다인에게 조서를 뜻대로 쓰고 왕의 반지로 인을 칠지어다 왕의 이름을 쓰고 왕의 반지로 인친 조서는 누구든지 취소할 수 없음이니라

8 So now, you write concerning the Jews as you please in the king's name and seal it with the king's signet ring, for a decree written in the king's name and sealed[a] with the king's signet ring cannot be revoked."

장면 2. 모르드개가 반-칙령을 반포하다(8:9-17)
시기: 12년 3/23일

Scene 2. Mordecai Issues the Counterdecree (8:9-17)
Time: 3/23, year 12

삽화 1. 반-칙령이 기록되고 발표되다(8:9-14)

Episode 1. The counterdecree is written and promulgated (8:9-14)

9 그때 시완월 곧 삼 월 이십삼 일에 왕의 서기관이 소집되고 무릇 모르드개의 시키는 대로 조서를 써서 인도로부터 구스까지의 일백이십칠 도 유다인과 대신과 방백과 관원에게 전할새 각 도의 문자와 각 민족의 방언과 유다인의 문자와 방언대로 쓰되

9 And so the royal scribes were summoned at that time, on the twenty-third day of the third[a] month, the month of Sivan.[a] And an edict was written,[b] exactly as[c] Mordecai directed, to[d] the Jews, and to the satraps, the governors, and the rulers of the provinces – the one hundred and twenty-seven provinces which stretched from India to Ethiopia[e] – to each province in its own script and to each people in their own language, and to the Jews in their script and in their language.

10 아하수에로 왕의 명의로 쓰고 왕의 반지로 인을 치고 그 조서를 역졸들에게 부쳐 전하게 하니 저희는 왕궁에서 길러서 왕의 일에 쓰는 준마를 타는 자들이라

10 It was written in the name of King Ahasuerus and sealed with his signet ring. And Mordecai sent dispatches by means of mounted[a] couriers riding post-horses from the state service,[b] bred from the royal stud,[b]

11 조서에는 왕이 여러 고을에 있는 유다인에게 허락하여 저희로 함께 모여 스스로 생명을 보호하여 각 도의 백성 중 세력을 가지고 저희를 치려하는 자와 그 처자를 죽이고 도륙하고 진멸하고 그 재산을 탈취하게 하되

11 to the effect that the king granted permission to the Jews in each and every city to assemble, to defend themselves,[a] to destroy, slay, and annihilate the forces[b] of any people or province attacking them,[c] women and children included, and to seize their goods as plunder,

12 아하수에로 왕의 각 도에서 아달월 곧 십이월 십삼 일 하루 동안에 하게 하였고

12 on one day, the thirteenth day of the twelfth month, the month of Adar, throughout all the provinces of King Ahasuerus.

13 이 조서 초본을 각 도에 전하고 각 민족에게 반포하고 유다인으로 예비하였다가 그 날에 대적에게 원수를 갚게 한지라

13 Also a copy of the edict was to be promulgated as law in every single province, being publicly displayed to all peoples,[a] so that[b] the Jews might be ready[c] for this day, to take vengeance on their enemies.

14 왕의 명이 심히 급하매 역졸이 왕의 일에 쓰는 준마를 타고 빨리 나가고 그 조서가 도성 수산에도 반포되니라

14 As the couriers went forth, mounted on post-horses from the state service[a] and hastened and spurred by the king's command, the edict was issued in the Citadel of Susa.

삽화 2. 모르드개가 영광을 얻어 왕의 알현실을 나오고 유대인들은 즐거워하다(8:15-17)

15 모르드개가 푸르고 흰 조복을 입고 큰 금 면류관을 쓰고 자색 가는 베 겉옷을 입고 왕의 앞에서 나오니 수산 성이 즐거이 부르며 기뻐하고

16 유다인에게는 영광과 즐거움과 기쁨과 존귀함이 있는지라

17 왕의 조명이 이르는 각 도, 각 읍에서 유다인이 즐기고 기뻐하여 잔치를 베풀고 그 날로 경절을 삼으니 본토 백성이 유다인을 두려워하여 유다인 되는 자가 많더라

Episode 2. Mordecai leaves the king s presence with honor, and the Jews rejoice (8:15-17)

15 Then Mordecai left the king's presence clad in a royal robe[a] of violet and white, wearing a large, gold turban and a purple cloak of fine linen. And the city of Susa rang with joyous cheers,[b]

16 while for the Jews all was light, joy, gladness, and honor.

17 And in every single province and every single city which the king's command and edict reached, there was joy and gladness for the Jews, with feasting and celebration.[a] And many of the peoples of the land professed to be Jews because fear of the Jews[b] had fallen upon them.

원문주해

1.a. 직역하면 "왕 앞에 들어갔다". "주석"을 보라.

1.b. 직역하면 "그가 그녀에게…였다는 사실을 알게 했다". "주석"을 보라. *BHS*에 인용된 LXX과 Syr 독법은 난해한 히브리어 본문을 전제로 하지 않는다. LXX 독법 에노이케이오타이(*ἐνοικείωται*, "그가 관계되었다")는 단순히 이 히브리어의 의미를 설명하는 것이며, 반면에 Syr의 *mn' hw' lh*("그가 그녀에게 어떤 사람이었는지")는 히브리어 후(הוא, "그")에 대한 오독을 한 것인데, *hw*("그") 대신에 *hw'*("였었다")로 읽는 것과 같다 (Haupt, *AJSL* 24[1907-8] 153-54).

2.a. 소수의 필사본들 가운데서 발견되는 "그의 손으로부터"란 문구는 원문이 아님에 거의 틀림없고(Bardtke, 361는 이를 반대함), 다만 3:10의 영향을 받아 그러한 본문들 가운데 덧붙여진 것이다(참조. *BHS* n.).

3.a. 직역하면 "아각 사람 하만의 악과 그의 계획".

5.a. 직역하면 "그의 눈에".

5.b. 직역하면 "그 일은 왕 앞에 옳다". 카세르 리프네(כשר לפני, "바르게 되다, …앞에 온전하게 되다")란 관용어가 BH에서는 여기에만 나타나고, 반면에 카샤르(כשר)란 동사는 다른 곳에서 LBH에만 나타난다(전 10:10; 11:6). SBH에 있는 그와 유사한 관용어는 야샤르 베에네(ישר בעיני, "바르게 되다, …의 눈에 옳게 되다")이다. 에스더서에 있는 이 관용어 용법의 후대성은 카샤르(כשׁר)가 시락서와 MH에만 나타난다는 사실에서 나타난다. Bergey, *JETS* 31(1988) 165-66를 보라.

5.c. 직역하면 "그것이 기록되도록".

5.d-d. 동격 어구 "아각 사람 함므다다의 아들"이 LXX에는 나타나 있지 않으므로, 어떤 사람은 이 전체 문구를 하나의 해석으로 무시해 버리지만(예를 들어, Haller, 130; Haupt, *AJSL* 24[1907-8] 154; Ringgren, 397), 그렇다면 하만의 이름은 뒤따라오는 문장의 의미가 그것을 필요로 하고 있으므로 덧붙여져야 한다(*BHS* n. 5c; 참조. Bardtke, 363; Moore, 78). 그와 같이 느슨하게 덧붙여진 동격 문장은 본서 스타일의 성격이다(Gerleman, 126 n. 5.b-b). 더 나아가서, 그러한 주장은 에스더서 어휘의 미묘한 차이를 파악하지 못한 것이다. "하만의 계교"를 기록하고 있는 글을 명확하게 복사하여 말함으로써 에스더는 왕의 이름으로 편지가 보내지고 왕의 인장 반지로 인쳐져 있기는 하지만, 왕이 하만에 대해서 가져야 할 인간적 책임을 암시하는 것을 훌륭하게 피하고 있다(3:12; 참조. Moore, 78).

5.e. 수많은 히브리어 필사본들과 Syr에는 "모든 유대인들"로 되어 있다(참조. *BHS* n.). 전멸의 범위가 그 다음 문구의 "모든"에 암시되어 있으므로 MT 독법이 더 낫다.

6.a. 이 표현의 의미가 분명하기는 하지만, 에카카 우칼 웨라이티(איככה אוכל וראיתי, 직역하면 "어떻게 내가 견디리이까 그리고 내가 보리이까?")의 구문은 분명하지 않다. 이것은 문법적으로 다양하게 설명된다(*GBH* § 177h; Brockelmann, *Syntax* § 143a). 게를르만(Gerleman, 126 n. 6a), 하우트(Haupt, *AJSL* 24[1907-8] 154) 그리고 페이톤(Paton, 271)은 GKC § 112p을 인용한다. LXX 독법 소테나이(*σωθῆναι*, "구출받다")는 본절 가운데 있는 문장의 두 번째 출현에서 웨라이티(וְרָאִתִי, "그리고 내가 보았다")로 인하여(참조. *BHS* n.) 헬라 번역자들에 의한 의도적 전환으로만 이해될 수 있다.

6.b. 직역하면 "발견하다". 임차(ימצא)는 남성형이고, 반면에 그 주어 라아(רעה)는 여성형이다. 대부분의 학자들이 주장하는 바와 같이, 이것은 아마도 여기서 이 어휘가 창 44:34의 어휘를 반영하고 있기 때문인 것으로 보이는데, 거기서 명사의 남성형인 라아(רע)가 사용되고 있다.

6.c. 직역하면 "친족", 즉 피로 맺어진 모든 사람들.

7.a. 페이톤(Paton, 270)은 이 문구 "그리고 유대인 모르드개에게"를 가필로 생각하는데, 그 이유는 이것이 LXX, OL 그리고 Syr에는 누락되어 있기 때문이다. 그러나 동사들 모두가 복수형이고, 또한 2인칭 남성 복수 직설법 대명사 아템(אתם, "너희")이 8절 초두에 사용되어 있다. 그러므로 이 문구는 분명히 원본이다. 모르드개의 알현이 뒤이어 나오는 내용으로 인하여 긴박하다. 바트케(Bardtke, 367)는 3-6절에서 언급되지 않은 모르드개에 대한 소개가 에스더의 호소와 왕의 대답 사이에 수 시간 혹은 하루가 지나갔다고 주장하면서 하나의 새로운 장면의 시작 지점을 지적하여 보여 주고 있다고 주장한다. 그러나 만일 2절과 3절 사이에 장면의 단절이 없다면(이에 대한 논증에 관해서는 아래 "양식/구조/배경"을 보라), 설화자는 분명히 모르드개가 내내 거기에 있었다는 사실을 암시하려고 하고 있는 것이다(참조. Moore, 79).

7.b. 직역하면 "보냈다".

8.a. 이 단어를 니팔형 분사로 모음 부호를 다시 붙일 필요는 없다(*BHS* n는 이에 반대다). 정형 동사를 유지하도록 하기 위하여 부정사 절대형이 사용될 수 있다. "원문주해" 2:13.e을 보라.

9.a. LXX에는 "1월, 곧 니산월"로 되어 있는데(참조. *BHS* nn. a, b), 이는 틀림없이 의도적인 변경이다. "양식/구조/배경"에 있는 논의를 보라.

9.b. 직역하면 "그것이 기록되었다".

9.c. 직역하면 "모든…에 따르면".

9.d. 엘(אל)을 알(על)로 수정하고 수리아역과 같이 뒤따라오는 웨엘(ואל)에 있는 와우를 삭제하는 것(Haupt, *AJSL* 24[1907-8] 155-56; Moore, 79-80; 참조. *BHS* n. c)은 거절되어야 할 것이다. 이러한 전환은 이 칙령이 유대인과 동시에 정부 관리들에게 반포되었다는 사실이 본 절 끝에 진술되어 있다는 점과, 따라서 여기서 반복된 정보는 불필요하다는 사실에 근거하여 제안되어 왔다. 그러나 이러한 입장은 3:12-15에 있는 칙령과 비교된 모르드개의 칙령에 대한 기사의 변화와 첨가의 의미를 파악하지 못하고 있다. "양식/구조/배경"을 보라. 이것은 또한 마지막 문구를 지워 버리는 사람들(예를 들어, *BHK*)이 얼마나 잘못했는지를 보여 준다.

9.e. 직역하면 "곧 인도로부터 구스까지, 일백이십칠 도".

10.a. 직역하면 "말들 위에 있는 급사(急使)".

10.b. 여기에 있는 히브리어 단어들 아호슈테라님(אחשתרנים)과 람마킴(רמכים)의 의미는 불확실하다. "주석"을 보라.

11.a. 직역하면 "그들의 삶을 위하여 싸우다".

11.b. 헬(חיל, "무장한 힘")은 하나의 주석으로 지워 버려서는 안 될 것이다(*BHS* n; Haupt, *AJSL* 24[1907-8] 159).

11.c. 하차림(הצרים)은 하차르림(הצררים)으로 수정되어서는 안 될 것이다(Haller, 132; Haupt, *AJSL* 24[1907-8] 159). 하차림(הצרים)은 신 2:9, 19에서처럼 "싸우다, …과 전쟁을 치르다"를 의미하는 추르(צור)에서 파생된 칼 분사다(참조. rwx Ⅱ, KB^3, 952).

13.a. 이 문장의 구문에 관해서는 3:14의 "주석"을 보라.

13.b. 웰리흐요트(ולהיות, *BHS* n.)에 있는 와우의 삭제는 불필요하다(Bardtke, 367; Gerleman, 126는 이에 반대다). 히브리어는 자주 문장의 관계들을 병렬로 표현한다.

13.c. K의 아투딤(עֲתוּדִים; 히브리어 형태에서 칼 수동 분사)으로 읽든, 아니면 Q의 아티딤(עֲתִידִים; 아람어 형태에서 칼 수동분사)으로 읽든 그 의미는 의문의 여지가 없다(예를 들어, KB^3, 854-55를 보라).

14.a. 이러한 번역에 관해서는 10절에 있는 같은 문구에 대한 "주석"을 보라.

15.a. "조복"을 의미하는 타크리크(תכריך)란 단어는 BH에서 여기에만 나타난다. SBH에서는 왕실 의복에 대해 다양한 다른 단어들이 사용된다. 에스더서에서 타크리크(תכריך)의 사용의 후대성은 MH의 다른 곳에서만 발견된다는 사실에 암시되어 있다(왕실 상황에서가 아니지만). Bergey, "Book of Esther," 139를 보라.

15.b. 직역하면 "소리쳤다. 그리고 기뻐했다"인데 이는 이사일의다.

17.a. 직역하면 "길일".

17.b. LXX과 OL은 명확하게 미트야하딤(מתיהדים)이란 단어를 완전한 전향을 의미하는 것으로 이해했는데, 그 이유는 이 역본들에 "스스로 할례를 행하고 유대인이 되었다"로 되어 있기 때문이다(참조. *BHS* n.). "주석"을 보라.

양식/구조/배경

필자의 의견에는 8:1-17이 내용과 양식에 근거하여 명확하게 두 개의 장면(1-8절과 9-17절)으로 나누어지는 한 개의 막으로 이루어져 있음에 분명하다(Dommershausen, *Estherrolle*, 99-111; Bardtke, 361-77는 이에 반대다). 내용에 관해서 말하자면, 하나의 새로운 인물이 이전의 막에 등장한 사람들 사이로 들어오는데, 그는 곧 모르드개다(아래의 논의를 보라). 둘째로, 두 장면의 단일성은 그것들 간의 원인-결과 관계로 암시되어 있다. 그러므로 첫 번째 장면은 자기 백성을 위한 에스더의 또 다른 호소를 설명하고 있는데, 이 결과 에스더와 모르드개에게 유대인들에 관해서 그들이 원하는 대로 기록하라는 왕의 허락이 떨어졌고, 두 번째 장면은 이 칙령의 기록과 공표를 기술하고 있다. 이 막이 두 개의 장면으로 나누어진다는 사실은 내용에서의 차이로 나타나 있고, 또한 각 장면을 시작하고 있는 시간 진술로 나타나 있다. 즉 "당일에"(1절)와 "그때 시완월 곧 삼 월 이십삼 일"(9절). 발생 장소의 통일성 문제와 두 장면들 간의 연대기적 차이에 관해서는 아래의 논의를 보라. 양식에 관해서는 모르드개에 대한 언급이 전체를 하나의 단위로 묶으면서 의미심장한 인클루시오를 제공하고 있다. 첫 번째 장면(1-8절)의 짧은 개요 삽화(1-2절)에서 모르드개가 왕을 알현하도록 허락되었다는 진술(1b절)은 두 번째 장면(9-17절)의 간략한 마감 삽화(15-17절)에서 그가 왕의 알현실로부터 나왔다는 진술과 훌륭하게 균형을 이루고 있다.

이 두 장면은 각기 다음과 같이 두 삽화로 나누어진다.

장면 1. 에스더와 모르드개가 왕으로부터 반대 칙령을 반포하는 권한을 요구한다(1-8절).

삽화 1. 모르드개가 왕의 알현실로 부름 받아 나아간다(1-2절).
삽화 2. 왕이 에스더와 모르드개에게 반대 칙령을 반포할 권한을 부여한다(3-8절).

장면 2. 모르드개가 반대 칙령을 반포한다(9-17절)
삽화 1. 반대 칙령이 기록되고 공포된다(9-14절)
삽화 2. 모르드개가 영예를 얻어 알현실을 나오고, 유대인들은 기뻐한다(15-17절)

그렇지만 두 개의 현안 문제와 관련하여 심각한 모호성이 나타나 있다. (1) 앞의 막이 결론짓고 이 새로운 막이 시작하는 시점과 (2) 이 두 장면이 한 개의 막을 이루고 있는지의 여부다. 표준은 그것들이 앞의 막에서 그러한 것처럼 전혀 명확하지 않다는 것이다.

(1) 이 막이 시작되는 시점과 관련하여 1-8절은 분명히 두 개의 단락으로 나누어진다. (a) 1-2절인데, 왕이 하만의 재산을 에스더에게 돌려주고 모르드개를 높여준 사실을 설명하고 있고, (2) 3-8절인데, 자기 민족을 위하여 에스더가 왕에게 호소한 사실과, 또한 왕이 에스더와 모르드개에게 새로운 칙령을 공포할 권한을 부여해 준 사실을 기록하고 있다. 설화자 자신이 첫 번째 단락(1-2절)의 사건들을 앞의 막에서 있었던 사건들과 같은 날 일어났다는 사실을 밝히고 있고("당일에", 1절), 그래서 몇 사람은 그 사건들이 하나의 결론으로서 그 막에 연결되어야 한다고 주장했다. 이러한 주장은 다음과 같은 근거에서 주장되었다. (a) 이 사건들이 하만의 파멸의 즉각적인 결과다(Gerleman, 121). 혹은 (b) 모르드개의 지위 승격은 모르드개에 대한 하만의 공격의 실패의 결과를 나타낸다(Meinhold, 69; 또한 참조. Ringgren, 397). 그렇다면 새로운 막(혹은 장면)은 8:3에서 시작된다. 그러나 머피의 의견(Murphy, Wisdom, 166-67)을 따른 바트케(Bardtke, 361-62)는 이 사건들이 "기록된" 것일 뿐 상세한 대화가 제공되어 있지 않다는 근거에서 이 단락을 분리된 단락으로 본다. 그러나 그것이 간략한 보고 형태로 주어져 있다는 사실은 이것이 분리된 내용으로서가 아니라 뒤따라올 사건들을 위해 배제하고 또한 그 사건들에 대한 준비로서 의도되었다는 사실을 강력하게 증명하고 있는데, 그의 보다 큰 중요성은 그 사건들의 세부적인 대화 형태로 암시되어 있다.

필자의 의견에는, 증거가 8:1-2을 앞의 막과 결합시키거나 혹은 그것들을 하나의 분리된 단위로 구성시키기보다는 8:3-17과 결합시키고 있다는 쪽으로 기울어진다(또한 참조. Clines, *Esther Scroll*, 98-99; Dorothy, "Book of Esther," 294-97). 첫째로, 1-2절은 앞의 막에 나타나지 않은 인물, 즉 모르드개를 소개한다. 그는 "모르드개가 왕의 앞에 나아오니"("주석"을 보라)라는 진술과 함께 의미심장한 방법으로 이 장면에 나타날 뿐만 아니라, 에스더의 호소(3-6절)에 대한 왕의 응답(7절) 가운데 포함된다. 그런 까닭에 그는 에스더가 호소하는 동안 그 곳에 있었다("원문 주해" 7.a.). 더 나아가서, 그는 9-17절에 있는 뒤따라오는 사건들 가운데서 주인공이 된다. 모르드개가 4, 5, 6막(5:1-7:10)의 사건들에서 주인공들 가운데 한 사람이 아니었다는 사실을 유념하는 것이 중요하다. 그는 4막과 5막(에스더가 왕의 알현실로 들어간 일과 에스더와 왕과 하만만이 참석한 두 잔치를 설명하는 막)에서 전혀 나타나지 않았고, 5막에서 모르드개는 완전히 부차적 인물인데, 그 이유는 그가 논의와 행동의 대상이지 결코 주인공이 아니기 때문이다. 앞의 막에 나타나지 않은 인물을 소개하고 있다는 사실은 이것이 하나의 새로운 막이라는 사실을 강하게 입증해 준다.

둘째로, 앞의 막(7:1-10)으로부터 8:1-2의 분리는 7:1-10이 형태와 내용을 통하여 완전하고도 결집된 전체로 묶여지는 방식으로 나타나 있는데(그 곳의 "양식/구조/배경"을 보라), 특히 7:10의 강한 종결을 통하여 암시되어 있다(Fox, 89).

셋째로, 설화자는 이제까지 정규적으로 시간 지칭 혹은 시간을 나타내는 문장으로 하나의 새로운 말 혹은 장면을 표시해 왔다(예를 들어, 1:10; 2:1; 3:1; 3:7, 12; 5:1, 9; 6:1; 7:1). 그런 까닭에 8:3에 이러한 시간 지칭이 나타나지 않고 8:3에 나타나 있다는 사실은 3-8절을 1-2절의 연속으로 보고 있다는 사실을 강하게 시사한다.

넷째로, 3절에 있는 에스더의 호소는 왕과 분리된 알현을 이루고 있지 않으며(Paton, 269는 이에 반대다; "주석"을 보라), 그럼에도 불구하고 왕은 그녀에게 금홀을 내어 민다. 그보다 이것은 앞의 호소의 연속인데, 그 이유는 본문이 "에스더가 다시 와서"가 아니라 "에스더가 다시 말했다"고 말하고 있기 때문이다(참조. Clines, *Esther Scroll*, 98; Moore, 77).

마지막으로, 1-8절이 단일한 장면이라는 결론은 행동 현장 문제나 혹은 연대기 문제를 통하여 약화된다. 1-8절의 사건들의 성격이 그것들의 발생을 위한 특별한 현장(왕의 사저와 같은; 아래를 보라)을 필요로 하지 않는다는 사실을 고려하면 1절의 "당일에"라는 시간을 지칭하는 문구는 당연히 그 일들이 앞의 사건이 일어났던 곳과 같은 현장, 즉 에스더의 잔치가 열렸던 왕의 연회장에서 일어났다는 사실을 암시한다(7:7을 보라). 1-2절과 3-8절 단락들의 사건들이 하만이 처형을 당하기 위하여 끌려간 다음 그 곳에서 일어났을 수도 있다는 사실은 매우 개연성이 있다. 3-6절의 사건들이 1-2절과는 다른 장소와 날짜에 일어났을 것이라는 바트케의 입장(Bardtke, 363)은 이 구절들이 하나의 새로운 장면을 시작하고 있다는 그의 판단에만 근거하고 있다(사 7:3-9, 10-17에 대한 암시는 에스더서에 관해서는 아무것도 입증하지 못한다). 왕이 자기 손에 홀을 들고 그것을 에스더에게 내어 밀고 있다는 근거에서 현장이 왕실이라는 그의 논증은 이러한 과정이 부름을 받지 않은 왕과의 알현에 대한 의식적 수행원 가운데서 시행된 자비로운 행위가 아니라(Bardtke, 363 자신이 관찰한 바와 같이; 참조. 5:2), 간청의 행위에 반응하여 내보인 은총의 표시라는 사실을 통하여 거짓임이 드러난다. 설화자가 주로 굴복을 표현하는 카라(כרע)나 השתחוה를 사용하지 않고 보다 일반적인 단어 나팔(נפל, "떨어지다")을 사용하고 있음을 유의하라(참조. Clines, *Esther Scroll*, 98). 연대기적 문제에 관해서는, 1-8절에 기록된 사건들이 왕의 불면증과 함께 6:1에서 시작된 그 날의 결말에 일어났을 수 있다는 사실은 전혀 불가능하지 않다. 그 날의 사건들은 다음과 같이 정리할 수 있을 것이다.

1. 늦은 밤/이른 아침에 왕이 모르드개가 왕을 암살하려는 음모를 고했으나 보상을 해주지 않았다는 사실을 알았으므로, 모르드개를 나무에 매달기를 왕에게 요청하려고 도착한 하만에게 왕이 존귀케 하기를 원하는 사람에게 어떻게 이해할 것인지를 묻는다. 왕이 자기를 가리키는 것으로 생각한 하만이 왕에게 그러한 사람을 위하여 행할 일을 말한다. 왕이 하만에게 모르드개에게 바로 그 일을 하라고 명령한다(6:1-10).
2. 그 아침에 하만이 모르드개를 그렇게 존귀케 만들어 준다. 모르드개는 대궐 문으로 돌아온다. 하만은 집으로 돌아와서 자기 아내와 친구들에게 불평을 털어놓고, 그들은 그의 파멸이 확실하다고 말한다. 바로 그때 왕의 시신들이 도착하여 하만을 급히 에스더의 잔치에 데려간다(6:11-14).
3. 이른 오후에 에스더의 두 번째 잔치가 있고, 그 잔치 끝에 포도주를 마시는 동안 하만의 배반 행위가 드러나며, 왕은 그를 처형하라고 명한다(7:1-9).
4. 그 날 오후에 하만이 처형당한다(7:10).
5. 늦은 오후/이른 밤에 왕이 하만의 재산을 에스더에게 준다. 에스더가 왕에게 모르드개와 자신의 관계를 모두 알려 준다. 모르드개가 왕을 알현하도록 허락을 받는다. 왕이 모르드개에게 자기의 인장 반지를 주고, 에스더가 그에게 하만의 재산을 맡긴다(8:1-2).
6. 그날 늦은 밤 에스더가 다시 왕에게 자기 민족을 위하여 호소한다. 따라서 왕은 그녀와 모르드개에게 유대인들을 위하여 그들이 기뻐하는 대로 칙령을 반포하도록 허

락한다(8:3-8).

몇몇 사건들이 같은 날에 일어났으므로 이 모든 일이 한 날에 일어났을 수 있다. 예를 들어, 모르드개가 대궐 문으로 돌아오고 하만이 집으로 돌아간 것은 분명히 동시적으로 발생했을 것이다. 하만의 처형과 항목 5에 있는 왕, 에스더, 모르드개가 연루되어 있는 복잡한 사건들은 당연히 동시 발생적으로 일어났을 수 있다(참조. Fox, 96-97). .

(2) 이 두 장면(1-8절과 9-14절)이 단 하나의 막을 이루고 있는지의 여부와 관련하여, 그것들이 그러하다는 것은 완전히 불확실하다. 이 점에서 본 장의 연대기에 대해서 모호한 설명을 하고 있는데, 말하자면 에스더와 모르드개가 자기들의 칙령을 공포하도록 왕의 허락을 받은 시간(8절)과 칙령 자체의 날짜 곧 세 번째 달의 23일(8:9) 간에 일어나는 커다란 간격이다. 이러한 날짜는 모르드개의 칙령의 작성과 공표를 하만이 자기의 칙령을 발표했던(3:12-15) 날(첫 달 13일)보다 더 늦은 2개월 10일(혹은 70일－아마도 상징적인 숫자일 것이다. 아래를 보라)로 잡는다. 이러한 기간은 하만의 칙령 공포 이후에 관련된 사건들이 채워지기에는 너무나 길다. 이러한 사건들이 소모한 시간은 수산 궁에서 하만의 칙령의 발표(3:15)와 "모르드개가 이 모든 일을 안"(4:1) 시간 사이에 하루가 경과했는지의 여부에 따라 4일이나 혹은 5일을 초과할 수 없다. 모르드개는 거의 즉시 수산 궁에서 반포된 칙령의 부본을 입수할 수 있었을 테지만(4:8), 그는 또한 하만이 왕의 보고에 지불하기로 약속한 돈의 정확한 액수도 알고(4:7), 왕궁 내부의 동료들 가운데서 자기의 자료를 자세하게 입수하기까지는 어떤 시간이 필요했을 수 있다. 에스더가 모르드개의 고통을 알게 되고(4:4) 그들 간에 대화가 일어나기까지는 하루 이상 걸리지 않았을 것이다(4:5-16). 에스더가 모르드개와 대화를 하고 난 지 3일 후에 그녀가 왕 앞에 나타났고(5:1), 8:1-8까지 이끌어 간 극적이고도 절정에 달하는 사건들이 꼭 이틀째에 일어났을 텐데, 이를 다음과 같이 정리할 수 있다(두 번째 날의 사건들에 관해서는 위를 보라).

5:4 "**오늘** 내가 왕을 위하여 잔치를 베풀었사오니 왕이…하만과 함께 임하소서."
5:8 "내가 왕과 하만을 위하여 베푸는 잔치에 또 나아오소서 **내일**은…."
5:9 "**이 날에** 하만이 마음이 기뻐 즐거이 나오더니."
5:12 "…**내일**도 왕과 함께 청함을 받았느니라."
6:1 "**이 밤에** 왕이 잠이 오지 아니하므로."

7:1 "(**둘째 날**) 왕이 하만과 함께 또 왕후 에스더의 잔치에 나아가니라."
8:1 "**당일에** 아하수에로 왕이…왕후 에스더에게 주니라."

그렇다면 기껏해야 하만 칙령의 공표로부터 8:1-8의 사건까지는 단 4일만(어쩌면 5일)이 경과했을 수 있다. 뿐만 아니라, 이것은 새로운 현장과 그 다음 시기와 함께 8:3에서 새로운 장면을 시작하는 데 도움을 주지 않는다(예를 들어, Bardtke가 이렇게 주장함; 위의 논의를 보라). 에스더는 분명히 하만의 사망 이후 곧바로 하만의 칙령으로부터 자기 백성을 구해 달라고 왕에게 호소했을 것이다. 사실상, 그녀는 자기의 유리한 기회를 놓치지 않았을 것이다. 더 나아가서, 왕이 에스더와 모르드개에게 칙령을 기록하라고 허락하고(8절) 모르드개가 칙령을 기록하는 일(9절) 사이에는 짧은 기간이 지나갔을 것이다. 이 기간 동안 모르드개는 반대 칙령을 작성하는 것이 가장 좋은 과정이라고 생각했을 것이다. 그러나 이 기간이 연루된 시간의 경과에 달할 수는 없었을 것이다. 그런 까닭에 우리는 에스더와 모르드개가 왕으로부터 첫째 달 17일에(혹은 기껏해야 하루 혹은 그 이후) 유대인들에 관한 칙령을 작성하도록 허락을 받아냈으나 2개월 이상이 경과한 제3월 23일까지 칙령을 반포하지 않았다는 일관성 없는 사건에 직면한다. (이러한 사실에 비추어 볼 때, 8:9에 있는 "니산월 곧 첫째 달 23일"이라는 LXX 독법은 의도적인 조정임에 거의 틀림없다).

어쨌든 이러한 일관성 없는 시간의 경과는 기사에 대한 사건들 자체의 분배로부터 나온 것 같지는 않아 보인다(또한 참조. Fox, 97). 게다가 설화자가(이제까지 그 설화자의 서술 기교가 풍부하게 드러나 있다) 이 두 장면을 단일 장면이 되도록 의도했다는 분명한 암시가 있다. 첫째로, 설화자가 하만 칙령의 날짜(3:12에 제공된 1/13)와 모르드개 칙령의 날짜(8:9에 제공된 3/23) 사이에 자기 설화의 어떤 사건이든 절대적 날짜를 제공하고 있지 않다는 사실을 유념하는 것이 중요하다. 그런 까닭에 그가 기록한 사건들을 통하여 정확하게 얼마나 많은 시간이 소모되었는지에 대해서 그는 크게 관심을 두지 않은 것으로 보인다. 외관상으로 그는 이러한 사건들이 이러한 시간 간격 속에서 일어났다는 일반적인 가정을 한 것으로 보인다. 이것이 사실이라는 것은 설화자가 이것에 "그 때"(9절)라는 문구를 덧붙임으로써 그 날짜를 강조하고 있는 사실에 의하여 요구된다. 이것은 당연히 그가 기술하려고 하는 사건들이 바로 앞서 일어난 사건들과 전반적으로 동일한 시기의 것이라는 사실을 암시한다. 사실상, 이러한 사실에 비추어 볼 때 설화자는 당연히 70일의 간격을 만들어 내는 그 상징적 가치로 인하여 그 날짜를 선택했을 수 있지만, 그럼에도 불구하고 설화자는 자기의 독자들에게 그 날짜들을 계산해 보도록 여지를 남겨 놓고 있다. 그는 당연히 자신이 그 날짜를 강조했던 방식을 통하여 그 계산을 해보도록 미묘하게 자극했을 수 있다. 아마도 사실상 그 날짜는 "모든 조심성 있는 본서의 포로 후기 독자의 공감을 얻었을 것이다. 즉 70일은 포로 70년이라는 것이다(그렇지 않은가?)"(Clines, 316). 이러한 입장에서 70일이라는 간격은 "완전과 선"이라는 호의적 상징일 뿐만 아니라(Dommershausen, *Estherrolle*, 105) 동시에 유대인의 운명의 반전이 포로 귀환과 같이 확고한 것이었다는 표시였다. 그럼에도 불구하고 설화자가 최소한 이 두 장면 사이에 아무런 의미심장한 간격을 생각하지 않았고, 그래서 그것들을 단일 장면으로 구성하고 있다는 것이 타당해 보인다. 그렇다면 이러한 사실에 근거하여 필자는 8:1-17이 단일 막(幕)을 이루고 있다고 결론짓는 바이다.

마지막으로, 두 번째 장면의 첫 번째 삽화(9-15절)에서 설화자가 3:12-15에 있는 하만의 칙령을 설명하면서 사용되었던 것과 실질적으로 동일한 어휘를 사용함으로써 하만 칙령 자체와 또한 그 기록 및 공표의 구체적 상황을 모두 기록하고 있다는 사실을 유념하는 것이 중요하다. 이것은 그 두 기사를 한 절 한 절 비교해 보면 가장 잘 드러난다(변형 내용은 각 기사 가운데 진한 글씨체로 표시되어 있고, 또한 8:9-16에서는 고딕체로 덧붙여져 있다).

3:12-15	8:9-16
정월 십삼 일에 왕의 서기관이 소집되어	그때 시완월 곧 삼 월 이십삼 일에 왕의 서기관이 소집되고
하만의 명을 따라…조서를 쓰되	무릇 **모르드개**의 시키는 대로 조서를 써서
왕의 대신과 각 도 방백과 각 민족의 관원에게	인도로부터 구스까지의 일백이십칠 도 유다인과 **대신과 방백과 관원에게** 전할새
곧 각 도의 문자와 각 민족의 방언대로 쓰고	각 도의 문자와 각 민족의 방언과 유다인의 문자와 방언대로 쓰되
아하수에로 왕의 이름으로…왕의 반지로 인치니라.	10 아하수에로 왕의 명의로 쓰고 왕의 반지로 인을 치고
13 이에 그 조서를 **역졸**에게 부쳐…왕의 각 도에 보내니	그 조서를 **역졸들**에게 부쳐 전하게 하니 저희는 **왕궁에서 길러서 왕의 일에 쓰는 준마를 타는 자들**이라
(명령)하였고	11 조서에는 왕이 여러 고을에 있는 유다인에게 허락하여 저희로 함께 모여 스스로 생

	명을 보호하여
죽이고 도륙하고 진멸하고	죽이고 도륙하고 진멸하고
모든 유다인을 노소나	**각 도의 백성 중 세력을 가지고 저희를 치려하는 자**와
어린 아이나 부녀를 무론하고	그 처자를
	그 재산을 탈취하게 하되
십이월 곧 아달월 십삼 일 하루 동안에	12 아하수에로 왕의 각 도에서 아달월 곧 십이 월 십삼 일 하루 동안에 하게 하였고
또 그 재산을 탈취하라	
14 이 명령을 각 도에 전하기 위하여 조서의 초본을 모든 민족에게 선포하여	13 이 조서 초본을 각 도에 전하고 각 민족에게 반포하고
그 날을 위하여 **(그들은)** 준비하게 하라 하였더라	**유다인**으로 예비하였다가 그 날에 대적에게 원수를 갚게 한지라
15 역졸이 왕의 명을 받들어 급히 나가매 그 조서가 도성 수산에도 반포되니	14 왕의 명이 심히 급하매 역졸이 왕의 일에 쓰는 준마를 타고 빨리 나가고 그 조서가 도성 수산에도 반포되니라
왕은 하만과 함께 앉아 마시되 수산 성은 **어지럽더라**	15 **모르드개가** 푸르고 흰 조복을 입고 큰 금면류관을 쓰고 자색 가는 베 겉옷을 입고 **왕의 앞에서 나오니** 수산 성이 즐거이 부르며 기뻐하고
	16 유다인에게는 영광과 즐거움과 기쁨과 존귀함이 있는지라

분명히, 수많은 변형들은 다음의 사실들로 인하여 필요했을 것이다. (1) 칙령의 반포자가 지금은 하만이 아니라 모르드개다. 그리고 (2) 칙령을 받는 자들이 이제는 하만이 칙령을 전달했던 전체 "모든 민족"이 아니라 유대인들이다. 폭스(Fox)는 이 칙령의 용어와 그 반포 내용의 세부 사항이 첫 번째 칙령과 거의 정확하게 대등한 이유는 이것이 "하만의 칙령을 무효화시키는 수단이 되는 것이기 때문"이라고 설명한다(Redaction, 118). 그러나 틀림없이 모르드개의 칙령과 그 공포는 두 칙령 자체와 또한 그 반포의 상황들을 설명하는 가운데 실질적으로 동일한 어휘를 정확하게 고의적으로 채택하지 않고 하만의 칙령을 효과적으로 무효화시킬 수 있었을 것이다. 이러한 수많은 변형과 부가 내용과 함께(변형된 칙령이 필요로 한 것들 이외에) 실질적인 동일한 어휘를 고의로 채택한 것은 의미심장하다(이에 관해서는 "해설"을 보라).

주석

1 "아하수에로 왕이…하만의 집을 왕후 에스더에게 주니라"(אֶת־בֵּית הָמָן נָתַן הַמֶּלֶךְ אֲחַשְׁוֵרוֹשׁ לְאֶסְתֵּר הַמַּלְכָּה – 나탄 함멜렉 아하수에로쉬 레에쓰테르 함말카 에트-뻬트 하만). 자주 주장되어 온 바와 같이, 헤로도투스(Herodotus, 3. 128-29)와 요세푸스(Josephus, Ant. 11.17)는 초창기 페르시아 시대에는 배신자의 재산은 국가에 의하여 몰수되었다고 기록하고 있다. 왕은 아마도 하만의 재산을 에스더에게 주고 있는데, 그 이유는 그녀가 하만의 반역 행위의 일차적 희생자였기 때문일 것이다. 뻬트(בית)는 직역하면 "집"인데, 이것은 여기서 한 사람이 소유한 부동산과 동산 전체의 의미로 사용되었으며(예를 들어, 다른 곳 창 44:1; 왕상 13:8에서처럼), 그래서 본문에서 "재산"으로 번역했다. 뻬트(בית, "집")가 구약성경에서 그러한 의미로 자주 사용되었으므로 당연히 가족들도 포함되었을 수 있다(Clines, 314).

"모르드개가 왕의 앞에 나아오니"(וּמָרְדֳּכַי בָּא לִפְנֵי הַמֶּלֶךְ – 우모르또카이 빠 리프네 함멜렉). 이 표현은 틀림없이 모르드개가 하만이 가졌던 것으로 보이는 바(6:4) 어떤 부름을 받지 않고서도 왕 앞에 나아갈 수 있었던 사람들과 같은 신분을 부여받았다는 사실을 의미한다(참조. "왕의 기색〈안색〉을 살피는 사람들", 1:14).

"자기에게 어떻게 관계됨을"(מַה הוּא־לָהּ – 마 후-라흐). 문자 그대로의 표현을 그대로 유지하는 것이 가장 좋을 텐데, 이는 이것이 에스더와 모르드개가 혈연관계였다는 사실 이상을 의미할 가능성이 크기 때문이다(Moore, 77). 이것은 특히 그들의 관계의 성격을 의미함에 틀림없다(특히 2:11, 20을 유념하라). 단순한 혈연관계는 보다 자주 콰로부 레-(קרוב ל ״, "…에 관계된") 혹은 그와 같은 방식으로 표현된다(참조. 룻 2:20b, 2:1). 이제까지 왕이나 하만이나 모르드개와 에스더의 관계를 알지 못했다는 것은 특별히 이상할 것이 없다(Paton, 267이 그렇게 주장함). 설화자는 특별히 에스더가 하렘 자체 안에서나(2:10) 혹은 왕후로 즉위하고 있는 왕실에서까지도(2:20) 자기의 인종을 알리지 않았다는 사실을 기록했었다. 틀림없이 에스더 자신의 개인 수종자들에게도 그러한 사실을 알리지 않았을 것이다(참조. 4:5-16).

3 "에스더가 다시 왕의 앞에서 말씀하며"(וַתּוֹסֶף אֶסְתֵּר וַתְּדַבֵּר לִפְנֵי הַמֶּלֶךְ – 와토쎄프 에쓰테르 와트다뻬르 리프네 함멜렉). 관용어 "그녀가 덧붙였다 그리고 말했다"는 행동의 반복을 가리킨다. 이것은 왕에 대한 새로운 알현이 아니라 앞의 막

에서 시작했고 1-2절에서 계속했던 알현의 연속임이 분명하다(특히 참조. Clines, *Esther Scroll*, 98; Meinhold, 71; Bardtke, 363는 이에 반대다; Gerleman, 127). 이것은 (1) 1-2절의 사건을 이끌고 있는 "당일에"라는 시간 언급에 의하여, (2) 3절에 시간 언급이 없는 점에 의하여 그리고 (3) "에스더가 왕에게 다시 들어갔다"가 아니라 "에스더가 왕에게 다시 말했다"는 특별한 어투에 의하여 드러난다. 그런 까닭에 에스더는 부름을 받지 않고 왕을 알현하는 목숨을 거는 모험을 하지 않았다(참조. Moore, 77, 82; Clines, 314; Fox, 91-92; Paton, 269는 이에 반대다). 여기서 4절에 있는 왕의 홀을 내어 미는 행동은 5:2에 있는 것과 같은 자비로운 행위가 아니라 호의와 격려의 표시다(참조. Clines, 315; Moore, 78).

"그녀가 왕(그)의 발 아래 엎드려"(וַתִּפֹּל לִפְנֵי רַגְלָיו – 와팁폴 리프네 라글라이우). 절하는 행위에 대해서는 다른 동사가 사용되기 때문에 이것은 절하는 행위가 아니라 간청의 행위다(이는 또다시 왕을 새롭게 알현하는 새로운 장면이 아니라는 사실을 암시한다).

5 "왕이 즐겨하시면", 직역하면 "(만일) 일이 왕 앞에 정당하다면"(וְכָשֵׁר הַדָּבָר לִפְנֵי הַמֶּלֶךְ – 웨카쉐르 하따바르 리프네 함멜렉). 카쉐르(כשר)는 LBH에만 나타난다. 이것이 에스더서 이외의 곳에서는 전도서에서만 사용되는데, 거기서 칼형 어간은 "성공하다"를 의미하며(11:6), 히필형으로는 "성공하게 하다"를 의미한다(또한 관련된 명사형 키슈론〈כִּשְׁרוֹן, "성공, 유익"〉은 전 2:21; 4:4; 5:10을 참조하라). 후기 성경 히브리어 당시에 이 동사는 "어울리다, 옳다, 적절하다"를 의미하며, 따라서 이 문맥에서는 동사가 "마음에 들다, 적절하다, 어울리는, 적당한" 혹은 "적절한, 옳은"의 의미를 가진다(*HALOT*, 503에서처럼 "제발"은 불가능하다). 에스더가 왕의 이름으로 반포되고 그의 인장 반지로 봉인된 칙령의 철회를 제안하려 하고 있으므로(이러한 철회를 알고 있었음에 틀림없다는 사실은 수립된 모든 관행에 부적절하고 위배된다. 참조. 1:19; 8:8), 이 문맥은 "적절한, 옳은"이라는 의미임에 틀림없다.

"(만일) 내가 왕의 목전에 은혜를 입었고", 직역하면 "만일 내가 그의 눈에 기쁨이라면"(וְטוֹבָה אֲנִי בְּעֵינָיו – 웨토바 아니 베에나이우). 문맥상 에스더가 "인정하는"(NRSV, NEB, REB)의 의미가 아니라 "외모에서 기쁨, 아름다움, 사랑스러움"이란 의미로 토브(טוֹב)란 단어를 사용하고 있을 가능성이 더 크다(이러한 의미로 이 단어의 사용에 관해서는 출 2:2; 삿 15:2을 보라). 하우트(Haupt, *AJSL* 24[1907-8] 154; 참조. Moore, 78)가 주장하는 바와 같이, 이 문구는 우리가 사용하는 "당신이 약간이라도 참으로 나에게 관심이 있다면"과 동일한 아양을 부리는 문구다.

7 대부분의 학자들은 왕의 이러한 공개적인 말 가운데서 그 자신이 그들을 향해서 했던 말을 되풀이함으로써 에스더와 모르드개를 향한 자신의 선한 뜻과 호의적 성향을 표현하고 있다고 생각해 왔다(예를 들어, Gerleman, 128; Dommershausen, 102; Moore, 79). 그러나 그가 이 곳 7절에서 자기의 대답을 시작하면서 사용하는 힌네(הנה, "보라")라는 지시적 혹은 강조적 불변화사의 사용 그리고 8절 초두에 있는 2인칭 복수 명령형 동사 "기록하라"에 불필요하게 덧붙여진 "그리고 너희"(ואתם – 웨아템)라는 강조적 독립대명사의 사용은 이 단어들이 날카로운 음성과 노한 어조로 말하고 있다는 사실을 강하게 시사한다. 그는 이렇게 말한다. "보라, 이것이 내가 너희를 위하여 행한 일이다! 너희는 나에게 그 이상의 일을 기대할 수 없을 뿐만 아니라, 나도 그 이상 아무것도 할 수 없다"(8b절). 이러한 이해는 저자가 시종일관 왕의 성격을 자기 자신의 명예와 능력 이외에는 무정하게도 거의 관심을 기울이지 않는 자로 묘사한 사실과 훨씬 잘 어울린다. 왕이 처음에 반포하도록 불쾌한 칙령을 하만에게 허락해 주었을 때, 그가 그것들의 상황이나 혹은 정체성에 관여하는 그 이상으로 하만의 변개할 수 없는 칙령으로부터 이 백성을 구원하는 어려운 일에 개인적으로 연루되는 데 관심을 두고 있지 않다는 것이 훨씬 더 그럴듯하다(3:10-11과 그 곳의 "해설" 부분을 보라). 그는 에스더와 모르드개에게 단순히 자기가 할 수 있는 모든 일을 했고, 나머지는 그들에게 달렸다고 말한다.

8 "왕의 이름을 쓰고 왕의 반지로 인친 조서는 누구든지 취소할 수 없음이니라"(כִּי־כְתָב אֲשֶׁר־נִכְתָּב בְּשֵׁם־הַמֶּלֶךְ וְנַחְתּוֹם בְּטַבַּעַת הַמֶּלֶךְ אֵין לְהָשִׁיב – 키-케타브 아쉐르-닉타브 베쉠-함멜렉 웨나흐톰 뻬타빠아트 함멜렉 에엔 레하쉬브). 클라인즈(Clines, *Esther Scroll*, 192 n. 6; 또한 참조. 175 n. 6)는 이 문장이 하만이 반포한 이전의 칙령의 불변개성의 이유를 말하고 있는지, 아니면 모르드개가 반포한 새로운 칙령의 불변개성의 이유를 말하고 있는지의 문제를 가지고 씨름한다. 그는 이것이 이 두 칙령을 모두 가리킬 가능성이 크다고 결론짓는다. 그러나 왕의 대답은 그가 실질적으로 모든 사건에 대해 관여하지 않겠다는 분격한 허용이며(위의 내용을 보라; 클라인즈 역시 이러한 입장을 취한다), 따라서 에스더와 모르드개에게 대한 왕의 명령은 특별히 반대 칙령을 작성하라는 것이 아니라 유대인들에 관해서 그들이 원하는 대로 작성하라는 것이다. 그런 까닭에 왕이 이 문장에서 하만 칙령의 불변개성을 가리키려 하고 있다는 것이 훨씬 더 타당성이 있다(Paton, 270-71; Bardtke, 367; Gerleman, 128). 에스더가 유대인이 피할 수 없다는 사실을 알고 있으므

로, 이 문장이 왕이 말한 것일 수 없고 저자나 혹은 해석자의 삽입구적 문구임에 틀림없다는 무어의 결론(Moore, 77)은 왕이 새로운 정보를 제공하고 있지 않고, 다만 하나의 명령이 하만의 계획을 철회하기 위하여 주어진 에스더의 요구의 가능성을 부정하고 있다는 사실을 인정하지 않고 있다(5절).

10 "저희는 왕궁에서 길러서 왕의 일에 쓰는 준마를 타는 자들이라"(רֹכְבֵי הָרֶכֶשׁ הָאֲחַשְׁתְּרָנִים בְּנֵי הָרַמָּכִים – 로크베 하레케쉬 하아하슈테라님 뻬네 하람마킴). 이 곳과 열왕기상 5:8에서 라카쉬(רכשׁ, 집합적 명사)는 쑤씸(סוסים, "말들"; 또한 참조. 미 1:13)과 동의어다. 이 단어는 또한 아람어에서도 나타나며(*DISO*, 1077를 보라; Driver, *Aramaic Documents*, 61; Naveh, "Aramaic Ostraca," 155) 수리아어에서도 나타나는데, 거기서 이것은 어떤 형태의 말을 가리킨다. 그렇지만 이것의 정확한 뉘앙스는 불확실하다. 하우트(Haupt, *AJSL* 24[1907-8] 157)는 "경주마" 혹은 "빠른 낙타"라고 생각하고, 반면에 바트케(Bardtke, 366)는 "파발마"(참조. KB^3)라고 번역하는데, 이것들은 모두 단순히 문맥에서 추론한 것 같다. 그러나 최근에 클링빌(Klingbeil, *ZAW* 107[1995] 301-3)은 페르시아 시대의 것으로 보이는 아라드(Arad)에서 나온 아람어 오지 그릇 파편에 있는 단어의 출현에 근거하여 "파말마"를 의미한다고 그럴듯한 주장을 한다. 아라드가 이 시대에 변방 주둔지와 중요한 무역로에 있는 중간 역과 가자로부터 내부로 이르는 군사 도로로서의 기능을 했던 것으로 보이므로(Naveh, "Aramaic Ostraca," 153, 176), 클링빌(Klingbeil, *ZAW* 107 [1995] 302)은 아라드(Arad)에서 보다 통상적인 쑤쓰(סוס, "말")가 아닌 이 단어를 사용한 것은 전문적 의미를 암시하는데, 이를테면 "왕실의 파말마 체계에 사용된 말들"을 암시한다고 주장한다. 그 다음에 그는 계속하여 여기서 사용된 일련의 모호한 전문 용어가 3:13(하만의 칙령의 전달을 묘사하고 있음)에는 빠져 있으므로 저자가 여기서 이것들을 사용함으로써 하나의 다른 파말마 체계가 모르드개에 의하여 사용되었다는 사실을 암시하거나, 아니면 모르드개 칙령의 신속한 전달이 유대인의 운명을 결정했을 것이라는 사실을 강조하기를 원했다는 근거에서, 그러한 전문 용어의 사용이 에스더서 문맥에 어울린다고 주장한다. 페르시아 왕실이 여러 형태의 파말마 체계를 가졌거나 혹은 모르드개의 칙령이 3월 23일에 공포되었고(9절), 미리 정해졌던 공격과 방어가 12월 13일 이전에는 일어나지 않았다는 사실(12절)을 고려하여, 그 전달의 신속함을 강조할 어떤 필요가 있다는 것은 가장 타당성이 없는 것으로 보인다. 그럼에도 불구하고, 저자가 여기서 유대 민족을 위한 모르드개 칙령의 전달의 중요성을 강조하기 위하여 사용되도록 유명하고도 효율적인 페

르시아 파말마 체계에 대한 전문 용어를 간직하고 있었을 것이라는 점이 적절해 보인다(참조. Clines, *Esther Scroll*, 96). 그렇다면 필자는 이러한 모든 주장들의 진위 여부를 막론하고 레케쉬(רכש)가 "파발마"란 번역을 받아들였다.

"준마를 타는 자들"과 동격으로 되어 있는 두 용어의 의미 역시 모호하다. 이것들은 구문론적으로 문장 구문의 두 단어와 동격으로 될 수 있을지라도 틀림없이 레케쉬(רכש, "파발마")를 수식하고 있는데, 그 이유는 람마킴(רמכים)이 명확하게 짐승들을 가리키는 단어인 것으로 보이기 때문이다(아래를 보라). 아하슈테라님(אחשתרנים)이 일반적으로 페르시아 하사싸(*hšaṣa*, "지배, 통치")+페르시아 형용사 접미어 아나(*ana*)로부터 차용한 단어로 보이기 때문이다. 그런 까닭에 이것은 가장 통상적으로 황제를 섬기기 위하여 그리고/혹은 왕 개인이 사용하기 위하여 보관된 말들을 의미하는 것으로 취급된다(Haupt, *AJSL* 24[1907-8] 157; Moore, 80; Paton, 273). 그러므로 필자는 진위 여부를 막론하고 로크베 하레케쉬 하아하슈테라님(רֹכְבֵי הָרֶכֶשׁ הָאֲחַשְׁתְּרָנִים)을 "국가에서 쓰는 타는 파발마"로 번역했다.

미쉬나 히브리어, 후기 아람어 그리고 아랍어에 있는 같은 어근을 가진 단어들에 근거하여 람마킴(רמכים)은 "(빠른) 암말"로 번역되어 왔는데(Bardtke, 366; Moore, 80; 참조. KB[3]), 베네 하람마킴(בני הרמכים)은 "(빠른) 암말들의 종자들"을 의미한다. 그러나 다른 사람들은 수리아어 람카(*ramkâ*, "가축떼"), 람마카(*rammâḵâ*, "목동")를 인용하면서 "(왕의) 가축[혹은 '말']의 종자"라고 한다. 어떤 경우든 이러한 표현은 왕을 섬기기 위하여 특별히 기른 짐승들을 의미하며, 그래서 필자는 이것을 임시적으로 취급했다. 수리아어 람마카(*rammâḵâ*)가 "목동"을 의미하고 이 명사의 히브리어 형태 역시 직업 혹은 전문직을 의미하므로(참조. *IBHS* § 5.4.a), 이 단어의 모음 부호를 호르마킴(הָרְמָכִים)으로 다시 찍어야 한다는 주장은 지극히 타당성이 있다(참조. Haupt, *AJSL* 24[1907-8] 157). 이 단어 가운데서 헬라어 히포네스(ἱππῶνες, "정류장": 크세노폰에 있는 한 문구 가운데 기록된, 하루의 승마의 휴식 시간에 왕의 도로상에 있는 정류장에서 재충전을 하는 페르시아의 관습을 가리킴)의 페르시아 동의어를 파악해 내려는 게를르만의 흥미 있는 제안(Gerleman, 129), 즉 베네 호르마킴(בני הרמכים)이 "정류장의 직원"을 의미한다는 제안은 이것이 문맥에 어울린다는 사실에서만 호응을 받는다. 이것은 사전적 혹은 본문상의 지지를 받지 못한다.

11 "각 도의 백성 중 세력을 가지고 저희를 치려 하는 자와 그 처자를 죽이고 도륙하고 진멸하고 그 재산을 탈취하게 하되"(הַצָּרִים אֹתָם טַף וְנָשִׁים וּשְׁלָלָם לָבוֹז

לְהַשְׁמִיד וְלַהֲרֹג וּלְאַבֵּד אֶת־כָּל־חֵיל עַם וּמְדִינָה – 레하슈미드 웰라하로그 울르아빼드 에트-콜-헬 암 우므디나 하차림 오탐 타프 웨나쉼 우슐랄람 라보즈). 표준적으로 볼 때, 거의 전반적으로 받아들여진 이 문장의 해석은 모르드개의 칙령이 유대인들로 하여금 국가적 차원 혹은 각 도의 차원에서 자기들을 공격하는 세력들뿐 아니라 자기들의 아이들과 부녀자들을 공격하는 세력들에게 대해서 죽이도록 허락을 하는 것이다. 이러한 윤리적 문제를 피하기 위하여 고디스(Gordis, *JBL* 95[1976] 49-53)는 본문을 두 가지 점에서 재해석한다(Clines, *Esther Scroll*, 179 n. 3이 이 의견을 따름). (1) 타프 웨나쉼(טף ונשים, "아이들과 여인들")이 부정사 웰라하로그 울르아빼드 레하슈미드(ולהרג ולאבד להשמיד, "죽이고 도륙하고 진멸하도록") 가 아니라 분사인 하차림(הצרים, "공격하는")의 목적어라는 것. (2) 뒤따라오는 문장 우슐랄람 라보즈(ושללם לבוז, "그리고 탈취하다")가 방금 언급된 부정사와 동등한 두 번째 부정사절로 이해되지 말아야 하고, 그런 까닭에 유대인들에게 부여된 허락의 일부분으로 이해되지 말아야 하며, 분사형 "공격하는"과 동등한 유대인들의 대적들의 행동을 묘사하는 것으로 이해되어야 한다는 것이다. 그 다음에 고디스(Gordis)는 이 11절의 마지막 부분에 있는 다섯 개의 단어, 즉 오탐 타프 웨나쉼 우슐랄람 라보즈(אתם טף ונשים ושללם לבוז, 직역하면 "그들, 여인들과 아이들 그리고 그들의 탈취하려는 물건들")를 3:13에 있는 하만 칙령의 실질적인 인용문으로 본다. 이러한 재해석은 "왕이 유대인들에게…멸하고, 죽이고, 한 민족에 대해 무장한 모든 세력들 혹은 '그들을, 그들의 아이들과 그들의 아내들을 그들의 물건들을 약탈물로' 공격하는 한 도(都)를 진멸하도록 허락했다"는 번역을 낳는다. 고디스는 다음과 같은 근거에서 이러한 재해석을 정당화하려고 한다.

> …문장을 검토하고 이 두 구절의 언어상의 용법을 검토해 보면(즉 3:13과 8:11) 양자 사이에 커다란 차이가 있음이 드러난다. 3:13에서 에트-콜-하예후딤…우슐랄람 라보즈(את־כל־היהודים … ושללם לבוז, "모든 유대인…그리고 그들의 물품을 탈취하도록")란 문장이 울레압베드(ולאבד, "멸하다")라는 동사 직후에 따라오며, 그리하여 이 문구는 동사들의 대격과 목적어로 되어 있음이 분명하다. 8:11에서 일곱 개의 단어들이 울레압베드(ולאבד, "멸하다")와 타프 웨나쉼(טף ונשים, "아이들과 여인들") 사이에 끼어들어 있다(*JBL* 95[1976] 50, 괄호가 첨가되었음).

어쨌든 이 주장은 타당하지 못한데, 그 이유는 이것이 두 구절 간의 완전한 평행적 구조를 모호하게 만들기 때문이다.

3:13 울레압베드 에트-콜-하예후딤 민나아르 웨아드자켄 타프 웨나쉼…우숄랄람 라보즈
멸하라 모든 유대인들을 노소나 어린아이나 부녀를 무론하고 또한 탈취하라
8:11 울레압베드 에트-콜-헬 암 우메디나 핫사림 오탐 타프 웨나쉼 우숄랄람 라보즈
멸하라 각 도의 백성 중 저희를 치려 하는 자와 그 처자를 또한 탈취하게 하되
세력을 가지고

평행절은 타프 웨나쉼("어린아이나 부녀")이란 문구가 8:11에 있는 "각 도의 백성 중 세력을 가지고"라는 직접 목적절과 등위 상태에 있는데, 이는 3:13에서 이 문구가 "모은 유대인들"이라는 직접 목적어구와 정확하게 등위 상태에 있는 것과 같다. 더 나아가서, 두 명사들 타프 웨나쉼("어린아이나 부녀")을 분사형 "공격하는"의 또 다른 목적어로 이해하기 위해서는 그것들이 대명사 접미어 "그들의"를 수반해야 할 뿐만 아니라 직접 목적어 표시인 에트(את, "…을")도 수반해야 한다. 사실상, 그것들이 비한정 명사라는 사실 자체가 그것들을 바로 앞선 한정 대명사 "그들"이 아닌 비한정 명사 "각 도와 백성의 모든 세력"과 등위 관계로 만든다. 마지막으로 평행절이 드러내 주고 있는 바와 같이, 부정사적이면서도 분사가 아닌 마지막 문장은 "공격하는"이 아닌 "멸하다"와 등위 관계임에 틀림없다.

17 "유다인 되는 자가 많더라"(וְרַבִּים מֵעַמֵּי הָאָרֶץ מִתְיַהֲדִים – 웨랍빔 메암메 하아레츠 미트야하딤). 설화자가 에스더서의 다른 곳에서 아하수에로의 왕국 혹은 제국을 가리키기 위하여 사용된 "말쿠트(מלכות, '왕국')의 백성"(참조. 1:14; 2:3; 3:6; 5:3, 6; 7:2)이 아닌 "아레츠(ארץ, '땅')의 백성"에 대해서 말하고 있는 점이 독특하다. 아레츠(ארץ, "땅")는 에스더서의 다른 곳에서는 10:1에만 나타나는데, 거기서 이 단어는 이예 하얌(איי הים, "섬, 해안")과 대조적으로 사용되고 있으며, 틀림없이 "본토"와 같은 어떤 것을 의미한다. "본토 백성들"은 구약성경에서 포로 후기의 본문 가운데 나타난다(포로 전기에 상당히 다른 의미로 사용된 "그 땅의 백성"이란 단수형과는 구별되어야 할 것이다. 참조. Healey, *ABD* 1:169). 아레츠(ארץ, "땅")란 호칭은 물론 팔레스틴 땅을 의미하고 이러한 표현은 포로민들이 귀환했을 때 그 땅을 점령하고 있었던 잡다한 비유대인 주민, 즉 포로 후기 공동체가 경멸감을 가지고 바라보았던 주민을 나타낸다(특히 참조. 스 4:4; 6:21; 9:1, 2; 10:2; 느 10:29-31[개역 28-30절]). 설화자는 분명히 포로 후기 팔레스틴 유대인 공동체에게 의미심장했던 페르시아 제국의 비유대인 구성원들에 대해서 이 용어를 사용하고 있다. 유대인 디아스포라 가운데서 사용되었던 이 용어가 에스라와 느헤미야서 본문에서처럼 부정적 어감을 가졌는지의 여부는 불확실하다. 그러나 이것이

후기 랍비 용법 가운데서 발전한 "이방인, 이교도"의 경멸적인 의미를 가지지 않았다는 것은 분명하다.

분사 미트야하딤((מִתְיַהֲדִים)은 히트파엘형 어간의 형태에서 주조된 명사 예후디(יְהוּדִי, "유대인")로부터 파생된 동사(일반적으로 히브리어는 동사형에서 명사형이 파생되었다 – 역자주)다. 이 어간으로 표현된 의미의 빈번한 분포들 가운데 하나가 "평가-선포 재귀형"인데, 말하자면 "누군가를 하나의 상태로 평가하다 혹은 누군가를 한 국가에 존재하는 것으로 선언하다"이다(*IBHS* § 26.2.f). 그런 까닭에 여기서의 의미는 "그들이 자기 자신들을 유대인으로 평가했다/선언했다"이다. 문맥에서 이것은 "그들이 유대인인 것처럼 가장했다"를 의미하는가, 아니면 "그들이 (진심으로) 유대인의 신앙, 관습, 행실을 받아들였다"를 의미하는가? 독특한 유대인의 의복을 입었다고는 할 수 없을 것이다. 만일 그러했다면 모르드개의 동료 관리들이 모르드개 자신이 그들에게 자기를 소개하기 이전에 먼저 그가 유대인인 것을 알았을 것이다(3:4; Fox, *Redaction*, 112 n. 8을 보라). 바트케가 말하는 바와 같이(Bardtke, 376), 각 지역의 유대인 공동체 구성원은 자신의 공동체 구성원이 누구인지를 정확하게 알고 있었고 진짜 개종자가 누구인지도 알았을 것이며, 따라서 자기 자신을 유대인이라고 형식상으로 지칭하는 것은 성공할 수 없었을 텐데, 특히 유대인들이 공격으로부터 자신들을 방어하려고 했을 때 그러했을 것이다. 그러므로 문맥 가운데서 이 단어는 "그들이 유대인 신앙, 관습, 행실을 받아들였다", 즉 그들이 "유대 민족에 가입했다"를 의미하는 것으로 취급되어야 한다(Fox, *Redaction*, 112 n. 8). 그러나 그러한 전향의 동기가 "유대인을 두려워해서"였다는 사실을 고려하면(이 문장의 의미에 관해서는 아래를 보라), 실제로 표면상으로만 진실한 가입이었을 수도 있다. 그런 까닭에 "그들이 스스로 유대인임을 고백했다"와 같은 모호한 번역을 채택하는 것이 더 나을 것 같다(NJPS가 이렇게 번역함; 참조. *IBHS* chap. 26, n. 26). 마지막으로, 여기에 표현된 전향은 종교적 전향(하나님의 법에 집착하는; 참조. 느 10:29)보다는 (유대인이 되는) 인종적 전향이었을 가능성이 매우 크다(Fox, 105가 주장하는 바와 같이).

"유다인을 두려워하여"(כִּי־נָפַל פַּחַד־הַיְּהוּדִים עֲלֵיהֶם – 키-나팔 파하드-하예후딤 알레헴; 직역하면 "유대인들의 두려움이 자기들 위에 떨어졌기 때문에"). 여러 학자들(예를 들어, Clines, 318-19; Dommershausen, *Estherrolle*, 110; Ringgren, 400)은 여호수아 2:9; 출애굽기 15:16; 시편 105-38과 같은 구절들을 인용하면서 여기에 나오는 두려움을 종교적 두려움이라고 주장했다. 클라인즈는 다음과 같이 말한다.

> 유대인의 군사적 용기를 감지한 것과는 관계없이, 그보다는 일어난 사건들의 종교적 의미에 대한 개종자들의 민감성과 관계가 있는 두려움이었다. 정말 같지 않은 일련의 동시 발생적 사건(인간의 관점에서 볼 때)에 의하여 이루어진 유대 민족의 운명의 반전은 진리가 종교 문제들 가운데 놓여 있었다는 사실을 오차 없이 보여 주었다…이러한 전향의 다발을 촉진하는 것은 순전히 유대인과 그들의 하나님의 비폭력, 정치적 능력이다… 그것은 사실상 정확하게 말해서 유대인들에 대한 두려움이 아니라 비록 설화자가 특별히 종교적 어투를 피하고 있기는 하지만, 유대인의 하나님에 대한 두려움이다…(*Esther Scroll*, 40-41).

그러나 이러한 입장은 두 가지 근거에서 성립될 수 없다. 첫째로, 이것은 언어의 용법을 위반하고 있다. 구약성경에서 파하드(פחד, "두려움")란 단어는 하나님에 대한 두려움만을 가리키지 않는다(Fox, 105; id., *Redaction*, 112; 참조. 시 64:2[개역 1절]). 그보다는 윌리엄슨이 말하는 바와 같이(*JTS* 37[1986] 148), 나팔 파하드 알(נפל פחד על, "두려움이 …위에 떨어졌다")이라는 관용어는 보통 일반적인 군사적 성격을 가진 재앙에 대한 두려움을 가리킨다(참조. 출 15:16; 삼상 11:7; 시 105:38; 욥 13:11). 둘째로, 이것은 문맥에 적용하면 가장 난점을 일으킬 뿐이다. 17절은 분명히 15-16절에 언급되어 있는 수산 궁에 있는 유대인과 비유대 민족과 대조적으로 일반적으로 제국 전역에 흩어져 있는 유대인들과 비유대 민족을 가리킨다. 그렇다면 어떻게 "그 땅의 백성" 곧 거대한 페르시아 제국 전역에 흩어져 있는 비유대 민족이 "일어난 사건들의 종교적 의미에 민감할" 수 있었을까? 그들이 어떻게 하만, 모르드개, 에스더, 아하수에로와 연관되어 4, 5, 6막(5:1-7:10)에서 일어난 일련의 비밀스런 사건들 가운데서 "일련의 있을 성싶지 않은 동시 발생적 사건들"에 대한 지식을 가졌을 수 있는가? 그들은 기껏해야 일어난 공적인 사건들에 대해서 알았을 것이다. (1) 하만이 공개적으로 모르드개를 영예롭게 한 일, (2) 하만이 페르시아 왕후 에스더의 민족인 유대인들을 전멸시키려고 했음으로 인하여 그가 나무에 달린 일, (3) 유대인 모르드개가 왕 다음 가는 하만의 지위인 2인자의 지위로 승격된 일(참조. 15절), (4) 특별히 이제 유대인 모르드개의 권위 아래 반포한, 유대인들에게 자기들을 방어하는 권한을 주는 공적인(참조. 13절) 반대 칙령의 내용.

설화자는 또한 우리에게 왕의 명령에 의하여 칙령의 한 부본이 각 도 모든 도에 반포되어야 했고, 모든 백성들에게 공개적으로 "그리하여 유대인들이 자기들의 원수들을 보응하기 위하여 이 날을 대비할 수 있게 되었다"고 알려 주고 있다. 분명히 "그 땅의 백성들"이 알고 있었던 것은 곧 페르시아 제국 내에서 권력을 휘두르는 사람이 이제는 하만과 그와 그의 계획에 함께한 사람들이 아니라 유대인 모르드개와 그와 함께 한 유대인들이라는 사실이었다. 비유대인들 편에서 그들에 대한 두려움을 갖게 만든 것은 분명히 유대인들의 새로 세워진 "정치적 능력"이지만(Clines, 위를 보라), 이것은 감히 그들을 공격했던 사람들을 죽이고 자기들의 대적들에게 보응할 그들의 허락과 능력으로부터 나왔을 때 "비폭력"으로 생각될 수가 없었다. 유대인의 대적들은 유대인 편에 자리잡고 있었던 보이지 않는 세력을 깨달아 알고 있었을 수도 있으나(Fox, 105-6; id., *Redaction*, 112), 문맥 가운데서 비유대인들로 하여금 유대인이 되도록 충동질한 것은 유일하게 유대인의 하나님에 대해 두려움을 갖게 했던 어떤 초자연적 세력에 대한 감각일 수는 없다. 그보다는 실질적으로 그들을 유대인 되게 만든 것은 지금 모르드개와 유대인 공동체가 행사하고 있었던 상급의 정치적 · 군사적 세력에 대한 두려움이다.

해설

이제 6:1에서 왕의 불면증과 함께 시작된 길고도 정서적으로 충격을 주었던 그 날 밤이 되었음에 틀림없다("양식/구조/배경"을 보라). 이날 하루 동안 왕을 향한 에스더의 호소가 하만의 제거와 함께 성취되었지만, 유대인 진멸을 명했던 그 두려운 칙령의 원천만이 무대에서 사라진 것뿐이다. 그렇다면 모르드개가 페르시아 왕후 에스더에게 지워 주었던 유대 민족을 구원하는 임무는 실질적인 의미에서 바로 지금에야 시작되었다. 그들의 존재 자체에 대한 위협은 하만이 왕의 이름으로 반포했고 왕의 인장 반지로 봉인했던 변개할 수 없는 칙령 가운데 여전히 사라지지 않고 있다.

장면 1. 에스더와 모르드개가 반-칙령을 반포할 권한을 얻다(8:1-8)

삽화 1. 모르드개가 왕을 알현하다(8:1-2). 하만의 칙령을 취급하는 과정은 왕이 성격에 걸맞지 않게 전체 이야기 가운데서 자기 스스로의 결단력에 의하여 매우 작은 하나의 결정을 할 때 시작된다. 그는 에스더에게 하만의 재산을 준다. 그의 행동은 의심할 여지없이 이제까지 하만의 계략에 의하여 일차적으로 부당하게 대우를 받았던 자로서 그녀 자신을 묘사한 것이 에스더의 전체 전략이었다는 사실을 반영해 준다(참조. Fox, 89-90). 따라서 왕의 진노는 에스더에 대한 위협이 하만의 처형과 함께 제거되었을 때 가라앉았다(7:10). 그의 진노에 불을 붙여 놓은 것은 그의 제국 전체 민족에 대항한 불쾌한 음모가 아니었고, 자기 왕후에 대한 공격에 연루된 자신에 대한 모독이었다. 이제 아하수에로로부터는 더 이상 기대할 수 있는 것이 없었다. 에스더가 이제 다시 왕에게 호소함으로써 조정을 해야 했던 것이 바로 이런 상황이었는데, 이번에는 하만의 칙령으로부터 백성을 구출하는 문제에 관한 것이었다. 그러나 이 일은 실제로 아주 미묘한 일일 텐데, 그 이유는 왕이 외관상으로 자기 자신이 거기에 연루되고 싶지 않았기 때문에 모든 일을 덮어 두기로 결단한 것으로 보이기 때문이다.

에스더는 이 일을 왕에게 모르드개와 자신의 관계를 알리면서 시작하고 있는데(1b절), 이 관계는 단순히 혈연관계라는 사실만을 의미하는 것이 아니라 그 관계의 성격(참조. 2:7, 10-11, 20)과 모르드개의 인물됨의 성격을 의미하는 것이다("주석"을 보라). 결국 모르드개는 총리로서 하만의 지위를 완전히 차지한다. 첫째로, 하만처럼(6:4) 모르드개는 특별한 소환을 받지 않고 왕 앞에 나아갈 수 있는 신분을 허락 받는다(1b절; "주석"을 보라). 그 다음에 왕은 자기의 인장 반지를 주는데, 이것은 그가 하만에게서 빼앗은 것이었고(2a절; 참조. 3:10), 그러므로 이전에 하만의 것이었던 왕의 전권을 가지고 행동할 권한을 그에게 부여하는 것이었다(참조. 3:12c; 8:8). 마지막으로 에스더는 하만의 재산을 관리하는 자가 되도록 임명하며(2b절), 그리하여 그에게 새로운 신분에 걸맞는 자원을 제공한다. 이것들이 모두 에스더를 통하여 이루어졌음을 유념하는 것이 중요하다. 모르드개가 왕을 알현하고 그로부터 하만의 지위를 물려받은 것은 그녀가 모르드개와 자신의 관계를 모두 왕에게 알려 주었기 때문이다(그는 이미 왕의 생명을 구한 것에 대해서 보상을 받은 바 있다, 6:1-11). 하만의 재산을 관리하게 임명한 것은 에스더다. 그렇다면 이것은 하만의 칙령을 처리하는 모든 준비 가운데 그 일환인데, 그 이유는 총리로서의 모르드개의 지위와 권세가 그 위협을 폐하는 데 결정적인 역할을 할 것이기 때문이다.

삽화 2. 왕이 에스더와 모르드개에게 유대인들을 위한 칙령을 기록하는 권위를 부여하다(8:3-8). 모르드개에게 총리의 지위를 얻게 한 다음, 에스더는 곧바로 하만의 칙령 문제를 취급한다. 이 모든 일이 아직도 왕의 마음속에 생생하게 남아 있는 그 순간을 포착하는 것이 중요하며, 그래서 그녀는 다시 한 번 왕을 졸라댄다. 모두가 아는 대로(4:11을 보라), 동요하고 변덕스러운 군주를 상대로 일을 한다는 것은 언제나 위험스러운 게임이지만, 지금은 더 그러하다. 그녀는 이미 소환을 받지 않고 그를 알현하고, 왕을 잔치 자리에 초대한 뒤 거기서 자기의 소청을 말하지 않고 그 자리에서 그 다음날 있을 잔치에 다시 초대함으로써 스스로 왕에게 압력을 가해 왔다. 거기서 그녀는 자기 생명을 위협했던 하만의 음모를 밝힘으로써 왕이 가장 총애하는 재상의 실체를 밝히면서 혼란스러운 장면으로 몰고 갔다. 더 나아가서, 이 음모의 세부 사항을 밝힘에 있어서 왕은 자그마한 복잡한 일들도 참지 못했다. 그런 까닭에 에스더는 커다란 재치와 정교함을 가지고 하만의 칙령으로부터의 구출을 요구하면서 전체적인 문제에 접근해 나가야 한다. 그녀는 이 일을 해냈다.

우리의 설화자는 실제로 에스더가 한 두 가지의 분리된 호소를 기록하고 있다. 첫째로 그녀는 매력으로 눈을 돌리고, 그 다음으로는 능숙한 수사학적 기법을 사용한다(Clines, *Esther Scroll*, 100-103에 따라). 3절에 있는 그녀의 첫 번째 호소와 관련하여 설화자는 그녀의 말을 동반하고 있는 그녀의 행동을 기술하고 있으며, 그리하여 감정 폭발을 묘사하고 있다: 그녀는 왕의 발 앞에 엎드려 눈물을 흘린다. 간접 대화를 통하여 그녀의 말을 기록함으로써 설화자는 기술적으로 그녀의 감정 폭발이 너무나 감동적이었으므로 그녀가 말하는 의미의 골자만이 명확하게 드러난다는 사실을 암시하고 있다. 여기서까지도 그녀의 재치가 드러난다. 그녀는 자기 민족을 멸절하려는 칙령, 즉 "아각 사람 함므다다의 아들 하만의 악한 계획"을 반복하지만, 그 문구를 "유다인을 멸하려고 꾀하고 쓴"이라는 문장으로 완화시키고 있으며, 그로 말미암아 실질적으로 왕의 결백을 입증해 주고 있다.

그 다음에 왕의 홀을 에스더에게 내어 밂으로써 왕이 그녀를 받아들였다는 사실을 기록한 다음, 설화자는 두 번째 호소를 기록하고 있는데, 그는 이것을 앞의 것과는 대조적으로 직접 대화로 기록하고 있다. 이 호소 가운데 필요로 하는 그녀의 커다란 재치가 그녀가 사용하고 있는 수사학적 기교를 통하여 강조되고 있다. 그녀가 앞에서 왕에게 요청했을 때 도입했던 정중하고도 간청하는 상황절이 여기서 절정에 도달한다. 첫 번째 잔치로의 초대 당시에 그녀는 단순하게 "왕이 선히 여기시거든"(5:4)이라고 말한 바 있다. 두 번째 잔치로 초대하고 또한 자기 생명 및 자기 민족의 생명을 구해 달라는 요청을 할 때, 그녀는 "내가 만일 왕의 목전에서 은혜를 입었고"(5:8; 7:3)를 덧붙인다. 이제 그녀는 이러한 두 가지 사항에다가 두 개의 다른 사항들을 재치 있게 덧붙인다. 이 사항들 가운데 첫 번째 것인 "왕이 이 일을 선히 여기시며"는 왕이 인준한 칙령의 폐지를 요구하는 것이 얼마나 부적당한지를 인정하고 있다. 그녀가 결론짓는 말인 두 번째 사항은 영리하게 그 근거로 옮겨 가

고 있다: "나를 기쁘게 보실진대"(이 말은 실질적으로 우리가 사용하는 "만일 왕이 나를 정말로 조금이라도 돌보신다면"과 동등한 말이다. "주석"을 보라)는 왕 자신의 그녀에 대한 명확한 존중을 암시하고 있다(참조. 2:17). 그녀는 주의를 집중시키기 위한 정중한 상황을 제시하는 데서 왜 자신의 요청이 받아들여져야 하는지에 대한 이유를 제공하는 쪽으로 조심스럽게 이동해 간 것이다. 그리고 "그녀의 근거에 최소한 타당할지라도(논리적으로 말해서) 이 마지막 사항은 그녀가 타당성 있게 왕의 마음속에 가장 효과적으로 오래 지속되도록 기대할 수 있는 이유다"(Clines, *Esther Scroll*, 101).

이러한 기술적이고도 미묘한 도입 문구와 함께 그녀는 자신의 요청으로 나아가고 있다. 그녀는 왕에게 자기 이름과 권위로 발표한 문서를 폐지하도록 요구하는 일을 피할 수 없지만, 최대한의 재치를 가지고 또다시 조심스럽게 그가 공범이라는 사실을 덮고 있다. 그녀는 먼저 "아각 사람 함므다다의 아들 하만의 꾀"에 동등한 문구 "조서"란 단어를 덧붙인다. 그 다음에 그녀는 그 문구를 "왕의 각 도에 있는 유다인을 멸하려고 꾀하고 쓴"으로 조정하고 있다. 여기에다 자기의 요청의 마지막 이유, 곧 "약간의 심리학적이고 수사학적인 걸작"(Clines, *Esther Scroll*, 102)을 덧붙인다. 그녀 자신의 생명은 이 날에 왕에게 한 호소를 통하여 이미 건짐을 받았고, 따라서 그녀는 자기 민족을 위한 호소의 근거로서 자기 생명에 대한 위협을 이용할 수는 없었다. 더 나아가서 그녀는 유대 민족에 대한 왕의 감정을 자기 요청의 이유로 호소할 수 없었다(윤리, 체면 혹은 영예만이 가능함). 왕은 이미 그들의 존재를 위협하고 있는 불쾌한 음모를 통하여 대부분 흔들리지 않는 인물이라는 사실을 드러냈다. 그러나 그는 그녀를 위하여 다시금 자신의 걱정을 나타내 주었다. 그러므로 그녀는 바로 여기에다가 자신의 호소의 근거를 두고 있는 것이다. 그녀는 그의 왕후인 자신이 자기 백성과 친척들의 멸망을 보아야 하는 극심한 고통을 생각해 보도록 부드럽게 호소하고 있다. "'내가 어찌 내 민족의 화당함을 참아 보며 내 친척의 멸망함을 참아 보리이까?'…그녀가 그녀의 승리의 최종 승리 카드이며, 그리고 그녀는 이것을 정중하게 이용하고 있다"(Clines, *Esther Scroll*, 102).

에스더가 호소해 온 커다란 재치와 배려는 매우 필요한 것인데, 그 이유는 그녀의 호소에 대한 왕의 반응(7-8절)이 날카롭고도 격노했기 때문이다("주석"을 보라). 에스더와 모르드개에게 말하면서 왕은 그들에게 자신이 이미 행한 일을 상기시켜 주고 있다. 왕은 "하만이 유다인을 살해하려 하므로 나무에 달렸고 내가 그 집으로 에스더에게 주었으니"라고 말한다. 실질적으로는 그가 "더 이상 내가 무슨 일을 할 수 있느냐?"고 말하고 있는 것이다. 그는 함정에 빠져서 "왕의 이름을 쓰고 왕의 반지로 인친 조서는 누구든지 취소할 수 없음이니라"고 선언하고 있으며(8b절), 하만의 칙령은 이러한 두 표준에 들어맞았던 것이다(참조. 3:12). 그런 까닭에 강조적 독립대명사와 명령형 동사와 함께, 그는 또다시 (그가 이야기 전체를 걸쳐서 해 온 바와 같이) 책임을 지는 것을 거절하고 있다. 그는 "너희가 기록하라. 너희, 에스더와 모르드개가 유대인들에 관하여 원하는 대로 기록하라"(8절)고 말한다.

> 이전에 기록된 것을 뒤집거나 비난하거나 상반되는 것이 아닌 한 너희가 좋아하는 대로 기록하라고 왕이 말한다. 너희가 하만의 칙령이 아직도 효력이 있다고 생각하는 한 유대인에게 유리하도록 너희가 좋아하는 대로 기록하라고 왕은 말한다. 너희가 좋아하는 대로 쓰고 그것에 내 인이 쳐질 것이지만, 하만의 편지를 포함하여 모든 다른 공문서에도 그러함을 기억하라고 왕은 말한다. 내가 포기했으므로 너희 좋아하는 대로 쓰라. 변개할 수 없는 칙령을 폐지하는 방법이라는 난문제(難問題)는, 너 에스더가 요구한 바와 같이 내 수중에서 떠났다. 그러나 만일 너희가 피할 수 없는 것을 반전시키는 방법을 생각해 낼 수 있다면, 너희가 좋아하는 내용을 자유롭게 기록하기를 바란다(Clines, *Esther Scroll*, 19).

장면 2. 모르드개가 반-칙령을 반포하다(8:9-17).

삽화 1. 반-칙령이 기록되고 발표되다(8:9-14). 이 난문제는 모르드개를 통하여 멋지게 해결된다. 몇 시간 후에(연루된 의미와 연대기에 대한 난점에 관해서는 "양식/구조/배경"을 보라) 왕의 서기관들이 소환되고, 모르드개는 유대인들이 자기들을 공격하는 어떤 인종적·정치적 그룹을 진멸함으로써 자기들 스스로를 방어할 권한을 조화시키는 반대 칙령을 작성하고 공표한다. 이와 관련하여 설화자는 정확하게 모르드개의 칙령을 완전한 반전으로 그리고 하만의 칙령의 폐지로 기록하고 있다.

첫째로, 이러한 사실이 9-10, 14절에 있는 문서 작성 및 모르드개의 칙령의 공표 상황을 3:12-15에 기록된 하만의 칙령의 작성 및 공표 상황에 연결시킴으로써 기술적으로 효과가 나타나 있다. 그러나 이러한 구절들은 3:12-15의 칙령의 부본을 글자 그대로 반복하고 있지 않다. 그 반대로 그것들은 모르드개의 칙령이 아하수에로 전역에 걸쳐서 유대인들에게 허용한 급격하게 변한 세력과 권위의 지위를 생생하게 파악하도록 중대한 사항에서는 수정되어 있다(이 두 구절의 세부적인 비교에 관해서는 "양식/구조/배경"을 보라). 그러므로 9절에서 모르드개의 칙령의 날짜가 예변법적으로 포괄적인 시간 표시 "그 때"로 소개됨으로써 강조가 되어 있는데, 이는 아마도 70일 기간의 상징적 의미에 대한 암시인 것 같다("양식/구조/배경"을 보라). 그 다음에 이 칙령이 전달되는 페르시아 제국에 있는 세 개의 행정 체계가 표현법과 세 개의 첨가 내용에서 변형됨으로써 수정되어 있다. 표현법에서 변형은 의미심장하다. 대신들은 이제 더 이상 "왕의" 대신이라고 지칭되지 않는다. 또한 방백도 "각 도" 방백으로 밝혀져 있지 않다. 뿐만 아니라 관원들을 소유격 "각 민족의"로 수식하고 있지도 않다. 더 나아가서 이 세 개의 가장 높은 수준의 행정 관리들은 "…에게"라는 전치사로 각기 분리되어 지배를 받음으로써 그리고 적절한 행정 구획과 유대관계를 통하여 위엄이 갖추어짐으로써 각기 독립적으로 배열되어 있지 않다. 그보다 이 세 개의 행정 체제는 이제 전치사 "…에게"와 하나의 소유격 "도(道)의"의 지배를 받아 한 실체가 되어 있다. 이러한 변형의 의미가 세 개의 덧붙여진 사항에 의하여 극적으로 강조되어 있다. 이제 소개된 첫 번째 체제는 유대인들이다. 그들은 전치사 "…에게"로 별도로 지배받음으로써 대신, 방백, 관원과 동등한 위치에 서 있을 뿐만 아니라(참조. Bardtke, 369), 또한 지금 그 관리들의 맨 앞에 등장하며, 그 서열이 이 세 개의 가장 높은 행정 관리들 앞에 위치를 차지하고 있다. 글과 언어를 취급하고 있는 마지막 문장에서도 역시 유대인이 강조되어 있다. 여기서 유대인들은 따로 취급되어 있고, 따라서 "각 도"와 "각 민족"과 동등한 신분이 주어져 있다. 마지막으로 "도"라는 소유격에 "인도로부터 구스까지의 일백이십칠 도"라는 관계절을 덧붙임으로써(1:1로부터 가져옴), 설화자는 유대인 디아스포라가 얼마나 광범위하게 퍼져 있는지를 표현하고 있다. 더 나아가서 변형과 덧붙임말이 역시 강조를 해주고 있다. 하만의 칙령의 "역졸"(3:13)은 이제 드문 단어로 묘사된 "준마를 타는 자들"로 밝혀져 있는데, 이는 그들이 빠르고 또 왕이 쓰는 것임을 모두 강조하고 있다(10절; "주석"을 보라). 어휘 역시 유대인을 옹호하는 칙령이 유포되는 속도와 권위를 모두 묘사해 주고 있다(8:14=3:15a-b의 부가 내용에 포함되어 있는 유사한 강세를 참조하라).

둘째로, 하만의 칙령의 반전은 두 개의 중요한 사항의 첨가 내용을 제외하고(또한 공격의 대상에 있어서 필수적인 변화) 하만의 칙령과 실질적으로 동일한 어휘를 사용하면서 모르드개가 칙령을 작성함으로써(11-13절) 그 효과가 나타난다. 첫 번째 첨가 내용은 "왕이 여러 고을[또한 12절에 있는 세부 사항도 참조하라]에 있는 유다인에게 허락하여 저희로 함께 모여 스스로"(11절)라고 진술하고 있다. 그 다음에 하만의 칙령에 있는 세 개의 부정사 "죽이고 도륙하고 진멸하고"가 나오고, 그 다음에 이러한 행동의 대상 "각 도의 백성 중 세력을 가진" 사람들이 나오며, 그 다음으로 "저희를 치려 하는 자"라는 한정명사를 이루고 있는 두 번째 첨가 내용이 나온다. 이러한 변형된 내용들은 유대인들에게 아무튼지 자기들이 원하는 대로 무차별 공격권을 허락하는 것이 아니라 자기들을 공격하는 인종적·정치적 그룹을 제거함으로써 자기 자신들을 방어할 권리만을 허락하는 것이다. 13절에서 유대인들에게 "대적에게 원수를 갚게 하도록"이라는 또 다른 첨가 내용(=3:14)은 이러한 의미로 이해되어야 한다.

이 모든 사항들이 강력하게 그리고 의미심장하게 모르드개의 칙령이 아하수에로 제국 전역에 걸쳐서 유대인들에게 허락해 준 권력과 권위가 급격하게 변한 지위를 기술적으로 표현함으로써 하만의 칙령의 완벽한 반전을 묘사하고 있다.

삽화 2. 모르드개가 영광을 얻어 왕의 알현실을 나오고, 유대인들은 즐거워한다(8:15-17). 장면 2의 마지막 삽화에서 유대인의 지위와 권력의 반전의 완성이 두 칙령의 결과들 간의 날카로운 대조를 통하여 가장 효과적으로 묘사되어 있다. 하만의 칙령을 축하하기 위하여 잔치 자리에 앉아 있는 왕과 하만의 모습(3:15c), 반면에 모르드개가 자기 옷을 찢고 베옷과 재를 뒤집어쓰고 성읍으로 나아가는 모습(4:1)은 모르드개가 영광과 영예를 얻어 조복을 입고 왕의 알현실을 나오는 장면으로 대치된다(15a절). 어지럽고 소동하던 수산 성읍(3:15d)이 "즐거이 부르며 기뻐하는" 수산 성읍으로 대치되었다(15b절). 제국의 나머지 부분에서 "크게 애통하여 금식하며 곡읍하며 부르짖음"(4:3a-b)이 "즐기고 기뻐하여 잔치를 베풀고 그 날로 경절을 삼는 상태"로 변했다(17a-b절). 마지막으로, 유대인들의 새로운 신분과 지위는 "굵은 베를 입고 재에 누운 자가 무수한"(4:3c) 상태에서 "본토 백성이 유다인을 두려워하여 유다인 되는 자가 많은"(17c절) 상태로 변하는 뚜렷한 반전을 통하여 강조되었다.

우리의 이야기는 분명히 그 해결점에 도달했다. 그러나 그 해결은 아직 완성되지 않았다. 그 이야기를 촉진시킨 위기는, 하만이 제국의 모든 민족들이 12월 곧 아달월 한 날 곧 13일에 모든 유대인들을 전멸시키고 그들의 물건을 탈취해야 한다는 변개할 수 없는 페르시아 칙령을 작성한 일이었다. 페르시아 법의 불변개성을 고려하면, 하만의 칙령을 폐지한다는 것은 불가능했다. 모르드개가 할 수 있는 일은 유대인들에게 자기들을 공격하는 어떤 사람 또는 모든 사람을 죽임으로써 자기 자신들을 방어하도록 특별한 왕의 허락을 제공해 주는 반대 칙령을 작성하여 반포하는 것이다. 그런 까닭에 비록 에스더가 지금 왕후로 즉위해 있고 모르드개가 총리에 즉위해 있을지라도 유대인 공동체는 아직 안전하지 못한데, 그 이유는 하만의 칙령이 아직도 법적인 효력을 발휘하고 있기 때문이다. 아달월 13일이 올 때 아무도 유대인을 대항하지 못할 것이고 그 칙령을 효력 있게 할 사람이 없으리라는 것은 결코 당연한 일로 생각할 수 없다. 그 이야기를 촉진시킨 그 위기는 아직도 완전히 해결되지 않았는데, 그 이유는 아달월 13일이 반작용하는 칙령과 그들을 지지하는 사람들이 아직 서로 대면하지 않은 날로서 미래의 일로 나타나 있기 때문이다. 승리는 유대인의 기쁨과 축하가 확증해 주듯이 확보된 것으로 보일 수도 있으나, 그 승리는 아직 실현되지 않았다(참조. Fox, *Redaction*, 110-12).

8막.
유대인들이 승리하다: 그들이 대적들을 살육하다(9:1-5)

참고문헌

Anderson, B. W. "The Place of the Book of Esther in the Christian Bible." *JR* 30 (1950) 32-43. **Clines, D. J. A.** *The Esther Scroll: The Story of the Story. JSOTSup* 30. Sheffield: *JSOT*, 1984. **Dommershausen, W.** *Die Estherrolle.* Stuttgart: Katholisches Bibelwerk, 1968. **Dorothy, C. V.** "The Books of Esther: Structure, Genre, and Textual Integrity." Diss., Claremont, 1989. **Driver, S. R.** *Introduction to the Literature of the Old Testament.* Edinburgh: T. & T. Clark, 1913. **Fox, M.** *The Redaction of the Books of Esther: On Reading Composite Texts.* Atlanta: Scholars, 1991. **Huesman, J.** "Finite Uses of the Infinitive Absolute." *Bib* 37(1956) 271-95. **Murphy, R. E.** *Wisdom Literature: Job, Proverbs, Ruth, Canticles, Ecclesiastes, and Esther.* FOTL 13. Grand Rapids, MI: Eerdmans, 1981. **Pfeiffer, R. H.** *Introduction to the Old Testament.* New York: Harper, 1948. **Williamson, H. G. M.** Review of *The Esther Scroll*, by D. J. A. Clines. *JTS* 37(1986) 146-52.

본 문

1 아달월 곧 십이 월 십삼 일은 왕의 조명을 행하게 된 날이라 유다인의 대적이 저희를 제어하기를 바랐더니 유다인이 도리어 자기를 미워하는 자를 제어하게 된 그 날에	**1** The day arrived when the king's command and edict was to be carried out, the thirteenth day of the twelfth month, the month of Adar.[a] On this day, the day[b] in which the enemies of the Jews hoped to triumph over them, the very opposite occurred:[c] it was the Jews who triumphed over those who hated them.[d]
2 유다인들이 아하수에로 왕의 각 도, 각 읍에 모여 자기를 해하고자 하는 자를 죽이려 하니 모든 민족이 저희를 두려워하여 능히 막을 자가 없고	**2** They assembled together in their cities in all the provinces of King Ahasuerus to attack[a] those who sought to do them harm, and no one could make a stand before them, for fear of them had overtaken everyone.[b]
3 각 도 모든 관원과 대신과 방백과 왕의 사무를 보는 자들이 모르드개를 두려워하므로 다 유다인	**3** All the rulers of the provinces, the satraps, the governors, and the royal officials[a] were aiding the

을 도우니

Jews out of fear of Mordecai,[b]

4 모르드개가 왕궁에서 존귀하여 점점 창대하매 이 사람 모르드개의 명성이 각 도에 퍼지더라

4 because he had come to occupy a position of great power[a] in the palace, while his fame was spreading through all the provinces. For the man Mordecai was growing more and more powerful.

5 유다인이 칼로 그 모든 대적을 쳐서 도륙하고 진멸하고 자기를 미워하는 자에게 마음대로 행하고

5 So the Jews put all their enemies to the sword. They inflicted upon them slaughter and destruction,[a] and worked their will on[b] those who hated them.

원문주해

1.a. 직역하면 "12월, 아달월에, 그때 왕의 명령과 칙령이 시행되도록 도착했다". 이 시간을 나타내는 문장이 맨 앞에 옴으로써 이 문장 구조가 두드러지게 되며, 그래서 강조되어 있다. 위의 영역 본문에서는 그와 같이 번역하려고 시도했는데, 훌륭한 영어 스타일과도 일치한다.

1.b. 직역하면 "…한 그 날에". 이 두 번째 시간을 나타내는 문장이 시작하고 있는 빠욤(בַּיּוֹם, "그 날에")의 반복은 강조를 더해 주고 있는데, 위의 영역 본문은 이를 표현하려고 노력했다.

1.c. 직역하면 "전복되었던". "주석"을 보라.

1.d. 동격으로 되어 있는 독립대명사의 이 의미에 관해서는 *GBH* § 146c을 보라.

2.a. 직역하면 "…에게 한 손을 보내다".

2.b. 직역하면 "모든 민족들에게 떨어졌다".

3.a. 직역하면 "왕의 업무를 이행하고 있었던 자들". "주석"을 보라.

3.b. 직역하면 "모르드개의 두려움이 그들 위에 떨어졌으므로".

4.a. 직역하면 "그가 위대했었다".

5.a. 히브리 본문은 직역하면 "유대인들이 자기들의 대적들을 칼로 쳐서 죽이고 살육하고 멸망시켰다"로 되어 있다.

5.b. 직역하면 "그들이 바라는 대로 행했다".

양식/구조/배경

필자의 의견에는 이 구절들이 더 큰 문학적 단위 가운데 포함되어야 한다는 전반적인 입장과는 반대로, 9장의 1-5절이 설화의 발전 과정에서 하나의 막을 이루고 있다고 생각된다. 가장 통상적으로 직면하는 자료 분석 가운데서 9:1-19은 자주 "유

대인들이 자기들의 대적을 이기다" 혹은 그와 같은 제목이 붙은 하나의 단락을 이루고 있다(예를 들어, Dommershausen, 44; Gerleman, 130; Moore, 84; Dorothy, "Books of Esther," 197-303; 참조. Clines, 320; Fox, 107). 다른 사람들은 여러 근거에서 9:1-10을 9:11-19로부터 분리한다(Bardtke, 377-89; Haller, 133-35; Murphy, *Wisdom*, 167-69; 참조. Paton, 282-91, 페이톤은 이 자료를 세 개의 단락, 즉 1-10절, 11-15절, 16-19절로 나눈다). 도로티(Dorothy, "Books of Esther," 299-300)는 1-4절, "양식화된 전쟁 기록, 일반적": 5-10절, "전쟁 기록, 구체적"으로 분리한다. 이것은 6-10절이 특별히 수산 궁에서 무슨 일이 일어났는지에 관심을 두었으나 5절에 관한 구체적인 것이 실질적으로 없으므로, 분명하게 그 뒤에 따라오는 내용에 적응되어 있다는 사실을 놓치고 있다!

이러한 입장과는 반대로, 1-5절과 그 다음에 따라오는 내용 간에는 상당한 차이가 있다. 계속되는 자료는 틀림없이 설화의 결말, 부림절의 수립 그리고 특별히 어째서 이 축일이 유대인 디아스포라 사회, 즉 수산 궁과 다른 도에서 각기 다른 두 날들을 축하하게 되었는지에 대해 설명해 주고 있다. 그러나 9:1-5은 실질적으로 이러한 문제를 전혀 말하고 있지 않다. 여기서는 그 어떤 방식으로든 아무것도 일반적인 부림절에 대해서나 혹은 축일이 서로 다른 문제에 대해서 전혀 말하고 있지 않다. 이 축일이 다른 문제가 6절에서 전면에 나오는 것과는 대조적으로, 수산 궁에서의 싸움에 대한 언급과 함께 그 다음 막의 첫 번째 문장은 11-12절에서 왕의 질문으로 직접 이끌어 간다(그 곳의 "양식/구조/배경"에 있는 논의를 보라).

그 반대로, 9:1-5은 설화 위기, 유대 민족의 생존의 위협에 대한 해결의 완료를 말하고 있다. 8장 끝에서 위기가 본질적으로 해결되었지만, 두 대적 간의 접전과 타협할 수 없는 칙령이 어떻게 이루어질 것인지는 아직도 미결로 남아 있다. 그래서 여기서 요약적인 일반적 진술로 어떤 세부 사항이 없이 설화자는 이야기가 전개되어 가고 있는 해결로 근접해 나가면서 유대인의 승리를 설명한다(에스더서 서론의 주제와 목적 단락 가운데 있는 담화 구조를 보라). 이 위기가 완료되었을 때에야 설화자는 그 다음 막에서 자기 이야기의 결말, 즉 부림절의 수립과 그 축일 문제로 돌아선다.

본서의 결말, 곧 9장과 10장은 본서의 나머지 부분에 비하여 두드러지게 문학적으로 하급의 것이라고 자주 진술되어 왔다(특히 Clines, *Esther Scroll*, 39-49; Fox, *Redaction*, 114-15; 아래 "주석"에 있는 논의를 보라). 이것이 9:6-32에서는 그럴 수 있지만(그 곳의 "양식/구조/배경"을 보라), 여기서는 전혀 그렇지 않다. 이것이 가장 일반적인 말로 진술되어 있기는 하지만, 그럼에도 불구하고 유대인의 승리 기사는 도표가 보여 주는 바와 같이 앞서 있는 내용과 기술적으로 정교하게 만들어져 있고 세심하게 설명되어 있다. 그러므로 첫 구절의 구조 A는 시간을 나타내는 문장을 선두에 내놓고 있으며, 그것들을 일차적 초점으로 제공하고 있다("주석"을 보라). 첫 번째 시간을 나타내는 문장은 의미심장한 것인데, 이는 이것이 이미 두 번이나 먼저는 하만의 칙령에 대해서(3:13) 그리고 그 다음에는 최근에는 모르드개의 반대적인 칙령이면서도 변개할 수 없는 칙령에 대해서 너무나 두드러지게 묘사한 날짜를 아주 상세하게(순서가 역순이기는 하지만, 달의 이름을 먼저 언급하고 있다) 진술하고 있기 때문이다(8:12; 특히 앞 막의 "양식/구조/배경" 단락에 있는 도표를 보라). 같은 문장 가운데서 주절의 간결성과 이례적인 구문("주석"을 보라)은 유대인의 승리에 대한 이 기본적인 진술을 강조하고 있다. 이러한 일반적인 주제의 진술 다음에 비연속적인 문장(완료 시제로 시작하고, 와우 연속법 미완료로 시작함; "주석"을 보라) B(2절)가 뒤따라오는데, 이것은 유대인의 행동과 그들에 대한 정복 불가능성에 대해서 말한다. 그 다음에 다시 상황절, 분사절, B′(3-4절)이 뒤따라온다. 이 문장은 이러한 사건들의 상태에 대한 두 가지 이유를 제시한다. (1) 모든 지배적인 권위들(두 개의 상대적인 칙령들 가운데 소개된 통치자들에 대한 삼중적 진술에 관한 의미심장한 첨가를 포함하여; "주석"을 보라)이 이제는 유대인을 돕게 되는데(3절), 그 이유는 (2) 이 모든 관리들이 모르드개를 두려워하기 때문이며, 그의 권력과 명성의 지위가 그 다음에 기술되어 있다(4절). 마지막으로, 이 단락은 두 개의 결과절(와우-연속법 미완료형으로 시작됨; "주석"을 보라) A′(5절)과 함께 끝나는데, 이것은 일반적인 말로 이 모든 일의 결과를 표현하고 있다. 이러한 주제의 진술은 첫 구절과 함께 인클루시오를 제공하고 있으며, 그런 까닭에 그 막의 종결을 제공한다.

9:1-5의 구조

절	스타일	내용	관계	
1	이례적 구조와 구문을 가진 복잡한 첫 문장	아달월 13일, 왕의 칙령이 시행되는 날이 이르렀고, 유대인을 이기려 했던 대적들의 희망이 변하여 유대인들이 자기들을 미워하던 자들을 이겼다.	주제 문장	A
2	완료 시제로 시작되는 비연속적 문장	유대인들이 모여서 자기들을 해치려는 사람들을 공격하고, 아무도 그들을 막지 못했는데 그 이유는 그들에 대한 두려움이 모든 사람들에게 임했기 때문이다.	주제 문장에 대한 세부적 설명, 유대인의 행동과 정복 불가능성에 대한 세부적인 설명을 하고 있음	B
3-4	상황절, 분사절	다스리는 권력자들이 모르드개를 두려워하여 유대인들을 도와주었는데, 그 이유는 그의 권세와 명성이 거대해졌기 때문이다.	사건들의 이러한 상태에 대한 이유	B′
5	와우 연속법 미와료형으로 시작되는 결과절	유대인들이 자기들의 모든 대적들을 칼로 치고, 죽이고, 파괴하며, 미워한 자들에 대해서 자기들이 하고자 하는 일을 행함	이 모든 일의 결과, 주제 문장에 대한 진술	A′

주석

1-5 클라인즈(Clines, 319-320; id., *Esther Scroll*, 39-49; Dorothy, "Books of Esther," 221-38, 297-98, 386-90에서 이를 따르고 있음)는 9:1-19과 앞의 여덟 개의 장들 간에 설화의 논리적 약점과 상충점이 있어서 이 자료가 원래 8:17에서 끝난 에스더서에 후대에 덧붙여졌음에 틀림없다고 주장한다. 클라인즈가 주장하는 차이점들 가운데 몇몇은 옳은 점도 있으며, 이 자료가 1-8장과 다른 문학적으로 기록된 선역사를 가지고 있다는 사실을 강력하게 시사한다(충분한 논의에 관해서는 에스더서 서론에 있는 단일성과 편집을 보라). 그럼에도 불구하고, 클라인즈가 주장하는 두 구절 간의 문학적 차이점과 상충점들 중 최소한 네 가지는 타당하지 못하며(Fox, *Redaction*, 110-13를 보라), 그런 까닭에 그 구절들 사이에는 클라인즈가 생각한 것보다 훨씬 더 문학적 일치가 드러나 있다.

(1) 클라인즈는 8장의 개념적 또는 문서적 위기(두 칙령의 충돌)가 완전히 끝나지 않았는데 9장에서는 그것을 무시했다고 주장한다(*Esther Scroll*, 39). 오히려 "9

장의 설화자는 국가적으로 후원을 받은 대학살에 대항하여 유대인의 자기 방어가 아닌 반 셈족에 대한 유대인의 대학살을 묘사했다"는 것이다(*Esther Scroll*, 40). 9장의 어투가 어떤 관점에서는 1-8장의 어투와 차이가 있는 것은 사실이다. 하만의 칙령(3:12-14)은 공식적으로 후원을 받은 공격에 권위를 부여했었다. 정부의 고관들("왕의 대신과 각 도 방백과 각 민족의 관원에게", 3:12)이 그들로 하여금 "모든 유다인을 노소나 어린 아이나 부녀를 무론하고 죽이고 도륙하고 진멸하고 또 그 재산을 탈취하라"(3:13)는 명령이 반포되었다. 모르드개의 반대 칙령(8:11-12)은 특별히 유대인들에게 "각 도의 백성 중 (무장한) 세력을 가지고 저희를 치려 하는 자"(8:11)에게 대항하여 자기 자신을 방어하도록(직역하면 "자기들의 생명을 위하여 서도록") 허락했다. 다른 한편, 9:1은 유대인들의 대적들과 다른 자를 "제어하는[שׁלט]" 유대인들을 모두 말하고 있으며, 유대인들을 대항하는 자들이 "그들의 대적"(9:1b, 5a, 16c)과 "미워하는 자"(9:1d, 5b, 16d)로 언급되어 있다. 유대인들은 사실상 9장에서 순전히 방어하는 자가 아닌 공격적인 자세를 취한다. 그들은 "각 도, 각 읍에 모여 자기를 해하고자 하는 자를 죽이려" 했고(9:2a), 또한 "유다인이 칼로 그 모든 대적을 쳐서 도륙하고 진멸하고 자기를 미워하는 자에게 마음대로 행하였다"(9:5a). 그럼에도 불구하고, 필자의 의견에는 클라인즈가 자기의 주장을 너무나 지나치게 과장해서 말했다고 주장하는 폭스(Fox, *Redaction*, 110-11)의 말이 옳다. 9장에 나오는 싸움은 양 칙령을 전제로 한다.

첫째로, 9장의 설화자는 하만의 칙령과 모르드개의 칙령이 존속하고 있음을 가정하고 있으며, 그것들을 취급하고 있음에 틀림없다. 두 장 간의 차이는 대부분 강조의 변화에서 오는 것이다. 9장에서는 모르드개의 칙령만이 문제가 되나(Clines, 320), 이것이 8장과 노골적으로 상충되지는 않는다. 수산 성의 유대인들과 모든 일반 민중들의 기쁨(8:15b-16)에 대해 말하는 8:15-17에 있는 극적인 묘사는, 한편으로 왕국의 나머지 부분에 있는 유대인들의 즐기고 기뻐하여 잔치를 베푼 일과(17a절), 다른 한편으로는 모르드개가 지금 소유하고 있는 영예와 권력뿐만 아니라(15a절에 표현됨) 또한 일차적으로 그러한 세부 사항에 대해 묘사된 칙령에 의하여 생겨난 것이다(9-14절). 더 나아가서, 유대인들의 세력은 이제 너무나 커서 그들에 대한 두려움으로 인하여 제국 내의 많은 민족들로 하여금 "유대인이 되게"(17b절) 한다. 이것은 틀림없이 문제가 되는 것이 일차적으로 모르드개의 칙령이라는 8장의 저자의 관점과 동일하다는 사실을 드러낸다! 9:3-4이 밝히고 있는 바와 같이, 이것은 명확하게 9장에서 설화자의 이해다.

더 나아가서 9장에 전 국가적 후원을 받은 대학살이 없었다는 사실은 8장과 상충되지 않으며, 모르드개의 반대 칙령으로 말미암아 야기된 변화와 완전히 어울리는데, 이것이 9장의 설화자가 완벽하게 그리고 적절하게 표현하고 있는 요인이다. 모르드개의 칙령은 하만의 칙령이 그러했던 것처럼 같은 정부의 고관들에게 반포되었지만(3:12과 8:9을 비교하라; 7막의 "양식/구조/배경"에 있는 도표를 보라), 이 칙령은 고관들로 하여금 유대인들에게 자신들을 방어할 뿐만 아니라 "저희를 치려 하는 자와 그 처자를 죽이고 도륙하고 진멸하고 그 재산을 탈취하게 하라"(8:11)고 명령했다. 페르시아 정부 고관들은 그 다음에 두 개의 상반된 명령 사이를 깨닫게 되었다. 그들은 두 칙령을 모두 이행할 수 없었고, 그래서 그들이 두 번째 칙령을 지지하기로 선택했다는 사실이 9장의 설화자를 통하여 충분히 적절하게 설명되어 있다. "각 도 모든 관원과 대신과 방백과 왕의 사무를 보는 자들이 모르드개를 두려워하므로 다 유다인을 도우니 모르드개가 왕궁에서 존귀하여 점점 창대하매"(3-4a). 사실상 설화자는 여기서 미묘하게 양 칙령 가운데 거명된 페르시아 정부의 고관들의 목록(3:12; 8:9)을 덧붙임으로써 그들이 유대인을 지지했다는 사실을 강조하고 있는데, 가장 의미심장한 것은 새로운 관리들 즉 "왕의 사무를 보는 자들"(직역하면 "왕의 업무를 실행하는 사람들", 이 업무의 의미에 관해서는 9:3의 "주석"을 보라)을 덧붙인 일이다.

마지막으로 클라인즈는 또한 이와 관련하여 8장이 유대인들로 하여금 방어적 태도를 취하는 일을 허락받았으나("스스로 생명을 보호하여 각 도의 백성 중 세력을 가지고 저희를 치려 하는 자와 그 처자를 죽이고 도륙하고 진멸하고 그 재산을 탈취하게 하되", 8:11), "9장에서는 유대인들에 대한 어떤 공격이 언급되어 있지 않으나 그 반대로 주도권을 잡은 사람들이 유대인들이다…9장의 설화자는 유대인의 자기 방어가 아닌 반 셈족에 대한 유대인의 대량 학살을 기록했다…"(*Esther Scroll*, 39-40). 이것 역시 두 구절 간의 차이를 지나치게 과장한 것이다. 8장의 설화자는 유대인의 역할을 순전히 방어적인 것이 아니라 능동적인 것으로 바라보고 있다. 설화자는 유대인들로 하여금 자기들을 공격하는 자들을 진멸함으로써 자기 자신들을 방어하도록 하기 위하여 하만의 칙령을 다시 기록할 뿐만 아니라(8:11, 비교. 3:13), 각 칙령 가운데 뒤이어지는 규정들에서 중요한 사항을 덧붙여 놓고 있다. 자기의 칙령을 "모든 민족에게 선포하여 그 날을 위하여 준비하게 하라"(3:14)고 명하고 있는 하만의 칙령은, 자신의 칙령이 "각 민족에게 반포하고 유다인으로 예비하였다가 그 날에 대적에게 원수를 갚게 한지라"(8:13)고 명령하고 있는 모르드개의 명령이 된다. 이것의 의미를 둔화시키기 위하여 클라인즈는 이것을 "피상적인" 것으로 간주하고 그 의미가 "11절의 제국의 칙령이라는 정확한 표현법"으로 결정되어야 한다고 주장하지만(*Esther Scroll*, 160), 이것은 이러한 진술이 모르드개 칙령의 일부이기도 하다는 사실을 무시하는 것이다(7막의 "양식/구조/배경"에 있는 도표를 보라). 폭스(Fox, *Redaction*, 111)가 주장하는 바와 같이, 9장을 주의 깊게 읽어보면 거기서 싸움을 유발하는 사람이 유대인들이 아니라는 사실이 드러난다. 2절에서 유대인들이 제국 곳곳에서 공격하는 사람들의 정체는 의미심장하다. 그들은 단순히 "대적"이나 "그들을 해치는 자들"이 아니라 "자기를 해하고자 하는 자"로 묘사되어 있다. 이러한 표현이 다른 곳에서 "단지 의욕적인"이라는 의미를 담고 있기는 하지만(Clines, 321), 이것이 이 문맥 가운데서 그 의미를 가지고 있는 것으로 보이지는 않는다. 그 반대로, "이 '유대인들을 해치려는' 것은 허가를 받은 공격의 형태를 취했다"(Fox, *Redaction*, 111). 이와 같이 "자기 자신들을 방어"(직역하면 "자기의 생명을 위하여 서다")하기 위하여 "함께 모인"(또한 참조. 2, 15절) 유대인들에 대한 16절에 있는 묘사는 "적대적인 자로 생각되는 자들을 약탈하는 폭도가 아닌 방어를 위하여 형성한 일당"으로 그리고 있다(Fox, *Redaction*, 111). 이 점은 8장에 있는 칙령의 의도와 완전히 일치할 뿐만 아니라 동일한 어휘까지 사용하고 있다(8:11을 보라). 사실상, 9:1-19에 있는 유대인의 행동은 결코 방어가 아니라 의미심장한 공격적 행동을 포함하고 있다(참조. 5절). 성격상 이것은 전반적인 방어 전략의 일환으로서 필수적인 것이었을 것이다. 어떻든, 그들의 행동은 8:11에서 설화자가 예상한 "자기 원수들에 대한 보응"을 하는 그 이상으로 넘어가지 않는다.

(2) 클라인즈는 9:2에 있는 "모든 민족이 저희(유대인)를 두려워하여"가 8:17에서 빌려온 것이라고 주장하지만, 매우 다른 효과를 낳게 되었다고 주장한다. 8:17에서 이 문구가 "종교적인 두려움"을 가리키는 반면에, 9장의 설화자는 이것을 유대인들의 힘과 세력에 대한 두려움(2a절)으로 잘못 이해하고 있다는 것이다. 그러나 필자가 8:17의 "주석"에서 주장한 바와 같이, 이 문구는 거기서 종교적인 두려움을 가리키는 것이 아니라 모르드개의 칙령과 왕실에서 그가 가진 새로운 신분의 결과로 말미암은 유대인의 새로운 지위와 세력에 대한 두려움을 가리킨다. 그런 까닭에 이 문구의 의미에 관한 한 이 두 장 사이에는 상충되는 점이 전혀 없다(참조. Fox, *Redaction*, 112).

(3) 클라인즈(Clines, *Esther Scroll*, 42-46)는 9:1-5이 "유대인의 '대적들'과 그들을 미워했던 자들에 대한 언급"을 담고 있다고 주장하지만, "1-8장에는 유대인들의

대적들(복수로!)이 나타나 있지 않다"(Clines, 42). 그보다 8장에서 "하만이 유대인의 유일한 대적이다"(Clines, 43). 또다시 필자의 의견에는 자기의 주장을 과장해서 말하고 있다. 1-8장에서 유대인의 원수는 특히 하만이지만, 유대인들은 본 장들 가운데서 또 다른 대적을 가지고 있다. 그들은 배후에 잠복해 있을 뿐이다(Fox, *Redaction*, 113). 에스더로 하여금 자신의 민족의 정체를 알리지 말라고 한 모르드개의 명령은 그녀가 유대인으로 알려진다면 그녀와 그녀의 민족에게 어떤 위험이 닥칠 수 있다는 사실을 암시하고 있다. 더 나아가서 온 유대인을 진멸시키기 위하여 주어지는 "칙령의 한 부본"이 대적들이 이 날을 준비할 수 있도록 모든 백성들에게 공개적으로 전시되어(3:14) 모든 도에 법으로 반포되어야 했다는 사실은 그렇게 명령을 받은 민족들 가운데 유대인의 대적들이 많지 않았다면 거의 의미가 없었을 것이다.

(4) 클라인즈가 9:1-5과 1-8장 사이에서 발견하는 "다른 소량의 어투의 상충점들"(*Esther Scroll*, 46-47)에 관해서는 아래 "주석"에 있는 논의를 보라.

그런 까닭에 9장에 설명된 하만의 칙령의 권위 아래서 행동하는 유대인의 대적들과 모르드개의 권위 아래서 행동하는 유대인 자신들 간의 대결은 앞의 설화의 자연스러운 그리고 필요 불가결한 연속이다(Fox, *Redaction*, 113). 사실상, "하나의 성경 이야기가 유대인 생존 문제의 명확한 해결 바로 앞에서 멈추었다는 사실이 아주 그럴듯해 보이는가?"(Williamson, *JTS* 37[1986] 148). 이 유대인의 승리는 윌리엄슨이 감지했던(Williamson, 149) 설화의 마무리가 이야기를 완성하는 데 필요했던 것인데, 그 이유는 이것이 8장에서 시작된 해결의 논리적 결론이기 때문이다. 사실 8장의 끝 부분에서 해결을 위하여 위기가 시작되었고 따라서 긴장이 완화되었지만, 이야기는 완료되지 않는다.

1 설화자는 1절에서 그 구조상 그리고 구문론상 독특한 복잡한 문장으로 시작한다. 첫째로, 정상적인 문장의 순서가 상당히 수정되어 있다. 본 절의 주절이 특이하게도 간결하게 "그것이 뒤집어졌다"로 되어 있다. 이 문장 앞에 두 개의 긴 시간을 나타내는 문장이 붙어 있다. 즉 (1) "아달월 곧 십이 월 십삼 일은 왕의 조명을 행하게 된 날이라"와 (2) "유다인의 대적이 저희를 제어하기를 바랐더니"이다. 바꾸어 말해서, 이 문장들 다음에 결과(혹은 설명)의 종속절 "유다인이 도리어 자기를 미워하는 자를 제어하게 된"이 뒤따라온다. 둘 다 앞의 사건들로부터 나온 의미를 내포한 시간을 나타내는 문장들로 시작함으로써, 저자는 그것들을 돋보이게 하면서 그것들을 자기 문장의 초점으로 만들고 있다(이것의 의미에 관해서는 "양식/

구조/배경"을 보라). 둘째로, 주절의 구성이 지극히 비정상인데(다음 기록을 보라), 이를 통하여 역시 이것을 강조하고 있다.

"그것이 뒤집어졌다"(וְנַהֲפוֹךְ הוּא – 웨나하포크 후; 개역성경은 의미상으로만 나타나 있음 – 역자주). 필자의 의견에는 이것이 이 문장의 주절이다. 이 문장은 한정 동사 대신 기능을 하고 있는 부정사 절대형으로 되어 있다. 여기에 나오는 부정사 절대형은 자주 앞서 나오는 두 번째 시간을 나타내는 문장 שִׂברו, "그들이 바랐다"의 한정 동사에 종속되어 있고 그런 까닭에 이 시간을 나타내는 문장에서 두 번째 논리적 단계도 그렇게 시작되었다(그 용법에 관해서는 "원문주해" 2:3.e를 보라)고 이해된다. 그렇다면 그 의미는 "유대인의 대적들이 그들(유대인들)을 이기기를 바랐으나 그것이 뒤집혀져서…하게 되었던 날에"이다(Huesman, *Bib* 37 [1956] 285; Fox, 107-8에서 그렇게 주장함; 또한 참조. RSV, NRSV). 그러나 이 문장의 구문은 부정사 절대형이 시간적·논리적 순서를 표현하기 위하여 사용될 때 일어나는 것과는 현저하게 차이가 있다. 여기서 하나의 독립대명사가 그 주어를 이루고 있는 부정사 절대형에 뒤이어 나타난다. 이것은 가장 통상적으로 첫 번째 인칭대명사와 함께 사용되는 패턴인데, 가나안의 유적지에서 나온 페니키아인의 글과 아마르나 편지에도 나타난다(*IBHS* § 35.5.2.d n. 60을 보라). 이러한 사실에 비추어 볼 때, 이 문장은 연속되는 문장이라기보다는 독립적인 문장인 것처럼 보인다. 그런 까닭에 이것이 첫 번째 주절을 이룬다. 이례적인 구문으로 되어 있는 이것은 강조적 문장이다(참조. Bardtke, 380). 이와 유사한 관용어가 전도서 4:2에도 나타난다. 그렇다면 이 문장은 요약적 진술이며, 뒤따라오는 승리에 대한 주제가 되는 진술이 이러한 해석을 지지한다(JB, NAB, NASV, NJB, NIV가 그렇게 번역함; 참조. Paton, 282). "유대인의 승리 – 실질적으로 본 이야기의 전체가 되는" – 는 "하나의 괄호 안에 끼워진 하나의 문장 가운데 요약되어 있다"(Fox, 108).

2 "유다인들이…각 도, 각 읍에 모여"(נִקְהֲלוּ הַיְּהוּדִים בְּעָרֵיהֶם – 닉할루 하예후딤 뻬아레헴). 2절은 완료 시제로 되어 있는 동사로 시작된다. 그렇다면 이 구절은 앞의 구절처럼 시간이나 논리적 순서를 표현하지 않는다. 이 구절은 그 내용이 보여 주는 바와 같이 보다 자세한 설명을 하면서 앞의 주제 문장이 어떻게 결과가 나타났는지를 일반적인 어투로 묘사하고 있다("양식/구조/배경"을 보라). "각 읍"이라는 표현은 "여러 고을에 있는 유다인에게 허락하여" 자기 자신들을 방어하도록 하고 있는 8:11의 어투 이상의 것으로서 "유대인들이 특별한 성읍들에 거주하고 있다"는 사실을 의미하지 않고 각 성읍에 유대인의 공동체가 있었다는 사실을 의미한

다. 이 두 표현은 유대인 공동체가 존재하는 성읍들을 가리키는 것으로 이해해야 할 것이다. 그렇다면 특별히 이 경우, 클라인즈가 주장하는 바와 같이 8장의 어투와 9장의 어투 간에 상충되는 점이 없다(Clines, *Esther Scroll*, 46).

"능히 막을 자가 없고"(וְאִישׁ לֹא־עָמַד לִפְנֵיהֶם – 웨이쉬 로-아마드 리프네헴; 직역하면 "아무도 그들 앞에 서 있었을 수 없었다"). 무어는 이 구절을 "아무도 유대인들에 대한 자신의 공격을 성공적으로 이룰 수 없었다"를 의미하는 것으로 이해하면서(Moore, 90), 아마드 리프네(עמד לפני)란 관용어를 "…에 대항하여 성공하다"를 의미하는 것으로 해석하지만(Moore, 86), 이 관용어는 분명히 다른 구절들 가운데서 입증된 바와 같이 "저항하다, 항거하다"를 의미한다(예를 들어, 삿 2:14; 단 11:16; 또한 참조. 동의어 비프네〈בפני, "앞에"〉와 함께, 수 10:8; 21:44; 23:9; 하티헤브〈התיהב, "서다"〉와 함께, 신 11:25). 필자의 의견에는 이것이 유대인 공격에 대한 반격으로 이해하고 있는 무어가 옳지만, 이러한 의미는 유대인들을 해치려 한 자들을 공격하는 유대인들을 묘사하고 있는 2a절의 어투에서 나온 것이다(위의 1-5절에 대한 "주석"의 단락[1]에 있는 논의를 보라).

3 "각 도 모든 관원과 대신과 방백과 왕의 사무를 보는 자들이…다 유다인을 도우니"(וְכָל־שָׂרֵי הַמְּדִינוֹת וְהָאֲחַשְׁדַּרְפְּנִים וְהַפַּחוֹת וְעֹשֵׂי הַמְּלָאכָה אֲשֶׁר לַמֶּלֶךְ מְנַשְּׂאִים אֶת־הַיְּהוּדִים – 웨콜-사레 함디노트 웨하아하슈따르페님 웨하파호트 웨오세 함믈라카 아쉐르 함멜렉 메나슈임 에트-하예후딤). 이 구절은 와우+주어+분사로 구성되어 있고 그런 까닭에 앞의 문장과 지극히 부차적인 구절이다. 그렇다면 이 구절도 역시 2절처럼 시간적으로 혹은 논리적으로 결과로 일어나는 사건이 아니다. 이 구절이 설명하고 있는 상황은 유대인이 승리하고 저들을 이겨낼 수 없는 이유를 제시하고 있다("양식/구조/배경"을 보라).

여기서 유대인을 돕고 있는 페르시아의 통치 지도자들의 목록은 두 개의 반대되는 칙령을 이행하도록 지시를 받았던 세 개의 페르시아 제국의 고관들로 이루어져 있으나(3:12; 8:9을 보라), 이제 그들은 다른 순서로 열거되어 있다. 이 통치 권력자들이 3:12; 8:9에서 지칭되는 것과는 약간 다른 방식으로 되어 있기는 하지만(Clines, *Esther Scroll*, 46; 그리고 특히 앞 막의 "양식/구조/배경" 단락에 있는 도표를 보라), 그들은 높은 지위에서 낮은 지위로 내려가는 정상적인 순서로 열거되어 있다. 즉 아하슈따르페님(אחשדרפנים, "대신"), 파호트(פחות, "방백"), 사림(שָׂרִים, "관원"; 즉 부족의 지도자 혹은 족장들; Clines, *Esther Scroll*, 46, 그리고 3:12의 "주석"을 보라). 그러나 여기서 그 순서는 "관원, 대신, 방백"이다. 클라인즈는 이러한 차이가 "그러한 문제들을 보다 느슨하게 기록했던 다른 저자"라는 증거라고 주장한다(*Esther Scroll*, 46). 그러나 필자의 의견에는 바트케의 설명(Bardtke, 381)이 이러한 차이를 보다 적절하게 설명하고 있는 것으로 보인다. 3:12; 8:9에서 이 통치자들이 왕의 칙령을 받는 자들로 되어 있고, 그런 까닭에 지위의 순서를 따라 거론되어 있다. 그러나 여기서 그들은 유대인의 관점에서 기록되어 있다. 그런 까닭에 지방의 관원들, 즉 대신이나 방백보다는 유대인을 돕는 일에 있어서 훨씬 더 영향력이 있었던 "부족의 지도자" 혹은 "부족의 족장들"이 지위에 관계없이 올라가 있고, 먼저 열거되어 있는데, 다른 경우에는 그 순서가 변하지 않는다.

순서의 변화를 어떻게 설명하든 간에 이 목록은 앞의 설화로부터 나온 의미를 담고 있는데, 왜냐하면 유대인들을 돕는 자들이 반대 칙령을 이행하라고 지시를 받은 그 통치자들로 구성되어 있기 때문이다. 더 나아가서 이 목록은 설명이 불가능하면서도(Clines, *Esther Scroll*, 46과 반대로) 중요한 네 번째 범주의 관리들을 포함하고 있다. "왕의 사무를 보는 자들", 즉 "왕의 업무를 수행하는 자들"을 포함시킴으로써 설화자는 미묘하게 유대인들이 도움 받은 사실을 강조하고 있다. 왕실의 일상 생활과 활동들을 수행하는 보다 낮은 직위를 가진 사람들까지도 이제 유대인들을 돕고 있다. 그러나 한층 더한 사실이 있다. 이들은 3:9에서 하만의 뇌물을 왕의 부고에 넣었던 바로 그 관리들이다(bardtke, 381; Dommershausen, *Estherrolle*, 113)!

4 "모르드개가 왕궁에서 존귀하여 점점 창대하매"(כִּי־גָדוֹל מָרְדֳּכַי בְּבֵית הַמֶּלֶךְ – 키-까돌 모르또카이 뻬베트 함멜렉). 베트 함멜렉(בית המלך, "왕의 집, 왕궁")은 앞의 설화에서 왕궁 자체와 함께 그 부속 건물을 지칭하기 위하여 사용되었다(5:1에서 그 용법에 관해서는 "주석"에 있는 이 문구에 대한 논의를 보라). 그런 까닭에 여기서 이것은 수산 궁 전체를 가리킴에 거의 틀림없다(Moore, 86는 이에 반대다). 왕궁은 모르드개의 권세와 영향력의 입지를 가리킴에 틀림없다(참조. 8:1, 15).

5 "유다인이 칼로 그 모든 대적을 쳐서 도륙하고…자기를 미워하는 자에게 마음대로 행하고"(וַיַּכּוּ הַיְּהוּדִים בְּכָל־אֹיְבֵיהֶם ··· וַיַּעֲשׂוּ בְשֹׂנְאֵיהֶם כִּרְצוֹנָם – 와야쿠 하예후딤 뻬콜-오예베헴…와야아수 뻬슈네헴 키르초남). 이 단락에서 처음으로 그 순서가 논리성을 띄고 있는데, 이는 이것이 각 문장이 시작되는 와우 연속법+미완료형 동사 형태를 이루고 있기 때문이다. 이 두 문장은 이와 같이 묘사된 모든 내용의 결과를 진술하고 있으며, 전체의 결론을 이루고 있다("양식/구조/배경"을 보

라).

해설

모르드개가 화려하고 영광스러운 옷을 차려입고, 수산 궁은 기뻐하며, 모르드개의 칙령이 도달하는 곳마다 살고 있었던 유대인들은 잔치를 하고 축하하며, 제국의 수많은 민족들이 유대인이 된다는 내용으로 마지막 막을 결론지은 다음, 설화자는 유대인의 승리를 확실하게 예상했다. 그리고 이제 그는 군더더기 말을 덧붙이지 않는다. 세부 사항을 전혀 붙이지 않은 채 간결하고도 요약적인 진술로 설화자는 변개할 수 없는 하만의 칙령과 모르드개의 칙령들의 대치 결과를 설명한다.

설화자는 하나의 장황한 시간을 나타내는 문장, 즉 "아달월 곧 십이 월 십삼 일은 왕의 조명을 행하게 된 날이라"는 문장과 함께 자신의 글을 시작하고 있다. 이를 통하여 설화자는 한편으로는 상충되는 칙령들이 규정하고 있는 운명의 날을 강조하고 있다. 다른 한편으로는 불필요하고도 완벽한 형식을 갖추어 그 대치의 결과에 대해서 잠시 동안 마음을 졸이도록 만들어 놓고 있다. 그러나 그 긴장감은 곧 풀어진다. 중심을 이루고 있는 주절의 비정상적인 구문론에 의하여 강조가 되어 있는 대조를 통하여("주석"을 보라), 설화자는 유대인을 제어하기를 바랐던 대적들의 희망의 완전한 반전을 기록하고 있다(1절). 이 진술은 "반전"("급변")의 원리의 책 가운데서 가장 명확한 실례가 되며, 이를 통하여 저자는 자기의 이야기를 너무나 효과적으로 진술해 왔다(에스더서 서론의 주제와 목적 단락에 있는 이야기 중에서 하나님의 역할을 보라). 세 개의 요소가 이 극적인 성공 속으로 들어온다. 첫째로, 유대인들은 계속하여 공격적이다. 그들은 각 지역마다 함께 모여 자기들을 해치려는 모든 사람들을 공격한다(2a절). 둘째로, 아무도 그들의 공격에 대항할 수 없었는데, 그 이유는 유대인들에 대한 두려움이 대적들의 마음을 사로잡았기 때문이다(2b절). 셋째로, 페르시아의 모든 권력자들이 이 서로 상충되는 칙령들을 시행하도록 명령을 받은 고위직뿐만 아니라 왕실의 일상적인 일과 업무를 수행하는 낮은 관직에 있는 자들까지도 지금 지속적으로 증가하고 있는 모르드개의 권세와 명성을 두려워하여(3b-4절) 유대인의 공격을 도와주고 있다(3a절). 마지막으로, 이 간단한 설화는 또다시 일반적인 용어로 유대인의 성공의 완벽한 완료를 표현하고 있는 결과절과 함께 완전히 한 바퀴를 돌아온다: "칼로 그 모든 대적을 쳐서 도륙하고…, 자기를 미워하는 자에게 마음대로 행하고"(5절). 설화자는 그러한 간결한 진술과 일반적인 어투로 유대인의 승리를 묘사함으로써 그 압도적인 성격을 표현하면서도 그 끔찍한 세부 사항들을 피할 뿐만 아니라, 이 이야기의 해결 부분을 에스더와 모르드개가 유대인의 방어를 위한 왕의 재가를 받은 앞의 세부적인 기사에 종속시켜 놓고 있다. 그리하여 모든 대적들의 죽음과 멸망과 함께, 본 이야기가 진행되어 나가는 유대인 공동체 전체의 생존의 위협이 완전히 해결된다.

유대인의 이러한 승리는 자주 매우 부정적인 입장에서 이해되어 왔다. 페이톤은 5절을 "유대인들에게 적대감을 가진 것으로 알려져 있는 모든 사람들은 약탈과 죽임을 당했다"(Paton, 283)는 사실을 의미하는 것으로 해석한다. 파이퍼는 저자가 "주어진 날에 중앙 정부의 묵인 하에 아주 평화로운 제국 내에 있는 이방인에 대한 유대인의 무차별한 대학살"을 바라보고 있다는 의견을 말한다(Pfeiffer, *Introduction*, 741; 또한 참조. Driver, *Introduction*, 485-86). 앤더슨은 본서의 신학적 의미에 대해 유익한 분석을 하고 있지만, "유대인들은 행동에 있어서 본질적으로 이방인들과 조금도 다르지 않다. 모르드개와 에스더는 하만의 계획을 고스란히 반전시켜 놓았다"고 주장한다(Anderson, *JR* 30[1950] 41). 그러나 이것은 설화에 포함되어 있는 유대인의 무력 행동에 대해 완전히 오해하고 있는 것이다. 유대인의 행동은 엄격하게 방어적인 것이다. 그들은 싸움을 부추기지 않는데, 그 이유는 그들이 "자기들을 해치려는 자들"을 공격하고 있기 때문이다(5절). 그들은 공격적인 행동을 취하지 않고, 다만 그러한 행동이 자기들을 완전히 근절하도록 재가해 주었던 칙령에 근거하여 대적들이 행동한 것에 대해 필요한 것이었다(위의 1-5절의 "주석"에 있는 Clines의 입장에 대한 논의를 보라). 폭스(Fox, 220-26)가 주장하는 바와 같이, 그들의 행동은 필요에 따른 방어적이고 정당한 것이었다.

사실상 우리가 살펴보고 있는 설화의 목적이 단순히 어떻게 승리가 일어났는지를 설명하기 위한 것이었다면, 이 이야기는 당연히 여기서 종결되어야 했을 것이다. 그러나 이것이 목적이 아니다(최소한 현재의 본서의 형태에서는 아니다. 이 문제에 관해서는 에스더서 서론을 보라). 설화자는 유대인 공동체의 생존에 대한 위협을 해결하는 이야기를 넘어선 보다 중요한 사항을 가지고 있다. 이 극적이고도 압도적인 구원은 매년의 축하와 함께 영구적으로 기억되어야 한다는 것이다. 이를 위하여 그는 이제 자기 설화의 대 결말로 돌아서고 있다.

9막.

부림절이 제정되다: 모르드개, 에스더, 유대인 공동체가 날짜를 정하고 그 성격을 규정하다(9:6-32)

참고문헌

Barthélemy, D., et al. *Preliminary and Interim Report on the Hebrew Old Testament Text Project.* Vol. 2. New York: United Bible Societies, 1979. **Berg, S. B.** *The Book of Esther: Motifs, Themes and Structure.* SBLDS 44. Missoula, MT: Scholars, 1979. **Bergey, R. L.** "Post-exilic Hebrew Linguistic Developments in Esther." *JETS* 31(1988) 161-68. **Brockington, L. H.** *The Hebrew Text of the Old Testament: The Readings Adopted by the Translators of the New English Bible.* Oxford: Oxford UP, 1973. **Childs, B.** *Introduction to the Old Testament as Scripture.* Philadelphia: Fortress, 1979. **Clines, D. J. A.** *The Esther Scroll: The Story of the Story. JSOTSup* 30. Sheffield: *JSOT*, 1984. **Dommershausen, W.** *Die Estherrolle.* Stuttgart: Katholisches Bibelwerk, 1968. **Driver, G. R.** "Abbreviations in the Massoretic Text." In *Textus: Annual of the Hebrew University Bible Project.* Jerusalem: Magnes, 1960. 1:112-31. ______. "Problems and Solutions." *VT* 4(1954) 224-45. ______. "Problems in Judges Newly Discussed." ALUOS 4(1962-63) 6-25. **Ehrlich, A.** *Randglossen zur hebräischen Bibel: Textkritisches, Sprachliches und Sachliches.* Vol. 7. 1914. Repr. Hildesheim: Georg Olms, 1968. **Fox, M.** *The Redaction of the Books of Esther.* Atlanta: Scholars, 1991. **Gordis, R.** *Megillat Esther.* New York: Ktav, 1974. ______. "Studies in the Esther Narrative." *JBL* 95(1976) 43-58(= Moore, *Studies*, 408- 23). **Haupt, P.** "Critical Notes on Esther." *AJSL* 24(1907-8) 97-186(= Moore, *Studies*, 1-90). **Jones, B. W.** "Two Misconceptions about the Book of Esther." *CBQ* 39(1977) 171-81. **Loewenstamm, S. E.** "Esther 9:29-32: The Genesis of a Late Addition." *HUCA* 42(1971) 117-24(= Moore, *Studies*, 227-34). **McKane, W.** "A Note on Esther IX and 1 Samuel XV." *JTS* 12(1961) 260-61. **Murphy, R. E.** *Wisdom Literature: Job, Proverbs, Ruth, Canticles, Ecclesiastes, and Esther.* FOTL 13. Grand Rapids, MI: Eerdmans, 1981. **Niemann, H. M.** "Das Ende des Volkes der Perizziter." *ZAW* 105

(1993) 233-57. **Rudolph, W.** "Textkritisches zum Estherbuch." *VT* 4(1954) 89-90. **Striedl, H.** "Untersuchungen zur Syntax und Stilistik des hebräischen Buches Esther." *ZAW* 14(1937) 73-108.

본 문

장면 1. 부림절을 이틀 간 지키도록 만들었던 사건들(9:6-19)
시기: 12년 12월 13부터 12월 15일까지

삽화 1. 아달월 13, 14일에 일어난 수사의 싸움의 방법(9:6-15)

6 유다인이 또 도성 수산에서 오백 인을 죽이고 멸하고
7 또 바산다다와 달본과 아스바다와
8 보라다와 아달리야와 아리다다와
9 바마스다와 아리새와 아리대와 왜사다
10 곧 함므다다의 손자요 유다인의 대적 하만의 열 아들을 죽였으나 그 재산에는 손을 대지 아니하였더라
11 그 날에 도성 수산에서 도륙한 자의 수효를 왕께 고하니
12 왕이 왕후 에스더에게 이르되 유다인이 도성 수산에서 이미 오백 인을 죽이고 멸하고 또 하만의 열 아들을 죽였으니 왕의 다른 도에서는 어떠하였겠느뇨 이제 그대의 소청이 무엇이뇨 곧 허락하겠노라 그대의 요구가 무엇이뇨 또한 시행하겠노라

13 에스더가 가로되 왕이 만일 선히 여기시거든 수산에 거하는 유다인으로 내일도 오늘날 조서대로 행하게 하시고 하만의 열 아들의 시체를 나무에 달게 하소서
14 왕이 그대로 행하기를 허락하고 조서를 수산에 내리니 하만의 열 아들의 시체가 달리니라

Scene 1. The events that Occasion the Celebration of Purim Over Two Days (9:6 19)
Time: 12/13 to 12/15, year 12

Episode 1. How the fighting in Susa took place on the thirteenth and on the fourteenth of Adar (9:6-15)

6 Now in the Citadel of Susa itself the Jews slaughtered[a] five hundred men,
7 including[a] Parshandatha, Dalphon, Aspatha,
8 Poratha, Adalia, Aridatha,
9 Parmashta, Arisai, Aridai, and Vaizatha,
10 the ten sons of Haman son of Hammedatha, the enemy of the Jews. But they took[a] no plunder.

11 That very day the number of those killed in the Citadel of Susa was reported to[a] the king.
12 So he said to Queen Esther, "In the Citadel of Susa alone the Jews have slaughtered[a] five hundred men and the ten sons of Haman. What, then, have they done in all the other provinces of the kingdom?[b] So what more do you ask and what further do you request? Whatever it is, it shall be granted and it shall be done."[c]
13 Esther replied, "If it please the king, permit the Jews who are in Susa to do tomorrow what you have allowed them to do today,[a]

14 and let the bodies of Haman's ten sons be hanged[a] on the gallows." So the king commanded that this should be done, and an edict was issued in Susa. The bodies of Haman's ten sons were hanged,[b]

15 아달월 십사 일에도 수산에 있는 유다인이 모여 또 삼백 인을 수산에서 도륙하되 그 재산에는 손을 대지 아니하였고

15 and the Jews who were in Susa assembled on the fourteenth day of the month of Adar also and killed three hundred men. But they took no[a] plunder.

삽화 2. 수산 유대인들과 다른 지방 유대인들이 두 개의 다른 날들을 축하한 이유(9:16-19)

Episode 2. Why the Jews in Susa and the Jews elsewhere celebrate on two different days (9:16-19)

16 왕의 각 도에 있는 다른 유다인들이 모여 스스로 생명을 보호하여 대적들에게서 벗어나며 자기를 미워하는 자 칠만오천 인을 도륙하되 그 재산에는 손을 대지 아니하였더라

16 The rest of the Jews throughout the king's provinces[a] had assembled together, defended themselves,[b] and gained relief[c] from their enemies. They slew seventy-five thousand men of those who hated them, but they took[d] no plunder.

17 아달월 십삼 일에 그 일을 행하였고 십사 일에 쉬며 그 날에 잔치를 베풀어 즐겼고

17 This was on the thirteenth day of the month of Adar,[a] and on the fourteenth day of the month they had rested and made it a joyful day of feasting.[b]

18 수산에 거한 유다인은 십삼 일과 십사 일에 모였고 십오 일에 쉬며 이 날에 잔치를 베풀어 즐긴지라

18 But[a] the Jews in Susa had assembled together on the thirteenth and on the fourteenth day of the month, and had rested on the fifteenth and made it a joyful day of feasting.[b]

19 그러므로 촌촌의 유다인 곧 성이 없는 고을 고을에 거하는 자들이 아달월 십사 일로 경절을 삼아 잔치를 베풀고 즐기며 서로 예물을 주더라

19 (Therefore,[a] the Jews who live outside the territory of Susa, those who live in places beyond its jurisdiction,[b] celebrate the fourteenth day of the month of Adar as a joyful holiday of feasting[c] and the sending of gifts of food to one another.)

장면 2. 모르드개, 에스더, 유대인 공동체가 부림절 날짜를 정하고 스스로 계속하여 지키기로 결정하다(9:20-32)

Scene 2. Mordecai, Esther, and the Jewish Community Set the Dates of Purim and Commit Themselves to Its Perpetual Celebration(9:20-32)

삽화 1. 모르드개가 유대인들에게 매년 14일 혹은 15일을 즐거운 절일로 축하하도록 요구하다(9:20-22)

Episode 1. Mordecai writes to all the Jews to require them to celebrate annually the fourteenth or the fifteenth of Adar as days of joyful festivity (9:20-22).

20 모르드개가 이 일을 기록하고 아하수에로 왕의 각 도에 있는 모든 유다인에게 무론 원근하고 글을 보내어 이르기를
21 한 규례를 세워 해마다 아달월 십사 일과 십

20 Then Mordecai wrote these things[a] down and sent letters to all the Jews who were in all the provinces of King Ahasuerus, both near and far,
21 to obligate them to celebrate annually the

오 일을 지키라

fourteenth and the fifteenth days of the month of Adar

22 이 달 이 날에 유다인이 대적에게서 벗어나서 평안함을 얻어 슬픔이 변하여 기쁨이 되고 애통이 변하여 길한 날이 되었으니 이 두 날을 지켜 잔치를 베풀고 즐기며 서로 예물을 주며 가난한 자를 구제하라 하매

22 in the same manner[a] as they did on the days[b] in which they gained relief from their enemies and the month which was transformed for them from sadness to joy and from mourning to a holiday.[c] That is, they were to make them[d] joyful days of feasting and of the sending of presents of food to one another and gifts to the poor.

삽화 2. 유대인과 그 자손들 그리고 그들에게 속한 모든 자가 이틀 간의 부림절을 계속 지키기로 결정하다(9:23-28)

Episode 2. The Jews commit themselves, their descendants, and all who join them to the perpetual annual observance of the two-day festival of Purim(9:23-28)

23 유다인이 자기들의 이미 시작한 대로 또는 모르드개의 보낸 글대로 계속하여 행하였으니
24 곧 아각 사람 함므다다의 아들 모든 유다인의 대적 하만이 유다인을 진멸하기를 꾀하고 부르 곧 제비를 뽑아 저희를 죽이고 멸하려 하였으나

23 The Jews accepted[a] [b]what they had begun to do[b] and what Mordecai had written to them.
24 For Haman son of Hammedatha, the Agagite, the enemy of all the Jews, had plotted to destroy them and had cast pur (that is, the lot) in order to demolish them utterly.[a]

25 에스더가 왕의 앞에 나아감을 인하여 왕이 조서를 내려 하만이 유다인을 해하려던 악한 꾀를 그 머리에 돌려보내어 하만과 그 여러 아들을 나무에 달게 하였으므로

25 But when the matter[a] came before the king, he ordered in writing that[b] Haman's wicked plan which he had devised against the Jews should recoil on his own head, and that[c] he and his sons should be hanged upon the gallows.

26 무리가 부르의 이름을 좇아 이 두 날을 부림이라 하고 유다인이 이 글의 모든 말과 이 일에 보고 당한 것을 인하여

26 (Therefore, these days are called Purim – from the word pur.) Therefore, because of all that was written in[a] this letter, and what they had experienced in this regard,[b] and what had happened to them,

27 뜻을 정하고 자기와 자손과 자기와 화합한 자들이 해마다 그 기록한 정기에 이 두 날을 연하여 지켜 폐하지 아니하기로 작정하고

27 the Jews firmly obligated[a] themselves, their descendants, and all who would join them – never to be repealed[b] – to celebrate these two days every year in the manner prescribed[c] and on the days designated.[d]

28 각 도, 각 읍, 각 집에서 대대로 이 두 날을 기념하여 지키되 이 부림일을 유다인 중에서 폐하지 않게 하고 그 자손 중에서도 기념함이 폐하지 않게 하였더라

28 These days are going to be celebrated as a memorial[a] throughout all generations and in every family, province, and city. The observance of these days of Purim shall never cease[b] among the Jews, and their commonoration shall not

come to an end among their descendants.

삽화 3. 에스더가 부림절 준수를 확정하는 글을 써서 보내다(9:29-32)

29 아비하일의 딸 왕후 에스더와 유다인 모르드개가 전권으로 글을 쓰고 부림에 대한 이 둘째 편지를 굳이 지키게 하되

30 화평하고 진실한 말로 편지를 써서 아하수에로의 나라 일백이십칠 도에 있는 유다 모든 사람에게 보내어

31 정한 기한에 이 부림일을 지키게 하였으니 이는 유다인 모르드개와 왕후 에스더의 명한 바와 유다인이 금식하며 부르짖은 것을 인하여 자기와 자기 자손을 위하여 정한 바가 있음이더라

32 에스더의 명령이 이 부림에 대한 일을 견고히 하였고 그 일이 책에 기록되었더라

Episode 3. Esther writes to confirm the observance of Purim (9:29-32)

29 And Queen Esther, daughter of Abihail,[a] wrote a letter in which she used all her authority[b] to confirm this[c] letter about Purim.

30 So letters—expressing sentiments that were both kindly and authoritative[a]—were sent[b] to all the Jews in[c] the one hundred and twenty-seven provinces of[d] the empire of Ahasuerus

31 to confirm the observance of these days of Purim[a] on the days designated,[b] in the same manner that Mordecai the Jew[c] had obligated them, and in the same manner that they had obligated themselves and their descendants to the performance[d] of fasts and their accompanying laments.

32 So Esther's decree confirmed these regulations about Purim, and it was written down in the records.[a]

원문주해

6.a. 직역하면 "죽였다 그리고 멸망시켰다". 부정사 절대형+와우에 관해서는 "원문주해" 2:3.e를 보라.

7.a. 직역하면 "그리고".

10.a. 직역하면 "그들이 자기들의 손을…에게 뻗지 않았다".

11.a. 직역하면 "…앞에 왔다".

12.a. 직역하면 "죽였다 그리고 멸망시켰다". 부정사 절대형+와우에 관해서는 "원문주해" 2:3.e를 보라.

12.b. 직역하면 "왕의 도(道)들의 나머지".

12.c. 직역하면 "무엇이 너의 소원이냐? 그것이 주어질 것이다. 그리고 더욱 무엇이 너의 요청이냐? 그것이 이루어질 것이다".

13.a. 직역하면 "이 날의 칙령에 따라".

14.a. 하만의 열 아들이 이미 죽임을 당했으므로(6b절), 여기에 나오는 관용어는 공개적 전시라는 수단으로서 그들의 시체들이 매달렸다는 사실을 의미한다.

14.b. 소수의 히브리어 필사본들과 LXX 필사본들 그리고 Syr을 따라서 할러(Haller, 386)는 "교수대에"를 덧붙인다. 이 문장이 앞 구절의 끝에 이 문구와 함께 나타나고 있으므로, 이 곳에 문구가 나타나 있는 것은 너무 많이 나타나는 것이고, 그래서 불필요하다. 이 문구의 이러한 첨가는 이 문구가 다른 곳에서 여러 번 나타난다는 사실로 인하여 이루어진 것으로 보인다(참조. *BHS* n.).

15.a. 직역하면 "그들이 자기들의 손을…에게 뻗지 않았다".

16.a. 바트케(Bardtke, 386)는 8:12에 호소하면서 여러 히브리어 필사본들과 Vg을 따라 "왕의 모든 도(道)"로 읽는다(참조. *BHS* n.). 그러나 8:12에 호소하는 것은 이러한 첨가에 아무런 도움을 얻지 못하고 오히려 그 반대다. 여기서 이 문구는 15절의 "수산에 있는 유다인"과 대조점을 제공하기 위하여 의도된 것이며, 그런 까닭에 이러한 첨가는 불필요할 뿐만 아니라 부적절하다. 반면에 8:12에서는 사실이 그 반대다. 히브리어 필사본들과 Vg은 본서의 다른 부분에 있는 충분한 표현의 잦은 출현의 영행을 받았음에 틀림없다(1:16, 22; 2:3; 3:8, 13; 8:5, 12; 9:2, 20).

16.b. 직역하면 "그들의 생명을 위하여 섰다". 부정사 절대형+와우에 관해서는 "원문주해" 2:3.e를 보라.

16.c. 웨누아흐(ונוח, "안식했다")를 삭제할 필요가 없다(Haupt, *AJSL* 24[1907-8] 167; *BHS* n. c). 또한 바트케(Bardtke, 386; Rudolph, *VT* 4[1954] 90를 따라)가 하는 바와 같이, 이 동사를 나캄(נקם, Brockington, *Hebrew Text*, 101; 참조. NEB; Paton, 291)의 어떤 형태나 웨니홈(ונחום, "스스로 보복했다"; 참조. *BHS* n. c)으로 수정해서는 안 될 것이다. 또한 드라이버(Driver, *VT* 4[1954] 237), 클라인즈(Clines, 324) 그리고 돔멀샤우젠(Dommershausen, *Estherrolle*, 121)의 글을 참조하라. 이 동사는 유대인의 모임과 스스로 방어하는 일의 결과를 나타내고 있는데, 곧 대적들의 멸망이다(참조. Barthélemy, *Preliminary and Interim Report*, 550). 그러한 의미에서 이것은 단순히 보다 자세한 내용을 제공하고 있는 뒤따라오는 진술과 상충되지 않는다(Driver와 반대로). 또한 17, 18절에 있는 누아흐(נוח, "안식하다")의 사용과 상충되는 누아흐 민(נוח מן, "…로부터 안식하다")을 사용하지도 않는다. 부정사 절대형+와우에 관해서는 "원문주해" 2:3.e를 보라.

16.d. 직역하면 "그들이 자기들의 손을…에게 뻗지 않았다".

17.a. 16절과 17절 간의 구절의 나눔은 문제가 있다(시간을 나타내는 문장은 논리적으로 16절의 내용과 관계가 있다. 참조. *BHS* n. d). 그러나 이 분석은 아마도 맛소라 학자들이 16-17절이 하나의 복문임을 인정했다는 사실을 가리키고 있는 것 같다. "양식/구조/배경"을 보라.

17.b. 직역하면 "한 잔치와 기쁨의 날".

18.a. 소수의 후대 히브리어 필사본들과 Syr에는 18절이 누락되어 있다(참조. *BHS* n).

그러나 이 구절은 이 단락의 의미에 필수적인 구절이다.

18.b. 직역하면 "한 잔치와 기쁨의 날".

19.a. 19절은 분명히 삽입구이지만, 필자의 의견에는 하나의 주석은 아니다. "주석"을 보라.

19.b. 하예후딤 하프라짐(היהודים הפרזים)과 빼야레 하프라조트(ערי הפרזות)에 대한 이러한 번역에 관해서는 "주석"을 보라.

19.c. 직역하면 "기쁨과 잔치와 좋은 날". "기쁨과 잔치"는 이사일의다. 즉 "기쁜 잔치."

20.a. 소수의 히브리어 필사본들과 Vg과 같이 "이 모든 일"이라는 독법은 원문이 아니다(Bardtke, 390-91; Haller, 134; Ringgren, 402는 이에 반대다). 이것은 아마도 이 문구가 첨가를 하도록 만들어 주었던 아달월 13일과 14일의 단순한 사건들 이상을 가리키는 것으로 보인다. "주석"을 보라.

22.a. 소수의 히브리어 필사본들, 그리고 외관상으로 LXX과 Vg의 빼야밈(בימים)이란 독법(참조. *BHS* n)은 원문일 수 없다. "주석"을 보라.

22.b. 직역하면 "…한 그 날들처럼". "주석"을 보라.

22.c. 직역하면 "좋은 날".

22.d. 히브리어 본문에서 20-22절이 하나의 길다란 복문을 이루고 있는데, 여기서 라소트 오탐(לעשׂות אותם, "그들을 만들다")이 21절에서는 다시 리흐요트 오심 에트 욤(להיות עשׂים את יום, "[제 14일과 15일]날을 만들게 되도록")이란 관용어로 사용된다(참조. "주석"). 훌륭한 영어 스타일이 되려면 이 문장을 둘로 나누어야 할 것이다.

23.a. 복수 주어를 가진 단수 동사는 드물기는 하지만 나타나며(참조. GKC § 145o n. 1; Brockelmann, *Syntax* § 50a), 따라서 수정될 필요가 없다(*BHS* n.; Haller, 134; Haupt, *AJSL* 24[1907-8] 169; Moore, 92 n. c는 이에 반대다). 여러 히브리어 필사본들과 모든 역본들 가운데서 발견되는 복수 형태는 틀림없이 상식적인 경향이다.

23.b-b. 이 문장은 LXX에는 없다(*BHS* n). 그러나 이것이 원본이라는 사실은 전체 단락의 의미에 중요함으로 인하여 드러난다("주석"을 보라).

24.a. 직역하면 "그들을 타도하고 멸망시키다"로서 이사일의다. 어근 하맘(המם)은 "혼란, 공포 속으로 내던지다"일 뿐만 아니라 "타도하다, 부수다, 몰락시키다"를 의미한다(참조. 렘 51:34에서 이 단어가 아칼〈אכל, "먹다, 삼키다"〉과 평행되고 있다). 이것이 레아바드(לאבד, "파괴하다")와 평행을 이루고 있다는 사실이 드러내고 있는 바와 같이 여기서 바로 그 의미임에 틀림없다(NASV와 반대로: 참조. *TDOT* 3:421). 레훔맘("그들을 파괴하다")이 하만과 단어 유희를 이루기 때문에 여기서 이 단어가 선택된 것으로 보인다(Haupt, *AJSL* 24[1907-8] 170; 참조. Fox, 120).

25.a. 혹은 "그녀(즉 에스더)가". "주석"을 보라.

25.b. 아마르(אמר, "말했다, 명령했다")의 목적어는 반드시 직접적 대화를 수반할 필

요는 없다. 간접 대화도 접속사를 생략할 수 있다. GKC § 120c.

25.c. 웨탈루(ותלו)의 부정사 절대형 웨탈로(וְתָלוֹ)으로의 수정(*BHS* n.)은 불필요하다(Bardtke, 390; Gerleman, 137; Haller, 134는 이에 반대다). 와우 연속법 완료형 웨탈루(ותלו)는 미완료형 예쇼브(ישׁוב)로 이어질 수 있다.

26.a. 직역하면 "…의 모든 말씀들".

26.b. 알 카카(על ככה, 직역하면 "그러한 것에 관하여")는 BH에서 오직 여기에만 나타난다. SBH는 베/레/알 하다바르 하제(ב-/ל-/על הדבר הזה, "이 일에 관하여")와 같은 표현을 사용한다. 에스더서에 있는 이 관용어의 후대성은 이 표현이 다른 곳에서는 주후 132-35년경의 것인 와디 무라바아트(Wadi Murabba'at)에서 나온 한 편지 가운데서만 나타난다는 사실에 암시되어 있으며, 반면에 매우 유사한 표현 כך+ל가 MH에 나타난다(כך는 LBH ככה의 MH 형태다). Bergey, *JETS* 31(1988) 164-65를 보라.

27.a. 직역하여 "그들이 의무로 만들었고 받아들였다"는 이사일의다. 복수형 동사 קימו를 따라 K(וקבל)보다는 Q(וקבלו)로 읽어야 한다. 참조. *BHS* n. a.

27.b. 직역하면 "그리고 그것이 지나갈 것이다". 제안된 수정(참조. *BHS* n. c)은 거절해야 할 것이다. "주석"을 보라.

27.c. 직역하면 "그들의 문서에 따라".

27.d. 직역하면 "그들의 (정해진) 시기에 따라". Syr 독법에 근거해서 בזמנם(*BHS* n.)으로 읽으라는 제안은 거절되어야 한다. Syr은 *'yk dktybyn bzbnhwn*("그들의 [두 날들?] 시기에 [주어진?] 기록된 규정에 따라"인데(참조. Gerleman, 137), 이는 의미를 난해하게 만들 뿐만 아니라 문맥을 매우 헐겁게 끼워 맞춘다.

28.a. 직역하면 "이 날들은 기념되고 축하될 것이다"인데, 이는 이사일의다(참조. Ehrlich, *Randglossen*, 123). 이 분사형들의 이러한 의미에 관해서는 "주석"을 보라.

28.b. 직역하면 "이 부림의 날들은 지나가지 않을 것이다".

29.a. 히브리 본문은 "그리고 유대인 모르드개"를 덧붙이고 있다. 논의에 관해서는 아래 29-32절에 대한 특주를 보라.

29.b. 직역하면 "모든 권위를 기록했다"인데, 이는 난해한 본문이다(참조. *BHS* n.). 논의에 관해서는 "주석"을 보라.

29.c. 히브리 본문은 "두 번째"를 덧붙이고 있는데, 이는 LXX과 Syr에는 나타나지 않으며(*BHS* n. b) 후대의 가필임에 거의 틀림없다. 논의에 관해서는 아래 29-32절에 대한 특주를 보라.

30.a. 이 동격이 이 구절의 끝에 오는데, 이는 히브리 문장 구문론상으로는 받아들일 수 있으나 영어에서는 그렇게 하기가 어렵다. 의미에 관해서는 "주석"을 보라.

30.b. 히브리 본문은 와이슐라흐(וישלח, "그리고 그가 보냈다")인데 문맥으로 볼 때 가장 어려운 형태다(참조. *BHS* n. a.). 논의에 관해서는 "주석"을 보라.

30.c. 직역하면 "…에게".

30.d. 히브리어 본문에서 "아하수에로의 제국"이 "일백이십칠 도"와 동격이다(참조. *BHS* n. b).

31.a. 직역하면 "이 부림의 날들을 확정하다".

31.b. 직역하면 "그들의 정해진 시기에".

31.c. 히브리 본문은 "그리고 왕후 에스더"를 덧붙이고 있는데, 필자의 의견에는 후대의 가필인 것으로 보인다(참조. *BHS* n. b-b). 논의에 관해서는 아래 29-32절에 대한 특주를 보라.

31.d. 직역하면 "일들/요건들".

32.a. 직역하면 "책/문서 안에".

29-32절에 대한 특주

이 구절들의 일관성 있는 의미를 만들어 냄에 있어서 심각한 난점들을 만들어 내는 세 개의 문구가 있는데, 대부분의 현대 주석가들은 이를 후대의 가필로 간주한다. 불행스럽게도 고대 역본들은 이 문구들이 히브리 원문의 일부분인지의 여부를 결정하는 데 있어서 실질적으로 아무런 도움을 주지 못한다. A-text나 LXX은 대안적 히브리 독법이 있을 수도 있다는 증거를 제공하고 있지 않다. 참조. Fox, 286-87. A-text에는 이 전체 단락이 없다(A-text 끝 부분의 번역에 관해서는 Clines, *Esther Scroll*, 245-47를 보라). LXX에는 30절이 없고, 그 나머지에 대해서는 거의 믿을 수 없는 본문이 나타나 있다. OL에는 30-32절이 없고, 반면에 Syr과 Vg은 하나의 중대한 차이를 보이고 있을 뿐 히브리어 본문을 직역하고 있다. 이에 대해서는 아래 (1)항을 보라. Syr과 Vg의 본문의 성격에 관해서는 Paton의 주석 16-18, 24-28를 보라.

본 단락이 두 가지 사실, 즉 이것을 바르게 해석하는 데 중요하다는 사실과 또한 이것이 명확하고 아무런 문제를 야기하지 않는다는 사실을 설명하고 있다는 점을 살펴보면서 시작해 보도록 하자. 첫째로, 이 구절이 말하고 있는 편지는 제국 내에 있는 모든 유대인들에게 보내진 것으로서 모르드개가 앞에서 보낸 것과는 다른 편지다(20절). 둘째로, 이 편지의 목적은 부림절 축하를 확립하기 위한[לקים – 레콰옘] 것이요(직역하면 "이 부림의 날들을 정한 시기에", 31절), 모르드개의 편지가 보내졌던 것과는 다른 목적을 가지고 있다. 모르드개의 편지의 목적은 유대인들로 하여금 부림절을 축하하라고 "요구하는 것"(קים עליהם – 콰옘 알레헴, "그들에게 의무를 지워 주다"; 21절의 "주석"을 보라)이었다(20-22절). 이러한 사실을 염두에 두고 본문의 난점과 이러한 문구들로 말미암아 생겨난 해석 그리고 그것들을 해결하기 위하여 제안된 해결책들을 검토해 보자.

(1) 이 새 편지가 부림에 관한 이 두 번째 편지를 확고히 하기 위하여 기록되었다는 29a절에 있는 진술은 아주 문제가 많다. 에스더 혼자서 이 새 편지를 작성했는지 아니면 에스더와 모르드개가 함께 작성했는지(아래 난점 (3)을 보라)는 "이 둘째 편지"라는 표현이 의미하는 것이 이 새 편지임이 분명한데, 이것이 문제다. 이것은 분명히 그들이 작성하고 있었던 그 편지를 확고히 하기 위하여 그들이 기록하고 있다고 진술하는 의미는 아니다. 본문을 현재 있는 그대로 해석하려는 시도는 전혀 설득력이 없다. 클라인즈(Clines, *Esther Scroll*, 56)는 타콰프(תקף)에 있는 아트나를 무시함으로써 본문이 그 의미가 될 수 없다고 주장한다(그렇다면 그 구절 가운데 어느 단어에 아트나가 붙어 있어야 하는가?). 그 다음에 그는 "이 둘째 편지"를 부정사 레콰옘(לקים, "확고히 하다"; 개역성경에는 "굳이 지키게 하다"로 되어 있음)이 아닌 본동사 와티크토브(ותכתב, "그녀가 기록했다")의 목적어로 이해하여 "에스더가 의무적으로 지키도록 하기 위하여 부림절에 관하여 이 둘째 편지를 기록했다"로 번역한다(또한 참조. Gordis, *Magillat*, 61). (실제로 이 번역은 "그 준수를 확고히 하다"로 되어야 할 것인데, 그 이유는 레콰옘〈לקים〉이 "확고히 하다"를 의미하기 때문이다. "의무적인 것으로 만들다"를 의미하는 것은 레콰옘 알〈לקים על〉이란 관용어다. 위의 논의를 보라). 그러나 아트나가 없이도 낱말들의 순서의 자연적 의미는 "이 두 번째 부림 편지"란 문구를 부정사의 목적어로 취급하기를 요구한다. 제안된 의미로 인하여 이 문구가 부정사 앞에 오는 것이 가장 자연스럽다. 더 나아가서 이 문구의 위치가 어떠하든 간에 의미와 문장 구조는 부정사가 최소한 대명사 목적어를 취하도록 요구하며, 나아가서 "그것의 (준수)"라는 의미를 표현하는 것으로 보인다. 똑같이 문제가 되는 것은 돔멀샤우젠(Dommershausen, *Estherrolle*, 133-34)의 접근 방식인데, 그는 다른 표현 에트-콜-타콰프(את־כל־תקף)를 부정사 레콰옘(לקים)과 함께 구성되어 있는 것으로 취급하여 "에스더가 이 두 번째 문서를 모든 의무의 의미로 기록했다[*mit allem Nachdruck der Verpflichtung*]"라고 번역한다. 그러나 전치사 레(ל, "에게/위하여")를 가진 부정사 문장은 동명사적 의미를 가질 수 없다. 이것은 주절에 종속되는 목적/결과절로 취급하는 것이 가장 자연스럽다. 더 나아가서 이 문법적 불일치점 이외에도 이 편지의 목적이 "(부림절을 준수하도록) 준수할 의무를 확고히 하려는 것"이었다면(31절), 에스더가 이 의무적인 의미를 가지고 이 두 번째 편지로 무엇을 말하려 하고 있는가?

문장의 의미를 혼돈시키고 있는 것은 분명히 형용사 하쉐니트(השנית, "두번째")인데, 그 이유는 이것이 없이 "부림에 관한 이 편지"는 당연히 앞에서 모르드개가 보낸 편지를 가리킬 것이기 때문이다. 이러한 사실에 근거하고 또한 하쉐니트(השנית, "두번째")가 하조트(הזאת, "이, 이것") 다음에 따라온다는 사실에 근거하여, 루돌프(Rudolph, *VT* 4 [1954] 90)는 하쉐니트(השנית, "두 번째")가 다음 구절의 첫 번째 단어 와이슐라흐(וישלח)의 마멸된 중복오사이기 때문에 삭제해야 한다고 주장한다. 이 단어에 대한 이러한 설명은 필자가 보기에는 전혀 불가능한 것처럼 보이지만(이 두 단어를 보면 단 하나의 글자만 동일하다), 하쉐니트(השנית, "두 번째")의 위치가 비정상이라는 루돌프의 관찰은 중요하다. 이것은 그 의미에 관한 한 문제가 된다는 것 이외에도 이 단어가 구문론적으로도 문제가 된다는 사실을 가리킨다. 왜냐하면 하나의 명사가 한정대명사와 지시대명사의 수식을 받을 때, 지시대명사는 거의 일률적으로 한정대명사에 뒤따라오기 때문이다. 이 순서는 구약성경에서 수십 번 나온다. 유온(Joüon, *GBH* § 143h)은 단 하나의 예외, 즉 예레미야 13:10이 있다고 말한다. 특히 이와 관련되어 있는 것은 성경에 세 번이나 나타나는(레 23:27, 34; 민 29:7) 평행적 표현인 לחדש השביעי הזה, "(이 칠 월")의 단어 순서다. 또한 수리아 역본에는 하쉐니트(השנית, "두 번째")란 단어가 누락되어 있다. 에스더서 수리아 역본이 히브리 본문을 철저하게 직역한 것이므로, 이러한 사실은 이 단어가 번역자들이 사용했던 히브리어 본문에서 누락되어 있었다는 사실을 암시한다(Fox, 287). 마지막으로 LXX이 특히 이 구절에서 지극히 의역이기는 하지만, 이것은 두 번째 편지를 말하고 있지 않다(Fox, *Redaction*, 107; LXX의 직역에 관해서는 Fox, 286-87를 보라).

그렇다면 이 단어가 문맥에서 불가능한 의미를 만들어 주고, 구문론적으로 부정확하게, 또한 Syr과 LXX에도 누락되어 있으므로, 이것은 원본이 아니고 후대의 본에 가필해 삽입되었을 가능성이 매우 크다. 그러나 한 가지만은 인정해야 하는데 곧 후대의 복사자들이 이 단어를 가필해 넣어야 했던 타당한 이유를 상상하기가 어렵다는 것이다(참조. Fox, 125). "이 부림절에 대한 편지"가 모르드개와 에스더가 지금 작성하고 있는 것이라는 잘못된 가정 하에서 이 단어가 덧붙여졌다고만 상상할 수 있을 뿐이다. 그렇지 않다면, 아마도 게를르만(Gerleman, 141)이 주장하는 바와 같이 누가 이 단어를 덧붙였든지 "이 부림절 편지"를 동사 "기록했다"의 목적어로 취했으며(이 문장을 클라인즈가 생각한 의미로 이해하면서; 위를 보라), 에스더와 모르드개가 기록한 것으로 말해진 이 편지가 모르드개 혼자서 작성한 이전의 편지와 혼동되지 않았다는 사실을 확실하게 하기 위하여 "두 번째"란 단어를 덧붙였다. 그러나 어떻게 하여 그런 일이 일어났는지를 설명하기 어려움에도 불구하고, 우리는 이 단어를 혼동하게 만들고 있는 것으로서 후대에 본문에 삽입한 하나의 주석으로 삭제해야 할 것이다.

(2) 두 번째도 이 단락에 있는 분명한 난점은 31절에서 "유대인 모르드개"와 "왕후 에스더"가 첫 번째 편지를 반포하면서 유대인들로 하여금 부림절을 준수하도록 요구했다는 것이다. 이것은 지극히 문제가 되는 것인데, 그 이유는 이것이 앞에서 진술된 내용과 상충되기 때문이다. 20-33절에 따르면, 모르드개 홀로 이 절기를 세우는 편지를 보냈기 때문이다. 그런 까닭에 우리는 "그리고 왕후 에스더"를 후대에 본문에 가필된 것으로 생각하여 삭제했다(대부분의 현대 주석가들, 예를 들면 Bardtke, 399; Borckington, *Hebrew Text*, 101; Clines, *Esther Sxroll*, 56; Gerleman, 141; Moore, 96; Paton, 301; 참조. Fox,

123-25).

(3) 29절에서 "유대인 모르드개"가 이 새로운 편지를 작성하는 데 가담하고 있다는 사실은 문제가 되는 것으로 보인다. 첫째로, 이것은 특별히 부림절 규례를 견고히 한 에스더의 명령(מאמר – 마아마르; 참조. 1:15; 2:20) 32절과 상충되는 것으로 보인다(참조. Fox, 124-25). 둘째로, 만일 모르드개와 에스더가 함께 이 새 편지의 작성자라면, 31절의 초두에 있는 3인칭 남성 단수형은 구문론적으로 옳지 않다. 복합 주어의 동사가 자주 단수이기는 할지라도(GKC § 146f), 같은 복합 주어에 뒤이어 나오는 동사는 반드시 복수다(GKC § 146h). 그런 까닭에 이 구문론적 불일치는 앞의 복합 주어가 의심스럽다는 사실을 강력하게 암시한다. 그리고 동사의 3인칭 남성 단수가 모르드개 홀로 언급된 편지를 보냈다는 사실을 암시하는 것으로 취급하는 것(NASV, NIV)은 바로 앞서는 복합 주어 뒤에서는 부적절하다. 더 나아가서, 그렇다면 이것은 31절에 있는 완전한 언급을 상당히 부자연스럽게 만든다. 확실히 어투가 "그가 그들에게 요구한 바와 같이"가 되도록 예상했을 것이다(참조. Bardtke, 398). 마지막으로, 이 단락의 주요 요점은 부림절을 준수하라고 요구하고 있는 모르드개의 편지(31절)를 확언하려는 목적에서 에스더가 지금 자기의 왕후의 지위를 이용하려고 기록하고 있는 것임이 분명하다. 그런 까닭에 분명히 모르드개의 호소에 대해 그녀가 확언함에 있어서 그가 가담해야 하리라는 것은 덜 자연스러워 보인다(참조. Clines, *Esther Scroll*, 56; Loewenstamm, *HUCA* 42[1971] 227; Paton, 300). 모르드개가 여기에 가담한 것에 대해 불일치감을 느끼고 있는 몇몇 현대의 역본들이 두 이름 사이에 있는 와우 연속법을 "그리고"가 아니라 "와 함께"(NASV)나 "와 협력하여"(NIV, NRSV, TEV)로 번역하고 있음을 유의하라. [어쨌든 모르드개를 포함시킨 데 대해 주장된 몇몇 난점들은 설득력이 없다. 여성 단수 동사 와티크토브(ותכתב, "그리고 그녀가 기록했다")와 여성 단수+남성 단수 복합 명사의 여성 1인칭 명사("왕후 에스더")의 일치는 완전히 받아들일 만한 BH다(민 12:1을 보라; 참조. GKC § 146g; Clines, *Esther Scroll*, 56; Paton, 302는 이를 반대한다). 또한 모르드개가 "유대인 모르드개"로 불려지고, 반면에 에스더가 "왕후 에스더"로 불려진다는 사실, 그리고 그녀의 부친의 이름이 덧붙여져 있다는 사실은 모르드개에 대한 언급이 부차적인 것, 즉 후대에 가필한 것이라는 사실을 암시하지 않는다(Clines, *Esther Scroll*, 56는 이에 반대다). 그는 결코 본서에서 왕의 인장 반지를 보유하고 있는 자와 같은 신분을 묘사하고 있는 직함으로 소개되지 않는다(참조. 8:2; 페르시아의 "총리"와 동일한 지위 혹은 그 같은 호칭이 그 이전의 하만에게도 없다). 모르드개란 이름으로 단순하게 지칭되지 않을 경우 유일하게 인종이 덧붙여져 있다. 특별히 이것이 10:2에 있는 그에게 대한 찬사의 말 가운데서 그를 소개하고 있는 것이 바로 이러한 방식이라는 사실이 잘 들어맞는다(또한 8:7을 유념하라)].

모르드개의 이름을 유지하고 난점들을 해결하려는 시도들은 가장 설득력이 없다. "그리고 모르드개"보다는 "모르드개에게"로 읽어서 "에스더가 모르드개로 하여금 부림에 관하여 이 두 번째 편지를 견고히 하기 위하여 모르드개로 하여금 기록하는 전권을 주었다"로 번역하도록 하는 브로킹톤(Brockington, 245; 참조. 같은 저자, *Hebrew Text*, 101; NEB, REB)의 제안은 문맥상 가장 난해한 의미를 만들어 낸다(또한 참조. Clines, *Esther Scroll*, 56). 그 이유는 30-31절의 NEB의 번역에 따르면, 모르드개가 "부림에 관한 이 두 번째 편지를 견고하게 하기 위하여"가 아니라(그것이 무엇을 의미하든), 부림절을 준수하도록 요구하고 있기 때문이다. 그러나 어째서 부림절을 지키라는 편지를 이미 보낸 모르드개가 그것을 요구하는 두 번째 편지를 보낼 필요가 있었을까, 그리고 어째서 첫 번째 편지를 보냈을 때 그러한 권위를 필요로 하지 않았던 그가 두 번째 편지에서는 에스더의 권위를 필요로 했었을까? 에트-콜-타콰프(את־כל־תקף) 다음에 "유대인 모르드개"를 붙이도록 하여 "에스더가 모르드개의 모든 권세를 이 부림절 메시지에 부과하도록 규정했다"로 번역하는 하우트의 제안(Haupt, *AJSL* 24[1907-8] 172; Haller, 136이 이를 따름)은 뜻이 별로 통하지 않는다. 30-31절은 에스더에게서 온 그러한 메시지에 관해서 아무것도 말하고 있지 않으며, 30절의 첫 번째 동사를 "그녀가 기록했다"로 수정하도록 하는 하우트의 제안에도 불구하고 그러한 메시지에 대해 말하고 있지 않다(또한 Clines, *Esther Scroll*, 183 n. 29의 논평을 보라). 마지막으로, "그리고 유대인 모르드개"란 문구는 앞에 나오는 이름 "아비하일"을 두 번째 부친의 이름과 같이 어울리도록 하기 위해서 의도된 것일 수는 없다(NAB가 그렇게 함; 참조. Berg, *Book of Esther*, 54 n. 48). 그러한 이중적인 부친의 이름은 가장 타당성이 없을 뿐만 아니라(그녀는 확실히 둘 중에 한 사람의 딸로 알려져 있었지 두 사람의 딸로 알려져 있지는 않았을 것이다), 구문이 "모르드개"라는 이름 앞에서 "…의 딸"의 반복을 필요로 했을 것이다.

그렇다면 여기서 "그리고 유대인 모르드개"란 문구에 대해 일관성 있는 의미를 만들어 내기가 어려우므로, 또한 그것들이 구문론적으로 난해하므로, 우리는 그것들을 후대에 본문에 첨가된 것으로 삭제했다(대부분의 현대 주석가들, 예를 들면 Bardtke, 399; Clines, *Esther Scroll*, 56; Gerleman, 141; Moore, 95; Paton, 302; 참조. Fox, 123-25과 같이). 29절에 있는 에스더의 이름에 "그리고 유대인 모르드개"란 문구를 덧붙임으로써, 그리고 31절에 있는 모르드개의 이름에 "그리고 왕후 에스더"란 문구를 덧붙임으로써 누군가가 이 두 편지의 배후에 유대인 공동체의 인정된 지도자들 모두의 권위가 있음을 인정받으려 했다고 생각하는 것이 상당히 타당해 보인다(참조. Fox, 125).

양식/구조/배경

필자가 보기에는 9:6-32이 9:1-5과는 다른 하나의 막을 이루고 있는 것으로 보인다(그 표준에 관해서는 9:1-5에 대한 "양식/구조/배경"을 보라). 6-10절이 유대인들의 대적들에 대한 유대인의 승리 기사의 일부로서 9:1-5에 속해 있는지의 여부를 물을 수 있겠지만, 이 구절들을 자세히 살펴보면 이 구절들이 앞에 나오는 구절들이 아니라 뒤따라오는 구절에 속해 있다는 사실이 드러난다(Clines, 321-25; Dommershausen, *Estherrolle*, 114-117; Gerleman, 130-35; Moore, 84-91; Murphy, *Wisdom*, 167-68; Paton, 282-84는 이에 반대다). 사실상, 9:1-5에서 가장 보편적인 어투로 유대인의 승리에 대한 기사를 기록한 설화자는 이제 수산 궁에서 수십 명이 살해당한 것과 하만의 열 아들이 죽은 사실을 6-10절에서 설명함으로써 그 승리에 대해 어느 정도 세부 사항들을 진술해 나가고 있다. 그러나 그의 목적은 결코 유대인의 승리에 대해 세부 사항들을 기록하려는 것이 아니다(Bardtke, 382; Dommershausen, *Estherrolle*, 115는 이에 반대다). 뿐만 아니라 그는 단순히 그 광범위성을 서술하는 데 관심을 가지고 있지도 않다(살해당한 숫자들에 대한 진술이 분명히 그것을 명확하게 하고 있기는 하지만). 그보다 그 내용과 형식을 볼 때 이 구절이 특히 그리고 오로지 어찌하여 제국의 다른 곳에서 일어난 것과는 대조적으로 수산 궁에서 싸움이 이틀 간이나 계속되었는지, 그리고 어떻게 이것이 부림절 축하 날짜에서 정면으로 충돌이 일어난 일과 연관되어 있는지를 말하는 데 관심을 두고 있다. 그러므로 내용상 수산 궁에서 살해당한 숫자에 대한 기사(6-10절)는 11절을 직접적으로 그러한 사실에 대한 왕의 재설명(12ab절)으로 이끌어 가며, 그 다음에 그가 에스더에게 또 다른 소청을 말하도록 제안하는 데(12c절)로 이끌어 간다. 그 다음날도 치도록 해 달라는 에스더의 요청(13-14a절)은 직접 그 실행(14b절)으로 이끌어 가며, 그 다음날 수산 궁에서 살해당한 숫자에 대한 기사(15절)로까지 이끌어 간다. 이 모든 기사들은 단순히 이틀 간의 싸움이 수산 궁에서 일어났다는 사실을 상세히 기록하고 있다. 형식상으로는 6-10절의 사건들의 현장을 강조적인 위치인 선두에 두고 있는 점("주석"을 보라)은 12절에서 같은 사건에 대한 왕의 재설명과 함께 사건 현장을 선두에 두고 있는 정확하게 같은 방식으로 그 곳의 문장의 초점으로 하고 있다(그런 까닭에 그 목적은 유대인의 승리의 광엄위성을 말하려는 것이 아니다. 예를 들어 Fox, 110는 이에 반대한다). 이와 같이 11절에 있는 시간을 나타내는 문구 "그 날에"가 강조적 위치인 선두에 있는 것은 첫 번째 날의 사건들을 에스더의 요청의 결과로 두 번째 날에 일어날 사건들과 대조시키는 기능을 하고 있는데, 이에 대해서 이 구절은 도입부를 제공하고 있다. 그런 까닭에 6-10절은 11-15절과 복잡하게 얽혀 있으며, 전체의 주 목적은 수산 궁에 이틀 간의 싸움이 있게 되었는지를 설명하는 것이다.

첫 번째 삽화가 15절로 끝난다는 사실이 설화 내용의 꽉 짜여진 일관성에 의해서뿐만 아니라 유대인들이 아무것도 약탈하지 않았다는 첫 번째 문장과 마지막 문장의 결론부에 있는 진술을 통하여 제공된 인클루시오에 의해서 암시되어 있다.

16-18절의 구조

단위 1	
וּשְׁאָר הַיְּהוּדִים… נִקְהֲלוּ	<u>다른 유다인들이 모여</u>
וְעָמֹד עַל נַפְשָׁם	*그리고 섰다*…(부정사 절대형)
וְנוֹחַ מֵאֹיְבֵיהֶם	*그리고 쉬었다*…(부정사 절대형)
וְהָרֹג בְּשֹׂנְאֵיהֶם חֲמִשָּׁה וְשִׁבְעִים אָלֶף	*그리고 살육했다*…(부정사 절대형)
(וּבַבִּזָּה לֹא שָׁלְחוּ אֶת־יָדָם)	(그러나 재산에는…)
בְּיוֹם שְׁלוֹשָׁה עָשָׂר לְחֹדֶשׁ אֲדָר	[17]**아달월 십삼 일에**(시간을 나타내는 문구)
וְנוֹחַ	*그리고 쉬었다*(부정사 절대형)
בְּאַרְבָּעָה עָשָׂר בּוֹ	**십사 일에**(시간을 나타내는 문구)
וְעָשֹׂה אֹתוֹ יוֹם מִשְׁתֶּה וְשִׂמְחָה	*그리고 그것을 만들었다*…(부정사 절대형)
단위 2	
וְהַיְּהוּדִים אֲשֶׁר־בְּשׁוּשָׁן נִקְהֲלוּ	[18]<u>수산에 거한 유다인은…모였다</u>
בִּשְׁלֹשָׁה עָשָׂר בּוֹ וּבְאַרְבָּעָה עָשָׂר בּוֹ	**십삼 일과 십사 일에**(시간을 나타내는 문구)
וְנוֹחַ	*그리고 쉬었다*(부정사 절대형)
בַּחֲמִשָּׁה עָשָׂר בּוֹ	**십오 일에**(시간을 나타내는 문구)
וְעָשֹׂה אֹתוֹ יוֹם מִשְׁתֶּה וְשִׂמְחָה	*그리고 그것을 만들었다*…(부정사 절대형)

두 번째 삽화는 16-19절로 이루어진다. 이것이 첫째로는 현장이 수산 궁으로부터 제국 전체로 변함으로써, 그리고 둘째로 시간의 전환에 의하여 암시되어 있다. 16, 18절에 있는 완료 동사들, 그리고 그 다음에 뒤따라오는 일련의 연속적인 부정사 절대형들은 시간관계에 있어서 이전의 삽화에 하나의 "플레쉬백"(flashback)을 구성하고 있으며(그런 까닭에 그것들의 번역이 영어에서는 과거완료 시제임), 삽화의 독립성과 일관성이 형식의 두드러진 일치를 통하여 나타나 있다. 16-18절은 두 개의 긴밀히 연관된 단위들을 포함하고 있는데, 한편으로는 16-17절로 이루어지고 다른 한편으로는 18절로 내용과 구조를 통하여 단단히 함께 묶여져 있다(도표를 보라). 두 단위들은 비연속적인 도치된 문장 순서 주어+완료 동사로 시작된다. 각 단위의 첫 문장에 들어 있는 동사들은 동일하게 낙할루(**נקהלו**, "모였다")이지만, 주어들은 대조적으로 첫 번째 단위인 16절에서는 "왕의 각 도에 있는 다른 유다인들"이고 두 번째 단위인 18절에서는 "수산에 거한 유다인"이다. 각 단위 가운데서

완료 동사 다음에 한 번을 제외하고 모든 경우에 일련의 간략하고도 요약적인 문장이 뒤따라오는데, 이 각 문장은 정형 동사 대신에 부정사 절대형으로 시작된다(도표에 있는 번역문 가운데서 기울기로 되어 있음). 첫 번째 단위인 16-17절은 의미론적으로 독립되어 있으나 구문론적으로는 단일한 복문으로서 함께 묶여 있는 두 개의 진술로 이루어져 있다. 이 점이 첫 번째로 낙할루(נקהלו, "모였다")에 뒤따라오는 동사들 가운데 단 하나를 제외한 모든 것이 부정사 절대형으로 이루어져 있다는 사실에 의하여 수립되어 있는데, 그 동사로부터 나온 동사들의 주어, 시제/관점 등을 얻어내야 한다. (한 가지 예외로 재산에 관한 문장은 부정형이고, "재산에는"을 앞에 놓아 강조하고 있으며, 따라서 정형 동사를 사용해야 한다.) 둘째로, 두 개의 시간에 대한 부사적 문구들(도표의 번역문 가운데서는 굵은 글자로 되어 있는 "아달월 십사 일에"와 "십오 일")은 두 개의 진술을 함께 묶는 돌쩌귀 역할을 한다. 이 문구들은 첫 번째 진술의 마감 문장과 두 번째 진술의 개시 문장이 동사로 되어 있는 두 번째 진술의 주요 사상 "쉬었다"의 측면을 멋지게 장식하면서 대칭적인 배열을 이루고 있다. 두 번째 단위 18절은 비록 간략하기는 하지만 첫 번째 것과 정확하게 일치하는 구조를 가지고 있다. 개시 문장(첫 번째 단위의 것과 그 구조에서 동일함)은 주어를 강조하기 위하여 앞에 놓고 있으며, 그런 까닭에 두 그룹 즉 각 도의 유대인들과 수산 궁의 유대인들을 대조하고 있다. 그 다음에 시간을 나타내는 적절한 부사적 문구가 시간을 나타내는 문구에서 적절히 변한 것을 제외하고는 첫 번째 단위의 마지막 두 문장과 동일한 두 개의 부정사 절대형에 이어 뒤따라 나온다. 두 단위가 평행절로 되어 있다는 사실이, 첫 번째 단위의 사상과 동일한 두 번째 단위의 주체가 되는 동사적 사상인 "쉬었다"가 또한 두 개의 시간을 나타내는 문구들을 균형 있게 둘러싸고 있다는 사실을 통하여 뚜렷하게 드러나 있다. 마지막으로, 이 두 단위 즉 16-17절과 18절은 그 날짜들이 처음부터 끝까지 진술되어 있는 일정한 방법으로 긴밀하게 함께 묶여 있다. 첫 번째 시간을 나타내는 문구, 즉 17a절 이후에 연루된 달이 명확하게 진술되어 있으나 "그"(in it)라는 말로 언급되어 있다. 이 주의 깊게 균형을 이루고 있는 꽉 짜여 구성된 구조는 16-17절의 의도가 각 도에서 일어난 싸움에 대해 보고를 하거나 기사를 제공하려는 것이 아니라는 사실을 보여 준다(Dommershausen, *Estherrolle*, 121). 그 전체가 어째서 유대인의 승리 축하가 유대인 공동체의 두 부분 가운데서 각기 다른 날들에 일어나게 되었는지를 설명하기 위하여 특별히 고안된 것이다.

두 번째 삽화는 19절의 원인을 밝히는 이탈을 통하여 종결되었는데, 이는 수산에 있는 수산의 관할권 밖에서 살았던 유대인들의 행동을 대조시킴으로써 이 장면에 대한 극적인 종결을 제공하면서, 앞의 전체 설화가 이끌어 왔던 절기 축하의 다른 날짜들을 수립하고 있다.

9:20-32이 이 막의 두 번째 장면을 이루고 있다는 사실은 또한 그 내용과 양식 면에서도 명확하게 드러난다. 내용상 이 설화는 유대인의 두 다른 공동체에서 각기 다른 두 날짜에 절기를 축하하게 했던 사건들로부터 매년 축하하는 영구적인 절기 제도, 이를테면 모르드개(20-22절), 에스더(29-32절)가 편지들을 보내고 공동체 자신들이 행동하고 결정하는(23a, 26b-27절) 제도로 이끌어 간 사건으로 전환된다. 이 장면의 경계들은 모르드개가 "이 일을 기록하고" 부림절 준수를 요구하는 편지를 보냈다는 첫 번째 진술(20절)과 에스더의 칙령이 부림에 관한 이러한 규례를 확정하고("이 일을 견고히 하였고") "그 일이 책에 기록되었더라"는 마감 진술(32절)에 의하여 인클루시오를 이루고 있다.

이 장면은 명확하게 세 개의 삽화로 나누어진다. 첫 번째 삽화(20-22절)는 모르드개의 편지 발송을 설명하고 있는데, 이는 부림절 매년 축하의 날짜와 성격을 서술하고 있다. 두 번째 삽화(23-28절)는 유대인 공동체가 이러한 요구를 받아들인 사실(23절)을 설명하고 있고, 그 근거 즉 그 위기와 해결을 만들어 냈던 사실들을 뒤돌아보는 간략한 진술(24-25절)을 말하고 있다. 이 삽화는 실질적인 결론, 즉 전체 장면의 웅장하고도 강조적인 요점 정리와 함께 막을 내린다(26b-28절; "주석"을 보라). 삽화 3(29-32절)은 에스더 역시("주석"을 보라) 여왕으로서의 권위를 사용하여 모르드개와 유대인 자신들이 이미 세웠던 부림절 준수를 확고히 하기 위하여 편지를 써서 보냈다는 사실을 기록하면서 이 장면에 대한 결론을 내리고 있다.

주석

6 "유다인이 또 도성 수산에서…죽이고"(וּבְשׁוּשַׁן הַבִּירָה הָרְגוּ הַיְּהוּדִים…–우브수산 하삐라 하르구 하예후딤…). 이 구조는 장소를 말하는 문장을 맨 앞으로 내놓음으로써 이를 강조하고 있다(그런 까닭에 "수산 궁 자체"로 번역함; 참조. Moore, 84 n. c, 그리고 위의 9:1에 대한 논의). 이와 같은 구조가 아래 12절에 있는 이러한 사실들에 대한 왕의 반응 가운데 나타난다(이 의미에 관해서는 "양식/구조/배경"을 보라). 하우트(Haupt, *AJSL* 24[1907-8] 163)는 하삐라(הבירה, "궁, 성채")의 의미를 모른 채 그 이름을 사용하기를 원했으나, 본서의 처음부터 끝까지

일관성 있게 사용된 것으로서 한 서기관이 후대에 삽입한 것이라고 주장한다(특히 참조. 3:15; 4:17). 더 나아가 그 용법은 여기서 모순이 없다. "도성 수산"이 설화자에 의하여 사용되고 6-12절에서는 왕에 의하여 그리고 13-15절에서는 에스더와 설화자에 의하여 "수산"으로 사용되고 있다(하우트의 의견과는 반대로). 후대의 윤색하는 첨가물은 되는 대로 되었을 것으로 예상할 수 있을 것이다.

7-9 "바산다다…왜사다"(וְאֵת פַּרְשַׁנְדָּתָא··וְאֵת וַיְזָתָא – 웨에트 파르산다타…웨에트 와예자타). 분별이 가능한 페르시아인/엘람인 어원이 이 하만의 열 아들들의 이름 대부분 가운데 암시되어 있다(1:10의 "주석" 가운데 있는 왕의 개인 수행원들의 이름들을 위하여 주어진 참고서적들을 보라).

이 간결한 설화 가운데는 하만의 열 아들들 각자의 구체적인 이름을 전혀 필요로 하고 있지 않다. 그렇다면 요점은 하만의 온 집안에 떨어진 집안 전체의 끔찍한 형벌을 강조하기 위하서였음에 틀림없다. 에스더서 히브리어 필사본 가운데서 하만의 아들들의 이름은 페이지의 오른편에 있는 한 칼럼에 기록되어 있으며, 그 페이지의 왼편에 있는 또 다른 칼럼에는 웨에트(ואת; "그리고"+한정적 직접 목적어 표시)가 기록되어 있다(가나안의 왕들의 이름들이 수 12:9-23에 이와 유사하게 열거되어 있다. 이 두 구절들에 대한 이것의 수정된 형태가 *BHS*에 나타나 있다). 이렇게 한 이유는 알려져 있지 않다(후대의 유대인 전승이 여러 기괴한 설명들을 보관하고 있기는 하지만, 이에 관해서는 Moore, 87; Bardtke, 383-84; 또한 참조. Fox, 110 n. 60를 보라). 확실하게 말할 수는 없지만, 필자는 이러한 배열의 목적은 열 아들 모두의 이름을 거론하는 이유가 위에 제시된 목적과 같다고 생각한다. 그 이름들에 초점을 맞추도록 함으로써 이러한 배열이 단순히 하만의 집안에 떨어진 심판을 더욱 강조하고 있다.

11 "그 날에…도륙한 자의 수효를 왕께 고하니"(מִסְפַּר הַהֲרוּגִים·· לִפְנֵי הַמֶּלֶךְ בַּיּוֹם הַהוּא בָּא – 빠욤 하후 빠 미쓰파르 하하루김…리프네 함멜렉). 또다시 부사적 문장이 앞에 위치해 있어서 그 사건의 때를 강조해 주고 있다(그런 까닭에 번역은 "바로 그 날"이다). 이러한 강조적 위치는 이 모든 일이 단 이틀 동안 일어났음을 밝히는 데 도움을 주고 있다("양식/구조/배경"을 보라).

미쓰파르(מספר)가 여기서 숫자를 의미하지 않고 "기록, 기사"를 의미한다(삿 7:15에서처럼)고 제안함으로써 "살해당한 사람들의 수가 왕 앞에 보고되었다"는 부적절한 표현을 잘못된 것으로 주장하려는 게를르만의 시도(Gerleman, 133)는 전혀 무가치하다. 이 문맥 가운데서 "살육의 기록/기사" 역시 동일하게 부적절한데,

그 이유는 이 기록이 분명히 숫자에 관심을 두고 있기 때문이다. 그런 까닭에 "살육당한 사람들의 숫자에 대한 기록이 왕 앞에 보고되었다"와 같은 사실이 예상된다(참조. Clines, *Esther Scroll*, 181 n. 28).

12 "유다인이 도성 수산에서 이미 오백 인을 죽이고…왕의 다른 도에서는 어떠하였겠느뇨?"(בְּשׁוּשַׁן הַבִּירָה הָרְגוּ הַיְּהוּדִים··בִּשְׁאָר מְדִינוֹת הַמֶּלֶךְ מֶה עָשׂוּ – 베수산 하삐라 하르구 하예후딤…삐슈아르 메디노트 함멜렉 메 아수). 왕의 진술이 두 지역 모두를 맨 앞에 두고 있어서 그것들을 대조할 뿐만 아니라 강조하고 있으며, 또 다시 이 전체 단락의 내용이 중점적으로 이틀 간 싸우는 문제와 관련되어 있다는 사실을 드러내고 있다("양식/구조/배경"을 보라).

왕의 수사학적 질문의 정확한 뜻은 문맥으로 보아서는 파악하기가 어렵다. 이 질문은 분명히 그가 모르드개의 반대 칙령을 알고 있었다는 것과 그가 이것이 충분히 이행되었다는 사실을 의심하지 않고 있다는 사실을 암시한다(Bardtke, 386). 직후에 뒤따라오는 제안은 그 질문이 놀라움이나 분노 중에 말해졌을 가능성을 배제하고 있으며(*b. Meg.* 16b가 그렇게 함; 참조. Paton, 286), 설화자의 왕에 대한 설화의 특징은 이 이야기의 저자가 줄곧 지금 왕의 입을 통하여 저자 자신의 승리의 기쁨을 말하게 하고 있다는 사실이 개연성이 없음을 드러낸다(Dommershausen, *Estherrolle*, 118; 또한 참조. Clines, *Esther Scroll*, 181 n. 28). 설화의 전체적인 어조는 설화자가 자기 독자들이 왕이 살육하는 일을 즐거워하고 있다는 사실을 발견하리라고 예상했다는 존즈의 해석(Jones, *CBQ* 39[1977] 180)이 지극히 합당치 않음을 드러낸다. 클라인즈는 왕의 반응을 전 제국에 걸쳐서 추정했을 때 살육의 규모에 대해 계산해 봄으로써 하나의 놀라움으로 해석한다(Clines, *Esther Scroll*, 47). 그러나 수산 궁에서 일어난 일에 대한 왕의 재발언과 그의 수사학적 질문은 분명히 설화자가 왕이 그 다음에 에스더로 하여금 또 다른 요청을 하도록 말하려는 근거로 의도되어 있다. 클라인즈 자신이 지적하는 바와 같이, 그 놀라움의 반응은 그러한 또 다른 요청에 대한 근거들을 제공하지 않는다. (비록 9:1-19이 설화적 기교가 1-8장에 대한 저자의 그것에 훨씬 더 못 미치는 그 저자로부터 나왔음에 틀림없다는 클라인즈의 결론이 옳은 것으로 인정한다고 하지라도.) 필자의 의견에는 폭스(Fox, 112)가 왕의 수사학적 질문의 어조를 정확하게 파악했다고 보는 것이 더 타당해 보인다. "어쩔 수 없이 그는 유대인 편이 되었다." 그런 까닭에 "감탄은 여기서 가능한 어조일 뿐이다." 유대인의 살육에 대한 감탄은 유대인의 정체에 대해서 묻지도 않고 자기의 제국의 냉담성을 가지고 전 민족을 망각에로 내던져 버릴 수 있는 연약하고, 흔들리고, 충동적인 폭군의 성품으로부터 나온 것이 아니다(3:1-15의 "해설"을 보라).

"이제 그대의 소청이 무엇이뇨 곧 허락하겠노라 그대의 요구가 무엇이뇨 또한 시행하겠노라"(וּמַה־שְּׁאֵלָתֵךְ וְיִנָּתֵן לָךְ וּמַה־בַּקָּשָׁתֵךְ עוֹד וְתֵעָשׂ – 우마-쉐엘라테크 웨인나텐 라크 우마-빠카샤테크 오드 웨테아스). 왕의 제안은 아드-호치 함말쿠트(עַד־חֲצִי הַמַּלְכוּת, "나라의 절반까지라도")가 오드(עוֹד, "더욱")로 대치되어 있는 것을 제외하고는 이전에 왕이 에스더에게 제안한 것과 정확하게 같은 어휘로 되어 있다(5:6; 7:2을 보라). 돔멀샤우젠은 이 두 질문이 대략 "왕후여, 또 다른 당신의 요구가 무엇이뇨?"라는 의미로 수사학적으로 이해되어야 한다고 주장하지만(Dommershausen, *Estherrolle*, 118-19), 그러한 수사학적 질문의 실질적인 의미는 "진실로 왕후여, 그대는 더 이상 요구할 수가 없소"이다. 다음에 뒤따라오는 제안을 고려하면 이러한 주장을 불가능하게 만든다. 문자 그대로 취급하여 이 제안은 앞의 것보다 훨씬 더 관대한 것이다. 이것은 에스더에게 백지 위임장을 주는 것이다. 설화 그 자체(11a절)와 왕의 감탄하는 재진술(12절)이 모두 분명히 살육 숫자 문제에 중심을 두고 있으므로, 왕은 또 다른 살육을 염두에 두고 있는 것이다.

13 "내일도 오늘날 조서대로 행하게 하시고"(יִנָּתֵן גַּם־מָחָר לַיְּהוּדִים אֲשֶׁר בְּשׁוּשָׁן לַעֲשׂוֹת כְּדָת הַיּוֹם – 인나텐 깜-마하르 라테후딤 아쉐르 뻬수산 라아소트 케다트 하욤). 에스더의 요구는 왕의 제안을 오해한 것이 아니다. 그녀는 "수산에 있는 유대인들"이 "오늘의 칙령에 따라서 행할" 수 있도록 하는 것, 즉 그들이 이미 행한 것처럼(9:1-5) "스스로를 방어할 수도 있고"(8:11) 또한 "대적에게 원수를 갚을 수도 있도록"(8:13) 요구하고 있는 것이다. 왕의 제안과 에스더의 반응 모두에 대한 줄거리에 있어서 부조화에 관해서, 그리고 그 의미에 관해서는 "양식/구조/배경"을 보라.

16 "그 재산에는 손을 대지 아니하였더라"(וּבַבִּזָּה לֹא שָׁלְחוּ אֶת־יָדָם – 우바빠자로 샬후 에트-야담). 이 장면 가운데서 수산 궁에서 유대인들이 이틀 간 싸움을 했고 제국의 나머지 부분에서는 하루만 싸움을 했다고 묘사하면서 설화자는 세 개의 다른 경우에 살육당한 유대인의 대적들의 숫자를 언급했다. (1) 싸움의 첫 번째 날에 수산 궁에서(6-10절), (2) 아달월 14일, 즉 싸움의 두 번째 날에 수산 궁 자체 안에서(15절), (3) 제국의 각 도에서 아달월 13일에(16절). 각 경우를 말하고 나서 설화자는 즉시 유대인들이 재산을 약탈하지 않았다고 진술했다(모르드개의 칙령이 그들에게 그렇게 하라고 허락했음에도 불구하고). 이것을 강조하는 것이 설화자에

게는 분명히 대단히 중요한 일이었으나, 이에 대한 이유는 전혀 분명치 않다. 주석가들(예를 들어, Clines, 323; 같은 저자, *Esther Scroll*, 200 n. 35; Moore, 87-88; Fox, 115)은 설화자가 여기에 나타난 유대인의 행실을 사울 당시에 탐욕에 눈이 어두워 아각과 아말렉 족속들을 쳐부쉈을 때 재물을 탈취했다가 그 결과로 너무나 큰 재난을 당했던(삼상 15장) 그들의 조상들의 행실과 대조하고 있다고 주장했으나, 이 두 사건은 전혀 대조될 수 없는 사건이다(Fox는 이에 반대다). 아말렉 족속들의 재물은 취해야 했지만, "바쳐진 것"으로서 반드시 완전히 멸해야 하는 것이었다. 여기서 유대인들은 이것에 전혀 손을 대지 않았다. 만일 여기에 나오는 유대인의 행동이 "자기들의 조상들의 실패를 원 상태로 회복하도록 의도되었다면(Fox, 115) 분명히 유사한 행동을 기대했을 것이다(McKane, *JTS* 12[1961] 260-61). 그리고 만일 이것이 설명이라면, 설화자가 처음으로 10절에서 재물을 탈취하지 않았다고 언급할 때 그가 하만을 다른 곳에서처럼(참조. 8:3 그리고 3:10; 9:24에 있는 그의 충분한 신원) 아각 사람이라고 부르지 않은 것은 이상한 일이다(Clines, 323). 재물에 관한 진술이 설화자가 살육당한 수를 진술할 때마다 주어져 있으므로(이 진술이 1-5절에서는 완전히 누락되어 있다는 사실을 유념하라), 그가 유대인의 공격이 탐욕과 자기 증대(self-aggrandizement)에 의하여 일어난 것이 아니라 오직 자기 보호의 필요에 의하여 일어난 것임을 분명하게 밝히기를 원했을 것임에 거의 틀림없다(Moore, 87; Clines, 323; 같은 저자, *Esther Scroll*, 160; 그리고 McKane, *JTS* 12 [1961] 261에 있는 다른 참고 서적을 보라).

19 "그러므로 촌촌의 유다인 곧 성이 없는 고을 고을에 거하는 자들이"(הַפְּרָזוֹת
הַיְּהוּדִים הַפְּרָוזִים הַיֹּשְׁבִים בְּעָרֵי – 하예후딤 하프라짐 하요슈빔 빼아레 하프라조트; 직역하면 "하프라짐 유대인들, 곧 페라조트 성읍들에 거하는 자들"). 신명기 3:5; 사무엘상 6:18에 있는 페라지(פרזי)라는 독법을 고려하면, Q가 틀림없이 옳은 독법이다. 필자의 의견에는 부림절을 축하하라는 할라카의 요구 사항들을 취급하는 탈무드의 구절들 가운데서만 발견되는(Jastrow, *Dictionary*, 1218) MH 파루즈(פָּרוּז, "담이 없는 촌락에 거주하는 자")라는 단어는 이 단어가 이 구절 가운데서 K 독법으로부터 만들어졌다는 것이 지극히 그럴듯하다는 근거에서 볼 때 여기서 의미를 결정하는 데 도움을 주지 않는다. K 형식이 저자가 의도적으로 하예후딤(היהודים)과의 유음을 만들어 내기 위하여 페라짐(פְּרָזִים)이라는 단어의 형태를 의도적으로 변경시켰기 때문에 일어났다는 것은 타당해 보이지 않는다(Striedl, *ZAW* 14[1937] 90-91; Bardtke, 386, 389). "촌촌의 유다인들"(הַיְּהוּדִים הַפְּרָוזִים – 하예후딤 하프

라짐)과 "고을 고을에 거하는 자들"(עָרֵי הַפְּרָזוֹת – 아례 하프라조트)이라는 용어들의 정확한 의미는 불확실하다. Q의 페라지(פְּרָזִי)가 "외진[즉 '담이 없는'] 촌락에 사는 사람들"을 의미하는 인종적인 용어이고, 반면에 아레 하프라조트(הַפְּרָזוֹת עָרֵי)는 "외진 마을들" 즉 국토의 여기저기에 흩어진 공개된 혹은 담이 없는 시장 마을이나 촌락을 의미한다는 드라이버의 견해(Driver, *VT* 4[1954] 8-9)가 널리 받아들여져 왔다(KB3, 909; *CHALOT*, 297를 보라). 그러나 최근에 니어만(Niemann, *ZAW* 105[1993] 233-43)은 어근 파라즈(פרז)가 "여기"와 "거기" 혹은 "안"과 "밖" 사이의 의미론적 대립을 함축하고 있다고 주장했다. 그런 까닭에 "페라짐 유대인"(היהודים הפרוזים – 하예후딤 하프라짐)은 수산 궁의 관할권에 속하는 영역 "밖"의 유대인들을 가리키며, 반면에 "고을 고을에 거하는 자들"(עָרֵי הַפְּרָזוֹת – 아레 하프라조트)은 이와 같은 관할권 밖에 있는 성읍들을 가리킨다. 이 용어들에 대한 이러한 해석이 훨씬 더 호감이 가는 해석인데, 이는 이것이 16-18절에 있는 이것과 같은 대조, 즉 "왕의 각 도에 있는 다른 유다인들"(היהודים אשר במדינות המלך אשר – 쉐아르 하예후딤 아쉐르 삠디노트 함멜렉; 16절)과 "수산에 거한 유다인"(היהודים אשר בשושן – 하예후딤 아쉐르 빼수산; 18절) 간의 대조를 서술하고 있기 때문이다. 이것은 19절에 있는 대조와 16-18절에 있는 대조 간의 모순을 완화시켜 주는데, 이에 대해서는 다른 해석도 가능하다. "담이 있는" 성읍과 "담이 없는" 성읍 간의 대조(예를 들어, Fox, 113; Moore, 85)는 16-18절의 그것에 대한 반대 대조를 설정하고 있는데, 왜냐하면 각 도에 있는 유대인들(16절)이 틀림없이 성벽이 있거나 혹은 없는 성읍들 가운데 살았을 것이기 때문이다(참조. Fox, 114). 그래서 "고을 유대인들"과 "성읍 유대인들"을 대조하고 있는데(Bardtke, 385, 389), 왜냐하면 각 도에 있는 유대인들이 성읍들에서 그리고 "지방" 즉 성읍 수준 아래의 지역들에서 살았을 것임에 틀림없기 때문이다(참조. Noemann, *ZAW* 105[1993] 242 n. 30). 비록 19절이 후대의 서기관에 의하여 가필되었을지라도, 이 진술은 분명히 문맥에 뜻이 통하도록 하기 위하여 의도된 것이다. 이러한 사실을 고려해서 우리는 니어만이 제안한 의미를 채택했는데, 이는 이것만이 문맥에 어울리기 때문이다. 마지막으로, 이 용어의 제안된 의미가 무엇이 채택되든 간에 "페라짐 유대인들"이란 문구가 분사절인 "파라조트 성읍들/장소들에 살고 있는 사람들"을 통하여 수식하는 것은 단지 중언부언하는 것이며, 그래서 특히 K 독법을 설명하기 위한 하나의 주석일 수 있다(Clines, *Esther Scroll*, 182 n. 12).

이 구절은 틀림없이 삽입구인데, 왜냐하면 이것이 현저하게 과거의 사건들, 즉 수산 궁의 유대인들의 행동과 각 도의 유대인들의 행동으로부터 설화 자신의 날과 시기로 주의를 돌리고 있기 때문이다. 많은 주석가들은 이것을 다음과 같은 근거에서 후대에 가필된 하나의 주석으로 간주했다. (1) 이것이 전반적인 이틀 간의 축하를 요구하고 있는 21-22절과 모순되며, 반면에 이 구절은 두 개의 구별된 축하일들을 암시하고 있고, 또한/혹은 (2) 이것은 18절에 자연적으로 뒤따라오지 않는데, 왜냐하면 이것이 16절에서 논의되었던 각 도의 유대인들에 대한 주제로 되돌아감으로써 흐름을 끊어 놓고 있기 때문이다(예를 들어, Moore, 89; Meinhold, 87). 그러나 이것은 결코 반드시 필요한 결론이 아니다. 위의 (1)과 관련하여 아래의 21절의 "주석"에 있는 논의를 보라. (2)항과 관련하여, 이 구절은 단순히 이것이 설화자가 소개되는 문제에 대해 당대에 관련되어 있는 것으로부터 나온 정보를 삽입하고 있는 삽입구로 인식하자마자 그것이 주장되는 것처럼 그 문맥 가운데서 부조화되지 않는다. 19절이 삽입구이므로, 20절은 16-18절에 소개된 문제, 즉 유대인의 다른 두 공동체 사이에서 각기 다른 두 날짜에 절기를 축하하는 문제를 계속 다루고 있다. 클라인즈는 만일 19절이 연대기적으로 23절에 앞서는 것으로 이해된다면, 이 두 구절들 가운데 상충된 점이 있다고 주장한다. 그렇다면 "'그들(즉 유대인)이 하기 시작했던 일'에 대해서는 14일에 구출 받은 사실에 대한 지속적인 기념을 가리키는 것으로 보였을 텐데, 이는 '모르드개의 보낸 글'의 내용과는 다를 것이다"(*Esther Scroll*, 51). 그러나 이것은 또한 당연히 사실이 아닐 것이다. 23절에 있는 진술은 당연히 그들이 지금 이것이 때때로 또한 일시적으로 되어야 할 것이 아니라 모르드개의 편지가 그들에게 부탁하는 바와 같이 정규적으로 그리고 영구적으로 축하되어야 할 것으로 받아들이는 의미로서 진행중인 축하를 가리킬 수 있다(참조. Fox, 118-19).

LXX은 19절 끝에서 "그리고 성읍들 가운데 사는 자들이 진수성찬을 먹으면서 아달월 15일을 축하하고 그 이웃에게 그 일부를 나누어 준다"는 진술을 덧붙이고 있다. 필자가 보기에는 이러한 첨가가 원래 독법을 간수하고 있는 것일 수는 없다(참조. Clines, *Esther Scroll*, 51; Paton, 291이 지칭하는 바와 같이, 이것은 "행복한 상상에 의한 수정"도 아니다). 이것은 수산 성읍에 있는 유대인들과 각 도에 있는 다른 축하일들을 완전히 빠뜨리고 있는데, 이 점은 16-18일에 수립되어 있으며 앞의 문장에 있는 설명에 의하여 분명하게 이해되는 점이다. "각 성읍들 가운데 사는 자들도 역시 아달월 15일을 축하하고 있다"고 진술함으로써 이 구절은 이 유대인들을 위하여 이틀 간의 축하를 추정하고 있다. 그러나 정확한 진술은 그들이 15일에만 축하했음을 암시하고 있으며, 이는 13일과 14일에 수산 궁에 사는 유대인들의 싸움이 있었고, 그 다음 15일에 안식했다는 사실과 일치하며(18절), 각 도에 있는 유대인들의 관습과는 대조된다(16-17절). 그렇다면 이것이 21-22절로부터 나온 하나의 주석인데, 이는 LXX 저자가 이틀 간의 부림절을 수립하는 것으로 이해한 구절들이다(이 문장이 부차적인 것이라는 LXX 독법으로부터 나온 부가적인 증거에 관해서는 Clines, *Esther Scroll*, 51를 보라). "'촌촌'의 유다인에 대한 집중과 다른 곳의 유대인들을 존중하지 않은 그들의 관습"(Clines)에 의하여 생겨난 MT에 있는 19절의 "어색함"(awkwardness)은 필자의 생각에는 여기서 뿐(Fox, 114가 그렇게 생각한) 아니라 앞의 설화 전체를 통하여(참조. Bardtke, 389) 설화자가 수산 궁에서 바라보는 관점 때문이라고 적절하게 설명될 수 있을 것이다.

20 "(그리고) 모르드개가 이 일(들)을 기록하고"(וַיִּכְתֹּב מָרְדֳּכַי אֶת־הַדְּבָרִים הָאֵלֶּה – 와이크토브 모르또카이 에트-하떼바림 하엘레). 이것은 모르드개가 에스더서의 저자라는 사실을 의미할 수 없다(중세기 그리고 다른 주석가들이 추측하는 바와 같이. 참조. Clines, *Esther Scroll*, 177 n. 12; Bardtke, 391). 주석가들은 "이 일들"이 앞에 나온 내용(그리고 그 규모)을 가리키는지, 아니면 그 뒤에 따라오는 내용을 가리키는지에 대해서 의견이 서로 다르다. 돔멀샤우젠(Dommershausen, *Estherrolle*, 123)과 페이톤(Paton, 293)은 이 문구가 특별히 21-22절에 나타나 있는 모르드개의 편지의 내용들을 가리킨다고 주장한다. 그러나 이 구절들은 모르드개의 편지의 내용을 진술하지 않고 그 목적을 진술하고 있다(Fox, 285). 돔멀샤우젠은 GKC § 136를 인용하면서 이 지시대명사 엘레(אלה)가 주로 뒤따라오는 내용을 가리킨다는 근거에서 이 경우를 주장하고 있지만, 이것은 실제로 입증되지 않는다. 그 반대로 하떼바림 하엘레(הדברים האלה, "이 일들")는 하떼바림 하헴/하헤마(הדברים ההם/ההמה, "그 일들")의 실질적인 배제를 위하여 나타나며, 그런 까닭에 앞선 내용이나 뒤따라오는 내용을 가리킨다(참조. GKC § 136b; BDB, 41). 필자의 의견에는 모르드개가 유대인들로 하여금 매년 절기를 지키도록 의무를 지워 주기 위하여 편지를 보내고 있으므로(21절), 그의 편지가 최소한 하만의 칙령으로 이끌어 갔던 사건들의 요약을 포함시켜야 하는데, 그 이유는 이것이 특히 수산 성 밖의 유대인들이 알고 있었던 칙령 자체였을 것이기 때문이다. 그러한 요약이 24-25절에 나타나는데, 이는 곧 모르드개가 그들에게 기록하여 보냈던 내용을 유대인들이 받아들였던 이유로서 거기에 제공되어 있으므로 모르드개가 설명했던 내용의 요점을 반영하기 위하여 의도될 수도 있다. 그렇다면 이와 같은 사실에 비추어, 이 문구는

단순히 최근의 유대인의 싸움에서의 승리와 그것을 축하하는 일을 가리켜 말하는 것이 아니라(Bardtke, 391; Gerleman, 138; Moore, 93), 최소한 하만의 칙령과 함께 일어났던 내용에 대한 요약 기사를 가리켜 말하는 것임에 틀림없다(참조. Fox, 117). 그러한 위협, 해결 그리고 구출 이야기만이 "최근의 사건들이 영속적인 축제일을 정당화한다는 사실을 백성들에게 인식시키기에" 충분했을 것이다(Fox, 또한 참조. Clines, *Esther Scroll*, 23). 문맥을 볼 때, 모르드개가 페르시아 왕실의 문서 가운데 기록된 에스더서 설화를 가지고 있었다는 사실을 의미할 수는 없다(Clines, *Esther Scroll*, 23는 이에 반대다).

21 "한 규례를 세워…지키라"(לְקַיֵּם עֲלֵיהֶם לִהְיוֹת עֹשִׂים – 레콰옘 알레헴 리흐요트 오심). 쿰(קום)의 피엘 부정사 연계형인 콰옘(קַיֵּם)은 LBH에서 발전된 것이다(SBH의 형태는 일률적으로 히필형이다. 위의 룻기 서론 가운데 있는 연대 중 LBH 항목 [5]에 있는 논의를 보라). 이 동사는 장면 2(20-32절)에서 두 개의 다른 관용어로 일곱 번 사용되었다. 첫 번째 관용어에서 이것은 전치사 알(על, "위에, 에") 없이 세 번 나타나며, 각각의 경우에 목적어가 비인칭이다(29절, "부림에 대한 편지"; 31절, "이 부림일"; 32절, "이 부림에 대한 일"). 이 용법 가운데서 의미는 "비준하다, 확인하다, 유효하게 하다"이다. 두 번째 관용어에서 이 동사는 알(על) 전치사를 가지고 네 번 나타난다. 이 용법 가운데 동사 행동의 이중 목적어가 있다. 알(על)의 지배를 받은 첫 번째 목적어는 인칭이다("그들/그들 자신"[즉 유대인들], 21, 27, 31절; "그들의 자손들," 27, 31절; "자기와 화합한 자들," 27절). 두 번째 목적어는 지시를 받은 의무다("지켜[축하하여]," 21, 27절; "이 [이해된] 부림일," 31b절; "금식하며 부르짖은 것," 31c절). 그렇다면 그 의미는 "어떤 것을 [누군가에게, על] 묶다, 어떤 것을 [누군가에게, על] 요구하다"이다. 여기에 있는 의미가 "명령하다, 요구하다"가 아니라는 사실을 확인하기 위하여(이에 대하여 필자는 동의한다) 폭스(Fox, 118)는 룻기 4:7; 에스겔 13:6; 시편 110:106에 있는 용법에 호소하면서, 그 의미가 이 단락 전체를 통하여 "비준하다, 확인하다"라고 주장한다. 그러나 이것들은 각기 첫 번째 관용어의 실례다. 폭스 자신이 말하는 바와 같이, 오히려 이 동사는 "에스더 9:27과 31절에서 유대인들이 스스로 작정하고 부림절을 지켰다는 사실을 기록하는 데 사용된다…."

"아달월 십사 일과 십오 일"(אֵת יוֹם אַרְבָּעָה עָשָׂר לְחֹדֶשׁ אֲדָר וְאֵת יוֹם־חֲמִשָּׁה עָשָׂר בּוֹ – 에트 욤 아르바아 아사르 레호데쉬 아다르 웨에트 욤-하미샤 아사르 뽀). 여러 주석가들(예를 들어, Clines, 325; Moore, 89)은 여기에 나오는 이 문구를 모

르드개가 다른 모든 곳의 유대인들에게 적용하여 이틀 간의 축하를 요구하고 있다는 사실을 암시하는데, 이는 16-19절과 상충된다고 해석하고 있다(위의 19절의 "주석"을 보라). 그러나 비록 이것이 모르드개의 의도일지라도 반드시 16-19절과 상충되지는 않는다. 그보다는 모르드개의 편지의 주 목적들 가운데 하나는 두 날들을 축하하는 두 그룹에게 요청함으로써 축하 날짜의 차이를 판별하는 것일 수도 있는데, 왜냐하면 각 날이 그들 중 한 그룹의 경험에 의하여 합법적인 것으로 만들어졌기 때문이다. 다른 한편으로, 21-22절의 어투는 두 그룹, 즉 수산 성의 유대인들과 각 도의 유대인들에게 각기 하루의 축하일이 있어야 할 것이라는 사실을 의미하는 것으로 취급될 수 있다(Fox, 114; Bardtke, 391-92가 그렇게 주장함). 두 축하 일들 간의 차이는 앞의 설화 가운데 있었던 두 개의 원 축하일에 의하여 수립되었고 여기서 반복될 필요는 없다. 이것이 당연한 일로 생각된다(Bardtke). 필자가 보기에 이것이 보다 개연성 있는 해석으로 보인다.

22 "이 날에 유다인이 대적에게서 벗어나서 평안함을 얻어…되었던 것처럼" (כַּיָּמִים אֲשֶׁר־נָחוּ בָהֶם הַיְּהוּדִים מֵאוֹיְבֵיהֶם – 카야밈 아쉐르-나후 바헴 하예후딤 메오예베헴). 대부분의 현대 역본들은 이 구절을 "…날들이" 혹은 그와 동일한 문장으로 번역한다(NAB, NIV, NEB, REB, RSV, NRSV). 클라인즈가 지적한 바와 같이(Clines, *Esther Scroll*, 201 n. 44) 이것은 오해를 불러일으키는 문장으로 보이는데, 그 이유는 이것이 "날들이 된 것으로"(as being the days)로 취급될 수 있기 때문이다. 이것은 히브리어 문장에 대한 바른 번역이 아닌데, 그 이유는 케(כ, "처럼 〈like〉, 대로〈as〉")가 그러한 의미를 가지고 있을 수 없기 때문이다(소위 *kaph* essentiae). 그보다 이 날을 "그들의 대적들로부터 구출을 받은 날들처럼" 축하한다는 것은 그들이 원래 축하했던 날에 했던 것과 같은 행동을 함으로써 그 날들을 축하하는 것을 의미한다(참조. Bardtke, 389, 392; Dommershausen, *Estherrolle*, 123). 보족어적인 마지막 문장을 통하여 분명하게 드러나는데, 그 마지막 문장의 "되도록"이 이것이 의미하는 내용을 상세히 설명하고 있는 21절("원문주해" 22. d.을 보라)에서 이 문장을 다시 시작하고 있다.

23 "유다인이 자기들의 이미 시작한 대로…행하였으니"(וְקִבֵּל הַיְּהוּדִים אֵת אֲשֶׁר־הֵחֵלּוּ לַעֲשׂוֹת – 웨킵벨 하예후딤 에트 아쉐르 헤헬루 라아소트). 목적어 "자기들이 이미 시작한 일"을 고려하면, 콰발(קבל, 직역하면 "받아들이다, 받다")은 문맥 가운데서 단순히 "…와 일치하다, 동의하다"를 의미함에 틀림없다. 이것은 "그들 자신들에게 취했다, (습관으로) 채택했다"를 의미함에 틀림없다(특히 참조. Paton,

298의 논평). 앞의 설명적 여담에 비추어 볼 때(19절), "그들이 이미 시작했던 일" 이란 표현은 싸운 그 다음날에 있었던 원래의 자발적인 축하(17-18절)를 가리킬 뿐만 아니라 일차적으로 인과관계가 드러내고 있는 정규적인 관습을 달리하는 것이 이제까지 계속되어 왔다는 것을 가리킨다(참조. Clines, 326; Fox, 114).

24-25 이 구절들은 요약적 내용들이 가끔 그러하듯이 앞의 이야기와 세부 사항에 있어서 상당히 다른, 1-8장의 서술의 요점을 되풀이하고 있다(참조. Bardtke, 393; Clines, *Esther Scroll*, 54). 필자의 의견에는, 요약의 부정확성의 원인을 다음과 같이 설명할 수 있을 것이다. (1) 푸르(*pur*), 즉 "제비"가 유대인들을 멸하기 위하여 던져졌고, 반면에 그 일이 실제로 멸망의 날을 결정하기 위하여 던져졌다는 진술(Clines, *Esther Scroll*, 53는 그 반대로 생각함), (2) 유대인을 멸하기 위한 하만의 음모가 자기 머리로 돌아왔고, 반면에 이야기 가운데서는 실질적으로 모르드개에 대한 음모였다는 진술(Clines, *Esther Scroll*, 53는 그 반대로 생각함), (3) 하만의 처형과 그 아들들의 처형을 한 사건으로 압축(Bardtke, 394; Clines, *Esther Scroll*, 53). 어쨌든 다른 차이점들은 결코 요약적 진술의 요구 사항(수요)으로 돌려질 수 없다. 이러한 실질적인(본질적인) 차이점들에 근거하여, 그리고 이 지점에서 요약적 재진술이 쓸모 없다는 근거에서 이 자료가 후대의 가필이라고 주장되어 왔다(Paton, 58; Clines, *Esther Scroll*, 51-55).

그러나 이와 관련하여 어떤 결론이 내려지든 간에, 이 자료는 이 장면에서 의미심장하고도 중요한 역할을 하고 있다. 이것이 모르드개의 편지로부터 인용된 것으로 나타나 있지는 않을지라도 이것은 그 편지가 담고 있었던 회고적 내용을 제공하고 있으며, 또한 이것은 유대인들이 스스로 "모르드개가 그들에게 써 보냈던 내용"을 받아들인 이유(כִּי, "이는")를 제공하고 있다. 이 회고는 1-8장에서 이미 일어났던 기사를 충실하게 요약하고 있지 않을 뿐만 아니라, 그 사건을 의도적으로 다르게 말하고 있다. 필자가 보기에는 이렇게 한 이유를 폭스가 설득력 있게 설명한 것으로 보인다(Fox, 120; 또한 참조. 같은 저자, *Redaction*, 104). 모르드개, 에스더, 유대인들 그리고 왕이 처한 상황이 그들이 원래 처해 있었던 상황과는 이제 급격하게 달라져 있다. 유대인들은 이제 더 이상 무익한 존재(personae non gratae)가 아니다. 8:7에서 왕이 하만을 처형한 이유(7:9에서 그에게 동기를 부여해 주었던 내용과는 아주 다르다)는 그를 유대인의 수호자로 보여 주고 있으며, 12절에서 에스더에 대한 질문과 제안은 이제 그가 그들의 동지임을 보여 주고 있다(위의 "주석"을 보라). 유대인 모르드개는 이제 총리가 되어 있다. 그런 까닭에 모르드개는 이제 능숙한 신하로서 그리고 유대인의 수호자로서 이제까지 새로운 신분을 유지하는 방식으로 이야기를 말한다. 그러므로 하만의 정체가 완전하게 묘사되어 있고(그가 이제 모든 유대인의 대적이라는 사실만 바뀌지 않았다) 그의 역할도 이전의 역할과 같이 되어 있다(24a절). 그와 대조적으로, 이야기의 다른 주인공들의 역할은 상당히 달라져 있다. 특히 모르드개는 그가 이야기 자체 가운데서 실제로 역할을 했던 것보다 훨씬 다른 역할로 왕을 보좌해야 한다. 그래서 그는 하만의 음모를 저지한 모든 공적을 자신이나 에스더가 아니라 왕에게 돌리고 있다. 에스더의 중요한 역할과 그 자신의 역할은 완전히 무시되어 있다(참조. Clines, *Esther Scroll*, 165). 둘째로, 그는 하만의 계획이 왕에게 밝혀지게 된 순간 왕이 그의 처형을 명령했다는 사실을 밝히고 있다. 그 다음에 왕은 유대인의 구출에 있어서 실질적으로 단독으로 수행하는 사람처럼 보인다. 그러므로 모르드개는 "왕이 이미 그들을 향해 가졌던 것처럼 말함으로써 유대인들에게 우호적인 태도를 취하고 있는 것으로 추켜세우고 있다"(Fox, *Redaction*, 104). 셋째로 그리고 가장 중요한 것은 모르드개는 "기록하여"라는 사소한 문구로써 하만의 칙령을 무효화시키는 자신의 칙령과 하만을 처형하라는 왕의 명령을 함께 결합시키고 있다(이것은 사실상 하만의 유대인을 멸하려는 음모가 궁극적으로 "하만의 머리로 되돌아갔기" 때문에 일어난 것이다). 그런 까닭에 "이 요약적 진술은 반대 칙령을 무시하지 않고 이것을 하만에 대한 왕의 진노의 직접적 표현으로 말하고 있다"(Fox, *Redaction*, 104). 그렇다면 모르드개의 회고는 새로운 절기를 지키는 데 있어서 정당화하는 데 중요했던, 끔찍한 위기와 그 해결에 관한 사실들을 유대인들에게 알릴 뿐만 아니라 유대인의 목적에 왕의 지지를 얻어내기 위하여 그러한 방식으로 알리고 있다.

이 회고가 이 단락에서 또 다른 방식으로 기능을 한다는 사실을 유념하는 것이 중요하다. 이것이 그 절기를 수립하려는 모르드개의 명령("모르드개의 보낸 글", 23절)을 받아들인 이유를 제공하고 있으므로, 이 절기가 싸워 피흘림에서 승리하는 것을 축하하는 것이 아니라 끔찍한 재앙(하만의 악한 계획)으로부터 구출 받은 것을 축하하는 것이라는 사실을 더욱 암시해 주고 있다(에스더서 서론의 신학 단락에 있는 부림에 대한 논의를 보라).

25 "(그리고) 에스더가 (그것이) 왕의 앞에 나아감을 인하여(나아갔을 때)" (וּבְבֹאָהּ לִפְנֵי הַמֶּלֶךְ - 우브보아흐 리프네 함멜렉). 여러 고대 역본들(Syr, Tg, Vg), 현대 주석가들(예를 들어, Bardtke, 390; Ehrlich, *Randglossen*, 124; Haupt, *AJSL* 24[1907-8]; Moore, 92) 그리고 현대 역본들(예를 들어, NAB, NRSV, RSV, TEV)

은 부정사 연계형에 있는 3인칭 여성 단수 대명사 접미어를 에스더를 가리키는 것으로 취급하고 있는데, 그 이유는 이것이 사실상 하만의 파멸로 이끌도록 왕에게 허락을 받지 않고 알현실로 들어가는 위험한 일이었기 때문이다. 그러나 에스더는 앞 장면의 삽화 1(12-13절) 이후로 언급되지 않았다. 그런 까닭에 이 장면에서 여성 접미사는 갑자기 그녀를 소개하는 것 이상을 필요로 했을 것이다. 오히려 이것은 실제로 그녀에 대한 완전한 언급을 취급했을 것이다(그러므로 엔리히〈Ehrlich〉와 하우트〈Haupt〉가 가정하는 것이 원래 본문 가운데 있었음에 틀림없다). 더 나아가서, 덧붙여 말하자면 여기에 나오는 관용어가 "왕께 고하니"(직역하면 '왕에게 들어갔다'; בוא לפני – 보 리프네)와 관련하여 9:11에 나타나 있는 것과 같다는 사실을 유념하는 것이 관계가 있으며, 반면에 에스더가 왕에게 말했을 때 관용어는 보엘(בוא אל, "에게 들어가다")이다(4:8, 11, 16; Dommershausen, *Estherrolle*, 126). 드라이버는 자음 본문 ובבבאה를 우브보 에쓰테르 하말카(וּבְבֹאָ אֶסְתֵּר הַמַּלְכָּה)의 축약형인 ״ ה ״ א ״ וּבְב로 읽어야 하는데, 그 이유는 축약형은 문맥으로부터 쉽게 판별되기 때문이라고 주장했다(Driver, "Abbreviations," 128). 그러나 그 반대로, 문맥(위를 보라)은 요약된 그러한 문구를 가장 이해하기 어렵게 만들었다. LXX에는 "그(he)가 왕에게 왔을 때"로 되어 있는데, 이는 앞 문장의 주어 하만을 가리키지만(JB, NJB가 이렇게 번역함), 이는 분명히 히브리어의 다른 사본을 참고한 증거라기보다는 문제를 해결해 보려는 하나의 시도다. 여성형 어미의 선행사를 방금 전에 언급한 하만의 음모(히브리어 מחשבה; 뒤따라오는 문장을 보라)로 이해하는 것이 훨씬 더 타당하다(Clines, *Esther Scroll*, 53; Fox, 285도 그렇게 생각함). 사실상 이러한 해석은 이 회고가 (모르드개를 그러했던 것처럼) 에스더를 완전히 무시할 뿐만 아니라 왕이 어떻게 해서 음모를 알게 되고 즉시 그것을 뒤집기 위해 행동했다는 사실을 의미한다. 어쨌든, 이것은 모르드개가 왕을 유대인의 첫 번째 구원자로 제시하기 위하여 사건을 기술적으로 변경시켜 놓은 내용의 일부로 간주될 수 있다(앞의 기록을 보라).

"왕이 조서를 내려…악한 꾀를 그 머리에 돌려보내어"(יָשׁוּב מַחֲשַׁבְתּוֹ הָרָעָה אָמַר עִם הַסֵּפֶר – 아마르 임 하쎄페르 야수브 마하샤브토 하라아). 임 하쎄페르(עם הספר, 직역하면 "글/문서로")란 표현의 의미는 아주 난해하다. 이것은 주로 "기록으로"(예를 들어, NAB, NRSV, RSV)나 혹은 그와 같은 식으로 번역되지만, 임(עם)의 그러한 의미는 달리 증명되지 않은 것이다. 이 문구가 "편지에도 불구하고"라는 의미를 가지고 있고, "그 편지"는 유대인을 전멸시키라는 하반의 원래 칙령

(3:12)을 가리킨다는 하우트의 입장(Haupt, *AJSL* 24[1907-8] 170-71, Gerleman, 139가 이를 따름)은 문제가 많다. 첫째로, "…에도 불구하고"라는 의미가 내포되어 있다는 근거에서 임(עִם, "함께")을 반의적 의미로 돌리는 것은 전혀 불가능하다(Clines, *Esther Scroll*, 182 n. 14, 그는 느 5:18이 실질적인 평행이 아니라고 논증한다. 또한 참조. BDB, 768). 둘째로, 요약이 간결한 점은 그 "편지"를 하만의 칙령과 동일시하기 어렵게 만든다(Clines, 327-28). 또한 이렇게 해서 얻어진 의미는 아주 모호하다. 이 "편지"가 의미하는 바는 분명하지만, 하만의 편지가 이를 명령하고 있는 그의 편지에도 불구하고 하만의 음모가 그 머리로 돌아갔다는 사실을 말하는 것은 거의 의미가 없다(Fox, 285). *HALOT*(840)에서 이 문구가 "동시에 기록된"을 의미한다고 주장되어 왔다(이 의견을 Bardtke, 390, 394에서 따른다). 어쨌든 이 표현("…와 함께"="와 동시에")의 난해성 외에도, 이것은 또한 문맥에서 볼 때 가장 어렵게 만든다. 하만이 모르드개가 자신의 반대 칙령을 써 보냈을 때 이미 오래 전에 죽었다는 사실은 별도로 하고(아마도 "편지로"는 모르드개의 칙령을 가리키는 것 같다), 어떤 점이 이 지극히 간략한 요약적 내용 가운데서 이 하찮은 세부 사항을 집어넣도록 했는가? 마지막으로, NJPV를 따르고 있는 폭스(Fox, 285)는 이 문구를 "이 칙령의 반포와 함께"로 번역하고, 이 문구를 아하수에로의 말의 일부분으로 취급한다. 그러나 이러한 해석은 전치사 임(עִם, "함께")을 "…에 의하여, …으로(by means of)"라는 의미를 가지고 있는 것으로 이해하고 있는데, 이것은 어느 곳에서도 이러한 의미를 가지고 있는 곳이 없다. 보다 좋은 의견이 없기 때문에 우리는 약점이 많이 있음에도 불구하고 전통적인 번역을 채택했다.

26 "무리가 부르의 이름을 좇아 이 두 날을 부림이라 하고"(פּוּרִים עַל־שֵׁם הַפּוּר
עַל־כֵּן קָרְאוּ לַיָּמִים הָאֵלֶּה – 알-켄 콰르우 라야밈 하엘레 푸림 알-쉠 하푸르). 또다시 19절에서처럼 설화자는 이탈된 내용을 삽입하고 있다. 그는 왜 이 축하의 날들이 부림이라고 불리는지를 설명하기 위하여 자신의 이야기의 문맥을 뛰어넘어 자기 당대의 배경으로 넘어가고 있다. (그런 까닭에 **본문에**서 우리는 이 문장을 삽입어구 가운데 넣어 두었다.) 그는 분명히 그 이유를 하만이 유대인들을 "완전히 진멸하기 위하여 부르(곧 제비)를 던졌다"는 사실(3:7을 보라)을 언급한 모르드개의 편지로부터 이끌어 온 회고 가운데서 찾아내고 있다(24절). 그러나 이것은 그 이름에 대한 가장 빈약한 설명이다. 매년 축하를 묻는 자신의 편지 가운데서 모르드개는 자기의 동포들에게 이방인의 용어 부르(*pur*)를 따라서 이름이 붙여져야 할 것이라고 요구하고 있지 않다. 그렇다면 설화자의 인과론적 설명은 이 이름이 모르드개

의 편지(20-22절)와 이에 대한 유대인의 용인(23, 26b-28절)과는 별도로 유대인 공동체에 의해서 만들어진 용어임을 암시한다. 그러나 모르드개의 간략한 회고 가운데 있는 하만이 "부르, 곧 제비"를 뽑은 일에 대한 언급을 떠나서, 유대인 공동체는 일반적으로 그 사건 자체든 아니면 이 용어가 이방인 가운데서 사용된 것이든 이에 관해서는 전혀 알지 못했을 것이다. 그런 까닭에, 이것은 어째서 유대인 공동체가 하만이 자기들을 제거하기 위하여 뽑은 제비라는 이방적 용어를 따라 이 절기 이름을 정했는지에 대해 전혀 실질적인 설명을 제공하고 있지 않다(모르드개의 회고가 그렇게 되어 있다, 24b절; 물론 현실적으로 이 제비는 유대인을 제거하기 위한 가장 길한 날을 결정하기 위하여 하만이 뽑았다. 3:7을 보라). 만일 이것이 실제로 그 이름에 대한 실질적인 역사적 이유라면, 그 선택이 일종의 반전(反轉) 심리를 담고 있다는 빈약한 설명을 주장할 수 있을 뿐이다. 부르(*pur*)는 유대인의 제거를 위한 날을 결정하기 위해서였으나, 이것이 실제로 그들의 보복과 승리를 낳게 해주었다. 더 나아가서 저자 자신은 분명히 자신이 방금 전에 설명했던 내용과 부림절이라고 이름짓는 그 사이의 관계가 투명하지 않았다는 사실을 느꼈다. 그는 결코 "그러므로 이 날들이 부림이라 불려졌다"고 말하지 않고, 다만 알 쉠 하푸르(על שם הפור, "부림이란 단어의 기사에 관하여")라는 이유의 문장을 포함시킴으로써 그 관계를 명확하게 할 필요가 있다고 느끼고 있다(Clines, *Esther Scroll*, 54). 마지막으로 이 인과관계는 어째서 이 절기의 이름이 단지 하나의 제비만을 던졌을 뿐인데, 복수형으로 부림("제비들")인지 전혀 설명을 하지 않은 상태로 남겨 놓고 있다. 26a절은 이 절기가 "이 (두) 날 동안" 지켜졌기 때문에 저자가 이 용어를 복수형으로 이해하고 있다는 사실을 시사하는 것으로 보이지만, 이것이 "제비들"로 불리는 이유가 되기는 어려울 것으로 보인다(Fox, 121). 클라인즈(Clines, 328; 참조. 같은 저자, *Esther Scroll*, 164)는 설화자가 이중적 제비나 기회가 연루되었음을 상징하기 위하여, 즉 하나는 유대인에게 재난으로 결정되고, 두 번째로는 유대인에 대한 은혜를 베풀기 위하여 하나님이 던지신 것이 연루되었음을 상징하기 위하여 복수 이름을 의도하고 있다고 주장한다. 그러나 본서 가운데 두 번째 제비에 관해서는 그 어디에도 전혀 암시가 나타나 있지 않으며(Fox, 121), 설화의 이 부분 가운데 하나님의 섭리에 대한 암시가 전혀 없다. 유대인들의 승리는 어떤 일련의 두드러진 동시 발생으로 말미암아 일어나지 않았는데(앞의 이야기 가운데서 너무나 두드러지게 앞으로 전개해 나갔던 그것들처럼; 6:1-11에 대한 "해설"을 보라), 이것이 하나님의 섭리의 표시였을 수 있을 것이다. 그 반대로, 유대인의 승리는 완전히 인간의 업적이다(참조. Gerleman, 131). 그들 자신의 군사적 공격을 통하여, 그들의 대적들 모두를 사로잡았던 그들의 용맹에 대한 두려움을 통하여 그리고 각계 각층의 페르시아 관리들의 도움을 통하여 달성되었다(9:1-5과 그 곳의 "해설"을 보라). 또다시 유대인 공동체는 이러한 힘들이지 않은 승리 배후에서 하나님의 섭리를 보았을 것이라고 추측할 수 있겠지만, 이것이 설화자가 의도한 것인지는 설화 가운데 전혀 암시되어 있지 않다. 고랄(*gôrāl*)이 "제비"와 "제비를 통하여 분배된 것" 모두를 의미할 수 있다는 사실에 의하여, 부림 즉 "제비들"을 마노트(*mānôt*), 즉 축하 절기 때 서로 나누어 주었던 "예물"(혹은 음식의 선물; 19, 22절)과 연결시키려는 게를르만의 복잡한 시도(Gerleman, 25-28)는 클라인즈에 의하여 반박되었다(Clines, *Esther Scroll*, 201 n. 43). 최소한 이 단어가 복수라는 사실은, 이것이 대부분의 유대인 절기들의 이름이 복수로 알려져 있다는 사실과 유사한 데서 나타난 것이라는 클라인즈의 주장을 통해서 타당성 있게 설명될 수 있는데, 예를 들면 칠칠절(Weeks, *Šabû'ôṯ*), 초막절(Booths, *Sukkôṯ*), 무교절/유월절(*maṣṣôt*) 그리고 하누카(*'ûrîm*)가 복수로 되어 있다.

"이 글의 모든 말…을 인하여"(עַל־כֵּן עַל־כָּל־דִּבְרֵי הָאִגֶּרֶת הַזֹּאת – 알-켄 알-콜-띠브레 하이께레트 하조트). 필자의 의견에는, 27절의 근거를 앞선 내용에 두고 있는 이끄는 말 알-켄(על־כן, "그러므로")은 클라인즈가 주장하는 것처럼(Clines, *Esther Scroll*, 54-55) 문맥 가운데서 전혀 어울리지 않는다. 27절에 뒤따라오는 진술은 설화자가 이 전체 막에서 이제까지 설명해 온 모든 것 가운데서 이끌어 온 전체적인 결론이며, 또한 전체의 결말에 대한 결론으로서의 기능을 하고 있다(참조. Loewenstamm, *HUCA* 42[1971] 227). 그런 까닭에 "그러므로"는 절기 수립으로 이끌어온 이 사건들의 기사 가운데 이 결론의 기초를 두기 위하여 의도되었다. 사실상, 바로 이러한 사실을 강조하기 위하여 설화자는 다소 장황하게, 또한 그런 까닭에 강조가 되는 어투로 뒤따라오는 원인을 나타내는 문장 가운데서 이 근거들 자체를 재진술하고 있다. 이 원인을 나타내는 문장의 내용들은 실제로는 앞의 내용에 대한 탁월한 요약이다. 그러므로 "이 글의 모든 말"은 20-22절을 가리키며, "그들이 이와 관련하여 경험한[즉 '앞에 말한'; *IBHS* § 39.3.4.e, pp. 666-67] 내용과 그들에게 일어났던 일"은 하만의 칙령과 더불어 시작되었던 모든 위기에 대한 이야기를 가리키는데, 이에 대해서 설화자는 바로 앞에서 모르드개의 편지에 나온 회고 속에서 요약했다(24-25절).

27 "폐하지 아니하기로"(וְלֹא יַעֲבוֹר – 웰로 야아보르). 단수 야아보르(יעבור)를

복수 예보루(יעברו; "그들[유대인들]이 위반하지 않을 것이다"라는 의미를 제공하기 위하여; Bardtke, 390; Moore, 93, 95; 참조. Paton, 299)로 수정하는 것은 전혀 불필요하다. 뿐만 아니라 이 구절의 끝 부분으로 자리를 이동시키지도 말아야 할 것이다("그[날]들이 없어지지 않을 것이다"라는 의미를 제공하도록; Haupt, *AJSL* 24[1907-8] 172; 참조. *BHS* n.). 단수 동사의 주어는 문맥으로부터 드러나고, 또한 뒤따라오는 문장 가운데 명확하게 표현된 부림절 축하를 위한 협정이다. 이 문구는 1:19에서 사용된 것과 정확하게 일치한다. 그런 까닭에 이것의 목적은 부림절 협정이 페르시아 법과 같이 변개할 수 없는 것이다(참조. Dommershausen, *Estherrolle*, 127). 수정은 요점을 놓치는 것이다.

28 "이 두 날을 기념하여 지키되"(וְהַיָּמִים הָאֵלֶּה נִזְכָּרִים וְנַעֲשִׂים – 웨하야밈 하엘레 니즈카림 웨나아심). 페이톤(Paton, 299)의 주장과는 반대로, 앞 문장 "유대인들이 스스로 지키기로[להיות עשים – 리흐요트 오심, '그들이 지킬 것이다'] 작정하고"의 구문론적 구조가 여기서 계속되지 않는다. 이 문장은 그러한 패턴을 깨뜨리고 있는데, 왜냐하면 주어 "이 날들"이 또다시 진술되어 있기 때문이다. 어쨌든 분사 술어의 의미가 모호하다. 이러한 구조는 주로 가까운 장래에 이루어질 확실성, 즉 영어의 "곧 하려고 하다"(is going to)로 표현된 의미다(*IBHS* § 37.6.f을 보라). 이것은 또한 폭스(Fox, 116; NJPV가 그렇게 번역함)가 주장하는 바와 같이 현재 시제로 취급될 수 있지만, 그것은 옳지 않아 보인다. "현재 진행형"(Fox, 132 n. 3이 그렇게 주장)은 뒤따라오는 부사 수식어 베콜-도르 웨도르(בכל־דור ודור, "대대로")와 잘 들어맞지 않는다. (Berg, *Book of Esther*, 172-73에서 주장한 완료 시제는 본문의 수정을 요한다.) 그렇다면 필자의 의견에는, 전 세계의 거의 모든 사람들이 번역한 바와 같이(예를 들어, Bardtke, 390; Moore, 93; Paton, 297; NASV, NEB, NIV, RSV) 유대인들이 앞 문장에서 스스로 지키기로 한 약정의 계속이 아니다. 그보다 설화자는 일어난 일을 설명하는 데서 돌아서서 자기의 독자들을 위하여 전체적인 부림절 준수를 규정하고 있는 것이다. 이것이 뒤따라오는 두 문장에 있는 법적 제어(*IBHS* § 31.5.d; *GBH* § 113m), 즉 부정 미완료형으로의 전환을 통하여 암시되어 있다.

29 "그리고 유다인 모르드개"(וּמָרְדֳּכַי הַיְּהוּדִי – 우모르또카이 하예후디). 이 문구가 후대의 가필이라는 입장에 대한 옹호에 관해서는 이 막의 "원문주해"에 있는 29-32절에 대한 특주를 보라.

"왕후 에스더…가 전권으로 글을 쓰고"(וַתִּכְתֹּב אֶסְתֵּר... אֶת־כָּל־תֹּקֶף – 와티크토

브 에쓰테르…에트-콜-토퀘프). LBH 단어 토퀘프(תקף)가 이 단락 밖에서는 10:2과 다니엘 11:17에만 나타나는데, 거기서 이 단어는 "권세, 능력"을 의미한다(참조. 동사 타콰프〈תקף, "압도하다"〉). 그런 까닭에 불변화사 에트(את)를 전치사 "…와 함께"로 이해하면서 이 문구는 부사적으로 "온 힘으로, 강조하여"(예를 들어, Bardtke, 397; Paton, 300; Ringgren, 402)나 혹은 그보다 훨씬 더 자주 "모든/완전한 권위로"로 번역되어 왔다(예를 들어, NASV, NIV, NJB). 그러나 구약성경에서 방법에 대한 부사적 의미를 표현하기 위하여 사용되는 것은 전치사 베(ב, "안에〈in〉, 의하여〈by〉")이다(참조. Haupt, *AJSL* 24[1907-8] 76-77; Loewenstamm, *HUCA* 42[1971] 228). 전치사 에트(את)는 구약성경에서 결코 이와 같은 식으로 사용되지 않는다(조금이나마 비교될 만하게 사용되는 유일한 경우는 삿 8:7에 있는 의미들의 표현이다. 사 30:8에서의 용법은 Bardtke, 397의 견해와는 반대로 전혀 비교가 될 수 없다). 그렇다면 이 불변화사는 한정어의 직접 목적어라는 표시, 즉 "왕후 에스더가 확고히 하기 위하여 모든 능력/권세로 글을 썼다"로만 될 수 있다. "왕후 에스더가…모르드개의 권세를 모두 기술했다"는 의미를 가지도록 "유대인 모르드개"를 토퀘프(תקף) 뒤에 바꾸어 놓거나(Haller, 136; Haupt, *AJSL* 24[1907-8] 172), 혹은 토퀘프(תקף)를 레콰옘(לקים) 뒤로 위치를 변경시켜 놓는(참조. *BHS* n. a-a) 수정은 "역본들 가운데 선례가 없으며" 또한 "무리하고도 신빙성이 없는" 것이다(Moore, 96). 악카드어와의 유사성을 상기시키면서 그리고 나바티아인 가운데 평판이 나 있는 의미에 유의하면서 로웬스탐은 토퀘프(תקף)를 "정당한 행동"으로 번역하여 "…에스더와…모르드개가 이 부림 서신의 전반적인 타당성을 기록해서 보냈다"라고 번역할 것을 제안한다(Loewenstamm, *HUCA* 42[1971] 228-30). 그러나 이 평행 구절들의 미심쩍은 타당성과 레콰옘(לקים)의 문제가 되는 삭제는 별도로 하고(참조. Berg, *Book of Esther*, 54n. 49), 이것은 문맥 가운데서 결코 뜻이 통하지 않는다. 토퀘프(תקף, "권위")가 여기서 비유적으로 "권위의 말씀"을 의미하는 것으로 사용되었다는 폭스의 견해가 훨씬 더 낫다. 그렇다면 이 문장은 부림절 준수를 명하고 있는 모르드개의 편지를 "그녀가 확고히 하기 위하여 (왕후로서의) 모든 권위를 이용한 하나의 편지를 기록하여 보냈다"를 의미한다(참조. Gerleman, 141).

"부림에 대한 이 둘째 편지"(אֵת אִגֶּרֶת הַפּוּרִים הַזֹּאת הַשֵּׁנִית – 에트 익게레트 하푸림 하조트 하쉐니트). 여기서 취한 견해에 대한 옹호에 관해서는 이 막의 "원문주해"에 있는 29-32절에 대한 특주를 보라.

30 "보내어"(וַיִּשְׁלַח – 와이슐라흐, 직역하면 "그리고 그가 보냈다"). 이 동사를 3인칭 남성 단수로 모음 부호를 붙이는 것은 29절에 있는 복합 주어로 인하여 난해하게 만든다(위의 "원문주해"의 끝에 있는 29-32절에 대한 특주 [3]항에 있는 논의를 보라). 만일 우리가 "그리고 유대인 모르드개"를 그 구절로부터 삭제한다면(그것이 필요한 것으로 보인다. 특주를 보라), 이것은 불가능하다. 그렇지만 이 동사를 니팔형 3인칭 남성 단수로 모음 부호를 다시 붙인다면 자음은 달라지지 않으며, 그래서 이 난문제는 가장 간단히 해결될 수 있다(참조. Fox, 286). 동사가 맨 앞에 위치해 있을 때 수(數)가 일치하지 않는 현상은 일반적으로 BH에서는 통상적인 것이며(GKC § 145o) 특히 에스더서가 그러하다(예를 들어, 1:14; 2:21; 9:23a; Fox가 그렇게 주장함). 일단 "그리고 유대인 모르드개"가 29절에 덧붙여져 있었다면, 맛소라 학자들이 이 동사를 칼형으로 모음 부호를 붙였을 가능성이 있다.

"화평하고 진실한 말"(דִּבְרֵי שָׁלוֹם וֶאֱמֶת – 띠브레 샬롬 웨에메트). 이 문구는 쎄페림(ספרים, "편지들")과 동격관계에 있음에도 불구하고 이것이 두 개의 삽입 문장들에 의하여 분리되어 있다. 그것이 수식하고 있는 명사로부터의 그러한 분리는 히브리 구문을 파괴하지 않는다. 특히 폭스의 주장을 보라(Fox, 286; 그리고 3:6에 있는 "모르드개의 민족"이라는 문구에 대한 "주석"을 보라). 어쨌든 이 동격의 정확한 의미는 모호하다. 고디스(Gordis, *JBL* 95[1976] 57-58; 또한 Bardtke, 400)는 이것을 31절에서 요약으로만 제시되어 있는 그 실제 편지 자체의 첫 인사 문구로 해석한다. 그러나 에메트(אמת, "진리, 신실")란 단어는 그 당시 서신의 인사 공식 문구로는 사용된 바가 없으며(Clines, 330; Gerleman, 141), 또한 고디스는 그 인용된 공식 문구가 여기서 어떤 기능을 하고 있는지를 명시하지 않는다. 폭스(Fox, 286)가 지적하는 바와 같이, 그렇게 이해된 그 문구는 "허공에 쓸모 없이 매어 달려 있다". 또한 그러한 인용이 어떻게 "실질적인 편지의 효과를 환기시키고", 또한 그래서 "전체 묘사를 활력 있게 만들 것인지"가 명확하지 않다(Bardtke, 400). 이 문구가 "편지"란 단어와 동격으로 되어 있으므로, 이것은 에스더가 기록하여 보낸 글의 성격이나 질을 묘사하려 의도하고 있다. 그리고 에스더의 편지가 "모르드개가 유대인들에게 요구한 바와 같이" 부림절 준수를 확고히 하려고 의도하고 있으므로, 이것이 그 목적에서 그 성격이 빗나가지 않을 것이라고 예상하는 것이 가장 타당하다. 이러한 사실에 비추어 볼 때 게를르만의 해석(Gerleman, 141-42)이 가장 설득력이 있다. 그는 에메트(אמת)라는 단어가 이 구절 가운데서 "권위"로 번역되는 것이 가장 나을 것이라고 주장하는데, 그 이유는 이것이 한 사람에게 그 중요성과 타당성을 제공한다는 사실을 지칭하기 때문이며, 반면에 여기서 "말씀들"에 대해서 사용된 샬롬(שָׁלוֹם)은 "친절, 상냥함"이라는 의미의 범주에 속하는 단어이기 때문인데, 이것이 말한다는 동사와 조화를 이루어 사용될 때의 의미다(예를 들어, 창 37:4; 렘 9:7). 그렇다면 이 문구는 에스더의 말이 "친절하면서도 권위가 있는" 말이었다는 것을 표현하고 있다.

31 "그리고 왕후 에스더"(וְאֶסְתֵּר הַמַּלְכָּה – 웨에쓰테르 하말카). 이 문구가 후대의 가필이라는 여기서 취한 견해에 대한 옹호에 관해서는 이 막의 "원문주해"에 있는 29-32절에 대한 특주를 보라.

"금식하며 부르짖은 것들"(דִּבְרֵי הַצֹּמוֹת וְזַעֲקָתָם – 띠브레 하초모트 웨자아콰탐). 이 문구가 "구문론적으로 어색하다"(Clines, *Esther Scroll*, 57)거나 혹은 "불완전하다"(Gerleman, 142)거나 혹은 "구문론적으로 본 절의 나머지 부분과 연결되어 있지 않다"(Moore, 96)고 강력하게 주장되어 왔으나, 이것들은 사실이 될 수 없다. 이 문구는 단순히 앞의 동사구 웨카쉐르 퀴예무 알-나프샴(וכאשר קימו על־נפשם, "그리고 그들이 스스로 일들을 떠맡은 바와 같이")의 직접 목적어일 뿐이다. 21, 27절에 있는 동일한 관용어 가운데서 직접 목적어가 여기에 있는 것과 같이 전치사구에 뒤따라온다. 이것은 구문론적으로 어색하거나 부적당하지 않고, 의미상으로 어색한데, 이는 이 문구가 말하도록 예상되지 않았기 때문이다. 이 평행구는 그에 앞서는 거의 동일한 동사구처럼 이 동사구가 표현되지 않은 같은 목적어 "그들"("이 날들")을 가질 것이라는 사실을 예상하는 방향으로 강력하게 이끌어 간다. 이러한 이유로 인하여 이것을 후대의 가필로 간주하려는 유혹을 받지만(Gerleman, 142; Moore, 96-97가 그렇게 주장), 이것이 구문론적으로 받아들일 만하고 또한 꽤 괜찮은 의미를 이루므로, 비록 이것이 후대에 가필되었을 수 있을지라도 이것을 삭제하는 것은 바람직하지 못하다. 에스더가 유대인 공동체에게 하나의 절기와 함께 금식일을 지키라고 요구하고 있다고 본문이 진술하고 있지 않다는 사실을 유념하는 것이 중요하다(Bardtke, 401; Berg, *Book of Esther*, 37, 44; Paton, 301는 이에 반대함). 그보다 본문은 에스더가 모르드개가 그들에게 요구했던 방식(כאשר), 말하자면 구체적인 날에 구체적인 방식으로(21-22, 27절) 부림절 준수를 확고히 하고(לקים, לקים על이 아님; 위를 보라) 있다는 사실을 진술하고 있다. 그런 까닭에 그 다음의 문구 "그리고 금식하며 부르짖은 것을 인하여 자기와 자기 자손을 위하여 정한 바와 같은 방식으로"는 부림절을 정한 것으로 이해될 수 없다. 에스더는 유대인 공동체에게 4:3; 4:16에 설명된 매우 최근의 경우들을 포함하여 과거에 있었던 국가적 위험과 재앙의 여러 경우에 그들이 스스로 정했던 절기들에 대해서 행했던 것처럼 부림절에 대해서도 자원하여 스스로 정하도록 권하고 있다(Loewenstamm, *HUCA* 42[1971] 121-24; Clines, *Esther Scroll*, 167; 그리고 특히 Fox, 125-27의 매유 유익한 논의를 보라). 필자의 의견에는 본문은 유대인 공동체가 이미 부림절을 제도화했다는 사실을 의미하지 않는다(Clines, 330; 같은 저자, *Esther Scroll*, 57; Haupt, *AJSL* 24[1907-8] 174는 이에 반대다). 앞의 부림절 의무는 하나의 절기에 관해서 아무것도 말하지 않았으나 실제로는 그 반대다(22절). 그리고 하나의 부림절(아달월 13일)은 가장 초창기인 주후 8세기까지는 유대인 자료들 가운데서 입증되지 않았다(Loewenstamm, *HUCA* 42[1971] 123; Fox, 126n. 74).

32 "에스더의 명령이 이 부림에 대한 일을 견고히 하였고"(דִּבְרֵי הַפֻּרִים הָאֵלֶּה
וּמַאֲמַר אֶסְתֵּר קִיַּם - 우마아마르 에쓰테르 퀴얌 띠브레 하푸림 하엘레). LBH 단어 마아마르(מאמר)는 다른 곳에서 에스더 1:15; 2:20에만 나타나는데, 그 곳에서 이 단어는 "명령하다, 지시하다"를 의미한다. 만일 29-31절의 MT 본문이 원래의 것으로 받아들여진다면(즉 위에서 논의된 세 개의 삭제 항목을 포함하여), 이 에스더의 명령은 그 곳에서 언급된 두 번째 편지와는 구별되어야 한다(참조. Fox, 127). 그럴 경우 이 구절은 알려져 있지 않은 어떤 에스더의 그 후의 명령/칙령, 즉 기록된 형태로 보존된(32b절) 칙령을 가리킨다(아마도 궁중 일기에 기록된 것; 참조. 6:1). 그러나 이것은 이 본문이 이어지는 사건을 암시하는 동사의 와우 연속법 형태를 사용하지 않고, 이 진술이 앞의 것과 일치한다는 사실을 암시하는 주어+동사 구조를 사용하고 있다는 사실에 의하여 구문론적으로 개연성이 떨어진다(참조. Paton, 302). 이것은 수정된 본문에 더 무게를 실어 준다. 이러한 본문대로라면 마아마르(מאמר, "명령")는 부림절 준수를 확고히 하는 방금 반포된 에스더의 편지를 가리키며, 또한 이 구절은 이 삽화를 요약하는 진술과 함께 마감하는 기능을 가지고 있다.

해설

앞의 막은 아달월 13일에 일어났던 대적에 대한 유대인의 압도적인 승리를 묘사했었다. 이러한 승리가 우리가 지금 살펴보고 있는 이야기를 진행시켜 나갔던 하만의 칙령으로 말미암아 야기되었던 유대인 공동체의 생존에 주었던 위협에 대해 해결지었을지라도, 이것이 본 에스더서의 최종 형태에 대한 결론은 아니다. 현재의 형태로 되어 있는 본문 가운데서 우리가 살펴보고 있는 이야기는 단순하게 이러한 해결이 어떻게 일어났는지를 설명하기 위하여 기록되지 않았다(에스더서 서론에 있는 단일성과 편집을 보라). 뿐만 아니라 실제로 부림절이 어떻게 유대인 공동체의 생존 가운데서 떠오르게 되었는지를 설명하려는 것이 결코 아니다. 물론 본문은 그것을 말하고 있으나, 그 일차적인 목적은 다르다. 설화자는 이제 아달월 13일의 극적인 구출이 있었던 이후 일어난 축하하고 즐거워한 날들을 기념하기 위하여 매년 축하 제도를 세우는 일에 자신의 눈을 돌리고 있다(에스더서 서론의 장르 단락 가운데서 이야기의 결말을 통하여 수립된 장르들에 대한 논의를 참조하라). 이 단락은 영속적인 축하가 의무로 지워져 있다는 사실을 유대인 공동체에 설득하려는 의도를 가지고 있다. 이것은 서술적인 것이 그 목적이 아니라 법규적인 것이다. 설화자가 기록하고 있을 때, 19, 26a절에 있는 이탈된 인과론적 구절들이 시사하는 바와 같이, 유대인 공동체가 이 절기를 이미 축하하기 시작했다. 이러한 인과론적 사항들은 독자들을 그 서술된 사건이 과거의 시기로부터 설화자 자신의 현 시대로 옮겨 놓고 있으며, 이미 현존하는 축하하는 관습(19절)과 명칭(26a절)의 근거를 방금 진술된 이야기의 사건들 가운데 두고 있다. 이와 유사한 중요성을 가진 것이 23a절인데, 거기서 이 문구 "유다인이 자기들의 이미 시작한 대로…행하였으니"는 원래의 축하 그리고 자원하여 지킨 축하를 가리킬 뿐만 아니라, 또한 일차적으로 자기들이 이미 받아들인 정규적인 (서로 다른) 축하를 가리키기도 한다(19절; "주석"을 보라). 이러한 사실에 비추어 볼 때, 이 서술은 무엇이 일어났는지를 설명하기 위한 것이 아니라 무엇보다도 그 공동체에게 절기를 지키도록 의무를 지워 주기 위한 것임이 분명해진다. 28절에서 필자가 말한 바와 같이(그 곳의 "주석"을 보라), 설화자는 여기서 과거의 사건들을 중지하고 스스로 유대인 공동체가 해야 할 일을 자기 동시대인들에게 규정하기 위하여 이를 옹호하는 말을 하고 있다. 설화는 실제로 "…이야기의 초점을 승리, 군대의 용맹, 세력의 개념으로부터 떠나서…, 이 이야기가 낳은 절기 축하 활동에 에스더 이야기의 중요성이 놓여 있는데, 바로 그 청중들의 현재의 순간으로 옮겨 놓고 있다"(Clines, *Esther Scroll*, 161).

장면 1. 이틀 간 부림절을 지키도록 만들었던 사건들(9:6-19)

삽화 1. 아달월 13, 14일에 일어난 수산에서의 싸움의 방법(9:6-15). 첫 번째 장면(6-19절)은 공동체의 두 부류가 각기 날짜가 다른 때에 축하를 한 것에 대해 두 개의 다른 날짜를 묘사하는 데만 집중하고 있다. 수산 궁 밖의 유대인들은 아달월 14일에 축하를 하고(19절), 반면에 수산 궁의 유대인들은 아달월 14일에 축하를 한다(18절에 대한 "주석"을 보라). 이것이 이 장면의 목적이라는 사실은 본 설화의 모든 단락마다 나타나 있다. 실제로 이것이 이 단락의 내용과 양식을 통하여 표시되어 있을 뿐만 아니라("양식/구조/배경"을 보라), 좀더 미묘한 방식으로 그 모든 설화 역학을 통하여 보다 설명적인 방식으로 표현되어 있다. 이 막에 앞서, 이야기는 대단한 설화적 기술, 줄거리의 일관성 그리고 성격 묘사에 대한 민감성을 가지고 진술되어 있다. 가끔은 줄거리가 갑작스러운 전환을 하거나 혹은 하나의 사건이 일어날지라도, 그것이 설화 발전에 기술적으로 완전하게 통합되지 않았다. 주인공들이 이전에 설화자가 그 인물들의 성격 묘사를 했던 방식에 어울리지 않는 방식으로 행동하지도 않는다. 어쨌든, 여기서는 그렇지가 않다. 설화가 갑자기 나누어진다.

여러 학자들은 주장하기를(예를 들어, Bardtke, 386-87; Clines, *Esther Scroll*, 47-49; Dommershausen, *Estherrolle*, 119-120; Fox, 112-13; 같은 저자, *Redaction*, 115), 12절에 있는 아하수에로의 제안은 결코 줄거리 발전에 기술적으로 통합되지 않는다고 본다. 실제로, 앞의 사건들 가운데 어느 것도 왕의 제안에 대한 최소한의 방식으로 우리를 대비하도록 해주지 않는다. 에스더의 소청을 이루고자 하는 그의 제안은 그가 이전에 그녀에게 했던 세 개의 제안과 거의 동일하게 발설이 되지만(5:3; 5:6; 7:2), 이 경우에 각기 그의 제안은 에스더가 요청하기를 원했던 그녀의 행동과 말을 통하여 암시했기 때문에 이루어진 것이었다(처음에는 그녀가 자기 생명의 위협으로 인하여 부름을 받지 않고 알현했고, 그 다음에 두 경우에는 그녀가 왕을 자기 소청을 말할 수 있는 적절한 현장인 잔치 자리에 초대했다). 그러나 여기 설화 가운데는 에스더가 또 다른 소청을 가지고 있다는 사실이 왕에게 암시되어 있지 않다. 사실은 정확하게 그 반대다. 전날의 유대인의 압도적인 승리는 그녀가 이미 한 소청을 완전히 실현시켰다(7:2을 보라). 어째서 왕이 그녀가 또 다른 소청을 가지고 있을 것이라고 상상했을까(Clines, *Esther Scroll*, 47)? 왕의 제안은, 에스더가 요청할 어떤 일을 가지고 있다는 암시에 근거를 두기보다는 분명히 수산 궁에서 살육당한 사람의 숫자에 대한 진술과, 또한 제국의 나머지 지역에서 얼마나 많은 사람이 죽임을 당했겠느냐는 왕의 수사학적 질문 가운데 근거를 두고 있다(12ab절). 비록 우리가 이러한 말의 어조가 유대인의 살육의 광범위성에 대한 놀라움과 감탄이라는 사실을 인정할지라도("주석"을 보라), 어떤 가능한 근거들이 에스더가 또 다른 소청을 가지고 있다고 결론짓도록 그에게 암시해 주고 있는가?

둘째로, 여기에 나타난 왕의 행동은 두드러지게 성격에서 나온 것이다. 앞의 설화 속에서 아하수에로는 자기 스스로 어떤 결정을 하지 못하는 약하고 유순한 독재자로 묘사되어 왔다. 그는 자기의 고문들의 충고 없이는 와스디를 어떻게 처리할는지를 알지 못했다(1:13-22). 그의 시신들이 새 왕후를 어떻게 간택할는지를 그에게 말해 주어야 했다(2:1-4). 그는 자기 생명을 구해 주었던 사람에게 어떤 상을 주어야 하는지를 알기 위해서 자신의 총리에게 문의해야 했다(6:1-9; 특히 Clines, *Esther Scroll*, 47; Fox, 173-74). 그러나 이제 왕실의 어떤 충고를 구하지 않은 채 왕은 자기 스스로 에스더에게 백지 위임장을 제공하면서 과단성 있게 행동하고 있다. 줄거리 발전과 인물 묘사, 이 둘에 근거해 볼 때 왕의 갑작스러운 제안은 쉽게 설명할 수 없다.

왕의 제안도 쉽게 설명할 수 없을 뿐만 아니라, 그 다음에 반응하여 나온 에스더의 요청도 쉽게 설명하기가 어렵다(13-14a절). 이것 역시 앞의 설화에 있는 그 어느 것으로부터도 자극되어 나오지 않았다. 하만의 칙령은 특별히 아달월 13일 하룻동안 유대인 공동체에 대한 공격을 가할 것을 법적으로 재가했고(3:13을 보라), 모르드개의 칙령은 유대인의 반응을 그와 같은 방식으로 재가했다(8:12). 이 날은 왔고 지나갔으며, 이에 대한 기사는 유대인의 완전한 승리로 끝났음을 기록하고 있다. 유대인들은 "칼로 그 모든 대적을 쳐서 도륙"(9:5)했으므로 이제는 확실히 안전했다. 그 다음에 이제 설화 그 자체의 관점에서 볼 때 두 번째 날 싸울 필요가 있었을까? 사실상 논리적으로 볼 때 수산 성에 남아 있는 유대인의 대적들이 있었거나(Bardtke, 387; Moore, 91) 혹은 피해자들이 그 성읍에 대항하여 수산 궁에까지 남아 있었다고 추측할 수 있으나(Baldwin, 106), 그러한 추측과 또한 그것들을 생각한다는 것이 그 줄거리 전개에서 얼마나 모순된 것인지를 지적하고 있다. 그 이유는 그러한 대적들이 존재하고 있다고 그 앞의 설화에서 거의 암시해 주고 있지 않다면 그 어떤 추측도 필요치 않을 것이기 때문이다.

마지막으로, 설화 가운데는 또 하나의 미묘한 모순점이 있다. 6-11절에 있는 설화자의 싸움 기사와 12절에 있는 왕이 같은 말을 반복한 내용은 수산 궁에서 있었던 사건들에 대해서만 말하고 있다. 그러나 14-15절에 있는 에스더의 요청의 실현에 대한 기사와 16-19절에 있는 부림절 축하에 대한 두 개의 다른 날짜를 설명하고 있는 인과론적 설명이 그러하듯이, 13절에 있는 에스더의 요청은 수산 성읍 자체에 대해서 말하고 있다. 이러한 갑작스런 현장의 이동 역시 줄거리 발전으로부터는 그 설명이 나타나 있지 않다. 이 모순점이 저자가 다른 증거이든(Clines, *Esther Scroll*, 181 n. 29) 그렇지 않든, 이해할 수 없는 현장의 이동은 수산 성읍의 유대인들과 다른 곳의 유대인들(19절)이 지킨 부림절 축하 날짜 사이에 지리적인 차이를 설명하기 위하여 수산에서의 이틀 간의 싸움이 필요해서 설화 가운데서 적절한 설명만을 제공한다(이는 전혀 서기관의 가필 내용이 될 수 없다. "주석"을 보라).

그렇다면 왕의 제안, 에스더의 요구 그리고 수산 궁으로부터 수산 성읍으로의 갑작스러운 이동은 앞의 설화 발전의 근거에서 설명하기 어려운 것이 사실이다. 그러나 이것은 그들이 전혀 설화적인 목적을 가지고 있지 않다는 사실을 의미하지 않는다. 그 반대로 그 다음 삽화가 보여 주고 있는 바와 같이, 그 설화들의 목적은 그 앞에 있는 것이 아닌 그 다음에 따라오는 내용에 대해 설명하는 것이다.

삽화 2. 수산 유대인들과 다른 지방 유대인들이 두 개의 다른 날들을 축하한 이유(9:16-19). 이 삽화와 함께 앞의 기사의 목적이 곧 드러나는데, 설화자가 여기서 수산 성읍에서의 이틀 간의 싸움과 다른 곳에서 일어난 일을 대조하고 있기 때문이다. 첫째로 설화자는 앞의 것과 같은 주제를 말하면서(즉 살육의 숫자와 아무것도 약탈하지 않았다는 사실을 제공하고 있음) 아하수에로 제국 전역에서 유대인들의 승리(여기서도 가장 일반적인 어투로만 말하고 있다)를 설명하고 있다. 그러나 이것의 목적은 단순히 각 도에서 일어난 싸움에 대한 기사를 기록하려는 것이 아니다. 이것은 구조의 차원에서 암시되어 있는데, 그 이유는 16절에 있는 승리에 대한 기록이 하나의 복문으로 17절과 함께 구문론적으로 꽉 짜여져 있고, 이 둘이 18절과 함께 서로 긴밀하게 연결되어 있기 때문이다("양식/구조/배경"을 보라). 그 목적은 일차적으로 내용을 통하여 표시되어 있다. 18절의 진술은 16-17절의 진술과 정확하게 평행을 이루고 있으며, 수산의 유대인들의 행동(삽화 1에 설명된)으로의 "플레쉬백"(flashback; 회상을 위해 장면이 과거로 되돌아가는 일)을 제공하고 있는데, 이것이 유대인 공동체 가운데 두 개의 다른 부분들의 행동을 대조하기 위하여 의도되어 있다. 수산에 있는 유대인들은 아달월 15일을 축하했고, 제국의 나머지 부분에 살고 있는 유대인들은 아달월 14일을 축하했다. 그 다음에 설화자는 이러한 대조를 드러냄으로써 자신의 목적을 명확하게 밝히고 있다. 설화자는 설화가 이끌어 온 내용에 대한 결론을 이끌어 내기 위하여 설명적인 이탈 문장과 함께 우리를 설화자 자신의 과거의 시대로부터 설화자 자신 당시의 시대로 이끌어 가고 있다. 수산에서의 나머지 날의 날짜 및 즐거운 잔치와 다른 곳에서의 잔치 간의 대조는 어째서 이 사건들이 지금 두 다른 날, 즉 수산 관할 지역 밖에서 아달월 14일에 그리고 수산 성읍에서는 아달월 15일에 축하하고 있는지(그리고 어떤 구체화되지 않은 기간 동안)를 설명해 주고 있다.

역시 설화자가 16-18절에서 하나의 새로운 주제를 말해 왔다는 사실을 유의하는 것이 중요하다. 여기서 처음으로 설화자는 그들이 싸운 그 다음날에 유대인들이 안식했고 그들이 "잔치를 베풀어 즐거워"했다(17절)고 설명하고 있다. 자신의 설명적 이탈 문장(19절)에서 설화자는 수산 관할 구역 밖의 유대인들(그리고 암시에 의하여 수산에 있는 유대인들)이 계속하여 이 안식의 날과 즐거운 잔칫날을 "즐기며 서로 예물을 주는" 기념일로 축하했다고 우리에게 알려 주고 있다. 이 주제는 다음 장면에서 다시 언급될 것이며 어떤 의미심장한 방식으로 발전될 것이다.

마지막으로, 이 세심하게 짜여진 설화 가운데서 그리고 이 결론적으로 설명하는 이탈 부분 중에서 유대인 공동체 안에 있는 이 두 그룹이 축하를 기념하면서 절기를 지키게 될 두 날짜를 매듭짓는 일이 분명히 소개되어야 할 필요가 있다. 그렇다면 이것이 모르드개가 다음 장면에서 모든 유대인들에게 보낼 메시지 가운데서 취급할 하나의 문제라는 것은 놀랄 일이 아니다.

장면 2. 모르드개, 에스더, 유대인 공동체가 부림절 날짜를 정하고 스스로 계속하여 지키기로 결정하다(9:20-32).

이 두 번째 장면인 여기서 설화자는 이 막에 포함되어 있는 자신의 핵심이 되는 관심을 이루고 있는 내용, 즉 부림절의 수립으로 눈을 돌리고 있다. 우리는 이미 그가 공동체가 싸움 다음날에 일어난 자발적인 축하는 해 오고 있었다고 19절에서 우리에게 말한 내용을 통하여 알고 있다. 그는 이제 계속하여 이 일이 어떻게 일어났는지를 알려 주는 방향으로 나아가고 있다.

삽화 1. 모르드개가 유대인들에게 매년 14일 혹은 15일을 즐거운 절일로 축하하도록 요구하다(9:20-22). 공동체의 우두머리로서 모르드개가 먼저 절기 축하를 정규적으로 지키고 영속적인 절기로 만들도록 하기 위하여 글을 기록하여 보낸다(20-22절). 모르드개가 시내 산으로부터 율법을 받아 전해 준 사람처럼 글을 기록하지 않고, 또한 매년 축하하는 일을 준수하도록 공동체에게 결코 "명령"이나 혹은 "지시"를 하고 있지 않다는 사실을 유념해야 할 것이다(참조. Fox, 118). 그보다 설화자는 LBH의 표현 레콰옘 알(לקים על, "[어떤 사람]에게 [어떤 것]을 요구하다, [어떤 사람]을 [어떤 일]을 하도록 의무를 지우다")을 사용한다("주석"을 보라). 이것은 그가 도덕적 권고를 사용하면서 그것이 적절하고, 옳고, 정당한 일이라는 그들의 의식에 호소하고 있는 것이다. 둘째로, 모르드개는 절기의 날짜를 정하기 위하여 편지를 써 보내고 있다. 그는 유대인들에게 이 절기에 대해 "해마다 아달월 십사 일과 십오 일을 지키라"(21절)고 의무를 지워 주고 있다. 앞 장면의 중요한 요점이 그 절기가 각기 다른 공동체가 이 두 날 가운데 하나를 지키고 있다는 사실을 기록해 왔으므로, 여기서 그의 목적은 그 논쟁에 대해 판결을 내리는 것이라는 것이 지극히 타당해 보인다. 그는 각 날이 합법적으로 공동체의 일부분에 의하여 축하되어 왔으므로 그들 모두에게 이 모든 날들을 축하하도록 권면하거나 혹은 모든 날들을 각 그룹이 자기들 지역의 특별한 날에 축하하라는 의미로 축하하도록 권면하고 있다(21절에 대한 "주석"을 보라). 셋째로, 모르드개는 절기의 성격을 수립하고 있다. 그들은 이 날들을 "그들이 대적에게서 벗어나서 평안함을 얻어 슬픔이 변하여 기쁨이 되고 애통이 변하여 길한 날이 되었던 날들처럼" 지켜야 할 것이다. 그리고 이것이 의미하고 있는 내용을 의심할 여지가 없도록 모르드개가 요약적 문장으로 "잔치를 베풀고 즐기며 서로 예물을 주며 가난한 자를 구제하라"고 하는 판결을 내리고 있다("주석"을 보라). 말하자면, 이 날들이 승리와 살육의 날 다음에 있었던 안식의 날과 잔칫날을 기념하는 날이 되어야 한다는 것이다(이것의 의미에 관해서는 에스더서 서론에 있는 에스더서의 신학 부분을 보라).

삽화 2. 유대인과 그 자손들 그리고 그들에게 속한 모든 자가 이틀 간의 부림절을 계속 지키기로 결정하다(9:23-28). 그러나 이 절기를 정규적이고도 영구적인 축일로 수립하는 것은 모르드개의 편지만이 아니다. 삽화 2에서 설화자는 유대인 공동체가 공식적으로 스스로 그 규정을 받아들였다고 알려 주고 있다(참조. Clines, *Esther Scroll*, 165-66). 첫째로 우리는 유대인들이 "유다인이 자기들의 이미 시작한 대로… 계속하여 행하였다"(23a절)는 사실을 읽게 되는데, 이는 원래 자발적인 축하를 했고(17-18절) 동시에 이 사건들이 일어나게 했던 계속적인 축하 활동을 했음을 가리키고 있다(9절; "주석"을 보라). 그러나 그는 또한 앞의 삽화를 넌지시 암시하면서 그들이 "모르드개의 보낸 글대로"(23b절) 행하였다고 다시 확언하고 있다. 그 다음으로 모르드개의 편지로부터의 회고가 뒤따라 나온다(24-25절; "주석"을 보라). 이것은 분명히 모르드개가 일차적으로 그들이 경험한 위기와 구원 가운데서 절기 준수에 대한 의무의 근거를 마련했다는 사실을 암시한다.

그러고 나서 설화자는 강조하여 유대인들이 "뜻을 정하고 자기와 자손과 자기와 화합한 자들이 해마다 그 기록한 정기에 이 두 날을 연하여 지켜 폐하지 아니하기로 작정"하면서 모르드개의 편지에 진술된 그 절기의 성격과 준수의 날들을 언급하고 있다. 이 동의는 그 편지에 근거를 두는 것뿐 아니라(26b절) 그들이 "이 일에 보고당한 것"(26cd절)에 근거를 두고 있는데, 이 "보고당한 것"은 틀림없이 설화자가 방금 전에 모르드개의 편지에서 이끌어 낸 위기 이야기 전체를 가리킨다. 공동체가 스스로 정규적으로 그리고 영속적으로 준수하기로 한 사실은 특별히 28절에 드러나 있는데, 여기서 설화자는 공동체가 행한 일을 말하는 것을 멈추고 있다. 설화자는 갑자기 자기들 이전에 살았던 사람들이 절기를 지키기로 굳게 정한 사실을 설명했던 자기 당대 사람들에게 직접 말을 하면서 단순 미래로 말하지 않고 의무적인 어투를 사용하고 있다: 이 날들은 "각 도, 각 읍, 각 집에서 대대로" 축하되려하고 있다. 그들의 준수는 "유다인 중에서 폐하지 않게" 할 것이다. 그들의 기념함은 그 자손 중에서도 폐하지 않게 할 것이다. 이 새로운 절기를 수립하는 권위는 공동체의 권위에 놓여 있을 뿐만 아니라, 먼저는 자발적으로 축하를 하기 시작하고 그 다음에는 그 축하를 영구적으로 만들기로 결정함에 있어서 공동체의 독립적 행동에도 놓여 있다.

마지막으로, 설화자는 두 번째 인과론적 이탈 기록(26a절) 가운데서 이 절기의 이름 부림이 앞서 있었던 이 이야기에 대한 간략한 회고 가운데서 언급된 바와 같이 하만이 그들을 멸하기 위하여 전진 푸르, 곧 "제비"에서 유래했다는 사실을 우리에게 알리고 있다(24-25절). 그러므로 그 절기의 이름은 분명히 멸망으로부터의 극적인 구출 이야기와 연결되어 있다(군사적 승리와 대적들에 대한 살육이 아님; 에스더서 서론에 있는 에스더서의 신학 단락을 보라). 그러나 이 절기가 모르드개가 그렇게 지칭했기 때문에 부림이라고 불려지지 않았다는 사실이 두드러져 있다. 뿐만 아니라 설화자는 유대인 공동체가 스스로 정규적인 그리고 영구적인 절기로 받아들였을 때 그것을 그렇게 이름지었기 때문이라고 설명하지도 않는다. 그보다 설명을 하고 있는 삽입구적 내용은 이 절기의 이름이 이미 설화자 당시에 존재하고 있었고, 또한 자신이 알고 받아들여진 사실로서 인용하고 있기 때문에 얼마 동안 존재해 왔다는 사실을 드러내고 있다. 더 나아가서, 설화자는 특별히 공동체가 그 절기 이름을 그렇게 붙였다고 말하지 않는다. 그는 단지 그 전통적 인과관계를 알고만 있을 뿐인데, 이는 그가 선행사가 표현되지 않은 3인칭 남성 복수형으로서 영어에서는 실질적으로 수동형과 동일한 특별한 지시가 없는 "그들이 (이름을 지었다)"와 함께 인용하고 있기 때문이다. 그런 까닭에 이 이름의 정확한 기원은 과거의 전승 속에 묻혀 있다.

삽화 3. 에스더가 부림절 준수를 확정하는 글을 써서 보내다(9:29-32). 마지막으로, 세 번째 삽화 속에서 설화자는 에스더 역시 유대인 공동체에게 글을 써서 보냈다고 말한다(에스더와 모르드개 아님: "주석"을 보라). 그러나 그녀는 모르드개가 했던 것처럼 공동체에게 그 절기를 준수하라고 기록하여 보내지는 않았다. 그보다 그녀는 그 분수를 확고히 하기 위하여 글을 보낸다("주석"을 보라). 그렇다면 그녀의 역할은 이미 행해 온 내용을 확증하기 위한 것이다. 그녀는 모르드개와 공동체 자체의 권위에 왕후로서의 자기 권위를 덧붙이고 있다(그녀의 전권을 사용하면서: 29절에 대한 "주석"을 보라). 그러나 그녀의 목적이 절기의 날짜를 확정하고("정한 기한에," 31a절) 그 성격을 즐거워하는 절기로 하고 선물을 나누어 주는 절기로("유대인 모르드개가 정한 방식대로", 31b절) 확정하는 것만이 아니라는 사실을 유념하는 것이 중요하다. 본문의 현재 형태 가운데서("주석"을 보라) 그녀는 부림절 준수를 공동체가 "금식하며 부르짖기로 했던 것"(31c절)과 같은 방식으로 확정한 것으로 말해지고 있다. 그 절기의 즐거움은 그들이 직면했던 끔찍한 위기에 대한 기억을 지우기 위한 것이 아니다(에스더 서론에 있는 에스더서 신학 단락을 보라).

그렇게 하여 우리의 이야기는 그 결말에 이르게 되는데, 곧 여러 방식에 있어서 놀라운 결말이다. 그 이유는 이것이 단지 이야기의 주인공들을 위한 위기와 그 해결의 결과를 제공하는 것만이 아니라, 동시에 유대인 디아스포라가 준수해야 할 새롭고도 중요한 제의 의식의 법규를 정하는 것이기 때문이다(이것의 의미에 관해서는 에스더 서론에 있는 에스더서 신학 단락을 보라).

10막

후기: 모르드개에 대한 대찬사(10:1-3)

참고문헌

Clines, D. J. A. *The Esther Scroll: The Story of the Story. JSOTSup* 30. Sheffield: *JSOT*, 1984. **Daube, D.** "The Last Chapter of Esther." *JQR* 37(1946-47) 139-47. **Driver, G. R.** "Problems and Solutions." *VT* 4(1954) 224-45. **Ehrlich, A.** *Randglossen zur hebräischen Bibel: Textkritisches, Sprachliches und Sachliches.* Vol. 7. 1914. Repr. Hildesheim: Georg Olms, 1968. **Fox, M.** *The Redaction of the Books of Esther.* Atlanta: Scholars, 1991, **Haupt, P.** "Critical Notes on Esther." *AJSL* 24(1907-8) 97-186(= Moore, *Studies*, 1-90). **Humphreys, W. L.** "A LifeStyle for Diaspora: A Study of the Tales of Esther and Daniel." *JBL* 92(1973) 211-23. **Volkmann, H.** "Der Zweite nach dem König." *Philologus* 92 (1937) 285-316.

본 문

1 아하수에로 왕이 그 본토와 바다 섬들로 공을 바치게 하였더라

2 왕의 능력의 모든 행적과 모르드개를 높여 존귀케 한 사적이 메대와 바사 열왕의 일기에 기록되지 아니하였느냐

3 유다인 모르드개가 아하수에로 왕의 다음이 되고 유다인 중에 존대하여 그 허다한 형제에게 괴올 받고 그 백성의 이익을 도모하며 그 모든 종족을 안위하였더라

1 Then King Ahasuerus[a] imposed forced labor on the land and on the islands and coastlands of the sea.

2 And all the king's mighty accomplishments[a] and the full account of the high honor which he had conferred upon Mordecai,[b] are they not recorded in the Chronicles[c] of the Kings of Media and Persia?

3 For Mordecai the Jew was second in rank only to King Ahasuerus himself[a] and was preeminent among the Jews.[b] He was held in high esteem by all,[c] for he was constantly seeking the good of his people and promoting the welfare[d] of all their descendants.

원문주해

1.a. 여기에 나오는 이름 아하수에로쉬(אחשׁרשׁ)의 K 형태는 히브리 본문 다른 곳에서 발견되는 형태인 Q의 아하수에로쉬(*'ăḥašwērôš*)란 형태보다는 원 페르시아어 크사야르

산(X*šayāršān*)에 더 가깝다(참조. Paton, 305). 그럼에도 불구하고 이것은 틀림없이 발음의 다른 전승이라기보다는 서기관의 기록 오류(*lapsus calami*)다.

2.a. 직역하면 "그의 권세와 능력의 모든 행위들".

2.b. 직역하면 "왕이 모르드개를 높였던 바 그의 위대성에 대한 기사". 비교절 아쉐르 끼들로 함멜렉(אשר גדלו המלך, "왕이 그를 높인 바")을 뺀 이 문장은 본 절의 초두로 옮겨져야 하고, 그리하여 이 구절 전체가 모르드개만을 묘사하고 있는 것으로 수정하려는 하우트의 생각(Haupt, *AJSL* 24[1907-8] 174; 참조. *BHS* n. a-a)은 거절되어야 할 것이다. 이것은 본문의 지지를 받지 못한다(LXX은 이 전체 구절에서 모르드개를 언급조차 하지 않고 있다).

2.c. 직역하면 "그 날들의 사건들의 책/기록".

3.a. 직역하면 "왕 아하수에로에게 두 번째"로서 페르시아인의 공식적 칭호다. "주석"을 보라.

3.b. 직역하면 "유대인들에게 위대한". 이것의 정확한 뉘앙스는 분명치 않다. 다른 사람들은 "유대인들 가운데서 존경을 얻었다"(JB, NJB), "유대인들을 위하여 영향력 있는"(Fox, 128), "유대인들 가운데서 영향력 있는"(Moore, 98)으로 본다. 베예후딤(ביהודים)으로의 수정(Haupt, *AJSL* 24[1907-8] 174; Bardtke, 401이 이를 따름; Moore, 98; 참조. *BHS* n.)은 불필요하다.

3.c. 직역하면 "이 형제들의 무리들에 의하여".

3.d. 직역하면 "…을 위하여 평화/행복을 말하는".

양식/구조/배경

내용상 이 구절들이 앞의 것과 구별된 단락을 이룬다는 사실은 틀림없는 것으로 보이는데, 그 이유는 그 주제가 지금 부림절의 제도화가 아닌 모르드개에 대한 찬사이기 때문이다. 설화자는 모르드개에 대한 찬사를 기록하면서 세 개의 두드러진 실례들 가운데서 자기 백성의 전승들의 개념과 어휘에 의존하고 있다. (1) 페르시아 제국의 급진적인 확장을 표현하는 데서(1절), (2) 모르드개의 신분을 표현하는 수사학적 질문에서(2절), (3) "왕의 다음"이라는 호칭에서(3절; 이러한 평행적 구절들에 관해서는 "주석"을 보라).

주석

1 "아하수에로 왕이 그 본토와 바다 섬들로 공(세금)을 바치게 하였더라"(וַיָּשֶׂם הַמֶּלֶךְ אֲחַשְׁ֯רוֹשׁ מַס עַל־הָאָרֶץ וְאִיֵּי הַיָּם – 와야쉠 함멜렉 아하슈에로쉬 마쓰 알-하

아레츠 웨이예 하얌). 구약성경의 다른 곳에서 히브리어 마쓰(מס)는 "부역, 강제 노역"을 의미하는데, 언제나 집단적으로 종속된 사람들을 가리키는 데 사용된다. 만일 이것이 그러한 범위의 의미로 사용되고 있다면, 추상적인 의미로 "강제 노역"을 담고 있음에 틀림없다. 그러나 에스더서의 후대 연대를 고려하여 이 단어가 이미 "공물, 세금"의 의미와 관련된 의미로 발전되었을 가능성이 있는데, 이것이 MH에서의 의미다(참조. Ehrlich, *Randglossen*, 125). 히브리어 에(אי)는 "지중해의 섬과 해안"(참조. 사 23:2)을 의미하는데, 곧 이스라엘 백성들에게는 서방 세계의 가장 먼 지역이었다(참조. 사 24:15; 41:5). 그런 까닭에 이것이 아마도 아하수에로(그의 이전에는 그의 부친 다리오) 제국의 서방에 있는 거대한 부분, 즉 이오니아, 서방 터키 그리고 에게의 섬들을 표현하기 위한 의미로 사용된 것으로 보인다. 다리오에게 드려진 공물에 대한 헤로도투스의 기록(Herodotus, 3.96)은 "테쌀리(Thessaly)와 같이 먼 유럽의 섬들과 거민들"을 페르시아 제국의 가장 먼 서방권으로 언급한다(참조. Gerleman, 144). 아하수에로 왕국을 가리키기 위한 아레츠(ארץ, "땅")의 통상적인 용법(에스더서에서 사용되는 통상적인 단어는 말쿠트〈מלכות, "왕국"〉이다[1:14, 20; 2:3; 3:6, 8; 5:3, 6; 7:2; 9:30])은 "바다의 섬들과 해안 국가들"과 대조해 볼 필요가 있음을 보여 주고 있다.

마쓰(מס)가 "강제 노역"으로 취급되든, 아니면 "공물, 세금"으로 취급되든 대부분의 주석가들을 혼란스럽게 한 것은 이 이야기에 대한 이러한 진술의 타당성이다. 제시된 몇몇 설명들은 결코 적절하지 않다. 비록 그 설명들이 왕으로 하여금 강제 노역이나 혹은 세금을 지울 수 있는 그럴듯한 이유일 수도 있으나, 설화자가 그러한 진술을 여기서 포함시킬 그럴듯한 이유를 제공하지는 않는다(예를 들어, Gunkel [Fox, 129를 보라]의 입장이나 Rawlinson의 입장[Paton, 303를 보라]), 다우브(Daube, *JQR* 37[1946-47] 140-46)는 설화자가 이 진술을 하만의 일만 달란트의 뇌물(3:9)이 들어왔을 유대인 재산의 몰수 정책에 대한 모르드개의 대안적인 정책으로 진술하고 있다고 주장한다(3:9). 그러나 하만의 뇌물이 유대인 재산의 몰수로부터 나왔을 것이라는 사실은 전혀 불명확하므로(3:9에 대한 "주석"을 보라), 그러한 상상은 너무나 이해하기 어려워서 전혀 믿을 수가 없다. 본문에서는 이러한 진술과 하만의 뇌물(참조. Fox, 129; Clines, 332; 같은 저자, *Esther Scroll*, 58) 혹은 모르드개가 세운 어떤 정책 간의 관계에 대해서 아무런 힌트도 주고 있지 않다. 폭스(Fox, 129)는 설화자가 이 진술을 유대인의 성공이 왕의 피지배자들에게 유익을 주고 그리고 "왕의 금고에도 유익이 되었음"을 의미하는, 2:18에 있는 왕이 부여한 세금 감면에 대한 반대 행동으로 취급되도록 의도하고 있다고 주장한다. 2:18이 전혀 세금 감면을 가리키지 않을 수도 있으므로("원문주해" 2:18.b을 보라), 이 주장 역시 신빙성이 없다. 이 두 진술 가운데 어떤 방식으로도 전혀 연결되어 있지 않다(Fox 자신이 지적하는 바와 같이). 필자의 의견에는, 이 진술 목적의 실마리는 페르시아 영역에 대한 언급을 가리키는 이례적인 방식이다. 단순히 강제 노역이나 세금의 부여를 기록하기 위하여 의도된 진술은 분명히 제국에 대한 정상적인 용어 말쿠트(מלכות, "왕국")를 사용해 왔다. 그렇다면 페르시아 제국을 묘사하기 위하여 이 이례적인 표현 "그 본토와 바다 섬들"을 사용하는 목적은 거대한 영역을 강조하기 위한 것임에 틀림없다. 이 제국은 당시 알려진 가장 먼 서방 지역까지 뻗어 있었다는 것이다. 이 표현은 왕의 권세와 위대성을 과장하는 역할을 한다. 이와 같은 사실에 비추어 볼 때, 마쓰(מס)는 "공물, 세금"보다는 "강제 노역"을 의미함에 거의 틀림없는 것으로 보이는데, 그 이유는 설화자가 왕의 제국 중 가장 먼 나라까지도 강제 노역을 시켰다는 인상을 주기 위하여 왕의 권세를 과장하여 말하고 있는 것으로 보이기 때문이다(Fox, 129는 이에 반대함). 페르시아 제국을 지칭하는 이러한 이례적 방식의 의미를 고려하면, 이 진술은 자주 주장되는 바와 같이(예를 들어, Clines, *Esther Scroll*, 57-58) 이해할 수 없고 무의미한 것이 아니다. 뒤따라오는 진술이 밝히고 있는 바와 같이, 왕의 권세와 위대함에 대한 묘사는 왕의 유대인 총리 모르드개의 신분을 강조하기 위하여 의도된 것이다.

2 "왕(그)의 능력의 모든 행적과"(וְכָל־מַעֲשֵׂה תָקְפּוֹ וּגְבוּרָתוֹ – 웨콜-마아세 타크포 오그부라토). 앞 문장의 주어가 왕이므로 여기에 나오는 대명사는 모르드개가 아니라 왕이다(Ringgren, 403는 이에 반대함). 이 문맥 가운데서 마아세(מעשׂה)는 "행실, 업적"을 의미한다. 이 단어가 MH에서 발전한 "이야기, 사건"을 의미하지는 않는 것으로 보이는데(Fox, 287는 이에 반대함), 그 이유는 이 구절에서 설화자가 분명하게 그 개념을 묘사하고 있고 열왕기서와 역대기에서 유다와 이스라엘의 왕들의 기사에 대한 결론적 공식 문구의 어투까지도 그러한 방식이기 때문이다("양식/구조/배경"을 보라).

"모르드개를 높여 존귀케 한 사적"(וּפָרָשַׁת גְּדֻלַּת מָרְדֳּכַי אֲשֶׁר גִּדְּלוֹ הַמֶּלֶךְ – 우파라샤트 께둘라트 모르또카이 아쉐르 끼뜰로 함멜렉). 드라이버(Driver, *VT* 4[1954] 237-38)는 여기에 나오는 파라셰(פרשׁה)가 (4:7에서 하만이 유대인들을 진멸하기 위하여 지불하기로 약속한 돈의 "정확한 액수"를 표현하기 위하여 사용된 단어와 같음) 그의 위대성을 문서로 기록하고 있는 공적 기록의 개념, 즉 "신분의 특출함"

을 표현하고 있다고 본다. 다른 문맥 가운데서 마지막 문장은 모르드개를 수식하는 것으로 이해해야 할 것이다. 즉 "왕이 높인 모르드개"(Moore, 98). 그러나 모르드개는 분명히 이야기 가운데서 당대에 신분이 입증될 필요가 없다. 관계절이 파라셰(פרשׁה, "세부 사항")를 수식하고 있고, 따라서 "왕이 그를 높인 일과 관련된 세부 사항들"이란 번역은 신빙성이 없다. 이 문장은 등위 관계절로 "존귀함"을 수식하고 있음에 틀림없다.

"메대와 바사 열왕의 일기에 기록되지 아니하였느냐?"(הַיָּמִים לְמַלְכֵי מָדַי וּפָרָס
הֲלוֹא־הֵם כְּתוּבִים עַל־סֵפֶר דִּבְרֵי – 할로-헴 케투빔 알-쎄페르 띠브레 하야밈 레말케 마다이 우파라쓰). 여기서 설화자는 자기 백성들의 문학적 전승의 개념과 어투에 맞추어 모르드개에 대한 칭송을 하고 있다. 이 문장은 열왕기서와 역대기서의 편집자(들)가 유다와 이스라엘의 열왕들의 기사를 결론지었던 수사학적 질문과 동일한 형태와 어투를 사용한다(예를 들어, "르호보암의 남은 사적과 무릇 그 행한 일이 유다 왕 역대지략에 기록되지 아니하였느냐?", 왕상 14:29; 또한 참조. 왕상 15:23; 16:14; 대하 25:26). 이런 식으로 유대인 모르드개, 곧 디아스포라의 지도자는 옛 공동체의 지도자들과 유사한 신분을 얻는다.

3 "유다인 모르드개가 아하수에로 왕의 다음이 되고"(מִשְׁנֶה לַמֶּלֶךְ אֲחַשְׁוֵרוֹשׁ
כִּי מָרְדֳּכַי הַיְּהוּדִי – 키 모르또카이 하예후디 미슈네 람멜렉 아하수에로쉬). 설화자는 미슈네 람멜렉(משׁנה למלך, "왕의 다음")이라는 칭호로 모르드개의 신분을 페르시아 제국에서 실질적으로 사용되던 용어로 명령 계통에서 왕의 다음 가는 자로 묘사하고 있다(Volkmann, *Philologus* 92[1937] 285-316). 그러나 그는 또한 성경 가운데서 사용되는 유사한 용어로 자기 독자들이 익히 알고 있는 용어를 사용하면서 모르드개의 신분을 격찬하고 있다. 그러므로 이것은 "자기에게 있는 (명령 계통의) 버금 수레에 그를 태우매"(창 41:43)와, 또한 요나단을 다윗 다음으로 언급한 사실(삼상 17:23)을 생각나게 한다. 분명히 제사장에게 "부제사장"(참조. 왕하 25:18)이 있었을 것이며, 또한 "왕의 다음 가는 자"(참조. 대하 28:7)도 있었을 것이다.

해설

이 곳 마지막 후기에서 설화자는 부림절의 날짜와 성격 문제를 남겨 놓고 있으며, 자신이 앞에서 진술한 설화로부터 하나의 주제, 곧 유대인 모르드개의 권세와 신분의 승격을 취급하고 있다. 앞의 설화에서 왕은 모르드개에게 왕이 하만으로부터 거두어들인 자기의 인장 반지를 준 바 있는데, 이것은 모르드개가 하만의 지위를 대신 차지한 사실을 암시하고 있다(8:2). 그렇다면 이것은 모르드개가 이제 총리의 지위를 차지하고 있다는 사실을 암시하는 것으로 생각할 수 있다. 그러나 이 사건들 가운데서 모르드개의 역할은 모두 왕후로서 역량을 가진 에스더의 영향을 받은 것이며(8:1), 이것은 왕이 특별히 그에게 부여해 주었던 권위로서 하만의 유대인 진멸 칙령을 무효로 한 반대 칙령의 반포에 덧붙여서 설명되었다(8:7-9). 사실상 이와 관련하여 반대 칙령의 반포 이후에 왕실의 옷차림을 하고 왕의 알현실을 나왔고(8:15a), 아달월 13일에 있었던 유대인의 승리에서 그의 역할과 관련하여 그는 "왕궁에서 존귀하여 점점 창대"(9:3-4)했다는 진술 이외에는 아무것도 진술되지 않았다. 더 나아가서 위기로 이끌고 갔던 사건들에 대한 회고(9:24-25)와, 부림절을 축하하게 된 구원 가운데서 왕의 역할을 확대하기 위하여 설화자는 모르드개(그리고 에스더)가 그 일에서 감당했던 역할을 완전히 무시했다. 그런 까닭에 모르드개가 실제로 총리의 지위를 성공적으로 그리고 지속적으로 감당했다는 사실을 명시하기 위하여 설화자는 자기 설화의 헐거운 결말에 모르드개에 관한 이러한 찬사를 묶어놓고 있다. 이것이 설화자 이야기의 본질은 아니기는 하지만, 그럼에도 불구하고 이것은 적절한 결론이다(Fox, *Redaction*, 109).

설화자는 최소한 보완적인 차원에서 페르시아 제국의 영역과 그 통치자 아하수에로의 무한한 권세를 암시하면서 완전히 제자리로 돌아와서 다시 진술하고 있다(참조. 1:1-4과 그 곳의 "주석"을 보라). 그러나 여기서의 암시는 우선적으로 왕의 권세와 위엄을 칭찬하려는 목적이 아니다. 아하수에로의 위대성을 강조하는 내용은 효과적으로 유대인 총리 모르드개의 중요성과 신분을 강조해 주는 역할을 한다. 이것이 2절에서 공공연하게 밝혀져 있는데, 거기서 설화자는 유다와 이스라엘 열왕들의 신앙적 전기의 기사를 결론짓는 진술과 동일한 형태와 어투를 사용한다("주석"을 보라). 그렇게 함으로써 설화자는 유대인 공동체(즉 디아스포라; 에스더서 서론에 있는 주제와 목적을 보라)의 지도자로서의 모르드개의 신분이 이스라엘의 먼 과거, 즉 군주 시대의 통치자들의 신분과 동일하다는 사실을 암시해 주고 있다. (그런 식으로 도출된 모르드개와 열왕들 간의 평행적 내용이 신분과 함께 그 성품에까지 확장될 수 있었다는 사실〈이스라엘 열왕들에 대한 기사가 그들을 너무나 부정적으로 평가하고 있으므로〉은 그 다음 구절 가운데 묘사되어 있는 모르드개의 평가를 위한 근거를 통하여 불가능하게 된다.)

이 모르드개에 대한 대찬사는 그의 역할의 두 방면에서 주어져 있는데, 곧 왕에 대한 섬김과 유대인 백성에 대한 섬김에서다(3절). 전자와 관련하여 그는 왕의 두 번째 가는 위치였는데, 이 지위는 페르시아 제국 본토에서의 지위이며 이스라엘 세계에서는 제사장적 왕적 지위를 생각나게 한다. 후자와 관련해서는 그가 "유대인 모르드개"로 소개되어 있는데, 이는 그에 대한 대찬사의 배경이 디아스포라 세계이며, 또한 그가 유대인들 사이에서 뛰어나고 그 동포들에게 존경을 받았다는 사실이 이방 왕실에서 그의 지위에서 난 것이 아니고 이방 왕실에서의 지위가 유대인 공동체에게 중요한 일이었기 때문도 아니었다는 사실을 강조하고 있는 것이다. 이 이야기가 진술되어 온 것이 끔찍한 악으로부터의 구출에서 그가 감당했던 역할의 결과라고 말해지지도 않았다. 그보다는 마지막 두 문장의 현재 분사가 강조하고 있는 바와 같이, 그가 자기 백성 디아스포라 유대인의 이익을 위하여 또한 그 자손들의 복리를 증진시키기 위하여 끊임없이 활동한 데서 비롯된 것이다.

모르드개는 수산 성의 한 거주자였고(2:5) 페르시아 관직에서 사소한 지위를 차지하고 봉사했던 디아스포라의 한 구성원인 유대인으로서 이 이야기에 연루되었다. 이 이야기가 끝나는 마당에서, 그는 왕 다음 가는 권세를 가진 총리로서 페르시아를 다스리면서 유대인의 유익에 영향을 미친다(Clines, 333). 그러한 인물인 모르드개는 모든 디아스포라 공동체에게 "이방 세계의 복잡한 사회적, 정치적, 경제적 원동력의 일부분으로서 이방적 환경에서 창조적이고도 풍성한 삶을 살면서 동시에 동료 유대인 공동체의 헌신되고 충성스러운 구성원으로 남아 있을 수 있다"(Humphreys, *JBL* 92[1973] 216)는 가능성을 예시해 준다. 또한 그보다 훨씬 더 중요한 것은, 그 이중적 충성이 그러한 세계의 악한 거주자로부터의 구출의 도구가 될 수 있는 높은 지위를 가진, 그러한 친구를 가지고 있다는 디아스포라의 필요(그리고 희망)의 표본이 된다.